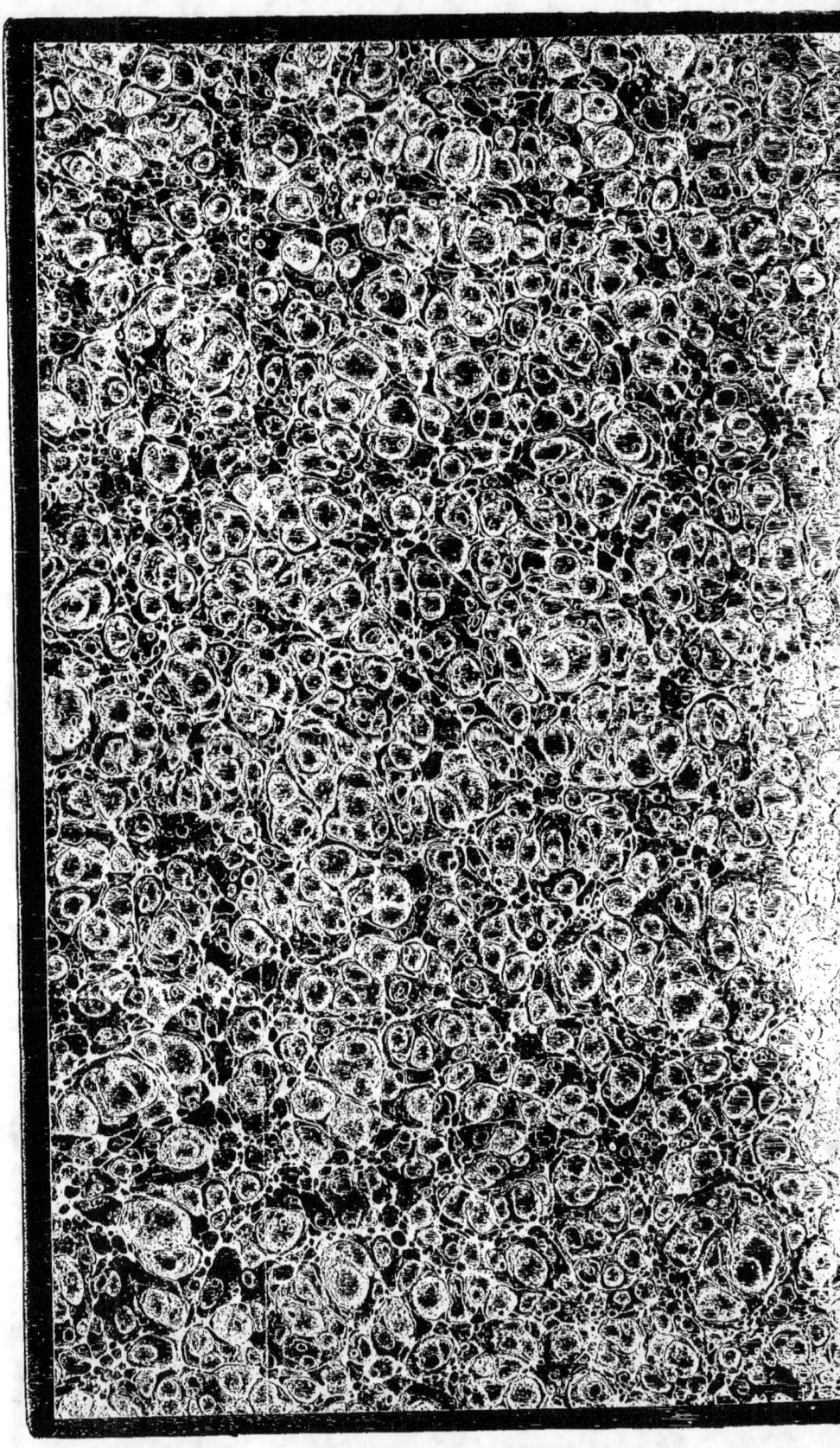

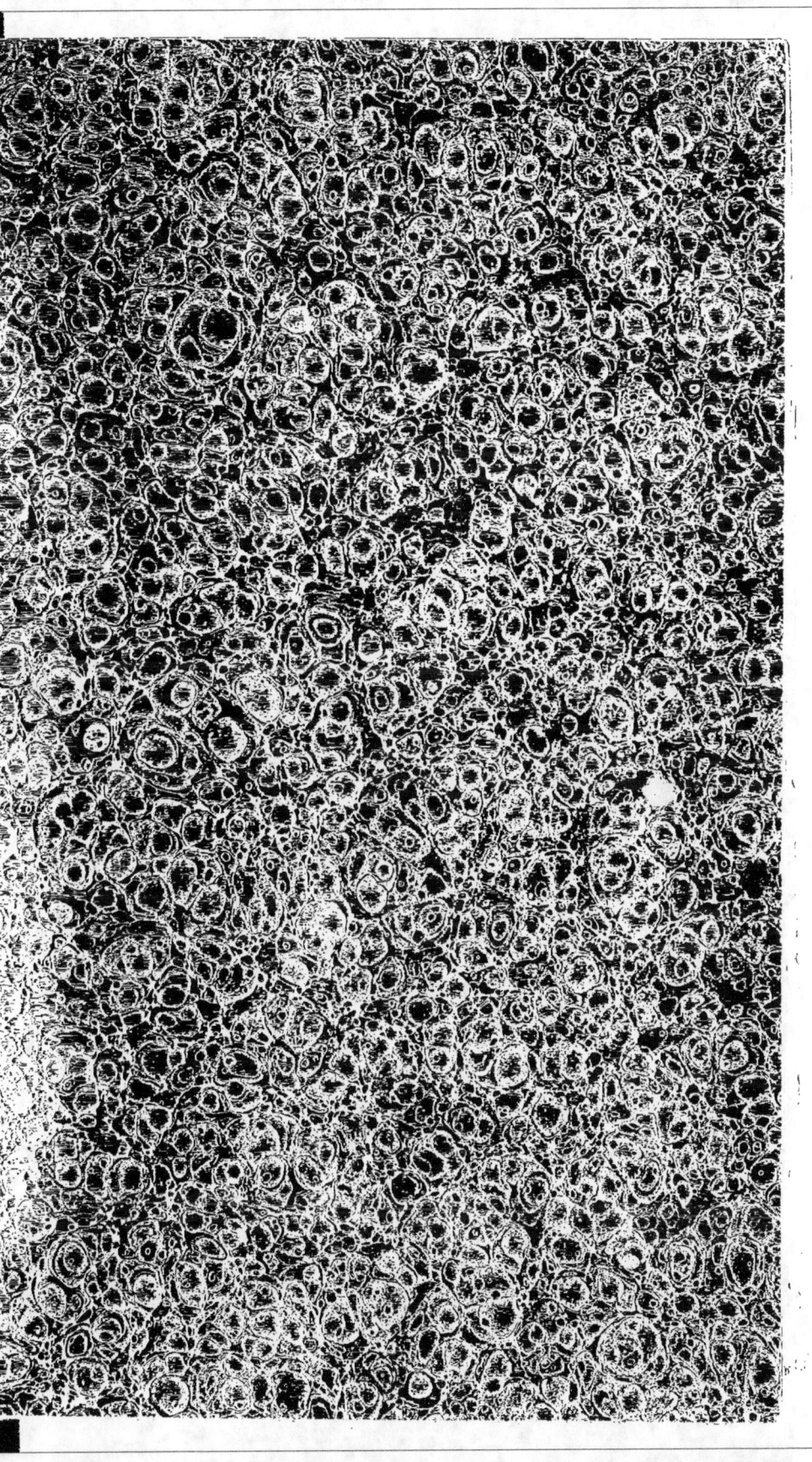

CHRONIQUE RÉGIMENTAIRE
DOCUMENTS MILITAIRES INÉDITS ET OFFICIELS
MÉMOIRES DE FAMILLE

TRENTE ET UN ANS AU 36ᵐᵉ DE LIGNE

LE

SERGENT MAUGENRE

1801-1887

Par son Fils L. M. A. M.

TOUS DROITS RÉSERVÉS
Propriété de l'Auteur

SAINT-DIÉ
IMPRIMERIE E. GRANDIDIER
33, RUE THIERS, 33

1891

LE

SERGENT MAUGENRE

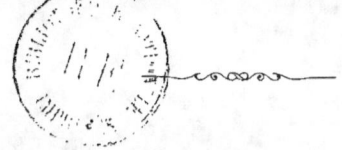

TRENTE ET UN ANS AU 36ᵐᵉ DE LIGNE

L'auteur déclare réserver ses droits de traduction et de reproduction à l'Étranger.

1801-1887

LE SERGENT MAUGENRE
Du 36ᵉ de Ligne.

RÉCITS ET DOCUMENTS MILITAIRES INÉDITS

TRENTE ET UN ANS AU 36me DE LIGNE

LE
SERGENT MAUGENRE

1801-1887

PAR SON FILS L. M. A. M.

TOUS DROITS RÉSERVÉS
Propriété de l'Auteur

SAINT-DIÉ
IMPRIMERIE E. GRANDIDIER
33, RUE THIERS, 33

1890

DÉDICACE

A Monsieur

MAURICE FORJONNEL

Chef d'Escadron au 18ᵉ Régiment de Dragons.

Mon Cher Ami.

Je sais combien tu as aimé et estimé mon père, ce brave sergent qui affronta les balles pour sauver le drapeau du 36ᵐᵉ, ce modèle de parfaite discipline qui fut exempt de toute punition pendant les trente et un ans qu'il passa au même régiment, ce bon soldat qui réalisa si bien cette noble devise : DIEU, PATRIE, FAMILLE.

Je sais aussi qu'après avoir passé ensemble nos seize premières années, j'ai toujours trouvé en toi l'ami le plus dévoué et le plus affectionné.

Permets donc à l'ami d'enfance qui a recueilli les traits chéris du sergent Mangenre, son père, de compter sur ta bienveillance pour t'offrir son travail imparfait. En en faisant hommage au vaillant chef d'escadron que les généraux L'Hotte et Mariani ont tant honoré, je le dédie en même temps à la glorieuse mémoire de tes excellents parents : de l'éminent conseiller à la Cour, M. Olympe Forjonnel et de sa très charitable épouse — de l'illustre général Deville et de sa pieuse fille que Dieu t'a donnée pour compagne — du valeureux chef d'escadron de chasseurs Forjonnel, ton aïeul — et de ton oncle, M. Louis Phulpin, maire de Saint-Dié.

Puisse cet hommage être à tes yeux l'expression nouvelle de ma haute estime, et rendre inséparables les noms de nos pères et les nôtres.

En souvenir du 13 Août 1889.

Ton vieux Camarade,

AUGUSTE.

INTRODUCTION

Chaque nation, chaque régiment, chaque famille ont leurs histoires particulières, histoires dont tout le monde est curieux, les étrangers tout autant que ceux qui en font partie. Mais, il faut l'avouer, jamais peut-être, on n'eut ce genre de curiosité d'une manière aussi vive que de nos jours. Jamais on ne vit un aussi grand nombre de laborieux écrivains exhumer, du fond des bibliothèques les chartes anciennes, les vieux titres et les diplômes surannés, pour composer la simple monographie d'une ville, d'un canton, d'un village, — d'un général, d'un officier, d'un soldat, d'un apôtre, d'un martyre, d'un prêtre. Tous ces historiens trouvent des lecteurs prenant un plaisir extrême à des récits d'un intérêt particulier. Mais ceux qui trouvent le plus de charme à ces monographies sont, sans contredit, ceux qui appartiennent à cette nation, à ce régiment ou à cette famille.

En France, chaque Régiment devrait avoir son histoire écrite. Or, malgré les travaux récents de plusieurs chroniqueurs, choisis parmi les officiers les plus distingués, l'histoire du 36ᵉ de ligne ne se trouve imprimée nulle part. On ne peut en découvrir les fragments qu'aux archives du Régiment et du Ministère.

De là, la première difficulté que rencontre celui qui entreprend cette chronique. Une autre difficulté provient aussi de l'époque où nous avons écrit ce livre. Si l'on n'avait à rédiger que la vie d'un héros de quelque siècle fort éloigné du nôtre, il serait aisé de composer son histoire sans craindre d'être contredit par aucun témoin, en ramassant tout ce qui se trouverait de lui dans les livres. Mais quand il faut raconter à des hommes, à des officiers et à des soldats, ce qu'ils ont vu ou ce qu'ils ont fait eux-mêmes, la tâche de narrateur l'expose à bien des tristes surprises.

Pour ne pas reculer devant ces justes craintes, l'auteur du présent ouvrage s'adressa à M. le colonel DELASSON du 36ᵉ de ligne ; il obtint de sa haute bienveillance les manuscrits constituants la chronique régimentaire. Il rechercha ensuite dans les archives de plusieurs villes de garnison tous les mémoires ou documents particuliers qui pouvaient lui être communiqués.

M. le lieutenant FANET, chargé depuis 1887 de la rédaction historique du 36e, se mit à son entière disposition pour lui communiquer tous les renseignements qui lui étaient nécessaires. Son ancien professeur, M. LECOMTE, conservateur de la bibliothèque de la ville d'Épinal, et son très digne successeur, M. CHAPELLIER, lui firent découvrir tous les livres où il pouvait puiser. Diverses pièces lui furent procurées par des personnes d'une haute distinction, par M. PIEYRE, ancien député de Nîmes, auteur de l'histoire de Nîmes, par M. le vicomte d'OLLONE de Saint-Dié, par des parents et amis tels que M. MOUTOU, maire de Béni-Méred, ancien secrétaire de M. le colonel Levaillant du 36e de ligne, par Mme veuve SILHOUETTE de Biarritz, par M. Auguste ARIES, secrétaire de la sous-préfecture d'Oloron, officier d'académie, sans parler de tous les documents et récits de son vénérable père et de sa mère. Il se trouvait engagé par leurs instances à mettre toutes leurs notes à profit, et à faire tous ses efforts pour répondre à la confiance dont on l'avait honoré : qu'il lui soit permis de témoigner hautement sa parfaite reconnaissance à tous ses chers coopérateurs.

Or, il n'était guère possible d'écrire en quelques pages la vie militaire du sergent Maugenre, confondue avec l'histoire de son régiment ; d'esquisser les traits particuliers qui nous révèlent l'esprit de sacrifice de ce valeureux soldat, sa droiture de cœur, sa nature sensible, son attitude respectable, son caractère noble et digne, son âme trempée d'acier ; de retracer enfin le tableau de sa longue carrière toute consacrée à son Dieu, à sa patrie et à sa famille. Il nous a donc fallu écrire tout un volume.

Nous eussions volontiers cédé ce soin à une plume plus exercée et plus militaire que la nôtre. Ce n'est qu'un sentiment de piété filiale, joint au désir des officiers du 36e et de la famille, qui aient pu nous faire accepter cette tâche délicate comme une dette sacrée. Nous osons donc réclamer l'indulgence du lecteur, le priant de vouloir bien nous tenir compte de la précipitation de cette œuvre accomplie au milieu de mille travaux différents inhérents à notre charge.

Les trois mots DIEU, PATRIE, FAMILLE qui ont résumé toute la vie du sergent Maugenre sont aussi les trois buts de cette publication.

Dieu est glorifié par tout homme qui produit des œuvres correspondantes à sa vocation. Dieu attend de tout biographe, de tout vrai chrétien, quelle qu'ait été sa carrière ici-bas, que tout mérite des bonnes œuvres accomplies lui soit attribué. Il nous faut donc rendre GLOIRE AU SEIGNEUR, Dieu des armées, et auteur de tout bien.

— III —

Après l'amour de Dieu, c'est l'amour de la Patrie et l'amour du soldat qui ont dirigé et inspiré notre plume. Nous avons voulu mettre sous les yeux de nos chers troupiers la vie militaire et exemplaire d'un camarade qui peut leur servir de type ; nous avons voulu les convaincre de la vérité de cette grande parole de Gustave Adolphe : « Les meilleurs chrétiens sont toujours les meilleurs soldats. » Et de cette autre parole de M. le marquis de Ségur : « L'âme du soldat est naturellement chrétienne ; toute parole religieuse et française rencontre des sympathies et réveille un écho dans son cœur. »

Nous avons aussi voulu fournir un UTILE contingent au travail des chroniqueurs de l'armée. Dans le courant de l'année 1886, la section historique de l'état-major général de la guerre fut chargé de rédiger un travail d'ensemble relatif aux Ministres de la guerre, depuis le cardinal de Richelieu, et de chercher à réunir toutes les pièces intéressantes concernant leur vie politique et militaire, l'organisation de l'armée, l'origine des institutions militaires, etc.

Afin de continuer sur les diverses parties du territoire les recherches commencées dans les archives du département de la guerre, le Ministre prescrivit que des officiers, en nombre suffisant, choisis avec soin par les chefs de corps et de service, se rendissent dans les bibliothèques et dépôts d'archives publiques et mêmes particulières. La mission devait être terminée le 31 mars 1887.

M. le capitaine HAILLANT fut désigné pour les recherches à faire dans le département des Vosges. Par sa lettre en date du 12 janvier 1887, nous fûmes invité à seconder ses efforts. Le délai fixé pour le 31 mars suivant était trop court pour que nous puissions répondre à son appel, malgré tout notre désir de plaire à M. Haillant, en qualité d'ami de famille. Nous n'avions pas encore écrit une seule ligne du présent livre, nos travaux particuliers et professionnels absorbaient la plus grande partie de notre temps. Aujourd'hui nous publions cet ouvrage avec la certitude qu'il sera très agréable, non seulement aux officiers, sous-officiers et soldats du régiment, mais encore aux comités des travaux historiques et scientifiques des ministères, ainsi qu'aux sociétés philomatique et d'émulation des Vosges. Nous ajoutons que les documents inédits, relatifs au siège de Rome, complèteront l'histoire de la ville éternelle. C'est cette pensée qui a été la plus efficace pour nous disposer à mettre la main à l'œuvre.

Ayant suivi avec le soin le plus scrupuleux la chronique du régiment, qui nous a été communiquée par M. le lieutenant Fanet, nous ne donnons dans ce volume que des récits historiques certains. Le lecteur n'y trouvera aucun conte produit par l'imagination. Ce n'est qu'à cette condition, du reste, que ses chapitres seront intéressants. Ils le seront d'autant plus qu'ils renferment non seulement l'historique du 36e, mais encore ce que j'appellerais volontiers sa vie de famille, telle qu'elle existait à une époque où les trois brisques et les vieilles moustaches n'étaient pas rares au régiment.

Si nous nous sommes permis quelques digressions dans ce livre intitulé LE SERGENT MAUGENRE ce n'est pas sans motif. Dans le chapitre du conscrit, qui n'est qu'une introduction à la vie du soldat, nous avons cru devoir parler de l'Invasion, dont le sergent Maugenre a été témoin, parce que certains faits militaires importants de la campagne de 1814, en Alsace et dans les Vosges, ne se trouvent réunis, imprimés, ou écrits nulle part ; l'intérêt de l'histoire militaire et nationale exigeait qu'ils fussent conservés.

D'autres digressions concernant la conquête de l'Algérie et les affaires de Rome n'ont été faites que pour la plus grande intelligence des différentes expéditions du 36e. Afin d'éviter l'uniformité et l'ennui, nous avons dû mettre dans la bouche, tantôt d'un officier, tantôt d'un soldat, des causeries ayant pour objet des événements ayant leur contre-coup dans l'histoire du régiment.

Rappelons enfin que le but principal de ce livre est autant le souvenir des MÉMOIRES D'UNE FAMILLE de soldats, que celui des hauts faits du 36e de ligne, auquel elle a presque totalement appartenu.

Dans sa chronique locale du 14 mai 1887, le journal de Saint-Dié l'IMPARTIAL DES VOSGES donnait ces quelques lignes :

« Mardi dernier ont eu lieu les obsèques de M. Maugenre, décédé à l'âge de 86 ans. C'était un des rares survivants de l'ancienne armée qui s'illustra sur les champs de bataille de l'Algérie. »

« Étrange coïncidence ! M. Maugenre est mort à l'anniversaire du jour où, pour une action d'éclat, il recevait à Rome la médaille militaire. »

On le voit, le soldat dont nous écrivons la vie, bien que resté jusqu'ici inconnu du grand nombre, semble mériter une attention spéciale de la part des hommes. Abordons donc son histoire avec la confiance que nos récits parviendront à émouvoir et à intéresser ceux qui gardent et nourrissent dans le cœur le culte de Dieu, de la Patrie et de la famille.

Saint-Dié (Vosges), le 25 Août 1889.

LE SERGENT MAUGENRE

TRENTE ET UN ANS AU 36ᵐᵉ DE LIGNE

CHAPITRE I

LE CONSCRIT

A dix kilomètres au nord de la riante ville de Saint-Dié, dans les Vosges, et à la même distance au sud de l'antique cité de Senones, fondée par l'archevêque de Sens, Saint Gondelbert, au VIIᵉ siècle, le voyageur rencontre, sur le penchant de la Bure, le petit village de *Dénipaire*. Son site est des plus agréables. Les hautes collines du Ban-de-Sapt le protègent contre les froids de l'hiver. L'Ormont et la Bure élèvent, vis-à-vis, leurs masses verdoyantes de sapins, couronnées de rochers gigantesques. Aux pieds de ces montagnes, le ruisseau le Hure arrose de ses eaux pures, où abonde la truite, la petite vallée de ce village circulaire. Dénipaire compte quatre cent soixante habitants. Cette commune fait partie de la paroisse d'*Hurbache* célèbre par ses deux très anciennes seigneuries. Au XVIᵉ siècle, les barons de Jussy rendaient la justice à Hurbache ; les causes séculières étaient déférées à leur tribunal par les illustres abbés de Moyenmoutier. Au deuxième siège de la Mothe, en 1643, le baron d'Hurbache passa la Meuse à Bazoilles, avec Charles IV de Lorraine, livra bataille aux Français, commandés par Du Hallier, à Liffol-le-Grand, les tailla en pièces et délivra Cliquot, qui défendait la place. Au XVIIIᵉ siècle, les barons Alliot d'Hurbache donnèrent naissance à la famille de

Crevoisier de Vomécourt, dont un fils accompagna le duc d'Angoulême en Espagne. Hurbache fut *canton* depuis l'organisation du département des Vosges par l'Assemblée constituante, jusqu'à la réunion à la France de la principauté Salm-Salm.

Ce fut dans ce lieu favorisé de la nature et de la grâce que la Providence plaça le berceau de notre conscrit, *Louis Maugenre*. Dieu le destinait à une longue vie qui devait se passer à la campagne, à l'armée, à l'usine pour se terminer au presbytère ! A la vérité, la place qu'il occupa dans le monde sera des plus modestes ; dans l'armée, il ne sera que simple sergent. Malgré cette obscurité, n'hésitons pas à appeler glorieuse sa vie, parce que l'éclat dont rayonne le juste éclipse toutes les grandeurs mondaines.

En l'année 1800, Dénipaire comptait parmi ses habitants un honnête cultivateur, qui avait été victime des funestes assignats. Son nom était *Quirin* Maugenre. Il exerçait tout à la fois la profession d'agriculteur et celle d'entrepreneur de travaux. Recommandable par sa probité et par son dévouement, Quirin jouissait de l'estime générale de ses concitoyens. Le frère de sa mère, M. Barlier était alors chef d'escadron de cuirassiers, aux ordres du premier Consul.

Du mariage de Quirin avec Jeanne Crovisier naquirent onze enfants ; l'aîné, Jean-Baptiste, mourut au berceau. La perte d'un premier enfant est toujours un sacrifice bien dur pour le cœur d'une mère, aussi Jeanne Crovisier était-elle inconsolable du trépas de son petit Jean-Baptiste. Dans sa douleur, elle s'adressa au Seigneur qui la bénit, en lui donnant un second fils, *Louis*. Il naquit le 12 août 1801. La fête de l'Assomption de la Sainte-Vierge fut désignée par sa mère pour être le jour de son baptême. Il convenait, en effet, que son enfant fut purifié du péché de la nature, et revêtu de la grâce du baptême, quand la Mère de Dieu quittait la terre pour revêtir la gloire de son infinie dignité.

La désolation de Jeanne était de se voir obligée de faire baptiser Louis par Pierre Toussaint, curé intrus d'Hurbache, successeur du fameux Streicher, bénédictin apostat et père de famille, donnant d'affreux scandales, qui le couvraient de honte et le faisaient tomber sous le mépris public. Comme tous les curés jureurs, Toussaint avait été nommé par un corps électoral restreint. Il appartenait à l'Eglise constitutionnelle, qui avait pris naissance dans les Vosges le 2 mars 1791. Jeanne Crovisier se rappelait avoir entendu dire que le baptême conféré par les hérétiques était valide, pourvu que l'administration du sacrement se fît suivant les prescriptions de l'Eglise. Or nul doute pour elle que Pierre Toussaint ne sache baptiser.

Louis fut donc apporté à l'église d'Hurbache, après l'office, le 15 août 1801 (1). L'intrus le baptisa comme l'aurait fait tout curé insermenté. L'enfant eut pour parrain son oncle Grégoire Bertrand et pour marraine sa tante Marie-Anne Crovisier. Ce fut avec tendresse que Jeanne embrassa son fils au retour de l'église et le consacra à l'Immaculée d'une manière tout particulière. Le ciel répondit à cet acte par une protection perpétuelle. Entouré de tous les soins, objet de la plus grande vigilance, le petit Louis s'essaya, dès les premiers instants de sa vie, à cette rare bonté qu'il se plaisait à manifester plus tard. Aussi sa mère toute heureuse lui disait-elle souvent, en répandant sur lui les vœux de sa pieuse tendresse : « *Cher enfant sois béni !* »

En grandissant, sa beauté, sa modestie et sa force le rendirent plus aimable encore. Son visage respirait une telle sérénité, ses yeux bleus, son front découvert, ses cheveux chatains, ses manières enfantines étaient si agréables que c'était merveille de le voir. Bien des voisines se disputaient le plaisir de passer leur temps avec le petit *Louis de Maugenre*. La maison paternelle où il habitait était bâtie près du ruisseau. Elle existe encore aujourd'hui, et elle fort spatieuse ; c'est la première à main gauche, en allant du pont de Dénipaire au centre du village. C'est là qu'il reçut de sa mère les premiers enseignements de la foi ; c'est là qu'il apprit à aimer son Dieu, Jésus-Christ et sa divine Mère. Matin et soir, la prière se faisait en famille, et à genoux devant un crucifix : c'est pour ce motif que l'on voyait régner dans cet heureux ménage la plus parfaite union, la paix et la joie, juste bénédiction de Dieu.

Dès sa troisième ou quatrième année, il suivait avec empressement ses parents à l'église d'Hurbache. Il apprenait à y vénérer Saint Gengoult, le patron de la paroisse, et il écoutait avec avidité les nouvelles et les leçons du pasteur.

A cette époque, au prône du dimanche, le curé rendait compte à ses paroissiens des grands événements politiques et militaires qui se déroulaient alors. La fameuse campagne de 1805 occupait tous les esprits. Quatre armées s'avançaient contre la France. L'empereur avait chargé son plus habile lieutenant d'arrêter 80,000 Autrichiens sur l'Adige, pendant qu'il détruisait la grande armée russe à Wertingen, à Elchinzen et à Ulm (19 octobre 1805).

---

(1) Ce même jour le pape Pie VII ratifiait le Concordat français.

Puis précipitant sa marche sur Vienne, et décimant 90,000 Austro-Russes sur les hauteurs d'Austerlitz (2 décembre), il décorait ses aigles d'une gloire immortelle. Toutes ces victoires consacraient l'Empire. Mais que de braves y avaient perdu la vie ! Que de larmes versaient les pauvres parents quand, le dimanche, ils apprenaient que leurs fils n'étaient plus !

Louis fut témoin de ces scènes douloureuses. L'esprit guerrier qui commençait à poindre dans son âme ne diminuait en rien la compassion de son jeune cœur envers ceux qu'un deuil cruel venait de frapper. Après la messe, il se rendait avec ses parents chez son oncle Jean-Baptiste *Nicole* pour y dîner, en attendant les vêpres. Là, il essayait de redire ce qu'il avait entendu. Il interrogeait les siens pour bien se faire expliquer la cause de tout ce qu'il voyait.

À la bonté et à la piété, le jeune enfant joignait un grand amour pour tous ses parents, surtout pour son frère Joseph et sa sœur Marie. Ce trait remarquable fut le caractère distinctif de sa vie. *L'amour des siens*, tel fut le premier sentiment qui s'éveilla dans son cœur pour se manifester partout, jusqu'à sa dernière heure. Louis avait de trop beaux exemples sous les yeux pour ne point se sentir porté à les imiter ; mais il y mettait un tel empressement, il savait se priver avec tant de générosité des quelques friandises dont il pouvait disposer, parfois même des aliments nécessaires, que chacun en était rempli d'admiration. Lui faisait-on quelque cadeau, il le mettait en réserve pour sa chère Marie, ou pour sa petite Marie-Anne Ferry, sa cousine ; son affection pour elles développait en lui de jour en jour un généreux esprit de sacrifice.

Les plaisirs et les jeux bruyants de l'enfance n'existaient pas à Dénipaire. Louis n'avait donc pas à les éviter. Parfois cependant il se réunissait volontiers à de jeunes compagnons, quand ceux-ci paraissaient disposés à ne pas faire trop de tapage. On voyait alors, sous sa conduite, une bande de joyeux enfants prendre ses ébats dans la prairie, faire des moulins dans les ruisseaux, ou cueillir des myrtilles dans les bois. Sa grande récréation était de s'amuser avec Baptiste ; c'était son chat, ainsi nommé parce qu'il était né le même jour que son frère. Or cet animal était adroit pêcheur, le poisson qu'il prenait derrière chez lui, dans le ruisseau, était aussitôt confisqué par le petit maître et porté à sa sœur.

Ce qui touchait avant tout le cœur de Jeanne Crovisier, sa mère, c'était la facilité avec laquelle il retenait les vérités de la foi et la bonne grâce qu'il mettait à entendre parler de l'histoire, profane ou sacrée, puisqu'en ce moment on parlait de guerres bien plus que de religion.

Ce fut au *Fraiteux* que l'esprit militaire commença à pénétrer plus avant dans le cœur du jeune Louis ; voici à quelle occasion : le sixième dimanche après Pâques 1808, il était venu fêter Saint Grégoire chez son vieux grand-père. Grande fut sa surprise d'y rencontrer le commandant Barlier, son grand-oncle. « Mon commandant, dit Quirin, je vous amène un futur grenadier qui sera brave et fort, n'en doutez pas. » — « C'est très bien, mon neveu, car vois-tu, avec tous ces gueux de Russes, il faut avoir du sang dans les veines. Regarde comme ils m'ont arrangé ; » et il lui montra son pied à moitié emporté par un biscaïen. — « Où donc avez-vous gagné cette blessure ? Elle est glorieuse ; mais elle n'en est pas moins blessure et vous voilà estropié pour toujours. » — « C'est le 8 février 1807, l'an dernier, à Eylau. » — « Ah ! mais Eylau, n'est-ce pas de l'autre côté du Rhin ? » — « Oui, oui, à cent trente-six lieues de Berlin, et à une étape de Kœnigsberg, c'est bien loin du Rhin, comme tu vois. » — « Et vous vous êtes bien battus là-bas ? » — « Jamais je n'ai vu une plus affreuse boucherie. » — « Assoyons-nous donc ; nous allons boire à ta santé un bon verre de kirsch de la Petite-Fosse ; tu nous raconteras tes exploits ; tu écouteras bien, Louis, entends-tu ? » — La vieille maman Barlier arrive, en se servant de son bâton, et apporte des petits verres sur la table ; Quirin va dans l'armoire de son père chercher la précieuse bouteille, tous trinquent et boivent à la santé, en brisant un morceau de gâteau sec : « Nous t'écoutons maintenant, dit Quirin, parle-nous de la bataille d'Eylau. » — « Nous étions quatre-vingts escadrons, dit Barlier, commandés par Murat, mon escadron de cuirassiers appartenait à la division du général d'Hautpoul. L'empereur n'avait pu réunir sous sa main que 54,000 hommes harassés de fatigue et tourmentés par la faim. Les Russes en avaient 72,000. C'était un jour d'hiver, le 8 février, une neige épaisse couvrait le sol, des rafales de vent et des tourbillons venaient fouetter le visage de nos cavaliers. La journée commença par une épouvantable canonnade. De notre côté 200 bouches à feu, du côté des Russes, plus de 300, vomirent longtemps sur les deux armées la mitraille et la mort. Napoléon attendait au pied d'un arbre, dans le cimetière d'Eylau, sous une pluie de fer qui passait au-dessus de sa tête, que Davoust, qu'il avait appelé à lui, tombât dans le flanc gauche des Russes. Quand il entendit son canon, du côté de Serpallen, il lança le corps d'Augereau sur le centre ennemi. Mais les Russes démasquèrent une batterie de 72 pièces ; en quelques instants 4,000 Français jonchent le sol. Ce corps est ramené sur Eylau, l'ennemi le suit, il touche presque au cimetière, clef de la position française, et où Napoléon n'a que six bataillons de sa garde. Sur un ordre, Murat accourt. « Nous laisseras-tu dévorer par ces gens-là ! » lui dit l'empereur. Aussitôt Murat réunit nos quatre-vingts escadrons. La charge sonne, nous partons au galop, nous perçons la première ligne ennemie ; nous la sabrons ; nous nous jetons sur la seconde. Celle-ci, appuyée à un bois, démasque une batterie formidable et tire sur tout ce qu'elle a devant elle, amis et ennemis. Devant moi le général d'Hautpoul est mortellement frappé. Mes cuirassiers courent en désordre ; mon cheval est tué sous moi ; je monte celui de mon voisin. Je commande en avant sur la première ligne russe qui se reformait. Le général Lepic vient à notre secours avec ses grenadiers de la garde. Il était temps. La ligne russe est anéantie, mais un biscaïen m'emporte le talon du pied et tue mon cheval. Je tombe auprès des grenadiers qui s'élancent à la baïonnette contre 4,000 Russes et les couchent sur le terrain. Davoust et Ney terminèrent la bataille. 30,000 Russes et 10,000 Français restèrent sur le carreau ; j'étais du nombre des blessés. Dans la nuit, je fus transporté à Gumbinnen où je restais trois longs mois chez un riche particulier. Le 2 mai, j'arrivais à Strasbourg, où je restais un an chez un de mes collègues en attendant qu'on me prépara mon logement à Saales. Tu vois, mon cher Quirin, que je l'ai échappé belle pour pouvoir aujourd'hui trinquer avec toi ; mais vois-tu, sous ma croix, j'avais une médaille de la Vierge : elle m'a porté bonheur. Qui sait, si je n'avais pas été blessé à Eylau, je serais peut-être aujourd'hui tué à Friedland ! » — « Tu as raison, lui répondit Quirin, mais n'as-tu pas assisté à d'autres batailles qu'à Eylau ? » — « Pardon, mon brave, j'étais à Pultusk et à Soldan, qui coutèrent aux Russes 20,000 hommes et 80 pièces de canon, mais crois-moi, tous ces combats n'étaient rien auprès d'Austerlitz et de Marengo et je suis fier d'y avoir assisté. Vois-tu, mon petit Louis, dit-il en terminant, si jamais tu deviens soldat, ne vas pas à la cavalerie, mais à l'infanterie. Retiens ce conseil et suis-le. » Tout jeune qu'il était, Louis n'oublia pas cette parole et treize ans plus tard nous le verrons se déterminer en conséquence.

Si *Fraiteux du Ban-de-Sapt* était le lieu d'origine de son grand-père et de ses aïeux, la *Fontenelle* avait vu naître son père Quirin en 1775, et les trois sœurs de son père. Du côté maternel, *Colroy-la-Grande* était le lieu d'origine de son grand-père *Crorisier* dont les aïeux habitaient *Saales*. Marié avec Jeanne Colin de Dénipaire il demeura dans cette localité qui vit naître Jeanne Crovisier en 1777, et les frères et sœurs de Jeanne, épouse du père Maugenre.

La parenté provenant de ces deux souches fut extraordinairement grande. Une généalogie (1) de détail ne serait pas à sa place dans une biographie. Trois sœurs Crovisier ayant eu trente-six enfants, qui vont devenir chefs de grandes familles, on conçoit qu'il est presque impossible d'énumérer les parents de Louis Maugenre, à moins que de reproduire presque en entier le recensement des communes du Ban-de-Sapt, de Dénipaire et d'Hurbache, en y faisant encore de nombreuses additions. De quelque côté que Louis dirigeait ses pas, partout il ne rencontrait que cousins et cousines. Il se plaisait surtout à la Fontenelle. Il y passait tout le temps que sa mère lui accordait. « *Qu'on est heureux au sein de sa famille* », aimait-il à répéter et à chanter souvent. Oui, ce bonheur ne se trouve que dans les familles unies et patriarcales que Dieu favorise, parce qu'il y est glorifié.

Au village de Dénipaire, les études du jeune Louis furent bien modestes, étant tout à la fois les premières et les dernières de sa vie. C'est à cette cause malheureuse qu'il faudra plus tard attribuer son maintien dans les rangs inférieurs de l'armée. Mais si, aux yeux des hommes, ce fut pour lui un grand détriment d'être privé du bienfait de la science, aux yeux de la Providence, qui dispose tout pour le salut, ce fut sans doute un moyen très efficace de préserver sa grande vertu. Il n'y avait pas alors d'école proprement dite au village. Pendant l'hiver seulement, un instituteur, nourri par les familles, apprenait bien peu de choses aux enfants réunis des deux sexes. Le matin, la leçon était encore passable ; mais l'après-midi, la misérable goutte dont il s'abreuvait à forte dose ne faisait de lui qu'un objet de risée et de récréation pour tous les enfants. Le maître frappait les élèves, employait la verge sans aucune réserve. Les élèves profitaient de son absence pour chauffer la pelle à feu, ou les pinces et pour lui jouer toutes les farces possibles. Souvent il dormait, et les élèves s'amusaient, Dieu sait comment. — Pacifique par caractère, peu soucieux des frivolités et des taquineries, Louis s'appliquait de son mieux à étudier les premiers éléments. Il était le plus savant de tous ; il savait lire écrire et compter ! Voilà le maximum du bagage intellectuel que

---

(1) Qu'il me suffise de citer les noms de familles les plus importants et qui sont : Bertrand, Blaise, Rovel, Herry, Fade, Collin, Claudel, Lemaire, Barlier, Perrin, Jardel, Mathieu, Picard, Xeuxet, Gérard, Colnel, Strabach, Lempereur, Nicole, Pierrat, Bastien. Jeandel, Petitnicolas, Parmentier, Sistelle, Idoux, Finance, Pauné, Vendier, Génacio, Toussaint, Noël, etc.

pouvait recueillir un enfant de ce village, après avoir suivi, durant quelques hivers, les leçons d'un tel maître. L'étude du catéchisme, les soins de la famille et les travaux des champs absorbèrent en grande partie toutes ses années de 1808 à 1813.

Souvent il accompagnait sa mère au marché de *Saint-Dié*. Leur première visite, après avoir passé le Robache, était pour la Petite-Église. Ce sanctuaire de Notre-Dame de Galilée, bâti en 663, au lieu de l'apparition de la Mère de Dieu à un disciple de Saint-Dié, venait d'échapper par miracle à la destruction. M. Lallemand de Sauceray, qui l'avait achetée aux enchères d'Épinal pour 35,100 francs en 1797, venait d'en faire don à la commune de Saint-Dié, le 14 Mars 1805, gratuitement et sans rétribution, sous la clause expresse que l'Église ne pourrait être employée à d'autre usage que pour le culte catholique. Sitôt rendue à la piété des fidèles, elle redevint le but d'un pèlerinage de premier ordre. Les nombreuses familles vosgiennes qui avaient traversé la tourmente, en conservant la foi et les traditions de leurs pères, venaient y retrouver secours et consolations. En priant avec son Louis pour toute la famille, Jeanne ne pensait guère que, dans cette même église, soixante ans plus tard, l'auguste Vierge accorderait à son petit-fils la vocation du prêtre.

A mesure que le jeune enfant grandissait, on voyait s'épanouir dans son cœur une véritable dévotion envers la Très Sainte Vierge et son patron Saint Louis. Elle se manifesta surtout aux approches de sa première communion.

A une lieue de Dénipaire se trouve l'antique Abbaye de *Moyenmoutier*. Elle fut fondée par Saint Hydulphe, archevêque de Trèves vers 671. A l'exemple de Saint Dié, de Saint Gondelbert, de Saint Romaric, de Saint Arnoul, cet archevêque avait établi un ermitage et une communauté religieuse dans ces lieux inhabités. Il dédia son ermitage de *Malfosse* à la Mère de Dieu. Notre Dame de Malfosse fut à Saint Hydulphe et à sa petite cité ce que Notre-Dame de Galilée fut à Saint Dié et à sa ville. Par leur antiquité et leurs miracles, ces deux Madones sont les plus illustres de la contrée. Leur culte est aussi inséparable que celui des deux saints Évêques. Une double occasion se présenta à la famille de Louis pour aller ensemble à Moyenmoutier. Il fallait d'abord remercier Notre-Dame d'une préservation particulière accordée au père Quirin dans un accident qui lui était arrivé pendant qu'il construisait le puits énorme et très profond qui alimente la Fontenelle. Il fallait ensuite obtenir pour leur enfant la grâce d'une bonne première communion. C'est pourquoi, à la fête de la Nativité de 1812, ils partirent tous à jeûn, faire leurs dévotions en l'honneur de la Vierge de Malfosse. Nul doute que leur foi fut grandement récompensée.

Louis apporta donc au plus grand acte de sa vie les meilleures dispositions. L'abbé Dieudonné Grand (1) lui fit faire sa première communion dans l'église d'Hurbache le dimanche de la Passion 1813. Jésus-Christ sans doute prit alors possession de ce jeune cœur, et versa à pleines mains ses trésors dans cette âme prédestinée.

Après ce jour de consolation et de joie, Louis ne tarda pas à être initié aux durs labeurs de la vie et aux secrets de la souffrance. Pour l'amour de Dieu et des siens, nous le verrons tout accepter, et tout supporter avec un dévouement poussé parfois jusqu'à l'héroïsme.

Sa mère avait déjà eu huit enfants, dont cinq étaient vivants. En qualité d'aîné, Louis se devait tout à tous ; il accomplit son devoir. Doué d'une force physique extraordinaire, il déchargeait son père des travaux les plus fatiguants. Il construisit avec lui une maison de cultivateur, située au levant, et à l'extrémité du jardin Chaudron, à droite de la route en allant à Senones. C'est là que toute la famille vint habiter après la vente de la première maison. Sous ce nouveau toit paternel, Louis continua à prier, à aimer, à travailler et à souffrir ; son dévouement, son zèle et sa foi grandissaient avec l'âge et édifiaient tous les siens. La Providence lui avait donné une constitution très robuste : grâce à elle dès l'âge de treize ans, il maniait la charrue, la faux et la houe tout aussi bien que n'importe quel autre cultivateur du village.

Que de pères de familles en voyant travailler le fils et le père Quirin dans les champs s'arrêtaient et se lamentaient : « Que vous êtes heureux, disaient-ils, d'avoir votre Louis avec vous, car nos fils à nous, où sont-ils ? Nous ne savons pas même s'ils sont morts ou vivants : ils sont partis en *Russie*, avec la grande armée ; depuis lors plus de nouvelles ! Gérard, Finance, Lemaire et Collin nous ont quittés depuis l'hiver de 1812 ; l'un d'eux a écrit de Kowno, le 23 juin, annonçant que le lendemain ils attaqueraient les Russes, de l'autre côté de Niémen ; c'est la seule lettre depuis cette époque.

---

(1) Depuis le rétablissement du culte catholique dans les Vosges, Hurbache avait eu pour curés MM. l'abbé Augustin André (février 1803), l'abbé Pierre-Nicolas Ferry (septembre 1803), l'abbé Renaud (décembre 1803), Dieudonné Grand (mai 1803).

Les désastres se sont succédés ; ils sont le châtiment des injustices et des violences de Napoléon envers le pape, et nos enfants en sont les victimes ! » — « Hélas ! oui, répondait Quirin, mais ne vous désespérez pas. Le jour où vous vous y attendrez le moins, vous serez peut-être surpris de voir arriver votre fils. »

Ce fut vrai pour l'un deux. Au mois d'octobre 1813 Jean-Baptiste Collin était de retour à Dénipaire. Seul, il avait survécu à ses compagnons du village, ayant fait partie de l'armée de Moscou. Si ce fut une joie pour sa famille de le revoir, ce fut une consternation générale d'apprendre de sa bouche les cruels événements dont il avait été témoin et les horreurs dont il avait eu à souffrir. « Dieu est juste, disait-on partout. L'empereur a volé au pape Rome et ses états ; il l'a fait traîner en exil par ses généraux Radet et Miollis ; il l'a fait déporter à Florence, à Savone et à Fontainebleau ; il a fait chasser de Rome et exiler ses plus dignes cardinaux, emprisonner de saints évêques au donjon de Vincennes. Aujourd'hui, c'est à son tour de souffrir. Qui mange du pape en crève. L'empereur est perdu, et la France avec lui. »

Depuis le jour de son retour au pays, Collin fut obsédé et importuné par les visiteurs, au point qu'il se vit forcé de les réunir un dimanche l'après-midi, à l'auberge du village. Après les vêpres, tous, grands et petits, furent fidèles au rendez-vous. Louis Maugenre était du nombre.

Après avoir trinqué à la santé de tous les amis, Collin se mit à raconter la mémorable campagne. « Je viens d'assister, dit-il, à une lutte gigantesque, comparable à celle des croisades. Ayant sous ses ordres huit monarques, six cent quarante mille hommes, plus de soixante mille chevaux et douze cents canons, Napoléon déclara cette guerre à Alexandre de Russie pour se venger de l'Angleterre, et assurer le blocus continental. Moi, j'appartenais à la division du général Drouot de Nancy. Ses officiers l'appelaient le Sage, parce qu'aux vertus d'un brave, il joignait celles d'un chrétien. Souvent il lisait et méditait l'Evangile ; rien d'étonnant si sa division fut la plus épargnée. A l'extrême frontière de la Prusse, nous traversâmes le Niémen, entre Witepsk et Smolensk. C'était le 24 juin 1812. Ce jour-là fut d'un mauvais présage ; le cheval de l'empereur s'abattit tout-à-coup et le précipita sur le sable. Le lendemain, un orage épouvantable assaillit toute l'armée et commença ses revers ; les routes et les champs furent inondés ; un froid désagréable succéda à la chaleur insupportable de l'atmosphère. Dix mille chevaux périrent dans la marche et surtout dans les bivouacs. Quantité d'équipages restèrent abandonnés. Nous arrivâmes à Wilna le 28.

Au lieu d'accabler les Russes, nous nous arrêtons dix-sept jours. Après cette halte funeste, nous prenons la route de Moscou. Ceux qui approchaient l'empereur remarquaient avec étonnement qu'il n'avait plus la même vigueur. Une infirmité de bas étage le forçait à prendre des bains très souvent. Son nouvel embonpoint était un signe précurseur d'un affaiblissement prématuré. La nourriture des seigles verts faisait périr les chevaux et désorganisait la cavalerie. Le 25 juillet, nous battions les Russes à Ostrowno, et le 28, à Witepsk. Se réunissant près de Smolensk, les deux armées ennemies, commandées par Barclay et Bagration, fortes de 80,000 hommes, nous attaquèrent avec acharnement le 17 août. Elles furent battues, mirent le feu à la ville et se retirèrent. Dans leur retraite, les Russes dévastaient le pays, incendiaient villes, bourgs et villages, détruisaient les blés et les fruits. Misère de l'armée française ! Nous nous demandions « dans quel but on nous avait fait faire huit cents lieues pour ne trouver que de l'eau marécageuse, la famine et des bivouacs sur des cendres. Car c'étaient là toutes nos conquêtes : nous n'avions de bien que ce que nous avions apportés. S'il fallait traîner tout avec nous, porter la France en Russie, pourquoi donc nous avait-on fait quitter la France ? » Nous marchions sur des routes jonchées de cadavres d'hommes et de chevaux. Deux affreuses épidémies ravageaient nos rangs, la dyssenterie et le typhus. Onze mille Bavarois y succombèrent avant d'avoir combattu. Chez nous, un quart des Français périrent dans cette marche militaire. Napoléon ne l'ignorait pas : il crut que le remède le plus prompt était *Moscou*. Pour sauver cette ville, Kutusof, qui avait remplacé Barclay, se décida à livrer bataille. L'action s'engagea près de la Moskowa, à Borodina. Elle fut terrible. Ce jour-là, 7 septembre, nous étions 127,000 hommes avec 380 canons contre 140,000 Russes. C'est ici, père Gérard, que votre Colas a succombé. Il appartenait à la division du général Caulaincourt qui fut tué en sauvant l'armée. Par trois fois, il chargea avec les cuirassiers sur l'ennemi, barricadé par une grande redoute sur leur aile droite. Mille pièces de canon échangeaient leur feu ; un boulet le frappa sur son cheval. 30,000 Français tombèrent avec lui. Quarante-sept généraux avaient été tués ou blssés. A ce prix les Russes furent défaits et perdirent 60,000 hommes. » — « Ah ! mon pauvre enfant, disait Gérard en pleurant à chaudes larmes, aller mourir là-bas, si loin de son père et de sa mère ! Oh ! maudite guerre, tu nous feras mourir de chagrin et de douleur ! » Et il sanglotait de plus en plus. — « Allons, continuez, Baptiste, disaient les autres ; après cette terrible bataille qu'êtes-vous devenus ? »

On se remit en marche. Ce vainqueur des nations était vaincu par la fièvre. Murat, Beauharnais tonnaient contre son indécision, contre sa négligence d'achever la destruction de l'armée russe ; ils ne reconnaissaient plus son génie. Enfin, le 14 septembre, vers deux heures de l'après-midi, nos éclaireurs aperçoivent une ville superbe étincelant sous les rayons du soleil. Des globes d'or terminaient les clochers de deux cent quatre-vingt-quinze églises ; des terrasses, ornées de fer poli et coloré, recouvraient quinze cents châteaux et quantité de maisons splendides. A ce spectacle, les éclaireurs s'arrêtent ; ils crient : « Moscou ! » et ce cri se répète dans toute l'armée. Nous pressons le pas, nous apercevons la ville. Des cris de joie s'échappent de toutes les poitrines. Toutes les souffrances de la veille étaient oubliées ; il était temps.

Nous voici donc à Moscou, nous pénétrons dans les rues, nous les trouvons désertes. Le gouverneur Rostopchine en avait fait sortir presque toute la population. Sur 300,000 habitants, il n'y restait que des forçats pour mettre le feu aux palais et aux maisons quand nous y serions entrés. Dès le 16 septembre, Napoléon lui-même, logé dans le Kremlin, se voit entouré d'une ville en feu, dans un palais en feu. Tous nous sommes requis pour réprimer l'incendie. Point de pompes : le gouverneur russe les a fait disparaître. Les flammes allumées sur divers points se propagent avec la rapidité de la poudre au milieu de cette ville de bois. 15.000 blessés russes y périssent. Enfin le 20 septembre, après cinq jours d'efforts, nous réussissons à sauver un cinquième des maisons, le Kremlin et les églises. Nous trouvâmes dans les caves de quoi nourrir l'armée pendant six mois. C'est à Moscou que j'ai appris par les soldats du train que Finance était mort aux ambulances. Il se trouvait du nombre des 20,000 malades français qui entrèrent dans la capitale après toute l'armée.

Pendant trente-cinq jours, nous attendions un traité de paix qui mit fin à cette guerre d'extermination : le czar Alexandre refusa en appelant aux armes toute la Russie. Alors le terrible hiver approchait, il fallut songer à la retraite. Le 19 octobre, je quittais Moscou par la route de Kalouga avec toute l'armée de l'empereur, forte de plus de 100.000 hommes. Mortier resta au Kremlin avec dix mille soldats.

Cinq jours après notre sortie, Kutusof et ses cosaques nous attaquent à Malo-Jaroslavetz. La ville fut prise et reprise sept fois. A la fin elle nous resta. Nous quittâmes la route de Kalouga pour celle de Mojaïsk par où nous étions venus. C'est alors que nous perdîmes tous les jours en maraudeurs et en déserteurs plus de monde que si on eut livré bataille. Le froid s'accrut, la neige couvrit les chemins, le désordre augmenta. Quand nous arrivâmes à Smolensk, nous avions perdu la moitié de l'armée ; c'était le 9 novembre.

« Mais laissez-moi maintenant discontinuer mon récit, je ne me sens plus le courage de vous en apprendre plus long. Depuis ce moment, tout va bien mal en France, vous connaissez les dernières nouvelles d'Allemagne. On dit que Macdonald, Oudinot, Vandamme et Ney ont été défaits et que nos alliés deviennent nos ennemis. S'il en est ainsi, qu'allons-nous devenir ? »

— « Ah ! que Dieu nous protège, dit Quirin Maugenre, mais, puisque tu es fatigué, Baptiste, dimanche prochain reviens chez moi, j'invite aussi la société. Nous voulons tout savoir ce que tu as vu et entendu. Ainsi donc, rendez-vous chez moi dimanche soir, c'est bien convenu. » — « Oui, convenu, dirent à la fois tous les assistants, et maintenant terminons ces bouteilles et buvons à la santé de notre Baptiste. »

Depuis l'arrivée de Collin, plusieurs réunions, semblables à la première, eurent ordinairement lieu le dimanche, chez Quirin Maugenre. Tous étaient suspendus aux lèvres du soldat de la grande armée quand il racontait la retraite de Russie par un froid de 28 degrés ; la misère de nos soldats qui périssaient en masse (20,000 en trois jours) ; la bataille de Krasnoï (15 novembre 1812) où l'empereur chargea lui-même avec sa garde ; l'héroïsme de Ney, traversant 60,000 Russes avec 6,000 hommes ; le passage de la Berésina, tristement célèbre (26 novembre) ; les batailles de Wilna et de Kowno, où Ney se battit comme un grenadier, un fusil à la main. Il n'y avait pas une famille en France qui ne pleurât une ou plusieurs victimes. Derrière le Niémen, Napoléon avait laissé plus de 300,000 soldats. Les sept années de guerre en Espagne nous en avaient encore coûté davantage. Ces revers allaient-ils continuer en Allemagne ? Les victoires de Lutzen et de Bautzen auraient-elles la paix pour conséquence ? L'empereur allait-il accepter les concessions des coalisés, qui n'ôtaient rien à la grandeur de la France ? Hélas non ! Bientôt l'on apprit de nouvelles hostilités et de plus grands désastres (1). Tous comprirent dès lors

---

(1) Défaite d'Oudinot à Gross-Beeren (23 août 1813). — Victoire de Napoléon à Dresde (26 et 27 août). — Défaite de Macdonald à la Katzbach (26 et 29 août). — Défaite de Vandamme à Kulm (30 août). — Défaite de Ney à

que la France était perdue, et que l'indépendance nationale allait être sacrifiée à la sûreté individuelle. C'est qu'en effet l'invasion des coalisés était proche.

Le 21 décembre 1813, la grande armée du prince de Schwarzenberg composée des Autrichiens, des Bavarois, des Russes et des gardes prussiennes, comprenant à peu près cent soixante mille hommes, viola la frontière suisse, et franchit le Rhin sur trois points différents : à *Bâle*, à *Rheinfelden* et à *Schaffausen* (1).

Cette armée avait été distribuée en sept divisions : celle du maréchal de Wrède, avec les Bavarois et les Wurtembergeois, avait jeté des bombes dans Huningue, attaqué Belfort, et poussé des reconnaissances sur Colmar. Celle du prince de Wittgenstein bloquait Strasbourg et Kehl. Celle du général Guilaz se portait sur Montbéliard et Vesoul. Le corps d'Aloïs de Liechtenstein se dirigeait sur Pontarlier et Besançon. Le corps de Maurice de Liechtenstein s'acheminait sur Dôle et Auxonne. Le corps du général Rubna longeait le revers du Jura, pour s'emparer de Genève. Le corps des gardes prussiennes et russes restait à Bale, autour des souverains coalisés. Toute cette armée devait se réunir entre Chaumont et Langres à celle du général Blucher, forte de soixante mille hommes, composée des Badois des corps d'York, de Sacken, de Langeron, qui devaient franchir le Rhin à Manheim, à Mayence et à Coblentz (2).

A cette masse d'envahisseurs, les restes de l'armée de Leipzig ne pouvaient guère opposer de résistance. Le maréchal Victor, qui se trouvait à Strasbourg avec huit mille cinq cents hommes d'infanterie, mal armés et mal vêtus, et avec quatre milles vieux dragons d'Espagne, avait rétrogradé sur Saverne. Il prit position sur la *crête des Vosges*. Il laissait à *Strasbourg* le général Broussier, avec quelques milliers de conscrits et de gardes nationaux. Le duc de Raguse, qui était à Mayence, avec trois corps d'armée.

Dennewitz (6 septembre). — Bataille des nations à Leipzig où 190,000 Français tuèrent 70,000 hommes et en perdirent 50,000 (16, 18 et 19 octobre). — Retraite d'Allemagne. — Victoire de Hanau (30 octobre). — Sièges de Dantzig, de Hambourg, de Torgau, de Wittenberg, de Magdebourg, de Stettin, de Damm, de Custrin, de Glogau, etc.

(1) Lettres du général Cassagne, commandant le département des Vosges, au général Lacoste, commandant la 4ᵉ division militaire de Nancy, datées d'Epinal, les 23 et 28 décembre 1813, publiées par la Société d'Emulation de la ville d'Epinal.

(2) Thiers. Histoire de l'Empire.

dont l'un, celui du général Morand, avait été formé par la réunion des corps d'Oudinot, de Reynier, d'Augereau et de Bertrand, ne disposait que de vingt mille hommes au plus. Il en laissait onze mille à *Mayence*, avec le général Morand. Recueillant en chemin la division Durutte, il était venu se placer sur le revers des Vosges, entre la Sarre et la Moselle, afin d'opérer sa jonction avec le maréchal Victor, vers *Metz*, Nancy ou Lunéville. Le maréchal Macdonald, qui avait réuni à Cologne et à Wesel les débris de son corps d'armée, et de celui de Lauriston, comprenant ensemble huit mille hommes valides, avait opéré sa retraite dans les *Ardennes*, pour rejoindre les maréchaux Victor et Marmont, duc de Raguse. A *Nancy*, le maréchal Kellermann, duc de Valmy, organisait des troupes avec les dépôts qui étaient à Strasbourg, Landau, Mayence et Cologne.

Une nouvelle campagne, *celle de France*, allait donc commencer par l'Alsace et les Vosges. Le 23 décembre (1), un combat de cavalerie fut livré à une demi-lieue de *Colmar*. Le 19ᵉ régiment de dragons du général Milhaud et le 4ᵉ régiment des gardes d'honneur du maréchal Victor culbutèrent et sabrèrent une division de cavalerie bavaroise et autrichienne, renforcée de Cosaques, et commandée par le général autrichien Spleny (2). L'ennemi eut 120 blessés et 300 tués, dont un colonel de Cosaques, originaire de Colmar (3).

Le 24, le corps d'armée envahissant du général de Wrède, composé de Bavarois, de Hessois et de Russes, s'avança à son tour sur Colmar, venant de Guebwiller. Sa division d'avant-garde, après avoir pillé *Sainte-Croix*, engagea un combat très vif avec notre division Forestier, accourue de Schlestadt. L'ennemi se retira avec des pertes sensibles (4).

Le 25, l'arrivée des divisions de Berkleim et comte Milhaud, comprenant 4,000 hommes d'infanterie, 6,000 dragons et de l'artillerie fit prendre l'offensive au général Forestier. Avec ce renfort,

---

(1) Lettre de M. de Normandie, sous-préfet de Saint-Dié, au général Cassagne, datée de Saint-Dié, 25 décembre 1813. Bulletin de la Société d'Emulation d'Epinal.

(2) *Moniteur universel*, 27 décembre 1813.

(3) Lettre de M. le comte de la Vieuville, préfet du Haut-Rhin, à M. de Normandie, datée de Colmar 28 décembre 1813.

(4) *Moniteur universel*, 30 décembre 1813.

il reprit *Colmar*, et fit rétrograder l'ennemi jusque dans la vallée de Soultz (1).

Le 26, l'ennemi se porta jusqu'à *Ronchamp*, sur la route de Lure (2).

Le 27, la petite colonne de notre général Jeannin arriva à *Saint-Dié* de Baccarat ; elle se porta par Sainte-Marie-aux-Mines sur *Schlestadt*, où se trouvait le maréchal Victor (3).

Le 28, l'ennemi fort de 25,000 hommes, incendia les faubourgs de la ville, en mettant en batterie 75 canons. La garnison de *Belfort* repoussa l'attaque des alliés par une sortie remarquable qui coûta 5,000 hommes aux coalisés (4). Ils durent déguerpir sous le feu de nos soldats. Le même jour, on apprit la sortie de *Huningue*, où 200 alliés périrent. Le corps de Wrède se maintenait sur la rive droite de l'Ill. Il construisait des redoutes à *Ensisheim ;* il envoyait sa cavalerie sur Soultz et Rouffach (5).

Le 29, les assiégeants de Belfort, découragés de leur attaque infructueuse sur le premier point qu'ils avaient choisi, changèrent de position (6). Sur les hauteurs de Saint-Dié, de Dénipaire et du Ban-de-Sapt, on entendit le canon de Huningue et de Belfort. A *Rouffach,* après un sanglant combat de cavalerie, le général Milhaud poursuivit l'ennemi jusqu'aux abords de Guebwiller. Les coalisés se massèrent dans la *forêt de la Hart* et dans le district d'Ochsenfeld (7).

Le 30, la garnison et les gardes nationaux de Belfort prirent un canon à l'ennemi dans une seconde sortie. A *Apsonnécourt* se trouvait le quartier général bavarois ; celui du prince de Schwarzemberg était à *Lœnach*. Entre Strasbourg et Schlestadt, l'ennemi

---

(1) Lettre du général Cassagne au général Lacoste. Epinal, 27 décembre 1813.

(2) Lettre du général Cassagne au général Lacoste. Epinal, 28 décembre 1813.

(3) *Moniteur universel,* le 3 janvier 1814.

(4) Lettre du général Cassagne au général Lacoste. Epinal, 30 décembre 1813.

(5) Lettre du préfet du Haut-Rhin au sous-préfet de Saint-Dié. Colmar, 28 décembre 1813.

(6) Lettre du général Cassagne au général Lacoste. Epinal, 31 décembre 1813.

(7) *Moniteur universel,* 4 janvier 1814.

effectua un passage à la suite duquel le maréchal Victor se porta à la sortie de la vallée de la Bruche, vers *Molsheim* pour défendre les défilés des Vosges (1).

En apprenant ces graves nouvelles, Quirin Maugenre et les campagnards de Dénipaire, d'Hurbache, du Ban-de-Sapt et de Moyenmoutier se réunirent à Senones, au nombre d'environ quatre cents, pour former la garde nationale et aller garder le défilé de Saales. Deux cents hommes de Raon s'étaient joints à eux. Il leur fallait des fusils et des cartouches; on n'en trouvait nulle part. Jusqu'au dernier moment, ils espéraient en recevoir de Lunéville; mais toutes les armes avaient été dirigées sur Nancy. Quand les piques furent commandées, il était trop tard, le val de Saint-Dié était envahi.

Le 1er janvier 1814, pendant que nos 1,200 gardes nationaux de Senones, de Raon et de Saint-Dié, les premiers enrôlés de toute la France, manœuvraient sans fusils, et élevaient des redoutes aux *cols de Saales et de Sainte-Marie*, sous l'habile direction d'ingénieurs français, une division autrichienne, commandée par le général Frimont, poussa une reconnaissance sur *Plaffenheim*. Elle fut sabrée et culbutée par les dragons du général Milhaud. Les Autrichiens se replièrent sur les Bavarois à Mulhouse (2).

Le 2 janvier, les alliés étaient divisés en plusieurs corps sur le versant oriental des Vosges. Le premier corps, fort de 20,000 hommes, comprenant les Wurtembergeois, sous les ordres du prince royal, et les Cosaques du Don, sous le commandement de l'hetman Platow, quitta Saint-Amarin, et franchit le *col de Bussang*. Le deuxième corps du roi de Bavière, fort de 43,000 hommes, prit position à *Orbey*. Le troisième corps du maréchal de Wrède, fort de 35,000 hommes tint son bivouac à *Ribeauvillé*. Le quatrième corps de Wittgenstein se fixa à *Gertwiller* (3).

Le 3 janvier, le général Cassagne, commandant le département des Vosges, fit partir un détachement de cavalerie fort de 80 hommes, composé de gendarmes, de dragons et de chasseurs. Ce détachement remonta le cours de la Moselle, en suivant la route de Remiremont, ne s'arrêta point dans cette ville et arriva le soir du

---

(1) Lettre du général Cassagne au général Lacoste. Epinal, 31 décembre 1813.

(2) *Moniteur universel*, 6 janvier 1814.

(3) Lettre du général Cassagne au général Lacoste. Epinal, 4 janvier 1814.

même jour au village de *Rupt,* après avoir fait un trajet de 40 kilomètres. Le lendemain il se remettait en marche, lorsqu'il fut subitement enveloppé par une nuée de Cosaques, et forcé de se rendre après un échange de coups de sabre et de lance. Il fut tout aussitôt dirigé sur l'Allemagne. La nouvelle de cette mésaventure parvint au général Cassagne, avec d'autres qui lui démontrèrent qu'il ne pourrait, avec le peu de monde sous ses ordres, faire tête aux alliés (1).

Le 5, la division Cassagne évacuait Epinal, tandis que le maréchal Victor (2) accompagné du général Milhaud, rétrogradait par Mutzig, Visches, Schirmeck, Raon-sur-Plaine, *Celles* (3) et Raon-l'Etape sur Baccarat, où ils reçurent, le 6 janvier, le détachement envoyé de Lunéville par le major du 1er régiment de carabiniers ; ils déclarèrent au capitaine de carabiniers que l'ennemi n'était pas sur leur dos (4).

Dans la matinée du 7, douze Cosaques entrèrent à *Epinal ;* ils

---

(1) Charton. Histoire vosgienne, page 5. Extrait des annales de la Société d'Émulation des Vosges, tome XIII.

(2) Le maréchal Victor-Claude Perrin est né à Lamarche (Vosges) le 7 décembre 1764. Engagé volontaire en 1794 au 3e bataillon de la Drôme, il obtint ses premiers grades au 4e régiment d'artillerie. Chef de bataillon, il culbuta 3,000 Piémontais, avec son unique bataillon, à Coaraza ; il s'empara du fort Faron, au siège de Toulon et fut nommé adjudant-général. Blessé, en forçant la redoute du Petit-Gibraltar, il devint général de brigade. A l'armée des Pyrénées-Orientales, il se distingua aux sièges de Roses et de Figuières. En 1796, il commanda un corps de l'armée d'Italie, prit part à tous les grands faits d'armes de cette campagne, et reçut du Directoire un éclatant témoignage de satisfaction. Il contribua aux succès de Bonaparte aux batailles de Peschiera, de Cérea, au siège de Mantoue, fit prisonniers 6,000 Autrichiens ; il passa général de division en Italie, où il resta pendant la campagne d'Egypte, et où il remporta les victoires de Vérone, d'Alexandrie, de la Trébia et de Fossano. Il fit la campagne de 1800. A Montebello, le maréchal Lannes lui déclara qu'il lui devait sa gloire. A Marengo, l'empereur lui remit un sabre d'honneur. Il fut nommé maréchal de France en 1807, après Friedland. En Espagne, il battit l'armée anglo-espagnole aux combats d'Espinosa, de Sommo-Sierra, d'Uclès, de Cuesta. Il tint Cadix assiégé jusqu'à son départ pour la grande armée. Il en commandait le 9e corps qu'il sauva à la Bérézina. La victoire de Dresde, où il fit 20,000 prisonniers, fut suivie des sanglantes journées de Leipzig. Après cet horrible carnage, il se battit encore à Hanau, et vint se refaire à Strasbourg une armée des Vosges forte de 12,000 hommes. (C'est à la ville d'Epinal ou à celle de Saint-Dié qu'il appartient de lui ériger une statue.)

(3) Si une nouvelle guerre survenait avec l'Allemagne, la défense de la vallée de Celles devrait être, selon nous, la première préoccupation des généraux commandant l'armée des Vosges.

(4) Lettre du major du 1er régiment de carabiniers au général Lacoste, datée de Lunéville, 6 janvier 1814. Voir aux notes et pièces justificatives la lettre de M. de Normandie au général Cassagne.

s'arrêtèrent devant les premières maisons du faubourg des Capucins. De taille moyenne, ils montaient de petits chevaux de race tartare. Mal vêtus, mal armés, ils portaient le bonnet de peau de mouton, la capote et le pantalon gris, le sabre, la paire de pistolets, le knout, et, en guise de lance, une longue perche surmontée d'une banderole brune et d'un fer pointu. Après avoir exploré la ville, ils revinrent sur leurs pas et ramenèrent plus de 2,000 Cosaques qui campèrent à l'extrémité du faubourg de Nancy (1).

Le 8 janvier, le duc de Bellune plaça en première ligne à *Saint-Dié* la division Duhesme, forte de cinq bataillons, et les dragons du général Lhéritier ; il échelonna à *Raon-l'Etape* la cavalerie légère du général Piré. Ensuite il envoya sur Epinal une brigade d'infanterie, sous les ordres du général Rousseau, et deux cents cavaliers, avec une pièce d'artillerie, commandés par le général Duvigneau.

Le 9, ces troupes rencontrèrent l'ennemi à quelques lieues d'*Epinal*. Aussitôt les Cosaques rétrogradèrent. Poursuivis vigoureusement par les Français, ils furent atteints à l'entrée de la ville. Un engagement eut lieu dans ses faubourgs. Avec la rapidité de l'éclair, les Cosaques défilèrent dans les rues, emportant leurs blessés sur leurs chevaux, et fuyant hors la ville, où s'établit le général baron Cassagne. Son aide de camp, un vosgien, le capitaine d'Hennezel, fit un appel aux armes. Mais tous les hommes en état de servir étaient sous les drapeaux ; sa voix ne pouvait être entendue (2).

Ce même jour, sur la crête des Vosges, le général de Wrède avait fait avancer les alliés sur trois colonnes jusqu'à *Saales*, *Sainte-Marie-aux-Mines* et *Lapoutroie*, avec ordre de franchir ces défilés le lendemain matin.

Depuis plusieurs jours, la neige était tombée en abondance. Chassée par le vent dans les fossés et dans les ravins, elle dissimulait le tracé des routes et les précipices. Des hauteurs de Wisembach, les cavaliers bavarois, ouvrant la marche d'un corps d'armée, descendaient lentement la côte de Sainte-Marie. C'était un lundi, le 10 janvier, à sept heures du matin. A peine eurent-ils dépassé Gemaingoutte, qu'ils furent assaillis par des décharges de la division française Duhesme. Bientôt après, celle-ci recula devant

---

(1) Charton. Souvenirs de 1814, page 5.
(2) Charton. Histoire vosgienne. Souvenirs de 1814, page 7.

la brigade bavaroise du général Deroy. Ce général prit position sur Raves, où il fut grièvement blessé, tout au début de l'action : il céda le commandement au colonel Treuberg (1). Dès lors, le combat se soutint entre Raves et Sainte-Marguerite. Le canon tonna dans le val de Galilée, et son écho, plusieurs fois répété, mit en émoi tout Saint-Dié et les environs.

A ce moment, par un pur hasard, Louis Maugenre arrivait de Dénipaire à Saint-Dié pour y faire des achats. Au bruit du canon, il courut du côté du combat. Il voulait assister, pour la première fois de sa vie, à une de ces grandes scènes dont on lui avait si souvent parlé.

Pour tout contempler à l'abri des balles, il monta à Dijon, au pied de l'Ormont. Là, il put voir l'artillerie ennemie lancer des boulets sur Remomeix et sur *Sainte-Marguerite*, occupés par nos soldats : il put aussi distinguer les lignes d'infanterie qui manœuvraient de part et d'autre. Vers neuf heures, le deuxième corps ennemi, arrivant par la route de Saales, déboucha et prit position en avant de Frapelle. Aussitôt, la division Duhesme abandonna la rive droite de la Meurthe, franchit au pas de course le pont de Sainte-Marguerite, vint s'embusquer au petit bois du grand séminaire et recommença le feu.

Treuberg et sa brigade l'avaient poursuivie de très près, pendant que l'artillerie bavaroise, s'abritant au cimetière de Sainte-Marguerite, soutenait l'élan de son infanterie. Ils approchaient de la ville, lorsque le brave général Lhéritier, qui avait masqué ses dragons derrière les maisons, s'élança et chargea à la tête de ses escadrons (2). Les Bavarois furent refoulés jusqu'au pont, défendu par leur artillerie. Dès lors, les craquements d'une fusillade bien nourrie ne discontinuèrent pas. Les canons bavarois dirigèrent leur tir sur les maisons de l'entrée du faubourg de Saint-Dié. La tour de l'église Saint-Martin eut sa face endommagée par les boulets.

Averti du combat dès le matin, le maréchal Victor (3) accourut de Raon à *Saint-Dié* ; il vint rejoindre la division Duhesme qui venait de perdre un colonel et beaucoup de soldats. C'était au moment où le troisième corps des alliés, arrivant du Bonhomme, sous

---

(1) Charton. Histoire vosgienne, page 11.
(2) Charton. Histoire vosgienne, page 11.
(3) Louis Maugenre l'a vu.

les ordres du roi de Bavière, joignait les deux autres en avant de Saulcy-sur-Meurthe. Le duc de Bellune ordonna la retraite. Sitôt que le général de Wrède s'aperçut de ce mouvement, il lança toute sa cavalerie sur les Français. Ceux-ci avaient déjà passé la Meurthe à Saint-Dié quand la cavalerie ennemie arriva en ville à fond de train.

Le pont actuel était alors en construction. Les voûtes étaient cintrées, mais non recouvertes ou nivelées par la voie et par les deux trottoirs. Les grosses pierres de taille, de niveau à la surface extérieure regardant la rivière, étaient très inégales au-dedans et au-dessus. Leur inégalité produisait des trous sur toute la longueur du pont, et la forte épaisseur de la neige les rendait invisibles. A environ cent mètres de là, il y avait le vieux pont en bois, contre l'ancien abattoir, vis-à-vis le jardin Simon. Ce vieux pont était à l'écart. Le nouveau allait directement du faubourg à la grande rue de la ville. Le maréchal Victor fit embusquer un bataillon derrière la digue du quai Pastourelle et du quai du parc, pour protéger sa division contre la charge de cavalerie. Les Français étaient à peine masqués que les cavaliers bavarois s'élancèrent à toute bride sur le nouveau pont couvert de neige. Leurs chevaux s'abattent, les cavaliers roulent, tombent à la rivière, les uns sur les autres. La fusillade commence : impossible de charger, ni d'avancer. Le désordre se produit, et, au grand galop, les cavaliers du faubourg font volte-face en arrière, et retournent hors de la ville appeler l'infanterie à leur secours. Quand elle arriva, et quand elle se présenta sur les deux ponts, près d'une heure s'était écoulée. L'armée française, composée de quelques mille hommes, était déjà bien loin. Une centaine cependant, tenait encore à saluer de leurs balles les nouveaux venus ; lorsque ceux-ci s'avancèrent dans la rue des Trois-Villes, pour tenir l'entrée de la route de Raon, de l'élévation qui domine la haute rue, les braves de l'arrière-garde épuisèrent sur eux leurs dernières cartouches. Ainsi se termina la bataille de Sainte-Marguerite. Les pertes furent très sensibles de part et d'autre (1).

---

(1) Le Bulletin de la Société philomatique de Saint-Dié (année 1876), a publié quelques notes relatives à l'invasion, et écrites en 1814 par M. le curé de La Croix-aux-Mines. D'après ce chroniqueur, le premier corps, arrivant à Saint-Dié par le col de Sainte-Marie-aux-Mines, aurait été fort de 35,000 hommes. Le deuxième corps, débouchant par le col de Saales, aurait compté 18,000 hommes. Le troisième, descendant le col du Bonhomme, se serait

De Dijon, Louis Maugenre était revenu à Saint-Dié. Devant l'église Saint-Martin, il assista à l'interminable défilé du corps d'armée du général de Wrède ; la ville en fut inondée. C'était à l'église du faubourg que se trouvaient les magasins militaires, la manutention, le blé, le fourrage, etc. C'est là que se fit en partie la distribution des vivres. Saint-Dié et toutes les communes environnantes furent accablés de réquisitions. Tous les chevaux étaient confisqués. Sans parler des impôts en argent, il fallait fournir à ces envahisseurs impitoyables la plus grande partie du bétail et des récoltes de nos pauvres cultivateurs.

Le soir même de la bataille de Sainte-Marguerite, les alliés établirent trois immenses camps sur le versant occidental des Vosges. Le premier fut installé à *Wisembach* dans la prairie de Gemaingoutte, auprès de Véluper ; le second à *Fraize*, sous les ordres du roi de Bavière ; le troisième à *Saint-Dié* avec le maréchal de Wrède. Non loin du moulin Fiderlay, les chevaux étaient serrés les uns contre les autres pour ne pas périr de froid, en plein air. Les habitants du quartier Saint-Eloi de Saint-Dié furent obligés d'aller apporter à ce camp la nourriture des soldats. Les autres quartiers de la ville, et tous les bourgs et villages de la vallée de la Meurthe furent criblés de soldats et de réquisitions de vin, pain, lard, chevaux, voitures, bois, avoine, foin, paille, souliers, bottes, etc., etc. ; plusieurs Bavarois moururent d'indigestion. Le lendemain, une proclamation fut affichée à tous les coins de rue. Elle était ainsi conçue :

« Français,
« La victoire a conduit les armées alliées sur le territoire de
« votre frontière. Elles vont la franchir. Nous ne faisons pas la
« guerre à la France, mais nous repoussons loin de nous le joug
« que votre gouvernement voulait imposer à nos pays, qui ont les
« mêmes droits à l'indépendance et au bonheur que le vôtre. »
« Magistrats, propriétaires, cultivateurs, restez chez vous. Le
« maintien de l'ordre public, le respect pour les propriétés parti-
« culières, la discipline la plus sévère marqueront le passage et le
« séjour des armées alliées Elles ne sont animées de nul esprit de

---

élevé à 43,000 hommes. Cette évaluation ne nous semble pas exacte ; n'ayant pas d'autre fondement que le simple racontage du peuple, incapable de préciser le nombre de soldats composant une division ou un corps d'armée, exagérant toujours le chiffre en temps de guerre, comme on l'a vu en 1870, elle ne saurait être admise comme une vérité historique.

« vengeance. Elles ne veulent pas rendre les maux sans nombre
« dont la France depuis vingt ans a accablé ses voisins et les
« contrées les plus éloignées. D'autres principes et d'autres vues
« que celles qui ont conduit vos armées chez nous président au
« Conseil des monarques alliés. »

« Leur gloire sera d'avoir amené la fin la plus prompte des
« malheurs de l'Europe. La seule conquête qu'ils envient est celle
« de la paix à la France, à l'Europe entière un véritable état de
« repos. Nous espérions la trouver avant de toucher au territoire
« français. Nous allons l'y chercher. »

De retour à Dénipaire, Louis raconta au village et tout d'abord à son cousin germain, le maire Jean-Joseph Trarbach (1), tous les graves événements qui s'étaient déroulés sous ses yeux. La frayeur s'empara de tous les habitants. Les uns voulaient s'armer de faux, de haches, de pistolets et de vieux fusils, pour attendre les alliés aux Raids-de-Robache ou au Grime-aux-Bois. Les autres voulaient s'enfuir avec leur bétail dans les bois de La Fontenelle et du Ban-de-Sapt. Le maire eut mille maux d'empêcher les uns et de calmer les autres. Il lui fallut tout son ascendant pour leur faire comprendre que toutes les réquisitions qui seraient faites, seraient à la charge de la commune et non des particuliers.

En quittant Saint-Dié, le général Dubesme avait gagné par Saint-Michel la ville de Rambervillers où il se réunit au général Briche (2). Le maréchal Victor avait gagné Raon-l'Étape et Baccarat où se trouvait, avec le général Piré, la petite division Grouchy (3), qui venait d'arriver. Le 11 janvier, ces trois derniers, se sentant menacés d'un côté par le corps du prince de Wurtemberg et de l'autre par l'armée de Silésie, jugèrent prudent de se rendre

---

(1) *Jean-Joseph Trarbach* s'était marié avec Jeanne Nicole, cousine germaine de Louis Maugenre. Il fut maire de Dénipaire de 1811 à juillet 1815, et de septembre 1815 à 1822. Il avait pour aïeul éloigné Jérôme Trarbach, du Ban-de-Sapt, à qui les comte et baron de Créhanges et la baronne de Clefmont, co-seigneurs de la vaste baronnerie de Taintrux, firent donation de la ménantie d'Hellieule, ban de Taintrux, le 20 mars 1592. — Il eut pour fils *Sébastien* Trarbach ou Strarbach, maire de Dénipaire de 1867 à décembre 1870. — Le Directoire annuel du département des Vosges écrit sans S initiale le nom du maire de Dénipaire en 1812.

(2) Charton. Histoire vosgienne, page 11.

(3) *Moniteur universel*, janvier 1814.

à *Nancy*. Le maréchal Ney, prince de la Moskowa, y arrivait ce même jour, avec la jeune garde de l'empereur (1).

Il y avait eu un engagement près d'*Aydoilles* la veille de la bataille de Sainte-Marguerite. Les gendarmes et les cuirassiers du capitaine Dardenne, vosgien de Ruppes, soutenus par un bataillon de paysans armés, avaient fait un hécatombe de Cosaques à leur sortie de ce village. Le 10 janvier, les dragons du général Briche avaient sabré et culbuté un corps de 3,000 cavaliers, et son avant-garde, entre Aydoilles et Charmois. Le 11, ils quittèrent *Rambervillers* avec la division Duhesme, bataillèrent contre les Cosaques dans les environs, et rejoignirent près de Charmes la petite armée commandée par les généraux Rousseau, Duvigneau et Cassagne. Ceux-ci avaient engagé, le matin du 11 janvier, un combat court mais terrible, dans la plaine d'*Igney*. Le prince royal de Wurtemberg, arrivé à Epinal avec 20,000 hommes et quinze canons, les avait attaqués sur la route de Nancy, au moment où une armée de Cosaques venait leur couper le passage. Pris entre deux feux, sur les hauteurs d'Igney, nos intrépides soldats, tout conscrits qu'ils étaient, portant encore la blouse sous la capote militaire, ne perdirent pas courage. Ils résolurent de se battre et de vendre chèrement leur vie. La lutte fut acharnée. D'un côté, ils tinrent tête aux Wurtembergeois ; de l'autre, ils attaquèrent vivement les Cosaques, firent dans leurs rangs une trouée, et se couvrirent de gloire en échappant à l'ennemi en grande partie. Les pertes furent sérieuses de part et d'autre. Quelques prisonniers français furent conduits le soir à *Epinal*. Le château de cette ville, vieux manoir féodal, entièrement démantelé et à l'état de ruine, n'ayant pas un seul défenseur, venait d'être ridiculement assiégé par l'artillerie du prince royal. Le lendemain, le préfet des Vosges, M. le baron Himbert de Flégny et M. Welche, de Senones, son secrétaire général, partaient avec les prisonniers pour l'Allemagne. Le sous-préfet de Remiremont, M. de Mortemart-Boisse, fut assez heureux pour trouver un refuge chez le vénérable curé d'Igney ; il ne tomba pas dans les mains de l'ennemi. Conformément aux ordres de l'empereur, ces fonctionnaires n'avaient dû quitter leur poste qu'à l'approche des alliés ; ils avaient suivi nos troupes. Ayant perdu tous leurs bagages dans la mêlée, le préfet et son secrétaire ne purent se vêtir de manière à supporter un froid de 10 degrés :

---

(1) Thiers. Histoire de l'Empire.

ils durent ainsi prendre place sur deux bottes de paille dans une mauvaise charrette qui n'était pas couverte (1).

Le jeudi, 13 janvier, les héros de Sainte-Marguerite et d'Igney occupèrent Châtel-Nomexy. Les deux généraux en chef, Duhesme et Rousseau, délibérèrent longtemps pour décider le parti qu'ils devaient prendre. Devaient-ils rétrograder immédiatement sur Nancy, ou bien devaient-ils encore se sacrifier et attendre sur place l'arrivée et l'attaque de l'ennemi? Suivant les ordres du maréchal Victor et de l'empereur, ils résolurent de ne pas abandonner les Vosges avant un troisième combat. Ils prirent donc position aux environs de *Charmes*. C'est là qu'ils soutinrent, pendant deux jours, les 15 et 16 janvier, une lutte acharnée où périrent un grand nombre de Wurtembergeois et de Russes. Des convois de blessés, se dirigeant par Saint-Dié et Fraize sur Colmar, ne discontinuèrent pas de passer jusqu'au 29 janvier. Au bruit de la canonnade très vive que l'on entendait à Saint-Dié et dans tous les environs, les trois armées de Wisembach, de Fraize et de la ville reçurent l'ordre de lever le camp.

Ce fut le dimanche 16 janvier, à deux heures de l'après-midi, que le prince royal de Bavière quitta la sous-préfecture de Saint-Dié, où se trouvaient le comte de Wrède et le quartier général. M. de Normandie, sous-préfet de Saint-Dié, avait abandonné son poste depuis le lundi précédent; il s'était retiré à Nancy. En toute hâte, les alliés se dirigèrent sur Rambervillers; ils ne laissèrent que des détachements à Wisembach, à Fraize et à Saint-Dié. Leur premier corps, fort de 18,000 hommes, avait passé au Giron le jeudi 13; il s'était battu le surlendemain. Ce sont leurs blessés qui passèrent en grand nombre à Saint-Dié. Les blessés wurtembergeois furent dirigés sur Epinal, Remiremont et la Suisse.

Avant de quitter le quartier général de Saint-Dié, le comte de Wrède organisa provisoirement, le 16 janvier, une commission préfectorale ad intérim. M. le comte d'Armansperg, chambellan de Sa Majesté le roi de Bavière, fut nommé préfet des Vosges. Une ordonnance du général en chef fut adressée à tous les maires le même jour, pour leur notifier cette nomination, avec obligation d'exécuter tous les ordres du nouveau préfet. Le 25 janvier, de nouvelles ordonnances furent adressées aux maires de l'arrondissement. Elles concernaient la conservation des forêts du domaine, la distribution du sol, la levée des contributions sur les rôles

---

(1) Charton. Histoire vosgienne, page 9.

de 1813, la suppression des droits réunis, l'enlèvement des armes à feu, et les convois militaires.

Depuis le 20 janvier, les alliés étaient entrés à *Neufchâteau*. Le corps de Wrède forma l'aile droite de la grande armée ennemie s'étendant jusque Langres. De leur côté, les maréchaux Victor, Ney et Marmont, allaient prendre position près de Saint-Dizier. L'empereur les rejoignait à *Vitry* le 26 janvier ; cinquante mille Français se préparaient à combattre deux cent vingt-cinq mille alliés.

Vers la fin de janvier 1814, une compagnie russe vint s'établir à *Dénipaire ;* son chef habitait chez Joseph Gérard. Plusieurs fois par semaine, le maire était obligé d'envoyer des commissionnaires à Saint-Dié pour acheter les provisions qu'exigeait l'ennemi. Ce fut souvent le tour de Louis Maugenre d'accomplir cette besogne. A travers les neiges, et au milieu des grands sapins de la Bure, sans pouvoir suivre de route, et quelquefois la nuit, il devait marcher seul, armé de son bâton et d'un pistolet. Rien ne lui faisait peur ; quelque chargé qu'il fut, il revenait gaiement, sifflant une chansonnette, ou murmurant une prière. Un soir qu'il traversait la montagne, enfonçant dans la neige, il vit, à travers les bois, briller comme deux lumières. Il s'arrêta tout court. Un hurlement prolongé lui apprit qu'il était accompagné par un loup. Ce vilain compagnon flairait sa provision de viande ; la faim le poussant, il voulait en profiter. Le loup fit autant d'arrêts et de pas que le voyageur attardé. Mais comme celui-ci marchait droit sur ses bases, frappant du talon pour descendre sans tomber, le fauve se tenait toujours à une distance respectueuse. Arrivé à la Basse-des-Chenaux, l'animal perdit patience ; il s'élança sur le jeune brave. Conservant tout son sang-froid, Louis n'eut que le temps de déposer son panier et de tirer son pistolet à bout portant. Le loup poussa un cri, bondit en arrière, et s'enfuit dans les sapins. Louis ne courut pas après ; entre onze heures et minuit, ce n'était pas le moment de chasser le loup. Il revint donc au logis, avec toutes ses provisions, et sans accident.

Les alliés restèrent dans les Vosges jusqu'au 16 mai 1814. Dans le courant de février, le soldat russe qui montait la garde, devant chez Joseph Gérard, s'endormit pendant la nuit, sur le banc, près des fenêtres du rez-de-chaussée. Son officier le surprit dans le sommeil ; il lui prit son fusil. Le lendemain, il le condamna au supplice de la bastonnade. L'exécution eut lieu dans la grange de cette maison : Maugenre y assista. Le condamné fut dépouillé de tous ses vêtements, puis étendu et lié sur un banc. Etaient présents tous les Russes cantonnés à Dénipaire. Au signal donné par l'officier, quatre caporaux, armés de nerfs de bœuf, frappèrent en mesure. Le patient poussa des cris tant qu'il conserva la connaissance. Son sang coulait de toutes parts ; déjà les nerfs de bœuf, les mains des bourreaux, la terre même, tout était plein de sang. Et quand les bourreaux ne trouvaient plus une partie saine à frapper, ils ajoutaient plaie sur plaie. Les coups montèrent au nombre de cent. Quand ce nombre fut atteint on releva ce malheureux ; il respirait encore. Une voiture le transporta à l'hôpital de Saint-Dié où il ne tarda pas à expirer.

Quand les alliés voyageaient isolément, ou en petite troupe, ils n'étaient pas seulement inquiétés par les partisans, mais encore par les vieux soldats, qui vivaient retirés dans les montagnes. Ces vétérans, tels que l'oncle Barlier et le commandant Lempereur, voyaient l'invasion étrangère avec autant d'indignation que de douleur. Lorsqu'ils apprenaient que quelques Cosaques ou Bavarois arrivaient de Saint-Dié sur le territoire de leur commune, pour faire des réquisitions, ils savaient bien les attendre au retour. Armés de bons fusils, embusqués derrière les bois ou les talus des chemins, ils faisaient le coup de feu et atteignaient parfois le but. En vain recherchait-on les coupables : le secret le plus absolu était bien gardé ; ils n'étaient presque jamais découverts.

Les nouvelles des grands événements de la guerre n'arrivaient alors que très difficilement dans les Vosges. On apprit la capitulation de Paris (31 mars), l'abdication de l'empereur (6 avril), et la restauration de la Monarchie, bien avant que de savoir les seize batailles (1) et les douze victoires de Napoléon. Le corps législatif lui avait refusé son concours. Murat, son beau-frère, avait tourné les armes contre lui. Sa déchéance avait été prononcée par le Sénat, convoqué et dirigé par Talleyrand, l'ex-évêque d'Autun, auquel il avait donné le duché de Bénévent, volé au Saint-Siège. Ney, Berthier, Marmont l'avaient pressé et contraint à signer son abdication, pour satisfaire aux exigences de son beau-père François d'Autriche, et de son ami Alexandre de Russie, qui avait comploté sa mort. L'empereur s'était vu, à Fontainebleau,

---

(1) Saint-Dizier (27 janvier), Brienne (29), La Rothière (1er février), Champaubert (10), Montmirail (11), Château-Thierry (13), Vauchamps (14), Mormant (16), Nangis et Donnemarie (17), Montereau (18), Méry-sur-Seine (22), Craonne (5 mars), Laon (10 mars), Reims (13 mars), Arcis-sur-Aube (20 et 21 mars), Paris (30 mars).

séparé pour jamais de sa femme et de son fils, et confiné dans l'île d'Elbe, comme un excommunié de l'Europe.

L'adoption de la Charte constitutionnelle par Louis XVIII satisfit la classe moyenne, dans les Vosges comme par toute la France. Puisque l'Empire était tombé, on se consolait de la gloire et de la puissance perdues, par l'espoir d'avoir au moins trouvé du repos et de la liberté. Mais malgré ses bonnes intentions, Louis XVIII ne parvint pas à vaincre les nombreuses causes d'hostilité qu'il rencontra en montant sur le trône de ses pères. La substitution du drapeau blanc au drapeau tricolore, du droit divin au droit de l'homme, de l'autorité du roi à la volonté nationale, mécontenta les libéraux. Les réclamations des émigrés pour rentrer en possession de leurs biens, l'admission aux grandes dignités publiques des membres de la haute noblesse française, le renvoi en demi-solde de 14,000 officiers, blessèrent les intéressés, et les adversaires de la Monarchie. Le nouveau préfet des Vosges, M. le comte de Montlivault dut réprimer un véritable soulèvement qui éclata en juin 1814, à l'occasion du recouvrement de l'impôt. Victimes d'insinuations perfides, les contribuables sacrifiaient la tranquillité publique à leur intérêt particulier. Il fallut en venir à la sévérité des lois. Au lieu de calmer les esprits, la sentence des tribunaux ne fit que les irriter davantage.

En présence des inquiétudes relatives à l'aliénation des biens nationaux et au rétablissement des droits seigneuriaux, tous les curés et les maires des Vosges furent invités par la préfecture à rassurer les esprits en expliquant les clauses et les garanties de la Charte constitutionnelle ; ils leur montrèrent le roi constamment occupé de ce qui pourrait les mener au bonheur. Si les prescriptions de la loi du 18 novembre 1814 sur la célébration des fêtes et dimanches ne furent pas observées dans les villes commerçantes et industrielles, il n'en fut pas ainsi à Hurbache ; l'abbé Grand n'eut pas à se plaindre de ses paroissiens. Il n'eut pas à signaler au préfet aucun genre de désordres, contraires tout à la fois à la sanctification du jour du Seigneur et au bonheur des familles.

Les Vosges firent un brillant accueil au comte d'Artois dans sa visite des départements de l'Est. Le bon peuple de nos montagnes tenait à reconnaître et à honorer ses souverains par tous les témoignages de la plus vive allégresse. Le souvenir des bienfaits de Monsieur était encore vivant dans tous les cœurs, lorsque, vers la fin de mars 1815, l'on apprit que Napoléon avait quitté l'île d'Elbe avec les généraux Bertrand, Drouot et Cambronne. Cette annonce fut accueillie avec tristesse par les uns, avec joie par les autres. Une nouvelle guerre devenait inévitable ; mais tous n'entrevoyaient pas la victoire comme issue des futurs événements. Devant une nouvelle ligue des souverains de l'Europe, l'empereur s'empressa de réunir toutes les forces militaires de la France : quatorze bataillons de volontaires vosgiens furent organisés en quelques jours. Le nouveau préfet, M. Cahouet, envoya le 1er et le 3e bataillons à Sarrelouis ; le 2e, et d'autres encore, à Metz, à Thionville, etc. ; plusieurs gardèrent Nancy. L'organisation des corps-francs, décrétée par l'empereur le 22 avril, s'accomplit dans les Vosges dès les premiers jours de mai. Ceux de l'Est eurent pour général en chef M. Viriot, résidant à Metz. M. le colonel Brice commandait les francs-tireurs des Vosges. Ils étaient animés de toute l'ardeur militaire et ne demandaient qu'à marcher à l'ennemi, quand tout-à-coup la bataille de Waterloo (1), en nous amenant la seconde invasion, décida définitivement du sort de Napoléon. Louis XVIII reprit le sceptre de ses pères (2), les corps-francs furent licenciés ; le préfet des Vosges devint M. Boula de Coulombiers. L'occupation du département par les Bavarois dura depuis la fin du mois de juin jusqu'en novembre 1815 ; on supporta avec résignation la présence accablante de l'ennemi, chargé de faire en France la police de l'Europe.

Après avoir rapidement énuméré la suite des événements de la campagne de 1814 et de 1815 dans les Vosges, telle qu'elle nous a été racontée par notre conscrit, revenons à sa notice personnelle et voyons-le tout occupé dans les travaux des champs jusqu'à son entrée au service.

Inutile d'emprunter au favori de Mécène les idées qu'il exprime dans ses aimables pastorales et dans son agréable poème des *Géorgiques*. Ce que Virgile a chanté sous Gallus et Agrippa, ce qu'Hésiode a décrit dans *Les Travaux et les Jours* aux Grecs du IXe siècle avant Jésus-Christ fatiguerait le lecteur, ami de l'armée. Laissons donc de côté tout discours d'agriculture et de bétail, de moissons et de miel. Rappelons seulement que les années 1816 et 1817 ont pris place parmi les plus désastreuses du pays. Les rigueurs excessives de l'hiver aggravèrent la déplorable situation d'une masse d'ouvriers sans travail et de familles sans pain : les charges de la double invasion avaient tout ruiné. Des pluies con-

---

(1) 18 juin 1815.
(2) 7 juillet 1815.

tinuelles succédèrent à l'hiver et anéantirent les espérances des cultivateurs. La plus affreuse disette se manifesta. Le prix de l'hectolitre de grains dépassait cent francs ; les pauvres des campagnes se nourrissaient de glands, de racines, d'herbe de toute sorte : de là des épidémies. Les pluies persistant, il fut impossible aux cultivateurs de rentrer leurs faibles récoltes dans de bonnes conditions : les grains furent moisis, échauffés et germés. La continuation de la disette rendit de plus en plus triste le sort des indigents, malgré tous les secours alloués par le trésor royal. Il fallut faire des emprunts, et vendre au prix coûtant, sur les marchés, des milliers de quintaux métriques de froment acheté à l'étranger. S'autorisant des calamités de l'époque, les mendiants et les vagabonds de profession se mirent à l'œuvre pour dévaliser les voyageurs et piller les maisons et les fermes.

A ce moment, pendant l'hiver, notre conscrit, Louis Maugenre, fut chargé par son père d'aller chercher une voiture de vin à Steige, dans le Bas-Rhin, frontière des Vosges. Conduit par deux bœufs, l'équipage arriva sain et sauf à sa destination. Les tonneaux chargés et l'argent déboursé, le jeune homme revenait bravement chez son père. Seul, sur la route pittoresque et montagneuse de Steige à Bruche, il n'avait pas peur et marchait son chemin. Tout-à-coup, à l'angle d'un bois, deux hardis gaillards sortent des sapins et arrêtent ses bœufs. Quelques coups de fouet répondent à la première aggression. Les brigands reviennent à la charge : « ta voiture et tes bœufs sont à nous, lui dirent-ils ; va-t-en, ou tu es mort. » Bondissant alors comme un tigre, saisissant le manche de son fouet terminé en assommoir, sautant en bas de sa voiture, notre jeune hercule brisa la tête du premier et fit sauver l'autre à toutes jambes. Il n'avait alors que seize ans, mais il était déjà le plus fort de Dénipaire. L'audace des maraudeurs et des brigands força la gendarmerie et les gardes champêtres à organiser des patrouilles, composées de cinq hommes, choisis à tour de rôle parmi les bons citoyens.

Après les années malheureuses de 1816 et de 1817, surnommées par le peuple, les années *du pain cher*, l'élan du vagabondage fut arrêté. Les pauvres valides purent se livrer à des travaux utiles et rémunérateurs ; des moyens d'existence furent assurés aux indigents infirmes. Le peuple commença à jouir d'une tranquillité et d'un bonheur qu'il n'avait pas connus depuis longtemps.

Tandis que les fonctionnaires publics travaillaient de tout leur pouvoir à porter secours aux indigents et à rendre prospères l'agriculture, l'industrie et le commerce, les évêques et les curés se dévouaient avec le plus grand zèle aux intérêts spirituels des populations chrétiennes. Elles avaient été bien abandonnées dans les Vosges depuis 1790. Après le départ de l'évêque intrus, le diocèse de Saint-Dié demeura supprimé ; le département fit partie du diocèse de Nancy jusqu'en 1824. Or, vu les difficultés des temps et l'étendue de ces deux diocèses, réunis en un seul, il n'y avait plus eu de tournées de confirmation, à Hurbache, ni à Senones depuis Maudru. Sous l'administration de ce constitutionnel, presque toutes les familles chrétiennes avaient refusé de recevoir les sacrements de sa main sacrilège. Ce fut donc une grande joie, en 1820, d'apprendre que la confirmation allait être donnée à Senones par Monseigneur l'Évêque de Nancy, à tous les fidèles non confirmés de toutes les paroisses de ce canton. Pères et mères allaient recevoir avec leurs enfants le sceau du Christ. Conduits par M. l'abbé Jeandel (1), curé d'Hurbache depuis juillet 1819, Louis Maugenre et tous les siens se rendirent d'abord à Moyenmoutier, croix et bannières déployées. Là, ils grossirent leurs rangs pour arriver à l'antique cité des princes de Salm où vécut dom Calmet. L'église de Senones n'était pas celle qui existe aujourd'hui : la cérémonie eut lieu dans l'église provisoire. Un interminable défilé vint y recevoir des mains du Pontife le sacrement qui donne aux chrétiens la force de vivre et de mourir en chrétien.

De retour au village, notre futur conscrit s'adonna de plus en plus aux travaux des champs et aux entreprises de son père. Ils construisirent ensemble la maison de Collin, vis-à-vis le jardin Chaudron en 1821.

L'année suivante fut celle de la conscription. Le numéro 60, tiré par Louis, fut mauvais. Jean-Baptiste Vendier, son voisin, dut se contenter du numéro 19. Tous deux résolurent de devancer l'appel pour choisir leur régiment. Ils s'adjoignirent un conscrit de La Grande-Fosse, nommé Muller.

Le 29 juillet 1822 fut le jour des adieux. Le rendez-vous fut donné chez Louis. Celui-ci était le bras droit et le gagne-pain d'une famille de dix enfants. Vendier était l'aîné de trois ; mais son père était veuf. On conçoit les larmes amères et abondantes que la séparation faisait verser à ces pauvres parents qui perdaient en leur fils l'espérance de leur avenir. Après une dernière prière

---

(1) Il succéda à l'abbé Larminach qui devint curé d'Hurbache à la nomination de l'abbé Grand à la cure de La Voivre, en 1816.

chaque conscrit prit son paquet et sa canne, embrassa les siens, le cœur gros, mais soumis à Dieu, puis ils se mirent en route.

Nos trois voyageurs prirent la direction d'Harbache, saluèrent le vieux clocher et le pasteur, l'abbé Barthélemy, qui les bénit au nom du Dieu trois fois saint. Se dirigeant ensuite sur La Voivre, ils arrivèrent à Saint-Michel où habitait Marie Gérard, née Crovisier, tante et marraine de Louis Maugenre. Ils étaient attendus ; le dîner était prêt : on y fit honneur. Après un adieu, qui devait être le dernier ici-bas, Louis et ses compagnons arrivèrent par La Bourgonce et Autrey à Sainte-Hélène. Un violent orage les força de s'y arrêter. Le lendemain, tous trois arrivèrent à Epinal ; il était midi. Vers deux heures, le colonel du 2me cuirassiers, le chirurgien-major et l'intendant militaire leur passèrent la visite à la préfecture. Ils les déclarèrent bons pour le service. A ce moment le colonel s'adressa à Maugenre et lui dit :

— Il faut que vous entriez dans mon régiment ; vous ferez un très beau cuirassier ; n'allez pas à l'infanterie.

— Impossible, mon colonel, je dois rester avec mes camarades, et c'est l'infanterie que nous choisissons.

— Allons, conscrit, je vais vous faire habiller en cuirassier. En vous voyant vous-même si bien porter la tenue, vous ne voudrez plus la quitter. Sachez du reste que j'ai plusieurs de vos pays dans mon régiment : n'y étant point étranger, vous seriez bien difficile de ne pas accepter.

— J'accepte de me laisser habiller en cuirassier pour vous faire plaisir, mon colonel, cela ne me forcera en rien d'accepter votre proposition.

Cela dit, le colonel appela le maréchal-des-logis, qui était de garde à la préfecture ; il lui ordonna de conduire Maugenre à la caserne, de lui donner le plus bel équipement de cuirassier, et de le ramener à la préfecture avec lui. Mais le plus grand casque était trop petit pour notre soldat ; la plus large cuirasse pouvait à peine se boucler au dernier cran. Ainsi, mal affublé, il revint auprès du colonel.

— Vous voyez, mon colonel, dit-il, tout est trop petit pour moi. Je vous ai contenté, mais je persévère dans mes sentiments.

— Bah ! bah ! On peut vous habiller sur mesure ; un homme comme vous mérite bien qu'on lui fasse faire des habits et une cuirasse tout exprès. Suivez mon conseil ; soyez cuirassier ; vous n'aurez jamais lieu de vous en repentir.

— Mes camarades et moi, nous avons devancé l'appel pour choisir notre corps ; nous demandons d'être enrôlés dans l'infanterie. Mille regrets de ne pouvoir satisfaire Monsieur le colonel.

— C'est votre droit. Je ne puis vous obliger à entrer à la cavalerie, et par conséquent, vous irez à l'infanterie.

Ferme dans ses résolutions, Maugenre alla reprendre ses vêtements à la caserne, se fit délivrer sa feuille de route et demanda un billet de logement pour passer la nuit à Epinal.

Chemin faisant, il rencontra un conscrit de Moyenmoutier, nommé Collin. Il devançait aussi l'appel pour s'engager à l'infanterie; Strasbourg était sa destination. Il était accompagné de son père, un vieux de la vieille, décoré par l'empereur, portant le chapeau bicorne.

— Venez avec nous à Besançon, lui dit Maugenre. Nous serons quatre pays enrôlés dans le même régiment.

— Très volontiers, répliqua Collin, et il retourna avec son père au bureau de l'intendant qui modifia sa feuille de route.

Dès le matin du 31 juillet, nos quatre conscrits quittèrent Epinal et arrivèrent par Dounoux, Xertigny à Plombières, où ils furent mal hébergés. De là, ils gagnèrent à pied Luxeuil et Vesoul, firent deux étapes en un jour, et arrivèrent à Besançon le 4 août 1822. Ils furent enrôlés ce jour-là même au 36ᵉ d'infanterie.

CHAPITRE II

BESANÇON — ENTRÉE AU SERVICE

L'antique métropole de la Grande-Séquanaise était alors le chef-lieu de la 6e division militaire. A l'arrivée des quatre conscrits, le 36e de ligne, le 3e de dragons et l'artillerie y tenaient garnison. Avant de se faire inscrire au régiment qui lui avait été désigné, Maugenre dut s'acquitter d'une affaire qui lui avait été confiée par Mme Méant, de Saint-Dié. Cette dame habitait la maison Malé, bijoutier. Son mari était chef d'escadron au 3e de dragons. Les enfants habitaient avec sa mère ; une de ses filles est devenue la grand'mère de M. Blondin, préfet des Ardennes. Mme Méant qui connaissait la famille Maugenre, avait remis une lettre à Louis pour son mari. Sitôt arrivé à Besançon, notre conscrit aborda un officier de cavalerie à l'angle de la place Saint-Paul, près du magasin à fourrages. — Pardon, M. l'officier, dit-il, en faisant le salut militaire, vous plairait-il de me dire où habite M. Méant, chef d'escadron ?

— Mais c'est moi, mon brave, qu'y a-t-il pour votre service?

— J'arrive de Saint-Dié, et j'ai l'honneur de vous apporter une lettre confidentielle.

— De mon épouse, sans doute ; et comment va-t-elle ?

— Aussi bien qu'elle peut aller, loin de son cher mari.

— Et vous-même que venez-vous faire à Besançon ? Entrer sans doute au service militaire ?

— Oui, mon commandant, c'est bien pour cela.

— Alors vous allez entrer dans mon régiment. Grand et fort comme vous l'êtes, vous ferez un superbe dragon, et vous trouverez chez nous beaucoup de Vosgiens.

— C'est au 36e de ligne que je dois entrer : mon regret sera de ne pas vous avoir pour protecteur.

— Mais je puis faire modifier votre entrée. Consentez-y donc et venez chez nous.

— Pour rétracter ma décision, je devrais ne pas suivre les conseils qui m'ont été donnés par un frère de ma grand'mère, chef d'escadron de l'Empire. Souvent il m'a dit : « Louis, si tu es jamais soldat, ne va pas à la cavalerie ; devance l'appel et choisis l'infanterie. » Je l'ai écouté, j'espère que je ne m'en repentirai pas.

— Je respecte cet avis et votre résolution ; toutefois je vous invite à venir à mon domicile pour parler ensemble du pays, quand le service ne vous en empêchera pas.

— Merci, mon commandant, j'accepte votre invitation.

— Eh bien, voilà votre caserne, dit-il, en la lui montrant du doigt.

Après avoir rejoint ses camarades, Louis se présenta au sergent de garde du poste. Celui-ci les adressa au capitaine-trésorier, rue de l'Archevêché. Nos quatre conscrits furent alors inscrits au 36e de ligne : Maugenre à la 1re compagnie du 2e bataillon, Vendier à la 2e compagnie du 2e bataillon, Muller à la 5e compagnie du 1er bataillon, et Collin à la 6e compagnie du 1er bataillon. Une nouvelle vie allait commencer pour tous les quatre ; seul, il vouera au 33e un attachement et un dévouement incomparables ; seul, il méritera que son nom et que son histoire se confondissent avec ceux de son régiment. Rien donc de plus excellent, de plus utile et de plus agréable que d'esquisser à grands traits la biographie de ce soldat.

Après avoir donné sa feuille de route au capitaine-trésorier, Maugenre se rendit dans la chambrée de sa compagnie, déposa son paquet et entendit le roulement de la soupe. Pour la première fois, il mangea à la gamelle de six ; il fit alors connaissance de ses compagnons de la 1re du second. Son premier camarade de lit fut le caporal Sapet, grand farceur, un bourguignon, qui n'avait plus que quatre mois de service à faire.

A l'entrée du conscrit au service, les Annales des sept régiments qui reçurent le numéro du trente-sixième, relataient déjà de nombreux et de glorieux triomphes ; les voici en quelques mots (1) :

I. — LE 36ᵉ RÉGIMENT D'ANJOU, sous Custine et Jourdan, de 1791 à 1794, avait eu pour colonels le *comte de Janson* (1ᵉʳ janvier 1791 — 25 juillet 1791); *de Contades de Giseux* (25 juillet 1791 — 5 février 1792); *de Wildermouth* (5 février 1792 — 29 juin 1792); *Isambert* (29 juin 1792 — 8 mars 1793); *de Saint-Laurent* (8 mars 1793 — 1ᵉʳ avril 1793); *Ferrette* (1ᵉʳ avril 1793 — 17 mars 1794). *Bernadotte,* maréchal de France et roi de Suède fut lieutenant d'Anjou. *D'Arnaut,* commandant de l'Hôtel-des-Invalides en 1812, appartint à ce même régiment. L'uniforme des soldats d'Anjou était blanc ; les revers et les parements étaient roses et le collet noir. Son drapeau avait les quartiers partagés en deux triangles par une diagonale dirigée sur le centre de la croix ; ces triangles étaient jaunes et cramoisis dans deux des quartiers, cramoisis et bleus dans les deux autres. Formé en 1775 avec les 2ᵉ et 4ᵉ bataillons d'Aquitaine, le 36ᵉ fut successivement caserné à Tours, à Blois et à Saint-Servan, où il reçut son premier drapeau tricolore (14 mars 1792). Le 22 septembre 1792, le 36ᵉ était à Landau et à Wissembourg ; il entra dans *Spire* le 30 septembre ; s'empara de *Worms,* le 3 octobre ; de *Mayence* le 22 octobre ; occupa les camps de *Roth* et de *Winden* (6 avril — 1ᵉʳ août 1793), tandis que ses grenadiers s'illustraient au *siège de Mayence* (sortie du 10 au 11 avril). Passant de l'armée du Rhin à l'armée du Nord, le 36ᵉ arriva à *Arras* (1ᵉʳ septembre 1793); il s'empara de *Herzèle, Rambecke* et *Rexpoède* (6 septembre); battit les Anglais et les Hessois à HONDSCHOOTE (8 septembre), à *Wattignies* (16 octobre) et rentra au camp de *Gravelle* où ses deux bataillons constituèrent les 71ᵉ et 72ᵉ brigades de bataille (avril 1794).

II. — LA 36ᵉ DEMI-BRIGADE DE BATAILLE, sous Jourdan et Pichegru, en 1795, avait eu pour colonel, ou mieux pour chef de brigade, l'illustre *Quétard,* devenu général. Formée par le 2ᵉ bataillon du 18ᵉ régiment d'Auvergne, et par les volontaires du Loiret et de la Somme, au *siège de Maestricht* (21 novembre 1794), elle fit partie de l'armée de Sambre-et-Meuse, et occupa successivement *Cologne, Bonn, Juliers, Dueren,* et les baraquements devant *Coblentz* et *Mayence.* Passant à l'armée de Rhin-et-Moselle (8 juin

---

(1) Le lieutenant *V. Fanet.* — Résumé de l'historique du 36ᵉ régiment d'infanterie, édité en 1890, par Charles-Lavauzelle à Paris, 11, place Saint-André-des-Arts. — Quand cet opuscule fut publié, l'introduction et le premier chapitre du présent ouvrage étaient déjà imprimés.

1795, elle resta au siège de Mayence, s'illustra aux combats de *Marbach, Kirkemboland, Kaiserlautern, Rodal, Bourgat* et *Chope*. Le 22 décembre 1795, elle devint la 84ᵉ demi-brigade d'infanterie.

III. — LA 36ᵉ DEMI-BRIGADE DE LIGNE, sous Hoche, Augereau, Masséna et Moreau, de 1796 à 1803, avait eu pour colonels ou chefs de brigade : *Sergent* (31 mai 1796 — 10 juin 1799); *Lapisse* (10 juin 1799 — 2 novembre 1799), devenu général, tué en Espagne ; *Graindorge* (2 novembre 1799 — 24 septembre 1803), devenu général, tué en Portugal. *Vrigny,* colonel des fusiliers-chasseurs pendant la campagne de Russie, et *Dellard,* général commandant Besançon, firent partie de cette 36ᵉ. Formée en Belgique par la 163ᵉ demi-brigade de bataille (90ᵉ régiment de Chartres) et par les volontaires du Morbihan, du Pas-de-Calais et des réserves, elle passa à l'armée de Sambre-et-Meuse (5 mars 1797) ; battit les Autrichiens à *Neuwied,* à *Heddesdorf* (14 avril) et à *Klein-Nister* (16 avril). Jointe à l'armée de Rhin-et-Moselle (20 octobre), à celle de Mayence (20 décembre), à celle d'Helvétie et du Danube (5 mars 1799), elle envahit les Grisons. Elle se battit à *Luciensteig* (6 mars) ; devant *Dissentis* (7 mars); à *Bergen* (10 mars); à *Zernetz* (12 mars) ; et à *Pont* (13 mars), où elle fit prisonniers 2,500 hommes. Elle s'empara de *Nauders* (25 mars), fit prisonniers 500 Autrichiens à *Zernetz* (30 avril) ; se battit à *Luciensteig* (1ᵉʳ mai); à *Frauenfeld* (25 mai) ; à *Ober-Egery* (1ᵉʳ juillet); fit prisonniers 3,000 Autrichiens au combat d'*Ensielden* (14 août) ; chargea à la baïonnette pendant une lieue au *Pont-de-Mollis* (29 août). A la BATAILLE DE ZURICH (24 et 25 septembre 1799), la 36ᵉ passa la *Linth,* s'empara des redoutes autrichiennes, culbuta trois fois l'ennemi à *Schœnnis,* s'illustra au *pont de Grynau,* et s'empara de *Kaltebrun,* où 3,000 prisonniers, plusieurs drapeaux et 20 canons restèrent entre les mains de ces braves. Le 1ᵉʳ mai 1800, la 36ᵉ passa le Rhin avec l'armée du Rhin. Elle prit le *fort de Hohentwiel,* en Souabe (2 mai), entra à *Stokach* (3 mai); pénétra la première à *Moskirch* (5 mai); se battit à *Memmingen* (10 mai); à *Donawert,* où elle franchit le Danube (19 juin); à *Fussen* (11 juillet); à *Feldkirch* (13 juillet); à *Nieder-Audorf* (7 décembre) et à *Salzbourg* (13 décembre). A la paix, de 1801 à 1803, la 36ᵉ demi-brigade séjourna à Mayence et à Maëstricht.

IV. — LE 36ᵉ RÉGIMENT D'INFANTERIE DE LIGNE, sous les maréchaux Soult, Bessières, Junot, Masséna, Victor, Reille, de Lobau et Rapp, de 1803 à 1815, eut pour colonels *Graindorge* (1803-1805); *Houdar-Lamotte* (1805-1806); *Berlier* (1806-1811); *Métrot* (1811-1815). Formé par la 36ᵉ demi-brigade de ligne, le

21 septembre 1803, le nouveau régiment passa le Danube à Donawert (9 octobre), entra le premier à Memmingen (13 octobre), à Ulm (19 octobre), à Stettin (10 novembre), à *Vienne* (13 novembre), à Brünn (19 novembre). A la BATAILLE D'AUSTERLITZ (2 décembre 1805), le 36e s'empara des positions de Pratzen, défendit le pont attaqué par Koutousof, rejeta l'ennemi dans le ravin du Goldbach, dispersa les Bavarois sur le plateau de Pratzen, refoula les Russes à la baïonnette, *prit treize drapeaux à l'ennemi* et s'empara du château de Sokolnitz. *Ce fut un régiment modèle dans la victoire modèle ;* il fut ensuite cantonné en Bavière. A la BATAILLE D'IÉNA (14 octobre 1806), le 36e chassa les Prussiens de Klosewitz, fit prisonniers trois bataillons et deux escadrons, repoussa la charge de la cavalerie ennemie, attaqua les troupes de Hohenlohe, s'empara de Gross-Romstaedt, prit sept canons et sept cents hommes, et poursuivit l'ennemi jusqu'à Capellendorf. Le 36e entra à *Berlin* le 21 novembre 1806, franchit la Vistule à Plock, le 22 décembre, et commença la campagne de 1807 par les engagements de Kauflies (3 février), et de Hoff (6 février). A la BATAILLE D'EYLAU (8 février 1807), le 36e combattit entre Au-Klapen et Kutschitten, et s'empara de plusieurs canons. A la BATAILLE D'HEILSBERG (10 juin 1807), le 36e s'avança par bataillon dans les intervalles des bataillons déployés de la division Saint-Cyr et culbuta l'ennemi par une charge sanglante ; il fut ensuite cantonné en Prusse. — En 1808, le 36e établi à Kœnisberg revint à Calais au mois d'avril. Porté à cinq bataillons, il fut scindé jusqu'à la fin de l'Empire. Les trois premiers bataillons partirent pour l'Espagne en septembre, entrèrent en ligne à la prise de *Burgos* (10 novembre), de *Santander* (16 novembre), et fit prisonniers 2,000 Espagnols à *San-Vicente* (20 novembre). Il pourchassa les troupes de La Romana, sur la route d'Astorga, le 30 décembre. — En 1809, le 36e attaqua l'ennemi à *Ferrada* (5 janvier), s'empara de La Corogne (16 janvier), d'*Oporto* (29 mars), repoussa Wellington à *Amarante* (12 mai), fit expédition dans les Asturies, se distingua au défilé de *Val d'Aurès* (9 juin) et au passage du pont de *l'Arzobispo* (8 août). — En 1810, le 36e prit part aux sièges d'*Astorga* (21 avril), de *Ciudad-Rodrigo* (15 juin) et d'*Almeïda* (28 août). Il perdit 500 hommes au combat de *Busaco* (27 septembre) et entra à Coïmbre en octobre. — En 1811, le 36e refoula les colonnes ennemies à *Sabugal* (3 avril), et à *Fuentes-de-Onoro* (4 mai). — En 1812, le 36e combattit *aux Arapyles* (21 juillet), au pont de Tordesillas et à Celada. Son 4e bataillon, commandé par Sansfourche, fit partie du corps du maréchal Victor en Russie. Il

parvint à Thorn, Wilna, Smolensk et culbuta les Russes à Wolkowich (14 novembre). Après la Bérézina (26 novembre), il ne compta pas même 200 hommes. — En 1813, le 36ᵉ sous les ordres du comte Reille, quitta Miranda pour se battre au *col de Subigana* (19 juin), et à *Vittoria* (21 juin), où il défendit le pont d'Arriaga et protégea la retraite à Erbulo. Ne pouvant débloquer *Pampelune* (25 juillet), ni *Saint-Sébastien* (septembre), il combattit cinq jours (9-13 décembre) devant *Bayonne*. En Allemagne, les 3ᵉ et 4ᵉ bataillons, faisant partie du 1ᵉʳ corps (général Vandamme), étaient passés en revue par Napoléon à Dessau le 11 juillet 1813. Le lendemain de la bataille de Dresde, ils enlevèrent la position de *Gieshubel* (28 août), et occupèrent Gottleube et Peterswalde. Le 30 août, ils se firent massacrer à *Kulm* en chargeant les deux lignes prussiennes de Kleist ; ils perdirent 750 hommes sur 1,303. Le reste, sous les ordres du commandant Froidure, revint à *Dresde* (1ᵉʳ septembre). Il y resta jusqu'à la capitulation (11 novembre) causée par le désasdre de Leipzig. — En 1814, le 36ᵉ combattit à *Peyrehorade* (13 février), à *Orthez* (27 février), à *Vic-Bigorre* (19 mars), près de *Tarbes* (20 mars), et à *Toulouse* (10 avril). Les 3ᵉ et 4ᵉ bataillons du 36ᵉ, reconstitués de nouveau, se distinguèrent à la bataille de *Troyes* (20 février), aux combats *d'Arcis-sur-Aube* (20 mars), et de Saint-Dizier (25 mars). A la première Restauration, le 36ᵉ devint 35ᵉ régiment de ligne (12 mai 1814). Le numéro du régiment n'était pas encore changé quand Napoléon revint de l'île d'Elbe (1815). Faisant partie du 7ᵉ corps (général Rapp) le 36ᵉ se battit à l'armée du Rhin. Après Waterloo, ses débris formèrent la 35ᵉ légion d'Indre-et-Loire (15 juillet 1815), devenue le 46ᵉ de ligne.

V. — LE 36ᵉ LÉGER créé en 1811, et fort de six bataillons, sous les ordres du colonel *Baume*, fit les campagnes d'Espagne, de Russie et d'Italie. Il combattit à *Gorlitz* (22 mai 1813), à *Wachau*, *Leipzig* et *Hanau* (16, 18 et 30 octobre), à *Castagnaro* (24 décembre), et à la bataille de *Mincio* (8 février 1814). Ce régiment fut dissous le 12 mai 1814.

VI. — LA LÉGION DE SAONE-ET-LOIRE formée en 1816 par le 5ᵉ de ligne et par les conscrits du département, à Mâcon, le 1ᵉʳ Avril, deviendra dans cinq ans le 36ᵉ actuel. Ses colonels furent *Rubin de la Grimaudière* (1ᵉʳ avril 1816 — 12 avril 1818) ; *Vicomte Sébastiani* (12 avril 1818 — 7 avril 1819) ; *Baron Zapffel* (7 avril 1819 — 30 novembre 1820). Cette légion avait quitté Macon le 27 août 1816. Elle avait tenu garnison à Avignon en 1817 ; à Antibes et à Grenoble en 1818 ; à Besançon en 1819, et à Thionville du 29 mars 1820 au 17 janvier 1821. L'ordonnance royale du 23 octobre 1820 transforma les légions en régiments. La légion de Saône-et-Loire fut donc dissoute à Thionville.

VII. — LE 36ᵉ RÉGIMENT D'INFANTERIE formé le 17 janvier 1821 à Thionville, avec les trois bataillons de la légion de Saône-et-Loire, eut ce même jour pour premier colonel M. *Maurin*, et pour lieutenant-colonel M. *Rullière*. En octobre 1821, ce régiment avait quitté Thionville. Il avait tenu garnison à Verdun et Montmédy jusqu'au milieu de mai 1822. De là il était venu à Besançon (1). Quand Louis Maugenre fut inscrit au 36ᵉ, les soldats de ce régiment avaient encore l'ancien uniforme de la légion. Habit blanc avec revers et parements bleus, culotte blanche, guêtres en drap noir allant jusqu'aux genoux, shako à deux visières, étroit en haut, large en bas, orné d'une plaque en fer-blanc portant le numéro 70 de la légion.

Nos quatre vosgiens furent les premiers qui revêtirent le nouvel uniforme : veste et habit bleu foncé, parements blancs ; pantalon bleu de prusse, passe-poil blanc ; guêtres blanches ; grenade, cor de chasse, fleur de lys au collet, pour distinguer les grenadiers des voltigeurs et des soldats du centre.

Nous allons maintenant laisser Maugenre raconter ses premières impressions : quel portrait vaudra jamais celui que le courageux soldat a tracé de lui-même, à son insu, dans sa correspondance ?

« Je ne saurais vous dire, écrit-il à ses parents, toutes mes
« impressions en déposant un à un mes habits civils : il me semblait
« que je quittais de vieux amis. En quittant Epinal, j'avais déjà
« éprouvé un grand chagrin. Durant la détestable nuit que je
« passais à Plombières, j'ai perdu le chapelet que ma sœur Marie
« m'avait donné. Du moins il me reste le petit livre de prières de
« ma bonne mère, ma médaille et mon scapulaire que je porte
« toujours sur le cœur, ils ne me quitteront point, je l'espère,
« jusqu'au dernier soupir. »

« Le lendemain de mon arrivée au 36ᵉ, le capitaine Pitbas, a
« passé la revue de tout mon trousseau ; j'ai déposé entre ses mains
« une partie de mon argent. Grâce à mon petit avoir, j'ai touché
« un bon décompte à ma première masse qui a été complète, mais
« j'ai eu à contredire mon sergent-major. Celui-ci, déjà menacé
« pour la mauvaise tenue de ses livres, m'avait porté en compte
« une paire de souliers et deux chemises que je n'avais pas reçus,

---

(1) V. Fanet. Résumé de l'historique du 36ᵉ d'infanterie ; pages 7-93.

« et dont je n'avais nul besoin, puisque j'avais apporté avec moi
« plus d'effets et de chaussures qu'il ne m'en fallait. Je ne me
« suis pas laissé prendre à cette erreur bien préméditée. Je l'ai
« signifiée immédiatement à mon capitaine ; celui-ci a envoyé mon
« sergent à la salle de police, lui déclarant qu'il refuserait de le
» rengager en octobre prochain. »

« Vous ne sauriez croire combien je pense à vous, chers parents,
« surtout quand vient l'heure du dîner de la famille à la maison.
« Ma mère a sans doute communié à mon intention le 15 août, à
« l'anniversaire de mon baptême dans cette pauvre église d'Hur-
« bache, où j'ai prié si souvent avec toute la famille. Et moi, je
« suis ici à prier seul, en secret, au milieu de soldats qui ne pensent
« guère qu'au plaisir. Mon Dieu, vous l'avez voulu ; tout pour
« vous.... J'entends sonner l'*angelus* du soir ; à genoux ! »

Vous avez entendu le fils ; voici le soldat :

« Depuis trois mois, nous faisons l'exercice. Le matin, à six
« heures, le tambour bat le réveil. Il n'y a pas une minute à perdre :
« il s'agit d'ajuster nos guêtres, d'approprier notre buffleterie,
« d'astiquer le sabre et le fusil, tout cela à la lueur douteuse de
« quelques mèches. Un second roulement de tambour nous avertit
« de descendre, et pas accéléré, en avant, marche ! nous filons sur
« les promenades des remparts. »

« Il faut avoir du patriotisme pour aimer à faire l'exercice et
« répéter sans cesse les mêmes manœuvres. Nous avons avec nous
« des conscrits tellement bouchés qu'il faudrait, comme dit la
« chanson, mettre du foin à un pied et de la paille à l'autre pour
« leur faire distinguer la gauche d'avec la droite. Pour mon
« compte, je manie comme un vieux mon fusil à pierre de vingt-
« cinq livres : quatre heures d'exercice par jour ne me fatiguent
« pas. Je passe aux yeux de mes instructeurs et des officiers de
« service pour le plus solide gaillard du 36e. On a peur de ma
« force et on me respecte : les chicaneurs et les solliciteurs de
« petits verres n'osent pas se frotter près de moi. N'étant pas
« attaqué ou provoqué, je n'ai pas à me défendre. »

« A l'heure des repas, rien de plus curieux ; tous les soldats,
« grands et petits, se précipitent sur leurs gamelles dans la
« cuisine. Il est de fait que l'appétit ne manque pas. Ma santé est
« excellente, je dors d'un profond sommeil, bien que nous soyons
« couchés sur de véritables toiles d'emballage, avec une seule
« couverture. Qu'est devenu mon édredon bien chaud ? Nous
« sommes quarante-huit dans notre chambrée ; pour y arriver, il
« faut monter tous les étages ; le plancher danse à chaque pas, et

« nous logeons sous les gouttières. »

« Fidèle aux recommandations de ma mère, j'ai consacré mon premier temps libre à la visite des églises de cette capitale de la Franche-Comté ; chaque dimanche, nous allons à la messe. Notre aumônier se charge de nous conserver la foi, de nous donner du courage, et de nous faire aimer Dieu et sa bonne Mère. »

On le voit, les habitudes de la maison paternelle ont porté leurs fruits ; toute peine est douce au cœur du généreux soldat. La vie militaire, au lieu de dessécher son cœur, y ouvre une source intarissable d'admiration, de fidélité, de dévouement, d'abnégation et d'héroïsme.

Il n'y avait pas encore six mois qu'il professait le métier des armes, lorsque le 36ᵉ régiment de ligne fut compris dans l'organisation générale de l'*armée des Pyrénées*.

Depuis la chute du premier Empire, une fermentation continuelle s'était produite en France, en Espagne et en Italie. Dans ces nations, une grande lutte était engagée contre la Monarchie. Deux conjurations militaires dans l'île de Léon furent le signal d'une insurrection qui allait ébranler l'Europe, et causer une nouvelle guerre.

En 1819, 17,000 soldats espagnols avaient été réunis à Cadix sous les ordres d'O'Donnel comte de L'Abisbal, pour aller réduire les provinces indépendantes du Mexique, de Caracas, de Buenos-Ayres et du Chili. Cent vingt-trois officiers, cantonnés dans la ville de Port-Sainte-Marie, se disposaient à soulever les troupes contre le roi Ferdinand VII, lorsqu'ils furent arrêtés par le commandant en chef des troupes, dans la nuit du 7 au 8 juillet. L'invasion du choléra ayant empêché le départ de l'expédition, une nouvelle révolte ne tarda pas à éclater.

Dans la nuit du 1ᵉʳ janvier 1820, pendant que le lieutenant-colonel don Antonio Quiroga, campé au bourg d'Alcala-los-Gazulès, s'emparait de l'île de Léon, don Raphaël del Riégo, chef de bataillon du régiment des Asturies, cantonné à Las-Cabezas, se portait à la tête de 1,500 hommes contre L'Abisbal, qui avait son quartier général à Arcos. Il y fit prisonnier le général en chef et tout son état-major. Le 4 janvier, il arriva à Xérès, proclama la Constitution de 1812, et opéra sa jonction avec Quiroga dans l'île de Léon. Leurs forces réunies s'élevaient à sept bataillons. Le reste de l'armée, obéissant aux ordres du roi et des généraux Frezre et Joseph O'Donnel, accourut du camp de Saint-Roch, pour tenir l'insurrection enfermée dans l'île. Riégo prit alors une résolution pleine d'audace. Le 27 janvier, à la tête de sa colonne, il rompit la ceinture de troupes formée autour de lui, traversa les villes de Chiclana, de Véjar de la Frontera, d'Algésiras, de Marbella, et entra dans Malaga, au cri de *vive la Constitution !* Le lendemain, un combat s'engagea sur la place de la Merced avec les régiments d'O'Donnel, qui l'avaient poursuivi. Battu, Riégo se jeta dans la Sierra de las Cabras, abandonna successivement Antequerra, Ronda, Moron, Estepa, Puente de Gonzalo, Aguilar, franchit le Guadalquivir à Cerdous, le 8 Mars, subit des pertes considérables au combat de Fuente-Véjuna, où l'avaient atteint les troupes royales, sé réfugia dans la Sierra-Morena, et dispersa en guérilleros le reste de ses soldats.

La nouvelle de cette insurrection se répandit rapidement dans toute l'Espagne. Soulevées par le colonel d'artillerie Espinoza, les garnisons de la Corogne, du Ferrol, de Vigo et de Pontevedra, en Galice, proclamèrent la Constitution. En même temps, la Navarre, l'Aragon et la Catalogne étaient excitées à la révolte par le général Espoz-y-Mina. Le triomphe de l'insurrection dans le Nord décida le général en chef, comte de l'Abisbal, à prendre parti pour les constitutionnels à Madrid. Secondé par le général Ballesteros, il força Ferdinand à céder, et à prêter serment de fidélité à la Constitution, le 9 mars 1820. La Monarchie absolue n'existait plus.

Ces événements eurent leur contre-coup dans le royaume de Naples le 2 juillet suivant. Le lieutenant-colonel Laurent de Concilü força le roi Ferdinand Ier, oncle de Ferdinand VII d'Espagne, prédécesseur de Joseph Bonaparte et successeur de Murat, à jurer, le 13 juillet, d'observer et de défendre la Constitution espagnole.

Voyant un grave péril pour l'Autriche dans l'exemple de cette révolte triomphante, l'empereur François II organisa aussitôt une armée de 80,000 hommes. Mais avant que d'interposer ses soldats, pour rétablir l'ordre et la stabilité dans le royaume de Naples, le cabinet de Vienne voulut faire sanctionner officiellement par l'Europe son droit d'intervention. M. de Metternich, premier ministre de l'Autriche, provoqua l'entrevue de *Troppau*, dans la Silésie. Après huit conférences, tenues du 27 septembre au 24 novembre 1820, les empereurs de Russie et d'Autriche, ainsi que le roi de Prusse, décidèrent le principe de l'intervention, communiquèrent leurs résolutions aux deux cours de Londres et de Paris, et les invitèrent, avec le roi de Naples, au congrès de *Laybach*. Louis XVIII y délégua MM. de Blacas, de la Ferronays et de Caraman, avec ordre de s'associer à toutes les mesures qui y seraient prises pour la compression de l'insurrection napolitaine. Le 2 février, le congrès mit à la disposition du roi de Naples l'armée autrichienne, commandée par le général Frimont. Les Autrichiens atteignirent la frontière napolitaine le 27, et, le 23 mars, ils renversaient le régime constitutionnel.

Restait à comprimer l'insurrection espagnole. En décembre 1821, le général constitutionnel Lopey-Banos avait dispersé en trois combats dans les vallées de Roncal et de Bastan, en Navarre, les troupes royalistes commandées par Santos-Ladron et par don Juan Villanueva. Le 21 juin 1822, 5,000 royalistes catalans, ayant pour chefs Romanillo, Romagosa et Miralés, attaquèrent les constitutionnels dans la Seu d'Urgel, s'emparèrent de cette place forte, où ils trouvèrent 1,600 fusils et 60 canons. Ce succès encouragea la garde-royale de Madrid à empêcher dans la rue toutes les manifestations en faveur de la Constitution. La milice nationale voulut riposter le 30 juin : un combat s'ensuivit. Un jeune officier constitutionnel, Landaburu, fut massacré. Le 7 juillet, l'armée des Cortès, sous les ordres des généraux Morillo et Ballesteros, taillait en pièces les six bataillons de la garde-royale. En septembre, la guerre civile devint plus violente dans le Nord. Mina, secondé en Catalogne par les généraux Torrijos, Milans et Rotten, en Aragon, par le général Zarco-del-Valle, ne laissait pas de relâche à l'armée royale. Le 15 septembre, il s'emparait de la ville forte de Castelfollit de Lobregos, la pillait de fond en comble, la livrait aux flammes et faisait égorger tous les habitants. Forcés de renoncer à la lutte, les royalistes d'Urgel vinrent se réfugier à Toulouse.

Ces événements hâtèrent l'ouverture du Congrès de *Vérone* qui eut lieu le 20 octobre. La France y était représentée par MM. de Montmorency, de Chateaubriand et de La Ferronays ; l'Angleterre, par le duc de Wellington. Les empereurs d'Autriche et de Russie, ainsi que le roi de Prusse, y assistaient en personne. Le premier jour des conférences, M. de Montmorency déposa sur la table du Congrès une note dans laquelle il signala l'Espagne comme un foyer redoutable, qui pouvait lancer sur toute l'Europe de fatales étincelles, et menacer le monde d'un embrasement nouveau. Il présenta la guerre entre ce royaume et la France comme un événement possible et probable. Il ajouta que, dans ce cas, la France devait croire qu'elle pouvait non seulement compter sur l'appui moral de ses alliés, mais encore réclamer d'eux un secours matériel, si les circonstances lui en faisaient la loi. Après un long examen, les cours de Saint-Pétersbourg, de Vienne et de Berlin déclarèrent, le 17 novembre, qu'elles consentaient à retirer de Madrid leurs ambassadeurs, dans le cas où la France se déciderait à cette rupture. De plus elles s'engageaient, dans une guerre avec l'Espagne, à lui donner l'appui moral et matériel dont elle aurait besoin. En même temps, elles adressèrent de Vérone leurs dépêches au gouvernement de Madrid. Dans ces notes, elles protestaient contre l'insurrection espagnole, en condamnaient l'origine, la signalaient comme étant l'œuvre d'une minorité factieuse, qui tenait le roi captif dans son palais, et s'abandonnait, sous le nom de ce monarque dépouillé de toute autorité, à des désordres et à des excès, dont la prolongation devait compromettre la sécurité de la France, et la tranquillité du reste de l'Europe. En conséquence, elles affirmaient la nécessité de remédier à ces maux, d'abolir la Constitution de 1812, de restituer à Ferdinand VII l'autorité nécessaire, pour faire cesser la guerre civile, et ramener l'ordre et la paix dans son royaume.

Le colonel Evariste San-Miguel, ministre des affaires étrangères, répondit le 9 janvier 1823 par une communication brève et hautaine. Qualifiant chaque note de « document rempli de faits défigurés, de suppositions dénigrantes, d'accusations aussi injustes que calomnieuses, » le ministre déclara que « son gouvernement ne se mêlait pas des institutions ni du régime intérieur des autres peuples, que le remède à apporter aux maux de la nation n'intéressait que lui seul, et que jamais l'Espagne ne reconnaîtrait à aucune puissance le droit d'intervenir dans ses affaires. »

Dès qu'ils eurent reçu cette réponse, les représentants des trois cours de Russie, d'Autriche et de Prusse demandèrent leurs passeports et quittèrent aussitôt Madrid. Obligé d'imiter les trois cours, le roi chargea M. de Châteaubriand de rappeler son ministre M. de Lagarde. Ce rappel fut adressé le 18 janvier. Dès lors la guerre était imminente; cent mille Français reçurent l'ordre de se réunir au pied des Pyrénées. De ce nombre était le 36ᵉ de ligne.

CHAPITRE III

L'ARMÉE DES PYRÉNÉES

Une grande mission venait d'être confiée à l'armée : celle de reconquérir la gloire et l'honneur de la France, en faisant prévaloir, dans les deux nations françaises et espagnoles, l'autorité du roi sur l'anarchie. Ce but fit accepter aux soldats du 36e de longues et pénibles marches, à travers la France, au milieu des neiges, par un froid rigoureux, ou par des pluies torrentielles.

C'est le 28 janvier 1823 que Maugenre et son bataillon quittèrent Besançon. Le 2e bataillon venait de recevoir un fort contingent de béarnais et de basques, appartenant à la nouvelle classe. Ils étaient venus à pied, depuis Pau, pour être incorporés au 36e. Ils n'avaient pas encore revêtu l'uniforme quand arriva l'ordre de partir pour les Pyrénées. Ils durent donc refaire le long chemin qu'ils venaient déjà de parcourir avec leur costume du pays, veste courte, culotte et grandes guêtres, ceinture rouge et béret : quelques-uns marchaient en sabots.

La guerre venait d'être officiellement annoncée ce jour-là dans le discours de la Couronne. Ouvrant la session dans la salle du Louvre, ayant à ses côtés le comte d'Artois, le duc d'Angoulême et le duc d'Orléans, Louis XVIII avait prononcé les paroles suivantes :

« L'aveuglement avec lequel ont été repoussées les représenta-
« tions faites à Madrid, laisse peu d'espoir de conserver la paix. »

« J'ai ordonné le rappel de mon ministre ; cent mille Français
« commandés par un prince de ma famille, par celui que mon
« cœur se plaît à nommer mon fils, sont prêts à marcher en invo-
« quant le Dieu de Saint Louis pour conserver le trône d'Espagne
« à un petit-fils d'Henri IV, préserver ce beau royaume de sa
« ruine, et le réconcilier avec l'Europe. »

« La guerre ne sera entreprise que pour conquérir la paix que
« l'état de l'Espagne rendrait impossible. »

« Que Ferdinand VII soit libre de donner à ses peuples des
« institutions qu'ils ne peuvent tenir que de lui, et qui, en assurant
« leur repos, dissiperaient les justes inquiétudes de la France, dès
« ce moment les hostilités cesseront : j'en prends devant vous,
« Messieurs, le solennel engagement. »

L'armée accueillit avec joie les paroles de son roi et la nomination du duc d'Angoulême pour son généralissime.

Quittant Labarre le 29, le 2ᵉ bataillon du 36ᵉ arriva le soir à Dôle, antique forteresse de Charles-Quint. Le 30, il était à Seurre, où la Saône était débordée ; il fallut la traverser en bateaux. Arrivé le 31 à Chalon-sur-Saône, il fit son premier séjour à Paray-le-Monial. Là, Maugenre s'acquitta de son devoir de chrétien. Pouvait-il ne pas aller visiter ce sanctuaire des Religieuses de la Visitation où, en 1673 et 1675, son divin Sauveur, Jésus-Christ, apparut visiblement à Sœur Marguerite-Marie, et lui révéla son cœur et son amour ?

Continuant sa route, le 36ᵉ parvint à Charolles le 3 février, à Gilly le 4, à Moulins le 5, à Varennes-sur-Allier le 6, à La Palisse le 7. Dans cette dernière ville, le vieux château était encore debout, et si les sires de La Palisse ne fussent pas morts, ils eussent encore été en vie. Ce fut pendant le séjour du 36ᵉ à Gannat que fut discutée, à la chambre des députés, l'adresse au roi, en réponse au discours du trône. Elle contenait le passage suivant :

« Oui, Sire, c'est par le retour à la religion, à la légitimité, à
« l'ordre, que cette belle France, jouissant enfin de la véritable
« liberté, montre à l'Europe comment les malheurs publics se
« réparent. Pourquoi faut-il que l'exemple de notre prospérité et
« les leçons de nos malheurs passés soient perdues pour un Etat
« voisin ? Destinée par la Providence à fermer l'abîme des révolu-
« tions, Votre Majesté, dans sa paternelle sollicitude, a tout tenté
« pour garantir ses peuples, et sauver l'Espagne elle-même des
« suites funestes de la rébellion de quelques soldats parjures. C'est

« à Votre Majesté qu'il appartient de délibérer ; c'est à nous de
« concourir par tous nos efforts à la généreuse entreprise d'étouffer
« l'anarchie pour ne conquérir que la paix ; de rendre la liberté à
« un roi de votre sang, d'assurer le repos de l'Espagne pour affer-
« mir celui de la France, et de délivrer du joug de l'oppression
« un peuple magnanime qui ne peut recevoir que de son souverain
« légitime des institutions conformes à ses vœux et à ses mœurs. »

C'était là un nouveau cri de guerre contre l'insurrection espagnole. Le surlendemain, 10 février, M. de Villèle, président du
Conseil des ministres, demandait à la Chambre un crédit extraordinaire de cent millions, destinés à couvrir les frais de l'entrée de
nos troupes en Espagne.

Le 36e était alors à Pontmort ; le 11 il entrait à Clermont, l'antique capitale des Arvernes, où le pape Urbain II prêcha la première croisade. Le 12, il poursuivait sa marche sur Vic-le-Comte ;
le 13, sur Issoire ; le 14, sur Arvant où il faisait séjour ; le 16, sur
Murat, en doublant l'étape ; et le 17, sur Vic-sur-Cère.

A *Aurillac*, le 18, on créa le dépôt du 36e et on le laissa dans
cette ville ; quelques mois après, il se rendra à Périgueux, puis à
Poitiers. A Maurs, chef-lieu de canton du Cantal, le 36e séjourna
quatre jours, du 18 au 22 février ; les mauvais temps avaient rendu
impossible la marche en avant des soldats. Un peu remis de leurs
fatigues, ils durent se résigner à braver le froid et la pluie, d'autant plus courageux qu'ils s'approchaient davantage de la frontière.
« Ce n'est pas de la boue, c'est de la gloire, » disait Maugenre à un
camarade qui le voyait tout maculé, « vive la joie quand même ! »
et trempé jusqu'aux os, il marchait en chantant quelques joyeux
refrains ; c'est ainsi que se fit la route de Villefranche à Caussade,
à Montauban, à Grenade et à Auch, où l'on fit séjour les 27 et
28 février.

Pendant ce temps, le vote des crédits de la guerre avait rendu
très orageuses les séances de la Chambre des députés. Le rapport
favorable de la commission, présenté par M. de Martignac, avait
été vivement interrompu par la gauche. Il fut ouvertement combattu par MM. Royer-Collard, Manuel, de Laborde, général Foy,
général Demarcay, Delessert, etc. Mais toute la droite riposta
avec vigueur ; elle en vint même à prononcer l'expulsion de Manuel, à main armée. Sans parler des mémorables discours de
MM. de Labourdonnaie, de Saint-Géry, de Castelbajac, de Forbin
des Essarts, de Villèle, je ne rapporterai que les paroles suivantes
de M. de Châteaubriant :

« Ferdinand n'est encore que prisonnier dans son palais, comme

« Louis XVI l'était dans le sien avant d'aller au temple, et de là
« à l'échafaud. Je ne veux pas calomnier les Espagnols, mais je
« ne veux pas les estimer plus que mes compatriotes. La France
« révolutionnaire enfanta une Convention ; pourquoi l'Espagne
« révolutionnaire ne produirait-elle pas la sienne ? Messieurs, c'est
« déjà trop dans le monde que le procès de Charles Ier et celui de
« Louis XVI. Encore un assassinat juridique, et on établira par
« l'autorité des *précédents* une espèce de droit de crimes, et un
« corps de jurisprudence à l'usage des peuples contre les rois. »

En justifiant ainsi, en préparant et en imposant notre intervention en Espagne, malgré toutes les résistances de la gauche et du dehors, malgré l'Angleterre et malgré M. de Villèle, M. de Châteaubriant atteignit le point culminant de sa carrière et de sa gloire. « *Cette guerre*, dit M. Villemain, *fut l'idée la plus hardie et la plus grande force du royalisme de la Restauration.* »

Après avoir passé Mirande et Rabastens, les 1er et 2 mars, le 36e vint se former en brigade à *Tarbes* le 3. Dès lors le régiment fit partie de la 3e brigade, commandée par M. le maréchal de camp baron Goujun, — de la 4e division ayant pour chef M. le lieutenant-général vicomte Obert, — et du 1er corps d'armée sous les ordres de M. le maréchal Oudinot, duc de Reggio. Accompagné de la cavalerie et de l'artillerie, le 36e passa à Lourdes et à Saint-Pé le 4 mars, fit séjour à Pau, vint à Orthez le 7, à Peyrehorade le 8, et resta deux jours à Bayonne, les 9 et 10 mars. Dans cette ville, les fusils à pierre des soldats furent réformés et transformés en fusils à piston ; mais ceux-ci, mal confectionnés, marchaient moins bien que les premiers, au grand mécontentement des soldats. Pendant la concentration des troupes et la formation des corps d'armée, Mangenre et son bataillon furent cantonnés à *Ustaritz*, à partir du 11 mars. Les 1er et 3e bataillons occupèrent Anuntz et Héroutz, sur la rive gauche de la Nive.

Sitôt l'intervention en Espagne décidée, le maréchal Victor, duc de Bellune et ministre de la guerre, se mit à organiser deux corps d'opération, dont il fixa la réunion à Bayonne et à Perpignan. Le premier, comprenant trois corps d'armée, était placé sous le commandement direct du duc d'Angoulême, *généralissime*, secondé par le lieutenant-général comte Guilleminot, *major-général*. Le second, comprenant le 4e corps d'armée, était commandé par le maréchal Moncey.

Le maréchal Oudinot, duc de Reggio, commandant en chef du 1er corps, avait sous ses ordres les quatre divisions Castex, d'Autichamp, Bourke et Obert. Leur effectif total était de 27,485 hommes, 5,879 chevaux et 24 canons. Le général Grundler était chef d'état-major.

Le maréchal comte Molitor, commandant en chef du 2ᵉ corps, avait sous ses ordres les trois divisions Domon, Loverdo et Pamphile-Lacroix. Leur effectif total était de 20,312 hommes, 4,984 chevaux et 12 canons. Le général Borelly était chef d'état-major.

Le prince de Hohenlohe, commandant en chef du 3ᵉ corps, avait sous ses ordres les trois divisions Conchy, Canuel et comte d'Espagne. Leur effectif total était de 16,476 hommes, 2,700 chevaux et 12 canons. Le général Meynadier était chef d'état-major.

Le maréchal Moncey, duc de Conégliano, commandant en chef du 4ᵉ corps, avait sous ses ordres les trois divisions Curial, de Damas et Donnadieu. Leur effectif total était de 21,099 hommes, 4,376 chevaux et 24 canons. Le général Desprez était chef d'état-major.

En outre, deux corps de réserve étaient en voie de formation. Le premier, commandé par le général Bordesoulle, avec le général de Bourbon-Busset pour chef d'état-major, devait comprendre les quatre divisions Bourmont, Foissac-Latour, d'Hurbal et d'Audenarde. Le second, commandé par le général Lauriston, devait être composé des deux divisions Ricard et Pécheux.

La force militaire de toutes ces troupes était grande et réelle. L'immense majorité des officiers et sous-officiers avaient fait le dur apprentissage de la guerre dans les dernières années de l'Empire. Parmi les solliciteurs nombreux qui vinrent alors offrir leur dévouement et leur épée pour prendre part à la guerre d'Espagne, je dois citer un glorieux compagnon d'armes de Maugenre, *le comte Charles d'Ollone, de Saint-Dié*.

Entré au service en qualité d'élève à l'Ecole polytechnique, Charles-Pierre d'Ollone, né le 2 janvier 1795, au château de Fauconcourt (Vosges), s'illustra à la bataille de Paris en 1814. Le 15 juin de cette année, il entra aux gardes du corps du roi, compagnie d'Harté. Il quitta les gardes pour être lieutenant, aide de camp de M. le général marquis de Viomesnil le 16 octobre 1814, et fit la campagne de 1815 avec les princes. Nommé capitaine le 17 juillet 1816. il obtint en 1819 d'aller faire un cours à l'École de Saumur comme capitaine, détaché de l'état-major, où il comptait depuis le 12 décembre 1818. Il n'acheva pas son cours à l'école. Revenu auprès du maréchal de Viomesnil, il y resta jusqu'au 30 décembre 1822, époque à laquelle il entra aux chasseurs du Morbihan comme capitaine en second. Se trouvant alors en garnison à Castres, il adressa le 23 mars 1823 au général Castex la lettre suivante :

« Mon Général,

« Le lieutenant-colonel Fournas m'a dit en secret qu'il m'aiderait
« de tout son pouvoir et qu'il pensait que de me donner le 4ᵉ au
« lieu du 5ᵉ escadron, serait entièrement l'affaire du général qui
« viendra nous organiser. Du succès de ma démarche près de vous,
« Mon Général, dépend tout le sort de ma carrière militaire. Je
« brûle du désir de justifier l'avancement que je n'ai dû qu'aux
« bontés de M. le maréchal de Viomesnil. Pourrai-je rester au
« dépôt sans espoir d'en sortir ? Je n'étais venu dans ce régiment
« que pour faire la guerre ; je n'ai pas réussi à faire partie des
« 3 escadrons qui, sous les numéros 1, 2 et 6, ont eu le bonheur
« de marcher. Si je n'entre pas dans le 3ᵉ ou 4ᵉ, mon sort est
« désormais fixé, et je n'aurai pas la patience nécessaire pour
« supporter ma disgrâce. J'ai eu l'honneur d'écrire ce matin toute
« ma peine à monsieur le Maréchal ; je le prie d'en écrire au
« lieutenant-général ; mais je mets ma confiance en vous, mon
« Général ; je sais que vous le seconderez parce que, comme lui,
« vous n'avez jamais promis en vain. Je réclame toute votre
« indulgence pour mon importunité, et je sais d'avance que le
« motif servira d'excuse aux yeux d'un militaire comme vous. Je
« vous prie d'agréer d'avance l'expression de toute ma reconnais-
« sance et celle du profond respect avec lequel j'ai l'honneur d'être
                « Mon Général,
        « Votre très humble et très obéissant serviteur,
                        « Comte d'Ollone, Capitaine. »

Cette demande fut exaucée : quelques jours après Charles
d'Ollone quitta Castres pour accompagner le duc d'Angoulême. Le
généralissime était arrivé le 20 mars à Toulouse, pour visiter les
différents corps campés autour de cette ville. Ceux qui station-
naient autour de Bayonne étaient organisés par le major général
comte Guilleminot, et tout en même temps travaillés par les membres du comité directeur de la Charbonnerie.

Un vaste complot se tramait alors au sein de l'armée française.
Son but était de rejeter une troisième fois les Bourbons hors du
territoire. Après l'avortement des conspirations de Belfort, de
Marseille, de La Rochelle et de Saumur, les carbonari ne pouvaient
trouver que dans les rangs de la troupe la force matérielle nécessaire pour arriver à leur fin. La concentration des corps d'armée,
en mettant en contact les mécontentements épars dans les rangs
des soldats, semblait offrir à un mouvement contre les
Bourbons, des chances de succès plus sûres que les espérances
placées auparavant dans les dispositions hostiles de quelques

bataillons isolés. L'Espagne se trouvait alors le refuge des constitutionnels italiens, et des Français, échappés aux vengeances de leurs princes, et à la justice des tribunaux. C'était l'occasion d'utiliser le concours de cette masse de proscrits pour une insurrection dans l'armée des Pyrénées. Des relations furent nouées par ces réfugiés avec les officiers, sous-officiers et soldats de tous les régiments, campés aux avants-postes. Ustaritz se trouva littéralement inondé de journaux anti-royalistes, surtout du *Constitutionnel*. Une chanson séditieuse, intitulée : LE NOUVEL ORDRE DU JOUR, se distribuait à tous les soldats du 36e. Elle renfermait, à la fin de chaque couplet et du refrain, le cri de ralliement et le mot d'ordre, *demi-tour* ! destiné à décider l'insurrection, l'abandon des Pyrénées, le renversement du gouvernement à Paris, et la marche sur le Rhin.

Cette chanson mérite d'être citée en entier, la voici :

Refrain. — Brav'soldats, v'là l'ord' du jour :
  Point de victoire
  Où n'y a point d'gloire
  Brav'soldats, v'là l'ord' du jour :
  Gard' à vous ! demi-tour !

1. — Notre ancien, qu'à donc fait l'Espagne ?
  — Mon p'tit, elle n'veut plus qu'aujourd'hui
  Ferdinand fass' périr au bagne
  Ceux-là qui s'sont battus pour lui ;
  Nous allons tirer d'peine
  Des moin's blancs, noirs et roux,
  Dont on prendra d'la graine
  Pour en r'planter chez nous
  Brav'soldats... *demi-tour !*

2. — Notre ancien, qu'pensez-vous d'la guerre ?
  — Mon p'tit, ça n'ira jamais bien
  V'là z'un prince qui n's'y connaît guère ;
  C'est un' poire moll' de bon chrétien ;
  Bientôt l'fils d'Henri-Quatre
  Voudra qu'un jour d'action
  On n'puisse aller combattre
  Sans billet d'confession
  Brav'soldats... *demi-tour !*

3. — Notre ancien, qu'es' qu'c'est que l'Trappiste
  Avec tous ces chouans dégu'nillés ?
  — Mon p'tit, y vont grossir la liste

Des gens qu'la France a rhabillés ;
Afin qu' par leur vengeance,
Leurs frères soient massacrés,
Ils font une sainte alliance
Avec nos émigrés
Brav'soldats... *demi-tour* !

4. — Notre ancien, que d'viendra la France,
Si je cherchons d'lointains dangers ?
— Mon p'tit, profitant d'notr' absence
On introduira l'z'étrangers.
A la fin de la campagne,
Nous s'rons tout étonnés
Qu'en enchaînant l'Espagne
Nous nous s'rons enchaînés.
Brav'soldats... *demi-tour* !

5. — Notre ancien, quel s'ra not' partage ?
— Mon p'tit, les coups d'cann' reviendront
Et, puis suivant le vieil usage
Les nobles seuls avanceront.
Oui, s'lon not' origine
Nous aurons pour régal,
Nous, l'bâton d'discipline
Eux, l'bâton d'maréchal.
Brav'soldats... *demi-tour* !

6. — Notre ancien, vous que l'père aux autres (1)
Eut fait z'officier d'puis longtemps,
Marquez-nous l'pas, nous s'rons des vôtres
— Mon p'tit, v'là du français que j'entends.
Si la France en alarmes
Porte un trop lourd fardeau
Pour essuyer ses larmes
R'prenons n'tre vieux drapeau (2)
Brav'soldats... *demi-tour* !

Le colonel Fabvier était l'âme de la révolte. Installé au centre des cantonnements, il y resta plusieurs semaines, visitant chaque jour les officiers et les sous-officiers, sans que le comte Guilleminot

---

(1) Napoléon.
(2) Le drapeau tricolore.

y fit aucune opposition. Ce fut à Paris que le complot fut découvert. Le 21 mars, au départ de la diligence, les employés de la préfecture de police, en visitant les bagages, saisirent une malle remplie des emblêmes de l'ancien gouvernement et adressée à M. de Lostende, premier aide de camp du major-général. L'arrestation de l'aide de camp fut aussitôt ordonnée par le ministre de la guerre, ensuite deux ordonnances du 23 mars destituaient le comte Guilleminot, nommaient le maréchal Victor, duc de Bellune, major-général, et le lieutenant-général vicomte Dijeon, ministre de la guerre. Ces mesures inattendues jettèrent l'alarme parmi les chefs engagés plus ou moins directement dans le mouvement projeté : tous se montrèrent fort empressés auprès du duc d'Angoulême, qui accourut aussitôt à Bayonne. Quant au colonel Fabvier, inquiet de ces incidents, il franchit sur le champ la frontière.

Pour arracher la troupe à l'action des agitateurs et aux pensées de sédition ; il n'existait plus qu'un seul moyen : donner sur le champ l'ordre de marche, et jeter soudainement l'armée en Espagne. C'est ce que fit le duc d'Angoulême : le 31 mars, il adressa à la troupe la proclamation suivante :

« Soldats ! la confiance du roi m'a placé à votre tête pour rem-
« plir la plus noble mission. Ce n'est point l'esprit de conquête qui
« nous a fait prendre les armes. Un motif plus généreux nous
« anime. Nous allons replacer un roi sur son trône, réconcilier son
« peuple avec lui, et rétablir dans un pays en proie à l'anarchie
« l'ordre nécessaire au bonheur et à la sûreté des deux Etats. »

« Soldats ! vous respecterez et ferez respecter la religion, les
« lois et les propriétés, et vous me rendrez facile l'accomplissement
« du devoir qui m'est imposé de maintenir les lois de la plus exacte
« discipline. »

Le même jour, le duc d'Angoulême faisait transmettre sur toute la ligne l'ordre de franchir la frontière le 6 au matin. Le colonel Fabvier connut bien vite l'ordre donné par le prince ; il décida aussitôt d'accomplir à tout prix la tentative projetée. *Irun* fut le point de réunion désigné aux nombreux insurgés. Trois détachements s'y formèrent avec tous les condamnés politiques, les conjurés et les constitutionnels français, italiens et espagnols. Ils étaient commandés par le chef de bataillon Caron, par les lieutenants Marotte et Béniés, et comptaient dans leurs rangs MM. Bompas, Moreau, Delon, Fourré, Heureux, Dupuy, Delaze, Lamothe, etc.. tous compromis dans des procès politiques. Le 6 avril, ils résolurent de tenter hardiment le passage de la Bidassoa, par Behobie, village situé à une petite lieu d'Irun, et traversé par la route de

Bayonne à Madrid. Leur but était de se jeter au milieu des régiments d'infanterie et de s'y faire accueillir aux cris de : vive Napoléon II ! Vive la liberté ! Demi-tour ! En avant, sur Paris !

Le 9e léger, dont les postes garnissaient la rive française, semblait disposé à répondre résolument au mot d'ordre des réfugiés. Le quartier général en était prévenu. Des indiscrétions commises l'avaient mis au courant de tous les projets qui devaient être exécutés de part et d'autre. Ordre fut donné à ce régiment dans la nuit du 5 au 6 de filer sur les derrières. En même temps le 36e de ligne levait son cantonnement et prenait position sur la rive droite, au pas de Behobie.

Vers onze heures du matin, la colonne Fabvier s'avança à cet endroit sur la rive gauche. Sa marche avait été calculée de manière à arriver au moment où le bac transporterait la diligence de Bayonne à Madrid. Quand elle atteignit le rivage, le bac avait déjà accompli son retour ; on l'amarrait sur la rive droite. Plus d'espoir de passer la Bidassoa que lorsque le reflux aurait atteint son niveau le plus bas. En attendant, les réfugiés prirent position vis-à-vis du 36e, levèrent et agitèrent le drapeau tricolore, et entonnèrent la *Marseillaise*. Ils portaient l'uniforme des grenadiers de la garde impériale. Les artilleurs français pointèrent contre eux une de leurs pièces. Le général Valvin commanda le feu. Un détachement de gendarmes vint se placer entre l'artillerie et le 36e : la fusillade commença. Le drapeau tricolore fut renversé plusieurs fois ; les coups bien ajustés portèrent la mort dans les rangs des insurgés ; ils durent se retirer après avoir essuyé de grandes pertes et un échec complet.

Cette affaire terminée, l'établissement d'un pont fut ordonné à cet endroit. Celui qui avait été détruit en 1813 par notre armée, lors de sa retraite d'Espagne, n'avait pas été reconstruit. Il n'en restait que les culées de chaque côté des deux territoires. Maugenre et les soldats des 1er et 2e bataillons furent employés à poser un large pont sur bâteaux. Ils y travaillèrent toute la nuit du 6 au 7 avril. A 4 heures du matin il était terminé. L'avant-garde du 1er corps franchit alors la Bidassoa, et à 10 heures du matin, le 36e entrait en Espagne.

CHAPITRE IV

D'IRUN A MADRID

C'était la seconde fois, depuis quinze ans, que le gouvernement français envahissait la Péninsule. En 1808, l'empereur, voulant substituer les membres de sa famille aux princes de la maison de Bourbon, destinait son frère Joseph à imposer à l'Espagne une nouvelle Constitution, contraire aux institutions sociales et religieuses de cette nation. En 1823, le duc d'Angoulême avait pour mission de délivrer cette terre malheureuse du fléau de la guerre civile, et d'abolir une Constitution qui venait d'abattre le trône et l'autorité de son roi. Jamais deux invasions n'eurent un but plus dissemblable. La différence du but fut la cause de la longueur, des sacrifices incalculables d'hommes et d'argent, des victoires suivies des défaites, de l'insuccès et du malheur de la première invasion, qui ruina l'Empire et la France. Elle fut aussi la cause de la facilité relative, des victoires décisives et peu coûteuses, du succès et de l'avantage de la seconde, qui sauva l'ordre et la stabilité des deux nations.

Quatre armées espagnoles, fortes de cent trente mille hommes, étaient destinées à nous combattre en 1823 : 1° l'armée d'opération, commandée par Ballesteros, occupait les provinces basques. Le régiment d'infanterie *Impérial-Alexandre* était détaché à Irun.

2° L'armée des Asturies, commandée par Morillo, comprenait les divisions Quiroga, Rosello et Palaréa. 3° L'armée de Madrid commandée par L'Abisbal, comprenait les divisions Villacampa, Zayas et Castel dos Rios. 4° L'armée de Catalogne, commandée par Mina, comprenait les divisions Lhobéra, Milans et Gurréa. En présence du premier corps français, qui s'engageait avec le 36e de ligne, dans le long défilé de Salinas, l'avant-garde de Ballesteros se replia sur Vittoria.

Maugenre et ses compagnons durent établir le bivouac du 7 avril à Irun, mais hors la ville, à un quart de lieue sur la route en avant. C'était la troisième nuit qu'ils allaient coucher, non pas à la belle étoile, mais sous des torrents d'une pluie abondante. Heureusement qu'ils étaient dans un bois. Malgré la fatigue, Maugenre construisit un gourbi avec des branches de chêne. Il y donna l'hospitalité au lieutenant Laroche et au chirurgien-major qui lui remirent cinq francs. Les vivres manquaient dès la première journée. Un bœuf fut pris dans une ferme par les soldats du 2e bataillon ; il fut tué dans la boue. Bien que la viande fut pleine de terre, on s'en servit aussitôt pour faire la soupe. Le pain mouillé était un régal : les neuf-dixièmes des soldats en manquèrent pendant trois et quatre jours ; ils durent se soutenir avec des harengs et du lard.

Le 8 avril, on se remit en marche avant le jour. Dans les défilés de ces Pyrénées d'Espagne, la route serpente continuellement au fond des gorges, où gravit des hauteurs escarpées de précipices. On craignait à chaque pas des embuscades de ces guérillas indomptables qui avaient harcelé sans pitié les colonnes françaises de la première guerre. En certains points, une poignée d'hommes aurait suffi pour arrêter des forces considérables. La promptitude imprévue de l'entrée des Français et le retard de quelques jours de l'armée de Ballesteros permirent à nos soldats d'occuper tous les cols sans combat. Seule, la division Bourke du 1er corps, qui s'était portée sur Saint-Sébastien pour enlever la place, fut accueillie à coups de canon. Elle dut se résigner à commencer un siège régulier. Les autres divisions continuèrent de s'avancer par la grande route de Madrid. Le deuxième bataillon avait alors pour commandant le frère du colonel Maurin. En chemin, il fit une chute de cheval et se cassa la jambe. On arriva dans la nuit près du village d'Astigaraga. Le bivouac fut établi dans les champs qui bordaient la route. Il faisait alors très froid ; la neige couvrait les grands monts ; les soldats étaient mouillés, percés, et grelottaient. Bien loin, on apercevait une lumière dans une maison :

Maugenre y courut acheter du pain et des fagots. Revenu avec son précieux fardeau, il briqua son amadou, alluma son feu, coupa des arbres fruitiers qui étaient à ses côtés et se mit bravement à griller la viande du repas. Les officiers se chauffaient près de lui ; ils durent même se disputer avec ceux du 34e qui voulaient prendre leurs places. Ceux-ci filèrent dans leurs compagnies.

Marchant par régiment et sur plusieurs lignes, les corps d'armée occupaient toutes les routes à trente lieues de distance. Au fur et mesure qu'ils avançaient, la correspondance se faisait par la cavalerie. Les fantassins, comme Bias, portaient tout avec eux : sac, cartouchière, armes, marmite, bidon de campement, petit bidon, bêche, hache, pic, ou serpe, shako-boisseau rempli de provisions : l'uniforme était bleu, sauf la capote grise et les guêtres en drap noir. — Au bivouac d'Ernany, le 9 avril, le 2e bataillon fut détaché à deux lieues et demie. Pour la première fois, depuis Ustariz, il fut logé : les soldats couchèrent sur la paille.

Dès le 10 avril, les murmures éclatèrent dans les rangs des soldats. Le plus grand nombre était sans vivres, et il fallait marcher tout le jour. Un malentendu entre le fournisseur et le quartier général avait fait croire à M. Ouvrard que son service ne commençait qu'après Tolosa. Le 36e bivouaqua dans les faubourgs. La pluie tombait toujours avec violence : les troupiers, qui n'avaient point d'argent, s'exhalaient en plaintes amères, « La voilà cette Espagne, disaient-ils, elle a été funeste aux soldats de l'Empire, maintenant, c'est à notre tour. » D'autres disaient : « Que n'avons-nous fait demi-tour sur la Bidassoa, nous ne serions pas si malheureux ! » Appelé et mis en demeure de s'exécuter par le maréchal Oudinot, le munitionnaire réunit sur le champ les autorités de la ville, les notables et les marchands. Il fut assez habile pour satisfaire, dès le lendemain, à tous les besoins des régiments, jusqu'au dernier jour de la campagne.

Le 36e arriva à Logoretta le 11 ; il y resta trois jours. C'est là que le 2e corps, commandé par le comte Molitor, fut détaché du 1er et envoyé à Pampelune, dans la Navarre. Sa mission était de poursuivre l'armée de Ballesteros, qui venait de franchir l'Èbre pour se réfugier et se défendre à Saragosse. La mission du 1er corps était de marcher sur Madrid, dont les deux routes, par Aranda et par Valladolid, se trouvaient défendues par les armées de L'Abisbal et de Morillo. Le 12 avril, le duc d'Angoulême installait à Tolosa une junte provisoire du gouvernement espagnol. Le roi Ferdinand VII et ses deux frères don Carlos et don Francisco de Paolo étaient alors à Séville, prisonniers des Cortès depuis le 20 mars.

Le 14 avril, le 36ᵉ se remettait en chemin, arrivait le soir à une demi-lieue de Villafranca, partait le lendemain à deux heures du matin, traversait Villaréal, Bergara, Mondragon et Salinas, venait enfin loger dans trois villages avoisinant *Vittoria*. Le 16 au matin, il entrait dans cette ville. Malgré sa double enceinte de murs, la capitale de l'ancien pays d'Alava, fondée par les Wisigoths vainqueurs des Suèves, ne fit pas plus de résistance à l'armée du duc d'Angoulême qu'aux 150,000 hommes que Napoléon Iᵉʳ y conduisit le 5 novembrs 1808. Les habitants, habitués dix ans auparavant au passage et au séjour de nos divisions, se demandaient si les Anglais n'enverraient pas bientôt un autre Wellington pour leur donner de nouveau le spectacle de la sanglante défaite du 21 juin 1813. Cette fois, l'Angleterre, isolée des nations, ne pouvait jouer aucun rôle. Le duc d'Angoulême arriva à Vittoria le 17. Le 36ᵉ de ligne y fournit pendant vingt-quatre heures la garde d'honneur de son Altesse Royale. Maugenre y retrouva ses deux pays, le capitaine d'Ollone et le baron de Vomécourt d'Hurbache, faisant partie de la garde du corps. Au quartier général, il fut résolu que le généralissime ne franchirait pas l'Ebre avant l'arrivée de tout le corps de réserve de Bordesoulle. Pendant ce séjour à Vittoria, qui dura trois semaines, les agents du prince devaient tout à la fois obtenir des renseignements précis sur la position et la force de l'armée constitutionnelle et tenter la fidélité de ses principaux chefs. Bien que privé de la division Bourke, assiégeant Saint-Sébastien, le 1ᵉʳ corps reçut l'ordre de se partager en deux colonnes. La première, sous les ordres du maréchal Oudinot, conduisant avec lui la brigade Valin, ainsi que les deux divisions d'Autrichamp et Castex, devait se porter sur *Madrid* par Miranda, Burgos, Valladolid et Ségovie. La seconde, dont faisait partie le 36ᵉ, sous les ordres du général Obert devait atteindre le même but par Logrono, Calahora, Carrion, Guadalaxara et Alcala. Le généralissime, en ordonnant le départ immédiat de ces deux colonnes, se réservait de décider celui de sa troisième colonne, après le résultat des opérations des deux premières.

Le général Obert quitta Vittoria le 18 avril avec deux brigades. Le maréchal de camp Goujun le suivit le lendemain avec le 36ᵉ de ligne, qui arriva à Pena-Serado le 19, et devant Logrono le 20. Cette place forte avait fermé ses portes aux Français. Les constitutionnels avaient reçu les deux premières brigades à coups de canon et a coups de fusil. Le général Obert, se rendant bientôt compte du peu de défense sur le côté sud, y dirigea sur le champ les deux tiers de son effectif, pendant que le premier tiers répondait aux défenseurs. Les remparts furent escaladés par un groupe de braves, conduits par un tambour de grenadiers qui fut décoré ; ils réussirent à faire sauter une porte par où pénétrèrent les soldats. Le 36ᵉ de ligne, qui arrivait en toute hâte, recueillit les fruits de la victoire. Il fit prisonniers les constitutionnels et les renferma dans les églises. La bataille du 19 avril, la première de la campagne, rappelait celle du 23 novembre 1808. C'est à Logrono, en effet, que Napoléon réunit, sous les ordres du maréchal Lannes, les divisions Lagrange, Moncey, Colbert et Digeon, fortes de 30,000 hommes, pour refouler les corps de Castanos et de Palafox sur les baïonnettes du maréchal Ney. Ce point de concentration des troupes sous l'Empire l'était encore en 1823. L'armée de L'Abisbal était prête à disputer le passage de l'Ebre; il fallait, disait-on, s'apprêter au combat.

Après avoir été détaché à Viana, le 23 avril, le 36ᵉ reçut l'ordre de faire rentrer à Logrono les 1ᵉʳ et 2ᵉ bataillons, dont Maugenre faisait partie. Les six premières compagnies du 3ᵉ bataillon restèrent à Viana, et les deux dernières partirent pour Mendavia. Ces deux localités se trouvent situées sur la rive gauche du fleuve. Le 36ᵉ s'y maintint jusqu'au 6 mai. Pendant ce cantonnement arriva la défection de L'Abisbal. Dans plusieurs entrevues avec les notabilités du parti du roi, le comte del Montijo représenta à ce grand chef de l'armée constitutionnelle l'inutilité de la lutte, l'hostilité du peuple espagnol contre la cause des Cortès, le rejet de la Constitution de 1812 par l'immense majorité de la nation, les titres de reconnaissance que lui accorderait sa patrie, s'il donnait l'exemple d'une soumission, mettant fin au double fléau de la guerre civile et de la guerre étrangère. On lui offrit, au nom du duc d'Angoulême et de Ferdinand VII, de lui conserver ses grades et son traitement. Après avoir obtenu pour lui et pour ses généraux le prix qu'il demandait, L'Abisbal était venu se rendre à Vittoria ; il était ensuite conduit à la frontière française. La plus grande partie de son armée fut licenciée; l'autre se retira en Estramadure, sous les ordres du général Castel-dos-Rios.

Ces évènements facilitèrent singulièrement les opérations de nos troupes. La marche sur Madrid fut ordonnée aux trois colonnes Obert, Oudinot et Bordesoulle. Cette dernière, avec laquelle marchait le généralissime, suivait la route directe traversant Burgos, Lerma, Aranda de Douro, Somo-Sierra, Buytrago et Alcovindas. Elle était appuyée à gauche par la division Obert et le 36ᵉ de ligne.

Ce régiment franchit l'Ebre le 6 mai, à Lodoja, sur un pont de pierre. A marches forcées, il arriva le lendemain à Calahorra, patrie de Quintilien, rhéteur, et de Saint Dominique, apôtre du rosaire. Cette ville avait été le point d'attaque des maréchaux Lannes et Moncey, le 22 novembre 1808.

Laissant Alfaro et Tudela sur la gauche, le 36ᵉ coucha à Corella le 8 mai. Les divisions Morlot et Lagrange y avaient passé la nuit qui précéda cette fameuse charge de Cascante où fut culbutée la division de la Peña, et où fut décidée la victoire de Tudela. Il y avait là de magnifiques jardins et beaucoup de salades nouvelles. Les soldats en profitèrent sans demander ce qu'elle coûtait.

En route pour Fitaro, le 9 mai, il y eut quelques désordres dans les rangs. Fatigués de marches extraordinairement longues, dont l'une avait duré vingt-deux heures, les pauses comprises, de nombreux retardataires, soit isolés, soit en petits groupes, étaient disséminés bien loin derrière le gros du régiment. Le lieutenant-colonel Rullière s'en plaignit au colonel Maurin : « Si l'ennemi venait nous attaquer aujourd'hui, lui disait-il, il aurait beau jeu et nous serions tous perdus. »

Le 36ᵉ séjourna les 10 et 11 mai à Agréda, au pied du mont Cayo, patrie de la célèbre visionnaire Marie d'Agréda. Le corps du maréchal Ney y avait fait aussi séjour le 25 novembre 1808, au lieu de compléter la victoire des maréchaux Lannes et Moncey. Il y reçut l'ordre de l'empereur de pousser Castanos l'épée dans les reins.

Franchissant les monts Ibériques, nos soldats arrivèrent le 12 à Cardijon, le 13 à Almarial, et le 14 à Almazan, sur le Duero, à 27 kilomètres S.-O. de Soria. Ce fut là que le maréchal Ney intercepta la route de Madrid à Pampelune, le 21 novembre 1808, afin de se trouver sur les derrières du général Castanos.

Il fallut alors franchir les montagnes élevées des Sierra qui forment la séparation des deux Castilles. Pendant quatre jours, la route fut extrêmement difficile pour l'artillerie. A quelques kilomètres de San-Estevan de Gormaz, le 15 mai, Maugenre découvrit pendant la halte deux canons sans affut, qui avaient été enterrés à une petite profondeur dans la montagne : ils provenaient de l'armée de L'Abisbal, se retirant par cette même route sur Madrid. La division Obert séjourna les 16 et 17 mai à Siguenza, sur le Henared. Elle trouva dans cette première ville de la Nouvelle-Castille les troupes royalistes du général espagnol Bessière. Ce fut un renfort imprévu pour nos soldats qui fraternisèrent bien vite avec ces rudes condottières, habiles en coups de main, et guides assurés d'une colonne.

Continuant la route montueuse de la Sierra, la division franco-espagnole logea à Almadranos le 18 mai, à Torrija le 19, et fit son entrée le 20 à Guadalaxara. Cette antique ville romaine, conquise par les Maures en 714 et reprise par Alphonse VI trois siècles et demi plus tard, avait été occupée en 1809 par la division Dessolle. Le 36ᵉ y séjourna. La colonne espagnole du général Bessière prit les devants. Forte de 1,500 hommes, elle arriva le 22 mai, dans l'après-midi, à la porte d'Alcala devant Madrid. Surprenant la ville, elle pénétra hardiment dans les rues, aux cris de : *Viva Fernando, viva la religion ! Muera la Constitution !* Le passage lui fut bientôt barré par les compagnies constitutionnelles du général Zayas. La bataille s'engagea. Toute la garnison prit position sur l'enceinte avoisinant la porte d'Alcala ; les canons furent mis en batterie ; une première décharge à mitraille fit reculer les royalistes ; à la seconde décharge, Bessière s'enfuit en abandonnant sur le terrain quatre-vingts morts et un grand nombre de blessés. Un escadron s'élança à la poursuite des fuyards, qui se dispersèrent dans toutes les directions. Deux cent cinquante prisonniers restèrent entre les mains des constitutionnels.

Le lendemain 23, à quatre heures du matin, la division Foissac-Latour, qui constituait l'avant garde du généralissime, entra dans Madrid. Elle pensait surprendre à son tour l'armée constitutionnelle. Mais celle-ci, apprenant l'arrivée de deux corps français, avait quitté Madrid pendant la nuit. Sous les ordres du général Zayas, elle s'était retirée dans la direction de Talavéra-de-la-Reyna. Tous les postes furent occupés par nos soldats. Leur présence causa une révolution dans toute la capitale. Le palais des Cortès fut envahi et mis au pillage : des incendies se déclarèrent dans les maisons des constitutionnels ; des batailles, des assassinats, des excès de toutes sortes se produisirent partout. Les efforts du général Foissac-Latour et de sa troupe ne purent réussir à ramener la sécurité. Heureusement que les grands corps d'armée n'étaient pas loin. Les trois divisions Obert, Oudinot et Bordesoulle avaient opéré leur jonction dans la journée du 23 mai ; toutes les dispositions furent prises pour entrer à Madrid le lendemain.

CHAPITRE V

DE MADRID A SÉVILLE

Lorsque Bonaparte voulut entrer à Madrid le 2 décembre 1808, pour y introniser son frère Joseph, la population de la capitale faillit massacrer son parlementaire. L'empereur se vit forcé d'employer les redoutables moyens de la guerre. A gauche, le Buen-Retiro, le Prado, les portes d'Alcala et d'Atocha furent pris dans un double combat d'artillerie et d'infanterie, commandé par les généraux Villatte et Senarmont. A droite, le général Maison dut attaquer les portes de Fuencarral, del Duque et de San-Bernardino. Les maréchaux Bessières et Victor avaient dû s'élancer sur les barricades élevées dans les rues principales. Deux cents Français et le général Maison avaient été abattus devant le bâtiment des gardes, qui n'avait pu être pris, après vingt-et-une heures de combat. Or, Madrid ne comptait pas à ce moment quatre mille soldats sous les armes. Le peuple s'était fait soldat ; il avait opposé à l'empereur une défense héroïque.

Bien différente fut l'entrée du duc d'Angoulême à Madrid, le 24 mai 1823. Ce même peuple, qui avait si opiniâtrement combattu Bonaparte, et sa dynastie constitutionnelle, refusait de seconder la défense de Zayas et de son armée, pour ouvrir les bras au libérateur de son roi. Les trois colonnes entrèrent par trois portes différentes. A la tête du corps de Bordesoulle, le prince passa par la porte des Récollets ; la colonne Oudinot par la porte de Ségovie ; la colonne Obert et le 36ᵉ de ligne par la porte d'Alcala. La population entière de la capitale avait envahie dès le matin, les rues où devaient passer nos troupes. Des drapeaux, des écussons, des guirlandes de verdure ornaient la devanture d'un grand nombre de maisons. Le son des cloches, le bruit des fanfares, les accords des nombreuses musiques militaires se mêlaient aux cris d'allégresse et d'enthousiasme de la foule. Devant le généralissime marchaient des groupes de danseurs, exécutant des figures au son des castagnettes et du tambourin. Les femmes, revêtues de leurs costumes brillants, semaient des fleurs, ou lançaient des bouquets de tous les balcons et de toutes les fenêtres. De toutes parts retentissait cette acclamation : *Viva Ferdinando et la religion! Muera la Constitution!*

Après cette brillante manifestation, le 36ᵉ fut caserné au quartier des gardes du corps du roi. Maugenre et ses compagnons espéraient y trouver des lits de soldats ou au moins de la paille. Ils avaient campé la veille sur les bords du Mançanarès et couché par terre. Grande fut leur déception en entrant dans des salles complètement vides, avec des carrelages en briques. Le sac servit d'oreiller, et la capote de matelas ; au réveil, elle était toute rouge, il fallut du temps pour la brosser et l'approprier. Le 24, Maugenre rencontra le comte d'Ollone et le baron de Vomécourt qu'il avait quittés à Vittoria. Le premier avait suivi le maréchal Oudinot, et le second la colonne Bordesoulle. Le même jour, le duc d'Angoulême renouvelait, à Madrid, la publication des proclamations qu'il avait adressées au peuple espagnol avant de franchir la Bidassoa. Il y déclarait de nouveau que son entrée en Espagne avait pour seul but d'y rétablir la justice, l'ordre et la paix, et qu'il promettait respect aux propriétés, sûreté aux personnes, et protection aux hommes paisibles. En même temps le généralissime complétait la Régence ; il l'investissait de tous les droits et de toute l'autorité du gouvernement.

En dehors de la grande expédition des trois colonnes arrivées à Madrid, quatre autres expéditions simultanées s'accomplissaient sur différents points de l'Espagne. Celle du général Bourke, dans les Asturies et la Galice, avait pour mission de soumettre l'armée de Morillo. Celle du général Molitor, dans l'Aragon, poursuivait les constitutionnels de Ballesteros. Celle du maréchal Moncey, en Catalogne, combattait les cinq divisions de Mina. Celle du prince de Hohenlohe assiégeait Saint-Sébastien et Pampelune.

Le duc d'Angoulême résolut de rester à Madrid, avec une partie de ses troupes, jusqu'à ce qu'il fut délivré de toute inquiétude sur les deux corps d'armée placés sous les ordres de Morillo et de Ballesteros. L'autre partie, composée de quinze mille hommes fut divisée en deux colonnes. La première, forte de sept mille hommes, commandée par le général Bordesoulle, devait gagner Séville directement, en traversant successivement Aranjuez, Ocâna, Madridejos, La Caroline, Baylen, Andujar et Cordoue. La seconde, forte de huit mille hommes, conduite par le général Bourmont, devait disperser les troupes constitutionnelles dans l'Estramadure, puis rejoindre à Séville la colonne du général Bordesoulle. La marche parallèle de ces deux généraux avait pour but de surprendre les Cortès dans Séville, et de brusquer la délivrance du roi.

Deux jours après son arrivée à Madrid, le 36ᵉ de ligne reçut l'ordre de quitter la capitale. Avec le 34ᵉ, il faisait toujours partie de la brigade Goujun. Cette brigade devait appuyer le mouvement du général Vallin sur Talavéra-de-la-Reyna. Arrivé à Mostoles, le 26 mai, et à Nava-el-Carnero le 27, le 36ᵉ séjourna à Santa-Cruz-del-Bétumar jusqu'au 4 juin. Ce jour-là, il se réunit à la seconde colonne d'Andalousie commandée par M. le comte de Bourmont, lieutenant-général d'infanterie de la garde royale. La poursuite de l'armée de Zayas commença au même endroit où l'avant-garde du corps Sébastiani le débusqua le 26 juillet 1809, à Cebolla. Ce général espagnol commandait alors six mille soldats du corps de don Grégorio de la Cuesta. Ses dragons de Villaviciosa furent chargés, enveloppés et sabrés de Cebolla à Alcabon par les hussards et les chasseurs du général Beaumont. Cette fois encore Zayas et Lopez-Baños s'étaient réfugiés dans cette région de l'Alberche.

Après avoir couché à Cébolla, le 36ᵉ se mit en route le 5 juin pour Talavéra-de-la-Reyna. Il faisait une chaleur excessive ; les chevaux de nos dragons tombaient morts sur la route.

— On voit bien que nous ne sommes pas dans les Vosges, disait le lieutenant Laroche à Maugenre, et vous devez souffrir de porter votre sac ?

— Ce n'est pas mon sac qui me gêne, mais mon shako : depuis quelques jours, il me fait perdre tous les cheveux.

— Il ne fait pas cependant aussi chaud sur cette route aujourd'hui que le 28 juillet 1809 ?

— Je le sais, ce fut le jour d'une grande bataille que celui-là.

— Oui, les Anglais y ont perdu dix mille hommes, deux généraux, quatre colonels et plus de deux cents officiers.

— Et pourriez-vous me dire combien de soldats se battaient à cette mémorable journée ?

— Oui, quarante-cinq mille Français contre soixante-huit mille Anglo-Espagnols. Voici, à l'Est, Santa-Olalla, où bivouaquèrent les Français, la nuit qui suivit et qui précéda les deux batailles. Du plateau où nous sommes, on voit très bien cette suite de mamelons, dont le plus élevé se montre à droite, et dont les autres vont en s'abaissant vers Talavera. Au centre de cette position, les Anglais avaient construit une forte redoute, hérissée de canons. Plus loin, à gauche, ces bouquets de chênes et d'oliviers servaient d'appui au courage des Espagnols. Voici le large vallon qui sépare le mamelon, où se tenaient les Anglais, de toute la chaîne de montagnes qui borde cette vallée du Tage. C'est en s'y introduisant, et en tournant le mamelon, que la division Villatte a attaqué le général Hill.

— Mais mon lieutenant, puisque vous connaissez si bien le plan de la bataille de Talavera, pourriez-vous m'en donner quelques détails ?

— Bien volontiers. C'était le roi Joseph Bonaparte qui commandait, avec le maréchal Jourdan, son corps d'armée et ceux du maréchal Victor et du général Sébastiani. L'armée anglo-espagnole, commandée par Sir Arthur Wellesley et par don Grégorio, devait être refoulée par les cinquante mille baïonnettes du maréchal Soult à Plasencia. Le retard de ce maréchal rendit la bataille sanglante et indécise. A la suite de la retraite des troupes de Zayas, le maréchal Victor voulut profiter de la confusion qu'elle avait causée pour tenter une brusque attaque sur ce mamelon principal qui s'élève vis-à-vis de nous. Vers neuf heures du soir, le 27 juillet, il lança la division Ruffin contre les Anglais. Seul, le 9ᵉ léger aborda l'ennemi ; il dut rétrograder devant l'arrivée du général Hill et de sa division. Cet engagement nocturne fut de courte durée. Le lendemain 28 devait être mémorable dans la guerre d'Espagne. Au point du jour, les trois régiments d'infanterie de la division Ruffin se précipitèrent sur ce mamelon : la division Hill recula devant leurs baïonnettes. Les divisions Villatte et Lapisse devaient se porter, l'une à gauche et l'autre en arrière du général Ruffin. Mais avant qu'elles fussent à portée d'agir, la division anglaise Sherbrooke vint surprendre en flanc les trois régiments de Ruffin, qui durent rétrograder, et perdirent 1,500 hommes, vers neuf heures du matin.

Jusqu'alors l'ennemi n'avait pas été attaqué que par la gauche ; une attaque générale sur tout son front fut décidée, malgré le renfort d'un corps anglais et d'un corps portugais, commandés par le général Wilson. Débouchant par le chemin de Mejorada, il vint se former en ligne sur le prolongement de ce grand mamelon, du côté de del Casar de Talavéra. A deux heures de l'après-midi nos généraux ébranlèrent toutes leurs troupes. A gauche, les brigades Rey, Belair et Leval du général Sébastiani gagnèrent du terrain. Au centre, la division Lapisse, la cavalerie de Latour-Maubourg et l'artillerie d'Aboville enfoncèrent Sherbrook, et délogèrent les Anglo-Espagnols de leurs redoutes. A droite, les divisions Villatte et Ruffin soutinrent l'effort d'une charge de cavalerie et laissèrent passer le 23e de dragons anglais. Ceux-ci furent tous pris ou tués par la brigade Strolz. La gauche et la droite de l'ennemi étaient débordées, malgré la mort du général Lapisse, lorsqu'on vint prévenir le roi qu'une autre colonne ennemie se dirigeait sur l'Alberche, et que l'armée de Vinégos arrivait sur Madrid. Malgré les instances du maréchal Victor, vainqueur d'Espinosa et d'Uclès, le roi Joseph ordonna d'arrêter l'attaque, et de se maintenir dans cette position. Si le maréchal Soult ne fut pas arrivé trois jours trop tard, l'armée anglaise, espagnole et portugaise aurait été anéantie ; Wellington n'aurait pu s'abriter derrière les lignes de Torrès-Vedras ; l'Espagne aurait été probablement conquise. Ah ! Maugenre, si tous ceux qui sont morts ici pouvaient se relever et nous combattre, nous serions certainement vaincus.

— Oui, mais qui sait si notre tour ne viendra pas bientôt ?

— Eh bien, nous sommes prêts, à vaincre ou à mourir.

Le 36e arriva le 5 juin au soir à *Talavéra*, ancienne ville construite sur le Tage. Le maréchal Lefèbre s'y était installé le 22 décembre 1808. Le général de Bourmont venait y déloger les constitutionnels qui tenaient les environs. Le lendemain, en effet, en avançant sur la route de l'Estramadure, le 36e d'infanterie fit prisonnier un régiment de dragons espagnols ; leurs chevaux servirent à remonter ceux de nos cavaliers qui avaient perdu les leurs en route, et qui marchaient à pied. Il arriva le soir à *Oropesa*, derrière les ponts d'Almaraz et de l'Arzobispo, sur le Tage. Ce site avait été un point de concentration à Sir Arthur Wellesley avant la bataille de Talavéra, et au général Heudelet avant celle d'Ocana.

Passant par *Naval-Moral*, le 36e campa le 8 juin sur les bords du Tage, à une demi-lieue en avant du pont d'Almaraz. Ce vieux pont, vaste et magnifique ouvrage des temps anciens, avait été coupé dans son arche principale, large et haute de trente-cinq mètres.

Le matériel manquant partout en Espagne, à cause du défaut de commerce intérieur, on ne savait comment s'y prendre pour y passer le Tage. Ce fleuve est très encaissé dans cet endroit, et présente des positions extrêmement fortes sur les deux rives. Près de là, au-dessous du moulin de la rive gauche, il existe un gué fort dangereux, bon pour la cavalerie seulement. En liant des fagots avec des cordes, on construisit un vaste radeau, qui servit au passage de toute la colonne à minuit. Il n'y avait pas douze heures que l'ennemi avait passé le Tage sur deux grandes barques à ce même endroit : une des deux barques avait été brisée.

La colonne de Bourmont s'avança dès lors à marches forcées, poursuivant devant elle Zayas et Lopès-Banos. Elle arriva le 9 juin à *Jaraceyo* et le 10 à *Truxillo*, antique ville romaine, bâtie sur une montagne, et défendue par un château-fort, par des murailles et des tours. Le fort avait été réparé par l'empereur pour protéger les communications du maréchal Victor. Grégorio de la Cuesta y avait séjourné avant Talavéra ; Sir Arthur Wellesley y avait battu en retraite ; notre général Reynier s'y était établi pour faire la campagne d'Andalousie contre le général Blake et les guérillas de Ronda.

Nous devons rapporter un fait qui se termina au séjour du 36ᵉ dans cette ville. Le régiment, à son arrivée à Madrid, manquait de beaucoup d'effets de linge et chaussure, principalement de souliers. Etant parti de cette capitale, deux jours après son entrée, il n'eut pas le temps de se fournir ce dont il avait besoin. A Santa-Crux-del-Betumar, le Conseil d'administration invita le capitaine Douniol à retourner à Madrid pour y faire tous ces achats. Il le chargea en même temps de toucher la solde de la première quinzaine de juin. Cet officier, après bien des courses, parvint à faire tous ces achats et reçut pour le 36ᵉ 12,000 francs en espèces. Il se remit en route. Grande fut sa surprise d'apprendre à Santa-Crux que le 36ᵉ s'était dirigé sur Talavéra, etc. Accompagné de deux vaguemestres, de trois soldats et de plusieurs mulets chargés d'effets, il se mit en devoir de suivre son régiment. Près de Naval-Moral, il fut assailli, la nuit tombante, par une cinquantaine de cavaliers constitutionnels. Les six braves ripostèrent. L'ennemi, croyant le village occupé par les Français, n'osa pas avancer davantage. Le lendemain, au départ, ce capitaine fut encore suivi. Sa ferme contenance et le sang-froid qu'il montra pendant vingt-quatre heures le tirèrent d'un mauvais pas. Un officier moins intelligent et moins expérimenté que lui y aurait certainement succombé. Il rejoignit donc le corps à Truxillo, avec tous les effets et l'argent du 36e. Officiers et soldats lui firent une ovation bien méritée. Beaucoup, Maugenre entre autres, avaient eu les pieds blessés par la marche. Les souliers neufs furent une joie pour tous : plus grande fut celle de Maugenre en recevant à titre gracieux de son lieutenant une bonne paire de pantoufles.

En quittant Truxillo, et en se rendant d'Escoria à *Don-Benito*, le 13 juin, le 36e de ligne parcourait le champ de bataille de Medellin. Le 28 mars 1809, le maréchal Victor, avec douze mille hommes, y avait battu don Grégorio et trente-six mille Espagnols, dont neuf à dix mille tombèrent morts ou blessés, et quatre mille furent fait prisonniers avec toute l'artillerie. Ce haut fait d'armes lui avait conquis la ligne de la Guadiana, aussi importante que celle du Tage. Le 36e franchit le torrent de l'Ortigosa, qui vient se jeter dans la Guadiana un peu au-dessus de Medellin. Pendant plusieurs heures, il s'avança sur le plateau fort étendu où Latour-Maubourg et Villatte culbutèrent l'aile droite des Espagnols : il descendit ensuite la vaste plaine qui s'abaisse jusqu'à Don-Benito. Le 14 juin, suivant le cours de la Guadiana, le 36e arriva à *Mérida* où il fit séjour. Cette antique chef-lieu de la Lusitanie, fondé par Auguste, avait autrefois quatre-vingt-dix kilomètres carrés de surface. Le pont romain sur la Guadiana a soixante-six arches. Après la victoire de Medellin, la division Lapisse vint se réunir dans cette ville à celle du maréchal Victor.

Parti le 16 juin *d'Almandoulijo*, le 36e arriva le lendemain aux défilés de la Sierra-Morena. Il planait une sorte de terreur superstitieuse sur ces défilés, depuis les malheurs du général Dupont. Après avoir servi de refuge aux troupes de Vénégas et de Cartojal en 1809, il y avait tout lieu de croire que les constitutionnels y attaqueraient la colonne de Bourmont. Celle-ci avait à choisir entre les trois passages d'Almaden, de Despena-Perros et de Villa-Maurique. Le 20 janvier 1810, les maréchaux Victor, Mortier et Sébastiani y avaient débusqué les trois divisions du général de La Romana.

Préférant l'ancien itinéraire du maréchal Victor et du 1er corps, le comte de Bourmont fit avancer ses troupes par une route peu propre à l'artillerie. Tournant le défilé de Despena-Perros, il arriva le 17 juin à *Los-Santos-de-Maimona*, le 18 à *Monasterio*. Le lendemain, en marchant sur Almaden, il trouva devant lui les troupes de Lopès-Banos qui étaient en fuite. Les 34e et 36e de lignes s'élancèrent à leur poursuite. L'ennemi courrait de hauteur en hauteur, tirant de loin et sans effet. A force d'avancer, nos fantassins cernèrent un fort détachement de soldats espagnols. Ils les firent prisonniers et les désarmèrent. Maugenre s'illustra dans cette brillante capture. Forçant le pas pour atteindre les autres fuyards, le 36ᵉ arriva le 20 à *El-Rouquillo*, et le 21 à *Valencina*. Durant ces marches, l'ennemi parvint à s'échapper.

Le 22 juin, la colonne de Bourmont entrait à *Séville*, aux acclamations de la population ; elle se voyait accueillie dans toutes les rues par une pluie de fleurs et de couronnes. La colonne Bordesoulle était encore à plusieurs jours de marche de cette capitale de l'Andalousie. Ferdinand VII et sa famille, la Régence, les Cortès, tous les généraux et les fonctionnaires attachés au gouvernement, avaient quitté Séville depuis le 13 juin. Un complot ourdi par Downie, ex-colonel anglais et commandant de l'Alcazar, pour hâter l'heure de la liberté du roi, avait avorté le 12 ; les conspirateurs furent arrêtés et emprisonnés. La retraite du roi et des Cortès avait été suivie d'excès odieux, de pillage et d'assassinats, non seulement à Séville, mais encore dans toute l'Espagne. Les bateaux qui devaient transporter de Séville à Cadix, par le Guadalquivir, les bagages des constitutionnels avaient été coulés ; un magasin à poudre avait sauté et enseveli deux cents personnes sous ses ruines ; une municipalité provisoire s'était installée pour arrêter les massacres et les incendies. Les troupes de Lopez-Banos et de Castel-dos-Rios s'étaient présentées devant Séville le 21 au matin : elles avaient trouvé les portes fermées et la population en armes. Lopez-Banos ayant ordonné l'attaque, son artillerie avait fait céder un pont-levis. Les constitutionnels s'étaient emparés des portes, avaient refoulé le peuple de rue en rue, de maison en maison ; après s'être fait livrer l'argenterie restée dans les églises, ils s'étaient remis en marche sur la rive droite du Guadalquivir, pour gagner la côte et l'île de Léon.

Ce fut une grande déception pour la colonne de Bourmont de n'avoir pas pu offrir à Ferdinand VII le refuge attendu à Séville. Jusque-là, elle n'avait pas trouvé de grande résistance ; mais la junte des généraux espagnols avait déclaré à l'unanimité qu'elle était possible, et que *Cadix* était la seule place où les Cortès pussent se trouver en sûreté. Les Cortès avaient alors pour ministres don Cazetano, don Galiano, Augustino Arguelles, Calatrava, Gabriel de Ciscar et Gaspard de Vigodet. Ils avaient repris leurs séances avec les Cortès dès le 18 juin, dans l'église Saint-Philippe-de-Néri, qui avait été le berceau de la Constitution à Cadix, en 1812.

Le 36ᵉ de ligne séjourna du 22 au 26 juin dans cette ville capitale, naguère conquise par le maréchal Victor, le 1ᵉʳ février 1810. Fondée par Hercule, possédée successivement par les Carthaginois, par les

Romains, par les Maures, par les rois de Castille, la patrie de Trajan, d'Adrien, de Théodose est une des plus belles villes du monde. Son port sur le Guadalquivir eut longtemps le monopole du commerce avec l'Amérique. La flèche de sa superbe cathédrale a 81 mètres de hauteur. L'ancien palais des rois maures, l'Alcazar, devint la résidence ordinaire de tous les rois d'Espagne jusqu'au XVIe siècle. Nos soldats s'y reposèrent un peu de leurs longues marches dans l'Estramadure ; ils y trouvèrent du bon vin pour refaire leurs forces et raviver leur franche gaieté. Bientôt ils apprirent que la colonne Bordesoulle, qu'ils attendaient à Séville, ne viendrait pas faire sa jonction avec la leur. Elle marchait droit sur Cadix. Ordre fut aussitôt donné de se remettre en route sur Los-Palacios, Lobrica et Xérès-de-la-Frontera, pour aller assiéger Cadix.

CHAPITRE VI

SIÈGE DE CADIX

Sorties du 16 juillet 1823. — Assaut du Trocadéro (31 août).
Prise du fort Santi-Petri (20 septembre). — Capitulation (1ᵉʳ octobre).

Tout le monde connaît le site de cette grande place maritime assise aux bouches du Guadalquivir. Une espèce de rocher peu élevé, dominant la mer de quelques centaines de mètres, terminé en plateau dans tous les sens, couvert de nombreuses et riches habitations, forme la ville de Cadix. Par une langue de terre plate et sablonneuse, elle se rattache aux vastes lagunes qui bordent la côte méridionale d'Espagne. L'espace de mer compris entre Cadix et ces lagunes forme la rade intérieure. Au milieu de ces lagunes, les unes cultivées, les autres couvertes de salines, s'élève le célèbre arsenal de la Caraque, communiquant avec la rade par plusieurs grandes passes. Tout autour de ces lagunes, un canal large, profond, aussi difficile à franchir qu'une rivière, s'étendant de Puerto-Réal au fort de Santi-Petri, sépare de la terre ferme cet ensemble d'établissements, excepté le corps même de la Caraque, et trace la limite derrière laquelle se trouve l'île de Léon. Pour enlever cette île et la ville de Cadix elle-même, il faut passer de vive force le canal de Santi-Petri, sous le feu de l'ennemi, puis s'avancer à travers les lagunes en franchissant une multitude de fossés, conquérir l'un après l'autre les bâtiments de la Caraque, situés au-delà du canal, et enfin cheminer sur la langue de terre qui conduit au rocher de Cadix, en prenant les fortifications dont elle est couverte. Du Trocadéro, point saillant du rivage, à droite et en dehors du canal de Santi-Petri, on peut envoyer des projectiles sur Cadix : mais c'est une opération très difficile qui en exige préalablement bien d'autres. Il faut d'abord s'emparer du Trocadéro pour rétablir le fort de Matagorda, d'où il est possible de tirer sur Cadix, puis établir le long du canal de Santi-Petri une suite de petits camps retranchés afin d'investir l'île de Léon (1).

Après la victoire d'Ocana (19 novembre 1809), le maréchal Victor fut chargé du siège de Cadix. Son corps d'armée était fort de vingt mille hommes. La ville était défendue par vingt-cinq mille Anglo-Espagnols commandés par Castanos et Henry Wellesley, frère de lord Wellington. A ce moment, les armées de Murcie, de Ronda et de La Romana ne laissaient aucun repos aux divisions françaises de l'Andalousie. Cette guerre de partisans nécessitait souvent des détachements de l'armée assiégeante pour défendre différents points. Bien que contrarié dans ses préparatifs de siège, le maréchal Victor, secondé par l'habile général d'artillerie Sénarmont, avait embrassé dans une suite de redoutes parfaitement placées tout l'espace qui s'étendait de Puerto-Santa-Maria à Puerto-Réal et à Santi-Petri. Ils les avait armées de 250 canons de gros calibre. Il avait enlevé de vive force le Trocadéro et le fort de Matagorda. Il avait fait construire cent cinquante chaloupes-canonnières qu'il avait fait poser sur des rouleaux, et traîner par terre de l'embouchure du Guadalite à Puerto-Réal, afin de passer le canal de Santi-Petri sur cette flotille, d'enlever à la baïonnette l'île de Léon et d'arriver par l'isthme sur la place de Cadix, tandis que le fort de Matagorda lancerait sur elle une masse formidable de feux. Mais il lui fallait un renfort, des marins, des artilleurs et un secours naval. Manquant de tout cela, il ne pouvait exécuter le siège, malgré l'avancement de tous les travaux préalables. Un an après avoir maintenu ses lignes, un renfort de vingt mille Anglo-Espagnols sortis de Gibraltar, arriva par Médina-Sidonia, feignant une marche dans l'intérieur de l'Andalousie, pour tomber sur les derrières de l'armée assiégeante, tandis que la garnison de Cadix l'attaquerait de front. Informé de ce plan, le maréchal Victor sut le déjouer. Il marcha avec 5,000 hommes vers Santi-Petri et confia à la division Villatte le soin de refouler la garnison de l'île de Léon. Surprenant les Espagnols à l'extrémité du canal

---

(1) Thiers. Histoire de l'Empire. Ch. XXI.

de Santi-Petri, le général Villatte les rejeta dans l'île, après leur avoir fait éprouver une perte de six cents hommes. Deux jours après, le 5 mars 1811, le maréchal Victor attaqua avec impétuosité les lignes anglo-espagnoles sur les hauteurs sablonneuses qui sont entre Conil et la tour de Barrossa. Il renversa la première ligne sur la seconde, et ne s'arrêta qu'en voyant trois lignes encore à enfoncer. Leur retraite empêcha la reprise de la lutte et maintint l'état de siège. Jusqu'après les désastres de 1812, les Français conservèrent leurs lignes devant Cadix, sans pouvoir prendre la ville.

Le 30 juin 1823, lorsque les deux colonnes de Bourmont et de Bordesoulle opérèrent leur jonction à Puerto-Réal pour constituer la première colonne d'opération, les officiers et les vieux soldats du 36ᵉ se demandaient avec anxiété si le nouveau siège de Cadix aurait la même durée, les mêmes difficultés et le même résultat. Encore une fois, la différence totale du but des deux campagnes devait conduire la seconde à une toute autre issue. Arrivés à une portée de canon de la place, les Français virent l'ennemi qui s'armait avec précipitation sur la *Costa-Dura* du Trocadéro. Les travaux des tranchées commencèrent aussitôt : les compagnies se succédaient suivant leur ordre, chacune à son tour, pendant la nuit. L'ennemi ne cessait de lancer des boulets et des obus sur les travailleurs. Maugenre et la 1ʳᵉ du second occupaient la ligne parallèle au cimetière de Puerto-Réal. Toujours le premier en avant ou de grand-garde, ce brave soldat risquait plus que ses compagnons. Un obus vint tomber à ses pieds, dans la tranchée, il lui fit faire un saut; heureusement il n'éclata pas. Pour mieux pointer leurs pièces pendant la nuit, les Espagnols lançaient d'abord des fusées, qui éclairaient nos positions, et ils tiraient ensuite. Dès que nos soldats les voyaient mettre le feu aux pièces, ils s'embusquaient, puis recommençaient de piocher et d'avancer avec vigueur. La première parallèle s'étendit bientôt sur une longueur de plusieurs kilomètres dans la direction du canal de la Costa-Dura.

De leur côté, les Espagnols avaient fortifié la presqu'île du Trocadéro, en la séparant du continent à l'aide d'une profonde et large coupure dans laquelle entraient les eaux de la baie de Puntalès. Ils avaient ajouté, du côté de la terre, des retranchements armés de cinquante bouches à feu, défendus par une garnison de deux à trois mille hommes d'élite, sous les ordres du colonel Garcès.

Le 16 juillet avant le jour, Maugenre était aux avants-postes dans la tranchée que l'on avait commencée près du canal. Il entendit tout-à-coup un fort bruit de pas d'hommes qui marchaient dans sa direction : il regarda ; c'était l'ennemi qui venait surprendre le 36e. Notre sentinelle tire aussitôt dans le tas, crie : *Aux armes* et court au chef de poste. M. le lieutenant-général Obert inspectait en ce moment les travaux dans cette direction. Au bruit du coup de fusil, il s'approcha du poste, fit battre la générale par un tambour de service et disposa en tirailleurs Maugenre et tous ses compagnons.

Une colonne espagnole forte de six cents hommes longeait la petite baie, arrivait au coin du cimetière, et marchait droit sur Puerto-Réal. Plus à droite, une seconde colonne d'environ mille hommes remontait par la rive gauche du Rio-Santo-Pédro, se dirigeant sur les jardins qui bordent la route en avant de la porte Santa-Maria, à hauteur des puits.

Les feux de tirailleurs commencent aussitôt. Maugenre s'avançait avec un camarade dans la ligne des aloès, face au Trocadéro. Embusqué derrière ces arbres, notre bon tireur multipliait ses coups de feu sur l'ennemi. En se retournant, il ne voit plus son camarade ; il s'avance du côté où il l'avait laissé ; il le trouve mort. Lui prenant sa cartouchière, son fusil, son sabre et son martinet, il retourne au grand galop à sa première position et continue le feu.

Au bout de dix minutes arrivent deux cents hommes des 2e et 3e bataillons commandés par le chef de bataillon Monistrol du 36e de ligne. Ils s'avançaient au pas de course sur la route de Santa-Maria. Les tirailleurs reçoivent aussitôt l'ordre de se réunir à cette colonne. Il était temps qu'elle arrivât dans la ligne des aloès ; l'ennemi n'était pas à quatre cents mètres. Ordre est donné de charger à la baïonnette. Alors nos soldats s'élancent sur l'ennemi, le culbutent, le massacrent et, après avoir vaincu sa résistance, le poursuivent, la baïonnette dans les reins, bien au-delà des aloès. Les Espagnols perdirent dans cette charge plus des deux tiers de leurs officiers et de leurs soldats. Un grand nombre de fusils restaient sur le champ de bataille.

Dans le même moment, sous les ordres du lieutenant-colonel Rullière, le commandant Maurin, frère du colonel, et cinq compagnies du 2e bataillon prenaient position sur la route à la porte Santa-Maria, non loin d'une batterie d'artillerie de la garde royale. D'un autre côté, le commandant Lefebvre-Laboulay et le 1er bataillon du 36e marchaient avec rapidité à la rencontre de la seconde colonne ennemie. Celle-ci, voyant les Espagnols de droite complètement battus, s'arrêta tout court devant nos grenadiers et voltigeurs. Faisant immédiatement demi-tour, elle rétrograda en désordre sur la Costa-Dura sans tirer un coup de fusil.

Tous ces mouvements de l'ennemi furent protégés par le feu extrêmement vif des cinquante pièces d'artillerie, en batterie sur la Costa-Dura, et par celui de trois chaloupes canonnières, chargées d'Espagnols. Ces derniers s'étaient avancés par le canal des Moulins à Puerto-Réal, pour prendre en écharpe les colonnes du 36e. Leur cannonade n'arrêta pas un seul instant l'élan de nos braves soldats : plusieurs furent tués par le boulet. Le caporal Maurice, qui avait une jambe emportée, reçut la croix de chevalier de la Légion d'honneur ; il mourut quinze jours après l'amputation.

Aux mêmes heures, deux autres sorties avaient été tentées au moulin d'Otio et à Chiclana. L'infanterie du général de Bordesoulle infligea aux constitutionnels le même traitement que le 36e à ceux de la Costa-Dura.

A partir du 17 juillet, les 36e et 34e régiments de ligne furent employés à élever la redoute d'Angoulême à Puerto-Réal, vis-à-vis la Costa-Dura. Ils construisirent aussi la redoute Ruffin, sur la route de Puerto-Réal, au moulin d'Otio, et quelques autres ouvrages pour fortifier et armer ce moulin. Trois camps furent établis en arrière et non loin de la grande route de Puerto-Réal. De huit jours en huit jours, ils étaient alternativement occupés par ces deux régiments.

Des travaux analogues s'accomplissaient à Chiclana par les soldats de l'ancienne colonne Bordesoulle. C'est sous les ordres de ce général que M. le capitaine Charles d'Ollone avait quitté Madrid pour arriver à Puerto-Réal par la Caroline, Baylen et Cordoue. Le maréchal Oudinot avait suivi sa colonne, tandis que le général Obert avait accompagné celle du comte de Bourmont. Les communications entre ces deux centres d'opérations, Chiclana et Puerto-Réal, se faisaient alors par la cavalerie. Grâce à cette occasion, Maugenre put revoir de temps à autre dans son camp le noble capitaine des chasseurs du Morbihan.

Le 5 août 1823, une reconnaissance difficile fut enjointe à cet officier par le maréchal Oudinot. Voici *l'ordre* qui lui fut adressé à Chiclana :

« M. le capitaine d'Ollone poussera ce soir une reconnaissance
« jusque sous les murs de *Medina-Sidonia*, où il paraît qu'il doit
« éclater un mouvement révolutionnaire. Cet officier fera en sorte
« de tout voir, sans exposer sa troupe à ne pas pouvoir effectuer
« sa retraite sur Chiclana. Il devra être à la pointe du jour sous les
« murs de Médina. S'il s'aperçoit que le mouvement révolution-
« naire a eu lieu, il m'en fera donné avis aussitôt par l'homme le

« mieux monté de son escorte, accompagné du guide, et il atten-
« dra, dans un lieu sûr, les troupes que je pourrais juger à propos
« de faire marcher sur ce point. Dans le cas où le coup auquel on
« s'attendait aurait été manqué, il pourra entrer dans la ville, s'y
« établir du côté de Chiclana, et prendre des informations sur
« l'esprit du pays, etc., etc... M. le capitaine d'Ollone, à moins
« d'un ordre par écrit du colonel, ne devra pas chercher à rejoin-
« dre l'escadron parti ce matin. Du reste, je m'en rapporte entiè-
« rement au zèle et à l'intelligence de cet officier. »

« Comte Oudinot. »

Flatté de cet ordre si conforme à son caractère, le brillant capitaine fit rapidement les trente-deux kilomètres qui le séparaient
de Médina, sut calmer par la brusque apparition de son escorte et
par ses menaces la grande agitation qui excitait les constitutionnels
contre les absolutistes ; il fit à son retour au maréchal un rapport
très satisfaisant.

Le 16 août, vingt jours après son départ de Madrid, Son Altesse
Royale le prince Généralissime arrivait à Puerto-Santa-Maria.
Avec les officiers de sa garde se trouvait le baron de Vomécourt
d'Hurbache.

C'est alors qu'on apprit que le général Bourke s'était emparé de
Bilbao et de *Santander*, que Morillo lui avait fait sa soumission,
que Campillo avait été défait par le général Hubert, et Palarea par
le général d'Albignac, que Quiroga s'était enfui en Angleterre
pendant le siège de la *Corogne* et que Novella, après un mois de
siège et de combats, avait fini par capituler, nous rendant ainsi
maîtres du Nord-Ouest de l'Espagne.

On fut encore bien plus heureux de savoir que le général Molitor
avait remporté sur la grande armée de Ballesteros les victoires
d'Alcira (14 juin), de *Lorca* (13 juillet), de *Campillo-de-Arenas*
(28 juillet), qu'il avait obtenu la soumission de ce chef audacieux
et intrépide, et qu'il venait enfin renforcer les troupes occupées
au blocus de Cadix.

La nouvelle de tous ces succès et l'arrivée du généralissime au
quartier général causèrent la joie universelle. Lors de sa première
visite à *Puerto-Réal*, la musique du 36e de ligne se porta au devant
de lui. Un triste incident se produisit à ce moment ; en jouant, le
premier piston de la musique fut coupé en deux par un boulet
espagnol qui avait ricoché.

Le 17 août, le duc d'Angoulême envoya en parlementaire un de
ses officiers à Ferdinand VII. Cet officier était porteur d'une lettre
dans laquelle le prince exprimait, au nom de Louis XVIII, le désir

que le roi, une fois rendu à la liberté, accordât une amnistie nécessaire après tant de troubles, et donnât à ses peuples, par la convocation des anciennes Cortès, des garanties d'ordre, de justice et de bonne administration. Le généralissime terminait en annonçant, que si dans cinq jours, il n'avait pas reçu une réponse satisfaisante, et si Ferdinand n'était pas remis en liberté, il aurait recours à la force pour le délivrer.

Or le même jour, le général Riégo arrivait de Cadix par Gibraltar à Malaga. Il avait conçu le plan de nous contraindre à lever le siège, en ralliant toutes les troupes disséminées dans les provinces espagnoles, pour tomber sur les derrières du généralissime, tandis que les assiégés l'attaqueraient de front. Il eut pu réussir sans la présence du général Molitor. Celui-ci dirigea contre lui, par deux routes différentes, les généraux Bonnemains et Loverdo.

Après quatre jours d'attente, le généralissime fit connaître sa résolution de l'attaque des positions du *Trocadéro*. Le 20 août, à neuf heures du soir, le 36ᵉ de ligne, commandé par le lieutenant-colonel Rullière, ouvrit *la seconde parallèle* à huit cents mètres de la Costa-Dura. Le lendemain matin, deux bataillons de la garde royale française vinrent prendre part aux travaux. Pendant ce temps, l'ennemi ne cessait de lancer des boulets et des obus. Avançant un des premiers, Maugenre s'abritait derrière un figuier pour creuser le retranchement : tout-à-coup un boulet vint couper l'arbre au-dessus de sa tête. Ses compagnons le crurent perdu. Loin de là, il se met à cueillir des figues pour leur en faire une agréable distribution. La nuit suivante, il était de garde, à l'avant-poste, près du canal. Entendant parler espagnol, non loin de lui, il était aux aguets : tout-à-coup, il voit venir à lui quatre hommes. Il frappe aussitôt trois coups sur la crosse de son fusil, « grazia, grazia » s'écrièrent-ils en accourant : c'étaient des déserteurs qui se laissèrent conduire facilement au capitaine commandant le poste. Environ une heure plus tard, de nouveaux pas se firent entendre. Maugenre renouvelle les trois coups sur la crosse. « France, France » s'écria-t-on. Notre sentinelle s'approche : c'était son lieutenant-colonel Rullière qui s'était égaré en parcourant la parallèle. Enfin, vers deux heures du matin, il aperçut deux Espagnols qui se débattaient dans les eaux du canal. Maugenre ne savait s'il avait encore à faire à des déserteurs ou à des espions ; ceux-ci avaient nagé jusqu'auprès de lui ; mais arrivés devant le bord escarpé du canal, ils ne pouvaient se retirer de l'eau en l'escaladant ; Maugenre leur tendit sa crosse de fusil. Après les avoir aidés à se tirer d'embarras, il les déclara prisonniers et les conduisit encore au chef de poste. Il avait eu de la veine cette nuit-là ; il continuera à en avoir. « Ce que le bon Dieu garde est bien gardé, disait-il souvent ; quand je me vois en danger, j'invoque aussitôt mon patron Saint Louis, et toujours j'échappe au malheur. »

La réponse adressée par les Cortès au généralissime témoignait leur ferme détermination à se défendre. Le plan de Riégo leur inspirait des chances de salut pour la cause constitutionnelle, en continuant la résistance. Les préparatifs de l'assaut furent donc accélérés par le duc d'Angoulême. Le 23 août, un bataillon suisse vint se joindre aux cinq autres, de sorte que, jour et nuit, quinze cents hommes travaillaient à la tranchée. « Courage, mes enfants, leur disait le prince, bientôt ces gaillards-là ne vous feront plus de misère. » Un boulet vint tomber près de lui. « Ils tirent bien, ces gredins-là, ajouta-t-il ; rendez-leur la pareille. » — « Ah ! ce petit général n'a pas froid aux yeux, disaient les soldats, il connaît fichtre bien son affaire. »

La nuit suivante, M. Petitjean, capitaine de grenadiers du 36e, s'offrit volontairement pour reconnaître la profondeur et le gué du canal de la Costa-Dura : en bien des endroits, les Espagnols avaient placé des grilles armées de pointes dans ce canal. Après bien des recherches, cet habile capitaine fut assez heureux de trouver le seul endroit guéable, en ayant encore de l'eau jusqu'aux épaules. En récompense, le duc d'Angoulême lui décerna le grade de chef de bataillon.

Le 25 au matin, un quart de la seconde parallèle était achevé ; elle s'ouvrait déjà à trente mètres des redoutes espagnoles. Le 36e avait perdu plusieurs hommes, tués ou blessés, pendant ces cinq nuits et quatre jours de siège, lorsqu'il fut remplacé par le 31e de ligne. Les 1er et 2e bataillons du 36e allèrent occuper les camps en face de l'île de Léon : Maugenre fut de ce nombre. Seul, le 3e bataillon continua à travailler aux tranchées.

Tous les préparatifs de l'assaut se trouvèrent terminés le soir du 29. Le 30, au matin, nos batteries se démasquent et font un feu assez vif et assez soutenu pour inquiéter sérieusement la garnison, et la fatiguer, en l'obligeant à se tenir, durant tout le jour, sur pied et sous les armes, prête à repousser un assaut qui ne vint pas. L'artillerie espagnole avait vigoureusement répondu à la nôtre. A la fin, nos canons se turent. Leur silence parut à la garnison le résultat des désordres portés par ses boulets dans nos ouvrages. Mais pendant qu'elle se reposait de ses fatigues et de ses alarmes de la journée, en se félicitant d'avoir écrasé notre feu, nos troupes se préparaient à donner l'assaut. D'après les calculs du colonel

Garcès, cette opération, si nous devions l'entreprendre, ne pouvait être tentée qu'à trois heures du matin, tout au plus, au moment de la plus basse marée. On savait, à notre quartier général, la négligence que les Espagnols mettent à se garder, et l'on avait tout disposé pour les surprendre.

Le matin du 31, à deux heures et demie, quatorze compagnies d'élite appartenant aux 36ᵉ et 31ᵉ régiments de ligne, à l'infanterie de la garde, cent sapeurs, et une compagnie d'artillerie, sous les ordres des généraux Obert, Goujun et d'Escars, défilent sans bruit par la tranchée, et viennent silencieusement se former en colonne à la hauteur de la seconde parallèle, à moins de quarante pas du canal (1). Les soldats reçoivent l'ordre de franchir la coupure et de s'avancer rapidement sur les retranchements, sans pousser un seul cri et sans tirer. Franchissant le canal, à marée basse, au seul endroit où il est guéable, et où les troupes ont encore trois ou quatre pieds d'eau, les colonnes prennent pied sur l'isthme, s'élancent sur les batteries ennemies, et, ne pouvant faire usage de leurs cartouches, que l'eau a mises hors de service, ils enlèvent à la baïonnette, en moins de dix minutes, toutes les batteries de la *Costa-Dura*, au cri de : *Vive le Roi !* 45 bouches à feu, 200 hommes tués, et 150 prisonniers sont les résultats de ce premier fait d'armes. Mais l'ennemi occupait encore en force le village du *Trocadéro*. Il l'avait retranché et armé de plusieurs pièces d'artillerie. Ce village était encore protégé par un fort construit sur la partie de l'isthme que baignent les eaux de la baie, et dont les approches sont défendues par plusieurs canaux, et par de profonds marais.

A six heures du matin, un pont-volant jeté sur la coupure permet au généralissime d'arriver à son tour sur le Trocadéro avec six compagnies du centre du 3ᵉ bataillon du 36ᵉ, venant de Puerto-Réal, et avec plusieurs bataillons de la garde. De nouvelles cartouches sont distribuées aux grenadiers et aux voltigeurs du 3ᵉ bataillon sur la Costa-Dura.

A sept heures du matin, tout le 3ᵉ bataillon, fort seulement de deux cent vingt hommes, commandé par le capitaine Conté, marche sur le village du *Trocadéro* par la chaussée principale, chasse devant lui une centaine de travailleurs espagnols, et s'empare de la petite redoute située à une demi-portée de fusil du village. La compagnie de voltigeurs, faisant tête de colonne, se jette en tirail-

---

(1) A. de Vaulabelle. Histoire des deux Restaurations, tome VI, chap. III, page 161.

leurs en avant, et à droite de la redoute, dans l'espoir de tourner la gauche de l'ennemi. Tentative impossible. Les marais sont impraticables sur ce point. Le reste du bataillon engage alors le feu le plus vif. A l'abri de ses retranchements, l'ennemi y répond avec avantage. Le sous-lieutenant Manié tombe mort. Le capitaine de voltigeurs Perrotin est blessé mortellement. Le capitaine Conté et le lieutenant Farjon sont blessés. Seize sous-officiers et soldats sont tués ; quarante-deux autres sont blessés. Mais plus ces pertes sont sensibles, plus ce bataillon, livré alors à l'impulsion des officiers, redouble de courage.

Le lieutenant de grenadiers Arthius découvre un petit chemin non loin de la redoute. Ce chemin, large de deux pieds, est à gauche de la chaussée principale ; il commence non loin de la route, traverse le marais couvert par trois pieds d'eau, à marée basse, et va aboutir à la pointe du village du *Trocadéro*. Le lieutenant s'engage dans ce chemin avec ses grenadiers. Il y est suivi par un bataillon du 31e de ligne. Alors, par un effort simultané, ces troupes et celles qui combattent sur la chaussée principale se précipitent sur le village, s'en emparent, et font main basse sur ce qui tente encore de leur résister. Douze pièces de canon, le colonel Garcès et cinq cents prisonniers, saisis tant dans ce village que sur des barques et à l'île Saint-Louis, restèrent aux mains des vainqueurs. Ces deux faits d'armes eurent lieu sous les yeux de Son Altesse Royale Monseigneur le duc d'Angoulême.

Le 1er septembre, toutes les troupes qui combattirent au Trocadéro furent réunis à Puerto-Réal. Le généralissime complimenta le 36e de ligne en général, et le 3e bataillon en particulier ; ensuite il remit lui-même plusieurs décorations aux officiers et sous-officiers qui s'étaient particulièrement distingués dans cette affaire.

La prise du Trocadéro ne donnait pas *Cadix;* elle n'avait d'autre résultat que de faciliter à nos bâtiments le passage dans la baie de Puntalès. Avant de s'emparer de cette place presque inexpugnable, il fallait d'abord obtenir la reddition de *l'île de Léon*, et du fort *Santi-Petri*, élevé sur un rocher, à l'entrée d'un canal, et protégeant cette île. Dès le 2 septembre, le 36e fut employé aux préparatifs de l'attaque de cette nouvelle position. Plusieurs coupures furent établies sur la route aux approches de Juazo, près de l'île de Léon ; d'autres furent construites en avant du moulin d'Otio. Maugenre et ses compagnons, couchaient au Trocadéro, mais par terre, au milieu des scorpions : à leur réveil, ils en trouvaient une douzaine sous leurs sacs.

Pendant ce temps des négociations étaient ouvertes entre notre quartier général et le gouvernement des Cortès. Celui-ci obtint de Sir William A'court, ambassadeur d'Angleterre, alors retiré à Gibraltar, l'envoi de son secrétaire, M. Elliot, au généralissime, pour lui soumettre la proposition d'un armistice, et d'une médiation anglaise. M. Elliot fit la démarche et ne rapporta qu'un double refus. Le prince ne voulait que la prompte soumission des Cortès, sans médiation, sans condition. Pour brusquer cet événement si désiré, on travailla plus activement aux préparatifs de l'attaque de *l'île de Léon*. On résolut de faire servir tous les canons qui venaient d'être pris au Trocadéro, et de les mettre immédiatement en batterie. Le duc d'Angoulême se trouvait alors dans la même position que le duc de Bellune : l'artillerie lui manquait, il fallait en créer une sur place. On prit les artilleurs dans les régiments d'infanterie pour leur confier ces nouvelles pièces : les soldats les plus forts étaient les premiers choisis, et comme Maugenre était déjà connu au 36ᵉ de ligne sous le nom de *l'Hercule* du régiment, il fut désigné le premier pour être canonnier à titre provisoire. Il quitta donc la 1ʳᵉ du second le 10 septembre. Notre hercule se faisait fort de lever une pièce de canon à lui tout seul ; il rendit les plus grands services à sa batterie.

C'est alors qu'on apprit que le général Foissac-Latour avait fait prisonnier le général Riégo, l'unique espoir des Cortès. Poursuivi par le général Loverdo, qui lui avait capturé cinq cents hommes à *Malaga*, le 4 septembre, Riégo se dirigea sur Nerja avec trois mille constitutionnels. L'approche du général Bonnemains, manœuvrant sur sa droite, l'obligea à se jeter dans les montagnes désertes des Alpuxares. Franchissant ensuite le Xénil à Luchar, il repoussa la brigade Saint-Chamans à *Montefrio*. Attaqué par la division de Ballesteros à *Priégo*, le 10 septembre, au moment où il croyait unir cette armée à la sienne, il se vit contraint de se réfugier dans la Sierra-Morena. Le 13 septembre, il était atteint par le général Bonnemains à *Manola-Réal*. Un combat de quatorze heures, pendant lequel il se défendit avec une opiniâtreté héroïque, lui fit perdre cinq cents hommes. Le lendemain, un nouvel engagement eut lieu à *Jodar-Mara*. Surpris par la cavalerie de la garde, et par les dragons du colonel d'Argout, le général Riégo forma sa colonne en carrés : nos cavaliers les enfoncèrent en réitérant leurs charges. Blessé, Riégo s'éloigna avec trois officiers dans la direction de la Sierra ; il s'arrêta le soir, à demi-mort de fatigue et de faim, dans une ferme isolée voisine de la Carolina d'Arguillos. Reconnu et dénoncé, il fut pris et conduit pendant la nuit au général Foissac-Latour. Cet événement fit échouer l'audacieuse tentative projetée par les Cortès avec ce valeureux général.

Le duc d'Angoulême chargea un ex-colonel espagnol de pénétrer dans la place, sous prétexte de visiter sa famille, d'annoncer aux constitutionnels les défaites et la prise de Riégo, de travailler à la défection des Cortès, et de remettre deux millions au roi, pour préparer quelque combinaison en faveur de sa liberté. Le prince ordonna ensuite d'attaquer par terre et par mer le *fort Santi-Petri*.

Ce fort n'empruntait pas seulement une grande force à son assiette même : ses batteries comptaient vingt-sept pièces du plus gros calibre. Sa garnison de cent quatre-vingts hommes était approvisionnée de munitions et de vivres en quantité considérable. Pendant que Maugenre et ses compagnons dressaient les batteries espagnoles du Trocadéro, une escadre composée du *Centaure*, du *Trident*, de *la Guerrière*, de *l'Isis*, et du *Santo-Christo*, se disposa pour attaquer par mer. Le 20 septembre, au matin, l'escadre appareilla ; après avoir longtemps lutté contre le vent et les courants, elle parvint à s'embosser non loin du fort. A un signal parti du *Centaure*, le feu fut ouvert à la fois par les vaisseaux et par les batteries du Trocadéro. Celles-ci tiraient alternativement sur le fort et sur les vaisseaux espagnols, ravitaillant les constitutionnels, et ancrés contre l'île de Léon. Commandant à plusieurs artilleurs, Maugenre cribla de projectiles les avisos des insurgés, tandis que sa batterie se trouvait garantie des boulets ennemis par les rochers derrière lesquels elle avait été établie. Commencé à midi et demi, le feu continua sans interruption, avec un effroyable bruit des deux côtés, jusqu'à trois heures et demie, moment où la garnison arbora le drapeau blanc, et obtint de se retirer dans la ville de Cadix.

En même temps que cette perte inattendue était annoncée aux troupes constitutionnelles, la population de Cadix apprenait la défaite et l'arrestation de Riégo, la reddition de *Santona* (11 septembre) et la capitulation de *Pampelune* (17 septembre). Ces nouvelles désastreuses eurent pour résultat d'augmenter le découragement de la garnison, et de décider la majorité des chefs militaires, et des membres du gouvernement des Cortès, à cesser la lutte, aux conditions proposées par le généralissime. Le 28 septembre, l'Assemblée des Cortès, ayant obtenu de Ferdinand VII les garanties nécessaires à la sécurité de ses membres, se déclara dissoute. La Constitution de 1812 venait de finir dans la salle même où elle avait été promulguée, onze ans auparavant. Le même jour,

Ferdinand VII envoyait un parlementaire au généralissime pour l'informer de cet événement.

Toute la nuit du 28 au 29 se passa à Puerto-Santa-Maria, en préparatifs pour recevoir le roi. Le lendemain, au lieu du monarque espagnol, ce fut le général Alava qui parut. Il venait réclamer du prince, comme conditions de sûreté de la garnison, de laisser l'île de Léon, Cadix et toutes les places encore libres, dans la possession des troupes constitutionnelles, jusqu'à la publication d'une amnistie officielle. Le duc d'Angoulême lui fit répondre qu'il n'admettait pas d'autre alternative qu'un assaut, ou une reddition sans réserve, et que si le moindre outrage était fait au roi, toute la garnison et les autorités seraient passées au fil de l'épée. Après le départ du général, le duc d'Angoulême ordonna au 36e de ligne, et à tous les régiments qui cernaient la place, de reprendre tous les préparatifs pour attaquer *l'île de Léon*. De leur côté, les constitutionnels remplacèrent le drapeau blanc par le drapeau espagnol, et éloignèrent à coups de canon quelques bâtiments de l'escadre qui s'étaient approchés de la place. Les batteries du Trocadéro ripostèrent avec vigueur à cette attaque imprévue.

Tout était prêt pour s'emparer de l'île de Léon, lorsque, le 1er octobre, le pavillon blanc reparut de nouveau sur les remparts. Les miliciens, satisfaits des nouveaux engagements qu'ils avaient imposés à Ferdinand VII dans une déclaration publique, le laissaient quitter la ville et s'embarquer sur une chaloupe portant le pavillon royal d'Espagne. A onze du matin, Ferdinand, la reine et les autres membres de sa famille, accompagnés de l'amiral Valdès et du général Alava, arrivaient à *Puerto-Santa-Maria*. Le duc d'Angoulême s'avança, en pliant le genou devant son parent, qui se jeta dans ses bras, et tendit la main aux généraux français. Le roi se rendit ensuite au logement qui lui avait été préparé. Il approuva toutes les ordonnances décrétées par la junte provisoire, et annula tous les actes du gouvernement constitutionnel.

La campagne était dès lors terminée : la France et sa vaillante armée avaient triomphé en peu de mois des efforts de tous les rebelles, pour rétablir le gouvernement paternel de l'Espagne, et les anciennes institutions, politiques et religieuses, qui, pendant de longs siècles, avaient fait le bonheur et la prospérité de cette nation catholique.

CHAPITRE VII

CINQ ANS EN ANDALOUSIE

La cessation des hostilités mit fin au service que faisait Maugenre à l'artillerie du Trocadéro. Il retourna donc à la 1re du second du 36e de ligne, campé à Puerto-Réal. Le colonel Maurin, nommé maréchal de camp à l'ancienneté, avait quitté le corps. Depuis le 20 septembre, son successeur au 36e était M. Paty, ancien lieutenant-colonel du 9e régiment d'infanterie légère. Incorporé dans la division de *Cadix*, le régiment entra dans cette ville le 4 octobre, avec toutes les troupes d'opération. Après le défilé, commença le désarmement des constitutionnels, et l'occupation de tous les forts et de toutes les positions de la place. Dès le lendemain, le 36e fut désigné à la prise de possession du *Campo-Soto*, dans l'île de Léon. Ce camp est à trois kilomètres de Cadix, situé comme nous l'avons déjà dit, au milieu de la mer, et à l'extrémité de la péninsule formée par cette île. Un millier de constitutionnels s'y trouvaient réunis : ils rendirent leurs armes et restèrent sous la garde des soldats du régiment, jusqu'à ce qu'ils aient reçus leurs feuilles de route pour rentrer avec solde dans leurs foyers, sans crainte d'être molestés pour leur conduite ou opinions antérieures. Le roi avait promis oubli général, complet et absolu de tout ce qui s'était passé, sans aucune exception, comme le désir le plus ardent de son cœur paternel. Fidèle à sa parole royale, il conservait la solde à tous les officiers et sous-officiers constitutionnels, qui ne pouvaient pas être maintenus dans leurs grades ; il accordait, comme aux troupes régulières, les secours nécessaires aux miliciens pour faire leur route.

Après le départ de tous ces insurgés, le 36e resta campé dans l'île de Léon. Il y avait alors au régiment un officier de voltigeurs qui avait conquis l'épaulette en 1814 en se battant contre les alliés. Son vilain caractère lui méritait le mépris de tous ses collègues. A Calahora, le 7 mai, il avait provoqué en duel un officier du 34e et il l'avait tué. Au Campo-Soto, il chercha de nouveau querelle à un collègue du régiment, et il lui passa son fleuret au travers du corps. Il disparut le lendemain de ce terrible drame.

A cette occasion l'aumônier eut une altercation assez vive avec le colonel. Se rendant à son domicile il ne craignit pas de lui dire :

— Mon colonel, la religion vous défend de permettre le duel.

— Monsieur l'aumônier, l'honneur me l'autorise..

— Vous êtes chrétien...

— Je suis soldat.

— La croix vous prescrit le pardon des offenses.

— L'épée exige la réparation des injures.

— L'insulte qu'a reçu cet officier de voltigeurs était donc bien grave ?

— Assez grave pour demander du sang...

— Son honneur était-il donc l'objet d'un doute ?

— Il l'aurait été s'il ne s'était pas battu... Jugez vous-même. Le lieutenant B... l'a traité de *cosaque*.

— Mon colonel, ce mot cosaque ne valait pas la mort d'un officier, et je regrette de n'avoir pas pu empêcher de commettre un crime.

— Le duel entre gens qui portent une épée n'est pas un crime, c'est un devoir.

— Au point de vue des passions haineuses, c'est possible, mais jamais au point de vue de la raison. Mon colonel voudrait-il lire les lignes suivantes, écrites...

— Par un jésuite, sans doute, ou par quelque moine doublé de flanelle ?

— Par l'ennemi des jésuites, au contraire, par *Jean-Jacques Rousseau*.

— Et ce savant philosophe blâme le duel ?

— Je vais lire à Monsieur le colonel ce qu'il en a écrit : « Gardez-vous, dit-il, de confondre le nom sacré de l'honneur avec ce préjugé brutal qui met toutes les vertus à la pointe de l'épée, et qui n'est propre qu'à faire de braves scélérats, avec cette opinion barbare et extravagante qui consiste à croire que tous les devoirs de la société sont suppléés par la bravoure ; qu'un homme n'est plus fourbe, fripon, calomniateur, mais qu'il est civil, humain, poli, quand il sait se battre ; que le mensonge se change en vérité, que le vol devient légitime, la perfidie honnête, l'infidélité louable, sitôt que l'on soutient tout cela l'épée à la main ; qu'un affront est toujours bien réparé par un coup d'épée, et qu'on n'a jamais tort avec un homme, pourvu qu'on le tue... Le duel est le dernier degré de la brutalité où les hommes puissent parvenir. Celui qui va se battre de gaieté de cœur n'est qu'une bête féroce, qui s'efforce d'en dévorer une autre, et s'il reste le moindre sentiment naturel dans leur âme, je trouve celui qui périt moins à plaindre que le vainqueur. »

— On voit bien que Jean-Jacques Rousseau n'était pas un soldat.

— S'il faut à Monsieur le colonel l'autorité d'un soldat pour changer d'avis, je lui citerai ces paroles que *Napoléon* adressait au général Drouot : « Jamais le duel n'est une preuve de la justice et du droit, disait-il, mais il est bien souvent le courage de celui qui n'en a pas. Presque toujours la chance du combat est fatale à la partie outragée, et favorable au provocateur. Le plus terrible spadassin que j'aie connu était le plus mauvais soldat de mon armée. Il se serait battu volontiers chaque matin, avant déjeûner, mais bien plus volontiers encore, il se serait caché dans un fourgon pendant une bataille rangée. Le duelliste est à l'épée du soldat ce que le bavard est à la parole du sage. »

— Napoléon a dit cela ?

— Oui mon colonel. Ce grand homme n'était pas aumônier ni jésuite... C'était un autre Alexandre le Grand, un autre Jules César.

— Dame ! monsieur l'abbé, l'empereur m'a converti, dorénavant son langage sera le mien, et je saurai agir en conséquence.

Après avoir campé dans l'île de Léon une quinzaine de jours, le 2ᵉ bataillon du 36ᵉ fut détaché à *Lahisla*. Des billets de logement furent distribués aux soldats, pour habiter chez les particuliers. Cette première garnison, depuis Besançon, ramena le bonheur et la joie parmi nos soldats, pour la plupart harassés de fatigue. Ils furent grandement dédommagés de leurs peines en demeurant cinq ans dans un pays extrêmement fertile et agréable.

Redevable de son nom moderne d'Andalousie aux Vandales, cette

Vandalitia est l'ancienne Bétique des Romains, qui la prirent aux Carthaginois et aux Phéniciens. Fénelon en a décrit la beauté : « Le fleuve Bétis (ou le Guadalquivir), a-t-il dit, coule dans un pays fertile, et sous un ciel doux, qui est toujours serein. Le pays a pris le nom du fleuve, qui se jette dans le grand Océan, assez près des Colonnes-d'Hercule, et de cet endroit où la mer furieuse, rompant ses digues, sépara autrefois la terre de Thétis d'avec la grande Afrique. Ce pays semble avoir conservé les délices de l'âge d'or. Les hivers y sont tièdes, et les vigoureux aquilons n'y soufflent jamais. L'ardeur de l'été y est toujours tempérée par des zéphyrs rafraîchissants, qui viennent adoucir l'air vers le milieu du jour. Ainsi toute l'année n'est qu'un heureux hymen du printemps et de l'automne, qui semblent se donner la main. La terre, dans les vallons et dans les campagnes unies, porte chaque année une double moisson. Les chemins y sont bordés de lauriers, de grenadiers, de jasmins, et d'autres arbres toujours verts et toujours fleuris. Les montagnes sont couvertes de troupeaux qui fournissent des laines fines, recherchées de toutes les nations connues. Il y a plusieurs mines d'or et d'argent dans ce pays ; mais les habitants simples et heureux dans leur simplicité, ne daignent pas seulement compter l'or et l'argent parmi leurs richesses. Ils n'estiment que ce qui sert véritablement aux besoins de l'homme... »

Comme il n'y avait pas de caserne à Lahisla, les autorités espagnoles s'entendirent avec M. le colonel Paty pour en construire une comme en France. Les compagnies du 36e fournirent tous les hommes capables de travailler la pierre ou le bois, ou consentant à servir de manœuvres. Maugenre fut accepté comme contre-maître d'une trentaine de maçons qu'il surveillait, et qu'il aidait de son mieux. Par ce moyen, il sut augmenter son épargne, et se procurer toutes les choses avantageuses à sa situation et à sa vie. Dans les temps de repos, on se délassait en parlant de la patrie et des exploits du maréchal Moncey, en Catalogne.

Un nouveau ministre de la guerre, M. le baron de Damas avait succédé, le 19 octobre, au maréchal Victor. Celui-ci avait déplu au duc d'Angoulême à l'occasion de discussions fréquentes, causées par l'exécution des marchés Ouvrard, munitionnaire de la campagne d'Espagne. L'entente n'existait pas entre les bureaux de la guerre et ceux de l'état-major général du prince. Il y avait division, parce qu'il y avait rivalité et jalousie. Pour l'éloigner de la scène politique, le cabinet nomma le maréchal Victor, ambassadeur de Vienne.

Tandis que le portefeuille tombait des mains de l'illustre maréchal, l'insurrection espagnole recevait le coup de grâce par notre quatrième corps. Huit jours après la reddition de Cadix, le colonel San-Miguel, qui avait employé un langage inouï en répondant au nom des Cortès aux notes des envoyés de Prusse, d'Autriche et de Russie, tombait percé de coups de lance à la bataille de *Lerida*. La division Pécheux et la brigade de cavalerie Chastelux y détruisirent son armée, et en capturèrent les débris. Le 21 octobre, *la Seu d'Urgel* se rendait au maréchal Moncey. La capitulation de cette place avait été précédée des deux batailles de *Lhado* et de *Lheos*, et d'un siège occasionnant les plus affreux ravages et la plus complète destruction. Enfin, neuf jours plus tard, le 1er novembre, un mois après que Ferdinand eut quitté Cadix, Mina était obligé de se rendre avec *Barcelone*, investie depuis le commencement de la campagne. Après avoir pris possession de cette ville, nos troupes entrèrent dans Hostalrich, Tarragone, Carthagène et Alicante. La captivité de Mina avait mis fin à la défense de la Catalogne : nos généraux et nos soldats y avaient eu à combattre des adversaires dignes d'eux.

La guerre était donc terminée lorsque, le 13 novembre, Ferdinand fit son entrée à Madrid, sur un char de triomphe de forme antique, traîné par cent hommes habillés de vestes et de pantalons verts et roses. Ce char était précédé et suivi de nombreux groupes de danseurs, se livrant à toutes les démonstrations de l'enthousiasme le plus absolu. Des fleurs tombaient de toutes les fenêtres ; des cris d'allégresse sortaient de toutes les bouches.

A Paris, le retour du duc d'Angoulême et d'une partie des troupes d'expédition s'effectuait avec la même solennité. Le 2 décembre il entrait dans la capitale, sous des arcs-de-triomphe, ornés de drapeaux et de trophées. Des revues, des feux d'artifice, des fêtes militaires et civiles couronnèrent le triomphe de ses armes.

Sa Majesté le roi d'Espagne adressa au généralissime deux mille décorations de ses ordres pour récompenser et honorer l'armée française. Son Altesse Royale le duc d'Angoulême en adressa seize au 36e de ligne. Elles furent distribuées le 30 janvier 1824 pendant une revue à Lahisla. Dix croix de deuxième classe de l'ordre de Saint-Ferdinand furent assignées au colonel, au lieutenant-colonel, aux trois chefs de bataillon et à cinq capitaines. Trois croix de troisième classe du même ordre furent données à trois lieutenants, et les trois dernières croix de l'ordre Charles furent réparties à trois sous-lieutenants.

Au printemps de l'année 1824, le 2e bataillon du 36e quitta le cantonnement de Lahisla pour aller tenir garnison à *Chiclana*,

ville de sept mille habitants, à quinze kilomètres sud-est de Cadi[x]
Maugenre y retrouva les chasseurs du Morbihan et M. le cap[i]-
taine Charles d'Ollone. Cet excellent officier l'invita à aller le vo[ir]
et lui donna son adresse ; dès lors, il s'établit des rapports habitue[ls]
et fréquents entre ces deux compagnons d'armes. Au dévouemen[t]
serviable du soldat correspondait la bienveillante simplicité d[u]
comte, car la simplicité, loin d'exclure la noblesse et la grandeu[r]
d'âme, en constitue au contraire sa condition et son apanage. I[ls]
aimaient à parler des Vosges, qu'ils préféraient encore à ce bea[u]
pays d'Andalousie. C'est à Rambervillers et à Epinal que Charl[es]
d'Ollone avait successivement étudié ; mais c'est à Saint-Di[é]
qu'habitaient les familles de haute et vieille noblesse, amies [et]
alliées aux d'Ollone et aux de Pardieu. C'est dans les environs d[e]
Saint-Dié, dans ces belles montagnes de sapins et de rochers, q[ue]
multiplient les vallées et les riants sites des Vosges, que tous deu[x]
avaient passé les plus beaux jours de leur enfance et de leu[r]
jeunesse.

En France comme en Espagne, le grand besoin du momen[t]
après les secousses de l'Empire et de la révolution des Cortès, éta[it]
le repos et la fixité. Cette nécessité, qui exerçait une influenc[e]
heureuse sur l'agriculture et le commerce, ne laissait plus au so[l]-
dat d'autre occupation que les exercices quotidiens et ordinaires
S'intéressant fort peu de l'adoption du projet de loi pour le renou[-]
vellement septennal de la Chambre française, nos troupiers atta[-]
chaient plus d'importance à la loi sur le recrutement de l'armé[e]
Une nouvelle organisation fut adoptée les 12 mai et 1er juin pa[r]
les deux Chambres, héréditaire et élective. La loi Gouvion-Sain[t]
Cyr fixait la durée du service militaire à dix ans ; ce terme arriv[é]
les sous-officiers et soldats n'étaient plus assujettis qu'au servic[e]
territorial des *vétérans*. Cette loi fut modifiée : l'institution de l[a]
vétérance fut abrogée ; la durée du service fut fixée à huit année[s]
de plus, le contingent annuel, demandé au recrutement, qui étai[t]
de 40,000 hommes, d'après la loi de 1818, fut élevé à 60,000.

A la fin de septembre 1824, les soldats du 36e se rendant [à]
l'appel, furent fort surpris de rencontrer non seulement les offi[-]
ciers de semaine, mais encore tous les capitaines des compagnies
Maugenre, comme tous ses compagnons, se disait avec anxiété
« Aujourd'hui, nous allons apprendre du nouveau ; si seulemen[t]
c'était l'ordre de rentrer en France ! » Bientôt chaque capitain[e]
fit former le cercle à sa compagnie ; au centre de la 1re du second
le capitaine Pitbas prit la parole et dit : « Soldats ! Le roi d[e]
France est mort. Le 16 septembre, à deux heures du matin, le bo[n]

roi Louis XVIII, après dix années de règne, a succombé à ses cruelles infirmités. C'est un grand deuil pour la nation et pour l'armée. »

« Soldats ! si Louis XVIII vient de disparaître, son frère Charles X est roi. Vive le roi Charles, dixième du nom, par la grâce de Dieu, roi de France et de Navarre, très chrétien, très auguste, très puissant, notre très honoré seigneur et bon maître, à qui Dieu donne très longue et très heureuse vie ! Soldats ! criez tous : Vive le Roi ! »

Ce cri sort aussitôt de toutes les bouches.

« Soldats ! jurez tous fidélité et obéissance au roi Charles X ! »

« Je le jure », répondirent-ils, et aussitôt les trompettes sonnent, les tambours battent ; l'allégresse est générale.

On apprit ensuite que les funérailles du roi avaient été faites à l'église de Saint-Denis, le 24 octobre, et que le nouveau monarque avait été acclamé par toute la population parisienne à la revue de la garde nationale qu'il passa au Champ-de-Mars. On accueillit surtout avec joie les engagements solonnels que Charles X venait de prendre en faveur des institutions religieuses et civiles, dans le discours qu'il prononça, le 22 décembre, en ouvrant la session de 1825.

Dès le mois de janvier de cette année, le 2ᵉ bataillon du 36ᵉ reçut l'ordre de quitter Chiclana et de rentrer à *Cadix* où se trouvaient M. le colonel Paty et le 1ᵉʳ bataillon. Au même moment, le régiment des chasseurs du Morbihan recevait l'ordre de rentrer en France. Maugenre dut se séparer de son cher capitaine d'Ollone, et se résigner à rester en Espagne. Comme il était souverainement triste de ne pouvoir accompagner M. le comte, celui-ci le consola en lui disant : « Maugenre, quand vous serez rentré dans vos foyers, vous viendrez me trouver à Saint-Dié ; nous parlerons espagnol ensemble et je vous considérerai toujours comme un de mes plus braves compagnons d'armes (1). »

---

(1) Rentré en France, M. le comte Charles d'Ollone devint capitaine adjudant-major dans les housards de la garde royale le 20 avril 1825. Le 25 novembre 1825, il épousa à Saint-Dié Mademoiselle Geneviève-Charlotte-Ernestine-Antoinette Fouilhouze, issue du mariage de feu M. François Fouilhouze, ancien officier de cavalerie, et de Madame Charlotte de Bazelaire de Lesseux, chevalier de l'ordre royal de la légion d'honneur. Le 30 octobre 1829, il suivit le roi à Rambouillet. Licencié avec son régiment, il rentra dans ses foyers avec le grade de chef d'escadron, le 19 août 1830. Nommé chef de bataillon dans la garde nationale de Saint-Dié, le 25 mai 1834, il donna sa démission le 25 juin 1843. Il fut membre du conseil d'arrondissement de 1848 à 1852. Il devint ensuite membre du conseil municipal de la

Le 29 juin 1825, l'armée française se voyait entièrement représentée au sacre du roi. Les maréchaux Victor, Moncey, Soult, Mortier, Macdonald, Marmont, Suchet et Oudinot assistaient Reims, à cette glorieuse solennité, qui commençait une ère de réconciliation pour le parti royaliste, et d'oubli et de pardon pour tous les autres partis de l'opposition. A cette occasion, ces illustres chefs de l'armée reçurent le grand cordon de l'ordre du Saint Esprit. L'année suivante, ils prenaient part aux processions générales du jubilé. Marchant à la suite de leur roi, accomplissant avec lui le serment de son sacre, ils honoraient la religion du vrai Dieu dans leurs visites à Notre-Dame-de-Paris et aux autres églises stationales. Grâce à la salutaire influence de l'aumônier militaire, l'armée était redevenue chrétienne. Elle glorifiait son Dieu, et la Reine des victoires. Elle puisait dans la foi catholique, et dans les pratiques du culte, cet esprit de sacrifice et de dévouement qui transforme en héros le simple soldat comme l'officier supérieur. Alors la soutane marchait de compagnie avec l'épaulette ; la plus heureuse fraternité faisait aller bras-dessus bras-dessous le prêtre avec l'officier. La France était redevenue fille aînée de l'Eglise. Maugenre écrivait à sa mère qu'il avait fait son jubilé en Espagne, sa mère lui répondait qu'à Hurbache les cérémonies et les manifestations religieuses avaient été extraordinairement belles, et fécondes en conversions et en retours.

La division de Cadix était alors commandée par le général Castellane. Laissant à ses soldats beaucoup de liberté, son peu de sévérité les rendait contents. « Notre général est un bon garçon, disaient-ils, avec lui le troupier n'est pas malheureux. » Chaque fois que la musique du 36e jouait sur les promenades publiques, le grand chef ne manquait pas d'aller l'entendre ; souvent il la complimentait ; quelquefois il payait du vin d'oranges et des cigares.

Or tous les Espagnols sont très amateurs de musique, surtout les dames de la haute société. La harpe et la guitare sont leurs instruments favoris. Presque toute l'année, les terrasses de leurs maisons font entendre les plus douces harmonies, les chants les plus mélodieux. On conçoit dès lors que l'assistance ne faisait pas défaut aux concerts de notre musique militaire.

---

ville de Saint-Dié, délégué aux inspections des écoles, membre du comice agricole, membre du conseil général des Vosges. De retour à Saint-Dié, en juillet 1853, le sergent Maugenre se plaisait à aller l'entretenir de la campagne d'Espagne en parlant avec lui la langue espagnole. Il eut la douleur de le perdre à Saint-Dié, le 9 octobre 1861.

De tous les Français qui fraternisaient le mieux avec les joyeux andalous, Castellane était sans contredit le premier. Quelquefois il poussait la popularité un peu loin. Un jour de sérénade, il s'approcha de quelques dames espagnoles, remarquables par leur beauté. Sa jovialité galante lui valut un soufflet. Les musiciens virent le fait ; aussitôt ils furent pris d'un fou rire tel qu'il leur fut impossible de continuer. Honteux comme un renard qu'une poule aurait pris, notre imprudent général apprit à ses dépens que la fierté des femmes espagnoles accompagnait toujours leur beauté.

Par caractère, l'Espagnol se laisse ordinairement aller aux extrêmes : ou bien il est très bon, ou bien il est très mauvais ; ou bien il accomplit des actions héroïques, ou bien il se souille de crimes épouvantables. Les condamnations à mort sont fréquentes en Andalousie ; le supplice ordinaire est la potence. Maugenre vit pendre trois individus qui avaient assassiné des marins anglais ; trois femmes complices furent attachées à trois poteaux sous chacun des bras du gibet. Les condamnés restèrent exposés jusqu'au soir aux yeux du public. Le lendemain matin, à l'entrée des routes principales de la ville, les têtes, bras et jambes des trois pendus furent accrochés à des piquets : ils ne furent détachés qu'après que les vers n'y eussent laissé que des os. Ce spectacle inhumain devrait empêcher l'homicide ; mais non, en Espagne, il reste encore dans le domaine des procédés inefficaces.

La strangulation remplace la potence, pour l'exécution des femmes criminelles. Deux malheureuses qui avaient fait périr le fruit de leurs entrailles furent arquées sur une place de Cadix en 1827. Le bourreau les fit asseoir successivement sur un fauteuil en bois, appuyé contre un poteau, et fixé au plancher. Après avoir lié aux bras et aux pieds du fauteuil les membres de chaque patiente, le bourreau leur passa au cou un collier de métal, muni d'un petit cercle de fer, et s'enroulant derrière le poteau à un tourniquet : deux tours suffirent pour causer la mort.

Durant son séjour en Andalousie, Maugenre assista à plusieurs exécutions de cette nature ; il vit aussi fusiller un adjudant du 34ᵉ de ligne qui avait menacé du sabre son capitaine.

A côté de ces incidents particuliers, un autre bien plus grave faillit amener la guerre avec le Portugal, et provoquer la marche du 36ᵉ de ligne chez *les Algarves*. Don Juan VI, roi de Portugal et empereur du Brésil, étant mort à Lisbonne le 10 mars 1826, dona Isabelle-Marie sa fille, investie du gouvernement par décret de son frère aîné, don Pedro, commandant Rio-Janeiro, octroya à ses sujets une charte constitutionnelle. Le 12 juillet, elle ordonna à toutes les autorités civiles et militaires de prêter serment à la charte. A cet ordre, l'armée portugaise se souleva. Les libéraux ou constitutionnels acceptèrent la charte ; les absolutistes la refusèrent ; puis, ne voulant pas reconnaître l'autorité de dona Maria, ils se prononcèrent pour don Miguel, deuxième fils de don Juan VI, alors exilé en Autriche. La guerre civile commença. Se retirant sur le territoire espagnol, les absolutistes y formèrent deux corps d'invasion qui devaient opérer le premier par la province de Tras-os-Montes, et le second par les Algarves.

M. de Moustiers, notre représentant à Madrid, encourageait Ferdinand VII à résister aux réclamations de l'infante. En même temps il écrivait au général Castellane à Cadix : « Préparez-vous à entrer en lutte pour renverser en Portugal la charte de don Pedro. » Dès lors, M. le colonel Paty reçut l'ordre de multiplier les exercices des soldats du 36e, et de veiller à ce que tous fussent équipés à neuf. Pendant les mois d'octobre et novembre 1826, officiers et soldats furent chargés de manœuvres. La perspective d'une nouvelle guerre faisait facilement accepter la fatigue à nos troupes. Elles se croyaient déjà appelées les premières à l'honneur d combattre ; elles se promettaient bien de faire triompher en Portugal la même cause qu'elles avaient si noblement défendue au siège du Trocadéro. Cette espérance avait grandi à la nouvelle de l'intervention armée de l'Angleterre. L'arrivée de dix-huit régiments anglais à Lisbonne constituait un attentat à l'honneur français. A la chambre des pairs, comme à celle des députés, MM. de Chateaubriand, Casimir-Périer et de Labourdonnaie avaient déclaré qu'il n'y avait qu'un moyen de venger tant d'outrages, c'était de se battre. Le 36e et la division de Cadix étaient prêts à entrer en campagne. Grande fut leur déception en apprenant le rappel en Fance de M. de Moustiers, et le refus de la guerre voté par la chambre des députés, à la suite des déclarations du baron de Damas, ministre des affaires étrangères. La garnison française de Cadix en fut aussi irritée que le cabinet de Madrid.

Les soldats du 36e commençaient à s'acclimater en Andalousie : ils en avaient acquis toutes les mœurs et coutumes. La population de Cadix fraternisait avec eux : ils n'étaient pas considérés comme des étrangers, mais comme des amis. En janvier 1828, Maugenre fut promu au grade de caporal. Il y avait alors au 1er bataillon une compagnie dont les sergents et caporaux avaient tous été, ou bien cassés, ou bien punis d'une manière ou d'une autre. Son capitaine était un vilain bougre, comme l'appelaient les soldats ; personne n'osait s'y frotter. Or, ce fut précisément dans cette compagnie que notre vosgien devait être caporal. Lorsque son capitaine Pitbas lui apprit cette nouvelle, Maugenre lui répondit carrément qu'il n'y consentirait jamais.

— Je n'ai jamais fait de punition, disait-il, et je ne tiens pas à être nommé caporal pour manger de la salle de police ou de la prison.

— Mais cependant, lui répondit le capitaine, vous devez être caporal pour monter en grade, et vous savez qu'aujourd'hui il faut y rester longtemps, douze ans peut-être, avant que d'avoir l'épaulette d'officier.

— Peu m'importe votre épaulette, si je dois perdre mon honneur et ma réputation, en me voyant puni tous les mois, toutes les semaines, sans savoir pourquoi, j'aime mieux rester dans votre compagnie jusqu'à nouvel ordre.

— Mais vous ne le pouvez pas, votre nomination est officielle ; on ne peut plus la modifier, il faut que vous l'acceptiez.

— Je regrette, mon capitaine, mais je sais comment faire pour me tirer d'embarras : on a voulu me tendre un piège ; on n'y réussira pas.

— Allons, Maugenre, ne brisez pas votre avenir militaire ; acceptez les galons, et rentrez dans cette compagnie ; vous en sortirez bientôt comme sergent.

— Oui, ou sans les galons, et de plus avec quelques mois de cachot, pour infidélité imaginaire au service. Dans une autre compagnie, j'accepte ; dans celle-là, je refuse.

— C'est votre affaire, mais je crains fort que vous vous en repentiez un jour.

Là-dessus Maugenre alla trouver le chef de musique du 36e, M. Jeannin.

— Je suis nommé caporal, lui dit-il, mais je ne veux pas de la compagnie qui m'est désignée, vous plairait-il de me faire entrer à la musique ? Je préfère être sous vos ordres que d'accepter les galons, dans les conditions que l'on m'impose.

— Bien volontiers, vous n'avez qu'à aller chez le lieutenant de musique ; il vous inscrira séance tenante.

— Très bien, Chef, je vous remercie.

Et aussitôt dit, aussitôt fait. Maugenre quitta la clarinette à cinq pieds pour celle en *si bémol*. Lorsque, le lendemain, celui qui croyait être son capitaine vint le réclamer, en tapageant, de ce qu'il n'avait pas encore commencé son service, il lui fut répondu par un joli pied-de-nez, sinon en face, du moins par derrière. Cette grave détermination de Maugenre fut aussi préjudiciable à son intérêt qu'elle faisait honneur à sa justice et à sa probité. Il est certain que, s'il eut alors accepté les galons de caporal, il se serait retiré du 36ᵉ avec le grade de capitaine. La Providence ne le voulut point : elle prévoyait sans doute qu'il lui serait plus facile de se sauver dans une situation modeste que dans une autre plus brillante, et la récompense éternelle devait l'emporter sur toutes les autres.

Il y avait déjà près de deux ans que les affaires du Portugal se compliquaient de plus en plus. Tandis que le cabinet de Paris insistait pour mettre fin aux hostilités de l'Espagne contre dona Isabelle-Marie, le cabinet de Madrid, refusant de l'écouter, ne cessait d'accorder aux absolutistes portugais, réfugiés sur son territoire, des secours d'hommes et de munitions. Ferdinand VII donnait à don Miguel le titre de roi de Portugal, alors que Charles X ne le considérait que comme un usurpateur. Le gouvernement français ne put rester indifférent à des événements qui faisaient éclater le mépris de ses conseils. Il témoigna sa désapprobation en rappelant en France le 36ᵉ de ligne avec la division de Cadix.

CHAPITRE VIII

SOIXANTE JOURS DE MARCHE

L'Angleterre avait rendu désastreuses les expéditions mémorables de 1808 à 1813. Les fautes commises par l'empereur en disperçant ses troupes en Andalousie et à Valence, les conflits de son autorité avec celle de Joseph, la campagne de Russie où il engloutit sa fortune avec celle de la France, permirent à lord Wellington de ruiner complètement les affaires des Français en Espagne.

Par son intervention armée en Portugal, l'Angleterre rendit inutile l'expédition de 1823. Les concessions de Charles X à la politique libérale des députés de l'opposition, le sacrifice qu'il fit de la politique de Louis XIV, et l'abandon de son allié le roi Ferdinand VII, autorisèrent lord Canning à porter un coup aux sentiments de la France, sa rivale.

En 1813 comme en 1828, l'évacuation de l'Espagne par les armées françaises eut donc pour causes l'hostilité et la jalousie des Anglais. Bien différente toutefois fut la rentrée de nos troupes à ces deux époques. Sous l'Empire, Marmont et Soult abandonnèrent l'Andalousie pour fournir des cadres aux armées de Russie. De Séville, les divisions de l'Andalousie gagnèrent les vallées du Tage et du Douro, tandis que la garde, les Polonais, les dragons et les quatrièmes bataillons partaient pour le Nord. Le général

Gazan, qui avait succédé au maréchal Soult pour commander l'armée d'Andalousie, avait pris position en janvier 1813, à Zamora, Toro, Salamanque et Avila ; il tenait en respect l'armée anglo-portugaise campée dans le Beira. Aux approches des 90,000 hommes de lord Wellington, le général Gazan se réunit au maréchal Jourdan, qui commandait l'armée du centre, et au général Reille, qui commandait celle du Portugal. Celle-ci dut fournir cinq divisions à l'armée du Nord sous les ordres du général Clausel. Pour ce motif, la concentration en Vieille-Castille ne put réunir que 52,000 hommes. Disputant pied à pied le terrain aux Anglais, s'épuisant en courses inutiles pour détruire les bandes espagnoles ravitaillées par la marine anglaise, amenant avec eux de longs convois de blessés, de malades et de vivres, les Français s'étaient retirés de Valladolid sur Burgos et Vittoria, où la malheureuse inaction du roi Joseph fit perdre la bataille du 21 juin. Il ne leur restait plus dès lors à prendre d'autre parti que de regagner la frontière par la route de Bayonne.

Sous Charles X, Castellane n'avait avec lui qu'une seule division ; l'hostilité la plus complète existait entre l'Espagne et les Anglo-Portugais ; la couronne rendue à Ferdinand VII par nos régiments d'occupation obligeait ce souverain à taire son mécontentement envers le cabinet de Paris, et à laisser la route libre à nos soldats. Toutefois il y avait à craindre pour eux le soulèvement de nouvelles bandes d'insurgés. Que deviendrait une seule division si elle venait à être entourée par les bataillons de guérillas, connaissant tous les défilés de leurs sierras, et pouvant détruire en un jour tous les convois ?

Par mesure de précaution, il fut décidé que la division Castellane parcourrait le chemin de Cadix à Bayonne *dans le plus bref délai*. La chaleur était cependant excessive ; on était au mois de septembre. Néanmoins il fallut se résoudre aux marches les plus longues, en observant la plus stricte discipline. M. le colonel Paty fut chargé du commandement de l'arrière-garde ; il avait sous ses ordres les 31ᵉ et 36ᵉ de ligne.

Partis le 22 septembre 1828 de Puerto-Réal, ces deux régiments formaient la quatrième et dernière colonne. La première étape se fit au milieu des plus riches vignobles de l'Espagne, ceux de *Xérès-de-la-Frontera*. Le 24, ils quittèrent cette antique ville royale pour *Lebrixa*, entourée de magnifiques vergers d'oliviers. Séjournant à *Las-Cabezas-de-San-Juan*, les 25 et 26 septembre, ils furent logés le 27 au château-fort d'*Utrera*. C'est là que le 28 janvier 1810, le duc d'Albuquerque et ses castillans s'étaient retirés devant le corps du maréchal Victor. Remontant la rive gauche du Guadalquivir, notre arrière-garde atteignit l'antique cité de *Carmona*, où s'opéra la jonction des maréchaux Mortier et Victor avec le roi Joseph, avant la prise de Séville en 1810.

Le séjour à *Suente-del-Conde*, suivi des deux étapes de *Teja* et de *La Carlotta*, amena nos deux régiments sur la route de *Cordoue*. Ils entrèrent le 4 octobre dans cette antique capitale du califat d'Abdérame. La première visite de Maugenre fut pour le Saint-Sacrement à la cathédrale, magnifique monument de l'architecture moresque, construit au VIIIe siècle. La ville est malpropre et mal bâtie ; elle est ceinte de murs, flanqués de grosses tours ; la plupart de ses palais ont été détruits ou endommagés. On y rencontre beaucoup de ruines des monuments romains, gothiques, moresques, arabes et espagnols. C'est la patrie des deux Sénèque et d'Averrhoès. Les cinq corps du maréchal Soult y avaient été réunis le 20 janvier 1810, après le passage des défilés de la Sierra-Morena.

Se dirigeant sur la Nouvelle-Castille, la colonne arriva le 5 octobre à *Carpio*. Traversant ensuite les bourgades de Pedro-Abad, Montoro, Villa-del-Rio, Marmoléjo, Arjonilla, le 36e parvint le 8 à *Andujar*. Le duc d'Angoulême avait rendu célèbre cette ville d'Espagne en y publiant ses ordonnances pour concilier, mais en vain, les partis royalistes et libéraux.

Le 9 octobre, la colonne suivit la route tristement renommée où Castanos surprit et massacra les braves du général Dupont en juillet 1808. Ce fut ce désastre, et la capitulation de Baylen, qui décidèrent l'empereur à rentrer en Espagne.

Après *Baylen* et la *Carolina*, où mourut un sergent cantinier du régiment, nos soldats s'engagèrent dans le défilé de *Despena-Perros*, le plus impraticable de la Sierra-Morena. Le maréchal Mortier y avait vengé le 20 janvier 1810 les héros de 1808. En parcourant ces chemins escarpés, témoins de si funestes événements, les soldats du 36e cherchaient encore derrière les rochers s'il n'y avait pas là quelques ennemis cachés avec lesquels ils puissent se mesurer. Par Elviso, la colonne atteignit *Valdepenas* le 13 octobre. La chaleur était alors accablante ; deux grenadiers du 36e moururent en chemin. Maugenre réconforta un grand nombre en découvrant plusieurs champs de réglisse ; des petits fagots de racines furent ficelés sur tous les sacs.

Nos soldats suivirent la route qui les conduisit à *Manzanarès*, à *Villa-Roubia*, puis, au-delà de la Guadiana, à *Madrilejos* et à *Tremblèque*. C'était la fameuse route de la Manche qui débouche sur *Ocaña*. Elle traverse le vaste plateau qui s'étend presque sans interruption jusqu'à la Sierra-Morena.

— Vois-tu ces pentes rapides par lesquelles on gravit le bord de ce vaste plateau, disait à Maugenre son chef M. Jeannin ? Eh bien, c'est ici que, le 18 novembre 1809, 1,500 cavaliers français, commandés par les généraux Paris, Milhaud et Sébastiani, chargèrent de front et en flanc 4,000 cavaliers espagnols qui couvraient le gros de l'armée d'Arcizaga. Cinq cents ennemis furent tués. Malheureusement, de notre côté, le général Paris reçut une blessure mortelle, en chargeant lui-même avec la plus grande bravoure.

Vois-tu ce ravin qui, de ce plateau, forme à notre droite un pli de terrain presque insensible, mais qui forme, vers notre gauche, une cavité plus profonde et plus abrupte ? C'est au-delà de cet obstacle que le lendemain, 19 novembre, le maréchal Mortier aborda les Espagnols de don Juan. Le général Leval commença l'attaque avec ses Polonais ; le général Girard la soutint avec quatre régiments de ligne ; le général Dessolle franchit ce ravin dès que l'ennemi fut ébranlé. En trois heures, 46 canons, 32 drapeaux et 15,000 prisonniers restaient en notre pouvoir. L'armée espagnole avait perdu 26,000 hommes en deux jours.

— Certes, voilà un beau triomphe.

— Oui, il ne lui manquait que d'avoir été remporté sur les Anglais. Et en parlant de la victoire d'Ocaña, ils arrivaient dans cette ville le 19 octobre.

Le lendemain, le 36ᵉ passait le Tage près d'Aranjuez, au pont dit de la Reyna ; il faisait séjour au *Val-de-Moro* afin de paraître dans la capitale avec une excellente tenue.

Le 22 octobre, il arrivait à *Madrid*. Dès son entrée dans la ville, la colonne reçut l'ordre de se diriger sur le Prado. Cette superbe promenade s'étend de la porte d'Atocha à celle d'Alcala. C'est là que nos troupiers jouirent de la faveur d'être passés en revue par le ministre du roi d'Espagne, au nom de Sa Majesté. Ils meritèrent les éloges de Son Excellence et l'admiration des Espagnols. Comme ils n'étaient restés que quarante-huit heures à Madrid en 1823, ils espéraient bien pouvoir se dédommager à leur retour, et avoir assez de temps pour visiter le Buen-Retiro, le musée des sciences, la Florida, les Délices, les églises, les monuments... Mais tandis qu'ils se promettaient repos et plaisirs, au premier appel, le soir même du 22, ordre fut donné de partir le lendemain pour *Pinto*, dès la pointe du jour. Il fallut obéir et quitter Madrid avant les vingt-quatre heures.

Le retour en France se fit par la même route qu'avait suivi l'empereur de Vittoria à Madrid en 1808, mais en sens inverse :

celui-ci allait sur la capitale ; le 36ᵉ lui tournait le dos. Après les étapes de *Pinto*, de *Puncaral*, *d'Alcovendas*, de *San-Augustino*, et de *Sabanillas*, le régiment arriva le 28 octobre à *Buytrago*, ayant parcouru soixante-seize kilomètres en six jours. Cette dernière ville, défendue par un château-fort, avait servi de quartier général à Napoléon Iᵉʳ après avoir franchi la Sierra-Guadarrama. Le 36ᵉ gravit dans la journée du 29 les rampes du fameux col de *Somo-Sierra* où se livra la célèbre bataille du 30 novembre 1808. La route même suivie par le régiment était celle où don Benito San-Juan avait rassemblé le gros de ses troupes, derrière seize pièces d'artillerie, pour écraser la colonne du conquérant. C'était celle où la charge des chevaux-légers polonais, sous les ordres du général Montbrun, avait sabré l'ennemi et capturé les seize canons. C'était sur ces hauteurs de droite et de gauche que les divisions Lapisse et Ruffin avaient délogé les Espagnols de poste en poste, tandis que Napoléon et sa garde appuyaient le mouvement du centre. Toutes ces défenses établies par San-Juan, sur les deux flancs de la route, et sur les deux berges, avaient été enlevées par notre infanterie, cachée par d'épais brouillards. Quittant ce champ de bataille en descendant sur le revers du Guadarrama, le 36ᵉ sortit des gorges de Somo-Sierra pour se rendre à *Bocequillas* le 30 octobre. Il séjourna à *Himrubens* pour la fête de la Toussaint.

Traversant les vastes plaines de la Castille, conquises par la cavalerie du général Lasalle, le 12 novembre 1808, les 34ᵉ et 36ᵉ de ligne arrivèrent à *Aranda* le 2 novembre. Cette ville forte, bâtie sur le Duero, avait servi de quartier général à l'empereur. C'est là qu'il avait appris, le 27 novembre 1808, la victoire de Tudela, remportée par le maréchal Lannes. C'est là qu'avait séjourné le maréchal Ney, avec ses deux divisions Marchand et Dessolle, avant de combattre Castanos et Palafox, établis à Cintrunigo.

D'Aranda, le 36ᵉ fit étape à *Gumiel-de-Jzau* et à *Lerma*. Les soldats souffraient toujours des fortes chaleurs. Par suite de leurs énormes shakos, plusieurs avaient perdu leurs cheveux. Maugenre était devenu aussi chauve qu'un vieillard. Il découvrit encore des champs de réglisse pour faire passer sa soif et celle de ses camarades. Le lendemain ils firent séjour à *Cogollos*. Le 7 novembre, ils marchèrent sur Castro-Xeriz, entre la Puyserga et l'Arlanzon, et vinrent coucher à *Burgos*. Ils avaient déjà fait 213 kilomètres depuis Madrid, et ils ne pouvaient que poser pied à terre dans cette antique capitale de la monarchie castillane, défendue par des murailles et de vieux châteaux-forts. Le 8, se dirigeant sur l'Ebre, le 36e suivit la grande route qui traverse le bois de Gamonal e[t] qui aboutit à *Monasterio*. Le souvenir de la victoire remportée e[n] cet endroit le 10 mai 1808 était encore présent à la mémoire d[e] plusieurs. Mais ce qui rendait fiers nos soldats, c'était de pouvoir dire que ce glorieux fait d'armes avait été l'œuvre du 36e d[e] ligne (1), compris dans la division Mouton du 2e corps, commandé par le maréchal Soult. Les braves de l'ancien 36e avaient pri[s] 30 canons, 12 drapeaux et 900 Espagnols à cette mémorable journée. Ils détruisirent l'armée du général Blake quelques jours aprè[s] dans les Asturies.

Nos soldats arrivèrent le 9 novembre à *Briviesca*, le 10 à *Pancorbo*, le 11 à *Miranda* où ils séjournèrent. Parvenus à ce dernier point, ils étaient au bord de l'Ebre : ce fleuve franchi, ils allaient être au pied même des Pyrénées. La Sierra-de-Andia est déjà considérée comme faisant partie de cette chaîne de montagnes. A travers cette Sierra se trouve le défilé très étroit de Puebla, par où passe la route de Bayonne et la rivière de la Zadorra. En débouchant par ce passage dans la plaine de Vittoria, le 13 novembre, Maugenre et ses compagnons se rappelaient le désastre tristement célèbre du 21 juin 1813. Ils foulaient le même sol qui avait bu le sang des Anglais, commandés par Hill et Wellington.

C'est à la sortie de ce col que trois divisions anglaises tinrent tête à l'effort impuissant des brigades Darricaux et Conraux du corps d'armée du général Gazan, tandis qu'à leur droite, la division de Morillo s'abritait derrière les rochers du haut de la Sierra pour tirer sur les braves de la brigade Maranzin. C'est en face que s'élève l'éminence de Zuazo, qui coupe transversalement le bassin de Vittoria, et qui domine la sortie des défilés. C'est sur cette hauteur que le général Tirlet plaça 45 bouches à feu, et arrêta les Anglais, en les couvrant de mitraille. C'est là, que le général Gazan aurait dû rétrograder, au lieu de se disjoindre du corps d'Erlon, écrasé à droite de Zuazo, sur la Zadorra, en défendant le pont de Trespuentes contre les trois divisions du maréchal Béresford, et les quatre autres du général Graham.

Dépassant le village de Subijana-de-Alava nos soldats du 36e arrivaient sur les bords de la Zadorra, qui longe le pied des monts ; ils franchirent le pont d'Arriaga, où fut tué notre vaillant général Sarrut, au moment où les généraux Lamartinière et Casalpaccia ne pouvaient plus défendre les ponts de Gamarra-Mayor et de

---

(1) Thiers. Histoire de l'Empire. Livre XV.

Durana. Ils battaient en retraite par Salvatierra sur Pampelune, commandés par l'illustre général Reille. Grâce à l'ancien 36ᵉ (1) et à la réserve Fririon, son corps d'armée fut sauvé.

Ce vieux régiment entra en ligne avec le 2ᵉ léger au moment où un gros corps de cavalerie anglaise assaillit le corps du général Reille au sortir du bois de Betono, dans la direction d'Arbulo. Pour donner à leurs glorieux compagnons le temps de défiler, ces deux régiments de la brigade Fririon reçurent en carré les nombreux escadrons des Anglais et couvrirent le terrain de leurs morts. Ce n'est qu'après le défilé des troupes qu'ils traversèrent Arbulo pour gagner sains et saufs la route de Salvatiera.

La montagne de Betono apparaissait à Maugenre et à ses compagnons derrière Vittoria, limitant la jolie plaine de cette ville, entourée de tous les côtés par les sierras. 54,000 Français y avaient tenu tête à 90,000 Anglo-Espagnols : ils y avaient perdu 10,000 hommes.

Sous l'impression de ces tristes souvenirs, notre 36ᵉ franchissait la double enceinte de murs qui fortifient *Vittoria,* le 13 novembre. Il ne resta pas douze heures dans ce chef-lieu de l'ancien pays d'Alava. De Cadix à Vittoria, il avait suivi une route toute différente de celle qu'il avait parcourue en 1823. De Vittoria à la frontière, il n'y avait pas d'autre chemin à prendre que celui du *col de Salinas.* Après *Mondragon,* et *Villa Réal,* le 36ᵉ traversa le grand défilé, dans la journée du 16 novembre ; puis il séjourna à *Tolosa,* ville murée, chef-lieu des basques de Guipuscoa. Le 18, il traversait Andoain, et couchait à *Hernani ;* le 19, il débouchait dans la vallée de la Bidassoa ; il passait à *Irun* sa dernière nuit en Espagne. Enfin, le 20 novembre, tous les soldats du 36ᵉ saluèrent la France de leurs acclamations. Ils franchirent la Bidassoa en chantant des hymnes patriotiques ; la musique jouait : *Le passage du Rhin.* Tous étaient dans la jubilation. Leur allégresse ne fit que grandir en revoyant Saint-Jean-de-Luz le 20, et *Bayonne* le 21. Les soldats du 36ᵉ avaient parcouru en soixante jours mil trente-huit kilomètres à pied, de Cadix à Bayonne, par une chaleur excessive. Malgré la fatigue, ils s'étaient constamment distingués par leur bonne discipline et leur excellente tenue. Ils reçurent en retour les éloges bien mérités de tous leurs grands chefs.

---

(1) Thiers. Histoire de l'Empire. Livre XLIX.

CHAPITRE IX

BAYONNE

Il y avait un mois que l'expédition de Morée, habilement conduite par le général Maison, avait assuré l'indépendance de la Grèce, quand nos régiments de Cadix vinrent trouver à Bayonne dix-huit mois de repos mérité. M. de Caux était alors ministre de la guerre. Cet homme éminent avait déployé une activité remarquable pour l'amélioration de l'armée. Outre le contingent entier de 1828, tous les jeunes soldats de la classe de 1827, restés disponibles, avaient été appelés à l'activité ; l'artillerie avait été réorganisée et son matériel considérablement augmenté ; l'effectif des troupes avait été porté de 237,770 hommes à 283,818. Cette augmentation de l'effectif ramena au 36e de ligne des officiers de grades inférieurs, restés en disponibilité.

Louis Maugenre habita la caserne du Réduit, au Petit-Bayonne, non loin du pont de bateaux, construit sur l'Adour par Louis Sévignacq (1). Le pont en pierres, qui se trouve vis-à-vis le Réduit, avait été enlevé par les eaux ; il demeura longtemps à l'état de

---

(1) C'est l'oncle de Madame Maugenre. Il avait succédé à son beau-père de Loustau comme entrepreneur de travaux publics.

ruines. Un peu au-dessus, en allant sur Mosseyrole, le pont de Sévignacq montait ou descendait avec la marée ; on l'ouvrait en désunissant les chaînes, soit pour laisser passer les embarcations, soit pour la descente des glaçons en hiver. Le 2ᵉ bataillon du 36ᵉ habitait la citadelle qui domine le grand faubourg de *Cap-dou-Pount* (ou Tête-du-Pont), appelé depuis quelque temps faubourg de *Saint-Esprit*. Quelques compagnies habitaient le Château-Neuf qui domine les rues Panecau et Bourgneuf du Petit-Bayonne. C'est dans ce quartier que se trouve l'hôpital militaire ; l'aumônier de l'hospice, l'abbé Arnaud, était aussi celui du 36ᵉ. Maugenre ne tarda pas à lier avec lui une connaissance très avantageuse ; souvent il allait le voir ; il parlait avec lui de religion, de campagnes et d'histoire.

— Ah ! ça, mon brave, lui dit l'aumônier, une des premières fois qu'il le vit, êtes-vous déjà allé voir notre vieille cathédrale ?

— Parbleu, dans toutes mes garnisons, ma première visite a toujours été pour les églises.

— Mais vous n'en avez guère vu d'aussi anciennes que la nôtre, car le diocèse de Bayonne, fondé par Saint Léon, remonte aux temps apostoliques, aux temps de Saint-Sernin de Toulouse et de Saint-Vincent-de-Dax. Ce n'est pas dans les Vosges que vous possédez des apôtres d'une si haute antiquité ?

— Pardon, M. l'aumônier, nous avons dans les Vosges le siège épiscopal de *Grand*, qui a été établi de temps immémorial, avant les sièges de Toul et de Saint-Dié.

— Il y avait donc à Grand une cité romaine, car tout siège épiscopal suppose, là où il a été établi aux temps apostoliques, une cité impériale. L'histoire nous apprend qu'après la conversion de Constantin, des sièges épiscopaux furent fondés dans toutes les cités de l'Empire. Et vous dites qu'il existe une ville aussi ancienne dans les Vosges ?

— Parfaitement, nous avons une cité gallo-romaine, dont l'amphithéâtre contenait vingt mille spectateurs (1) ; Sainte Libaire, sœur de l'évêque-martyr de Grand, Saint Euchaire (2), y fut décapitée avec quatre cents légionnaires chrétiens. Comme Saint Léon de Bayonne, elle porta sa tête entre ses mains, depuis le lieu de

---

(1) L'Abbé L'Huillier. — Sainte Libaire et les martyrs lorrains du IVᵉ siècle.

(2) Martyrisé près de *Pompey*, au confluent de la Meurthe et de la Moselle, avec deux mille deux cents compagnons.

son martyre jusqu'au milieu de la ville. Le même fait eut lie
après la décapitation de son second frère, Saint Elophe, à *Solime
riaca* : c'est l'empereur Julien qui prononça lui-même la sentenc
de mort (361).

— Vous m'apprenez du nouveau. Je dois reconnaître que votr
cité de Grand est aussi ancienne que notre cité de Labourd. Mai
connaissez-vous les origines de notre cathédrale et l'histoire d
ses premiers évêques ?

— Non, M. l'aumônier, et je vous écouterais volontiers sur c
sujet.

— Cette histoire se confond un peu avec celle de Bayonne ; l
voici en résumé : « Nos Bayonnais étaient alors des Libourdins
Avant les romains, on les appelait les Laphurtarracs, tribu eskual
dunaise de la confédération tarbellienne. A la suite de l'expéditio
de Crassus contre les Cantabres (57 av. J.-C.) César Auguste fi
fortifier la cité labourdine qui fut comprise dans la Novempopu
lanie. Envoyés de Rome en Espagne, Saint Léon et ses frères
Philippe et Gervais, s'arrêtèrent dans cette ville de guerre. Il
y convertirent à la foi du Christ les anciens et les pirates infidèles
Renversant les idoles, ils élévèrent une église en l'honneur de l
bienheureuse Vierge Marie : ce fut l'origine de la cathédrale. Cett
église fut détruite à la première descente des Normands sur l'Adour
à la fin du IVe siècle ; elle avait alors pour évêque Itcassicus
dernier successeur de Saint Léon pendant la période gallo-romaine
L'oppression des barbares du Nord dura peu ; les Labourdins réus
sirent bientôt à les chasser. En 409, l'héroïsme de leurs chefs
Didyme et Véranien, ne parvint pas à sauver la cité de la grand
invasion des Alains, des Suèves et des Vandales. En 412, Ataulf
frère et successeur d'Al-Rich, arrivant à la tête des Visigoths
refoula les envahisseurs en Espagne. Ce dernier empire fut détrui
par Clovis et ses Francs en 507. Sous les Merovingiens, les race
eskualdunaises soutinrent de nombreux combats, en se révoltan
contre les Francs, et en repoussant les Normands. Dagobert I[e]
réussit à les soumettre en 631. Bayonne resta sans église pendan
toutes ces invasions. L'apôtre de l'Aquitaine, Saint Amand, vin
ramener les Libourdins du service du diable au culte du vra
Dieu en 650. Cinq ans après, les habitants de la Novempopulanie
appelée dès lors Vasconie ou Gascogne, soulevèrent les populations
méridionales de la Gaule. Sous la conduite de Lupus, ils battirent
tour à tour les Francs et les Goths ; ils fondèrent simultanément
le royaume de Navarre et le duché de Vasconie. Vaincus par
Abd-er-Rahman en 728, les Gascons recouvrirent leur indépen-

dance après la victoire de Charles Martel à Poitiers en 732. »

« Pendant que les Aquitaniens luttent contre Charlemagne, les Gascons sont les alliés des Carolingiens. Le futur héritier du comté de Gascogne, Lupus-Sanctio est élevé avec Louis Ier ; il l'accompagne au siège de Barcelone en 801. Neuf ans plus tard, la nationalité gasconne est en péril : alors surgirent les Garsimirus, les Centhul, Garsendus, Asinarius, Sanche-Sancion, tous, vaillants hommes de guerre qui luttèrent avec succès contre les rois Francs. Sous ce dernier duc ou comte, vers 870, une flotte normande s'empara de Bayonne et mit tout à feu et à sang ; la Vasconie, ruinée par sa guerre contre Charles-le-Chauve, ne put s'opposer aux barbares du Nord. A la suite de ses expéditions maritimes, la Gascogne se trouva dans l'état le plus déplorable. Sanche-Mitra, premier duc de Gascogne, réussit à relever le comté de Vasconie de ses ruines ; il chassa les Normands. Guillaume-Sanche, son successeur, restaura le siège épiscopal des Gascons, en y faisant nommer évêque *Gombaut*, son frère en 977. Mais cet évêque et ses successeurs *Arsius* (980) et *Raymond-le-Vieux* (1001) ne coiffèrent la mitre que pour recueillir les redevances épiscopales. Heureusement pour la Gascogne, Austinde, archevêque d'Auch, entreprit de réformer sa province. Il révoqua l'évêque des Gascons, et nomma administrateur du diocèse de Bayonne *Raymond-le-Jeune*, évêque de Bazas (1055). Ce fut le premier restaurateur de la cathédrale de Bayonne et de son siège épiscopal. Il fit procéder canoniquement à l'élection de l'évêque définitif. L'élu fut un certain *Guillaume* qui obtint les revenus d'Orkeiem pour son église. *Bernard d'Astarac*, deuxième évêque canonique, obtint à son tour les revenus de Maya, de la moitié de Bayonne et de son port. En 1118, il se mit à la tête de la croisade contre les Maures d'Aragon. Après la prise de Saragosse, il fut nommé archevêque d'Auch. *Raymond-de-Martres* lui succéda. Cet évêque termina la cathédrale ; puis il augmenta et fortifia la ville ; ce fut le véritable fondateur de la patrie bayonnais . »

— La fondation de votre cathédrale remonte donc à l'épiscopat de *Raymond-de-Martres* ?

— Parfaitement. Avant la construction de la chapelle de la paroisse (côté sud), on voyait encore, cachées dans les combles du cloître, les fenêtres des bas-côtés du XIIe siècle. Les contreforts conservaient aussi une partie de leurs soubassements. Cette église du XIIe siècle fut détruite par l'incendie de 1199. — L'édifice actuel fut commencé en 1213, sous l'épiscopat de *Raymond-de-Luc*. Le clocher, commencé en 1500, fut continué de 1513 à 1514 ; le pavillon est de 1605 ; les meneaux de toutes les fenêtres ont été refaits au XVIIe siècle. Notre cathédrale est donc l'œuvre de plusieurs générations.

— C'est encore bien étonnant qu'elle soit demeurée debout après tous les sièges que Bayonne a dû supporter.

— Oui, sous la domination anglaise elle a été huit fois assiégée, et quatorze fois sous la domination française, depuis 1451.

— Une autre fois, M. l'aumônier, vous me parlerez de l'histoire militaire de Bayonne, cela m'intéressera au plus haut degré.

Le mois suivant, nouvelle visite de Louis Maugenre à M. l'abbé Arnaud.

— Eh bien, mon ami, vous devez connaître à présent la ville de Bayonne ?

— Oui, je n'aurais jamais cru que dans une ville chef-lieu aussi importante que Bayonne il n'y ait que deux fontaines d'eau potable, celle de Saint-Léon et celle de Saint-Esprit. Celle de la place de la cathédrale n'est pas bonne. L'Adour et la Nive nous donnent toutes les eaux des Gaves ; au Boucau, elles sont salées, et *nous achetons l'eau*.

— Nous aurons probablement bientôt de nouvelles fontaines ; or il faudra chercher l'eau bien loin ; cela coûtera cher à la ville. Mais dites-moi, où allez-vous faire l'exercice à présent ?

— Aux glacis, près de la porte d'Espagne. Quelquefois nous allons à Biarritz en filant contre la mer à droite : ordinairement nous allons près des fortifications.

— Savez-vous que plusieurs remparts de Bayonne datent des Romains ? Avez-vous déjà remarqué cette enceinte qu'il faut attribuer à leur époque ?

— Non, M. l'aumônier, nulle part je n'en ai lu la description. J'aurais dû la connaître d'avance avant que de la parcourir.

— Sous les Romains, la porte d'Espagne s'appelait porte du Midi ; celle de la Pusterne, porte de l'Orient, et celle de Mosseyrole, porte de Tarride. Il n'y a jamais eu de porte que celle du Réduit, du côté septentrional, baignée par l'Adour et la Nive réunis, au flot de la marée montante. Autour de l'église cathédrale et du château royal s'élèvent les nobles restes d'un ancien château et de murailles construits par les Romains. Ces ruines, qui consistent maintenant en quelques bases de tours et des pans de murs fort dégradés, présentent à leur parement extérieur, l'appareil de cubes symétriquement taillés et rangés par assises régulières, auquel on reconnaît les maçonneries romaines. L'antique forteresse formant un quadrilatère correspondait par ses angles aux points suivants : l'angle sud-ouest à la tour où convergent les rues des Faures, Douer et Vieille-Boucherie ; l'angle sud-est à l'escalier de la Pusterle ; celui du nord-est au carrefour des Cinq-Cantons, enfin celui du nord-ouest au Château-Vieux. Le mur d'enceinte avait trois mètres d'épaisseur. A ces quatre angles, et de distance en distance, il était flanqué de tours rondes à demi-saillantes, espacées de telle sorte que l'intervalle entre deux tours fut moindre que la portée des traits et des flèches lancés par les scorpions ou par les archers. Cette enceinte fut commencée par César Auguste et terminée par ses successeurs. Elle fut détruite par les barbares.

— A qui donc faut-il attribuer la nouvelle enceinte ?

— Au fondateur de la cathédrale, au créateur du Bourg-Neuf ou Petit-Bayonne, au constructeur des deux ponts Panecau et Mayou et du grand faubourg bayonnais de Cap-dou-Pount, au grand civilisateur *Raymond-de-Martres*, évêque de Bayonne, mort en 1125.

— Voilà un grand homme à qui Bayonne doit une belle statue.

— S'il n'eut pas été évêque, peut-être l'aurait-il eu depuis longtemps ; mais la récompense de Dieu vaut mieux que celle des hommes. Nul doute que ses bons services ne lui aient mérité la gloire du Seigneur.

— Et quel fut le premier siège où servirent ces travaux de de défense militaire ?

— Ce fut le siège de 1130. Don Alonso le Batailleur, roi de Navarre et vainqueur des musulmans en Aragon, réunit sous ses étendards toute la noblesse gasconne pour enlever Bayonne au comte Guilhem de Poitiers. Il y réussit : Bayonne débarrassée d'un étranger poitevin reçu le Batailleur en ami.

— Connaissez-vous encore d'autres sièges ?

— Ils sont bien nombreux. Celui de 1177 est mémorable. Depuis la mort du Batailleur à la bataille de Braga (1133), et depuis l'assassinat de Guilhem X, dernier duc d'Aquitaine, la fille unique de ce dernier, Aliénor, réunit la Gascogne à l'Angleterre par son mariage avec Henri II Plantagenet. Ils eurent un fils rebelle, Richard-Cœur-de-Lion. Espérant trouver un libérateur en cet adversaire de Henri II, les Gascons se maintinrent sous ses étendards. Mais quand la paix fut signée entre Richard et son père, une guerre patriotique éclata. L'insurrection se répandit de la Loire aux Pyrénées. La répression militaire fut terrible. A la tête de ses Brabançons, Richard marcha de victoire en victoire ; il vint mettre le siège devant Bayonne. Le vicomte Arnaud Bertrand mourut sur les remparts qu'il n'avait plus la force de défendre, fièrement enveloppé dans son drapeau de bataille. Bayonne resta aux Anglais et au fils du roi Henri II.

— Mais n'est-ce pas ce Richard qui fit la troisième croisade avec Philippe-Auguste ?

— Parfaitement, et ce furent les navires de Bayonne, sous les ordres de Bernard de Lacarre, qui furent mis en réquisition pour cingler vers Messine, Chypre et Jaffa.

— Les Bayonnais se sont donc illustrés et sur terre et sur mer ?

— Oui (1), leur escadre était encore plus forte que les remparts de leur ville. Cent combats sur mer furent livrés par leur flotte aux Normands, aux Flamands et aux Portugais.

— Et comment les Français s'emparèrent-ils de Bayonne ?

— En attaquant le faubourg Saint-Léon et l'église des Carmes, à Tarride le 7 août 1451. Les coulevrines, serpentines et ribeaudequins des Français rendirent ces positions intenables.

— Et quels étaient les chefs des deux armées ?

— Charles VII, roi des Français, avait ordonné les comtes de Foix et de Dunois pour diriger ce siège. Ceux-ci avaient sous leurs ordres les Seigneurs de Lautrec, de Navailles, de la Bessière, de Saveuses, de Montguyon, de Montmorency, de la Boussey, de Lohéac, d'Orval, etc. Le roi d'Angleterre, Henri VI, avait confié la défense de Bayonne à Jean de Beaumont, prieur de Saint-Jean-

---

(1) *Les Guerres des Bayonnais sous la domination anglaise* sont les suivantes : Victoire de Gisors (1198). — Prise d'Angers (1199). — *Siège de 1205* par don Alonso, roi de Castille. — Prise de Rochester (1215). — Capitulation de la Rochelle (1224). — Croisade de 1239. — Taillebourg (1242). — Gramont (1243). — Victoire de Nicolas-de-Molis (1244). — Guerre des partisans (1249). — Insurrection de 1253. — *Siège de 1254* par Gaston de Béarn. — Victoires de Lewes (1264) et de Evesham (1265). — Guerre de Navarre (1276). — Guerres maritimes de 1292. — Victoire navale de Saint-Mathieu du Finistère (1293). — *Siège de 1294* par Pascal-de-Viele. — Défaite de Dax (1296). — Défaite de Henri de Lincoln à Bellegarde (1296). — Guerres contre les pirates biscayens (1308). — Dévastation d'Amanieu (1312). — Guerres maritimes de 1315 et de 1326. — Campagne et succès de la flotte bayonnaise sous le commandement de Pès de Puzanne (1337). — Combat naval de Blakenberg (1340). — Victoires de Bergerac et d'Auberoche (1345). — Victoire de Crécy (1346). — Prise de Calais (1347). — Victoire navale de Sluys (1350). — Expéditions de l'Armagnac et du Narbonnais (1355). — Victoire de Maupertuis ou Poitiers (1356). — Victoire de Navarrette (1366). — *Siège de 1374* par don Henri, roi de Castille. — *Siège de 1377* par les Espagnols. — Victoire d'Azincourt (1415). — *Siège de 1419* par les rois de Castille et d'Aragon. — *Siège de 1438* par Radigo et les Espagnols. — Défaite de Guisant (1450). — Prise de Bayonne par les Français (21 août 1451). — (Voir les études historiques sur *la ville de Bayonne* par Jules Balasque, 3 vol. in-8° édités par E. Lasserre (1869).

de Jérusalem, ayant sous ses ordres Bernard de Béarn. Des canoniers, des coulevriniers, des arbalétriers, des bombardiers et des lanciers combattirent de part et d'autre. Ce fut l'arrivée du Seigneur d'Albret, et de son fils Tartas, commandant les renforts français, et conduisant avec eux les grosses bombardes, qui décida les assiégés à envoyer l'évêque de Bayonne, Monseigneur Lasègue, pour traiter la paix avec le plus grand succès. Quarante mille écus d'or sauvèrent la ville du pillage.

— Et Bayonne fut délivrée des Anglais à bon marché.

— Oui, mon brave, pour ne plus cesser d'appartenir à la France : Voilà quatre siècles qu'elle est sous sa domination et tout prospère à merveille. C'est une bonne ville de garnison, n'est-ce pas ?

— Parfaitement, M. l'aumônier.

— Tenez, voici une médaille de Saint Benoît ; portez-la sur vous, elle vous portera bonheur.

— Je n'en doute pas ; je crois à votre parole. Merci, M. l'abbé, et au revoir.

Quelques jours plus tard, Maugenre fut invité par trois de ses camarades à aller faire une partie de plaisir en barque sur l'Adour. Il accepta. En s'avançant vers la Pointe, deux d'entre ces soldats ne cessaient de jouer sur la frêle embarcation ; ils la balançaient tantôt à droite, tantôt à gauche, effleurant l'eau de part et d'autre. Ils étaient bien en train de rire et de gesticuler lorsque, tout-à-coup, ces deux maladroits perdent l'équilibre et tombent à l'eau. Sans le sang-froid et le fort contre-poids du vigoureux Vosgien, aidé du canotier, tout l'équipage eut sombré. Maugenre se rappela de sa médaille ; il remercia Dieu. Les deux plongeurs ne reparurent plus vivants sur la rive ; quand arrivèrent des marins pour fouiller les profondeurs de l'Adour, presque à son embouchure, il était trop tard. Les deux cadavres furent transportés à l'hôpital militaire ; ils furent inhumés le surlendemain. Pendant longtemps Maugenre ne voulut plus mettre le pied dans aucune barquerolle.

Le *Moniteur* du 9 août 1829 apprit aux officiers et soldats du 36e la nomination d'un nouveau ministre de la guerre, M. le comte de Bourmont. Il faisait partie du ministère Polignac, succédant au ministère Martignac. Si cette nouvelle causa une profonde émotion, une vive irritation et une grave inquiétude parmi les adversaires de la maison de Bourbon, c'est que ceux-ci voyaient en eux des hommes fermement décidés à vaincre leurs résistances. Charles X se trouvait alors aux prises avec deux ennemis redoutables : l'opposition au dedans et la puissance barbaresque d'Alger au dehors.

En France, les députés libéraux ayant à leur tête M. Laffite, le général Lamarque, M. Mauguin, M. Audry de Puyraveau, M. de Lobau, le général Gérard, M. Eusche de Salverte, etc., agitaient les esprits par les discours passionnés dont ils faisaient retentir la tribune. Les journaux de l'opposition tels que le *Temps*, le *National*, le *Courrier Français*, le *Journal des Débats*, colportés à profusion dans toutes les localités, produisaient chez plusieurs un degré d'exaspération qui devenait réellement alarmant parce qu'il pénétrait dans toutes les masses de la population.

Mais tandis qu'à l'intérieur tous les moyens d'action étaient chaleureusement employés par les adversaires de Charles X, dans la rade d'Alger, notre ambassadeur, M. de Labretonnière, recevait pour toute réponse du dey Husseyn une bordée de ses canons chargés à mitraille (3 août 1829). Ce fut le coup de tonnerre par lequel la Providence déchaîna la tempête.

Plus d'une fois la question algérienne avait été agitée en France. Nos griefs contre cette puissance barbaresque remontaient à plusieurs siècles ; les voici tels qu'ils ont été exposés par Son Eminence le cardinal Lavigerie dans son discours du 25 avril 1875 :

« Le seizième siècle commençait, lorsque, sur les débris des
« principautés arabes de l'Afrique du Nord, soumises par les
« Espagnols, s'élève une puissance nouvelle qui devint bientôt la
« terreur de la France et du monde chrétien. Deux pirates, les
« Barberousse, établissent à Alger, par la trahison et par le
« meurtre, un royaume, qui restera, jusqu'à la fin, digne d'une
« telle origine. Sans foi, sans pitié, unissant à la plus audacieuse
« bravoure le génie du pillage, ils forment autour d'eux cette
« terrible milice, composée de Turcs, récemment arrivés en Eu-
« rope du fond de la Tartarie, et de renégats chrétiens ramassés,
« pour une vie de brigandage et de débauches, sur toutes les côtes
« de la Méditerranée. Le premier soin de ces hordes barbares est
« de dompter les Arabes, et de noyer dans le sang toute pensée
« de résistance ; puis, maîtres absolus de la terre, ils se tournent
« triomphants vers la mer ; pendant trois cents ans ils courent à
« la curée du monde. »

« Durant ces tristes siècles, aucun navigateur chrétien ne peut
« être certain un seul jour, ni de sa vie, ni de son honneur ! A
« chaque moment, des extrémités de l'horizon, du milieu des
« rochers, il peut voir s'élancer d'audacieux pirates qui lui enlè-
« vent d'un seul coup ses biens et sa liberté. Chaque nuit, les
« villes, les villages, placés à la portée d'une incursion de ces
« sauvages agresseurs, peuvent voir leurs portes renversées, leurs

« maisons envahies, et leurs habitants massacrés ou entraînés par
« la violence. Vainement la crainte universelle a-t-elle multiplié
« les défenses ; vainement a-t-on établi, sur les côtes de l'Italie,
« de l'Espagne, de la Provence, des îles de la Méditerranée, ces
« hautes tours que nous voyons encore debout comme un lugubre
« témoignage de tant d'abominables entreprises : la ruse, l'audace,
« la persévérance, triomphent de tout, et, chaque année, des
« milliers de victimes viennent grossir la troupe infortunée qui
« gémit dans les bagnes algériens. »

« Là, vendus comme un vil bétail, livrés à des maîtres avides,
« qui les torturent souvent jusqu'à la mort, pour les forcer au
« travail que refuse leur faiblesse, pour les contraindre à l'apos-
« tasie, ou pour les soumettre à d'infâmes exigences ; ils ne trou-
« vent d'autre adoucissement à leurs maux que le dévouement de
« ces religieux intrépides voués à la Rédemption des captifs. »

« Les contemporains de la conquête ont vu les dernières victi-
« mes de ces supplices (1). Ils ont vu les instruments qui les
« livraient à la mort, les crocs de fer qui garnissaient les remparts,
« et sur les pointes desquels on jetait les esclaves, pour les laisser
« mourir de douleur, de soif et de faim aux rayons ardents du
« soleil. Ils ont vu les humides cavernes, où ils agonisaient len-
« tement, privés d'air et de lumière. Ils ont entendu l'horrible
« histoire des cent dix Français, tombés, à la veille de notre expé-
« dition, entre les mains de ces barbares, et dont les cent dix
« têtes, empilées dans des sacs immondes, furent livrées par le
« dey Husseyn aux outrages de la multitude. »

« A de semblables récits sans cesse renouvelés, l'Europe se sou-
« levait de douleur et de rage. Les princes rougissaient du san-
« glant tribut payé à la barbarie. Trop longtemps, hélas ! pour
« échapper à ces corsaires, ils s'étaient résignés à acheter honteu-
« sement à prix d'or une paix chaque jour violée. »

« Dieu choisit alors le bras auquel il va confier sa vengeance.
« Mais la France ne s'y portera pas d'elle-même. Il faut qu'on
« l'aille chercher et que des coups répétés triomphent de sa longue
« résistance. »

« C'est d'abord l'acte insensé par lequel le dey d'Alger inflige à
« notre représentant le dernier des outrages, et lui déclare, par

---

(1) L'histoire des deys d'Alger nous a retracé la cruauté barbare de Baba-Aly (1710) ; de Baba-Mohammed (1766-1791) ; de Ali-Khodja (1791-1818), et de Husseyn (1818-1830).

« surcroît, n'avoir nul souci ni de son roi, ni de sa nation (mai 1827).
« C'est la destruction violente de notre commerce et de nos
« comptoirs dans la Régence par le bey de Constantine (juillet 1827).
« Il semble que cela doive suffire pour nous précipiter sur ces
« barbares ; et cela suffit, en effet, dans les conseils du Souverain,
« où un soldat et un prêtre font partager à ceux qui les entourent
« l'émotion de leur foi et de leur vieil honneur. Le soldat était
« un Clermont-Tonnerre, que sa noble devise (1) autorisait à rele-
« ver la tête devant l'injure, alors même que tous eussent voulu
« la laisser impunie ; le prêtre était l'éloquent évêque d'Her-
« mopolis. »

« Ils comptaient sans les résistances calculées d'un parti libéral
« et redoutable, qui repoussait une guerre, d'où la religion devait
« sortir vengée, et le prestige des rois très chrétiens entouré d'une
« auréole de gloire. Devant cette opposition menaçante, il fallut
« que l'honneur de la France attendît trois ans. »

« Mais c'est en vain que les calculs des mauvais politiques
« cherchent à se soustraire à des desseins plus hauts. En vain
« proposent-ils au pacha musulman de l'Egypte de se faire le
« champion de leur querelle ; en vain invoquent-ils l'autorité de
« la Sublime-Porte ; en vain, dissimulant le dépit de ces insuccès,
« et tremblant de mécontenter l'Angleterre, envoient-ils humble-
« ment M. de Labretonnière demander à ce chef de brigands qui
« les brave, une démarche ambiguë dont leurs cœurs abaissés se
« contenteront. Dieu va frapper un coup qui brisera leurs résis-
« tances, il va réveiller la France au bruit des canons d'Alger. »

Le 2 mars 1830, à l'ouverture des Chambres, dans la salle des gardes du Louvre, Charles X, après avoir fait connaître la fin des hostilités entre la Russie et la Porte, et le choix d'un roi pour la Grèce, annonçait l'envoi d'une expédition armée en Afrique. Aussitôt l'ardeur guerrière, si longtemps comprimée, se manifeste de toutes parts. L'enthousiasme éclata surtout à Bayonne et dans les provinces méridionales. Ce fut au bruit des cloches avec l'accompagnement des chants sacrés et des bénédictions de l'Eglise, aux acclamations d'un peuple qui mêlait les ardeurs de sa foi au souvenir de ses souffrances que l'armée se concentra à Toulon. M. de Bourmont, nommé commandant en chef de l'expédition, quitta Paris le 19 avril. Le vice-amiral Duperré eut le commandement de la flotte. L'effectif des troupes qui devaient embarquer fut

---

(1) *Etsi omnes, ego non !*

porté à 37,639 hommes. Ils furent partagés en trois divisions : la première, sous les ordres du général Berthezène, comptant les brigades Clouet, Achard et Poret-de-Morvan, était formée par les 3e, 14e, 20e, 28e et 37e régiments de ligne, 2e et 4e léger. La deuxième, sous les ordres du général Loverdo, comptant les brigades de Damrémont, Munk-d'Uzer et d'Arcine, comprenait les 6e, 15e, 21e, 29e, 48e et 49e de ligne. La troisième, sous les ordres du général d'Escars, composée des brigades de Berthier et Hurel, comprenait les 17e et 34e de ligne, 1er et 9e léger. L'artillerie comptait 183 canons. L'armée navale était forte de 103 bâtiments de guerre, montés par 27,000 marins et accompagnés de 400 bâtiments de transport.

Le 4 mai, un descendant de Saint Louis, l'héritier même du trône, vint traverser à Toulon les longues lignes de vaisseaux, où les soldats de la France juraient d'être dignes de leurs frères, où les matelots sur leurs vagues faisaient monter jusqu'aux cieux l'antique cri de guerre de la patrie. Un souffle des croisades semblait soulever nos drapeaux. C'est ainsi que notre flotte prit sa route le 25 mai, au milieu des sympathies ardentes de tous les pays chrétiens.

Tandis que cette armée s'avançait vers le sanglant repaire de la piraterie, soutenue dans son entreprise vengeresse par les bénédictions du présent et les longues malédictions de l'avenir, tandis que du haut du ciel, Dieu, vengeur de l'iniquité, voyait et reconnaissait dans ces soldats intrépides les fils des guerriers de Clovis, de Charlemagne, de Saint Louis, les fils de cette France qu'il a armée pendant tant de siècles pour la gloire de son nom et l'appui de tous ceux qui L'invoquent, le 36e de ligne recevait l'ordre de quitter Bayonne les 3 et 4 juin pour aller constituer à Aix le *corps de reserve* de l'armée d'Afrique. L'espérance d'aller bientôt combattre en Algérie fit tressaillir de joie tous les soldats du régiment.

CHAPITRE X

L'ARMÉE D'AFRIQUE

M. le colonel Paty et son régiment firent par étapes la longue route qui conduit de l'antique cité labourdine à la célèbre capitale des anciens Provençaux. Tout le mois de juin dut y être consacré. Le 36ᵉ dut refaire le même chemin qu'il avait parcouru jusqu'à Tarbes en janvier 1823. Il arriva à Montrejeau, le jour de la Fête-Dieu. Une réception magnifique lui fut faite à Muret par la population, et spécialement par le clergé. Depuis la célèbre victoire de Simon de Montfort contre les Albigeois et les Arragonais, les bons catholiques de cette cité se font une fête d'accueillir nos soldats, en route pour défendre la cause de Dieu et de la patrie. Après l'agréable séjour de Toulouse, le régiment continua sa marche sur Villefranche, Castelnaudary, Carcassonne et Narbonne. Une baignade dans l'étang de Sigean délassa nos troupiers et les remit de leurs premières fatigues. Ils purent se payer du bon vin à Béziers, à Pézenas, à Frontignan et à Montpellier. De là, ils gagnèrent Nîmes, Tarascon, Salon et Aix où ils arrivèrent les 1ᵉʳ et 2 juillet 1830.

Ces trente jours, consacrés par le 36ᵉ à toutes ces marches, avaient été témoins de grands événements, en France comme en Afrique.

Offensé des nombreux refus et des actes d'hostilité qu'il avait essuyés de la part de la dernière Chambre des députés, laquelle osait lui disputer le choix de ses ministres, Charles X avait prononcé la dissolution de cette Assemblée. Il avait en même temps convoqué les collèges électoraux d'arrondissement pour le 23 juin. Du résultat de ces élections allait dépendre l'avenir du roi et de la France.

La lutte électorale s'engagea donc entre la royauté et l'opposition. Celle-ci se trouvait organisée à l'état de comités dans presque tous les départements. Réélire les 221 députés de l'opposition était le mot d'ordre transmis à tous les groupes. Pour assurer le succès de leurs élections, les factions opposèrent à l'énergie royale tout ce qu'il est possible de dire et de faire. Par leurs journaux, elles prêtèrent au roi des propos injurieux et outrageants vis-à-vis des électeurs, elles lui attribuèrent l'intention de supprimer la liberté, l'usage de la presse et les droits électoraux. « Le roi affecte la force, disaient-elles, pour dissimuler sa faiblesse. » Non contents de surexciter les esprits contre l'autorité royale et contre ses ministres, ces adversaires indisposaient le peuple contre le clergé, l'accusant de fanatisme et d'esprit de domination. Ni roi, ni soldat, ni prêtre, tel était en résumé le programme caché de l'union libérale.

Trompé par les illusions de ses ministres ; croyant à l'immutabilité d'un peuple qui lui avait fait tant d'ovations ; ne pensant pas à la nécessité de s'abriter derrière la responsabilité ministérielle, Charles X descendit dans l'arène électorale. Par sa proclamation du 13 juin, il intervenait directement auprès des électeurs ; il réclamait de leurs suffrages le libre exercice de ses droits, qui ne lui venaient pas du peuple, mais de Dieu ; il se condamnait à l'alternative d'humilier son sceptre devant l'urne du scrutin, ou de briser les lois constitutives du système électoral en vigueur.

Malgré tous ses efforts, l'opposition l'emporta, dans les élections du 23 juin, à une grande majorité. Dans le Midi, plusieurs collèges électoraux furent le théâtre de déplorables violences. Sans la présence du 36ᵉ de ligne, Carcassonne et Narbonne eussent vu se reproduire les mêmes troubles que l'exaltation électorale avait fait surgir à Nîmes, à Montauban, à Figeac, etc.

Toutefois les mêmes courriers qui apportèrent à Charles X des nominations ennemies, lui apportaient une succession de nouvelles annonçant que ses généraux venaient de remporter en Afrique, aux cris de : *Vive le Roi!* les deux mémorables victoires du 19 et du 24 juin. C'est à Tarascon que M. le colonel Paty apprit ces heureux débuts du corps expéditionnaire ; officiers et soldats [le] surent bien vite après, soit par les Provençaux tarasconnais, che[z] qui ils habitaient par billets de logement, soit par leurs camara[-] des. Maugenre logeait justement chez un vieux sous-officier re[-] traité qui l'accueillit admirablement. A peine installé chez so[n] hôte, celui-ci lui raconta tout ce que l'on savait de cette vaillant[e] armée, qui semblait déjà vouloir se passer de réserve et accapare[r] pour elle seule toute la gloire.

— On prétendait, lui dit-il, que la côte d'Afrique était inabor[-] dable, et le débarquement impossible, notre amiral Duperré a bie[n] su garantir ses vaisseaux, dans la baie de Palma, contre la vio[-] lence des vents de l'est, et les réunir tous, huit jours après, en vu[e] d'*Alger*, le 13 de ce mois.

— Il y a, sans doute, eu de terribles obstacles au débarquemen[t] des troupes ?

— Point du tout. Le dey avait donné l'ordre de laisser aborde[r] librement nos soldats, afin, disait-il dans son orgueil, qu'il n'e[n] put échapper un seul pour apprendre à la France la destructio[n] de son armée. Bientôt après, mais trop tard, il comprit sa folie.

— Mais où donc et comment l'attaque a-t-elle commencé ?

— A *Sidi-Ferrach*, presqu'île située à cinq lieues à l'oues[t] d'Alger. Le 14, en deux heures de temps, de trois à cinq heures du matin, les six régiments composant la division Berthezène, e[t] une batterie de campagne, furent débarqués et rangés en bataille quelques redoutes ennemies furent aussitôt attaquées et enlevées pendant que M. le comte de Bourmont et les deux autres division[s] abordaient le rivage. Une ligne de retranchements, tracée par l[e] général Valazé, pour fermer la presqu'île du côté de la campagne la convertit en un camp retranché.

— Et que faisait l'ennemi pendant ce temps ?

— Pendant quatre jours, des masses d'Arabes se sont concen[-] trées sur le plateau de *Staoueli*. Cinquante mille Africains s[e] réunirent autour de drapeaux sans nombre. Ibrahim, gendre du dey d'Alger, les lieutenants des beys d'Oran et de Titery, le bey de Constantine en personne, commandaient cette armée où des nuées de cavaliers indigènes appuyaient la milice turque. C'est pendant ces préparatifs que, sur les ruines d'une église des pre[-] miers siècles, seize prêtres de France offrent solennellement le sacrifice et ressuscitent le culte chrétien sur la terre africaine. Le temple où priait l'armée n'avait d'autre voûte que le ciel, d'autres bornes que l'immensité.

— Dans ces conditions, Dieu devait répondre par la voix des armes en nous donnant la victoire.

— Cette victoire eut lieu le 19 de ce mois. Au signal parti de leur camp, les troupes barbares s'ébranlent, et s'avancent avec des cris, contre les redoutes que garde notre armée. Berthezène, Loverdo, Des-Cars sont à la tête de leurs troupes, sous les yeux de Bourmont. Labitte et Valazé les appuient. Lamoricière, Changarnier, Duvivier, Damrémont, Pélissier, Mac-Mahon, Baraguay-d'Hilliers, Vaillant, Forey, Magnan, Chabaud-Latour, Dumesnil, Quatre-Barbes sont là, occupant le poste du péril, avec le vieux général Porret-de-Morvan. La bataille est engagée. Nos soldats ont vu, pour la première fois, accourir, en rangs confus, du fond de la plaine, à travers les broussailles et les hauts aloès, ces cavaliers arabes dont les longs vêtements blancs, soulevés par la course, semblent voler au-dessus des obstacles. Rapides comme l'aigle, brandissant leurs longs fusils, ils se précipitent, arrivent à notre portée, s'arrêtent soudain, tirent et s'enfuient, pour recharger et revenir encore. C'est un immense tourbillon, où hommes et chevaux partagent la même furie et se communiquent leurs passions. L'armée doit lutter contre un adversaire plus redoutable encore : c'est la milice turque, qui, depuis trois siècles, fait trembler les populations de la Régence. Elle nous aborde avec une énergie farouche et l'assurance d'une vieille troupe qu'animent la rage religieuse et la conscience de n'avoir jamais subi de défaite. Le choc est terrible. Un moment, une de nos ailes est ébranlée : mais les chefs ramènent leurs soldats. On voit l'intrépide Mounier entraînant les siens, lutter seul, avec quelques braves, contre une multitude d'ennemis qui l'entourent. Un mouvement offensif le délivre. Partout le combat est engagé. Nos vaisseaux, qui se sont approchés du rivage, appuient l'armée du tir de leurs canons, et portent le désordre dans les rangs ennemis. Enfin, un cri, un cri terrible, ce cri de notre infanterie française qui fait trembler les champs de bataille, sort à la fois de toutes les poitrines : *En avant ! A la baïonnette ! En avant !* C'est fait ! Le torrent vainqueur se précipite. Tout ce qui résiste est renversé. Les cavaliers arabes se dispersent aux quatre vents du ciel, allant annoncer à leurs montagnes qu'elles vont recevoir de nouveaux maîtres. Les Turcs seuls tiennent et se font tuer avec courage ; mais ils sont désormais trop peu ; nos soldats les écrasent. Ce n'est plus qu'une déroute : ils ne s'arrêteront que sous les murs d'Alger, et les nôtres franchissent, en les poursuivant, les deux lieues qui le séparent du camp de Staouéli, dont ils s'emparent et où ils couchent sous les tentes de l'ennemi.

— Mais pourquoi les Français n'ont-ils pas poursuivi l'ennemi jusque dans la capitale épouvantée?

— C'est parce qu'il fallait attendre l'artillerie retenue dans la haute mer. Ce retard rend le courage à l'ennemi, à qui notre prudence semble de la crainte. Il se présente devant notre camp, le 24; mais les divisions Berthezène et Loverdo le poussent, de proche en proche, jusqu'à *Sidi-Kalef*. Là, se livrent des combats nouveaux. Là, tombe mortellement blessé d'une balle qui a brisé sa poitrine, l'un des fils du comte de Bourmont. Héros chrétiens l'un et l'autre, ils s'étaient agenouillés auprès des autels, avant de quitter la France, pour recevoir, des mains du Pontife, comme des croisés d'un autre âge, le Dieu de l'Eucharistie. Et maintenant, le fils, se sentant mourir et parlant des grandes causes de la religion et de la France auxquelles il sacrifiait sa vie, disait en montrant sa blessure : « Elle est bien placée, là. Elle est près du cœur! » Le père, averti de ce coup terrible, ne veut prendre que le temps d'embrasser et de bénir un fils si digne de sa tendresse; puis, calme, tout entier au devoir, il retourne au poste du combat.

— Quand on est chrétien comme M. de Bourmont on a le droit de commander en chef à une armée française. Mais que de mal va-t-il avoir pour prendre Alger!

— Vous n'allez pas à Aix pour des prunes, mon brave. Il est bien probable que vous n'y resterez pas longtemps.

— Tant mieux; tous nos soldats du 36ᵉ brûlent de se mesurer avec les Arabes.

Deux jours après, le régiment entrait dans l'ancienne capitale de la Provence; c'était le 2 juillet 1830.

Le 9 juillet, une dépêche télégraphique de Toulon transmit à Aix l'annonce de la prise d'Alger. Affichée à la sous-préfecture, pendant que les cloches l'annonçaient à la population, célébrée, le soir même, par l'illumination de tous les édifices publics, la nouvelle produisit partout un enthousiasme indescriptible. Le 10, l'archevêque d'Aix publiait une lettre-circulaire pour faire savoir que le lendemain, jour de la fête du Sacré-Cœur de Jésus, il serait chanté dans l'église métropolitaine un *Te-Deum* auquel assisterait tout le monde officiel. Le 11 juillet, la musique du 36ᵉ joua à la cathédrale ses plus beaux morceaux religieux, suivis du *Domine, salvum fac Regem*. Au sortir de l'église, une grande revue fut passée à toute l'armée d'Aix sur les grandes et belles promenades de la ville.

Sans le secours d'aucune réserve (1), Alger était à nous ; ou pour mieux dire, il était au monde civilisé. Les barbares musulmans la nommaient « *la bien gardée ;* » fiers de tenir en échec les maîtres du monde, défendus par des côtes inhospitalières, appuyés sur les pirates africains, enrichis par leurs pillages, ils se proclamaient et se croyaient invincibles. « Les eaux l'environnent, la mer est la source de ses richesses, les flots sont ses forteresses, la Mauritanie et la Libye ses auxiliaires (2) ». Ainsi parlaient autrefois d'Alger le peuple de l'Europe, désespérant de jamais vaincre ces corsaires.

Ils auraient pu apprendre d'un roi conquérant et prophète qu'il n'y a de bien gardé que les villes gardées par Dieu (3). Au jour qu'Il a marqué pour leur ruine, rien ne les défend plus : ni les tempêtes ne dispersent les flottes ennemies, ni les flots ne protègent les côtes inhospitalières, ni les remparts ne sont un sûr asile. Dieu s'est enfin lassé de tant de violences et de tant de crimes ! Il a eu pitié d'une terre baignée de tant de sang et de tant de larmes, consacrée par la foi de tant de martyrs ! Les voilà dans sa main, ces fiers pirates ! Ils avaient dit, dans leur orgueil superbe : que nous importe la France ! La France venait de leur répondre et de leur montrer son pouvoir.

L'injure nationale était vengée, la Régence conquise, le travail d'assimilation de l'Algérie à la France, par le retour à la civilisation et à l'ancienne foi était commencé.

Quelle page eut ajoutée à nos annales l'histoire de notre conquête, si rien n'eut arrêté ces premiers élans ; si nous avions pu,

---

(1) Nous avons fait consulter à plusieurs reprises les Archives du ministère de la guerre, les Archives de la ville d'Aix, les Archives du Régiment, le *Moniteur universel*, et plusieurs autres journaux et brochures, pour connaître et pouvoir publier l'organisation et la composition du *corps de réserve* de l'armée d'Afrique. Toutes nos recherches, faites pendant deux ans, n'ont abouti à aucun résultat. L'impossibilité de trouver ce document provient, selon nous, de ce que le corps en question n'a jamais été constitué. En voici les raisons : la prise d'Alger ayant eu lieu sept jours après l'arrivée du 36ᵉ à Aix, rendait inutile l'organisation d'un corps qui n'avait plus sa raison d'être. Ensuite le contre-coup des trois journées de juillet, ayant causé des luttes sanglantes dans tout le Midi, la présence du 36ᵉ dans cette région devenait nécessaire pour garantir l'ordre public et sauvegarder les personnes et la propriété. Imitant les auteurs qui ont amplement raconté ces grands événements, nous parlerons du corps de réserve sans désigner d'autres chefs que ceux du 36ᵉ de ligne.

(2) Nahum III, 8 et 9.
(3) Psaume CXXVI, 1.

sans obstacle, poursuivre les succès, qui, en vingt jours, avaient mis entre les mains de Bourmont, Bône, Oran, et même la lointaine province de Titteri par l'investiture de leurs chefs ; si, sans laisser aux Arabes le temps de douter de notre puissance, nous avions remplacé le gouvernement des Turcs par le nôtre ; si, en assurant aux populations africaines l'ordre, la paix, la prospérité, nous les avions gagnées peu à peu par nos bienfaits, par les exemples d'un peuple chrétien ! C'eût été une croisade, la dernière, la plus noble, la plus digne de la France et des inspirations de l'Evangile (1).

En quelques jours tout change d'aspect. La France ébranlée tremble sous les coups des ennemis du roi. L'esprit d'impiété se réveille au dedans et repousse toute pensée religieuse. L'intérêt de la guerre s'efface devant la lutte électorale. La royauté ne pouvait plus espérer son salut que d'un cinq septembre monarchique. Charles X devait recourir à l'emploi de mesures extraordinaires, au risque de se voir précipité dans l'abîme.

Prévoyant une résistance sérieuse et une grande opposition de la part des bourgeois et des ouvriers, entraînés par les journalistes et par les députés de l'opposition, le conseil des ministres, réuni à Saint-Cloud, conçut le projet d'appeler le 36e de ligne, le corps de réserve de l'Armée d'Afrique (2), ainsi que les deux camps de Saint-Omer et de Lunéville, dans les garnisons voisines de Paris, avant de promulguer des ordonnances en rapport avec les exigences du moment. Un incident politique vint entraver l'exécution de ce dessein : l'entrée prochaine de trente mille Prussiens dans le royaume des Pays-Bas venait d'être apprise par dépêche au président du conseil. Pour prévenir cette intervention, qui pouvait provoquer à elle seule le mouvement anti-monarchique, Charles X se vit forcé d'immobiliser momentanément ces forces dans leurs cantonnements, et de se contenter des 14,000 hommes composant la garnison de Paris. Ce chiffre lui parut suffisant à la défense de la cause royale. Se souvenant de l'insurrection du 13 vendémiaire, an III, il pensait qu'il lui serait aussi facile de réprimer un soulèvement qu'à Bonaparte. Avec cinq mille hommes de troupes, ce général avait triomphé des trente mille gardes nationaux qui voulaient renverser la Convention. Le roi ne tenait malheureusement pas compte des milliers d'auxiliaires *civils*, qui entraînèrent

---

(1) S. E. le cardinal Lavigerie. Discours du 25 avril 1875.
(2) A. de Vaulabelle. Histoire des deux Restaurations, tome VII, pag. 291.

et enlevèrent la troupe de ligne, et qui décidèrent le succès de Napoléon.

Ce fut à Aix que le *Moniteur* du lundi, 26 juillet, vint apporter aux officiers et soldats du régiment le *rapport au roi* et les *cinq ordonnances* qui modifiaient le système électoral, suspendaient la liberté de la presse, prononçaient la dissolution de la nouvelle Chambre, annonçaient de nouvelles élections générales le 6 septembre, et nommaient plusieurs anciens députés au Conseil d'Etat.

— Que pensez-vous de tout cela? disait M. le lieutenant-colonel à M. Paty.

— Je pense que c'est le sort de la Monarchie qui est en jeu. Cet acte de vigueur semble être dans l'esprit de la Charte ; selon moi, c'est une abrogation des lois qui causera de graves et nombreuses protestations et peut-être une résistance par les armes. Dieu sauve le roi et la France.

Le peuple commençait à bouger dans le Midi, quand arriva le décret de dissolution du corps de réserve. Les régiments qui le composaient se séparèrent le 1er août. Ce jour-là même, le 36e de ligne partit pour Lambesc, chef-lieu de canton, situé à dix-huit kilomètres nord-ouest d'Aix.

CHAPITRE XI

TARASCON-NIMES

C'était dans la nuit du 1ᵉʳ au 2 août à Lambesc. Logé chez un commerçant d'huiles, Maugenre se reposait aux côtés de Valney. Tout-à-coup il se réveilla ; les tambours du 36ᵉ battent la *Générale*. Secouant son compagnon, qui ronflait à faire trembler les vitres :

— Valney, Valney, vite debout, lui dit-il.

— Hein ! Laisse-moi dormir.

— Allons, allons : tu n'entends pas les tambours ?

— Qu'est-ce qu'il y a ?

— Je n'en sais rien, lève-toi, et nous irons à l'hôtel de ville.

Valney s'habille à la galope et court avec Maugenre devant la mairie. Grand nombre de soldats du 36ᵉ s'y trouvaient déjà rassemblés. Abordant ceux du premier groupe :

— Eh bien, camarades, leur dirent-ils, est-ce qu'il y a un incendie, une émeute ?

— Non, leur fut-il répondu, c'est une révolution.

— Et où allons-nous comme cela ?

— Nous attendons le colonel, il nous donnera ses ordres.

M. le colonel Paty ne tarda pas à arriver. On sut bientôt que le 36ᵉ devait immédiatement se rendre à Tarascon. Le régiment se mit en route. Le 3 août, il remontait la rive gauche du Rhône jusqu'au pont suspendu qui sépare Tarascon de Beaucaire. Cette ville de onze mille âmes était très agitée. Tandis que certains groupes accueillaient le 36ᵉ aux cris de : Vive le roi ! Vive la ligne ! D'autres répondaient par les cris de : A bas les Bourbons ! Vive Lafayette ! L'effervescence des esprits était telle que M. le colonel jugea prudent de ne pas faire loger ses soldats chez les particuliers, mais au vieux château, à l'hôtel de ville, au tribunal et au collège de la ville. Le 36ᵉ fut consigné toute la journée du 3 août. Maugenre était au collège ; il cherchait de tout côté quelqu'un qui put lui apprendre ce qu'il y avait de si grave et de si intéressant dans les événements politiques. Rencontrant un jeune chef d'étude, il le prit à l'écart et lui demanda les nouvelles de Paris, de la France et du midi :

— Mais voilà trois jours qu'on se bat à Paris, lui répondit-il, et vous n'en savez rien ?

— Non ; nous ne pouvons rien savoir de nos chefs ; et leur silence nous prouve que ça va mal ; il n'y a que vous qui puissiez nous renseigner.

— Bien volontiers ; mais venez avec moi dans ma chambre et nous causerons plus à l'aise.

Là-dessus, on monte trois escaliers, et, dans une petite cabine attenant à un long dortoir, la conversation s'engage sur les événements des dernières journées de juillet.

— Connaissez-vous les ordonnances de Charles X et le résultat des dernières élections générales ? dit le chef d'étude.

— Oui. Nous avons appris tout cela à Aix. Charles X a bâillonné la presse anti-monarchique pour faire respecter son autorité.

— Ce n'est pas aux Français, mon brave, qu'il faut parler d'autorité. Sacrifiant le devoir d'obéir aux faux droits de l'émeute ; ils se sont révoltés. C'est Thiers, le rédacteur en chef du *National*, qui a entraîné quarante-quatre écrivains des onze journaux de l'opposition à résister à l'autorité. C'est Thiers qui a rédigé et fait publier et afficher partout une protestation contre les ordonnances ; c'est Thiers qui a prêché l'insurrection aux députés et à la France.

— Si Thiers a agi ainsi, il mérite d'être pendu.

— Après avoir fait son coup, il trembla. Les députés de l'opposition, invités à la résistance, se réunirent le lundi 26 juillet, chez Dupin, puis chez Casimir Périer, ensuite aux bureaux du *National*, enfin chez de Laborde. Dans ces quatre réunions, les députés de Schonen, Bérard, Laffitte, de Puyraveau, Bavoux, Mauguin, Marchal, Lafayette, Gallot, Chardel, Labbey de Pompières, se prononcèrent pour une nouvelle protestation, pour une défense énergique, pour la réorganisation de la garde nationale et pour la formation de douze comités, ayant pour mission de centraliser et de diriger la résistance dans chaque arrondissement, de pousser à l'insurrection, de réunir des fusils, de la poudre et des balles, de piller les armuriers et de provoquer et encourager les barricades.

— Fichtre ! le gouvernement devait ouvrir l'œil.

— Le maréchal Marmont est nommé commandant supérieur des troupes de la 1re division militaire, le mardi 27. Aussitôt s'installe à l'état-major général de la garde, place du Carrousel. Deux heures après, pendant que les gendarmes à cheval, de lanciers et des détachements de la garde royale dispersent, aux environs du Palais-Royal, des attroupements qui ripostent à coups de pierres, des insurgés font le coup de feu sur nos soldats, rue du Lycée. Il était trois heures de l'après-midi. Dès lors, la guerre civile s'engagea, et elle fut terrible. En moins d'une heure, des barricades furent construites rue Saint-Honoré, rue de Richelieu, rue de l'Echelle, et dans le voisinage du Palais-Royal. Toute l'armée de Paris dut intervenir vers cinq heures. Les 1er, 3e et 7e de la garde suisse occupèrent le ministère des affaires étrangères, la place du Carrousel et la place Louis XV. Les 5e, 50e et 53e de ligne furent dirigés sur la place Vendôme, la place de la Bastille et la porte Saint-Denis. Le 15e léger défendait les abords du Pont-Neuf. Les patrouilles durent faire le coup de feu sur les barricades et surtout rue Traversière, où les victimes furent nombreuses.

— Et celui qui était le premier responsable de tout cela, Thiers, dites-vous, où était-il alors ?

— Au premier coup de fusil, il a quitté Paris et s'est esquivé pour ne pas être tué.

— Se croit-il peut-être immortel ? mais non. Dieu l'attend. Voilà certes une rude journée.

— Le lendemain, mercredi 28, on se battit partout. Pour arrêter l'insurrection et la réprimer par les armes, la troupe prit une attitude défensive. Les groupes s'étaient reformés plus nombreux, plus menaçants. Des placards anonymes, des appels au peuple étaient affichés dans toutes les rues. A chaque cinquante mètres on rencontrait une barricade. Le maréchal Marmont organisa quatre colonnes. La première, commandée par le général Talon, repoussa 6,000 insurgés à la rue des Arcis, mit ses canons en batterie sur le pont de Notre-Dame, mitrailla les Parisiens sur les quais de Gèvres et Pelletier, et vint occuper la place de l'Hôtel de Ville.

— La seconde, commandée par le général Quinsonnas, battit les milices rue Saint-Denis et devant l'église Saint-Léon. Le colonel Pleines-Selves y fut tué ; cette colonne vint occuper la marche des Innocents. — La troisième, commandée par le général Saint-Chaman, enleva à la baïonnette les barricades de la porte Saint-Martin, de la place de la Birague, et se battit jusque dans les boulevards jusqu'à la Bastille. — La quatrième, commandée par le général Saint-Hilaire, eut à combattre devant la Madeleine et occupa les Champs-Elysées. Arrivées à leur destination, ces quatres colonnes voulurent communiquer ensemble par de trop faibles détachements ; ceux-ci durent battre en retraite. Le nombre des insurgés grossissait toujours ; la poudrière du faubourg Saint-Marceau était en leur pouvoir ; les barricades se reconstruisaient aussi vite qu'elles avaient été démolies. La plus forte des quatre colonnes, celle de la Bastille, ne comptait que deux bataillons et deux escadrons. En présence de cet état de choses, vers quatre heures de l'après-midi le maréchal Marmont donna l'ordre de concentration de toutes les troupes aux Tuileries, aux Champs-Elysées et place Louis XV. Cet ordre ne put être exécuté qu'avec de nouveaux combats. Le marché des Prouvaires fut ensanglanté par la première colonne. A la rue Mandar, le colonel de Maillardoz et les suisses sauvèrent le général Quinsonnas, emprisonné par l'insurrection ; ils y perdirent 87 hommes.

— Bigre ! ça chauffait dur ce jour là.

— Oui, c'était affreux. Après avoir engagé cette lutte fratricide, les députés, réunis chez de Puyraveau, envoyaient une commission au maréchal Marmont pour qu'il fasse cesser le feu, qu'il se démette de son commandement, et pour qu'il aille à Saint-Cloud obtenir du roi le retrait des ordonnances et le renvoi des ministres. Marmont leur répondit : C'est à vous de faire cesser l'attaque et je ferai discontinuer la défense. Je reste à mon poste. Je ne connais que les ordres de mon roi. M. de Vitrolles obtint une réponse aussi noble de Charles X. Invité à céder aux circonstances et à négocier avec les chefs de l'insurrection, le roi déclara qu'il n'avait pas à traiter avec des sujets en révolte ; ce ne serait pas digne, ajouta-t-il.

— Très bien parler. Et nos troupiers de Paris, que devinrent-ils ?

— Le jeudi, 29 juillet, ils occupaient le Louvre, les Tuileries, le Carrousel, les Champs-Elysées, les places Vendôme et Louis XV. Dès sept heures du matin, ils furent entourés par d'innombrables lignes de feu. Les élèves de l'Ecole polytechnique prirent parti pour le peuple et dirigèrent l'attaque. Marmont ne put faire connaître aux Parisiens sa proclamation offrant une suspension d'armes. Les quartiers des deux rives de la Seine envoyaient des flots compacts d'insurgés. La disposition des troupes était excelcellente ; elles devait tenir tête à tous ces Parisiens armés. Malheureusement, place Vendôme, le 5ᵉ et le 53ᵉ de ligne firent défection. Un bataillon suisse dut quitter le Louvre pour aller défendre la rue de Rivoli. L'autre bataillon qui restait au Louvre était trop faible pour conserver la position. Aux cris de : Mort aux Suisses et de vengeance, le polytechnicien Vincent et les insurgés massacrèrent les gardiens et les Suisses ; ils s'emparèrent du Louvre et des Tuileries. Ces palais et l'archevêché furent dévastés. Les troupes quittèrent Paris et rétrogradèrent sur Saint-Cloud.

— Comment, nos soldats ont été battus par l'insurrection ? Mais qu'est-ce que vont devenir le roi et la France ?

— Charles X a formé un nouveau ministère, le jeudi 29 juillet. Le général Gérard est aujourd'hui votre ministre de la guerre ; mais je ne sais à quel gouvernement il donnera son appui.

— Y aurait-il donc un nouveau ministère ?

— Oui. Dans leurs réunions du 29 juillet, à l'hôtel Laffitte, les députés de l'opposition ont nommé Lafayette commandant en chef des milices parisiennes. Un gouvernement provisoire a été ensuite constitué sous le nom de Commission municipale parisienne. Il se compose de MM. Mauguin, Laffitte, de Puyraveau, Casimir Périer, général Gérard, Lobau et de Schonen. Ceux-ci ont donné au général Gérard le commandement des troupes actives. Plusieurs proclamations ont publié ces nominations à Paris.

— Et que va-t-il sortir de ce gouvernement provisoire ?

— Dieu le sait. Charles X a eu beau signer, vendredi dernier, le rappel des ordonnances, le rétablissement de la garde nationale et la rentrée des Chambres pour hier, malgré toutes ces concessions, je crois que la cause de la légitimité est à présent perdue et que le triomphe est à l'opposition.

— Que Charles X vienne à Aix, ou seulement à Tours, il pourra se reformer une armée et marcher sur Paris.

— Il y a déjà eu assez de sang versé jusqu'ici ; les 27, 28 et 29 juillet, il y a eu 788 citoyens tués et 4,500 blessés, plus 163 soldats tués et 578 blessés. Charles X sacrifiera plutôt sa couronne que d'entreprendre une nouvelle campagne qui serait encore plus meurtrière.

— Que la volonté de Dieu soit faite... Mais... il me semble

encore entendre le tambour... oui, c'est l'extinction des feux.
Bonsoir et merci.

Le lendemain 4 août, M. le colonel Paty passa la revue du 36ᵉ.
Au moment du défilé, un drapeau tricolore apparut à la croisée
d'un ancien commandant. Ce fut une cause de joie chez les uns,
de tristesse chez les autres, d'inquiétude et de surprise pour tous.
De retour au collège, Maugenre n'eut rien de plus pressé que
d'aller retrouver son chef d'étude et de lui demander des nouvelles.

— C'est Louis-Philippe d'Orléans, lui dit-il, qui vient d'être
nommé samedi, 31 juillet, lieutenant-général du royaume. Les
députés du Palais-Bourbon lui ont adressé un message à Neuilly,
et le prince s'est rendu au Palais-Royal pour accepter ses nouvelles
fonctions. Lafayette a confirmé sa nomination en recevant le duc
d'Orléans à l'Hôtel-de-Ville. Au reste, voici plusieurs numéros
du *Moniteur* ; vous pouvez en prendre connaissance.

Maugenre parcourut rapidement ces journaux ; ils contenaient
une proclamation de Louis-Philippe d'Orléans aux Parisiens ; une
déclaration des députés à la France ; une autre déclaration de
déchéance du roi prononcée par les membres de la commission
municipale. Trois décrets du duc d'Orléans étaient datés du
1ᵉʳ août. Le premier constituait un nouveau ministère avec le
général Gérard pour le département de la guerre. Le deuxième
donnait à la nation le drapeau tricolore. Le troisième convoquait
les Chambres pour le 3 août. Quant à Charles X, il avait quitté
Saint-Cloud, ensuite le Trianon, pour se réfugier au château de
Rambouillet.

Les trois journées de juillet venaient d'opérer un changement
de dynastie. La branche aînée des Bourbons disparaissait devant
la branche cadette. La légitimité, sous laquelle la Charte n'était
qu'une concession de la couronne, faisait place à la monarchie
représentative, sous laquelle la couronne devenait une concession
de la souveraineté nationale. La doctrine, le parti et le drapeau
de 1789 triomphaient. Le 5 août, tous les soldats du 36ᵉ quittaient
la cocarde blanche et reprenaient la *cocarde tricolore*.

En ce moment l'agitation grandissait dans les populations du
Gard et de l'Hérault. Depuis les élections générales, les partis
catholiques et protestants, royalistes et libéraux, avaient engagé
une lutte passionnée pour faire triompher leurs partisans et leurs
grands chefs. A Nîmes, un seul candidat du gouvernement, le duc
d'Uzès de Crassol fut élu. Les autres furent MM. de Daunant, protestant, et de Lascours, modéré. Loin de ramener les esprits, la prise
d'Alger n'avait fait que ranimer les divisions dans ces départe-

ments. Le parti protestant crut que cette conquête allait consolider la puissance des Bourbons. Les associations catholiques célébrèrent par des fêtes bruyantes le succès de nos armes, tandis que l'autre parti insultait aux cris de triomphe.

Pendant les journées de juillet, des paroles de paix circulent à Nimes et à Montpellier ; mais le peuple, protestant ou catholique, ne veut pas les entendre. Il fut exaspéré en apprenant l'abdication de Charles X et du Dauphin en faveur de Henri V, sous la régence de Louis-Philippe, (2 août) ; et les ordres de ce dernier au général Lafayette, de faire marcher six mille gardes nationaux sur Rambouillet pour déterminer Charles X à quitter la France.

Le préfet du Gard, et le général Beaufort d'Hautpoul, n'avaient sous leurs ordres, pour maintenir la tranquilité, que la gendarmerie et les Suisses. Ils envoyèrent demander à Tarascon le renfort du 36e. Maugenre et le 1er bataillon arrivèrent à Nimes le 7 août. Les soldats furent consignés aux arènes. Un semblant de rapprochement entre les partis catholique et calviniste venait inopinément de se produire, grâce aux efforts de M. Chabaud-Latour, mis à la tête de l'administration. Le colonel des Suisses, M. Gornisan, et le colonel de gendarmerie qui avaient refusé de prendre la cocarde tricolore, n'avaient pas empêché d'arborer le nouveau drapeau national. En l'honneur du nouveau régime, des danses, des farandoles, des banquets avaient eu lieu autour de la ville, sur les beaux boulevards : Pendant ce temps le parti protestant travaillait dans l'ombre contre les catholiques.

Cette tranquilité apparente, jointe à la crainte de conflits entre les Suisses et les soldats du 36e, motivèrent l'ordre donné à M. le colonel Paty de se rendre le lendemain à Montpellier. Le 1er bataillon y arriva le lundi, 9 août, jour de la proclamation de Louis-Philippe comme roi des Français. Le 2e bataillon, parti de Tarascon le 10 août, rejoignit le premier deux jours après.

L'air pur, le beau ciel, la vue magnifique, la vaste esplanade, les belles promenades, les monuments nombreux et célèbres du chef-lieu du département de l'Hérault étaient de nature à enchanter les soldats du 36e. Malheureusement les beautés topographiques disparaissaient devant les difficultés de demeurer au milieu d'une population si divisée. Suivant qu'elle avait à faire à des hommes du parti catholique ou protestant la troupe devenait un objet d'amour ou de haine. Maugenre et ses compagnons ne restèrent que sept jours à Montpellier. Dans la nuit du 15 au 16 août, des ordres du général Beaufort d'Hautpoul, rappelèrent le 36e à Nimes.

Des troubles violents venaient d'éclater dans cette dernière ville à l'occasion de la foire du 15 août. Ce jour-là, les protestants voulurent avoir toutes les places : ils méditaient depuis quelque temps le renversement des grandes croix qui s'y trouvaient érigées. Ils accomplirent cette destruction sacrilège en 1831. Connaissant les desseins criminels de ces hérétiques, les catholiques se rassemblèrent pour manifester contre les calvinistes. Les Suisses intervinrent aussitôt, dissipèrent les groupes et empêchèrent l'effusion du sang : on leur vota des remerciements. M. de Lacoste, nommé préfet du Gard, fit cesser la foire.

Le lundi 16 août, le 36ᵉ de ligne arrivait camper à l'amphithéâtre. C'était le jour même où Charles X quittait Cherbourg pour Lullworth. Les huguenots crurent voir en nos soldats de nouveaux partisans et des libérateurs. D'un autre côté, les Suisses ne les considérèrent que comme des ennemis du roi et de la religion. De là des conflits, des désordres, des batailles sanglantes. Le 18 août, protestants et catholiques se rendirent à l'hôtel de ville pour demander des armes ; ils pillèrent les débitants de poudre et les armuriers ; ils s'organisèrent ensuite en deux camps pour engager la lutte. L'intervention des Suisses et de quelques détachements du 36ᵉ, tout en empêchant l'effusion du sang, ne put ramener le calme. Entrevoyant de nouvelles attaques réciproques, M. le colonel de Lascours, député modéré de Nîmes, fit appel aux habitants dévoués à la cause de la liberté et de l'ordre. Il crut pouvoir préserver de toute atteinte la sûreté individuelle, compromise dans la région, en organisant la garde nationale. Les journaux secondèrent ses efforts en faveur de la paix. *La France méridionale* du 20 août regardait comme un fait accompli la cessation de toute hostilité. Elle osait imprimer que « nulle distinction de cultes et d'opinions ne se faisait plus remarquer à Nîmes. Plus de catholiques, plus de protestants, plus de lignes de démarcation tracées par les partis usurpant le nom sacré de la religion. Il n'y a plus que des Français. On a vu s'embrasser publiquement des prêtres catholiques et des pasteurs protestants. » Il fallait être bien crédules pour accepter une pareille assertion ; les événements qui suivirent en prouvèrent bien vite la fausseté.

Le dimanche 22 août et les jours suivants, des rassemblements armés se formèrent dans les faubourgs et sur les places publiques. Croyant que les soldats du 36ᵉ prenaient parti pour les protestants, les Suisses se prononcèrent contre eux ; ils chargèrent des canons à mitraille et se barricadèrent pour se défendre. Mais nos soldats se gardèrent bien de les attaquer ; ils laissèrent la garde nationale détruire sans combat les travaux de défense des Suisses et les désarmer dans leur caserne. Les fusils des Suisses servirent à compléter l'armement des volontaires de la ville. Le 28 août, le dernier bataillon de l'ancienne garde de Charles X quitta Nîmes.

Ce départ enhardit les protestants ; ils se crurent en droit de tout oser. Le dimanche 29 août, ils insultèrent et attaquèrent les catholiques des faubourgs qui assistaient en masse à l'office divin à l'église Saint-Charles. Des pierres furent jetées ; une lutte s'engagea ; les protestants furent repoussés. La croix placée sur la façade de l'église fut brisée par les huguenots. Les soldats du 36e arrivèrent et se placèrent entre les partis. Un détachement fut placé devant la croix de la place Saint-Charles que les protestants voulaient démolir.

Chaque parti se prépara à une sanglante réaction. Les catholiques forgèrent des armes. Les protestants envoyèrent des exprès pour faire venir à Nîmes des paysans calvinistes de la Vaunage (contrée située entre Nîmes et le département de l'Hérault), — des paysans des bords du Gardon (tous protestants), des gens des Cévennes (de féroces camisards). Beaucoup arrivèrent armés à Nîmes et marchèrent sur l'Enclos-de-Rey (1). Ils entrèrent dans plusieurs domiciles, ils arrachèrent les portraits de Charles X et enlevèrent les armes. Pour éviter l'effusion du sang, M. le colonel et député de Lascours (qui faisait fonction de général par suite du départ du général d'Hautpoul), n'osa pas assez sévir contre ces émeutiers en employant la force armée du 36e. Les catholiques durent se retrancher dans l'Enclos-de-Rey et sur la colline des Moulins-à-Vent.

L'évêque de Nîmes, Monseigneur de Chaffoy, voulut s'interposer ; mais il fut repoussé par les protestants. Après avoir béni les catholiques qui s'agenouillaient sur son passage, le pontife se retira. Il n'avait pas fait deux cents pas qu'un coup de feu partit du lieu qu'il venait de quitter. Les catholiques sont attaqués ; ils résistent énergiquement. Ils sont vingt seulement pour défendre la barricade de la rue Porte-d'Alais (2). Ils tuent cinq hommes aux protestants et en blessent dix : ils perdent deux hommes et ont

---

(1) Faubourg très catholique et très royaliste de Nîmes.

(1) Le sieur Nuty, qui habite à Nîmes, rue Richelieu, et qui est aujourd'hui âgé de 91 ans, a été un des combattants catholiques à l'affaire de la rue Porte-d'Alais. Il avait servi aussi en 1815 comme volontaire royal dans l'armée du duc d'Angoulême.

six blessés. De tous côtés débouchent des protestants des pays voisins. Les catholiques battent en retraite pour aller chercher du secours dans les pays catholiques des environs, tels que Beaucaire, Aramon, Margueritles, etc. Leurs familles quittent la ville et se répandent dans les villages catholiques.

Le lendemain, 31 août, plus de trois mille catholiques en armes se rassemblèrent au Pont-de-Quart, sur le grand chemin de Nîmes à Beaucaire. Ils vinrent pour reprendre la ville aux protestants. Ils avaient un drapeau tricolore surmonté d'une croix en bois noir, remplaçant le coq gaulois, en signe de deuil. D'un autre côté, d'autres protestants vinrent de la Vaunage pour renforcer les leurs.

Le général, ou plutôt le colonel de Lascours comprit tout le danger que courait la ville. Il ordonna à M. le colonel Paty de faire surveiller les protestants de la Vaunage par un bataillon du 36e de ligne, et de maintenir d'un autre côté les catholiques au Pont-de-Quart avec le 2e bataillon.

Sur les entrefaites, les catholiques députent un parlementaire, M. Rouchouse. Celui-ci arrive à cheval, portant en main un drapeau tricolore. Il demande au général de donner des ordres pour que les habitants de la Vaunage quittent Nîmes. Ce n'est qu'à cette condition que les catholiques rentreront paisiblement dans leurs foyers. Ces conditions sont acceptées. Les Vaunajols quittèrent Nîmes et la population catholique y rentra tranquillement. La ville fut mise en état de siège.

Le 5 septembre, les principaux fabricants se réunirent pour aviser aux moyens de donner du travail à leurs ouvriers. Les catholiques se distinguèrent par leur esprit de conciliation, si nécessaire là où existent des différences de religion et d'opinion. Comprenant que ce qu'il y avait de mieux à faire, c'était de vivre en paix avec leurs concitoyens, ils prouvèrent leur amour pour la patrie en donnant l'exemple du sacrifice et du dévouement en faveur de l'ordre et de l'union générale.

Le 8 septembre, le roi Louis-Philippe voulut récompenser M. le colonel de Lascours du courage et de la fermeté prudente qu'il avait déployés au milieu des troubles de Nîmes. Il le nomma au grade de maréchal de camp. A cette occasion, le 36e de ligne fut passé en revue par le nouveau général, et la musique militaire le gratifia d'une joyeuse et longue sérénade. Il n'y eut plus d'autre événement remarquable jusqu'au 1er décembre 1830. Ce jour-là, le 36e quitta Nîmes pour tenir garnison à Dijon.

CHAPITRE XII

DIJON-BELFORT

L'ordre de quitter Nîmes pour s'établir à Dijon avait été donné au 36ᵉ de ligne par le M. le maréchal Soult. Succédant au maréchal Gérard, il avait reçu le portefeuille de la guerre à la formation du ministère du 3 novembre 1830, sous la présidence de M. Laffite. Le maréchal Soult, l'une de nos plus brillantes renommées militaires, n'était pas moins remarquable par le talent d'organisation que par la science du champ de bataille. C'était une de ces fortes et puissantes volontés, qui savent se grandir à la hauteur des circonstances, et qui atteignent d'autant plus sûrement le but qu'elles se sont proposé, qu'elles y marchent sans bruit et sans étalage. Sous son impulsion, l'état militaire de la France allait, comme par enchantement, se relever sur un pied qui lui permit de faire face aux événements.

Depuis que l'émeute de Bruxelles avait fait prendre les armes aux Belges contre la maison de Nassau pour proclamer leur indépendance, des armements formidables se faisaient de toutes parts. La France devait y répondre. Or, depuis le licenciement de la garde royale, l'effectif réel de son armée n'était que de 190,000 baïonnettes. Une telle armée n'était pas même suffisante pour garder nos quatre cents lieues de côtes et nos trois cents lieues de frontières continentales. Nos arsenaux, nos magasins de munitions et d'approvisionnements avaient été épuisés par l'expédition d'Afrique ; ils étaient vides. Toutes les ressources de notre matériel étaient absorbées par le service de l'armée d'Alger. Sans doute, pour repousser une agression sur la frontière de l'Est et sur celle du Nord, le patriotisme français aurait renouvelé quelqu'un de ces prodiges qui ont plus d'une fois étonné le monde, et l'on aurait vu sortir du sol de valeureux bataillons, ardents à la défense de la patrie. Quand le pays est menacé, tous les intérêts s'effacent, ou plutôt s'absorbent dans un seul intérêt, celui du salut commun. Mais c'eut été le comble de la folie de s'exposer volontairement, sans soldats et sans armes, dans les hasards d'une lutte contre la Hollande et l'Allemagne.

Pour mettre notre armée sur un pied respectable, M. le maréchal Soult fit promulguer une loi ordonnant une levée de quatre-vingt mille hommes. Voyant ensuite tous ses projets de réorganisation militaire entravés par le défaut d'armes, le ministre fit acheter deux cent mille fusils par M. Gisquet aux fabricants de Birmingham. Rendus dans les magasins de l'Etat, ces fusils revenaient chacun à 34 fr. 90 cent. Parmi ces armes, il s'en trouva de mauvaise qualité. Cela ne causa de préjudice qu'au vendeur. La commission d'officiers chargée de les examiner et de les recevoir au débarquement en refusa trente mille. Rien dans tout cela n'autorisa à accuser la probité du ministre. Quant à l'assertion émise par M. Marrast dans le journal la *Tribune*, et d'après laquelle M. le maréchal Soult aurait gagné, sur cette affaire, un pot-de-vin d'un million, elle n'était qu'une suite du système de diffamation adopté contre tous ceux qui prenaient part au gouvernement.

Arrivé à Dijon le 15 décembre 1830, après quinze jours de marche, le 36ᵉ de ligne bénéficia un des premiers des améliorations apportées à l'armée par le maréchal Soult ; ses recrues furent nombreuses ; les vieux fusils furent réformés et remplacés.

DIJON, autrefois place forte et capitale de la Bourgogne, est bâti au pied des pentes raides qui constituent le versant oriental de la Côte-d'Or. Les anciennes fortifications, transformées en promenades, séparent l'intérieur de la ville des nouveaux quartiers. Le ruisseau de Suzon pénètre du nord dans les faubourgs, contourne ensuite, dans un fossé profond, la lisière extérieure des promenades à l'est, et ressort du faubourg-sud à hauteur de la route d'Auxonne. Sur la face ouest, la montagne projette presque jusque sur la ville ses pentes escarpées et rocheuses, coupées çà et là de mamelons isolés, tandis que sur les abords nord et est se développent de longs plis de terrain largement ondulés. Une plaine couverte de vignes nombreuses s'ouvre au sud de la ville et du parc de Montmusard, dont la vaste enceinte, entourée de murailles, borde la route de Gray.

Comme garnison, Dijon est sans contredit l'une des plus charmantes de la France. Quoi de plus riche que la Côte-d'Or, quoi de plus tempéré que son climat, abrégeant les rigueurs de l'hiver. Des monuments antiques rappellent l'époque des César, celle des rois burgundes et celle des ducs de Bourgogne. Le château-fort a été bâti par Louis XI. Le jardin botanique, et ses bassins d'eau, sortant de magnifiques fontaines, sont de toute beauté. Les Dijonnais fraternisent volontiers avec les soldats : leur sympathique dévouement envers le troupier lui facilite beaucoup sa vie monotone et triste de la caserne.

Bientôt tous nos soldats du 36e se firent des amis en ville. Maugenre n'alla pas bien loin pour en trouver un à son choix, le meilleur de tous, c'était l'aumônier, M. l'abbé Remy. Pour faciliter ses rapports individuels et journaliers avec les soldats, qui ne peuvent pas toujours sortir, l'aumônier militaire avait une chambre dans la caserne. C'est là qu'il exerçait son ministère de détail, toujours fructueux et avantageux ; c'est là qu'il recevait ceux qui voulaient conserver leurs principes religieux et assurer leur salut. Cet excellent aumônier du 36e était un sujet d'élite. Conservant toujours la sévérité de langage et la dignité si nécessaires au prêtre, il n'était pas de ces natures pour lesquelles un long contact avec la vie de garnison devient un danger. S'abstenant de toutes façons cavalières, très sobre de mouvement et d'agitation, il ne déshonorait pas son ministère en faisant le mime et le bouffon, en excitant de grands rires pour se faire écouter du soldat. Il savait que ce que les militaires attendent du prêtre, ce sont les paroles de la foi, et que l'on va au devant de leurs désirs en les instruisant de leur Religion, en leur faisant connaître Dieu, son Christ et la divine Mère, en leur donnant ces fortes et consolantes convictions qui les soutiennent dans la voie du bien.

— Pourquoi donc vous assimile-t-on au grade de capitaine, lui disait un jour Maugenre, mais vous y perdez en considération ? Il vaudrait mieux selon moi, que vous n'apparaissiez plus, aux yeux de tous, que comme ministre de Dieu.

— Vous avez raison, lui répondit l'abbé Remy, car je me dois tout à tous. Je me trouve en rapport avec des officiers de tout grade, avec des hommes appartenant à toutes les classes de la société, avec des jeunes gens et avec des hommes mûrs comme vous, avec des chrétiens fervents et même avec des impies. J'aurais plus d'ascendant sur tous, et je remplirais mieux ma sublime mission en n'étant considéré que comme prêtre, pasteur et père du soldat.

— J'ai connu en Espagne un aumônier qui ne pouvait pas faire un grand bien. Il se mêlait toujours du service militaire, de question d'avancement ou de permissions à obtenir. On lui reprochait d'avoir des préférences, et de ne savoir pas allier la prudence au zèle, l'indulgence à la fermeté.

— Ah ! c'est que peu de services exigent autant de qualités diverses que l'aumônerie militaire. Sans s'occuper des détails de la discipline, l'aumônier doit s'employer à fortifier dans les âmes *le respect de l'autorité, et l'obéissance* aux devoirs d'état. Tout en se répandant au milieu des soldats, il doit conserver le goût de la retraite, de la prière et de l'étude. De la sorte, il peut consoler les affligés, relever le moral de ceux qui sont abattus, soutenir les uns dans le bien, y ramener les autres, réveiller souvent les souvenirs de la famille, et rappeler les recommandations des parents.

— Je vois avec plaisir, M. l'aumônier, que vous savez vous faire estimer de tous nos chefs, et que vous conservez avec eux d'excellentes relations. Aussi doivent-ils être heureux de vous inviter à prendre part à leurs dîners de fête !

— Ces invitations de politesse ne me font pas défaut : mais je ne les accepte que rarement et par convenance.

— Souvent, M. l'aumônier, on vous en saura gré. Messieurs les officiers n'aiment pas être gênés, quand ils sont à table. Le respect qu'ils accordent à la soutane les oblige à plus de réserve dans leurs paroles et dans leurs actions ; ils vous estimeront davantage en vous voyant répondre par des excuses polies à leurs gracieuses amabilités.

— Vous avez du tact, mon brave, et vous comprenez ma position. Je travaille moi aussi à la réorganisation de l'armée, non pas à celle qui pourvoit à la défense physique du pays, mais à celle qui lui assure d'héroïques défenseurs. *Régénérer chrétiennement l'armée, mais c'est sauver la France.* Les nations les plus braves ont toujours été les plus religieuses. C'est la pensée de Dieu qui inspire les grandes vertus et les actions héroïques. Ce sont les vraies doctrines, les principes d'autorité, et la discipline militaire qui font les peuples grands, et qui assurent une longue existence aux nations. Or, à la caserne, c'est à l'aumônier militaire qu'incombe la glorieuse et difficile mission de conserver ou de communiquer ces principes et ces habitudes chrétiennes, si combattus par l'esprit d'insubordination, et par la mauvaise presse. C'est à lui d'entretenir ces sentiments généreux, et ce courage infatigable qui font les vrais soldats. Il faut donc qu'il soit animé lui-même de cet esprit de force et de dévouement, qu'il doit communiquer aux autres. Eh bien! mon brave, c'est aux pieds de mon Dieu crucifié que je me retrempe sans cesse dans les convictions de ma foi, véritable source de l'abnégation, de l'énergie et de l'héroïsme.

— M. l'abbé, je reconnais en vous un véritable aumônier militaire. Votre parole a dû consoler bien des soldats; permettez-moi d'être de leur nombre. A Dijon, plus que partout ailleurs, Dieu m'a donné un bon père, et un ami plus précieux que l'or et le diamant, c'est mon cher aumônier du 36ᵉ de ligne.

Depuis la restauration, les règlements qui déterminent les heures du service militaire réservaient plusieurs moments pour faciliter l'assistance aux réunions religieuses. La matinée du dimanche n'était pas, comme aujourd'hui, surchargée d'une multitude d'occupations de détail qui en font la matinée la plus remplie de toute la semaine. On savait concilier les exigences du service militaire avec celle des devoirs chrétiens. Ni revues, ni préparatifs de revue, ni appels, ni défilés, ni exercices, ni écoles, ni promenades militaires, ni corvées de quartier, ou autres, n'étaient commandés à l'heure des offices. Toute occupation du service militaire était terminée, ou suspendue, quand l'heure des offices approchait. Il y avait assez d'intervalle entre les devoirs militaires et les réunions religieuses pour que les soldats eussent largement le temps de s'y rendre et d'en revenir. Le temps nécessaire aux préparatifs des revues était calculé largement, en tenant compte des habitudes des sous-officiers responsables. Aucun rappel ou signal n'était donné pendant la durée des réunions. Le travail des ateliers de régiment cessait entièrement les dimanches et fêtes. L'application de la loi sur le service religieux était sanctionné par une peine, ordinairement légère, infligée à ceux qui auraient commandé le travail, sans urgence et sans autorisation. A moins de circonstances exceptionnelles, les jours de départ pour changement de garnison étaient calculés de telle sorte que ni préparatifs de départ, ni marches, ni travaux de nouvelle installation n'eussent lieu les dimanches et fêtes réservés, ni pendant le temps pascal. Le moins possible d'obligations ou de préoccupations des devoirs militaires ne détournaient le soldat de l'intention qu'il pouvait avoir de se rendre à l'office. La France donnait aux nations européennes l'exemple du respect de la religion.

Le séjour du 36ᵉ à Dijon ne fut marqué d'aucun autre événement que celui de la première revue de ce régiment par le roi Louis-Philippe. Une ordonnance du 31 mai 1831 avait prononcé la dissolution de la chambre des députés et convoquait les collèges électoraux pour le 5 juillet. Des émeutes avaient précédé et suivi cette ordonnance à Paris. Leur but ne fut pas atteint. Après avoir contenu l'opposition dans sa capitale, Louis-Philippe désirait que les élections de la province apportassent un appui à la politique qu'il croyait seule conforme aux intérêts de la France. Le roi résolut donc de visiter les départements. Un premier voyage dans le Nord n'avait été qu'une série d'ovations. Il ne fut ni moins sympathiquement accueilli, ni moins chaleureusement fêté dans les départements de l'Est, qu'il parcourut ensuite, du 8 juin au 3 juillet. La présence du chef de l'État excita la joie la plus vive à Metz et à Nancy. Des hommages plus solennels devaient lui être prodigués à Besançon. Pour contribuer à la grandeur de ces dernières démonstrations, le 36ᵉ de ligne quitta Dijon le 21 juin 1831 et arriva à *Besançon* le 24. Ce fut le 26 juin qu'eut lieu la grande revue. Louis-Philippe était accompagné de M. le duc d'Orléans et de M. le duc de Nemours. Le roi complimenta M. le colonel Paty de la bonne tenue du 36ᵉ régiment d'infanterie ; il décora de sa main le chef de bataillon Dorliac, le capitaine-trésorier Chastain, les lieutenants Leduc, Baudet, Salomon, Matée, et le sergent de voltigeurs Galotte. Après la revue, Louis-Philippe répondit aux nombreuses harangues qui lui furent adressées par des allocutions d'une haute signification politique. Chacun de ces discours fut le résumé du système qu'il était résolu, comme chef du gouvernement, de pratiquer avec une inébranlable persévérance. Aucun incident particulier ne marqua ce séjour du roi. Dès le lendemain, le 36ᵉ quitta Besançon pour rentrer à *Dijon* le 30 juin. Il ne devait plus bénéficier longtemps des avantages de cette charmante garnison. Le 1ᵉʳ juillet, le 36ᵉ reçut l'ordre de son départ pour Belfort.

Mais avant de suivre le régiment dans sa nouvelle résidence, interrogeons les annales algériennes pour signaler au passage les faits militaires qui vont commencer une *conquête* terminée par le 36ᵉ.

Le 2 septembre 1830 débarquait à Alger le général CLAUZEL, successeur du maréchal de Bourmont. Trois semaines après, quatre régiments de l'armée d'Afrique rentraient en France avec le général Berthezène. Le 2 octobre, Moustafa-bou-Mezrag, bey de Titteri, arrivant à Blidah avec de grandes forces militaires, vint camper au milieu de la Métidja. *L'expédition de Médéah* fut aussitôt décidée.

Les trois brigades Achard, d'Uzer et Hurel, fortes de 8,000 hommes, sous les ordres du général BOYER, quittèrent leurs cantonnements le 17 novembre. Entre Béni-Méred et *Blidah*, l'action s'engagea le 18. Après une vive résistance, l'ennemi culbuté évacua la ville, après l'avoir pillée et incendiée. Les Français y entrèrent le 29. La place conquise fut confiée à l'ancien lieutenant-colonel du 36e, devenu le colonel *Rullière*. Les 34e et 35e de ligne y furent placés sous son commandement.

Après le passage de la Chiffa, la colonne expéditionnaire dut combattre au *col de Tenia* le 21, contre les Soumata et les Mouzaïa. Le lieutenant de Mac-Mahon fut le héros du jour : nos pertes s'élevèrent à 220 hommes. La brigade d'Uzer resta pour garder ces importantes positions, pendant que les deux autres brigades descendaient l'Atlas et s'emparaient de MEDEAH (23 novembre). Le général Boyer y reçut la soumission de Moustafa-bou-Mezrag qui fut conduit à Alger, et de là à Paris. Médéah fut placée sous la garde du colonel Marion, commandant les 20e et 28e de ligne. Ce même jour, le colonel Rullière repoussait à Blidah une première attaque des Kabyles. Le 26, tandis que la division Boyer revenait à la Ferme-de-l'Agha, les 50 hommes du détachement du capitaine Esnaut étaient massacrés au-delà des ponts de Boufarick, par les Arabes de Béni-Kelil. Ce même jour illustrait le colonel Rullière par la défense héroïque de *Blidah* contre le sanglant assaut des bataillons de Bou Zamoun.

Le blocus de Blidah fut levé le 27 par le général Boyer. Mais Médéah était attaquée à son tour par toutes les forces kabiles. La seconde attaque du 28 fut très vive ; les commandants Delannoz (du 28e), et Maumet (des zouaves) s'y distinguèrent. Le colonel Marion résista avec succès à la troisième attaque du 29. Le général Boyer dut retourner sur ses pas pour renforcer la garnison de Médéah. Avec les brigades Achard et d'Uzer il put y parvenir sans combat le 10 décembre. Le général Danlion fut chargé de commander Médéah.

Les grandes espérances du général Clauzel commençaient à se réaliser lorsque *les émeutes de Bruxelles*, succédant à celles de Paris, menacèrent d'entraîner à leur suite une guerre générale. Pour faire tête à l'orage, le gouvernement français avait besoin de toutes ses forces. Le rappel de l'armée d'Afrique, sauf une dizaine de mille hommes, fut décidé. Cette réduction de troupes ne permit plus au général en chef de laisser deux mille cinq cents hommes au-delà de l'Atlas, avec obligation de combattre sans cesse pour les ravitailler. L'abandon de Médéah, après un mois occupation, devint une nécessité fatale, qui causa la terreur des [Al]gériens et l'arrogance des Arabes. Le 1ᵉʳ janvier 1831 le général [Bo]anlion et toutes ses troupes, décimées par la maladie, rentraient [à] Birmandrais et à Birkhadem. Les limites de la conquête étaient devenues aussi étroites qu'au jour où la chute de Charles X avait [re]nversé le maréchal de Bourmont. C'est à Paris que se réglaient [le]s destinées de l'Algérie. Les affaires de Belgique dépossédèrent [le] général Clauzel (21 février 1831).

Refusant d'étendre sa souveraineté sur la régence d'Alger, la [F]rance se préparait à combattre de plus redoutables ennemis que [le]s Kabyles. C'est dans ce but que le 36ᵉ avait reçu l'ordre de [m]archer sur BELFORT. Par Gray, Vesoul et Lure, le régiment [ar]riva à sa nouvelle destination les 13, 14 et 15 juillet.

La ville de Belfort, située sur la Savoureuse, dans la dépression [qu]i, sous le nom de *trouée de Belfort* sépare les Vosges du Jura, [es]t fortifiée depuis le moyen âge en raison de son importance pour [to]us les mouvements d'armées opérant entre les bassins supérieurs [du] Rhin et de la Saône. A cette époque déjà, le rocher au pied [du]quel s'étend cette petite ville de 5,687 âmes était couronné d'un [ch]âteau pourvu de solides défenses et naturellement appelé à [de]venir le noyau d'une enceinte de remparts et de murailles. Les [an]ciens ouvrages sont construits d'après le système de Vauban. [L]a ville est entourée d'une enceinte bastionnée. L'ouvrage avancé [di]t de l'Espérance, jeté vers la vallée de la Savoureuse, la couvre [su]r la face nord, et le château formant citadelle la domine en [en]tier. Par l'addition successive de plusieurs lignes de feux on [lu]i a assuré un développement de crêtes très étendu ; les abris [ca]sematés n'y font pas défaut. Une croupe étroite, partant du [vi]llage de Roppe, au nord-est, monte vers la place jusqu'à l'Espé[ra]nce, et retombe en pentes escarpées sur la ville, la vallée et [l'é]tang de la Forge. Au point culminant de cette croupe dominant [le] château s'élève le fort de la Miotte construit à mille mètres en [a]vant de l'enceinte. Au sud, une croupe plus basse, dirigée du [B]ois-des-Fouches sur le château, porte le fort de la Justice. Des [co]mmunications à profil défensif relient ces deux forts et consti[tu]ent un camp retranché bien abrité pouvant contenir 6,000 hom[m]es. Ces forts peuvent intercepter les routes de Strasbourg et de [B]âle ; ils prennent en flanc toute attaque dirigée contre le château. [L]es deux mamelons des Hautes et des Basses-Perches, situés à [1,]000 mètres en face du château, n'étaient pas encore pourvus de [d]éfenses. De la première de ces positions on commande le château, [e]t on a vu sur les défenses de la rive droite de la Savoureuse. A l'ouest, le fort des Barres dominait la hauteur voisine du hameau de ce nom, mais le faubourg des Ancêtres n'était pas encore couvert par des fortifications : au sud-ouest il n'y avait pas encore de gare, ni de fort de Bellevue, ni de fort du Salbert, sur le mont qui commande la place tout entière. C'est dans cette forteresse imprenable du Haut-Rhin que le 36ᵉ d'infanterie allait passer seize mois (1).

Les affaires de Belgique étaient en ce moment plus embrouillées que jamais. La Belgique était isolée en Europe, sans existence reconnue, sans frontières acceptées, sans gouvernement définitif. Le 21 juillet, le prince de Saxe-Cobourg, Léopold 1ᵉʳ avait été proclamé roi d'un territoire qui lui était contesté. Dès le 1ᵉʳ août, Guillaume 1ᵉʳ, roi des Pays-Bas prenaient ses positions offensives : il battait les Belges à *Hasselt*, le 8 août, et à *Bautersem*, le 12. Heureusement pour la Belgique, ce même jour, l'avant-garde de l'armée française, conduite par M. le duc d'Orléans entrait à *Bruxelles*. Elle était suivie par le corps d'armée du maréchal Gérard. Si l'Allemagne eut alors envoyé des troupes au secours du roi de Hollande pour combattre les Français, le 36ᵉ de ligne serait immédiatement entré en première ligne de bataille. Mais Guillaume 1ᵉʳ n'avait pas la pensée de se mettre en guerre contre la France. Pour le moment, il céda, abandonna Louvain le 14 août, et fit rentrer ses troupes le 20 dans la ligne d'armistice. L'intervention armée de 1831 ne fut pour nos soldats qu'une *campagne de dix jours*. Aussitôt après, ils se retirèrent de la Belgique, laissant la question hollande-belge retomber dans le domaine de la diplomatie.

Après avoir sauvegardé au-dehors l'honneur national, Louis-Philippe ne songeait, au dedans qu'à conserver l'ordre et à faire respecter la loi, comme condition indispensable de la vraie liberté. Le résultat des élections avait également satisfait le gouvernement et l'opposition. Près de deux cents députés élus apparaissaient pour la première fois sur la scène politique. Chacun des deux partis se les attribuait. Depuis lors, il y avait armistice, tacitement consenti entre les partis sur le terrain des intérêts positifs de la société. Au milieu de ce calme, une dépêche télégraphique vint tout-à-coup annoncer un événement inattendu et terrible. Des *troubles* avaient éclaté à LYON ; cinquante mille ouvriers étaient en insurrection pour une question de salaire ; le sang coulait. Pour

---

(1) Pendant ce temps des détachements du 36ᵉ occupèrent Huningue, Neuf-Brisach et Colmar, où ils réprimèrent les troubles de juin 1832.

faire face aux émeutiers, la garnison de la ville ne dépassait pas trois mille hommes. Les premiers coups de fusil avaient été échangés le lundi 21 novembre, entre un détachement de grenadiers et une colonne d'ouvriers, dans la rue de la Grand'Côte, entre les places de la Croix-Rousse et des Terreaux. Aussitôt des barricades se dressèrent avec une effrayante rapidité. Les gardes nationaux prirent parti pour l'insurrection, et forcèrent les détachements de troupes de ligne à battre en retraite. Voulant calmer l'irritation, le préfet M. Bouvier-Dumolard et le général Ordonneau se rendirent à la Croix-Rousse pour haranguer la multitude. Ils furent entraînés, maltraités, frappés et jetés en prison par une troupe de furieux, tandis qu'une vive fusillade se faisait entendre sur plusieurs points à la fois. Le mardi 22, le nombre des révoltés s'éleva à quatre-vingt mille. Le 40ᵉ de ligne vint de Trévoux renforcer la petite armée chargée de réduire l'insurrection. Le combat fut long et acharné. Le général Roquet fit balayer les ponts et la rive gauche du Rhône par deux batteries placées sur le quai Saint-Clair, et à l'entrée du pont Lafayette. Une charge de dragons culbuta et dispersa une colonne d'ouvriers sur le quai de Retz. Les troupes de ligne, lancées au devant des insurgés, furent successivement ramenées par des forces irrésistibles au cœur de la ville. L'émeute triompha ; elle incendia plusieurs édifices publics. Dans cette extrémité, un conseil de guerre décida de transporter l'armée hors des murs de Lyon. Le mercredi 23, à deux heures du matin, l'armée reçut l'ordre d'opérer sa retraite sur Montessuy, par les quais Saint-Clair et de Bresse. Cette retraite nocturne fut très meurtrière. Il fallut enlever à coups de canon les barricades dont les faubourgs étaient couverts. Le maréchal de camp Fleury fut blessé ; son aide de camp fut tué. Les cadavres et les blessés de la troupe furent jetés dans le Rhône par le peuple en furie.

Apprenant à Paris les premiers succès de l'insurrection, M. le maréchal Soult, ministre de la guerre, et M. le duc d'Orléans, partirent pour Lyon le 25. Voulant avoir sous la main une armée suffisante pour répondre à toutes les éventualités, le ministre envoya par le télégraphe à toutes les troupes réparties dans les départements voisins l'ordre de se concentrer à marches pressées sur Lyon.

Sur cet ordre, le 36ᵉ de ligne quitta Belfort le lundi 28 novembre 1831. Par Montbéliard, Baume-les-Dames, Besançon, Salins et Poligny, il arriva à LONS-LE-SAULNIER, le samedi suivant 3 décembre. Là, il reçut l'ordre de séjourner.

La rapidité et l'ensemble des mesures ordonnées par le gouver-

nement venaient de mettre fin à l'insurrection de Lyon. [La]
présence de vingt mille baïonnettes au quartier général de Tr[é]-
voux, sous les ordres du prince et du maréchal, avait suffi po[ur]
réaliser, sans une nouvelle effusion de sang, l'abolition du tari[f,]
la dissolution de la garde nationale et le désarmement général [de]
la population. Celle-ci acclama l'armée à son entrée en ville. [Le]
prince reçut des ouvriers un accueil vraiment enthousiaste (1). [Le]
36e de ligne ne resta que dix jours dans le chef-lieu du départ[e-]
ment du Jura. Il retourna à *Belfort* le 13 décembre 1831.

Au mois d'avril 1832, M. le colonel Paty donna à Louis Ma[u-]
genre quatre permissions de quatre jours, avec solde, pour all[er]
revoir son pays natal. Il y avait dix ans qu'il avait quitté s[es]
vieux parents. Si près des Vosges, il ne pouvait pas laisser perd[re]
cette bonne occasion, unique dans toute sa vie militaire. Maugen[re]
fit le voyage à pied. Il franchit le col de Bussang, dîna à L[a]
Bresse, et passa la nuit à Gérardmer. Le lendemain, par Corcieu[x,]
Taintrux et Saint-Dié, il arrivait à *Dénipaire*, entrait à la maiso[n]
paternelle, et embrassait avec bonheur son père Quirin, sa mè[re]
Jeanne, ses deux frères Joseph et Jean-Baptiste, et ses deux sœu[rs]
Marie et Jeanne. Ce fut une surprise et une joie indicibles.

— Tenez, ma mère, dit notre heureux soldat, voilà le livre d[e]
prières que vous m'avez donné en 1822, à mon départ pour l[e]
régiment. Certes, il est bien usé, bien abimé ; c'est qu'il m'a bie[n]
servi, et je vous le rends en souvenir, à la condition que vou[s]
m'en donniez un autre.

— Merci, mon fils ; Dieu te bénisse et te récompense de ta fidé[-]
lité. Tu ne saurais me faire plus de plaisir qu'en me rapportan[t]
ce petit livre. Il sera pour moi l'objet le plus précieux que je puiss[e]
avoir... et elle fondait en larmes en parlant de la sorte.

On mit aussitôt la poule au pot ; le père chercha quelques vieille[s]
bouteilles ; toute la soirée fut une grande fête de famille.

Le lendemain, l'arrivée de Louis était un événement au village[.]
Les Strarbach, les Lempereur, les Ferry, les Barlier, les Gérard[,]
les Colin, les Claudel, etc., accueillaient à cœur ouvert ce che[r]
cousin qui les aimait au-dessus de tout ce que l'on peut dire[.]
Vendier surtout, son vieux camarade de conscription, son compa[-]
gnon de route de Besançon à Cadix, était tout heureux de revoi[r]
toujours fort et bien portant celui qui lui avait rendu tant de ser[-]

---

(1) *Victor de Nouvion*. Histoire du règne de Louis-Philippe 1er, tome II[I,] page 467.

vices pendant ses longs mois d'hôpital en Andalousie. Les invitations à dîner et à souper furent plus nombreuses que les jours de permission.

A *Hurbache*, la première visite fut pour le pasteur. C'était le même qui l'avait béni à son départ pour le service. Depuis 1821, M. l'abbé Jean-Baptiste Barthelemy avait la consolation d'accomplir dans cette excellente paroisse de foi le ministère le plus fructueux. Comme c'était l'époque du temps pascal, Maugenre édifia les siens en s'approchant des sacrements dans ce vieux sanctuaire, témoin jadis de sa première communion. Il dîna chez le cousin *Nicole* ; les Gérard, les Bastien, les Comond et plusieurs autres parents et amis se trouvaient parmi les convives. Il leur raconta sa campagne d'Espagne, et ses courses dans toute la France : il leur dit que toujours il avait été le protégé de la bonne Providence, grâce à la fidélité à la prière.

Au *Ban-de-Sapt*, les innombrables parents de La Fontenelle, du Fraiteux, de Laitre, de Nayemont, du Rouaux, et des autres sections, répondirent de la même manière à ses courtes visites. Ce fut une grande peine pour Maugenre de ne pouvoir pas les contenter tous, faute de temps. Qu'était-ce en effet que onze à douze jours à consacrer à une si grande famille ? Que n'étaient-ils de quarante-huit heures ! Il fallut se résigner à les voir passer bien vite, et accepter la douleur d'une nouvelle séparation. Cette fois, Maugenre quittait son père et sa mère pour ne jamais plus les revoir en cette vie. Il est vrai que cet avenir lui était caché, grâce au Dieu d'amour qui ne veut pas que nous portions la croix du lendemain. Notre soldat était décidé à accepter son congé, après l'expiration de son rengagement, pour venir reprendre la vie des champs au milieu de ses parents bien-aimés. C'est avec cette résolution qu'il leur dit au revoir et à bientôt. Mais l'homme propose et Dieu dispose. Nous verrons, dans quelques années, les officiers du 36e et leurs dames intriguer de toutes manières pour négocier un mariage, dans l'unique but de le faire rester au régiment. Cela prouve tout à la fois et l'attachement et l'estime que ses chefs lui portaient, et le dévouement et l'affection dont ils étaient payés de retour. Pendant les trente-et-un ans qu'il resta au 36e, Maugenre ne demanda pas d'autre permission que celle-là pour venir au pays, et encore ne l'aurait-il pas demandée s'il ne se fut pas trouvé en garnison à Belfort.

Peu de temps après son retour, M. le colonel Paty quitta le régiment. Par ordonnance royale du 23 mai 1832, il fut admis à la solde de congé en attendant sa retraite, la même ordonnance nommait pour le remplacer M. MOUGIN-FORCELLE, lieutenant-colonel du 51ᵉ de ligne, résidant alors à la Guadeloupe. Celui-ci s'empressa de revenir en France. Quand il arriva à Paris, au commencement de juillet, une recrudescence du choléra y faisait de nombreuses victimes. Depuis le 26 mars, le fléau avait envahi tous les quartiers de la capitale ; chaque jour, on constatait huit à neufs cents décès cholériques. Deux des ministres, M. Casimir Périer et M. d'Argout avaient été frappés. Vingt-quatre départements payaient à l'épidémie leur funèbre tribut. A peine entré dans la capitale, M. Mougin-Forcelle ressentit les premières atteintes du choléra. Bientôt son état devint désespéré. La vie militaire dans les colonies avait déjà ébranlé sa robuste constitution. La lutte ne fut pas longue ; la terrible maladie déjoua tous les efforts de la science. Il mourut le 19 juillet, sans avoir vu le 36ᵉ de ligne. Le gouvernement dut chercher un nouveau successeur à M. Paty. Ce fut le lieutenant-colonel du 61ᵉ de ligne, M. PRAX, originaire d'Aurillac. Il fut nommé colonel du 36ᵉ le 9 septembre 1832. Tous les auvergnats du régiment accueillirent leur nouveau chef avec une grande joie : ils voyaient en lui un protecteur puissant ; leur espérance ne fut pas déçue.

CHAPITRE XIII

L'ARMÉE DE LA MOSELLE ET L'ARMÉE DU NORD

Le 9 novembre 1832, M. le maréchal Soult, président du conseil et ministre de la guerre, donnait l'ordre au 36ᵉ de ligne de quitter Belfort le lendemain et de se rendre immédiatement à Toul par Epinal, afin de faire partie de l'ARMÉE DE LA MOSELLE. Le même jour, le maréchal Gérard commandant l'armée du Nord, recevait l'ordre de se tenir prêt à franchir la frontière belge au premier signal. Contre qui le 36ᵉ était-il donc dirigé? On savait que la guerre était sur le point d'éclater avec la Hollande; que cinq divisions d'infanterie, trois divisions de cavalerie avec de l'artillerie et du génie, se disposaient à aller mettre le siège devant la citadelle *d'Anvers;* que M. le duc d'Orléans et M. le duc de Nemours devaient marcher à l'avant-garde, au poste du péril et de l'honneur, comme il convient à des princes français, mais on se demandait en même temps avec surprise dans quel but le gouvernement allait-il réunir une armée sur la Moselle? On ne l'apprit que plus tard.

Deux corps d'armée prussienne venaient d'être placés l'un sur le Rhin, l'autre sur l'extrême frontière allemande, du côté de la Belgique. Frédéric-Guillaume, parent et ami du roi de Hollande, avait été irrité par la communication qui venait de lui être faite de la Convention signée à Londres le 22 octobre, et signifiée à la Haye et à Bruxelles par les ministres de France et d'Angleterre près de ces cours. Le parti militaire prussien n'acceptait que comme une blessure pour l'honneur national la présence d'une armée française à quelques pas de la rive gauche du Rhin. L'appui de la France, donné à la Belgique, semblait devoir entraîner l'appui de la Prusse, donné à la Hollande. C'était ce que cherchait depuis deux ans Guillaume Ier : la guerre générale et l'existence de la Belgique remise en question. En chassant les Hollandais de la Belgique, *la guerre avec la Prusse* pouvait donc éclater. Il fallait qu'une armée française pût entrer en ligne pour recevoir les Prussiens, s'ils venaient à sortir du rôle d'observateurs. Le 36e quittait Belfort dans ce but.

Le 1er bataillon, Maugenre et la musique, les sapeurs, le grand et le petit état-major, et une section de la compagnie hors-rang prirent le chemin de Luxeuil le 11 novembre 1832. La colonne était commandée par M. Moullahue, chef de bataillon. Passant par Plombières, Xertigny et Dounoux, elle fit séjour à *Epinal*. C'était le 14 novembre. Ce jour-là, le Conseil des ministres, assemblé aux Tuileries, sous la présidence du roi, résolut l'entrée en Belgique, malgré l'attitude équivoque des puissances du Nord, et malgré les tergiversations du ministère britannique.

La guerre était donc déclarée. Guillaume Ier, roi des Pays-Bas, allait recevoir un châtiment justement mérité. Depuis 1815, il avait réuni sous son sceptre la Belgique et la Hollande. Après douze ans de règne, il s'était aliéné les Belges, en menaçant le culte catholique, et en proscrivant la langue française, pour imposer le flamand. Aussi vit-il éclater une insurrection formidable le 25 août 1830. La séparation des deux pays en fut la conséquence. Les Belges ayant offert le trône au duc de Nemours, Louis-Philippe le refusa, le 17 février 1831. Après de longues conférences, tenues à Londres pendant cette année, grâce à l'initiative de la France, la Belgique fut reconnue comme royaume indépendant. En 1832, nous avons vu les deux Chambres belges, par un vote libre, décerner la couronne à Léopold Ier, prince de Saxe-Cobourg. Nous avons vu les premières résistances de Guillaume Ier réduites à néant par notre première intervention armée.

A plusieurs reprises différentes, sommé par la conférence de Londres d'accepter et de signer son œuvre, (c'est-à-dire le traité du 15 novembre 1831, rédigé par les cinq grandes puissances de l'Europe, annulant les articles du congrès de Vienne relatifs au royaume uni des Pays-Bas, créant le royaume de Belgique, appelé à nous servir de boulevard par sa neutralité), sommé dis-je, d'accepter cette convention. Guillaume Ier s'était obstiné à ne répondre que par des ajournements et par des refus. Le 5 octobre 1832, la Belgique se vit contrainte de réclamer formellement l'emploi de la force pour l'exécution du traité. En conséquence de cette réclamation, une note signée à Londres, et stipulée à la Prusse et aux autres puissances, fixait le 2 novembre comme limite extrême d'acceptation ou de rejet. Une dernière fois Guillaume Ier refusa. Il envoya au général Chassé, commandant la citadelle d'Anvers, l'ordre de se défendre à toute extrémité. Aussitôt les flottes combinées de la France et de l'Angleterre croisèrent sur les côtes de la Hollande pour en opérer le blocus, et, le 17 novembre, l'armée française faisait son entrée dans Bruxelles.

Quelle allait être l'attitude de l'Allemagne ? L'irritation de l'armée prussienne allait-elle entraîner Frédéric-Guillaume à faire marcher ses troupes contre celles de Louis-Philippe ? Avant de les faire avancer, réfléchirait-il à la situation difficile et grave qu'il allait se créer, ainsi qu'aux autres puissances ? Voilà ce que se demandaient les officiers et soldats du 36e en continuant leur marche d'Epinal à Mirecourt, Vézelise, Toul, Commercy, Saint-Mihiel, et *Verdun*, où ils arrivèrent le 22 novembre et firent séjour.

Le 36e pensait être dirigé sur Metz. Ce fut une surprise générale quand l'ordre fut donné à Verdun de se rendre à *Montmédy*. Frédéric-Guillaume n'avait pas partagé les susceptibilités de son armée. Il avait compris que ce n'était pas la France, mais la conférence de Londres, qui s'était interposée entre la Belgique et la Hollande, précisément pour empêcher une guerre de nations. Les flottes combinées dans la mer du Nord, et l'armée française sous Anvers, n'agissaient pas comme auxiliaires de la Belgique, mais comme exécutrices des décisions définitives de la conférence. Elles contraignaient la Hollande à s'y conformer.

Les Prussiens conservant le rôle pacifique d'observateurs, le 36e de ligne passa à la réserve de L'ARMÉE DU NORD ; il resta cantonné d'abord à Montmédy, ensuite à *Sedan*.

Pendant ce temps l'armée française avait pris ses positions d'attaque. Assise sur la rive droite de l'Escaut, la ville *d'Anvers* (1) est protégé par une enceinte fortifiée, dont le fleuve alimente les

---

(1) Les grenadiers et les voltigeurs du 4e bataillon du 36e entrèrent en Belgique pour l'expédition d'Anvers. Ils restèrent cantonnés à *Malines* pendant toute la durée du siège.

fossés. Les abords de la citadelle sont défendus par les forts d[e] Kiel et de Saint-Laurent. La Tête-de-Flandre, fort considérabl[e] sur la rive gauche, domine tout le cours de l'Escaut. Six autre[s] forts défendent la ville. Une garnison de quatre mille Hollanda[is] s'y trouvait placée sous les ordres du général Chassé.

Le 29 novembre 1832, la tranchée fut ouverte à trois cent[s] mètres de la place sous le commandement du duc d'Orléans. Cinq kilomètres de fossés furent creusés en une seule nuit. Les division[s] Fabre et Schramm étaient établies devant la place. Les division[s] Achard et Jamin surveillaient les mouvements de l'ennemi sur le[s] routes voisines. La division Sébastiani, sur la rive gauche d[e] l'Escaut, empêchait les forts de communiquer avec la citadelle.

Malgré la pluie qui tombait sans relâche sur ce sol aqueux de[s] rives de l'Escaut, les travaux furent poussés rapidement. Le 3 décembre, le feu commença par quatre-vingt-deux pièces ; le lende[]main, la citadelle était battue par cent quatre bouches à feu. Nui[t] et jour, les Hollandais tiraient des forts de Kiel, de Saint-Laurent et du bastion de Tolède. La seconde parallèle se développait à cent vingt mètres de ce bastion, et à douze mètres du pied du glacis de Saint-Laurent. Sous une pluie de bombes, d'obus, de grenades, de boulets, de mitraille et de mousqueterie une troisième, une quatrième parallèle furent successivement ouvertes. Les batteries se multipliaient en se rapprochant de la place.

Le 13 décembre, le général Haxo fit établir un pont sur le fossé de la lunette Saint-Laurent ; des mineurs placèrent des fourneaux entre l'escarpe. Le feu fut mis à la mine et ouvrit une large brèche. Vingt-cinq échelles furent dressées à la gorge de la lunette. Les compagnies d'élite du 65e, dirigées par le général Georges, s'élancèrent sur la brèche sans tirer, attaquèrent la garnison à la baïonnette, s'emparèrent du fort Saint-Laurent et de soixante prisonniers, et ouvrirent un cheminement reliant la gorge à la quatrième parallèle.

Libres sur leur gauche, les assiégeants commencèrent les travaux de la batterie destinée à battre en brèche le bastion de Tolède. Le 21, quatre batteries de canons de 24 ouvrirent contre ce fort un feu terrible qui ne discontinua pas durant plus de quarante-huit heures. Une large trouée était faite à l'escarpe. Les Hollandais, entassés dans les poternes et épuisés de fatigues manquaient d'eau potable et de munitions. Leur général Chassé capitula le 23 décembre. Le jour même où se signait cette capitulation, l'escadre hollandaise, portant deux mille hommes de débarquement, fit une tentative contre la digue de Doël. Il n'y avait que huit cents Fran[]

çais pour les recevoir. Bien que les Hollandais fussent soutenus par les deux cents pièces de canon de la flotte, ils furent reçus vigoureusement, et, après six heures de combat, repoussés à la baïonnette jusqu'à leurs embarcations.

Ce fut le dernier acte d'hostilité entre les deux armées. Les Français prirent possession de la citadelle. Le général hollandais et ses soldats furent envoyés en France comme prisonniers de guerre. Après avoir remis aux Belges la forteresse qu'elle venait de conquérir pour eux, après les avoir mis en possession des provinces hollandaises du Limbourg et du Luxembourg, l'armée française regagna la France au commencement de janvier. La question belge était désormais terminée pour l'Europe ; le triomphe de la France était complet.

Quelques jours après la rentrée en France de l'armée du Nord, le 36ᵉ reçut l'ordre de se rendre à DOUAI, par Avesnes et Cambrai. Il devait assister pour la deuxième fois à une grande revue de Louis-Philippe. Cette revue du roi eut lieu le 17 janvier. Elle présentait un total d'environ soixante-dix mille hommes, réunis à Douai. Les ducs d'Orléans et de Nemours accompagnaient le roi. Le maréchal Gérard les reçut en grand honneur militaire. Les généraux Saint-Cyr-Nugues, Haxo, Neigre, Gentil-Saint-Alphonse, Lawœstine, Simmoneau, Schramm, Fabre, Jamin, Achard et Sébastiani présidèrent au défilé des troupes. De nombreuses récompenses furent distribuées ; des fêtes splendides furent organisées ; partout on saluait au passage cette glorieuse armée qui avait su conquérir la victoire et la paix. Après cette magnifique manifestation de nos forces militaires, les régiments retournèrent aux cantonnements qui leur furent désignés. Les 1ᵉʳ et 2ᵉ bataillons du 36ᵉ, Maugenre et la musique, vinrent tenir garnison à SEDAN où ils arrivèrent le 25 janvier.

CHAPITRE XIV

SEDAN - MÉZIÈRES - SOISSONS

Le retour du 36ᵉ à SEDAN ne faisait conjecturer à tous qu'une garnison provisoire. La cessation des hostilités avec la Hollande avait mis fin aux projets et aux espérances des soldats. Ils n'avaient plus à jeter les yeux de l'autre côté de l'Escaut ou du Rhin. La vie monotone de la caserne allait recommencer dans cette ville forte très ancienne, dont l'arsenal avait été le château paternel du célèbre Turenne, le premier tacticien de l'Europe.

Les prisonniers d'Anvers avaient quitté Sedan et étaient rentrés dans leurs foyers. Nos gais soldats, et la musique excellente du régiment, avaient ramené la vie chez les industriels Rethélois. Le froid était alors bien grand dans les Ardennes ; les neiges de janvier couvraient les chemins, et le vent du nord soufflait dur sur les rives de la Meuse. Autour du fourneau de la chambrée, les soldats passaient joyeusement leurs soirées :

— Nous avons vaincu les Flemmes, disait l'un. Maintenant, à qui le tour ?

— C'est au tour des Arabes, disait Maugenre, et ma clarinette ne suffira pas pour les faire danser autant qu'ils le désirent.

— Vous savez donc bien ce qui se passe en Afrique pour parler de la sorte ?

— Assez bien, ces nouvelles m'intéressent, et je ne les oublie pas.

— Alors, camarade, vous allez nous dire ce que vous en savez.

— Soit, mais en quelques mots seulement. Les grandes phrases sont pour les savants, et non pas pour les troupiers.

— C'est bien, les pioupious valent bien les académiciens ; leur âme vaut la leur ; la mort rend égaux petits et grands, soldats et officiers, bergers et rois, voilà ma philosophie.

— C'est aussi la mienne, camarades, et j'aime à contenter les pioupious. Je dis donc que c'est au tour des Arabes à valser au bruit de nos clarinettes. Pour conserver Alger, il faudra bon gré mal gré conquérir la régence. Cette conquête réclamera certainement bien des contredanses.

« Vous avez appris à Dijon que la guerre de Hollande a disposé le gouvernement à réduire l'armée d'Afrique à une seule division d'occupation. Le général en chef BERTHEZÈNE, successeur du général Clauzel, n'avait sous ses ordres que le 15e, le 28e le 20e, le 30e, les zouaves, trois escadrons et sept batteries. Il eut bien du fil à retordre. Tant qu'il ne s'est agi que de châtier les pillards, les Soumata, les Mouzaïa, les Béni-Misra, tout se passa à merveille. Les reconnaissances du 1er mars 1831 sur *la Chiffa* et du 7 mai au *Col de Tiza* eurent de bons résultats ; mais cela ne dura pas longtemps. Notre bey, Ben-Omar, n'avait pas quitté Médéah avec le général Danlion. Oulid-bou-Mezrag, fils de l'ancien bey de Titteri, souleva les Righa contre lui. Aussitôt Ben-Omar demanda du secours au général Berthezène. Celui-ci crut pouvoir imposer la soumission ; il déchaîna la révolte. Son départ pour Médéah, le 25 juin, avec les deux brigades Buchet et de Feuchères, fortes de 4,500 hommes, fut la cause de l'insurrection générale de toutes les tribus. Les Français ne furent pas inquiétés dans leur marche sur Haouch-Mouzaïa, le 26, ni au col du Ténia, ni au bois des Oliviers. Mais à peine eurent-ils rejoint Ben-Omar qu'ils furent assaillis par une multitude d'ennemis. Le combat *d'Aouard* livré le 1er juillet eut pour conséquence *la retraite de Médéah*. Le 3 juillet, au combat du *Ténia*, sans l'énergie de deux héros, de Duvivier et du capitaine La Morcière, la colonne était anéantie. »

— Perdit-elle beaucoup de monde ?

— Cette affaire coûta 120 morts et 270 blessés, peut-être plus.

— Fichtre ! Mais cette insurrection, née devant Médéah, prit-elle de grandes proportions ?

— Elle fut causée par plusieurs chefs ; heureusement qu'ils n'agissaient pas avec entente sans quoi Alger était perdu pour nous. Sidi-Saadi et Ben-Zamoun soulevèrent les Flissa, pendant que Oulid-bou-Mezrag ameutait les Arabes. Le 17 juillet, la première attaque de Ben-Zamoun et de 4,000 Kabyles contre *la Ferme modèle* fut repoussée pas le général de Feuchères. Le lendemain, une seconde attaque des mêmes assaillants était repoussée par le colonel d'Arlanges, tandis qu'à *Birkhadem*, le lieutenant-colonel Admirault avait à combattre Oulid-bou-Mezrag. Le 19, il fallut dégager le lieutenant Rouillard et 20 hommes du 30e qui soutinrent pendant trois jours l'assaut de l'ennemi au *blockaus de l'Oued-Kerma*. Le 20, dans une échauffourée à *Béni-Mered*, quatre cents hommes du 67e auraient été enveloppés et massacrés si le brave colonel d'Arlanges du 30e ne fut pas venu à leur secours. Le 21, c'était toute la colonne du général Berthezène qui devait repousser jusqu'à Boufarick les innombrables assaillants de *Birkhadem*. Quarante tribus s'étaient présentées successivement au combat. Notre armée était réduite à la défensive.

— Le général en chef était bien à plaindre ; il ne devait guère être content de la situation. Mais n'eut-il pas un autre échec ?

— Oui, le 29 septembre. A *Bône*, le capitaine Bigot, qui occupait la ville avec cent quinze soldats, fut massacré avec presque tous ses braves dans l'insurrection causée par Ahmed et par Ibrahim. Le commandant Duvivier ne put rentrer dans cette ville avec ses 240 zouaves en octobre ; il fallut abandonner ce poste.

— Après tous ces malheurs, le général Berthezène a-t-il quitté l'Afrique ?

— Le 26 décembre 1831, il a été remplacé par le lieutenant-général SAVARY, DUC DE ROVIGO. Celui-ci a pour mission de relever le prestige de l'autorité française. Comment s'en acquittera-t-il ? Dieu le sait. Un grand antagonisme existe entre lui et l'intendant civil, le baron Pichon, qu'on lui a imposé. Le 5 avril 1832, le duc a fait massacrer soixante-dix Arabes *d'El-Ouffia* pour venger l'attaque d'une députation du Zab oriental. Or ceux qui méritaient d'être châtiés n'appartenaient pas à cette tribu. Des représailles eurent lieu le 24 mai, à une lieue de la *Maison Carrée* : les Amraoua et les Isser décapitèrent vingt-cinq soldats de la légion étrangère. La surprise tentée le 10 juin contre ces derniers par le général Cuchet n'eut aucun résultat. Le 2 octobre, la colonne du général de Faudoas, forte de 1,600 hommes, a battu les insurgés de Sidi-Saadi et de Ben-Zamoun au *combat de Sidi-Haïd*. Au même moment, le général de Brossard a fait déguerpir de *Koléa* l'agha Mahiddine. Le 21 novembre, les brigades Trézel et de Faudoas ont pris position devant *Blidah*, abandonné par ses habitants. Depuis ce moment-là, la division d'occupation a été complètement renouvelée ; elle comprend aujourd'hui les trois brigades de Trobriant, Avizard et Bro. On verra leurs prouesses en 1833. Voilà les nouvelles, camarades, êtes-vous contents ? Là-dessus, une chanson avant de ronfler : Bonsoir, mes amis... »

Les soirées d'hiver ne furent pas très nombreuses à Sedan. Souvent elles étaient empêchées par les permissions et par les sorties du soir, accordées trop facilement aux soldats. Si elles avaient été plus rares, l'hôpital n'aurait peut-être pas eu autant de clientèle. Que d'officiers, n'étudiant pas assez les caractères et les dispositions de leurs subordonnés, leur accordent, sans y penser, des dispenses trop souvent funestes ! La seconde garnison du 36e à Sedan ne dura que vingt-deux jours. Avec le 2e bataillon et les compagnies d'élite du 1er, Maugenre et la musique quittèrent cette antique cité le 16 février 1833. MÉZIÈRES était leur nouvelle garnison.

Cette place forte des Ardennes, qui ne compte que 4,500 âmes, est construite dans une presqu'île de la Meuse. Elle n'empruntait pas encore son importance particulière à sa situation actuelle sur la ligne ferrée Thionville-Reims. Dès l'époque du moyen âge, cette place était protégée par des ouvrages considérables qui, améliorés et renforcés par Vauban, la mettaient en mesure, avec leur tracé très compliqué, de fournir une longue résistance. La nature des abords est très coupée ; les forêts de la partie nord sont très vastes. Sauf quelques retranchements, construits à peu de distance de la citadelle, les hauteurs qui, au sud et à l'est, se prolongent jusque sur la place, étaient alors sans défenses, bien que dominant toute la ville et ses divers ouvrages, dont les escarpes apparaissaient à découvert. La citadelle est à l'entrée de la presqu'île. Sur la rive gauche de la Meuse, le faubourg d'Arches réunit la place à la riche cité manufacturière de *Charleville*, défendue par l'établissement de petits ouvrages avancés. La population de ces deux villes fit un accueil très cordial aux soldats du 36e ; composée d'industriels, spécialement de fondeurs, de fabricants d'armes à feu, elle sympathisa bien vite avec l'armée. Mézières fut toujours une excellente garnison pour le soldat ; le service n'y est pas pénible, la vie n'y est pas trop chère, les gens sont serviables. Le souvenir de *Bayard*, le chevalier sans peur et sans reproche, qui défendit et sauva la ville assiégée par Charles-Quint, y est conservé bien vivace dans tous les cœurs, surtout chez les soldats et chez les enfants. Tous se rappellent ses brillantes victoires de Fornoue, de Carigliano, d'Agnadel, de Brescia, de Marignan, de Romagnano sous Charles VIII, Louis XII et François 1er. Tous se redisent ces dernières paroles adressées au connétable de Bourbon par ce héros expirant en face de l'ennemi : « *Ce n'est pas moi qu'il faut plaindre, mais vous qui combattez contre votre roi et votre patrie.* »

Le 36e reprit donc sa vie militaire, vie d'exercices quotidiens, servant à l'école du soldat, école théorique et pratique ; la musique avait ses répétitions et ses exécutions solennelles. Entre temps, une liberté relative permettait les réunions de groupes et de chambrées. Là, chacun disait la sienne. Maugenre était particulièrement attentif à empêcher tout ce qui pouvait y être immoral ; le meilleur moyen, grâce auquel il réussissait toujours, était de faire tomber la conversation sur des actualités historiques et sur des faits militaires. Alors l'attention de tous était absorbée par le récit ; tant qu'on parlait d'histoire on ne parlait pas d'immoralité.

Ce qui préoccupait à ce moment les esprits, c'était l'avénement d'un ennemi très actif et très redoutable pour la France en Algérie. Son nom était *Abd-el-Kader*. D'où venait-il ? Que voulait-il ? Comment avait-il acquis sa puissance ? Autant de questions que se faisaient entre eux à Mézières les soldats du 36e.

Comme on s'en entretenait dans un groupe où se trouvaient Blancard, Péqueur, Maugenre et Guyotte, le caporal de musique Berthenet s'offrit à raconter l'histoire de l'émir.

— Abd-el-Kader, dit-il, est un jeune shérif, c'est-à-dire un descendant du Prophète. Son père Mahiddin était marabout. Avec lui et avec son frère, il avait fait le pélerinage de la Mecque. A son retour, ce jeune ambitieux, voulant frapper l'esprit des Arabes, leur raconta que Mahiddin, étant à se promener avec l'aîné de ses fils, avait été abordé par un vieux fakir, lequel lui avait remis trois pommes en lui disant : « L'une est pour toi ; une autre est pour ton fils ; la troisième est pour le sultan. — Et quel est ce sultan ? demanda Mahiddin. — C'est le fils qui n'est pas avec toi » répondit le fakir, désignant Abd-el-Kader. Pour ce motif, et pour d'autres encore, les habitants de Mascara, ses compatriotes, le proclamèrent *émir*, ce qui lui donnait sur eux une autorité souveraine. En 1832, le nouvel émir avait vingt-quatre ans.

Or, au mois de mars de cette année, l'importance commerciale de la ville d'Oran enflamma la convoitise d'Abd-er-Rhaman, sultan du Maroc. Profitant de l'inaction forcée de notre général Boyer, qui n'avait avec lui qu'un régiment, le sultan installa ses agents en qualité de gouverneurs dans toute la province d'Oran, et même jusqu'à Médéah et Milianah. Au nombre de ses chefs indigènes se trouvait Abd-el-Kader. La France ne pouvait tolérer cet état de choses. Elle envoya le comte de Mornai en mission extraordinaire à Tanger pour exiger le rappel de tous les chefs marocains dispersés dans les beyliks d'Oran et d'Alger. La présence comminatoire d'une escadre fit réussir cette mission. Abd-el-Kader et les autres agents marocains durent déguerpir.

Abandonnées par Abd-er-Rahman, sultan du Maroc, les tribus de la région d'Oran s'enrôlèrent sous le croissant du fils de Mahiddin. Ce fut *le 17 avril 1832* qu'Abd-el-Kader et ses cavaliers attaquèrent pour la première fois les Français. Nos troupiers du 2ᵉ de ligne eurent l'honneur de lui répondre. Le 1ᵉʳ mai, l'émir, rejoint par de nombreux contingents, somma le général Boyer de rendre *Oran*. Ne recevant aucune réponse, il se lança à l'attaque des redoutes de la ville, le 2 mai, avec 5,000 hommes. Le canon et la fusillade le repoussèrent. Il en fut de même aux assauts des 4, 7 et 8 mai. La garnison d'Oran dut être renforcée. Avec les 20ᵉ et 66ᵉ de ligne, la légion étrangère, les zéphyrs, etc., on composa les deux brigades de Trobriant et Sauzet. Elles se mesurèrent sous les murs d'Oran avec les troupes d'Abd-el-Kader aux combats du 23 octobre et du 11 novembre. Repoussé chaque fois, le sultan de Mascara ne s'est pas découragé. Aujourd'hui, il est en train d'organiser une armée considérable, de nommer des Kalifas, des Aghas et des Kaïds pour triompher des chrétiens.

— Moi je pense, dit Blancard, que ce gaillard-là donnera bien du fil à retordre aux Français.

— Et moi, dit Maugenre, j'espère bien aller un jour lui secouer les puces.

— Bah! bah! dit Guyotte, nous avons bien d'autres insectes à chasser pour le moment; j'en ai ramassés plein un cornet ce matin et je les ai brûlés. C'était un parfum, je ne vous dis que cela… très odoriférant. Il était donc bien juste de dire qu'à la citadelle de Mézières il y avait de la garnison. Heureusement que le 36ᵉ n'y séjourna que deux mois.

Le 13 avril 1833, le 2ᵉ bataillon, les compagnies d'élite du 1ᵉʳ, et la musique, quittèrent Mézières dans la direction de Paris. A Reims, ils reçurent l'ordre de se rendre à SOISSONS.

Avec son enceinte bastionnée, ses remparts plantés d'arbres, ses abbayes du VIᵉ siècle, l'antique *Noviodunum* redit l'histoire de plus de vingt siècles. On croit pouvoir lire sur les pierres de ses vieux monuments les noms de César, de Syagrius, de Clovis, de Clotaire, de Chilpéric, de Charles Martel, de Pépin-le-Bref, de tous les héros qui illustrèrent ses quatre sièges, de tous les docteurs de l'Église qui défendirent la foi à ses nombreux conciles, de tous ses comtes et seigneurs qui dépendaient des ducs de France, ou qui appartenaient à la maison de Bourbon.

Soissons se trouve situé au fond d'un entonnoir assez large, au confluent des deux vallées de l'Aisne et de la Crise ; ses fortifications sont établies d'après le système de Vauban, comme celles de la plupart des places françaises à cette époque. La ville est défendue par dix bastions de forme irrégulière, par quelques ouvrages extérieurs, disposés vers l'ouest, et par un mur crénelé sur la face est, le long de l'Aisne. Un pont de pierre établit la communication avec le faubourg Saint-Wast, qui, avec ses trois bastions, forme tête de pont sur la rive droite de l'Aisne. Les abris casematés de l'enceinte laissent beaucoup à désirer. Une écluse voisine du pont et une dérivation de la Crise permettent d'inonder les fossés et le fond des deux vallées, pour rendre inattaquable le côté sud-est de la place. Le front sud-ouest, construit sur une hauteur, et de peu de développement, présente des fossés secs sans revêtements maçonnés de la contrescarpe. La partie des abords sur la rive gauche de l'Aisne est divisée par la Crise en deux secteurs, l'un à l'est, l'autre à l'ouest. Dans tous deux s'élèvent, à deux kilomètres de l'enceinte, des croupes d'un fort relief dont la partie supérieure commande les points les plus hauts de la place, mais se trouve, à son tour, complètement exposée aux regards des observateurs qui seraient postés au sommet de la cathédrale. La vallée de la Crise, fortement encaissée, est franchissable en un petit nombre d'endroits seulement ; par contre, ses broussailles aussi bien que ses cultures la dérobent à la vue de la place. Soissons ne compte plus que huit mille habitants.

Le 36e dut se refaire aux usages de cette nouvelle population, plus intelligente que celle des Ardennes, mais aussi plus égoïste, moins expansive et moins serviable. Le changement n'avait pas rendu meilleure la situation du soldat. Tout en l'apercevant bien, celui-ci y trouvait une compensation dans sa gauloise jovialité : « Vive la joie quand même, » tel était son continuel refrain.

Les exercices, les manœuvres, les marches furent multipliés plus que de coutume durant le séjour de Soissons. Si près de la capitale, où l'on espérait aller, c'était le moment de perfectionner en tout point l'art militaire. Le temps passait vite, les soirées étaient moins longues, les cercles moins nombreux et plus rares.

On y parlait beaucoup de *Yusuf*, ce fameux capitaine des chasseurs algériens, qui s'était emparé de Bône le 26 mars 1832.

— Si tous les Arabes sont aussi intrépides que lui, disait à Maugenre M. Molinier, chef armurier, il y aura encore bien des années de combats avant de conquérir l'Algérie.

— Mais Yusuf n'est pas mahométan, il est bien catholique et italien d'origine.

— Italien ? Mais comment se fait-il qu'il a quitté le service du bey de Tunis pour venir offrir son bras à l'armée française occupée au siège d'Alger ?

— Ce furent les suites d'une intrigue galante qui l'obligèrent à fuir le bey de Tunis ; mais il avait quitté l'Italie pour entrer à son service.

— Bah ! dit Fiévet. Je m'explique à présent pourquoi M. le duc de Rovigo l'a chargé d'aller reconnaître la situation de *Bône*, le 3 février, lorsque ses habitants et leur chef Ibrahim furent assiégés par Ben-Aïssa, lieutenant du bey de Constantine. Il fallait au général en chef un officier d'aventure. Yusuf seul devait être son homme.

— Parfaitement, dit Maugenre, et il s'est acquitté de sa mission en homme intelligent et adroit.

— Mais comment donc a-t-il pu se rendre maître de Bône quand deux armées ennemies se trouvaient en présence ?

— Voici ce qui s'est passé. Après une grande résistance des Bônois, la ville fut emportée par Ben-Aïssa le 5 mars. Aussitôt Ibrahim s'enferma dans la Kasbah avec ses Turcs. Il y fut assiégé. Il était sur le point de succomber, sans que les efforts de Yusuf pussent obtenir ni de lui, qu'il le reçut dans la citadelle avec ses trente marins, ni de Ben-Aïssa, qu'il suspendît les hostilités. Au moment où l'assaut de la Kasbah allait s'accomplir, une partie des Turcs, avec lesquels le capitaine avait noué des intelligences, se révoltèrent contre Ibrahim et le chassèrent. Les capitaines Yusuf, d'Armandy, Fréart et leurs trente marins entrèrent dans la Kasbah, le 26 mars, par-dessus les murailles, à l'aide de cordes qui leur furent jetées. Ce hardi coup de main sauva la citadelle. N'osant essayer de l'enlever à ses nouveaux défenseurs, Ben-Aïssa dut se retirer. La ville était en ruines, mais elle restait aux mains de Yusuf. Quelques jours après, M. le général Munk d'Uzer y conduisait des troupes et en prenait le commandement (13 mai). Ce général réprima les Béni-Yacoub le 27 juin ; il repoussa l'attaque des 1,500 Kabyles d'Ibrahim le 8 septembre 1832.

— Voilà ce qui s'appelle des hommes de cœur, ayant de l'initiative et de l'audace. Dieu veuille que cette ville importante ne cesse plus de nous appartenir !

— Dieu veuille aussi que bientôt nous quittions Soissons pour aller rejoindre Yusuf !

Ce vœu fut exaucé plus tôt qu'on ne l'attendait, du moins dans sa première partie. La garnison de Soissons, comme les deux précédentes, ne fut pas de longue durée : trois mois et demi de séjour, juste assez pour bien connaître la ville sans y contracter de dettes, ou des amitiés dangereuses. Au reste, le soldat aime bien rouler, et, en ce temps-là, le gouvernement savait à merveille satisfaire ce désir. Le 3 août 1833, Maugenre et le 36ᵉ quittaient Soissons pour se rendre à *Compiègne*.

CHAPITRE XV

CAMP DE COMPIÈGNE

Parmi les camps nombreux de la France et de l'étranger, l'un des plus gracieux, des plus pittoresques et des mieux campés est, sans contredit, celui de COMPIÈGNE. C'est là que le 36ᵉ allait prendre part aux grandes manœuvres du 3 août au 12 octobre 1833. De longues lignes de tentes sont arrangées symétriquement dans cette riche plaine, bordée à l'horizon par une belle forêt de 14,500 hectares de superficie. Au milieu de cette cité volante, trois tentes isolées frappent le regard. Ce sont celles du duc d'Orléans, du duc de Nemours et du maréchal Mortier. Elles se composent de deux marquises réunies et adossées. Le pourtour est orné d'une galerie tentée par des toiles de campement et soutenue par des fers de lance. A leur sommet, le drapeau de la France flotte au vent. En dehors, un péristyle, contrastant par son poids avec la légèreté des toiles, et figurant une colonnade, est formé de pièces de siège, dont la culasse repose dans l'orifice béant des obusiers, et dont la bouche est couronnée par des chapiteaux de pistolets. D'une colonne à l'autre, des serpents, en pièces d'armes, déploient élégamment leurs écailles d'acier. La seconde marquise, surmontée d'un coq formé de pièces d'arbres, sert de salle à manger au maréchal et aux princes. Souvent le colonel Prax s'y trouvera réuni à de nombreux convives appartenant à l'élite de la capitale.

Non loin de là, une autre tente représente le presbytère en toile du digne aumônier, et, sur un point culminant voisin, s'élève l'autel consacré au service religieux. Dans la semaine, nu et dépouillé de ses draperies de velours et de ses guirlandes de fleurs, cet autel se pare le dimanche de toutes les richesses inventées par la brillante fantaisie des soldats.

L'allée des cuisines est la plus curieuse et la plus fréquentée. En première ligne, les fourneaux improvisés avec de l'argile et construits par les soldats du génie frappent les regards. Tout auprès, ceux des compagnies sont d'un art tout à fait fantaisiste. Ici, ce sont des pyramides, des dômes, des obélisques ; là, ce sont des temples, des minarets ; partout les armes du roi. Ailleurs, ce sont des forteresses avec leurs créneaux, leurs tourelles, leurs machicoulis et leurs fossés ; plus loin, ce sont des bustes représentant Bacchus, Satyre, Mars : en un mot, c'est une véritable exposition.

Presque toutes les cuisines ont leur enseigne. La réclame se fait jusqu'au camp. On peut y lire les inscriptions suivantes :

« Au hasard de la fourchette... deux liards le coup. »

« Pension pour sept ans, à 35 centimes par jour. »

« Au lion d'or couché par terre (au lit on dort...) »

« Au maigre voltigeur tirant le diable par la queue. »

« Au gastronome : bon vin, bonne bière. »

Ces enseignes-rébus sont expliquées par des peintures ou par des groupes de statues artistement modelées. Pour compléter ces détails et sanctifier la guerre, les soldats du camp ont construit, en pierres de roches, une petite chapelle à Notre-Dame-des-Victoires. Sa statue est couronnée de fleurs et entourée d'hommages.

Sans parler des buvettes en plein vent, ni des restaurants improvisés, ni des baraques des avant-postes, voilà dans son ensemble l'esquisse à grands traits de ce camp militaire.

Les grandes manœuvres s'ouvrirent vers la fin d'août par une grande revue occasionnée par l'arrivée du roi et de M. le prince de Joinville. Louis-Philippe avait commencé par Compiègne ses excursions dans le Nord de la France. Il était descendu au superbe château royal, et, après avoir reçu les autorités de cette antique ville gauloise, il était venu visiter le camp et ses deux fils. Il revit avec plaisir le 36e, qu'il avait déjà trouvé à Douai et à Besançon ; devant le régiment, il félicita M. le colonel Prax de la bonne tenue de ses officiers, sous-officiers et soldats. Après le départ du roi, les exercices de la petite guerre furent exécutés par les dix mille hommes qui composaient le camp. Chaque jour, excepté le dimanche, ce n'était que marches, contre-marches, attaques ou retraites simulées, dans les bois ou dans la plaine, combats séparés ou combinés d'infanterie, de cavalerie et d'artillerie, sur les deux rives de l'Oise. Au temps de repos, les princes parcouraient les groupes, causaient aux officiers, aux soldats, avec une simplicité et une popularité qui leur faisaient honneur. Un jour que Maugenre fumait sa pipe, après avoir cassé une croûte, les ducs d'Orléans et de Nemours vinrent lui demander du feu pour allumer leurs cigares. On comprend que les princes se faisaient aimer du soldat en familiarisant ainsi avec eux.

Le dimanche, *la messe au camp* offrait une mise en scène dont les effets sublimes pourraient servir de preuve à la divinité de la religion qui les inspire. Elevé sur des marches en gazon, l'autel était flanqué de deux obusiers de 22. Son pourtour était formé par des treillis de sabres de cavalerie, croisés avec leurs fourreaux. Deux colonnes sveltes, hérissées de sabres, de fusils et de pistolets, s'élevaient à droite et à gauche, figurant à s'y méprendre, l'aspect de chapiteaux corinthiens. Ces colonnes étaient surmontées par des croix formées également avec des pistolets. Deux obusiers de montagne, en cuivre, placés de chaque côté de l'autel en guise de cassolettes, recevaient l'encens que les troupes du camp brûlaient en l'honneur du Dieu des armées. A onze heures et demie, tous les soldats du camp venaient se masser au pied de l'autel dans l'ordre suivant : les quatre plus anciens sapeurs, en grande tenue, étaient debout aux quatre angles de l'autel ; les autres garnissaient la galerie du sanctuaire formée sur le tertre. Deux cuirassiers à cheval et la lame au poing, séparaient les deux mortiers de siège des deux pièces de campagne placées à l'angle de l'autel. A partir de cet angle, étaient échelonnées en éventail les députations des armes d'élite. Au centre de cette disposition les princes et le maréchal, en grande tenue, la poitrine constellée de décorations, les officiers généraux, entourés de leurs aides de camp, prenaient place en face de l'autel. A dix pas plus loin, on voyait tous les tambours et tous les clairons du camp, et, sur le second plan, toutes les troupes massées dans la plaine à gauche en bataille. Un officier, debout, au centre de l'éventail, vis-à-vis de l'autel, était chargé d'indiquer, par différents commandements, les diverses phases du Saint Sacrifice. A midi précis, un coup de canon annonçait le commencement de la messe. Après avoir salué les autorités, le célébrant se signait au commandement de : *Portez armes !* Le prêtre montant à l'autel, les troupes reposaient les armes jusqu'à un nouveau signal donné à l'Evangile. A ce signal, où tout chrétien doit manifester sa foi, les hommes portaient les armes comme pour dire : *Présents*, et répondre ainsi à l'appel de Dieu. Un moment avant l'élévation, la modeste clochette donnait le signal au commandant qui s'écriait : *Garde à vous ! Portez armes ! Présentez armes ! Genou terre !* Au même instant le canon tonnait, l'armée s'inclinait, les tambours battaient aux champs, les clairons sonnaient, les mortiers envoyaient un nuage de parfums aux pieds de l'Emmanuel.

Trois coups de baguettes donnés au *Domine, non sum dignus*, indiquaient l'union du prêtre avec son Créateur. Immédiatement après, le *Domine, salvum fac Regem*, exécuté une première fois par les voix sans accompagnement, la deuxième fois par les musiques sans voix, la troisième fois par les voix et les musiques réunies, enseignait aux hommes de bonne volonté que le salut de la France émane de Dieu seul, et qu'il se trouve dans celui du chef de l'Etat. Un dernier coup de canon annonçait la fin de la messe. Aussitôt les carrés s'ébranlaient, les divisions et les sections se formaient, les musiques se massaient vis-à-vis des chefs, et le *défilé* ajoutait un nouvel éclat à la cérémonie grandiose qui venait de se passer sous la voûte du ciel.

Pendant la semaine, les opérations militaires se succédaient. Les plus attrayantes étaient les alertes de nuit dont les différentes phases étaient souvent accompagnées d'aventures comiques. Quand elles arrivaient aux soldats, elles restaient inaperçues, mais il n'en était pas de même quand elles concernaient un officier. De jour, c'était encore pire ; beaucoup la voyaient ; tous la savaient. Or il arriva, pendant une manœuvre générale conduite par les princes, que tout à coup, devant leurs coursiers, un lièvre s'échappa et s'enfuit à toute vitesse. Aussitôt le duc d'Orléans et le duc de Nemours le chassèrent à grande course. L'épée en avant, le corps penché de côté, voulant déployer toute l'adresse d'un écuyer de premier ordre, le duc de Nemours fit un mouvement pour enfiler le gibier. Patapouf, il tombe de cheval et roule dans les champs. Le duc d'Orléans accourt : « Est-ce que tu t'es fait mal, mon frère ? lui crie-t-il de toutes ses forces. — Non, non. — Eh bien, ramasse-toi ». Cette épisode inattendue fit bien rire les soldats ; ils en parlèrent longtemps, Maugenre surtout.

Avec la fin des manœuvres arrivèrent les pluies de l'automne. Abrité sous une toile, couché sur une botte de paille humide, le soldat n'était plus trop à l'aise au camp de Compiègne. Dans les premiers jours d'octobre, le 36e reçut l'ordre de partir pour PARIS. Il y arriva par bataillon les 14 et 15 octobre 1833.

CHAPITRE XVI

PARIS. — INSURRECTION D'AVRIL 1834.

L'installation du 36ᵉ à *la caserne de la Pépinière* ne fut signalée par aucun événement particulier. La plus grande partie des soldats n'avaient jamais vu la capitale. Eblouis à la vue de ses édifices splendides, de ses palais superbes, de cette place de la Concorde, la plus belle du monde après celle de Saint-Pierre-de-Rome, charmés en parcourant ses promenades, ses jardins, ses avenues, ses boulevards, ses rues innombrables et interminables, surpris dans cet océan de maisons, d'hôtels, de théâtres, d'églises, d'entrepôts, de collèges, et de constructions de toutes sortes, où l'on se perd mille fois, quand on ne sait pas se guider par le cours de la Seine, ou par quelques notables monuments, nos soldats semblaient vivre dans un tout autre monde. Tout les enchantait ; les plus grandes courses devenaient petites, parce qu'elles se faisaient au milieu de toutes les beautés réunies. Ce n'était que par la fatigue du soir que l'on comprenait toute la longueur du chemin qu'on avait parcouru.

Le 27 octobre 1833, le roi et la reine des Belges arrivèrent à Paris. Louis-Philippe, la reine Amélie, les princes et les princesses se portèrent à leur rencontre. Les soldats du 36ᵉ firent les honneurs aux Tuileries ; de grandes fêtes y furent données. Ce fut la musique du 36ᵉ qui dut faire tous les frais du bal ; tout y était royal, les personnes et les choses. De magnifiques lustres éclairaient la salle. Pendant les brillantes évolutions d'un quadrille, tout à coup, un lustre tomba aux pieds de Maugenre. La musique s'arrêta tout court. Les rois et les princes survinrent aussitôt, craignant quelques graves accidents. A leur grande joie, personne n'avait été atteint : des carafes de champagne furent apportées aux musiciens. On but à la santé du roi.

Suivirent des grandes réceptions et des repas, toujours égayés par la musique du régiment. A un balcon, la princesse Clémentine avait avec elle un perroquet apprivoisé. Quand un morceau était fini, l'animal se mettait à parler ; il disait : jouez, musiciens, jouez artistes, en avant : un, deux, trois, quatre.

— Ah, monsieur, je n'ai plus à vous commander, disait là-dessus M. Bœr, voilà votre chef de musique.

Un second repas pour les musiciens suivait ordinairement celui du roi. Au sortir des Tuileries, plus d'un joueur rentrait à la caserne en trébuchant contre les murs. Les soldats des compagnies en étaient comme jaloux : « Ces veinards-là sont toujours à la noce, disaient-ils, et nous autres, nous faisons pénitence. »

Le 23 décembre 1833, la rentrée des Chambres s'annonçait avec un caractère particulier. Le parti de l'opposition avait déployé son drapeau et déclaré la guerre à la monarchie. De nombreuses sociétés politiques s'étaient fondues dans une réorganisation générale, sous le nom de sections de la *Société des droits de l'homme*. Leur programme était la Déclaration de Robespierre et la Constitution de 1793. Leur but était le socialisme et le communisme de Babœuf. Leurs moyens étaient la réforme électorale, l'extention des droits politiques, le suffrage universel. Leurs chefs étaient des mécontents, qui n'avaient pas trouvé dans la monarchie une position égale à leurs prétentions. Cette société avait pris des développements considérables. Elle avait provoqué et déterminé la sanglante insurrection de juin 1832, qui causa huit cents victimes. Soixante mille hommes des 1ᵉʳ, 16ᵉ, 38ᵉ, 42ᵉ de ligne, 3ᵉ, 4ᵉ, 12ᵉ léger, 6ᵉ légion, 2ᵉ dragons, 1ᵉʳ cuirassiers, garde municipale, etc., sous les ordres des généraux Loban, Schramm, Sébastiani et Leydet, avaient dû combattre pour la cause des lois et de la société. En juillet 1833, la susdite société essaya de corrompre l'armée, la garde nationale et le peuple, attirant les prolétaires par l'appât du vol, et les soldats par la promesse des grades. Cette nouvelle insurrection, déjouée par la police, avorta. Pour se venger de l'échec, l'impudente et téméraire société lança un manifeste qui parut dans la *Tribune* du 23 octobre. La faction avouait hautement qu'elle voulait reprendre la révolution à 1793, pour la continuer suivant l'esprit de la Convention ; qu'elle voulait refaire la société en dépouillant le riche au profit du pauvre ; en un mot, qu'elle voulait réaliser pratiquement les doctrines de Saint Just et de Robespierre. La publicité de ce manifeste fit présager au roi que la session qui s'ouvrait verrait se produire de graves escarmouches de tribune. Aussi son discours de la Couronne signalait-il l'existence de passions insensées et de coupables manœuvres, mettant obstacle au repos du pays. Il se borna à promettre que la répression en serait poursuivie avec autant d'énergie que de patience.

Dès le commencement de janvier 1834, la lutte s'engagea par des reproches entre l'opposition et la majorité ministérielle. D'un côté, les accusations, les interpellations, les injures se multipliaient contre le gouvernement ; de l'autre, des paroles sévères, des réponses sanglantes, des conclusions votées en majorité, multipliaient les échecs des adversaires. Ce fut pendant un de ces débats que M. le général Bugeaud, blessé au vif par M. Dulong, exigea une réparation par les armes, et lui logea une balle entre les deux yeux, le 29 janvier, au bois de Boulogne.

Le moment était venu, pour les Chambres, de donner au gouvernement les armes nécessaires pour lutter efficacement contre l'audace croissante des partis anarchiques. La première était une loi sur les crieurs publics, qui leur enlevait leur plus puissant moyen d'action sur les classes populaires. Elle fut promulguée le 17 février. On n'en tint nul compte ; les porteurs de journaux résistèrent aux agents ; des bandes d'individus essayèrent de provoquer une émeute les 22, 23 et 24 février ; le peuple refusa d'intervenir ; la police eut raison des factieux. Une seconde loi contre les associations démagogiques, détruisant la *Société des droits de l'homme* et toutes ses sections, fut votée par la Chambre des députés le 25 mars 1834, et par la Chambre des pairs le 9 avril. Sa promulgation mit les partis anarchiques dans la nécessité d'agir et de livrer une prochaine bataille.

Une *société d'action* de douze cents hommes organisés pour exécuter un coup de main, pour engager l'action, en attendant le gros de l'armée insurrectionnelle, fut instituée par M. Kersausie, membre du comité de la Société des droits de l'homme.

M. de Lafayette, président de *l'Union de juillet*, publia une protestation contre la loi sur les associations, déclarant qu'il ne s'y soumettrait pas. Par son insurrection morale, il provoqua l'insurrection armée.

S'organisant pour la guerre civile, les sociétés politiques décidèrent que les anti-monarchistes de Lyon prendraient l'initiative. Pendant cinq jours, la seconde ville du royaume fut ensanglantée par d'héroïques combats contre les factieux. Quinze mille soldats, commandés par les généraux Aymar, Buchet et Fleury, durent assiéger barricades, maisons et églises pour en déloger les insurgés. La guerre de Lyon coûta trois cent cinquante morts et un plus grand nombre de blessés. Elle cessa le jour où les hommes d'action se mirent à l'œuvre à Paris, le 13 avril.

Malgré l'incarcération des cent cinquante chefs de la *Société des droits de l'homme*, malgré l'arrestation des rédacteurs de la *Tribune*, malgré les suppléments du *Moniteur* rassurant la population parisienne, une première barricade fut élevée, rue Maubuée, vers cinq heures du soir. En moins d'une heure, des centaines de barricades coupaient tout le réseau de rues étroites compris entre les rues Saint-Martin et du Temple, la rue des Gravilliers au nord, et la rue Saint-Méry au midi. La 4e légion accourut aussitôt dans ce quartier. Son colonel, M. Chapuis, fut blessé avec un adjudant-major, un sous-officier et plusieurs gardes.

M. le maréchal LOBAU, gouverneur de Paris, ne voulant pas risquer une attaque de nuit, se borna à resserrer l'insurrection dans l'espace où elle s'était elle-même concentrée.

Le 36e et le 35e de ligne de la brigade *Lascours* occupèrent la rue Saint-Martin dans toute sa longueur. La brigade Tourton tint la rue Saint-Denis. M. le général de Rumigny, à la Bastille, se reliait par les boulevards à la porte Saint-Martin, et par la rue Saint-Antoine à l'Hôtel-de-Ville. M. le général Bugeaud gardait la ligne des quais. A ses côtés se tenait M. Thiers. Vers minuit, ces deux derniers, à la tête de la colonne, entrèrent dans la rue du Temple. Près du ministre, le capitaine Rey fut frappé d'une balle et tomba raide mort. A la hauteur de la rue Geoffroi, vingt soldats furent atteints par une décharge. Quelques pas plus loin, M. de Vareilles, auditeur au Conseil d'Etat, fut mortellement blessé, en causant à M. Thiers.

Le 14 avril, à six heures du matin, au moment où les quatre brigades se concentraient vers la rue Beaubourg, M. le maréchal Lobau, accompagné de MM. les ducs d'Orléans et de Nemours, des généraux Pajol et Dariule, et de leur état-major, arrivèrent dans la rue Saint-Martin, entre la double haie du 35e et du 36e, rasant les maisons, et observant les insurgés. Un cheval fut blessé, ainsi qu'un des cavaliers de l'escorte.

Enveloppés de toutes parts, les insurgés ne purent pas se défendre. Quelques décharges, derrière les barricades, ou aux fenêtres des maisons, blessèrent quelques soldats, et notamment un capitaine du 35ᵉ de ligne. Ramassé par ses soldats, celui-ci était porté sur un brancard. Arrivés devant le N° 12 de la rue Transnonin, ils furent assaillis par des coups de feu tirés depuis cette maison. Le malheureux capitaine, atteint par plusieurs balles, expira sur son brancard. Les soldats pénétrèrent alors dans la maison, firent voler les portes en éclats, et, voyant leur sous-officier frappé par une balle, tuèrent les dix-neuf personnes qu'ils rencontrèrent. Si des innocents se trouvaient mêlés aux assassins, c'est sur ces derniers seuls que retomba tout le sang versé dans cette horrible lutte.

A sept heures du matin, le feu avait cessé, quatre cents insurgés avaient été arrêtés les armes à la main ; l'insurrection de Paris avait été écrasée. Le lendemain, le roi passait en revue le 36ᵉ, et toutes les troupes de la garnison ; sur son passage, la population l'avait salué des plus vives acclamations. A son retour aux Tuileries, les Chambres venaient lui donner l'assurance de leur entier dévouement.

Quand de violentes secousses imprimées aux institutions ne parviennent pas à les renverser, leur effet ordinaire et naturel est de les affermir. Ainsi en arriva-t-il de l'explosion du mois d'avril. La masse de la nation, la bourgeoisie surtout, se resserra autour du gouvernement qui avait osé être fort.

Le service de Paris continua à se faire en partie par le 36ᵉ de ligne. Il fut particulièrement pénible en 1834. Les élections et les crises ministérielles en furent la cause. Après l'ouverture de l'exposition de l'industrie, le 1ᵉʳ mai, eurent lieu les élections des officiers de la garde nationale. Elles avaient une véritable importance comme élément de la situation politique ; elles furent entièrement favorables au gouvernement. Non moins satisfaisantes pour le roi furent les élections du renouvellement de la Chambre. L'extrême-gauche fit des pertes nombreuses. Le changement le plus considérable fut au profit du tiers-parti.

Peu après, la question du gouvernement de l'Algérie vint diviser les ministres. MM. Guizot et Thiers voulaient un gouvernement civil, et M. le maréchal Soult, en soldat expérimenté, jugeait le maintien du régime militaire indispensable. Ce conflit eut pour conséquence la démission du maréchal, et la nomination du maréchal Gérard comme son successeur à la présidence du Conseil, le 18 juillet 1834.

Depuis la succession du général Desmichels au général Boyer à Oran (28 février 1833) jusqu'à l'institution d'un gouverneur général de l'Algérie, à la suite des discussions parlementaires de juillet 1834, les affaires d'Afrique n'avaient fait que s'embrouiller. Le duc de Rovigo n'était plus général en chef depuis le 4 mars 1833. Pendant l'intérim, le général Avizard institua le bureau arabe avec La Moricière pour premier chef. Lorsqu'arriva le nouveau général en chef, VOIROL, lequel n'était encore qu'intérimaire, l'effectif de toute l'armée d'Afrique s'élevait à 23,500 hommes et à 1,800 chevaux. Le 3 mai, le général Trézel châtia les tribus de Bouagueb et de Guérouaou, près de *Boufarik*. Le 7 mai, à six lieues *d'Oran*, le général Desmichels battait les Gharaba. Au combat du *blockhaus d'Orléans*, le 27 mai, ce même général lutta avec succès pendant sept heures contre les dix mille hommes d'Abd-el-Kader. Le 5 juillet, il occupait le port *d'Arzeu*, au bas du cap Carbon. Le 28, la victoire de Mazagran lui ouvrait les portes d'une autre ville maritime, *Mostaganem*, au sud de l'embouchure du Chélif. Pendant neuf jours, du 31 juillet au 8 août, les troupes d'Abd-el-Kader assaillirent avec acharnement cette dernière ville conquise; tous leurs efforts furent inutiles. Au combat du *Déjeb-Tafaroui*, le 5 août, les chasseurs d'Afrique sauvèrent la colonne du général Desmichels à la seconde attaque des Sméla. L'émir s'éloigna du Medjeher le 9. Mostaganem fut confié à la garde du colonel de Fitz-James.

Au nord-est de la Grande-Kabylie, la reconnaissance faite par La Moricière à *Bougie*, le 27 juin 1833, avait décidé cette expédition organisée à Toulon. Sous la direction du général Trézel, le siège de Bougie commença le 29 septembre. Ce ne fut qu'après treize jours et treize nuits de combats consécutifs que la ville fut prise. En vain les Kabyles renouvelèrent contre ses murs leurs attaques du 25 octobre et des 1er et 4 novembre; ils furent repoussés. Le chef de bataillon Duvivier fut désigné pour commander la place.

Abd-el-Kader recommença la lutte le 9 octobre; ce jour-là, trois mille cavaliers rouges surprenaient dix-huit cents Français à *la Sebka*. La défense fut parfaite. Le 2 décembre, le général Desmichels prenait sa revanche en cernant l'armée d'Abd-el-Kader entre deux feux, au *combat de Temzoura:* là, s'illustrèrent les colonels Oudinot et de Létang. Le 6 janvier 1834, deux escadrons de chasseurs sabraient douze cents cavaliers arabes sous les murs *d'Oran*. Après de si brillants exploits, le général Desmichels négocia la paix avec l'émir. Il fut la dupe des fourberies de l'Arabe.

Son traité du 26 février, approuvé par le gouvernement, causa la grandeur et la puissance de notre plus redoutable ennemi. Favorisé dès lors par les Français, approvisionné par eux d'armes et de munitions, Abd-el-Kader écrasa les Aghas du beylik d'Oran et d'Alger, ses ennemis. Nous verrons bientôt son ambition et son audace croître avec ses succès, et causer nos désastres. Après avoir signalé au passage la soumission des Hadjoutes à la suite des combats livrés par La Moricière à *Haouch-Hadj* (15 janvier 1834) et par le général Bro au *bois Kareza* (18 mai), nous dirons seulement que les rapports des commissions, présidées par le général Bonnet et par le duc Decazes, avaient déterminé définitivement le gouvernement à conserver l'Algérie. A la fin d'avril 1834, M. le maréchal Soult, président du Conseil, avait mis fin aux indécisions de la Chambre, en déclarant cette résolution bien arrêtée du gouvernement. Les partisans du régime militaire triomphèrent. Alors fut organisée la haute administration française dans ses possessions du Nord de l'Afrique. Le premier gouverneur général, nommé par ordonnance du 27 juillet, fut M. le général DROUET-D'ERLON. Son arrivée à Alger le 27 septembre 1834 mit fin au conflit entre le général Voirol et l'intendant civil M. Genty de Bussy.

Le maréchal Gérard, que la question du gouvernement algérien avait amené à la présidence du Conseil, ne se maintint pas longtemps dans cette haute fonction. Opposé à ses collègues sur la question de l'amnistie des accusés d'avril, circonvenu par le tiers-parti, persuadé qu'il y allait de son honneur de ne pas transiger, le président du Conseil donna sa démission. Le roi l'accepta le 29 octobre 1834.

Après des négociations infructueuses pour reconstituer un nouveau ministère, le roi, mécontent des démissionnaires, se tourna vers le tiers-parti. Le 10 novembre, ses ordonnances nommèrent M. le duc de Bassano à la présidence du Conseil, avec M. Dupin, à la marine, M. Persil, à la justice, M. Bresson, aux affaires étrangères, et le général Bernard, à la guerre. C'était un ministère sans principes, sans appui, sans consistance. Il dura trois jours.

Le roi comprit alors, que n'ayant pas été heureux dans l'essai du tiers-parti, le retour de M. Thiers aux affaires devenait une nécessité. Ce fut sous la présidence du maréchal Mortier que cet homme d'Etat et ses anciens collègues furent remis en possession du gouvernement le 18 novembre.

Cette crise ministérielle ne devait pas être la dernière pendant la session ouverte le 1er décembre. Si l'ordre dans la rue et la paix publique ne furent pas troublés ou compromis pendant tous ces graves changements du pouvoir, c'est parce que les chefs de l'opposition étaient pour la plupart, sous les verrous, à Sainte-Pélagie, la plus saine et la moins triste des prisons de Paris. Inculpés de participation aux troubles d'avril, les accusés de Paris et de Lyon allaient être jugés au palais de Luxembourg par la Cour des Pairs, assimilée à la cour d'assises. Mais les amis puissants et nombreux de ces accusés, ayant à leur service tous les journaux de l'opposition, exploitaient chaudement l'embarras causé au gouvernement par ces différentes crises, pour recommencer la lutte, sur le terrain de l'amnistie, et pour soulever le grand parti démocratique, et la population des boulevards de la capitale. En prévision de nouvelles manifestations, et par mesure de précaution et de police, des détachements considérables du 36e, et des autres régiments en garnison à Paris, furent souvent répartis dans les cours et dans les jardins des palais. L'appréhension de la gravité des débats amena une nouvelle crise ministérielle. Le 20 février 1835, M. le maréchal Mortier, alléguant son grand âge et son inexpérience de la tribune, donna sa démission de président du Conseil des ministres. A ce moment-là même, le 36e quittait Paris par bataillons : les 20, 25 février et 1er mars, il se dirigeait sur la Vendée.

CHAPITRE XVII

CHOLET - BOURBON - VENDÉE

Le 17 mars 1835, les trois bataillons du 36ᵉ se trouvaient réunis à CHOLET (Maine-et-Loire). Dans leur itinéraire, ils avaient visité les villes de Versailles, Rambouillet, Chartres, Nogent-le-Rotrou, La Ferté-Bernard, Le Mans, la Flèche et Angers. La population de la petite ville de Cholet, comme en général celle de la Vendée, est vraiment patriarcale. D'illustres familles nobles habitent les nombreux châteaux du pays. Les Vendéens aiment leurs seigneurs, et plus encore leurs prêtres, et prêtres et seigneurs se montrent dignes de cette affection et de cette confiance. Eloignés de la capitale, centre commun de toutes les actions et de toutes les résistances, disposés par caractère naturel à l'amour de la paix, au sentiment de l'ordre, au respect de la loi, ils placent la religion au-dessus de tout autre bien. Depuis qu'elle est catholique, la fière et fidèle Vendée n'a jamais vu sortir de son sein ni schisme ni hérésie. C'est sa constance dans sa foi qui lui a conservé l'antique amour de la France chrétienne. Pour la sauver, la relever et la défendre, elle fournira, à toutes les époques, un peuple de héros et de martyrs.

Depuis la création du régiment, jamais les soldats du 36ᵉ ne furent plus heureux que dans la Vendée. Contrastant étrangement avec celle de Paris, la garnison de Cholet était pour tous un agréable repos, relativement à la précédente. Les Vendéens fraternisaient admirablement avec les soldats du 36ᵉ. Leur bonne simplicité, leur cordial accueil, le bon marché avec lequel ils accordaient les vivres rendaient le militaire heureux.

— Je me faisais une tout autre idée de ces gens-là, disait M. Harmand gagiste, à Maugenre. En lisant les guerres de la révolution, plus d'une fois il était dit que Marceau avait combattu les *brigands de la Vendée*. Or depuis que je suis à Cholet, je n'en ai pas rencontré un seul.

— Ni moi non plus, et je suis bien certain qu'il n'en existe que dans certaines histoires. La bataille du 17 octobre 1793, où Kléber, à Cholet, accabla sous le nombre les paysans de la Vendée, et toutes les autres batailles livrées par ce général et par Marceau dans l'Ouest, ont été l'un des plus grands crimes de la Convention.

— Quelle fut donc la vraie cause de la guerre de la Vendée ?

— Ce fut uniquement le refus du gouvernement de laisser les catholiques exercer librement leur culte. Les Vendéens avaient accepté les changements politiques ; ils ne purent se résoudre aux innovations religieuses. Lisez les rapports faits à l'Assemblée législative par *Gallois* et *Gensonné*, lisez, dans *Gabourd*, le manifeste vendéen, avant de prendre les armes, et vous verrez qu'à ces propositions de paix et de fraternité, et qu'à cette demande de la liberté de conscience, la Convention ne répondit que par une guerre d'extermination.

— Ainsi donc, d'après vous, la force militaire fut mise au service des apostats, des patriotes, comme on les appelait alors ?

— Hélas, oui ! Les Vendéens voulurent défendre la cause de leurs évêques et de leurs prêtres contre *les intrus* ; les chouans voulurent maintenir, au prix de leur sang, la liberté constitutionnelle de leur religion ; ils voulurent repousser celle dont souffrait l'église, c'est pour cela qu'ils prirent d'abord l'étendard de la croix. Le chapelet à la ceinture, l'image du Sacré-Cœur en guise de cocarde, ils marchaient à l'ennemi, tiraient à bout portant, se précipitaient sur les batteries, et se montraient impitoyables dans le combat. Ce fut une guerre de géants. La Vendée ne s'est soumise définitivement que quand Bonaparte lui eut accordé les pasteurs de sa confiance et la liberté de son culte.

— Voilà où ont abouti les lois tyranniques et la constitution civile du clergé.

— Au martyre du peuple de la Vendée et au régime de la Terreur.

— Mais aujourd'hui que nos Vendéens sont calmes et taciturnes ! A les voir, on ne croirait guère trouver en eux tant d'intrépidité, de dévouement, d'audace, de bravoure, d'énergie, en un mot, tant de vertus guerrières et chrétiennes.

La terrible guerre des conventionnels contre les chouans semblait alors renaître dans celle des Arabes contre les Roumis. Pendant la garnison du 36e à Cholet, les plus graves événements se succédèrent en Algérie sous le gouvernement du comte d'Erlon, et de son successeur le maréchal Clauzel. Résumons-les brièvement et complètement, puisqu'ils ont contribué à l'avenir d'une conquête où interviendra efficacement le 36e.

L'organisation du gouvernement général faisait espérer la fin de quatre années d'indécision sur le sort de l'Algérie. Les nouvelles indécisions, les épisodes héroïques et décousus, qui durèrent encore six années, accumulèrent sur la Chambre des députés avare, passionnée, hargneuse, tracassière et mesquine les plus graves responsabilités.

Le choléra faisait de grands ravages dans la province d'Oran lorsque le COMTE D'ERLON arriva à Alger. Quand le fléau fut un peu calmé, le gouverneur commença par établir un camp à Boufarik (13 octobre 1834). Les hostilités recommencèrent dans *la Métidja* le 5 janvier 1835. Les brigades Rapatel et Bro durent faire une expédition à vingt-cinq lieues d'Alger contre les Béni-Ménad, les Soumata et les Hadjoutes. On se rappelle la fausse politique du général Desmichels qui avait favorisé Abd-el-Kader en lui fournissant des fusils, de la poudre et du plomb, et en autorisant ses prétentions. Convaincu de traiter secrètement avec l'émir, il se défendit avec une telle maladresse qu'une ordonnance royale du 16 janvier 1835 prononça son rappel, et lui donna pour successeur le général Trézel (5 février). A *Bougie*, Duvivier repoussait avec héroïsme les attaques réitérées des Kabyles. Mais la mésintelligence entre le commandant supérieur et le commissaire du roi causa son départ. Le colonel Lemercier, qui lui succéda le 9 avril, crut faire preuve d'habileté en faisant un traité avec le cheik Oulid-ou-Rebah. La trêve dura quinze jours. Le colonel dut céder le commandement au lieutenant-colonel Girot (25 avril).

Refusant de renoncer aux clauses du traité Desmichels, comme à ses projets de domination sur toute l'Algérie intérieure, le prétentieux Abd-el-Kader écrivit au comte d'Erlon pour obtenir de lui une confirmation authentique du fameux traité. La réponse du gouverneur dénotait de telles hésitations, que son manque de vigueur, dégénérant en faiblesse, encouragea l'émir à tout oser avec succès. Le séquestre qui avait été mis sur le convoi de fusils et de munitions à destination du sultan de Mascara fut honteusement levé par le gouverneur (1). Aussitôt Abd-el-Kader entra en campagne, vainquit les Flitta, et les tribus du Chélif (1er-9 avril 1835); soumit les Hadjoutes, les Mouzaïa, les Beni-Menacer, les Soumata, en marchant sur *Milianah*, qui lui ouvrit ses portes le 15 avril. Le 22, il triomphait de son rival Mouça-el-Derkaoui, au combat d'Haouch-Amoura. Deux jours après, il était reçu en triomphe à *Médéah*. C'est à ce moment que le comte d'Erlon lui envoya des négociateurs pour l'inviter à accepter les clauses du gouvernement français. L'émir refusa toutes les propositions, mit des conditions impossibles à la paix, humilia les officiers chargés de cette mission; il ne répondit finalement que par des insolences, et par le silence le plus méprisant. Anxieux, craintif, le comte d'Erlon ne voulut pas rompre avec le redoutable chef qui le dominait; il subit son ascendant; il continua, à titre gracieux, de lui envoyer des armes et du plomb. Heureusement qu'il y avait à Oran un homme dont l'énergie contrastait singulièrement avec la mollesse du comte d'Erlon; c'était le *général Trézel*, successeur de Desmichels. Il ne craignit pas, lui, de résister à l'émir avec une poignée de braves, pour défendre les Douairs et les Zmélas, placés sous la protection de la France.

Il arriva à Misserghine le 14 juin 1835, délivra les captifs de l'agha d'Abd-el-Kader le 15, soumit les Gharaba le 18, et campa au bord du Thélate le 19. S'arrogeant tout droit sur nos tribus, Abd-el-Kader commença les hostilités le 22, en attaquant Mostaganem. Avec 1,700 fantassins et 600 cavaliers, le général Trézel engagea le combat de *Mouley-Ismael* (26 juin). Les 8,700 cavaliers de l'émir et ses quatorze cents réguliers se brisèrent contre l'effort héroïque des Français. Ceux-ci perdirent le colonel Oudinot, 52 morts et 180 blessés. Ils bivouaquèrent au marabout de Sidi-Daoud. Le 28, le général Trézel se dirigea sur Arzeu, pour y conduire les blessés. Pendant cette marche de dix-sept heures, il dut combattre pendant quatorze heures, près des marais de *la Macta*. 228 Français périrent dans cette terrible journée. Les efforts surhumains du général Trézel réussirent à ramener, avec sa petite armée, 308 blessés à Arzeu. Cachant ses pertes, l'émir chanta victoire, il envoya dans les tribus des chameaux chargés des deux cents têtes de nos morts. Mais quel qu'ait été son succès, il ne put

---

(1) C. Rousset. L'Algérie de 1830 à 1840, tome I, page 361.

empêcher La Moricière d'accourir, par la voie de terre, d'Oran à Arzeu, avec deux cents cavaliers Sméla, pour rendre possible le retour de la colonne à Oran (3 juillet). Le comte d'Erlon faisait un dernier envoi d'armes à Abd-el-Kader quand l'on apprit à Alger les événements de la Macta. La responsabilité de ce désastre retomba en grande partie sur le gouverneur. Il donna sa démission et quitta l'Afrique le 8 août.

Deux jours plus tard, son successeur, le maréchal CLAUZEL, débarquait à Alger. Sa mission était de venger l'échec du glorieux général Trézel. Le gouverneur fit espérer à tous qu'il atteindrait ce but, et qu'il réaliserait en outre de vastes projets qu'il avait conçus sur la conquête et la colonisation de l'Algérie. Après la disparition du choléra, il commença par envoyer le général Rapatel avec 2,000 hommes à Haouch-Mouzaïa (6 octobre 1835). Prenant ensuite le commandement de 5,000 hommes, il rejoignit la brigade Rapatel à Boufarik le 16 ; et culbuta Sidi-Mbarek et les Hadjoutes au combat de *la Chiffa* (18 octobre). Les tribus hostiles furent ensuite dévastées jusqu'au lac Halloula. Le 21 novembre, le gouverneur accompagna le duc d'Orléans à Oran pour entreprendre l'expédition de Mascara. Les 2ᵉ et 11ᵉ de ligne, et 17ᵉ léger, venaient de renforcer le nouveau corps qui allait venger l'échec de la Macta. Les brigades Oudinot, Perregaux, d'Arlanges et Combe campèrent au Thélate le 27 novembre. Après y avoir construit un retranchement, elles engagèrent les 1ᵉʳ et 3 décembre deux combats sur la rive droite *du Sig*. Les dix mille cavaliers d'Abd-el-Kader furent décimés. L'action décisive de *l'Habra* (3 décembre) mit en déroute les troupes d'El-Mzari. Notre armée put franchir la gorge de l'Oued-Addad le 4 ; elle arrivait le 5 à Aïn-Kebira ; le 6, elle occupait MASCARA, la capitale de l'émir. Vingt-deux canons y furent pris aux Arabes. Aucune force française ne fut laissée dans cette ville quand la colonne l'évacua pour revenir à Mostaganem (12 décembre).

Trois semaines après sa défaite, Abd-el-Kader reprit l'offensive en attaquant les Smela dans la plaine de *Mléta* (28 décembre), puis il concentra ses forces à Tlemcen pour préparer de nouveaux coups de main. Le maréchal Clauzel résolut de les prévenir en organisant l'expédition de Tlemcen, le 8 janvier 1836. Après une marche de trente lieues, les brigades Perregaux et d'Arlanges arrivèrent à *Tlemcem* sans combat, le 13 janvier. Le 25, le maréchal Clauzel laissa 2,400 hommes avec le général Perregaux pour garder la ville. Opérant sur le nord de la ville, le maréchal bivouaqua sur l'Isser ; le 26 avec trois mille hommes, il refoulait les troupes de Ben-Nouna et de Bou-Hamedi au combat de *la Tafna*. Mais ne voulant pas se hasarder dans la gorge qui conduit à Rachgoun, la colonne française fit demi-tour et se trouva de nouveau aux prises avec les Kabyles d'Abd-el-Kader. L'arrivée de la garnison de Tlemcem fit fuir l'ennemi (27 janvier). Le retour de Tlemcem à Oran fut fixé au 7 février. L'émir tenta d'empêcher la marche. Le combat du *défilé de la Chair* (10 février) déjoua les manœuvres de l'ennemi. Les braves du maréchal triomphèrent là même où les Arabes avaient fait un grand carnage d'Espagnols.

De retour à Alger le 19 février 1836, le maréchal Clauzel se retrouva sur le même terrain qu'en 1830 ; comme à cette époque, il fallut encore recommencer l'expédition de Médéah. Les brigades Bro et Desmichels, sous les ordres du général Rapatel, comprenant un effectif de 5,000 hommes et de 1,200 chevaux, quittèrent Boufarik le 29 mars. Elles durent repousser pendant trois jours et trois nuits les attaques des Kabyles au combat du *Ténia de Mouzaïa* (1er-2-3 avril) ; elles entrèrent le 4 à *Médéah*, châtièrent les turbulents Ouzra, et revinrent à Blidah le 9 mai, après avoir perdu trois cents hommes.

A ce moment, le ministère et les Chambres refusant au maréchal les moyens d'étendre et d'affermir la conquête, l'obligèrent à se rendre à Paris pour soutenir la cause de l'Algérie. Pendant l'intérim du général Rapatel eurent lieu les désastreuses opérations du général d'Arlanges sur la Tafna. Parti d'Oran le 7 avril 1836 avec 3,200 hommes, il dut engager l'action contre toutes les forces d'Abd-el-Kader au combat du *Dar-el-Atchoun* (15 avril). Ayant contraint l'ennemi à la retraite, il commit l'imprudence de s'engager dans les défilés de l'embouchure de la Tafna. Abd-el-Kader était là avant lui ; il triompha au combat de *Sidi-Yacoub* (25 avril). L'habile retraite du colonel Combe sauva la colonne qui venait de perdre plus de quatre cents hommes. Les nouvelles de ce nouveau désastre disposèrent les ministres et les députés à assurer la revanche. Ordre fut donné au général BUGEAUD de prendre le commandement des 23e, 24e et 62e de ligne, et de s'embarquer aussitôt pour l'Afrique. Le 6 juin, il prenait terre à l'embouchure de la Tafna.

Sa marche sur Oran ne fut guère inquiétée que le 12 par 1,500 cavaliers arabes dont on eut vite raison. Malgré les fortes chaleurs, le ravitaillement de Tlemcem fut décidé à Oran le 18 juin. A l'aller, le glorieux combat *du Safsaf* fut la première victoire de Bugeaud sur Abd-el-Kader (24 juin). Ne demeurant que deux jours à Tlemcem, le général en repartit le 26 juin, se dirigeant sur le camp de la Tafna. Il tourna le col de Seba-Chiourk. Dès lors tout fut préparé pour recevoir l'attaque de toutes les forces d'Abd-el-Kader, et pour les précipiter dans les ravins de *la Sikak*. L'affaire fut vigoureusement menée le 6 juillet ; les pertes des Arabes furent énormes ; six drapeaux, cent trente prisonniers et sept cents fusils arabes furent ramassés. Les Béni-Ornid et les Béni-Amer furent châtiés les jours suivants. Après avoir remis le commandement des troupes le 19 juillet au général de Létang, successeur du général d'Arlanges, Bugeaud s'embarqua pour Alger, d'où il rentra en France avec le grade de lieutenant-général (1). Le vainqueur de la Sikak avait porté à Abd-el-Kader le plus terrible coup qu'il eut encore reçu. Mais l'intelligent émir n'avait rien perdu de son audace. Semblable aux chouans de la Vendée, un échec n'était pas de nature à lui faire poser les armes. Revenons à présent au 36e.

Le 18 septembre 1836, le 1er bataillon du 35e quitta la garnison de Cholet. Il était envoyé à NANTES pour y réprimer des troubles ; mais ces troubles étaient plus imaginaires que réels. Attaqués par les socialistes, qui ne voyaient dans le roi que le continuateur de la restauration, Louis-Philippe et ses ministres l'étaient aussi par les légitimistes qui ne voyaient dans la personne royale qu'un usurpateur... Pour ces derniers, le représentant de la légitimité était Henri V. Sa mère, la duchesse de Berry, avait échoué dans son entreprise de soulever les provinces de l'Ouest pour se faire proclamer régente. C'est à Nantes qu'elle avait fait imprimer ses proclamations, c'est à Nantes qu'elle avait été livrée à Thiers pour 500,000 francs par Deutz, juif baptisé, auquel elle avait accordé sa confiance, c'est à Nantes, chez les demoiselles Duguigny, rue Haute-du-Château, qu'elle avait été prise par le général Dermoncourt pour être ensuite enfermée à la citadelle de Blaye, et de là, conduite à Palerme.

Mais les légitimistes Nantais, comme tous ceux de l'Ouest et de la capitale, avaient désapprouvé la tentative de la duchesse.

Le gouvernement l'ignorait. Il avait fait procéder à l'arrestation de MM. de Châteaubriant, de Kersabiec, Guibourg, Berryer, de Fitz-James, de Neuville, etc. Il les faisait complices d'un soulèvement qu'ils avaient cherché à empêcher. Si les excitations de la duchesse avaient réussi à soulever la commune d'Aigrefeuilles et ses environs, les soldats du 29e et du 44e de ligne avaient eu bien vite raison de ces paysans. Ceux-ci n'avaient pris les armes que

---

(1) C. Rousset. L'Algérie de 1830 à 1840, tome II, page 96.

parce qu'ils pensaient que la monarchie, qui, dans le passé, a fait la France, pouvait seule la sauver. Ils craignaient d'autant plus la révolution, qu'ils en avaient été davantage les victimes. Cette crainte avait été exploitée par la duchesse de Berry, malgré l'avis contraire des grands chefs du parti. Pour le salut de sa cause, elle avait fait appel à la fidélité éprouvée des provinces de l'Ouest. Ignorant le véritable état de choses, elle échoua. Étant *seule*, la tête et l'âme de la conspiration, sa déportation devait suffire pour mettre fin aux craintes exagérées du gouvernement. Il n'en fut rien. Quelques maraudages accomplis en septembre, aux environs de Nantes, lui firent croire aussitôt à l'existence d'une armée vendéenne. Les soldats du 1er bataillon du 36e n'eurent à se battre contre personne, pas même contre des moulins à vent, comme don Quichotte. Neuf jours après leur départ, le 27 septembre 1836, ils étaient de retour à Cholet, où les soldats des autres bataillons les complimentèrent sur leur brillante expédition.

Au milieu de décembre 1836, la nouvelle du désastre de l'armée de *Constantine* causa autant de surprise que de douleur. Le maréchal Clauzel venait d'éprouver en Afrique un échec humiliant, il avait été contraint de reculer devant les Arabes en semant le chemin des cadavres de ses soldats. Au 36e comme partout, on se demandait avec amertume ou avec colère, comment avait été entreprise et dirigée cette expédition, et sur qui l'on pouvait à juste titre en faire retomber toute la responsabilité. C'était là le sujet de toutes les conversations. Maugenre en parlait avec tous ses camarades, spécialement avec Fiévet : « Quelle imprévoyance, disait-il, quelle légèreté pour un maréchal de s'être engagé dans une pareille entreprise sans en avoir mesuré les difficultés ! A l'époque des fièvres, par un temps affreux, sans moyens de transport et d'approvisionnement, au milieu de tribus généralement hostiles, sans matériel de siège, se contenter de sept mille hommes d'infanterie et de quinze cents de cavalerie, pour vaincre un corps d'ennemis considérable, et pour s'emparer d'une ville et d'une position aussi formidables que Constantine ! Mais n'est-ce pas là une incroyable témérité ? »

— Tu dis vrai, mon ami, répliqua Fiévet, et puisque, plus que moi, tu as le temps de lire les journaux, dis-moi donc ce que tu sais de cette affaire.

— Je voudrais bien n'en rien savoir, car j'en ai le cœur malade. C'est une rude boulette à digérer, et, crois bien que, tout ignorant que je suis en fait de stratégie, moi je ne l'aurais pas faite cette boulette-là.

— Bref, laisse tes appréciations personnelles et raconte-moi comment les Arabes ont fait descendre la garde à nos troupiers.

— J'ai lu que l'armée, réunie au camp de Dréan, le 12 novembre (1), arriva le 21 à deux lieues de Constantine. Yusouf-bey avait réussi à persuader au maréchal Clauzel qu'il avait dans la ville un parti nombreux et puissant, et qu'il lui suffirait de se présenter à la tête de quelques troupes devant ses murailles pour qu'une révolte des habitants lui en ouvrît les portes. Le maréchal se présenta sur le plateau de Mansourah. Il fut reçu à coups de canon.

Or, Constantine est défendue de trois côtés par un ravin très large et très profond qui présente pour escarpe et contrescarpe un roc à pic. Le quatrième côté est protégé par un mur d'enceinte ayant trois portes s'ouvrant sur le plateau de Coudiat-Ati. Une quatrième porte, celle d'El-Cantara, s'ouvre sur un pont étroit jeté sur le ravin.

Le bey de Constantine tenait la campagne avec une nombreuse cavalerie ; son lieutenant défendait la ville.

Le 22, la brigade de Rigny prend position sur Coudiat-Ati et refoule dans la place une partie de la garnison. M. le commandant Changarnier occupe un grand bâtiment à six cents mètres de l'enceinte. M. le maréchal fait canonner la porte d'El-Cantara. A huit heures du soir, le génie, qui venait de passer trente-six heures dans la boue, va reconnaître cette dernière position, sous les ordres de M. le colonel Lemercier. Cette reconnaissance découvre, sous le feu des défenseurs, l'existence d'une seconde porte encore intacte.

Pendant toute la journée du 23, la brigade de Rigny eut à soutenir l'effort des troupes du bey et des sorties de la garnison. Elle culbuta l'ennemi sur tous les points. M. le maréchal donna l'ordre d'une double attaque pendant la nuit. A minuit, l'attaque conduite sur Coudiat-Ati par M. le lieutenant-colonel Duvivier fut repoussée avec des pertes considérables. L'attaque de la porte d'El-Cantara, conduite par M. le général Trézel, fut encore plus malheureuse. Au passage du pont, les sapeurs du génie furent décimés par une grêle de balles. La compagnie franche de Bougie vint encombrer l'espace étroit où l'on travaillait à faire sauter la seconde porte. L'intrépide général Trézel fut renversé par une balle qui lui tra-

---

(1) L'organisation de la première expédition de Constantine coïncida avec le *combat de Béni-Méred* (8 novembre) où nos spahis furent attirés dans un guet-apens par les Hadjoutes, et avec la sortie du général Rapatel contre Blidah, qui fut canonné du 9 au 12 novembre.

versa le cou. Ordre fut donné à toutes les troupes de se replier sur le Mansourah avant le lever du jour. C'est alors que M. le commandant Changarnier se couvrit de gloire et sauva l'armée. Son bataillon du 2ᵉ léger dut former l'extrême arrière-garde, tâche honorable et périlleuse s'il en fut.

— Je n'aurai pas voulu être à sa place.

— Lui l'accepta et se conduisit en héros. Le départ de l'ambulance avait fait retarder la retraite. A l'aube du jour du 24, les Arabes sortirent en foule de Constantine et engagèrent avec les derrières de la colonne une vive fusillade. A travers les rangs ennemis, quarante soldats de la grand'garde accouraient éperdus. Le brave Changarnier fait volte-face en arrière, se porte au pas de charge à leur rencontre et réussit à les sauver. Pendant ce temps, les soldats du lieutenant-colonel Duvivier couronnent les crêtes du ravin, et modèrent par leur feu la poursuite des Arabes.

Le bataillon du 2ᵉ léger avait couvert la retraite de la première brigade. Il lui fallait encore couvrir celle des quatre bataillons de la brigade Trézel, partis les derniers du Mansourah, pressés par des flots épais d'ennemis, ayant abandonné dans la précipitation deux obusiers, leurs caissons et, chose douloureuse à dire, plusieurs voitures de blessés.

— Je crois que les bataillons du 36ᵉ n'auraient pas été si lâches.

— Je partage ton avis, et il me semble que ce jour-là, le 59ᵉ et 63ᵉ de ligne ont terni leur réputation. Le commandant Changarnier n'imita pas leur exemple. Il prit position avec son unique bataillon, reçut l'effort de l'ennemi, qu'il contint par un feu bien dirigé ; allant ensuite occuper une seconde position en arrière, il ne l'abandonna qu'après l'avoir vaillamment défendue.

— Voilà un commandant que j'estime.

— Ce n'est pas tout. Les efforts des Arabes étaient déjà venus se briser trois fois contre ses haltes successives, lorsque, vers onze heures, le gros de la cavalerie du bey se réunit pour exécuter une charge d'ensemble ; il s'avança en poussant des clameurs sauvages. Le bataillon du 2ᵉ léger était réduit à trois cents hommes. Le commandant Changarnier l'arrête, le forme en carré, et d'une voix dont le timbre ne trahit pas la moindre émotion : « Soldats, dit-il, regardez ces gens-là en face ; ils sont six mille ; vous êtes trois cents, la partie est égale, vive la France ! » Et aussitôt le carré se forme, l'ennemi est attendu. A cinquante mètres, il est reçu par un feu de deux rangs qui, sur trois côtés du carré, couvre le sol de cadavres d'hommes et de chevaux. Etonnés de tant d'audace, les Arabes s'arrêtent et se rejettent en arrière. Dès lors la colonne ne fut plus menacée.

— Et qu'elles ont été nos pertes durant cette campagne ?

— Des témoins dignes de foi les évaluent à près de trois mille hommes.

— Et le chiffre officiel ?

— A quatre cent cinquante-trois ! Voilà comme toujours, vainqueurs et vaincus osent dire la vérité sur leurs pertes, après une grande bataille.

Il y avait deux ans que Maugenre et la musique tenaient garnison à Cholet, avec tout le 36e, lorsqu'au printemps de l'année 1837, ils reçurent l'ordre de se rendre à *Bourbon-Vendée* avec les 2e et 3e bataillons. Trois étapes leur suffirent pour arriver au chef-lieu du département de la Vendée. Cette petite ville du XVe siècle a ses rues larges et tirées au cordeau. Elle doit à Napoléon 1er ses édifices publics. Aucune industrie ne s'y fait remarquer. Par contre l'agriculture y est très florissante ; elle produit un grand commerce de grains et de bestiaux. Le 36e y retrouva une population aussi bonne, aussi serviable, aussi religieuse qu'à Cholet. Aussi, pendant tout le temps des travaux des champs, furent-ils employés à seconder les cultivateurs. Très habile à faucher les foins, à moissonner les seigles, les avoines, les blés, le lin et le chanvre, Maugenre se faisait aimer de la famille d'un grand propriétaire du nom de Dumas. Elle n'avait jamais eu un aussi fort travailleur que lui ; elle avait été surprise de sa bravoure et de son dévouement. Au reste, dans le caractère du vrai Vosgien, il y a beaucoup d'analogie avec celui du Vendéen. Hommes des champs et hommes de foi, ils ont les mêmes goûts, les mêmes habitudes et les mêmes principes.

Non loin de Bourbon-Vendée se trouvent *Les Sables-d'Olonne*, petit port de mer fortifié, d'où partent les expéditions pour Terre-Neuve. Désireux de revoir l'Océan, quelques soldats du 36e obtinrent une permission de vingt-quatre heures. Maugenre était du nombre. Un bain de mer délassa bien vite de la fatigue, et un bon dîner, où l'on servit poissons sur poissons, vint calmer l'appétit. Le soir, ils s'en retournèrent avec une provision de sardines pour régaler les amis du régiment.

CHAPITRE XVIII

ÉCHO DE CONSTANTINE

Le 25 octobre 1837, la nouvelle de la prise de Constantine fut apportée au régiment. Paris l'avait apprise la veille. La France entière s'en réjouissait. Des *Te Deum* furent chantés partout et le soldat, toujours accessible aux grandes émotions de la gloire militaire, était heureux d'entendre parler de cette belle victoire de notre armée. Attablés chez la mère Uchette, les adjudants Grégoire et Riffaud s'entretenaient avec Maugenre de ce succès.

— Les Français sont une grande nation, disait M. Grégoire; quand ils veulent avoir du cœur ils n'en manquent pas. Ils l'ont bien fait voir à Constantine.

— Vous connaissez donc les glorieux faits d'armes de ce siège, répliqua M. Riffaud?

— Je viens de les lire dans le *Moniteur universel*, et j'en suis encore tout ému.

— Ah! mon cher, tu feras bien plaisir à Maugenre si tu veux bien les lui raconter.

— Et à M. l'adjudant Riffaud ici présent.

— Tout juste. Eh bien, nous vous écoutons, parlez-nous de LA MORICIÈRE.

— Ce héros, le favori de la victoire, l'enfant chéri de l'armée d'Afrique est un breton de forte race ; je vais vous le peindre à Constantine. Brave, hardi, aventureux, plein de fougue et d'élan, de vivacité et de gaîté gauloise, tranquille et imperturbable sous les balles, actif et infatigable, prudent malgré son audace, prévoyant, coup d'œil prompt, décision rapide, enlevant le soldat pour une attaque, le lançant ou le retenant à son gré, l'animant du geste, du regard et de sa voix vibrante, payant partout de sa personne, homme de batailles, de faits d'armes, de grands coups d'épée, capable de conquérir un pays, de le civiliser, de le christianiser et de le gouverner, il est en un mot le type de nos grands chefs.

— Bravo, l'adjudant, et comment a-t-il conquis tous ses grades ?

— Certes, à la pointe de son épée. A vingt-cinq ans, chargé de la reconnaissance de *Bougie* dont on voulait s'emparer, il est cerné de toutes parts dans une maison où il s'était réfugié. Sans hésiter, il ouvre tout-à-coup les portes, sort avec ses compagnons, le front haut, le regard menaçant, le pistolet levé et le sabre au poing et passe à travers les Arabes immobiles et stupéfaits de tant d'audace.

A la retraite de *la Macta* il reçoit l'ordre de ramener dix escadrons d'Arzeu à Oran. Pour ne pas sacrifier le prestige français, et pour ne pas sembler fuir, La Morcière refuse la route de mer ; il traverse hardiment avec ses dix escadrons les tribus en armes.

A la retraite de *Médéah,* un désordre fatal était dans les rangs de notre armée ; les Kabyles, ayant fait de nombreux prisonniers se disposaient à les égorger. La Moricière se retourne, (il était à l'arrière-garde), il se précipite sur les Kabyles, leur arrache leur proie, et par sa fière attitude assure la retraite en forçant l'ennemi de se tenir à distance.

— Mais hâte-toi donc d'arriver à CONSTANTINE.

— J'y suis. C'était le 13 de ce mois d'octobre. M. le lieutenant-colonel La Moricière commandait la première colonne d'attaque. M. le colonel Combes commandait la seconde, ayant sous ses ordres les chefs de bataillon Bedeau et Leclerc. M. le colonel Corbin commandait la troisième. A sept heures, le signal de l'assaut est donné par M. le duc de Nemours. Aussitôt la première colonne s'élance de la place d'Armes. Sous un feu terrible de mousqueterie, elle gravit au pas de course la pente qui conduit au rempart. En tête, et à dix pas en avant, La Moricière enlève ses soldats. Au sommet de la brèche, son capitaine Garderens y plante le drapeau tricolore. Derrière le rempart, il se trouve dans un dédale de maisons et de passages fermés, de détours anguleux aboutissant à de solides murailles. Nulle part aucune issue ; partout, une pluie de balles sème la mort. Lamoricière fait appo[rter] des échelles ; il se fait suivre de ses soldats, les conduit l[ui-]même sur la toiture des maisons et y organise un combat aérie[n.] A ce moment, une explosion formidable se fait entendre ; un épa[is] nuage de fumée, de poussière et de débris dérobe tout à la vu[e.] C'était un magasin à poudre qui sautait sous les pas de La Mo[ri]cière, le lançait en l'air, et l'ensevelissait sous les décombres [du] rempart écroulé. Ses zouaves escaladent les barricades, s'élance[nt] dans la ville, découvrent le palais du dey, en brisent les portes [et] s'en emparent. Les deux autres colonnes avaient franchi success[i]vement la brèche et faisaient l'assaut de toutes les maisons. L[e] brave colonel Combes tomba mortellement frappé de deux balle[s.] Les généraux de Fleury, Trézel et Rullière, le colonel de Tourn[e]mine, le commandant Bedeau, les capitaines Niel, Mac-Mahon [et] Canrobert s'emparèrent des grandes voies qui ouvraient à n[os] intrépides soldats l'accès de l'intérieur de la ville. Les Maur[es] capitulèrent. Un parlementaire vint offrir la soumission des aut[o]rités, le feu cessa. Constantine était à nous.

— Et que devint La Moricière ?

— Quand ils le ramassèrent noirci, brûlé, ses zouaves le tran[s]portèrent à l'ambulance. Là, les chefs d'armée, par une inspira[tion] toute française, voulurent qu'on jetât sur son lit de camp, po[ur] couverture, *le drapeau de Constantine*.

— Ces chefs avaient du cœur comme savent en avoir des Fra[n]çais. Mais vous ne nous avez pas parlé du gouverneur général [en] chef, M. DE DAMRÉMONT (1), comment a-t-il été tué ?

— Par un boulet, en sortant le 12 de la tranchée pour observ[er] la brèche. Au même instant, le général Perrégaux, son ami, s[e] précipite sur lui et reçoit à la tête une balle qui le blesse mortell[e]ment. M. le général *Valée* (2) prit alors le commandement.

— Voilà des Arabes qui n'usaient pas leur poudre à tirer sur d[es] moineaux. Ce sont des races vaillantes qui ne livrent pas leur s[ol] sans combats.

— Très vrai. La veille de sa mort, le général en chef envoya u[n] parlementaire turc pour amener les Arabes à capituler. Or voi[ci] la réponse qu'il en reçut : « Nous avons beaucoup de munition[s

---

(1) Il avait succédé au maréchal Clauzel le 12 février 1837.
(2) Gouverneur par intérim après la mort du général de Damrémont, il f[ut] élevé à la dignité de maréchal de France le 12 novembre, et nommé gouve[r]neur général réel le 1er décembre 1837.

de guerre et de bouche ; si les Français en manquent, nous leur en enverrons. Nous ne savons pas ce que c'est qu'une capitulation. Mais nous défendrons à outrance notre ville et nos maisons, et les Français n'en seront maîtres qu'après nous avoir tués jusqu'au dernier ». — « Ce sont des braves, dit alors le général, l'affaire n'en sera que plus glorieuse. »

— Au moins le désastre de l'année dernière a été réparé. Cette réparation nous coûte cher, mais elle était une nécessité et un devoir d'honneur.

— Tu sais bien qu'entre soldats l'on dit « *qu'on ne peut pas faire une omelette sans casser des œufs.* » M. le général de Damrémont aurait bien voulu ne point en casser et terminer par la paix notre différend avec le bey de Constantine. Le 23 juillet, il était parti pour Bône désirant avec lui un arrangement pacifique, pour conserver en lui un rival et un obstacle à l'ambition d'Abd-el-Kader, et pour se conformer aux recommandations du ministère. Le bey semblait disposer à faire les concessions nécessaires pour effacer moralement notre échec de l'an dernier. Mais ce n'était qu'une feinte, pour retarder notre expédition jusqu'à l'automne, et pour nous faire renoncer à nos réclamations, en imitant l'obstination d'Abd-el-Kader. A l'ultimatum du général il répondit le 19 août par des contre-propositions extravagantes. Dès lors l'expédition fut résolue.

— Mais dis-moi, est-ce que le gouvernement a renoncé à la guerre d'Afrique, est-ce que la paix est faite avec Abd-el-Kader ?

— Oui, de toute cette guerre d'Afrique qui dure depuis bientôt sept ans, la prise de Constantine doit en être le dernier épisode. Le 12 février, en nommant gouverneur le général de Damrémont, et Bugeaud, général commandant la province d'Oran, le ministère leur a donné pour mission spéciale de faire la paix avec l'émir. La France n'a pas en vue la domination absolue sur toute l'Algérie, mais seulement son établissement maritime, la sécurité et l'extension de son commerce, l'accroissement de son influence dans la Méditerranée. Or, la guerre est un obstacle à tous ces résultats. Tels sont les motifs qui ont amené M. le général Bugeaud à signer avec Abd-el-Kader le *traité du 30 mai*, à TAFNA, et la Chambre des députés et à le ratifier. La France a cédé à l'émir l'Algérie occidentale et centrale.

— C'est une lourde faute, riposta l'adjudant Riffaud, ce traité sacrifie la plus grande partie des territoires que nous avons conquis ; il livre à l'émir des tribus qui s'étaient confiées à notre honneur et qui l'avaient combattu ; il substitue à la domination détestée des Turcs un pouvoir national nouveau, disposant contre nous de la plus grande autorité morale ; il détruit le fruit de sept années de sacrifices d'hommes et d'argent, et il aggrave les difficultés de notre établissement en Algérie. Moi je souhaite que ce traité soit violé le plus tôt possible.

— Il ne le sera pas par la France.

— Il le sera par les Arabes. L'insurrection des tribus a été presque générale en mai. Rapelle-toi le combat du 25 mai, à *Boudouaou* où M. le commandant de la Torre soutint avec neuf cents hommes l'effort de plus de cinq mille Kabyles. Il est impossible qu'il n'y ait pas de nouvelles insurrections cet hiver ou l'an prochain.

— Tant pis pour les Arabes.

— Et tant mieux pour nous. Allons, à votre santé, Messieurs, et vive la France. »

Cette conversation des adjudants et de Maugenre était aussi celle de tous les officiers et soldats du régiment. Quand sera-ce, disaient-ils, que nous serons dirigés sur Alger, ou sur un autre port de mer de l'Afrique ! Quel beau jour que celui où nous irons voir ces chères possessions, et, si la guerre recommence, où nous irons combattre les Arabes ! Qu'il fera bon courir en toute liberté dans toutes les tribus algériennes ! Ces ardents désirs ne devaient pas encore se réaliser de si tôt. Le désappointement fut grand, lorsqu'arriva l'ordre de quitter Bourbon-Vendée pour se rendre à *Bayonne*. Le départ de la musique, du 3ᵉ bataillon, de l'état-major et de la compagnie hors-rang fut fixé au 5 décembre 1837.

CHAPITRE XIX

RETOUR A BAYONNE — SAINT-JEAN-DE-LUZ

Après avoir quitté la Vendée, Maugenre et le 3e bataillon du 36e firent étape à la Rochelle, Rochefort, Royan, Blaye, et arrivèrent à *Bordeaux* le 14 décembre. Pendant les trois jours qu'ils y restèrent, ils purent visiter l'antique cathédrale, le beau port limité par un pont superbe, les monuments, les promenades et les quartiers magnifiques de la ville. Les soldats qui voulurent sacrifier une pièce de deux francs pour boire une bouteille de bon vin furent volés par les marchands. Ils jurèrent, mais un peu tard, qu'on ne les prendrait plus. Continuant leur itinéraire par Langon, Psazas, Roquefort, Mont-de-Marsan et Dax, ils arrivèrent à BAYONNE le 26 décembre 1837. Le dépôt du 36e fut logé à la citadelle. Comme le 4e léger occupait le Château-Neuf, les bataillons et la musique du 36e ne purent rester à Bayonne que quelques jours. Le 1er bataillon, parti de Cholet le 18 octobre, était arrivé à sa destination le 8 novembre. Mais le 2e bataillon, qui n'avait quitté Bourbon-Vendée que le 11 décembre ne se réunit aux deux autres que le 3 janvier 1838.

En attendant la désignation des cantonnements, les soldats du 36e assistèrent à une exécution militaire. Un sergent-major de la légion étrangère, en garnison à Pau, avait participé à un triple assassinat. La veille du jour où il devait partir en permission, le maître-tailleur, sa dame et son enfant, avaient été égorgés. Or, dans la malle de ce sergent-major, qui fréquentait souvent cette famille, on trouva des objets précieux, et du linge, à elle appartenant. Dès lors, nul doute qu'il ne fut soit l'auteur, soit le complice de cet épouvantable crime. Après une longue enquête, le conseil de guerre de Bayonne le condamna à mort. Pendant toute sa prison préventive, M. l'abbé Sarlaye, aumônier de l'hôpital militaire, se dévoua au salut de ce malheureux. Il réussit à le convertir en le faisant prier avec lui. La prière lui donna l'espérance du pardon ; la confession lui en donna la certitude. Dieu était devenu son consolateur ; la Très Sainte Vierge, sa réconciliatrice et son refuge. Le 30 décembre, à dix heures du matin, il sortit de la prison du Château-Neuf et fit à pied le long trajet des rues Paneçau et autres, aboutissant à la place et à la porte d'Espagne. Accompagné de l'abbé Sarlaye, escorté d'un piquet de gendarmes, il pleurait et priait les yeux fixés sur le crucifix. La plaie du cœur de Jésus lui révélait l'amour et la bonté de son Dieu pour les grands pécheurs. En retour et en expiation, il acceptait le sacrifice de sa vie.

Le cortège se dirigea vers le rempart, vis-à-vis du cimetière. Toute la troupe de la ville s'y trouvait réunie ; le peloton était prêt. Conduit en face des soldats, sur une petite élévation de terrain, il se mit à genoux, jeta au loin son képi, baisa le crucifix et le pressa sur son cœur. Embrassant ensuite l'aumônier dans toute l'effusion de son âme, il lui dit adieu. Alors il ôta sa veste, qu'il replia et mit sous ses genoux ; on lui banda les yeux... L'aumônier se mit à l'écart. Le condamné fit le signe de la croix, il se découvrit la poitrine, étendit les bras, et, en invoquant Jésus !... Marie ! il fut à l'instant même percé de douze balles. Il tomba la face contre terre, fit encore quelques mouvements ; mais la mort avait été instantanée, et son âme, purifiée par une pénitence sincère, avait comparu devant Dieu. Les soldats ne pouvaient se faire à la pensée qu'il avait été un scélérat, un assassin. En deux mois, la religion avait fait en lui des prodiges ; et il faut la foi pour se les expliquer. Sa mort fut une expiation de son crime, une satisfaction à la loi militaire, et un exemple aux camarades ; impossible de dire la salutaire impression qu'elle produisit parmi eux.

Une quinzaine de jours après leur arrivée à Bayonne, l'état-major, la musique et le 2e bataillon du 36e furent envoyés à SAINT-JEAN-DE-LUZ. Ils devaient y rester un an, jusqu'au départ du 4e léger. Comme il n'y a pas de caserne dans cette petite ville de moins de quatre mille habitants, les soldats furent logés chez les particuliers. Les officiers étaient en chambres garnies et mangeaient à l'hôtel : les sous-officiers avaient un logement spécial pour leur réunion ; ceux d'entre eux qui étaient mariés, Désaille, Letailleur et Ernaudin, tenaient cantine pour les soldats. Maugenre était logé chez un grand fabricant de conserves de thon et de sardines ; il lui consacrait tout son temps libre et mettait à la caisse d'épargne l'argent qu'il y gagnait.

Détachés dans tous les cantons et villages avoisinant l'Espagne, les bataillons du 36e avaient pour mission de garder et de surveiller la frontière. Depuis la mort du roi Ferdinand VII, c'est-à-dire depuis le 29 septembre 1833, la guerre civile avait éclaté dans cette nation turbulente. La couronne avait été léguée à sa fille *Isabelle*, alors âgée de trois ans, sous la tutelle de la reine-mère Marie-Christine. La loi nationale espagnole, consacrée par une tradition de sept siècles, et par les mœurs du pays, admettait la succession féminine, non seulement pour le pouvoir suprême, mais même pour les dignités nobiliaires. La pragmatique sanction de Charles IV, les décrets de 1812 et de 1830, avaient confirmé cet ordre d'hérédité suivant l'usage immémorial.

Voulant à son profit faire prévaloir la loi salique française sur la loi espagnole, *don Carlos* se déclara héritier légitime du roi son frère. Il se fit proclamer roi dans la Biscaye, et dans quelques autres provinces. L'usurpateur avait pour lui le parti de l'absolutisme ; la jeune reine, promettant à l'Espagne des libertés constitutionnelles, avait pour elle le parti libéral modéré. Aussitôt après la mort du roi, le gouvernement français avait reconnu sans hésitation la reine Isabelle II ; son avènement éloignait, en don Carlos, l'ennemi déclaré de nos institutions. Il fut décidé qu'un envoyé extraordinaire se rendrait immédiatement près de la régente, pour lui porter l'appui moral de la France, et lui promettre, en cas de besoin, un concours efficace.

Malgré cette notification officielle, le parti carliste organisa la guerre civile. L'insurrection se propagea rapidement chez les habitants de la Biscaye, du Guipuscoa et de la Navarre, alarmés sur la conservation de leurs privilèges ou fueros.

La France dut se tenir prête à tout événement. Pour mettre obstacle aux envois d'hommes et d'armes, arrivant de France aux carlistes d'Espagne, il fut arrêté qu'une ARMÉE D'OBSERVATION, pouvant être portée jusqu'à cinquante mille hommes, serait établie au pied des Pyrénées. Cette armée fut répartie en deux divisions : l'une sous les ordres du lieutenant-général comte de Castellane avait son quartier général à *Perpignan ;* l'autre, dont faisait partie le 36ᵉ de ligne, sous le commandement du lieutenant-général, comte Harispe, avait son quartier général à *Bayonne*.

Durant ce séjour à Saint-Jean-de-Luz, le caporal de musique Berthenet était parti du régiment en emportant l'argent des musiciens, ce qui s'appelle, en termes militaires « manger la grenouille. » Il fut arrêté à la frontière, et l'argent fut retrouvé. Le chef de musique proposa au colonel de nommer Maugenre caporal, à la place du fripon, mis à l'ombre. M. Prax accepta le candidat sans aucune difficulté ; il était absolument sûr de sa probité. Tous les musiciens, les gagistes surtout, qui avaient un traitement de soixante, quatre-vingts, et jusque cent francs par mois, suivant leur talent, applaudissaient à cette nomination de leur chef. Un seul s'y refusa : ce fut Maugenre. On eut beau le presser, le solliciter, l'importuner ; rien n'y fit.

— « Je ne veux pas avoir à punir personne, disait-il, c'est contre mon caractère. Or, à l'appel du soir, il y a toujours des musiciens qu'il faut porter manquant, ou qu'il ne faut pas signaler, au risque de se compromettre. On ne fait pas marcher les musiciens comme les soldats d'une compagnie. Je ne veux pas être leur chien de garde. Je préfère ma petite chambre en ville, sans être caporal, et dormir tranquille, que d'être obligé à passer mes nuits à faire la police dans la chambrée des musiciens. »

C'était parler juste et ferme. Devant son obstination invincible, il fallut se résoudre à nommer Uchette caporal de musique.

Vers ce même temps, un crime fut accompli par un soldat du 36ᵉ, de la quatrième du second. Il avait appris que son camarade venait de recevoir de sa famille la modique somme de vingt francs. Il l'invita à venir se promener avec lui un soir, sur le bord de l'Océan, et là, pour lui voler son argent, il l'assassina. Dans la lutte, il perdit son képi ; ne pouvant rentrer nu-tête au logis, il se rendit à une maison voisine pour emprunter une lanterne. Surpris de cette demande, les gens le regardèrent avec attention et lui prêtèrent ce qu'il demandait. Le képi fut retrouvé. S'apercevant le lendemain qu'il était taché de sang, il dut le laver devant ses camarades étonnés. Quand on apprit qu'un soldat avait été tué la veille, tous le désignèrent. Reconnu par les civils qui lui avaient prêté leur lanterne, il avoua son crime et fut condamné à mort à Bayonne. En marchant au lieu de son exécution, ce monstre impénitent faisait le brave, le fier et le fanfaron. Il fumait une grande pipe, au milieu des gendarmes. Rien qu'à le voir passer, les Bayonnais se disaient : « En voilà encore un qui mérite bien ses douze balles. »

CHAPITRE XX

NÉGOCIATIONS DE MARIAGE

Au printemps de l'année 1839, l'état-major du 36ᵉ avait quitté Saint-Jean-de-Luz pour revenir prendre sa garnison de BAYONNE. A son arrivée dans cette ville, M. Bœr, chef de musique vint avec sa dame louer un garni au premier étage d'une des premières maisons de la rue Panecau, près du Château-Neuf. Leur propriétaire était une jeune dame de vieille noblesse gasconne. Elle s'appelait *Catherine Marouby, née Capdepon-de-Goës ;* elle était veuve ; elle avait deux fils en bas âge, Mathieu et Jean-Baptiste. Originaire d'Oloron-Sainte-Marie, elle était née de parents dont les propriétés, autrefois seigneuriales, furent confisquées et vendues comme biens nationaux par la convention. Son père, et tous les fils et filles de JEAN CAPDEPON-DE-GOËS et d'ENGRACE DE BARRÈRE furent réduits par ce vol inique à devoir se créer à eux-mêmes une position et un gagne-pain. L'aîné des enfants réussit à se refaire une brillante fortune dans le commerce maritime de France en Amérique. Il habitait Bordeaux, et il était *armateur* : il se nommait *Jean,* comme son père. Quant au père de Catherine, *Jean-Pierre* Capdepon-de-Goës, frère de l'armateur, il avait été négociant à Oloron. Sans jouir d'une aussi grande fortune que celle de l'armateur, il était cependant fort à l'aise dans sa nouvelle situation. Il était en outre un chasseur de grand renom. Chaque fois que les bergers pyrénéens signalaient la présence d'un ours, dans les grands monts, il était en tête de traqueurs pour attaquer le fauve.

De son premier mariage avec Catherine Bellocq, *Jean-Pierre Capdepon-de-Goës* avait eu deux enfants Jean et Catherine mariée à Bayonne. D'un second mariage avec *Thérèse Loustelot*, il avait eu trois fils *Jean*, Antoine et Bertrand demeurant à Oloron. Il mourut presque en même temps que son gendre Marouby, en 1838.

A la mort de son mari, la veuve Marouby se trouva à la tête d'un atelier et d'un grand magasin. Avec deux petits enfants à élever, elle ne pouvait pas faire face à tout. Elle dut donc appeler à son aide la fille aînée et le premier fils de son frère Jean, d'Oloron, issu du second mariage de son père avec Thérèse Loustelot. Ce neveu et cette nièce s'appelaient *Jean et Thérèse Capdepon-de-Goës*. Ils habitaient donc chez leur tante à Bayonne quand le chef de musique du 36ᵉ vint y louer un garni.

Jean était un bon et beau jeune homme, aimé de tous. Il venait de tirer au sort et avait eu le numéro 2. Thérèse, sa sœur inséparable, était l'aînée de dix enfants. Leurs parents tenaient à Oloron, place Henri IV, les mêmes magasin et atelier que leur tante de Bayonne. Ils étaient voisins et amis des parents du futur général Camou. Jean et Thérèse avaient été élevés ensemble par une sainte femme, leur grand'mère, *Jeanne de Loustau*, née Fillet. Thérésine avait alors vingt-deux ans. Son activité au travail, son aimable conversation, dénotant beaucoup de tact et de jugement, son noble et gracieux visage couronné d'une magnifique et abondante chevelure, noire comme l'ébène, tout son extérieur en un mot la faisait remarquer, aimer et estimer.

A ce moment, le logement de Madame Bœr était devenu le rendez-vous habituel de plusieurs dames d'officiers du 36ᵉ. On y rencontrait souvent Madame Marmé, dame de M. le capitaine d'habillement, et Madame Déliot, dame de M. le capitaine adjudant-major. Très aimé de son chef de musique et de ces dames, Louis Maugenre ne passait guère de jour sans venir les visiter à la rue Panecau. Il avait alors dix-sept ans de service. On tenait beaucoup à lui au régiment. Ces dames, pour le conserver au 36ᵉ, travaillaient depuis quelque temps à lui procurer une femme convenable. L'occasion leur semblait arrivée. Elles jetèrent les yeux sur Thérésine. Pour réussir dans leur projet, elles firent jouer tous les ressorts de l'intrigue. Dieu sait si les dames d'officiers s'y entendent en cette matière !

Un jour que Madame Marmé et que Madame Bœr se trouvaient réunies, elles invitèrent la nièce de Madame Marouby à venir partager leur goûter. Alors, la prenant à part, elles lui dirent :
— « Ecoutez, Mademoiselle, nous voudrions bien vous avoir avec nous au régiment. Notre colonel M. Prax a épousé la sœur de M. Chégaray, député de Bayonne ; notre capitaine adjudant-major, M. Déliot, a épousé votre connaissance Mademoiselle Dachary, et, ces jours derniers, notre maître armurier M. Molinier a épousé Mademoiselle Guérins, de Saint-Jean-de-Luz. Vous voyez donc qu'avec nous, vous vivriez en famille ; nous serions toutes payses, et nous ferions bon ménage ensemble, soyez-en convaincue. »
— « Moi, au régiment, femme d'un militaire, ah ! Dieu m'en préserve ! Ne savez-vous donc pas que je n'ai jamais songé au mariage et que je n'y songe pas encore aujourd'hui ? Si j'avais pu obtenir une dot pour entrer à la Visitation, déjà depuis cinq ans, j'aurais dit adieu au monde et à ses vanités, mais hélas ! mon grand-oncle, armateur à Bordeaux, Jean Capdepon-de-Goës, n'est pas encore revenu d'Amérique ! C'est lui qui a élevé les deux enfants de son frère défunt, Marie et Jean, dont la mère était devenue comme folle de chagrin. C'est lui qui, en 1831, a marié Marie à un milord anglais, lui donnant quatre ou cinq cent mille francs de dot. S'il n'a rien fait pour moi jusqu'ici, c'est parce qu'il a vu mes parents fort à l'aise. Mais il m'aimait beaucoup. »
« Ma bonne petite Thérésine, me disait-il à Oloron, tu es bien le portrait vivant de ma bonne mère, Engrâce de Barrère, si tu étais plus âgée, je te placerais au même pensionnat où a été Marie, et je te prendrais avec moi à Bordeaux : mais tes parents n'y consentiraient pas. » C'est lui qui, la veille de sa fête, à Oloron, après avoir reçu mes vœux, et accepté mon bouquet, m'a fait cadeau de ces boucles d'oreilles et de ce riche collier. Il m'a promis, réellement promis, qu'à son retour d'Amérique, il me gratifierait d'une aussi belle dot que celle qu'il a donnée à la cousine-germaine de mon père. Nous ne savons pas à l'heure présente ce qu'il est devenu ; avec leurs nombreux enfants, mes chers parents, qui comptaient trop sur lui, ont bien du mal pour faire honneur à leur nom et à leurs affaires.
— Chère demoiselle, ne comptez pas sur votre grand-oncle de Bordeaux. Quelque sérieuse que soit une promesse, un tiens vaut toujours mieux que deux tu l'auras. Pratiquement, vous ne pourrez plus guère espérer aujourd'hui que le salaire de votre propre travail. Or, au régiment, nous vous ferons gagner plus d'argent

que vous ne pourriez en acquérir ici. S'il vous fallait un jour venir en aide à vos frères et sœurs, nul doute que vous ne soyez plus à même d'y subvenir.

— Et comment cela? En étant cantinière peut-être? Jamais, Mesdames, ô grand jamais, je ne consentirai à être de ces femmes-là.

— Nos cantinières sont généralement des femmes respectables et respectées. Tout colonel congédierait bien vite hors du régiment celle qui ferait justement parler d'elle. Mais vous, Mademoiselle, vous pouvez être avec nous, sans être cantinière, et cependant beaucoup gagner.

— En épousant sans doute un officier, qui me reconnaîtra une dot fictive, pour mon malheur et pour le sien.

— Vous n'y êtes pas du tout. Vous pouvez être plus riche, femme de soldat que femme d'officier, à la condition toutefois que vous aimiez le travail.

— Sans tenir cantine, et sans demeurer à la caserne?

— Parfaitement. Comme nous, vous logeriez en ville, et toujours vous seriez avec nous, comme vous l'êtes en ce moment, notre meilleure et fidèle amie.

— Vous avez donc un soldat en vue?

— Oui Mademoiselle.

— Un chrétien?

— Très chrétien.

— Ayant du cœur et de la vertu?

— C'est son bon cœur et sa droiture qui nous le font estimer.

— N'ayant fait aucune punition?

— Pas un jour de salle de police.

— Ayant la confiance de ses chefs?

— Oui, de tous ses chefs, sans en excepter un seul.

— Permettez-moi d'en douter. Dans tout votre 36e, un soldat tel que vous me le dites me semble introuvable.

— Nous vous l'avons trouvé.

— Mais c'est impossible.

— Demain à deux heures, revenez nous voir, vous le rencontrez ici.

A la suite de cette conversation, Thérèse se mit à prier. « La Sainte Vierge m'a toujours protégée, se disait-elle, en l'invoquant à l'heure présente, Elle sera fidèle à me secourir. M'abandonnant à sa bonne providence, je vais lui offrir un rosaire, » et elle se retira dans sa chambre pour se livrer plus facilement à cet acte de piété.

Le lendemain, prenant prétexte d'une commission à faire à ces dames, elle rencontra chez elles le soldat en question. Un salut de politesse fut tout ce qu'elle consentit à lui offrir. En vraie fille du Béarn, elle quitta promptement la société, pour ne pas trop s'avancer.

Les jours suivants se passèrent en pourparlers et en prières. Chaque après-midi, Louis Maugenre venait voir ces dames, il leur demandait : « Qu'est-ce qu'a dit cette demoiselle ? A-t-elle dit oui ? » Et la réponse était : « Ni oui, ni non. »

Pendant ce temps, Thérésine écrivait à son père d'Oloron pour le mettre au courant de sa position et des propositions de mariage qui lui étaient faites.

Le 15 juillet, elle reçut de son père la réponse suivante :

« Ma chère Thérésine,

« Si la dernière de tes pensées a été de devenir l'épouse d'un soldat, la dernière des miennes a été d'avoir un soldat pour gendre. Mais il y a bon et mauvais soldat, et tu peux être plus heureuse avec un militaire chrétien et sans reproche, qu'avec un mauvais riche, sans foi, et infidèle. »

« Je dois t'apprendre à mon tour que ton frère *François* veut s'engager pour remplacer ton autre frère Jean, qui a tiré le numéro 2. Je ne puis qu'approuver son dévouement. Mais François n'a que ses dix-huit ans bien juste, et, ce n'est pas sans inquiétude, que je le vois entrer si jeune au régiment. »

« J'ai écrit hier à notre *François Balasque,* maire de Bayonne. Puisqu'il est neveu et filleul de ton grand-père maternel, François de Loustau, je lui demande de prendre des informations auprès de M. le colonel du 36e, pour savoir à qui l'on veut te marier, toi sa petite cousine. La réponse du colonel pourra nous décider d'une manière ou d'une autre. Sitôt reçue, je te la ferai parvenir. »

« Avec toi, nous prions le Seigneur et la Sainte Vierge de tout disposer selon leur volonté, et nous t'embrassons ainsi que François. »

« Ton père tout affectionné,
« Jean-Capdepon de Goës. »

Cette lettre fit faire à Thérésine de sérieuses réflexions. Elle se disait : Si je me mariais avec ce soldat du 36e, François pourrait s'engager dans le régiment de mon mari. Dès lors, j'aurais mon frère avec moi. Mon frère me serait plus à lui tout seul que toutes ces dames d'officiers, qui me témoignent beaucoup d'amitié aujourd'hui, mais qui pourront bien changer demain. Voilà donc pour moi un motif sérieux d'acceptation ; mais attendons toujours la lettre de notre Balasque.

Le 22 juillet elle arriva à Oloron ; elle était ainsi conçue :

MAIRIE DE BAYONNE   Bayonne, le 20 juillet 1839.
    (Basses-Pyrénées)

« Mon cher Cousin,

« J'ai l'honneur de t'apprendre le résultat des informations
« demandées. Moi-même je me suis rendu chez M. Chégaray, où
« habite M. le colonel Prax du 36e. Je lui ai dit que plusieurs
« dames d'officiers voulaient marier Thérésine avec un nommé
« Louis Maugenre de son régiment, que ce mariage me surprenait
« beaucoup, parce que sa famille était la mienne, et par conséquent
« d'une honorabilité incontestable, et qu'il veuille bien me donner
« son avis à ce sujet. »

« M. le colonel m'a répondu que Louis Maugenre était un de
« ses meilleurs soldats ; qu'il ne craignait pas, en certaines occa-
« sions, d'en faire le caissier de son régiment ; qu'il méritait une
« femme de choix, et que si ce mariage avait lieu, il favoriserait de
« son mieux les deux époux, tant qu'il resterait colonel du 36e. »

« Donc, renseignements excellents, mais position modeste. »

« Mille amitiés à toute la famille. »

    « Ton bien dévoué pour la vie,
        « François Balasque. »

P.-S. — « M. Prax était déjà informé de ce futur mariage par
« ses officiers ; aussi n'eut-il rien de plus pressé que de demander
« à sa compagne si elle connaissait la famille Capdepon de Goës,
« car, disait-il, il ne consentirait jamais au mariage de Maugenre,
« s'il n'avait pas la certitude de la bravoure de sa fiancée. Tu
« peux deviner la réponse de Madame Prax, et son grand désir
« d'avoir Thérésine avec elle. »

Une indication aussi favorable que celle-là paraissait devoir amener immédiatement la conclusion du mariage. Mais, pour mieux s'assurer de la volonté de Dieu, Thérèse essaya d'y mettre une entrave. Elle écrivit à son père, « qu'ayant pour elle les pro-messes de son grand'oncle, l'armateur Jean-Capdepon de Goës, il lui semblait devoir différer, jusqu'à son retour d'Amérique, dut-elle rester vieille fille, pour seconder sa tante veuve Marouby. »

Cette grave décision fut aussitôt combattue par François qui devait s'engager dans un mois, pour remplacer son frère Jean. Elle le fut bien plus par les dames Bœr, Marmé et Déliot du 36e. Thérésine et son père gémissaient et pleuraient de n'avoir été favorisés en rien par l'armateur. Celui-ci les avait pour ainsi dire abandonnés, pour enrichir son neveu et sa nièce Jean et Marie ; ils ne pouvaient même pas lui écrire, ne sachant où il était. Mais l'événement providentiel qui fit pencher la balance du côté de l'acceptation, fut la détermination nouvelle de la tante Marouby. Veuve depuis deux ans, elle venait de consentir à se marier en *secondes noces* avec M. Meustulou, dit Langlais, de Bayonne.

Par tous ces faits successifs, si bien enchaînés les uns aux autres, Dieu avait parlé. Le directeur de Thérésine, M. l'abbé Sarlay, vicaire de la paroisse des Capucins et aumônier de l'hôpital civil et militaire, lui avait déclaré qu'elle pouvait en conscience accepter ce mariage. Thérèse ne songea plus dès lors qu'à prendre toutes les garanties nécessaires à la sauvegarde de son salut et de son bonheur. Elle fit savoir par les dames Marmé et Bœr à son futur qu'elle ne consentirait à l'épouser, qu'à la condition de ne jamais loger à la caserne — de ne jamais suivre la troupe en route, ou en campagne — de ne jamais revêtir un habit de cantinière, ni tenir de débit — de ne jamais sortir en ville avec son mari que lorsqu'il serait habillé en civil.

Ces conditions furent acceptées sur le champ et avec joie. Le lendemain, 1er août, Louis vint offrir à sa fiancée un cadeau de mille francs. Puis il écrivit à Dénipaire pour demander tous les actes dont il avait besoin. Ses parents oublièrent de lui envoyer son acte de baptême. Il fallut de nouveau leur écrire. Encore une fois ils se trompent ; ils envoient l'acte de naissance, et M. l'abbé Sarlay ne veut pas marier sans l'acte désigné. Alors Louis s'en va à l'évêché, se fait présenter à Monseigneur, lui expose sa situation, lui déclare que sa confirmation prouve son baptême, et que l'évêque qui l'a confirmé en 1820, devait bien lui être connu, puisqu'il portait à la figure la cicatrice d'un coup de sabre, reçu dans les guerres de l'Empire. Il conclut en priant Sa Grandeur de lui remettre un mot, pour autoriser M. l'abbé à pouvoir le marier, sans l'exhibition de son acte de baptême. Monseigneur accéda à sa demande avec bonté. Tout heureux, Louis quitta l'évêché pour aller au presbytère des Capucins.

CHAPITRE XXI

OLORON - SAINTE - MARIE

Les familles Capdepon de Goës, de Barrère, de Loustau et de Lago (1).

Pour conserver Maugenre au 36ᵉ de ligne, les dames des officiers avaient mené à bonne fin leurs intrigues. Elles avaient réussi à conclure son mariage avec Thérèse Capdepon de Goës. Les invitations à la noce furent l'occasion de connaître et de revoir le beau pays d'Oloron, ainsi que les anciennes et nobles familles de celle que Dieu donnait pour épouse à Louis.

Au confluent des Gaves d'Aspe et d'Ossau, la ville D'OLORON, éparpillée sur trois collines, occupe l'extrémité septentrionale d'une série de contreforts Pyrénéens, se reliant l'un à l'autre entre les deux torrents, depuis leur sortie des montagnes jusqu'à leur réunion. Autour de ces contreforts, et au-dessous de la cité, se dilate une vaste plaine, en forme de fer à cheval, dont les extrémités touchent d'un côté le pays des Assalois, à Buzy, et de l'autre, celui des Aspois, auprès d'Asasp. Le bassin du gave d'Oloron touche, par le sud, aux frontières de l'Espagne, depuis les racines

---

(1) C'est de ces quatre familles nobles que descendent directement et immédiatement le père et la mère de Thérésine.

orientales du Pic du midi, jusqu'au delà du mont Orhi, entre la Soule et la Basse-Navarre. A l'ouest, une chaîne de monticules et de collines, courant du sud au nord, termine ce bassin, entre le mont Orhi et les côteaux d'Osserain. A l'est, c'est une ligne de montagnes bordant la vallée d'Ossau. Enfin, du sud-est au nord-ouest, de Louvie-Souviron jusqu'à Salies, c'est un contrefort qui passe à Bélair, Estialescq, Lucq, Camptort et qui aboutit à Peyrehorade.

Quatre vallées principales portent le tribut de leurs eaux à la Plaine du gave d'Oloron : 1° *la Vallée d'Ossau* ou des Ossalois, successeurs des Osquidates de Pline (1), descend du sud au nord. A son extrémité méridionale, se dresse majestueusement le Pic du midi, immense rocher à trois pointes, complètement isolé des autres monts et semblable à un géant, chargé de monter la garde au sommet de la vallée. Des deux flancs de ce Pic sortent deux torrents impétueux qui, après l'avoir contourné, se réunissent à Gabas. Ce gave d'Ossau, quelque temps resserré entre des montagnes presque nues, dont il engloutit les innombrables cascades, se fraie, après les Eaux-Chaudes, un passage horrible dans la profondeur des rochers, et envahit le plateau de Laruns, où il reçoit les flots mugissants du Valentin, arrivant des Eaux-Bonnes. Les grottes d'Izeste et des Eaux-Chaudes sont riches de traditions merveilleuses. Les carrières de marbre, depuis Arudy jusqu'à Gabas, ont fourni à la Rome-des-Césars ses plus belles colonnes. — 2° *La Vallée d'Aspe* est séparée de celle d'Ossau par un massif de hautes montagnes, ayant à vol d'oiseau une largeur de douze kilomètres. Son gave, jaillissant de l'extrême frontière, coule dans une gorge étroite jusqu'au rocher d'Esquit, forme la magnifique cascade de Lescun, aux pieds du pic d'Anie, arrose le charmant bassin d'Accous, et Bedous, se resserre dans le défilé de Sarrance, et continue sa course rapide jusqu'à Oloron. C'est par cette vallée qu'Annibal fit passer les troupes qu'il menait en Italie pour détruire la ville de Rome. Le lieu dit « les Echelles d'Annibal » se trouve près d'Etsaut. La voie romaine d'Iluro (Oloron) à Saragosse, suivant l'itinéraire d'Antonin (2), longeait cette vallée jusqu'au Summum Pyrenœum (Somport). — 3° Adossée aux montagnes, *la vallée de Barétous* est bordée par de hautes collines qu'animent les délicieux villages de Lanne, d'Arette, d'Ance,

---

(1) Pline L. IV. Ch. 19.
(2) Marca L. V. Ch. XI, note X; extrait de l'Itinéraire d'Antonin : Itera Cœsar-Augusta Bencharnum.

de Féas et d'Aramits. Elle serpente le long du Vert qui roule dans son lit un gravier rougeâtre et dont l'une des sources baigne le val de Barlanès. — 4° Mais voici la reine des vallées pyrénéennes, celle de *la Soule*. En dehors des montagnes, le Saizon, après avoir dépassé la tête sauvage de Bassa-Buria, n'est encadré que par des côteaux cultivés dont les ondulations capricieuses offrent une suite admirable de ravissants panoramas. Cette vallée est habitée par 25,000 Basques souletins qui descendent des Sybillates de Pline, et des Ibériens de Diodore de Sicile (1). Au centre de cette vallée et au sommet d'un monticule, les Romains ont construit Mauléon. Le Saizon qui l'arrose aboutit à la plaine du Gave, près de Sauveterre.

Telle est la topographie du magnifique pays d'Oloron. La cité des Oloronais tire son nom de deux mots euskariens *Il-ur* ou ville des eaux. C'est l'antique Iluro des Gallo-Romains, l'Elloro des Gallo-Franks, l'Oloron des Béarnais. Cité impériale, elle occupait un rang distingué dans la Novempopulanie (2) ; elle avait ses duumvirs et ses curiales. Son peuple était alors distinct de celui de Béarn. Son évêché, fondé par Saint Grat, confinait avec celui du Béarn, fondé par Saint Julien. Après plusieurs siècles de guerre, les neuf peuplades des Wascons se constituèrent en état ou duché indépendant (606). Leur troisième duc mariera sa fille Gisèle à Caribert, fils de Clotaire II. C'est cette famille Vasco-Mérovingienne qui monta sur le trône de Navarre avec François Phébus en 1482, et sur le trône de France avec Henri IV en 1589.

L'antique Oloron fut entièrement détruit par les Normands en 843 ; son église fut livrée aux flammes. Pendant un siècle et demi, la Norwège et le Dannemark vomirent sans relâche des envahisseurs qui accablèrent la Gascogne. Ce ne fut qu'en 980 que Gaston Ier, vicomte d'Oloron, et Guillaume Sanche, duc de Gascogne, écrasèrent les hordes normandes à la grande bataille de *Saint-Sever*. Le pays fut délivré. Centulle IV, seigneur de la terre du Béarn reconstruisit Oloron, tandis que l'évêque Etienne de Mauléon, second fondateur du diocèse, choisissait le bourg de

---

(1) Manuscrits de Philippe de Béla. Du Mège, stat. des dép. Pyr. t. 2, p. 28.

(2) La Novempopulanie était composée des Tarbelliens (Bayonne et Dax), des Elusates (Eauze), des Ausques (Auch), des Varates (Bazas), des Béarnais (Beneharnum), des Voïates (Ayre), des Bigorrais (Bigorre), des Convéniens (Comminges) et des Oloronais (Oloron). — *Menjoulet :* Chronique d'Oloron. t. 1, p. 18. Et *Marca :* Hist. de Béarn, l. 1, ch. 5.

Sainte-Marie pour en faire sa résidence (1068). C'est le faubourg de l'ancienne ville. Cinquante-deux évêques se succédèrent jusqu'en 1792 sur le siège épiscopal de Saint-Grat.

A Oloron, l'église Sainte-Croix fut rebâtie en 1080 sur la même place que la première église brûlée par les Normands. Occupant le sommet du monticule, elle a la forme d'une croix, avec des bas-côtés, trois absides et une belle coupole au milieu du transept. C'est un spécimen très pur du style Romano-Byzantin. A Sainte-Marie, l'église romane qui remontait à la première moitié du XIe siècle fut incendiée par les courtiers de Gaston VI, en 1214. Elle fut reconstruite par l'évêque Bernard III et par ses successeurs, qui en firent leur cathédrale. Le porche, la nef centrale et les bas-côtés sont de l'époque de transition entre l'architecture romane et l'architecture ogivale. Le plein-cintre se combine avec l'ogive. Le portail se compose de trois arcades richement historiées. L'intérieur est à trois nefs à piliers, dont les socles à losanges reçoivent une multitude de colonnettes à faisceaux. Le sanctuaire est surmonté d'une lanterne autour de laquelle se trouve un déambulatoire. Cinq chapelles, à pans coupés, l'environnent avec grâce; celle du milieu est dédiée à la Sainte Vierge.

Les murs d'enceinte d'Oloron subsistent en grande partie; ils dessinent le contour de cette ville, ou plutôt de cette citadelle. La Porte-d'Espagne, flanquée de deux tours, se trouvait au point culminant du tertre arrondi, qui domine le confluent des deux gaves. Les remparts, munis de bastions, descendaient en ovale jusqu'à la maison Sedze, où s'ouvrait la porte du Nord. Un grand réduit se trouvait au-dessus du pont, où aboutissait la route du Béarn. Celle-ci contournait les murs. Le château du vicomte s'appelle aujourd'hui le Biscondau. Oloron fut assiégé par les armées de Charles-Quint en 1523, et par les catholiques d'Esgoarrabaque et du Thil, pendant les guerres de religion, en 1569.

De toutes les villes des Basses-Pyrénées, Oloron est sans contredit celle qui a le mieux conservé le cachet de son antique nationalité. Le vieux château et l'église Saint-Pierre, détruits par l'incendie, ont disparu de la haute-ville, mais l'église Sainte-Croix la domine depuis Saint-Grat. La place Saint-Pierre se divise en bourg majeur, occupant le sommet du monticule, et en bourg d'en bas, qui communique par le pont d'Oloron, construit sur le gave d'Ossau, avec la place Marcadet ou d'Henri IV. Au bourg d'en bas, le tribunal occupe l'ancien couvent des Clarisses. Les Carmélites habitent aujourd'hui l'ancienne maison des Capucins à la Basse-Ville. C'est dans l'église de ces religieux que Thérèse

Capdepon-de-Goës fit sa première communion. Elle était née chez son grand-père de Loustau, *rue de Sègues*. L'oncle Bertrand Capdepon-de-Goës habitait une autre maison de la même rue ; son gendre Pascal Palassin en est aujourd'hui propriétaire. Le père de Thérésine avait son magasin à l'entrée de la rue Vie-de-Sus, près la place Marcadet. Son atelier était dans la maison du grand-père Capdepon-de-Goës, rue des Maisons-Neuves, non loin de celle de sa petite-fille, Catherine, mariée à Prosper Piquet. A l'extrémité de cette rue habite aujourd'hui la cousine Mariette Fischer, née Sévignacq, céramiste. A l'autre extrémité se trouvent l'hospice et le pensionnat Sainte-Marthe, tenus par les Sœurs de la Charité de la Congrégation de Nevers. La tante Monique de Loustau, mariée à Louis Sévignacq, entrepreneur de travaux publics, habitait le haut de Marcadet. Le lieu d'origine de Thérésine était la ville basse qui se relie à Sainte-Marie par la rue Sablière. C'est ce quartier qui possède la cathédrale et l'ancien évêché. Le couvent des Ursulines y a fait place à l'hôpital militaire. La résidence d'Haübeu des jésuites est devenue la maison de Casenave, rue La Caussade. Sur le gave d'Aspe, le pont Sainte-Marie relie ce quartier à la ville haute, où se trouve le Séminaire, ancien couvent des Barnabites et des Frères-Mineurs. La maison des Angèles, fondée par Mgr de Révol en 1781 est à Sainte-Marie ; c'est à la fois un orphelinat pour les jeunes filles pauvres de tout le diocèse, et une institution pour l'éducation des demoiselles de bonne famille. La nièce de l'armateur y fut élevée aux frais de celui-ci.

Cela dit, recherchons avec soin les documents établissant d'une manière péremptoire toute la vérité sur la noblesse et l'antiquité des grandes familles dont se trouve issue celle qui va devenir *Madame Maugenre*. Il ne s'agit pas ici d'une question de vaine gloire. Une chrétienne de la trempe de celle dont nous parlons est bien supérieure à toute considération personnelle et met toute sa gloire dans son titre d'enfant de Dieu. Il s'agit uniquement de conserver le souvenir des ancêtres à leurs descendants et de réfuter les sottes plaisanteries des contradicteurs. Etablissons donc la vérité par des thèses successives :

1º L'INDIVIDUALITÉ DE THÉRÈSE CAPDEPON-DE-GOËS A ÉTÉ AUTHENTIQUEMENT ÉTABLIE ET RECONNUE VÉRITABLE PAR LE JUGEMENT DU 14 FÉVRIER 1877, RENDU PAR LE TRIBUNAL DE PREMIÈRE INSTANCE DE BORDEAUX. En effet.

Le 8 juin 1869 mourait à Biarritz, un cousin de Thérésine,

Jean-Pierre Bertrand Capdepon-de-Goës, propriétaire à Bordeaux. Dans son testament olographe du 31 mars 1868, déposé chez Me Brignon, notaire à Bordeaux, il avait stipulé le legs suivant : «Pour remplir les intentions de ma chère épouse décédée, je lègue soixante mille francs à partager par parts égales, *aux plus proches parents* qui existeront à mon décès des père et mère de mon épouse.» Suivent divers legs inutiles à rappeler ici.

Thérésine et les membres de sa famille, représentés par Me Brouisson, avoué à Bordeaux, formèrent une demande en intervention dans laquelle ils soutinrent « qu'ils sont issus par leurs parents de **Jean Capdepon de Goës**, décédé le douze mars mil sept cent soixante-sept, marié à **Engrâce de Barrère**, décédée le dix-neuf décembre mil sept cent soixante-quatre, lesquels étaient les bisaïeul et bisaïeule du testateur et de son épouse, cousine-germaine du mari. — Que dans la ligne paternelle, il n'y a pas de *plus proches parents* qu'eux-mêmes, et, qu'en cette qualité, ils ont droit au legs de soixante-mille francs (1).

Après *sept années* de litige, le tribunal reconnut la vraie légitimité de la généalogie authentiquement établie par Thérésine et par les autres requérants de sa famille. Quatre requêtes opposées furent déboutées par le tribunal. La sentence favorable à Thérésine et aux siens, sentence dont tout le fondement reposait sur les actes établissant leur origine commune, est bien la preuve irréfutable de l'individualité de Thérèse Capdepon de Goës.

2° LES CAPDEPON DE GOËS ÉTAIENT DES DOMENGERS OU NOBLES DU BÉARN. En effet.

Dans ses notes historiques sur la noblesse du Béarn et sur les grandes familles du diocèse d'Oloron, M. l'abbé Menjoulet, archiprêtre de cette ville, nous dit (2) « qu'en 1660, la maison des Gassion érigée en marquisat était composée de plus de trente-cinq *seigneuries* parmi lesquelles on comptait la **domenjadure de Capdepon de Goës**, la baronie d'Andaux, les seigneuries de Muncin, Camu, Oreyte, Saint-Gladi, Saint-Martin d'Auteveille, situées dans le pays d'Oloron. Les autres se

---

(1) Extrait des minutes du Greffe du Tribunal de première instance de Bordeaux : point de Fait. — Jugement du 14 février 1877. — Note 2 (Voir aux pièces justificatives).

(2) L'abbé Menjoulet : Chronique du diocèse et du pays d'Oloron. T. 2, page 259.

« trouvaient dans le reste du Béarn, ou au pays de Mixe. »

Au XVIIIe siècle, on distinguait trois degrés de noblesse béarnaise : les Barons, les Domengers et les Cavers, nous apprend l'abbé Menjoulet (1). Les *Barons* possédaient un château féodal, autour duquel se groupait un village peuplé de colons et de serfs qui cultivaient les domaines du châtelain. Les *Domengers* possédaient un château affranchi avec une juridiction. Ce château était appelé *dominicatura*, ou par abréviation *domecq*. Le domaine du domenger était exempt de l'impôt, à condition de vassalité envers le seigneur. Le fort de Béarn (Rub. 26) distingue *le senhor de Goës* et *le senhor deü DOMECQ DE GOES*, dans le même bourg. « La maison noble des seigneurs s'appelait *Domecq*, et, s'il y avait deux ou plusieurs maisons nobles dans une même localité, le nom de *Domecq* était réservé à la maison prééminente ; les autres portaient alors celui de *La Salle* (2). » « *Les Cavers* étaient des vassaux du seigneur, astreints à le servir en guerre avec leurs chevaux ; leur dignité était personnelle, sans aucun droit fixe et héréditaire ; c'était un simple titre de Chevalerie dont le souverain gratifiait ses vassaux suivant les mérites de chacun (3). »

De 1648 à 1652, le domenger Capdepon-de-Goës fut vassal de Mgr Pierre de Gassion, évêque d'Oloron. Ce prélat était le premier baron de Béarn, non seulement à titre d'évêque, mais encore comme héritier du marquisat du maréchal de Gassion, mort au siège de Lens, le 2 octobre 1647. C'est à ce maréchal que le prince de Condé attribuait la victoire de Rocroy (4).

Goes faisait partie du vic judiciaire d'Oloron. Cette subdivision du Béarn comprenait en outre Agnos, Arros, Asasp, Bidos, Buziet, Cardesse, Escou, Escout, Esquiule, Estialescq, Estos, Eysus, Gurmençon, Herrère, Lasseube, Ledeuix, Lurbe, Ogeu, Moumour, Pœy, Précilhon, Saucède, Verdets (5). L'abbé Candau, curé de Goës, fut la troisième victime sacerdotale du Béarn pendant la Révolution (6).

---

(1) L'abbé Menjoulet. Même chronique. T. 1, page 205.

(2) L'abbé Menjoulet. Chronique d'Oloron. T. 1. page 328.

(3) Même auteur. T. 1, page 205.

(4) Même auteur. T. 2, page 257.

(5) Même auteur. T. 2, page 479.

(6) Même auteur. T. 2, page 465.

3° EN MAI 1770, L'ÉVÊQUE ET LE CHAPITRE D'OLORON ÉLURENT CAPDEPON-DE-GOËS PREMIER JURAT (1). En effet.

Par l'arrêt de 1750, le roi s'était désaisi de son droit de pourvoir aux charges municipales en faveur des communes. Celles-ci ne pouvaient exercer leur droit d'élire que conformément aux usages antérieurs aux premiers édits de création, et sauf le droit primordial du seigneur justicier. Or, l'évêque et le chapitre étaient seigneurs de Sainte-Marie, ayant la justice moyenne et basse, en vertu de la célèbre donation de Gaston VI en 1215, et de la procédure d'installation d'Arnaud Ier de Maytie, comme seigneur le 6 janvier 1602. Aussi était-il en usage que l'on présentât à l'évêque, tous les deux ans, une liste de douze candidats, sur lesquels il choisissait les six jurats, qui devaient rendre la justice en son nom. Or depuis les édits du roi, créant des officiers municipaux, le corps de ville d'Oloron s'était recruté moyennant finance. Il prétendit donc que l'évêque et le chapitre avaient été dépouillés de leurs droits de seigneurs justiciers. Voulant conserver l'ancien usage, et obliger le corps de ville de s'y conformer, Mgr François de Révol porta l'affaire au Conseil d'Etat. Le 5 août 1769, un arrêté du roi Louis XV donna gain de cause à l'évêque et rétablit l'ancien état de choses. Il fut donc procédé, en mai 1770 à la nomination de douze candidats, sur lesquels l'évêque et le chapitre élurent en premier lieu *Capdepon de Goës*. Leur choix se porta ensuite sur Carquet, Comeigt, Pœy, Casamajor-Pourillon et Lafon, lesquels prêtèrent serment le 4 juin. Sainte-Marie-d'Oloron n'étant pas comptée au nombre des villes royales, son *premier jurat* eut toutes les attributions du maire (2). Mgr de Révol était le fondateur du Séminaire d'Oloron et de l'institution des Angêles. Père des pauvres et honneur de l'épiscopat, sa vie et sa mort furent celles d'un saint. Le choix de ce prélat ne pouvait donc se porter que sur des hommes d'une haute considération et d'un christianisme éprouvé. Quel est ce *Capdepon de Goës* qui fut son glorieux élu ? Nous ne pouvons le dire avec certitude. Mais il pouvait être l'époux d'*Engrâce de Barrère*, ou au moins son très proche parent.

4° LE CHATEAU ET LA TERRE DE GOËS PASSÈRENT DES GASSION AUX CAPDEPON, PROBABLEMENT PAR LE MARIAGE DES HÉRITIÈRES. En effet.

---

(1) L'abbé Menjoulet. Chronique d'Oloron. T. 2, page 386.
(2) Même auteur. T. 2, page 324.

GÉNÉALOGIE

Le Baron de Cap-dou-pount

domicilié en 1120 à Cap-dou-pount, sur l'Adour (aujourd'hui Saint-Esprit, près Bayonne), et ses fils les Barons de *Cap-de-pont* donnèrent naissance aux familles

Capdepon de-Vigu — *Capdepout* — CAPDEPON-DE-GOËS — *Capdepon* — *Capdepon-d'Estella*

JEAN CAPDEPON DE GOËS
(1703 - 1767)
Domenger du Béarn
marié à
ENGRACE DE BARRÈRE
(1707 - 1764)

TABLEAU GÉNÉALOGIQUE

```
JEAN                ANTOINE                        JEAN-PIERRE                                           BERTRAND            MARIE
armateur            marié à                        marié                                                marié à             mariée à
à                   Catherine Pessot   ┌───────────────┴───────────────┐                                Marie Casenave      Jean Urdanitz
Bordeaux         ┌──────┴──────┐      en première noce avec    en seconde noce avec                          │                    │
(non marié)   MARIE — JEAN     Catherine Bellocq              Thérèse Loustalot                                              JEANNE
              mariée  (non marié)  ┌────────┴────────┐        ┌────────┴────────┐                                            mariée à
              en première        JEAN — CATHERINE   ANTOINE - JEAN - BERTRAND    MARIE       Jn-Pre-BERTRAND                François Gausitz
              noce à un          (non marié) mariée          (1797-1848)         mariée à    (1812-1869)
              Lord anglais                   à               marié à             Laurent     marié à sa cousine
              en seconde                     Mathieu Marouly  Marie-Anne de Loustau  Mauléon    Marie
              noce à son                                     (1796-1860)                         fille d'Antoine
              cousin                         ┌──────────────┬──────────────┐
              Jean-Pierre                 THÉRÈSE         MARIE         MARIE-ANNE
              Bertrand                    née en 1815    (1824-1857)    née en 1836
                                          mariée au      mariée à       mariée à
                                          Sergent MAUGENRE François Mouton  Jean Beyer, construc-
                                          du 36e de ligne. maire de Béni-Méred  teur à Saint-Dié
                                                           (Algérie).           (Vosges).
```

La chronique d'Oloron nous apprend (1) « qu'au XIVᵉ siècle une « grande famille du Béarn commençait à prendre rang dans la « première noblesse : c'était celle des Gassion, *dont le château et la « terre étaient situés au village de Goës.* En 1335, Arnaud-Guilhem « rendit hommage à Gaston-Phébus seigneur du Béarn, pour ce « château et cette terre, en qualité d'abbé laïc. Son fils Bernard « fut marié le 3 juillet 1388 à Jeanne de Montosser dont il eut « deux fils, Navarrot de Gassion et Guilhem de Gassion, chanoine « d'Oloron. » — « Cette famille se divisa en deux branches au « XVIᵉ siècle. *L'aînée, représentée par Gaillard de Gassion,* « SEIGNEUR DE GOES en *1565, se fondit successivement par le « mariage de ses héritières dans plusieurs familles* (2) (probable-« ment dans la famille *de Cap-de-pont*). La branche cadette fut « représentée par Jean de Gassion, nommé président du conseil « souverain par Henri IV. De cette branche descendait le maré-« chal de Gassion (3). » Les documents précités établissent avec évidence qu'aux XIVᵉ, XVᵉ et XVIᵉ siècles, les seigneurs de Goës étaient les Gassion. Les documents apportés dans les thèses précédentes ont témoigné qu'aux XVIIᵉ et XVIIIᵉ siècles, les domengers de Goës étaient les Capdepon. On ne peut donc pas nier la succession de ceux-ci aux illustres marquis qui parurent avec éclat sous la mitre épiscopale, sous l'armure du maréchal et sous la toge des magistrats.

5º L'ORIGINE DES CAPDEPON DE GOËS REMONTE A L'INSTITUTION DE LA BARONNIE DE CAP-DOU-POUNT EN 1120. En effet.

Bénéficiant du travail gigantesque du cousin issu de germain de Thérésine, M. *Jules Balasque,* ancien juge au tribunal de Bayonne, nous avons découvert dans les vieilles archives de cette cité l'origine dont il est ici question. Avec le concours de son père, *François Balasque, maire de Bayonne,* et de l'archiviste M. Dulaurens, le savant magistrat publia ses *Etudes historiques sur la ville de Bayonne,* ouvrage en trois volumes in-8º d'environ 600 pages chacun, où sont admirablement coordonnés les plus anciens et les plus précieux documents des archives pyrénéennes.

Au chapitre IV du premier volume, Jules Balasque nous apprend que le comté des Vascons, dont faisait partie Bayonne,

---

(1) L'abbé Menjoulet. Chronique d'Oloron. T. 1, page 428
(2) Même auteur. T. 2, page 107.
(3) Même auteur. T. 2, page 108.

fondée par les Labourdins, avait formé tout à la fois le royaume de Navarre et le duché de Gascogne. Après avoir été dévasté par les Normands, ce duché fut annexé au comté de Poitiers. La prise de Saragosse (1118) ayant mis fin à la croisade d'Espagne, l'évêque de Bayonne *Raymond-de-Martres* résolut de relever de ses ruines sa ville épiscopale. Il obtint d'abord de Guilhem de Poitiers une charte d'affranchissement, et les privilèges et les droits que possédait son prédécesseur Raymond le jeune, sous le gouvernement de Fortun-Sanz, vicomte de Labourd. Ces droits et la donation de la moitié de Bayonne, accordés à l'évêque par le comte de Poitiers, ne suffirent pas aux entreprises gigantesques de ce fondateur. Il s'agissait en effet de reconstruire la cathédrale, de couvrir d'habitations les quartiers marécageux de la ville, de créer un faubourg au confluent de l'Adour et de la Nive, de jeter un pont sur la Nive, de relever partout l'enceinte romaine, ruinée par les Normands, de mettre fin à l'isolement de Bayonne, barrée au nord par le large fleuve de l'Adour *en jetant un pont sur ce port de mer*. L'évêque ne recula pas devant cette œuvre qui paraissait gigantesque. La construction de ce grand pont (pont Mayou — pont Major) réalisa un grand progrès. Bientôt sur la marge droite du fleuve, mieux connue par les ouvrages nécessaires à l'établissement des culées, on vit s'élever un nouveau bourg, celui de CAP-DOU-POUNT (ou Tête-de-pont) sur l'Adour (1). On l'appellera plus tard *Saint-Esprit* de Bayonne. On comprend que ces immenses travaux exigèrent le concours incessant des *notables* gascons. En retour des revenus qu'il obtint de l'un d'eux, Raymond-de-Martres, d'accord avec Guilhem de Poitiers, et avec le vicomte Bertrand, institua la baronnie de *Cap-dou-pount*. Cette seigneurie devint l'égale de celles de Sault, d'Ascain et d'Urruzaga. Au XIVe siècle, elle changea son nom contre celui de *Cap-de-Pont* (2).

Le seul fait que Cap-dou-pount est le nom d'un bourg de la Gascogne suffirait à lui seul pour prouver que celui qui le porte est noble dans l'origine de sa famille. Il existe en France des *Capdepon-de-Vigu*, en Espagne des *Capdepon-d'Estella*, en Angleterre des *Capdepont* qui proviennent tous de la même souche. Le ministère de Madrid (10 décembre 1888) comptait un *Capdepon* au département de la Justice (3). Un général de ce nom commande une de

---

(1) Jules Balasque. Etudes historiques sur la ville de Bayonne. Tome 1. page 101.

(2) Même auteur. T. 2, page 569.

(3) Ce même *Capdepon* fait partie du nouveau ministère Sagasta, comme ministre de l'intérieur. (Janvier 1890).

nos brigades françaises. Tous sont des Gascons et des Béarnais de vieille race : ils n'ont jamais été Aquitaniens, ni Basques (1).

6° ENGRACE **de Barrère** APPARTENAIT A UNE GRANDE FAMILLE NOBLE DES BASSES ET HAUTES-PYRÉNÉES. En effet.

Cette famille a donné plusieurs députés à la France. Il en est un, né à Tarbes en 1755, qui fut élu aux Etats-Généraux ; il prit une grande part à l'événement du 9 thermidor, qui délivra la France de la tyrannie de Robespierre. Pendant les Cent-Jours, il fut nommé membre de la Chambre des représentants. On a de lui, outre ses nombreux discours et rapports, plusieurs ouvrages politiques et littéraires. M. *Carnot fils* a publié ses mémoires en 1842 (2).

Le prénom d'*Engrâce* paraît singulier aux Vosgiens ignorant les traditions du Béarn. Il y a dans les Basses-Pyrénées une abbaye du XIe siècle, dédiée à l'héroïne de Saragosse. L'église possède des reliques de la Sainte. Elles sont l'objet d'une grande vénération ; l'ancien pèlerinage s'est perpétué jusqu'à nos jours ; il se fait habituellement deux fois par an, à la Purification et la Pentecôte.

7° LA FAMILLE **de Barrère** A BIEN MÉRITÉ DE L'ÉGLISE ET DE LA FRANCE.

Laissant à d'autres la tâche de dire les hauts faits des représentants du peuple, appartenant à cette famille, nous ne pouvons passer sous silence l'énergique consul très chrétien, M. DE BARRÈRE, qui obtint à la France, après la guerre de Crimée, le sanctuaire de Sainte-Anne, à *Jérusalem*. Après le Saint-Sépulcre, notre église nationale de Sainte-Anne tient le premier rang. C'est le sanctuaire de l'Immaculée-Conception et de la Nativité de la Sainte-Vierge. Conservé au milieu des destructions, il avait été transformé en mosquée. M. de Barrère le rendit à l'Eglise et à la France. Que de souffrances n'endura-t-il pas pour atteindre ce but ! Son prédécesseur, notre premier consul à Jérusalem, avait été battu en entrant dans la ville sainte ; le drapeau national de la France avait été insulté et lacéré. M. de Barrère, élevé consul, dut se battre à son tour ; il fut décoré. La réparation fut obtenue à Sébastopol. C'est M. de Barrère qui découvrit à côté de

---

(1) J. Balasque. 1 vol., pages 34, 37 et 43. — 2 vol., pages 141, 246 et 412.

(2) Aux élections législatives du 22 septembre 1889, un descendant de cette famille, M. *Félix de Barrère,* a été présenté comme candidat à la députation dans la 1re circonscription de Tarbes, contre M. Cazeaux, qui a échoué aux ballottages du 6 octobre.

Sainte-Anne *la piscine aux cinq portiques* dont il est fait mention dans l'Evangile. C'est lui qui facilita à Pie IX la construction du plus beau des séminaires orientaux, attenant à Sainte-Anne, et dont le but est de ramener les schismatiques de Russie et d'Orient à l'unité, et de réformer les Grecs-Unis. Cette œuvre, ce sanctuaire, voilà des conquêtes dignes de la France. Et c'est un grand honneur au diplomate français que notre famille vient de perdre, au saint M. de Barrère, d'avoir obtenu ces fruits. Et ce fut une touchante pensée du successeur de M. de Barrère, l'éminent consul général, M. Ledoulx, qui défend si énergiquement les intérêts de la religion et de la France en Palestine, d'avoir demandé que la messe consulaire des pèlerins français de 1890 fut dite pour le repos de son âme. En faisant l'éloge de son prédécesseur, dont il est un glorieux disciple, et en retraçant dans son éloquent discours l'historique si récent de notre consulat à Jérusalem, M. Ledoulx a pu dire que le grand diplomate M. de Barrère avait compris tous ses vrais intérêts, ceux de la France et de l'Eglise.

Un seul trait nous suffira pour le dépeindre. Quand le sanctuaire de Sainte-Anne fut obtenu à la France par M. de Barrère, la Russie envoya le grand-duc Constantin à Jérusalem faire parade avec trois cents soldats. Il demanda à entrer à Sainte-Anne. Le consul français, M. de Barrère, vint le recevoir ; mais quand la troupe du grand-duc voulut suivre, il plaça sa main sur la poitrine de l'officier et cria : « On n'entre pas en armes sur le territoire de France. » La Russie demanda la destitution du consul ; mais la France tint bon.

8° THÉRÈSE CAPDEPON DE GOËS DESCEND PAR SA MÈRE DE PIERRE DE LOUSTAU ET DE MARIE DE LAGO. En effet.

Les anciens registres de la *paroisse Sainte-Croix* d'Oloron en font foi. Avant la Révolution les actes de baptême tenaient lieu d'actes de naissance. Or, sur le registre baptismal de la dite paroisse, les actes de baptême de Marie-Anne (27 janvier 1764), de Jacques (2 mai 1768), de Guillaume (19 février 1771) et de François (17 avril 1773) assignent pour père et mère à ces enfants PIERRE DE LOUSTAU et MARIE DE LAGO.

Voici la copie du premier de ces actes :

« Le vingt-sept janvier mil sept cent soixante-quatre, j'ai bap-
» « tisé Marie-Anne, fille de Pierre *de Loustau* et de Marie *de Lago*,
» « mariés. Elle est née hier. Le parrain Jean de Lago et la marraine
» « Anne de Loustan, oncle et tante germaine de la baptisée ont
» « signé avec moi. »   Ont signé :
» « Jean de Lago, Anne de Loustau, *Léglise*, curé, vicaire général. »

Inutile de rapporter ici tous les autres actes. Nous dirons seulement que *Marie-Anne* épousa Pierre Balasque et devint la mère de François Balasque, maire de Bayonne. Nous ajouterons que *François*, baptisé le 17 avril 1773, est le grand-père de Thérèse Capdepon de Goës.

9° LES DE LOUSTAU SECONDÈRENT DANS LEURS ŒUVRES L'ÉVÊQUE ET LES RELIGIEUX D'OLORON. En effet.

Les archives d'Oloron (1), parlant de l'établissement des jésuites dans cette ville, mentionnent « qu'en 1646, les Révérends Pères « avaient acheté de Pierre de Lenfant et de Jean de Lalhacar le « domaine de Heube, situé entre le gave d'Aspe et la rue Lacaus- « sade, moyennant la somme de 4,575 livres — et que les sieurs « *de Loustau* et de Sassus leur prêtèrent cette somme. »

Les mêmes archives nous apprennent que huit ans plus tard « la commission chargée de se concerter avec Monseigneur de « Sansons et les principaux habitants du Barri de las Bordes pour « la translation de l'hôpital à l'entrée de Maisons-Neuves, pour la « construction de la belle église Saint-Pierre, sur l'emplacement « de l'ancien hôpital, pour le développement du marché sur le « terrain de l'ancienne église et pour d'autres questions financières, « était composée des sieurs de Lassalle et de Tholas, députés, de « Florence, de Bagmalère, de Forcade et *de Loustau*. Cette com- « mission tint plusieurs conférences en mars 1654. Elle décida « toutes ces graves questions qui divisaient les esprits depuis plus « de trente ans (2). »

10° MARIE DE LAGO APPARTIENT A LA FAMILLE DE LAGO D'OLORON ; CETTE FAMILLE DESCEND PAR MADELEINE DE LAGO DE JEAN ARNAUD DE PEYRÉ, COMTE DE TROISVILLES. ELLE EST ALLIÉE A CELLE DE MESSIRE ARMAND JEAN DE MONTRÉAL, COMTE DE MONEIN, GOUVERNEUR DE SOULE ET SÉNÉCHAL DE NAVARRE ; ELLE EST ALLIÉE A CELLE D'ANNE DE GUILLON ; ELLE EST ALLIÉE A CELLE DE VALENTIN DE DOMEZAIN ; ELLE EST ALLIÉE A CELLE DU PÈRE ABBÉ NOGUIÉS ; ELLE EST ALLIÉE A CELLE DES CHANOINES DE GARAY, ETC. En effet.

A. — Madeleine de Lago est la *petite-fille* de Jean-Arnaud

---

(1) L'abbé Menjoulet. Chronique d'Oloron, t. 2, page 275.
(2) Même auteur, t. 2, pages 272, 273 et 274.

de Peyré, comte de Trois-Villes (1).

B. — Madeleine de Lago est la *mère* de Messire Armand-Jean *de Montréal*, baron de Monein, héritier de Armand-Jean II de Peyré au comté de Trois-Villes, à l'abbaye de Moûtier-en-Der (diocèse de Châlons-sur-Marne), et son successeur comme gouverneur de Soule et Sénéchal de Navarre (2). Il fut le fondateur de l'hôpital de Mauléon en 1737 (3).

C. — Anne *de Guillon*, épouse de Armand-Jean Ier de Peyré (4) est la *belle-fille* de Jean Arnaud de Peyré et la mère de Armand Jean II de Peyré (5).

D. — Jean de Montréal, seigneur de Garro et d'Urtubie *épousa* Isabeau, fille unique de Valentin *de Domezain* (6) et baronne de Monein (7).

E. — Frère Jean Noguiés, élu le 24 mars 1631 abbé du monastère de Sauvelade était « *allié par sa mère à de grandes familles, notamment à celles DE LAGO, de Méritein et de Peyré* (8). »

---

(1) L'abbé Menjoulet. Chronique d'Oloron, t. II, page 279.
Jean-Arnaud *de Peyré* était Oloronais. Après avoir combattu avec gloire sous Henri IV, il devint, sous Louis XIII, commandant des mousquetaires. Ce fut en sa faveur que l'on forma le nouveau *comté de Trois-Villes* avec les domaines de Charles de Luxe. Ce comté se composait de Tardets, Montory, Trois-Villes, Alos, Abense, Athérey, Haux, Laguingue, Licq, Sunhar, Ressoue, Sunharette et Sibas. — Tardets et Montory eurent rang de baronnie. — Député au Corps de ville d'Oloron, acquéreur engagiste du domaine royal, il percevait pour son compte les cens dûs au roi pour le pays de Soule. Pendant la peste de 1652, il prêta à la ville 24,000 francs pour secourir les victimes du fléau. (Menjoulet, t. II, pages 166, 261, 265, 278.)

(2) Même auteur, t. II, page 279.
Comme gouverneur de Soule et Sénéchal de Navarre, Armand *de Montréal* eut pour prédécesseurs Armand Jean II de Peyré, le comte de Toulongeon, Jean de Belzunce, Charles de Luxe. En 1775, le gouvernement du pays de Soule passa de la maison des Montréal dans celle de M. Mesnard de Clesle. (Menjoulet, t. II, pages 166 et 417.)

(3) Même auteur, t. II, page 362.

(4) Armand Jean Ier *de Peyré*, comte de Trois-Villes, chevalier, était encore gouverneur et lieutenant-général du roi au pays et comté de Foix. (Menjoulet, t. II, page 279.)

(5) Même auteur, t. II, page 279.

(6) Le Béarnais Valentin de Domezain, fut un des principaux ligueurs catholiques contre les Huguenots de Jeanne d'Albret en 1567. Son père Jean de Domezain avait épousé Catherine de Monein, sœur et héritière du célèbre baron Tristan de Monein qui fut assassiné dans une émeute à Bordeaux en 1548. (Menjoulet, t. II, page 94.)

(7) Même auteur, t. II, page 94.

(8) Même auteur, t. II, page 254.

F. — Le chanoine Joseph *de Garay*, premier supérieur et fondateur du séminaire diocésain d'Oloron, était fils de Urbain de Garay et de Thérèse *de Peyré* (1). Son acte de baptême porte la date du 16 mars 1751. Il céda son domaine de Bourda à Monseigneur de Révol pour y construire cet établissement.

11° *Du mariage de Pierre de Loustau et de Marie de Lago naquirent deux enfants :* FRANÇOIS, *grand-père de Thérèse Capdepon de Goës et* MARIE-ANNE, *grand-mère de Jules Balasque.* LE MAIRE DE BAYONNE, FRANÇOIS BALASQUE, EST DONC LE COUSIN GERMAIN DE LA MÈRE DE THÉRÉSINE.

En effet, les actes de naissance et de baptême de François et de Marie-Anne prouvent qu'ils ont eu les mêmes père et mère (2).

L'acte de mariage du *5 juillet 1786* établit que *Marie-Anne*, fille de Pierre de Loustau et de Marie de Lago, a épousé *Pierre*, fils de Jean *Balasque* et de Marie Bordenave (3).

Les renseignements authentiques qui nous ont été communiqués le 17 novembre 1888 par la mairie de Bayonne indiquent que *le maire de Bayonne en 1839 était* M. *François Balasque, né à Oloron le 28 mars 1787*, fils de *Pierre* Balasque et de *Marie-Anne* de Loustau (4).

Voilà la vérité telle qu'elle est exposée dans la généalogie ci-jointe.

Il ne m'appartient pas d'établir la parenté de François Balasque avec la grande famille du chanoine Bordenave, ni avec celle du savant écrivain barnabite le Révérend-Père Mirassou (5). Je me contenterai de dire que ce fut sous l'administration du maire Balasque que fut fondée *la caisse d'épargne* de Bayonne. Jules Balasque, son fils, devint substitut et juge à Bayonne : ce fut lui qui composa ces remarquables études historiques sur la ville qui avait été administrée par son vénérable père. Les deux sœurs de Jules,

---

(1) Menjoulet, t. II, page 412. Le chanoine Joseph de Garay fut l'exécuteur testamentaire de Monseigneur de Révol. Il émigra en 1792. Après la terreur, il revint dans la maison de son frère aîné, où il mourut en 1800. Il avait deux autres frères ecclésiastiques. Pierre-Paul, le plus jeune, occupa une chaire à l'université de Toulouse, émigra en Espagne où il mourut trappiste. Augustin de Garay devint curé de Sauveterre. (Menjoulet, tome II, pages 463 et 464.)

(2) Voir la thèse septième.

(3) Voir la note 4 aux pièces justificatives.

(4) Voir la note 5.

(5) Menjoulet. Chronique d'Oloron, t. II, page 402.

Camille et Catherine, épousèrent deux frères *Dhiriart*, l'un notaire, l'autre avocat à Bayonne. Le mariage de leurs enfants allièrent la famille aux *Thierry-d'Argenlieu*, aux *Ducasson*, aux *Roquebert* et aux *Benassy* de Bordeaux, tous résolument catholiques.

L'oncle et le parrain du maire de Bayonne épousa Jeanne Fillet ; c'est la grand-maman de Thérésine. Quatre filles naquirent de ce mariage : *Marie-Anne*, épouse de Jean Capdepon de Goës — *Jeanne-Marie*, épouse de François Casalès, précepteur à Bordeaux, dont sa fille, Louise, devint Madame Bonnaffé — *Monique*, épouse de Louis Sévignacq (1), entrepreneur de travaux publics ; ce sont les parents de Jules, Louis, Mariette et Louise Sévignacq — enfin *Marie-Jeanne*, épouse de Jean-Baptiste Silhouette ; ce sont les parents de Jean et de Casimir.

Mariette Sévignacq, nièce du père Silhouette, capitaine au long cours, épousa un grand artiste sculpteur de Strasbourg, M. *Fischer*. C'était un homme de grand mérite, ayant pour lui toutes les qualités. Malheureusement il était né dans le protestantisme. Après son mariage, il abjura l'hérésie avec sa mère : ces deux baptêmes furent un grand sujet de joie à Oloron.

Sa sœur, Louise Sévignacq, vécut longtemps à la cour de Madrid. Au contact des grandeurs, elle apprit à les mépriser pour s'attacher au seul grand Roi de la terre et des cieux. Pour l'amour du divin Maître, elle se retira à Grenade, où elle habite encore aujourd'hui : Placeta de Villamena N° 1.

Jeanne de Loustau née Fillet avait une sœur mariée à M. Bastide d'Oloron. De cette union naquirent deux filles, Rosalie, épouse de M. Saint-Martin, chevalier de la Légion d'honneur, secrétaire du ministère de l'intérieur en 1853 — et Marie-Jeanne, épouse de M. Tristan, mère d'une religieuse, Mariette, supérieure d'une grande maison d'éducation aux environs de Paris. Sans parler de beaucoup d'autres parents, plus ou moins éloignés, portant quelquefois les même noms et prénoms, dont le degré de consanguinité est souverainement difficile à déterminer.

Au moment où les parents d'Oloron furent invités à la noce de Louis Mauyenre et de Thérésine Capdepon de Goës, on apprit la mort du grand-oncle Jean Capdepon de Goës, armateur, décédé à

) (1) *Sévignac* est le nom d'une paroisse béarnaise où l'exercice de la religion catholique ne fut pas discontinué au XVIᵉ siècle. — Dans le traité du 7 juillet 1270, mettant fin aux querelles des Aspois contre les Ossalois, on remarque, parmi les signataires de l'acte, B. de Pœy de Sévignag. (L'abbé Menjoulet. Chron. d'Oloron. T. I, page 334. — T. II, page 175).

GÉNÉALOGIE
des DE LOUSTAU d'Oloron-Sainte-Marie (Basses-Pyrénées)

Pierre de LOUSTAU, marié le 3 août 1762
à Marie de LAGO

- FRANÇOIS DE LOUSTAU (né le 16 avril 1773) entrepreneur à Oloron
marié à JEANNE FILLET d'Oloron.

- MARIE-ANNE DE LOUSTAU (1798-1860) mariée en 1815
à JEAN CAPDEPON-DE-GOËS (1797-1848)

- MARIE-ANNE DE LOUSTAU (née le 27 janvier 1764) mariée le 3 juillet 1786
à PIERRE BALASQUE né à Andaux, domicilié à Oloron.

- FRANÇOIS BALASQUE, maire de Bayonne (1787-1861) marié en 1815
à MARIE CHASSAING

TABLEAU GÉNÉALOGIQUE

THÉRÈSE	MARIE	MARIE-ANNE	JULES BALASQUE	CAMILLE-MARIE-ANNE	ERNESTINE-MARIE	CATHERINE-HERMINIE
née en 1816 mariée en 1839 à Louis MAUGENRE sous officier au 36ᵉ 1801-1887.	(1824-1864) mariée à François MOUTOU maire à Béni-Méred (1816-1889).	née en 1836 mariée en 1864 à Jean BEYER constructeur à Saint-Dié.	(1816-1872) substitut et juge à Bayonne, auteur des études historiques sur la ville de Bayonne, marié en 1852 à Coralie HALSOUET	née en 1818 mariée en 1840 à Théodore-Michel DHIRIART notaire à Bayonne.	née en 1820 mariée en 1842 à Alfred GOYETCHE	née en 1821 mariée en 1842 à Armand-Martin DHIRIART, avocat à Bayonne.
1. Eugénie. 1853. décédée à un an.	1. Louis. 1847. décédé à 34 ans.	1. Louis. 1865 construct-mécanicien.	Eugénie décédée à 18 ans non mariée.	1. Antoinette. 1841. mariée à E. DUCASSON, rentier	Gabrielle née en 1843.	1. Gabriel. 1863. notaire à Bayonne marié à Mˡˡᵉ BARNETCHE.
2. Marie-Louis-Auguste MAUGENRE 1855, Curé de Domnoux (Vosges).	2. Eugène. 1850. décédé à 37 ans.	2. Auguste. 1872.		2. Louise. 1844. mariée à Albert ADER, rentier		2. Xavier. 1847.
	3. Eulalie. 1853. mariée à Honoré TURCO (Béni-Méred).			3. Marie. 1847. mariée à M. BENASSY, agent de change à Bordeaux.		3. Ernest. 1852.
	4. Edouard. 1855. décédé à 25 ans.			4. Coralie. 1853. mariée à M. ROQUEBERT capitaine d'infanterie.		4. Jules. 1854.
	5. Eugénie. 1857. décédée à 17 ans.			5. Pierre. 1849. notaire, marié à Mˡˡᵉ THIERRY D'ARGENLIEU.		5. Henri. 1860. décédé.
	6. Georges. 1859. propriétaire à Béni-Méred.			6. Henriette. 1851.		6. Paul. 1862.
				7. François. 1856.		
				8. Léonie. 1860.		
				9. Laure, décédée.		
				10. Louis, décédé.		

Bordeaux. Il était célibataire. A sa dernière heure, son filleul, Jean, fils d'Antoine et de Catherine Pessot, lui fit rédiger un second testament en sa faveur et en faveur de sa sœur Marie. *Ce testament annulait le premier où deux cent mille francs avaient été légués à Thérésine.* Environ deux millions devenaient l'héritage des deux fils d'Antoine. C'est ce qui causa la situation fort modeste des fils de Jean-Pierre et par conséquent de notre fiancée ; *c'est aussi ce qui rendit définitif son mariage.*

Plus tard, quand Marie, l'héritière de l'armateur, mariée en premières noces à un milord, et en secondes noces à son cousin germain, Jean-Pierre-Bertrand Capdepon de Goës, se trouva sur le point de paraître devant Dieu, sans laisser d'enfants, elle pria son mari de se souvenir de ses parents à elle quand il ferait son testament. Celui-ci mourut à Biarritz le 8 juin 1869. Par son testament olographe du 31 mars 1868, il légua deux cent mille francs au bureau de bienfaisance de Bordeaux, cent mille francs aux orphelins, et cent mille francs aux plus proches parents de son épouse. Ce legs causa un procès qui dura plus de sept années (1).

---

(1) Voir aux pièces justificatives la note 2.

CHAPITRE XXII

BIARRITZ

La Famille Silhouette.

Déshéritée de son grand-oncle l'armateur par l'insatiable ambition de ce filleul égoïste qui extorqua un second testament, la pauvre Thérésine faisait un douloureux fiat en unissant sa volonté à la volonté de Dieu. « Mon Dieu et mon tout, disait-elle souvent, vous seul me suffisez, et à qui Dieu suffit, rien ne manque ». Les invitations d'Oloron terminées, elle se rendit à BIARRITZ avec son frère et son futur. C'est là, avons-nous dit qu'habitait la tante Marie-Jeanne Silhouette. Son mari était capitaine au long cours : il appartenait à une famille originaire de Bayonne.

Les archives des Basses-Pyrénées parlent d'un *Bernard DE SILHOETA* qui fit une mort chrétienne en 1375, et qui reçut la sépulture ecclésiastique dans le couvent des Frères-Prêcheurs. Cette inhumation causa une querelle entre l'évêque d'Oraick et Jean de Loguar, prieur des dominicains de Bayonne (1).

Les mêmes archives parlent encore de Messire JOHAN DE SILHOËTE, clerc, « homme certainement prudent, de bonne vie et de conversation honnête, etc. » neveu de *Condesse de Podio*, laquelle

---

(1) J. Balasque. Etudes historiques sur la ville de Bayonne, t. 3, page 363.

avait fondé une chapellenie ou prébende dans l'église Saint-Martin-de-Biarritz, avec réserve du droit de patronage laïque. En vertu de ce droit, les exécuteurs testamentaires de Condesse de Podio, qui étaient les sieurs Estebot de Belay et Bertomieu de Chabiagne, adressèrent le 18 décembre 1403 une supplique à Mgr Ménendez, évêque de Bayonne, dans le but de présenter pour titulaire de la dite prébende M⁶ *Johan de Silhoete* (1).

Ces deux documents prouvent l'antiquité, la noblesse, la religion et les hautes alliances de la famille du capitaine *Jean Silhouette*. Il possédait à Biarritz une maison sur la digue, près de l'Océan, et une autre dans l'intérieur de la ville. A Bidart, il avait une villa, dominant la mer et entourée de vignes très-renommées. C'est là que Thérésine accompagnait aux vendanges sa cousine germaine Mariette Sévignacq, et c'est à Biarritz qu'elles allaient prendre leurs ébats en jouant avec les vagues, sur le bord de la digue. *Jean*, surnommé fanfan, et *Casimir*, les deux fils du capitaine, habiles plongeurs et sauveteurs dès leur enfance, veillaient sur les deux baigneuses. Avec eux il n'y avait jamais rien à craindre. C'était la grande joie de Thérésine d'aller passer huit ou quinze jours dans cette chère famille Silhouette. Il était donc tout naturel que celle-ci fut invitée à son mariage.

Tandis qu'elle faisait à pied, en la compagnie de Jean et de Maugenre, le court chemin qui sépare Bayonne de Biarritz, son frère lui dit :

— Depuis combien de temps, Thérésine, n'as-tu pas été à Biarritz ?

— Depuis le nouvel an.

— Et penses-tu y trouver Jean et Casimir avec leurs parents ?

— Casimir, oui ; mais Jean ne s'y trouvera certainement pas, il est parti au Mexique, vers la fin d'août de l'année dernière, il est timonier au service du contre-amiral Baudin, sur la frégate la *Néréide*.

— Et qu'est-ce qu'il est allé faire là-bas ?

— La guerre, peut être, si le Mexique n'accorde pas à la France les satisfactions qu'elle demande. C'est ce que le capitaine Silhouette m'a dit en janvier. Ce pays est en révolution ; les résidents français y sont pillés, dépouillés, emprisonnés et mis à mort ; sous prétexte d'infraction aux règlements de la douane, nos navires de commerce y subissent les plus brutales persécutions. Le roi a

---

(1) J. Balasque. Etudes historiques sur la ville de Bayonne, t. 3, p. 438.

puisé tous les moyens de persuasion. L'ultimatum du gouvernement français a été rejeté par le président Bustamente. On parle de préparatifs militaires de part et d'autre ; c'est la forteresse de Saint-Jean-d'Ulloa et le port de la Vera-Cruz qui doivent être bombardés.

— Belle occasion pour Jean Silhouette d'y gagner l'épaulette d'officier.

— Ou bien d'y trouver la mort.

— Ne sois pas pessimiste, ma chère Thérésine. Un jour, tu le verras mis au nombre de nos plus illustres marins, comme son père l'est aujourd'hui.

— Dieu veuille réaliser ta prophétie ! Bientôt nous saurons ce qu'il en est ; sa mère elle-même nous l'apprendra.

Et en parlant sur ce sujet, ils arrivèrent à Biarritz. Ils se rendirent à la maison qui dominait la mer, où demeurait habituellement Marie-Jeanne Silhouette.

— Eh ! c'est toi Thérésine, lui dit-elle en l'apercevant, qu'est-ce donc qui vous amène chez moi aujourd'hui ! Soyez les bienvenus ; je reconnais bien ton frère, mais ce Monsieur qui est avec lui, je n'ai pas l'honneur de le connaître ; c'est peut-être un parent d'Oloron ?

— Il ne l'est pas encore, mais il le sera bientôt.

— Je te comprends, c'est avec ce Monsieur que tu vas te marier, n'est-ce pas ?

— C'est bien cela, et nous venons vous inviter à vouloir bien assister à notre mariage à Bayonne le 22 de ce mois. Mais ne me semble-t-il pas que vous êtes en deuil, à vous voir ainsi habillée tout en noire. Auriez-vous perdu quelque membre de votre famille ?

— C'est Jean, mon fils, qui est mort.

— Il est mort ! oh ! que cette mort est cruelle !

— Oui, bien cruelle, va Thérésine, ce cher enfant est allé mourir si loin ! Il a été tué par les Mexicains dans un engagement qui eut lieu le 5 décembre dernier ! Depuis ce moment, je ne vis plus, je pleure nuit et jour, et ma seule consolation est de savoir qu'il portait sur lui son scapulaire de Notre-Dame du Carmel ! Tu vois que je ne puis guère assister à ta noce, d'autant plus que je suis seule. Casimir et son père sont en voyage sur mer, et je ne puis pas m'absenter en ce moment où il nous arrive tant de baigneurs.

— Je regrette beaucoup votre absence, mais ce que je déplore avant tout, c'est votre grand deuil. Si je ne craignais pas de renouveler votre chagrin, je vous demanderais quelques détails ; n'avezvez pas reçu de lettres de lui, depuis qu'il est parti?

— Une seule lettre, et presque en même temps je reçus son extrait mortuaire. Tu penses dans quelle situation je me trouvais ! Sa lettre m'annonçait victoire et bonne santé, l'acte de décès m'apprenait la mort. Lequel croire ? Il n'est pas mort, me disais-je, on a dû se tromper, puisqu'il ma écrit ; mais s'il n'était pas mort, ajoutai-je dans la douleur de mon âme, je n'aurais pas reçu cette annonce officielle ! Dans cette anxiété, j'écrivis au capitaine Perseval, sous les ordres duquel il combattit. C'est lui qui m'expliqua que survivant au combat du 27 novembre, il avait succombé près de la porte de *la Merced* au combat du 5 décembre.

— Et quel âge avait-il ! Nous étions du même âge à peu près.

— Oui, comme toi, il est né en 1816 ; il n'avait donc que vingt-deux ans. Je m'en vais te chercher sa dernière lettre et celle de son capitaine ; là tu te rendras compte du malheur qui nous frappe...

— Tu vois, Jean, dit alors Thérésine à son frère, j'ai prévu mieux que toi ce qui arriverait la-bas ; je plains sa pauvre mère. Et pourvu qu'il n'arrive encore rien à Casimir ; il est toujours si exposé sur la mer, toujours si hardi, qu'une catastrophe analogue pourrait encore bien lui arriver.

Tante Silhouette n'entendit pas ces dernières paroles. Elle était allé faire préparer un bon goûter et revenait les prier de passer à la salle à manger où elle présenta à Thérésine les deux lettres suivantes :

« A bord de la *Néréide*, devant la Vera-Cruz, 28 novembre 1838.

« Mes chers parents,

« Victoire est remportée. Le drapeau de la France flotte sur
« Saint-Jean-d'Ulloa. Hier, à midi, la *Néréide* a lâché contre le
« fort sa première bordée. Les vingt autres bâtiments français
« suivent notre exemple. Trois cent cinquante-deux canons ton-
« nent sur toute la ligne d'attaque ; le fort répond vigoureusement ;
« boulets et obus sillonnent l'espace. Au milieu des tourbillons de
« fumée, la *Créole*, commandée par le prince de Joinville, range
« bord à bord nos frégates ; il prend position près du récif de La-
« vandera. Le feu continue sans faiblir ; deux explosions ont lieu
« dans la place ; a quatre heures et demie, la tour des signaux
« saute en l'air. Une demi-heure après, une quatrième explosion
« se fait entendre et dès lors, le feu des Mexicains se ralentit. A
« la chute du jour il est presque complètement éteint. A huit heu-
« res, le silence était partout, la ligne d'embossage était rompue,
« la *Néréide* gagnait le mouillage de l'Ile-Verte. Un parlementaire

vint demander les conditions de la capitulation. »

« Ce matin, à huit heures, le général Rincon s'est résigné à signer la capitulation ; à midi, nous avons pris possession du fort. Vous ne pourriez vous imaginer tous les ravages causés par notre artillerie. Il est vrai de dire que nous avons tiré huit mille deux cent cinquante coups de canon, avec une grande justesse de tir. L'ennemi a perdu cinq cents hommes, et nous, quatre tués et vingt-neuf blessés. »

« Dieu soit loué ; ce coup de foudre résume toute la guerre. Bientôt nous reviendrons en France, et nous nous reverrons. »

« En attendant ce plaisir, je vous embrasse tous de tout mon cœur et suis pour la vie,

« Votre fils et frère tout dévoué,
« Jean Silhouette. »

Cette lettre ne parvint à Biarritz que le 5 février 1839. Or, le même batiment qui l'avait apportée en France apprenait également sa mort. Comment donc expliquer ce malheur ? Les uns [di]saient qu'après l'action du 27 novembre, Jean avait été désigné [po]ur conduire le parlementaire français à la Vera-Cruz, et qu'il [av]ait été tué par un coup de feu, en menant à bord l'embarcation. [M]ais cette assertion était fausse, puisque c'est un parlementaire [me]xicain qui a abordé la *Néréide*, pour demander une suspension [d'a]rmes. D'autres disaient que, toute marque d'hostilité ayant [di]sparu après l'engagement du 27, les équipages de la *Néréide*, du *[Cu]irassier*, de la *Créole* et de *l'Eclipse*, en station au mouillage de la [Ve]ra-Cruz, étaient entrés en relation avec les habitants ; mais qu'en [pa]rcourant librement la ville, Jean Silhouette avait été assassiné [pa]r un Espagnol. Cette version était plus vraisemblable, mais elle [de]mandait confirmation. C'est pour ce motif que le capitaine Sil[ho]uette écrivit à M. le capitaine Perseval, de retour à Toulon. [Il] doute qu'il obtienne de lui les renseignements les plus exacts [su]r cette cruelle mort.

Voici la réponse qui lui fut adressée :

« Toulon, le 15 mars 1839. »

« Monsieur le Capitaine,

« En réponse à votre lettre du 11 de ce mois, j'ai l'honneur de vous donner ci-après les renseignements que vous désirez obtenir :

« Jean Silhouette a pris part aux combats du 27 novembre et du 5 décembre ; c'est dans cette dernière action qu'une balle vint l'atteindre mortellement. »

« Après la capitulation signée le 28 novembre par le général

« Rincon, nous pensions tous la guerre terminée, lorsque le 4 dé-
« cembre, notre amiral reçut une lettre par laquelle le général
« Santa-Anna lui annonçait sa nomination au commandement
« général du département de Vera-Cruz et le refus de son gouver-
« nement de ratifier la convention. Peu d'instants après, nous
« apprîmes que le général Arista approchait avec une armée de
« cinq mille hommes pour se joindre à Santa-Anna, et qu'il se
« proposait de reprendre le fort. »

« L'amiral Baudin résolut de prévenir leur attaque. Ses ordres
« furent aussitôt donnés. Le lendemain, 5 décembre, à six heures
« du matin, nos trois colonnes, fortes d'environ douze cents hom-
« mes, se dirigèrent sur la ville. Avec le capitaine Turpin, je
« commandais la colonne de gauche, dont faisait partie votre fils.
« Nous étions envoyés contre la poterne de Rastrillo et le fort de
« Saint-Iago. Après avoir escaladé les remparts, renversé les pa-
« rapets, encloué les canons, brisé les affûts à coups de hache et
« jeté le tout dans les fossés, nous arrivâmes près de la porte de
« la Merced. Là, nous fûmes assaillis par de terribles décharges
« de mitraille et de mousqueterie, parties des fenêtres d'une
« caserne voisine. Nous fîmes à ce moment plus d'une perte
« douloureuse, celle de Jean Silhouette fut du nombre. Secourus
« par la colonne de droite, nous construisîmes aussitôt une
« barricade devant la porte de la caserne pour en faire le siège et
« venger le sang de nos frères. L'action terminée, l'amiral
« ordonna le rembarquement. Chaque colonne emporta ses blessés
« et ses morts dont aucun ne fut abandonné ».

« Jean Silhouette était un marin brave et adroit, d'un grand
« avenir. Il est mort glorieusement pour la France, au champ
« d'honneur. »

« En déposant sur sa tombe ce simple bouquet d'immortels
« souvenirs, je prie M. le capitaine d'agréer l'hommage de mes
« sentiments de respectueuse condoléance. »

« V. Perseval. »

— Votre deuil est le nôtre, dit alors Thérésine, Dieu l'a voulu et il nous aime. Il vous demande un fiat bien dur, bien cruel, il est vrai, c'est pour vous un grand mérite de vous y résigner.

— Oui, Dieu soit béni, dit alors tante Silhouette, et qu'il nous protège tous.

CHAPITRE XXIII

MARIAGE DU 22 AOUT 1839.

Si la famille Silhouette ne put répondre à l'aimable invitation de nos deux fiancés, il n'en fut pas ainsi de la famille d'Oloron. Malgré tous les commentaires qui se font toujours en pareilles circonstances, plusieurs parents acceptèrent. Jeanne de Loustau, née Fillet, la grand-maman de Thérésine, était, plus que personne, très préoccupée de ce mariage. Quoi d'étonnant ? C'était elle qui, pendant quinze ans, avait fait l'éducation de sa petite-fille, et Dieu sait tout ce qu'elle avait mis de soins pour la former aux vertus chrétiennes. Jeanne de Loustau avait alors soixante-deux ans. Catéchiste volontaire et Dame de charité à Oloron, elle allait chercher les enfants négligés, filles et garçons, des pauvres gens et des ouvriers de la ville. Elle les réunissait chez elle, leur apprenait par cœur leur catéchisme, leurs prières en français et en latin, l'un et l'autre étant aussi difficiles, vu que tous parlaient béarnais. Quand ils étaient bien préparés à la première communion, elle invitait M. le curé à venir les examiner, et son bonheur était de pouvoir les accompagner à l'autel. Le dimanche et les fêtes, elle restait à l'église depuis la première messe jusqu'après les vêpres, sans venir dîner à la maison. Ces jours-là, en été et le soir, elle réunissait les mères de famille sous les grands arbres, devant chez elle ; là, elle leur racontait les actes des martyrs, la vie des saints et l'histoire de France. Toute sa vie fut employée à ces œuvres de charité. Chaque année, elle conduisait des pèlerins à Sarance, à Bétharam, à Gurmentsou, où l'on vénérait la Très Sainte Vierge et Sainte Anne. Au 15 août 1839, elle vint à Notre-Dame de Bétharam, avec le groupe qu'elle avait organisé. Sans passer par Pau, mais gravissant les chemins escarpés des Pyrénées, marchant deux jours pour l'aller, souvent nus pieds, par esprit de pénitence, elle commençait le rosaire et entonnait ses cantiques béarnais, toujours terminés par ce refrain populaire : « *Qué nous embram, A Bétharam, Per demanda, Per nous pecca, A Diou, Perdou.* » C'était pour sa chère Thérésine qu'elle avait entrepris ce pèlerinage ; elle voulait obtenir pour elle la perpétuelle protection de Marie. Elle fut exaucée au-delà de ses espérances.

Le jour du mariage approchait. Louis Maugenre avait été se confesser trois fois pour faire une communion excellente et un mariage béni de Dieu. Thérésine l'avait accompagné à la sainte table. Le 22 août 1839, M. l'abbé Sarlaye bénissait leur union dans l'église des Capucins de Bayonne. Parents et amis s'y trouvaient réunis. Messieurs Bœr, chef de musique, Péqueurt, sous-chef, Uchette, caporal de musique, Marmé, lieutenant d'habillement, et leurs dames, accompagnant Madame Prax à l'église, tenaient à honorer la nouvelle mariée. Jean et François Capdepon-de-Goës donnaient le bras aux demoiselles Graciouse et Bathilde Sellier, amies de leur sœur. Plusieurs autres parents suivaient.

Au repas de noces, on servit tout naturellement des jambons de Bayonne ; au dessert six bouteilles de Jurançon vinrent égayer tous les esprits. C'était le cadeau de M. *François Balasque*, maire de Bayonne.

— Fichtre, s'écria M. Bœr, je ne pensais guère que Maugenre allait épouser une parente du maire de Bayonne. Mais cette parenté-là n'est-ce pas une blague ; voyons (s'adressant à la mère de Thérésine), bonne maman, pourriez-vous m'établir cette généalogie ?

— Oui, c'est mon cousin germain ; nous sommes fils de frère et sœur.

— Bah ! Et comment s'appelaient ce frère et cette sœur ?

— François de Loustau était mon père ; Marie-Anne de Loustau, sœur de mon père, ma tante et ma marraine, était sa mère.

— Et qui étaient votre père et le sien ?

— Mon père était entrepreneur de travaux publics à Oloron. Pierre Balasque, son père, était commerçant, et c'est à Oloron qu'est né François Balasque, le 28 mars 1787.

— Et comment se fait-il qu'il soit aujourd'hui maire de Bayonne ?

— Pour vous répondre, j'aurais à vous raconter une grande histoire, et, telle que je la connais, elle est assez curieuse.

— Eh bien, faites-nous le plaisir de nous la raconter.

— Volontiers. Vous savez tous, qu'après la spolation des Bourbons d'Espagne, Napoléon donna ce trône à son frère Joseph. Il en résulta une guerre acharnée, une insurrection générale, qui nécessitèrent l'entrée en Espagne de l'empereur et de 150,000 hommes. C'était à la fin de septembre 1808. Mon cousin François Balasque avait alors vingt et un ans. Il suivit les troupes de l'empereur, non pas comme soldat, mais comme interprète et fournisseur de l'armée ; il parlait très bien l'espagnol. Après les victoires de *Burgos*, *d'Espinosa*, de *Tudela* et de *Somo-Sierra*, François vint habiter *Madrid*. Il y demeura tout le temps du règne de Joseph Bonaparte, et il s'y amassa rapidement une honnête fortune. A la fin de 1813, forcé de revenir en France, il fut en partie chargé de ravitailler Bayonne. L'ordre lui en avait été donné par le maréchal Soult, qui occupait alors Oloron, Pau et tous les environs. Exerçant depuis quatre ans le métier de fournisseur général de l'armée, il s'acquitta habilement de sa mission. Lorsqu'en janvier 1814, lord Wellington vint bloquer *Bayonne* avec deux divisions anglaises et deux autres espagnoles, il y avait à la manutention et dans les grands magasins généraux des vivres suffisants pour entretenir, pendant un an et plus, la division militaire française et la population de la ville. Ce blocus de Bayonne augmenta notablement la fortune de mon cher cousin.

Le 27 février eut lieu la sanglante bataille *d'Orthez* où dix mille hommes restèrent sur le champ de bataille. A la suite de ce combat, lord Wellington dut attirer à lui une partie des troupes laissées autour de *Bayonne* pour composer deux corps d'armée marchant sur Toulouse et sur Bordeaux. Le blocus de Bayonne fut dès lors très imparfait. Grâce à la garnison, mon cousin put organiser le ravitaillement par la mer.

Après s'être distingué au dernier siège de Bayonne, François Balasque retourna à Madrid. Les événements militaires de 1813 l'avaient empêché de réunir tous ses capitaux et de liquider ses affaires personnelles. Après être entré en possession de tout son argent, il revint en France.

François n'avait pas encore franchi les provinces basques espagnoles lorsque des brigands l'assaillirent dans la montagne. « La bourse ou la vie » lui crièrent-ils, et ils se mirent à le frapper, à le dépouiller, à lui ravir tout l'argent et tous les titres qu'il portait sur lui.

Volé, blessé, à demi-mort de frayeur, François arriva à Bayonne. Il descendit à l'hôtel d'Espagne. Il portait le grand manteau, le haut chapeau feutre, les culottes courtes : tous le prenaient pour un Espagnol. Pendant qu'il essayait de se faire reconnaître et qu'il racontait la tragique aventure qui venait de lui arriver, survint par hasard à cet hôtel un de ses amis d'Oloron, nommé Lamarque.

— Mais c'est toi, François, lui dit-il ; d'après ce que j'entends dire, tu l'as échappé belle. Dis-moi donc où tu as été dévalisé, et moi, je me charge de te faire restituer ta fortune.

— Oh ! Oh ! mon cher, ton offre ne se refuse pas : c'est à tel endroit que j'ai été assailli et volé. Si tu peux me faire rembourser, je t'accorderai en retour une bonne rétribution.

— Ce n'est pas pour une récompense que je veux te rendre service ; bientôt, je l'espère, tu redeviendras possesseur de tes biens. Et cela dit, il partit.

François Balasque se fixa à l'hôtel d'Espagne. Grande fut sa surprise, au bout d'un certain temps, de voir venir Lamarque lui rapporter tout son argent. Cet événement fit grand bruit à Bayonne, à Pau et à Oloron où habitait Lamarque. Tous l'accusaient d'espionnage et de brigandage. Le tribunal fut saisi de l'affaire et le soi-disant espion fut emprisonné à Oloron. Les deux sœurs de François se chargèrent de lui adoucir l'amertume de cette prison préventive et lorsque cette cause fut jugée, Lamarque fut acquitté. Comme il n'avait voulu accepter aucune récompense de François, celui-ci voulait lui donner sa sœur Cato en mariage : mais Catherine s'y refusa. Sa grande délicatesse ne pouvait lui permettre d'épouser un homme dont la réputation était si gravement compromise. Quant à mon cousin, il se maria à dame Marie Chassaing, charmante et riche jeune fille de Bayonne. Voilà, M. Baer, son histoire telle que je la sais ; il y aurait de quoi faire une légende si l'on en connaissait tous les détails.

Là-dessus, on porte un toast au maire de Bayonne, aux nouveaux mariés et à tous les amis du 36e.

Le grand jour passa bien vite ; il avait été précédé de trois semaines de fiançailles, il fut suivi de quarante-huit ans de mariage. Les deux époux logeaient en ville. Aimant son chez soi, Thérèse sortait peu, si ce n'est en compagnie de Jean ou de son mari en civil. Un jour, l'abbé Sarlaye les rencontre et les accoste : « Eh ! bien, M. Maugenre, lui dit-il, avez-vous bien soin de votre petite dame ? Je vous la recommande. » — « Je puis vous assurer que oui, répondit Thérésine. Louis prévient tous mes désirs. »

CHAPITRE XXIV

DÉSARMEMENT DES CARLISTES — REVUE DU DUC D'ORLÉANS

Nous avons vu le 36ᵉ de ligne quitter la Vendée pour les Pyrénées dans un but d'observation des Carlistes. Depuis la formation des divisions comte Harispe et de Castellane, les affaires d'Espagne n'avaient cessé de s'aggraver. La reine Isabelle II et la régente Marie-Christine avaient vu leur pouvoir souverain confisqué par le ministère de l'anarchiste Calatrava. La guerre civile avait pris un caractère barbare. L'autorité légitime avait à lutter tout à la fois contre le prétendant don Carlos, frère de défunt Ferdinand VII, et contre le parti révolutionnaire. Le général Narvaez, soutenu par l'influence française, combattait pour la reine. Espartero, appuyé sur l'influence britannique, et fort de ses cent cinquante mille hommes, faisait triompher partout le parti progressiste radical. Don Carlos, avec son armée de cinquante mille hommes, voulait renverser la régence, et gouverner avec Texeiro pour premier ministre, et Maroto pour général en chef. — On essayerait vainement de donner une idée exacte de cette révolution. Il faudrait compter les ministères succédant aux ministères ; dire la royauté sans prestige, le gouvernement sans autorité, le trésor à sec, les provinces en insurrection ; suivre d'un bout du royaume à l'autre ces mille évolutions de corps d'armées, qui ne mettaient jamais les ennemis en présence ; raconter la jalousie des généraux de la reine, se refusant tout concours ; montrer les régiments sans paye, sans vivres, sans vêtements, se révoltant contre leurs officiers, les insultant ou les assassinant ; peindre les massacres de prisonniers, les dévastations, les vengeances atroces qui firent couler plus de sang que n'en burent les champs de bataille ; faire voir les villes rançonnées, les villages pillés, les campagnes sans culture, le brigandage infestant les routes ; enfin, plus redoutables que les voleurs de grands chemins, les guérillas et les rôdeurs des armées, prélevant sur les voyageurs la solde qui ne leur était pas payée.

Dominé par Texeiro, don Carlos avait révoqué son général Maroto. Repentant bientôt après, il lui avait rendu son commandement. Alors Maroto fit arrêter et fusiller treize hauts fonctionnaires, qu'il soupçonnait de lui être hostiles. Le lendemain, il est destitué par don Carlos, lequel se rétracte encore deux jours après, en lui rendant tous ses pouvoirs. De là, renversement du ministère de don Carlos, et défection de Maroto. Le 31 août 1839, avec huit mille hommes, il prend parti pour Espartero, qui serrait de fort près les Carlistes, dans les montagnes de la haute Navarre. En vain don Carlos répondit par une proclamation aux peuples des provinces basques ; sa cause était perdue. La plus grande partie de ses forces manœuvrait en Aragon et en Catalogne ; l'ennemi l'en avait isolé et le pressait de plus en plus. Cédant chaque jour du terrain, don Carlos et son armée passèrent la frontière au *pont d'Ordach*, cherchant en France un refuge (14 septembre 1839).

Aussitôt, le premier bataillon du 36ᵉ se porta à Espelette et dans les villages environnants. Les compagnies carlistes, en débandade, se dispersaient partout, causant l'épouvante chez tous nos montagnards. Exténués, mourant de faim, sans chaussures, vêtus comme des brigands, ils furent tous réunis, non sans peine, par tous nos soldats du 36ᵉ, qui les désarmèrent et les conduisirent à Marac, hors la porte d'Espagne. Ils y restèrent juste le temps nécessaire pour être rhabillés et reconfortés, et furent évacués hors de Bayonne.

L'intention de don Carlos était de ne faire que traverser la France, et d'aller demander un asile à l'une des cours qui avaient épousé ses intérêts.

Mais le gouvernement français, voyant que ses lieutenants continuaient à guerroyer en son nom contre la reine, ne crut pas devoir lui laisser la liberté tant qu'il n'aurait pas renoncé à ses prétentions, pour faire cesser la guerre civile. En conséquence, tout en ordonnant qu'il fut traité avec les plus grands égards, le ministère le fit conduire à Bourges où il résida.

Cet événement fut cause de la visite du duc d'Orléans à Bayonne. Amené par le *Phare*, le prince arrivait directement d'Alger où il s'était embarqué le 7 novembre 1839. Il fut reçu en grande pompe par Monseigneur l'évêque, par les généraux Harispe et Naguez, par le préfet et le sous-préfet, par le maire Balasque, par le duc de Gramont et autres. Tout le 36ᵉ était sous les armes. On avait fait venir les garnisons de Pau, de Saint-Jean-de-Luz et de Saint-Jean-Pied-de-Port. Le 10ᵉ léger, le 37ᵉ de ligne étaient présents.

De grandes fêtes furent données en son honneur. Des arcs de triomphe, des trophées, des guirlandes ornaient toutes les rues. Des députations de toutes les communes pyrénéennes défilèrent devant le prince. Toute la troupe réunie fut passée en revue sur le glacis. Le duc d'Orléans félicita M. le colonel Prax de la bonne tenue du 36ᵉ qu'il avait appris à connaître en 1833, au camp de Compiègne. Une grande promenade sur l'Adour fut organisée depuis Saint-Esprit jusqu'à l'Océan. Mille chaloupes pavoisées de drapeaux tricolores accompagnèrent le prince. Les trois musiques des régiments naviguèrent à son côté en faisant entendre les plus beaux morceaux de leur répertoire. Tout fut mis à contribution pour augmenter la splendeur de cette royale réception.

Son arrivée de l'Afrique fut aussi l'occasion de nombreux discours ayant trait à l'expédition des *Portes-de-fer* et à la conquête de l'Algérie. Quoi de plus naturel? Après avoir visité Mers-el-Kébir (23 septembre 1839), Alger, Koléa, Stora (8 octobre), et Constantine (12 octobre), après avoir amélioré la situation de l'armée d'Afrique, des indigènes et des hôpitaux, le duc d'Orléans s'était mis à la tête d'une division, et il s'était fait accompagner de celle du général Galbois. Parti de Sétif le 21 octobre, et marchant contre les Kabyles de Ben-Salem, il avait franchi le premier (28 octobre) le défilé de six kilomètres, entre deux parois de roc dénudées et perpendiculaires, dont la hauteur, dit Changarnier, varie de quatre-vingts à cent cinquante mètres, et si rapprochées l'une de l'autre que les soldats ne purent cheminer que sur une seule file, et dans un fort ruisseau, par un temps d'orage qui faillit les inonder. Pendant ce temps, des groupes d'Arabes tiraient sur eux des coups de fusil.

Le 29, il avait pacifié les Béni-Mansour ; le 30, il s'était emparé du fort de *Hamza*, et, après un engagement contre les Béni-Djead, il avait traversé les vallées de l'Isser et de l'Oued-Khadra, pour venir rejoindre au Fondouck (1er novembre) le général *Rullière*, commandant la division d'Alger et ancien lieutenant-colonel du 36e.

Cette expédition dans la province de Constantine n'avait pas été dirigée contre Abd-el-Kader. Celui-ci, ayant Mascara pour capitale, Takdemt pour quartier général, prêchait alors *la djihad* ou guerre sainte à Taza. Il semblait avoir terminé de nouveaux préparatifs de guerre et méditer de prochaines attaques.

Le maréchal VALÉE, gouverneur de l'Algérie, faisait tous ses efforts pour conserver la paix conclue à la Tafna. Suivant les instructions du général Bernard, ministre de la guerre, et de son successeur le général Schneider, ministre depuis le 12 mai 1839, le maréchal avait évité toute rupture. A l'aggression sanglante de l'émir contre nos coulouglis d'Oued-Zeitoun, il avait répondu par la démonstration pacifique de Fondouk qui causa la retraite d'Abd-el-Kader sur Médéah.

Suivant le traité, le fier Arabe avait abandonné Koléah au colonel de La Moricière (26 mars 1838) — et Blidah au maréchal Valée (3 mai). Seize camps français purent être construits pendant qu'Abd-el-Kader assiégeait les Tedjini à Aïn-Madhi, pour se débarrasser d'un rival (18 juin 1838 au 11 janvier 1839).

La domination française n'avait donc pas marché dans la province d'Alger. Le traité de la Tafna n'avait fait qu'embrouiller les choses en servant de prétexte à mille contestations qui avaient surtout pour objet les territoires de l'Oued-Khadra et des Outhanes de Kachna, de Beni-Mouça et de Beni-Kïlil. Ces tribus ne savaient à quel Kaïd obéir. En vain le maréchal Valée proposa-t-il une convention explicative du traité de la Tafna. Sept mois de démarches accomplies par son aide de camp, le commandant de Salles, et par le plénipotentiaire de l'émir Ben-Arach, n'aboutirent à aucune réponse favorable. Abd-el-Kader se retrancha derrière l'avis de son grand conseil, unanimement opposé à cette convention.

C'était dans la province de Constantine que la conquête avait fait le plus de progrès. L'expédition du général de Négrier avait pacifié les Ouled-Abd-en-Nour et amené la reddition de la ville de *Mila* (13 février 1838). L'expédition du général Galbois avait abouti à l'occupation de *Stora* (l'ancienne Rusicada), et à la fondation de Philippeville (l'ancienne Stora) (8 octobre 1838). La seconde expédition du même général avait atteint son but par la prise de *Sétif* (15 décembre 1838), l'ancienne capitale de la Mauritanie sitifienne, et par le passage du *col de Mons* (17 décembre). Le lendemain, le commandant Chadeysson et 670 hommes du 3e bataillon des Zéphyrs se couvraient de gloire en défendant pendant cinq jours et quatre nuits le poste ouvert de *Djémila* (1) attaqué par des milliers de Kabyles (18 - 23 décembre). Enfin le lieutenant-colonel Bedeau avait occupé le *col de Tizi* (12 mai 1839) pour s'emparer de la ville de *Djidjeli* (17 mai) et pour châtier les Barbaresques de cette cité qui avaient pillé un navire de commerce français, l'*Indépendant*.

Hostile au système des colonnes mobiles et de la guerre offensive, le maréchal Valée maintenait sa théorie de la guerre défensive dans des camps retranchés. Bientôt les événements lui donnèrent tort ; ils prouvèrent d'un côté, que ces établissements défensifs ne servaient à rien, et d'un autre côté, qu'on ne pouvait arriver à la domination générale de l'Algérie qu'en allant chercher partout l'ennemi pour le combattre et le détruire.

Il n'y avait pas quinze jours que le duc d'Orléans avait quitté Bayonne lorsque la nouvelle de la dévastation de *la Métidja* et du massacre des Français par les Hadjoutes (20 novembre 1839) donna la certitude de la rupture du traité de la Tafna et d'une nouvelle guerre contre Abd-el-Kader, plus terrible que la précédente.

Tous les soldats du 36e eussent voulu partir immédiatement pour l'Afrique afin de venger les cent huit têtes de leurs compagnons, tombées à *Béni-Méred*, et portées victorieusement au Khalifa de Milianah. Cet honneur ne leur fut pas accordé. Ce furent le 58e de ligne et le 3e léger qui allèrent renforcer la division du général Rullière. Le 36e dut se résigner au rôle de spectateur, en attendant son tour : il apprit donc à Bayonne les premiers combats de cette guerre de géants.

C'est à *Béni-Méred* (2), le 2 décembre 1839, qu'eut lieu la première rencontre entre Sidi-Mbarek et le colonel Changarnier (brigade Rostolan). Le 2e léger, et les zouaves de La Moricière, repoussèrent toutes les troupes du califat. Quelques jours après, la brigade Duvivier se trouva cernée et assiégée à Blidah. Le 14 décembre, toute la division Rullière dut engager deux nouveaux combats à *Béni-Méred*, en allant ravitailler Blidah et en revenant à Boufarik. Deux fois encore Changarnier dut se battre en cet endroit pour débloquer et approvisionner d'eau et de munitions le

---

(1) On trouve à Djémila les ruines d'un arc de triomphe dédié à Septime-Sévère.

(2) Le beau-frère de Madame Maugenre ayant été le fondateur de la colonie militaire de *Béni-Méred*, il est nécessaire que nous signalions rapidement ces combats.

camp supérieur de Blidah (19 et 25 décembre). Le 31 décembre le maréchal Valée prit le commandement général au combat sanglant d'*Oued-el-Alleg*, ancien camp de Blidah ; il refoula les Askers et les Kabyles de Sidi-Mbareck derrière la Chiffa. C'est entre Médéah et Milianah, dans le Titteri, qu'Abd-el-Kader avait concentré ses forces. Il voulut prendre sa revanche le 29 janvier 1840 en surprenant au *Bois-Sacré* le millier d'hommes employés aux travaux de la route de Blidah au camp supérieur. Une nouvelle action, dirigée par Duvivier, Changarnier et Leflô refoula l'assaillant au-delà de l'Oued-Kébir. La défense héroïque de *Mazagran*, qui fit du capitaine Lelièvre un héros de premier ordre eut lieu du 2 au 7 février 1840. Ben-Tami et ses Arabes, repoussés six fois, prirent la fuite à l'approche du lieutenant-colonel Du Barail. Au combat de *Ten-Salmet*, le 12 mars, le commandant Mermet forma, pendant sept heures, un carré de six cents hommes, qui ne put être entamé par la masse des cavaliers de Bou-Hamedi. Pendant cinq jours (4-9 mai) le commandant de La Cipière défendit la place ouverte d'*Aïn-Turco* repoussant les nombreuses bandes des Réguliers et des Kabyles de Ben-Omar, jusqu'à l'arrivée du général Galbois. A tous ces hauts faits d'armes vint se joindre l'expédition et l'occupation de *Cherchel* (15 mars) par le maréchal Valée, ayant sous ses ordres les généraux d'Houdetot, de Dampierre, Duvivier, le colonel Bedeau et le commandant Cavaignac. Tous ces événements n'étaient que le prélude d'une lutte corps-à-corps avec Abd-el-Kader, lutte à laquelle le 36e prendra sa grande part.

Ce régiment reçut l'ordre de quitter Bayonne pour aller tenir garnison à *Saint-Étienne* le 15 mai 1840. Fidèle à sa parole, François Capdepon de Goës s'était engagé au 36e pour exempter son frère. Il allait pour la première fois de sa vie quitter le Béarn avec sa sœur et son beau-frère. Mais Thérésine ne suivra pas le régiment. Ce n'est qu'un mois après son départ qu'en compagnie de Madame Péqueurt, elle prendra la diligence pour Toulouse, le bateau jusqu'à Cette, Beaucaire et Givors où le premier train qu'elle verra la conduira sur une ligne ferrée jusqu'à Saint-Étienne. Il lui faudra cinq jours et cinq nuits pour faire ce trajet. Le régiment y consacrera vingt-neuf jours de marche. Voici l'itinéraire du 2e bataillon, de la musique et de l'état-major :

22 Mai   Saint-Vincent.   25 Mai   Saint-Sever.
23 »   Dax.   26 »   Aire.
24 »   Tartas.   27 »   Séjour.

28 Mai	Nogaro.		9 Juin	Rhodez.	
29 »	Vic-Fezensac.		10 »	Espalion.	
30 »	Condom.		11 »	Séjour.	
31 »	Lectoure.		12 »	La Guiole.	
1er Juin	Séjour.		13 »	Chaudes-Aigues.	
2 »	Beaumont.		14 »	Saint-Flour.	
3 »	Montauban.		15 »	Brioude.	
4 »	Caussade.		16 »	La Chaise-Dieu.	
5 »	Caylus.		17 »	Séjour.	
6 »	Séjour.		18 »	Saint-Bonnet-le-Château.	
7 »	Villefranche.		19 »	Saint-Etienne.	
8 »	Rienhéraux.				

De Saint-Flour à la Chaise-Dieu, Mesdames Blancard et Uchette, cantinières, durent louer des chevaux de relais pour doubler leurs équipages et faire l'ascension des monts d'Auvergne avec leurs charrettes et leurs enfants. Les populations du midi, et surtout de l'Auvergne, accueillaient nos soldats avec une grande joie. Bien des dîners furent offerts, aux officiers d'abord, et ensuite aux musiciens, mais pas à tous ; les élèves étaient souvent mis de côté. C'est ce qui arriva à François à Brioude. Tandis que son beau-frère se rendait à une de ces invitations, lui devait se contenter de son pauvre ordinaire, ainsi que Paillard, fils d'un lieutenant.

— Attends-moi, dit François à son camarade, je m'en vais trouver Maugenre et nous aurons de quoi faire un bon dîner.

— C'est ça, vite, et bonne chance.

Un instant après, François revenait avec une pièce de cinq francs ; il était heureux comme un roi, et il fit des heureux. A son retour, Maugenre n'eut pas besoin de lui réclamer sa monnaie ; toute la pièce de cinq francs y avait passé.

Pendant toute cette longue promenade militaire, Thérésine faisait ses adieux. Pour la dernière fois elle alla revoir la chère tante Silhouette de Biarritz. Femme très distinguée et tout à la fois très-simple, sans fierté, ayant un cœur d'or, elle aimait et estimait Thérésine. Son grand désir eut été de pouvoir la conserver avec elle, mais Dieu ne le voulait pas. Casimir et son père étaient à la maison. Leur grande bonté et leur dévouement étaient au-dessus de tout ce que l'on pouvait en dire. On parla beaucoup du 36e, de tous les parents, du passé et de l'avenir, et avec l'espérance de se revoir, sur la terre ou au ciel, on s'embrassa en versant des larmes. Mariette Sévignacq était alors chez sa tante à Biarritz. Thérésine fut chargée de conduire sa cousine chez son père Louis Sévignacq, entrepreneur à Oloron.

Arrivée dans sa ville natale, sa tristesse, sa douleur augmen[taient] à chaque visite. Elle consacra plus de quinze jours à tou[s] ses parents, à sa grand'maman de Loustau, à ses oncles, tantes cousins et connaissances. Parmi ces dernières, celle qu'elle chéris[sait] davantage étaient Thérèse Bertragnou et sa sœur, Madam[e] Aries. Celle qu'elle vénérait par dessus tout était Madame Adelin[e] Lagarde et ses deux filles, Julie et Marie, dont l'amabilité pou[r] Thérésine allait jusqu'à l'excès. Julie Lagarde, qui passa so[n] enfance avec Thérésine, deviendra un ange de piété et de charité. Elle donnera toute sa grande fortune aux religieuses d'Oloro[n] pour la fondation d'écoles libres.

Après avoir dit adieu à tous ceux qu'elle aimait, après avoi[r] parcouru, une fois encore, les sites pittoresques et enchanteurs d[e] cette antique cité béarnaise, bâtie au pied des grands monts, notr[e] jeune dame prit le chemin de Sainte-Marie, et suivant la rout[e] d'Espagne, taillée dans les rochers des précipices d'Escot, ell[e] arriva à Bedous. Sa tante Jeanne-Marie Casalez, née de Loustau, venait d'y fixer temporairement son séjour. Sa cousine Louis[e] était encore bien jeune. François Casalèz, son père, précepteur à Bordeaux, avait voulu se retirer dans ce bourg charmant. Plu[s] tard, il retournera dans la capitale du midi, pour y marier Louis[e] avec M. Marc Bonnaffé, dont le père fut précepteur à la cour d[e] Charles X.

De Bedous, Thérésine se rendit à Bayonne. Elle trouva so[n] frère Jean abattu, consterné, ne pouvant se résigner à cette dur[e] séparation. Depuis sa naissance, il ne l'avait pas quittée. Tou[t] son bonheur, toute sa joie était de vivre à ses côtés, et il allait l[a] perdre pour toujours. En vain Thérésine s'efforçait-elle de l[e] consoler, en lui promettant de souvent lui écrire, et en lui parlan[t] de l'affection de ses autres parents, Jean ne voulait rien entendre. Il fallut cependant se dire adieu.

S'abandonnant ainsi que sa famille à la divine Providence, invoquant l'Immaculée et son bon ange, Thérésine monta e[n] diligence avec la dame du sous-chef et se mit en route pour Toulouse et Saint-Etienne; elles y arrivèrent une huitaine de jour[s] après leurs maris.

CHAPITRE XXV

SAINT-ÉTIENNE

SAINT-ÉTIENNE, chef-lieu du département de la Loire, est une ville de quarante-deux mille habitants. Son commerce est immense; il est alimenté par les riches houillières des environs et favorisé par plusieurs canaux. Les eaux du Furens, qui coulent dans la ville, sont admirables pour la trempe du fer et de l'acier. Les forges, les aciéries, les martinets y abondent ; le gouvernement y possède une manufacture d'armes. On y rencontre aussi de nombreuses fabriques de velours, de soie et de tulles. L'école des mines y est célèbre, et l'industrie métallurgique considérable. C'est dans cette grande ville que le 36e de ligne tint garnison du 19 juin 1840 au 31 octobre 1842.

Vis-à-vis de la caserne Labadouillère et de l'autre côté de la place se trouve une grande maison bourgeoise, point central des diligences. Mesdames Bœr et Maugenre habitèrent au premier étage de cette maison. M. le colonel Prax était leur voisin. Plusieurs officiers avaient loué des garnis non loin de là. A la caserne habitaient Mesdames Uchette et Blancard. Celle-ci y donna le jour à une fille qui porta le nom de Clotilde et dont Thérésine fut la marraine.

Aimant le travail, Madame Maugenre accepta la confection et

l'entretien du linge des officiers. C'était leurs ordonnances ou son mari qui étaient les commissionnaires. Fut-elle appelée au logement de ces Messieurs, quel que soit leur grade, elle refusait de s'y rendre, elle envoyait son mari. Nombreux furent les mécontents ; mais ils finirent par comprendre qu'en allant chez l'un, elle devait aller chez tous, et que c'était avec sagesse qu'elle s'était imposée la loi de n'aller chez personne. De la sorte, elle mérita d'être favorisée, non pas par un seul en particulier, mais par tous sans exception. L'ouvrage lui vint en abondance ; elle dut prendre plusieurs ouvrières chez elle pour les faire travailler sous sa direction. Elle préférait cette position à celle de certaines dames d'officiers. Souvent plusieurs de ces dames ne sont pas riches. En 1840, le gouvernement n'exigeait pas, comme aujourd'hui, vingt-quatre mille francs de dot. Alors il n'en fallait que douze, et toutes ne les avaient pas. De là, des dépenses au-dessus de leur pouvoir ; de là, des dettes pour les officiers, et toutes les grandes misères qui en étaient la conséquence, et qui les rendaient malheureux. Loin de faire des dettes et de dépenser pour tenir un rang, Thérésine se contentait de peu, travaillait, et faisait travailler beaucoup ; elle pouvait ainsi mettre de l'argent de côté. Plusieurs fois, ses économies sauveront l'avenir d'un sous-officier et d'un officier. Ce n'était pas seulement au point de vue de l'intérêt que sa modeste et obscure position d'humble femme de soldat lui était préférable. Au point de vue de la paix, de la tranquillité, de la préservation de toute jalousie, de toute intrigue, de toute occasion de médisances, de calomnies qui ont, hélas ! provoqué tant de duels et d'autres malheurs ; à tous ces points de vue, elle était plus heureuse que bien d'autres. Elle jouissait du bonheur que Dieu accorde toujours à ceux et à celles qui cherchent avant tout son royaume et sa volonté toute aimable. Ce même Père, qui avait préservé Jeanne d'Arc de toute tache au milieu des camps et des armées, veillait sur sa fille du Béarn, en lui accordant une protection spéciale et perpétuelle.

C'est que Thérésine priait autant qu'elle travaillait ; et, lorsqu'elle pouvait saisir une heure libre entre toutes ses occupations, c'est à Notre Seigneur qu'elle se hâtait de la consacrer, en se rendant à l'église la plus voisine.

Il y avait environ trois mois qu'elle était installée à Saint-Etienne lorsqu'un matin le vaguemestre, M. Fiévet, lui apporta une lettre de Bayonne. C'était sa sœur Mariette qui lui annonçait la mort soudaine et cruelle de son bien-aimé frère Jean. Il avait succombé à une fluxion de poitrine après quelques jours de maladie.

chez sa tante Marouby. Sa dernière parole avait été celle-ci :
« *Si j'avais eu Thérésine avec moi, je ne mourrais pas aujourd'hui !* »

On conçoit toute la douleur que cette grande perte causa à Thérésine. Elle se rappelait sa dernière entrevue avec lui, à son départ de Bayonne, où elle l'avait laissé inconsolable ; et toutes ses années de leur vie, passées ensemble, dans l'union la plus fraternelle ; et cette exemption de son service militaire par l'engagement de François, quelques mois auparavant.

Tous ces souvenirs, ajoutés à ceux de la famille qu'elle avait quittée ; toutes ces peines, ajoutées à celles de sa nouvelle situation dans le mariage ; toutes ces anxiétés concernant son avenir et celui de tous les siens, accablèrent tellement son âme, qu'elle en tomba malade elle-même. Une fièvre typhoïde se déclara. Elle n'y survécut que grâce aux soins empressés de son mari, et aux rares talents d'un médecin polonais habitant Saint-Etienne.

L'année s'écoulait au milieu de ces travaux et de ces douleurs. Chaque dimanche Louis et François exécutaient avec la musique du 36e les plus belles symphonies à la louange du Très-Haut. Le 22 novembre, fête de sainte Cécile, tous les musiciens, civils et militaires, se réunirent pour célébrer dignement leur illustre et glorieuse patronne. La messe fut solennelle. Les mélodies qui se jouaient pendant ce temps ressemblaient aux concerts des anges. Elles étaient comme l'écho des admirables accents que la vierge patricienne de Rome adressait à Jésus avant son martyre. Toute la population applaudit à cette fête chrétienne ; l'assistance y fut nombreuse, le maintien religieux. La joie fut complète au repas qui suivit ; il avait été offert par les musiciens de la ville à leurs collègues du régiment.

Parmi ceux-ci, je dois dire qu'il s'en trouvait plusieurs qui ne réservaient pas leurs talents d'artiste à Dieu et à la patrie. On en voyait quelquefois, le soir ou la veille du dimanche, qui se fatiguaient au bal, presque toute la nuit, à souffler dans leurs instruments. Ils buvaient ce qu'ils gagnaient, et ils ne gagnaient pas toujours ce qui leur était promis. Un d'entre eux, nommé Vahner, un alsacien, vint un jour, rouge de colère, trouver Maugenre : tu ne sais pas ce qui m'est arrivé, lui dit-il, « la budaine de la Rebouchère, elle a voulu me rapatter ». Madame Reboucher tenait le bal ; elle avait voulu lui diminuer sa paye.

En ce moment la guerre d'Afrique n'avait pas moins de retentissement à Saint-Etienne qu'à Bayonne, d'autant plus que les opérations se trouvaient alors dirigées par le duc d'Orléans et par le duc d'Aumale. Sur l'avis du général Despans-Cubières, ministre de la guerre depuis le 1ᵉʳ mars 1840, les princes étaient arrivés à Alger le 20 avril. L'occupation de Médéah fut aussitôt décidée par le maréchal Valée. Dans cette expédition, les deux divisions duc d'Orléans et de Rumigny étaient soutenues par la réserve de Dampierre. Le 27 avril, elles furent attaquées par Sidi-Mbarek sur les hauteurs d'*El-Afroun*. L'ennemi fut défait et refoulé dans le Bou-Roumi. Le 8 mai, c'étaient les Béni-Menacer qui étaient mis en déroute sur *l'Oued-Hachem*. Quatre jours après, l'assaut du *col de Mouzaia* culbutait Abd-el-Kader et tous ses bataillons. La Morcière, Changarnier, Duvivier, d'Houdetot, Gueswiller, Bedeau, Renault, le maréchal Valée et les princes s'y couvrirent de gloire. La ville de *Médéah* fut confiée à Duvivier le 17. Au retour sur Blidah, l'émir barra le passage. Le combat du *Bois-des-Oliviers* (20 mai) en vint à bout, mais non sans de grandes pertes.

Cette expédition devait être nécessairement suivie d'une autre visant Milianah. Les divisions du maréchal Valée franchirent le col du Gontas sans difficulté le 7 juin. Le lendemain, elles occupèrent le marabout de Sidi-Abd-el-Kader. Changarnier et Bedeau attaquèrent les bataillons et les escadrons de l'émir dans la vallée du Chélif et s'emparèrent de *Milianah* livrée aux flammes. La ville fut confiée au lieutenant-colonel d'Illens, du 3ᵉ léger. Le retour ne put s'opérer qu'en repoussant deux grandes attaques, le 12 à *Souk-el-Arba*, et le 15, au *Bois-des-Oliviers*, où les pertes furent aussi sensibles que la première fois. Le 3 juillet, au camp supérieur de Blidah, La Moricière et Changarnier reçurent des mains du gouverneur leur brevet de maréchal de camp.

Le blocus de Médéah et de Milianah suivit immédiatement le retour du corps d'armée. Barkani et ses Kabyles osèrent même tenter un assaut général sur Médéah le 3 juillet ; ils furent repoussés par Duvivier. Changarnier ne put ravitailler cette place sans se mesurer avec l'ennemi sur la crête du *Djebel-Dakla* (28 août). A son retour, il rencontra de nouveau les réguliers et les Kabyles au *Bois-des-Oliviers* (30 août). Le choc fut terrible, la mêlée courte, l'ennemi en déroute. Au combat de *Koara-Moustafa* (19 septembre) le même Changarnier surprit au bivouac toutes les troupes de Ben-Salem, les tailla en pièces et délivra cinquante hommes du 58ᵉ, assiégés dans un réduit. Pour ravitailler Milianah, il se battit à *Karoubet-el-Ouzri*, le 2 octobre ; au *col du Gontas*, le 3 ; il releva la malheureuse garnison, réduite à l'extrémité ; il donna le commandement de la place au chef de bataillon Brunet, du 48ᵉ. Un second ravitaillement de Médéah ne put encore se faire

29 octobre sans livrer bataille au *Bois-des-Oliviers,* où les Beni-énad furent mis en déroute. La campagne d'automne se termina ⟨p⟩ar l'expédition de La Morícière contre les Gharaba et les Béni-mer. Au combat de *Tletate* (22 octobre) il battit les Aghas Ben-acoub et Sidï-Zinc. A l'affaire des *silos des Gharaba* (9 novembre) ⟨il⟩ y eut un assez vif engagement qui coûta la vie au colonel de ⟨T⟩aussion. Les troupes rentrèrent ensuite dans leurs cantonne-⟨m⟩ents ; elles étaient aguerries pour les expéditions du prin-⟨te⟩mps 1841.

Il y avait huit ans et cinq mois que le 36ᵉ se plaisait à être ⟨co⟩mmandé par M. le colonel Prax lorsque, le 11 mars 1841, sa ⟨n⟩omination au grade de maréchal de camp parut à *l'Officiel*. ⟨M⟩. Prax était généralement aimé et estimé. Ses cheveux blancs ⟨m⟩ontraient qu'il avait vieilli dans l'armée, au service de la France ; ⟨sa⟩ nomination prouvait qu'il en avait été le vaillant défenseur. ⟨C⟩œur noble, généreux, et dévoué pour le soldat ; intelligence ⟨v⟩aste et pénétrante ; attitude très digne et martiale, voilà ce qui ⟨le⟩ caractérisait à première vue. Dans ses actes administratifs, on ⟨l⟩ui reprochait un peu de favoritisme. Les Auvergnats, tels que ⟨M⟩M. Salvage, Rispail et les trois frères Duclos ; les Bayonnais, ⟨te⟩ls que MM. Baylaque, Daraque, avaient trouvé en lui un protecteur ⟨as⟩suré. Son départ fut une perte pour eux. Toutefois, lorsque le ⟨2⟩ mai 1841, l'on apprit que le successeur de M. Prax était ⟨M⟩. Jean LEVAILLANT, lieutenant-colonel au 1ᵉʳ de ligne, le con-⟨te⟩ntement fit place à la crainte. On l'avait connu comme capitaine ⟨r⟩apporteur à Bayonne ; le frère de M. Daraque, pharmacien, ⟨l'⟩avait logé durant son séjour ; M. Dariague était fils d'un médecin ⟨de⟩ lui connu, tous ces Bayonnais, soutenus par Madame Prax, ⟨a⟩ccueillirent avec joie le nouveau colonel. Celui-ci cependant était ⟨j⟩uste, la justice même. Pour les soldats de bonne conduite, il était ⟨u⟩n ami, un père ; mais pour les autres, sa sévérité était inflexible. ⟨D⟩'une taille extraordinairement haute et majestueuse, il avait ⟨l'⟩attitude d'un évêque, la délicatesse d'un religieux et la réserve ⟨d⟩'un noble. Parisien, éminent par sa science naturelle autant que ⟨p⟩ar son génie militaire ; d'une finesse et d'une politesse exquises, ⟨il⟩ savait vaincre sa froideur apparente pour recevoir avec une ⟨b⟩ienveillance parfaite et une aimable simplicité tous ceux qui ⟨a⟩vaient à l'entretenir. Avec un tel chef, le 36ᵉ ne pouvait que ⟨p⟩rospérer.

Quelques semaines avant qu'il prit le commandement du régi-⟨me⟩nt, le 3 mai 1841, quatre soldats du 36ᵉ se distinguèrent par ⟨l⟩eur dévouement dans un incendie considérable qui eut lieu à

Montbrison. En reconnaissance, M. d'Allas, le propriétaire incendié, leur offrit la somme de cent cinquante francs. Les soldats du 36e la refusèrent pour en faire bénéficier les pauvres de Saint-Etienne. Cette admirable générosité leur mérita les éloges de M. le duc de Dalmatie, ministre de la guerre.

Au mois de septembre 1841, des désordres graves, qui avaient le caractère d'une véritable sédition, éclatèrent simultanément dans plusieurs communes du Puy-de-Dôme, du Rhône, de l'Isère et des Hautes-Alpes. Le recensement des contributions en était le prétexte apparent. En réalité, ils étaient provoqués par des émissaires des partis anarchiques, qui travaillaient à exciter la population contre le gouvernement. A *Clermont-Ferrand*, dans la journée du 9 septembre, les agents des contributions et les délégués de la mairie furent poursuivis à coups de pierre. L'arrestation des provocateurs décida un groupe de jeunes gens d'aller demander au préfet leur mise en liberté. Celui-ci leur répondit que s'ils avaient été arrêtés par erreur, ils seraient acquittés, mais qu'il fallait qu'une instruction judiciaire eut lieu. Le lendemain les armuriers furent dévalisés par les anarchistes. Malgré l'intervention du préfet, et les exhortations des généraux Gréard et Bastoul, les agitateurs se rendirent à la cathédrale et au presbytère. Chaises, bancs, et tout le mobilier des sacristies et du pasteur furent amoncelés en un bûcher et brûlés sur la place publique. Les maisons du maire, M. Conchon, et de M. Dumiral, furent incendiées et dévalisées. Les soldats du 16e de ligne et du 4e de dragons furent attaqués à coups de fusil. Le capitaine d'état-major de Laveaucoupé fut blessé ; trente et un soldats furent mis hors de combat. Le général Bastoul ordonna à la troupe de tirer en l'air. Beaucoup tirèrent horizontalement. Les insurgés furent atteints en grand nombre. Les factieux avaient élevé des barricades à la barrière d'Issoire et dans l'intérieur de la ville. L'armée dut s'en emparer et les détruire. Cette sédition de Clermont-Ferrand devait se reproduire à Lyon et dans les chefs-lieux des départements limitrophes. En prévision de ces désordres, M. le lieutenant-général résolut de diriger des forces considérables sur *Lyon*, où se trouve un grand nombre d'ouvriers généralement animés de l'esprit révolutionnaire. Le 2e bataillon du 36e commandé par M. Boulhanc reçut l'ordre de s'y rendre sans retard. Parti de Saint-Etienne le 11 septembre 1841 à midi, il fut rendu à destination le lendemain et caserné dans les établissements militaires qui se trouvent au sud de la ville, vers la pointe Perrache. Pendant huit jours, la force armée occupa tous les postes ; les patrouilles se renouvelèrent à chaque heure ; des proclamations du préfet avec arrêtés du maire sur les attroupements furent affichés dans toutes les rues. Les troubles de Clermont n'eurent pas d'écho à Lyon ; cette ville resta calme ; les craintes de M. le lieutenant-général demeurèrent sans effet. Le 20 septembre, le 2ᵉ bataillon quittait Lyon pour revenir à Saint-Etienne, sans avoir eu à réprimer le moindre désordre.

CHAPITRE XXVI

LA CASQUETTE DU PÈRE BUGEAUD

Un lundi de février 1812, le chef de musique, M. Bœr (1) arrive à la répétition. C'était à onze heures, après l'appel.

— Messieurs, dit-il à ses musiciens, vous allez étudier aujourd'hui un nouveau morceau. Je l'ai composé ces jours derniers. Il faut qu'il soit joué par toutes les musiques de France. A vous l'honneur de commencer.

— Bougre, disait Uchette, il ne se mouche pas du pied, notre chef, il veut que son morceau fasse le tour de la France, il doit être crânement beau.

— Garde à vous, disait Blanchard, c'est un pas redoublé comme il n'y en a point ; il vous enlève le pas numéro un.

— Mais, c'est *la casquette du père Bugeaud*, dit Valney et il se mit à chanter : as-tu vu la casquette....

— Bravo, bravo, s'écrient tous les musiciens, vive notre chef.

— Silence, s'écrie M. Bœr. Voilà un deux-quatre qu'il faut enlever, là, ce qui s'appelle chicardement. Entends-tu François ?

— D'avis, Monsieur.

---

(1) Ce chef de musique était un compositeur de grand renom.

— Et pourrais-tu bien me dire quel est le ton de ce morceau ?
— En sol majeur, Monsieur.
— Et comment vois-tu cela si vite ?
— C'est que Maugenre m'a appris qu'avec un dièze à la clef, et un sol à la fin du morceau, on était en sol majeur.
— Très bien, mon ami, tu as un bon maître, continue ses leçons. Allons, tous les musiciens ; êtes-vous prêts ? Attention ; pas de canards, en avant ; un, deux... et tous attaquent le morceau et le jouent sans broncher. On le recommence ; même réussite. Une troisième fois ; c'était parfait.

A la fin de la répétition, M. Bœr prit à l'écart quelques-uns de ses intimes : Blancard, Uchette, Maugenre, Bouchvacher, Péqueurt et les quatre frères Valney, Théodore, Louis, François et Michel.

— Eh bien, Messieurs, leur dit-il, comment avez-vous trouvé ce morceau ?
— Très bien, chef, il vous fait honneur.
— Ainsi qu'au père Bugeaud, j'espère. Et si nous allions boire un verre à sa santé, qu'en pensez-vous ?
— D'accord ; mais nous boirons aussi à la vôtre, car votre santé n'est pas forte.
— Peu importe ; allons chez la mère Blancard et vive la joie.

Après avoir trinqué les verres, Uchette lui dit :
— C'est un chef-d'œuvre que vous avez composé là, M. Bœr ; dans cent ans, votre pas redoublé sera encore à l'ordre du jour dans tous les répertoires. Mais nous tous ici présents nous serions bien désireux de connaître l'histoire de la Casquette. Ne pourriez-vous pas nous la dire ?
— Très volontiers, si cela vous fait plaisir. Elle date du mois d'Octobre 1841. Mais avant de vous la raconter, j'aurais, pour être logique, quelques mots à vous dire de BUGEAUD et de ses premiers exploits.
— Parlez, chef. Les soldats du 36e ont été bien surpris de sa nomination au gouvernement de l'Algérie ; son ancienne hostilité contre la conquête, son traité de Tafna ne le recommandaient guère à la sympathie des colons.
— Ni à la confiance de ses soldats, ajouta M. Bœr. A parler franc, cette nomination nous a mécontenté tous. Le maréchal Soult, ministre de la guerre, a bien vite su qu'on était généralement mal disposé à son égard. Voilà bien pourquoi, il s'est hâté d'expédier en Algérie cette dépêche qui a fait tant de bruit et dans laquelle il disait qu'il ne fallait pas inférer de sa nomination que

l'occupation serait restreinte. C'est bien aussi pour cette raison qu'à peine débarqué, le 22 février 1841, son premier soin, en succédant au général Schramm, fut d'éclairer et de ramener à lui l'opinion. Dans sa proclamation aux habitants de l'Algérie, il a avoué ses efforts d'autrefois pour détourner son pays d'une conquête demandant une nombreuse armée et de grands sacrifices, mais il a dit que sa voix n'était pas assez puissante pour arrêter un élan qui était l'ouvrage du Destin ; il a déclaré qu'il fallait que les Arabes fussent soumis, et que le drapeau de la France fut seul debout sur cette terre d'Afrique ; il a affirmé qu'à la conquête, il joindrait la colonisation...

— Que n'a-t-il ajouté « la formation d'un nouveau peuple, libre et chrétien, » répliqua Maugenre ! La mission de la France en Afrique c'est de la christianiser, de la civiliser, d'y semer la vérité et la justice, d'agir à son égard en Fille aînée de l'Eglise. A l'amour de la France et de l'Afrique, il faut encore joindre l'amour de l'Eglise et de son Chef.

— Tu parles en évêque, camarade, répondit le chef. Bugeaud parlait en conquérant. A ses soldats, il se dit prêt à tout faire pour mériter leur confiance ; il les invite à une nouvelle campagne, à de nouvelles victoires, à la gloire de soumettre les Arabes par leurs vertus guerrières. Ce programme et ces idées avaient satisfait le public, civil et militaire, un seul excepté.

— Et qui donc ?

— Changarnier ; ce général qui est tous les généraux d'Afrique, dont la réputation va toujours grandissant.

— Et pourquoi cela ?

— Parce que Bugeaud avait la main ferme et décidée ; il voulait être commandant en chef, de fait comme de droit. S'incliner sous cette autorité lui paraissait impossible ; son parti pris était de désapprouver quand il ne pouvait pas résister. A la réception officielle des généraux d'Afrique, Changarnier ne craignit pas de dire en taille douce à son gouverneur qu'il lui serait facile d'augmenter la conquête « quand *nous* avons déjà bien réduit les forces d'Abd-el-Kader. » L'antagonisme était patent ; mais ni d'un côté, ni de l'autre on ne voulait rompre. Bugeaud connaissait les mérites de cet homme de guerre, Changarnier tenait à gagner sa troisième étoile.

— Quel est donc le général avec qui Bugeaud arrêta ses vues pour la campagne prochaine ?

— Avec le brave de La Moricière qui commandait Oran. C'est d'après ses données que Bugeaud régla son plan de se porter dans l'Ouest. Là, en effet, Abd-el-Kader possédait Mascara et Tlemcem ; sa base d'opérations était sur la limite du Tell et des Hauts-Plateaux ; il avait élevé du sud-ouest au nord-est les établissements militaires de Sebdou, Saïda, Takdemt, Taza et Boghar. Il y fallait détruire sa vaste domination. La Moricière et Bugeaud étaient à ce sujet parfaitement d'accord.

— Et comment Bugeaud engagea-t-il la série de ses opérations dans le Titteri et le beylik d'Oran ?

— Le 30 mars 1841, il commença par bourrer de vivres et de munitions *Médéah* et *Milianah*. Au premier convoi, il fallut faire le coup de feu. Après les haltes de Blidah, d'Haouch-Mouzaïa, d'Aïn-Tailazid, le général Duvivier se sépara de la colonne avec trois bataillons pour trouver la communication directe entre Blidah et Médéah. Couvert par Changarnier, le gros de la colonne put franchir le col de Mouzaïa, bivouaquer au bois des Oliviers et atteindre *Médéah*. Pendant ce temps les Kabyles, soutenus par le bataillon de Barkani, attaquaient Duvivier en l'attirant dans des embuscades. Le 17ᵉ léger et son colonel Bedeau vinrent le sauver de ce mauvais pas. Le 4 avril, pendant que la colonne remontait le col, nouvelle attaque des Kabyles et de Barkani, renforcés de quinze cents cavaliers et du bataillon de Sidi-Mbarek. Bugeaud les fit tourner par deux bataillons du 23ᵉ et du 53ᵉ. Craignant d'être pris, les Arabes firent demi-tour et disparurent. Le 6 avril, un second convoi fut conduit sans obstacle à Médéah. Le 53ᵉ y releva les zouaves et la colonne revint à Blidah.

— Et quelles ont été nos pertes ?

— Le rapport officiel marque vingt et un tués et deux cent dix blessés parmi lesquels Changarnier, atteint à l'épaule.

— Libre à nous de ne pas y croire. — Et le ravitaillement de Milianah comment s'est-il opéré ?

— Toujours à coups de fusil. Pour l'accomplir, la colonne formée à Blidah fut divisée en deux corps. Celui du duc de Nemours et de Changarnier était formé par le 24ᵉ et 48ᵉ de ligne et le 17ᵉ léger. Celui de Baraguey-d'Hilliers comprenait les zouaves, le 2ᵉ bataillon d'Afrique et deux bataillons du 26ᵉ et du 58ᵉ. La réserve comprenait les tirailleurs indigènes, le 1ᵉʳ et le 4ᵉ régiments de chasseurs d'Afrique, six obusiers et du génie. Le 24ᵉ de ligne avait alors pour colonel, Gentil, et pour lieutenant-colonel le duc d'Aumale.

— Et Duvivier, que devint-il ?

— On le mit à l'ombre, à Alger.

— Belle défaveur. — Et quelles furent les opérations de cette nouvelle colonne ?

— Partie pour Médéah le 27 avril, elle y arriva le surlendemain sans difficulté. Le 2 mai, elle prit la direction de Milianah. Arrivée à la gorge d'où *l'Oued-Boutane* amène au Chélif les eaux du Zaccar, elle aperçut neuf ou dix mille cavaliers arabes dans la plaine. Aussitôt Bugeaud fit appeler Changarnier, Bedeau, Gentil et les princes pour leur donner ses instructions. Il s'agissait de faire tomber les Arabes dans un piège en feignant une retraite ; de la sorte ils devaient attaquer et être faits prisonniers. Or, il y avait là vingt mille ennemis avec Abd-el-Kader. Le lendemain, après les premiers coups de feu, les Kabyles commencèrent à descendre. Bugeaud fait sonner la retraite. Pendant quatre heures, on tiraille ; mais l'ennemi hésite et craint d'avancer. Tout-à-coup une grosse colonne de Kabyles débouche d'un ravin dérobé, à l'extrême-gauche de la ligne de bataille. Cette manœuvre n'avait pas été prévue par Bugeaud. Changarnier qui avait l'ordre de tenir ferme et de ne pas prendre l'offensive voit l'ennemi s'avancer à 200 mètres de sa division et menacer le convoi entassé dans la gorge de l'Oued-Boutane. Aussitôt, il fait sonner la charge et ordonne des feux de salve. Bugeaud vint arrêter ce mouvement intempestif. Impossible : il n'y avait plus qu'à envoyer la cavalerie soutenir l'infanterie. La charge battit sur toute la ligne. Un quart d'heure après, l'ennemi avait disparu ; de la cavalerie arabe on ne voyait plus que la poussière. Une centaine de morts restaient sur le terrain avec quelques prisonniers. La colonne installa son bivouac auprès du marabout de Sidi-Abd-el-Kader.

Après avoir traversé le Chélif à El-Kantara, Bugeaud arriva le 5 mai chez les Béni-Zoug-Zoug. Ce jour-là il y eut trois engagements. Dans le premier, Abd-el-Kader y combattit en personne en tête de sa cavalerie ; il rétrograda devant la charge des deux régiments de chasseurs d'Afrique. Miloud-ben-Arach avec les goums de l'Ouest, et Barkani avec ceux de l'Est, engagèrent successivement les deux autres combats. Mais après quelques décharges, ils tournèrent le dos et disparurent. Voilà comment fut ravitaillé *Milianah*. Huit mille Français avaient mis en fuite trois gros corps d'armée arabe.

— Ces combats étaient bien de nature à déconsidérer la cavalerie de l'émir aux yeux des populations kabyles. Mais que devint ensuite le corps expéditionnaire ?

— Après avoir traversé les montagnes de Soumata, il vint prendre quelques jours de repos dans la Métidja, à *Blidah* et dans les environs. Une seconde expédition devait recommencer le dix-huit du même mois. Pour diviser les forces d'Abd-el-Kader et le screditer dans l'esprit des Arabes, Bugeaud devait faire deux expéditions simultanées, l'une avec la division d'Oran, l'autre avec celle d'Alger. Avec La Moricière, il fit la première pour s'emparer de *Takdemt* et de *Mascara*. Pendant ce temps Baraguey-d'Hilliers saisait *Boghar* et *Taza*.

— Dites-nous donc quelque chose de ces deux opérations. Et d'abord de la première !

— Depuis la fin de février, à la grande satisfaction de Bugeaud, La Moricière s'était occupé avec le plus grand soin de tous les détails de son armée ; convaincu que ces détails lui obtiendraient les succès à la guerre, il y attachait une souveraine importance. Remplacer le shako-boisseau par le képi, les buffleteries croisées par le ceinturon, le col-carcan par la cravate, le sac sur bois par le sac décousu pour tente-abri, le lourd fusil par la carabine, telles furent les heureuses innovations dont La Moricière fut l'un des principaux auteurs. A *Mostaganem*, point de départ du corps expéditionnaire, il avait fait construire des baraquements pour 6,000 hommes et 3,000 chevaux ainsi que différents magasins pour les vivres, pour l'habillement, pour l'équipement et harnachement. Tout était parfaitement approvisionné. Quand le duc de Nemours et Bugeaud y arrivèrent le 15 mai, ils furent agréablement surpris de l'ordre admirable qu'ils trouvèrent partout. La division d'Oran comprenait alors deux bataillons du 56e de ligne, deux du 41e, deux du 13e léger, deux du 15e, un du 6e ; le 2e régiment de chasseurs d'Afrique, des spahis, des Douairs et douze canons de différents calibres. Le gouverneur avait amené d'Alger deux bataillons de zouaves. Une carte de grand mérite, établissant les communications de la province, avait été dressée par le capitaine de Martimprey. Bugeaud lui confia la direction de la marche, et lui donna un fanion célèbre, décoré d'une étoile rouge sur fond blanc et surnommé *l'Etoile polaire*.

— Mais, c'est à mourir d'envie de faire une expédition dans des conditions pareilles.

— Patience, camarade, votre tour viendra. En attendant, cette colonne est partie sans vous le 18 mai. Sans combattre, elle arriva le 25 devant Takdemt. Abd-el-Kader l'observait sur la hauteur ; il s'éloigna devant les zouaves. On entra dans le fort. Devinez ce que le lieutenant-colonel Pélissier y trouva ?

— Des armes, des prisonniers, des têtes coupées peut-être ?

— Non, deux pendus.

— Deux de nos soldats sans doute ?

— Vous n'y êtes pas.

— Alors deux officiers ?

— Encore une fois non. Les deux victimes étaient bien inn[ocentes], un chien, un chat, pût !... Allusion moqueuse à l'hostili[té] de l'Arabe pour le roumi. — Le génie militaire fit tout saute[r.] Après l'explosion, Bugeaud se dirigea sur *Mascara*. Les cavalie[rs] d'Abd-el-Kader harcelaient l'arrière-garde, mais fuyaient au gal[op] devant notre infanterie. Celle-ci entra le 30 mai dans cette vil[le] complètement déserte. L'armée s'empara facilement des maiso[ns] pour en faire des casernes, des magasins et un hôpital. Ordre f[ut] donné à M. de Martimprey de tout approvisionner en se serva[nt] des riches moissons du pays. Les douze canons furent consacrés [à] la défense de la place. Une garnison y fut installée. Command[ée] par le colonel Tempoure, elle se composait de deux bataillons d[u] 15e léger et d'un autre du 41e de ligne. Le 1er juin, le corps expéd[i-] tionnaire retourna à Mostaganem. Dans les montagnes des Ber[ni] Chougrane se trouve un défilé très étroit, entouré de ravins esca[r-] pés. Quand les trois bataillons d'arrière-garde, commandés par [le] général Levasseur, voulurent le franchir, des Arabes embusqu[és] sur les crêtes firent le coup de feu. Quatre-vingts hommes enviro[n] furent mis hors de combat. Quelques jours après, le colon[el] Bedeau passait maréchal de camp, et le duc d'Aumale colonel d[u] 17e léger, avec M. Charles Levaillant pour lieutenant-colonel.

— Mais n'est-ce pas le frère de notre colonel du 36e Jea[n] Levaillant ?

— Pardon, camarade, et un troisième frère Levaillant e[st] aujourd'hui commandant en Algérie.

— Vous verrez que ce seront trois nouveaux Scipions qui succ[è-] deront à nos trois Africains, à La Moricière, à Changarnier, et [à] Bedeau. Leurs soldats, leurs rivaux, tous leurs camarades d[e] gloire ne les sépareront jamais.

— Voilà des hommes de cœur qui méritent nos hommages et [le] salut des armes. Mais, M. Bœr, vous ne nous avez rien dit d[e] Baraguey-d'Hilliers, ni de son expédition dans la province d'Alge[r.]

— Je vais vous satisfaire. La division d'Alger comprenait d[es] bataillons de ces mêmes régiments qui ravitaillèrent Miliana[h.] Elle quitta Blidah, le 18 mai, passa par Médéah, Berouaghia [et] détruisit le 23, sans coup férir, les établissements militaires d[e] Ksar-el-Baghari et de Boghar. Elle infligea le même sort à *Taz[a]* deux jours plus tard. Sur le mur d'un cachot de cette derniè[re] place, nos soldats découvrirent l'inscription suivante : ✝ *55 prison[-] niers et un capitaine sont partis le 13 mai 1841 où, ne savons pas, à grâce de Dieu*. Ces lignes qui renfermaient tout un drame émurent tous les cœurs (1). Cette croix qui les commençait était le signe de la résignation ; ces mots *à la grâce de Dieu* était un cri d'espérance. Dieu ne pouvait pas y être insensible. Sa Providence voulut qu'un sous-intendant militaire, M. Massot, fait prisonnier sur la route de Douera, donnât l'occasion d'entamer avec l'émir la négociation d'un échange de prisonniers. Ce fut Mgr Dupuch, évêque d'Alger, qui en fut chargé par le gouverneur. L'évêque eut toutes les peines du monde à réussir. Après les démarches les plus difficiles, il se rendit, le 19 mai, au bois de Kareza et délivra un groupe de prisonniers et l'intendant. Un mois après, il se rendit au camp du Figuier, près d'Oran, et délivra, *par la grâce de Dieu*, ce capitaine et ces 55 prisonniers de Taza. C'est aux environs de Koléa, qu'ils avaient été pris le 12 août 1840 dans une embuscade où 80 Français avaient perdu la vie. Décrire la joie et la reconnaissance de ces braves est impossible.

L'occupation de Mascara et la destruction de Boghar, Taza et Takdemt avaient frappé un grand coup à l'émir, mais sa puissance ébranlée n'était pas détruite ; son armée régulière n'avait pas été engagée ; la crainte qu'il inspirait aux tribus empêchait leur soumission ; il fallait donc continuer à le combattre, en faisant de *Mascara* le centre des opérations. Par suite, de gros approvisionnements dans cette ville étaient nécessaires. Bugeaud y amena un énorme convoi le 10 juin, puis il ordonna au capitaine de Martimprey, au colonel Randon et au commandant Géry de moissonner les champs de l'immense et féconde plaine d'Eghris, le fusil en bandoulière. Un nouveau convoi arrivait à Mascara le 5 juillet, conduit par La Moricière. La moisson recommença. Mais les Arabes dont on enlevait les récoltes assaillirent les soldats. Moustafa-ben-Tami et ses cavaliers rouges les soutenaient. Il fallut aussitôt laisser la faucille et prendre le fusil. La Moricière commanda la charge à ses zouaves, aux chasseurs d'Afrique et aux autres troupes. Ce fut une poursuite de l'ennemi pendant plus de deux heures. En fin de compte, on introduisit dans Mascara 440 quintaux métriques de blé, 4,000 quintaux de paille et près de 3,000 quintaux d'orge. Là-dessus, La Moricière devait rentrer à Mostaganem. Son voyage de quatre jours eut trois jours de combat ; le 16 juillet, le 17 et le 18, il repoussa les attaques d'Abd-el-Kader et des trois khalifs Bou-Hamedi, Ben-Tami et Miloud-ben-Arach.

---

(1) Le capitaine Blanc. Souvenirs d'un vieux Zouave.

Cent dix-neuf Français furent mis hors de combat.

— Sans doute qu'Abd-el-Kader a compté cela pour une victoir

— Mais il faut bien qu'il remonte ses affaires et qu'il domine s tribus. Il a fait couper la tête, en juillet, à quelques Médjehe parce que cette grande tribu des environs de Mostaganem parai sait disposée à se soumettre au colonel Tempoure. Celui-ci, da cet espoir, s'était avancé jusqu'à Souk-el-Mitou. Mais grande f sa déconvenue quand il se vit sur les bras les Khiélas d'Abd-(Kader, les Beni-Zerouel et tous les Kabyles soulevés depuis Tene Il dut décamper sans retard et rentrer de nuit dans la place.

— Ce succès d'Ab-el-Kader était bien moins contestable.

— Aussi ne craignait-il pas d'écrire au chrétien Bugeaud q tous les Hachems, Kabyles et Arabes n'avaient à lui donner q des coups de fusil ; que tandis qu'il se promenait jusqu'au déser les habitants d'Alger et d'Oran étaient dépouillés aux portes ces villes, et que l'impuissance des Français avait pour preuve défaite de Mehemet-Ali, battu par les Anglais en Egypte.

— Ces reproches étaient bien sanglants, et il n'y avait que tr de vrai dans tout cela.

— En dépit de sa mésaventure, le colonel Tempoure travailla au schisme des tribus arabes. Les Medjeher, irrités des exécution sanglantes de leurs chefs, négociaient avec lui leur soumission. proposa donc au gouverneur de nommer bey de Mascara et (Mostaganem un candidat qui lui était dévoué. Son nom éta Hadj-Moustafa, fils d'un ancien bey d'Oran. Bugeaud y consenti Sous la direction de La Moricière, les capitaines Bosquet et Este hazy organisèrent pour ce bey un bataillon de coulouglis et u escadron de mekhalias. La soumission des tribus paraissait d lors assurée. On comptait déjà sur celle des Cheurfa, des Bordji des Beni-Zerouel, et même des Flitta. En leur présentant le be ses drapeaux et ses troupes, tous ces Kabyles devaient se rallier lui. On forma donc la fameuse *colonne politique*. Chez les Medjehe elle ne recueillit en deux jours que 300 adhésions. Les quatre jou suivants, à Sidi-bel-Hacel, elle n'en obtint pas une seule. En sor qu'il fallut terminer cette entreprise par une razzia chez les Oulc Sidi-Yaya et revenir à Mostaganem (1).

— Voyez-vous, chef, les visions de mirage sont fréquentes e Afrique. L'imagination enflammée de certains chefs en produ plus encore que les phénomènes d'optique. Mais, M. Bœr, nou

---

(1) Camille Rousset. La Conquête de l'Algérie, tome 1ᵉʳ, ch. 1ᵉʳ, § 4 et

attendons de vous le récit de l'aventure de la casquette ?

— J'y suis, camarade, voici en quelles circonstances elle s'est produite : Après avoir versé sept cent dix mille rations dans Mascara et culbuté par une triple charge l'émir et ses Khiélas, au combat du 8 octobre, sur *l'Oued-Maoussa*, Bugeaud traversa la plaine d'Eghris et poursuivit Abd-el-Kader et les Hachem-Gharaba dans les montagnes des *Ktarnia*, entre l'Habra et le Sig. Se portant ensuite à la Guetna de Sidi-Mahi-ed-dine, il y alla incendier la maison natale de l'émir et celle de son frère Sidi-Saïd. Prenant alors la direction du sud, il résolut d'aller détruire l'établissement militaire de Saïda. Pendant trois jours, sa colonne avait traversé un pays de montagne. Elle était arrivée au bivouac de *Sidi-Aïssa-Manno*, le 21 octobre (1). A la tombée de la nuit, on avait négligé le service de sûreté ; le changement des grand'gardes n'avait pas été fait. Vers minuit, des réguliers de Ben-Tami s'approchèrent et tirèrent sur nos soldats endormis. Aussitôt, le général Bugeaud, qui dormait tout habillé sous sa tente, courut aux zouaves et aux soldats du 15e léger, pour les lancer du côté de la fusillade. Une demi-heure après tout était terminé. Mais voici le comique de l'affaire : zouaves et troupiers riaient en passant à côté de Bugeaud. Le gouverneur ne savait à quoi attribuer cette gaieté. En portant la main à sa tête, il s'aperçut qu'il était coiffé de son *bonnet de coton* ; aussitôt il demanda sa casquette, et les zouaves se redisaient les uns aux autres : « As-tu vu la casquette du père Bugeaud ? » Le lendemain, en marchant sur *Saïda*, leur fanfare improvisa la musique, pendant que les zouaves chantaient les paroles. C'est cet air que j'ai reçu d'Afrique, du chef de musique du 15e léger, et j'ai composé là-dessus le pas redoublé que vous avez joué tout à l'heure.

— Nous vous félicitons, chef ; le succès de votre composition est assuré, lui dit Blancard, mais vous ne nous avez pas dit comment *Saïda* fut détruit ?

— Par Abd-el-Kader ; tout était en flammes quand Bugeaud y arriva le 22 octobre. A ce moment, la tribu des Assasna, habitant au sud de Saïda, et celle de la Yakoubia, toujours en guerre avec les Hachem du Nord, vinrent faire leur soumission au gouverneur et lui donnèrent des guides. Bugeaud en profita pour chasser l'ennemi. Sur *l'Oued-el-Abd*, ses spahis de l'arrière-garde furent

---

(1) Camille Rousset. La Conquête de l'Algérie, tome Ier, ch. 1er, § I, II, V, page 63.

attaqués par les cavaliers de Ben-Tami. Aussitôt Yusuf et tou[s] ses spahis prirent l'offensive. L'étendard des Khiélas fut enlevé[,] les cavaliers furent faits prisonniers avec leurs armes et leur[s] chevaux ; au bout d'une demi-heure, l'ennemi fut en déroute com[-]plète. Le retour des spahis au camp fut triomphal. Le 27 octobre Bugeaud se replia sur Mostaganem où il apppela le général Bedeau réservant Mascara pour La Moricière. Deux jours après, Chan[-]garnier et Mac-Mahon battaient Barkani, au *Bois-des-Oliviers* après avoir ravitaillé Médéah. Cette campagne d'automne port[e] un coup sensible à l'autorité de l'émir. Dieu sait quand ça finira[.]

— Quand le 36ᵉ y aura terminé sa campagne, répliqua Mar[...] genre. J'espère bien un jour aller faire descendre la garde à que[l]ques-uns de ces fils du prophète.

— Pour mon compte, je préfère vous voir rester à la musique[.]

— Mais vous n'y serez pas toujours, ni moi non plus.

Là-dessus, on se quitta.

Si l'attention des officiers et des soldats du 36ᵉ se portait san[s] cesse sur les nombreux et dramatiques événements de l'Algérie[,] c'est que tous entrevoyaient, après la garnison de Saint-Etienne[,] une descente en Afrique. Tous la désiraient, tous se demandaien[t] quand viendrait l'heureux jour où ils en recevraient l'ordre. E[n] attendant ils s'y préparaient et suivaient pas à pas les admirable[s] succès de leurs aînés (1) :

Succès de Bugeaud détruisant le fort de *Sebdou* (5 février 1842[)] instituant un Khalif nouveau, Mohammed-ben-Abdallah, au[x] Ghossel et aux Ouled-Sidi-Cheikh soumis (15 février) ; recevant l[e] serment de fidélité des Grands des Gharaba à Oran (20 février) essayant à Blidah de négocier la paix avec le noble et loyal Sidi Mbareck et son représentant Ben-Jucef des Hachem-Cherag[a] (12 mars) ; dévastant l'établissement de Bordj-el-Beylik et l[a] zaouïa des Barkani (15 avril) ; poursuivant les Beni-Zeroue (19 mai) nommant Sidi-el-Aribi Khalif du Chélif (25 mai) ; châ[-]tiant les Sbéa (28 mai) ; opérant la jonction des divisions d'Ora[n] et d'Alger par la vallée du Chélif (30 mai) ravitaillant Milianah avec les récoltes des Beni-Zoug-Zoug (5 juin) ; recevant la soumis[-]sion des Mouzaïa (9 juin) ; des Beni-Menad, des Bou-Halouane, des Soumata, des Beni-Sala (10 juin) ; des Hadjoutes (14 juin) ouvrant à travers les gorges de la Chiffa la route de Blidah à Médéah.

---

(1) Camille Rousset. La Conquête de l'Algérie, tome Iᵉʳ, ch. II, § I et II.

Succès de La Moricière attaquant, poursuivant, inquiétant, sans repos ni relâche, sans souci de la chaleur ni de la tempête, les Beni-Chougrane, les Bordjia, les puissants Flitta, les Hachem-Cheraga, les Bou-Ziri, les Sdama, les Hachem-Gharaba, les Djafra et les Beni-Amer ; rayonnant à cent kilomètres autour de *Mascara* ; s'emparant des dépôts (4 février) ; faisant prisonniers les douars ou chefs des Hachem (7 février) ; triomphant de l'armée de Ben-Tami sur *l'Oued-Hounet* (27 février) enveloppant 59 douars, 6,000 Bou-Ziri, 12,000 têtes de bétail et un immense butin (23 février) ; allant rejoindre Bugeaud par le Chélif avec sa division vêtue, chaussée, équipée à neuf.

Succès de Changarnier culbutant les Hadjoutes entre *Koléah* et la mer (16 mars) ; ramenant les Beni-Ramassés à Guerouaou (18 avril) ; délivrant 83 prisonniers et le lieutenant d'état-major de Mirandol (7 mai) ; enveloppant 150 Kabyles dans les montagnes des *Beni-Menacer* (2 juin) ; remportant deux victoires sur ces Arabes (4 et 5 juin) ; recevant la soumission des tribus du Haut-Chélif (20 juin) ; faisant fuir les réguliers de Sidi-Mbareck et de Ben-Allal (22 juin) ; détruisant les magasins militaires de Matmata (30 juin) ; faisant une razzia au plateau du *Sersou* (1er juillet), et ramenant avec sa colonne 3,000 prisonniers, 1,500 chameaux, 300 chevaux et mulets, 50,000 têtes de bétail.

Succès de Bedeau ravitaillant Mascara (28 janvier) ; recevant la soumission des Bordjia (5 février) ; poursuivant les tribus révoltées des environs de Tlemcem (10 février) forçant Abd-el-Kader d'évacuer le pays des *Trara* (8 mars) ; châtiant les Kabyles du Kef (11 mars) ; atteignant et culbutant Abd-el-Kader et les Marocains à la *Sikak* (22 mars) ; à la *Tafna* (11 avril) lui tuant 200 hommes, lui faisant 70 prisonniers au fameux *col de Bab-el-Taza* (29 avril) et relevant Tlemcem de ses ruines.

Aux noms de Bugeaud et de ses trois lieutenants venaient s'ajouter ceux du général d'Arbouville, du général de Bar, du colonel Tempoure, du lieutenant-colonel Saint-Arnaud, du commandant Forey, des adjudants-majors Canrobert et d'Aurelles de Paladines et de plusieurs autres braves des 1er, 24e, 33e, 48e, 53e et 61e de ligne ; des 3e, 13e et 15e d'infanterie légère ; des 3e, 5e et 6e bataillons de chasseurs.

Mais parmi tous ces héros, *le sergent Blandan* du 26e de ligne a brillé d'une gloire immortelle. Parti de Boufarik avec un détachement de 21 hommes, le 11 avril 1842, vers une heure de l'après-midi, pour faire passer à *Béni-Méred* une dépêche du lieutenant-colonel Morris, il se vit assailli par une masse de cavaliers rouges, embusqués dans un ravin, à deux kilomètres de Béni-Méred. Le chef arabe somma le détachement de se rendre. Blandan, qui commandait ces 21 hommes, lui répondit en l'abattant d'un coup de fusil. De toutes parts, les cavaliers s'élancèrent ; Blandan et les siens se formèrent en cercle. Ils combattaient un contre vingt. Blessé de trois balles, Blandan s'écriait : « Courage ! mes amis, défendez-vous jusqu'à la mort. » Au bruit de la fusillade, Boufarik fut en émoi ; à fond de train, les chasseurs d'Afrique accoururent. A leur approche, les Arabes s'enfuirent avec leurs morts et leurs blessés, mais sans une seule tête française. Des 21, 5 étaient encore debout ; 9 étaient blessés, 7 morts ou mourants. Blandan expira la nuit suivante à vingt-trois ans (1). Les vingt et un noms de ces braves ont été gravés sur un obélisque élevé à Béni-Méred pour perpétuer ce glorieux souvenir. Cet obélisque et cette colonie seront l'œuvre des soldats du 36e, et spécialement du beau-frère de Maugenre. — En attendant, depuis Saint-Etienne, ils suivaient avec un intérêt souverain la marche des grands chefs, sous les ordres desquels ils devaient bientôt combattre. On entrevoyait déjà, à ce moment, la guerre avec le Maroc. Les tribus marocaines, les Béni-Snassen entr'autres, étaient intervenues en faveur de l'émir contre la colonne de Tlemcem, commandée par le général Bedeau. Notre consul général à Tanger avait dû faire des représentations sérieuses à l'empereur Abd-er-Rahmane pour imposer la neutralité au Kaïd d'Oudjda. Dans la province de Constantine, l'ancien bey Ahmed continuait de nous disputer nos conquêtes. Ses attaques nécessitèrent trois opérations simultanées en mai 1842. La première fut celle du général de Négrier partant d'Aïn-Babouch avec la colonne de Constantine pour soumettre les Coulouglis à Tebessa (31 mai) les habitants de Bekaria (1er juin), les Hanencha, qu'il culbuta le 8 juin sur *l'Oued-Chabro*, le cheikh El-Hamaoui qu'il vainquit le 6 juin, et les Zerdeza qu'il châtia le 11.

La deuxième fut celle du général Randon, partant de Bône contre les douars et les brigands Hanencha, les attaquant le 11 mai, au *défilé d'Akbet-el-Trab*, volant au secours du commandant Frémy, qui pendant six heures, le 14 mai, soutint avec deux cents hommes l'effort de 1,200 Arabes, enfin, taillant en pièces les Kabyles à la journée du 15.

La troisième fut celle du colonel Brice, partant de Philippeville

---

(1) Camille Rousset. La Conquête de l'Algérie, tome Ier, ch. II, § III, p. 3.

le 1er mai, attaquant les Kabyles sur les hauteurs de *Souk-Tléta*, et réprimant l'insurrection de Sidi-Zerdoud et de Ahmed, depuis El-Arouch jusqu'à Collo.

Ainsi donc, la guerre s'étendait depuis l'Océan jusqu'en Tunisie, dans tout le nord de l'Afrique, lorsque le 36e de ligne reçut l'ordre de quitter Saint-Etienne pour se rendre à Toulon. Cette fois, il était assuré d'aller faire le coup de feu. L'itinéraire du régiment fut ainsi réglé :

	1er bataillon.	2e bataillon.	3e bataillon.	
1842.	28-octobre.	31 octobre.	7 novembre.	Annonay.
	29 »	1er novemb.	8 »	Saint-Valier.
	30, 31 »	2, 3 »	9, 10 »	Valence (séjour).
	1er novemb.	4 »	11 »	Loriol.
	2 »	5 »	12 »	Montélimart.
	3 »	6 »	13 »	Pierrelatte.
	4 »	7 »	14 »	Orange.
	5, 6, 7 »	8, 9 »	15, 16 »	Avignon (séjour).
	8 »	10 »	17 »	Orgon.
	9 »	11 »	18 »	Lambesc.
	10 »	12 »	19 »	Aix.
	11 »	13 »	20 »	Roquevaire.
	12 »	14 »	21 »	Le Beausset.
	13 »	15 »	22 »	Toulon.

CHAPITRE XXVII

TOULON. — CASIMIR SILHOUETTE

Avec les dames Buer et Guilbert, Thérésine fit en diligence les quatorze étapes que son mari et son frère avaient parcourues à pied avec le 2ᵉ bataillon. En chemin, elles s'arrêtèrent à Lyon, à Avignon et à Aix, pour s'y reposer. Elles visitèrent les antiquités, les palais, les sources thermales de ces grandes villes ; elles prièrent dans ces cathédrales remarquables par leur architecture et par les grands souvenirs qu'elles rappellent. Elles arrivèrent à TOULON le 16 novembre 1842, vingt-quatre heures après leurs maris.

Le 1ᵉʳ bataillon venait d'être envoyé au fort Lamalque, sur une hauteur qui domine la ville, et au fort Saint-Louis, baigné par la mer. Le 2ᵉ bataillon, la musique et le dépôt, occupèrent la caserne de la Porte-de-France. Une compagnie fut détachée au fort l'Empereur, d'où Bonaparte mitrailla les Anglais en 1793. Une autre compagnie vint habiter le fort Malbousquet. Le 22 novembre, le 3ᵉ bataillon occupa les casemates de la porte d'Italie et la Visitation. La garnison de Toulon comptait alors le 3ᵉ régiment d'infanterie de marine, de l'artillerie, du génie, du train d'équipages et une foule de marins.

Thérésine vint louer le premier étage d'une maison bourgeoise, de la rue du Théâtre. Madame Bœr habita le second. Leur vie allait devenir à Toulon ce qu'elle avait été à Saint-Etienne. Elle se résumait en deux mots pour l'humble femme de Louis Maugenre : travailler et faire travailler les six jours de la semaine, et le septième, payer à Dieu son aimable tribut. Ce travail n'empêchait pas les relations d'amitié de Thérésine avec les dames de quelques officiers, relations qui se traduisaient non seulement par des visites, mais encore par des invitations à dîner. Or, le 28 novembre était le jour de sa première réception à Toulon. Le chef de musique et sa dame, le capitaine Guilbert, le lieutenant Marmé et leurs dames étaient ses invités. On était sur le point de se mettre à table vers cinq heures, lorsque tout-à-coup se présente un marin.

— N'est-ce pas ici que reste Madame Maugenre, dit-il, en entrant ?

— Pardon, Monsieur, répondirent les invités, elle est ici, nous allons l'appeler. Thérésine se présente, elle regarde tout étonnée le nouveau venu, et lui dit :

— Monsieur, je n'ai pas l'honneur de vous connaître, qu'y a-t-il pour votre service ?

— Mais, tu ne me reconnais pas Thérésine, je suis Casimir Silhouette.

— Vous, mon cousin de Biarritz ! Oh ! c'est par trop fort. Autant voudrais-je croire qu'un mort peut revenir à la vie ! Sachez, Monsieur, que Casimir Silhouette est mort il y a deux mois, et, si vous en voulez la preuve, la voici, lisez cette lettre de Bayonne, c'est ma sœur Mariette qui, il y a trois jours, m'a annoncé sa mort.

— Mais non, je ne suis pas mort, puisque me voici. Tu ne veux donc pas me reconnaître.

— Vous reconnaître pour mon cousin ? Mais Casimir était un très beau jeune homme, il avait une chevelure magnifique, et, Monsieur, vous êtes chauve ; il avait une figure replète, et la vôtre est maladive. En vérité, votre présence me semble une mystification.

— Mais enfin, voici mon livret, regarde, il porte bien mon nom de Casimir, ceux de mon père et de ma mère, et celui de Biarritz. Rappelle-toi donc de ta dernière visite chez nous, pour nous faire tes adieux, avant ton départ pour Saint-Etienne. Rappelle-toi de notre cousine Mariette Sévignacq, que tu as reconduite à Oloron, chez mon oncle et le tien. Rappelle-toi de nos ébats sur l'Océan, et de nos vendanges à Bidart. Et maintenant croiras-tu à mon identité ?

— Oui, mon cher Casimir, c'est bien toi ; et il me fallait bien tous ces souvenirs, et ton livret, pour que je puisse avouer ton individualité. Mais, je te le déclare, c'est un mystère pour moi de te revoir ici. Que t'es-t-il donc arrivé pour que tu sois si changé?

— Une aventure que je raconterai plus tard. Mais, à mon tour, je n'en reviens pas d'avoir été obligé de décliner tous mes titres pour ne pas passer pour un flibustier aux yeux de ces Dames et de ces Messieurs. Je me voyais bientôt dans la nécessité de faire venir ici mon capitaine de corvette pour que tu puisses dire sans crainte que c'est bien moi Casimir.

— Eh bien, acceptes-tu de partager notre modeste dîner ?

— Soit : je suis toujours prêt à bien faire. Toutefois je ne ferai pas grand honneur à ton excellente cuisine, mon estomac est bien détraqué depuis quelque temps.

— Réellement, tu n'es plus le même. Mets-toi à table cependant, et dis-moi comment tu as su que j'étais à Toulon, et que j'habitais ici?

— C'est hier soir, en allant au théâtre. Il y avait là un groupe de soldats et je fus fort surpris de lire sur leurs shakos le numéro du 36e. Je me rappelais aussitôt que c'était le régiment de François et de ton mari. Je demandais de vos nouvelles. Un sergent m'a donné votre adresse ; et me voici.

— Bah ! dit Maugenre, et moi j'étais dans ce groupe et je ne pensais guère à vous.

— Mon cher Casimir, dit Thérésine, c'est la Providence qui t'envoie chez nous aujourd'hui. Il y a huit jours que ta mère te croit mort et disparu dans les flots. Après la mort si tragique de ton frère, à Saint-Jean-d'Ulloa, l'annonce de la tienne l'a tellement frappée qu'elle en est tombée malade.

— Gravement ?

— Cela est à craindre. Ton retour à Biarritz, me semble nécessaire pour la sauver du danger.

— Et quand devrais-je partir ?

— Demain matin, au plus tard. Rassure-toi, cependant ; si ses forces physiques ressemblent à ses forces morales, elle en reviendra.

— Monsieur Casimir, dit alors le capitaine Guilbert, votre résurrection nous intrigue tout autant qu'elle intéresse votre cousine. Vous nous feriez grand plaisir si vous vouliez bien nous raconter votre aventure.

— Sauf le respect que je vous dois, Messieurs, vous n'y croirez pas, pas plus que Saint Thomas n'a cru à celle de Jésus-Christ.

— Fichtre, nous croyons à la vérité, et vous ne voulez pas nous dire des blagues.

— Non, sans doute, mais il y a des vérités si incroyables qu'il faut quasi des miracles pour les prouver. Si ma mort avait été réelle il faudrait des preuves de cette sorte ; celles que je vous donnerai ne sont pas surnaturelles, mais elles sont péremptoires, même pour les plus incrédules.

— Que vous est-il donc arrivé ?

— Voici mon histoire (1). Au commencement de cette année, je faisais mon service à bord de « *La Ville de Marseille.* » Ce vaisseau reçut l'ordre d'accompagner « *La Belle Poule* » à bord duquel était le prince de Joinville, se rendant à Rio-de-Janeiro pour son mariage avec la fille de l'empereur du Brésil. Pendant que nous naviguions sur la Méditerranée, je voulus aller dégager une drisse de pavillon engagée dans la mature. C'était à l'heure du déjeûner de l'équipage : je tombais à la mer. En tombant, je reçus un fort coup sur la poitrine. Le vaisseau allait vite ; lorsque je revins sur l'eau, il était déjà loin. Je criais inutilement ; je me vis abandonné en pleine mer, dans des parages où les marsouins sont nombreux. Ils venaient après moi pour me manger. Plaçant une balle de plomb dans le nœud de mon foulard, je me défendis en nageant pendant plus de six heures. J'enveloppais ma tête d'un mouchoir pour la protéger contre les oiseaux du ciel. Depuis longtemps mon vaisseau avait disparu de l'horizon ; ayant perdu tout espoir de salut, j'invoquais Notre-Dame-de-Pitié pour qu'elle vint à mon secours. Ce ne fut pas en vain. Une voile apparut ; j'agitai mon mouchoir ; elle se dirigea vers moi. Je nageais pendant fort longtemps vers ce navire. Je criai, mais épuisé de fatigue et transi de froid, je perdis connaissance avant d'être recueilli.

Le lendemain, je me trouvais à bord d'une felouque espagnole, la *Sancta-Maria* d'Alicante. La Sainte-Vierge m'avait envoyé son vaisseau. Grâce au dévouement du capitaine, qui me retira de la mer, grâce aux soins d'une femme qui, pendant huit heures, me fit des lotions d'eau presque bouillante sur la tête, pour me faire reprendre connaissance, je revins à la vie, mais j'étais chauve, et tout meurtri par le frottement de mes vêtements contre la chair, en nageant si longtemps dans la mer. Lorsque j'eus assez de forces pour pouvoir marcher, le capitaine me fit comprendre qu'il ne pouvait pas me débarquer dans un port espagnol. Sa felouque

---

(1) Voyez les notes 6 et 7 aux pièces justificatives.

était chargée d'armes pour les carlistes, dont plusieurs composaient l'équipage. Une barque me fut donnée. Je dus la conduire seul, jusqu'à la plage escarpée et déserte qui aboutit à *Algésiras*. Après avoir mis pied à terre je gravis la côte pour me rendre à la ville. Grande fut ma crainte quand je me vis entouré par des pâtres qui voulurent me faire un mauvais parti. Comment aurais-je pu défendre ma vie dans l'état d'épuisement où je me trouvais, sans autre arme que mon petit boulet ! Grâce à l'intervention de l'un d'eux, plus humain que les autres, j'arrivais à la ville sans accident. Je m'adressais immédiatement au consul français. La population s'était groupée autour de moi ; mon drôle de costume excitait la curiosité générale. Le consul était absent. N'en pouvant plus de souffrances, ayant toutes les chairs comme brûlantes par le contact de mes habits pendant la marche, je me couchais dans un ruisseau d'eau douce qui coulait près de là. Bien vite averti de ma présence, le consul arriva. Il me fit aussitôt transporter à l'hôpital où je restais un bon mois. Sitôt guéri, le consul me fit rapatrier : je rentrai à Toulon. Ici, j'ai trouvé l'ancien commandant de la « *Ville de Marseille* », capitaine du vaisseau « *Quesnel* », puis un autre commandant en second du même vaisseau, M. de Roquemorel, puis M. le capitaine Fugilet et plusieurs autres officiers. Tous ces Messieurs me reçurent fort bien, mais ils se montrèrent peu crédules à l'endroit du récit que je leurs fis de mon aventure. Je fus mis à bord du stationnaire jusqu'à ce qu'on put avoir des nouvelles du vaisseau « *Ville de Marseille* ». Il y a une quinzaine de jours qu'est arrivé le rapport du commandant. Ce rapport disait : « Silhouette est tombé à la mer ; il doit être noyé. Lorsque l'accident lui est arrivé, il était trop loin de la terre pour pouvoir l'atteindre à la nage et il n'y avait à ce moment aucun navire en vue du vaisseau. » Mon récit a donc été confirmé et je viens de recevoir mon congé, bien qu'il me reste encore un an de service à faire.

— Mais ne sais-tu donc pas, dit Thérésine, que ce rapport est arrivé à Biarritz en même temps qu'à Marseille. Le maire en a fait part à ta pauvre mère, elle te croit mort depuis quinze jours ; je viens de l'apprendre par une lettre que voici. C'est ma sœur Mariette qui me l'a adressée ; elle m'annonce sa maladie comme suite de ta disparition. Il faut que tu partes au plus tôt.

— Mon Dieu, quel coup dans ma famille si ma mère venait à mourir, si je venais à perdre l'ange gardien de mon enfance ! Oui, je partirai demain sans tarder et je t'écrirai dès mon arrivée.

— Calme-toi, mon cher Casimir, tu es l'enfant du miracle. Sur mille marins auxquels serait arrivée ton aventure, pas un n'en serait sorti comme toi, la vie sauve. La *Sancta-Maria* n'accorde un pareil secours qu'à celui que Dieu destine à une glorieuse paternité. Il me semble que c'est en prévision de la vocation divine et future d'un de tes enfants que tu as échappé si merveilleusement à la mort.

— Puisses-tu dire vrai : le désir que tu m'exprimes, je l'adresse moi-même à ton mari. Dieu veuille nous exaucer (1).

— Monsieur Casimir, lui dit alors le capitaine Guilbert, vous êtes un brave ; mais n'oubliez pas, avant de partir pour Biarritz, d'aller trouver votre capitaine de corvette pour lui demander un certificat de bonne conduite. Vous méritez tous les éloges de tous vos chefs.

— Bonne idée, mon capitaine, je vous en remercie. Alors permettez que je me retire, car je n'ai que juste le temps, si je veux partir demain.

— Eh bien, quand nous reverrons-nous, dit Thérésine ?

— Dieu le sait ; à Lui de nous réunir, quand il le voudra. Viens que je t'embrasse, ainsi que ton frère et ton mari. Je salue la société et je vous dis adieu.

Ce bon garçon n'arriva à Biarritz que pour assister aux derniers moments de sa mère. Jeanne Silhouette ne put survivre au chagrin causé par la mort de Jean et par la fausse nouvelle de celle de Casimir ; elle rendit son âme à Dieu le 8 décembre 1842 (2).

---

(1) Le 6 janvier 1889, *Louise Silhouette*, fille aînée de Casimir, fit profession chez les servantes de Marie à Notre-Dame d'Englet, à l'âge de vingt-deux ans. Sa vocation religieuse fut décidée par Monseigneur Ducellier et par M. l'abbé Touchet, son vicaire général. — Dix ans auparavant, et le même jour, *l'abbé Maugenre* était ordonné sous-diacre à Luxembourg.

(2) Nommé capitaine au long cours en 1844, CASIMIR SILHOUETTE commanda les plus beaux navires de Bayonne jusqu'en 1861. Le 3 avril de cette année, il coopéra au sauvetage d'un bâtiment espagnol et de son équipage. Il fit environ quatre-vingts sauvetages durant sa vie. Au prix des plus grands sacrifices, il répondit aux vœux de M. Coste et de l'empereur en créant un parc à huîtres, des réservoirs à poissons, à crustacés, et cet aquarium de Biarritz, qui a attiré une foule de savants de toutes les nations. Cette création, jointe aux grands services qu'il rendit à l'amiral de La Roncière-Lenourry, lui valurent la *croix* de chevalier de la légion d'honneur. Il fut décoré le 31 octobre 1863. Peu de temps après, un acte de patriotique héroïsme lui valut *l'étoile d'honneur*. La nuit, pendant une violente tempête, il sauva l'escadre cuirassée, et plusieurs centaines de marins, venus à Biarritz, pour récréer la cour impériale. M. le duc de Montebello devint son ami intime. L'illustre M. Bertrand, alors secrétaire de l'Académie des Sciences, l'avait en grande estime. Il lui obtint de nombreuses et justes faveurs. La Société d'acclimatation, et plusieurs autres, lui décernèrent de nombreuses

Peinée de ce grand deuil, attristée de ce lugubre drame où elle avait joué son rôle, absorbée par son travail quotidien, Thérésine ne sortait pour ainsi dire pas de chez elle. Les marins lui faisaient peur ; ils se donnaient des rendez-vous dans son quartier et ils insultaient et provoquaient les soldats du 36e.

Ceux-ci furent employés pendant tout l'hiver, non pas tant au service de Toulon qu'à la construction du fort du *Faron*, en haut d'une montagne dominant la ville. Ces travaux ne les empêchaient pas de suivre pas à pas la marche des opérations qui s'accomplissaient alors en Algérie. Résumons-les en suivant les uns après les autres les principaux chefs des grandes expéditions africaines.

médailles pour son austréiculture et pour l'aquarium. La ville de Biarritz consacra la reconnaissance publique envers lui, et envers sa famille de vaillants capitaines de navires, en donnant son nom à une de ses rues. Voyez les notes 8, 9, 10 et 11 aux pièces justificatives et le dernier chapitre.

CHAPITRE XXVIII

ÉCHO DE LA SMALA (¹).

Le 1ᵉʳ octobre 1842, le général BUGEAUD, voulant établir une vraie sécurité dans la région orientale de la Metidja, se porta contre Ben-Salem, Khalif du Sébaou. Le combat du 4 octobre, sur l'*Isser*, coûta la vie au colonel Leblond du 48ᵉ et amena la soumission de l'agha Mahi-ed-Dine et de trois tribus. Celui du 10 octobre, à *Bordj-Bouira*, soumit les Ouled-Aziz, et celui du 12, chez les *Nezlioua*, dispersa les Kabyles de Ben-Salem ; Mahi-ed-Dine fut institué notre Khalif à sa place. Résolu d'envahir les deux massifs du Dahra et de l'Ouarenscnis où Abd-el-Kader trouvait son refuge, ses recrues et ses vivres, le gouverneur combina trois opérations simultanées. Celle du colonel Korte, à gauche, avait pour mission de battre la vallée de l'Oued-Deurdeur. Celle du général Changarnier, au centre, devait se diriger sur l'Oued-Rouina. Celle du duc d'Aumale et la sienne, à droite, devait parcourir l'Oued-Fodda. Le 25 novembre, tout le Chélif se trouva assailli par ces trois colonnes. Bugeaud ravitailla Souk-el-Tenin le 4 décembre, rejoignit

---

(1) Résumé de la campagne de 1843 en Algérie. Voir Camille Rousset. La Conquête de l'Algérie, tome 1ᵉʳ, chap. III et IV.

Changarnier sur l'Oued-Kchab le 9, attaqua les *Béni-Ouragh* le 1[0]
reçut la soumission du grand chef du Chélif, Mohammed-ben-Had[j]
le 17, et des marabouts de Bess-Ness le 18, puis retourna par [le]
Titteri à Mostaganem et arriva par mer à Ténès le 30. S'emba[r]
quant pour Cherchel le 26 janvier 1843, il attaqua les *Beni-Menac[er]*
le 30, et rentra à Cherchel le 7 février, à cause du mauvais temp[s.]
Avec le général de Bar, il cerna les *Béni-Ménad* le 3 mars, il pr[it]
en otages leurs principaux chefs. Avec les généraux de Bourjol[ly]
et Gentil il partit de Milianah le 23 avril pour diriger des maté
riaux de construction à El-Esnam, où le général Lamoricière fo[n]
dait un grand centre militaire reliant Mostaganem à Milianah, [et]
Mascara à Médéah. Le 15 mai, il rentrait à Alger avec 1,900 pr[i]
sonniers Sbéa. Retournant à El-Esnam le 23 mai, il apprenait [la]
prise de la Smala par le duc d'Aumale au bivouac de l'Oued-bo[u]
Bara, la nuit suivante. Pacifiant l'Ouarensenis, il recevait l[a]
soumission des cheikhs des Béni-Ouragh le 19 juin ; cernait l[es]
Flitta, les Beni-Meslem et les Kéraïch, fuyant La Moricière le 20[,]
manœuvrait sur *l'Oued-Riou* le 3 juillet, combattait l[e]s régulie[rs]
de Ben-Allal et de Ben-Tami le 6. Après avoir fait faire les récolt[es]
par Yusouf, et pacifié toutes les tribus du Sersou, il apprenait [à]
Boghar sa nomination de maréchal de France, 31 juillet.

Le général LA MORICIÈRE était à la hauteur de son gouver[ne]
neur. Ses trois victoires de *Takdemt*, d'*Eghris* et d'*Aïn-Sfid*, a[u]
centre des Hauts-Plateaux, avaient détruit la puissance de[s]
Hachem-Cheraga et des Djafra. Celle du 1er septembre, sur l[a]
Mina, fut plus éclatante : Abd el-Kader et toutes ses troupe[s]
avaient été défaits. Se réunissant aux Ouled-Khélif et aux Hara[r]
il poursuivit l'émir à Taguine, l'atteignit subitement le 8 octobre [à]
Loha, tailla en pièces sa cavalerie, s'empara de 3 étendards, d[e]
230 chevaux et de 8,000 chameaux chargés de vivres. Il le pour
suivit de nouveau sur la haute Mina le 27 octobre, soumit le[s]
Sdama, la Yacoubia, les Khallafa, revint chez les Flitta et rem[
porta sur Abd-el-Kader la victoire de *Koumict*. 8 décembre. E[n]
treize mois, sa division avait passé 310 jours en campagne. Prom[u]
lieutenant général, le 9 avril, pendant qu'il fondait Tiaret, il opéra[it]
par le Sersou, le 10 mai, pour seconder le duc d'Aumale dans l[a]
prise de la Smala. Le 13, à Ousserk, il faisait prisonnier la mass[e]
des fuyards et les faisait conduire dans la plaine d'Eghris. L[e]
19 juin il livrait un combat acharné sur *l'Oued-Riou* aux Flittas[,]
aux Béni-Meslem, aux Keraïchs et aux Khiélas réunis. Du 4 au
17 juillet, il traquait sans relâche les Flittas ; le 24, il culbutai[t]
de nouveau Abd-el-Kader sur *l'Oued-el-Hamman*. Le 20 août, i[l]

secourait les Assasna et les Yakoubia contre les Djafia ; le 24, il surprenait l'émir dans son campement et s'emparait de ses tentes à *Sidi-bel-Abbès*. Le poursuivant dans la Yakoubia et dans les forêts des Assasna, il l'attaquait le 24 septembre à *Sidi-Youcef* où fut tué Abd-el-Baki, Khalif des tribus sahariennes. Non loin de là, une de ses brigades commandée par le général Tempoure remportait, le 11 novembre 1843, la glorieuse victoire du *Djebel-Dlua* où furent tués, avec le grand Khalif Ben-Allal, 20 officiers et 280 réguliers. 280 prisonniers, 3 drapeaux et 600 fusils tombèrent aux mains des Français. La vallée de la Tafna semblait être soumise.

Le général CHANGARNIER avait opéré dans le moyen Chélif. Il soumit les Braz et les Béni-Rached le 18 septembre 1842, massacra les Kabyles de Ben-Allah aux deux combats du 19 et du 20 septembre, sur *l'Oued-Fodda*, et poursuivit l'ennemi jusqu'à Téniet-el-Had. Il chassa aux lions en octobre, dans le Djebel-Dira. Sa jonction avec Bugeaud sur l'Oued-Kebab lui fit prendre part aux combats de décembre contre les *Béni-Ouragh*. Le 3 mars 1843, il forma sept colonnes de sa division et les fit converger vers le centre de la tribu des Béni-Menacer dont l'aghalif se rendit prisonnier avec mille Arabes. Le 12 mai, il refoula les Kabyles de Ben-Allah sur les hauteurs dénudées du grand pic de *l'Ouarensenis*. Après deux jours d'investissement, il en fit prisonniers 2,000 avec de nombreux troupeaux. Nommé lieutenant général, il ne voulut plus servir sous les ordres du gouverneur. Il demanda sa rentrée en France le 10 août au bivouac de Mocta-Terfani.

Le DUC D'AUMALE arriva à Boghar le 26 janvier 1843. Il attaqua *les Ouled-Antas* le lendemain, s'empara de la fortune de Ben-Allah le 28, battit les douars de Djelloul le 29 et força le khalif de l'émir à se retirer sur Takdemt. Le 11 mars, sur l'Isser, il culbuta les réguliers de Ben-Salem et les Nezlioud. Parti de Médéah avec 2,000 hommes des 33e et 64e de ligne et avec 500 cavaliers, il arriva à Goudjila le 14 mai et à Ousserk le 15. A *Taguine,* le 16 mai, laissant l'infanterie en arrière, il attaqua la *Smala* avec ses 500 cavaliers. Ce fut un coup de hardiesse admirable. La panique s'empara de 5,000 cavaliers ennemis ; ils furent sabrés et culbutés. 300 cadavres jonchèrent le sol. Les familles de Ben-Allah, de Miloud-ben-Arach, d'El-Karoubi et 3,000 Arabes furent faits prisonniers avec un butin et des troupeaux considérables. L'infanterie qui avait fait trente lieues en trente-six heures, conduisit toute cette cohue à Boghar. La prise de la smala fut un des faits les plus saillants de la guerre d'Afrique.

Le général BEDEAU était de nouveau en guerre avec le Maroc. Assailli le 30 mars par les cavaliers réguliers du Kaïd d'Oudjda, chez les Béni-bou-Saïd, il riposta vigoureusement à l'attaque et les mit en déroute. Les 21 et 26 mai, il combattait les Djafia et les Hackem, soulevés par Abd-el-Kader et faisait prisonnier le Khalif Si-Zeitoumir.

Le général GENTIL, pour secourir les Coulouglis de Mazouna attaquait les Béni-Zérouel le 15 mars, massacrait les Ouled-Khelouf, au marabout de *Sidi-Lekhal*, où il fit 700 prisonniers le 19. L'ouest du Dahra pacifié, il partit chez les Flitta. Le 16 mai, cinquante de ses chasseurs et le capitaine Daumas tombèrent au milieu de 1,500 Kabyles. Adossés à la *Kouba de Sidi-Roched*, ils formèrent le carré et se défendirent pendant une heure. Le capitaine Favas et soixante chasseurs accoururent à leur secours. La lutte recommença avec intrépidité. Deux heures plus tard arriva le général et sa colonne. Cinquante-deux hommes combattaient encore ; cinquante-huit, dont six officiers sur sept, étaient tués ou blessés.

Le général DE BAR, secondé par le colonel Picouleau du 64e, et par le lieutenant-colonel Saint-Arnaud, combattait les Béni-Menacer les 23 et 24 janvier 1843, soumettait les Zatima, le 23 février, réprimait l'insurrection de Barkani le 28 et marchait avec Bugeaud contre les Béni-Menad, le 3 mars.

Le colonel GÉRY du 56e se portait contre Abd-el-Kader, sur l'Oued-el-Abd, le 19 juin. Il l'atteignit à *Djidda* le 22, attaqua à l'improviste les Assasna et les Ouled-Brahem, leur tua 250 hommes et leur prit un drapeau, 140 prisonniers, 300 fusils, 200 chevaux, 150 chameaux et 80 mulets chargés.

Le général BARAGUAY-D'HILLIERS faisait attaquer Si-Zerdoud dans les montagnes des *Zerdeza* par les quatre colonnes de Constantine, de Philippeville, de Bône et de Guelma le 13 février. Continuant à le poursuivre dans l'Edough, le 1er mars, il envoya Montagnac, chef de bataillon du 61e avec quatre compagnies pour traquer le khalif dans 'e ravin de Collo. Le 3 mars, Si-Zerdoud fut tué et décapité. En avril 1843, trois colonnes de cette province attaquèrent les Béni-Toufout et les Béni-Sala. Elles les soumirent après cinq jours d'engagements. De nombreuses razzias furent faites par les colonels Barthélemy, Herbillon et Senilhes, contre les Harakta et les Hanencha qui refusaient de payer l'impôt. Enfin, en septembre, une opération fut combinée entre la division Sillègue, partie de Sétif, et la division Marey, partie de Médéah. Elles se rencontrèrent le 3 octobre, au pied du Djebel-Dira.

CHAPITRE XXIX

AFFAIRES DU MAROC

Le 30 Mai 1844.

Ces principales opérations militaires, sur lesquelles il fallait jeter un coup d'œil d'ensemble pour bien connaître l'histoire du 36e, s'accomplissaient pendant la dernière année de séjour du régiment à Toulon. On pourrait comparer la conquête de l'Algérie à un grand drame, et le 36e, à un acteur qui n'entrerait en scène qu'au troisième acte. Evidemment le rôle de cet acteur serait incompris si l'on ignorait le commencement de la pièce. Voilà pourquoi nous avons été obligé de suivre de loin dès leur origine ces mémorables et continuelles expéditions, jusqu'à ce qu'elles aient atteint leur but en 1847. Bientôt nous verrons l'effort du 36e y contribuer d'une manière efficace et immédiate.

Durant cette garnison de 1843, Thérésine, son mari et son frère faillirent périr sur mer. Un marin d'Oloron nommé Léglise, dont la sœur avait été camarade d'enfance de Thérésine, vint un jour les inviter à venir visiter avec lui *Le Souverain* et *l'Asmodée* qui étaient en rade, pour se rendre de là à l'hôpital Saint-Mandrier, où font quarantaine certains passagers. L'invitation fut acceptée. On loua une barque : son propriétaire voulut la conduire. Après avoir dépassé la grosse tour, la mer devint tout à coup très mauvaise. Les vagues de plus en plus hautes et fortes menaçaient à chaque instant ou de les engloutir, ou de les jeter contre les rochers. Il fallut naviguer vers la pleine mer. Pendant plusieurs heures, le frêle esquif montait, descendait, s'emplissait d'eau, ballottait en tout sens. Maugenre, qui était gros et fort, se penchait en sens inverse de la barque pour maintenir l'équilibre. Le propriétaire ramait ; L'église tenait le gouvernail, François vidait l'eau, Thérésine priait se résignait. « Nous n'avons point d'enfant, disait-elle à son mari, si nous mourrons ensemble, nous ne laisserons pas après nous des malheureux orphelins. » Plusieurs heures se passèrent ainsi, entre la vie et la mort. On hasarda enfin le débarquement ; il réussit, grâce à Dieu. A l'hôpital de Saint-Mandrier, Maugenre trouva un forçat qui se disait instituteur de Rougiville (canton de Saint-Dié), condamné pour faux à dix ans de travaux forcés. Ce sont les forçats les moins punis qui entretiennent la propreté de cet établissement. La visite terminée, il fallut retourner au logis, non plus par la mer, que l'on ne pouvait plus voir, mais par La Seyne, en contournant le fort Malbousquet et en faisant à pied un très long parcours. Nos voyageurs n'arrivèrent à leur domicile que pendant la nuit.

Plus agréable fut la partie de plaisir que fit Thérésine à Cuers, en compagnie de la famille Bourguignon. Le voyage se fit en voiture. On allait à la fête, non pas pour danser (Thérésine n'a jamais dansé), mais pour marier le fils aîné de cette brave famille avec une bonne fille de ce canton. Théophile, le futur, voulut mettre à l'épreuve l'affection de sa prétendue. Il fit courir le bruit à Cuers qu'il s'était fiancé avec une toulonaise, qu'il l'amenait avec lui à la fête et qu'il allait bientôt l'épouser. Quand on vit Thérésine arriver avec lui, tous crurent que c'était elle, sa véritable future. Celle de Cuers le croyait plus que tout autre ; elle pleurait à chaudes larmes ; elle envoyait de temps à autre une ou deux de ses amies pour surveiller les actes de Théophile et pour lui rapporter tout ce qui se passait. Thérésine voulut mettre fin à cette intrigue. S'approchant des jeunes filles qui la toisaient du haut en bas, elle leur dit : « Allez dire à votre camarade que je ne suis pas la fiancée de Théophile ; voici mon mari avec moi, je n'en ai pas besoin d'un second. » Cette annonce fit tressaillir de joie la pauvre fille. Elle ne craignit plus cette fois de venir elle-même adresser ses plaintes aux parents Bourguignon.

A Toulon, deux soldats du 36e reçurent une médaille de sauvetage le 11 février 1844, ils s'appelaient Vignon et Meunier. Le premier, fusillier à la 4e du 3e, sauva un enfant qui allait se noyer dans la petite Rade le 10 juillet précédent. Le second, grenadier du 3e bataillon, sauva un autre enfant en danger de se noyer dans le Port-Neuf.

Les fêtes populaires, celle de Louis-Philippe principalement, furent célébrées avec une magnificence incomparable. Les courses, les concours, les jeux de toutes sortes, les feux d'artifice, où apparaissait le portrait du roi, les évolutions de l'escadre pavoisée dans la rade, une des plus belles de l'univers, rappelaient aux spectateurs qu'ils se trouvaient dans le premier port militaire de France. Le conflit avec le Maroc allait en faire sortir le 36e.

Au commencement de l'année 1844, la guerre était organisée de l'Océan en Tunisie.

Dans la province de Constantine, le DUC D'AUMALE rejoignait à Batna, le 25 février, les 1,200 hommes du lieutenant-colonel Buttafuoco qui avaient combattu le bey Ahmed et les Ouled-Soltan, au défilé d'El-Kantara. Protégé à droite par la colonne du général Sillègue, de Sétif, il marcha contre Mohammed-bel-Hadj, entre le désert et le *Tell*. Le 12 mars, il arriva à *Mehounède*, au pied du Djebel-Ahmar-Khaddou, où le Khaïd s'était réfugié. Le 15 il s'empara de la ville, après plusieurs assauts où se distinguèrent le duc de Montpensier, le lieutenant-colonel Tatareau, le commandant Chabrière et le capitaine Bessières. Le 19 avril, il recommença une nouvelle expédition contre les Ouled-Soltan. Avec les 2e, 22e, 31e de ligne, 19e léger et 7 escadrons, il poursuivit les Kabyles dans la région montagneuse de *Bélezma*, s'empara des tentes d'Ahmed-Bey le 8 mai et soumit les Ouled-Soltan et les Saharis du Zag le 13. Le 19, il réprima l'insurrection de Biskra et mit en fuite Mohammed-bel-Hadj. Il avait étendu la domination française au sud de Constantine.

Dans la province d'Alger, le général MAREY, parti de Médéah le 1er mars, avait châtié les Ouled-Naïl, et institué Ahmed-ben-Salem Khalif de Laghouat. Pour habituer les tribus lointaines à l'idée d'accepter la suprématie française, il organisa une colonne chamelière. Avec 1,300 chameaux, montés par les soldats du 33e de ligne, et avec 3,000 hommes, il entra dans le Djebel-Amour le 18 mai, fut reçu à Tadjemont le 21 par Ben-Salem, et le 22, à Aïn-Madhi, par Mohammed-el-Tedjini. Il pénétra, le 31, dans l'oasis d'El-Aouta, à plus de cent vingt lieues de la mer.

Pour soumettre la Kabylie occidentale, le maréchal BUGEAUD forma trois colonnes à la Maison-Carrée le 26 avril, occupa Dellys le 8 mai, repoussa Bel-Kassem et les Amraoua au passage du *Sebaou* et incendia Taourga le 12. Rejoignant le général Gentil à Tamdaït, il culbuta Ben-Salem, Si-el-Djoubi, Rabcha-ben-Idir et tous les guerriers kabyles des montagnes de l'est au combat d[e] *Ouarezzedine*, le 17. Ce fut une lutte de quatorze heures. Le géné[ral] ral Korte, le lieutenant-colonel de Chasseloup-Laubat, les soldat[s] des 26°, 48° de ligne et 3° léger s'y distinguèrent. Le 20 mai, d[e] dépêches inquiétantes de La Moricière l'appelaient en toute hât[e] dans la province d'Oran. Après la soumission de Ben-Zamoun e[t] des Flitta, il partit le 26 pour Dellys et Alger.

Dans la province d'Oran, le général LA MORICIÈRE installa un poste à Saïda, au-dessus de Mascara, et un autre à Lalla Maghnia, sur la frontière du Maroc. Le premier était une défens[e] contre Abd-el-Kader ; le second en était un autre contre Mouley Abd-er-Rahmane. Les événements prouvèrent bientôt leur néces[si]té. Le 10 avril, le général Bedeau conduisit le convoi de maté[-] riaux destinés à la construction de Lalla-Maghnia. Pour l[e] couvrir, La Moricière quitta Tlemcem et vint se porter sur la riv[e] gauche de la Tafna. Le 17, le Khaïd d'Oudja lui écrivit. Ce che[f] marocain l'assurait qu'il maintiendrait des relations pacifique[s] avec la France, qu'il dissuaderait les Angad de franchir la fron[-] tière, pourvu qu'il veuille retarder d'un mois la construction d[u] fort. Or à ce moment, *l'empereur du Maroc* avait interdit à notr[e] consul général, M. de Nion de correspondre directement avec lui mais seulement par le pacha de Tanger. D'un autre côté Abd-el-Kader venait de rejeter comme déraisonnables et humiliantes le[s] propositions de M. Léon Roches, notre interprète : il se disait prêt [à] combattre et à souffrir pour la gloire de sa religion. La Moricièr[e] doubla le nombre des travailleurs. Le 7 mai, il apprit par Bel Hadj, chef des Ouled-Riah, que la guerre sainte était prêchée dan[s] tout le Maroc et qu'à trente kilomètres de Lalla-Maghnia, Sidi-el-Arbi-el-Kebibi avait établi un vaste camp de réguliers noirs. Ce[s] symptômes de guerre l'obligèrent à prévenir aussitôt le maréchal Bugeaud et à donner des ordres pressants aux généraux Bedeau de Bourjolly, Thiéry, Tempoure et au lieutenant-colonel Eynard Le 14 mai, une dépêche du Fez, adressée par M. de Nion à N. Guizot, apprenait la proclamation de la guerre dans les grande[s] tribus du centre. Le 22, deux chefs marocains, envoyés pa[r] El-Ghennaouï, apportèrent une lettre du Chérif stipulant que la paix ne pouvait durer qu'à la condition que les Français évacue[-] raient Lalla-Maghnia. La Moricière répondit : « A votre sultan d[e] s'arranger avec le nôtre, à nous d'exécuter leurs ordres ; nous ne voulons pas causer de mésintelligence, mais seulement la pré[-] venir... » *Le 30 mai*, l'armée du Maroc commandée par Sidi-el-Mamoun-eck, chérif allié au sultan, franchit la frontière, attaqua le colonel Roguet du 41e. Le général Bedeau accourut sur l'aile droite ; le général La Moricière vint charger au centre ; on tira à soixante mètres ; les Marocains battus s'enfuirent à Oudjda (1).

Cette bataille détermina le maréchal Soult, ministre de la guerre, à donner l'ordre au 36e de s'embarquer pour Alger. Le ministre ne faisait en cela que de se conformer au désir du maréchal Bugeaud. Celui-ci lui avait écrit peu auparavant que pour faire face à une intervention marocaine, il lui fallait des renforts de France. Crainte d'une insurrection, il ne pouvait pas dégarnir les autres parties de l'Afrique. Or, une armée de huit à dix mille hommes lui était nécessaire pour être sûr du résultat d'un engagement sérieux qui refoulerait les Marocains et qui consoliderait notre puissance.

Le 11 juin 1844, à sept heures du matin, le 36e de ligne fut embarqué. L'état-major, le 2e bataillon, Thérésine, Maugenre, François et la musique, les grenadiers, les 1re et 2e compagnies du 3e bataillon, furent placés à bord de la frégate à vapeur « *Le Labrador* ». Le lieutenant-colonel, le chef du 3e bataillon, les voltigeurs, les 3e et 4e compagnies du 3e bataillon, furent installés à bord de la corvette à vapeur « *Le Grégeois* ». A dix heures, toutes les dispositions de départ étant terminées, les deux navires levèrent l'ancre et gagnèrent le large.

---

(1) Camille Rousset. La Conquête de l'Algérie, tome Ier, ch. IV et V.

CHAPITRE XXX

ALGER-DOUÉRA

Le 14 juin 1844, anniversaire de Marengo, de Friedland et de Sidi-Ferruch, la terre d'Afrique apparut aux yeux impatients du 36ᵉ qui venait y chercher tant d'épreuves et tant de gloire. Elle leur apparut avec ses hautes montagnes qui semblent soutenir le ciel, ses collines qui baignent dans les flots leurs pieds couverts de verdure, ses crêtes du mont Boudzaréah sur les pentes duquel Alger est bâti. La voilà devant eux, cette ville fameuse, où tant de captifs ont été chargés de fer. Le voilà ce port, où les pirates trouvaient leur refuge, et où ils se partageaient les dépouilles sanglantes des chrétiens. Voici, sur toutes les collines, des maisons sans nombre, avec leurs jardins d'orangers et leurs terrasses orientales. Le 36ᵉ salua de ses acclamations ce grand spectacle.

Le débarquement se fit dans la matinée. L'état-major et la musique, Maugenre, François et Thérésine furent logés à la Kasbah, à l'extrémité sud et en haut de la ville. Les bataillons s'établirent au Tagarin et à la caserne Lemercier.

A ce moment, les troupes françaises étaient ainsi distribuées dans les provinces d'Alger et d'Oran :

A Blidah, il y avait le général Gentil et quatre bataillons ; à Boufarick, un escadron ; au col des Béni-Aïcha, le général Korte et trois bataillons; à Médéah, le colonel Camou et le 33ᵉ de ligne ; à Milianah, le 64ᵉ de ligne et trois escadrons ; à Cherchel, deux bataillons d'Afrique ; à Mostaganem, le général Bourjolly et cinq bataillons ; à Cherchel, deux bataillons ; à Orléansville, le colonel Cavaignac avec quatre bataillons et deux escadrons ; à Tiaret, le général Marey avec trois bataillons et un escadron ; à Mascara, un bataillon ; autant à Téniet-el-Had ; à Sidi-bel-Abbès, le général Tempoure avec deux bataillons et un escadron ; à Sebdou, le colonel Chadeysson avec trois bataillons et un escadron ; à Lalla-Maghnia, le maréchal Bugeaud, les généraux La Moricière et Bedeau avec une armée de 7,000 hommes.

Pour maintenir l'autorité morale acquise par les succès précédents, le gouverneur jugeait nécessaire d'agir vigoureusement contre les Marocains. Selon lui, une défensive timide devait avoir pour funestes conséquences une accumulation de grandes forces marocaines sur la rive gauche de la Mouila et un succès matériel et moral d'Abd-el-Kader pour déterminer une insurrection générale. En prévision de ce second événement, il fallait une garde à ALGER ; ce fut momentanément le 36ᵉ.

On faisait alors de nombreuses trouées dans la partie basse de la ville d'Alger ; on démolissait les ruelles pour se donner de l'air, du jour et de la place ; on élargissait les voies étroites qui aboutissent à Bab-el-Oued et à Bab-Azoun. Des Mercanti, abrités sous des toiles flottantes, tenaient la plus grande place dans la ville neuve. Les mesures de Moustafa-Pacha étaient peuplées de parisiens ou d'industriels, costumés de la façon la plus étrange. Des compagnies d'ouvriers travaillaient à la construction des casernes, de l'abattoir, des moulins à vent, à l'agrandissement du port, à la consolidation de la jetée, et à l'élargissement de la place du gouverneur, en avant de la Djenina. L'ancienne maison de campagne du dey, près de Bab-el-Oued, avait été transformée en hôpital militaire ; la mosquée de Hassan devenait l'église catholique ; l'établissement du Hamma commençait à ressembler à un jardin des plantes. Sur tout un côté de la rue de la Marine s'élevaient de nouvelles maisons à arcades et à trois étages. La civilisation française progressait dans la capitale des Algériens en proportion de la conquête et de la colonisation.

Très gênés de devoir descendre en ville pour manger à l'hôtel, les officiers qui logeaient à la Kasbah prièrent M. le commandant de Robernier d'aller trouver Madame Maugenre pour qu'elle voulut bien se charger de leur pension. « Donnez-moi un cuisinier et un ordonnance, répondit-elle, et je vous rendrai bien volontiers ce service. » Or, il y avait cinq jours qu'elle avait acheté de la vaisselle et des provisions quand arriva, le 22 juin, l'ordre de se rendre au *camp de Douéra*. Ce fut une perte pour Thérésine. Ce qui l'affligeait bien plus, c'était de devoir quitter la ville pour aller habiter, à trois lieues de là, sans savoir comment. Louant une voiture particulière, en compagnie de Madame Marmé et de Madame Bœr, elle suivit son mari et son frère qui marchaient avec l'état-major et le 2e bataillon. Commencé en mai 1833 par le général Voirol, occupé pour la première fois par le 4e de ligne, le 1er mai 1834, et par la brigade du général Brô, le camp de Douéra était bien différent des camps français. C'était une immense redoute fortifiée par des remparts et par des fossés qui l'entouraient complètement comme un de nos grands forts. Les portes à pont-levis étaient gardées par des postes ; les pièces d'artillerie, et les piles de boulets et d'obus, garnissaient tous les côtés des fortifications. Les bataillons et les chevaux occupaient de grands baraquements au *camp inférieur*. Les officiers, leur hôtel, les sapeurs, la musique et tous les magasins, se trouvaient au *camp supérieur*. La distribution des baraques dépendait du commandant de place ; les officiers de casernement étaient soumis à ses ordres. Hors du camp, commençait à se former un village habité par des colons civils arrivés de France. Une baraque y servait de chapelle ; les prêtres dévoués qui voulaient la desservir ne pouvaient y rester, faute de ressources.

En arrivant à DOUÉRA, la première pensée que conçut Thérésine relativement à son logement fut de s'installer hors du camp. Mais comme on lui fit remarquer que toutes les dames d'officiers habitaient au camp supérieur, qu'il n'y avait aucune sécurité hors du camp, par suite des assassinats et des vols continuels commis par les Arabes, qu'une pointe audacieuse d'Abd-el-Kader pouvait bien atteindre les environs du camp, elle se résigna à venir y habiter. Outre la baraque que lui donna le régiment, le commandant de place lui confia la baraque des passagers, qui ne dépendait que de lui seul. Elle devait servir au blanchissage et au dépôt du linge de tous les officiers, dont Thérésine avait été chargée. Ces Messieurs prenant pension à l'hôtel du camp, elle n'avait plus à rendre le service qui lui avait été demandé à la Kasbah.

A peine installée dans son nouveau poste, elle reçut la visite de la famille André, des Vosges. Le père André était d'Etival, il travaillait comme charpentier à la construction des maisons de Douéra. Sa femme, Marie-Jeanne Cuny, de Dénipaire, était fille de la servante de Quirin Maugenre, beau-père de Thérésine. Ils avaient trois enfants. A Toulon, ils étaient venus dîner chez elle, le peu de jours qu'ils restèrent à la caserne des passagers, en attendant le bâtiment qui devait les transporter comme colons en Afrique. Apprenant que le 36ᵉ était au camp de Douéra, ils venaient apporter un coq à Louis Maugenre. Dieu envoyait cette brave femme à Thérésine pour être son ouvrière de confiance, et pour lui trouver des femmes de journée.

Il n'était pas facile alors de prendre à sa charge le blanchissage et l'entretien du linge des officiers. A Douéra, il fallait acheter l'eau ; à ce moment il n'y existait pas une seule fontaine. La source la plus proche était à Crescia ; il fallait y transporter les lessives avec des bourriquets ou des mulets. Plus tard on construisit à grands frais la fontaine de l'état-major et celle du ravin. La première était dans le camp, destinée à l'hôpital, et gardée par un caporal de planton. Pour avoir de l'eau, il fallait un billet du commandant de place. Ce billet ne vous donnait droit qu'à une petite ration d'eau par jour. Pour en avoir davantage, Thérésine devait recourir aux ordonnances des officiers. La fontaine du ravin était à une demi-lieue et gardée également par un factionnaire. Les soldats du train allaient y remplir de gros tonneaux et revenaient au camp faire la distribution. Parmi ceux-ci se trouvait un pays de Maugenre ; il s'appelait Collin (1), fils de l'instituteur de Grandrupt. Il s'arrêtait habituellement devant la baraque de Thérésine pour lui donner toute l'eau dont elle avait besoin.

Le colonel Levaillant et les officiers du 36ᵉ, en entrant dans leurs baraques, n'y trouvèrent que des planches. Presque tous durent recourir à Thérésine pour avoir des lits montés, des rideaux et les ustensiles nécessaires au camp. « Ah ! disaient-ils, le père Maugenre est bienheureux d'avoir une petite femme comme vous. »

Le 2 juillet, le 3ᵉ bataillon quitta Alger et vint rejoindre le 2ᵉ à Douéra. Quelques jours plus tard, les 4ᵉ du 2ᵉ bataillon et 2ᵉ du 3ᵉ furent détachées à Dely-Ibrahim ; leur mission était de protéger des établissements militaires situés à Sidy-Kolof et autres localités voisines.

Sur la frontière du Maroc, l'entrevue du général Bedeau avec le Khaïd El-Ghennaoui au marabout de Sidi-Mohammend-el-Oussini avait permis au gouverneur de sortir d'une situation équivoque.

---

(1) M. Collin habite aujourd'hui la ferme de la Poule-qui-Boit, à Saulcy-sur-Meurthe (Vosges).

La conférence, interrompue souvent par les clameurs hostiles des 5,000 Marocains d'El-Kebibi, s'était terminée par une injuste aggression, qui fut repoussée à coups de fusil. Ce guet-apens coûta la vie à 300 Arabes ; une pyramide fut faite avec leurs têtes sur la rive droite de la *Mouila*. Rendant attaque pour attaque, le maréchal Bugeaud pénétra dans le Maroc et arriva à *Oudja* le 19 juin ; ce jour-là, on comptait 53° de chaleur. Les Marocains se retirèrent à son approche. A dix lieues de là, l'émir et sa deïra rebroussaient chemin devant la colonne Eynard. Voulant user de modération en ne pénétrant pas plus avant dans le Maroc, le gouverneur revint le 22 juin à Lalla-Maghnia. Là, il apprit que l'ultimatum du gouvernement français adressé au sultan par M. de Nion était resté sans réponse. Ballotté entre deux influences contradictoires, menacé d'être renversé de son trône par les fanatiques partisans de l'émir, le faible Abd-er-Rahmane se déclara contre nous pour échapper au péril.

Le 3 juillet, les Angad attaquèrent sur *l'Isly* l'arrière-garde du maréchal ; ils furent mis en fuite. Aux engagements des 11 et 12 juillet, la deïra d'Abd-el-Kader eut le même sort. Le 29 juillet, le fils du sultan, Mouley-Mohammed campait avec 20,000 hommes à Oudjda pour venir faire le siège de Maghnia. Le 4 août, il adressait une lettre à Bugeaud par le Khaïd Sidi-Hamida pour lui signifier d'évacuer ce poste. Le 11 août, des nouvelles importantes arrivèrent de *Tanger* : avec vingt-huit vaisseaux, le prince de Joinville avait bombardé la ville et s'en était emparé. Le 12, le général Bedeau rejoignit le corps expéditionnaire à Maghnia. Alors son total s'élevait à 8,500 fantassins, 1,400 cavaliers, 400 indigènes et 16 canons. C'est le soir de cette journée, au punch que lui offraient tous les officiers réunis, que le maréchal Bugeaud expliqua son ordre d'attaque pour le lendemain. « Formez *la tête de porc*, dit-il, et vous triompherez. Ne
« vous préoccupez pas du nombre. J'ai attendu qu'il soit doublé
« par les renforts pour être plus sûr de les vaincre. Sans organi-
« sation, sans discipline ni tactique, sans force d'ensemble, la
« cavalerie arabe est incapable de faire des charges successives :
« le nombre en augmente la confusion et en diminue la puissance.
« Marchez à eux en bon ordre et résolument ; accueillez-les par
« un feu de deux rangs bien dirigé et le triomphe sera grand (1). »

---

(1) Camille Rousset. La Conquête de l'Algérie, tome Ier, ch. V, § 3, 4, 5 et 6.

Pour faciliter le passage à l'ordre de combat, le maréchal leur traça l'ordre de marche suivant :

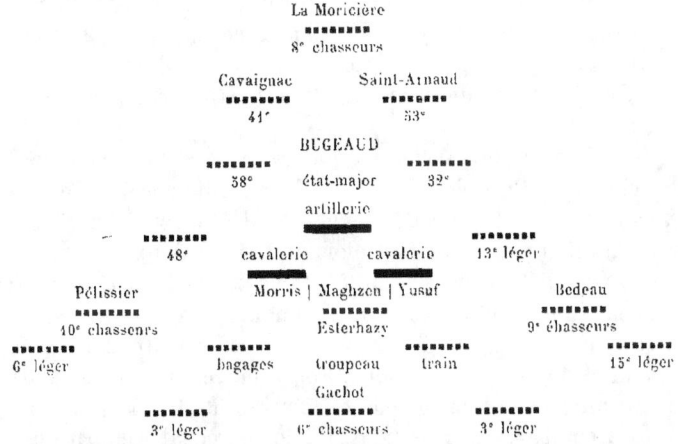

L'armée se mit en marche le 13 août à trois heures de l'après-midi. A deux heures du matin, elle passa L'ISLY et remonta la rive gauche. Bientôt tout disparut dans des flots de poussière. Des tourbillons mêlés d'hommes et de chevaux s'élancèrent sur nos troupes ainsi disposées. De toutes parts les feux se croisent sur les assaillants. Les Marocains veulent forcer les intervalles, ils échouent devant les tirailleurs qui se flanquent mutuellement. Eperdus, ils s'enfuient et jettent le désordre parmi ceux qui se précipitaient, au hasard, sur leurs pas. Bientôt la confusion est à son comble, la masse assaillante se disloque, nos dix-neuf escadrons s'élancent, chargent, culbutent et sabrent tout ce qui ne peut fuir. Cent des nôtres succombent à peine, tandis qu'on ne peut compter leurs morts. Leur artillerie, la tente et le parasol du prince, dix-huit drapeaux deviennent notre proie, et parmi le butin, des monceaux de chaînes avec lesquelles ce chef de barbares avait ordonné de lui amener nos généraux, après leur défaite. Tant il méprisait notre petit nombre ! Le lendemain, 15 août, bombardement et prise de *Mogador* par le prince de Joinville. Retour des troupes et de Bugeaud à Lalla-Maghnia. Bientôt après, se séparant de l'émir, le sultan du Maroc négociait la paix à Tanger. Elle fut conclue le 10 septembre.

Le maréchal revint à Alger où on lui fit un accueil enthousiaste. Le 22 septembre, le 36ᵉ de ligne prit part à la fête qui eut lieu en son honneur au champ de manœuvre de Moustafa. Une ordonnance royale venait de lui conférer le titre de *duc d'Isly*.

Le 27 septembre, le 1ᵉʳ bataillon du 36ᵉ, qui était resté à Toulo[n] arriva à Douéra. Il avait pour commandant M. Jollivet, pou[r] capitaines, MM. Deyhéralde, Guilbert, Chevillard, Papion d[e] Château, Michel, Ollype et Chavanne, et pour lieutenant[s] MM. Duclos, Salvage, Grégoire, de Laas, Ollier et Bertran[d]. L'état-major et les deux autres bataillons du régiment les reçu[-]rent au camp.

Au mois d'octobre, pendant que le 2ᵉ bataillon travaillait au[x] défrichements de Coléah, le 1ᵉʳ et le 3ᵉ commençaient les mêm[es] travaux sur les terrains de Douéra et de Crescia. Le 15 octob[re] le 3ᵉ bataillon partit pour un mois à Blidah; deux de ses compa[-]gnies furent détachées à la Chiffa. Pendant ce temps, une expéd[i-]tion commandée par le général Comman opérait en *Kabylie*. A l[a] bataille de *Tiféraa*, le 17 octobre, les efforts du colonel Sain[t-]Arnaud et du lieutenant-colonel Forez ne réussirent pas à débu[s-]quer l'ennemi sur tous les points. Deux cents Français furent m[is] hors de combat. A cette nouvelle le maréchal s'embarqua pou[r] Dellys avec quatre bataillons, se porta contre les Flisset-el-Bah[r,] leur livra bataille le 28 à *Tiféraa*, et les défit complètement. [De] retour à Alger le 7 novembre, il partait le 16 pour Paris : il alla[it] plaider à la chambre le maintien de l'effectif de l'armée d'Afriqu[e] et le vote du budget ; il allait dire le patriotisme de ses officiers q[ui] faisaient expédition, non pas pour recueillir de la graine d'épinard[s] mais pour sauvegarder les grands intérêts de la nation ; il alla[it] demander de ne pas faire à moitié la conquête de l'Algérie.

Au premier janvier 1845, le premier et le troisième bataillo[n] du 36ᵉ se trouvaient réunis au *camp de Douéra*. Le deuxièm[e] bataillon l'avait quitté le 30 décembre pour celui de Zéralda. L[es] musiciens avaient congé. Pour les récompenser de leur sérénad[e] de la veille, les officiers du régiment leur avaient donné la moiti[é] de leur solde de la journée. Madame Bœr avait fait le partage, e[t] pendant que les uns dépensaient leur offrande dans le camp et l[es] autres hors du camp, Maugenre ne trouva pas de meilleur délasse[-]ment et de plus douce joie que de faire une partie de cartes dan[s] sa baraque avec sa femme et son beau-frère. Dans la matinée, il[s] avaient pu se rendre, au fond du village, dans la pauvre chapell[e] en planches où la clochette les avait appelés à la messe. Ils [y] avaient prié ; leur prière avait affermi leur confiance dans l[e] Seigneur et dans la divine Mère. Or, pendant que, l'après-midi, il[s] étaient en train de jouer, arrive Bonnet, l'ordonnance d[e] M. Levaillant ; il appela Maugenre chez le colonel. Surpris d[e] cette invitation, notre joueur se lève aussitôt, s'habille en tenue e[t] monte au camp supérieur.

— Maugenre, lui dit le colonel, je viens vous proposer de quitter la musique. Dans quelques années vous aurez droit à votre retraite, et, en restant à la musique, cette retraite ne serait pas brillante. Il faut donc que vous arriviez au grade de sous-officier mon intention est de vous nommer caporal le 12 janvier. Qu'en pensez-vous ?

— Mon colonel, je suis tout disposé à accepter votre aimable proposition, mais, à la condition que vous me placiez dans une bonne compagnie.

— Mon brave, ce sera dans ma compagnie que vous serez. Vous allez être caporal de mes six muletiers, et vous aurez la garde de toutes mes affaires, de toutes celles du lieutenant-colonel et du chirurgien-major, en sorte que, si nous allons en expédition, je pourrai compter sur vous.

— C'est beaucoup d'honneur que vous me faites, mon colonel, et j'accepte avec reconnaissance.

— Eh bien, portez votre tunique et votre capote chez le maître-tailleur, et faites-vous mettre des galons.

Au sortir de chez le colonel, Maugenre apprit sa nomination à tous ses collègues.

— Quel veinard, disaient ceux-ci ; passer caporal sans recommencer l'exercice, et passer caporal en dehors des compagnies, des bataillons ; mais c'est avoir de la chance comme pas un ?

Quant aux caporaux du régiment, dont plusieurs avaient parfois manqué d'égard et de respect envers son humble personne, ils s'empressèrent, ces derniers surtout, de venir serrer la main au nouveau promu, et de lui donner, par crainte, l'épithète de camarade.

Le 12 janvier on arrosa les galons. Le même jour, M. le lieutenant-colonel Westée avait été reçu dans son grade en présence du 2e et du 3e bataillons et du drapeau. M. le colonel avait également profité de cette circonstance pour remettre deux médailles d'honneur au fusilier Page de la 1re du 3e. Le roi les lui avait accordées en récompense de sa belle conduite à Alger, lors de l'incendie du juin 1844. Des baraques en planches avaient pris feu sur la place du Gouvernement et menaçaient l'édifice de la Génina, magasin central de l'armée. Or, ce fusilier avait réussi à interrompre la communication du feu entre les baraques et ce grand établissement.

A partir de ce jour, les bataillons du 36e travaillèrent tous les jours au défrichement des terrains de Crescia et de Douéra.

C'était le moment où tout était relativement calme dans les tribu[s] algériennes. Depuis la bataille d'Isly, Abd-el-Kader, refusant d[e] licencier ses troupes et de se retirer à Fey, sous la dépendan[ce] d'Abd-er-Rahmane, sultan du Maroc, s'était enfoncé avec sa deï[ra] dans la région abandonnée qu'arrose la Moulouïa. Aidé de s[es] généraux, Ben-Tami, Barkani, Bou-Hamedi et Ben-Arach, [il] réussissait à disposer à son égard les *Beni-Snassen*. Puis il envoya[it] ses douars chez les Béni-Ouragh, les Flitta et les Sbéa, pour le[s] prévenir de sa prochaine apparition à la tête d'une nouvelle armé[e]. Mais ces agents de l'émir étaient pour la plupart arrêtés par L[a] Moricière et par les colonels Korte et Géry ; les tribus insoumise[s] étaient châtiées ; les autres rassurées ; l'ordre semblait établ[i] grâce aux marches et aux contre-marches de nos colonnes mobile[s] de la province d'Oran.

Le 30 janvier, l'attaque du poste de *Sidi-bel-Abbès* par cinquante[-] huit Arabes des Beni-Amer avait obligé le commandant Walsin [à] châtier cette grande tribu. Vingt otages furent pris ; tous les cha[-] meaux, mulets et chevaux de guerre furent confisqués.

Dans l'extrême sud de la province d'Oran, on signalait auss[i] dans le même temps quelques soulèvements des tribus sahariennes dans la zone des Chotts et dans les montagnes des Ksours. C'étai[t] à La Moricière à y prendre garde. De tout cela, on concluait faci[-] lement qu'il fallait redouter l'état général des esprits parmi le[s] Arabes, mais que les expéditions simultanées ne devaient êtr[e] entreprises qu'après de nouveaux et plus graves événements.

En attendant, le 2 mars, le 3ᵉ bataillon du 36ᵉ comprenan[t] 14 officiers et 471 troupiers, quittait, sous les ordres de M. le com[-] mandant Bourjade, le camp de Douéra pour le bivouac *d'Aquae Calidae*, à cinq lieues de Milianah. Il devait aller prendre part au[x] rudes travaux de la route de *Blidah* à *Milianah*. Le camp d'Eaux[-] Chaudes se trouvait entre ces deux sites.

Le 6 mars, Mangenre reçut l'ordre de partir le lendemain avec ses muletiers. Il devait accompagner M. le lieutenant-colone[l] Westée et M. le commandant Jollivet, qui quittaient Douéra avec le 1ᵉʳ bataillon, pour aller rejoindre le troisième aux Eaux-Chaudes[.] Thérésine allait donc rester au camp avec son frère et sa servante[.] Elle avait toujours sous la main son ouvrière Marie-Jeanne Cuny et André, le mari de celle-ci. Elle savait que Louis ne partait pa[s] en expédition, mais seulement pour des travaux, qui seraient de courte durée. Ce fut donc sans douleur qu'elle le vit partir le len[-] demain pour BLIDAH. Au pied de l'Atlas, l'ancienne Blidah, remarquable par les minarets de ses mosquées, était entourée[s] d'une forêt d'orangers ; les citronniers de la plaine sont arrosés par l'Oued-el-Kébir. De ce côté, comme du côté des hauteurs, des portes donnaient entrée à la ville, protégée par un ancien mur d'enceinte, et par de nouvelles redoutes. Les ruelles et les cours séparaient les maisons basses et à terrasse des Arabes. Se dirigeant sur Milianah, nos braves du 36ᵉ traversèrent la Chiffa le 9 mars et bivouaquèrent à *Affroun*. Longeant l'Atlas, dans le pays des Soumata, ils arrivèrent le 10 à *Bou-Medfaa*, le 11 au *camp Hammam*. Le 1ᵉʳ et le 3ᵉ bataillons travaillèrent ensemble à partir du 13. Malgré le mauvais temps, ces travaux furent continués jusque vers la fin d'avril. C'est alors qu'on apprit la nouvelle de la grande *insurrection de Bou-Maza*.

Pendant tout le mois de mars, ce jeune marocain avait parcouru et soulevé les tribus du Dahra. Mohammed-ben-Abdallah était son vrai nom. Les Arabes l'avaient appelé *Bou-Maza*, l'homme à la chèvre, parce qu'il se faisait suivre partout d'une chèvre qu'il savait dressée à faire des tours. Il se faisait passer pour un disciple de Mouley-Taïeb, ancien Khouan du Maroc. Dieu, disait-il, l'avait envoyé pour châtier les chrétiens et pour sauver les fidèles de Mahomet. Les Ouled-Djounès l'accueillirent en prophète ; ils s'armèrent à sa voix et lui composèrent une troupe de plusieurs centaines d'hommes. Leur premier exploit fut de piller *Médiouna* et de ravager la tribu des Sbéa. Nos trois Kaïds eurent la tête tranchée.

Ce triple assassinat fut bien vite châtié par le colonel de Saint-Arnaud, par le général de Bourjolly, par le lieutenant-colonel Claparède, accompagné de Canrobert. Bou-Maza fut battu le 16 avril ; sa troupe fut dispersée, et les Ouled-Djounès désarmés et imposés. Mais pendant que le lieutenant-colonel Claparède manœuvrait loin de Tenès, un détachement de soixante hommes du 5ᵉ bataillon de chasseurs à pied était resté au *camp des Gorges*, sur la route d'Orléansville. Tout à coup, le 20 avril, 900 Kabyles, commandés par Ben-Hinni, Kaïd des Béni-Hidja, assaillirent le poste, pillèrent les tentes et égorgèrent la fille d'une cantinière. Abrités dans leur redoute, les chasseurs ne subirent aucun assaut. Le lendemain, les Béni-Hidja revinrent à la charge. Mais, pendant la nuit, le renfort de Tenès était arrivé et l'ennemi fut repoussé.

CHAPITRE XXXI

COMBATS DE L'OUARENSENIS (1)

(13 et 14 Mai 1845)

L'effet moral produit dans les tribus arabes par l'assassinat d[e] nos Khaïds de Médiouna et par le massacre du camp des Gorges f[ut] immense. Aussitôt le maréchal BUGEAUD envoya à Ténès [le] 2ᵉ bataillon d'Afrique ; à Orléansville un bataillon du 64ᵉ. E[n] même temps il donna l'ordre au 1ᵉʳ bataillon du 36ᵉ de retourne[r] à Douéra le 23 avril pour se préparer à l'expédition qui partira[it] de Milianah le 7 mai. Le 25 avril, le 1ᵉʳ bataillon du 36ᵉ arrivait [à] Douéra. Le 3ᵉ était resté pour continuer les travaux d'*Aqua[e] Calidae*.

Les quatre jours que Maugenre passa au camp de Douéra fure[nt] témoins de bien grandes émotions. Thérésine devait accepter l[a] dure séparation de son mari et de son frère qui allaient tous deu[x] prendre part à la grande expédition. Elle allait se trouver seul[e] en Afrique, dans un camp, privée de nouvelles de ces chères âme[s] pour lesquelles elle vivait, menacée de les perdre, soit par u[n]

---

(1) Chronique régimentaire inédite et Camille Rousset. La Conquête d[e] l'Algérie.

coup de fusil, soit par la captivité ou la maladie, connaissant bien tout le péril qu'allait courir son mari, à l'arrière-garde avec ses muletiers. Toutes ces pensées la plongeaient dans une tristesse profonde ; il lui fallait une force d'âme héroïque pour voir la volonté de Dieu en tout cela, et pour s'y conformer. Il fut alors résolu que Marie-Jeanne Cuny et son mari viendraient habiter la seconde baraque de Thérésine, et que leur fille aînée, Marie, demeurerait avec elle dans sa modeste habitation. M. le colonel *Levaillant* accorda l'autorisation qui lui fut demandée dans ce but. Le 29 avril, à la veille de se séparer, Thérésine donna un grand repas aux amis de Louis et de François, pour les encourager à se secourir mutuellement dans les épreuves qu'ils allaient endurer, puis leur montrant le crucifix elle leur dit :

— Voilà votre modèle. Votre mission en Afrique est celle de l'homme Dieu sur la terre. C'est par le sacrifice qu'il faut l'accomplir. Je prierai le Seigneur et sa Sainte-Mère de vous protéger dans vos combats. Ayez foi en la Providence : ce que le bon Dieu garde est bien gardé. Pourvu que le 36ᵉ sorte victorieux, pourvu que les roumis humilient l'orgueil des Arabes, pourvu que la croix triomphe du coran, peu importe la douleur, le sacrifice et la mort. Dieu en sera glorifié et cela suffit.

La nuit suivante, on ne songea guère à dormir. Il fallait penser à tout à la fois, et préparer toutes ses affaires, comme si l'on ne devait jamais plus se revoir. Le lendemain, 30 avril, à trois heures du matin, on sonna le réveil. Le 1ᵉʳ bataillon, commandé par M. le chef de bataillon *Jolliret* et fort de 501 baïonnettes, et le 2ᵉ bataillon commandé par M. le chef de bataillon *Robernier* et fort de 500 baïonnettes, avec fanfare et sapeurs, s'apprêtèrent à partir sous les ordres de M. le lieutenant-colonel *Westée*.

M. le colonel LEVAILLANT avait le commandement de toute la colonne. Outre le 36ᵉ, celle-ci comprenait deux bataillons du 6ᵉ léger, un bataillon de tirailleurs indigènes, le 3ᵉ bataillon de chasseurs d'Orléans et un bataillon de zouaves.

A quatre heures du matin, le colonel donna le signal du départ. Avec la fanfare du 36ᵉ, François jouait, en quittant, la casquette du père Bugeaud ; Maugenre avec ses six muletiers marchait derrière les deux bataillons du 36ᵉ. Après avoir traversé la plaine de Boufarick, de Béni-Méred jusqu'à Blidah, ils établirent leur bivouac sur la rive gauche de *la Chiffa*. Le lendemain, ils parcoururent le territoire des Béni-Ménad, passèrent la nuit à *Karoubet-el-Ouzri*, franchirent le défilé de Chab-el-Kéta et s'arrêtèrent dans la soirée du 2 mai, au confluent de l'Oued-Hammam et de l'Oued-

Djer. Le 3, la colonne rejoignit au marabout de Sidi-Riar le chemin qui remonte la vallée de l'Oued-Adélia, franchit le col du Gontas, descendit dans la plaine du Chélif et vint s'établir au *camp de Sidi-Abd-el-Kader*. C'est là qu'est le seuil du défilé de l'Oued-Boutane, dominé de très haut par *Milianah*. Suspendue au flanc méridional du Djebel-Zaccar qui lui prodigue ses eaux bienfaisantes, la ville est reliée à la plaine du Chélif par un couloir à pente raide au fond duquel court l'Oued rapide. Les maisons croulantes de Milianah et ses ruelles encombrées de ruines dénotaient les récentes dévastations de l'émir. Deux mosquées servaient d'hôpital et de manutention. L'enceinte était nouvellement réparée ; quelques ouvrages défensifs avaient été construits en avant des jardins. C'est là que le maréchal BUGEAUD vint rejoindre la colonne avec le DUC DE MONTPENSIER ; c'est là que l'on fut fixé sur le but de l'expédition.

Commencée par Bou-Maza, continuée par Ben-Hinni et ses Beni-Hidja, par Mohammed-bel-Hadj et ses Beni-Ouragh, l'insurrection avait gagné toute la vallée du Chélif.

La colonne de Levaillant, devenue celle du maréchal, allait attaquer les Kabyles de *l'Ouarensenis* par le sud pendant qu'une seconde colonne de trois bataillons, un escadron et deux pièces de montagne, sous les ordres du général Reveu, allait les surprendre par le nord, sur l'Oued-Rouina.

La grande vallée du Chélif se trouve limitée par deux grands massifs de montagnes, le Dahra, au nord et l'Oûarensenis, au sud. L'aspect de ces deux massifs est bien différent quand on les considère depuis le Chélif. Sur toute la longueur de sa rive droite se dresse une sorte de muraille élevée et continue. Le long de la rive gauche, des monts sont successivement étagés et amoncelés, mais ils ne sont pas continus ; ils laissent passer, à des distances plus ou moins éloignées, de belles vallées perpendiculaires à celle du Chélif. Les principales rivières qui coulent dans ces vallées du sud sont, à partir de Milianah, l'Oued-Deurdeur, l'Oued-Rouina, l'Oued-Fedda, l'Oued-Sly, l'Oued-Riou, l'Oued-Djidiouïa, et enfin la Mina, la plus considérable de toutes, coulant en dehors de l'Ouarensenis. Le massif du Dahra n'est pas entrecoupé de vallées, mais dans ses rochers droits et élevés il y a des brèches où coulent des torrents dans la saison des pluies. Toute cette région se trouve dominée par le grand pic de l'Ouarensenis, mot qui veut dire en arabe, l'œil du monde. C'est en investissant les hauteurs dénudées de ce grand pic que Changarnier avait fait prisonniers 2,000 Arabes le 18 mai 1843.

De nombreuses tribus habitent ce pays de montagnes. Les principales sont : à l'Orient, les Béni-Zoug-Zoug et les Djendel ; au centre, les Béni-Boudouane, les Attafs, les Béni-bou-Slimane, les Béni-bou-Khennour et les Sendja ; à l'ouest, les Béni-Ouragh, les Sbea, les Kéraïch et les Flitta ; au nord, dans le Dahra, les Béni-Zérouel, les Ouled-Ria, les Cheurfa, les Achacha, les Béni-Hidja, les Zatima, les Béni-Menacer, etc...

C'est dans cette province, si facile à défendre, qu'allait opérer la colonne du maréchal. Le 7 mai, elle franchit le Chélif à *Chab-el-Drah* et vint bivouaquer sur l'Oued-Ouaghenay. Le lendemain, malgré les averses, elle passa devant les trois marabouts de *Sidi-bel-Khassel*, bivouaqua sur l'Oued-Lirach et, le 9 mai, sur l'Oued-Khaled. Les insurgés échangèrent avec nos soldats quelques coups de fusil, puis se retirèrent dans le Dahra. Le 10 mai se fit remarquer par le passage de l'*Oued-Bettane*. Cette petite rivière, qui est souvent à sec pendant l'été, avait alors soixante-quinze centimètres d'eau, par suite des pluies qui ne discontinuaient pas. Sa vallée très étroite, encaissée dans d'énormes murailles de rochers, rendit très difficile la marche de la colonne. Elle dut traverser vingt-sept fois cette rivière en moins de dix heures. Arrivée au bivouac de *Kaf-cahrah*, chez les Béni-Chaïb, nos soldats étaient harassés. Il leur fallut deux jours pour se sécher et se remettre.

Le 13 mai, la colonne s'engagea dans l'affreux défilé qui conduit chez les Béni-Windek et dut traverser dix fois l'*Oued-Fodda*. C'était le 36º qui ouvrait la marche ; ses compagnies occupaient successivement les points culminants. Vers neuf heures du matin, les Kabyles attaquèrent la 3ᵉ compagnie du 2ᵉ bataillon. Serrée de près, celle-ci riposta par un retour offensif remarquable. Au bruit de la fusillade, le maréchal donna l'ordre de se porter au pied du versant sud du grand pic de l'*Ouarensenis*. On vit alors les cavaliers rouges qui suivaient le chef de l'insurrection, HOMAR-BEN-ISMAËL. Ses réguliers étaient en grand nombre sur les crêtes. M. le commandant *Jollivet* reçut l'ordre de les en déloger, avec les 2ᵉ et 3ᵉ compagnies des voltigeurs du 1ᵉʳ bataillon pendant que la cavalerie tournait le flanc droit de l'ennemi. Les autres compagnies prirent alors part à l'engagement.

Ces Béni-Boudouane, ces Béni-bou-Sélimani, ces Béni-Ouragh, dont les cheikhs s'étaient si bien fait donner des burnous d'investiture, commencèrent à tirailler, sur les flancs et sur les derrières. En même temps les gens de Ben-Ismaël se massèrent contre l'arrière-garde où se trouvait le caporal Maugenre. Ici surtout, il fallut faire face à l'ennemi pour le contenir ; cette résistance était d'autant plus difficile à l'arrière-garde qu'elle était gênée par les mulets et par le convoi. Il fallut les masquer derrière un ravin, et débusquer ensuite l'ennemi, en s'élevant résolument sur la hauteur qu'il occupait. Cette manœuvre de l'arrière-garde, favorisée par l'élan des zouaves et des zéphyrs, ne réussit qu'avec des peines infinies. Après avoir escaladé la berge, les soldats du 36ᵉ et les zouaves durent attaquer les Béni-bou-Sélimani, qui étaient abrités derrière un fossé. Cependant, quand ils eurent compté leur nombre, nos braves se rassurèrent et s'efforcèrent par un feu soutenu de rejeter l'ennemi dans le précipice. Déjà plusieurs officiers et soldats étaient tombés glorieusement, percés de balles, quand un obus passa en sifflant au-dessus des Français. Il éclate au milieu du gros des Kabyles. Un second le suit avec une précision égale. C'est une section de la batterie de montagne qui tire de l'autre côté du ravin. L'arrière-garde est dégagée : l'ennemi fait retraite après quatre heures de fusillade. De l'autre côté, les bataillons commandés par le DUC DE MONTPENSIER ont grand'peine à s'élever jusqu'aux sommets dont les défenseurs font pleuvoir sur eux une grêle de balles. Pour animer ses hommes qui gravissent les pentes, le colonel *Levaillant* fait battre la charge. A ce signal qui fait vibrer son cœur de vieux soldat, le maréchal BUGEAUD donne l'ordre d'attaquer : « En une demi-heure, dit-il, je serai là-haut. » Pour arriver là-haut, sur une des crêtes élevées de l'Ouarensenis, à l'endroit où se trouvent les cheikhs d'Ismaël avec l'élite de leurs troupes, il faut passer et repasser par les plis du terrain qui se multiplient à mesure que l'escarpement devient plus sauvage. Les compagnies du 36ᵉ se sont allégées de leurs sacs. Conduites par le commandant *Jollivet*, elles montent. Des pierres, des quartiers de roc, des volées de balles font à chaque instant leur trouée ; les compagnies montent toujours. Les voilà sur la hauteur ; la charge bat ; les cheikhs, leurs Turcs, leurs Arabes, leurs Kabyles sont abordés, refoulés, culbutés. En fuyant, ils tombent au milieu de nos chasseurs d'Afrique qui les sabrent et en font cinquante-deux prisonniers. A quatre heures, l'Ouarensenis est conquis. A minuit Maugenre et l'arrière-garde bivouaquaient avec la colonne, fière de la journée. Bien plus fier était le caporal de ne pas avoir perdu un seul de ses mulets, tandis que deux de ses muletiers avaient été blessés dans la défense du convoi contre Ben-Ismaël.

Le lendemain, nouvel engagement en tournant le pic de l'Ouarensenis par l'ouest. Le terrain était des plus inaccessibles. Il fallut toute l'ardeur de nos compagnies d'élite pour forcer les

Kabyles à se retirer de leurs positions en nous abandonnant tous leurs morts et quelques blessés. Après l'action, la colonne vint prendre son bivouac sur l'*Oued-Benah*, vis-à-vis du camp de la veille.

Dans son rapport à M. le ministre de la guerre, M. le maréchal DUC D'ISLY s'exprimait ainsi : « Les compagnies du 36ᵉ ont délogé l'ennemi avec beaucoup de résolution. Il en est de même des autres qui ont été engagées aux journées du 13 et du 14. Celles du 36ᵉ y ont fait leurs premières armes de manière à mériter l'estime de leurs camarades. »

Un service d'ambulance fut organisé au bivouac avec les musiciens du 36ᵉ. François et Valnet furent chargés de donner leurs soins au caporal Labadie, blessé et cité à l'ordre du jour.

Les provisions commençant à diminuer, il fallut recourir aux razzias. Le 15 mai, le colonel *Levaillant* dut en faire une avec le 1ᵉʳ bataillon, et Maugenre le suivit. Le même jour, le commandant *de Robernier* partait avec le 2ᵉ bataillon pour en faire une autre du côté opposé. Ils revinrent le soir, chargés de grains, de fruits et avec plusieurs centaines de têtes de bétail.

Ces razzias nous furent souvent reprochées par les journaux anglais. Si leurs écrivains avaient lu la Bible, ils auraient appris que *Josué*, grand thaumaturge et chef du peuple de Dieu, a fait des razzias bien autrement terribles que celles du maréchal BUGEAUD. S'ils avaient connu les Arabes, ils auraient compris qu'on ne pouvait pas les contraindre à la soumission par les moyens employés dans les guerres d'Europe, où l'on peut saisir les caisses publiques, frapper des contributions, interrompre le commerce, occuper les villes, etc. L'unique moyen de pacifier les Arabes, disait Changarnier, c'est de s'attaquer à leurs récoltes et à leur fortune mobilière. Si les contradicteurs avaient entendu les ordres de nos généraux, ils auraient été surpris de les voir réussir à moraliser, à régulariser les razzias à l'aide de règlements, déterminant la part de chaque soldat, suivant son grade, et indemnisant les Arabes inoffensifs.

Cela dit, revenons à nos soldats, vivant à l'arabe dans leur bivouac. Dans chaque escouade, on se servait de petits moulins à la main, on faisait du blé farine ; et la farine devenait bouillie, pain ou galette, suivant le goût des amateurs.

Après avoir bivouaqué sur l'Oued-Fodda le 17 mai, la colonne se dirigea le lendemain sur l'Oued-Hert, à *El-Meth-Chabbel-Temday*. Là, le maréchal donna l'ordre au colonel *Levaillant* d'envoyer toutes les compagnies de ses deux bataillons pour brûler tous les villages des Béni-Boucanour, dont le Kaïd était un chef de l'insurrection. Obéissant à son grand chef, Maugenre se distingua dans la destruction des gourbis. Les deux jours suivants se passèrent chez les Béni-Boudouaour ; le 21 mai, on arriva sur l'Oued-Fodda, à *Si-Ali-Aïchoum* et le lendemain sur l'Oued-Thigaout, à trois quarts de lieue *d'Orléansville*, où les blessés furent transportés.

Pendant le séjour que fit la colonne auprès *d'Orléansville,* sur la rive gauche du Chélif, celle du général REVEU arrivait au même endroit pour se ravitailler. Celle de SAINT-ARNAUD poursuivait *Bou-Maza* dans le Dahra, chez les Ouled-Djounès. Celle de LA MORICIÈRE combattait d'un autre côté les Ouled-Sidi-Cheikh, et détruisait Rassoul et Brizina, au seuil du véritable Sahara.

En attendant le résultat de l'expédition de Saint-Arnaud, le maréchal BUGEAUD fit continuer la marche de sa colonne le long de l'Oued-Thirouan, et établir le bivouac à *Kaf-Ybaïl*. Le lendemain, 26 mai, sur *l'Oued-Bouquet,* le commandant *Jollivet* partit avec le 1er bataillon et le 6e léger, sous les ordres du colonel RENAUD, pour faire une razzia dans laquelle ils prirent 3,000 têtes de bétail et plusieurs prisonniers. Après cinq bivouacs sur *l'Oued-Thigaza,* sur *l'Oued-Achernah* et sur *l'Oued-bou-Segra,* la colonne arriva le 1er juin chez les Béni-Seliman, où le commandant *de Robernier,* sous les ordres de YUSUF, fit 177 prisonniers, avec une razzia de 100 bœufs et de 400 moutons. Le lendemain matin, on apprit la victoire de SAINT-ARNAUD sur Bou-Maza, et sur les Kabyles de sept tribus différentes. Le 5 juin, M. le maréchal DUC D'ISLY fit former un bataillon de manœuvre par le 36e. Arrivé sur le terrain, en présence de tous les officiers du camp, il prit un fusil, et démontra à un peloton le mécanisme d'un carré faisant feu sur six rangs. Mettant ensuite en main l'épée, il commanda la manœuvre à tout le bataillon. Quatre jours après, la colonne rentrait à *Orléansville*.

CHAPITRE XXXII

GHARNITA - FARCHETS

Extermination des Ouled-Riah (19 Juin 1845).

Le 10 juin 1845, l'armée fut partagée en trois colonnes sous les ordres des colonels PÉLISSIER, DE SAINT-ARNAUD et LADMIRAULT (1). Ce dernier avec les zouaves et les tirailleurs indigènes, devait aller manœuvrer chez les Béni-Ménacer entre Milianah et Cherchell. Le colonel SAINT-ARNAUD avec le 64ᵉ de ligne et le 5ᵉ bataillon de chasseurs devait agir au nord du *Dahra* (2) et le colonel PÉLISSIER dans l'ouest. Celui-ci, chef d'état-major, avait sous ses ordres deux bataillons du 6ᵉ léger, le 3ᵉ bataillon de chasseurs d'Orléans et le 1ᵉʳ bataillon du 36ᵉ sous les ordres du colonel *Levaillant*, du lieutenant-colonel *Westée*, du commandant *Jollivet*, accompagnés de la fanfare, de Maugenre et de ses muletiers.

Le 2ᵉ bataillon du 36ᵉ, commandé par M. *de Robernièr*, avait été détaché de la colonne le 6 juin, à la redoute de l'Oued-Acherma,

---

(1) Chronique régimentaire inédite. — Camille Rousset. La Conquête de l'Algérie.

(2) Le Dahra comprend toute la région montagneuse située entre la mer Méditerranée, les Béni-Ménacer et le Chélif.

pour veiller à la garde de 250,000 rations de vivres, déposés dans cette redoute, et pour hâter le désarmement des tribus des Béni-bou-Sélimani, des Béni-Tigrinn et des Béni-bou-Kanour.

Après avoir donné tous leurs ordres, M. le maréchal BUGEAUD et M. le DUC DE MONTPENSIER quittèrent Orléansville, afin de s'embarquer à Tenès pour Alger.

Les trois colonnes s'ébranlèrent le 11 juin pour aller soumettre et désarmer les tribus des deux bords du Chélif. La colonne PÉLISSIER bivouaqua le soir au *Castellum-Singitanum-Khamir*, chez les Béni-Sbéa. Le lendemain, au bivouac de *l'Oued-Ouarizan*, on apprit que notre Khalif SIDI-EL-ARIBI avait battu *Bou-Maza* chez les Béni-Zerouel, qu'il lui avait tué 400 hommes, pris deux drapeaux et fait plusieurs prisonniers. Cette bonne nouvelle doubla le courage de tous nos soldats. De l'Oued-Tafia ils arrivèrent sur *l'Oued-Boujarea* le 14 juin, et, pendant les deux jours suivants, conformément à l'ordre qu'ils avaient reçu du maréchal, ils détruisirent les gourbis, les moissons et les vergers de la tribu des Ouled-Riah. Le 17, au bivouac *d'El-Almérian*, les Kabyles tirèrent sur le camp toute la soirée et pendant une partie de la nuit. Le 18, à quatre heures et demie du matin, le 1er bataillon du 36e, un bataillon du 6e léger, la cavalerie et l'artillerie quittèrent le bivouac. Après une heure de marche, les cavaliers arabes se montrèrent et se replièrent aussitôt. On arriva à *Gharnita-Farchets* où se trouve une des principales grottes du Dahra. A cause de sa conformation, les Arabes lui ont donné le nom de Cautara, qui veut dire pont, parce que le massif qui contient la grotte forme comme un pont entre deux collines de gypse et de carbonate de chaux. Ce pont a environ cent mètres de largeur et autant de longueur. Toute la tribu des Ouled-Riah s'était réfugiée dans cette grotte, à la porte de laquelle ils avaient attaché tous leurs troupeaux, moyennant de fortes cordes, dans un ravin très fourré.

Pour empêcher les Kabyles de s'échapper, le colonel PÉLISSIER fit occuper les deux issues de la grotte : plusieurs de nos hommes furent blessés durant cette manœuvre. Puis, ne pouvant prendre l'ennemi de vive force, ni le réduire par un blocus, on amoncela au-dessus de l'ouverture principale des fascines et de la paille en grande quantité, on y mit le feu et on les jeta au fond de la grotte, afin que la fumée contraignît les réfugiés à la capitulation.

Après l'extinction du combustible, douze hommes de bonne volonté de la 1re du 1er bataillon du 36e, guidés par le tambour *Pauh* et par les lieutenants *Trouillebert* et *Avril* descendirent dans le ravin jusqu'à l'ouverture de la grotte par où les Arabes tiraient continuellement. Ils les sommèrent de se rendre et n'eurent pour réponse que des coups de fusil. Alors ils coupèrent les cordes qui retenaient les bestiaux et remontèrent avec le troupeau qui devint la prise de l'armée. Toute la nuit on jeta des fascines enflammées au fond de l'ouverture principale.

Le lendemain, 19 juin, un Arabe se montra dès le commencement de l'aurore. M. le colonel PÉLISSIER lui fit dire que la tribu ne devait pas craindre de se rendre, qu'aucun d'eux ne serait châtié, ni conduit prisonnier à Mostaganem, que liberté pleine et entière leur serait accordée moyennant deux conditions : soumission et désarmement. On parlementa pendant trois heures. Les Arabes répondirent : « Retirez-vous d'abord avec toutes les troupes, et après, vous aurez notre soumission et nos fusils. » En fin de compte, M. le colonel PÉLISSIER leur donna encore un quart d'heure. Ce terme expiré, quelques chasseurs descendirent dans le ravin ; ils furent reçus à coups de fusil.

La situation du colonel se trouvait être analogue à celle du général Cavaignac cernant les Sbéa dans une grotte du Chélif, en juin 1844. Ce n'est qu'après l'asphyxie de onze d'entre eux que la tribu avait enfin consenti à sortir.

Fort de cet exemple et forcé d'agir, M. le colonel PÉLISSIER ordonna une corvée de 200 hommes par bataillon, se relevant d'heure en heure, ce qui donnait 800 hommes par heure, pour amasser des broussailles et les jeter dans la grotte. A deux heures, après une dernière sommation, on y mit le feu. Aussitôt le tirage se produisit d'une issue du pont ou du tunnel à l'autre issue ; ce fut un courant de feu et de fumée dans toute 'a longueur. Les sentinelles postées pour entendre et accueillir les réfugiés qui pourraient venir donner le consentement aux conditions du colonel ne purent rien apercevoir, sinon un bruit confus et de sourdes clameurs pendant la nuit. La fumigation ne discontinua pas jusqu'au lendemain matin. Vers quatre heures, la corvée cessa. Maugenre eut plus de bonheur que son beau-frère. N'appartenant pas aux compagnies du bataillon, il n'y fut pas employé, pas plus que ses six muletiers. Demeurant à l'écart, il contemplait le cœur bien gros cet épouvantable bûcher de deux cents mètres carrés, où toute la tribu des Ouled-Riah était exterminée.

Les premiers soldats qui voulurent pénétrer dans la grotte durent rétrograder par suite de la fumée très épaisse et très âcre qui la remplissait. Quelques Kabyles méconnaissables se traînaient devant l'entrée et venaient tomber devant nos sentinelles, quand ils n'étaient pas fusillés par ceux du dedans. Vers dix heures, le

19 juin, le 36ᵉ put entrer dans cet horrible tunnel. Huit cents arabes, avec femmes et enfants, étaient asphyxiés. Impossible de dépeindre et ce spectacle affreux et l'effroi des assistants. — « Je prie Dieu, disait M. le colonel PÉLISSIER, de ne jamais plus avoir une pareille affaire sur les bras. » Les deux jours suivants furent employés à inhumer ces nombreuses victimes du fanatisme musulman. Comme les femmes portaient des boucles d'oreille, des bracelets, des chaînes précieuses, les soldats se les disputèrent. Il y eut à cette occasion des faits regrettables, contraire au respect dû aux morts, et imputables seulement aux particuliers. Maugenre, tout en prêtant son concours à ce travail de sépulture, refusa absolument de toucher à quoi que ce soit. Du reste, il n'y avait plus rien à prendre, quand il emportait un cadavre, en gémissant de le voir mutilé.

M. le maréchal SOULT, ministre de la guerre, interpellé sur cet événement dramatique à la Chambre des pairs, déclara qu'il s'associait au blâme qu'on infligeait en France et à l'étranger à la conduite de M. le colonel PÉLISSIER. Le maréchal BUGEAUD regretta cette parole et déplora cette interpellation. Il écrivit aussitôt au ministre pour lui déclarer qu'il prenait sur lui la responsabilité de cet acte. « Si le gouvernement juge qu'il y a justice à faire, ajoutait-il, c'est sur moi qu'elle doit être faite. J'avais ordonné au colonel PÉLISSIER, avant de nous séparer à Orléansville, d'employer ce moyen à la dernière extrémité ; et, en effet, il ne s'en est servi qu'après avoir épuisé toutes les ressources de la conciliation. Il ne faut pas éterniser la guerre d'Afrique, en même temps que l'esprit de révolte, par une rigoureuse philanthropie, autrement on n'atteindrait même pas le but philanthropique. »

Le 23 juin, la colonne alla bivouaquer à un kilomètre de Gharnita-Farchets, au marabout de *Sidi-bel-Hacel*, sur l'Oued-Mina. Traversant ensuite le territoire des Medjeher elle vint se ravitailler à MOSTAGANEM le 25. Une lieue en deçà commencent les jardins plantés d'arbres fruitiers de toute espèce. Le pays est couvert de verdure, semé de maisons de campagne, mais toutes ces maisons sont en ruine, toute cette belle contrée est déserte. Outre les maisons isolées et la petite ville de Mazagran, qui n'a presque plus d'habitants, Mostaganem est aux deux tiers détruit. On voudrait avoir dix ou quinze mille émigrants à jeter dans ces deux places et dans les jardins abandonnés qui les entourent ; ils y vivraient fort à l'aise. La ville, remarquable par son port de mer, avait été grande autrefois : c'était l'une des principales du Tell-Oranais. Des quatre quartiers dont elle se composait jadis, deux,

Tijdit au nord et Digdida au sud étaient entièrement ruinés. Des deux autres, séparés par le ravin de l'Aïn-Seufia, le plus considérable, la ville proprement dite, à l'ouest, était commandé par le fort des Cigognes ; l'autre, Matmore, plus élevé, moins étendu, était lui-même sous le feu du fort de l'Est. A neuf cents mètres de distance s'étend la plage, dominée par un escarpement d'une dizaine de mètres, d'où s'élevait la coupole d'un marabout. Le colonel PÉLISSIER s'installa dans la ville, à l'ancien palais du bey ; toutes les troupes bivouaquèrent au dehors. C'est là qu'elles apprirent la fin de l'insurrection du Djebel-Dira et du Djurdjura ; les généraux MAREY et D'ARBOUVILLE avaient battu le fanatique *Bou-Chareb* et châtié les Ouled-bou-Ariz en leur brûlant onze villages dans la seule journée du 19 juin.

Le 27 juin, le bivouac fut établi sur les bords de la mer chez les Béni-Grelouff à *Titi-Inghinn* près de Mostaganem. Par l'Oued-Kamir, la colonne arriva le 3 juillet à *Souk-el-Had*. Chemin faisant, le voltigeur *Comte*, qui marchait à quelques pas devant les muletiers de Maugenre, fut blessé à l'arrière-garde d'une balle à la jambe. Le chirurgien, M. Armand, dut l'amputer. On arriva à *Mazouna* le 5 ; cette ville est située aux pieds des montagnes qui séparent les Médiouna des Sbéa. Sur l'Oued-Sly et à *Orléansville* la chaleur avait atteint quarante-huit degrés. Le 9 juillet, la colonne fit douze lieues pour arriver sur l'Oued-Rouina chez les Béni Rached. Le lendemain, tandis qu'on marchait sur l'Oued-Bouttané, François fut atteint de la dyssenterie. Heureusement que son beau-frère était avec lui. Il lui fit prendre de la liqueur et des gourganes, l'installa sur un mulet, en prenant à sa charge tout son fourniment. Il le conduisit ainsi, pendant cinq longs jours de marche, où l'on faisait plus de dix lieues par jour, et par les plus grandes chaleurs. Avec son cher malade, il bivouaqua à *Milianah*, à *Hamman-Rhiga*, sur l'Oued-Lalegh, et arriva, non sans peine, à *Blidah*, où François dut entrer à l'hôpital. Quatre ou cinq heures plus tard, Maugenre était au *camp de Douéra*. Grande fut sa peine en trouvant Thérésine bien malade avec les fièvres. Celle-ci, ne voyant pas revenir son frère avec son mari, crut d'abord qu'il était mort. Il fallut que deux camarades de l'expédition vinssent à sa baraque pour la tranquilliser.

CHAPITRE XXXIII

UN AIDE DANS LA DOULEUR

Il y avait déjà quatre semaines que *Thérésine* était sur son lit de douleurs. Elle avait appris toutes les aventures de l'expédition de son mari et de son frère, et ce n'est pas sans angoisses que les longs jours des mois de mai et de juin s'étaient écoulés pour elle. Ses forces physiques n'étant pas à la hauteur de celles de son âme, elle devait bientôt succomber. Malgré les soins quotidiens du médecin de l'hôpital de Douéra, une fièvre dévorante ne cessait de l'affaiblir. A l'arrivée de son mari, dès la première entrevue avec le médecin, celui-ci lui déclara que s'il voulait conserver sa femme, il devait l'autoriser à rentrer en France, parce que sa situation en Afrique était pour beaucoup dans sa maladie. Il comprenait tout le sacrifice qu'il lui imposait; mais à l'exemple de plusieurs officiers qui se trouvaient dans le même cas, coûte que coûte il fallait s'y résigner. Ce langage du docteur n'était pas un conseil, mais un ordre. Son motif était facile à comprendre : la situation de Thérésine était certainement douloureuse ; une amélioration était la condition indispensable de sa guérison : elle était même une question vitale. L'amélioration, suivant le médecin, devait être obtenue par le retour au foyer paternel. Mais plutôt que de se séparer de son épouse, Maugenre préféra attirer la famille d'Oloron en

Afrique, peu importe la dépense. Il se disait : si je puis obtenir que sa sœur puînée vienne la soigner à *Douéra*, elle sera bien mieux qu'avec Marie-Jeanne Cuny, il y aura donc une amélioration : et qui sait si des circonstances particulières ne viendront pas l'accroître en transbordant en Afrique quelques autres de ses proches ? Or, pendant qu'il méditait ce plan en lui-même, il apprit que la dame de M. le capitaine *Déliot*, qui avait contribué à son mariage, se trouvait alors à *Bayonne*, et qu'elle devait bientôt venir rejoindre son mari à Douéra avec son premier petit garçon. — « Voilà bien mon affaire, se dit-il, je m'en vais faire revenir ma belle-sœur *Mariette* avec Madame Déliot. » Et aussitôt pensé, aussitôt décidé.

Sans rien dire à Thérésine, Maugenre s'en va trouver ce capitaine ; il le prie d'écrire à sa dame qu'elle veuille bien accepter sa belle-sœur à Pau pour compagne de voyage jusqu'à Douéra, et lui avancer les frais qui lui seraient remboursés à son arrivée. Le capitaine consentit bien volontiers à lui rendre ce service.

De son côté, Maugenre écrivit à sa belle-mère d'Oloron. Il lui exposa la gravité de la maladie de ses deux enfants, l'urgence d'y apporter remède, l'unique condition qui était d'envoyer Mariette, et le moyen facile de réaliser ce voyage en accompagnant Madame Déliot qui devait arriver à *Pau* le 5 août.

C'était un grand sacrifice qu'il demandait à la maman Capdepon de Goës. Son aînée, Thérésine et le troisième de ses enfants, François, étaient en Afrique. Jean était mort à Bayonne. Louis venait de se marier avec dame Marie Dufourg pour habiter Lurxe, près Castets (Landes). Quatre autres de ses enfants étaient morts presque au berceau. Il ne lui restait plus avec elle que *Mariette* qui avait alors vingt-deux ans, et la plus jeune de toutes, *Mariannette*, qui n'avait pas encore huit ans. Jean Capdepon de Goës, son mari, et Jeanne de Loustau, sa mère, étaient bien portants à Oloron. Malgré cela, Mariette était son bras droit. Que faire ? Elle consulta son confesseur et sa famille. Dieu permit que la réponse unanime fut d'envoyer Mariette au secours de Thérésine et de François. En apprenant cette nouvelle, la joie de Maugenre fut aussi grande que grande avait été sa peine en trouvant sa femme malade à Douéra. Dès lors il crut qu'elle était sauvée : il ne se trompa pas.

Le 10 août, Mariette était à *Toulon* avec Madame Déliot. Sur le point de s'embarquer, un accident imprévu vint y mettre obstacle : le petit Charles Déliot s'était cassé une jambe en tombant d'un escalier. Madame Déliot dut rester à Toulon. Ce contre-temps allait devenir très pénible si, par hasard, la dame du chirurgien-major du 36ᵉ, Madame *Meunier*, ne se fut pas trouvée dans cette ville, en contact avec la dame du capitaine, et sur le point de retourner en Afrique.

Ce fut donc avec Madame Meunier que Mariette s'embarqua le 21 août pour arriver à *Douéra* le 25. Or, *Thérésine* ignorait complètement toutes les démarches qu'avaient faites son mari pour que Mariette vint la soigner. On peut comprendre aisément qu'elle fut sa surprise quand elle vit entrer sa sœur dans sa chambre.

— Mais je suis déjà de trop ici, lui dit-elle, qu'est-ce que je vais faire de toi au camp de Douéra ?

— Ce n'est pas dans le camp que je viens, c'est chez ma sœur, ma chère sœur Thérésine. Embrasse-moi et tu seras bientôt guérie. Et notre *François*, où est-il ?

— Ces jours derniers, il a été évacué de l'hôpital de Blidah à celui de Douéra. Il se trouve tout près de notre baraque.

— Mon cher beau-frère, conduisez-moi, et allons le voir.

— Acceptez d'abord quelque chose ; ensuite nous irons.

— Soit ; et après s'être un peu réconfortée, Mariette partit à l'hôpital au bras de son beau-frère. Dès que *François* aperçut sa sœur, il ne voulut plus être malade, c'est-à-dire rester à l'hôpital.

— Je serai mieux soigné par toi que par des étrangers, dit-il à Mariette, et là-dessus, il va trouver M. Meunier, obtint la permission de rentrer chez sa sœur, et revint avec ses deux visiteurs. A cet hôpital se trouvaient également Madame Blancard, cantinière du 36ᵉ, ainsi que le bon père André Cuny, d'Etival. Une fois, le docteur Meunier avait proposé à Thérésine d'y entrer, lui promettant une chambre à part. Sa réponse fut celle-ci :

— Non, Monsieur le docteur, plutôt mourir.

Vers le commencement de septembre, André Cuny succombait à une fièvre cérébrale. Ce fut Maugenre qui se chargea de lui rendre les derniers devoirs et d'obtenir le respect du cadavre et l'inhumation religieuse, ce qui n'était pas toujours facile, à cause des carabins.

Un ami de François, musicien au 36ᵉ, nommé *Bruley*, vint aussi à tomber malade. Comme il devait de l'argent à son beau-frère il ne voulut pas entrer à l'hôpital avant de lui donner sa clarinette. Le lendemain, il était mort.

M. le commandant *de Robernier* était aussi tombé malade au retour de sa première expédition en Afrique. Ne voulant pas aller à l'hôpital, il obtint un congé de convalescence et revint en France. Nommé à La Flèche, il écrivit à son ordonnance d'emballer et l'expédier toutes ses affaires. Il ajouta que pour récompenser les bons services de Maugenre, il lui faisait cadeau de son canapé, de tous ses ustensiles de campement et de son pot à tabac. Ce dernier objet, auquel le père Maugenre tenait beaucoup, fut cassé à Douéoux, la veille de sa mort, 8 mai 1887.

Peu de temps après le départ de M. de Robernier, M. *Westée* recevait sa nomination de colonel. En quittant Douéra, il envoya son ordonnance à Madame Maugenre pour lui donner une garniture de cheminée, divers objets et tout son cristal. C'était une marque d'estime autant qu'un acte de reconnaissance. Thérésine héritait l'un et l'autre parce qu'elle restait chrétienne et dévouée pour tous. Cinq sergents auraient été cassés sans la somme de trois cents francs qu'elle leur prêta, et qui ne lui fut pas rendue. La charité nous oblige à taire leurs noms.

Vers la fin d'août 1845, le maréchal BUGEAUD et le général LA MORICIÈRE vinrent passer l'inspection du 36e à Douéra. A cette occasion, ils y restèrent quelques jours. Le colonel *Levaillant* demanda du mobilier d'emprunt à Maugenre pour la tente du gouverneur. Après la revue, le maréchal fit une longue conférence aux officiers. Il en profita pour demander au colonel trois bons sous-officiers libérables pour la *création de trois colonies militaires, Fouka, Béni-Mered* et *Maelma*. Le maréchal avait sur la colonisation des idées que contrecarrait le ministre de la guerre. Celui-ci voulait le régime civil, celui-là le régime militaire. « L'armée, disait BUGEAUD, ne peut être réduite sans, qu'au préalable, on ait créé une force attachée au sol, qui puisse remplacer les troupes permanentes qu'on supprimera. Cette force, à mon avis, vous ne pouvez la trouver suffisante que dans l'établissement de colonies militaires, en avant de la colonisation civile. » C'est d'après ces vues qu'il allait faire un premier essai en fondant ces trois colonies. Il invita donc les officiers supérieurs du 36e à lui faire connaître les sous-officiers, n'ayant plus que quelques années de service à accomplir, et capables d'organiser ces colonies.

M. le colonel *Levaillant* avait alors pour secrétaire particulier un sergent de grenadiers, FRANÇOIS MOUTOU, qui était d'Agen. Il n'avait plus que deux ans de service à faire ; il fut proposé, séance tenante pour la colonie de *Béni-Mered*. Le maréchal fit venir MOUTOU à sa tente, reçut son acceptation, lui traça sa ligne de conduite et lui fit donner une maison, une grande concession, des têtes de bétail, des instruments et de l'argent. Grâce aux soldats du 36e, cette colonie fit des progrès notables ; elle eut les préférences du gouverneur. Il eut été à désirer pour Béni-Méred que les successeurs du maréchal fussent animés des mêmes sentiments. Mais avant de consolider la conquête par des colonies militaires, il fallait d'abord chasser Abd-el-Kader et Bou-Maza de l'Algérie. Cette chasse gigantesque, unique dans les annales de l'histoire, allait seulement commencer.

CHAPITRE XXXIV

DEUX CENTS JOURS D'EXPÉDITION (1).

Combat de Tiaret (29 octobre 1845). — Combat d'Halouza (8 novembre). — Combat de Temda (23 décembre). — Combat de l'Oued-Rouina (29 janvier 1846). — Combat de Sidi-Ibrahim (30 janvier). — Combat de Sidi-Klifa (16 mars).

Dans les premiers jours de septembre, on apprit au camp de Douéra la réapparition de *Bou-Maza* chez les Sendja, l'assassinat de leur agha El-Hadj-Admed entre Mazouna et Orléansville, et l'accueil fait à l'agitateur par les Flitta en armes. Une nouvelle insurrection commençait. Les Béni-Menacer, les Béni-Féra, les Sebaou, les Dira, les Béni-Zoug-Zoug, donnant à leurs Kaïds le nom de Bou-Maza, propageaient la révolte du Haut-Chélif à Dellys et de l'Atlas au désert.

Pendant que le général DE BOURJOLLY quittait Mostaganem pour essayer de réprimer cette insurrection, le 36e recevait de LA MORICIÈRE l'ordre de quitter Douéra pour une double expédition. Le maréchal BUGEAUD avait quitté l'Algérie le 4 septembre, et se trouvait alors dans le Tarn, avec le maréchal SOULT, au château de *Soultberg*.

---

(1) Chronique régimentaire inédite.

Le 16 septembre, Maugenre et son beau-frère encore malade disaient au revoir à Thérésine et à Mariette et prenaient le chemin de Blidah. Ils accompagnaient le colonel, le lieutenant-colonel et le 2ᵉ bataillon. Le 1ᵉʳ bataillon partait le lendemain pour Médéah, et le 3ᵉ quittait Douéra le 18 pour se rendre à Milianah.

A BLIDAH, nos soldats y séjournèrent jusqu'au 18 octobre. Pendant ce temps, de graves affaires se succédaient en Algérie. Attaqué le 19 septembre par une multitude de Beni-Ouragh et de Flitta, le général DE BOURJOLLY dut combattre pendant cinq jours en rétrogradant sur la *Mina*, à Relizane. Les petites colonnes de Mascara et d'Orléansville, commandées par les colonels GÉRY et DE SAINT-ARNAUD, ne purent arriver jusqu'à lui, tant était grande l'insurrection. BOU-MAZA triomphait ; son prestige grandissait avec le nombre de ses adhérents, résolus à faire la guerre sainte. Les Kabyles de l'Est et les Arabes voyaient en cet envoyé de Mouley-Taïeb un Chélif capable de vaincre les chrétiens, qu'ils détestaient comme chrétiens, comme étrangers, et comme conquérants. Ils l'encourageaient par leurs lettres, lui souhaitaient le triomphe, et s'apprêtaient à le suivre pour recommencer la guerre.

D'un autre côté, les Marocains abandonnaient en grand nombre leur *Abd-er-Rahmane ;* ils étaient indignés du traité de paix qu'il avait signé avec les Français, et, de toutes les tribus, surtout de Sous à Rabat, ils s'insurgeaient pour suivre ABD-EL-KADER.

Celui-ci, apprenant l'influence et le succès de Bou-Maza, dans le soulèvement de la population arabe, résolut aussitôt de se remettre en campagne. Il apparut de nouveau dans les montagnes des Trara et dans la vallée de la Tafna.

A ce moment, le général CAVAIGNAC sortit de Tlemcem, pour le combattre dans cette vallée, pendant que le lieutenant-colonel DE BARRAL poursuivait les Kabyles aux environs de *Lalla-Maghnia*. La résistance sérieuse des Arabes, aux combats des 22, 23 et 24 septembre, les empêcha de frapper un coup décisif.

Tous ces événements n'étaient rien auprès du drame horrible de *Sidi-Brahim*.

Transgressant les instructions qu'il avait reçues, le lieutenant-colonel DE MONTAGNAC commit la grave imprudence de quitter son poste de Djemma-Ghazaouat, avec 425 hommes, pour empêcher la jonction d'Abd-el-Kader avec l'agha des Ghossel. Après avoir établi son bivouac sur l'Oued-Taouli le 22 septembre, il aperçut le 23, une douzaine de cavaliers rouges qui l'observaient à quelque distance du marabout de *Sidi-Brahim*. Il était sept eures du matin. Laissant deux compagnies au commandant Froment-Coste pour garder le bivouac, et un détachement de 5 hommes, avec le lieutenant de *Chappedelaine*, sur une colline d'observation, il s'avança à trois kilomètres, avec trois compagnies du 8ᵉ chasseurs et 62 hussards. Un groupe d'une centaine de Kabyles se présente. Les hussards les chargent aussitôt. Tout à coup, des milliers de cavaliers arabes s'élancent sur les nôtres. Leur fusillade en tue ou blesse une quarantaine. DE MONTAGNAC fait charger à la baïonnette. Il se trouve en présence D'ABD-EL-KADER, des Msirda et de toute l'armée de l'émir. Blessé à mort, il fait former le carré, cède le commandement en chef d'escadron *Courby-de-Cognord*. Celui-ci tombe à son tour au milieu de ses braves qui savent mourir plus tôt que de se rendre. Arrive le commandant *Froment-Coste* avec une compagnie. Sa petite troupe est aussitôt cernée et détruite. Reste le capitaine *de Géreaux* avec 80 hommes. Ils se retirent dans l'enceinte carrée du marabout. Pendant trois jours, ils refusent de se rendre, attendant un secours. Cette espérance fut déçue. Mourant de soif, ils se décident à sortir, le 26 septembre, à six heures du matin. Onze seulement avec le caporal *Lavaissière* purent atteindre Djemma-Ghazaouat où se tenait le capitaine Coffyn. La nouvelle de ce drame arrivait à Blidah le 29, et deux jours après, celle d'une capitulation honteuse : à *Aïn-Temouchent*, le lieutenant MARIN avec 200 hommes convalescents et sortant de l'hôpital de Tlemcem, avaient été cernés et fait prisonniers par les cavaliers d'Abd-el-Kader. L'émir s'était reconstitué une armée puissante dans le Maroc. Nos héros de *Sidi-Brahim* avaient été victimes d'une trahison flagrante et de la violation des traités.

Dans ses mémoires, le général de Martimprey nous parle d'autres événements non moins tragiques, survenus dans le commencement de septembre. Le commandant *Billot* et le chef du bureau arabe avaient été massacrés avec leur escorte par les Ouled-Ouriach. — Le commandant *Charras* avait failli succomber au poignard d'un Djafra de Daya. — A *Tiaret*, le chef du bureau arabe, le lieutenant *de Lacotte*, avait été trahi et fait prisonnier par les Beni-Médiane. — A *Saïda*, nos khaïds avaient été égorgés. — Près de *Mascara*, les Ferraga avaient pillé nos convois. Les Béni-Amer, les Sméla, les Gharaba, les Béni-Chougrane, les Bordjia de la plaine, les Ouled-Kélif, et presque toutes les tribus du sud-ouest de la province d'Alger et de toute la province d'Oran, incendiaient nos magasins, bloquaient nos postes, détruisaient nos ponts, ravageaient les moissons, interrompaient les communications, stimulaient l'audace et l'insolence d'Abd-el-Kader et de Bou-Maza. Toute cette immense insurrection s'était opérée en moin[s] de quinze jours.

La situation était grave. LA MORICIÈRE, qui avait à Alge[r] l'intérim du gouvernement, commença par assurer la défense d[e] l'ancienne *province de Titteri*. En donnant l'ordre au 1er bataillo[n] du 36e de quitter Blidah pour *Médéah*, le 17 septembre, il confia[it] à M. le général MAREY le soin de composer une colonne le 18[,] avec ce bataillon réuni à trois bataillons du 33e, à un bataillon d[e] zouaves, à deux compagnies d'indigènes, à un escadron de chas[s]eurs d'Afrique et à deux sections d'artillerie. Le départ de cett[e] colonne, prenant avec elle pour 18 jours de vivres, eut lieu l[e] 19 septembre. Le 1er bataillon du 36e était sous les ordres du com[]mandant *Jollivet*.

D'autre part, LA MORICIÈRE ordonna à la colonne du généra[l] DE BOURJOLLY de manœuvrer sur la *Mina*; à celles des colonel[s] DE SAINT-ARNAUD et COMMAU de battre la *vallée du Moyen-Chélif*[,] à celle du colonel GENTIL de se porter au *col des Béni-Aïcha*. L[e] 28 septembre, il fit embarquer le commandant *Rivet* pour alle[r] trouver le maréchal BUGEAUD en Périgord avec mission d[e] presser son retour.

Le 1er octobre, LA MORICIÈRE quittait Alger avec trois batail[]lons, débarquait à Mers el-Kébir, ralliait à sa colonne celle d[u] général KORTE, appelé de Sidi-bel-Abbès, celles du général CAVAI[]GNAC et du colonel DE MAC-MAHON, rappelés de Tlemcem au col d[e] Bab-Taza, le 9 octobre, et celle du colonel GÉRY à MASCARA, l[e] 30 octobre. Depuis le 13 octobre, son opération contre les Trara n[e] fut qu'un *combat perpétuel*. Vengeurs de Sidi-Brahim, nos soldat[s] châtièrent les Ghossel et les Béni-Amer.

Le 15 octobre, le maréchal BUGEAUD débarquait à Alger. Trois jours après, il arrivait à Douéra et rejoignait à Blidah M. le colo[]nel LEVAILLANT et le 2e bataillon du 36e. Le gouverneur emmenai[t] avec lui un bataillon du 3e léger, un bataillon du 13e léger, deu[x] bataillons du 58e et un bataillon de zouaves. Le 18 octobre, ordr[e] fut donné à tous les soldats de la colonne et du 2e bataillon du 36e de partir le lendemain matin pour le camp d'Eaux-Chaudes.

Du 16 septembre au 18 octobre, *Maugenre* avait fait trois ou quatre fois par semaine le voyage de Blidah à Douéra, soit à pied, soit avec les voitures du train. La séparation d'avec sa femme et sa belle-sœur n'avait pas jusque-là été fort douloureuse. *Thérésine* était guérie; elle travaillait plus que jamais avec *Mariette* et ses ouvrières improvisées. Tout allait mieux, excepté chez son beau-frère *François*. Sa maladie s'était aggravée et compliquée d'une forte fièvre typhoïde ; il avait dû rentrer à l'hôpital de Blidah. Son ami de Béni-Mered, *Moutou,* avait fait une magnifique plantation d'orangers dans sa propriété ; souvent, dans ses excursions de chaque semaine, il lui consacrait quelques instants en passant devant chez lui.

L'ordre du maréchal BUGEAUD vint le rappeler à ses fonctions. Au prix de grands sacrifices, Maugenre se mit en route avec ses muletiers et son colonel ; il arriva à *Milianah,* au camp du marabout le 20 octobre, avec toute la colonne.

Le 21 octobre fut consacré à la formation de deux brigades, celle du colonel LEVAILLANT du 36e et celle du général REVEU.

La première était composée du 2e et du 3e bataillon du 36e, comptant ensemble 805 baïonnettes, d'un bataillon du 3e léger et d'un bataillon du 13e léger. — La seconde brigade REVEU était formée par deux bataillons du 58e, un bataillon du 64e, un bataillon de zouaves, deux escadrons de chasseurs, deux escadrons de spahis et une batterie d'obusiers de montagne. La cavalerie était commandée par le général YUSUF.

Sous les ordres du maréchal BUGEAUD, ces deux brigades se mirent à la recherche D'ABD-EL-KADER. Parti de Sidi-Brahim, l'émir avait fait une pointe sur Aïn-Temouchent. En présence des troupes de *La Mocicière*, il était revenu sur ses pas. Tournant les bataillons de *Cavaignac* et de *Mac-Mahon,* qui gardaient Tlemcem, il avait poursuivi sa course plus au sud. Après avoir rançonné Sebdou et Taza, il avait longé l'immense territoire des Assassna entre le Djebel-Dlaa et les Hauts-Plateaux. Redoutant la garnison de Saïda, il laissa à sa gauche les défilés avoisinant la ville. Il continua sa marche au sud du Djebel-Gaada. Le maréchal BUGEAUD venait d'être averti que l'émir avait été aperçu se dirigeant de Frenda sur Tiaret et c'est là qu'il voulait le surprendre. A marches forcées nos braves traversèrent la région du Djendel aboutissant au Dahra. Ils bivouaquèrent le 22 octobre sur *l'Oued-Hander-du-Keff,* le 23, au camp *des Serpents,* le 24, à *Téniet-el-haad,* le 25, à *Aïn-Toukria,* où les insurgés avaient brûlé la maison du lieutenant Marguerite. Ils arrivèrent le 27 à *Varo-Assel,* le 28, sur l'Oued-Medrissah, à *Crita-nita,* chez les Béni-Yacoub. Ce jour-là, le général YUSUF se porta à plus de quinze lieues en avant des deux brigades. Avec toute sa cavalerie, il surprit les *Béni-Krelouf,* fit une razzia complète dans toute cette tribu, et rentra au bivouac avec 1,000 moutons, 100 chameaux, 500 bœufs et 120 prisonniers. Durant toute cette marche entre l'Ouarensenis et le

plateau du Sersou, les insurgés du sud et les tribus avaient fu[i]
devant nos troupes ; le pays était désert. A l'extrémité sud d[e]
l'Ouarensenis, entre le plateau du Sersou, le territoire des Flitt[a]
et celui des Khallefa, se trouve la petite ville de TIARET. Ell[e]
est construite sur un djebel de la chaîne méridionale de l'Atlas o[ù]
commence le versant de cette vaste mer salée connue sous le nom
de Chott-el-Chergui. Elle était bloquée depuis un mois par les Aya[d]
et les Ouled-Khelif. ABD-EL-KADER venait d'arriver devant se[s]
murs au moment où la reconnaissance inattendue du généra[l]
YUSUF vint jeter l'émoi dans son camp. Lorsque le 29 octobre, l[e]
maréchal BUGEAUD arriva avec la brigade LEVAILLANT en fac[e]
de Tiaret, l'émir s'ébranla avec huit mille cavaliers, déployés pa[r]
goums sur plusieurs lignes, faisant retentir l'air de leurs cris gla[p]
pissants. Au milieu des étendards et d'un groupe de chefs étince[l]
lants, ABD-EL-KADER est reconnaissable à l'extrême simplicit[é]
de son costume. Cette masse imposante, dont la formation rappe[l]
le les armées du moyen âge, s'avance au grand trot, précédé[e]
de nombreux tirailleurs. Mais le mouvement du 36ᵉ ouvrant le fe[u]
est encore plus rapide. Un changement de direction à droit[e]
commandé par le maréchal permet à la brigade REVEU de se porte[r]
au-devant de l'ennemi et de recevoir l'attaque de pied ferme. Le[s]
zouaves, le 61ᵉ et le 58ᵉ engagent la fusillade et reçoivent en carré
les cavaliers rouges. Le 36ᵉ couvre à droite le convoi où se trou
vait le caporal Maugenre. Six pièces de montagne commencent l[e]
feu : l'effet en est terrible, surtout autour de l'émir ; son porte
étendard et d'autres chefs tombent à ses côtés ; mais lui-même
fier d'être le but de tous les coups, fait marcher au pas son cheva[l]
noir comme pour jeter un défi aux canonniers. Bientôt les cavalier[s]
de l'émir sont débordés. Soutenu par le 3ᵉ léger, le 13ᵉ lége[r]
s'élance en avant sur les réguliers mitraillés par nos obus. Devan[t]
cette attaque, ABD-EL-KADER rallie ses troupes engagées e[t]
donne l'ordre de la retraite. Devant nos spahis et nos chasseur[s]
les Kabyles redoublent de vitesse. Ils réussissent à s'échapper ave[c]
l'émir par la vallée de l'Oued-Sousselem. Tiaret fut ravitaillé
mais les deux brigades ne s'y reposèrent pas vingt-quatr[e]
heures.

Dans la nuit du 30 au 31 octobre, le maréchal BUGEAUD appri[t]
que BOU-MAZA avait tourné l'Ouarensenis à l'ouest. A la tête d[e]
six à huit mille hommes, il soulevait les Béni-Ouragh et le[s]
Kéraïch pour attaquer la colonne au nord dans les vallées, soit d[e]
l'Oued-Riou, soit de l'Oued-Djidiouia. Il savait l'émir au sud d[e]
Tiaret ; il voulait opérer sa jonction avec lui en prenant le[s]

Francais entre deux feux. Devinant la tactique de ce féroce adversaire, le maréchal prévint son attaque par l'attaque des tribus du nord. Le 31 octobre, toute la colonne partit pour *Aïn-Tasselem*, arriva le lendemain à *Merdja-Takania* et y séjourna. Après trois jours de marches forcées, pendant lesquelles les routes furent jonchées des cadavres de nos chevaux et de nos mulets arabes, réquisitionnés et achetés pour porter les sacs et les provisions, l'armée fut réconfortée par une razzia faite chez les *Kéraichs* par le général Reveu. 2,000 têtes de bétail revinrent avec lui au bivouac.

Le 7 novembre, le maréchal partit avec le 2e bataillon du 36e accompagné de ses muletiers et de leur caporal Maugenre. Trois autres bataillons les suivaient. On aperçut bientôt des rassemblements de Beni-Ouragh insurgés. Nos soldats courent dans leur direction mais ne peuvent les atteindre. Après douze heures de marche dans un pays affreux pendant lesquelles on fit une razzia de 2,000 têtes de bétail, le bivouac fut établi à six heures et demie du soir sur l'Oued-Halouza au *Djebel-Tolonia*.

Le lendemain, 8 novembre, fut un jour de combat. Il se livra sur les crêtes qui dominent la vallée D'HALOUZA. Parti du bivouac à six heures un quart du matin, le bataillon du 36e ouvre la marche. Une masse de Kabyles se présente sur la hauteur en face et à mille mètres environ de la tête de la colonne. Le bataillon du 36e est chargé de tourner l'ennemi. Les grenadiers arrivent sur la crête, commencent la fusillade et se jettent en avant à la baïonnette. Les Arabes sont débusqués ; après une course de près d'une heure, ils reparaissent à l'arrière-garde et s'avancent pour l'envelopper. Aussitôt le sous-lieutenant *Resillot* qui la commandait fait former le cercle autour des mulets et des blessés. Mais les mulets ne marchaient pas vite ; les blessés souffraient ; un maréchal-de-logis de chasseurs venait d'expirer sur un mulet du 36e. Les Arabes se précipitent, font le coup de feu, tuent plusieurs mulets. *Maugenre* saisit un blessé sur un de ses mulets qui venait d'être atteint, et le transporte derrière les tireurs. La baïonnette au canon, il s'escrime contre les Kabyles les plus audacieux, pare les coups de yatagan, frappe à droite et à gauche. Heureusement tout le bataillon n'était pas loin ; celui-ci s'élance au pas de course, fait fuir les Kabyles et entoure l'arrière-garde de six rangs de baïonnettes. Tous étaient sauvés. Il fallut retourner sur ses pas pour rejoindre la colonne. Pendant cette retraite, dans cette région escarpée, les Kabyles apparaissaient souvent sur les hauteurs pour inquiéter la marche. Les bons tireurs firent descendre la garde à

plusieurs d'entre eux. Plus loin, en passant devant les villag[es]
des *Mekenassa,* le maréchal BUGEAUD lança la première compa[g]-
gnie du 36ᵉ pour les incendier. Cette compagnie était command[ée]
par le lieutenant *Petitjean* et le sous-lieutenant *Duclos.* Penda[nt]
une heure, elle fit le coup de feu contre de nombreux group[es]
d'Arabes embusqués, et elle remplit sa mission. Après cela, [le]
bivouac fut établi à *Mdoura,* sur le Riou. Elle y séjourna six jou[rs]
pendant lesquels le général REVEU fit une forte razzia sur l[es]
Mekenassa. Le soir de cette razzia, un zouave avait attaché u[ne]
chèvre au piquet de sa tente, non loin de celle de Maugenre. O[r]
pendant la nuit, les cris de la chèvre empêchaient celui-ci d[e]
dormir. Tout doucement il se lève, arrive près de la chèvre, cou[pe]
la corde qui l'attachait, et retourne fermer l'œil sans crainte de [ne]
plus être réveillé.

Le 15 novembre, le maréchal partit avec le 3ᵉ bataillon du 3[6]
pour dévaster les Mekenassa-el-Callah. Maugenre resta au cam[p]
avec le 2ᵉ bataillon, sous le commandement du lieutenant-colon[el]
Westée. La colonne rentra le 16 après avoir reçu la soumission [de]
cette tribu. Quelques soldats se plaignaient alors de la fatigue [de]
toutes ces longues et dangereuses courses. Le maréchal prêt[a]
l'oreille à ce langage tenu dans un groupe, puis intervenant tou[t]
à coup dans la conversation, il s'écria : « Dites donc, soldats, [si]
vous êtes fatigués, je le suis autant que vous, mais vous, d[u]
moins, vous pouvez dormir, et moi, je ne dors pas » — C'es[t]
qu'en effet, à toute heure de la nuit, il était réveillé par des po[r]-
teurs de dépêches.

Le 17 novembre, le bivouac fut établi au *Kamis des Beni-Ouragl*
le 18, sur la *Djedjouia;* les quatre jours suivants à *Bel-Asse[l]*
le 23, sur la Djedjouia ; le 24 et le 25 au *Kamis des Beni-Aughar*
Dans cette tribu, *Maugenre* eut le flair de quelques silos. Aprè[s]
avoir beaucoup cherché en sondant la terre avec la baguette d[e]
fusil, il arriva sur une côte de peu d'élévation et sentit à quelque[s]
centimètres de la surface la résistance de plusieurs pierres. Aprè[s]
avoir déblayé, il vit que les pierres étaient plates et de grand[e]
dimension. Il en ouvrit une, puis deux, puis trois. Il y avait là
dessous de l'orge, du blé, du sel, des olives, des dattes et de[s]
armes. L'heureux capteur alla immédiatement en avertir M. l[e]
colonel *Levaillant.* Ordre fut donné à un peloton d'aller garde[r]
le matmore et l'intendant de la colonne fit promptement vider l[e]
grenier. Maugenre reçut en retour le prix que lui accordait l[e]
tarif suivant son grade. Le soir arrivé, *Bonnet,* l'ordonnance d[u]
colonel, vint l'inviter à se rendre à la tente de son grand chef

Celui-ci prenait le café avec le maréchal. *Maugenre* dut en accepter un quart, pleurant de joie d'un si grand témoignage de satisfaction.

Le 26 novembre, la colonne s'établit à *Guelta-Sidi-Bouzig* ; le 27, à *Ben-Aïta ;* le 28, le maréchal BUGEAUD partit à 4 heures du matin, avec tous les soldats du 36ᵉ, un bataillon du 64ᵉ et les zouaves. Opérant sa jonction avec le général DE BOURJOLLY, ils traquèrent BOU-MAZA et châtièrent les *Zidi-Yaias*. Pendant quatorze heures, ils fouillèrent tous les ravins sans succès dans un pays affreux. Après un repos de quarante-huit heures, le camp fut transporté sur la rive droite de la Menasfa.

Le maréchal avait appris qu'ABD-EL-KADER avait fait une grande razzia, le 21 novembre, près de Taguine, sur les Oued-Chaïds qui nous étaient soumis. Cet événement le décida à augmenter le nombre des colonnes mobiles et à les porter à dix-huit. Il voulut mettre toutes les tribus aux abois en leur faisant perdre beaucoup d'hommes, beaucoup de troupeaux, beaucoup d'approvisionnements. L'émir, ne trouvant alors que misère et désolation partout, fatigué, dégoûté, chassé, abandonné, devait être contraint à déserter l'Algérie, et à se réfugier soit au Maroc, soit au désert. Grace à six nouveaux régiments, venus de France, l'armée d'Afrique comptait alors plus de cent mille hommes. Cette campagne, la plus importante et la plus sérieuse de toutes, devait être décisive.

La colonne du maréchal BUGEAUD, composée toujours de deux brigades, avait bivouaqué le 3 décembre sur l'Oued-Kerma, le 4 à Tiaret et le 5 au gué de Sidi-Ouada. Pendant toute la journée du 6, une forte odeur de bétail se fit sentir. Tout indiquait qu'on était sur la piste d'une grande émigration. En arrivant au bivouac, aux sources de la Mina, le maréchal lança YUSUF et toute la cavalerie en avant. Il partit lui-même avec le 58ᵉ et les zouaves pour la soutenir. Trois heures après, la razzia rentrait au camp. On ramenait 72 hommes, 450 femmes et enfants, 622 bœufs et 7,612 moutons appartenant aux Akermas et à d'autres Arabes, d'un peu de partout. Le lieutenant colonel WESTÉE du 36ᵉ reçut aussitôt l'ordre de conduire cette cohue à *Tiaret*. On lui donna pour cela quatre compagnies du 36ᵉ et quatre du 58ᵉ, en tout 580 combattants. Il y arriva heureusement le 8. Il apprit alors qu'ABD-EL-KADER se trouvait à cinq lieues seulement entre lui et le maréchal.

L'émir avait, en effet, quitté Taguine ; il était revenu sur ses pas vers l'ouest du plateau du Sersou et devait reparaître sous les murs de *Tiaret*. Le lieutenant-colonel attendit donc dans cette ville le retour du maréchal. Celui-ci y arriva le 12, après avoir poursuivi l'émir de *Chabbat-Ammat* sur *l'Oued-el-Hau* et de *Rhiga-nita Kakroffa* sur l'Oued de même nom, mais plus au nord. Les troupes reposèrent quarante-huit heures à *Tiaret*. Dans l'espoir de saisir ABD-EL-KADER dans la vallée du Nahr-Ouassel, qui longe au nord le plateau du Sersou, le maréchal dirige sa colonne sur *Ain-Tasselem;* elle arrive le 15 à *Ain-Emesit* et le 16 à *Ain-Toukria*. Là on apprend qu'Abd-el-Kader, se dirigeant au nord dans le Tell a paru tout à coup chez les Keraïch. Aussitôt le maréchal envoie le général REVEU faire une battue vers *Téniet-el-Haad;* ensuite il dirige YUSUF droit sur le *Tell*. Il fouille lui-même avec la brigade LEVAILLANT tout le terrain de *Guenda* le 17, de la vallée du *Riou* le 18, de l'immense tribu des Keraïch le 19 et le 20. Las de courir toujours sans découvrir ABD-EL-KADER, le maréchal s'établit au *camp de la Boue* le 21 : il y fit séjour avec le colonel LEVAILLANT et tout le 2ᵉ bataillon du 36ᵉ. *Maugenre* accompagnait toujours son colonel. Le 3ᵉ bataillon était avec le général REVEU.

Le 23 décembre, pendant que la colonne du maréchal se préparait à camper au *Teguigueste-de-Riou*, le général YUSUF et sa cavalerie qui avaient quitté la colonne le 16, revenaient en débandade de leur *victoire de TEMDA*. ABD-EL-KADER et ses réguliers avaient été atteints; sa belle troupe avait été gravement entamée, mais non détruite. L'émir lui-même avait couru personnellement de très grands dangers. Ce combat avait été pour lui un grand échec moral et matériel; mais il était homme à s'en relever. Dans ce but, il nomma *Ha lj-el-Sghir*, neveu de Ben-Allal, Khalif de l'Ouarensenis; il se fit reconnaître par *Bou-Maza* comme son chef et celui de tous les Kabyles et Arabes: enfin il nomma ce chérif, Khalif du Dahra. C'était un nouveau triomphe, effaçant les impressions de sa défaite.

De Temda, le maréchal se demandait où s'était porté l'émir? YUSUF le croyait au sud, suivant le cours du Nahr-Ouassel. Lui, le croyait au nord-est, vers les Hauts Plateaux. LA MORICIÈRE le cherchait au nord, vers le Chélif. Partout on avait aperçu cet audacieux coureur, qui faisait quarante lieues en vingt-quatre heures, et on ne pouvait le dépister nulle part. En attendant, la cavalerie de YUSUF était à bout de forces. La colonne se dirigea par la tribu des *Beni-Ouragh* et par la vallée de *l'Oued-Sly* sur *Orléansville*, où elle arriva le 29 décembre. La dislocation de la colonne eut lieu le surlendemain.

Deux nouvelles colonnes se reforment aussitôt, le 31 décembre : 1° celle du maréchal BUGEAUD, comprenant huit bataillons d'élite, un du 36ᵉ fourni par les compagnies d'élite des 2ᵉ et

3ᵉ bataillons, avec M. *Bourjade* pour commandant, sous les ordres de M. le lieutenant-colonel *Westée* ; un du 58ᵉ, un du 53ᵉ, un de zouaves et trois de chasseurs d'Orléans ; 2° celle du colonel EYMARD, auquel succède le colonel CANROBERT, comprenant les compagnies du centre de tous ces bataillons. Les muletiers de *Maugenre* furent mis à la disposition du bataillon formé par les compagnies du centre des 2ᵉ et 3ᵉ bataillons.

La chasse d'ABD-EL-KADER et de BOU-MAZA recommença le même jour. Comme on les signalait sur l'Oued-Ammeur, non loin du Chélif, le maréchal, avec ses deux colonnes, se porta d'abord dans cette direction. Le bivouac fut établi le 1ᵉʳ janvier 1846 sur *l'Oued-Sly*, aux tombeaux romains ; le 2, sur *l'Oued-Sighaza* ; le 3, à la redoute de *l'Oued-Ardjem* ; le 4, à *Ain-Ouled-Aboukir* ; le 5, au marabout de *Sidi-Semik* ; le 6, à Souk-el-Haad sur la crête de plusieurs djébels où nos troupes attendirent l'ennemi pendant sept jours. En descendant sur *l'Oued-Ammeur*, le 14, le maréchal BUGEAUD pensait qu'il rencontrerait l'émir ; il n'en fut rien. Six jours se passèrent encore en recherches infructueuses. On apprit alors que depuis sa défaite de Temda, ABD-EL-KADER avait redescendu le cours de l'Oued-Mina, contourné à gauche la ville de Frenda, traversé les Hauts-Plateaux à l'est jusqu'au Chott-el-Chergui, puis continué sa course entre Taguine et Tiaret. La colonne du général Bedeau l'avait atteint à *Goudjila*. Fuyant devant elle, il avait traversé le plateau du Serson, franchi le Nahr-Ouassel pour passer le Chélif au sud de Boghar. Sous l'influence de ses agents, une grande fermentation des esprits se manifestait dans toute la Métidja. Dans l'Ouarensenis, les Kaïds de Bou-Maza entretenaient l'insurrection générale. Quel était donc le plan de l'émir ? Grâce à son génie militaire, le maréchal BUGEAUD put l'entrevoir. Selon lui, ABD-EL-KADER voulait soulever toutes les tribus de l'Isser et de la Grande-Kabylie, pour envahir et dévaster toute la plaine et les environs d'ALGER comme en 1839, comme en 1831. Pour prévenir un pareil désastre, le maréchal prit à marches forcées, la direction de *Teria-Kbéra*, le 21 janvier, de *Ain-Toukria*, le 22 ; et de *Teniet-el-Haad*, le 23. Ce jour-là, à la grande-halte, le maréchal ordonna au bataillon d'élite du 36ᵉ de rentrer à *Milianah* ; à la colonne CANROBERT, d'opérer le long du Chélif entre Mazouna et Orléansville, et aux autres bataillons du 58ᵉ, du 53ᵉ, de chasseurs et de zouaves de prendre avec lui la direction de *Boghar*. En même temps, il prescrivit au général Gentil d'occuper le *col des Béni-Aïcha*, avec les 2 derniers bataillons qui restaient à Alger pour défendre la Métidja.

Après cette dislocation des bataillons d'élite, le maréchal se sépara de la colonne. Pendant qu'il se dirigeait sur Boghar, la colonne CANROBERT traversa le territoire des Béni-Boudouane et alla bivouaquer sur *l'Oued-Bouttane* le 24. Elle manœuvra sur l'OUED-ROUINA à la poursuite de BOU-MAZA les quatre jours suivants. Cette colonne comptait le bataillon formé par les compagnies du centre et les muletiers du 36e.

Le 29 janvier, la 2e compagnie du 3e bataillon du 36e et une compagnie des chasseurs d'Orléans, envoyées en reconnaissance, rencontrèrent les Arabes en très grand nombre. Trop faibles pour prendre l'offensive, ces deux compagnies furent forcées de prendre position. Pendant plus de trois heures, elles eurent à soutenir un combat acharné, et plusieurs fois corps à corps, contre un ennemi que son grand nombre rendait très audacieux. Comme renfort, le colonel CANROBERT envoya une compagnie de carabiniers de chasseurs d'Orléans. Aussitôt nos soldats prirent l'offensive. Les compagnies du 13e léger avaient pris leur poste de combat en avant des muletiers, lorsqu'une masse de cavaliers arabes, sous les ordres de BEN-HINNI, s'abattirent sur elles en vociférant. Les compagnies du 36e dessinèrent alors un angle avec celles du 13e pour y parquer le petit convoi de la colonne. Grâce à cette disposition en équerre (qui ne serait pas admissible en tout autre temps), grâce surtout à la fermeté et à la résolution des braves du 36e, les Béni-Hidja furent arrêtés, décimés et poursuivis. Pour un assez long temps, les cavaliers arabes et les fantassins kabyles durent être éclaircis à coups de baïonnette. Les muletiers durent s'escrimer plus que les autres. Dans ce conflit, le fourrier *Renaut* renversé avait déjà le yatagan sur la gorge lorsque le caporal *Maugenre*, d'un coup de fusil, abattit l'homme qui allait lui couper la tête. Beaucoup de chevaux arabes sont abattus ; les autres se cabrent, se défendent, pirouettent, reculent, se rejettent sur les petits bataillons formés en équerre. Ceux-ci tiennent bon. Les Arabes contenus par la fusillade perdent leur Kaïd. BEN-HINNI tombe frappé d'une balle à la tête. En vain BOU-MAZA veut rallier ses cavaliers éparpillés et en désordre. Les Français sonnent la charge ; elle réussit. Les Arabes laissèrent sur le terrain cent vingt-cinq morts, deux cents fusils, des pistolets, des yatagans. Parmi les morts on reconnut le Kaïd des Béni-Hidja, principal fauteur de la révolte du Dahra. Ce fut pour Bou-Maza une très grande perte. La 2e du 3e qui se conduisit admirablement dans ce combat était commandée par M. *Lechesne*. Pendant cette affaire, dans un mouvement de retraite, le fusilier *Blu* et le voltigeur

Fauris, entourés l'un par trois Arabes et l'autre par huit, ne durent la vie qu'à leur sang-froid. *Blu* reçut à bout portant un coup de pistolet qui lui brûla la joue gauche, mais il tua celui qui l'avait manqué et s'escrima si bien de sa baïonnette qu'il parvint à se dégager et à rejoindre sa compagnie. *Fauris*, après avoir tué un Arabe de son coup de fusil, fut saisi et désarmé. Il allait périr quand un retour offensif le dégagea. Le détachement eut à regretter dans cette affaire 7 hommes tués et 20 blessés. Maugenre en eut six à soigner et à transporter.

Le lendemain, 30 janvier, la colonne arriva au marabout de Sidi-Abd-el-Kader-Ibrahim. Il ne faut pas confondre ce lieu avec Sidi-Brahim du Tell oranais. Ce dernier plateau, ensanglanté par 413 de nos vaillants martyrs de l'honneur, se trouve à une étape de Djemma-Ghazaouat et à trois étapes du Maroc. SIDI-IBRAHIM au contraire se trouve entre les Béni-Boudouane et les Sendja, au sud d'Orléansville. Là, BOU-MAZA voulut reprendre sa revanche et renouvela contre la colonne de CANROBERT les attaques de la veille. Il fut reçu avec la même résistance et il éprouva un nouvel et rude échec. Favorisés par des plis de terrain, rendant presque impossible toute charge des cavaliers rouges, les Français ne se contentèrent pas de riposter avec vigueur ; les compagnies masquées du 36e et de la légion étrangère, réussirent à cerner l'ennemi sur un point et à le fusiller à bout portant. Cent cinquante Arabes furent tués. BOU-MAZA ne dut son salut qu'à la course rapide de son cheval.

Après cet engagement, le lieutenant-colonel CANROBERT reçut l'ordre de partir pour *Ténès* port important du Dahra. Le colonel DE SAINT-ARNAUD devait prendre après lui le commandement de la colonne d'*Orléansville*, avec la mission de manœuvrer contre Bou-Maza. La dislocation de la colonne Canrobert devait être suivie du départ pour Milianah des compagnies du centre du 3e bataillon. Celles du 2e bataillon avec les muletiers restaient sous les ordres du colonel de Saint-Arnaud.

Ces dispositions avaient pour but d'augmenter encore le nombre des colonnes mobiles pour en finir, si cela était possible, avec cette lutte gigantesque contre l'émir et Bou-Maza. Poursuivi à Boghar par la colonne du maréchal BUGEAUD, Abd-el-Kader avait dirigé sa course vers Bérouaghia chez les Béni-Slimane. Médéah était menacé. En trois jours il pouvait entrer à Blidah. LE CAMP DE DOUÉRA n'avait alors pour défenseurs que les *compagnies des isolés*. On les appelait ainsi parce qu'elles étaient formées des soldats de tout régiment, restant au dépôt après leur sortie de l'hôpital. Le 2 février, M. le général DE BAR, commandant Alger, donna l'ordre de former une réserve à Koléa avec les condamnés militaires. En même temps, il organisa plusieurs bataillons de milice pour défendre Blidah, Douéra et Alger. *L'annonce de cette mesure produisit plus d'alarmes que l'insurrection tout entière.* Il est facile de se convaincre de l'agitation, de la panique qui existaient *au camp* où se trouvait Madame Maugenre. Tandis que son mari était à Orléansville, et son frère à l'hôpital de Blidah, elle se voyait sur le point de se trouver au milieu d'une bataille terrible et d'être même massacrée avec sa sœur Mariette, puisqu'il n'y avait que des *isolés* au camp de Douéra. Or, ABD-EL-KADER avait toujours bien huit à dix mille cavaliers avec lui, et l'on pouvait tout attendre et tout craindre de son audace et de sa barbare vengeance. Cette cruelle anxiété dura sept jours. La nouvelle de la *victoire de l'Isser* rendit l'espérance et la certitude du salut. Dans la nuit du 6 au 7 février, les colonnes du général GENTIL et du colonel BLANGINI avaient surpris Abd-el-Kader dans le camp de BEN-SALEM. Elles avaient pris 3 drapeaux, 600 fusils, toutes les tentes, quantité de chevaux et de troupeaux. L'émir n'avait pu s'échapper qu'avec peine. Il avait fui à l'ouest du Djebel-Djurjura chez les Flissa. D'un autre côté, la colonne du maréchal BUGEAUD, qui n'avait cessé de poursuivre l'ennemi depuis Boghar, était arrivée le 9 févirer à *Souk-el-Tnin*. Là, elle avait opéré sa jonction avec la colonne du général BEDEAU, où se trouvait le 1er bataillon du 36e. Ces deux colonnes allaient opérer à *l'est de la Métidja,* jusqu'à la Grande-Kabylie.

A *Orléansville,* la colonne DE SAINT-ARNAUD, où se trouvaient le 2e bataillon du 36e et les muletiers du caporal *Maugenre,* avait déjà commencé sa marche contre BOU-MAZA. Arrivée le 4 à *Aïn-Titaouin,* elle ne cessa jusqu'au 19 de faire des reconnaissances dans toutes les directions, spécialement aux environs de *Mazouna*. Chaque jour l'arrière-garde, où se trouvait Maugenre, fut saluée de coups de fusils. C'étaient tantôt des Sbéa, tantôt des Médiouna ou des Béni-Zérouel qui tiraillaient contre nos soldats. Le 16, au retour d'une de ces manœuvres, le voltigeur *Fourcade* du 36e fut tué à l'arrière-garde. BOU-MAZA s'était réfugié dans les montagnes du DAHRA. Le colonel SAINT-ARNAUD résolut d'opérer sa jonction avec la colonne de CANROBERT pour tenter une attaque sérieuse. Il partit donc le 20 février de *Sidi-Abdallah* et, passant par *Serdoun,* il arriva à *Ténès* le 3 mars. Les trois jours que la colonne Saint-Arnaud passa dans cet agréable port de mer réconfortèrent un peu nos soldats épuisés du 36e. Le 6, les deux colonnes réunies arrivèrent à *Tdjerna* ; les jours suivants elles manœuvrèrent aux environs d'*Ain-Titaouin* et châtièrent les Médiouna insurgés. En traversant les vallées, des escouades détachées mettaient le feu aux gourbis, détruisaient les vergers, abattaient les arbres. La ligne des burnous blancs qu'on apercevait bordant la montagne grandit démesurément dans la soirée du 14. On vit bientôt descendre, comme les cascades du flanc des grands monts, les contingents des tribus lointaines que l'insurrection de Bou-Maza avaient atteintes de proche en proche. Accueillies par les coups de fusils des tirailleurs plus nombreux, les colonnes allumèrent les feux pour feindre un bivouac. A onze heures du soir, l'ordre arriva de tourner l'ennemi et de prendre ses positions de combat aux environs de SIDI-KLIFA. A trois heures du matin, le canon donna le signal de l'attaque. Des hurlements y répondirent, puis la fusillade commença ses craquements terribles et continus. A droite se déployaient le 13e léger et les zéphyrs, sous le commandement du colonel CANROBERT ; à gauche, le 3e léger, le 36e et la légion étrangère sous les ordres du colonel DE SAINT-ARNAUD. A peine le mouvement fut-il commencé que de toutes les gorges, de tous les ravins s'élancèrent des bandes d'Arabes. La baïonnette en avant, nos soldats les repoussèrent avec succès. De nouveau, stimulés par BOU-MAZA lui-même, les Kabyles se précipitent sur la pente ; ni la fusillade, ni les obus, ni la mitraille qui trouaient leurs rangs pressés ne les arrêtèrent. A travers les lignes rompues des tirailleurs, ils se jettent sur les baïonnettes. Quelques-uns bondissent au milieu de la colonne jusqu'aux mulets qu'ils veulent saisir et qu'ils blessent, en luttant corps à corps avec le caporal *Maugenre* et ses muletiers. De tous ceux qui avaient pénétré dans ce cercle de fer aucun ne sortit vivant. Derrière la foule ennemie, on remarque le guidon noir de forme triangulaire qui sert de drapeau à Bou-Maza. Le colonel CANROBERT fait mettre au bord d'un ravin toutes les pièces en batterie : l'étendard sert d'objectif. La mitraille décime les cavaliers arabes. BOU-MAZA tombe à son tour ; il a le poignet fracassé. Alors un vigoureux élan des chasseurs d'Afrique rompit la ligne ennemie ; l'aile gauche isolée disparut du champ de bataille. Le centre refoulé dans la plaine, assailli, mitraillé, pris en flanc, ne fit pas une longue résistance. Plusieurs groupes dispersés cherchèrent un abri au-delà des escarpements du Dahra ; ceux d'entre eux qui se laissèrent surprendre par nos chasseurs furent sabrés. La poursuite fut aussitôt ordonnée à tous nos cavaliers, soutenus par les compagnies d'infanterie. Ce fut une razzia considérable de bœufs, d'hommes, de femmes et d'enfants. Pendant six jours les razzias continuèrent. Les deux colonnes revinrent ensuite à *Mazouna* le 21, et se séparèrent le 24 à *Ain-Titaouin*. Celle de SAINT-ARNAUD revint avec le 36ᵉ à *Orléansville* le 26, en passant par le *camp des Gorges*. Le 1ᵉʳ avril, avec 1150 bœufs et 300 prisonniers, *Maugenre* et le 2ᵉ bataillon se mirent en route pour Milianah, Blidah et DOUÉRA. Ils étaient tout en guenilles quand ils arrivèrent au camp. « Mes braves, leur dit le colonel *Levaillant*, le cœur me saigne de vous voir en cet état. Honneur à vous ! vous avez tous bien mérité de la France. »

CHAPITRE XXXV

LE PREMIER BATAILLON (1).

Combat du Djurjura (28 octobre 1845). — Combat de Bordj-el-Karoub (22 novembre). — Combats de Tlata (15 et 16 décembre). — Combat de Guerrouma (18 décembre).

Si le caporal *Maugenre* fut heureux le 13 avril de retrouver Thérésine et Mariette en bonne santé, il fut bien surpris de voir sa femme en deuil. Jeanne Maugenre, née Crovisier, sa mère, était morte le 11 décembre 1845 à l'âge de soixante-dix ans. A cette nouvelle, les larmes firent place à la joie, les prières tinrent lieu de réjouissance et Mariette fut aussitôt envoyée chez M. le curé de Douéra pour lui demander un service solennel, sitôt possible. Le lendemain, il écrivit à Quirin, son père, pour le consoler dans sa perte cruelle, priant ses frères et sœurs de Dénipaire de vouloir bien consacrer à l'entretien de leur vénéré père tout ce qui lui revenait de part dans l'héritage de sa mère.

Son beau-frère, François, était alors bien malade à l'hôpital de Douéra. Moutou, l'ami de Béni-Méred, était également malade dans ce même hôpital. Tous deux recevaient chaque jour les soins empressés de Thérésine et de Mariette.

---

(1) Chronique régimentaire inédite.

En revenant d'expédition, Maugenre avait ramené au camp des gazelles et des chèvres ; il les abrita dans une petite logette bien fermée, derrière sa baraque. Un camarade avait attrapé un jeune sanglier, il l'appelait Jacques, il le soulait avec du vin et l'envoyait battre tous les chiens du quartier. Un officier avait ramené un chacal ; l'officier fut baptisé *chacal*.

Les Madiounez prisonniers avaient été enfermés dans de grandes baraques du camp de Douéra. Les hommes étaient séparés des femmes et des enfants. Comme ils habitaient assez près du caporal Maugenre, le commandant de place, en venant rendre visite à Thérésine, l'invita ainsi que sa sœur à l'accompagner chez les prisonniers. L'invitation fut acceptée. Les poches pleines de morceaux de sucre et de bonbons, elles entrèrent avec le commandant dans une baraque de femmes arabes. Couchées sur la paille avec leurs moutiatious, elles avaient encore assez bonne mine.

— Ça ne sent pas bon, Madame Maugenre, lui dit le commandant.

— Certes non, ça sent un peu le sauvage.

La provision de bonbons ne fut pas suffisante, tant il y avait d'enfants. Mais comme l'odeur était de plus en plus insupportable, Thérésine se couvrit de son mouchoir. Aussitôt une grande et belle femme arabe se leva et lui dit :

— « *Ah! moukère, fantasia besef,* » ce qui veut dire : Ah! Madame, que vous êtes fière !

Inutile d'ajouter qu'il n'y eut pas de visite faite chez les Marcanti. Parmi ceux-ci, il y avait un Ben-Omar qui savait quelques mots de français. Accostant un jour Maugenre, il lui dit : *Français, mahboul de mettre les Arabes en prison ; les Arabes contents ; manger, pas travailler, sortir gras kif kif allouf* (comme des c. o. c. h...)

Lorsque le 2ᵉ bataillon rentra à DOUÉRA le 13 avril, il n'y trouva que son colonel, le drapeau, les blessés et les malades du 36ᵉ. Sous les ordres du commandant *Jollivet*, le 1ᵉʳ bataillon travaillait à la route de Médéah et le 3ᵉ bataillon était campé dans les baraques de Milianah, à l'Oued-el-Boutan. Après la dislocation des bataillons d'élite, à la grande-halte du 23 janvier, le maréchal BUGEAUD avait consacré ce 3ᵉ bataillon à la garde du dépôt de vivres. Il devait rester à Milianah jusqu'au 26 avril.

Au camp de Douéra, les nouveaux venus du 2ᵉ bataillon étaient désireux d'apprendre les exploits de leurs camarades du 1ᵉʳ bataillon qui avait opéré avec d'autres colonnes. Seuls, les blessés et les malades purent satisfaire à leur légitime désir.

Lorsque la formidable insurrection du mois d'août 1845 éclata, nous avons vu LA MORICIÈRE confier la défense du *Titteri* à la colonne de M. le général MAREY. Le *1er bataillon* fut le seul du 36e pour faire partie de cette brigade formée avec le 33e, les zouaves et les turcos. La concentration de ces troupes fut faite à *Médéah* le 17 septembre. Le départ de la colonne eut lieu le 19. Portant avec eux pour dix-huit jours de vivres, nos soldats, se dirigeant vers le sud-est, franchirent les djébels des Righa, pour bivouaquer à *Bérouaghia*, au camp des Cigognes. Quittant les hauteurs où l'Isser prend sa source, ils traversèrent le territoire des Béni-Slimane, marchant à l'est, droit sur la *Grande-Kabylie*. Cette immense région se divise naturellement en trois bassins. Le premier, où coulent l'Isser et le Sébaou, va de la mer aux montagnes du Djurjura. Le second, où coule le Sahel, est limité par ces montagnes au nord, et au sud par les djébels Dira et Béban, parallèles aux premières. Le troisième, encore plus au sud, envoie toutes ses eaux dans la grande mer intérieure du nom de Sebka-d'el-Hodna, et s'étend jusqu'au véritable Sahara. Soulevés par BEN-SALEM, les Neylioua, les Fiissa, les Amraoua, les Béni-Raten, et autres, se trouvaient réunis pour attaquer les Français à l'est, pendant que l'émir opérait au sud de l'Ouarenscnis. Du 20 au 23 septembre, la colonne MAREY bivouaqua sur l'Oued-Chaïr, l'Oued-Teuda et l'Oued-Djoudha, tous affluents de l'Isser. Le 21, elle parcourut la plaine des Aribes jusqu'à l'Oued-Zegroua, arriva le 25 à En-sar-el-Tar, séjourna trois jours à Hallouf, et cinq jours à Rizoul-han sur l'Oued-His. Le 5 octobre, elle était à Aïn-Finaret ; le 9, sur l'Oued-Béady ; le 11, sur l'Oued-Guemmerats ; le 18, à Ghouzau ; le 23, à Ségrouna ; le 25, sur l'Oued-Krammis ; le 27, elle entrait à Bordj-Bouïra. Pendant toutes ces courses, à l'ouest de la Grande-Kabylie et à l'est de la Métitdja, la colonne châtia les tribus révoltées et y opéra des razzias nécessaires. Elle attendait pour tenter une attaque décisive l'arrivée des troupes de Sétif sous les ordres du général D'ARBOUVILLE. La jonction des deux colonnes se fit dans la nuit du 27 au 28 octobre à Aïn-Fisseret, au pied du majestueux *Djebel-Djurjura*. On fut averti que l'attaque aurait lieu le lendemain matin et qu'elle serait meurtrière et décisive. Du côté des Kabyles, les troupes de BEL-KASSEM et celles de l'agha des Flissa, soulevées par le fanatique Bou-Chareb, se trouvaient réunies aux Guechtoula et aux réguliers de BEN-SALEM. Le 28 octobre, à trois heures du matin, les colonnes se mirent en route à travers les broussailles. En tête marchaient les chasseurs d'Afrique. Suivaient à quelque distance le *premier bataillon* du 36ᵉ et le 33ᵉ de ligne. A sept heures et demie du matin, on aperçut les vedettes de l'ennemi qui tirèrent leurs coups de fusil et s'enfuirent. La cavalerie se jeta aussitôt sur leur piste, laissant l'infanterie en arrière. A droite, à gauche, au centre, elle aperçut des bataillons de réguliers qui hâtaient la marche et s'avançaient résolument dans la broussaille. Elle fit alors demi-tour pour ne pas faire obstacle à la fusillade des Français. En moins d'un quart d'heure, tous nos bataillons ont pris leurs lignes de combat ; on entend le craquement continu sur tous les rangs. Des masses ennemies, d'abord cachées dans la forêt, se démasquent et courent en avant, s'élançant sur les baïonnettes de nos soldats. En même temps, des milliers de Khielas, en très bel ordre, conduits par BEN-SALEM en personne, débouchent au bas de la forêt sur la gauche. Les escadrons n'ont que le temps de faire face à ces derniers, tandis que le combat corps à corps s'engage sur toute la ligne. Huit pièces de campagne vomissent la mitraille de toutes parts ; elles furent le salut de l'armée. Admirablement défendue par les fantassins du 36ᵉ, l'artillerie put continuer son feu pendant huit heures. La mêlée dura tout ce temps ; ce fut un *combat acharné, sanglant et terrible*. Ne reculant pas sous une grêle de balles, ne craignant pas de pénétrer dans notre cercle de fer, les Kabyles reculèrent en voyant les leurs tomber en grand nombre sous le feu de nos pièces. Ce n'est qu'après trois heures de l'après-midi qu'ils abandonnèrent leurs positions, jonchées de leurs morts et de leurs blessés. De notre côté, les pertes furent sensibles. Le *premier bataillon* eut un officier tué et quatre blessés ; seize soldats et sous-officiers tués et soixante blessés. Le lieutenant *Ybernard* fut proposé pour le grade de capitaine, et l'aide-major *Barbauchon* pour la décoration de la Légion d'honneur.

Après le combat, les deux colonnes se rendirent dans la plaine de Hamza, suivies par quelques groupes ennemis qui tiraillaient. A neuf heures du soir elles arrivèrent à *Bordj-Bouira*, sur les bords du Sahel. Elles campèrent seize jours en cet endroit. Le 15 novembre, sur l'Oued-Berdy, le *premier bataillon* du 36ᵉ fut versé dans la colonne de M. le général D'ARBOUVILLE. M. le général MAREY prit avec lui le reste de la colonne pour emmener les blessés à Médéah.

La nouvelle colonne était composée du *premier bataillon* du 36ᵉ, de deux bataillons du 19ᵉ léger, de deux compagnies de tirailleurs indigènes de Constantine, de deux escadrons du 3ᵉ chasseurs d'Afrique et d'une section d'artillerie. Cette brigade se mit en route le 18 novembre, se dirigeant au sud-est, dans la région du

Biban. Après les bivouacs sur l'Oued-Béni-Djaad lorsque, dans la journée du 22, l'arrière-garde fut vivement attaquée pendant toute la route. Après l'établissement du camp, les grands-gardes furent inquiétés toute la nuit. Le lendemain, dès sept heures du matin, le combat s'engagea aux environs de BORDJ-EL-KAROUB. Plus de trois mille Arabes attaquèrent la colonne avec plus de vigueur encore que la veille. La deuxième du *premier bataillon*, en position sur un mamelon où elle a passé la nuit, repousse leurs efforts. Bientôt elle n'a plus de cartouches. Les grenadiers d'abord, les voltigeurs ensuite, accourent pour la renforcer. Ils tinrent tête à l'ennemi. Après la lutte, M. le général D'ARBOUVILLE établit son bivouac sur l'Oued-el-Tuin, à Sauk-Arries des Aribes. Le 21 novembre il campa à Balek-Balen, où il séjourna huit jours : les blessés furent ensuite évacués sur *Setif*.

Le 12 décembre, sur l'Oued-Zeghona, M. le général BEDEAU arrivait avec trois bataillons et succédait au général d'Arbouville. Sous les ordres du nouveau chef, le *premier bataillon* incorporé à sa colonne reprit le chemin des Béni-Djaad au nord-ouest. Par un temps de neige, en arrivant à TLATA le 15, nos braves furent attaqués par les Kabyles. Ceux-ci voulaient sans doute venger leur échec de Bordj-el-Karoub ; mais ils n'étaient pas en nombre. Ils furent repoussés avec pertes. Le lendemain, nos escadrons poussèrent une reconnaissance vers l'endroit où l'on avait été attaqué la veille. Les Kabyles engagèrent encore l'action, mais sans succès. Tous leurs villages furent brûlés. Une nouvelle reconnaissance fut ordonnée le 18 : elle signala l'ennemi en forces considérables aux environs de GUERROUMA. Le général BEDEAU arrêta la colonne sur un plateau d'où l'on découvre Alger : les soldats firent le café et se reposèrent un instant. Vis-à-vis, les Flitta, et les réguliers de Ben-Salem et de Bel-Kassem, occupaient les hauteurs. Les grands-gardes tiraillèrent toute la nuit. Le combat du 18 décembre commença par la prise du troupeau des Arabes. Au moment où on le conduisait sous bonne escorte, quelques Kabyles d'abord, ensuite un plus grand nombre, engagèrent l'action. Arrivé derrière un mamelon, le général BEDEAU arrête la colonne. Il embusque la cavalerie de manière à pouvoir déboucher sur un petit plateau par où vient l'ennemi en grand nombre. Un bataillon du 19e léger est placé à gauche, et les grenadiers (1re et 2e compagnies) du 36e sont à droite sous les ordres de M. le commandant *Jollivet*. A un signal donné par le général BEDEAU, tout le monde s'est élancé au pas de course, à la baïonnette, sur les Arabes qui s'étaient imprudemment avancés. Pendant ce retour offensif, nos soldats parcoururent plus d'une lieue dans un pays des plus difficiles. Les Arabes perdirent beaucoup d'hommes. Le grenadier *Bouisson* du 36e, un moment seul au milieu de trois Arabes, en tua deux, en recevant deux coups de yatagan à la tête. Il fut immédiatement proposé pour la croix.

La colonne resta deux jours à Guerrouma, manœuvra sept jours sur les bords de l'Isser, puis, revenant chez les Béni-Slimane, le 28 décembre, elle rentrait à Médéah le 31 pour se ravitailler. Le 2 janvier 1846, elle recommençait de nouvelles opérations au nord-est de L'OUARENSENIS. Elle franchit le Chélif à Arba des Djendel, séjourna sur l'Oued-Deurdeur, sur l'Oued-Karezen, à la poursuite D'ABD-EL-KADER. Assuré de ne pas le rencontrer chez les Béni-Zougzoug, et chez les Djendel, le général BEDEAU revint à Médéah le 13 janvier. Nous avons dit que le maréchal BUGEAUD était alors à Boghar. Son génie avait deviné le projet de l'émir dans le Dira et dans la Grande-Kabylie. Sans tarder, il prit à marches forcées la direction de Bérouaghia ; en même temps il dépêchait au général Bedeau d'opérer immédiatement chez les Béni-Slimane et dans le *Dira*. Mais comment atteindre un coureur qui pouvait en vingt-quatre heures faire quarante-cinq lieues ? L'audace et la rapidité de ses mouvements semblaient déjouer toute prévision.

Le 20 janvier, le *premier bataillon* du 36e, avec la colonne du général BEDEAU, recommencent à courir après l'ennemi. A marches forcées, nos braves se dirigent sur le *Dira* (1). Ils vont de l'Oued-Malah à l'Oued-Zénib ; de l'Oued-Chaaba à l'Oued-el-Ham ; de l'Oued-Djaoub à l'Oued-Rhinan ; de l'Oued-Djenan à l'Oued-Lakat ; de "Oued-Zégrona à Melget-el-Ouder. Quant le général BEDEAU donne la main au maréchal BUGEAUD, à Souk-el-Tnin, le 9 février 1846, l'émir a tourné leurs colonnes ; il a pu faire sa jonction avec BEN-SALEM sur le bas Isser. Le 10 février, le *premier bataillon* du 36e passa sous les ordres du maréchal. A ce moment, l'émir venait d'essuyer une grave défaite. Surpris, battu et dépouillé par le général GENTIL, il avait pris la direction du *Djurdjura,* pour y créer un nouveau centre de résistance. Les colonnes BUGEAUD et BEDEAU marchèrent à sa poursuite par Sidi-Hamouda, l'Oued-Erkam et Marchacna. Le 14 février, elles

---

(1) C. Rousset. La Conquête de l'Algérie, tome II, page 80. LE DIRA, qui a pour ville principale *Aumale,* est la région montagneuse qui limite les bassins du Sahel et du Sebka-d'el-Hodna, au sud ouest de la Grande-Kabylie.

ravagèrent le territoire des Béni-Khalfoun, et celui des Flissa les deux jours suivants. Mais la neige et la pluie retardèrent de quelques jours le châtiment que le maréchal voulait infliger aux autres tribus, coupables de connivence avec l'émir. Le 19 février, sur l'Isser, BUGEAUD prit au général GENTIL ses réserves de troupes fraîches, et renvoya dans leurs garnisons les zouaves et les *braves déguenillés du 36e*. Le 22 février, le premier bataillon rentrait glorieux et triomphant au camp de *Douéra*. Cette fois encore, il ne put jouir d'un long repos.

Peu de jours après son arrivée à Alger (21 février), le maréchal avait appris que l'émir avait essayé de gagner à sa cause les tribus du *Djurdjura*. Aussitôt M. le colonel LEVAILLANT reçut l'ordre de conduire le *premier bataillon* à Chabet-el-Joudi, le 6 mars. Dix autres bataillons s'y trouvaient réunis. Le lendemain, ces 5,000 hommes se dirigèrent sur l'Oued-Zeloum, sur l'Oued-beni-Khalfoun ; ils arrivèrent le 9 chez les Marchaoua, non loin de l'Isser. A leur approche, les représentants des *djemâ*, c'est-à-dire des tribus kabyles, réunis à Bordj-bou-Kéni, résistèrent aux sollicitations d'ABD-EL-KADER et de BEN-SALEM ; ils les forcèrent à fuir par le sud du Djebel-Dira, dans la direction de *Bou-Sada*, chez les Ouled-Naïl. Un temps affreux s'opposant à tout mouvement, la colonne revint chez les Flissa, sur l'Oued-Boudouaou, et le *premier bataillon* du 36e rentra le 19 à *Douéra*. Il ne s'y reposa que treize jours : ses soldats réconfortés devaient utiliser leur temps aux travaux des routes de Griffa à Médéah, et de Bogard au Chélif. Tous ces travaux, toutes ces marches longues et pénibles, tous ces combats, sur chacun desquels il y aurait beaucoup à dire, furent accomplis par le 1er bataillon avant l'arrivée du 2e à Douéra. Le maréchal BUGEAUD de son côté était revenu à *Alger* le 18 mars. Le DUC D'AUMALE y arrivait aussi pour prendre le commandement supérieur du *Titteri*. Il était accompagné de son beau-frère, le *prince Auguste de Saxe-Cobourg*, quand il fut reçu à la marine par le gouverneur.

Depuis huit jours, le caporal *Maugenre* se reposait des fatigues de sa grande expédition. Son grand passe-temps était de donner tous ses soins à son magnifique petit jardin, derrière sa baraque. Depuis la hauteur du camp, la vue s'étendait sur la plaine de la Mitidja, qui se déroulait en un immense tapis de verdure. La végétation était dans toute sa splendeur. Les blés, déjà en épis, donnaient les plus belles espérances. Les lins étalaient leurs pétales aux couleurs d'un bleu tendre. Les colzas dressaient, sur de vastes espaces, leurs hautes tiges d'un vert pâle, couronnées de fleurs. Les colons militaires contemplaient avec joie ces richesses qu'ils allaient cueillir à pleines mains, lorsqu'un bruit sinistre, parti des confins du désert, se répandit avec la rapidité de l'éclair. Les *sauterelles* avaient commencé leurs migrations vers le nord. En légions innombrables, elles avaient ravagé le riche pays de Boghar et, poursuivant leur marche, elles s'avançaient en colonnes serrées, déterminant partout des dégâts irréparables. La septième plaie d'Egypte allait se reproduire.

Le 21 avril, leurs bataillons épais, franchissant les cîmes de l'Atlas, planaient sur les vastes champs de Blidah, de Béni-Méred et de Boufarick. A la vue de leurs masses profondes, tourbillonnant dans les airs, à la hauteur du vol de l'hirondelle, les colons furent frappés de stupeur. Ces bandes immenses se développèrent peu à peu dans l'espace, menaçantes et affamées, sur une étendue de 50 kilomètres. A *Douera*, un épais nuage de sauterelles tourbillonnait dans les airs et couvrait les rayons du soleil.

Pour préserver les récoltes de leurs ravages, on employa toutes sortes de moyens. On allumait de grands feux de paille ou de broussaille, de manière à faire le plus de fumée possible.

Hommes, femmes et enfants, se précipitaient dans les champs, agitant de longs roseaux garnis d'un chiffon. Quelques-uns à cheval, faisaient claquer le fouet, tiraient des coups de fusil, frappaient sur des chaudrons, agitaient des ceintures de grelots. C'était un concert immense, étourdissant, des sons les plus discordants et les plus étranges. S'abstenant de toute évolution inutile, Maugenre crut mieux réussir à protéger son jardin en étendant sur ses plantes potagères des draps de lit et autres linges. Vers cinq heures du soir, les ailes des sauterelles mouillées par l'humidité de l'air ne leur permirent plus de voler. Alors on les vit s'abattre, couvrir le sol d'une couche de plusieurs centimètres, ou se réunir en tas. Les broussailles ne laissaient apercevoir aucune feuille. Les arbres en étaient tellement surchargés que les branches cassaient sous leur poids. On en comptait jusqu'à deux cents sur une seule tige de colza. Elles grimpaient sur les tiges de blé, le long des plantes de maïs, sur les feuilles de pommes de terre, et les dévoraient avec une effrayante avidité. Les draps de lit du caporal ne furent pas épargnés. Il fallut vite les enlever et sacrifier les légumes pour conserver le linge.

Le lendemain vers neuf heures, le soleil ayant séché leurs ailes, les sauterelles reprirent leur vol. De nouvelles bandes arrivèrent, aussi nombreuses que les premières, marchant toujours vers le nord. La chasse dut recommencer. Pendant plus de dix jours, il fallut lutter contre ces ennemis dont les énormes avalanches qui s'avançaient et grossissaient toujours, comme des flots vivants et dévastateurs, épouvantaient et confondaient l'imagination.

Chaque soir, chaque matin, on mettait à profit les moments où les sauterelles étaient incapables de voler pour les détruire. Dans certains endroits, on passait sur les tas qu'elles formaient des rouleaux pesants qui les écrasaient. On entourait de paille les broussailles et les arbres qu'elles couvraient et on y mettait le feu. On en remplissait des sacs, on les portait à l'administration qui, pour encourager cette destruction, les payait jusqu'à dix centimes le kilo. Dans la commune de Douéra seule, on en détruisit cent quintaux métriques en quatre jours ; ce qui, d'après les calculs, représentait dix millions sept cent dix mille insectes, que l'on se hâta d'enfouir dans des fosses profondes.

Durant ces migrations, les sauterelles ne cherchent pas seulement à apaiser leur faim, elles obéissent aussi à l'instinct de la propagation. Le mâle se distingue à sa couleur jaune. Pour pondre les œufs, la femelle, d'une couleur violacée-vineuse, enfonce son corps dans le sol, et choisit un terrain sablonneux. A dix centimètres de profondeur, elle dépose 80 à 90 œufs réunis en une sorte d'épi. De ces œufs, jaunes d'abord, puis de plus en plus gris terreux, naissent les noirs *criquets* sans ailes. Ceux-ci subissent en grossissant quatre transformations différentes ; ils deviennent gris avec des bandes blanches, puis jaunes avec des bandes brunes, puis munis d'ailes à l'état de rudiment. A la cinquième mue, pour devenir sauterelle, la peau de la tête du criquet se fend et toutes les parties de l'insecte se dégagent comme si elles sortaient d'un étui. Les ailes d'abord chiffonnées et humides, se lissent peu à peu et se sèchent.

Or la plaine de la Métidja, les collines du Sahel et les monticules du littoral ne sont composés que de terres sablonneuses. Tous ces lieux offraient donc aux sauterelles un sol facile et prospère pour la ponte de leurs œufs. Les colons, qui avaient arraché une partie de leurs récoltes à la voracité des sauterelles furent bientôt prévenus des nouveaux dangers qui allaient surgir du sein de la terre. L'administration offrit une prime de deux francs par kilo d'œufs de sauterelles. Chaque kilo en compte cent douze mille. A Douéra, en quatre jours, près de douze quintaux métriques de ces œufs furent ramassés et jetés à la mer. Cent trente millions de criquets en germe étaient détruits. Malgré cette destruction, des colonnes de criquets apparurent sur une infinité de points à la fois. Marchant lentement, sautillant parfois, ils avançaient en bataillons serrés d'une longueur considérable. Nul obstacle ne les arrêtait : ils grimpaient, ils nageaient, ils franchissaient tout. A Béni-Méred, on ne pouvait ouvrir la porte ou les fenêtres sans voir aussitôt la maison inondée de ces terribles envahisseurs. Leurs ravages sur les récoltes sont beaucoup plus terribles que ceux des sauterelles. Les criquets sont d'une voracité telle qu'ils se dévorent entre eux. Tout est détruit par cette affreuse vermine qui accomplit, rampante et silencieuse, son œuvre de dévastation. Dans certaines localités, où l'on avait préservé les principales cultures des dégâts des sauterelles, il ne fut pas possible de rien arracher à leur rapacité. Une nouvelle prime de 2 fr. 50 par quintal métrique fut offerte par l'administration. Un quintal donnait 1,720,000 criquets. Dans le seul arrondissement de Blidah, les soldats en détruisirent en moyenne soixante quintaux par jour. Ils les enfouissaient à une certaine profondeur pour que leur putréfaction ne puisse pas engendrer des miasmes pestilentiels. Les Arabes se souciaient fort peu de les détruire. C'eût été trop fatiguant, trop pénible pour leur paresse ; ils préféraient rester couchés sur leur natte et fumer leur chibouque. Si on leur demandait pourquoi ils ne travaillaient pas à les chasser, ils répondaient : « celui qui a envoyé les sauterelles, les fera partir, c'etait écrit, mektoub. » Thérésine en vit un qui, prenant entre ses doigts une des premières arrivées et l'approchant de ses lèvres, lui dit sérieusement : « Je ne te fais point de mal, ne m'en fait pas non plus, je te rends la liberté. » Celui-là n'avait pas de blé à risquer ; s'il en avait eu, c'eût été la même chose.

CHAPITRE XXXVI

POURSUITE D'ABD-EL-KADER EN 1846 (1).

La dernière expédition du maréchal BUGEAUD et de ses dix-huit colonnes actives avait anéanti la puissance d'*Abd-el-Kader*. Après sa fuite du Djurdjura, l'émir avait reparu le 7 mars 1846. Il s'était emparé du *maghzen* du Titteri entre Bérouaghia et Boghar. Le même jour, le colonel CAMOU le surprit, lui tua 70 hommes, lui prit 250 chevaux, 1,000 chameaux et 25,000 têtes de bétail. Six jours après, YUSUF lui prenait 800 mulets chargés, et délivrait un lieutenant et un interprète prisonniers, à huit lieues au sud-ouest de *Bou-Sada*. Abd-el-Kader prit la fuite vers le *Djebel-Amour*, chez les Ouled-Naïl. YUSUF l'y poursuivit, en rayonnant dans toutes les directions autour d'*El-Beïda*.

Le prince DUC D'AUMALE obtint du gouverneur la mission de ravitailler la colonne YUSUF, et de lui amener des troupes fraîches. Le prince avait succédé au général BEDEAU comme commandant supérieur du Titteri. Le 27 avril il était à Boghar, où campait le 1er bataillon du 26e. travaillant à la route du Chélif. Joignant ce bataillon à sa colonne, il partit sur l'Oued-Moudjeli, arriva le 28

---

(1) Chronique régimentaire inédite.

aux marais de Chobounia, le 29 à Aïn-Ouzera, le 30 à Guelt-Settel le 1er mai sur l'Oued-Mouser, le 2 à Courriredj, et atteignit le général Yusuf le 3 à Guettey.

Ce fut pendant ce temps qu'ABD-EL-KADER, rejeté dans le *Maroc* et réduit à l'extrémité, prit le barbare parti de massacrer les prisonniers français. MILOUD-BEN-ARACH avait abandonné l'émir pour se soumettre à l'empereur du Maroc. 15,000 Béni Amer avaient suivi cet exemple. Le Khalif BOU-HAMEDI, commandant la deïra, avait été révoqué, son départ avait réduit la deïra des trois quarts. MOUSTAFA-BEN-TAMI, son successeur et beau-frère de l'émir, embarrassé par les 280 Français prisonniers, dont 95 avaient combattu à Sidi-Brahim et 185 avaient défailli à Aïn Temouchent, demanda à Abd-el-Kader d'en ordonner le massacre. L'ordre en fut donné par l'émir le 24 avril. Aussitôt nos prisonniers furent divisés par petits groupes. A minuit les réguliers les fusillèrent. Un seul échappa au carnage. Ce fut le clairon *Rolland* du 8e bataillon de chasseurs à pied. Cette horrible tragédie se passa sur les bords de la *Moulouïa* ; elle ne fut connue par les Français que le 17 mai, à l'arrivée de Rolland à Lalla-Maghnia.

Le général YUSUF avait perdu la piste de l'Arabe. Le renfort du DUC D'AUMALE, lui amenant avec sa colonne le 1er bataillon du 36e, le décida à réduire les *Ouled-Naïl*, adhérents à l'émir. Avec toutes ses troupes, Yusuf manœuvra les 4, 5 et 6 mai sur l'Oued el Beyda, le 7, sur l'Oued-Medzour contre les Sidi-Abdallah des montagnes du Djebel-Amour. Les sept jours suivants se passèrent en razzias, dans la région de Ksar-Kafflou, sur les Ouled-Naïl qui se soumirent le 14. Le lendemain, sous les ordres de M. le lieutenant-colonel *Jolliret*, le bataillon du 36e fut chargé de conduire à Alger un troupeau de 2,800 bœufs. Ils arrivèrent à Douéra le 31, en passant par Mkaoula, Kouida, Grabouina, Moktar Akoum et la Chiffa.

Le 3 mai, jour où le duc d'Aumale opérait sa jonction avec le général Yusuf, le maréchal BUGEAUD quittait Douéra avec une nouvelle colonne, comprenant le 2e bataillon du 36e. *Maugenre* et ses muletiers, sous le commandement de M. le colonel LEVAILLANT. Cette colonne avait pour mission d'achever la déchéance de BOU-MAZA et de EL-SGHIR, khalifs de l'émir ; d'assurer la pacification des Béni-Boudouaour de l'Ouarensenis, ainsi que des Béni-Soliman et des Béni-Grelouff. Le maréchal devait atteindre ce but pour pouvoir construire une nouvelle place militaire sur l'Oued-Tikam et de nouvelles routes ayant Milianah pour point de départ.

Après une séparation toujours aussi douloureuse, s'abandonnant à la garde de Dieu et de la Sainte Vierge, notre caporal *Maugenre* suivit son bataillon, arriva à *Milianah* le 9 mai, à *Aïn-Defla* le 10, et sur *l'Oued-Rouina* le 11 ; là se fit la jonction avec le 3ᵉ bataillon du 36ᵉ. Deux jours après, sur *l'Oued-Tighaza*, des compagnies furent détachées de la colonne. Elles se dirigèrent sur l'Oued-'ikam, afin de construire le CAMP RETRANCHÉ DE BOUHARI. Le maréchal continua à manœuvrer au pied du grand pic de l'Ouarsenis, dans la vallée de l'Oued-Ildoum, arriva le 17 mai à *'imaxouiu*, le 19 à *Tirsa*, sur l'Oued-Fodda, le 21 à *Kramis*, le 22 *Sidi-ali-Ben-Aïchoun*, dans la même vallée, et le 23 sur *l'Oued-'higaza*. Il fallut faire des razzias les quatre jours suivants, sur Oued-Bou-zig-zag, pour ravitailler la colonne. On apprit alors d'une manière certaine que BOU-MAZA et EL-SGHIR, abandonnés des tribus, étaient allés rejoindre l'émir à *Stitten*, dans le désert.

Revenant sur ses pas le 28, à Sidi-ali-Ben-Aïchoum, le maréchal arriva le 31 mai sur l'Oued-Rouina et, le 1ᵉʳ juin, à *Gharnita-'archets*, où avaient été exterminés 800 Arabes le 20 juin de l'année précédente. Cette fois, le Cantara était libre. Le tunnel de 'ypse fut visité par tous les soldats. De tous ces rochers semblait encore sortir une voix redisant la fumigation et l'obstination des fanatiques Ouled-Riah. Le bivouac fut établi le 2 juin au marabout de l'Oued-el-Boutan. Du 4 au 15, sous les ordres de M. le lieutenant colonel *Jobiret*, tous les soldats du 36ᵉ furent employés aux travaux de la ROUTE DE MILIANAH A TÉNIET-EL-HAAD. Pendant ce temps, ABD-EL-KADER, poursuivi dans le Djebel-Amour par le colonel RENAULT, abandonné des Trafi, dans les montagnes des Ksour, rejeté par les Ouled-Sidi-Cheikh, à Chellala, réduit à un convoi de quelques mulets et de trois chameaux, rentrait dans le Maroc par Figuig. Le 15 juin, *Maugenre* et le 3ᵉ bataillon se séparèrent du 2ᵉ bataillon destiné à la garnison de Cherchell ; par Milianah, ils rentrèrent le 21 juin au camp de *Douëra*. Après neuf mois de la vie la plus agitée par les marches les plus longues et par les péripéties les plus dramatiques, notre brave caporal venait se reposer et respirer auprès de Thérésine, de François et de Mariette.

Une aventure leur était arrivée pendant cette dernière expédition. Le sous-lieutenant porte-drapeau, M. FOUGERAT, n'avait pas suivi la colonne. Serviable et reconnaissant envers Madame Maugenre, qui lui avait prêté de l'argent, il envoyait quelquefois *Jubiele*, son ordonnance, pour l'aider quand elle en avait besoin.

Un jour du mois de juin que ce garçon venait rendre service, en rencontrant Mariette, il lui dit :

— Mademoiselle Marie, je viens de faire une belle trouvaille voyez cette montre en or, qu'elle est magnifique !

— Vous avez plus de chance qu'un honnête homme, Lubièle venez, faites-là voir à ma sœur.

— Cette montre doit avoir un maître, lui dit Thérésine, il faudra vous en informer et la lui rendre.

Le lendemain, on apprit qu'un officier avait perdu une montre C'était le porte-drapeau du 38ᵉ de ligne. De passage à Douéra, il avait couché chez son collègue, M. Fougerat, et il était parti pour Blidah le lendemain. A mi-chemin, à Boufarick, s'apercevant qu'il n'avait pas sa montre sur lui, il avait aussitôt renvoyé son ordonnance au camp pour la réclamer.

Thérésine dit alors à sa sœur : « Va trouver M. Fougerat, et dis-lui que Lubièle a trouvé une montre. » Mariette obéit. Cette nouvelle fut un coup de foudre pour le porte-drapeau. La veille tous les ordonnances avaient été appelés, ainsi que d'autres personnes se trouvant au camp, pour savoir si quelqu'un d'entre eux n'avait pas trouvé une montre ; Lubièle avait déclaré qu'il n'avait rien vu.

— Restez ici, Mademoiselle Marie, lui dit M. Fougerat, je vais faire chercher mon ordonnance.

Lubièle arrive. — Ah ! ça, vous allez me rendre immédiatement la montre que vous avez trouvée, lui dit l'officier.

— Mais je n'ai rien trouvé, mon lieutenant.

— Ne niez pas, misérable, Mademoiselle Marie ici présente vient de me dire que vous avez trouvé une montre en or et que vous la lui avez montrée.

— C'est une invention, Mademoiselle Marie en a m....

— Oh ! c'est par trop fort ! Mais, Lubièle, vous avez aussi fait voir cette montre à ma sœur et M. Fougerat peut s'en informer.

— Cela suffit, Lubièle, allez m'attendre à la salle de police.

Là-dessus, M. Fougerat se rendit chez Madame Maugenre. Celle-ci ne put que lui redire ce qui s'était passé.

— Eh ! bien, puisqu'il a donné le démenti à Mademoiselle Marie, dit avec colère le porte-drapeau, il le paiera cher.

Deux ou trois jours après, un musicien du 36ᵉ causant avec François lui dit : J'étais avec Lubièle dans une maison de tolérance à Douéra, lorsqu'il remit une montre en or à la patronne. — Cet aveu fut aussitôt rapporté à M. Fougerat. L'officier s'habille en bourgeois, entre dans la susdite maison et demande la montre à la maîtresse :

— Je l'ai eue, répondit-elle, mais je ne l'ai plus depuis avant-hier.

— C'est très bien, Madame, veuillez accepter mon bras et venir avec moi au camp ; vous me ferez la même réponse en présence de Lubièle.

Ils entrèrent ainsi à la salle de police avec le sergent de garde.

Après avoir nié une seconde fois devant Mariette, l'ordonnance avoua sa faute devant cette autre femme ; il fit rendre la montre le lendemain. Il l'avait reprise l'avant-veille pour la cacher. — Cette triste affaire eut son dénouement au conseil de guerre à Alger. Thérésine et sa sœur y furent appelées comme témoins. Lubièle fut condamné à cinq ans de réclusion et à cinq ans de surveillance. Il avait droit à son congé qu'il attendait tous les jours. A son détriment, il apprit que « *le bien mal acquis, au lieu de profiter, nuit.* »

CHAPITRE XXXVII

MARIAGE DU 15 OCTOBRE 1846.

Pendant que les 1er et 3e bataillons du 36e tenaient garnison au camp de Douéra, et le 2e bataillon à Cherchell, le *duc d'Aumale* pacificateur de la région du Titteri, fondait au nord du Djebel Dira, sur la position magnifique de Sour-Ghezlan, un nouveau poste magasin retranché, auquel il donna son nom, *Aumale*. Ce point stratégique reliait Alger à Tiaret et Bou-Sada à Constantine. Le *duc de Nemours* fortifiait en même temps le poste de Djemma-Ghazaouat auquel il donnait son nom, *Nemours*.

Dans la province de Constantine, le général *Randon* avait à venger un horrible attentat commis le 1er juin 1846, sur la route de Telessa à Bône. La veille, sa colonne avait été bien accueillie par la tribu des Ouled-Yaya. Avant de continuer sa marche pour soumettre d'autres tribus, le général crut pouvoir détacher de sa colonne un convoi de cent hommes malades, ou ayant fini leur congé. Il les renvoya à Bône. Après cinq heures de marche, le convoi fut assailli et entièrement massacré par les Ouled-Yaya. Cette trahison criminelle leur coûta cher. Apprenant cette nouvelle le jour même, le général lança aussitôt le 5e hussards et les spahis, les suivant lui-même avec le 31e de ligne et la légion étrangère. Poursuivis de toutes parts, les Ouled-Yaya se retranchèrent sur le plateau escarpé de *Rassata*. Leur défense fut vaine : tous furent passés au fil de l'épée, où se précipitèrent d'eux-mêmes du haut des rochers.

De là, la colonne Randon, renforcée du 2e de ligne et des chasseurs d'Afrique, continua son premier itinéraire afin de remplir sa mission. Un chérif tunisien avait poussé à la révolte la tribu des Nemencha et l'avait organisée pour la défense. Cette race belliqueuse accepta le combat. Dans une superbe charge de cavalerie où se distingua *Gérard,* le tueur de lions, maréchal-des-logis aux spahis de Bône, les *Nemencha* furent sabrés et poursuivis pendant sept heures jusqu'en Tunisie ; ils se soumirent le surlendemain.

Dans la province d'Oran, deux colonnes surveillaient Abd-el-Kader rentré au Maroc. Le général *Cavaignac* occupait Lalla-Maghnia, et le colonel *Mac-Mahon* était à Sebdou. Ils tenaient en respect les Béni-Snassen et les Trara, menaçant de se ranger sous les ordres de l'émir.

Dans la province d'Alger, la *colonisation* occupait toutes les troupes. Les compagnies du 36e travaillaient à Sainte-Amélie, à Crescia, à Douéra, à Maelma, à Boufarick, à Béni-Méred et à Blidah. Il existe encore des colonnes commémoratives de leurs travaux. Les soldats étaient devenus agriculteurs, maçons, charpentiers, carriers. Ils n'allaient plus à l'exercice, recevaient une augmentation de solde, jouissaient d'une grande liberté ; c'était bien leur affaire.

Louis Maugenre et son beau-frère allaient souvent à BÉNI-MÉRED. Leur ami, *Moutou*, et M. *Montigny*, du 48e de ligne, y avaient fondé, organisé et commandé la colonie militaire. Sous leur habile direction, Béni-Méred était devenu une charmante localité. Au centre, une colonne commémorative du sergent *Blandan* et de ses vingt-deux braves, surmonte une fontaine à plusieurs bassins. Des trottoirs bien disposés l'entourent au milieu de la place. La route d'Alger au nord, et celle de Blidah au sud sont devenues un grand boulevard dont les quais sont ombragés d'arbres. Le boulevard se divise en deux branches autour du monument. Vis-à-vis et à l'est, une belle petite église est en construction ; de chaque côté sont des pelouses et des plantations d'arbres sur une immense place carrée. A l'ouest, un autre boulevard ombragé, perpendiculaire à la route d'Alger à Blidah, conduit au village proprement dit. Derrière l'église et les pelouses, le boulevard des Cornards longe le rempart, en dehors duquel se trouve la maison du garde champêtre. Des habitations de colons, des cafés, des boutiques de négociants entourent la grande place.

Moutou était devenu le plus grand agriculteur de Béni-Méred il avait à récolter plus de cent jours de blé, sans compter l'orge e le tabac ; il était le colon préféré du maréchal et du colonel, depui le mois d'août de l'année précédente. Avec les gracieusetés de ce Messieurs, et le concours des collègues du 36e, sa grande concessio prospérait à merveille. Le gibier étant très abondant dans ce parages, on chassait en moissonnant et, le soir, on revenait ave une provision de lièvres, chacals, porcs-épics et oiseaux de toute sortes. Par les soldats du train, surtout par *Collin*, de Grandrupt on envoyait une bonne part de la prise à Thérésine, et à sa sœu Mariette. Un jour, pendant la moisson, un chien de Mouto s'élança sur une hyène ; il fallut toute la dextérité de son maîtr pour abattre la fauve sans blesser le chien. Ce cas n'était pas rar à cette époque ; il arriva à Louis et à François d'en saluer que ques-unes de coups de fusil, au milieu des grands blés.

Lorsque la moisson fut terminée, Moutou reconduisit au cam avec sa voiture Maugenre et François. Il devait naturellemen une visite à son colonel LEVAILLANT. Durant la conversation Moutou déclara à son grand chef qu'il ne lui manquait plus qu'un chose pour assurer sa position, c'était une compagne.

— C'est une affaire délicate, lui répondit le colonel, et je ne pui que vous demander si vous avez déjà fait votre choix.

— Oui, la sœur de Madame *Maugenre* me plairait beaucoup mais je n'ose pas me présenter. Je connais le caporal très difficile Il a empêché sa belle-sœur de se marier, ces temps derniers, ave un adjoint de génie de 1re classe, parce que le passé de celui-c n'avait pas été très honorable. Après un tel refus, que puis-j espérer, moi qui n'ai jamais eu le rang de capitaine ?

— Oui, mais vous n'avez jamais eu de drôlesse à vos trousses Maugenre vous aime bien parce que vous lui ressemblez : comm lui, vous êtes juste, brave et dévoué. Je vous aime tous les deux si vous le voulez, je pourrai vous aider. Qu'en pensez-vous ?

— Je vous reconnais là, mon colonel, et je ne puis que consenti à votre proposition.

— Eh bien, revenez à Douéra dans quinze jours et vous conclue rez votre affaire.

Le 15 septembre, M. le colonel fit appeler par Bonnet le caporal Maugenre et Thérésine dans sa baraque. — Commençant par féli citer le caporal d'avoir mis obstacle au mariage de sa belle-sœur avec cet adjoint du génie qui s'était mal conduit, M. LEVAILLANT parla de *Moutou* en termes très avantageux, il montra toutes les garanties de son avenir comme fondateur de la colonie militaire de Béni-Méred, toutes les faveurs dont il avait été et dont il était encore l'objet de la part du gouvernement ; il insista surtout sur les grandes qualités de son esprit et de son cœur. « J'apprécie aussi, dit-il, l'irréprochable conduite de Mademoiselle *Marie*, sous votre sauvegarde efficace, et je crois qu'en acceptant pour époux François Moutou, elle ferait un très bon mariage. »

— Thérésine demanda au colonel quelques jours de réflexion, avant de lui rendre une réponse définitive. Ce délai tout naturel lui fut accordé.

Venant du colonel, cette proposition méritait bon accueil. Mais ce n'était pas seulement l'autorité du grand chef qui la faisait prendre en considération, les motifs qu'il alléguait étaient convaincants par eux-mêmes. Mariette, dès son arrivée en Afrique, avait eu l'occasion de connaître Moutou pendant les quelques semaines qu'il passa avec François à l'hôpital de Douéra. Souvent il était venu dîner chez son beau-frère. Elle l'avait vu dévoué, doux, intelligent, travailleur et chrétien. Sa famille comptait un prêtre distingué, M. *l'abbé Moutou*, supérieur de l'école secondaire ecclésiastique de Castres. Il fut nommé par Monseigneur l'archevêque d'Albi au canonicat devenu vacant par le décès de M. l'abbé Bessière. Après une semaine de délibération, Thérésine envoya son mari trouver le colonel pour lui annoncer que le mariage était accepté et qu'elle le fixait au 15 octobre, jour de sa fête.

Immédiatement informé de cette décision, Moutou accourut à Douéra pour accomplir toutes les formalités de son mariage. Les achats se firent à Alger. Les papiers de Mariette n'ayant pas servi pour l'union projetée, étaient valables pour celle-ci. Il n'y eut à faire que peu de démarches.

Entre temps, un nouveau deuil venait atteindre Maugenre. Après une longue maladie, causée par une chute, son frère Joseph était mort, six mois après sa mère Jeanne Crovisier. Il laissait à Marguerite Valentin, sa veuve, trois enfants : Joseph, Marie et Jean-Baptiste. Habitant le Paire de Moyenmoutier, dans les Vosges, le service religieux se fit dans l'église monumentale et remarquable de l'antique abbaye fondée en 671 par Saint Hydulphe.

A DOUÉRA, la générosité du colonel *Levaillant* et celle de Madame *de Bar*, épouse du général, avaient élevé une belle église pour remplacer la pauvre baraque en planches qui servait de chapelle. Ce fut dans ce nouveau sanctuaire que fut bénie, le 15 octobre 1846, l'union de FRANÇOIS MOUTOU et de MARIE

CAPDEPON DE GOËS. Les témoins furent le capitaine Rhodes, Marquez, rentier, Maugenre et François. Plusieurs officiers et sous-officiers firent aux conjoints l'honneur d'assister à leur mariage. De leur nombre étaient l'officier-payeur et l'officier porte-drapeau, le chef de musique Rincly, et le sous-chef Péqueur; Rispail, sergent-major de voltigeurs, et Pichelin, sergent de grenadiers, et plusieurs autres camarades de Moutou et de ses deux beaux-frères. On admirait l'attitude profondément recueillie de Mariette, qui semblait tout absorbée par la grande action qu'elle accomplissait aux pieds des autels où s'immolait le Dieu qu'elle aimait de tout son cœur. Les premiers musiciens du 36e jouèrent à l'offrande, à l'élévation, à la communion, et à la sortie. Ils prirent part au banquet dont Thérésine et son mari firent tous les frais. Ce fut un jour de fête pour toute la section hors-rang, excepté pour le nouveau lieutenant d'habillement, qui venait de succéder à M. *Marmé*, et qui ne fut pas invité. Plusieurs amis du 3e bataillon prirent aussi part à la joie commune. Ceux du 1er travaillaient alors à la route de la Chiffa, aux environs de Sidi-Madoki ; ceux du 2e, tenaient garnison à Cherchell.

Or, il n'y a pas de belle fête sans lendemain. Il fut décidé que toute la noce irait ce jour-là à Béni-Méred. Avant de quitter Douéra, Moutou et Mariette se rendirent au camp supérieur chez le colonel. Ils lui firent leur visite d'adieu. M. LEVAILLANT leur souhaita bonheur et prospérité ; il leur promit d'y contribuer selon ses moyens. Après cela, tous partirent pour la colonie afin d'installer les mariés dans la maison de Moutou. Son ami, le lieutenant *Montigny* du 48e fit les honneurs de la réception ; on dîna; on dansa. Quand il fallut repartir le soir pour Douéra, la pluie tombait à torrents. Impossible de se mettre en route. Il fallut se résigner à rester, et l'on ne se fit pas tirer l'oreille. Le lieutenant Montigny donna l'hospitalité de nuit à Maugenre et à Thérésine. Moutou se chargea des autres convives. Le 17 octobre, de grand matin, le temps permit de retourner à *Douera*. Arrivés au camp, ils apprirent que le lieutenant d'habillement avait infligé la salle de police au chef de musique (qui n'avait alors que le grade de sergent-major), au sous-chef, et à François, pour avoir découché sans sa permission. Mécontent de ne pas avoir été de la noce, il s'était fait un malin plaisir de pincer les invités. Mais il comptait sans Thérésine. Apprenant cette punition, celle-ci se rendit immédiatement chez le colonel. M. LEVAILLANT connaissait bien tous ceux qui étaient allés à Bénid-Méred. Il n'avait pas été surpris de leur absence à l'appel du matin ; mais il ignorait à ce moment la punition infligée par le lieutenant. Thérésine ne lui eut pas sitôt apprise qu'il fit appeler son sapeur de planton. Il l'envoya chez le lieutenant pour l'inviter à se rendre immédiatement auprès de lui. Il dit ensuite à Thérésine :

— « Annoncez de ma part à tous ceux qui sont punis qu'ils peuvent rester tranquilles, je vais faire lever leur punition. » Ce fut une bonne nouvelle pour Rincly, pour Péqueur, François et autres : « Bravo, bravo, Madame Maugenre, s'écrièrent-ils, nous sommes deux fois contents; nous n'irons pas à la salle de police et notre lieutenant aura sur le nez; tant pis pour lui; tant mieux pour nous. »

Au commencement de novembre 1846, des pluies torrentielles inondèrent pendant la nuit toutes les baraques du camp; les soldats faillirent être noyés dans leurs lits. Il y eut jusqu'à soixante centimètres d'eau dans l'habitation du caporal Maugenre. L'eau pénétrait partout. Ceux qui avaient des toiles cirées en recouvrirent leurs couchages. On dut faire usage de vieilles toiles de campement hors de service qui furent clouées et goudronnées au-dessus des baraques. Les routes furent détruites. Le 11 novembre, le 1er bataillon du 36e fut employé à réparer la route militaire de Médéah par le col de Mouzaïa où il bivouaquait le 13. Il fut de retour à Blidah le 21. Trois jours après il reçut l'ordre de restaurer la route de Blidah à Milianah. Il bivouaqua sur l'Oued-Ger le 2 décembre, et sur le Bou-roumi le 12. Il revint à Douéra par Boufarick le 19 décembre. A son retour, il retrouva au camp le 2e bataillon qui avait quitté la province de Mascara le 26 novembre. Ce jour, le 2e bataillon était parti de Cherchell sous les ordres de M. le capitaine adjudant-major *de Princey*; il avait bivouaqué le 26, sur l'Oued-Nador; le 27, près du lac Halloula, et le 28 à Coléa. Il était arrivé à Douéra le 29. Le général BARAGUEY-D'HILLIERS passa la revue du régiment dans les premiers jours de décembre.

CHAPITRE XXXVIII

EXPÉDITION DU DJEBEL-AMOUR (1)

7 Avril — 21 Mai 1847.

Depuis le Maroc, ABD-EL-KADER faisait appel aux Beni-Snassen et aux Trara pour les décider à se ranger sous ses ordres. Nous avons déjà dit que le général CAVAIGNAC les surveillait près de Lalla-Maghnia et le général MAC-MAHOM à Sebdou. L'émir engagea des pourparlers avec eux pour traiter de la rançon des prisonniers français. On convint pour six mille piastres ; ils furent avancés par le marquis *de Bénito,* gouverneur de Mélilla. Le 25 novembre, la rançon fut apportée par le capitaine espagnol *Cappa.* Elle fut comptée à un Khalifa au moment où nos prisonniers, parmi lesquels se trouvait le lieutenant-colonel *Courby de Cognord,* furent mis en liberté par les soixante cavaliers et les 150 fantassins arabes qui les tenaient enchaînés. Les prisonniers gagnèrent aussitôt la balancelle espagnole et partirent sur Mélilla. BUGEAUD les reçut à Oran le 1er décembre. Deux lettres lui

---

(1) Chronique régimentaire inédite. — Camille Rousset : La Conquête de l'Algérie.

furent remises en ce moment par un arabe envoyé de l'émir. L'une était pour le roi, la seconde était pour le ministre de la guerre.

Abd-el-Kader appelait *Louis-Philippe* le sultan des sultans des chrétiens ; il nommait le maréchal *Soult* le grand-vizir du roi des Français. L'émir réclamait la mise en liberté des captifs arabes qui se trouvaient à Mers-el-Kébir. BUGEAUD refusa de les livrer. Il répondit à l'envoyé : « Puisque votre maître a fait payer la liberté de ceux-ci et puisqu'il a fait égorger les autres, je ne lui dois rien que de l'indignation pour sa barbarie. »

Au commencement de l'année 1847, BOU-MAZA reparait dans l'Ouarensenis avec douze cavaliers. Séparé de l'émir, ne pouvant plus devenir son rival, après avoir été son khalife, il avait perdu tout son prestige. Rejeté par les Hamiane, par les Ouled-Sidi-Cheikh, par les Ouled-Naïl, par les Ouled-Djellal, il dut s'enfuir jusqu'à Tougourte, dans le Sahara, à l'approche de la colonne du général Herbillon.

Le 27 février, BEN-SALEM, khalif de l'émir, BOU-CHAREB, le frère de Bel-Kassem et 125 chefs du Djurdjura vinrent faire leur soumission à Aumale entre les mains de BUGEAUD ; le 20 mars suivant, SI-OMAR et BEL-KASSEM, nommés aghas du Sébaou, recevaient à Alger le burnous d'investiture. A ce moment, craignant la reconstitution de la deïra et une nouvelle invasion d'Abd-el-Kader, le maréchal BUGEAUD demanda au gouvernement l'autorisation d'aller détruire le camp de l'émir dans les montagnes du Maroc. Comme les Chambres et la presse, sous l'impulsion de Changarnier, censuraient son système de guerre, cette autorisation ne lui fut pas accordée. Mécontent, le maréchal résolut de quitter l'Algérie : toutefois, il désirait, avant sa retraite définitive, obtenir la soumission de la Kabylie. Pour achever ce qu'il avait si bien commencé, il voulait aller, par Sétif, débloquer *Bougie*, raffermir la soumission des tribus situées entre ces deux villes, et combattre les tribus dissidentes, très guerrières et nombreuses, des environs de *Djidjelli*. Pour entreprendre cette campagne pénible, il devait se montrer dans ces contrées avec des forces imposantes. Il déposa donc sur le bureau de la chambre, en qualité de député de la Dordogne, sa demande de trois millions de crédit.

Le mois suivant, le maréchal fit exécuter dans l'extrême sud, où il importait de montrer de temps en temps le drapeau de la France, de grandes promenades militaires. Il y en eut trois simultanément. Pendant que la colonne du général RENAULT se portait sur Messif, Chellala, Rassoul et Brezina, et tandis que celle de CAVAIGNAC marchait sur Asla, Tiout, Aïn-Sefra, Aïn-Sfesifa et

Moghar, le 36ᵉ de ligne faisait partie de LA COLONNE DU DJEBEL-AMOUR, commandée par M. le général Yusuf. *Maugenre* dut suivre son colonel Levaillant. Le 7 avril, ils quittèrent Douéra pour *Bouffarick* où les attendait Yusuf, avec cinq escadrons de cavalerie. Le lendemain, Thérésine arrivait à Béni-Méred, pour demeurer avec sa sœur et Moutou.

La colonne visita le *Bou-roumi*, le 8 ; le marabout *Sidi-Abd-el-Kader-bou Medfa*, le 9 ; *Bab-el-Oued*, le 10 ; le marabout de l'Oued-Boutan, sous *Milianah* le 11. Longeant la rive gauche du *Chélif* le 12, elle arriva sur l'*Oued-Deurdeur* le 13 ; au *camp des Scorpions* le 14, et à *Teniet-el-Haad* le 15. Au séjour qu'elle fit dans cette ville de l'Ouarensenis, l'on apprit que BOU-MAZA, atteint par nos mghazni chez El-Haceni, Kaïd des Ouled-Djounès, s'était fait mener à *Orleansville*, et s'était rendu au colonel Saint-Arnaud ; il avait déposé sur la table du colonel ses deux pistolets chargés de huit balles. Cette grande nouvelle réjouit tous nos soldats. Ils se rappelaient que, les années précédentes, ils avaient eu bien du fil à retordre en combattant cet ennemi, audacieux dans les entreprises, intrépide sur les champs de bataille, mais moins favorisé par les circonstances que l'émir. Aussi Bugeaud le traita-t-il comme un prisonnier de haute distinction.

Pour visiter les ksars du sud, la colonne de Yusuf franchit les défilés où l'Oued-Fodda prend sa source, et, tournant au sud-est, elle revit avec plaisir le petit bourg d'*Ain-Toukria* (17 avril). Se dirigeant ensuite sur la rive gauche du Nahr-Ouassel qui coule dans la vallée étroite dominée par le Djebel-Loah et par les hauteurs du Plateau-du-Sersou, le 36ᵉ bivouaqua à *Bechiga* sur l'Oued-Sousselem (18 avril). A marches forcées, la colonne parcourut le pays désert des Ouled-Khélif-Gharaba jusqu'à *Maghroumat*, et des Ouled-Khélif-Chéraga, jusqu'à *Bourraous*. Elle y entendit mugir le lion ; elle y captura bien des autruches. Avançant toujours au sud-ouest, elle arriva le 21 avril à *Taguine*, sur le Haut-Chélif. Laissant à gauche le grand lac salé du Zahrez, et remontant le cours du Chélif, elle parvint à *El-Beida* où elle fit séjour. Cette petite ville, la première du Djebel-Amour, est bâtie sur une hauteur couverte de palmiers et de figuiers. Le Chélif coule au bas ; son cours se perd au fur et à mesure que l'on pénètre dans cette région montagneuse et inhabitée, limitée au nord par l'Ouarensenis, à l'est par les Ouled-Naïd, au sud par le grand Sahara, et à l'Ouest par les Ouled-Sidi-Cheikh. C'est là qu'ABD-EL-KADER, chassé du Djurdjura, espérait trouver un refuge et un abri contre les colonnes du maréchal BUGEAUD. Il fut déçu ans son attente. Attaqué par le 36ᵉ sous les ordres du DUC D'AUMALE et du général YUSUF, il avait dû continuer sa course de Bou-Sada à Stitten et, de là, à Chellala, à El-Abiod et à Figuig, dans le *Maroc*.

Le DJEBEL-AMOUR est la limite des deux bassins du *Chélif* qui se jette dans la Méditerranée, et du *Djedi* qui se jette dans le Chott Melrhir. Cette mer intérieure, voisine des Chott Rharsa, Djerid et Fijej, est à deux cents mètres environ au-dessous du niveau de la mer. Un canal allant du bassin de Bougie à Biskra inonderait tout le Sahara. Descendant le versant sud-ouest du Djebel, la colonne expéditionnaire arriva à *Fréligha* le 26 avril. Elle suivit le cours des affluents de l'Oued-Djedi, sur lesquels sont construits *Khraniguet-ma-erbah* et le *Ksar-Affou*. Là, elle n'avait plus qu'une journée de marche pour arriver à son but, AIN-DJEDARA. Elle y parvint le 2 mai.

Entourée d'une ceinture de palmiers, semblable aux autres Ksar du Sahara, la ville paraissait émerger d'une corbeille de verdure. L'enceinte, de forme elliptique, comme le mamelon qui la portait, enfermait une belle mosquée, la Kasba, demeure de *Tedjini*, et quelque trois cents maisons ; la muraille, flanquée de tours carrées, haute de huit à dix mètres, épaisse de quatre, portait un chemin de ronde crénelé ; un mur en pisé de cinq mètres de haut, également flanqué de tours et percé de meurtrières, formait une première ligne de défense autour des bouquets de palmiers et des jardins, arrosés par les eaux de la source d'où la ville tirait son nom ; cinq puits creusés dans le sol du mamelon suffisaient aux besoins des habitants. Il y avait là un marabout d'un grand renom, issu d'une longue lignée de prétendus saints qui avait toujours refusé obédience à Abd-el-Kader. Souvent menacés par les beys d'Oran, les Tedjini, enfermés dans leur Ksar, s'étaient toujours maintenus indépendants et libres. MOHAMMED-EL-TÉJINI, leur descendant, n'entendait pas déchoir sous la suprématie de l'émir (1) ; mais allait-il aussi refuser ou accepter celle de la France ? C'est cette question qui lui fut posée par M. le commandant *Feray*, gendre du maréchal Bugeaud. Reçu avec honneur par les Arabes, celui-ci obtint que *Tejini* viendrait au bivouac de *Thaicha*, le 3 mai, renouveler publiquement devant YUSUF ses promesses de fidélité à la France. Le lendemain, le 36ᵉ et un bataillon du 48ᵉ entraient dans la cité du marabout ; ils furent

---

(1) C. Rousset. Les Commencements d'une Conquête, tome II, page 347.

gratifiés de figues, d'amendes, de moutons et de chèvres. Il revinrent triomphants à Taouiala le 6, et ils y séjournèrent le lendemain. Le 8 mai, ils reprirent le chemin d'Alger et arrivèrent à *Sebguègue-aïn-bourichia*. Descendant ensuite sur l'Oued-Kaf-e Tayer, à *Khraniguet*, ils visitèrent le Ksar de *Beïda* les 10 et 11 mai. Là, ils apprirent la campagne malheureuse d'El-Ahmar gouverneur du Rif, contre Abd-el-Kader.

Pressé par les instantes réclamations de notre consul général M. de Chasteau, le sultan du Maroc, Abd-er-Rahmane, avait réuni à *Fez* 2,000 cavaliers, 500 fantassins et plusieurs canons sous les ordres de son cousin, le prince Mouley-el-Hassan. Pour détruire l'influence de l'émir, le sultan envoya 700 cavaliers de Fez au gouverneur du *Rif*, qui en avait déjà 400. Abd-el-Kader et Bou-Hamedi ne laissèrent pas à El-Ahmar l'honneur de l'attaque. Instruits des dispositions du sultan, ils prirent aussitôt l'offensive, surprirent le camp marocain qui fut pillé, et son chef, El-Ahmar, eut la tête tranchée. Cette mort devait être bientôt vengée par le Maroc. Ses armements firent trembler les tribus du Rif : elles prirent aussitôt parti pour le sultan contre l'émir.

A cette nouvelle, la colonne de Yusuf revint à *Taguine*, le 13 mai : par *Fretiza, Cordjdjenan-ghorbi* et *Bouzied-djebel-Koubar* suivant le cours du Chélif, visitant la redoute Marey, et contournant l'extrémité orientale des monts de l'Ouarensenis, elle entra à *Boghar* le 17 mai. Malgré la fatigue des longues marches précédentes, elle reprit sa route le lendemain, traversa le Chélif et bivouaqua chez les Bigha, sur *l'Oued-Bazakach*. Le 19 mai, le caporal *Maugenre* voyait pour la première fois Médéah, si souvent prise et reprise par les Français depuis 1830. L'aspect de Médéah était tout autre que celui des autres villes algériennes. Sauf les minarets des mosquées, elle n'avait presque rien d'oriental ; on eût dit plutôt une petite ville du midi de la France ; au lieu de cubes de maçonnerie d'une blancheur éclatante, des maisons aux murs bruns ; au lieu de terrasses, des toits inclinés couverts en tuiles creuses ; des rues plus larges, surtout moins tortueuses, toutes bordées d'un petit trottoir. De même au dehors. On est ici à plus de 900 mètres au-dessus de la mer ; plus d'agaves, plus de cactus, ni d'orangers, ni de grenadiers, ni même d'oliviers ; des haies d'épines autour des jardins ; de grands enclos plantés de vignes ; une végétation tout européenne. La ville avait cinq portes ; les deux principales, l'une près de l'aqueduc, l'autre à l'extrémité opposée de la grande rue, étaient surmontées chacune d'une batterie. A l'intérieur, outre les mosquées, il y avait une caserne, une

Kasba et le palais du bey où était installé le gouvernement militaire. C'était une grande construction carrée, d'un assez beau style moresque, doublée d'une autre moins élégante et plus petite. La population ne dépassait pas six ou sept mille âmes, dont un millier de Turcs et de Coulouglis ; les autres étaient Maures, les juifs peu nombreux. A deux kilomètres environ au sud-est se trouvait le grand *haouch* qui servait au bey de maison de campagne. Il y avait là d'assez belles chambres, de belles cours entourées d'arcades, partout de l'eau en abondance ; dans les jardins, quelques oliviers, les seuls qui existassent alors aux environs de la ville (1).

Le 20 mai, la colonne contourna une suite de hauteurs dominées par le Djebel-Dakla, traversa le *bois des oliviers* nommé Zeboudj-Azara, gravit le versant méridional de l'Atlas et passa le *col du Tenia*, théâtre de tant de luttes sanglantes. Le bivouac se fit au *plateau du Déjeuner*. Ce ressaut de l'Atlas est un large plateau d'où le regard émerveillé embrasse la vaste étendue de la Métidja et découvre à l'horizon le bleu profond de la mer. C'est là que les généraux Clauzel, Achard et d'Uzer prirent ensemble le déjeûner avant de culbuter les Soumata et les Mouzaïa sur les mamelons du défilé. Descendant la montagne le 21, nos soldats atteignirent la grande ferme *d'Haouch-Mouzaïa*, traversèrent la *Chiffa*, coulant dans une large et profonde coupure aux berges escarpées, et s'avancèrent dans un pays inculte, obstrué de broussailles, de buissons d'épines, de genêts, de palmiers nains jusqu'à Blidah et Béni-Méred. Le caporal *Maugenre* y surprit *Moutou*, Mariette et Thérésine ; trois jours après, il rentrait au *camp de Douéra*.

Pendant toutes ces marches de la colonne du Djebel-Amour, par une chaleur qui s'éleva jusqu'à 45°, le maréchal BUGEAUD répondit au blâme que la Chambre lui avait infligé le 7 mai par *l'expédition du Djurdjura*. Bravant la presse et l'opinion, il confia au général BEDEAU le commandement d'une colonne et il se mit à la tête d'une seconde, composée de onze bataillons et de trois escadrons. Après avoir soumis les Oued-Sahel, le 13 mai, et attaqué les Béni-Abbès, le 15, il tailla en pièces les Kabyles à *Arzon*, le 16, reçut la soumission de HAMOU-TAHAR, khalif des Béni-Abbès et des Béni-Millikeuch, et remplaça ce grand chef par SI-MOKRANI. De son côté, BEDEAU avait pacifié les Reboula

---

(1) C. Rousset. Les Commencements d'une Conquête, tome Ier, page 47.

et les Béni-Ourtilane. Sa colonne rejoignit celle du maréchal sur l'Oued-Sahel le 21 mai. De retour à *Bougie*, ils procédèrent à l'investiture solennelle des chefs désignés par les bureaux arabes puis le maréchal s'embarqua pour Alger le 25. Le général MAGNAN venait d'arriver à Douéra pour inspecter le camp et passer la revue au 36ᵉ de ligne. Il logea chez le colonel LEVAILLANT Le mobilier du caporal Maugenre fut emprunté par le colonel pour le lieutenant-général inspecteur.

Le 1ᵉʳ juin, les 1ᵉʳ et 3ᵉ bataillons du 36ᵉ quittèrent Douéra sous les ordres de M. *Bourjade*, chef de bataillon. Ils furent employés jusqu'au 26 juillet dans les gorges de la Chiffa pour construire la route de Blidah à Médéah. Le 2ᵉ bataillon resta au camp avec le colonel et la section hors-rang.

Le 4 juin, l'escadre de la Méditerranée, commandée par le PRINCE DE JOINVILLE, mouillait en rade d'Alger. Le gouverneur fit au prince les honneurs de son palais. Le lendemain BUGEAUD adressait trois proclamations à l'armée, à la marine et aux colons de l'Algérie. Il faisait ses *adieux* à la terre d'Afrique. Conquérant, il avait étendu la domination française de la Tunisie au Maroc, de la mer à cent trente lieues dans le désert. Colonisateur, au milieu d'une guerre ardue, il avait créé des villages, des routes, des ponts, des édifices de toute nature. Les six années de son gouvernement enracinèrent profondément sa mémoire illustre dans le cœur de tous les Algériens. La reconnaissance nationale éleva deux monuments, à Périgueux et à Bab-Azoum, au héros qui avait si bien réalisé sa noble devise : *Ense et aratro*.

Le PRINCE DE JOINVILLE passa au *camp de Douéra* le 7 juin ; il allait faire une excursion par Blidah jusqu'à Bozhar. Ce fut le colonel LEVAILLANT qui lui fit les honneurs de la réception.

Le 29 juin, une ordonnance royale confia l'intérim du gouvernement de l'Algérie au général BEDEAU. Le gouvernement ne voulait pas, par une hâte malséante, accepter la démission du vainqueur d'Isly. Il ne s'y décida que lorsque le temps eut démontré qu'elle était irrévocable.

Le 27 juillet, le 3ᵉ bataillon du 36ᵉ venait rejoindre le 2ᵉ au camp de Douéra. Le 1ᵉʳ allait tenir garnison à Blidah. Grâce au train, les communications entre *Moutou* et *Maugenre* étaient devenues quotidiennes. Comme le gibier était alors très abondant dans les environs de Béni-Méred, Moutou ne sortait jamais sans son fusil de chasse et ses chiens. Le soir, il revenait avec plusieurs pièces dont il réservait les plus belles pour son cher colonel et pour Thérésine. Le 25 août, il vint à Douéra avec Mariette pour fêter *Saint Louis*; ce jour là ils demandèrent Maugenre et Thérésine pour parrain et marraine du futur nouveau-né. Le 3 septembre 1847 venait au monde *Louis* Moutou. Thérésine était alors auprès de sa sœur. Quelques jours après, Maugenre demanda une permission pour être parrain de son neveu. Il ne put l'obtenir. Le 36e venait de recevoir l'ordre de quitter Douéra. Les 1er et 3e bataillons devaient aller tenir garnison à Alger; le 2e devait partir pour Dellys. Le colonel, les magasins et Maugenre étaient désignés pour Mustapha-Supérieur.

CHAPITRE XXXIX

MUSTAPHA - SUPÉRIEUR

Sur une hauteur dominant Alger et la mer se trouve l'ancienne résidence d'été du dey *Hassein* ; c'est MUSTAPHA-SUPÉRIEUR. Ce quartier est composé du palais et de vastes corps de bâtiments, autrefois destinés à la cour et au sérail du dey. Un chemin très étroit les sépare du palais. Lorsque le 22 septembre 1847, *Maugenre* et Thérésine vinrent y occuper plusieurs chambres, à côté du colonel et des magasins, il y avait dans ces dépendances un orphelinat, tenu par des *filles de la charité* de Saint-Vincent-de-Paul, et un atelier, où l'on travaillait pour la troupe. Aux alentours, des baraques provisoires servaient au casernement des muletiers et de plusieurs compagnies.

Maugenre n'était pas encore installé dans sa nouvelle demeure quand Moulon, Mariette et leur nouveau-né, arrivèrent en voiture à Mustapha. Ayant ouï dire que le 36ᵉ allait rentrer en France, ils étaient aussitôt accourus, pour que Louis et Thérésine pussent être parrain et marraine. Il fallut descendre à *Alger*, à l'église cathédrale, pour faire baptiser l'enfant, qui reçut le prénom de Louis. Le banquet fut modeste ; on eut hâte de retourner à Béni-Méred.

Le 5 octobre suivant, les 1ᵉʳ et 3ᵉ bataillons reçurent au

débarcadère d'Alger le DUC D'AUMALE et le général CHANGARNIER. Ils arrivaient de France sur la frégate à vapeur le *Labrador*. Le prince venait d'être nommé au gouvernement de l'Algérie ; il succédait ainsi au maréchal BUGEAUD. Accueilli avec enthousiasme par l'armée et par la population, le duc d'Aumale adressa aux troupes l'ordre du jour suivant :

« En prenant le commandement de l'armée d'Afrique, le gouverneur général de l'Algérie croit devoir témoigner à tous les officiers, sous-officiers et soldats qui la composent combien il est fier de se trouver à leur tête. Appelé déjà cinq fois à l'honneur de servir dans leurs rangs, il sait depuis longtemps ce qu'on peut attendre de leur dévouement au roi et à la France. Confiant dans leur courage, confiant dans le mérite éprouvé de valeureux généraux, il ne doute pas que le succès ne continue de couronner tant de nobles efforts. L'armée qui vient d'accomplir tant de grandes choses a salué d'universels regrets l'illustre chef à qui elle doit tant de gloire et sous les ordres duquel, j'aurais tant aimé à me retrouver encore. Qu'il reçoive ici la nouvelle expression du bien vif et bien reconnaissant souvenir que lui conservera toujours l'armée d'Afrique. »

Le lendemain, le DUC D'AUMALE prit sa résidence à Mustapha. Du 7 au 16 octobre, les généraux Lamoricière, Bedeau et Changarnier y vinrent tenir plusieurs conférences ayant pour objet différentes questions militaires, politiques, administratives, et le règlement de plusieurs affaires urgentes. Le colonel LEVAILLANT fut souvent consulté. On y décida la suppression des trois directions de l'intérieur, des finances et des travaux publics, le maintien du directeur général des affaires civiles et du conseil supérieur, enfin l'amnistie des Arabes détenus en France. Maugenre et Thérésine eurent plusieurs fois l'occasion de rendre service à ces Messieurs du Grand Conseil.

Les événements du MAROC obligèrent les conférenciers à interrompre leurs travaux. L'insurrection des Béni-Amer contre Abd-er-Rahmane avait été suivie de trois jours de massacre à Taza. 12,000 Marocains commandés par les fils du sultan, MOULEY-AHMED et MOULEY-MOHAMMED, avaient fait un carnage des huit mille auxiliaires d'ABD-EL-KADER. Après ce combat, ils continuaient à saccager les tribus kabyles favorables à l'émir ; femmes, enfants, troupeaux devenaient la proie des Marocains.

Ordre fut donné à LAMORICIÈRE par le duc d'Aumale de se porter près des montagnes du Rif. Le 3ᵉ corps marocain avançait dans cette direction ; le 1ᵉʳ et le 2ᵉ avec les fils du sultan marchaient en avant sur la Moulouia, et le 4ᵉ corps du Kaïd d'Oudjda arrivait chez les Béni-Snassen. L'émir de son côté concentrait ses troupes sur la rive gauche de la *Moulouia*. Pour faire croire aux tribus qui lui étaient favorables qu'il n'était plus en hostilité avec les Français, celui-ci députa le 17 novembre, son secrétaire, EL-HADJ-EL-HABID, au général RENAULT à *Djemma-Ghazaouat*. Il était porteur de plusieurs lettres d'Abd-el-Kader et de Bou-Hamedi à l'adresse du duc d'Aumale et de Lamoricière. L'émir y donnait l'assurance de ses intentions pacifiques ; il réclamait avec instance une réponse renfermant la conclusion de la paix ; il adressait les plus grands éloges au fils du sultan des sultans du pays des chrétiens.

Pour toute réponse, LAMORICIÈRE se porta avec sa colonne à Lalla-Maghnia, le 21 novembre ; il rejoignit MAC-MAHON le lendemain, à Sidi-Mohammed-el-Oussini. Il plaça les brigades ROCHE, FAURE et MAC-MAHON, sous les ordres du général RENAULT, et la cavalerie, sous le commandement du colonel COUSIN-MONTAUBAN. L'occupation de la rive gauche de la Moulouia par 40,000 Marocains et Béni-Snassen rendait inutile l'appel du 36ᵉ et de la réserve d'Alger. L'émir, établi à *Gherma*, n'avait que 8,000 soldats à opposer aux Marocains et aux Français. Il prit néanmoins l'offensive le 10 décembre. Croyant surprendre les fils du sultan, il attaqua leurs camps de deux heures à six heures du matin. Des chameaux, chargés de fascines goudronnées, éclairaient ses soldats. Mais son secret avait été livré à l'ennemi. Trahi et cerné par toutes les hauteurs, l'émir dut se replier sur sa deïra avec des pertes sensibles. Ce jour là LAMORICIÈRE fit expédier aux Marocains soixante mulets chargés de cartouches. Il fit ensuite garder le *col de Kerbous* par les spahis, et donna l'ordre à sa colonne de marcher vers l'embouchure de la Moulouia.

Le 18 décembre, le DUC D'AUMALE quittait Mustapha-Supérieur avec le général CAVAIGNAC. S'embarquant pour *Nemours*, ils n'y arrivèrent que le 23. Pendant ces cinq jours de navigation, de grands événements s'étaient accomplis. Malgré la défection de son frère, SIDI-MOUSTAFA, et d'une partie de sa deïra, l'émir avait soutenu l'effort des troupes marocaines au passage de la *Moulouia*, le 21 décembre. Acculé à la mer, il avait franchi le gué voisin de l'embouchure en perdant beaucoup de soldats. Lui-même avait eu trois chevaux tués sous lui. Arrivé sur la terre algérienne et fuyant vers le sud, il essaya de forcer le *col de Kerbous* le 22, vers deux heures du matin. La colonne de LAMORICIÈRE l'y reçut à coups de fusil. Alors l'émir parlementa avec *Bou-Kouïa*, lieutenant de spahis, lui remit un papier mouillé, empreint de son cachet, et l'envoya à Lamoricière pour lui demander *l'aman*.

LAMORICIÈRE renvoya aussitôt le lieutenant, avec la promesse d'aman. Comme gage de sa parole, il fit porter son sabre à l'émir. A six heures du matin, les six escadrons du colonel Montauban conduisirent la deïra au puits de *Sidi-bou-Djenane*. Elle était composée de 600 tentes et de 5,500 Arabes. Mac-Mahon prit position près du campement de l'émir.

Vers dix heures du matin, *Bou-Kouia* revint auprès du général LAMORICIÈRE, lui rapporta son sabre avec une *lettre* d'ABD-EL-KADER. « Je désire, écrivait-il, que tu m'envoies une parole française qui ne puisse être ni diminuée, ni changée, et qui me garantisse que vous me ferez transporter soit à Alexandrie, soit à Saint-Jean-d'Acre, mais pas autre part. Tu maintiendras où elles sont les tribus qui se sont séparées de moi, hier soir, en se rendant chez les Smirda, parce que ma famille est avec elles et elles ont toutes mes affaires d'intérêt. Tu obtiendras aussi la mise en liberté de mon frère, Bou-Hamedi, prisonnier des Marocains, pour qu'il puisse m'accompagner. » Lamoricière souscrivit à ces conditions : « Notre souverain, lui répondit-il, sera généreux envers toi. Tu sera traité comme il convient à ton rang. »

Le 23 décembre, à neuf heures du matin, l'émir faisait sa soumission à LAMORICIÈRE, devant le marabout de SIDI-BRAHIM, sur le théâtre même de son triomphe du 23 septembre 1845. « *Vous êtes le seul*, dit-il à Lamoricière, *entre les mains duquel j'ai pu me résoudre à consommer le sacrifice suprême de mon abdication.* » Une heure après, l'émir et le général étaient à *Nemours* ; le DUC D'AUMALE venait d'y arriver. Il confirma l'engagement de Lamoricière, tout en réservant l'approbation du roi et de ses ministres, seuls en droit de décider sur l'éxécution de ces conventions. Une scène grande et dramatique eut lieu le 24 décembre ; en témoignage de soumission, l'émir amena le cheval de gada au duc d'Aumale, en présence de l'état-major. Dans l'après-midi, Abd-el-Kader, Lamoricière et le duc d'Aumale s'embarquèrent sur *le Solon* pour Mers-el-Kébir. Le général de Martimprey fut mis à la disposition de l'émir. Il s'embarqua avec lui, avec ses officiers blessés, sa mère, sa femme et son fils sur la frégate *l'Asmodée* le 25 décembre au matin. L'émir devait attendre à *Toulon*, au fort Lamalgue, les ordres du gouverneur. Celui-ci jugea que la sûreté de l'Algérie ne permettait pas que l'émir fut rendu de sitôt à la liberté(1).

---

(1) Abd-el-Kader ne quitta la France qu'en 1852.

La conquête de l'Algérie était enfin terminée : l'ère de la guerre était close ; la paix ne devait plus être troublée désormais que par des révoltes partielles et sans danger pour la France. L'accueil enthousiaste que l'armée et la population d'Alger manifestèrent au DUC D'AUMALE à son retour, le 29 décembre, fut bien supérieur aux grandes ovations qui avaient accompagné son installation du 5 octobre précédent.

Depuis Bugeaud, *la colonisation* progressait de plus en plus : on ne cessait de construire dans toutes les bourgades et dans les colonies fondées par le maréchal et par les princes : les routes se multipliaient, grâce au travail assidu de nos soldats. Du 9 octobre au 5 janvier 1848, le 1er bataillon du 36e fut employé aux terrassements de la route de *la Chiffa*. Le lieutenant *Résillot* du 36e dépensa tout son grand patrimoine pour l'achat d'une magnifique propriété entre Crescia et Douéra. Après avoir construit et fait de grandes plantations, il fit venir son beau-frère, sa sœur et sa mère en Afrique. Sa ferme fut une des plus importantes. *Maugenre* seconda un capitaine de gendarmerie en retraite pour créer une autre ferme à Koléah ; il lui prêta trois mille francs, sur le conseil des amis du régiment. Il y perdit la moitié de son capital et tous les intérêts. Il prêta à d'autres colons des environs de Blidah des sommes encore importantes. D'autres pertes analogues en furent tout le profit. Disons à sa louange que jamais ce brave soldat ne fit valoir ses droits en justice, pour se faire rembourser l'argent qu'il avait confié : il préféra en faire le sacrifice, en tout ou en partie.

Après les fêtes du nouvel an, le DUC D'AUMALE remonta à *Mustapha-Supérieur*. La duchesse qui était une princesse napolitaine, se plaisait avec les sœurs de Saint-Vincent-de-Paul. De son côté, Thérésine allait souvent à l'orphelinat. Il lui fut donné de rencontrer un jour la princesse à la salle commune de ces bonnes religieuses. A sa grande simplicité on ne l'eût certes pas prise pour la belle-fille du roi. Elle lia conversation avec Thérésine. Ce ne fut pas sans surprise qu'elle apprit que l'humble femme du caporal Maugenre descendait par son père et sa mère de quatre illustres familles du Béarn. Le charme de son langage lui fit bien reconnaître sa noblesse cachée sous la modestie de sa position.

Vers la fin de janvier, Thérésine eut la douleur d'apprendre la mort de son père à Oloron. Une gastrite lui avait enlevé la faculté de manger. Jusqu'à la dernière minute, il conserva toute sa foi et sa connaissance. Ce fut lui-même qui voulut répondre en latin à toutes les prières du prêtre qui lui administra les derniers sacrements. Ce grand deuil fit couler bien des larmes à Thérésine, à Mariette et à François. Ils ne pensèrent plus dès lors qu'aux moyens de décider leur mère et leur petite sœur à venir les rejoindre en Afrique.

Le 10 février 1848, l'escadre du PRINCE DE JOINVILLE mouillait dans la rade d'Alger. La voyant arriver depuis son palais de Mustapha-Supérieur, le duc et la duchesse D'AUMALE descendirent aussitôt à Alger pour recevoir le prince et la princesse au débarcadère. Les royaux visiteurs remontèrent à Mustapha et aucune fête n'eut lieu à l'occasion de cette arrivée. Cette absence de divertissements fut même très remarquée au palais. Les officiers d'ordonnance parlaient de disgrâce de l'amiral pour avoir tenu tête à M. Guizot. Pendant que les princesses, très simplement mises, faisaient cercle avec quelques dames d'officiers supérieurs, les deux princes allaient souvent au grand jardin du palais et causaient de leurs affaires. L'amiral entendait dur : les canons de ses vaisseaux avaient affecté son ouïe : il fallait que le duc d'Aumale parlât bien fort pour se faire comprendre de son frère.

Travaillant auprès de sa fenêtre qui donnait sur le jardin, Thérésine entendait souvent ces intimes conversations : heureusement, elle gardait tout pour elle. Le duc d'Aumale se plaignait de ne recevoir aucun argent de France. « Voilà plus de cinq cent mille « francs que j'ai avancés pour les colonies, disait-il, et on me « laisse ici à mes propres ressources. » Une autre fois il disait : « Le service des subsistances et la défense des côtes absorbent « presque tous mes revenus. Depuis deux mois, je n'ai rien reçu « du gouvernement pour cette entreprise. » De son côté, le prince de Joinville se plaignait hautement du président du conseil des ministres : « il fera le malheur du roi » disait-il. Tonnant ensuite contre les députés de l'opposition il ajoutait : « Ces misérables « excitent le peuple contre le roi, sous prétexte de défendre les « les droits du peuple en matière d'élections. Ce n'est pas une « réforme électorale qu'ils veulent, c'est la révolution. »

L'amiral comprenait la situation. Entrevoyant le danger des réformes réclamées depuis 1840 par MM. Rémilly, Pagès, Mauguin, Ducos, de Sade, etc., pour transformer tout le système électoral et parlementaire, Louis-Philippe les avait obstinément refusées. De là un mécontentement et une agitation qui, en janvier 1848, furent exaltés par des banquets réformistes, organisés et présidés par les chefs de l'opposition. En Algérie, les socialistes ne manquaient pas : ils faisaient cause commune avec ceux de

France. On était à la fin de février : le courrier avait cinq jours de retard. Il arriva le 27 février, à dix heures du soir. Tout le monde était sur pied au palais de Mustapha. Bientôt on vit venir le contre-amiral DUBOURDIEU qui apportait les dépêches au duc d'Aumale. Le lendemain matin on apprenait la collision du 22 février, la formation du ministère du 23 février et l'abdication du roi en faveur de son petit-fils, le comte de Paris, sous la régence de la duchesse d'Orléans, le 24 février.

Le 2 mars, une frégate à vapeur toute pavoisée de drapeaux apparut à l'horizon. Sitôt qu'ils l'aperçurent de Mustapha, les deux princes descendirent à *Alger* au palais du gouverneur. Le contre amiral Dubourdieu vint encore leur apporter les nouvelles : elles étaient graves ; l'abdication du roi avait été considérée comme non avenue ; un gouvernement provisoire avait été établi, et LA RÉPUBLIQUE aussitôt proclamée : le général CAVAIGNAC remplaçait le duc d'Aumale au gouvernement de l'Algérie, et l'escadre du prince de Joinville passait sous les ordres du contre-amiral. *Le Moniteur*, qui annonçait tous ces événements mit bien vite en émoi toute la population d'Alger. La foule se porta devant le palais du gouverneur. Compacte et émue, elle ne cessait de crier : Vive le duc d'Aumale, vive le prince de Joinville, à bas Cavaignac ! Plusieurs fois les princes durent se montrer au balcon en répondant aux acclamations par le cri de *Vive la France* !

A Paris, le nouveau gouvernement craignait que toute l'armée d'Algérie avec l'escadre du prince ne vinssent renouveler efficacement l'entreprise hardie des Cent-Jours. Il se trompait sur la noblesse des sentiments des princes. Préférant la France à leurs intérêts privés, ceux-ci n'eurent qu'une seule préoccupation : faciliter la tâche de leurs successeurs, rendre compte de leurs entreprises et de leur organisation aux ministres inconnus de ce gouvernement, témoigner hautement et dignement leur entier dévouement pour l'honneur et la gloire de la France.

Après avoir confié au général CHANGARNIER l'intérim des fonctions de gouverneur général, jusqu'au retour à Alger du général Cavaignac, le DUC D'AUMALE fit ses *adieux* à l'armée et aux colons.

Aux soldats il disait : « En me séparant d'une armée, modèle d'honneur et de courage, dans les rangs de laquelle j'ai passé les plus beaux jours de ma vie, je ne puis que lui souhaiter de nouveaux succès. Une nouvelle carrière va peut-être s'ouvrir à sa valeur ; elle la remplira glorieusement, j'en ai la ferme espérance.

« Officiers, sous-officiers et soldats, j'avais espéré de combattre encore avec vous pour la patrie !... Cet honneur m'est refusé ; mais du fond de mon exil, mon cœur vous suivra partout où vous appellera la volonté nationale ; il triomphera de vos succès ; tous ses vœux seront toujours pour la gloire et le bonheur de la France. »

Ses adieux aux colons étaient ainsi conçus : « Habitants de l'Algérie, fidèle à mes devoirs de citoyen et de soldat, je suis resté à mon poste tant que j'ai cru ma présence utile au pays. Cette situation n'existe plus... Soumis à la volonté nationale, je m'éloigne ; mais, du fond de l'exil, tous mes vœux seront pour votre prospérité et pour la gloire de la France. »

A ce moment, toute la troupe était dans la consternation. Que d'officiers et de sous-officiers avaient conquis leurs grades en faisant expédition avec les princes ; ils comprenaient la grandeur de la perte qu'ils allaient éprouver par leur départ. Comme bien d'autres, Louis Maugenre pleurait les princes parce qu'il les aimait et les estimait autant qu'ils le méritaient.

Le 3 mars, la sympathie, la tristesse de la population et de l'armée se traduisirent en un vrai triomphe accompagnant le départ des princes. Dès l'aube du jour, Louis Maugenre avait quitté Mustapha pour se rendre sur la place du Gouvernement. Malgré la pluie, il y trouva un rassemblement très nombreux d'Algériens, de soldats, de matelots, de juifs arabes, de Kabyles, d'ouvriers de toutes sortes. Vers neuf heures, la circulation devenait difficile. A chaque instant, des vivats s'échappaient de toutes les poitrines. A dix heures, les portes du palais s'ouvrirent. Le DUC D'AUMALE s'avance le premier. Le PRINCE DE JOINVILLE le suit donnant le bras à la duchesse d'Aumale. Enfin le général CHANGARNIER conduit la princesse de Joinville ; les deux fils du duc d'Aumale les précédaient en saluant la foule. Mille et mille voix s'écrient : *Vivent les Princes!* Ceux-ci répondent par : *Vive la France!* En passant devant la statue du duc d'Orléans, les nobles exilés se découvrent en disant : « Adieu, mon frère, adieu. » Les larmes coulent des yeux de tous les braves guerriers qui se pressent à leurs côtés. Jusqu'à la marine, le parcours, qui se fit à pied, fut une ovation enthousiaste. Les canons de la place faisaient retentir leur dernier salut. Les canons des vaisseaux répondaient par une salve royale ; c'est ainsi que les princes s'embarquèrent sur le *Solon* et se dirigèrent vers l'Espagne. Les vainqueurs de la Smala et de Mogador emportaient dans l'exil l'amour de la patrie et, en retour, ils léguaient l'Algérie.

Cette scène avait grandement ému le caporal Maugenre qui s'en revint à Mustapha-Supérieur le cœur gros. Trois jours après, le 6 mars, une lettre de Dénipaire dans les Vosges vint accroître démesurément sa douleur : son père Quirin Maugenre venait de mourir le 28 février, muni des sacrements de la Sainte Eglise. Il était âgé de soixante-douze ans. Les trois enfants qui lui restaient alors dans le pays étaient Jean-Baptiste, Marie et Jeanne. Ils conduisirent le deuil jusqu'à l'église et au cimetière d'Hurbache, où se fit l'inhumation religieuse. Quant à Louis, après avoir fait célébrer une messe à la cathédrale d'Alger, il écrivit à son frère et filleul pour lui donner l'usufruit de tous les terrains qui lui revenaient de la succession de son cher et regretté défunt. Cette mort le confirmait de plus en plus dans la résolution qu'il avait prise de se retirer à Béni-Méred après sa retraite. Le deuil qu'elle lui causait, ajouté à celui de la mort de son beau-père trépassé juste un mois auparavant, fut pour lui le point de départ d'une vie plus sérieusement chrétienne. On ne se sent jamais si près de l'éternité que lorsque la mort des siens en ouvre pour ainsi dire la porte, et présente comme prochaine son inévitable et irrévocable alternative. Appréciant la vie humaine à son juste point de vue, s'élevant au-dessus des êtres qui passent pour s'attacher à Celui qui ne passe pas, saisi à la pensée de sa fin et de son interminable durée, ce brave soldat résolut de s'occuper avant tout de son salut. Du reste, où pouvait-il trouver plus de vraies consolations qu'auprès de ce divin Ami disant à ses frères malheureux : « Venez à moi, vous tous qui souffrez, et moi je vous consolerai ? ».

A ce moment, Maugenre ne souffrait pas seulement de ses peines de famille : l'étrange folie qui s'était emparée de bien des esprits depuis la proclamation de la République, l'excitation au désordre dont on harcelait la troupe, les saturnales socialistes qui déshonoraient Alger, toutes ces hontes remplissaient son âme de la plus grande tristesse.

Le général CHANGARNIER avait à peine tourné les talons aux princes qu'il se proclamait hautement désapprobateur des tendances et de la politique du roi. Rampant aux pieds du nouveau gouvernement, il le suppliait d'utiliser son influence, et, en cas de guerre avec l'Italie, de faire transporter sous ses ordres l'incomparable armée de toutes les provinces algériennes.

Le 10 mars, CAVAIGNAC arrivant à Alger lui répondit : « Ote-toi de là que je m'y mette. » Après sept jours de gouvernement, l'influentissime reprenait tristement la route de France, où BUGEAUD lui avait été préféré comme *commandant l'armée d'observation des Alpes*.

Le nouveau gouverneur d'Alger inaugura son installation par un décret prescrivant l'enlèvement de la statue du duc d'Orléans érigée sur la place du gouvernement. L'armée, qui s'était cotisée pour élever ce monument à son illustre chef, intervint aussitôt. Les échafaudages dressés pour renverser la statue furent détruits par les soldats. A la première grande revue de toutes les troupes d'Alger, le général Cavaignac put comprendre qu'il s'était aliéné la troupe. Le cri de *Vive Cavaignac* était commandé à tous les soldats du 36ᵉ et des autres régiments. Seuls les zouaves obéirent. Tous les autres substituèrent à ce cri le célèbre mot de Cambronne. Le général pleurait de colère.

Sur la place du gouvernement, un splendide dîner fut servi à quatre cents républicains d'Alger. Le ruban rouge fut gratuitement distribué aux convives, pendant que les musiques jouaient et rejouaient *la Marseillaise*.

Au milieu de la place était dressé le grand arbre de la liberté, surmonté du bonnet phrygien. Un capitaine de génie le fit abattre. De là le tumulte, les vociférations, les bousculades, les tables renversées, les assiettes brisées, les coups de poing, les coups de canne, etc.

Le général CAVAIGNAC se présenta au balcon du palais dominant toute la place : on lui apporta un balai, un jupon, une quenouille. Et les Arabes contemplaient tout cela avec pitié, ou plutôt avec mépris ! En présence de toutes ces manifestations, l'armée se montra calme, disciplinée, convenable ; elle sauva l'honneur de la France. D'un autre côté les ruinés, les endettés, faisaient haïr la république en prenant le nom de républicains pour piller, voler, violenter et empocher tout ce qu'ils pouvaient. Tout ce que possédaient les princes au palais de Mustapha-Supérieur fut vendu aux enchères publiques : voitures, chevaux, meubles, linge, etc. Thérésine assista à cette vente et reçut en don d'un officier du palais tous les bébés des fils du duc d'Aumale. Les enfants de Moutou en profitèrent.

Le 19 mars, le 1ᵉʳ bataillon du 36ᵉ s'embarqua pour tenir garnison à BOUGIE. Les communications de cette ville, ainsi que celles de Djidjelli et de Collo avec Alger étaient restées difficiles et dangereuses, à cause de leur situation au milieu des montagnes de la Kabylie. A l'embouchure de l'Oued-Sahel, Bougie se trouve entre les deux Kabylies, la grande du *Djurdjura*, et la petite des *Babors*. La famille la plus puissante des deux Kabylies était les *Ben-Azzeddine*, ayant pour chefs deux frères, Mohammed et Bou-Ghenane. Leurs vexations à l'égard des tribus soumises nécessiteront bientôt une expédition. En prévision de cet événement, le 1er bataillon ouvrait la marche aux deux autres.

Le 26 mars, tous les soldats du 36e demeurant alors à ALGER furent convoqués au champ de mars, sur les bords de la mer. Ils devaient prendre part à une grande manifestation de toutes les forces militaires de la division d'Alger, manœuvrant sous les yeux de tous les khalifs, aghas et cheikhs, réunis au nombre d'environ 600. Le but du gouverneur était d'intimider les Maures, et de faire cesser toutes leurs excitations à la révolte.

Le 29 mars, le 2e bataillon du 36e arriva de Dellys à Alger. Il n'y resta que quinze jours. Les Righa et les Béni-Hassen des environs de *Médéah*, après avoir refusé de payer l'impôt se rendirent coupables de plusieurs assassinats envers des Français. Cette nouvelle fut apportée à Alger le 11 avril. Aussitôt le gouverneur envoya l'ordre au général MAREY de marcher contre les rebelles à la tête de sa colonne. Il ordonnait en même temps au colonel LEVAILLANT du 36e de ligne de se porter à *Blidah* avec les 2e et 3e bataillons. Le départ de la colonne et du 36e se fit le même jour 13 avril. Avant de quitter Mustapha-Supérieur, le colonel confia la garde de son logement, de son mobilier, de ses précieuses collections et de sa bibliothèque au caporal *Maugenre* et à Thérésine. Ils durent y demeurer tout le temps de son absence. Toutefois le caporal allait chaque cinq jours d'Alger à Blidah avec ses muletiers. Il était chargé de rapporter de la Trésorerie générale d'Alger tout l'argent destiné aux deux bataillons. Le 2e bataillon était parti le 20 avril pour les travaux de la route de Milianah et cinq jours après son retour, le 7 mai, le 3e prenait part aux travaux de la route d'Aumale jusqu'au 24 mai, où il rentrait à Blidah. Pendant ce temps, la colonne Marey opérait dans *le Titter* où elle faisait payer 32,000 boudjous d'amende en sus de l'impôt aux Béni-Hassen ; puis dans le sad, chez les Ouled-Nail, et enfin chez les Ouled-Sidi-Aïssa ; le 29 mai, elle rentrait à Médéah sans avoir eu besoin du renfort de Blidah.

Il y avait quelques jours que les deux bataillons du 36e avaient quitté Alger, lorsque Madame BLANCARD, de Bayonne, retirée à Douéra depuis la retraite de son mari, vint trouver Thérésine à Mustapha-Supérieur. Cette dame venait de perdre son père en France. Pour ne pas laisser seule sa mère, elle allait à *Bayonne* la chercher. Avant de s'embarquer à la marine, elle venait prendre les commissions de sa payse et lui rendre visite. Ce fut l'occasion pour Thérésine de dire à son mari : Puisque nous n'avons pas d'enfant, je voudrais bien avoir avec moi ma petite sœur

MARIANNETTE d'Oloron.

— J'y consens volontiers et je serai pour elle ce que j'ai été pour Mariette. J'accepte tous les frais de son voyage et de son éducation. Mais là n'est pas la question. Avant tout, il s'agit de savoir si votre mère consentira à la laisser venir à Alger et à s'en séparer.

— Nous pouvons toujours lui écrire et lui proposer cette affaire.

— Quel âge a Mariannette aujourd'hui ?

— Onze ans, tout au plus, et c'est la seule et dernière enfant qui reste à ma mère. Trois sont ici : un est dans les Landes, tous les autres sont dans l'éternité.

— Dieu le veut ainsi et c'est pour notre bien. C'est Lui qui nous envoie Madame Blancard aujourd'hui pour réaliser ses vues sur Mariannette. Mais son voyage d'Oloron en Afrique n'est pas chose très facile. Il faut avant tout bien s'entendre et savoir au juste le jour où Madame Blancard passera à Pau, après son départ de Bayonne.

— A elle de nous le dire, et à nous de lui donner de l'argent pour tous les frais de voyage de ma sœur. Puis, avant le départ du courrier, nous allons écrire à Oloron.

— Entendu.

Le 1er mai fut fixé pour le rendez-vous à *Pau*. Une première lettre fut aussitôt écrite pour la maman d'Oloron, et une seconde, à Madame Aries, lui commandant un trousseau convenable pour Mariannette.

Onze jours après le départ de Madame Blancard, Thérésine recevait de sa mère une lettre ainsi conçue :

Oloron-Sainte-Marie le 21 avril 1848.
Ma chère Thérésine,

« Tu ne saurais croire combien je souffre ici depuis la mort de
« ton père bien-aimé. De douze que nous étions à la maison, nous
« ne sommes plus que deux, ta petite sœur et moi. Tu comprends
« que je ne veux pas m'en séparer. Mais je ne veux pas non plus
« te faire de la peine en répondant par un refus à ta bonne
« invitation. *Je me propose donc d'accompagner Mariannette afin de*
« *vous retrouver tous à Alger*. Ma mère Jeanne de Loustau veut
« bien se charger avec ma sœur Jeanneton, de liquider toute ma
« situation. Je donne tout mon mobilier à Louis, et j'emballe
« tout ce que je puis pour l'Afrique. Prépare-moi un logement
« près du tien ; il me tarde beaucoup de te revoir avec François
« et Mariette. Prie Dieu pour moi, car je crains la traversée,
« bien que la Méditerranée ne soit pas si dangereuse que l'Océan

« à Bidart. Encore quinze jours de peine et nous nous reverrons.

« En attendant ce bonheur, je t'embrasse de tout mon cœur.

« Ta mère qui t'aime en Jésus-Christ.

« Marie-Anne de Loustau. »

Grande fut la joie de Thérésine en apprenant cette arrivée. Le lendemain, Maugenre allait à Béni-Méred communiquer cette lettre à Moutou et à Mariette. Ce fut une incroyable surprise nécessitant un voyage de leur part et une petite fête de famille à *Alger*.

Les quatre voyageuses du Béarn arrivèrent trois jours plus tôt qu'elles n'étaient attendues. Elles s'étaient embarquées à *Cette*, au lieu d'aller prendre le courrier à Marseille, ce qui fut tout à la fois une économie de temps et d'argent. Elles furent reçues au palais de Mustapha-Supérieur où Thérésine avait deux belles chambres à leur disposition. Presque toute la famille se trouvait reconstituée et réunie sur la terre africaine. Après la douleur de quatre grands deuils successifs, l'avenir semblait dès lors promettre de plus heureux jours. Mais hélas! ce n'est pas en cette vie que l'on peut trouver le bonheur. On ne se retrouve en famille que pour se quitter; les séparations et les réunions, les tristesses et les joies se succèdent ici-bas pour ne finir qu'avec la tombe, et encore, par delà le tombeau, nous en avons de plus grandes à craindre ou à espérer.

Dès le mois de mai, MARIANNETTE fut placée par sa sœur dans un pensionnat où elle restait pour dîner. Elle avait pour compagne Etiennette Molinier, fille du chef armurier et d'une béarnaise. Matin et soir, Maugenre ou François leur faisait la conduite. Un jour cependant qu'elles étaient sorties plus tôt que de coutume, elles voulurent revenir seules. Chemin faisant, une méchante femme arabe se mit à les poursuivre en criant à tue-tête. Sans l'intervention de la police, elle les aurait atteintes et, probablement, elle leur aurait fait un mauvais parti.

A Béni-Méred, Moutou prit l'occasion de l'arrivée de sa belle-mère pour confirmer Maugenre dans sa détermination de se retirer en Afrique. Une très belle concession, celle de M. Blandin, était à vendre à côté de la sienne. La destinant à son beau-frère, et lui demandant presque tout l'argent nécessaire à cet achat, Moutou en fit l'acquisition. Dorénavant son exploitation exigera la main-d'œuvre d'une vingtaine d'Arabes. Les surveillant de jour, le fusil en bandoulière, il passera à la belle étoile toutes les nuits, durant la moisson des blés, pour ne pas voir ses récoltes incendiées ou pillées par les brigands indigènes. Ce désastre était équent à cette époque dans les colonies algériennes.

En 1848, Moutou eut un de ses moissonneurs tué par la foudre. /'orage avait surpris dans les champs tous ses travailleurs. Vite n attela les chevaux aux voitures, et on partit. Un Arabe ne était pas trouvé là au moment où tous les autres étaient montés. l se mit à courir à toutes jambes, la faucille sous le bras, le urnous flottant, pour rattraper les voitures. A ce moment, le feu u ciel l'étendit raide mort.

Béni-Méred était devenu le but des grandes sorties de la famille e Thérésine. La maman allait y passer quelques jours. Apprenant ue le général Camou commandait Blidah, à une petite heure de 1, elle alla lui rendre visite avec Moutou. Amie et voisine des arents du général à Oloron, elle l'avait porté dans ses bras, elle avait vu jouer avec ses enfants. Le général leur fit un excellent ccueil ; il dit à sa vieille connaissance : « Faites venir ici votre gendre du 36ᵉ et votre Thérésine ; moi, je me charge de leur faire une position très-honorable et très avantageuse. » Pour le 1oment, cette proposition n'était pas acceptable.

CHAPITRE XL

LA KABYLIE (1)

Combat de Zagmoun (6 juillet 1848)

Les événements du 4 mai 1848 avaient forcé le gouvernement provisoire à nommer un dictateur. Le général CAVAIGNAC fut élu. Le 11 mai, il quittait Alger, remplacé comme gouverneur par le général CHANGARNIER. L'avant-veille de son départ, le dictateur avait donné l'ordre au général CANROBERT, qui commandait la province de Constantine, de poursuivre les tribus kabyles, émigrant sous la conduite de Ahmed, ancien bey de Constantine. Cette colonne partit aussitôt de Batna et s'engagea dans le Djebel-Aurès.

Au même moment, les trois colonnes de Mostaganem, d'Orléansville et de Mascara, sous les ordres du général PÉLISSIER et des colonels BOSQUET et MAISSIAT, levaient les impôts, imposaient des amendes dans l'Ouarensenis, ramenaient à l'ordre les Béni-Ouragh et les Flitta, et infligeaient une sanglante correction aux Cheurfa dans le combat du 17 mai.

Le 5 juin, cerné dans les débouchés de l'Aurès, l'ancien bey

---

(1) Chronique régimentaire inédite.

AHMED se confiait au commandant *de Saint-Germain*. Conduit à Biskra, il demandait l'aman le 7 juin au général CANROBERT.

Le 9 juin, le 2e bataillon du 36e avec deux compagnies d'élite du 3e bataillon arrivaient à Alger. Ils furent logés à la caserne d'Orléans. M. le colonel LEVAILLANT revint prendre possession de ses appartements, à *Mustapha-Supérieur* : il retrouva tout en ordre et en bon état. Le lendemain, il fit appeler l'officier-payeur, M. *Rispal* et lui donna l'ordre d'aller à la Trésorerie d'Alger avec Maugenre et un muletier, pour y recevoir une somme de douze mille francs. Après avoir touché cet argent, l'officier ne remonta pas au palais ; il confia au caporal le soin de faire porter la somme au grand chef. Chemin faisant, des groupes d'Arabes, ayant une mine d'assassins et de bandits, semblèrent se concerter ensemble pour arrêter et dévaliser nos deux soldats. Heureusement que ceux-ci étaient bien armés et que le caporal avait une taille d'hercule. A leur approche, les Arabes se tinrent à distance. Il n'y eut heureusement aucune attaque de leur part. S'ils avaient su ce que portait le mulet, il est bien à croire qu'ils eussent tenté un audacieux coup de main. Maugenre se promit de ne plus accepter un pareil dépôt sans avoir au moins six hommes avec lui.

Deux jours après, le 12 juin, M. le colonel JEAN LEVAILLANT, commandant le 36e de ligne, était nommé *général de brigade*. Cette nomination bien méritée fut une grande perte pour le régiment. Dévoué pour ses bons officiers et pour ses braves soldats, M. Levaillant était le type de l'officier supérieur. Homme de bien, juste, clairvoyant, profond et habile connaisseur des hommes et des choses, il savait concilier dans sa personne toutes les vertus sociales et toutes les vertus guerrières. Prompt et ferme dans ses décisions, il savait se faire obéir, estimer et aimer. Il fut le colonel qui réalisa le mieux les plans de Bugeaud et de La Morricière. L'Algérie lui doit beaucoup comme conquérant et comme colonisateur. La France le reconnaît comme un de ses plus savants naturalistes.

Peu après sa nomination, M. Levaillant fit appeler Thérésine. Il lui offrit tout son mobilier pour la modique somme de deux cents francs. C'était un don magnifique et princier. Spontanément il ajouta le billet suivant pour son mari :

« *Maugenre caporal muletier est un vieux et digne soldat qui
« mérite qu'on s'intéresse à son sort.*
« *Je lui ai promis de le nommer Sergent deux ans avant
« l'époque fixée pour sa retraite pour lui donner la retraite de*

« *Sous-Officier. Je prie le Colonel du 56ᵉ d'acquitter ma promesse.* »
Mustapha, le 28 juin 1848.
Le Colonel,
LEVAILLANT.

Ce billet ne fut pas exhibé à son successeur. L'estime et la renommée dont le caporal jouissait au 36ᵉ suffirent à son avancement. Mais cet acte quasi-testamentaire du colonel LEVAILLANT fut conservé jusqu'aujourd'hui comme un monument et une preuve de la grande justice du colonel et du vrai mérite de l'humble caporal qu'il affectionnait.

M. le lieutenant-colonel JOLLIVET, chargé de l'intérim, vint habiter dans le logement de M. Levaillant après sa rentrée en France. Thérésine laissa à sa disposition tout le mobilier qu'elle venait d'acquérir.

A ce moment de graves événements se passaient en France. Au sein de l'Assemblée législative, un parti avait fait appel à l'insurrection, à la guerre civile. En présence de cette manifestation, le gouvernement dut prendre les mesures les plus énergiques. Le général CHANGARNIER, *gouverneur de l'Algérie* fut appelé en toute hâte à Paris. Le général MAREY lui était désigné pour successeur. Le 23 juin, les barricades s'élevaient de toutes parts dans les boulevards et les rues de la capitale. Une lutte fratricide était engagée. Pour comprimer l'insurrection, le dictateur CAVAIGNAC fit un appel à la province. Aussitôt six cents Vosgiens franchirent en quelques jours un espace de cent lieues pour accourir à Paris. L'orage de sang continua toute la journée du 24. Le 25, le généreux archevêque de Paris, Monseigneur AFFRE, cueillait la palme du martyr aux barricades du *faubourg Saint-Antoine*. A la barrière Fontainebleau, le général BRÉA, et son aide-de-camp *Mangin*, étaient lâchement assassinés, en parlementant avec les insurgés, qui avaient simulé une conciliation. Grâce au bras vigoureux du général CAVAIGNAC, grâce aux combinaisons stratégiques du général CHANGARNIER, arrivé juste au moment de l'orage, les barricades furent aussitôt détruites que formées. Toute cette impureté humaine fut refoulée jusque dans les égouts. Après la victoire le dictateur abdiqua. L'Assemblée répondit à cet acte d'abnégation en nommant CAVAIGNAC *Chef du pouvoir exécutif*.

L'insurrection de juin fut connue à Alger le 1ᵉʳ juillet. Cette ville venait d'assister à de grandes fêtes et à une fantasia splendide. Conduits par le général CANROBERT, AHMED, l'ancien bey de Constantine, et soixante douars de la Kabylie avaient été reçus à Alger, le 27 juin, par le général MAREY, *gouverneur*. Ils étaient venus y fixer leur résidence. Quand on sut que le drame de 93 venait d'avoir son troisième acte, toutes les joies cessèrent et la ville prit le deuil.

Dans les premiers jours de juillet, deux expéditions furent accomplies par le général Mac-Mahon et par le général Gentil. La première, partie de Tlemcen, eut pour but de rappeler à l'ordre les Hamzane-Gharaba et les Béni Snous. La seconde fut dirigée contre les Mzaïa des environs de Bougie.

Sur l'ordre du général gouverneur, M. le lieutenant-colonel Jollivet, le 2ᵉ bataillon du 36ᵉ, les compagnies d'élite du 3ᵉ bataillon, Maugenre et ses muletiers s'embarquèrent pour Bougie, le 4 juillet, sur *l'Euphrate* et *le Dauphin*.

Après un parcours de 177 kilomètres sur la Méditerranée, les deux navires arrivèrent le 5 juillet au grand port de l'antique Saldae. Les soldats du 36ᵉ saluèrent de leurs acclamations la ville et ses trois châteaux-forts. BOUGIE apparaissait en amphithéâtre au pied du Gouraïa, sur deux coupes séparées par une gorge profonde, commun débouché d'un triple ravin dont les branches convergentes divisaient autrefois les hauts quartiers de l'ancienne ville. De ces quartiers, comme de ceux qui occupaient au même temps la croupe orientale, comme de l'enceinte qui les protégeait, il ne restait à peu près rien que des ruines ; la vie qui s'en était retirée s'était concentrée au nord et à l'ouest de la gorge de Sidi-Touati. Là, parmi les jardins et les vergers, on apercevait, disséminées et comme enfouies dans la verdure, quelques centaines de petites maisons proprettes et blanches. De cette vue d'ensemble, si le regard du spectateur s'arrêtait au détail, il apercevait au premier plan les défenses du front de mer : à sa droite, sur la pointe qui limitait à l'est l'anse du port, la batterie Ahmed et la tour carrée du fort Abd-el-Kader. En face, tout au milieu de la courbe décrite par la plage, le quai de débarquement et couvrant l'issue du grand ravin, Bab-el-Bahar, la Porte de mer. A gauche, un peu avant la pointe occidentale, la batterie Hussein ; à la pointe même, le bastion de Choulak. Au second plan, de ce même côté, commençaient à se dessiner les murs de la Kasba, dont le bastion de Choulak n'était que l'ouvrage inférieur et qui s'élevait à mi-côte jusqu'à la masse du fort de l'Aha, son réduit. Au-dessus, au point culminant de la croupe occidentale, se dressait l'ouvrage le plus considérable de Bougie, le fort Mouça ; de l'autre côté du ravin, la croupe orientale, la croupe de Bridja qui domine le fort Abd-el-Kader, était nue et sans défense (1).

---

(1) C. Rousset. *Les Commencements d'une Conquête*. T. 1, page 252.

Le débarquement se fit à quatre heures du matin. Les soldats du 1er bataillon détaché à Bougie se joignirent aux nouveaux arrivants. Après le déjeûner, *la colonne expéditionnaire du général GENTIL* fut constituée. Elle était formée par les bataillons réunis du 36e et par trois autres bataillons du 33e. A neuf heures, la colonne se mit en route.

Maugenre marchait à l'arrière-garde avec le 2e bataillon. Dans l'après-midi, un engagement eut lieu avec les Kabyles de la tribu des Mzaïa. Seul, le 33e y prit part. Vers les cinq heures du soir, le bivouac fut établi sur un mamelon, non loin d'un village appelé *Zagmoun*. Les grands gardes furent aussitôt postés. Pendant presque toute la nuit, les Arabes tiraillèrent sur eux.

Le 6 juillet, à quatre heures du matin, la colonne s'ébranla. Les sacs des soldats furent laissés au bivouac sous la garde d'une compagnie par bataillon. Le 36e ouvrait la marche. Une demi heure après la sortie du bivouac, le 1er bataillon s'élança sur les Kabaïles qui s'étaient fortifiés pendant la nuit derrière une redoute. En tête de la compagnie d'avant-garde marchait M. *Riffaud*, lieutenant de grenadiers. La lutte corps à corps fut de courte durée ; la redoute fut brillamment enlevée par l'ardeur des soldats du 36e. Ils chassèrent les Arabes de mamelon en mamelon. Durant toute la journée, ils les attaquèrent et incendièrent les villages et les moissons. Durant ces combats et cette destruction, un voltigeur du 3e bataillon fut tué ; cinq du 1er furent blessés ainsi que M. le lieutenant *Riffaud*. M. *Hebert* capitaine de grenadiers, commandant le 1er bataillon, reçut une balle morte en pleine poitrine. Pour garantir les provisions de son lieutenant-colonel, le caporal *Maugenre* dut se tenir à l'arrière-garde. De ce côté l'attaque ne fut pas vive : quelques groupes de cavaliers arabes essayèrent de tourner quelque temps la ligne de front pour tomber sur les mulets. Reçus par la fusillade des muletiers et de la 2e du 3e bataillon, ils ne se hasardèrent pas longtemps dans cette tentative ; ils firent demi-tour en déchargeant leurs fusils. Le lendemain, les tribus des hauts Mzaïa vinrent faire leur soumission au général GENTIL. Le 8 juillet elles payèrent les impositions, pendant que le 36e séjournait au bivouac. Quittant les Mzaïa, le 9, vers quatre heures du matin, la colonne se rendit dans la vallée de *Souman*. On ne tira pas un seul coup de fusil pendant la route. Le bivouac fut établi sur la rivière chez *les Beni-bou-messa-oud*. Ceux-ci acquittèrent leurs contributions sans mot dire. L'expédition ayant atteint son but, l'ordre fut donné de retourner à Bougie. La colonne y arriva le 10 juillet à trois heures de l'après-midi. L'ordre général suivant ut publié le lendemain :

« Officiers, sous-officiers et soldats. J'ai rendu compte au gouverneur général de votre belle conduite. Il me charge de vous en témoigner toute sa satisfaction. Heureux d'être l'interprète de ses sentiments, j'y joins sans réserve les éloges les plus complets.

« Par votre résignation dans les fatigues, par votre intrépidité dans le danger, vous avez obtenu des résultats que je n'osais pas même espérer ; vous avez rendu ma tâche facile. Je vous en remercie.

« Heureux de vous avoir commandés dans cette expédition, ce sera un des plus doux souvenirs dans ma carrière militaire.

« Le général commandant la colonne expéditionnaire,
GENTIL.

Après avoir bivouaqué dans Bougie, le 2e bataillon du 36e, le lieutenant-colonel et ses muletiers s'embarquèrent sur *le Cacique* pour Alger. Partis avant quatre heures du matin, ils arrivèrent le 15 à une heure de l'après-midi à *Alger*.

En rentrant à MUSTAPHA-SUPÉRIEUR avec son caporal Maugenre, M. le lieutenant-colonel JOLLIVET apprit sa nomination de colonel au 70e régiment de ligne et son remplacement par M. VERGÉ, chef de bataillon, commandant les tirailleurs indigènes. M. BLANCHARD, nommé colonel du 36e en remplacement de M. Jean Levaillant, n'était pas encore arrivé à Alger. Tout le corps d'officiers, acquiesçant aux vœux de tous les soldats du 36e, s'empressa d'adresser une pétition à M. le ministre de la guerre. Il lui exposa que M. JOLLIVET avait mérité et obtenu par son dévouement, par sa popularité, par sa bonté et par toutes ses inappréciables qualités la sympathie et l'estime de tout le régiment. Il lui montra que depuis sa nomination de commandant à Saint-Étienne, et surtout pendant toute la conquête de l'Algérie, ce brave officier supérieur avait eu sa grande part dans tous les périls comme dans tous les éloges du 36e, qu'il appartenait à ce régiment comme un père à sa grande famille, qu'il était plus à même que tout autre de procurer et de sauvegarder tous ses intérêts. En conséquence M. le ministre était prié de vouloir bien obtenir de M. Blanchard une permutation avec M. Jollivet afin que celui-ci puisse être nommé colonel du 36e.

Thérésine et son mari souhaitaient plus que tout autre cet heureux événement. Grande fut leur déception quand on apprit que M. BLANCHARD avait refusé d'accepter ce changement. Il arriva peu après. L'accueil qu'il reçut fut on ne peut plus froid. Marseillais, très petit, maigre, vilaine mine, commun, pince-sans-rire, le nouveau colonel passait encore aux yeux de quelques-uns pour être juste et homme de devoir. Etant capitaine adjudant-major à Strasbourg lorsque Louis Napoléon tenta de renverser le gouvernement du roi, il avait concouru efficacement à l'échec de cette audacieuse entreprise et à l'arrestation du prince. Cela lui vaudra plus tard une retraite de colonel.

M. JOLLIVET, enfant de la Vendée, la copie de La Moricière comme chrétien et comme soldat, dut se résigner à faire ses adieux au 36e. Bientôt il deviendra général. Son successeur M. VERGÉ ne fit qu'une courte apparition au régiment. Lui permuta avec M. le lieutenant-colonel TARBOURIECH, venant du 8e léger, et reconnu au 36e dans son nouvel emploi le 29 octobre 1840. Une autre nomination importante se fit peu après l'arrivée de M. Blanchard. M. le chef de bataillon BOURJADE fut promu colonel au 18e de ligne.

A Alger, le 22 septembre, un nouveau *gouverneur*, M. le général CHARON, avait succédé au général Marey. Celui-ci avait eu la consolation, avant son départ, de voir terminer la lutte contre les Ben-Azzedine. Après les combats des 8 et 9 septembre livrés par le colonel JAMIN, Mohammed et Bou-Ghenane s'étaient soumis. Plus que jamais, on considérait *la conquête* de l'Algérie comme *terminée*. La paix ne devait plus être troublée désormais que par des révoltes partielles et sans danger pour la France. Aussi Cavaignac et Changarnier s'efforcèrent-ils de développer *la colonisation*. De concert avec La Moricière, avec Bugeaud, ils décidèrent l'Assemblée nationale, le 29 septembre, à ouvrir au ministère de la guerre un crédit de cinquante millions pour travaux d'utilité publique en Algérie et pour l'établissement de nouvelles colonies agricoles. Le gouvernement fit ensuite un appel énergique aux émigrants. Vers la fin d'octobre, 13,500 ouvriers parisiens, insurgés de Juin pour la plupart, vinrent débarquer à Alger. La musique du 36e alla au devant d'eux en jouant la Marseillaise. La troupe dut évacuer les casernes d'Orléans et Lemercier, destinées provisoirement aux arrivants ; elle dut camper entre la Kasba et le Tagarin. De nouveaux centres de population furent aussitôt créés. Le 5 novembre, le 2e bataillon du 36e, commandé par M. DE SAINTE-MARIE, partit d'Alger pour fonder le village de *Bou-Ismael*, à 10 kilomètres de Koléa. Trois jours après, plusieurs compagnies du 36e furent détachées à *Tef-choun*, à environ quatre kilomètres de Bou-Ismaël. Les soldats furent employés aux travaux des routes et des constructions de baraques pour les colons. Ils étaient contents de pouvoir déployer toute leur activité en toute liberté et à bon profit. Cette joie fut de courte durée. Le 23 novembre, une nouvelle se répandit comme un coup de foudre dans tout le régiment. Le 36e avait reçu l'ordre de rentrer en France.

Aussitôt *Maugenre* écrivit à son beau-frère de Béni-Méred pour lui annoncer son départ. Il confirma la convention qu'il avait faite avec lui de prendre sa retraite en Afrique. En conséquence il lui confia tout son mobilier et celui qu'il avait eu du colonel Levaillant. Enfin il fut décidé que la maman irait habiter avec Mouton et avec sa fille Mariette, mais que *Marie-Anne* suivrait Thérésine et François jusqu'à leur retour en Algérie.

Le 27 novembre, le 3e bataillon fort de 661 hommes de troupe et de 12 officiers, commandés par M. le capitaine *Clément*, s'embarqua à sept heures du matin sur la frégate à vapeur *le Christophe-Colomb*.

Le départ de *Maugenre*, de Thérésine, de Marie-Anne, de François, ainsi que celui du colonel, du lieutenant-colonel, de la musique, du drapeau, de l'état-major, des grenadiers et voltigeurs et de la 3e du 2e fut fixé au 3 décembre à sept heures du matin.

Il y a dans toute vie humaine des jours particulièrement mémorables. Ce sont ceux qui sont témoins de grands événements lesquels dépend une situation nouvelle. Un mariage, une vocation, un héritage, une faillite, une élection, un combat et mille autres faits de cette gravité modifient toujours les plans conçus pour l'avenir.

L'embarquement du 3 décembre eut des conséquences de ce genre pour la famille Capdepon de Goës. Transportée de France en Afrique par suite du mariage de Thérésine, elle allait se diviser avec le départ du 36e. Sa réunion sur la terre algérienne, opérée par de grands sacrifices, ne leur avait pas fait goûter une année de bonheur. Il est vrai que la résolution du caporal Maugenre donnait à tous l'espérance d'une nouvelle réunion, prochaine et durable. Mais d'ici là, la guerre probable avec l'Italie pouvait éclater, et occasionner à la famille un ou deux deuils cruels. C'est avec cette appréhension que se firent les adieux. Il est facile d'en concevoir l'amertume. Déjà en soi et par soi-même, une séparation par un voyage au delà des mers ne laisse pas sans inquiétude et sans tristesse des parents qui s'entr'aiment.

La journée du 2 décembre fut celle de la séparation. Il fallait se trouver à la marine le lendemain dès cinq heures du matin : tout devait donc se préparer la veille. Moutou, Mariette et son petit Louis étaient venus avec voitures et chevaux. Il y avait un déménagement à charger et un dernier dîner à prendre en famille. Si l'on eut dit à tous ces modestes convives que jamais plus de leur vie ils ne se reverraient tous ensemble, ils n'auraient pu manger qu'un pain mouillé de larmes. Mais Dieu a bien fait de nous cacher l'avenir ; la croix de chaque jour est déjà assez lourde sans qu'il soit besoin de la rendre plus pesante. Vers la fin du repas, les familles Blancard et Parisy vinrent saluer les amis du 36e. On parla de ses projets ; on fit de beaux plans, de belles propositions, laissant à Dieu le soin de tout disposer selon sa très sainte et bénie volonté. Le soir venu, la maman fit venir près d'elle tous ses enfants : elle leur recommanda avant tout la prière, l'amour de Dieu et de la Sainte-Vierge, la fidélité à tous les devoirs ; elle leur rappela les nombreux exemples de piété qui leur avaient été donnés par leurs parents et par leurs aïeux, les protections d'En-Haut dont ils avaient bénéficié, et celles qu'ils avaient éprouvées eux-mêmes dans les combats contre les Arabes. Elle termina par ces paroles : « C'est Dieu qui vous appelle en France et qui me veut à Béni-Méred. Partout où vous irez, ma pensée et mon amour vous suivront. Que Dieu veuille nous bénir tous à jamais ; que sa volonté soit faite et non la nôtre! » Là dessus tous s'embrassèrent le cœur gros ; Moutou fit monter en voiture sa belle-mère, Mariette et son fils ; son domestique conduisait le mobilier. Ils prirent le chemin de la Métidja. Le lendemain, à 7 heures et demie du matin, la frégate à vapeur *l'Orénoque*, portant à son bord *Maugenre*, Thérésine, Marie-Anne et François, quittait le port d'Alger se dirigeant sur Toulon.

CHAPITRE XLI

RETOUR EN FRANCE. AFFAIRES D'ITALIE

Le 5 décembre 1848, à deux heures de l'après-midi, en débarquant à TOULON, Thérésine, son mari, son frère et sa sœur trouvèrent au port M. BOURGUIGNON. Il venait les chercher tous, avec sa voiture, pour les conduire chez lui. Tous les arrivants du 36ᵉ furent logés au *Morillon*. Cet immense établissement appartenait à la marine. Il avait été incendié le 1ᵉʳ août 1845. Vingt-quatre soldats du dépôt du 36ᵉ, et l'enfant de troupe Brambille, qui s'étaient distingués dans ce déplorable événement, avaient été signalés dans le rapport du lieutenant-général, comte d'Hautpoul, au maréchal Soult, ministre de la guerre. Trois médailles d'honneur avaient été remises à deux fusiliers blessés, Boudet et Bissey, et au caporal Brasquet, à qui l'on devait la conservation des papiers, des registres et d'une somme d'argent, trouvée dans cet incendie, qui dura seize heures. C'est à titre provisoire que l'état-major du 36ᵉ, et le 2ᵉ bataillon, vinrent habiter les nouveaux bâtiments, destinés aux ateliers de construction de l'Arsenal. Le 3ᵉ bataillon, qui avait débarqué le 30 novembre, avait été cantonné au grand village de *La Seyne*. Le 9, le 15 et le 20 décembre, l'*Achéron*, l'*Albatros* et le *Magellan* amèneront les 4ᵉ, 5ᵉ et 6ᵉ compagnies du 2ᵉ bataillon, et le 1ᵉʳ bataillon, sous les ordres du commandant de Jonquières, et des capitaines Bouisset et Chevillard. Ces derniers n'avaient quitté Bougie que les 7 et 8 décembre. Pour venir en France, ils avaient d'abord dû s'embarquer pour Alger.

De graves questions s'agitaient alors au-delà des Alpes. Il est dans la destinée de la France d'ébranler le monde lorsqu'elle se remue, de le calmer lorsqu'elle se modère. Aussi l'Europe nous rend-elle responsables de son repos ou de son agitation. Le contre-coup de la révolution de février s'était fait sentir depuis la Baltique jusqu'à la Méditerranée.

Au nord de l'Italie, une guerre sérieuse avait éclaté. CHARLES-ALBERT, roi de Sardaigne, revenant aux idées libérales de sa jeunesse, embrassa ouvertement la cause de l'indépendance et de l'unité de l'Italie. Il appuya donc de ses armes les peuples insurgés de la Lombardie, de la Vénétie, des duchés de Parme, de Plaisance, de Modène, qui ne tardèrent pas à être incorporés aux États-Sardes. Or depuis 1815, quelques-uns de ces états appartenaient à des lignes issues de la maison d'Autriche et étaient réversibles à cet empire. Lésé dans ses droits, l'empereur FRANÇOIS-JOSEPH déclara la guerre aux Piémontais.

Les États-Sardes, couvrant une partie de nos frontières, la France ne pouvait pas permettre que l'intégrité de leur territoire fut touchée. Une grande armée aux ordres du maréchal BUGEAUD fut aussitôt cantonnée à la frontière. Les premiers succès des Piémontais rendirent inutiles son intervention. Charles-Albert battit les Autrichiens à *Pastrengo*, le 30 avril 1848, à *Goito*, le 30 mai, à *Rivoli*, le 10 Juin, à *Somma-Campagna*, le 25 juillet, et enleva quelques jours après *Pizzighettone* et *Peschiera*. Son armée avait été victorieuse jusqu'au Mincio. On avait pu croire que la Lombardie recouvrait son indépendance. La désunion fit promptement évanouir cet espoir, elle causa la défaite du 4 août à *San-Donato*. Vaincu cette fois par le maréchal Radestzky, Charles-Albert faillit être pris à *Milan*, évacua cette place au plus vite et se retira dans ses états. A l'expiration de l'*armistice*, qu'il avait dû solliciter, recommencerait-il encore la guerre, c'est ce que tous les gouvernements européens se demandaient avec anxiété.

Jusqu'alors, grâce au ministre LA MORICIÈRE, la France avait eu raison de ne pas se lancer dans une guerre, dont on ne pouvait prévoir le terme. L'état de la civilisation en Europe ne permet de livrer son pays aux hasards d'une collision générale qu'autant qu'on a pour soi, d'une manière évidente, le droit et la nécessité. Un intérêt secondaire, une raison plus ou moins spécieuse d'influence politique, ne suffisent pas. Il faut qu'une nation comme la France, si elle s'engage dans une lutte colossale, puisse justifier, à la face du monde, ou la grandeur de ses succès, ou la grandeur de ses revers.

Tandis qu'au nord de l'Italie se passaient ces événements, de nouvelles commotions venaient au centre de la Péninsule compliquer la question. A ROME s'était accomplie une révolution qui avait vivement ému le monde catholique.

« Depuis le 16 juillet 1846, on était habitué à voir sur le Saint-
« Siège un Pontife qui prenait l'initiative des réformes, et dont le
« nom, répété dans des hymnes de reconnaissance, d'un bout de
« l'Italie à l'autre, et dans tout l'univers catholique, était le
« symbole de la liberté et le gage de toutes les espérances. Tout
« à coup l'on apprit avec étonnement qu'une conjuration avait
« commis un assassinat politique qui devint le signal d'une insur-
« rection formidable. » (1)

Après la chute du ministère Mammiani, PIE IX avait invité l'ancien ambassadeur de France, Peregrino Rossi à en former un nouveau. Rossi accepta cette mission. Il avait déclaré aux conseils législatifs « qu'à ses yeux, le suprême pontificat était la seule
« grandeur qui fut encore debout, et qui, restant à l'Italie, lui
« attirait le respect et les hommages du monde catholique. » Pour l'opposition, ces nobles paroles étaient un crime : sa perte fut résolue.

Le *16 novembre* 1848, malgré les avertissements qui lui avaient été prodigués, Rossi voulut aller au Palais législatif. Avant de s'y rendre, il alla trouver le Pape qui le bénit en lui recommandant de prendre toutes les précautions possibles pour éviter, disait-il, à nos ennemis un grand crime et à moi une immense douleur. Pendant ce temps, soixante assassins attendaient sous le vestibule de *la Chancellerie*. Dès que le ministre parut, les sicaires commencèrent à siffler, à hurler : « Massacrez-le ; à bas Rossi, mort à Rossi ! » Au milieu de cette tempête, Rossi s'avança vers l'escalier, la tête haute, la démarche assurée, le regard fier. A peine eut-il fait quelques pas, qu'un des assassins le heurta avec le bout de sa canne. Rossi tourna la tête. Au même instant un des sicaires de la file opposée passa rapidement derrière lui et, d'un coup de poignard, lui ouvrit l'artère carotide. Rossi n'en continua pas moins sa marche;

---

(1) Discours de M. Odilon Barrot. Président du Conseil. Séance du lundi 11 juin 1849.

mais bientôt ses forces l'abandonnèrent, il commença à chanceler, un large ruisseau de sang sortait de sa blessure. Transporté dans les appartements du cardinal Gazzoli, il put encore recevoir les derniers sacrements du curé de Saint-Laurent et mourut en disant : *Gesu mio, misericordia !* Puis des bandes hideuses parcoururent les rues de Rome, promenant le meurtrier en triomphe, et portant attaché à leur drapeau le poignard homicide. Elles chantaient : « *Benedetta la mano che Rossi pugnalo* » — « *Cosi finiscono i traditori del popolo.* » (1)

On apprit à PARIS, *le 26 novembre* 1848 que le pape était dans *le Quirinal* prisonnier du parti mazzinien, devenu le maître par cet assassinat. Tout aussitôt le gouvernement fut interpellé. Que ferez-vous pour protéger le chef de l'Église ? lui demanda-t-on. Il répondit que M. DE CORCELLE partait pour Rome avec mandat « d'intervenir, au nom de LA RÉPUBLIQUE FRANÇAISE, pour faire rendre à Sa Sainteté sa liberté *personnelle*, si elle en avait été privée. » Une brigade forte de 3,500 hommes, dont le 36e devait faire partie, serait mise à la disposition de l'envoyé français, sous la réserve qu'elle resterait dans le rayon de Civita-Vecchia et se bornerait à fournir, *en cas extrême*, à Pie IX le moyen de quitter ses états. Il s'agissait donc uniquement de protéger la *personne* du pape. La République française offrait un asile au chef de l'Église, mais n'entendait pas intervenir dans la question concernant le rétablissement du trône pontifical. Cela fut dit et redit dans deux séances de l'Assemblée par le chef du pouvoir exécutif et son principal ministre, M. Dufaure.

MM. Ledru-Rollin, Quinet, Jules Favre blâmèrent le gouvernement de Cavaignac de ce qu'il avait fait. M. de Montalembert lui demanda de faire davantage : « *La personne* du pape nous est infiniment chère et sacrée, dit-il, mais il y a quelque chose de plus cher et de plus sacré pour nous, c'est *son autorité*. Vous devez la protéger. »

Le dernier mot de ces discussions fut un ordre du jour qui ratifia les *précautions prises* pour assurer la *liberté personnelle* du Saint-Père, et qui déclara qu'on pourrait s'occuper des *faits ultérieurs*, s'il s'en produisait.

Les choses en étaient là lorsqu'on apprit que Pie IX avait pu s'échapper de Rome. On crut qu'il viendrait en France, et le gouvernement se prépara de bonne grâce à le bien recevoir. L'expédi-

---

(1) Chanoine *de Bléser.* Rome et ses monuments, page 237.

tion qui devait protéger sa *personne* devenait sans objet. Le général Cavaignac en fut très soulagé. (1)

Voici dans quelles circonstances le pape avait quitté Rome. Le *17 novembre* les Mazziniens et les Garibaldiens s'étaient rué sur le palais du Quirinal habité par Pie IX. Le canon fut dirigé vers la porte principale. Les balles arrivaient jusque dans la chambre du pape. *Mgr Palma,* son secrétaire des lettres latines, tomba raide mort à deux pas de lui. Un nouveau ministère fut formé dans les rangs les plus avancés. Le *21 novembre,* Pie IX recevait de l'évêque de Valence la boîte en vermeil dans laquelle Pie VI avait porté sur sa poitrine la Sainte-Eucharistie pendant son exil.

Le lendemain 22, Sa Sainteté fit savoir à l'ambassadeur de Bavière qu'Elle était résolue de quitter Rome et qu'Elle aurait accepté volontiers son secours dans ces difficiles conjonctures. *Le 24,* à l'heure convenue, le duc d'Harcourt, ambassadeur de France, vint au Quirinal, pour demander une audience. Il devait par ce moyen tromper ceux qui cernaient le pape et faciliter son évasion. Aussitôt qu'il fut entré dans le cabinet de Pie IX, le Saint-Père, habillé en simple prêtre, lui dit adieu et sortit par une porte dérobée, celle des Suisses. Montant ensuite sur une voiture ordinaire et pesante, il arriva à l'église des Saints Pierre et Marcellin. Il était six heures du soir. Le comte de Spaur, ambassadeur de Bavière, l'attendait là avec sa voiture. Pie IX monta dans la calèche, franchit sans obstacle les remparts, et vola vers Albano et Gaëte. (2)

La question des droits du souverain et de l'indépendance du pontife restait ouverte. Si M. Cavaignac, comme chef provisoire du gouvernement, pouvait l'écarter, il devait, comme candidat à la présidence de la république, en dire son avis. Il s'en garda bien. Son redoutable concurrent, Louis Napoléon, ne paraissait pas non plus très pressé de parler. Il s'était même abstenu lors du vote qui avait ratifié les « précautions prises ». Cette abstention fut très commentée.

Le *2 décembre* 1848, Louis Napoléon fit publier une lettre par laquelle il déclarait que, « tout en étant *décidé à appuyer* toutes « les mesures propres à *garantir efficacement* la liberté et *l'autorité*

---

(1) Le comte *de Falloux* et ses mémoires, Ch. IV. L'expédition de Rome, page 53, par E. Veuillot. — Edition Palmé, rue des Saints-Pères. 76—1888.

(2) Chanoine *de Bleser.* — Rome et ses monuments, page 433.

« du saint Pontife, il n'avait pas pu appuyer par son vote une
« démonstration militaire qui lui semblait dangereuse, même
« pour les intérêts sacrés qu'on voulait protéger. » Cette déclaration disait que *l'autorité* du pape devait être *garantie* comme sa liberté.

Le général Cavaignac avait parlé de protéger la *personne* du Saint-Père, dans le but de gagner les voix des catholiques. Dans le même but Louis Napoléon réclama le *maintien de la souveraineté temporelle du chef de l'église*. Le premier de tous les membres du gouvernement, il parla de rétablir ce pouvoir temporel du pape.

Sa lettre du 7 décembre au NONCE APOSTOLIQUE prouve cette assertion. Désavouant son cousin, le *prince de Canino*, l'un des chefs de l'insurrection romaine, LOUIS NAPOLÉON s'exprime ainsi :

Monseigneur,

« Je ne veux pas laisser accréditer auprès de vous les bruits
« qui tendent à me rendre *complice* de la conduite que tient à
« Rome le prince de Canino. Depuis longtemps je n'ai *aucune*
« *espèce de relation* avec le fils aîné de Lucien Bonaparte, et je
« *déplore de toute mon âme* qu'il n'ait point senti que le *maintien*
« *de la souveraineté temporelle* du chef vénérable de l'église était
« intimement lié à l'éclat du catholicisme comme à la liberté et à
« l'indépendance de l'Italie.

« Recevez, Monseigneur, etc.

« LOUIS NAPOLÉON BONAPARTE. »

Les hommes politiques qui obtinrent sans peine cette importante déclaration du candidat à la présidence de la République furent MM. THIERS, de Montalembert et comte Molé. (1)

Ayant promis beaucoup plus que le général Cavaignac, LOUIS NAPOLÉON fut nommé *le 10 décembre*, PRÉSIDENT DE LA RÉPUBLIQUE. Il était élu pour quatre ans. Son nom se présentait à tous comme symbole d'ordre et de sécurité. Son manifeste promettait la protection de la religion, la liberté de l'enseignement, la diminution des impôts, le développement de l'agriculture, l'amélioration de l'industrie, les diminutions des emplois, la décentralisation, le soin de l'armée, une politique loyale et résolue. Jamais élection ne fut plus combattue ; jamais un résultat électoral ne rendit plus grande justice au candidat. Louis Napoléon

---

(1) Le comte *de Falloux*. Ch. IV. L'expédition de Rome, par E. Veuillot page 58.

fut le candidat de la majorité parce qu'il était resté étranger à nos divisions antérieures, parce qu'il avait fait acte de grande abnégation, en quittant Paris et la France, pour ne pas troubler l'ordre, le 29 février, parce qu'il était le seul dont la nomination ne dut humilier personne, parce que nul n'offrait autant que lui de garanties à la paix, parce qu'il portait honorablement le nom le plus glorieux de l'époque. Son premier jour politique avait été le 26 novembre. Quatre départements l'avaient fait entrer à l'Assemblée nationale. Le 20 décembre, le général Cavaignac, chef du pouvoir exécutif, remettait ses pouvoirs entre les mains de l'Assemblée et le prince prenait possession du fauteuil de la présidence. Un nouveau gouvernement commençait sous les meilleurs auspices.

Quand il fut élu, LOUIS NAPOLÉON tint les promesses qu'il avait faites étant candidat. Il ne songea pas à reconnaître la junte romaine qu'il avait condamnée avant son élection. Son premier ministère, formé d'accord avec les chefs des groupes conservateurs, n'était certes pas, dans son ensemble, un ministère catholique : mais tous ses membres, même M. Passy, s'associèrent aux déclarations du président en faveur du pouvoir temporel. Si M. de Falloux, obéissant aux impatiences de son parti, pressait vivement le conseil d'intervenir pour rétablir le pouvoir du pape, le président n'était pas insensible à *l'honneur de rendre à la catholicité son chef aimé et vénéré. Tous* les membres du conseil voulaient également cette solution. (1)

---

(1) Les *mémoires de M.* ODILON BARROT donnent beaucoup de détails sur ce qui se passa alors. Il y est rappelé dix fois que tous les ministres avaient toujours voulu rétablir le pouvoir temporel. Il y est constaté aussi que tout le parti conservateur et bon nombre de républicains modérés attendaient ce rétablissement. (Mémoires de l'ancien président du conseil, IIIᵉ vol.) Il y est dit (p. 144) que M. *Coquerel*, républicain et pasteur luthérien, approuva, comme beaucoup de ses amis politiques, les bonnes intentions du gouvernement au sujet du Pape. Prenant la défense de la papauté et de son indépendance, M. BARROT sut dire de suite aux députés : « La présence du Nonce à Paris annonce assez quel est pour nous le souverain reconnu des Etats romains » ; puis (p. 198) « que le gouvernement français ne voulait ni reconnaître la République romaine ni s'abstenir, ce qui impliquait (c'est toujours M. Barrot qui parle) inévitablement une intervention forcée. » Même note dans *la nouvelle correspondance de M.* DE TOCQUEVILLE, ministre des affaires étrangères : « Nous n'avons cessé, écrivait-il le 29 juillet à M. *de « Beaumont*, de poursuivre le rétablissement de l'autorité temporelle du Pape « que nous considérons comme la condition nécessaire de la liberté et de la « paix des consciences dans le monde catholique. » — Même note encore dès le 30 janvier 1849 dans *les quatre ministères de M.* DROUIN DE LUYS (p. 17 et 18) sa dépêche au *duc d'Harcourt* déclare que le gouvernement français

Un acte décisif marqua très vite les dispositions du nouveau gouvernement. La junte suprême de Rome, constitué *le 11 décembre* et représentant le pouvoir exécutif, avait envoyé des ambassadeurs à Paris, afin de se faire reconnaître par la République française. Le président et les ministres refusèrent de les recevoir. Personne dans le conseil n'admettait qu'on pût reconnaître le gouvernement établi à Rome. Il fut résolu, dit M. Barrot, que cela serait déclaré *péremptoirement*. Et, en effet, M. Drouin de Lhuzs, ministre des affaires étrangères, tint sur ce point à la tribune un langage péremptoire ; il indiqua même, au nom du gouvernement, que la France entendait travailler au rétablissement du *pouvoir temporel*. Elle *choisira son jour et son heure* pour agir, ajouta-t-il.

La concentration des troupes à TOULON était donc faite en vue non d'un simple débarquement à Civita-Vecchia, mais d'une marche sur Rome, seulement, la question ne relevait pas uniquement de la France. Le pape, dès le *4 décembre* 1848, avait adressé aux puissances catholiques un appel qui n'était point resté sans réponse. L'Espagne, l'Autriche, Naples se préparaient à intervenir « pour remettre le chef de l'église dans un état d'indépendance et « et de dignité qui lui permit de remplir ses fonctions sacrées. » La France devait ou laisser faire, ou s'associer à cette intervention, ou s'y opposer par les armes, LOUIS NAPOLÉON n'eut ni l'idée de s'opposer, ni celle de rester neutre. Il voulut agir. Mais dans quelles conditions ? Pourrait-on s'appuyer sur *le Piémont ?* L'idée de favoriser le Piémont contre l'Autriche était alors assez générale en France. Elle avait beaucoup d'adhérents, même parmi les conservateurs. Les ministres de Louis Napoléon, s'ils n'osaient pas en faire la base de leur politique, ne songeaient guère à la condamner. Tout le conseil voulait en principe agir en Italie par le Piémont ; il était prêt à jeter la France dans la guerre pour sauvegarder l'intégrité du territoire piémontais. C'est une dépêche officielle datée du 22 février 1843 qui le dit. Mais il ne faut pas juger le Piémont de 1849 d'après sa conduite ultérieure. Malgré ses alliances et ses lois, CHARLES-ALBERT ne songeait pas à détruire le pouvoir temporel du pape. Il voulait chasser les Autri-

---

est disposé à une intervention armée en faveur de l'autorité du Pape. — Tous ces témoignages sont consignés dans la Réponse au « *Correspondant* » par E. Veuillot (page 99).

chiens, agrandir ses états et s'arrêter. Son programme, approuvé en principe par le gouvernement français, était *gros de risques*. C'est pour cela que Louis Napoléon et ses ministres écartaient cette politique comme inopportune. (1)

Depuis son arrivée à Toulon, le 36ᵉ de ligne se tenait prêt à toute éventualité. Le 27 décembre, M. le colonel BLANCHARD remit au régiment le drapeau de la République française, envoyé par le président Louis Napoléon. A cette occasion, il prononça l'allocution suivante :

Soldats du 36ᵉ de ligne.

« Le gouvernement de la République, en vous donnant ce dra-
« peau le confie à votre dévouement et à votre patriotisme. Vous
« le défendrez avec ce courage dont vous avez donné tant de
« preuves sur la terre africaine. Vous conserverez intact et pur
« l'honneur de cet étendard. Sa noble devise doit rappeler à
« chacun de vous les devoirs que vous avez à remplir comme bons
« citoyens et comme bons soldats.

« Compagnons de gloire et de souffrances, frères par le cœur,
« forts par la discipline et l'amour de la patrie, vous vous mon-
« trerez toujours dignes enfants de la France et intrépides
« défenseurs de l'indépendance nationale, de l'ordre et de nos
« libertés. »

Ayant quitté les fonctions de caporal muletier pour celles de *caporal-sapeur* six jours auparavant, *Maugenre* saura se montrer le digne chef de la garde de ce drapeau. Nous le verrons bientôt, devant les remparts de Rome, le conserver au régiment en sauvant sa vie, sous les balles des Garibaldiens.

Tandis que la France entamait des négociations avec les puissances catholiques pour déterminer le mode de son intervention en Italie, un conflit entre le conseil des députés de Rome et la junte d'Etat occasionna la dissolution des chambres (26 décembre). Les collèges électoraux, convoqués le 21 janvier 1849 élurent deux cents représentants du peuple. *La Constituante Romaine* fut invitée à se réunir au palais de la Chancellerie le 5 février. Cette convocation et la reprise des hostilités entre le Piémont et l'Autriche déterminèrent le gouvernement français à accélérer les préparatifs de la campagne de Rome. Dès lors, le 36ᵉ de ligne reçut l'ordre d'aller rejoindre à Marseille les troupes destinées à l'expédition. De graves intérêts étaient en jeu.

---

1) Le comte *de Falloux* et ses mémoires par E. Veuillot, page 96.

Parti de Toulon le 7 février 1849, le 36ᵉ arriva en deux jours à sa destination. On distingue à MARSEILLE la vieille ville et la neuve. Celle-ci, régulière et superbe, est située près de la mer. On y remarque : le Cours, les rues d'Aix, de Rome et de la Cannebière ; les places Royale, Castellane, Saint-Ferréol, les allées Meillan, la cathédrale, le lazaret, le plus beau de l'Europe, la statue de Belzunce, etc. Le port peut contenir 1,200 vaisseaux.

C'est au vieux Marseille, à la caserne Présentine, près de la porte d'Aix, que l'état-major du 36ᵉ fut installé. Les bataillons habitèrent en partie cette caserne, en partie celle des Incurables, et le fort Saint-Jean. Thérésine habitait la rue du Cours ; sa première préoccupation fut d'envoyer sa petite sœur Marie-Anne au pensionnat. Maugenre allait au rapport, instruisait et commandait ses sapeurs, leur indiquait leur service, leur tour de planton chez le colonel, les conduisait à l'exercice, aux revues, faisait l'appel, grondait ceux qui manquaient à leurs devoirs, mais ne les punissait pas. François était premier musicien et logeait à la caserne : tout son temps libre se passait avec sa sœur, à la rue du Cours.

A ce moment, le régiment reçut un lieutenant, venant d'Afrique. C'était un ancien sous-lieutenant du 51ᵉ. Cet officier trouva dans sa compagnie un sergent, nommé *Dupont*, qui était fils d'un riche bijoutier de Marseille. Il en prit occasion pour régulariser sa situation qui était on ne peut plus délicate. Etant à Alger, ce jeune sous-lieutenant s'était épris d'une brave et belle orpheline, en pension chez les Sœurs. Lui promettant le mariage, il la décida à quitter brusquement les religieuses qui l'avaient élevée comme leur enfant. Dès lors ils vécurent ensemble ; leur bébé fut confié à une main étrangère ; la mère dut même rester à Alger en attendant les arrangements de son futur. Or celui-ci était de famille pauvre : comment réussir à tenir son engagement ?

Voici le stratagème qu'il employa pour réaliser son mariage. S'étant fait inviter à dîner avec son sergent, chez M. Dupont bijoutier, il le pria de vouloir bien lui rendre un grand service.

— Et lequel ? demanda le bijoutier.

— Celui de me prêter 24,000 francs pour vingt-quatre heures.

— Et qu'en ferez-vous ?

— Je les montrerai au notaire qui doit faire mon contrat de mariage. Ce contrat m'accordera l'autorisation du général. Je serai fidèle à la parole donnée à mon orpheline d'Afrique ; je sauverai mon honneur, le sien, et celui de mon enfant.

— J'approuve votre résolution ; j'en connais plus d'un qui n'agirait pas comme vous, qui ne se résignerait pas à être pauvre et malheureux plusieurs années pour accomplir une telle promesse. Mais il faut avouer qu'il me faut une rude confiance pour vous mettre en main une telle somme.

— Demandez à votre fils s'il y a le moindre danger à me la confier.

— Eh bien, soit, vous l'aurez dans huit jours.

Les choses arrivèrent comme elles avaient été combinées. L'autorisation obtenue, l'orpheline débarqua à Marseille et se maria avec le lieutenant en question. Un mois plus tard, il permutait avec un autre lieutenant de sa connaissance et retournait en Algérie.

Dans le midi de la France, les têtes étaient alors bien échauffées depuis 1848. La division des partis avait causé bien des haines et bien des batailles. Dans les villes de garnison, dans les cafés et les théâtres surtout, où le militaire se trouvait en contact avec le civil, les rixes étaient plus graves. Cinq sous-officiers se compromirent à Marseille dans une réunion anti-napoléonienne, ayant tous les caractères d'un complot. Comme toujours, les meneurs échappèrent, se cachèrent, et les menés furent pris, coffrés, jugés et punis hors du 36e. Le faible paya pour le fort. Il n'y a rien à gagner pour un militaire qui ne reste pas à sa besogne, qui ne repousse pas les propositions des meneurs, et qui ne les laisse pas se débrouiller.

Mais laissons la vie privée du régiment pour ne nous occuper que de sa vie militaire et voyons quels furent les derniers événements qui décidèrent la campagne de Rome.

CHAPITRE XLII

LE CORPS EXPÉDITIONNAIRE DE LA MÉDITERRANÉE

« Un crime avait servi d'origine à la république romaine
« proclamée le 9 février 1849. Un crime en morale, c'est la viola-
« tion de la loi, mais en politique, c'est l'aveu de l'impuissance,
« l'aveu de l'impopularité, l'aveu de la minorité. Si les hommes
« qui ont dirigé ce coup avaient senti derrière eux une population
« tout entière, mûre pour les institutions qu'on voulait lui
« donner, ils n'auraient pas souillé leur histoire d'un crime aussi
« abominable, ils n'auraient pas été flétrir à sa source même le
« prétendu bien qu'ils étaient sur le point de procurer aux popula-
« tions romaines avec la sanction d'une majorité qu'ils savaient
« bien ne pouvoir pas obtenir. Quand on n'aurait donc eu que ce
« signal du véritable esprit des populations, on serait autorisé à
« dire que le pape a été l'objet de la dernière des ingratitudes et
« du plus honteux des complots. » (1)

« Or il n'y a pas de pays au monde où cette ingratitude fut plus
« vivement sentie qu'au sein de la RÉPUBLIQUE FRANÇAISE :
« c'est là son honneur et sa gloire. A l'instant même, par un

---

(1) Discours de M. *de Falloux,* ministre de l'instruction publique à la Chambre des députés. Séance du lundi 6 août 1849.

« mouvement presque subit, spontané, lorsque l'Assemblée consti-
« tuante provoqua pour ainsi dire d'elle même le gouvernement
« à intervenir, à assurer la sûreté *personnelle* du souverain pon-
« tife, le général CAVAIGNAC, qui a honoré son gouvernement
« par cet acte, prit l'initiative et ordonna une expédition. A la
« suite de ses instructions, le débat fut porté dans l'Assemblée et
« provoqua une discussion très solennelle. Dès ce moment, les
« *reproches* de violation de la Constitution, d'intervention contre
« la liberté des peuples furent adressés au gouvernement du
« général Cavaignac. — Après tout, disait l'opposition, le peuple
« romain avait usé de son droit. Il avait chassé son souverain
« temporel, c'était justice. Et à quel titre LA RÉPUBLIQUE
« FRANÇAISE qui, elle aussi, a chassé ses souverains, pourrait-
« elle trouver mauvais que la république romaine ait chassé le
« sien ? Il y a là une intervention contraire à la constitution.
« Cette objection constitutionnelle, présentée avec énergie et élo-
« quence par *Ledru-Rollin*, n'arrêta pas l'Assemblée un seul
« instant. Dans son bon sens et dans sa conscience, l'Assemblée
« reconnut qu'il n'y avait pas là une de ces interventions qui
« blessassent ou l'esprit ou le texte de la constitution. Elle
« ordonna que l'expédition partirait. Ce n'est que parce que les
« événements se précipitèrent que le pape dut se réfugier à Gaëte
« avant le départ de l'expédition. Si une sorte de fuite ne lui avait
« pas été ménagée pour le soustraire aux poursuites de ses sujets
« révoltés, l'expédition française se serait trouvée dans une situa-
« tion nécessairement offensive. Ayant pour mission de délivrer le
« pape, elle aurait eu à vaincre des résistances. Ce qui se serait
« présenté pour le gouvernement de Cavaignac se réalise pour le
« gouvernement de LOUIS NAPOLÉON. Mais ce ne sont pas ces
« perspectives qui arrêtèrent l'Assemblée. Que se passa-t-il alors ?
« Les puissances catholiques se sont émues de la situation nouvelle
« faite au chef de la catholicité. Une *conférence* s'est tenue à *Gaëte*.
« Les différentes puissances y ont été appelées. La France a
« répondu. Bientôt on agita la question de savoir par quels moyens
« on rendrait au chef de la catholicité l'indépendance qui lui est
« nécessaire pour l'accomplissement de ses devoirs spirituels.
« Conservant le caractère qui lui était propre, la France a stipulé
« dans cette conférence pour la *vraie* liberté des peuples, pour les
« droits *légitimes* des populations romaines. » (1)

---

(1) Discours de M. *Odilon Barrot*, président du Conseil, à la Chambre des députés. Séance du lundi 11 juin 1849.

« Par les puissances qui étaient au congrès, il a été décidé qu'on
« ramènerait le pape à ROME. Qu'a fait la France ? Elle a fait ses
« réserves. Elle a dit : je prendrai conseil de mes intérêts et des
« circonstances ; voilà la situation. Ceci se passait au moment où
« la bataille de *Novare* (23 mars 1849) (1) était perdue par les
« armées de l'indépendance. Croyez-vous qu'une bataille perdue ne
« change rien à la circonstance ? Cette bataille perdue, dans cette
« circonstance, c'est la bataille de Waterloo de l'Italie. *Voyez la*
« *situation de la République romaine ;* qu'a-t-elle fait ? Avec tous
« les peuples de l'Italie centrale qui s'étaient émancipés, *elle a*
« *déclaré la guerre à l'Autriche ; elle a fourni son contingent.*
« Aujourd'hui l'Autriche a pour elle le droit de la guerre, l'ascen-
« dant de la victoire. Naples, l'Espagne, la Russie lui disent :
« « Allez à Rome ; allez y rétablir le pape ; voilà la situation. » (2)

« En recommençant imprudemment la guerre contre l'Autriche
« le roi du Piémont, Charles-Albert, avait résisté au conseil de la
« France et de la conférence de Bruxelles ; il avait cédé aux exi-
« gences du parti démagogique. Il abdiqua le jour même de sa
« défaite à Novare, en faveur du duc de Savoie, VICTOR-EMMA-
« NUEL II, et s'expatria à Tolosa en Espagne. Jusqu'alors le
« gouvernement français n'avait pas engagé son action à Gaëte.

« Après la défaite de NOVARE, les affaires prirent une tournure
« plus décidée. L'Autriche, de concert avec Naples, répondant à
« l'appel du Saint-Père, notifia au gouvernement de Louis Napo-
« léon qu'il eût à prendre un parti. Ces puissances étaient décidées
« à marcher sur Rome pour y rétablir purement et simplement
« l'autorité du pape.

« Mis en demeure de s'expliquer, le gouvernement français
« n'avait que trois moyens à adopter :

« Ou s'opposer par les armes à toute espèce d'intervention, et,
« en ce cas, il rompait avec toute l'Europe catholique pour le seul
« intérêt de la République romaine, qu'il n'avait pas reconnue.

« Ou laisser les trois puissances coalisées rétablir à leur gré et
« sans ménagement l'autorité papale,

« Ou bien enfin exercer de son propre mouvement une action
« directe et indépendante.

---

(1) La victoire des Autrichiens à Novare avait été précédée de celles de *Gravellone* (20 mars) et de *Gambolo* (21 mars).

(2) Discours du général *de Lamoricière* à la chambre des députés ; Séance du lundi 16 avril 1849.

« C'est ce dernier moyen qui fut adopté par le gouvernement de la République. Il lui semblait facile de faire comprendre aux Romains que, pressés de toutes parts, ils n'avaient de chances de salut qu'en lui ; que si la présence des Français avait pour résultat le retour de Pie IX, ce pontife-roi, fidèle à lui-même, ramènerait avec lui la réconciliation et la paix ; qu'une fois à Rome, la France garantissait l'intégrité du territoire, en ôtant tout prétexte à l'Autriche d'entrer en Romagne. Il espérait même que le drapeau de la France, arboré sans contestation au centre de l'Italie, étendrait son influence protectrice sur la Péninsule tout entière. L'expédition de Civita-Vecchia fut donc résolue. (1)

Par leur victoire de Novare, les Autrichiens étaient devenus sans conteste les maîtres de l'Italie. Il ne leur restait plus qu'à le vouloir pour rendre au pape tous ses états, et ils le voulaient. La France, qui avait revendiqué à Gaëte le droit d'intervenir à Rome pour y rétablir l'autorité pontificale, devait donc se presser d'agir ; sinon l'Autriche, aidée des troupes espagnoles et napolitaines, achevait sans nous l'œuvre commencée. *L'intérêt national s'unissait à l'intérêt religieux pour commander l'action.* L'intérêt français commandait en effet de ne pas laisser l'Autriche dominer toute l'Italie. Dans les négociations de Gaëte, le gouvernement français voulait écarter l'Autriche. Mais il ne nourrissait aucun projet d'entrer tout de suite en lutte armée contre elle. Par la faute de Louis Napoléon et de tous ses ministres, l'attitude des négociateurs français à Gaëte fut fâcheuse, puisque tout projet d'entente

---

(1) Manifeste du Prince Louis Napoléon, président de la République Française à l'ouverture de la Session des Chambres en 1849. Séance du 6 juin. Louis Napoléon, M. Drouin de Lhuys et Odillon Barrot furent au premier rang les hommes qui contribuèrent le plus à l'expédition de Rome. Aucun des ministres que Louis Napoléon eut en 1849 n'exerça la moindre influence sur lui. Il est établi par les *mémoires de M.* Falloux, de M. Barrot et par *la correspondance de* Toqueville que le Prince Président ne sacrifia aucun de ses projets devant le Conseil, spécialement l'expédition romaine qu'il voulait en 1849. Il était alors très hostile à la politique de son cousin. Ce ne fut qu'à partir de 1858 que la tactique des napoléoniens fut de fausser les faits de 1849 et de dire que le Président avait alors donné carte blanche à ses ministres. L'honnête M. Odillon Barrot proteste dans ses *mémoires* contre ce mensonge. Il affirme que « pas une voix dans le conseil ne s'éleva « pour accepter la Révolution romaine » puis il ajoute : « Bien qu'il ait pu « convenir depuis, au Président ou à ses amis de rejeter sur ses ministres la « responsabilité de notre intervention à Rome, la vérité est qu'il voulait « cette intervention plus que moi et bien avant moi, seulement *pour d'autres* « *motifs* que les miens. » (p. 193).

avec le Piémont rendait impossible l'entente avec toutes les puissances catholiques, même avec la Russie et la Prusse. Déjà l'intervention de l'Autriche était décidée ; elle se chargeait de tout le pays depuis Bologne et Ferrare jusqu'à Ancône. Les Espagnols avaient statué de s'établir à Terracine, et les Napolitains à Velletri, lorsque les Français, se prononçant pour l'action séparée, qui, certes, ne valait pas l'action commune, se décidèrent à occuper Civita-Vecchia, puis Rome. (1)

Que se passait-il alors à ROME, pendant le congrès de Gaëte ?

« MAZZINI, le chef de *la jeune Italie*, depuis son séjour en
« Angleterre avait rêvé pour sa patrie une espèce de protestan-
« tisme. En relation avec des missionnaires anglais et américains,
« agents de la propagande politique et protestante, cet homme
« d'une remarquable intelligence n'était pas un vulgaire ambitieux.
« Il ne comprit pas toutefois qu'inspiré jusqu'ici par le génie de
« la conspiration, il pouvait en s'appuyant sur les éléments conser-
« vateurs de la société régénérer son pays sans secousse violente.
« Il continua à ourdir les trames ténébreuses et infernales qui
« l'avaient occupé toute sa vie. Vingt-cinq ans de séjour dans les
« prisons de l'Europe et dans l'exil ne lui permirent plus d'ouvrir
« les yeux à la lumière et firent de lui l'ennemi le plus acharné de
« la société. Il voulait régénérer les hommes en passant sur des
« ruines et sur des cadavres. » (2)

Après la proclamation de la République romaine, MAZZINI, accouru en toute hâte, prononçait au sein de la Constituante les paroles suivantes : « Si nous faisions les parts égales, ces marques
« d'affection que vous me donnez, ces applaudissements qui m'ont
« accueilli, c'est vous, ô collègues, qui les auriez reçus de moi. Car
« le peu de bien que j'ai fait, ou tenté de faire, m'est venu de
« Rome. Rome fut toujours une sorte de talisman pour moi :
« enfant, j'étudiais l'histoire de l'Italie, et lorsque je voyais dans
« toutes les autres histoires les nations naître, se développer et
« tomber pour jamais, une seule cité privilégiée de Dieu m'appa-
« raissait douée du pouvoir de mourir et de ressusciter plus
« grande, afin de remplir une mission plus éclatante encore que
« la première. Je voyais d'abord la Rome des empereurs, qui
« s'étendait par la conquête des limites de l'Afrique aux limites de

---

(1) Le comte *de Falloux* et ses mémoires par E. Veuillot, (pages 66 et 84).
(2) Lettre de M. *de Lesseps* à M. le ministre des Affaires étrangères (25 mai 1849).

« l'Asie. Je voyais Rome périr, écrasée sous les pieds des Barbares,
« sous les pieds de ceux qui n'ont pas encore changé de nom. Et je
« la voyais sortir plus noble du tombeau et recommencer sa
« grande mission avec les papes. Je disais en mon cœur : il est
« impossible qu'une cité qui a eu sur la terre deux existences de
« plus en plus brillantes n'en ait pas une troisième. Après la Rome
« qui conquit le monde par les armes, et la Rome qui le conquit
« par la foi, viendra la Rome qui opérera par la vertu de
« l'exemple. Après la Rome des empereurs et des papes, viendra
« *la Rome du peuple.*

« Cette *Rome nouvelle* est née ! Je vous parle à vous, ses enfants,
« qui me saluez en son nom. Félicitons-nous ensemble de sa nais-
« sance ! Je ne puis vous promettre que mon concours dans tout
« ce que vous entreprendrez pour le bien de l'Italie, de Rome et de
« l'humanité. Nous aurons peut-être à traverser de rudes crises.
« Peut-être aurons-nous à *livrer une sainte bataille contre l'Autri-
« che ; nous la combattrons et nous la vaincrons*...... » (1)

Tel était le langage du chef de la jeune Italie. « Entraînée par
ces paroles, la Constituante élut, le 29 mars, un *triumvirat* composé de MAZZINI, ARMELLINI et SAFI et l'investit des pouvoirs
les plus étendus. Grand-prêtre de la République romaine, Mazzini
faisait illuminer la grande croix du vendredi saint qui éclaire toute
la basilique de Saint Pierre, il faisait tirer des feux d'artifices à
trois couleurs pour symboliser l'union des peuples, il paraissait à
la loge de Saint Pierre pour bénir la république au bruit du canon
et des cloches. » (2)

Le 1er avril, les Boni, Vannucci et Ongaro, entraînant à leur
suite le personnel des circoli ou clubs romains, faisaient une
démonstration sur la place du Quirinal en l'honneur de Mazzini.
On cria : *Vive la République rouge !* Un nouveau ministère fut
composé par le triumvirat le 3 avril. Calandrelli fut nommé à la
guerre ; Rusconi, aux affaires étrangères ; Berti, à l'intérieur ;
Sturbinetti, à l'instruction publique ; Manzoni, aux finances ;
Lazzarini, à la justice et Montcchi aux travaux publics. Ce même
jour, deux décrets du triumvirat plaçaient la garde nationale
romaine sous les ordres du ministre de la guerre, et affectaient au
logement des pauvres les bâtiments du Saint Office. Le 5 avril,
le secrétaire de la S. Congrégation des Indulgences, *Mgr Giacomo*

---

(1) Discours de Mazzini à la Constituante romaine. (Séance du 6 mars 1849).
(1) Mary Lafon. Rome ancienne et moderne. Chapitre XXXV, page 656.

Gallo, était arrêté par ordre des triumvirs et jeté en prison. Le lendemain, le ministre de la guerre Calandrelli donnait sa démission parce que le triumvirat avait mis en liberté le colonel Gérandoni qui l'avait insulté. Le général Avezzona lui succéda au ministère. Le 7 avril, les triumvirs condamnèrent les chanoines du Chapitre du Vatican à payer chacun une amende de cent vingt écus pour avoir refusé de célébrer le jour de Pâques un service funèbre ordonné par eux. Le 12 avril, un décret de l'Assemblée romaine déclarait le fleuve du Pô fleuve national!... Les jours suivants, la constituante romaine adressait un manifeste aux gouvernements et aux parlements de France et d'Angleterre. Accumulant calomnie sur calomnie contre l'auguste personne du pontife romain, elle suppliait tous les peuples libres de resserrer les liens d'amitié avec la République romaine et de venir la tirer du mauvais pas où elle s'était mise en luttant contre l'Autriche. Déjà l'armée de cette nation occupait *Milan*, sous les ordres du prince Charles Schwarzemberg. Son maréchal Radetsky, bénéficiant de l'enthousiasme populaire en faveur du grand-duc Léopold II, avait rétabli son gouvernement, et renversé la république toscane de Guerazzi à *Florence*. Son général comte Kollowrat avait réprimé l'insurrection de *Gênes* causée par le général Avezzana et restauré le gouvernement royal. Son escadre commençait le blocus de *Venise* défendue par Manin. Son général Sonnaz marchait sur *Alexandrie* avec trois mille Autrichiens, tandis que dix-huit cents Napolitains se présentaient devant le fort *l'Epitaffio* occupé par les Romains. (1)

En France, tandis que les préparatifs militaires s'achevaient, l'opposition voulait empêcher toute action contre les Mazziniens. Elle combattait violemment dans la presse tout projet d'intervention au profit du pape et harcelait les ministres d'interpellations sur l'état des choses. — « On négocie, répondait le ministre des affaires étrangères ou le président du conseil, et nous ne pouvons porter à la Tribune les secrets de la diplomatie. » Le 8 mars, un vote de l'Assemblée repousse un ordre du jour qui eût gêné le gouvernement. Trois semaines plus tard, sous le coup des impressions que causait la victoire des Autrichiens à Novare, le ministère essuyait un échec ; mais le lendemain il obtenait un vote louche dont il profita pour agir le lundi 16 avril. A la séance de ce jour,

---

(1) *Moniteur universel*. Avril 1849.

M. ODILON BARROT, président du conseil et ministre de la justice, adressa à l'Assemblée nationale la communication suivante du gouvernement de LA RÉPUBLIQUE FRANÇAISE :

« A la suite des derniers faits dont l'Italie a été le théâtre, vous
« avez pressenti la nécessité où la France pourrait se trouver d'oc-
« cuper temporairement une portion du territoire italien. Le 30 mars,
« vous avez autorisé le gouvernement de prendre cette mesure
« dans le cas où il la jugerait utile. La situation incertaine à
« l'époque de ce vote s'est fortement caractérisée. Poursuivant les
« conséquences de sa victoire, l'Autriche pourrait se prévaloir des
« droits de la guerre à l'égard des états engagés dans la lutte
« entre elle et la Sardaigne. Le contre-coup de ces événements
« s'est fait sentir dans les états romains où une crise est immi-
« nente. La France ne peut y rester indifférente. Le protectorat
« de nos nationaux, le soin de maintenir notre légitime influence
« en Italie, le désir de contribuer à faire obtenir aux populations
« romaines un bon gouvernement, fondé sur des institutions
« libérales, tout nous fait un devoir d'user de l'autorisation que
« vous nous avez accordée. Du fait de notre intervention sorti-
« ront d'efficaces garanties et pour les intérêts de la France et
« pour la cause de la *vraie* liberté. Le gouvernement vous
« demande un crédit extraordinaire de 1,200,000 francs pour sub-
« venir au surcroît de dépenses nécessaires pour l'entretien sur le
« pied de guerre pendant trois mois du *corps expéditionnaire de la*
« *Méditerranée.* »

L'Assemblée consultée décide qu'il y a lieu de donner suite à la motion d'urgence et nomme pour commissaires dans les bureaux : De Lamoricière, Sénard, de Laussat, Dufaure, Schœlcher, Duprat, Aylies, général Subervie, Freslon, Jules Favre, Grévy, Thiers, de Lasteyrie, Duvergier et Sarrut. Le rapport de la commission sur la question d'urgence fut soumis à l'Assemblée par M. JULES FAVRE.

« A l'unanimité, dit *le rapporteur*, la commission propose à
« l'Assemblée de reconnaître et de déclarer cette urgence. La
« commission a appelé dans son sein M. le Président du conseil et
« M. le ministre des Affaires étrangères pour s'enquérir des causes
« et de la portée politiques de cette résolution. De leurs expli-
« cations il est résulté que la pensée du gouvernement n'est pas
« de faire concourir la France *au renversement* de la république
« romaine, qu'elle agit dans sa liberté, dégagée de toute solidarité
« avec d'autres puissances, ne consultant que son intérêt, son
« honneur, et la part d'influence qui lui appartient nécessairement

« dans tout le grand débat européen. C'est parce que le Piémont
« a succombé, parce que les armées impériales menacent la
« Romagne, en vertu des droits de la guerre et des privilèges de
« la victoire, c'est parce qu'à leur suite éclateraient nécessaire-
« ment de cruelles réactions qu'il importe à la France de faire
« flotter son drapeau en Italie. Votre commission a compris qu'en
« autorisant le pouvoir exécutif à occuper un point de l'Italie
« aujourd'hui menacé, vous lui donneriez pour mission de poser
« une limite aux prétentions de l'Autriche, et de terminer par un
« arbitrage, que la force des armes appuierait au besoin, tous les
« différends qui divisent encore l'Italie et que notre intérêt
« comme notre honneur nous commandent de trancher dans le sens
« le plus favorable possible au développement des institutions
« démocratiques. Votre commission a donc l'honneur de vous
« proposer de déclarer l'urgence et de passer immédiatement à la
« discussion du projet de loi. »

L'Assemblée consultée déclare qu'il y a urgence et décide que la discussion s'ouvrira immédiatement. — La parole est alors à M. *Emmanuel Arago*. « Je demande, dit-il, que le Chef de cabinet
« déclare à la tribune quels sont les principes qui serviront de
« guide à l'intervention française — qu'il dise que la résolution
« bien arrêtée du gouvernement est de faire respecter en Italie le
« principe de la souveraineté du peuple — que le drapeau de la
« France ne flottera pas à côté de celui de l'Autriche pour accom-
« plir la même œuvre... Il faut savoir si dans le cas où le peuple
« romain serait décidé à soutenir la république romaine, nous aide-
« rions à comprimer cette république. C'est là la question ; car si
« vous allez en Italie pour imposer au peuple romain une liberté
« vraie selon nous, et qui serait fausse selon lui, vous n'en auriez
« pas le droit. Vous ne pouvez intervenir que pour combattre en
« Italie l'influence de l'Autriche, pour sauvegarder le principe du
« respect des nationalités... C'est en face des Autrichiens qu'il
« faut aller poser le drapeau tricolore, et non à côté, et dans le
« même camp. »

A ces paroles M. *Odilon Barrot* répondit : « En s'abstenant, le
« gouvernement français favoriserait très efficacement l'action
« exclusive de l'Autriche dans les affaires de Rome. *Il doit se pré-*
« *senter armé sur le littoral des États romains pour ne pas*
« *permettre qu'aucune restauration ne se fasse à Rome en dehors de*
« *son influence et de ses principes.* Tous les jours, les événements
« se pressent en Italie ; chaque instant perdu peut être une perte
« irréparable pour les intérêts de l'influence de la France. Il faut

« sauvegarder les intérêts de la France et sa dignité. Par la force
« des événements, une contre-révolution va s'opérer dans les
« États romains. La France ne peut pas rester indifférente et
« impassible, ni laisser consommer cet événement sans voir son
« influence amoindrie, ses intérêts lésés, sa dignité compromise.
« A la veille de cette contre-révolution, le rôle de la France est
« marqué. Nous n'irons pas en Italie pour imposer un gouverne-
« ment aux Italiens, pas plus la République que la Restauration.
« L'Assemblée, contredisant la politique de M. Ledru-Rollin, a
« refusé de reconnaître les envoyés de la république romaine. Elle
« n'a pas voulu établir une solidarité entre les destinées de cette
« république et celles de la nôtre. *Elle n'a donc pas pour but de sau-*
« *ver la république romaine* de la crise fatale dont elle est menacée.
« Dans la situation donnée, il est raisonnablement impossible
« d'assigner un autre but à notre intervention que d'empêcher que
« cette crise imminente amène un dénouement qui porte une
« atteinte peut-être irréparable à l'influence légitime de la France
« en Italie. Nous sommes conséquents à la politique fixée par le
« dernier vote. On nous a donné le droit d'intervenir en Italie : on
« n'a pas fixé le lieu. Nous croyons que le moment est arrivé :
« nous voulons exécuter les ordres de l'Assemblée : c'est
« pourquoi nous envoyons une escadre. Ce n'est pas nous qui
« avons créé les faits ; ce sont ces faits qui sont le point de départ
« de notre intervention. Vous deviez prendre la défense de la
« République romaine quand l'armée piémontaise était debout :
« alors il fallait formuler un vote à cette tribune. Cette politique
« était celle de la minorité de cette Assemblée ; mais elle n'a pas
« reçu la sanction de la majorité. La solidarité avec les républiques
« toscane et romaine, nous eût entraîné dans une guerre avec
« l'Autriche et avec tous les gouvernements de l'Europe, une
« guerre sur les chances de laquelle je ne me prononce pas. La
« politique de modération, de raison, de véritable patriotisme a
« prévalu dans l'Assemblée. »

M. *Duvignier*. — « C'est de la trahison. »

M. *Derille*. — « C'est de la lâcheté. »

M. *Odilon Barrot*. — « Nous ne voulons pas établir de solidarité
« entre l'existence de la république romaine et celle de la répu-
« blique française. Mais nous ne voulons pas aussi qu'une contre-
« révolution se consomme par une influence étrangère. »

M. *Ledru-Rollin*. — « La pensée du gouvernement, c'est la
« restauration du pape.... Vous voulez échapper à la question
« par des moyens indirects. Votre politique est une politique au

« jour le jour, politique d'expédients. *Vous ne pensez pas qu'il y
« aura la guerre,* vous croyez que dès que l'escadre française aura
« débarqué ses régiments à Civita-Vecchia, à la vue du drapeau
« français, les populations se levant en faveur du pape le restau-
« reront sans qu'on tire un coup de fusil. Telle est votre pensée
« parce que vous avez préparé vous-mêmes le dénouement et vous
« en avez été jusqu'ici complices. Depuis trois mois que la
« république romaine est proclamée, le gouvernement n'a pas
« voulu reconnaître les ambassadeurs — (*quelques membres* : il a
« bien fait). Votre représentant a été à Gaëte près du souverain
« expulsé de ses États. Il s'y trouvait un congrès européen, et
« dans ce congrès on a décidé, présent l'ambassadeur de France,
« qu'on restaurerait le pape par les armes. Et depuis cette époque,
« les cardinaux ont travaillé les populations romaines pour y
« jeter la discorde... »

M. *de Lamoricière*. — « Je proteste. »

M. *Ledru-Rollin*. — « Oui on a compté qu'on aurait raison des
« populations par l'intrigue d'abord. C'est alors qu'on vous déclare
« que quand le pavillon français apparaîtra en rade de Civita-
« Vecchia, on est sûr à l'avance que le pape sera restauré sans
« qu'il y ait un seul coup de fusil tiré... (interruption.. : après
« tout, quel malheur ?) Je demanderai à celui qui m'interrompt
« s'il reconnaît la souveraineté du peuple. Or vous allez violer
« l'article 5 de la Constitution. L'intervention que vous faites en
« ce moment est contre la liberté du peuple romain. »

M. *Charles Dupin*. — « Pour la liberté du peuple romain. »

M. *Ledru-Rollin*. — « Il a été distribué à chacun de vous un
« appel fait par les représentants du peuple romain.. (oh ! oh !
« interruption) Ils se sont adressés à vous pour vous demander
« d'intervenir en faveur de la république qu'ils avaient constituée.
« Pourquoi ces représentants ne seraient-ils pas aussi sacrés dans
« leur vote que vous ? Expliquez-moi comment quand un peuple
« vous fait un appel pour sa liberté, en envoyant des forces mili-
« taires pour le comprimer, on peut dire que ce n'est pas là la
« violation scandaleuse de la Constitution ? Le président du conseil
« vous a dit : Dans la situation grave où se trouve l'Italie, il y a
« trois partis à prendre. 1º La guerre avec l'Autriche, si
« elle intervient à Rome : c'était le parti logique, et vous n'en
« voulez pas. 2º L'abstention absolue, contraire à la dignité de la
« France. Un grand pays ne peut laisser des faits considérables
« s'accomplir dans le monde, changer l'équilibre européen, sans
« qu'à l'instant il intervienne pour y jouer son rôle. 3º Vous

« adoptez le parti des intérêts français, en assistant à la restau-
« ration du pape faite par l'intervention de l'Autriche, pour
« empêcher le retour des événements funestes que nous avons vus
« s'accomplir lors du sac de Milan. Mais jusqu'où irez-vous ?
« Malgré vous, le parti que vous appelez parti de l'influence est le
« parti de la guerre. Vous consentez donc à la restauration du
« pape ? Ce sera la violation de la Constitution.. (plusieurs voix :
« non, non). *Ne craignez pas une guerre avec l'Autriche ;* elle n'est
« pas redoutable. Le souvenir de la gloire française a laissé des
« traces. Vous avez une armée puissante, courageuse, formidable.
« L'Autriche est faible et chancelante : ses revers en Hongrie en
« sont la preuve. Les Russes y regarderont à deux fois avant de
« la secourir.. (une voix : erreur). Quoi ! les fils des vainqueurs
« de Rivoli, de Lodi et de Castiglione deviendront les soldats de la
« foi, les soldats du pape... (une voix : et pourquoi pas ?) Mais
« vous marchez à l'encontre de vos principes : cela est dangereux.
« N'imitez pas le gouvernement sorti de la révolution de juillet...
« Si vous sortez de cette situation par la guerre, ferez-vous
« comprendre à la France qu'on puisse le faire après avoir engagé
« douze mille hommes ? Supposez que le sol italien vomisse des
« défenseurs, supposez que l'Italie résiste, que l'Autriche vous
« fasse de dures conditions, qu'est-ce que douze mille hommes
« dans une condition semblable ? Ce n'est pas douze mille hommes
« qu'il faut jeter en Italie (vous ne pensez pas les faire battre en
« retraite), c'est une armée tout entière ; autrement vous faites
« une guerre insensée. La décision que vous allez prendre, ce n'est
« pas la paix, c'est la guerre dans les plus détestables conditions,
« la guerre malgré vous, la guerre malgré votre constitution, et,
« si ce n'est pas la guerre, c'est une trahison. »

M. *de Lamoricière.* — « J'ai voté l'article de la Constitution qui
« dit que les forces de la France ne seront jamais employées à
« comprimer la liberté du peuple et cependant je crois ne pas
« m'être démenti en votant pour le rapport qui vous a été lu.
« Pourquoi ? C'est que je crois qu'en allant en Italie, les forces
« françaises iront là, non pas pour sauver la république romaine,
« qui ne peut être sauvée, mais au moins pour sauver la liberté.
« Dans la Commission, nous avons questionné M. le président du
« conseil et M. le ministre des Affaires étrangères sur le congrès
« de Gaëte et sur les conséquences qui en étaient résultées pour la
« position de la France. Si nous avions cru que la France fut liée,
« engagée avec l'Autriche, avec l'Espagne, avec Naples pour
« intervenir en Italie, croyez-vous que nous serions venus vous

« proposer le rapport que nous vous avons apporté à la tribune ?
« Jamais. Mais c'est parce qu'il est résulté des affirmations
« positives des gens à la parole desquels nous croyons que *la
« France agirait librement* que nous avons accepté le rapport.
« L'action de la France sera différente de celle de l'Autriche ; ce
« n'est pas pour agir dans le sens de l'Autriche que la France
« interviendra en Italie..... Les Autrichiens sont en ce moment
« à Florence, à Bologne, à Ferrare. Si l'état des esprits romains
« est tel que l'apparition du drapeau français doive produire le
« retour spontané du peuple romain vers le pape et le faire
« conduire à Rome en triomphe, je dis que le voisinage du dra-
« peau autrichien produira certainement le même résultat. Et
« alors qu'arrivera-t-il ? que les Autrichiens, sans tirer un coup
« de fusil, ramèneront le pape à Rome, et qu'alors le pape sera
« rétabli sous l'influence de l'Autriche. Or, si cela arrive, sans
« que nous allions à Civita-Vecchia, sans que nous y soyons pour
« rien, une contre-révolution aura lieu. Ce ne sera pas seulement
« la république romaine qui sera perdue, ce sera l'influence de la
« France qui sera justement perdue en Italie, car elle aura
« déserté, abandonné sa *politique séculaire*, qui est et qui doit
« être sa politique, qu'*elle soit monarchie ou qu'elle soit république*.
« Nous n'avons pas à craindre que le peuple romain se lève pour
« défendre son indépendance contre la France. Si cela pouvait
« avoir lieu, cette émanation du sol se serait produite contre les
« Autrichiens et la bataille de Novare n'aurait pas eu ses résul-
« tats. La république romaine court d'autres dangers que celui
« qui résulterait de l'occupation de Civita-Vecchia par une
« division française. *Elle a déclaré la guerre à l'Autriche*, et quand
« les Romains et les Piémontais ont été battus à Novare, la
« république vient nous dire : Venez nous tirer du mauvais pas
« où nous nous sommes mis. La France n'est pas obligée par sa
« constitution de se poser en Europe comme le chevalier errant
« de la vraie ou fausse liberté d'un peuple. Elle ne peut pas
« engager une guerre pour aller soutenir, contre l'Autriche et
« contre les puissances signataires du congrès de Gaëte une répu-
« blique dont les plus chauds amis ne sont pas convaincus de la
« possibilité de son existence. Il y a donc lieu d'autoriser le gou-
« vernement à occuper Civita Vecchia. »

L'Assemblée nationale prononça alors la clôture et par 388 suffrages contre 161 adopta le projet de loi relatif au crédit pour *le corps expéditionnaire de la Méditerranée*.

Le 18 avril, M. le général RULLIÈRE, ministre de la guerre,

ancien lieutenant-colonel du 36ᵉ, constituait comme il suit, d'accord avec le conseil des ministres, la division d'opération :

CORPS EXPÉDITIONNAIRE DE LA MÉDITERRANÉE.
18 avril 1849.
Général en Chef : OUDINOT DE REGGIO

Général de division REGNAULT de Saint-Jean-d'Angély

- 1ʳᵉ brigade — Général *Mollière*. — 1ᵉʳ bat. Chasˢ. à pied. 20ᵉ et 33ᵉ de ligne.
- 2ᵉ brigade — Génᵃˡ. *Ch. Levaillant*. — 36ᵉ de ligne. 68ᵉ de ligne.
- Artillerie — Lieutˡ-colonˡ *Larchey*. — 2ᵉ, 12ᵉ et 13ᵉ batteries du 3ᵉ régˡ d'artillerie.

Chef de l'escadre : Contre-amiral TRÉHOUART.

La flottille fut composée des vaisseaux *l'Orénoque*, capitaine Bellenger-Michel ; — *le Sané*, capitaine Vrignaud ; — *le Labrador*, capitaine Mallet ; — *le Narval*, lieutenant Baliste ; — *le Ténare*, lieutenant Leroux ; — *le Liamone*, lieutenant Morand ; — *le Magellan*, lieutenant Martel ; — *l'Albatros*, lieutenant Monin ; — des frégates *le Veloce*, capitaine Roux ; — *le Christophe-Colomb*, capitaine Bellenger Joseph ; — *l'Infernal*, capitaine Levasseur : — des corvettes *le Marsouin*, capitaine Melchertz ; — *la Provençale*, capitaine Tréhouart.

Le 19 avril le 36ᵉ reçut l'ordre de se tenir prêt à embarquer au premier signal. D'après le gouvernement, l'expédition de Civita-Vecchia devait avoir toutes les chances de succès. Les renseignements reçus s'accordaient à dire qu'à ROME, excepté un petit nombre d'hommes qui s'étaient emparés du pouvoir, la majorité de la population attendait avec impatience l'arrivée des Français. Comme une résistance sérieuse n'était pas prévue, les régiments du corps expéditionnaire ne partaient pas au complet. Le 2ᵉ bataillon du 36ᵉ restait en France ; le régiment ne fournissait à l'expédition que 1854 sous-officiers et soldats, commandés par 57 officiers. Il en était de même pour les 20ᵉ, 33ᵉ et 68ᵉ de ligne composant la division. On disait à Marseille que nos soldats n'allaient faire en Italie qu'*une promenade militaire de quinze jours*. Déjà M. le général de division CARRELET, commandant Marseille, et M. le général CHARLES LEVAILLANT présidaient aux préparatifs de l'expédition. Ils s'étaient rendus à bord du *Labrador* pour s'y concerter avec l'amiral TRÉHOUART sur les dispositions de l'embarquement.

Au 30ᵉ, officiers et soldats s'apprêtaient avec une activité prodigieuse et avec un grand contentement au départ du lendemain. Thérésine était résolue à suivre son mari et son frère.

— Restez à Marseille, lui disaient les officiers, vous n'êtes pas obligée de nous suivre puisque vous n'êtes pas cantinière. A quoi bon vous fatiguer et vous mettre dans l'embarras en nous accompagnant ? Nous n'allons faire qu'une course, et nous reviendrons le mois prochain.

— Non, non, messieurs, mon mari va à Rome, je veux y aller aussi, quand ce ne serait que pour y rester deux jours. Au moins toute ma vie, j'aurai la consolation de pouvoir me dire que j'ai été prier aux tombeaux des Apôtres.

Elle fit donc tous les préparatifs du départ. Il fut décidé que sa sœur Marie-Anne resterait à Marseille, pour ne pas discontinuer ses classes, et qu'elle prendrait pension chez Madame Félicie Rincly, née Péqueur, dame du chef de musique. Madame Molinier, dame du chef armurier, restait également à Marseille avec sa fille Etiennette, camarade de Marie-Anne. La mère de Madame Rincly, Madame Péqueur, accompagnait aussi son mari, sous-chef de musique. Thérésine prenait à sa charge de lui procurer tout ce dont elle aurait besoin. Elle se dévouait pour la mère afin que la fille se dévouât pour sa petite sœur. Mais la fille, que Thérésine ne connaissait pas assez, n'exerça envers Marie-Anne que des traitements d'une dureté inqualifiable.

Le 19 avril, elles allèrent ensemble à Notre-Dame de la Garde. Ne sachant pas les croix que Dieu leur réservait, ne prévoyant pas les grandes douleurs qu'elles allaient endurer, ignorant toutes les tribulations, toutes les angoisses par lesquelles elles allaient passer, leur devoir d'enfants de Marie les obligeait à recourir à Celle qui les avait toujours protégées. Sous sa garde maternelle et puissante elles étaient sûres d'échapper à tout péril. Marie répondit à leurs vœux et à leurs prières par une providence toute particulière : on le verra le 30 avril.

Dans la soirée, les généraux Carrelet et Levaillant se trouvaient à la gare pour y attendre le général en chef de l'expédition. Celui-ci venait de recevoir de M. DROUYN DE LHUYS, ministre des affaires étrangères des *instructions* ainsi conçues :

Général,

« Je vous ai fait connaître l'objet de l'expédition dont le gouver-
« nement de LA RÉPUBLIQUE vous a confié le commandement.
« Vous savez qu'une réaction intérieure et une intervention étran-
« gère menacent l'existence du gouvernement actuel de Rome que

« nous n'avons jamais reconnu. A l'approche de cette crise, désor-
« mais inévitable, le devoir nous prescrit de prendre les mesures
« nécessaires tant pour maintenir notre part d'influence dans les
« affaires de la Péninsule italienne que pour ménager dans les
« Etats romains le rétablissement d'un ordre de choses régulières
« sur des bases conformes aux intérêts et aux droits légitimes des
« populations. Bien que vous n'ayez pas à intervenir dans les
« négociations définitives qui assureront ce résultat, vous êtes
« autorisé à recevoir des autorités établies toutes les propositions,
« et à conclure avec elles tous les arrangements qui vous paraî-
« tront propres à la préparer, en évitant seulement dans la forme
« de cet arrangement tout ce qu'on pourrait interpréter comme la
« reconnaissance du pouvoir d'où émanent ces autorités.

« Vous trouverez ci-joint le projet de la lettre que vous devrez
« écrire en arrivant au gouverneur ou au magistrat supérieur de
« Civita-Vecchia pour demander votre admission dans cette ville.
« L'entrée ne vous en sera sans doute pas refusée ; toutes les
« informations qui nous parviennent nous donnent lieu de penser
« que, bien loin de là, vous serez reçus avec empressement, par
« les uns comme un libérateur, par les autres comme un média-
« teur contre les dangers d'une réaction. Si cependant, contre
« toute vraisemblance, on prétendait vous interdire l'entrée de
« Civita-Vecchia, vous ne devrez pas vous arrêter à la résistance
« qu'on vous opposerait au nom d'un gouvernement que personne
« en Europe n'a reconnu et qui ne se maintient à Rome que contre
« le vœu de l'immense majorité des populations. Une fois établi
« sur le territoire des Etats de l'église, vous vous empresserez de
« vous mettre en relations avec M. *d'Harcourt* et M. *de Rayneval*,
« chargés par le gouvernement de LA RÉPUBLIQUE de traiter à
« Gaëte les intérêts de la mission qui vous est confiée. Vous
« pourrez dès lors concerter avec eux, d'après les informations
« qu'ils seraient en mesure de vous transmettre, les dispositions
« que vous aurez à prendre. Vous enverrez à Rome un de vos
« officiers avec l'ordre de déclarer aux chefs du gouvernement la
« nature de la mission qui vous est confiée, de leur faire entendre
« bien nettement que vous n'êtes nullement autorisé à soutenir
« l'ordre des choses dont ils sont les représentants et de les
« presser de prêter les mains à des arrangements qui puissent
« préserver le pays de la crise terrible dont il est menacé.

« Votre marche sur Rome, à la tête de vos troupes, facilitera
« sans doute un pareil dénouement en donnant courage aux
« honnêtes gens. Vous jugerez si les circonstances sont telles que

« vous puissiez vous y rendre avec la certitude, non seulement d[e]
« n'y pas rencontrer de résistance sérieuse, mais d'y être ass[ez]
« bien accueilli pour qu'il soit évident qu'en y entrant vou[s]
« répondez à un appel de la population. Partout où vous vou[s]
« trouverez jusqu'au moment où un gouvernement régulier aur[a]
« remplacé celui qui pèse actuellement sur les États de l'églis[e]
« vous pourrez, selon que vous le jugerez nécessaire ou conv[e-]
« nable, soit maintenir les autorités civiles, en tant qu'elle[s]
« consentiront à se restreindre à une action municipale ou d[e]
« police, et qu'elles ne vous susciteront aucun péril ni embarra[s]
« réel, soit favoriser le rétablissement de celles qui étaient e[n]
« fonctions, soit même en rétablir de nouvelles, en évitan[t]
« autant que possible, d'intervenir directement dans ces change[-]
« ments, et en vous bornant à provoquer, à encourager l'expressio[n]
« des vœux de la partie honnête de la population. Vous pourrez vou[s]
« servir, quand vous le jugerez à propos, pour les communication[s]
« avec ces autorités, de l'intermédiaire du consul de France [à]
« Civita-Vecchia que je mets à votre disposition.

« Telles sont, Général, les seules instructions que je puisse vou[s]
« donner dans ce moment. Votre bon jugement y suppléera suivan[t]
« les circonstances et je ne manquerai pas d'ailleurs de vous fair[e]
« parvenir successivement les directions nouvelles qu'elles pour[-]
« ront exiger. Je joins à cette dépêche le texte d'une proclamatio[n]
« que vous voudrez bien publier aussitôt après votre débarque[-]
« ment. Agréez....

Le matin du 20 avril, M. le général OUDINOT prenant l[e]
commandement de l'armée expéditionnaire publia *l'ordre du jou[r]*
suivant :

Soldats,

« Le Président de LA RÉPUBLIQUE vient de me confier l[e]
« commandement en chef du corps expéditionnaire de la Médite[r-]
« ranée. Cet honneur impose de grands devoirs : votre patriotism[e]
« m'aidera à les remplir.

« Le gouvernement, résolu à maintenir partout notre ancienn[e]
« et légitime influence, n'a pas voulu que les destinées du peupl[e]
« italien puissent être à la merci d'une puissance étrangère o[u]
« d'un parti en minorité. Il nous confie le drapeau de la Franc[e]
« pour le planter sur le territoire romain comme un éclatan[t]
« témoignage de nos sympathies.

« Soldats de terre ou de mer, enfants de la même famille, vou[s]
« mettrez en commun votre dévouement et vos efforts ; cett[e]
« confraternité vous fera supporter avec joie les dangers, les priva-

« tions et les fatigues. Sur le sol où vous allez descendre, vous
« rencontrerez à chaque pas des monuments et des souvenirs qui
« stimuleront puissamment vos instincts de gloire. L'honneur
« militaire commande la discipline autant que la bravoure ; ne
« l'oubliez jamais. Vos pères ont eu le rare privilège de faire
« chérir le nom français partout où ils ont combattu. Comme eux,
« vous respecterez les propriétés et les mœurs des populations
« amies ; dans sa sollicitude, le gouvernement a prescrit que
« toutes les dépenses de l'armée leur fussent immédiatement
« payées en argent. Vous prendrez en toute occasion, pour règle
« de conduite, ces principes de haute moralité.

« Par vos armes, par vos exemples, vous ferez respecter la
« dignité des peuples ; elle ne souffre pas moins de la 'icence que
« du despotisme. L'Italie vous devra ainsi ce que la France a su
« conquérir pour elle-même, l'ordre dans la liberté.

« Marseille le 20 avril 1849.

Le Général en Chef,

OUDINOT DE REGGIO.

Dès 6 heures du matin, l'embarquement des troupes avait commencé. *Le Panama* reçut le général Charles Levaillant, le colonel Blanchard, les sapeurs du 36e, *Maugenre*, Thérésine et François, les 2e, 3e, 4e, 5e et voltigeurs du 1er bataillon, les grenadiers et 5e du 3e bataillon. Les grenadiers et la 1re compagnie du 1er bataillon avec le commandant de Jonquières s'embarquaient sur *l'Infernal*. Les 2e, 3e, 4e, 5e et 6e compagnies du 3e bataillon avec le commandant de Sainte-Marie prenaient place sur *le Véloce* et les voltigeurs du 3e sur *la Provençale*. Le 22 avril, à 9 heures et demie du matin, les vaisseaux levèrent l'ancre et gagnèrent le large. (1)

---

(1) Ayant dû accepter l'histoire qui ne s'invente pas, nous *déclarons* que notre adhésion personnelle et parfaite à la doctrine de l'église romaine, et que notre zèle à défendre les droits du souverain Pontife au nom de l'autorité souveraine qu'il tient de Dieu, nous font un devoir impérieux de condamner et de réprouver publiquement tout le libéralisme, le pseudo-christianisme et l'anti-christianisme dont les actes que nous publions de plusieurs hommes politiques de 1849 se trouvent souillés à l'occasion de la campagne de Rome.

CHAPITRE XLIII

CIVITA - VECCHIA

Après l'embarquement des troupes, les divers bâtiments de la division étaient réunis aux îles d'Hyères le 22, à deux heures de l'après-midi. Le vent du nord-ouest, qui n'avait pas cessé de régner depuis plusieurs jours, avait enfin molli. La mer était moins forte. A quatre heures du soir, la frégate-amiral *le Labrador* donna le signal de l'appareillage ; les bâtiments prirent leurs postes sur deux colonnes parallèles et firent route dans la direction du cap Corse, qui forme, au nord, l'extrême pointe de l'île de ce nom. La nuit fut belle et la mer de plus en plus calme.

Le 23, à deux heures, la division doublait le cap Corse. Faisant route dès lors au sud, elle longeait la côte de l'île et passait en vue de Bastia. A quatre heures, l'amiral signale au *Panama* l'ordre de quitter sa position et de s'approcher, et au commandant BELVÈZE l'ordre de se rendre à bord de la frégate-amiral. Le *Panama* exécute le mouvement ; son commandant retourne à son bord au bout d'un quart d'heure, ramenant avec lui M. HENRI DE LA TOUR D'AUVERGNE, détaché du ministère des affaires étrangères en qualité de secrétaire du général commandant en chef l'expédition : le chef d'escadron d'état-major M. ESPIVENT DE LA VILLEBOISNET, aide-de-camp du général Oudinot, et le capitaine d'état-major

Durand de Villers, aide-de-camp du général Regnault de Saint-Jean-d'Angély, tous trois chargés d'une mission collective pour Civita-Vecchia. L'amiral donna rendez-vous au *Panama* à 15 milles dans le sud de l'île de Giglio, à 35 milles environ de la côte d'Italie.

Le Panama était accompagné de *l'Infernal*. Augmentant leurs feux, et marchant à toute vapeur, ces deux navires eurent promptement dépassé la division, qui ralentissait sa marche. Ils arrivèrent le 24, à neuf heures du matin, devant CIVITA-VECCHIA. Les habitants connaissaient, depuis la veille seulement, la résolution prise par le gouvernement de la république d'intervenir dans les Etats romains, mais ils ne s'attendaient point à voir paraître si tôt le pavillon français.

Sans tarder MM. Espivent, de La Tour d'Auvergne et Durand de Villers, accompagnés de M. le lieutenant-colonel Tabouriech et de M. l'adjudant-major Trouillebert du 36ᵉ de ligne descendirent à terre. Ils trouvèrent au môle le consul qui les mena chez le gouverneur. Toute la population rassemblée couvrait la plage, les quais, et encombrait les rues.

Le gouverneur attendait la visite avec impatience et non sans une vive émotion. M. Espivent prit la parole et s'exprima en ces termes :

« La France, en envoyant ses soldats sur votre territoire, ne
« veut point, certes, défendre le gouvernement actuel, qu'elle n'a
« point reconnu, mais épargner à l'Italie centrale des malheurs
« nouveaux. Elle n'a pas l'intention de se mêler du règlement des
« affaires de ce pays, quoique, à de certains égards, le règlement
« de ces affaires intéresse l'Europe et la chrétienté tout entière.
« Elle veut seulement concourir au rétablissement d'un régime
« libéral et en assurer la durée, d'un régime qui soit à égale
« distance des abus invétérés que le généreux Saint Père avait
« fait disparaître, et de l'étrange anarchie dont le triumvirat de
« Rome est encore la honteuse expression. Le nom de la France,
« ici comme ailleurs, veut dire ordre et vraie liberté, son drapeau
« et ses soldats sont là pour maintenir l'un et l'autre. » (1)

Le gouverneur, ou, pour mieux dire, le commissaire civil de Civita-Vecchia répondit : « Votre général en chef a dit, dans sa

---

1 Tous les documents relatifs à l'expédition de Rome sont extraits du *Moniteur universel* de 1849 — et de la Chronique régimentaire inédite.

« proclamation, que la France n'engageait ses soldats sur notre
« territoire que parce qu'elle ne voulait pas que les destinées du
« peuple italien puissent être à la merci d'un parti en minorité ; —
« que parce que la licence et l'anarchie régnaient à Rome. Au
« nom des triumvirs de la république romaine, je proteste énergi-
« quement contre ces paroles, et je m'oppose à votre débarque-
« ment. Mes ordres formels sont de refuser l'entrée du port à la
« France, dut-il s'en suivre la guerre. »

« — Eh bien, répliqua M. Espivent, si nous n'entrons pas à
« Civita-Vecchia de votre plein gré, nous y entrerons par la
« force. » (1) Et là dessus, nos envoyés regagnèrent *le Panama*.

De retour sur Ajaccio, l'aide-de-camp rendit compte de sa mission au général OUDINOT qui fit avancer l'escadre. Elle arriva le 24 avril en face de la haute tour du port de Civita-Vecchia. Par crainte des torpilles, il fut décidé que l'on descendrait sur les chaloupes en pleine mer. Le débarquement des troupes devenait dès lors assez long et difficile, d'autant plus que les vagues étaient très fortes et très agitées.

Aucune troupe ennemie n'apparaissant sur le rivage, le 36e de ligne reçoit l'ordre de descendre à terre le premier. Il était onze heures du matin. Debout sur le pont du Panama, le colonel Blanchard commande à MAUGENRE et à ses sapeurs d'embarquer sur *la première chaloupe*, fusils chargés. On attendit qu'ils aient touché terre pour détacher une seconde barque. Bien émue, Therésine suivait des yeux la frêle embarcation qui portait son mari. Qu'allait-il lui arriver ? On parlait de torpilles, de Garibaldiens et de Lombards. Allait-il être sacrifié pour le salut de l'armée ? C'est dans cette anxiété qu'elle invoquait Notre-Dame du fond de son cœur.

Les sapeurs atteignirent le sol sans accident. Maugenre s'élança *le premier* hors de la chaloupe, et la tint amarrée, jusqu'à ce que

---

(1) Les énergiques représentations du Préfet de Civita-Vecchia ont fait l'objet des débats de *la Constituante romaine* dans sa séance du 29 avril. Elles réfutent le mensonge imprimé dans le numéro du 3 mai du *Moniteur universel*. D'après ce journal, le Préfet aurait répondu « qu'il était heureux de voir « arriver la France, que non seulement on voulait bien les laisser entrer et « occuper la ville, mais encore qu'on les recevrait en frères, qu'il désirait « voir le plus tôt possible à terre les troupes que la mer pouvait fatiguer. » Ce fut un accueil franchement enthousiaste, ajoute le journal. Si cette assertion était vraie, comment donc expliquer la conduite du général Oudinot qui fit emprisonner le Préfet trois jours après son arrivée à Civita-Vecchia ?

tous fussent à terre. Quelques italiennes venaient d'installer sur le port des tables, chargées de bouteilles, de verres et de tabac. Maugenre paya la goutte et des cigares à tous ses sapeurs. Il était tout joyeux d'avoir été *le premier soldat* de toute l'armée française qui ait mis pied à terre sur le territoire pontifical pour rétablir *l'autorité* de Pie IX.

Quand tout le 36e fut débarqué, sans trouver d'opposition, l'état-major et le 1er bataillon furent reçus par les Dominicains, qui leur cédèrent leur couvent dans l'intérieur de la ville. Les compagnies du 3e bataillon allèrent bivouaquer dans le parc du couvent des Capucins à une demi-lieue sur la droite. Il commençait à faire nuit quand Thérésine et Madame Péqueur quittèrent *le Panama*. Le temps était devenu très orageux ; la mer était mauvaise et écumante ; l'eau rejaillissait dans la barque ; il y avait loin du vaisseau au port. Elles faillirent sombrer au milieu des vagues. Grâce aux efforts surhumains des marins qui les conduisaient, elles arrivèrent au port, mouillées, trempées jusqu'aux os. Maugenre était là à les attendre. Il fallut se rendre chez les Dominicains : une cellule fut octroyée à Thérésine, à son mari et à son frère ; ils n'y trouvèrent que les quatre murs.

Immédiatement après le débarquement, le général en chef publia l'ordre du jour suivant :

    Soldats,

« Le drapeau français flotte sur les forts de Civita-Vecchia.
« Nous pensions opérer un débarquement de vive force : toutes les
« mesures étaient prises pour en assurer le succès. Nous avons dû
« nous inspirer de la pensée de notre gouvernement qui, associé
« aux idées généreuses de Pie IX, veut éviter autant que possible
« l'effusion du sang. Les autorités de Civita-Vecchia, cédant aux
« vœux des habitants, nous ont ouvert les portes de la place. Cet
« accueil, vous le sentirez, ajoute à nos devoirs ; il aggraverait
« toute infraction à la discipline. Il nous commande non seulement
« de respecter les populations, mais encore d'entretenir avec elles
« des relations bienveillantes. La flotte va nous ramener sous peu
« de jours un renfort considérable. Soldats de l'armée de terre, je
« suis votre interprète en remerciant nos frères d'armes de la
« marine. C'est à leur puissant concours que nous aimons à repor-
« ter le succès de notre première occupation. »

  CIVITA-VECCHIA, le 25 avril 1849.
    Le Général en Chef : OUDINOT DE REGGIO.

Une proclamation fraternelle aux habitants des Etats romains fut aussitôt répandue et affichée dans la ville. Nous avons vu, dans les instructions du ministre des affaires étrangères au général en chef que cette déclaration était l'œuvre du ministre lui-même, M. DROUYN DE LHUYS : on y lisait les phrases suivantes : « Le « gouvernement de *la République française*, toujours animé d'un « esprit très-libéral, déclare vouloir respecter le vœu de la « majorité du peuple romain. Il vient sur leur territoire amicale- « ment, dans le but de maintenir sa légitime influence. Il est de « plus bien décidé à ne vouloir imposer à ces populations aucune « forme de gouvernement qui ne serait pas choisie par elle. Ils « iront protéger la vraie liberté italienne. »

On le voit, cette proclamation importante contenait la pensée même de l'expédition ; elle traitait les Italiens en frères. La France se présentait comme amie, comme auxiliaire de la grande cause de la vraie liberté, comme désintéressée personnellement dans toute question territoriale.

A huit heures du soir, le 25 avril, deux bateaux à vapeur portant pavillon italien se présentèrent en vue du port. Ils arrivaient de *Gênes*. LES LOMBARDS *venaient renforcer Civita-Vecchia et organiser la résistance*. Surpris par la présence de notre escadre, ils s'en allèrent comme ils étaient venus. Sur les forts de la ville, les deux pavillons français et italien flottaient à côté l'un de l'autre ; des notables vinrent prier le général OUDINOT de laisser arborer les couleurs du gouvernement pontifical. Voulant marquer le caractère de son expédition, le général en chef refusa. Quelques instants après, Mgr VALENTINI, désigné par Pie IX comme gouverneur de Civita-Vecchia et les envoyés du Saint-Siège qui l'accompagnaient, demandèrent à parlementer avec lui. Pour le même motif, le général Oudinot refusa de les recevoir comme plénipotentiaires, *à titre officiel*. Mais officieusement, il sut bien leur avouer que, selon lui, l'avenir était en faveur de PIE IX, et que le peuple romain, une fois libre et délivré de ses sanguinaires oppresseurs par l'intervention française, acclamerait avec joie le retour de leur Pontife-Roi.

Déjà le général OUDINOT était entré en communication avec le gouvernement du triumvirat. Par son aide-de-camp, le colonel *Lefranc*, il lui avait adressé une lettre lui annonçant dans quel but pacifique, libéral, il venait s'interposer : « Le gouvernement fran- « çais, disait-il, animé d'idées libérales, n'entend imposer aucune « sorte de gouvernement à la population des États romains. C'est « à la population elle-même à choisir en toute liberté la forme de « gouvernement qu'elle croira lui convenir le mieux. Les troupes « françaises interviennent comme amies ; elles ne mettent aucun

« obstacle à ce que les populations fussent consultées, à ce que des
« négociations sur les bases les plus libérales fussent ouvertes
« pour arriver à cette conciliation entre les droits du Saint Père
« et les droits des populations ; qu'au contraire elles arrivent pour
« faciliter cette conciliation. »

Pour disposer plus sûrement le triumvirat et la Constituante en faveur de l'intervention française, qui ne se faisait qu'au nom de l'humanité et de la vraie liberté, le général en chef leur envoya MM. *Henri de la Tour d'Auvergne*, *Espivent de la Villeboisnet*, *Durand de Villers* avec le colonel *Lefranc*, si tôt qu'ils eurent mis pied à terre à Civita-Vecchia. C'est à minuit seulement qu'ils arrivèrent à Rome.

Entre temps, le général OUDINOT adressait à M. le ministre de la guerre la dépêche suivante : Civita-Vecchia, 25 avril. « Nous
« sommes maîtres de Civita-Vecchia sans coup férir. Les autorités
« n'ont fait aucune résistance. Les habitants et la garde nationale
« nous ont accueilli avec acclamation. »

Ce fut dans la nuit du 25 au 26 que le triumvirat reçut nos envoyés. Ceux-ci déclarèrent d'abord « que les Français avaient
« été accueillis à Civita-Vecchia avec les signes les plus vifs de
« fraternité. » Ils ajoutèrent que « l'intention du gouvernement
« était d'ordonner la marche sur Rome, espérant y trouver bon
« accueil. »

— « Mais, répliqua MAZZINI, dans quel but le gouvernement
« de *la République française* envoie-t-il un corps d'armée dans les
« Etats romains ? »

— « C'est d'abord, répondit M. *Espivent*, pour protéger les
« Etats romains contre l'invasion dont les Autrichiens font les
« préparatifs. C'est en second lieu pour s'assurer des sentiments
« précis des populations au sujet de la forme de gouvernement
« qu'elles croient la plus convenable. C'est enfin pour chercher à
« amener une réconciliation entre Pie IX et les Romains. »

— « L'intervention autrichienne que vous mettez en avant ne
« nous paraît qu'un prétexte, car le peuple romain saura se défen-
« dre. L'occupation française, n'ayant pas été précédée d'aucune
« communication, semble ne pas être de bon augure. Il serait plus
« juste de dire que la France, sous prétexte d'empêcher une inter-
« vention intervient elle-même à l'improviste, et sans avoir donné
« aucun avis de la conduite qu'elle entend tenir. Quant à la forme
« actuelle du gouvernement, à la proclamation de la république
« romaine, et à la déchéance perpétuelle de la papauté temporelle,
« ces faits sont l'expression solennelle de la volonté générale des

« populations, manifestées pleinement par le suffrage universel. »

— « Mais tous les électeurs n'ont pas voté. Vous ne pouvez donc « pas arguer de la volonté générale. »

— « S'ils n'ont pas tous voté, ou bien c'est leur faute, ou bien on « leur a ordonné de s'abstenir. Or aucune protestation contre le « vote de la majorité n'a eu lieu. Il me paraît juste de conclure « que les non-votants s'étaient volontairement soumis à ce qui « avait été consacré par la majorité. »

— « L'intention des autorités françaises est d'intervenir pour « consulter l'opinion publique, et s'assurer si, comme c'est votre « opinion, les populations manifesteraient de nouveau leurs sym- « pathies pour la forme républicaine et leur ferme volonté de voir « à jamais le pouvoir spirituel des papes séparé du pouvoir « temporel. »

— « Mais en occupant notre pays, qui jouissait d'une paix « profonde et d'un ordre parfait, vous pourriez susciter l'anarchie, « le désordre et la guerre civile ? »

— « La France veut une réconciliation entre le Saint-Père et la « nation. Elle se portera garante de l'accomplissement des condi- « tions qui seraient arrêtées. »

— « Le pape a quitté Rome volontairement ; il a toujours été « libre d'y rentrer comme pape, mais non plus comme prince « temporel. En sa qualité, le pape n'est ni Français, ni Espagnol, « ni Italien. Il appartient à toute la chrétienté ; mais aucune « puissance catholique n'a le droit d'imposer le pape ni son opinion « à un peuple indépendant. »

— « Les Français seront-ils accueillis à Rome comme à Civita-Vecchia ? »

— « Le triumvirat proteste contre l'intervention ; il se réserve « de consulter l'Assemblée sur ce qu'elle entendra faire. Quant à « mon opinion personnelle, je ne me prêterai jamais à permettre « aux Français l'entrée de Rome. »

Les envoyés se sont alors retirés (1)

Le 26 au matin, la grande place et le grand parc qui longent la mer à droite du port de CIVITA-VECCHIA étaient couverts de tentes. Tandis que nos marins procédaient au débarquement du matériel de l'artillerie, des chevaux, des voitures, etc. mille feux de bivouac pétillaient sous les marmites des soldats. Tous s'atten-

---

(1) Constituante romaine : Séance du 26 avril.

daient après le déjeuner, de recevoir l'ordre de plier bagage et de se mettre en route pour la Ville éternelle. Ce fut un désappointement d'apprendre qu'à onze heures, il y aurait *revue du général en chef,* suivie d'une promenade militaire. Les officiers murmuraient tout bas. « On nous a prévenu que nous ne devions rester en Italie que quinze jours, disaient-ils. Nous n'avons rien pris avec nous, ni malles, ni linge ; tout est resté au dépôt à Marseille. Pourquoi ne marchons-nous pas aujourd'hui sur Rome ? Le général Oudinot sait bien que Garibaldi n'est pas dans la ville. Le temps est précieux. Il faudrait avancer de suite ; un jour de retard peut tout perdre. Qui sait si demain, ou après-demain, des bataillons d'insurgés italiens n'entreront pas à Rome avant nous, pour nous en fermer les portes ? » M. le général Levaillant se fit un devoir de communiquer ces plaintes au général Oudinot. Celui-ci s'en montra froissé. Il répondit qu'il était en correspondance secrète avec des notabilités romaines, et qu'il n'y avait rien à craindre d'attendre. *On pourrait rentrer dans Rome l'arme au bras.* »

Cette parole d'Oudinot fut bientôt connue de tous les soldats et les tranquilisa. Elle remit surtout Thérésine des grandes émotions de la veille. Grâce aux renseignements d'un père dominicain, elle trouva une chambre à louer, à quatre francs par jour, chez une vieille dame italienne qui avait habité Marseille et qui savait un peu parler français. Elle s'y installa avec son mari. M. et Madame Péqueur louèrent une chambre voisine.

Dans la matinée du 26, et avant la revue, le général OUDINOT fit publier une seconde proclamation aux habitants des États romains : « Un corps d'armée française est débarqué sur votre
« territoire, disait-il, son but n'est pas d'y exercer une influence
« oppressive, ni de vous imposer un gouvernement qui serait
« opposé à vos vœux. Il vient vous préserver au contraire des
« plus grands malheurs... Nous nous concerterons avec les
« autorités existantes pour que notre occupation momentanée ne
« vous cause aucune gêne. Nous sauvegarderons l'honneur mili-
« taire de vos troupes en les associant partout avec nos troupes
« pour le maintien de l'ordre et de la vraie liberté. »

Une dépêche fut ensuite adressée à M. le ministre de la marine par M. le contre-amiral TREHOUART. Elle était ainsi conçue :

Civita-Vecchia le 26, à onze heures du matin.

« L'escadrille sous mon commandement a mouillé hier à dix
« heures devant Civita-Vecchia. A midi, la ville était occupée par
« 1800 hommes du 36e de ligne. Cette occupation a eu lieu sans

« coup férir. Toutes les troupes expéditionnaires sont débarquées
« depuis ce matin. Je hâte l'envoi à terre du matériel. »

Vers deux heures de l'après-midi, le ministre de la guerre de
Rome, le général AVEZZANA vint trouver le général Oudinot. Il
lui déclara « que les portes de Rome ne lui seraient ouvertes que
« s'il acceptait le rôle de médiateur armé au profit de la liberté
« romaine contre les prétentions papales, au profit de la nationa-
« lité contre l'intervention étrangère. » Oudinot répondit « La
« France refuse son épée à Mazzini ; elle ne veut pas que cette
« épée soit tenue par les mêmes mains qui ont tenu et sanctionné
« le poignard. L'épée de la France restera dans les mains fran-
« çaises les plus valeureuses et les plus dignes. Toute l'Europe
« reconnaîtra en elles ces qualités chevaleresques et guerrières
« qui s'appellent avant tout les qualités françaises. » — « Mais
« entendez-vous entrer dans Rome malgré le peuple romain,
« riposta Avezzana ? » — « De gré ou de force, nous entrerons. »

Après cet entretien le général Oudinot reçut du *consul de Civita-
Vecchia* la dépêche suivante : « Les nouvelles de Rome sont toutes
« à la résistance : on travaille aux baaricades. »

Vers huit heures du soir, M. RUSCONI, ministre des affaires
étrangères accompagné de M. Pescantini, eurent une conférence de
trois heures avec notre grand chef : « Je ne suis pas venu pour
« renverser vos institutions ni pour combattre la vraie liberté, lui
« déclara celui-ci, mais bien comme ami et pour vous aider. Je
« suis très surpris d'avoir été reçu avec froideur, car je n'ai pas
« d'intentions hostiles. » — « Reconnaissez la République
« romaine, répliqua le ministre et acceptez la solidarité avec elle ;
« à ces conditions les portes de Rome vous seront ouvertes. » —
« Je ne veux pas faire de mon chef ce que l'Assemblée nationale a
« refusé de faire par ses votes directs. L'Assemblée s'est formelle-
« ment refusée à aller en Italie pour reconnaître votre république
« et pour la défendre contre les puissances catholiques. Elle a été
« d'avis d'intervenir avec son action propre, avec son caractère
« libéral, parce que la marche des événements en Italie plaçait la
« France en face d'une nécessité absolue de s'en mêler. Nous ne
« voulons pas déclarer la guerre à tous ceux qui vous attaquent ;
« nous ne voulons pas signifier au nonce de se retirer. Aucun
« gouvernement n'a voulu reconnaître les envoyés de votre
« gouvernement. Pour nous, ne nous préoccupant que des intérêts
« de la France, qui ne sont pas solidairement engagés dans ceux
« de la république romaine, nous ne venons pas lui déclarer la
« guerre, ni nous emparer de son territoire ; nous venons nous

« rapprocher du théâtre d'un événement infaillible, pour défendre
« les droits de la population romaine en amenant une solution
« liberale, au lieu d'une solution absolutiste et autrichienne. » —
« Dans ce cas, votre politique se prononce pour le peuple romain
« contre le gouvernement de la République. En conséquence, je
« suis chargé de vous notifier la *protestation de la Constituante*
« contre votre intervention : voici en quels termes elle a été
« publiée à Rome le 24 avril :

Citoyens !

« Une expédition navale française menace de violer notre terri-
« toire. Quelque inattendue que soit pour nous une hostilité de
« cette part, vous saviez déjà et vous savez que les grands
« principes ne se conquièrent pas et ne se maintiennent pas sans
« que l'on s'en rende digne par la vertu, le courage et la persévé-
« rance. L'assemblée ne se manquera pas à elle même, ni à vous ;
« elle a voté et expédié au commandant français la protestation
« suivante :

« Citoyens ! L'Assemblée nationale romaine s'est émue à la
« menace d'une invasion qui n'a été ni provoquée par la conduite
« de la république envers l'étranger, ni précédée par aucune
« communication de la part du gouvernement français, invasion
« qui vient apporter l'anarchie dans un pays tranquille et bien
« ordonné. L'Assemblée se repose sur la conscience de ses propres
« droits et sur la concorde des citoyens en présence d'un acte qui
« viole en même temps tous les droits des nations et les engage-
« ments pris par la nation française elle-même dans sa constitu-
« tion, en brisant le lien de fraternité qui devait naturellement
« unir ces deux républiques. L'Assemblée proteste donc, au nom
« de Dieu et du peuple contre cette intervention inattendue. Elle
« déclare son ferme dessein de résister, Elle rend la France
« responsable de toutes les conséquences. »

Le Président de l'Assemblée : A. SALICETTI.

— Vous refusez donc de croire à l'intervention amicale du gou-
« vernement français, répondit le général Oudinot. » — « Si vous
« intervenicz en faveur de la république romaine, nous y croirions ;
« mais dès lors que vous ne venez pas la protéger, elle prépare la
« résistance ; son armée repoussera votre invasion. »

Dans la nuit du 26 au 27, le colonel *Lefranc* et les autres envoyés étaient de retour à Civita-Vecchia. Ils s'empressèrent de rendre compte de leur mission au général OUDINOT et lui racontèrent en détail leur conférence infructueuse avec les triumvirs. En outre ils lui apprirent qu'une concentration de troupes devait

avoir lieu à Rome très prochainement. : « On y attend les deux
« légions *Garibaldi* et *Galletti*, dirent-ils, pour renforcer la légion
« commandée par le colonel *Masi*. Un décret du 17 avril porte que
« l'armée de la république romaine sera forte de 45 à 50,000
« hommes de toutes armes, partagées en trois divisions et six
« brigades. Tous les émigrés capables de porter les armes sont
« invités à accourir à Rome. Un comité central des cercles
« romains vient d'être formé dans l'ancien collège Nobili des
« jésuites pour défendre la république romaine par tous les
« moyens. D'après les meilleurs renseignements, le vœu unanime
« de la population romaine appelle les Français à Rome. Les
« triumvirs Carlo Armellini et Aurélio Saffi sont d'avis de rece-
« voir nos troupes parce que les Français ne se mêleront pas de la
« question temporelle. Seul, Mazzini est d'avis contraire et la
« majorité de la Constituante ne lui est pas assurée. Nous pensons
« qu'il faut immédiatement marcher sur Rome, *avant l'arrivée des*
« *légions de Garibaldi*, pour déterminer le mouvement des gens
« honnêtes et modérés. L'intervention napolitaine secondera notre
« intervention ; entre Fondi et Terracine, 6,000 hommes d'infan-
« terie et de cavalerie ont reçu l'ordre de franchir la frontière des
« Etats romains pour rétablir le souverain Pontife dans la pléni-
« tude de ses droits temporels. Il importe que les Français soient
« à Rome avant les Napolitains. »

D'après ces indications si autorisées, si précises et si graves, le général OUDINOT, qui avait épuisé toutes les voies de négociations, rompues sur le terrain de la reconnaissance de la république romaine, jugea que l'heure était venue d'exécuter les instructions qu'il avait reçues, et de marcher promptement sur ROME. Il prévoyait que cette marche était nécessaire pour que l'effusion du sang fut épargnée ; il croyait qu'il serait reçu à Rome sans résistance ; il voulait juger lui-même qu'elle était l'efficacité des promesses qui lui avaient été faites, et quelles seraient les sympathies qu'il rencontrerait. D'un autre côté, les hommes qui étaient parvenus à s'emparer du gouvernement de Rome lui jetaient une sorte de défi que le devoir et le sentiment militaire lui prescrivaient de relever sans délai. Pour tous ces motifs, le général Oudinot n'hésita pas à marcher directement sur Rome avec moins de six mille hommes. Le 27 avril, il adressa à l'armée française la proclamation suivante :

Soldats.

« Vous connaissez les événements qui vous ont amené dans les
« Etats romains. A peine élevé sur le trône pontifical, le généreux

« Pie IX avait conquis l'amour de ses peuples, en prenant l'initia-
« tive des réformes libérales. Mais un parti factieux, qui a
« promené le malheur sur toute l'Italie, s'armait dans Rome à
« l'ombre de la liberté. Le souverain Pontife dut s'exiler à la suite
« d'une émeute inaugurée par l'assassinat impuni et glorifié de
« son premier ministre. Ce fut sous ces auspices, et sans le con-
« cours de la majeure partie des électeurs que fut fondée la
« république romaine dont aucun gouvernement d'Europe n'a
« reconnu l'existence. Néanmoins, dès mon arrivée, je fis appel
« aux hommes de tous les partis, espérant les réunir dans une
« soumission commune au vœu national. Le fantôme de gouverne-
« ment qui siège à Rome répond par des bravades réitérées à mes
« paroles conciliantes.
« Soldats, acceptons le défi ; marchons sur Rome. Nous ne
« trouverons pour ennemies ni les populations, ni les troupes
« romaines. Les unes et les autres nous considèrent comme des
« libérateurs. Nous n'avons à combattre que des réfugiés de toutes
« les nations qui oppriment ce pays après avoir compromis dans
« le leur la cause de la liberté. Sous le drapeau français, au
« contraire, les institutions libérales recevront tous les développe-
« ments compatibles avec les intérêts et les mœurs de la nation
« romaine. »

Le Général en Chef : OUDINOT DE REGGIO.

Ordre fut alors donné aux troupes de se tenir prêtes à marcher sur Rome. Civita-Vecchia fut mise en état de siège. Le préfet romain fut arrêté et conduit au fort principal, et les artilleurs romains furent désarmés. Le colonel BLANCHARD du 36e fut nommé *Commandant supérieur de la place*. Les 2e, 3e, 4e, 5e et 6e compagnies du 3e bataillon du 36e eurent la garde des forteresses et de la ville.

Le même jour, la Constituante romaine, obéissant à la voix de MAZZINI, publiait la proclamation suivante :

Dieu et le Peuple !

« Soldats romains. Le gouvernement français en violant le
« territoire d'un peuple libre et ami a violé le droit des gens et
« a fait tache à l'honneur du pays qu'il représente. Espérons
« encore cependant que les soldats français ne rempliront pas le
« rôle des Autrichiens en voulant rétablir le Pape. Mais si cela
« arrivait, nous leur ferions voir que nous savons nous servir de
« nos armes. Huit cents soldats peuvent insulter, mais non
« vaincre le peuple romain. — Romains persévérez. »

Au Capitole le 27 avril 1849.

Le Président : *Francesco Sturbinetti*.

Les Conseillers : *Lunati, Galeoti, de Andreis, Piacenti, Corboli*.

Le 28, la colonne française de Civita-Vecchia était sur les rangs dès six heures et demie du matin. Lorsqu'arriva le général OUDINOT pour commander le départ, il réclama aussitôt l'état-major du 36e. Ce contre-temps fut une surprise et une joie pour les sapeurs. En dix minutes, ils furent prêts à marcher en tête du régiment. *Maugenre* dit adieu à sa femme, ne pensant guère qu'il ne la reverrait plus avant trois mois. Les Français bivouaquèrent le soir à PALO. Tout le 1er bataillon du 36e, commandé par M. *de la Jonquière*, s'y trouvait réuni à l'état-major, aux voltigeurs et à la première compagnie du 3e bataillon. François et la musique avaient marché avec la colonne.

Ce même jour, dans l'après-midi, plusieurs gabarres italiennes se présentèrent devant le port de Civita-Vecchia. Elles amenaient un fort bataillon de *Lombards-Garibaldiens*, sous les ordres de MELARA. Ils venaient prendre possession de la place. Les vaisseaux français étaient pour la plupart retournés à Toulon pour chercher de nouvelles troupes. Les Lombards débarquèrent en toute assurance. Quand ils virent s'avancer les cinq compagnies du 3e bataillon du 36e, commandées par M. *de Sainte-Marie;* ils levèrent la crosse en l'air, croyant avoir à faire à cinq ou six mille hommes. Ils furent aussitôt désarmés et conduits dans le même bâtiment qu'habitaient les forçats. Cet événement fit une grande sensation dans la ville. Nuit et jour, les soldats du 36e durent à la fois garder les prisonniers, les forteresses, et circuler dans les rues de Civita-Vecchia pour maintenir le bon ordre parmi les italiens.

CHAPITRE XLIV

LES CINQ ASSAUTS DU 30 AVRIL

« L'arrivée subite et imprévue des Français dans le port de
« Civita-Vecchia avait étonné et terrifié le gouvernement de la
« République romaine. Il fallait disait-on de toutes parts, et afin
« d'éviter l'effusion du sang, ne pas laisser s'accroître à Rome les
« moyens de répression et de défense. Des officiers très intelli-
« gents, que le général OUDINOT avait envoyés dans cette
« capitale pour y étudier l'opinion publique, déclarèrent unanime-
« ment qu'une forte reconnaissance sur Rome était nécessaire, et
« suffirait pour suspendre immédiatement tous les préparatifs de
« résistance. Une prompte détermination était donc impérieuse-
« ment prescrite. (1) » « Deux autres puissants motifs engagèrent
« le général à se mettre en route pour Rome. Civita-Vecchia est un
« point sans action sur les états-Romains. En y prolongeant leur
« séjour, les Français s'exposaient à voir la question romaine
« vidée sans que la France obtint dans cette grande question la
« part qui lui revient. En second lieu, d'après les renseignements

---

(1) Lettre du général *Oudinot* au Ministre de la guerre. Camp de Palo.
4 mai.

« recueillis aux sources les plus sûres, le général Oudinot avait
« l'espoir d'entrer dans Rome sans employer la force. Les choses
« se sont passées tout autrement. (1) »

« Le 29 avril, le corps expéditionnaire campa à CASTEL
« GUIDO. Voulant connaître le plus tôt possible les dispositions
« des troupes de la République romaine, le général en chef
« prescrivit au capitaine *Oudinot*, son officier d'ordonnance,
« d'aller jusqu'aux avant-postes avec quelques chasseurs à cheval.
« Il les rencontra à environ trois lieues de notre camp. Les paroles
« pacifiques de cet officier furent accueillies par une décharge
« qui démonta un de nos chasseurs. Ce fait est isolé et n'ôte pas
« encore au grand chef toute espérance de conciliation. (2) » « Si
« le corps expéditionnaire eût pu arriver à Rome dans la journée,
« on lui en aurait ouvert les portes avec joie. La réalisation des
« prévisions du général Oudinot a tenu à moins de vingt-quatre
« heures. (3) »

Dans la soirée du 29 avril, GARIBALDI entrait à Rome à la tête de tous ses réfugiés ; sa présence accrut subitement la force du parti de la résistance. Sa résolution prévalut sur l'influence des deux triumvirs disposés à recevoir les Français. Son audace déjoua l'intrigue ourdie qui devait être exécutée de bonne foi par le général Oudinot. (4)

« Les Garibaldiens qui entrèrent à Rome par la porte du peuple
« n'étaient pas plus de vingt mille, parmi lesquels six ou huit
« mille tout au plus, tant Génois que Lombards, pouvaient être
« considérés comme des soldats aguerris. En mai, ils lèveront
« des impôts sur la population romaine pour la solde de soixante
« mille soldats. (5) » Cette armée, réunie à celle de Rome, comprenait les trois légions ou divisions GARIBALDI. GALETTI et ROSELLI, ayant sous leurs ordres les brigades *Masi*, *Bartholucci*, *Medici*, *Arcioni*, *Zamboni* et *Dobrowolski*. Ce dernier commandait

---

(1) Lettre du général *Oudinot* au Ministre des Affaires étrangères. Camp de Palo. 4 Mai.

(2) Lettre du général *Oudinot* au Ministre de la guerre. Camp de Palo. 4 mai.

(3) Discours de M. *de Falloux*, ministre de l'instruction publique. Séance du 6 août 1849.

(4) *Le Times*. Numéro du 12 mai.

(5) Lettre du général *Oudinot* au Ministre des affaires étrangères. Palo. 4 mai.

les Polonais; Arcioni, les Lombards; Galetti, les carabiniers et les Génois de Bartholucci.

« *Les Réfugiés français*, compromis dans les affaires de juin
« 1848, et trois cent cinquante hommes, licenciés de la garde
« mobile et de la garde républicaine de Paris, se joignirent aux
« Garibaldiens. Ainsi donc nos soldats allaient être reçus à coups
« de fusil et mitraillés *par des Français* exaltés qui, non contents
« de protester contre l'occupation, s'offrirent de monter les pre-
» miers sur les remparts et sur les barricades ! » (1)

Le lundi, 30 AVRIL, la colonne française partit de CastelGuido à quatre heures du matin. Les ponts étaient rompus ; la marche fut quelque peu retardée. Arrivé à LA MAGNANELLA, le corps expéditionnaire s'arrêta ; tous les soldats se déchargèrent de leurs sacs, laissés à la garde des instrumentistes du 36e, du 66e et du 33e de ligne. (2) Continuant ensuite à prendre la direction de la route de Civita-Vecchia à Rome, vers la porte Cavalleggieri, au nord-ouest de la ville et au sud de la région vaticane, il prit position sur le plateau qui domine l'entrée de la ville avec l'intention de faire un dernier appel à la concorde. Mais le drapeau rouge flotte sur tous les forts ; d'outrageantes vociférations font retentir les airs. Notre tête de colonne est assaillie à SAN-ANTONIO (3) par le feu le plus vif. Ce sont les Lombards d'*Arcioni* qui ont engagé l'attaque contre la brigade *Mollière* avançant en première ligne. Après une première riposte de notre infanterie, les Lombards, ne se trouvant pas en force pour continuer la lutte en rase campagne, se retirent pour venir s'abriter derrière les remparts. La division française continue sa marche. Bientôt elle aperçoit le drapeau du triumvirat qui flotte sur LA PORTE CAVALLEG-GIERI. C'est le drapeau tricolore couronné du bonnet rouge.

A l'approche des Français, le canon tonne sur les remparts ; les Mazziniens tirent *à blanc*. Tout joyeux, le général OUDINOT parcourut les rangs de nos soldats, en colonnes sur la route. « *Nous allons être reçus en frères*, s'écrie-t-il. *En avant !* » Croyant à la fidélité des gouvernants romains avec lesquels il avait conclu des arrangements secrets, assuré d'avoir pour lui un parti considérable de la ville, le général en chef regarda la résistance de San-Antonio

---

(1) Dépêches du *Consul de France à Civita-Vecchia* au Ministre des Affaires étrangères. 26 avril et 4 mai.
(2) Chronique régimentaire.
(3) Le Times : numéro du 12 mai.

comme faisant partie du plan concerté, et comme devant mettre à couvert l'honneur de la ville qui eut l'air de céder à la force. Pensant alors que la réalisation de l'arrangement allait avoir lieu, il développa ses deux brigades à droite, pour pénétrer dans Rome par la *porte Cavalleggieri*. Au lieu d'y trouver la soumission, il y rencontra des barricades solides et un feu meurtrier. (1)

Lorsque notre tête de colonne fut arrivée à trois cents mètres de cette porte, GARIBALDI commanda le feu à toutes ses troupes et à plusieurs batteries. La route fut bien vite teinte du sang de nos soldats, avançant tous en rangs, le fusil sur l'épaule. Alors le combat devint terrible sur ce point. Les Français essayèrent d'enlever *la porte Cavalleggieri*. Plusieurs pièces de canon, immédiatement postées sur la hauteur voisine, percèrent la porte et les murs à coups de boulets. Mais comment détruire en un jour les murailles crènelées d'Urbain VIII ? Construites en briques et en ciment, elles ne donnaient aucune prise au boulet, qui pouvait à peine faire son trou. Renfermant un chemin de ronde intérieur et à couvert, garni de défenseurs, elles abritaient l'ennemi qui combattait en sûreté. Derrière ces remparts les Garibaldiens étaient les plus forts et les plus nombreux. Exposés à tous les feux sans aucune protection, nos soldats tentèrent en vain d'enlever la position. Le 36ᵉ ne put répondre que par une fusillade bien nourrie au guet-apens des Mazziniens. Les plus grandes pertes étaient pour la brigade *Mollière* marchant la première.

Le général OUDINOT dut donc renoncer à enlever la ville par un assaut de ce côté. Il conçut aussitôt un autre plan. Il ordonna au colonel *Boutin* du 33ᵉ de ligne de simuler avec deux cents hommes une attaque de LA PORTE PERTUZZA, derrière la basilique Saint-Pierre. Il prescrivit ensuite à la brigade *Levaillant* de faire un mouvement agressif sur une route de gauche pour entrer dans Rome par LA PORTE ANGELICA, vis-à-vis et à l'opposé de la porte Cavalleggieri. (2) Enfin, il fit gravir le Janicule à la brigade *Mollière* pour pénétrer dans la ville par LA PORTE SAINT-PANCRACE. (3)

Les soldats du colonel *Boutin* arrivèrent jusqu'au pied même

---

(1) Le Times : numéro du 12 mai.
(2) Lettre d'Oudinot au ministre de la guerre, 4 mai.
(3) Lettre d'Oudinot au ministre de la guerre, 8 mai.

du rempart. Profitant du pli de terrain, ils s'embusquèrent. Leur fusillade attira l'ennemi dans leur direction.

Dans le même moment, la brigade *Levaillant*, guidée par un valeureux officier qui se trompe de chemin, au lieu de prendre la voie qui conduit à *la porte Angélica* à l'abri des remparts, suit une route qui y mène plus directement, mais qui est exposée au feu de l'ennemi. Le caporal-sapeur du 36e marchait en tête de la brigade. Bien que la route suive parallèlement les remparts et à moins de deux cents mètres, l'élan de nos soldats n'en est pas ralenti : ils s'avancent avec une grande témérité. (1) Dans ces conditions la colonne ne put dérober sa marche à l'ennemi. Elle contournait le bastion qui fait un angle obtus avec les deux côtés ouest et nord de l'enceinte encadrant les jardins du Vatican, lorsque tout-à-coup, elle fut assaillie par une fusillade et une canonnade très nourries. La légion *Roselli* et une partie de celle de *Galetti* se trouvaient en présence. Il était deux heures de l'après-midi.

Se rangeant autour du drapeau, les sapeurs du 36e prirent leur position de combat. « Sapeurs, en joue, feu, » crie *Maugenre ;* tous tirent, se déploient. *Fougerat*, portant le drapeau se place derrière le caporal. Le général LEVAILLANT accourt ; il voit le danger ; il arrive au grand galop près de *Maugenre* et lui crie : « *Caporal-Sapeur, à vous le commandement de la position ; ne laissez passer personne, ni soldat, ni officier.* » Cela dit, il fait retourner son cheval par derrière les sapeurs. Son cheval tombe tué sous lui. Le sapeur *Petit* tombe à son tour blessé à la cuisse. *Les balles pleuvaient*. Maugenre invoquait son patron Saint Louis, et Saint Pierre, dont la coupole et la basilique étaient là, sous ses yeux. « *Mais tirez donc,* » criait-il à ses sapeurs. » Alors son voisin tombe, le cou percé d'une balle ; il gigotte par terre ; deux flots de sang coulent de sa blessure. « *Sapeurs, ventre à terre* » crie alors le caporal. Puis, *tirant sa baïonnette, il se met à creuser le sol*, sous les balles et la mitraille qui sifflaient partout. Il eut mille maux pour faire un trou assez profond pour se couvrir parce qu'il était gros et grand. Il y parvint cependant ; ses soldats l'imitèrent. A deux cents mètres derrière eux, deux pièces de canon vomirent la mitraille sur l'ennemi. En un instant, tous les chevaux des artilleurs furent tués. Que pouvaient deux canons contre des remparts, construits comme ceux de Rome ? Abrités entre les deux murs,

---

(1) Lettre du général Oudinot au ministre de la guerre. Palo, 4 mai.

derrière les créneaux, les Garibaldiens n'avaient rien à craindre en fusillant nos soldats à bout portant.

A ce moment, il était facile de remarquer que l'ennemi dirigeait spécialement son tir du côté du DRAPEAU DU 36ᵉ. Derrière Maugenre, *Fougerat*, couché tout de son long, tenait son drapeau élevé. On conçoit facilement qu'il était devenu la cible favorite des Garibaldiens. M. le commandant *de Jonquières* ne tarda pas à s'en apercevoir. Il accourut vers le porte-drapeau pour lui crier : « Fougerat : *Abaissez donc le drapeau ; vous nous faites tous tuer.* » Au même instant, une balle blesse à l'épaule le commandant. Il tombe. L'adjudant-major *Trouillebert* accourt. Une balle lui perce le ventre. Il tombe mortellement atteint. Alors *Fougerat* se relève avec le drapeau. « *Mais baissez donc le drapeau*, crie M. de Jonquières blessé, *c'est vous qui causez tout le mal.* » A ces mots, Fougerat dépose à terre le drapeau, il s'approche de l'adjudant-major qui souffrait cruellement, et tandis qu'il lui parle, le caporal-sapeur se relève et arrive près du drapeau. Une balle lui perce le bonnet à poil. « *Caporal-Sapeur*, lui crie M. de Jonquières, *prenez le drapeau, sauvez le drapeau, sauvez-nous et sauvez-vous.* » Aussitôt *Maugenre* saisit le drapeau, le baisse à terre, reçoit deux balles dans sa tunique et une autre dans son bidon, rampe pendant plus de deux cents mètres jusqu'au bord d'un ruisseau très boueux et très encaissé. Avec le drapeau et ses armes, il saute au milieu de l'eau ; il enfonce dans la vase jusqu'à la ceinture. Une infirmité *qui causera sa mort* fut la suite de cette chute.

Vers six heures de l'après-midi, la retraite se fit entendre. Le brave M. *d'Astelet*, capitaine de grenadiers, un héros de la foi et de la charité, était au nombre des blessés. Les sapeurs et les 3ᵉ, 4ᵉ et 5ᵉ compagnies du 1ᵉʳ bataillon se trouvaient trop compromis devant les remparts pour obéir au clairon. M. le capitaine *Tiersonnier* voulait garder les deux pièces de canon dont les chevaux avaient été tués (1) ; le caporal *Maugenre* voulait sauver sa vie et son drapeau. Trop rapprochés de la place, exposés à un feu trop meurtrier, il leur était impossible de bouger pendant le jour. Ils furent obligés d'attendre le moment favorable. Le soir arriva ; les Garibaldiens tiraient toujours. Un clair de lune trop magnifique rendait la nuit aussi lumineuse que le jour. Il fallut encore attendre le coucher de la lune. Maugenre grelottait de

---

(1) Chronique régimentaire inédite.

froid, embourbé dans la vase ; il priait avec la confiance de pouvoir bientôt sortir de sa triste position, et d'échapper au danger. *A deux heures du matin*, il remonta le fossé. L'ennemi avait cessé le feu ; mais on voyait encore le haut du rempart garni de soldats qu'on eut pris pour des corbeaux. Pendant plus de trois cents mètres, il rampa avec le drapeau et toutes ses armes. Il put enfin se relever et se diriger vers le bivouac.

Depuis la veille, le bruit avait couru au quartier-général que le père Maugenre était mort et le drapeau disparu (1).

Fougerat avait accompagné le chef de bataillon jusqu'à la Magnanella, puis il était retourné sur ses pas à la recherche du caporal-sapeur et du drapeau du 36e. François avait déjà ramassé le sac de son beau-frère ; il pleurait en pensant à ce qu'allait devenir Thérésine après la mort de son mari. Plus tristes et plus inquiets étaient encore les officiers et les soldats du 36e, arrivant à la débandade, et ne sachant pas ce qu'était devenu leur drapeau.

Ce n'est que vers cinq heures du matin que Fougerat aperçut *le caporal-sapeur arrivant avec le drapeau tout mouillé et tout plein de boue*. Alors il accourut à sa rencontre et reprit le drapeau. Après avoir fait trois kilomètres, ils arrivèrent à la Magnanella, presqu'en même temps que les deux canons ramenés à bras par les braves du capitaine Tiersonnier. Dire la joie de tous quand ils virent apparaître *le drapeau du 36e*, avec Fougerat et Maugenre, c'est impossible. « Il n'est pas mort, il n'est pas mort, disaient tous les soldats, c'est lui qui avait le drapeau, vive le père Mau-

---

1) A l'Assemblée nationale, dans la séance du jeudi 10 mai 1849, le citoyen Ledru-Rollin prononça ces paroles : « J'ai une lettre de M. Proudhon que je viens de recevoir On prétend que ce sont des documents inexacts. Il faut convenir que le ministère aurait bien tort de nous accuser, il n'en produit pas. Il faut bien que nous cherchions à suppléer à son insuffisance et à son silence. Cette lettre contient ceci : que plusieurs attaques ont été faites sur quatre points différents de Rome, que 442 hommes environ ont été mis hors de combat, que 350 prisonniers ont été faits et sont entrés dans Rome, qu'*un drapeau a été pris*, qu'un commandant, que plusieurs officiers sont également prisonniers. L'auteur de cette lettre soutient que plusieurs de ces soldats étaient étonnés, en entrant dans Rome, de ne pas y trouver des Napolitains. On leur avait dit que les Napolitains avaient devancé les Français et que déjà ils étaient entrés dans Rome. »

M. le général *Rullière*, ministre de la guerre lui répondit : « On vient de lire à cette tribune qu'un drapeau a été enlevé à notre armée. Cette nouvelle est fausse, elle est calomnieuse, elle ment à l'armée. Jamais nos soldats ne se sont laissés enlever leur drapeau. Aucun drapeau n'a été dans les mains de l'ennemi ; ils sont tous dans les mains des régiments qui servent aujourd'hui en Italie. »

Cette fausse nouvelle n'était que l'écho de celle de la Magnanella. »

genre. » François accourut l'embrasser. Officiers et sous-officiers vinrent lui donner des poignées de main. Les cinq sapeurs qui lui restaient s'empressèrent de lui offrir un bidon de café. Leur caporal mourait de faim et de soif ; il leur donna cinq francs pour leur grand cadeau. On ne saurait croire combien dans le cœur de ce brave soldat régnait la religion du drapeau, la religion de la patrie, la religion du devoir. Comme chrétien, il ne connaissait que la volonté de Dieu ; comme soldat et comme Français, il ne connaissait que le drapeau national ; il lui resta fidèle jusqu'à la mort.

Presqu'en même temps que l'étendard du 36e arrivèrent à la Magnanella les premiers débris de la brigade MOLLIÈRE. On sut bientôt son histoire souverainement lamentable. Dès que l'ordre fut donné de tenter un assaut par *la porte Saint-Pancrace* qui domine la ville, le 20e de ligne et les chasseurs de Vincennes suivis du 33e repoussèrent énergiquement les tirailleurs qui inquiétaient le flanc droit de leur petite colonne. Tandis que celle-ci gravit le Janicule, la légion de Garibaldi se réfugie dans les maisons voisines des remparts et derrière un ouvrage en terre, construit devant la porte où se trouvait une batterie. Parmi les nombreux défenseurs qui garnissaient les remparts se trouvaient les réfugiés français : ils arborèrent le drapeau blanc. A la vue de ce signe, nos soldats crurent la ville prise : en s'approchant, ils entendirent dans Rome des fanfares et des chants, entr'autres *la Marseillaise*. Des voix romaines criaient : *La paix, la paix !* Un officier du 20e et un prisonnier italien sont envoyés en avant. Les Garibaldiens accourent à leur rencontre avec des démonstrations d'amitié, élevant leurs casquettes au bout de leurs fusils. Attiré par ces manifestations et par ces paroles de conciliation, le commandant PICARD du 20e descendit de son cheval et parlementa avec les Italiens. Ceux-ci le fêtèrent ; ils disaient : *siamo amici, siamo fratelli ; la pace ;* etc.. Alors le commandant ordonna aux soldats romains de remettre la baïonnette dans le fourreau ; ils obéirent. Ainsi appelé et accueilli, le 20e de ligne, musique en tête, entra par la porte Saint-Pancrace. Tout à coup nos braves sont entourés et enveloppés par une masse ennemie. Ils pensaient trouver la paix ; ils ne trouvèrent que la trahison, la captivité et la mort. Traîtreusement attaqués, ils se défendirent avec la rage du désespoir. Pour dégager les prisonniers, il pleuvait des balles des chasseurs de Vincennes, « démons qui visent très juste, » disaient les Italiens. Furieux, les soldats du 33e et ceux du 20e qui ne s'étaient pas laissés prendre, tentèrent avec la plus grande vigueur de s'emparer de la position. Mais les canons italiens vomirent sur eux la mitraille et jonchèrent le sol de morts et de blessés. Cette lutte acharnée dura jusqu'à sept heures du soir. (1) L'Europe a qualifié ce fait *d'assassinat* et *de trahison* : on aurait dû s'en souvenir en 1870.

Impossible de décrire la tristesse et la douleur de tous les héros du 30 avril. La vue de tous ces groupes, arrivant à la débandade avec leurs blessés, épuisés de fatigue et de faim, mais fiers de s'être battus en braves, inspirait un dévouement et un esprit de sacrifice sans borne à tous ceux qui pouvaient secourir leurs camarades. Malheureusement *tout manquait* : ambulance, linge, voitures, provisions, tout faisait défaut. A dix heures du matin, le 1er mai, le corps expéditionnaire quitta le camp des sacs. Il dut prendre position à CASTEL-GUIDO pour se tenir prêt à repousser les Garibaldiens en cas d'une sortie générale. Cet événement aurait amené un désastre complet. Ce furent *les Napolitains* qui causèrent le salut de notre division. Leur invasion se faisait du côté de Rieti et d'Ascoli. A Ceprano, le 30 avril, leur général en chef avait publié la proclamation suivante :

Peuples de l'Etat romain,

« Commandant un corps de troupes de mon auguste souverain,
« je viens au milieu de vous avec la mission de dissiper tous les
« obstacles. La liberté n'ayant pas existé pour vous, me confor-
« mant à vos sentiments de respect et de vénération pour la
« sainteté du chef suprême de l'église, je viens rétablir les auto-
« rités au nom du saint Pontife régnant, rétablir l'ordre et
« protéger la sûreté et la paix des familles. L'objet de mes efforts
« me rend d'avance certain d'un prompt et heureux succès grâce
« à l'unanimité de vos bonnes populations ; aussi ne doutè-je pas
« que je triompherai des difficultés sans qu'il soit besoin d'employer
« la force militaire de nos troupes amies et auxiliaires. »

Au prieuré de Ceprano, le 30 avril 1849.
Le Général en Chef : F. WINSPEARE.

L'arrivée de 12,000 Napolitains à Frosinone, le 1er mai, empêcha les Romains de s'aventurer à attaquer le camp français de Castel-Guido. Le roi Ferdinand II venait les commander en personne et occuper la province de Velletri. (2) Toutefois, un enthousiasme

---

(1) Rapport d'un officier prisonnier du 20e publié dans le Moniteur universel du 30 mai.

(2) Lettre du général Oudinot au ministre des Affaires étrangères. Palo. 4 mai.

insensé régnait à la Constituante romaine. MAZZINI s'écriait à la séance du 1er mai : « Nos soldats sont invincibles. Résistons à « l'absolutisme des Napolitains, puisque nous avons résisté au « libéralisme modéré des Français. Nous devons nous défendre ; « cette défense est possible : je ne dirai pas comment. »

L'affaire du 30 avril coûta au 36e MM. *de Jonquières,* chef de bataillon, *d'Astelet* capitaine de grenadiers, blessés grièvement, *Trouillebert,* capitaine adjudant-major, décédé le 2 mai à Castel-Guido. Une cantinière du 36e, la mère Angelot, l'avait conduit en voiture jusqu'au camp. Le pauvre capitaine vomissait le sang et endurait des douleurs atroces. « Qu'il faut souffrir pour mourir » ne cessait-il de répéter tout le long du chemin. Tous avaient mal au cœur pour lui ; il expira en descendant de voiture. Il fut inhumé dans une chapelle de la bourgade. Une quarantaine de sous-officiers et soldats, dont plusieurs sapeurs étaient mis hors de combat.

Le 20e de ligne eut 3 officiers tués, 5 officiers blessés, 11 officiers prisonniers dont un chef de bataillon et trois capitaines, 27 sous-officiers et soldats tués, 107 blessés et 278 prisonniers. (1) D'après *Jules Favre,* (2) l'ensemble de nos pertes aurait été de 150 tués et de 600 blessés. D'après *le courrier de Marseille* du 9 mai, *le Sané* déposa 215 blessés à l'hôpital militaire de Bastia. « Si nous « avons fait des pertes sensibles, dit le général OUDINOT, (3) « nous avons occasionné à l'ennemi un dommage numériquement « considérable. » Il ajoute : « Je rends aux troupes de toutes « armes du corps expéditionnaire cette justice que leur moral et « leur énergie sont admirables. *Cette journée du 30 avril est l'une « des plus brillantes auxquelles les troupes françaises aient pris « part depuis nos grandes guerres.* » A l'attaque de San-Antonio, la brigade LEVAILLANT avait fait quarante prisonniers au corps de l'émigration lombarde commandée par ARCIONI.

Maugenre avait laissé THÉRÉSINE avec Madame Péqueur à *Civita-Vecchia*. Il avait dû la quitter si rapidement qu'il avait oublié de lui remettre les titres et une partie de l'argent qu'il portait dans sa large ceinture de cuir, cachée sous la capote. Les

---

(1) Rapport du ministre de la guerre à l'Assemblée nationale : séance du vendredi 11 mai.

(2) Discours de Jules Favre à l'Assemblée nationale : séance du lundi, 7 mai.

(3) Lettre du général Oudinot au ministre de la guerre. Palo. 4 mai.

nombreuses et fortes patrouilles de jour et de nuit, faites à Civita-Vecchia par les compagnies du 3ᵉ bataillon, l'attitude douteuse de la population italienne, la difficulté de garder les Lombards prisonniers avec si peu de monde, tout cela n'était pas de nature à tranquiliser le colonel BLANCHARD et tout son personnel. La situation devint bien plus critique lorsque le 1ᵉʳ mai, on apprit que la colonne avait dû battre en retraite avec de grandes pertes. — « Qu'allons-nous devenir ici ? se demandait Thérésine. Si la popu-
« lation se révolte et délivre les Lombards, nous sommes tous
« perdus. » Elle était aussi inquiète au sujet de son mari et de son frère ; ne pouvaient-ils pas être du nombre des morts ou des blessés ?

Dans la nuit du 1ᵉʳ au 2 mai, tandis qu'elle essayait de dormir à côté de Madame Péqueur, voici les convois de blessés qui arrivèrent avec le train, et sur des voitures de réquisition. Il y en avait deux cents environ. C'est alors qu'elle entendit murmurer dans différents groupes ces sinistres paroles. « *Le père Maugenre est tué;*
« *que va devenir sa pauvre petite dame ?* » A ces mots, elle se lève, accourt vers les voitures ; questionne les soldats, les blessés ; n'apprend que des nouvelles douteuses ou confirmant un malheur. Elle se mit alors à la recherche de M. GÉRARDIN, l'unique officier de l'administration qui se trouvait à Civita-Vecchia ; l'intendant était alors à Palo. M. Gérardin était à l'hôpital civil : il avait la liste des blessés ; le nom de Maugenre n'y figurait pas. « Il est donc mort disait-elle en pleurant.

Au milieu de ces angoisses, elle s'entendit appeler par un soldat du 33ᵉ. C'était un envoyé du colonel BLANCHARD qui la mandait en toute hâte devant la caserne des Lombards. Elle s'y rendit aussitôt.

— Madame Maugenre, lui dit le colonel, il n'y a plus de place à l'hôpital civil pour nos blessés, il nous faut *former de suite une ambulance* dans cette caserne. Je vous charge des lits et de la lingerie ; je n'ai que vous sous la main pour me rendre ce service.

— Très volontiers, mon colonel, mais il me faut des hommes de corvée ; donnez-moi des soldats pour venir avec moi chercher de la paille et tout ce qu'il faut.

— Des soldats ? mais je n'en ai pas un seul disponible ; il faut garder les Italiens ; tous sont sous les armes : *je m'en vais vous donner des forçats.*

— Tenez, voici un soldat du train ; ordonnez-lui au moins d'accompagner avec moi les forçats, le fusil au poing, et j'accepte.

Le commandant supérieur intima l'ordre demandé. Ce fut donc

avec des forçats italiens que Thérésine fit rapidement confectionner près de 450 paillasses pour nos blessés. Elle ne put avoir du linge que chez les religieux, admirables de désintéressement et de dévouement. Tout ce qu'il y avait de toile sur les vaisseaux fut bientôt transformé en linge de pansage ; on coupa le plus beau linge de Louis-Philippe et des princes. Dès lors Thérésine resta à la caserne des Lombards, transformée en ambulance ; elle y eut sa chambre à part. Toute la journée du 2 mai et la nuit suivante se passèrent sans qu'on put savoir, à Civita-Vecchia, des nouvelles positives sur le compte de *Maugenre*. Heureusement que Thérésine devait répondre à tous les blessés à la fois, et qu'elle était absorbée par les soins urgents que réclamaient ces pauvres soldats.

Le 3 mai, la mère *Castelnaux* entra à l'ambulance. C'était une cantinière du 36e, mariée à un tambour de grenadiers du 3e bataillon. Elle arrivait de Palo. Thérésine courut à sa rencontre.

— Voyons lui dit elle, on dit partout que Maugenre est tué ; est-ce bien la vérité ? ne me la cachez pas.

— Mais non, il n'est pas mort, je l'ai vu après le 30 avril, à *Castel-Guido*.

— C'est bien lui que vous avez vu, vous ne vous êtes pas trompé ?

— C'est bien votre mari que j'ai vu, soyez tranquille, il n'est pas mort ; il n'est pas blessé.

— Mais d'où proviennent donc tous ces bruits qui ont couru sur son compte ?

— C'est qu'on l'a pris pour Rochefort. Ce sapeur a été tué tout à côté de lui. Il était chauve, grand, barbu comme Maugenre ; on a cru que c'était le caporal qui avait été atteint, parce qu'il n'est arrivé au camp des sacs à la Magnanella, qu'un des derniers du régiment. Il a failli rester sur le terrain pour sauver le drapeau ; mais grâce à Dieu, il n'a rien attrapé. Ce soir, je retourne à Palo, donnez-moi vos commissions.

— Thérésine respira et bénit la Sainte Vierge de l'avoir exaucée. Elle n'avait pas perdu son mari, et, avec lui, l'argent et les titres étaient sauvés. Elle prépara donc un paquet de provisions auxquelles elle ajouta des cigares pour lui, pour son frère François et pour les camarades.

Le caporal Maugenre avait certainement bien mérité la croix d'honneur, le 30 avril. Ce n'eut été que justice de la lui accorder. Il fut simplement *porté pour la croix*. Si on veut en chercher la cause, on constate qu'elle est multiple. D'abord le gouvernement était excessivement parcimonieux de décorations pour les grades inférieurs ; il fallait être mourant sur le champ de bataille pour recevoir cet honneur. D'un autre côté les chefs immédiats du caporal, qui auraient pu réclamer pour lui faisaient défaut. Le colonel était à Civita-Vecchia ; le chef de bataillon Perrin de Jonquières avait quitté le régiment à Palo, pour se faire soigner en France, où il passa lieutenant-colonel ; l'adjudant-major était mort ; le porte-drapeau Fougerat s'attribuait tout le mérite d'avoir sauvé le drapeau pour être décoré, (1) en sorte que ceux qui avaient combattu à côté du caporal, n'étaient plus là. *Il y avait ensuite beaucoup d'officiers et de sous officiers blessés ;* leur situation inspirait plus la bienveillance que celle du caporal sapeur qui avait échappé aux balles. Il n'en est pas moins vrai que, le 30 avril, Maugenre avait reçu du général Levaillant le commandement du poste le plus dangereux, qu'il y était resté pour maintenir l'effort de la brigade, que la garde du drapeau, qui lui revenait de droit, lui avait été intimée de fait par le chef de bataillon, et que le drapeau fut rapporté au camp des sacs par le caporal sapeur. Le surlendemain, sa femme recevait du commandant supérieur de Civita-Vecchia la mission d'organiser *la première* ambulance française, *avec des forçats* italiens. Nous verrons, dans la suite, le colonel du 36e toujours différer la décoration, en la promettant toujours au caporal Maugenre devenu sergent, jusqu'à ce que celui-ci, ne pouvant plus attendre, se trouvera obligé de quitter le régiment, avec la médaille militaire, mais sans la croix.

La première dépêche concernant les événements du 30 avril fut publiée en France dans *La Patrie* du 7 mai. Elle était ainsi conçue :

« D'après un télégramme qui est parvenu au gouvernement, le
« général Oudinot se serait mis en marche sur Rome où, suivant
« tous les renseignements, il était appelé par le vœu de la popu-
« lation. Mais ayant rencontré, de la part des étrangers qui
« occupent Rome une résistance plus sérieuse qu'il ne s'attendait
« pas à trouver, il a pris position à quelque distance de la ville où
« il attend le reste du corps expéditionnaire. » Cette dépêche causa un grand tapage et une grande joie dans tout le parti de l'opposition. On conçut l'espoir de renverser le ministère et même le Président.

---

(1) Au lieu de la croix de la Légion d'Honneur, il reçut pour récompense la croix du pape.

A la séance du lundi 7 mai, *Jules Favre* interpella le gouvernement sur les affaires d'Italie. Il reprocha au ministère d'avoir donné au général Oudinot des instructions tellement élastiques qu'il lui avait été permis de tout faire, même de se retourner du côté des Autrichiens, en sorte que la responsabilité du sang versé retombait sur les ministres qui ont joué la France. Il demanda à la Chambre de sortir immédiatement de la position qui lui était faite, de ne plus accorder confiance au gouvernement, de lui retirer la conduite d'une affaire si malheureusement entreprise. Il fit un crime au général Oudinot d'avoir accepté le combat. « Il faut le rappeler « immédiatement, disait-il, nommer des représentants pour le « juger et le condamner, mettre en accusation les ministres, em- « pêcher les renforts de continuer la mission commencée et « prendre immédiatement un parti de vigueur. » — « Votre con- « damnation précède l'information et la connaissance des faits « répliqua M. *Odilon Barrot*, président du conseil, vous imputez « à un homme qui n'est pas né d'hier, qui a donné quelques gages « de fidélité à sa parole, d'avoir surpris le vote de cette Assemblée « par un mensonge, par une fraude, — à nous de lui avoir dit que « si, par notre intervention, nous ne sauvions pas la république « romaine, nous sauverions au moins la liberté. Attendez d'abord « nos explications. Le ministre est resté fidèle à la pensée de la « majorité... Nous n'avons pas en main les documents nous per- « mettant de constater si le général est resté fidèle aux instructions « qu'il a reçues. Ne soyons pas faciles, ni prodigues en désaveux « contre un général dont nous ne connaissons pas toute la con- « duite, surtout dans le moment où tout porte à croire qu'il a été « trompé et malheureux. » — *De Lamoricière* confirma la réponse du président : « En votant le crédit, dit-il, l'Assemblée a donné au « ministère les moyens d'exécuter l'occupation française sur la « côte de l'Italie. Le général Oudinot a dû être trompé sur l'état « de Rome ; il s'est présenté croyant être reçu ; il n'a trouvé que « de la résistance. Il est à craindre que nos troupes soient entou- « rées par des populations soulevées et irritées par cet acte « d'agression. — Nommons une commission pour examiner s'il y « a bien concordance entre les instructions du ministère et le vote « de l'Assemblée. » La séance fut reprise à neuf heures du soir. A onze heures, M. *Senard*, rapporteur, entra dans la salle pour communiquer le jugement de la majorité de la commission : « La « direction donnée à l'expédition, dit-il, n'est pas conforme à la « pensée dans laquelle elle a été conçue et acceptée. La Répu- « blique romaine ne devait pas être attaquée, (mais elle ne devait

« pas non plus attaquer). La commission propose la résolution
« suivante : *L'Assemblée nationale invite le gouvernement à prendre
« sans délai les mesures nécessaires pour que l'expédition d'Italie ne
« soit pas plus longtemps détournée du but qui lui était assigné.* »
A une heure un quart du matin, cette résolution fut adoptée par
328 voix contre 241. Cette séance de nuit se termina donc par un
vote contre le gouvernement. L'armée, humiliée à Rome, était, à
Paris, désavouée par l'Assemblée nationale. On put croire que
l'opposition allait prendre le dessus. Mais le président resta calme
et fut ferme. Par exemple, il ne fut pas constitutionnel. Le 8 mai, il
répondit contre toutes les règles au vote de l'Assemblée par une
lettre adressée au général Oudinot et ainsi conçue :

Mon cher Général,

« La nouvelle télégraphique qui annonce la résistance imprévue
« que vous avez rencontrée sous les murs de Rome m'a vivement
« peiné. J'espérais, vous le savez, que les habitants de Rome,
« ouvrant les yeux à l'évidence, recevraient avec empressement
« une armée qui venait accomplir chez eux une mission bienveil-
« lante et désintéressée. Il en a été autrement. Nos soldats ont été
« reçus en ennemis ; *notre honneur militaire est engagé.* Je ne
« souffrirai pas qu'il reçoive aucune atteinte. Les renforts ne
« vous manqueront pas. Dites à vos soldats que j'apprécie leur
« bravoure, que je partage leurs peines et qu'ils pourront toujours
« compter sur mon appui et sur ma reconnaissance.

« Recevez, mon cher Général, l'assurance de ma haute estime.

LOUIS NAPOLÉON BONAPARTE.

Le général OUDINOT mit cette lettre à l'ordre du jour de
l'armée le 12 mai. Or avant cette date, elle avait déjà été communiquée à toute l'armée française par un *ordre de brigade* ainsi
conçu :

Le général en chef m'écrit :

Mon cher Général,

« Vous avez remarqué dans les journaux la lettre suivante
« adressée par le Président de la République au chef des troupes
« qui ont combattu courageusement sous les murs de Rome. —
« (suit la lettre du 8 mai). Le général en chef ajoute : Faites que
« cette lettre soit connue de tous les rangs de la hiérarchie mili-
« taire ; elle doit fortifier l'attachement de l'armée au chef de
« l'état. Elle contraste heureusement avec le langage de ces hom-
« mes qui, à des soldats français placés sous le feu de l'ennemi,
« voudraient envoyer pour tout encouragement un désaveu. »

Dans la séance du 9 mai, M. GRÉVY interpella le président du conseil pour savoir « si la lettre du Président de la République « était une correspondance *privée* ou un acte officiel. — Quelles « étaient sa signification et sa portée? — le gouvernement n'en- « tend-il pas exécuter la décision prise par l'Assemblée dans sa « séance du 7 mai? » M. *Odilon Barrot* répondit « que la lettre du Président était un acte privé et qu'il attendait les dépêches de *l'Albatros*, parti le 5 de Civita-Vecchia, pour accepter le débat sur les affaires d'Italie. » L'interpellation, malgré les efforts de M. Ledru-Rollin, se termina par un ajournement. La discussion fut reprise le 10 mai par *Jules Favre*. Il proposa de nouveau à l'Assemblée « de déclarer que le ministère avait perdu la confiance du pays. » Mais, après avoir entendu la lecture des dépêches adressées de Palo, le 4 mai, par le général Oudinot aux ministres de la guerre et des affaires étrangères, l'Assemblée nationale repoussa, par l'ordre du jour pur et simple, la proposition hostile au ministère. Ce vote consolida la paix publique, en empêchant les agitateurs de renouveler les journées de juin 1848, et de courir aux barricades.

Les événements signalés dans les dépêches du 4 mai ont été exposés dans les lignes précédentes; nous n'y reviendrons pas. Il ne nous reste, pour être complet, qu'à extraire les lignes suivantes du général OUDINOT au ministre des affaires étrangères :

« Mgr *Valentini*, que le pape désignait comme gouverneur de
« Civita-Vecchia, m'est arrivé porteur d'une lettre du pape, et
« une autre du cardinal Antonelli. Je n'ai pas caché à ce prélat la
« réserve que je m'étais imposée, combien il était utile et essentiel,
« dans l'intérêt du Saint-Père, qu'on me laissât juge de ce qui
« était possible. Mgr Valentini a apprécié les considérations que je
« lui ai développées et il est reparti pour Gaëte le 4 mai.

« J'ai écrit à M. *de Roqueval* en l'engageant à faire tous ses
« efforts à Gaëte pour maintenir ma liberté d'action. Cela est d'au-
« tant plus nécessaire qu'on se fait la plus grande illusion sur les
« dispositions de la population. Je ne prétends pas dire que ces
« dispositions soient favorables à l'ordre des choses actuelles qui
« n'est que *le despotisme à l'ombre du drapeau rouge, exercé par*
« *une faction composée des anarchistes de tous les pays*.... Le Père
« Ventura, effrayé de la situation de Rome vient de quitter cette
« ville ; il a demandé à me voir de la part des triumvirs. Ceux-ci
« l'avaient chargé de me dire que la journée du 30 avril ne pou-
« vait être qu'*un malentendu*, qu'il était encore possible de
« concilier les choses, si je consentais à faire une nouvelle décla-
« ration établissant d'une manière nette et précise que la France

« n'imposerait pas aucun gouvernement aux états romains. J'ai
« répondu au Père Ventura que je croyais avoir fait suffisamment
« connaître la pensée de mon gouvernement, pensée toute libérale ;
« qu'après ce qui avait eu lieu, j'avais à coup sûr le droit de me
« montrer sévère ; que j'en usai si peu que j'étais prêt encore à
« entrer à Rome en ami, comme intermédiaire entre l'anarchie et
« le despotisme qui menacent les populations. J'ai ajouté qu'en
« agissant ainsi, je croyais agir dans le véritable intérêt du peuple
« romain. »

La dignité et la franchise de ce langage n'empêchèrent pas *Ledru-Rollin* d'interpeller le gouvernement dans la séance du 11 mai pour faire cette proposition : « L'Assemblée nationale autorise son
« président à requérir des poursuites, conformément à la loi,
« *contre le général* coupable de désobéissance à l'art. 6 du décret
« du 11 mai 1848. » Cette proposition appuyée par de Puyraveau, Arago, Considérent, Lamennais et autres, fut rejetée par 388 voix contre 138. Les mêmes suffrages rejetèrent le projet de mise en accusation du citoyen *Louis Bonaparte*, président de la République, et de tous les citoyens ministres, comme coupables d'avoir violé la Constitution.

CHAPITRE XLV

LA TRÊVE

Le 3 mai 1849, pour fortifier la concentration de ses troupes, le général OUDINOT quitta *Castel-Guido* à cinq heures du matin, avec tout le corps expéditionnaire. Il établit la brigade Mollière à Polidoro, et la brigade LEVAILLANT, dont faisait partie le 36ᵉ à *Palo*, avec le quartier général. Il y constitua un dépôt principal, d'où il était en rapport facile avec sa base d'opération par les voies de terre et de mer. A ce moment, le contre-amiral TRÉHOUART (1) apprit *par expérience « quel puissant auxiliaire pouvait être pour*
« *une expédition militaire une escadre de bateaux à vapeur*. Après
« le débarquement, il fallait de toute nécessité trouver les moyens
« de *continuer les rapports entre la marine et l'armée*. Heureuse-
« ment, dit l'amiral, que Dieu qui protège la France fit tomber
« entre nos mains *un petit vapeur tirant assez peu d'eau pour*
« *remonter le Tibre* à huit lieues du point de débarquement. Grâce

---

(1) Lettre du contre-amiral Tréhouart à M. de Bercy, ministre de la marine. Labrador. Civita-Vecchia 31 juillet 1849. Cette remarque est d'une importance capitale pour le cas où une guerre viendrait à éclater avec l'Italie.

à cette circonstance heureuse, nous avons pu continuer à nous rendre utiles jusqu'au dernier moment. »

Nous avons dit précédemment que le Père VENTURA avait été envoyé en parlementaire par le triumvirat au général Oudinot. L'illustre religieux traita des prisonniers ; sa mission réussit. Grâce à sa médiation, les triumvirs portèrent le décret suivant :

« Considérant qu'entre le peuple français et Rome, il n'y a, ni ne
» peut y avoir d'état de guerre, — que Rome défend par droit et
« par devoir sa propre inviolabilité, mais condamne comme faute
« contre la commune croyance toute offense contre les deux répu-
« bliques — que le peuple romain ne rend pas responsables des
« fautes d'un gouvernement trompé les soldats qui n'ont fait
« qu'obéir en combattant — le triumvirat décrète :

« Art. 1. Les Français faits prisonniers dans la journée du 30
« avril sont libres : ils seront renvoyés au camp français.

« Art. II. Le peuple romain saluera par des acclamations et par
« une démonstration fraternelle, à midi, les braves de la républi-
« que sœur. »

Rome, 7 mai. — Les triumvirs : *Mazzini, Armellini, Saffi.*

Le même jour, le ministre RUSCONI adressait aux puissances catholiques une *note* de protestation contre la restauration du pouvoir temporel de Pie IX, et de déclaration de lutte à outrance pour la liberté, lutte bénie de Dieu, disait-il, par la victoire du 30 avril.

A la réception du décret en faveur des prisonniers français le général OUDINOT répondit une lettre de remerciement au triumvirs. Il leur dit « que la France ne pouvant pas rester en retard
« de générosité, il avait donné l'ordre au gouverneur français de
« Civita-Vecchia (c'est-à-dire au colonel du 36e) de rendre la
« liberté au bataillon de chasseurs de *Melara* qui était retenu
« prisonnier dans cette ville. En retour de ce procédé, il entendait
« que tous nos nationaux recevraient des sauf-conduits pour sortir
« facilement de la ville. » A part les blessés, restés dans les hôpitaux, tous nos prisonniers sortirent de Rome. « Malgré les mesures
« nécessaires prises et les provocations de toute espèce, malgré les
« séductions de toute nature qui ont été tentées, aucun officier,
« sous-officier ou soldat prisonnier n'a demandé ni accepté du
« service dans l'armée des garibaldiens. Ceux-ci s'étaient servis du
« nom du commandant (1) pour séduire les officiers et soldats, dont

---

(1) Lettre du commandant *Picard* au général Mollière, 28 mai.

« on l'avait séparé, pour les détourner de leur devoir Tous ont
« résisté. » Ils rentrèrent par bandes, et désarmés, au quartier-
général au moment où arrivait le 22ᵉ léger avec la brigade
CHADEYSSON. Les régiments qui la composaient ne se trouvaient
pas réunis à Marseille, ni à Toulon, au 30 avril. La preuve qu'ils
ne devaient pas faire partie du corps expéditionnaire, c'est qu'ils se
trouvaient bien dans leurs garnisons respectives lorsqu'arriva,
le 3 mai, la nouvelle du guet-apens essuyé par nos troupes. Ce
n'est que le 4 mai que ces régiments quittèrent leurs villes de garnison et doublèrent l'étape chaque jour, pour être embarqués sitôt
leur arrivée à Marseille (1). Ces faits contredisent plusieurs
déclarations officielles. Ce fut un bien douloureux spectacle pour
les arrivants de constater les désastreuses conséquences du 30
avril, et de voir revenir désarmés leurs frères d'armes, et surtout
le commandant *Picard*. Quant à Melara, aux chasseurs et aux
artilleurs de Civita-Vecchia, ils furent conduits désarmés à Brac-
ciano par les compagnies du 36ᵉ, sous les ordres du colonel.
Celles-ci rejoignirent le premier bataillon à Palo le 9 mai. Au
même moment, le 20ᵉ de ligne quittait Polidoro pour s'établir
fortement au *port de Fiumicino* pouvant faciliter aux Français
leurs relations avec Rome. (2)

La situation politique devenait alors très complexe. Après avoir
rétabli en Toscane son souverain légitime Léopold II, l'archiduc
Albert et le général d'Aspre étaient entrés à *Pise* avec 14,000
Autrichiens et trente-six canons. Le général Thurn-Thaxis occu-
pait *Ferrare* avec 4,000 hommes ; le comte Wimpffen bombardait
Bologne. Sous les murs de cette ville qui allait succomber, le comte
autrichien adressa la *proclamation* suivante aux *habitants des
Etats romains* :

« En exécution des ordres supérieurs de Son Excellence le feld-
« maréchal comte RADETZKI, je suis entré sur votre territoire,
« avec les troupes impériales placées sous mes ordres. Je viens
« rétablir parmi vous, de concert avec Mgr Gaëtano *Bedini*, com-
« missaire de Sa Sainteté, le gouvernement légitime du souverain
« pontife Pie IX, renversé par une faction impie, et rétablir la
« sécurité publique et privée, si gravement compromise jusqu'à ce
« jour. J'espère que la grande majorité d'entre vous secondera

---

(1) Ces renseignements ont été fournis à l'auteur par M. *Clerc*, ancien capitaine du 22ᵉ léger, retraité à Epinal.
(2) Lettre du général *Oudinot* au ministre de la guerre, Palo 8 mai.

« mes efforts et ceux de mes troupes qui observeront cette disci-
« pline sévère dont elles ont donné de si éclatantes preuves.

« Habitants des Etats romains, je me flatte que, par votre
« attitude pacifique vous m'épargnerez le déplaisir de recourir à
« des mesures de rigueur que j'emploierai contre toute tentative
« anarchique. »

Quartier général de Castel-Franco 8 mai 1849.
Le feld-maréchal lieutenant : F. COMTE DE WIMPFFEN

Le même jour, un *manifeste* de l'empereur NICOLAS de *Russie* annonçait qu'il allait secourir les Autrichiens contre les anarchistes avec une armée de 150,000 hommes, afin de vaincre la révolte qui prenait une extension de plus en plus menaçante.

Peu de jours après, une *proclamation* de FRÉDÉRIC-GUILLAUME, roi de *Prusse,* faisait appel à son armée et à la landwehr pour sauver la patrie de l'anarchie sanglante, pour maintenir l'ordre, la loi et l'autorité légitime.

Plus que jamais le président LOUIS NAPOLEON se félicita de ne pas avoir suivi la politique de Jules Favre et de Ledru-Rollin. Il continua de renforcer le corps expéditionnaire avec toute la discrétion et le silence possibles.

A la proclamation autrichienne, *Rita* SAVELLI président de la commission des barricades de Rome, répondit par cet *avis au peuple romain.*

« Les ennemis de Dieu et du peuple, les séides du despotisme, se
« sont réunis autour de notre ville pour abattre le gouvernement
« proclamé par vos représentants légitimes, et y substituer celui
« de la terreur, de la rapine et du sang. Peuples généreux, soyez
« prêts à défendre vos barricades ; sauvez vos maisons, vos
« familles, l'honneur de l'Italie ; munissez-vous de tous les instru-
« ments pouvant servir à frapper. Si vous n'en avez pas, la commis-
« sion fera distribuer des piques, sur la place des S. S. Apôtres, au
« premier signal d'alarme. Le capitaine Alex-Baggio est chargé
« d'organiser les guérillas dans le quartier de Trêve. »

Rome 9 mai 1849.

« La résistance inattendue du 30 avril avait provoqué le vote
« du 7 mai qui imposait de nouveaux devoirs au gouvernement
« français. (1) L'Assemblée ne lui demandait ni de reconnaître,
« ni de défendre la République romaine ; elle n'entendait pas non

---

(1) Rapport de M. Vivien au Conseil d'Etat. 6 Août 1849.

« plus que nos troupes se retirassent. Sa commission par l'orga[n]
« de son rapporteur M. *Sénard*, avait déclaré vouloir laisser a[u]
« ministère toute la liberté dont il avait besoin pour ce qu'exige[-]
« raient la dignité de nos armes et l'honneur de la France.

« Il y avait tout à la fois dans ce vote un avertissement d[e]
« reprendre et d'épuiser toutes les voies de la négociation, de ten[-]
« ter tous les moyens pacifiques, de faire comprendre à l[a]
« république romaine que, dans l'intérêt même de la liberté, ell[e]
« n'avait pas d'autre parti à prendre que celui d'accepter notr[e]
« intervention. Mais reculer ; mais sous l'influence d'un éche[c]
« subi, commander à notre drapeau de se retirer ; mais s[e]
« cantonner à Civita-Vecchia et laisser les Autrichiens s'approcher[,]
« assister l'arme au bras aux exécutions de l'Autriche, personn[e]
« ne l'a proposé. Le vote de l'Assemblée laissa le gouvernemen[t]
« dans la nécessité de reprendre les tentatives de paix, de ne pa[s]
« trop se préoccuper de l'échec militaire du 30 avril, de ne pa[s]
« chercher une revanche à tout prix, de rouvrir et d'épuiser le[s]
« négociations avant de recourir aux moyens extrêmes. Pou[r]
« donner plus de facilité, plus de latitude à toutes les négociation[s]
« un armistice fut accordé (1). M. DE LESSEPS (2) fut chargé d[e]
« suivre ces négociations. Pendant cet armistice les communi[-]
« cations furent libres. Les Napolitains s'avancèrent (3). La Franc[e]
« ne donna pas la main aux Napolitains (4) ; elle ne voulut pa[s]
« jouer un jeu double, alors que l'occasion était belle. Elle main[-]
« tint et respecta son armistice pour laisser poursuivre les négo[-]
« ciations. Elle laissa sortir de Rome une armée entière qui a ét[é]
« contre les Napolitains (5) ; elle a perdu tous les avantages qu[i]
« pourraient résulter d'une telle situation ; elle a donné le temps [à]

---

(1) Commencée le 17 mai, la Trêve finit le 28 mai.

(2) Il arriva le 15 mai à Civita-Vecchia, avec la brigade *Sauvan*.

(3) Ils étaient renforcés par un corps espagnol commandé par le général *Bustillo*.

(4) On se demandait à Londres : si les Français restaient sur le territoire romain contre l'agrément du Pape, pour consolider Mazzini. (Séance du 14 mai. lord Brougham).

(5) Le 8 mai, le général garibaldien Daverio battit les Napolitains au combat de *Valmontone*. — Le 19 mai, Garibaldi et Roselli les culbutèrent à *Velletri*. — Le 22 mai, Mani, Bartholucci, Roselli et Galetti les mirent en déroute au combat de *Palestrino*. Poursuivis en deux colonnes par les routes de Terracines et de Jerentino, les Napolitains durent leur salut à l'arrivée d'un nouveau *corps espagnol* sous les ordres de DON *Fernandez de Cordova*, et à la reprise des hostilités par les Français.

tous ces hommes qui ont agité l'Italie de se donner rendez-vous à Rome et d'y constituer *une armée formidable*. La France a poussé trop loin les concessions et la longanimité. » (1)

Quelles furent alors les tentatives de M. DE LESSEPS et a quel résultat aboutirent-elles ?

« Plusieurs questions délicates étaient engagées dans sa mission. D'une part, le gouvernement n'avait pas reconnu la république romaine. Le nonce du pape était resté à Paris avec son caractère officiel. Les envoyés des triumvirs n'avaient pas été reçus. Le gouvernement ne voyait, dans les pouvoirs qui dominaient Rome, que des pouvoirs de fait, avec lesquels la nécessité obligeait peut-être à traiter, mais qui étaient dépourvus de tout caractère légal ; à ses yeux, la république romaine était le produit de la violence et de la surprise, elle ne se maintenait que par la terreur qu'inspiraient des bandes d'étrangers, accourus de partout pour la proclamer ou la défendre. Elle n'était pas reconnue par les puissances. L'Autriche, l'Espagne et Naples avaient envoyé des troupes pour la combattre. Le gouvernement ne pouvait lui prêter appui dans la personne des hommes qui gouvernaient en son nom.

« D'un autre côté, des conférences diplomatiques étaient ouvertes à Gaëte auprès du Saint-Père. La France y était représentée par MM. d'Harcourt et de Rayneval ; elle y plaidait la cause de la liberté italienne ; elle avait à y lutter contre les tendances qu'elle ne pouvait vaincre que par la franchise de son langage et la droiture de sa politique. Il fallait donc que M. de Lesseps tînt un grand compte de cette double difficulté. C'est ce que *les instructions* qui lui furent données signalèrent à son attention.

« On y indiqua LE DOUBLE BUT DE SA MISSION : elle tend d'abord à soustraire les Etats de l'église à l'anarchie qui les désole. M. de Lesseps tout en étant chargé d'entrer en arrangements avec les hommes investis en ce moment du pouvoir, doit s'abstenir de tout ce qui pourrait leur faire croire que nous les considérons comme un gouvernement régulier, ou leur prêter une force morale dont ils ont été dépourvus jusqu'à présent. Il ne peut passer avec eux que des arrangements partiels.

« La mission tend en second lieu à empêcher que le rétablissement d'un pouvoir régulier à Rome y soit compromis dans

---

(1) Discours de M. *Odilon Barrot* président du Conseil. (Séance du 11 juin 1849).

« l'avenir. Il faut, en prévenant le développement de l'intervention
« exercée par d'autres puissances, ennemies des sentiments moins
« modérés, conserver plus de place à notre influence particulière
« et directe. Il faut en outre éviter toute parole, toute stipulation
« propre à éveiller les susceptibilités du Saint-Siège et de la confé-
« rence de Gaëte, trop portés à croire que nous sommes disposés à
« faire bon marché de l'autorité et des intérêts de la cour romaine.
« Pour atteindre ces résultats, il est prescrit à l'envoyé de se
« concerter avec MM. d'Harcourt et de Rayneval sur tout ce qui
« aura quelque gravité, sur tout ce qui n'exigera pas une solution
« absolument immédiate.

« Ces instructions étaient formelles ; elles désignaient nettement
« à M. de Lesseps les écueils qu'il devait éviter. Il savait d'ailleurs
« que le gouvernement était résolu à recourir aux armes si les
« essais d'arrangement restaient sans succès. Une dépêche
« adressée le 10 mai au général Oudinot, et également commu-
« niquée à M. de Lesseps se terminait par ces mots : « *Tâchez*
« *d'entrer à Rome, d'accord avec les habitants, que ce soit avec les*
« *chances de succès les plus positives.* » Ainsi, essayer d'entrer à
« Rome d'accord avec les habitants, sans reconnaître la république
« romaine, sans inquiéter la cour de Gaëte, et sans mettre en
» question ses droits ; prévoir l'éventualité d'une attaque et n'en
« point compromettre les chances, tel était l'objet de la mission de
« M. de Lesseps.

« COMMENT S'EST-IL CONFORMÉ A SES INSTRUCTIONS ? — Le premier
« soin de M. de Lesseps à son arrivée à Rome *le 16 mai* a été de
« prononcer d'accord avec le général Oudinot *la suspension des*
« *hostilités*. Il ne pouvait négocier sans donner ce gage de ces
« intentions pacifiques. Cependant notre armée se montrait impa-
« tiente d'obtenir réparation de la surprise du 30 avril. Les fièvres
« menaçaient nos cantonnements ; les Autrichiens avançaient ; les
« Napolitains étaient aux prises avec Garibaldi. Il fallait donc que
« la suspension des hostilités ne se prolongeât pas au delà du délai
« nécessaire à la négociation et qu'elle cessât aussitôt qu'une
« solution pacifique ne pourrait plus être espérée.

« Il ne paraît pas que M. de Lesseps se soit suffisamment
« pénétré de ce besoin. — En effet *le 19 mai*, après un *premier*
« *essai d'arrangements*, suivis d'un refus des triumvirs, M. de
« Lesseps et le général Oudinot s'étaient crus autorisés à signer
« une déclaration de rupture. Au lieu de la notifier sur-le-champ,
« M. de Lesseps attendait trois jours et y ajoutait ensuite de son
« chef la promesse de notifier, huit jours à l'avance, la reprise

« des hostilités. Il substitua ainsi un délai indéfini à un terme
« fixé ; il ouvrit aux temporisations des Romains une carrière où
« ils se sont empressés de se jeter. Ce n'est que dix jours après,
« *le 29*, qu'il se prêta à un nouvel *ultimatum*. Il perdit ainsi en
« démarches sans résultat un temps qui devenait chaque jour
« plus précieux. » (1)

Cet ULTIMATUM DU 29 MAI était ainsi conçu :

« Le soussigné Ferdinand de Lesseps, envoyé extraordinaire et
« ministre plénipotentiaire de la République française en mission
« à Rome, considérant que la marche de l'armée autrichienne
« dans les Etats romains change la situation respective de
« l'armée française et des troupes romaines, — que les Autri-
« chiens, en s'avançant sur Rome, pourraient s'emparer de
« positions menaçantes pour l'armée française — que la prolon-
« gation du statu quo, auquel avait consenti le général en chef
« Oudinot de Reggio, pourrait devenir nuisible à l'armée française
« — qu'aucune communication ne lui a été adressée depuis sa
« dernière note au triumvirat, en date du 25 de ce mois — invite
« les autorités et l'Assemblée constituante romaine à se prononcer
« sur les articles suivants :

« Art. I. — Les Romains réclament la protection de la Répu-
« blique française ;

« Art. II. — La France ne conteste point aux populations
« romaines le droit de se prononcer librement sur la forme de
« leur gouvernement ;

« Art. III. — L'armée française sera accueillie par les Romains
« comme une armée amie. Elle prendra les cantonnements qu'elle
« jugera convenables tant pour la défense du pays que pour la
« salubrité de ses troupes. Elle restera étrangère à l'administration
« du pays ;

« Art. IV. — La République française garantit contre toute
« invasion étrangère les territoires occupés par ses troupes ;

« En conséquence, le soussigné, de concert avec M. le général
« en chef Oudinot de Reggio, déclare que, dans le cas où les
« articles ci-dessus ne seraient pas immédiatement acceptés, il
« regardera sa mission comme terminée et que l'armée française
« reprendra toute sa liberté d'action. »

---

(1) Rapport de M. Vivien au Conseil d'Etat présidé par Boulay de la Meurthe. (6 août 1849).

A plusieurs points de vue, il y avait bien des *objections* à faire contre cet ultimatum. Garantir contre toute invasion le territoire romain, et traiter avec le gouvernement du triumvirat, c'était indirectement reconnaître ce gouvernement et établir avec lui une solidarité, dans le moment où le seul gouvernement officiellement reconnu était celui du Saint-Père. Le nonce n'avait pas reçu de lettre de congé lui signifiant de partir. Au point de vue diplomatique, ce traité n'était pas correct ; il ne l'était pas non plus au point de vue de la loyauté dans nos relations avec les autres puissances. Il jetait donc notre politique en dehors de cette réserve qu'il devait s'imposer en face d'un gouvernement non reconnu.

Cependant le général Oudinot l'accepta comme *ultimatum*, comme la dernière concession qu'il put faire. Ce traité sauvait l'honneur de nos armes, modifiait la position de la France. L'armée était accueillie et présente à Rome ; son intervention était acceptée, et la France pouvait parler haut ; elle avait des titres pour imposer ses conditions.

Cet ultimatum, qui terminait la mission de M. de Lesseps, présenté devant *l'assemblée romaine*, ne provoqua que de murmures, des rires dédaigneux et des mépris.

M. de Lesseps, qui avait reconnu sa mission finie, apporta *le 30 mai* un NOUVEAU TRAITÉ, consenti par le triumvirat et par la Constituante romaine. Voici ce traité : ce ne sont plus les Etats romains qui demandent la protection de la France.

« Art. I. — L'appui de la France est assuré aux populations des
« Etats romains ; l'armée française sera reçue comme une armée
« amie qui vient concourir à la défense de leur territoire.

« Art. II. — D'accord avec le gouvernement romain, et sans
« s'immiscer en rien dans l'administration du pays, l'armée
« française prendra les cantonnements extérieurs convenables
« tant pour la défense du pays que pour la salubrité des troupes.
« Les communications seront libres.

« Art. III. — La République française garantit contre toute
« invasion étrangère les territoires occupés par ses troupes ;

« Art. IV. — Il est entendu que le présent arrangement devra
« être soumis à la ratification de la République française ;

« Art. V. — En aucun cas les effets du présent arrangement ne
« pourront cesser que quinze jours après la communication officielle
« de la non-ratification. »

« Quand M. de Lesseps signa ce nouveau traité, il consentit
« encore (comme l'indique l'art. V) à un dernier *délai de quinze*
« *jours après la non-ratification*. Ainsi, au lieu de presser la

« solution, il l'ajournait ; au lieu de hâter le moment où notre
« armée retrouvait sa liberté d'action, il le retardait. On lui
« prodiguait des promesses auxquelles il croyait ; sa confiance
« était excessive. L'événement a prouvé qu'il ne jugeait bien ni la
« situation, ni les hommes avec lesquels il traitait.

« Si nous portons notre EXAMEN SUR LE CARACTÈRE ET LA NATURE
« DE CES NÉGOCIATIONS, en rapprochant les documents produits à
« cet égard, nous constatons d'abord un fait : à son arrivée à
« Rome, quand M. de Lesseps était encore pénétré de ses instruc-
« tions, des conversations qu'il avait eues en France avec les
« ministres, et des impressions de la séance de l'Assemblée nationale
« du 7 mai, il se montrait, au moins dans la forme, fidèle à ses
« instructions. Bientôt il se heurte contre les écueils qu'il lui était
« ordonné d'éviter. Plus sa mission se prolonge, plus il semble ou-
« blier ses instructions. Une fois sorti de la ligne qui lui était
« tracée, il s'en écarte tous les jours davantage. Chaque déviation
« en amène une autre ; toutes ses préoccupations se concentrent
« sur Rome ; sa pensée ne se reporte plus ni sur le gouvernement
« dont il est l'agent, ni sur Gaëte dont il doit faciliter les négocia-
« tions. On est autorisé à conclure de ce rapprochement que ce
« n'est pas pour ramener ses instructions à leur but primitif qu'il
« a successivement modifié sa conduite, et que c'est à Rome même
« qu'il a été entraîné par des influences auxquelles il n'a pas su
« résister. M. de Lesseps ne s'est pas borné à traiter avec les auto-
« rités romaines comme pouvoir de fait, il s'est prêté à des actes
« qui leur donnaient la force morale qu'il lui était interdit de leur
« accorder. Il s'est mis en désaccord formel avec MM. d'Harcourt
« et de Rayneval, sur les questions les plus fondamentales, quand
« ses instructions lui ordonnaient de se concerter avec eux sur tout
« ce qui aurait quelque gravité. Enfin, il n'était autorisé à faire
« que des arrangements partiels ; la solution générale et définitive
« des affaires de Rome ne lui était pas remise ; il n'avait à s'occu-
« per que de ce qui concernait l'entrée à Rome et des conventions
« spéciales propres à obtenir cette entrée. Or, il s'est saisi de la
« question tout entière, et a pris sur lui de la résoudre seul ; c'est
« ce qui résulte des stipulations insérées dans ses divers projets
« d'arrangements. Il n'en est pas un qui ne contienne quelque
« stipulation étrangère à l'objet défini de sa mission. — Dans le
« premier, il propose de maintenir un gouvernement provisoire
« jusqu'au moment où les populations romaines se seront pronon-
« cées sur la forme de gouvernement qui devra les régir, et sur les
« garanties à consacrer en faveur du catholicisme et de la papauté.

« — Dans le second projet, il insère une clause portant que les
« populations romaines ont le droit de se prononcer librement sur
« la forme de gouvernement; il ajoute que les autorités romaines
« fonctionnent suivant leurs attributions légales. — Plus tard, il
« envoie aux triumvirs la proposition de déclarer que la République
« française garantit contre toute invasion étrangère le
« territoire occupé par nos troupes. Plusieurs de ces stipulations
« étaient directement contraires à la pensée du gouvernement
« français; toutes impliquaient une solution générale.

« Le traité du 30 mai, par lequel M. de Lesseps a terminé sa
« mission, est le plus répréhensible de tous ses actes.

« En la forme, cette convention était conclue en violation formelle
« des instructions, non seulement sans un concert préalable
« établi avec MM. d'Harcourt et de Rayneval, mais contre leurs
« protestations réitérées, contre la volonté expresse du général
« Oudinot avec lequel M. de Lesseps était tenu d'entretenir des
« rapports intimes et confiants. Au fond, ce traité contient des
« stipulations dont la lecture suffit pour en faire apprécier la
« gravité. En effet :

« L'article I stipule une alliance défensive ; il met les forces de
« la France à la disposition des Garibaldiens. Cet engagement est
« pris quand les troupes des nations catholiques sont à quelques
« jours de marche. — L'article II reconnaît le gouvernement de
« la République romaine et lui maintient l'administration du pays;
« il expose la politique française au reproche de duplicité et de
« trahison, puisque le gouvernement français s'est prononcé à
« Paris et à Gaëte dans un sens opposé. En second lieu, cet article
« ferme à la France l'entrée de Rome, en ne lui réservant que des
« cantonnements extérieurs, alors que cette entrée à Rome était
« pour notre gouvernement, pour le maintien de l'influence française
« en Italie, pour notre honneur militaire après l'affaire du
« 30 avril, une condition nécessaire à laquelle on ne pouvait
« renoncer en aucun cas. — L'article III engage la question même
« de la paix ou de la guerre qui pouvait sortir de cette clause. —
« L'article V accorde un délai de quinze jours, ajourne la solution
« de la crise au lieu de la presser, retarde la liberté d'action de
« notre armée, prolonge son inaction, quand Bologne est prise et
« Ancône menacé, quand l'intervention étrangère dont il faut
« prévenir le développement peut recevoir une nouvelle activité
« du traité même sur lequel le gouvernement français va être
« appelé à se prononcer.

« Ces conventions ne peuvent pas être qualifiées trop sévère-

« ment. Leur moindre défaut est d'avoir été signées par M. de
« Lesseps contre ses instructions, contre la résistance de tous ceux
« dont le concours lui était imposé. Interrogé sur les motifs qui
« l'avaient porté à les conclure, M. de Lesseps répondit que son
« seul but était d'empêcher le général Oudinot d'attaquer Rome
« — qu'il voulait avoir le temps de connaître les dernières résolu-
« tions du gouvernement français, lequel était toujours en droit
« de ne pas ratifier.

« M. de Lesseps tenait peu de compte d'une signature apposée
« par un représentant de la France au bas d'un traité. Sans doute,
« le gouvernement a toujours le droit de refuser sa ratification.
« Mais un tel refus est une résolution qui peut avoir des consé-
« quences graves. L'agent qui signe un traité avec la prévision
« que la ratification sera refusée, commet une faute. Il reconnaît
« implicitement à l'avance que ses instructions ne l'y autorisent
« pas. Simple mandataire, il se met en opposition avec celui dont
« il tient son mandat. Il crée des difficultés au gouvernement qu'il
« expose aux reproches de faiblesse ou de timidité, si la conven-
« tion provoque des mécontentements au dehors. Il y eut donc
« opposition absolue entre les instructions de M. de Lesseps et
« l'application qu'il en a faites. Il a signé une convention dont les
« stipulations étaient contraires aux intérêts et à la dignité de la
« France. » (1)

Le général OUDINOT a repoussé cette convention ; il y était
expressément autorisé par une dépêche du gouvernement lui
annonçant que les négociations étaient terminées, et que la mission
de M. de Lesseps avait cessé. Couvrant le général en chef, le
ministère prit sous sa responsabilité la rupture des négociations
qui semblaient encourager ceux qui se jouaient de notre honneur
et qui avilissaient notre drapeau.

---

(1) Rapport de M. *Vivien* au Conseil d'Etat. 6 Août 1849.

CHAPITRE XLVI

BATAILLE DE LA VILLA-PAMPHILI

3 et 4 juin 1849.

Dès le lendemain du débarquement de la brigade Chadeysson, le général OUDINOT se porta en avant pour prendre une position d'où il dominait la zone ouest de la ville. Fumirino fut fortement occupé. Le 36ᵉ de ligne et sa brigade *Levaillant* quittèrent PALO le 9 mai pour aller rejoindre la brigade *Mollière* à *Castel-Guido*. Sous les ordres du général REGNAULT de Saint-Jean-d'Angély, la division établit son bivouac à LA MAGNANELLA. A mesure que les renforts arrivaient de France, des propositions sérieuses de soumission étaient faites au général en chef par des envoyés du triumvirat. Malgré leurs paroles d'accommodement, la prudence obligeait le général Oudinot à se tenir prêt à une attaque. Le 3ᵉ bataillon du 36ᵉ, commandé par M. *de Sainte-Marie,* fut envoyé en reconnaissance jusqu'à un mille de la porte Angelica. Le lendemain, 13 mai, pour protéger son flanc gauche, le général Oudinot envoya le 36ᵉ sous les ordres du colonel BLANCHARD prendre position à AQUA-TRAVERSA, distant de trois milles de la ville. Le caporal-sapeur *Maugenre* y fit un gourbi à son lieutenant-colonel pour y passer la nuit. Une reconnaissance fut poussée le 14 par le capitaine *Hébert* et le premier bataillon jusqu'au *Ponte-Molle,* sur le Tibre, près la porte du Peuple. Une autre pointe sur la route d'Ancône fut hasardée le 15 par le colonel et le 36ᵉ; ils rentrèrent ensuite au bivouac d'Aqua-Traversa, en longeant la rive droite du Tibre. Ils repartirent le lendemain avec du génie pour faire une coupure sur la *route d'Ancône.* D'un autre côté, un pont était établi sur le Tibre au mouillage de Saint-Paul, et la basilique du Docteur des nations étaient militairement occupée. Ces travaux d'investissement de Rome étaient accomplis lorsque les négociations de Mʳ. de Lesseps vinrent suspendre les hostilités. (1) Pendant la trêve, le 36ᵉ de ligne avec la brigade *Charles Levaillant* passèrent à la première brigade de la deuxième division, commandée par le général Rostolan à Aqua-Traversa. Le grand quartier général était alors à *la Villa-Santucci;* le nouveau corps expéditionnaire y fut organisé comme il suit :

CORPS EXPÉDITIONNAIRE DE LA MÉDITERRANÉE
18 mai 1849.

Général en chef : OUDINOT DE REGGIO

1ʳᵉ divisⁿ d'infanterie Général REGNAULT *de Saint Jean d'Angely*	1ʳᵉ brigade Général *Mollière*	1ᵉʳ batⁿ de chasʳˢ à pᵈ 20ᵉ et 33ᵉ de ligne
	2ᵉ brigade Général Jⁿ *Levaillant*	17ᵉ de ligne 53ᵉ et 66ᵉ de ligne (2)
2ᵉ divisⁿ d'infanterie Général ROSTOLAN	1ʳᵉ brigade Génˡ *Charlˢ Levaillan*ᵗ	2ᵉ batⁿ de chasʳˢ à piᵈ 32ᵉ et 36ᵉ *de ligne*
	2ᵉ brigade Général *Sauran*	13ᵉ léger 13ᵉ et 67ᵉ de ligne
3ᵉ divisⁿ d'infanterie Général GUESVILLER	1ʳᵉ brigade Général *Chadeysson*	7ᵉ batⁿ de chasʳˢ à piᵈ 16ᵉ et 22ᵉ léger
	2ᵉ brigade Colonel *de Brignac*	25ᵉ léger 68ᵉ de ligne

---

(1) Chronique régimentaire inédite.
(2) Plusieurs régiments faisant partie du Corps expéditionnaire ne comprenaient que deux bataillons de guerre.

Brigade de cavalerie	Général *Morris*	1ᵉʳ chasseurs à cheval 11ᵉ dragons
Division d'artillerie Général VAILLANT	Général de brigade *Thiry*	3ᵉ régimᵗ d'artillerie 5ᵉ » » 7ᵉ » »
	Génie Colonel *Niel*	1ᵉʳ régiment du génie 2ᵉ » »

Comme plusieurs de ces régiments de ligne n'étaient pas complets, la force totale réelle du corps expéditionnaire était de 35,000 hommes. Elle avait devant elle une force égale à combattre.

Les négociations diplomatiques avaient ralenti depuis le 17 mai les opérations actives de nos troupes. Celles-ci espéraient que l'on pourrait entrer à Rome sans effusion de sang. Dans cette conviction, quelques groupes de soldats entrèrent en relation avec les polonais de Dobrowolski. *Sept sous-officiers du 22ᵉ léger* furent surpris par une patrouille de chasseurs à cheval sortant du camp des Polonais. Conduits aussitôt devant le général *Ghadeysson,* celui-ci déclara qu'ils allaient être fusillés. Sans l'intervention efficace du colonel Rotwiller, l'exécution aurait eu lieu. (1) Malgré la trêve, les travaux militaires ne furent jamais complètement interrompus. Le génie et l'artillerie, aidés par de nombreux travailleurs de l'infanterie, firent des gabions et des fascines. Un redan était construit à la tête du pont Saint-Paul. Les routes d'Albano, d'Ancône et de Florence étaient coupées. Quatre-vingt canons se trouvaient au grand parc d'artillerie. Les magasins de vivres et de munitions étaient approvisionnés. Le 13ᵉ léger et le 13ᵉ de ligne occupaient *le Monte-Mario* qui domine le haut Tibre, le Vatican, le fort Saint-Ange et les routes.

Dès son arrivée au quartier général de Santucci, le 19 mai, le général VAILLANT, commandant la division d'artillerie, examina murement les diverses combinaisons d'une attaque destinée à nous faire entrer dans Rome. Il se décida pour le front qui occupe la partie la plus avancée du *Mont Janicule* à l'est de l'église Saint-Pancrace. Les raisons qui motivèrent son opinion se corroborèrent

---

(1) Renseignement de M. le capitaine *Clerc*, du 22ᵉ léger, retraité à Epinal.

par toutes les reconnaissances qu'il fit et fit faire depuis le 19 mai. C'est sur ce point que l'ennemi s'attendait le moins à une attaque. C'est de ce côté que les Français risquaient le moins d'endommager les monuments publics, considération bien puissante quand il s'agit d'attaquer avec du canon une ville comme Rome, qui résume en elle toute l'histoire de la civilisation du monde. (1)

Pour comprendre ces dispositions du général Vaillant qui allait commander les travaux du siège, disons quelques mots de la situation topographique de ROME.

La capitale du monde catholique se trouve bâtie principalement sur la rive gauche ou orientale du Tibre, Son emplacement occupe douze collines (2) ; elle a environ vingt-et-un kilomètres de tour. Tout ce qui est habité aujourd'hui est au nord de la Rome ancienne. Celle-ci couvrait, au IVe siècle, une superficie de quatorze cents hectares (3) ; son enceinte avait un développement de cinquante milles, avec trente-sept portes (4). En 408, Honorius crut veiller efficacement à la sécurité de sa capitale en réduisant l'enceinte à un circuit de vingt milles. Vain espoir ! On vit bientôt les Westgoths d'Al-Rich (410), les Vandales de Genséric (455), les armées impériales de Ricimer (472), les Hérules d'Odoacre (476), les Ostrogoths de Théodoric (487), les armées grecques de Bélisaire (517) renverser ces défenses, et venir demander vengeance de tous les crimes dont Rome païenne s'était rendue coupable pendant dix siècles.

Grégoire II et Grégoire III relevèrent les ruines amoncelées par

---

(1) Lettre du général *Vaillant* à M. le ministre de la guerre. Santucci, 2 juin 1849.

(2) *Le Mont Capitolin* qui comprenait la forteresse, le temple et l'intermont. — *Le Mont Palatin*, occupé par le palais des Césars. — *L'Aventin* où se trouve quatre églises. — *Le Mont Cœlius* où vécut Saint Grégoire le Grand. — *L'Esquilin* où Titus construisit ses bains. — *Le Quirinal* dominé par le palais de ce nom. — *Le Viminal* où furent édifiés les thermes de Dioclétien. — *Le Mont Citorio* près du Corso. — *Le Mont Pincio* près de la place du peuple. — *Le Mont Testaccio* près de la porte Saint Sébastien. — *Le Mont Vatican* couvert par la basilique de Saint Pierre. — *Le Mont Janicule* en haut du Transtevère.

(3) *M. Lafon.* Rome ancienne et moderne, page 211.

(4) Appelées : Carmentale, Asinaria, Métrone, Romaine, Pandane, Januale, Flumentane, Collatine, Colline, Viminale, Querquetulane, Esquiline, Névia, Cœlimontane, de Gabies, Férentine, Capène, Trigemina, Frumentaire, Fontinale, Triomphale, Romanula, Métia, Ratumène, Faginale, Labicane, Rodusculane, Lavernale, Juvénale, Salutaire, Nomentane, Munutia, Mugione, Stercoraria, Septimiane, Latine, du Janicule.

ces barbares. Adrien Ier, Léon IV, Alexandre VI, Paul III, Pie IV, Urbain VIII et Benoît XIV restaurèrent et complétèrent les fortifications. Rome compte aujourd'hui dix-neuf portes : *la porta del Popolo,* sur la voie Flaminia ; *la porta di Castello,* à côté du château Saint-Ange ; *la porta Angelica,* conduisant à la colonnade du Bernin ; *la porta Pertusa,* construite par Pie IV ; *la porta Cavalleggieri,* sur la route de Civita-Vecchia ; *la porta di S. Pancrazio,* sur le Janicule ; *la porta Portèze,* près du Tibre ; *la porta di S. Paolo,* prise par Genséric ; *la porta Appia,* sur la voie appienne ; *la porta Latina,* sur la voie latine ; *la porta di S. Giovanni,* près Saint-Jean-de-Latran ; *la porta Asinaria,* bâtie par Asinius ; *la porta Maggiore,* unie à l'aqueduc de Claude ; *la porta di S. Lorenzo,* sur la voie de Tibur ; *la porta Viminalis,* bâtie par Aurélien ; *la porta Pia,* souillée par Victor Emmanuel ; *la porta Salaria,* ensanglantée par Al-Rich ; enfin *la porta Pinciana,* sur le mont Pincio. Le Tibre entre dans Rome près de la porte du peuple et coupe la ville en deux parties inégales. Descendant du nord au sud, il rencontre à gauche le Porto di Ripetta (l'ancien champ de mars), le pont Saint-Ange, le pont suspendu, le pont Sixte, et forme l'île de Saint-Barthélemy, qui communique avec la ville par les ponts de Quattro-Capi et de S. Bartholomeo. Après avoir passé le Ponte Rotto, il forme *le port* de Ripa-Grande.

Rome est une relique chrétienne et une médaille païenne. Comment lancer toutes les pluies de la guerre sur ce double trésor sans causer de graves dommages ? Comment ne pas faire ce qu'ont fait Al-Rich, Genséric, Odoacre et surtout *le connétable de Bourbon* ? En 1527, le connétable, d'après le rapport du marquis de Bonaparte, témoin oculaire, ouvrit sa première tranchée devant le pan de mur Aurélien qui avoisine le tombeau de Cécilia Metella. Ce monument, que Chateaubriand appelle avec raison un chef d'œuvre de grandeur et d'élégance était alors intact comme au temps de Crassus le Crétois (72 ans av. J.-C.). Il était un des plus beaux monuments de la voie appienne, où se succédaient au moins jusqu'au Ve mille, les sépulcres extraordinairement beaux qui commençaient à la pyramide de Caïus-Cestius. Pointée fatalement dans la direction de cette partie de la voie des tombeaux, l'artillerie du connétable découronna le tombeau de Cecilia Metella, détruisit l'église S. Pacôme, saccagea le grand cirque de Romulus, anéantit les sépulcres sur les deux lignes, mutila l'église S. Nérée et S. Achilée, les tombeaux des Scipions et les immenses thermes d'Antonin. La désolation que le connétable a répandue sur tous ces monuments est encore saisissante aujourd'hui. En lançant ses boulets dans la même direction, notre brave artillerie aurait achevé l'œuvre du connétable. En 1527, on avait mis les monuments en ruines ; en 1849 on aurait mis les ruines en poussière ; c'était complet.

On pouvait aussi engager l'attaque à la porte S. Jean-de-Latran et pénétrer dans Rome de ce côté, sans faire de longs travaux de parallèles. Mais pour peu qu'on eut trouvé de la résistance, il aurait fallu recourir aux boulets et aux obus, nécessité fatale qui aurait entraîné les plus grands désastres. Derrière S. Jean-de-Latran s'amoncellent jusqu'au mur du Tabularium, au pied du Capitole, le Colisée, les arcs de Titus, de Constantin et de Septime-Sévère, les temples de Vénus, d'Antonin, de la Concorde, les vieilles basiliques, les colonnes du vieux forum, l'Ara cœli (temple de Jupiter capitolin), souvenirs des vieux romains, des héros, des saints et des martyrs de vingt-cinq siècles.

Une attaque sur la rive gauche menaçait la rotonde de Vesta, le temple de la fortune virile, la précieuse église de Sainte Cécile, les hôpitaux, etc... Du côté de la place du peuple, la villa Borghèse, l'obélisque de Sésostris, les palais et les églises du Corso étaient menacés. Du côté du Monte Mario, c'était le monde entier de l'art qui pouvait s'écrouler : le Vatican et S. Pierre.

Rome n'est forte que sur un seul point, *le Janicule ;* c'est précisément celui que le général VAILLANT a choisi pour provoquer sans dommage une capitulation inévitable. Or sur le Janicule, l'ennemi occupait la villa Pamphili Doria, l'église Saint-Pancrace, les villa Corsini et Valentini. Il faudra s'emparer de ces positions, si l'on veut commencer sérieusement les tranchées et les autres travaux d'un siège régulier. LA VILLA PAMPHILI est à un mille au delà de la porte S. Pancrace. Le palais a été bâti sur les dessins de l'Algarde et renferme de riches collections de bas-reliefs, de bustes et de statues antiques. Jardins, parcs, pelouses, fontaines, jets d'eau, tout y est grandiose et du meilleur goût. Ses pins séculaires à parasol sont célèbres par leur hauteur prodigieuse. Il y a près du palais quelques colombaires ; ce sont des chambres à fond semi-circulaire renfermant plusieurs centaines de niches, où l'on déposait les urnes cinéraires des affranchis, ou même des esclaves, ayant appartenu à de riches patriciens. Un mur de *quatre mètres* de hauteur et de *cinquante centimètres* d'épaisseur clôture la villa. L'EGLISE S. PANCRACE, attenant au parc de la villa Pamphili, a été bâtie en 272 par le pape S. Félix I en l'honneur de S. Pancrace, qui souffrit le martyre à l'âge de quatorze ans. Elle a été restaurée par S. Symmaque au Ve siècle et par le cardinal de

Montréal au XVIIe. Elle est riche par les souvenirs historiques de S. Pélage I, de S. Grégoire le Grand, d'Innocent III et de Jean XXII. Ce sanctuaire était alors profané et saccagé par les Garibaldiens. Entre la villa Pamphili et les remparts se trouvent les villas Corsini, Valentini et Giraud. Il fallait déloger l'ennemi de toutes ces positions, si l'on voulait entreprendre les premières opérations d'un investissement rigoureux, nécessaire et urgent de la place. (1)

Rome a toujours porté malheur à ceux qui n'ont pas respecté ses reliques. Après avoir saccagé cette ville, Al-Rich allait quitter l'Italie, mais l'Italie le retint par le pied, et il mourut violemment à Cosenze, où son tombeau même a été détruit. Le connétable de Bourbon a été tué sur la brèche du mur d'Aurélien. Jamais balle mieux méritée ne frappa un front plus maudit. *Cette fois,* grâce à Dieu, *la France respectera Rome.*

Après avoir tout fait pour éviter la guerre, le gouvernement français, ne pouvant sacrifier l'honneur de son armée et de sa diplomatie, se trouva engagé dans un conflit avec les oppresseurs des populations auxquelles, dans la sincérité de ses convictions et de ses résolutions, il n'entendait porter que protection et liberté. Dès que la Constituante romaine eut rejeté l'ultimatum du 29 mai, le gouvernement déclara que les négociations étaient épuisées, et que la mission de son agent plénipotentiaire était terminée. Deux ordres de Paris rappelèrent M. de Lesseps et intimèrent au général Oudinot de s'emparer de Rome coûte que coûte. Le général en chef adressa donc au triumvirat une *notification* stipulant que la trêve verbale cesserait d'avoir son cours après les vingt-quatre heures. Alors M. de Gerando, notre chancelier d'ambassade, demanda au grand chef de vouloir bien consentir à différer l'attaque directe de la place jusqu'au dimanche 3 juin, pour avoir le temps de prévenir que ceux de nos nationaux qui voudraient quitter Rome, trouveraient à Saint-Paul hors les murs un asile assuré.

Les mesures prises par M. de Lesseps avaient, pendant près de trois semaines, permis aux étrangers qui dominaient à Rome de se recruter et de s'approvisionner sans aucun obstacle. Alors que les légions garibaldiennes triomphaient des Napolitains malgré le premier renfort espagnol, notre plénipotentiaire écrivait de Rome le 16 mai à M. le ministre des affaires étrangères : « Je vois une

---

(1) Lettre du général Oudinot à M. le ministre de la guerre. 3 juin.

« ville entière en armes. Je trouve ici l'aspect d'une population
« décidée à la résistance. *Rejetant les calculs exagérés, on peut*
« *compter au moins sur vingt-cinq mille combattants sérieux.* Si
« nous entrions de vive force à Rome, nous passerions sur le corps
« non-seulement des réfugiés étrangers, mais nous laisserions sur
« le carreau des boutiquiers, des jeunes gens de famille et des
« bourgeois de toutes les classes. » Pendant la trêve, il se fit de
nombreuses recrues. Le 31 mai, à onze heures du matin, l'armée
de Garibaldi rentrait à Rome. « *Il n'y eut alors qu'une seule*
« *opinion dans toute l'armée pour blâmer la politique suivie par*
« *M. de Lesseps à cause de ses funestes conséquences. Il fallait*
« *maintenant que l'armée détruisît toutes ces forces étrangères*
« *qu'on avait laissé maîtresses de la ville et de la campagne. Nos*
« *soldats allaient rencontrer une résistance formidable si bien*
« *préparée par la mauvaise politique.* » (1)

Du 13 au 27 mai, le 36ᵉ de ligne avait conservé son bivouac à
Aqua-Traversa ; il consacra tout ce temps à faire des reconnaissances dans les environs. Le 27, il vint au grand quartier général
de *la villa Santucci* prendre son rang de bataille. Le 1ᵉʳ juin fut
proclamé l'ordre du jour suivant :

« Par dépêches télégraphiques du 29 mai, les ministres des
« affaires étrangères et de la guerre préviennent le général en
« chef que la voie des négociations est terminée dans les Etats
« romains, que deux régiments d'infanterie et plusieurs compa-
« gnies du génie sont embarqués à Toulon pour renforcer l'armée
« et prendre part à l'opération. A dater de ce jour les hostilités
« reprennent leur cours. L'agent diplomatique est rappelé en
« France. »

Le Général en Chef : OUDINOT DE REGGIO.

« Deux colonnes, l'une commandée par le général *Mollière*,
« l'autre par le général *Jean Levaillant* reçurent l'ordre de com-
« mencer l'attaque de LA VILLA-PAMPHILI le 3 juin, dès trois
« heures du matin ; l'une partait de la villa Mattei, près la villa

---

(1) Dépêche de M. *de Corcelles*. Villa Santucci. 14 juin 1849.
« M. de Lesseps. — écrit M. *de Corcelles* dans une autre dépêche — peut
« être assuré qu'il a fort encouragé nos ennemis et découragé les modérés
« du pays. Personne aussi n'a fait plus que lui pour le recrutement et l'appro-
« visionnement de la faction dominante, en rétablissant les communications
« interceptées par le général Oudinot, en nous faisant perdre du temps au
« profit de l'ennemi, avec des projets de traité que l'on exploite contre
« nous. »

« Santucci, l'autre de la villa San-Carlo. A leur point de jonction,
« le général Regnault de S. Jean d'Angély devait prendre
« le commandement et centraliser leur action. Les divisions
« Rostolan (dont faisait partie le 56ᵉ) et Guesviller avaient
« l'ordre de se concentrer et d'appuyer le mouvement. La canon-
« nade commença à deux heures du matin ; toute l'armée était
« sous les armes. A trois heures du matin, la villa Pamphili est
« attaquée. Bien qu'elle soit entourée d'un mur très haut et très
« épais, bien que l'ennemi y eut élevé en plusieurs endroits de
« nombreuses barricades, bien qu'elle fut *défendue par vingt mille*
« *hommes* environ, elle a été prise, reprise, prise de nouveau à la
« baïonnette, et elle a fini par rester entre nos mains. Plus de
« deux cents prisonniers, dont six officiers, étaient tombés en
« notre pouvoir dès cinq heures du matin. Trois drapeaux et
« 200,000 cartouches étaient également en notre possession.
« L'église S. Pancrace eut bientôt à subir le même sort. Nous y
« étions fortement établis à sept heures du matin. Pendant ce
« temps, plusieurs compagnies délogeaient l'ennemi d'un vaste
« édifice situé à 300 mètres du dépôt de tranchée et à 600 mètres
« des murs de la place. L'occupation de l'église S. Pancrace con-
« duisait nécessairement à celle du Chateau Corsini. *L'ennemi s'y*
« *était retranché d'une manière formidable*. Il ne fallut pas moins
« que l'énergie de nos soldats et l'habileté de nos officiers pour
« l'en déloger. Ce résultat était obtenu vers dix heures. Presque
« simultanément, la villa Valentini, et une grande ferme qui en
« est une sorte de dépendance étaient enlevées.

« Cependant les Garibaldiens, comprenant toute l'importance de
« ces positions, ne pouvaient se décider à nous en laisser la paisi-
« ble possession. Depuis le matin jusqu'à sept heures du soir, les
« colonnes ennemies, soutenues par le feu des remparts où elles
« avaient accumulé leurs batteries, firent les plus grands efforts
« pour reprendre et conserver ces trois bâtiments. Les obus des
« Garibaldiens étaient parvenus à plusieurs reprises à y mettre le
« feu, ce qui nous a parfois obligés d'en sortir. Grâce à notre
« artillerie, réduisant au silence les pièces ennemies, ces positions
« furent immédiatement reprises par nos soldats. Leur valeur
« était, dans cette grave situation, d'autant plus admirable que,
« fidèle à notre résolution de ne pas attaquer la place avant lundi
« nous n'avons pas voulu répondre au feu des remparts. Un ins-
« tant les troupes ennemies, conduites par Garibaldi, ont essayé
« de nous tourner, vers notre gauche, en faisant une sortie sur le
« plateau qui conduit du Vatican à la villa Pamphili. L'élan de

« nos soldats n'a pas permis de donner suite à cette tentative et
« elle a été immédiatement repoussée.

« Des diversions ont été faites par nos troupes ; la cavalerie a
« presque constamment parcouru, en vue des remparts, la rive
« gauche du Tibre inférieur. La brigade du général *Sauvan*,
« établie depuis quelques jours à Monte-Mario, avait reçu l'ordre
« de s'emparer du Ponte-Molle, dont une arche avait été détruite
« et que l'on croyait minée. Cette supposition avait déterminé le
« général à faire passer à la nage, sur la rive gauche, une ving-
« taine d'hommes de bonne volonté, dont les fusils et les
« vêtements avaient été mis sur un radeau. Le général prit alors
« le parti de s'emparer de la position du pont qui tient la rive
« droite. Placés sur ce point, les chasseurs à pied parvinrent
« après d'assez longs efforts à faire taire les bouches à feu que
« l'ennemi avait mises pour enfiler le pont. Ils forcèrent les Gari-
« baldiens qui se trouvaient sur la rive gauche à se réfugier dans
« les maisons et à cesser le feu. Nos tirailleurs purent alors, au
« moyen de fascines et de poutrelles, rétablir provisoirement le
« pont pour le passage de l'infanterie ; bientôt nos compagnies
« furent établies sur la rive gauche, elles se mirent immédia-
« tement en état de repousser les attaques de l'ennemi.

« La journée a été des plus glorieuses ; la plupart de nos troupes
« ont été sur pied depuis deux heures du matin jusqu'à six heures
« du soir, elles ont enlevé des positions qui paraissaient inexpu-
« gnables et dont la conservation aura une immense influence sur
« le résultat du siège. (1) » A sept heures du soir, le 36ᵉ de ligne
occupait les avants-postes (VILLA CORSINI ET VALENTINI). Le caporal
sapeur *Maugenre* se trouvait avec son lieutenant-colonel à l'ÉGLISE
S. PANCRACE. Les outrageuses dévastations commises dans ce sanctuaire étaient telles que notre caporal écrivit sur la muraille ces
mots bien vrais : « *Dieu ne saurait protéger un peuple coupable de
tels excès.* »

Pendant la nuit, les troupes garibaldiennes tentèrent de nouveau
une sortie (2). La bonne contenance du premier bataillon du 36ᵉ
contribua efficacement à les forcer à la retraite. La riposte fut
vive sur tous les points ; à S. Pancrace comme aux villas, tous
nos braves firent le coup de feu avec résultat. Abrités dans les
positions qu'ils avaient conquises, ils n'avaient plus à craindre de

---

(1) Lettre du général Oudinot à M. le Ministre de la guerre. 4 juin.
(2) Même lettre.

les perdre. La fusillade ne discontinua pas toute la nuit. Dans la matinée du 4, les Garibaldiens tentèrent une nouvelle attaque. Ce fut encore le premier bataillon du 36e qui répondit de suite à leur audace. Avec l'aide du 32e de ligne et des chasseurs, ils éclaircirent si bien les rangs ennemis qu'ils leur enlevèrent toute envie de revenir à la charge. A quatre heures et demie du soir, (1) le 36e de ligne fut remplacé par le 66e de la division REGNAULT. La fin de cette journée se passa dès lors sans alerte.

Les 3 et 4 juin, nos 35,000 hommes avaient remporté une brillante victoire sur une armée que M. Odilon Barrot, président du conseil, déclarait *formidable*. (2) Ce n'était donc pas un combat qui avait eu lieu, mais une bataille de la plus haute importance. « *Le carnage de la journée du 3 a été immense,* s'écria Ledru-Rollin « à la séance du 11 juin ; la villa Pamphili a été prise et reprise « plusieurs fois. Le 33e et le 66e ont été horriblement maltraités. « Pour légitimer le rappel de M. de Lesseps, le gouvernement a « voulu ébranler son autorité morale, en faisant supposer qu'il « avait été frappé d'aliénation ; le gouvernement est allé attaquer « une république, un peuple de frères ; il a violé la constitution ; le « seul acte qu'on puisse diriger est un *acte d'accusation* contre le « Président de la République et contre les ministres. Cet acte, je « les dépose entre les mains du Président de l'Assemblée natio- « nale. » Faisant ensuite appel à la force, il ajouta : « Le ministère « a agi en dehors du décret de l'Assemblée nationale rendu le « 7 mai ; il a envoyé des instructions secrètes au général Oudinot, « contraires à celles données à M. de Lesseps. Nous voulons les « connaître pour le juger. Il est coupable ; *le pays a droit de juger;* « *il doit défendre la Constitution par les armes,* même au péril de « la vie. » La majorité de la Chambre vota contre la mise en accusation du ministère. Aussitôt après, un complot fut ourdi au *Conservatoire des arts et métiers*. Il était formé par les députés de l'opposition Heitzmann, Rougeot, Rolland, Pflieger, Landolphe. Avril, Jannot et autres qui voulaient constituer un gouvernement provisoire. Convaincus que le gouvernement pousserait l'entreprise jusqu'au bout, ils décidèrent d'en appeler aux armes. Le Président de la République, informé du fait, décréta immédiatement que le général CHANGARNIER réunirait le commandement supérieur

---

(1) Chronique régimentaire.

(2) Discours de M. Odilon Barrot. Chambre des Députés. Séance du 11 juin.

des gardes nationales de la Seine et des troupes de la 1re division militaire. Le lendemain, 12 juin, il fit saisir les journaux *le Peuple, la vraie République, la Révolution démocratique* et *la Réforme,* qui provoquaient au renversement du gouvernement et à la guerre civile. Pour atténuer la gravité des affaires d'Italie, qui servaient d'occasion à une tentative d'insurrection, *le Moniteur universel* du mardi 12 juin publia la rectification mensongère suivante : « Par suite d'une faute d'impression, nous faisons dire au général Oudinot, dans son rapport du 4 juin, que la villa Pamphili était défendue par 20,000 hommes ; c'est 2,000 hommes qu'il faut lire. » Ce jour là, les sections de sociétés politiques, en permanence dans toutes les grandes villes de France, convoquèrent les clubs. Des affiches furent placardées pour faire appel au peuple. Au Château d'Eau, à la porte S. Martin, des attroupements séditieux faisaient entendre les cris de « Vive la République romaine ! Aux barricades ! » C'était une convocation à l'émeute qui réclamait une répression énergique. Le 13 juin, la ville de Paris fut mise en état de siège. L'ASSEMBLÉE LÉGISLATIVE adressa une proclamation au peuple français. Elle était ainsi conçue :

    Citoyens, gardes nationaux et soldats,

« La République et la société sont menacées. La souveraineté
« du peuple est odieusement méconnue par une minorité factieuse
« qui fait appel à la force, et qui, par une guerre impie,
« compromet de nouveau avec la paix publique, la prospérité du
« pays près de renaître. L'Assemblée législative, issue de la
« volonté nationale, remplira énergiquement tous les devoir, qui
« lui sont imposés dans ces circonstances suprêmes. C'est à elle
« qu'il appartient de parler au nom du peuple qui n'a remis qu'à elle
« son mandat souverain. Gardienne de la République et de la
« Constitution, qui sont les garanties inviolables de la société et de
« l'ordre en péril, la représentation nationale défendra jusqu'à la
« mort contre une *insurrection criminelle* la constitution et la
« République indignemement attaquées.

« Citoyens, ralliez-vous autour de vos représentants. C'est dans
« votre union avec eux, avec le Président de la République, avec
« *notre brave et fidèle armée*, c'est dans votre concorde unanime
« qu'est le salut commun. Au nom de la patrie, au nom de l'hon-
« neur, de la justice et des lois, l'Assemblée législative vous
« appelle solennellement à la défense de la République, de la cons-
« titution et de la société.

« Délibéré en séance publique à Paris le 13 juin 1849. »

De son côté LE PRÉSIDENT DE LA RÉPUBLIQUE disait au

peuple français :

« Quelques factieux osent encore lever l'étendard de la révolte
« contre un gouvernement légitime, puisqu'il est le produit du
« suffrage universel. Ils m'accusent d'avoir violé la Constitution,
« moi qui ai supporté depuis six mois, sans en être ému, leurs
« injures, leurs calomnies, leurs provocations. La majorité de
« l'Assemblée elle-même est le but de leurs outrages. L'accusation
« dont je suis l'objet n'est qu'un prétexte, et la preuve, c'est que
« ceux qui m'attaquent me poursuivaient déjà avec la même
« haine alors que le peuple de Paris me nommait représentant, et
« le peuple de la France, président de la République.

« Ce système d'agitation entretient dans le pays le malaise et la
« défiance; il faut qu'il cesse. Il est temps que les bons se rassu-
« rent et que les méchants tremblent. *La République n'a pas*
« *d'ennemis plus implacables que ces hommes qui, perpétuant le*
« *désordre, nous forcent de changer la France en un camp, nos*
« *projets d'amélioration et de progrès en des préparatifs de lutte et*
« *de défense.* Elu par la nation, la cause que je défends est la vôtre ;
« elle est celle de vos familles comme celle de vos propriétés, celle
« du pauvre comme du riche, celle de la civilisation tout entière.
« Je ne reculerai devant rien pour la faire triompher. »

Grâce à de nombreuses arrestations, la tentative d'insurrection avorta à *Paris*; le 14 juin. LOUIS-NAPOLÉON, accompagné du général Delarue, de plusieurs officiers généraux, et escorté d'un piquet de lanciers, parcourut paisiblement le faubourg S.-Honoré, la Concorde, la rue Royale et le faubourg St-Antoine. A *Lyon*, il fallut recourir à la force armée. Le 15 juin, à la Croix-Rousse et au quartier des Terreaux, il y eut un combat sanglant et acharné qui dura depuis dix heures du matin jusqu'au soir. Les insurgés furent battus par les généraux Gemeau, Magnan, d'Arbouville, de Montréal et Duchaussoy, commandant aux 2e, 6e, 17e léger et aux 19e, 49e et 50e de ligne. Toute la circonscription comprise dans la sixième division militaire fut mise en état de siège.

CHAPITRE XLVII

SIÈGE DE ROME

Sorties des 12 et 15 juin. — Assauts des 21 et 30 juin. — Capitulation du 2 juillet.

L'avortement de l'insurrection de juin à Paris avait fait perdre la cause du triumvirat. Dès lors *le siège de Rome* ne pouvait plus être empêché par un renversement de gouvernement en France. Les opérations de ce siège feront l'objet du journal suivant (1) :

4 juin. — A huit heures et demie du soir la tranchée a été ouverte à trois cents mètres environ de l'enceinte. Douze cents travailleurs réunis au dépôt de tranchée, ont été conduits sur la ligne formant un développement de onze cents mètres. En cet endroit, le terrain est très coupé, couvert de vignes et de haies. Le tracé de la parallèle et la distribution des travailleurs ont été fort difficiles ; sur quelques points même, le travail n'a pas pu être entamé avant minuit. Le 1er bataillon du 36e, sous les ordres du lieutenant-colonel fut de garde pour protéger les travailleurs dont 150 furent choisis dans ses rangs. Le colonel, les sapeurs et le

---

(1) Journal du siège par le général *Oudinot*. — (Extrait du Moniteur universel).

3ᵉ bataillon furent de réserve pour repousser toute sortie. De son côté l'artillerie travailla sans relâche à la construction de deux batteries : celle de gauche devait répondre au feu du bastion n° 6 ; celle de droite devait éteindre le feu du mont Testaccio, où l'ennemi avait fait des préparatifs de défense. Elle avait aussi à contre-battre la batterie de Sᵗ Alexis, sur le mont Aventin. Pour détourner l'attention de l'ennemi, le général REGNAULT de Sᵗ-Jean-d'Angely simula une attaque avec sa division du côté de la porte S. Pancrace. Il entama le feu après dix heures du soir. Cette diversion atteignit son but. Tous les efforts des Garibaldiens se tournèrent vers la porte du Janicule qu'ils pouvaient croire sérieusement menacée. Les travaux de la parallèle ne furent pas inquiétés.

5 JUIN. — Au jour, la parallèle présentait encore quelques parties inachevées. Partout cependant on y était à couvert. Les dimensions de la parallèle furent régularisées. A six heures du matin, la batterie de gauche démasqua ses pièces ; son feu cut pour effort de faire cesser celui du bastion n° 6 qui lui était opposé. A huit heures, les six compagnies du centre du 3ᵉ bataillon du 36ᵉ rentrèrent au bivouac ; elles repartirent à quatre heures pour garder la tranchée ; le colonel et les sapeurs les accompagnèrent en ramenant deux de leurs blessés. Vers midi, la batterie de droite commença son feu ; elle fit interrompre celui du mont Testaccio. Les villas Corsini et Valentini, occupées par nos troupes, furent le but continuel des feux de mousqueterie et d'artillerie de la place. Pour assurer cette occupation et pour rendre les communications plus faciles, le genie entama immédiatement et dirigea la construction de plusieurs travaux. La nuit fut employée au perfectionnement de la tranchée, et à la construction d'une batterie au centre de la parallèle. En mangeant sa soupe, accroupi dans la tranchée, le lieutenant *Doninelli* du 36ᵉ eut les jambes traversées par une balle.

6 JUIN. — Les opérations du siège continuèrent leur marche régulière. Nos batteries répondirent au feu de l'ennemi sans subir aucune avarie dans leur état matériel et conservèrent la même liberté d'action. La justesse de notre tir a du faire éprouver à l'ennemi des pertes considérables. Le 1ᵉʳ bataillon du 36ᵉ et les deux compagnies d'élite du 3ᵉ rentrèrent au bivouac avec deux blessés à 8 heures du matin. Il y avait cinquante blessés à la première ambulance. Les 6 compagnies du centre du 3ᵉ bataillon et les sapeurs furent de garde à la tranchée jusqu'à 7 heures du soir. A Ponte-Molle, l'arche rompue fut réparée de manière à faciliter le assage des colonnes.

7 JUIN. — Dans la nuit du 6 au 7, on a débouché par un boyau

lequel sera détourné plus tard vers la batterie dirigée contre le bastion n° 6. La communication couverte en arrière de la parallèle a été perfectionnée. Le 1er bataillon du 36e fut de garde de tranchée. On continua les travaux entrepris à la villa Corsini pour améliorer la position des troupes sur l'extrême gauche des attaques. La tête du pont S. Paul fut armée. L'artillerie commença la construction d'une batterie n° 4 en dehors de la tranchée, parallèlement à la face droite du bastion 6. Elle avait pour but de contre-battre ce bastion et de battre en brèche l'escarpe, qui est découverte dans toute sa hauteur.

8 juin. — La journée fut employée à continuer le cheminement qui se rattache à la batterie en la tournant du côté opposé pour la terminer par une place d'armes. 300 travailleurs du 3e bataillon, parmi lesquels se trouvait le caporal *Maugenre*, furent employés à élargir la tranchée et à y établir des gabions. Une pièce ennemie en renversa deux à côté du caporal. Un soldat du génie et trois soldats du 36e s'avancèrent pour les relever. Trois furent tués : le quatrième ne fut pas atteint, c'était notre caporal sapeur. L'artillerie continua d'épaissir l'épaulement de la batterie n° 4 et fit les embrasures ; trois pièces arrivées dans la batterie ne purent être mises sur affût par suite de la pluie. La batterie n° 7 a réparé les dégradations causées par le feu de la veille. De nouvelles pièces ennemies furent démasquées sur le prolongement de la batterie n° 3, ainsi que deux nouvelles batteries sur la rive gauche du Tibre, l'une près S. Alexis, l'autre en avant du mont Testaccio, dans le but de jeter des feux sur les revers du mont Verde, au moment du passage des colonnes de travailleurs et de gardes de tranchée. Ce même jour, la division autrichienne, qui marchait sur Rome, se replia du côté d'Ancône avec quatorze pièces de siège.

9 juin. — On a débouché sur la gauche de la parallèle près de S. Pancrace pour établir une place d'armes s'appuyant à la villa Corsini. Tandis que le 3e bataillon du 36e était de garde de tranchée, un boyau de cent mètres de longueur a été poussé des cheminements du centre vers la capitale du bastion n° 7 ; ce travail important rapprocha beaucoup de l'ennemi. On entreprit une place d'armes s'étendant parallèlement aux fronts d'attaque, à droite et à gauche de l'extrémité de la ligne. Le masque préservant la batterie des coups d'écharpe a été épaissi et trois pièces y ont été amenées. Tout s'exécuta à la sape volante ; le jour on perfectionna ce qui a été fait la nuit. Une batterie sur le plateau de la villa Corsini a été commencée dans la nuit du 9 au 10 ; mais l'éloignement du grand parc et un violent orage en ont retardé les progrès

Nos pertes sont de 19 tués et 94 blessés dont 4 officiers du 4 au 8 juin.

10 juin. — On a employé les gabions et les saucissons pour protéger la batterie de la villa Corsini ; on a épaissi les parapets et continué le travail des plates-formes. La batterie n° 4 a été terminée ; les batteries n° 1 et 2 ont répondu au feu de la place et à celui de l'artillerie de la rive gauche. Dans la région du Tibre supérieur, notre colonne mobile, partie de Monte-Mario, eut un engagement avec les Garibaldiens, sur les bords du Téverino ; elle s'empara d'un poste et fit plusieurs prisonniers, dont un colonel du 7e régiment d'infanterie romaine. Dans la région du Tibre inférieur, la colonne du général *Morris*, partie de San-Paolo est entrée à Frascati. A dix heures du soir, on a débouché de la partie gauche de S. Pancrace pour faire *la seconde parallèle ;* on a prolongé cette tranchée vers le fond de la vallée sur une longueur de 140 mètres. Le 36e fournit 320 travailleurs du 1er bataillon. A onze heures du soir, un brulot, lancé sur le Tibre, conduit jusqu'à San-Paolo, fut abandonné au courant. Au bateau principal étaient amarrées trois barques, remplies de poudre et de matières incendiaires. L'approche de cette masse en combustion fut bientôt signalée. La marine et le 22e léger, qui étaient de garde au pont, en surveillèrent la marche. Des coups de canon changèrent la direction du brulot et coulèrent les barques ; le pont fut préservé.

11 juin. — On a étendu le cheminement de la place d'armes sur la droite de la batterie qui doit ruiner le bastion 7 ; on l'a appuyé contre les débris de maisons démolies ; on se trouve sur ce point à 120 mètres de l'enceinte. A gauche, on a percé le mur de soutènement qui borde la route pour faire joindre la partie basse de la communication avec la partie haute qui réunit la villa Corsini au sommet du mur ; toutes les tranchées ont été portées à largeur. A droite, on a poussé une sape double vers les escarpements qui dominent la vallée du Tibre, au dessus de la porte Portèse. On se retourna ensuite vers le front d'attaque pour aller au devant d'un cheminement partant des maisons ruinées. La batterie n° 5, destinée à remplir le double rôle de contre-batterie et de batterie de brèche, a été commencée dans un cheminement dirigé contre le bastion 7 ; le travail des magasins à poudre a été terminé. La batterie n° 4 a continué ses travaux ; les batteries n° 1 et 2 ont répondu au feu de la place. Le 1er bataillon du 36e a été de garde de tranchée.

12 juin. — Faisant un dernier appel à la conciliation, le général OUDINOT adressa la lettre suivante au Président de la Consti-

tuante :

« Les événements de la guerre ont, vous le savez, amené l'armée
« française aux portes de Rome. Dans le cas où l'entrée de la ville
« continuerait à nous être fermée, je serais contraint, pour y
« pénétrer, d'employer immédiatement tous les moyens d'action
« que la France a mis à ma disposition. Avant de recourir à cette
« terrible nécessité, je regarde comme un devoir de faire un der-
« nier appel à des populations qui ne peuvent pas avoir pour la
« France des sentiments ennemis. L'Assemblée nationale voudra
« sans doute, comme moi, éviter à la capitale du monde chrétien
« de sanglantes calamités. Dans cette conviction je vous prie,
« Monsieur le Président, de vouloir bien donner à la proclamation
« ci-incluse la plus prompte publicité. Si douze heures après la
« réception de cette lettre, une réponse conforme aux intentions
« et à l'honneur de la France ne m'est pas parvenue, je me regar-
« derai comme contraint d'attaquer la place de vive force. » Cette
dépêche eut pour réponse une sortie des Garibaldiens.

Contre l'habitude, le feu avait été très vif. Inquiétées par le tir
de la place, les batteries n° 3 et 4 avaient du répondre. Malgré
cela, on avait fait au centre 192 mètres de parallèle sur la droite
de la batterie n° 5 ; on avait prolongé la seconde parallèle, élargi
et renforcé ce travail important qui longe le front d'attaque en
passant à 130 mètres du saillant ; on avait fait des gradins pour la
fusillade et le franchissement. Le caporal *Maujenre* était du nombre des 320 travailleurs du 3ᵉ bataillon. Tout à coup l'ennemi vint
border la tranchée et s'embusquer sur la droite de la batterie n° 5,
dans des maisons ruinées et derrière un mur brisé. Aussitôt les
grenadiers et les voltigeurs du 1ᵉʳ bataillon du 36ᵉ, excités par
l'exemple du capitaine *Guillopin* et du colonel *Niel*, s'élancèrent à
la baïonnette. Ils soutinrent si bien la lutte que l'ennemi dut
renoncer à son entreprise. Un ordre de la division félicita ces deux
compagnies. En se retirant, l'ennemi essuya une vive fusillade ; il
laissa bon nombre de morts sur les décombres.

13 JUIN. — A huit heures et demie du matin, toutes les batteries
commencèrent leur feu. La partie supérieure des faces des bastions
6 et 7 fut complètement décrétée. Les coups dirigés sur les murs
et parapets dégarnirent promptement les remparts de leurs défenseurs : les pièces de la place cessèrent de tirer. Notre batterie n° 5
eut ses embrasures labourées par le feu de l'ennemi. Le 3ᵉ bataillon
du 36ᵉ gardait la tranchée ; il eut deux morts et six blessés. Les
cheminements furent élargis en avant : on marcha à la sape pleine
pour continuer la place d'armes vers la gauche. La nuit venue, ce

travail fut poursuivi à la sape volante.

14 juin. — 325 travailleurs du 1er bataillon du 36e réparèrent de nuit les merlons et embrasures de la batterie n° 5. De son côté, l'ennemi a rétabli l'épaulement qui avait été démoli ; il la couronna de créneaux au moyen desquels il entretint un feu continuel de mousqueterie. Ce feu ne put être éteint par nos coups nombreux tirés à mitraille. L'ennemi se logeait derrière le moindre abri pour tirer aux embrasures avec persévérance et résolution. Les coups d'écharpe se renouvelèrent contre les batteries n° 4 et 5 ; ils ne cessèrent pas de sillonner le terrain. Ce feu provenait d'un ouvrage de la porte S. Pancrace. Cette batterie cachée envoya un obus au milieu de l'approvisionnement des projectiles creux de la batterie n° 5 ; le feu qu'il occasionna put être arrêté. Le maréchal-des-logis *Doré* fut tué. Notre batterie n° 4 a jeté bas le cantonnement de sacs à terre de l'ennemi ; plus tard, elle a tiré en brèche à deux mètres au-dessous du cordon ; ce tir a eu de l'effet. Vers quatre heures, on a cherché à couper la muraille à trois mètres plus bas en lançant 77 boulets de 24 et 70 de 16. La batterie de mortiers n'a pas discontinué d'envoyer des bombes dans les bastions 6 et 7. La batterie n° 1 a désorganisé les défenses supérieures du bastion 6. La batterie n° 2 ne cesse de tirer sur les batteries de l'Aventin et du Testaccio. A l'extrême gauche, la batterie n° 6 a épaissi les traverses qui la préservent des feux d'écharpe venant de la porte S. Pancrace, et elle a tiré en brèche contre le saillant du bastion 7.

15 juin. — Le feu de la place a été très vif pendant la nuit. On a fait 80 mètres de place d'armes à 60 mètres de la face droite du bastion 6. On a creusé 120 mètres de communications en zig-zag pour arriver à cette place d'armes, et pour y établir une batterie de brèche. 300 travailleurs du 36e exécutèrent autour de la villa Corsini une redoute rectangulaire pour des obusiers destinés à déloger l'ennemi des positions qu'il occupe ; ces pièces ont ébréché le parapet dans la matinée. Dans le jour, on a élargi les travaux entrepris au centre ; on a continué deux sapes pleines pour avancer la place d'armes qui doit contenir trois batteries. Le feu de nos batteries n° 1 et 2 n'a pas discontinué. Trois mortiers ont lancé des bombes dans le bastion 7, et trois autres mortiers dans le bastion 8. La batterie n° 4 a détruit tout ce qui a dépassé le cordon sur la face droite du bastion 6. La batterie n° 5 a complètement ruiné la face gauche du bastion 7 ; malgré l'obliquité du tir, elle a contre-battu le flanc gauche du bastion 8, mais elle a eu plusieurs canonniers atteints par les projectiles ennemis. La batterie n° 6 a ruiné le saillant du bastion 7, et la maçonnerie, jusqu'à trois mètres au

dessus du sol. L'ennemi, soutenu par l'artillerie du Monte-Pariolo, a voulu nous disputer la possession du Ponte-Molle. La brigade *Sauvan* s'est portée énergiquement à sa rencontre ; nos soldats ont chargé à la baïonnette ; ils ont refoulé les Garibaldiens jusque sous les murs de la villa Borghèse. Six officiers, l'aide-de-camp du général en chef Roselli, 40 sous-officiers et soldats romains ont été faits prisonniers. L'ennemi a laissé sur le champ de bataille une centaine de morts.

16 juin. — Tandis que le 1er bataillon du 36e garde les tranchées, on a pu faire 86 mètres de place d'armes parallèlement à la courtine 6, et un boyau de 62 mètres pour établir une nouvelle communication avec cette place d'armes. On a livré à l'artillerie l'emplacement de la batterie de brèche de cette courtine, et celui de la batterie de brèche du bastion 6. On a terminé les travaux exécutés autour de la villa Corsini, pour plonger la porte S. Pancrace. La partie supérieure de la muraille est complètement labourée. Le saillant du bastion 6, contre lequel est dirigée notre batterie n° 1, n'est plus tenable et ne peut être réparé. Les plates-formes de la batterie n° 3 ont toutes été refaites. La batterie n° 4 a ruiné la face droite et l'angle d'épaule du bastion 6. Nos chasseurs adroits et bien embusqués ont empêché les obusiers ennemis d'inquiéter cette batterie. Les projectiles de la batterie n° 5 ont complètement écrêté jusqu'au cordon la face gauche du bastion 7. Sur la face de ce bastion, la batterie n° 6 a fait une grande brèche.

17 juin. — Le prolongement de la place d'armes parallèlement à la face gauche du bastion 9 s'est exécuté de nuit. L'artillerie y a trouvé l'emplacement de sa 3e batterie de brèche. Le caporal Maugenre et les 330 travailleurs du 3e bataillon du 36e ont effectué devant le front d'attaque, à 60 mètres de distance des saillants, une *troisième parallèle*, qui s'infléchit au centre pour se rapprocher de la courtine, et qui occupe, sur un sol très accidenté, une position telle que les trois batteries de brèche qu'elle va recevoir pourront battre l'escarpe jusqu'au pied. En arrière de cette 3me parallèle ont été tracées des communications facilitant le transport des pièces dans les batteries. Pour garder celles-ci, un cheminement sur la gauche de la 2me parallèle a été lentement réalisé à cause de la quantité de projectiles que reçoit la tête de sape. Des gabions seront posés de nuit à la sape volante. Une batterie n° 7, armée de pièces de 16 et d'obusiers de 22. a été commencée dans la 3e parallèle, à la distance de 93 mètres ; son double objet sera de contre-battre à ricochet la courtine du front 6-7 et de battre en brèche. Une autre batterie n° 8, armée de pièces de 16 et de 24, a été cons-

truite dans la partie de la 3ᵒ parallèle qui s'étend à 64 mètres de longueur au pied de l'escarpe du bastion 6. La batterie n° 4 a dirigé ses feux sur le bastion 6. La batterie n° 6 a agrandi la brèche du bastion 7, mais elle a été vivement inquiétée par les feux de neuf embrasures dirigés contre la villa Corsini. Pour contre-battre ces feux et ruiner les défenses de la porte S. Pancrace, on a établi dans la redoute Corsini une batterie de 7 pièces de 24, et de 12. Les capitaines *Mathieu* du 20ᵉ, et *Renaud* du 32ᵉ ont été gravement blessés.

18 juin. — La 3ᵉ parallèle a été poussée sur la gauche, jusqu'au chemin qui a déjà limité les cheminements précédents, tandis que le 3ᵉ bataillon du 36ᵉ était de garde de tranchée. A gauche du chemin précité, le terrain descend rapidement ; il y a là un passage difficile à franchir et sur lequel on se trouve en prise aux feux du flanc gauche du bastion 8. Celui-ci est armé d'obusiers et fait un feu continuel. Les batteries n° 7 et 8 ont été terminées. La batterie n° 9 placée à 60 mètres du bastion 7 qu'il doit ouvrir, a été entamée dans les cheminements non encore élargis.

Pendant ce temps les commissaires des barricades Cernucchi, Andreini, Cattabeni, Calderi et autres, siégeant au palais Farnèse, lançaient des mandats d'arrêt contre les membres les plus influents du clergé séculier et régulier, même contre les religieuses. Après la comparution devant leur infâme tribunal, environ deux cents de ces innocentes victimes furent fusillées. Ces martyrs furent inhumés dans l'église S. Calixte, et derrière une chapelle de l'église S. Dominique.

19 juin. — Pendant la nuit, on a débouché à droite et à gauche de la batterie de la brèche faisant face à la courtine. 500 travailleurs du 1ᵉʳ bataillon du 36ᵉ ont dirigé les cheminements contre les murs de l'ancienne demi-lune qui la couvraient. Le cheminement de droite atteignit 60 mètres de longueur, et celui de gauche 26. Ce dernier a été dirigé sur une gabionnade faite par l'ennemi et qui a été évacuée. On a utilisé ce travail pour se couvrir de la courtine. A un de ses angles on fit un retour pour préserver le cheminement des coups du bastion 6. Des gradins de franchissement ont été pratiqués dans la 3ᵉ parallèle. A neuf heures, la batterie n° 7 a ouvert son feu contre la courtine ; la batterie n° 9 a tiré sur les bastions 6 et 7 ; à neuf heures et demie, la batterie n° 8 a commencé à tirer contre le bastion 6. M. le commandant d'artillerie *Rochebonet* et M. le lieutenant *Guy* ont été blessés.

20 juin. — La nuit a été employée à prolonger la 3ᵉ parallèle de 63 mètres sur la gauche pour faire obstacle aux retours offensifs

des défenseurs de la porte S. Pancrace. Sous la garde du 1er bataillon du 36e, on a préparé en avant de chaque batterie de brèche un débouché pour conduire chaque colonne d'assaut par une voie distincte. Les batteries de brèche ont réparé leurs embrasures endommagées et ont repris leur feu. La batterie n° 9 a fait tomber les revêtements de la face gauche du bastion 7 ; les obus de 22 ont fait ébouler les terres qui tenaient en arrière. Les batteries n° 7 et 8, inquiétées par un feu continuel de mousqueterie, tirèrent de manière à découvrir le pied de la muraille. La batterie n° 10, dite de S. Pancrace, a ouvert son feu à cinq heures du matin. Elle a attiré immédiatement un feu très vif d'artillerie et de mousqueterie ; les embrasures furent atteintes ; un obusier de 22 cassa sur affût. Toutefois cette batterie parvint vers 9 heures à faire taire les batteries opposées. Elle a détruit le vaste établissement du *Vascello*, qui servait de forteresse avancée à l'ennemi. Elle a incendié *la maison de Garibaldi*, derrière la porte S. Pancrace. La batterie n° 3 a tiré sur la gorge des bastions 6 et 7 pour inquiéter les travailleurs garibaldiens.

Le Vascello avait été canonné toute la journée et fort maltraité. On pensa que la maison qui inquiétait nos travaux serait facilement occupée. A dix heures du soir l'ordre fut donné de l'enlever. Mais la compagnie du 32e chargée de ce coup de main eut à traverser des vignes ; ses rangs se rompirent. Le capitaine Nenou et quelques grenadiers, qui marchaient en tête, ont tué à la baïonnette les premiers ennemis qui se sont montrés ; mais ils ont été frappés eux-mêmes par des balles parties des croisées. Cet événement compromit le résultat de l'opération à laquelle on renonça pour le moment.

21 ET 22 JUIN. — 200 travailleurs du 3e bataillon du 36e furent employés à la 3e parallèle ; elle fut prolongée de 100 mètres sur la gauche, pour serrer de près les maisons que l'ennemi occupe en avant de la porte S. Pancrace, à 80 mètres de nos établissements. Les batteries n° 7, 8, 9, 10 démolirent dans la matinée le revêtement du bastion 6 et celui de la courtine ; les mortiers ne discontinuèrent pas de tirer sur les bastions 6 et 7 et sur le massif de la porte S. Pancrace. A trois heures de l'après-midi, les généraux VAILLANT et *Thiry* firent connaître au général en chef qu'ils avaient constaté dans une reconnaissance que les trois brèches faites aux deux faces internes des bastions 6 et 7 et à la courtine qui les relie seraient praticables le soir même. Le général OUDINOT donna aussitôt les instructions nécessaires pour *l'assaut*.

A neuf heures et demie du soir, une compagnie de grenadiers et une de voltigeurs des 32ᵉ, 36ᵉ et 53ᵉ de ligne formèrent trois colonnes d'attaque sous les ordres des chefs de bataillon *de Cappe*, *de Sainte-Marie* et *Dantin*. Une réserve composée de deux compagnies d'élite des 22ᵉ léger, 66ᵉ et 68ᵉ de ligne était réunie en arrière des batteries de brèche sous les ordres du lieutenant-colonel TABOURIECH, du 36ᵉ. Trente sapeurs du génie étaient attachés à chacune de ces colonnes. 300 travailleurs pris dans les compagnies d'élite des 16ᵉ et 25ᵉ léger furent rassemblés dans les boyaux de communication en arrière des batteries. Tous les autres corps de la division ROSTOLAN, le colonel du 36ᵉ et ses sapeurs, avaient quitté leur bivouac et se trouvaient massés sur le Mont-Verde. La division du général REGNAUD était sous les armes dans les villas Pamphili et Corsini. A dix heures, les batteries firent une dernière décharge à mitraille. Le colonel *Niel* lança les trois colonnes à l'assaut. Elles montèrent avec une grande intrépidité les talus des brèches qui leur avaient été assignées. Nos troupes furent reçues par un feu général auquel elles ne répondirent pas. Elles débarrassèrent le terrain en avant par une charge vigoureuse à la baïonnette. Leur élan fut tel que bientôt, se trouvant sur la ligne de retraite de l'ennemi, une cinquantaine de prisonniers, parmi lesquels un lieutenant-colonel et plusieurs officiers, tombèrent en notre pouvoir. M. le commandant *de Sainte-Marie* avec les deux compagnies d'élite du 3ᵉ bataillon du 36ᵉ se jetèrent sur la maison de droite, qui ferme une partie de la gorge du bastion. L'ennemi, étonné d'une telle impétuosité, résista un instant, fit une première décharge et chercha son salut dans la fuite ; cependant 10 Garibaldiens sont tués à la baïonnette ; 43 sont faits prisonniers.

Dans cet engagement, le capitaine D'ASTELET du 36ᵉ fut tué en avant de ses grenadiers. Caché derrière un fourgon, un Garibaldien lui avait tiré son coup de fusil ; il le paya cher ; il fut mis en pièces à coups de baïonnette par les grenadiers. Ceux qui transportèrent leur capitaine mourant au premier poste pleuraient ce brave officier. Sorti la veille de l'hôpital, où le retenait sa blessure du 30 avril, il était venu trouver une mort glorieuse en conduisant sa compagnie à l'assaut. Déployés en tirailleurs en avant de la maison conquise, ces compagnies du 36ᵉ protégèrent les travailleurs qui fermaient la gorge du bastion. Au jour, elles rentrèrent dans la maison et dans les travaux déjà avancés. Vers midi, la maison exposée au feu de trois batteries n'était plus tenable. Les grenadiers reçurent l'ordre de s'établir dans la nouvelle tranchée. S'apercevant de cet abandon, les Garibaldiens voulurent y pénétrer par le côté opposé ; mais M. le lieutenant *Stammler*, à la tête de

30 braves, se précipita dans la maison et les délogea promptement ; douze Garibaldiens restèrent sur le terrain. Le capitaine *Camuzet* et le S. lieutenant *d'Hugues* du 36e furent blessés à cet assaut. Derrière les colonnes d'attaque montèrent les travailleurs sous la conduite des officiers du génie ; chacun portait un gabion, une pelle et une pioche. Ils fermèrent par un épaulement la gorge des bastions avec autant d'activité que d'intelligence. Vainement les Garibaldiens voulurent-ils reprendre leurs positions ; vainement voulurent-ils rentrer dans les ouvrages préparés de longue main et sur lesquels ils fondaient tant d'espérance, les colonnes d'assaut renforcées par la réserve ne reculèrent pas un seul instant. Embusqués sur les positions conquises, nos soldats firent essuyer à l'ennemi des pertes considérables. Pour multiplier les chances de succès en divisant les forces opposées, deux diversions avaient été ordonnées, l'une au nord sur la villa Borghèse, l'autre au sud vers la porte S. Paul. La première colonne mobile, aux ordres du général GUESWILLER, parcourut les contreforts qui bordent la rive gauche du Tibre, refoula les postes ennemis dans la place et se dirigea assez près de la porte du Peuple pour faire croire qu'elle avait l'intention de pénétrer de ce côté dans la ville ; elle ramena plusieurs prisonniers. La seconde colonne, aux ordres du lieutenant-colonel *Espinasse* du 22e léger, ne partit qu'à la nuit pour dissimuler sa faiblesse numérique. Portant toutes les échelles disponibles, les soldats arrivèrent en vue des remparts accompagnés par l'artillerie de campagne. Au moment de l'assaut du bastion 6, nos pièces lancèrent contre les remparts, entre les portes S. Paul et S. Jean-de-Latran, un grand nombre d'obus et de boulets. Lorsque les soldats du 22e léger s'approchèrent avec leurs échelles, pour faire un simulacre d'escalade, ils furent assaillis par une mousqueterie des plus vives. Ce feu était prévu, il ne blessa personne ; tous nos hommes étaient embusqués derrière des plis de terrain reconnus à l'avance. Les deux démonstrations obtinrent le but proposé.

23 JUIN. — 500 travailleurs du 36e construisirent très activement, avec des milliers d'autres, les batteries qui couronnaient les brèches, dans le but non seulement de contre-battre et d'éteindre le feu de l'ennemi, mais encore de menacer complètement la place. L'ennemi inquiéta ces travaux, en ouvrant le feu des trois batteries du mont Orio, et de celles de la partie septentrionale du mont Janicule. Les parapets de nos tranchées ne cessèrent d'être battus. On se consolida dans les bastions 6 et 7 ; on exécuta des communications ouvertes en arrière des brèches : on commença sur la

gauche un cheminement partant de la villa Corsini, pour serrer le bastion 8 dont la gorge est inabordable, et pour être relié au saillant du bastion 7. Du haut de la brèche de la courtine on peut ouvrir le feu sur la batterie de S.-Pierre-in-Montorio, sur le premier retranchement aurélien, et sur toute la ville. On a commencé de nuit l'établissement d'une batterie n° 11, armée de pièces de 16 et de 24. L'ennemi démasqua sur la gauche une batterie nouvelle, qui prenait d'écharpe et obliquement nos travaux ; son feu écréta les pans du revêtement restés debout. A droite, les batteries de S. Alexis se portèrent en arrière. Il fallut se couvrir des deux côtés, avec des traverses et des sacs de terre. Des chasseurs à pied s'établirent dans la brèche du bastion 7 ; ils firent abandonner les embrasures de la batterie d'écharpe. L'ennemi transporta ses pièces derrière le flanc du bastion 8 ; il continua son feu qui devint moins dangereux. De notre côté, la batterie de mortiers dirigea son tir sur le flanc gauche du bastion 8. La batterie n° 10 inquiéta l'ennemi dans son tir sur les brèches ; elle entama la face gauche du bastion 9. Un éboulement survenu dans le remblai des terres à la batterie n° 11 nécessita un travail pour étançonner le massif, et retarda l'ouverture de son feu.

24 JUIN. — On s'est assuré la possession de la maison du bastion 6. Dans le front 6-7, on a profité des poternes pour augmenter le nombre des communications avec le fossé. Au bastion 7, on a enveloppé par une tranchée un plateau qui se trouve en avant, mais un peu plus bas que le premier couronnement. Le lieutenant *Duclos* du 36° fut blessé pendant qu'il était de garde de tranchée avec le 3° bataillon. Il a été donné un grand développement aux travaux de la gauche dirigés vers le bastion 9 contre lequel on devra cheminer. La batterie n° 11 de la courtine a été rétablie ; on commença à en construire deux autres dans chacun des bastions 6 et 7 pour nous assurer la supériorité ; pour éteindre les feux de l'ennemi et diriger notre tir sur les points qui offriraient encore de la résistance. Nos mortiers ont lancé des bombes sur le bastion 8. La batterie n° 2 a fait taire les pièces de S. Alexis qui inquiétaient nos travaux d'attaque.

25 JUIN. — On a étendu et consolidé l'occupation des bastions ; on se dirigea à droite pour couper les communications de la porte Portèse avec ses dehors. A gauche, 150 travailleurs du 1er bataillon du 36° ont rejoint les deux communications qui partent, l'une du saillant n° 7, l'autre de la villa Corsini. Elles formaient ainsi une parallèle pour le cas où l'on ne pourrait pas prendre le bastion 9 par sa gorge. Bientôt l'ennemi n'aura plus d'autre ressource que

de se couvrir contre nous au moyen des maisons. Nuit et jour, le feu des batteries n° 10, 11 et 12 a continué ; la batterie de mortiers n'a cessé de tirer sur le bastion 8. On a obtenu un commencement de brèche sur la face du bastion 9 et sur le retranchement aurélien. En dirigeant une reconnaissance sur le Ponte-Salava, le général Gueswiller a pris plusieurs voitures chargées de poudre ; il a fait prisonnier un escadron de dragons romains.

26 juin. — Une lettre collective des *consuls de Rome* est adressée au général Oudinot. Ne pouvant sortir de chez eux, ni circuler librement, n'ayant pas les moyens de s'éclairer sur le degré de vérité des publications de Garibaldi, et des bruits dont la ville était inondée, ne pouvant visiter les monuments que l'on disait endommagés à l'intérieur de la ville, sur la foi de déclarations officielles du triumvirat, les consuls avaient cru exacts les faits imputés aux Français : « Cessez la canonnade de vos batteries, « disaient-ils dans cette lettre, votre bombardement a occasionné « la destruction irréparable de plusieurs monuments. » Leur erreur s'expliquait naturellement ; elle fut rétractée le 13 juillet. Reconnaissant une manœuvre au profit des Garibaldiens dans l'inexactitude de ces faits, les consuls remercieront le général Oudinot d'avoir ramené l'ordre et la tranquilité. Les travaux du siège auxquels prirent part cent travailleurs du 1er bataillon du 36e continuèrent sans désemparer.

27 juin. — L'une des trois batteries qui couronnent les brèches n'a pu être complètement terminée sous la garde du 1er bataillon du 36e. Le feu de ces batteries n'a pu être ouvert. Le général Oudinot avait décidé que toutes les trois devraient tirer en même temps. Ce fut un retard de vingt-quatre heures. Une razzia de 242 charrettes chargées de vin et de provisions a été faite par le général *Morris*. Il y a eu en moyenne vingt-cinq blessés français chaque jour du siège, excepté les jours de sorties et d'assauts. M. l'abbé *Testar du Cosquer* était l'aumonier militaire principal. Le Saint Père Pie IX accorda l'indulgence plénière in articulo mortis à tous les blessés et malades français tant que durerait l'expédition. A Civita-Vecchia, *Madame Maugenre* se dévouait nuit et jour à l'hôpital où se trouvait l'ambulance, et où elle avait sa chambre. Madame de Saint-Amand, épouse de l'intendant militaire, se lia avec elle d'une amitié basée sur l'estime, la confiance et le dévouement.

28 juin. — Un vigoureux combat d'artillerie a eu pour résultat d'ouvrir une brèche dans le flanc gauche du bastion 8, véritable forteresse qui communique par des tranchées et des canonnières a

S.-Pierre-in-Montorio. Bien que les artilleurs garibaldiens soien[t] d'habiles tireurs, et que le nombre de leurs pièces soit très considé[rable] (1), notre feu a constamment eu une grande supériorité su[r] celui de l'ennemi. 300 travailleurs du 1er bataillon du 36e on[t] fortifié nos positions sur les bastions 6 et 7.

29 JUIN. — Chaque régiment fournit un fort contingent de tra[vailleurs] pour compléter et terminer notre établissement dan[s] l'enceinte de Rome. Le 36e en a procuré 700 pour sa part; de c[e] nombre était le caporal *Maugenre*. Dans la journée du 29, en l[a] fête des bienheureux Apôtres S. Pierre et S. Paul, la brèche étai[t] devenue praticable, malgré la solidité exceptionnelle des rempart[s] construits en ciment romain. Elle nous permettait de nous empa[rer] du bastion 8 dont l'occupation devait nous faire dominer l[a] porte S. Pancrace et tout le Janicule. Les ordres pour l'assau[t] furent immédiatement donnés. Quatre colonnes de 3 compagnie[s] d'élite chacune furent désignées à cet effet. La première étai[t] composée d'une compagnie d'élite des 22e léger, 32e et 53e de ligne. Placée sous les ordres du chef de bataillon *Lefebvre* du 53e, ell[e] doit monter sur la brèche du bastion 8. Elle sera suivie d'un[e] compagnie d'élite des 17e, 20e et 23e de ligne. Les hommes qui l[a] composent, portant chacun un gabion, une pelle et une pioch[e] devront immédiatement travailler à faire un logement dans l[e] bastion. Ces deux colonnes seront soutenues par une réserve com[posée] d'une compagnie d'élite des 30e, 36e et 68e de ligne aux ordre[s] du commandant *Lérouxeau* du 68e. La quatrième colonne est four[nie] par une compagnie d'élite des trois bataillons de garde d[e] tranchée (22e léger, 32e léger et 13e de ligne) sous les ordres d[u] commandant *Laforest* du 22e léger. Elle doit s'élancer du cou[ronnement] de la brèche du bastion 7 pour enlever les retranche[ments] ennemis, pour attaquer le bastion 8 par la gorge et favorise[r] le débouché de la colonne d'assaut. Ces quatre colonnes d'attaque de réserve et de travailleurs furent placées sous le commandemen[t] supérieur du lieutenant-colonel *Espinasse* du 22e léger. Le généra[l] *Charles Levaillant* commandait les bataillons de garde de tranchée[.] Le général ROSTOLAN tenait en masse les autres régiments, prêt [à] tout événement. A six heures du soir, on forma les colonnes. L[e] magnifique dôme de S. Pierre illuminé présentait, par l'éclat et pa[r] la profusion de ses lumières, un coup d'œil ravissant. Rom[e] semblait en fête. Il avait fait dans la journée une chaleur étouf[fante]

---

(1) Lettre du général *Oudinot* à M. le ministre de la guerre. 30 juin 1849.

fante. Le soir, des nuages menaçants s'accumulèrent. A dix heures commença un orage épouvantable. Le bruit du tonnerre se mêlait au fracas de notre artillerie qui vomissait la mitraille pour empêcher les Romains de réparer la brèche que nous avions faite. Accroupis dans la tranchée, nos soldats recevaient en silence, mais non sans maugréer, une pluie torrentielle, et quelques obus qui, éclatant au milieu d'eux, blessaient et tuaient des hommes.

30 JUIN. — De minuit à une heure l'orage se dissipa. A deux heures du matin, trois coups de canon se firent entendre : c'était le signal convenu. La première colonne, sous les ordres du commandant *Lefebvre*, se précipita sur la brèche. Les Garibaldiens l'accueillirent avec un cri terrible ; ils s'avancent avec résolution pour défendre le passage. Un moment, nos soldats n'entendent que leurs cris : « Courage ! courage ! » Des travaux exécutés entre l'orillon et une maison en arrière de la brèche arrêtaient complètement la tête de colonne. « France ! France ! grenadiers à la baïonnette ! » s'écrie le commandant *Lefebvre*. Les soldats répondent : En avant ; en avant ; après une décharge, ils fondent sur l'ennemi à la baïonnette, et parviennent à franchir l'obstacle. Le bruit de cette attaque avait fait accourir vers la brèche tous les défenseurs du bastion ; mais les feux qui se croisent sur cet étroit passage ne peuvent empêcher nos braves de prendre pied sur le terre-plein et de gagner du terrain. En ce moment le commandant *Lefebvre* tombe blessé ; il est remplacé par le commandant *Lerouxeau*. On profita du premier succès pour élargir le passage et faire arriver les travailleurs. Le commandant du génie *Galbaud-Dufort* tomba frappé de deux balles en plaçant les premiers gabions.

La colonne aux ordres du commandant *Laforest* partie du bastion 7 est accueillie à sa sortie par une très vive fusillade. Elle se divise en deux parties. Les voltigeurs du 32e et les grenadiers du 53e enlèvent sur la droite un grand retranchement appuyé sur l'enceinte d'Aurélien, tuent les défenseurs à coups de baïonnette et, répandus en tirailleurs, luttent obstinément contre des maisons crénelées qui incommodent nos attaques. Les soldats du 22e léger, sortis les premiers de la tranchée, suivent le chemin qui borde la courtine. Rencontrant deux premières tranchées remplis d'ennemis qui les fusillent à bout portant, ils ne s'arrêtent que pour les passer par les armes. Franchissant ensuite le retranchement qui barrait la gorge du bastion, ils se portent à la course sur une batterie de sept pièces et s'en emparent. Ces mouvements rapides et admirablement combinés dégagent la colonne qui était montée par la brèche. La garnison du bastion, acculée vers le saillant, se défend en vain autour d'une petite maison ; elle est tout entière détruite ou faite prisonnière. *Le bastion 8* est conquis ; le jour commence à paraître.

Après la prise de la porte S. Pancrace sur ce bastion, nos soldats s'élancèrent à la baïonnette sur les défenseurs de la position *S. Pierre-in-Montorio*. Cette position fut cernée par nos troupes ; aucun Garibaldien ne put échapper. Excepté 50 prisonniers, tous restèrent sur le champ de bataille. On vit alors l'ennemi accourir en force pour reprendre ses pièces. Des maisons ayant vue sur le bastion se remplissent de tirailleurs. L'une d'elle, plus grande que les autres, renferme 1200 Garibaldiens. Nos soldats veulent en faire l-attaque. A leur approche, il fut fait une décharge qui en mit 80 hors de combat. L'exaspération devint telle que, malgré les balles partant de toutes les fenêtres, ils arrivèrent au pas de course à la porte et l'enfoncèrent. Alors ce fut un véritable carnage. 500 morts restèrent sur le terrain. A ce moment, le lieutenant-colonel *Espinasse* engageait la réserve. Les grenadiers du 36e, sous les ordres du capitaine *Tiersonnier*, s'élancèrent en avant, dépassèrent les colonnes d'attaque qui étaient engagées, poussèrent vigoureusement l'ennemi, le précipitèrent à la baïonnette dans des escaliers et par-dessus l'escarpe, s'emparèrent des maisons qui dominent la porte S. Pancrace, et s'y maintinrent. Ce brillant engagement coûta 14 hommes à la compagnie. Nos braves agirent avec une vigueur et un élan auxquels rien ne pouvait résister ; ils firent revivre d'une manière glorieuse devant les Italiens ce que ceux-ci avaient appelé à Lodi « *la furia francèse* ». De tels faits ne se passent pas sans attirer l'attention de l'Europe et sans nous mériter l'estime de tous les peuples. Pour multiplier les chances de succès pendant cet assaut, le général Gueswiller fit une diversion vers la porte du Peuple et le lieutenant de vaisseau *Olivieri* bombarda la porte S. Paul avec l'artillerie de marine. L'ennemi riposta sans nous faire éprouver de pertes. Enfin la journée du 30 fut signalée par un évènement important. Les poudrières de Tivoli situées à quatre lieues est de Rome furent complètement détruites par une colonne mobile aux ordres du général *Sauvan*. Garnies de 48 pilons, les cuisines fabriquoient 24 quintaux de poudre par jour. Tout a été pris et mis hors de service. La prolongation de la lutte devint donc impossible à l'ennemi.

Dans l'après-midi, tandis que le travail s'organisait dans l'intérieur du bastion 8 sous la garde du 3e bataillon du 36e, tandis que les officiers du génie, profitaient habilement des tranchées de l'ennemi, mettaient nos troupes à l'abri de toute insulte, de graves événements se passaient à Rome. Une révolte venait d'éclater entre les bataillons de la garde civique et les soldats réfugiés de Garibaldi. Les premiers refusèrent de marcher contre les Français; bien plus, ils menacèrent de faire le coup de feu contre les rouges s'ils essayaient de les entraîner de force. Cet événement, à la suite d'une grande défaite, émut vivement la Constituante romaine, réunie au Capitole. Le député *Cernuschi* proposa de capituler. A ce mot, MAZZINI s'emporta. Il rappela l'héroïsme de Saragosse; mais le désastre de S. Pancrace avait brisé les cœurs. Tous gardaient le silence. Une voix s'élève enfin; c'est celle de *Bartolucci*. Il accuse les triumvirs de cacher la vérité et, demande que l'Assemblée entende GARIBALDI. Celui-ci est introduit. « La défense est-elle possible ? lui demandèrent les députés. — Non, répondit-il, nous ne reculerions que de quelques jours notre perte ; il faut sortir de Rome et aller planter notre drapeau à Spolète ou sur l'Apennin. » Sur cette déclaration, l'Assemblée vota, malgré les efforts de Mazzini, la proposition de Cernuschi : « *La Constituante romaine cesse une défense devenue impossible.* » Le parti de la garde nationale et de la bourgeoisie romaine avait le dessus. Le découragement était dans tous les rangs des Garibaldiens. Le général ROSELLI fit arborer le drapeau blanc. A sept heures du soir, il demanda une *suspension d'armes* au général Oudinot pour négocier les termes de la capitulation. Cette trêve fut accordée.

1ᵉʳ JUILLET. — La Constituante s'en remit à la municipalité romaine pour traiter la paix. Les délégués municipaux *Guglielmelli*, *Andreis* et *Pasquali* se rendirent au camp français avec les trois consuls d'Angleterre, d'Amérique et de Wurtemberg. Se portant à stipuler les conditions ordinaires d'humanité, le général OUDINOT demanda qu'on se rendît à discrétion. Les délégués voulurent fixer des conditions. Cette prétention causa le désaccord. Les membres de la municipalité quittèrent le général en chef en le rendant responsable des malheurs qui pourraient arriver, et des désastres que Rome aurait à souffrir. De retour au Capitole, les délégués furent bien surpris d'apprendre que *le triumvirat* s'était volontairement dissous. Mazzini, Saffi et Armellini avaient remis le pouvoir exécutif à Salicetti, Mariani et Calandrelli. A titre de consolation et de justification, la Constituante avait voté que les premiers triumvirs avaient bien mérité de la république romaine : en outre elle avait promulgué la nouvelle constitution. En apprenant que le général Oudinot avait refusé les premières propositions relatives au maintien de la Constituante et aux intérêts des réfugiés, le nouveau triumvirat donna l'ordre à l'armée de Garibaldi de quitter Rome par la porte S. Jean. Ensuite le colonel Calandrelli distribua 14,000 écus aux représentants, bien qu'ils eussent été indemnisés pour deux mois d'avance. A ce moment, le 36e occupait le bastion 9.

2 JUILLET. — Les délégués de *la municipalité romaine* retournèrent de grand matin au quartier général français. Ils déclarèrent que le gouvernement de la république consentait à rendre la ville sans faire de convention avec les Français, attendu que la France est une nation généreuse. Les triumvirs renonçaient à fixer des conditions ; ils allaient ouvrir les portes de Rome. Le général OUDINOT exigea en ce moment que les portes du Peuple, Portèse et S. Pancrace lui fussent livrées le soir même. Les délégués acceptèrent. Une contribution de dix mille livres sterling sur la ville fut levée ce jour là par les Garibaldiens, sous la menace du pillage. En possession de cet argent, ils quittèrent Rome au nombre de dix-huit mille, à sept heures du soir ; ils amenaient avec eux d'immenses provisions et un grand matériel de guerre : c'est ainsi qu'ils prirent la route d'Albano.

A onze heures du soir, le 1er bataillon du 36e sous les ordres du colonel *Blanchard* ainsi que les sapeurs ouvrirent la marche de la division commandée par le général ROSTOLAN. Cette division longea le Porto-di-Ripa-grande, entre le Tibre et l'hospice Saint-Michel. Avançant plus haut que l'ancien pont Sublicius, aujourd'hui rompu, où Horatius Coclès sauva Rome (507 av. J.-C.), elle occupa la via di S. Cœcilia, la piazza di S. Grisogono, la via della Lungaretta jusqu'à la piazza di S. Maria-in-Trastevere. Le 36e occupa l'Isola-di-S. Bartholoméo, anciennement insula Tibérina, et le Ponte di S. Bartholoméo. *Maugenre* et ses sapeurs passèrent la nuit sur le Ponte de Quattro-Capi, vis-à-vis le palais Orsini, construit sur les ruines du théâtre de Marcellus, commencé par Jules César. Les murs du quai qui soutiennent une partie de l'île, près de ce pont, imitent la poupe d'une trirème : ils sont du Ve siècle av. J.-C. On y voit sculpté un buste d'Esculape, dont le temple est remplacé par l'église de l'Apôtre. Le couvent des Benfratelli y occupe la place de la maison des prêtres païens. En bivouaquant sur ce pont, jusqu'à dix heures du matin, Maugenre eut le temps de contempler les Hermès à quatre têtes qui en décorent les parapets.

3 JUILLET. — A onze heures du matin, le général OUDINOT fit son entrée dans Rome, par la même porte Portèse, à la tête de la 2e division de l'armée et de la cavalerie. Le 3e bataillon du 36e faisait partie de ces troupes. Après avoir dépassé l'île S. Barthélemy, ils s'avan-

èrent par les rues Montanara, di-Tor-de-Specchi, Giulio-Romano, jusqu'à la piazza Veneza et celle di SS. Apostoli. C'est près de là, au palais Colonna, que vint loger le général en chef. Une autre colonne sous les ordres du général Gueswiller pénétra en même temps dans la ville par la porte du Peuple et le Corso. Le peuple se pressait de toutes parts sur le passage de nos troupes ; les fenêtres étaient garnies de femmes et d'enfants qui se livraient aux démonstrations les plus significatives. Dans deux endroits seulement de ce long parcours, en face des cafés où se tenaient des clubs, notre armée a rencontré des clameurs malveillantes (1). Rome a béni sa délivrance. On lui destinait un rôle qu'elle ne voulait pas, le rôle de capitale d'une république isolée au milieu de populations qui la repoussent, menacée de toutes parts, et à peine comparable aux plus vulgaires états européens. Le rôle que les Français venaient lui donner, et que Rome a voulu de tous les temps, c'est celui qu'elle occupe dans le monde depuis dix-neuf siècles, celui de capitale de la république universelle et chrétienne, celui d'être *la première* ville du monde, la ville éternelle.

---

(1) *Journal du siège*, adressé par M. le général Oudinot à M. le ministre de la guerre. Villa Santucci du 7 juin au 5 juillet 1849.

CHAPITRE XLVIII

GOUVERNEMENT MILITAIRE

« Une faction qui se disait libérale, mais qui semblait prendre à
« tâche de faire haïr la liberté, une faction qui de l'esprit révolu-
« tionnaire ne connaissait que les excès, la faction mazzinienne
» avait fait peser sur Rome une servitude nouvelle, plus effroyable
« que celle de l'étranger, la servitude du désordre. (1) »

« L'occupation de Rome par nos troupes, écrivait M. *de Lesseps,*
« au ministre des affaires étrangères (28 mai 1849) me semblait
« un danger, parce qu'elle nous engageait dans les questions
« d'administration romaine plus que nous ne voulions ; elle nous
« faisait recueillir une partie de l'héritage du pouvoir exécutif
« actuel dont le chef opprime, terrifie et ruine les habitants, et se
« trouve déjà placé en face du déficit et de la banqueroute. J'ai
« d'abord fait connaître au gouvernement les moyens que j'ai em-
« ployés pour arracher le masque du *Néron moderne*, et pour sous-
« traire la population romaine à sa domination. » « Je recommande
« de ne pas laisser entrer nos troupes en contact avec les soldats

---

(1) Discours de M. *Bixio* à l'Assemblée nationale. Séance du 29 novembre 1848.

« de Mazzini ; *sa milice est la crême du mauvais socialisme* et des
« sociétés secrètes. (1)

S'appuyant sur ces témoignages, M. DE TOCQUEVILLE, ministre des affaires étrangères, ne craignit pas de dire à la séance du 6 août 1849 que « la République romaine était un régime de
« terreur et d'assassinats et qui ne se soutenait que par la terreur. »
Il prouva sa thèse par différentes dépêches dont je ne citerai que celle de M. *de Rayneval* (5 juillet) qui s'exprime ainsi : « Il y a
« trois mois que nous ne sortons de chez nous, me disaient tous les
« Romains. — Voulez-vous venir avec moi, demandai-je à l'un
« d'eux. — Dieu m'en garde, je serais assassiné. — Tous sans
« exception ne se sentent pas à l'abri qu'au fond de leurs
« maisons. Je ne me figurais pas que la terreur pût arriver à ce
« point. Les moins timides m'ont dit : faites nous amener par des
« gendarmes afin que nous ayons l'air d'être forcés. » — Pour
« juger le régime que nous avons détruit, il y a un fait plus con-
« vaincant que tous les témoignages, c'est le spectacle de Rome à
« l'entrée de nos troupes. Les citoyens ne nous abordaient qu'en
« tremblant ; ils ne craignaient plus le gouvernement renversé ;
« ils craignaient les poignards. Dix-sept assassinats ont eu lieu
« dans les trois premiers jours. »

Succédant à cette république romaine, l'autorité militaire française dut entreprendre avec zèle la réorganisation d'un *gouvernement provisoire* et de tous les services publics. On ne peut s'imaginer le désordre qui régnait dans l'administration, par suite du régime d'arbitraire et d'anarchie dans lequel les Romains avaient vécu pendant six mois. Les fonctions publiques étaient devenues la proie des intriguants. Dans les derniers temps surtout, toutes les affaires allaient à la dérive ; les esprits étaient exclusivement absorbés par les préoccupations du siège.

Après avoir fait son entrée dans Rome à la tête de la 2ᵉ division de l'armée et de la cavalerie, le mardi 3 juillet, le général en chef adressa aux Romains la *proclamation* suivante :

Habitants de Rome,

« L'armée envoyée par LA RÉPUBLIQUE FRANÇAISE sur
« votre territoire a pour mission de rétablir l'ordre réclamé par le
« vœu des populations. Une minorité factieuse ou égarée nous a
« contraint de donner l'assaut à vos remparts. Nous sommes
« maîtres de la place ; nous accomplirons notre mission. Au milieu

---

(2) Lettre de M. *de Lesseps* à M. de Tocqueville. 30 Mai 1849.

« des témoignages de sympathie qui nous ont accueillis, nous avo[ns]
« reconnu les sentiments du vrai peuple romain. Que les gens [de]
« bien et les amis de la vraie liberté reprennent donc confianc[e.]
« Que les ennemis de l'ordre et de la société sachent que, si d[es]
« manifestations oppressives provoquées par une faction étrangè[re]
« se renouvellent, elles seraient rigoureusement punies. Pou[r]
« donner à la sécurité publique des garanties positives, j'arrête l[es]
« dispositions suivantes :

« Provisoirement, tous les pouvoirs sont concentrés entre l[es]
« mains de l'autorité militaire ; elle fera immédiatement appel a[u]
« concours de l'autorité municipale. L'Assemblée, le gouvernemen[t]
« dont le règne violent et oppressif a commencé par l'ingratitud[e]
« et a fini par un appel impie à la guerre contre une nation am[ie]
« des populations romaines cessent d'exister. Les clubs et les ass[o-]
« ciations politiques sont fermés. Toute publication par la voie [de]
« la presse, toute affiche non autorisée par l'autorité militaire so[nt]
« provisoirement interdites. Les délits contre les personnes ou l[es]
« propriétés sont justiciables des tribunaux militaires. Le généra[l]
« de division ROSTOLAN est nommé gouverneur de Rome. Le géné[-]
« ral de brigade *Sauvan* est nommé commandant de la place. L[e]
« colonel *Sol* est nommé major de la place.

Le Général en Chef : OUDINOT DE REGGIO.

La municipalité romaine était alors présidée par *Francesco Stu[a-]
binetti*. C'était ce maire qui avait demandé les honneurs de [la]
guerre pour les chefs de bande garibaldiens, et l'amnistie pou[r]
tous les réfugiés compromis. Le concours de ce républicain et d[e]
ses conseillers ne pouvait pas être ni d'une grande utilité, ni sur[-]
tout d'une longue durée. Toutefois ils restèrent d'abord à leur post[e]
pour assurer un meilleur avenir aux Romains, pour intervenir e[n]
leur faveur auprès de l'autorité, et pour diminuer la gravité d[e]
l'état des choses actuelles.

Les anciens triumvirs Mazzini, Armellini et Saffi avaient suiv[i]
Garibaldi dans sa fuite. Le triumvirat nouveau, composé de Sali[-]
cetti, Mariani et Calandrelli siégeait au *Capitole* avec la Constitu[-]
ante romaine en permanence. Lorsque la proclamation du généra[l]
Oudinot leur fut notifiée, ils refusèrent de se dissoudre volontaire[-]
ment. Ils se firent expulser par la force, après avoir protesté. Deu[x]
bataillons de chasseurs à pied envahirent les salles du Capitole e[t]
empêchèrent les députés romains d'y entrer pour se réunir. Dan[s]
la soirée du 3 juillet, les sapeurs et le 1er bataillon du 36e furen[t]
de garde à la *porte Portèse*. Ils bivouaquèrent sur la place S. Fran[-]

çois tandis que le bivouac du 3e bataillon se trouvait sur la place des SS. Apôtres, près du logement du général en chef.

Le 4 juillet, de grand matin, la 1re division du général REGNAULT de S.-Jean-d'Angely quitta Rome pour se mettre à la poursuite des troupes de Garibaldi. Le château Saint-Ange occupé par 12,000 soldats italiens et étrangers fut évacué. Nos troupes y entrèrent après avoir désarmé et licencié les Garibaldiens et les gardes civiques. Les Romains commencèrent à démolir les barricades pour s'emparer du bois et du mobilier. Les consuls délivrèrent des milliers de passe-ports. Le général en chef adressa à ses troupes l'ordre général suivant :

Soldats,

« L'armée française occupe la ville de Rome. La division d'avant-
« garde poursuit le corps qui, sous les ordres de Garibaldi, répand
« la terreur dans les populations des campagnes. Les troupes régu-
« lières romaines prendront les cantonnements qui leur ont été
« assignés. Vous êtes déjà fortement établis à Rome. Depuis plus
« de deux mois, vous avez constamment donné l'exemple de toutes
« les vertus militaires. Restez fidèles à vous-mêmes et bientôt les
« injustes prétentions que l'on aurait conçues contre vous seront
« changées en sympathies ; j'en ai pour garant votre respect habi-
« tuel pour l'ordre et la discipline.

Le Général en Chef : OUDINOT DE REGGIO.

La crise à laquelle les Français avaient mis un terme n'avait jamais déterminé l'adhésion du peuple romain. Toutefois, tout en étant resté un mouvement de minorité, cette crise réveilla dans les factieux un cruel sentiment de vengeance. Le poignard entra beaucoup dans ce qu'il y avait d'antipathies pour les Français. Avant de céder la ville, les factieux y avaient organisé l'assassinat politique. On jura dans les clubs de frapper de mort quiconque communiquerait avec les Français, et il s'est trouvé plusieurs brigands qui ont tenu cet horrible serment. L'abbé Perfetti, qui se rendait au Corso par la voie Frattina, fut poignardé pour avoir indiqué une rue à un de nos officiers. Seize de nos soldats tombèrent sous le couteau après avoir été entraînés dans des rues isolées. En présence de ces faits, les hommes les plus disposés à sympathiser avec nous durent se maintenir dans une prudente réserve. La terreur empêchait toute manifestation en notre faveur. On comprendra dès lors l'opportunité des mesures adoptées par le gouvernement militaire, et spécialement par le général ROSTOLAN. Celui-ci adressa le 4 juillet la proclamation suivante :

Habitants de Rome,

« Le général Commandant en chef de l'armée française m'a
« nommé gouverneur de votre ville. J'arrive à ce poste ave
« l'intention bien arrêtée de seconder énergiquement, par tous le
« moyens en mon pouvoir, les mesures déjà prises par le généra
« en chef pour assurer votre tranquilité, protéger vos personnes e
« vos propriétés. J'adopte à partir d'aujourd'hui les disposition
« ci-après :

« Tout rassemblement sur la voie publique est interdit ; il sera
« dispersé par la force. — La retraite sera sonnée à neuf heure
« du soir ; la circulation de la ville cessera à neuf heures et demie
« à cette heure, les lieux de réunion seront fermés. — Les cercle
« politiques qui, nonobstant la proclamation du général en chef
« ne seront pas encore fermés, le seront par la force ; les plu
« rigoureuses procédures seront intentées contre les propriétaire
« de ces localités. — Toute violence, toute insulte à nos soldats
« ou aux personnes conversant amicalement avec eux, tout obs
« tacle apporté à l'approvisionnement de nos troupes, seron
« aussitôt punis d'une manière exemplaire. — Peuvent seuls cir
« culer librement pendant la nuit les médecins et les fonctionnaires
« publics ; toutefois ils devront être porteurs d'un laisser-passer
« délivré par les autorités militaires, et ils se feront accompagner
« de poste en poste, jusqu'au lieu de leur destination.

« Habitants de Rome, vous voulez l'ordre ; je saurai vous le
« garantir. Ceux qui persisteraient encore à vous opprimer trou
« veront en moi une sévérité inflexible.

Le Général en Chef, *gouverneur de Rome* : ROSTOLAN.

Les premières difficultés, les premiers tiraillements résultaient d'une occupation faite à discrétion, selon les lois ordinaires de l'humanité qui respectent les personnes et les propriétés. Grâce à l'admirable discipline et à l'excellent esprit de notre armée, qui parut entrer en ami plutôt qu'en vainqueur, les dispositions douteuses de la population changèrent rapidement ; la confiance revint progressivement. Ajoutons aussi que les mesures de rigueur firent leur effet.

Pendant sept jours, les compagnies des différents régiments séjournèrent aux portes de Rome. Le 4 juillet, lorsque Thérésine, Mme Péqueur et plusieurs dames d'officiers du 66e de ligne, arrivèrent en voiture à la porte Cavaleggieri, elles y rencontrèrent la 5e du 3e bataillon du 36e ; elles y apprirent qu'elles trouveraient leurs maris, les unes à S. François, les autres à Ste Marie Majeure. Aux portes Angelica et S. Pancrace se trouvaient établies les 4e et 6e du 3e. Nos dames françaises furent réellement imprudentes de quitter si tôt Civita-Vecchia. Plusieurs fois pendant le trajet, des hommes à figure sinistre vinrent inspecter le personnel de la voiture ; ils n'y rencontrèrent que des femmes ; grâce à Dieu, ils ne leur firent aucun mal. Après avoir contourné la colonnade de Saint-Pierre et parcouru tout le Transtevère, nos hardies voyageuses descendirent au milieu des campements du 36ᵉ, devant l'église S. François. Ce fut une grande joie pour elles d'y retrouver leurs maris sains et saufs. Elles furent reçues au parloir du couvent des Franciscains. Ces bons religieux leur servirent un copieux dîner ; puis ils leur indiquèrent où elles pourraient trouver des appartements à louer dans la *via della Lungaretta*. Avant de les laisser partir, ils leur montrèrent la chambre qui fut habitée par Sᵗ François d'Assise, l'oranger qu'il planta dans le jardin du couvent, et l'autel où repose le corps de sainte Léonce, martyre.

Au sortir de l'église, Thérésine et son mari se rendirent à la maison indiquée. Grâce au frère servant qui les accompagnait, ils furent bien accueillis ; ils purent louer un appartement et y entrer le soir même. N'y trouvant aucun meuble, et ne pouvant s'en procurer à cette heure tardive, il fallut se résoudre à coucher par terre.

Le 5 juillet, le 36ᵉ de ligne fut caserné au couvent des QUARANTE-MARTYRS. Cette maison religieuse, située au centre de la région transtibérine, était habitée par des Franciscains espagnols. Ils furent agréablement surpris d'entendre Maugenre parler leur langue maternelle. Par lui, ils purent se faire comprendre et faire respecter leur pauvre mobilier. En retour, les fruits et les légumes de leur jardin furent mis largement à sa disposition.

Le général Vaillant avait établi sa résidence au Quirinal ; le général *Sauran* se trouvait au château Sᵗ-Ange ; MM. *de Corcelles* et *de Rayneval* habitaient l'hôtel de la Minerve ; notre artillerie stationnait à la place d'Espagne ; l'occupation de la ville était complète. Un ordre du jour du général en chef publia les dispositions suivantes : « Les troupes romaines en garnison dans la ville « ayant presque toutes fait acte de soumission à l'autorité mili- « taire française seront désormais considérées comme troupes « alliées. Elles resteront dans la place jusqu'à nouvel ordre. Les « corps dont la soumission n'a pas encore eu lieu seront immédia- « tement dissous. Le général Jean Levaillant (ancien colonel du « 36ᵉ) est provisoirement nommé *Commandant de l'armée romaine*, « sous les ordres supérieurs du gouverneur de Rome. Le lieute- « nant-colonel *Pontevès* du 13ᵉ de ligne sera chef d'état-major et « commandant en second de la dite armée. Le chef d'escadron

« d'artillerie *Devaux* est spécialement chargé de la réorganisation
« des différents corps. La direction des affaires administratives
« est confiée au sous-intendant militaire *Pagès*. Le général com-
« mandant l'artillerie française procèdera à l'inventaire des armes
« et munitions de toute espèce qui se trouvent dans la place. »

Le même jour, le colonel Niel, chef d'état-major du général Vaillant fut chargé par le général Oudinot de présenter au Souverain Pontife *les clefs* d'une des portes de Rome. Il fut reçu par le Saint Père à Gaëte. Ce n'est pas sans répandre des larmes que PIE IX apprit, avec la reddition de Rome, la victoire de l'ordre et la délivrance d'une population si aimée et depuis longtemps opprimée. Il écouta avec émotion le récit des souffrances de l'armée française, la précision des pénibles travaux entrepris pour épargner à Rome la ruine et le pillage : « Colonel, ajouta le Souverain
« Pontife en proie à une vive émotion, je l'ai déjà dit bien des fois
« et j'aime à pouvoir le répéter encore après un si grand service :
« *c'est sur la France que j'ai toujours compté ; elle ne m'avait rien*
« *promis, mais je savais bien qu'à l'occasion elle donnerait à l'Eglise*
« *ses trésors, son sang, et ce qui est plus difficile peut-être pour ses*
« *braves enfants, ce courage contenu, cette persévérance souffrante*
« *auxquels je dois que ma ville de Rome a été conservée intacte.*
« *Rome, ce trésor du monde, cette ville si aimée et si éprouvée, vers*
« *laquelle, dans mon exil, furent toujours tournés mon cœur et mes*
« *regards pleins d'angoisse. Dites au Général en Chef, à tous les*
« *généraux sous ses ordres, à tous ses officiers, et je voudrais même*
« *que cela put être dit à chaque soldat, que ma reconnaissance est*
« *sans bornes. Mes prières pour la prospérité de votre pays seront*
« *plus ferventes. Quant à mon affection pour les Français, elle*
« *deviendrait plus sentie, si c'était possible. Je serais charmé, Colo-*
« *nel, de pouvoir vous donner personnellement une preuve de mon*
« *estime toute particulirée.* »

Le Colonel a répondu qu'il serait au comble du bonheur si sa Sainteté daignait accorder à sa femme et à lui un souvenir d'affection. « Voilà, a dit sur-le-champ le Saint Père (lui donnant avec
« une grâce exquise une magnifique couronne) voilà pour votre
« pieuse femme. Voici maintenant pour le brave soldat. » Le Pape lui remettait en ce moment les insignes de commandeur de l'ordre de S. Grégoire. Il écrivit ensuite de sa main la lettre suivante au général en chef :

Monsieur le Général,

« La valeur bien connue des armées françaises, soutenue par la
« justice de la cause qu'elles défendaient, a recueilli le fruit dû à

« de telles armes, la victoire. Acceptez, Monsieur le Général, mes
« félicitations pour la part principale qui vous est due dans cet
« événement, félicitations non pas pour le sang répandu, ce que
« mon cœur abhorre, mais pour le triomphe de l'ordre sur l'anar-
« chie, pour la liberté rendue aux personnes honnêtes et chré-
« tiennes pour lesquelles ce ne sera plus désormais un délit de
« jouir des biens que Dieu leur a départis et de l'adorer avec la
« pompe religieuse du culte, sans courir le danger de perdre la
« vie. Sur les graves difficultés qui devront se rencontrer dans la
« suite, je me confie dans la protection divine. Je crois qu'il ne
« sera pas inutile à l'armée française de connaître l'histoire des
« événements qui se sont succédé pendant mon pontificat ; ils sont
« retracés dans mon allocution dont vous avez connaissance, Mon-
« sieur le Général, mais dont je vous remets néanmoins un certain
« nombre d'exemplaires, pour qu'elle puisse être lue par ceux à
« qui vous jugerez utile de la faire connaître. Cette pièce prouvera
« suffisamment que le triomphe de l'armée française est remporté
« sur les ennemis de la société humaine, et ce triomphe devra, par
« cela même, éveiller des sentiments de gratitude dans tout ce
« qu'il y a d'hommes honnêtes en Europe et dans le monde entier.

« Monsieur le colonel Niel qui, avec votre dépêche très honorée,
« m'a présenté les clefs d'une des portes de Rome, vous remettra
« la présente. C'est avec beaucoup de satisfaction que je profite
« de cet intermédiaire pour vous exprimer mes sentiments d'affec-
« tion paternelle et l'assurance des prières que j'adresse continu-
« ellement au Seigneur pour vous, pour l'armée française, pour le
« gouvernement et pour toute la France.

« Recevez la bénédiction apostolique que je vous donne de cœur.
« Donné à *Gaete* le 5 juillet 1849.

PIUS P.-P. IX

Un *ordre* de M. le lieutenant-colonel Chapuis, préfet de police, notifia à tous les étrangers et miliciens, auxquels il avait été délivré des passe-ports, de quitter Rome dans les vingt-quatre heures, sous peine d'être arrêtés. Tout étranger arrivant à Rome devait se présenter dans les vingt-quatre heures à la place pour le visa ; il y recevait une carte de sûreté. Quiconque donnait logement, même gratuit, devait, dans les vingt-quatre heures, faire les déclarations de la survenance des étrangers qu'il hébergeait. Les vases sacrés, les ornements d'église et les cloches, qui avaient été enlevés, devaient être mis à la disposition des directeurs des établissements religieux spoliés.

Par ordre du général gouverneur, tous les anciens présidents des quartiers de Rome durent reprendre leurs fonctions à partir du 1 juillet. Les commissaires, dont les fonctions cessaient, remirent sur-le-champ leurs charges à leurs successeurs. Cette transmission de service fut constatée par un procès-verbal. — Les chevaux voitures et autres objets mis en réquisition par le dernier gouvernement durent être restitués à leurs propriétaires.

M. *de la Tour d'Auvergne* fut chargé de la visite de toutes les prisons de Rome en compagnie de deux secrétaires. Ils rendirent à la liberté tous les détenus politiques du temps de la République. De ce nombre était *le cardinal* Tosti, emprisonné depuis quatre mois.

Le général OUDINOT publia deux *ordonnances* le 6 juillet. Considérant que la garde civique de Rome était actuellement distraite du but de son institution, et qu'un grand nombre d'individus, indignes d'en porter l'uniforme, avaient été successivement admis dans ses rangs, le général en chef décréta que *la garde civique de Rome était dissoute*, et que le gouverneur général de Rome était chargé de la réorganiser d'après ses bases premières. Considérant ensuite que, les jours précédents, de très nombreux assassinats avaient ensanglanté la ville de Rome, il prescrivit un *désarmement général* dans toute la ville.

Un grand nombre de curieux visitaient alors le théâtre des combats. Il fallut y établir un camp de 15,000 Français (1) pour garder les travaux du siège hors des murs. On ne pouvait se défendre d'un juste sentiment d'admiration à la vue des travaux exécutés par nos soldats, sous la direction savante de leurs chefs. Tant de difficultés surmontées, avec aussi peu de perte de notre côté, devenaient un titre de gloire pour le général en chef et pour son armée toute entière. On comprenait par ce qui était fait que nos troupes étaient demeurées dans les limites les plus étroites de la modération possible en pareil cas.

Tandis que commençait le procès pour découvrir les meurtriers du ministre Rossi, le général Rostolan, par des ordres particuliers, établissait l'organisation provisoire du service des ministères. Les commissaires extraordinaires nommés par lui le 7 juillet étaient : *Zinelli*, à l'intérieur ; *Lunati*, aux finances ; *Piacentini*, à la justice et *Cavalieri* aux travaux publics. Ces quatre noms honorables ne pouvaient qu'inspirer de la confiance aux honnêtes gens. — En exécution de l'ordre du général Oudinot relatif à la garde civique et au désarmement de tous les corps de la garde civique,

---

(1) Moniteur Universel du 16 juillet.

le gouverneur prescrivit à tous les Romains de rendre leurs armes et munitions à l'artillerie française de la manière suivante : 1° *au palais de Venise*, les quartiers di Monti, Trevi et Colonna ; 2° *au palais Borghèse*, les quartiers du Champ de Mars, Ponte et Parione ; 3° *à la Sapienza*, les quartiers de Regola, Pigna et St Eustache ; 4° *au palais Torlonia*, le quartier de Torgo ; 5° *au Capitole*, les quartiers de Ripa, Campitelli et St Ange ; *à Saint-Callixte*, le Transtevère. L'opération du désarmement commença le 8 juillet à 6 heures du matin et dura 48 heures. A dater du 10, tout individu qui était trouvé porteur ou détenteur d'armes quelconques, d'un poignard, d'une canne à épée, était sur-le-champ traduit devant les tribunaux militaires. Le même sort était réservé à tout propriétaire ou régisseur des maisons où il y avait encore des armes et des munitions après le délai fixé. On contraignit militairement tout citoyen qui refusait de rendre volontairement ses armes. La visite des individus et des voitures entrant à Rome ou en sortant était rigoureusement prescrite aux sentinelles françaises qui devaient retenir non-seulement les armes, mais encore les objets précieux paraissant provenir des établissements publics. Ordre leur était donné de les amener devant le commandant de place avec ceux qui en étaient porteurs. Les portes St Laurent, Salara et Angelica étaient interdites à la circulation.

Le 7 juillet, M. DE CORCELLES écrivait à M. le ministre des affaires étrangères une lettre dont nous extrayons le passage suivant : « Des rapports récents et exacts ont dû vous rassurer
« contre les calomnies répandues sur les prétendus ravages causés
« par le bombardement de Rome. J'atteste que ce bombardement
« n'a pas eu lieu ; je me suis mis en mesure de vous envoyer le
« résultat d'une enquête que j'ai provoquée pour prouver ce que
« j'avance. J'ai déjà recueilli les rétractations de plusieurs consuls.
« Nous formons une commission où ils sont représentés, ainsi que
« le monde artistique par M. *Visconti*, conservateur des monu-
« ments de Rome. Dès à présent je puis vous dire avec certitude
« que 100 à 150 obus tout au plus sont tombés dans l'enceinte de
« la ville qui a cinq lieues de circonférence. On a pu constater que
« quelques blessures et la mort d'une seule personne. Aucun
« monument antique, aucun musée n'a été endommagé. Un cer-
« tain nombre de maisons privées ont été détruites par les insurgés
« eux-mêmes pour faciliter le feu de leurs fortifications. Pour ce
« qui nous concerne, nous n'avons renversé que des murailles
« extérieures et quelques réduits à l'entrée du Janicule. Nous
« avons toujours dit que la résistance n'avait été ni romaine, ni

« nationale. En voici la preuve : l'ennemi n'a fait aucun usage de
« ses barricades qui ont toutes été faites à prix d'argent. Nous
« avons constaté au ministère des finances qu'elles avaient
« coûté deux à trois millions. La garde civique et les carabiniers
« ne se sont jamais volontairement engagés dans les combats : ils
« ont fini dans les derniers temps par s'abstenir. Au dernier
« moment, ils se sont entendus avec le conseil municipal pour
« nous ouvrir les portes. Le Transtevère, c'est-à-dire le vrai
« peuple de Rome, nous a très bien reçu. Si la résistance eut été
« nationale, les campagnes nous auraient inquiétés. Or quelques
« compagnies françaises ont suffi pour garder les communications
« libres entre Rome et le littoral... Vous voyez qu'en présence de
« tels témoignages on ne pourrait soutenir que nous avons attenté
« à la volonté et aux droits d'une nation. »

Le dimanche 8 juillet, le général OUDINOT, accompagné des autres généraux, de l'état-major général et de détachements de diverses armes, se rendit à *l'église S. Louis des Français* pour entendre la messe. Le clergé le reçut à la porte de l'église ; le supérieur lui adressa l'allocution suivante :

« Monsieur le Général, en vous recevant dans cette église française
« le clergé de S. Louis salue avec joie en votre personne le chef et
« le représentant de notre brave armée. Il appellera sur vous et
« sur elle la bénédiction divine. S'associant à vos prières pour
« remercier Dieu du succès de nos armées, il lui rendra grâces
« d'une victoire qui contribuera à la gloire de la France, au
« retour de l'ordre en ce pays, à la consolation de l'église et à la
« paix du monde. »

Le général a répondu : « Monsieur le Supérieur, je vous remer-
« cie au nom de l'armée des prières que vous voulez bien adresser
« au ciel pour elle. Déjà le Saint Père a daigné me témoigner la
« satisfaction que lui causait le succès de nos armes, nous en som-
« mes profondément reconnaissants. L'armée, je lui dois ce témoi-
« gnage, a donné pendant ces graves circonstances des exemples
« incessants, non seulement de courage, mais de patience, de
« modération et de toutes les vertus militaires. Toutefois, elle n'a
« fait que son devoir. C'est vers notre gouvernement qu'il faut
« faire remonter vos remerciements, et, bien plus haut encore,
« *vers la divine Providence* dont nous ne sommes que de faibles
« instruments dans une cause si grande et si sainte. Puisse cette
« divine Providence continuer à nous soutenir. Demandez à Dieu,
« Monsieur le Supérieur, la continuation de cette précieuse pro-
« tion sans laquelle tous les efforts humains seraient impuissants. »

Cet acte solennellement accompli par les militaires d'une nation qui se glorifie d'être la fille aînée de l'église, fit une sensation très agréable parmi la population de la métropole du monde catholique.

La première mesure prise par le commissaire des finances, le 9 juillet, fut de remettre en vigueur le tarif des douanes pontificales, et d'annuler celui du 5 mai. Une autre ordonnance du commissaire de justice prorogeait jusqu'au 20 juillet l'échéance des effets de commerce. L'administration supérieure des postes était renouvelée. Le prince *Massimo* était réintégré dans ses fonctions de surintendant général, et le prince *de Campagnano* dans celles d'inspecteur-général des postes. Les travaux de destruction commandés par le triumvirat étaient suspendus. 38 soldats de la légion des Financiers, auteurs des assassinats de St-Calixte, étaient arrêtés, jugés et fusillés. Le général Rostolan établissait sa résidence au palais Torlonia, et le préfet de police, le lieutenant-colonel *Chapuis*, au palais Madame.

Le 10 juillet, le cardinal Castracane fut reçu par le général Oudinot. Il fut alors convenu que la souveraineté temporelle serait restituée au Saint-Père le 15 juillet. — Le Préfet de police publia des ordonnances sur la presse qu'il soumit à son contrôle avant toute publication. — On commença à combler les tranchées : ces travaux auraient pu être faits par les soldats du génie. Mais le général Oudinot, voulant venir en aide à une foule de malheureux que la république de Mazzini avait laissés sans travail et sans pain, décida que tous les Romains qui se présenteraient pour exécuter ces travaux recevraient une paye. 600 hommes du peuple furent répartis de la porte Portèse à la porte S. Pancrace, dans un arc de cercle d'une lieue. C'est surtout aux pauvres habitants du Transtevère et des Monts que ces travaux causèrent du profit. Pour leur venir en aide, le général OUDINOT invita les chefs de corps à ouvrir des listes de souscription, et il s'inscrivit le premier pour 500 francs. Le concours à cette bonne œuvre fut parfait. — A Civita Vecchia, 190 réfugiés s'embarquèrent pour Livourne. — A VITERBE, le général *Morris* adressa aux habitants une proclamation dans laquelle il disait « qu'il vient y rétablir l'ordre et la « tranquillité, troublés par une faction d'étrangers. L'ex-préfet de « la province, Piétro Pricci, ayant pris la fuite, le gonfalonier « Domenico Polidori est nommé à sa place. Le secrétaire général « de la province, Alessandro Benciranga, qui s'est jeté dans le « parti du désordre, est remplacé par Rafaële Polidori. Tout « citoyen qui portera des armes cachées sera arrêté, et, s'il ne « peut prouver sa bonne conduite, il sera fusillé sur-le-champ. »

« Tous les étrangers qui auront porté les armes contre les Fran-
« çais seront chassés de la ville et renvoyés dans leur pays. »

Le spoliateur du palais Farnèse, *Cernuschi*, fut arrêté le 11 juillet. Une ordonnance du préfet de police, promulguée le 12, statuait que toute personne qui serait vue dans les rues, porteur d'un uniforme qu'elle n'aurait pas le droit d'avoir, serait arrêtée et condamnée. Le 13, à St Louis des Français, eurent lieu les obsèques du commandant de génie *Gabaud-Dufort*, aide-de-camp du général VAILLANT, mort à la suite de blessures reçues sur la brèche le jour de la prise de Rome. — Le général OUDINOT reçut le même jour la démission de *Francesco Sturbinetti*, maire de Rome, et celle de tous les municipaux qui se plaignaient injustement du joug de la force et de l'arbitraire du gouvernement militaire.

Une *commission municipale* provisoire fut nommée par le général en chef le 14 juillet. Elle était composée des personnes ci-après : PRINCE ODESCALCHI, président ; docteur Alibrandi ; docteur Belli ; Antonio Bianchini ; chevalier Campana ; marquis Capranica ; marquis Guglielmi ; avocat Massani ; avocat Ralli ; avocat Scaramucci ; marquis Sachetti ; docteur Tavani ; professeur Carpi ; professeur Pieri ; Vincenzo Péricoli ; Piétro Spagna ; prince Jean Chigi ; chanoine Gaggiotti ; avocat Desjardins ; architecte Palazzi ; Lorenzo Surtini. — Une autre commission fut instituée par le général Oudinot pour rechercher et signaler exactement l'état des monuments qui auraient souffert un dommage quelconque. Les membres de cette commission furent : MM. Alaux, directeur de l'Académie française ; le commandant Campana, archéologue ; Salvi, Durantini et Lemoine de l'académie de St Luc ; Fabbris, directeur des musées pontificaux ; Kolb, consul de Wurtemberg ; Leblanc, lieutenant-colonel du génie ; Magrini, légat des Pays-Bas ; Visconti, commissaire des monuments antiques ; comte Vespignani.

L'*ordre général* suivant du général OUDINOT fut publié le 14 à toutes les troupes : « Dimanche prochain, 15 juillet, un *Te Deum*
« sera chanté à l'ÉGLISE S. PIERRE, en témoignage d'actions de
« grâces pour le succès des armes françaises en Italie et *pour le*
« *rétablissement de l'autorité pontificale*. Tous les corps de l'armée
« en garnison à Rome assisteront à cette cérémonie religieuse qui
« aura lieu à quatre heures de l'après-midi. Après le Te Deum il
« sera passé une grande revue. Les troupes romaines y figureront ;
« elles se placeront à gauche des troupes françaises. Une salve de
« cent coups de canon, tirée du château Saint-Ange, annoncera à
« la ville le moment où *le drapeau pontifical sera arboré*. Le soir,
« les édifices seront illuminés. Des secours aux indigents seront

« distribués au nom du gouvernement français. La retraite sera
« battue à dix heures. »

Aux Romains, le général en chef adressait en même temps cette *proclamation* : « Depuis notre entrée dans votre cité, d'incontes-
« tables témoignages de sympathie, de nombreuses adresses sont
« venues prouver que la ville de Rome n'attendait que l'instant où
« elle serait délivrée d'un régime d'oppression et d'anarchie pour
« faire éclater de nouveau sa fidélité et sa gratitude envers le
« généreux Pontife à qui elle doit ses premières libertés. Ces
« sentiments, la France ne les a jamais mis en doute. *En rétablis-*
« *sant aujourd'hui, dans la capitale du monde chrétien, la souve-*
« *raineté temporelle du chef de l'Église, Elle vient réaliser les vœux*
« *ardents du monde catholique.* Dès son avènement à la dignité
« suprême, l'illustre Pie IX a fait connaître à son peuple les
« sentiments généreux dont il est animé. Le Souverain Pontife
« apprécie vos désirs et vos besoins ; la France le sait ; votre
« confiance ne sera pas trompée. »

Les Fêtes religieuses et civiles du 15 juillet surpassèrent toute attente. Le PRINCE ODESCALCHI et la nouvelle municipalité adressèrent dès le matin une *proclamation* aux Romains : « Le rétablisse-
« ment de l'ordre et du pouvoir temporel du Souverain Pontife
« dans les Etats Romains, disaient-ils, a vivement ému tout le
« monde catholique. Rome ne peut pas être indifférente à un évé-
« nement auquel Elle est appelée par des sentiments de reconnais-
« sance et de raison, ainsi que par le souvenir funeste du passé
« auquel on ne peut songer sans douleur. Vous saurez répondre à
« l'invitation de l'autorité qui nous régit, et montrer votre recon-
« naissance pour cette brave nation qui, s'offrant en amie, vous
« garantit aujourd'hui que votre confiance ne sera pas trompée. »
Les princes Chigi et Piombino furent les premiers à donner l'exemple de décorer les fenêtres de leurs palais. Toutes les rues avaient un air de grande fête. Des groupes d'hommes, porteurs de drapeaux jaunes, criaient : *vive Pie IX, vive le général Oudinot !* Sur le fort S. Ange et sur la grande tour du Capitole a été arboré *le drapeau pontifical.* Cent coups de canon l'ont salué. Le drapeau français flottait à la porte d'entrée du môle d'Adrien. Toute la troupe, le 36ᵉ de ligne compris, se trouvait rangée sur la place S. Pierre. Lorsque le général en chef parvint sur le seuil de la basilique vaticane, Mgr MARINI, secrétaire du chapitre de S. Pierre, lui adressa le discours suivant : « Nous sommes heureux, Monsieur le Géné-
« ral, de vous recevoir dans cette auguste basilique où vous vous
présentez au nom de la généreuse nation française, pour reprendre

« les illustres traditions de Charlemagne qui, sur les autels des
« Apôtres S. Pierre et S. Paul, déposa l'acte solennel de sa
« magnanime religion et de sa piété. C'est à l'intercession de ces
« glorieux Apôtres, dont les corps reposent ici, comme gage
« précieux de la protection divine, que nous devons d'avoir
« échappé à tant de périls, et vous, Monsieur le Général, vous
« leur devez le plus bel ornement de votre victoire en nous
« épargnant le sang et la ruine. En rendant des actions solennelles
« de grâces à Dieu, nous ne cessons de Le supplier de nous
« continuer sa protection. Nous espérons que dans sa bonté, il
« corrigera tous ceux qu'Il voulait punir, afin que le monde soit
« purgé des ennemis de l'ordre et de la religion, non par les armes
« de sa colère, mais par l'abondance de sa grâce. Dieu vous a
« choisi, Monsieur le Général, pour accomplir les grandes desti-
« nées qu'il réservait pour la consolation de cette ville ; vous êtes
« l'homme béni de Dieu. Agréez les hommages de notre reconnais-
« sance dont vous recevrez de continuels témoignages dans les
« acclamations du peuple romain. »

Le général a répondu : « La France a confié à ses soldats une
« grande et sainte mission. Nous venons aujourd'hui remercier
« Dieu de nous avoir accordé de la conduire à bonne fin. *Le réta-*
« *blissement de l'autorité temporelle du Saint Père dans sa capitale*
« *est un gage certain de la paix du monde. La France n'a reculé*
« *devant aucun sacrifice pour accomplir cette œuvre à la fois sociale*
« *et religieuse. Elle trouvera sa récompense dans la prospérité des*
« *Etats Romains et dans l'estime des nations catholiques; c'est son*
« *unique ambition.* En ce jour solennel, je suis fier d'être l'inter-
« prête et le garant de ses généreuses intentions. »

Après le Te-Deum et la bénédiction du Saint-Sacrement donnée
par le cardinal Castracane, *le Cardinal* TOSTI s'est exprimé dans
les termes suivants : « Monsieur le Général, vous transmettrez à
« vos descendants le titre de *libérateur de Rome*. Permettez toute-
« fois à un cardinal romain de vous exprimer, quoique d'une voix
« affaiblie par de longues souffrances, au nom de ses collègues, à
« vous, à votre armée, ainsi qu'à la France très chrétienne, des
« sentiments d'éternelle gratitude. *Vous nous avez délivrés de*
« *l'oppression de monstres qui déshonorent le genre humain, et*
« *aujourd'hui, vous nous annoncez le retour du Pontife suprême,*
« *notre Père et Souverain.* Quelques furies de l'enfer se sont
« déchaînées et se déchaînent encore contre Lui. Mais la voix
« générale du monde chrétien veut qu'Il revienne glorieux pour
« leur fermer la bouche. Oui, Il viendra, mais toujours accom-

« pagné de sa douceur extraordinaire, quoique les méchants qui
« en abusent croient que l'impunité leur est due, et deviennent de
« plus en plus audacieux. Votre sagesse, Monsieur le Général,
« votre conduite militaire, celle des braves qui vous entourent,
« nous a épargné les maux de la guerre. Les dévastations qui
« déshonorent Rome et ses environs sont dues toutes au génie
« malfaisant de nos tyrans. La discipline et la moralité de vos
« troupes servent d'exemple et de châtiment à ce petit nombre de
« Romains égarés par cette masse d'impies réunis ici. Les braves
« gens pleurent encore le sang français qui a été versé. Ce sang,
« uni à celui de prêtres innocents et de citoyens honnêtes égorgés
« par les monstres, appellera la bénédiction du ciel sur la France,
« sur vous, et sur vos valeureux soldats. Vive la religion ! vive le
« Souverain Pontife ! vive la France ! »

Le général OUDINOT a répondu : « Eminence, en personnifiant
« en moi l'armée que je commande, vous me rendez un insigne
« honneur, mais vous m'attribuez une part trop importante dans
« l'heureux événement accompli. *Le rétablissement du pouvoir tem-*
« *porel du Saint-Père est l'œuvre de toute la France.* Nous, soldats,
« nous n'avons été que les instruments d'une cause sainte et géné-
« reuse. C'est à notre gouvernement que doit être renvoyé tout le
« mérite de cette entreprise, et son succès, a la protection de la
« divine Providence. Nous n'avons jamais douté des sympathies
« des Romains pour la France. Bien que l'entrée de cette belle
« ville nous fut interdite, nous savions parfaitement qu'elle se
« trouvait sous un joug oppresseur et étranger. Dès l'instant où
« vous avez été affranchis de cette tyrannie, où vous avez pu
« manifester vos sentiments, vous avez donné libre cours à votre
« respect pour le Saint Père et pour la religion. J'ai reçu de
« nombreuses adresses et de grandes pétitions qui demandaient
« la rentrée de Sa Sainteté. En relevant aujourd'hui le drapeau
« pontifical, nous ne faisons que satisfaire vos vœux particuliers
« et ceux du monde catholique entier. Je dois ajouter que nous
« nous sommes dévoués avec bonheur à l'accomplissement de ce
« devoir.

« Eminence, vous venez de faire l'éloge de la discipline des
« troupes sous mes ordres : jamais éloge ne fut mieux mérité. Je
« suis heureux de pouvoir proclamer, de la basilique de S. Pierre,
« devant d'innombrables témoins, que pendant une campagne de
« près de trois mois, mes compagnons d'armes ont donné des
« preuves incontestables d'une brillante valeur, jointes à un
« profond respect pour l'ordre et la discipline. Je n'exagère pas en

« disant que, partout et toujours, officiers, sous-officiers et sol-
« dats ont été de véritables modèles de vertu militaire. Vous avez
« dit, Eminence, que les dévastations qui ont désolé Rome doivent
« être attribuées au génie destructeur de vos persécuteurs. Grâces
« vous soient rendues, Eminence ; ce témoignage si juste et si
« impartial me fait battre le cœur plus que je ne saurais le dire.
« On ne saura peut-être jamais tout ce que nous avons souffert à
« la pensée que les exigences de la guerre pouvaient entraîner
« avec elles la destruction de monuments séculaires. Dans l'in-
« tention de les préserver, nous avons ralenti nos opérations et
« retardé un résultat qu'il importait tant d'obtenir. Dieu nous a
« récompensés de cette longanimité. Oui, Eminence, *les services
« que l'armée française a pu rendre à la religion et à l'ordre social
« sont aujourd'hui pleinement récompensés.* Notre ambition est
« satisfaite puisque nous avons obtenu la confiance de vos compa-
« triotes ainsi que la sympathie et l'estime des populations catho-
« liques. Vous avez fini votre allocution en criant : *vive la France !*
« je terminerai ainsi : *vive la religion ! vive le Saint Père !* » Ces
paroles, dictées par l'esprit de Dieu, réjouirent grandement les
princes de l'église.

Au moment où le général Oudinot sortait de la basilique, le
jeune *Annibal Piccoli* s'avança et prononça un discours au nom de
toutes les familles romaines : « Nous, dit-il, fils de l'église, sujets
« très fidèles du pape, amis passionnés des Français, nous vous
« remercions très-sincèrement de nous avoir sauvés de la terreur,
« et d'avoir rétabli l'autorité du pape que nous aimons fortement.
« C'est aujourd'hui que le triomphe de la religion se renouvelle... »
Le Général en chef répondit dans les termes suivants . « L'œuvre
« de la Providence se voit sensiblement dans le fait du rétablisse-
« ment du gouvernement pontifical et je suis fier que la France
« ait servi d'instrument. *Le rétablissement et le pouvoir temporel du
« Saint-Siége sont un fait accompli qui assure la paix de l'Europe ;
« cette œuvre n'a pas été moins sociale que religieuse.* Je suis charmé
« d'entendre les Romains exprimer leurs sympathies pour la
« France. Pour ma part, je leur garantis le retour le plus cor-
« dial.... Si les Romains se glorifient d'être les fils de la religion
« et des catholiques, les Français ne le sont pas moins. Nous som-
« mes les membres de la même famille, les enfants du même Père,
« les enfants de Dieu ; *vive Dieu ! vive la religion ! vive le Pape !* » (1)

---

(1) Tous ces discours se trouvent imprimés dans *le Moniteur universel* de 1849.

Après la revue, lorsque les Français retournèrent à leurs postes, des acclamations éclatèrent sur leur passage. Du haut des balcons, des pluies de fleurs tombaient sur les bataillons du 36ᵉ de ligne. La fête se termina par une illumination générale ; la ville éternelle présentait alors un des plus magnifiques spectacles dont l'œil puisse être ébloui. Les lampions et les girandoles rayonnaient sur les façades des vieux palais et des innombrables églises ; elles constellaient les maisons les plus pauvres comme les plus riches. Cette vision splendide était un témoignage populaire de l'amour des Romains pour leur pontife-roi, et de leur reconnaissance pour l'armée française.

Cent soixante-et-onze fois les papes avaient été dépouillés de leur domaine. Pour la cent soixante-et-onzième fois, ils y étaient réintégrés par *la République française*, le 15 juillet 1849, en des circonstances les plus difficiles. C'est là vraiment un fait singulier et grave ; car il révèle un ordre de Providence spécial et constant. Faut-il s'étonner alors, si les catholiques espèrent le voir renouveler encore de nos jours pour la cent soixante douzième fois ? (1)

Dans la nuit du 15 au 16 juillet, notre ambassadeur M. DE CORCELLES partit de Rome pour *Gaëte*, après avoir vu toutes les manifestations de la ville pour le rétablissement de l'autorité temporelle du Pape. Il était évident que nous n'avions pas procédé comme les Autrichiens, et qu'un véritable assentiment national *protégé*, mais non commandé par notre force militaire, venait de se déclarer. L'armée française avait achevé sa tâche, mais la politique n'avait pas dit son dernier mot.

« LOUIS-NAPOLÉON et ses ministres, en même temps qu'ils
« avaient unanimement résolu de relever le trône pontifical,
« s'étaient promis, également à l'unanimité, d'imposer à Pie IX
« des réformes libérales. Ils voulaient se glorifier d'avoir, du
« même coup, rendu au Saint-Père ses Etats et donné aux Romains
« la liberté. Comme le P. Lacordaire, ils voyaient dans le gouver-
« nement pontifical un gouvernement d'ancien régime qu'il fallait
« réformer.

« Quelles réformes demandait M. *de Corcelles*, au nom du
« Président et de ses ministres, en arrivant le premier à Gaëte, pour
« les extorquer sous l'empire des nouvelles du 15 juillet ? Oh ! sim-
« plement que le pape abdiquât, sur les ordres de la France, une

---

(1) *La vérité sur la question romaine* par B. O. S. page 70, éditée en 1890 par Retaux Bray libraires, 82 Rue Bonaparte. Paris.

« partie notable de son pouvoir. Il devait se préparer à devenir
« roi constitutionnel. Et cela, non pas de lui-même, mais parce que
« la France, affichant à la fois avec hauteur ses défiances à son
« autorité, entendait qu'il y eut à Rome un gouvernement libéral
« et digne des lumières du siècle. Voici quels étaient, en substance,
« les principaux articles de ce programme : Organisation nouvelle
« des tribunaux donnant de véritables garanties judiciaires aux
« citoyens. Ainsi le Pape devait proclamer que jusqu'alors à Rome
« la justice n'avait pas été vraiment la justice. — Lois civiles
« tirées de notre code civil. Assemblées provinciales et communales
« élues. Sécularisation de l'administration publique. Assemblée
« élue par des corps locaux ayant le vote délibératif en matière
« d'impôt. Amnistie générale. Et il fallait que le Pape prît sur tous
« ces points un *engagement formel* dans un *document public*.

« Au lendemain d'une révolution longtemps triomphante, de
« telles concessions, faites par le Pape lui-même en pleine liberté,
« eussent créé une situation des plus périlleuses ; imposées par un
« gouvernement étranger et matériellement maître de Rome, elles
« ruinaient *l'autorité pontificale*. M. de Corcelles et son gouverne-
« ment poussaient le libéralisme jusqu'à l'oubli des droits et des
« besoins du Saint-Siège. » (1)

PIE IX répondit : « Comment voulez-vous que j'oublie assez la
« nature purement morale de mon pouvoir pour m'engager d'une
« manière positive, lorsque je ne suis pas encore positivement fixé
« sur les questions de détail, et surtout lorsque je suis appelé à
« parler vis-à-vis d'une armée de trente mille hommes, et d'une
« puissance de premier ordre, dont les insistances ne sont un mys-
« tère pour personne. Dois-je me condamner à paraître subir l'im-
« pression de la force ? Si je fais quelque chose de bon, ne faut-il
« pas que mes actes soient spontanés ou aient l'apparence de l'être ?
« Ne connaissez-vous pas mes intentions ? Ne sont-elles pas rassu-
« rantes ? Quelle plus grande preuve voulez-vous que les nom-
« breuses déclarations que je vous ai faites ? Le gouvernement
« français est parfaitement maître de faire de mes déclarations l'usa-
« ge qui lui paraîtra convenable ; je ne m'oppose nullement à ce qu'il
« en parle hautement. Mais que le ministère français fasse usage
« de ce qu'il sait, cela ne reviendra-t-il pas au même qu'une mani-
« festation publique émanée de ma part. » (2) Ces quelques paroles

---

(1) Le comte *de Falloux* et ses mémoires par E. Veuillot, page 72.
(2) Lettre de M. *de Corcelles* à M. le Ministre des affaires étrangères. Rome 29 juillet 1849.

dénotent suffisamment le caractère du Souverain Pontife et les exigences d'autant plus répréhensibles du gouvernement français qu'elles n'exprimaient pas les opinions du pays et ne répondaient plus aux tendances de la Chambre nouvellement élue.

Le 16 juillet, une *adresse* au général Oudinot fut envoyée par LA COMMISSION MUNICIPALE de Rome. On y lisait ces lignes : « Oui, « Monsieur le Général, il n'est pas de Romain aimant son pays « qui ne vous doive de la gratitude. Le rétablissement de l'ordre « et de la souveraineté temporelle du chef de l'église dans cette « capitale de la chrétienté vous avait été confiée ; vous avez su « dignement l'accomplir. Une guerre, par des circonstances qui « n'ont pas dépendu de nous, a été nécessaire. Modéré dans la « bataille et tempéré dans la victoire, ce sont vos vertus qui ont « amoindri beaucoup les maux irréparables de cette guerre. Aussi « votre nom et celui de votre armée n'est et ne sera jamais assez « loué ; il sera enregistré par nous avec un souvenir honorable. »

Réintégré par notre armée dans son principat civil, le Souverain Pontife fit publier la proclamation suivante :

PIE IX *à ses très aimés sujets.*

« Dieu a élevé son bras ; il a commandé à la mer orageuse de « l'anarchie et de l'impiété de s'arrêter ; il a guidé les armées « catholiques pour soutenir les droits de l'humanité foulés aux « pieds, ceux de la foi attaquée et ceux du Saint-Siège et de notre « souveraineté. Gloire éternelle à Dieu qui même au milieu de ses « colères, n'oublie pas ses miséricordes.

« Très aimés sujets, si, dans le tourbillon de ces épouvantables « événements, notre cœur a été abreuvé d'amertume à la vue de « tant de maux soufferts par l'église, par la religion et par vous-« mêmes, il n'a cependant rien perdu de cette affection avec « laquelle il vous a toujours aimés et vous aime encore. De tous « nos vœux nous appelons le jour qui nous ramènera parmi vous. « Quand ce jour sera venu, nous rentrerons avec le vif désir do « vous apporter la consolation, avec la volonté de nous occuper de « toutes nos forces de votre bien, en appliquant les remèdes diffi-« ciles aux maux très graves. Nous voulons réjouir nos sujets qui « attendent des constitutions d'accord avec leurs besoins, et qui « veulent, comme nous le voulons nous-mêmes, voir garantir la « liberté et l'indépendance du Souverain Pontificat, si nécessaires « à la tranquilité du monde catholique. En attendant, pour réor-« ganiser la chose publique, nous allons nommer une commission « qui, munie de pleins pouvoirs, et secondée par un ministère, « règlera le gouvernement de l'église. Nous implorons aujourd'hui

« avec plus de ferveur la bénédiction du Seigneur pour qu'elle
« descende avec abondance sur vous. C'est une grande consolation
« pour notre âme d'espérer que tous ceux qui ont voulu par leurs
« égarements, se rendre incapables de recueillir les fruits de cette
« bénédiction, travaillent aujourd'hui à s'en rendre digne par un
« sincère retour au bien. »

Donné à *Gaëte*, le 17 juillet 1849.

Les mesures provisoires que le général OUDINOT devait prendre, tant que le cours ordinaire de la justice restait interrompu, n'attaquèrent en rien les droits de la juridiction de Mgr le vice-gérant de Rome. Le général Oudinot, pour sa part, fut le premier à défendre l'administration instituée par le Saint-Père contre tous les empiètements qui pouvaient être tentés. Le 18 juillet, *don Giovanni* des princes Chigi fut délégué par la commission municipale pour pourvoir à la distribution des logements militaires de nos soldats et pour faire droit à leurs réclamations. Un *ordre général* du 20 juillet notifia à tous les régiments français les remerciements de l'Assemblée nationale et les félicitations du Président de la République pour le succès définitif de nos armes, et pour avoir si bien su concilier les devoirs de la guerre avec le respect dû à la capitale du monde chrétien. Une *commission* fut instituée le 21 juillet par le général en chef pour constater la situation réelle des bibliothèques publiques et s'assurer des soustractions qui avaient été faites. Le 22 juillet, *le chapitre de Latran* reçut avec le plus grand honneur le général en chef et toute sa suite. Après la messe, une collation fut offerte ; le général OUDINOT porta le toast suivant :
« A la santé du Saint-Père. Puissent les sentiments généreux de
« notre vénérable Pontife ne trouver jamais d'obstacles dans leur
« application. Puisse-t-il vivre longtemps, entouré de l'amour de
« ses sujets, comme il l'est aujourd'hui de notre respect et de notre
« dévouement. Au Souverain Pontife ! A Pie IX ! »

Un comité spécial de travaux fut établi le 28 juillet par le général Oudinot pour rétablir et améliorer les communications intérieures et extérieures de la ville. Le commandant du génie *Frossard* en fut nommé président. Le 29 juillet, les armes pontificales furent arborées au *Palais de la Chancellerie* où avaient été prises tant de sacrilèges délibérations. La musique du 36ᵉ joua sur la place. Ce fut une fête qui causa un grand enthousiasme. Le 30 juillet, PIE IX adressa trois cents roubles d'or à la commission municipale pour les indigents de Rome. A l'occasion de la visite du général en chef à *Tivoli*, la municipalité de cette ville, ayant pour gouverneur Guidoboni et pour gonfalonier Taddei, envoya le 31 juillet une *adresse* de félicitations et de gratitude au libérateur de Rome et des peuples de l'État romain. *La commission gouvernementale des États pontificaux* fut instituée par PIE IX le 1ᵉʳ août. En entrant au pouvoir, elle adressa aux Romains la proclamation suivante :

La Commission gouvernementale d'État, au nom de Sa Sainteté le pape Pie IX, heureusement régnant, a tous les sujets de ses États temporels.

« La Providence a retiré du plus orageux tourbillon des plus
« noires passions, par le bras invincible et glorieux des armées
« catholiques, les populations de tout l'état pontifical, et, d'une
« manière spéciale, celle de la ville de Rome, siège et centre de
« notre très sainte religion. C'est pourquoi le Saint Père, fidèle à
« la promesse consignée dans son vénéré motu proprio, en date à
« Gaëte du 17 juillet, nous envoie aujourd'hui parmi vous avec
« pleins pouvoirs, afin de réparer de la meilleure manière et le plus
« tôt possible les graves dommages causés par l'anarchie et par le
« despotisme du petit nombre. Notre première sollicitude consistera
« à veiller à ce que la religion et la morale soient respectées de
« tous comme base et fondement de toute existence sociale ; à ce
« que la justice ait son cours plein et régulier indistinctement pour
« chacun, et à ce que l'administration de la chose publique reçoive
« la régularité et l'accroissement dont elle a tant besoin après
« l'indigne abus qui en a été fait par des démagogues sans raison
« et sans nom. Pour atteindre ces très importants résultats, nous
« nous aiderons des conseils des personnes distinguées par leur
« intelligence, par leur zèle, par la confiance générale dont elles
« jouissent, et qui contribueront à la bonne issue des affaires.
« L'ordre régulier des choses veut qu'à la tête des ministères res-
« pectifs, il y ait des hommes intègres et familiarisés avec le
« département dont ils devront s'occuper. En conséquence, Nous
« nommerons le plus promptement possible les personnes qui diri-
« geront les affaires intérieures de la police, celles de la justice,
« des finances, de l'agriculture, des travaux publics et du com-
« merce, les affaires étrangères restant au très éminent cardinal,
« premier secrétaire d'État qui, pendant son absence, aura à Rome
« un suppléant pour les affaires ordinaires. Que la confiance
« renaisse donc dans toute classe et tout ordre de personnes, pen-
« dant que le Saint-Père, dans son âme vraiment bienfaisante,
« s'occupera de pourvoir aux améliorations et aux institutions qui
« sont compatibles avec sa dignité et son très haut pouvoir de
« Souverain Pontife, avec la nature de cet État dont la conser-
« vation intéresse le monde catholique tout entier, et avec les

« besoins réels de ses bien-aimés sujets.

« Rome, Palais du Quirinal, 1ᵉʳ Août 1849.

G. *Cardinal della Genga* SERMATTEI. — *L. Cardinal Vannicel*
CASONI. — *L. Cardinal* ALTIERI.

Le 2 Août, le général OUDINOT remit entre les mains de l[a]
commission gouvernementale les pouvoirs civils qu'il avait exercé[s]
depuis le 3 juillet. En même temps les commissaires extraordi[-]
naires qui avaient été nommés par lui à la justice, aux finances[,]
aux travaux publics, à l'intérieur, etc., se démirent de leurs fonc[-]
tions pour faciliter à la commission d'Etat la formation d'u[n]
ministère. Le gouvernement militaire cédait ainsi la place a[u]
gouvernement pontifical. (1.)

---

(1) Pour récompenser les soldats de la République Française qui avaient bravement combattu sous les murs de Rome, le souverain Pontife Pie IX leur fit décerner à chacun une médaille commémorative de la campagne. Sur une face de la médaille, les clefs surmontées de la tiare sont entourées d'une couronne de lauriers ; les mots : *Sedes apostolica romana* sont en relief sur les bords. L'autre face porte cette inscription : *Pius IX Pontifex Maximus Romae restitutus catholicis armis collatis anno MDCCCXLIX*. Le module de cette médaille est de trente-trois millimètres. Le ruban a trois raies verticales ; celle du milieu, qui est très large, est jaune d'or ; les deux autres sont blanches.

CHAPITRE XLIX

L'OCCUPATION FRANÇAISE A ROME
(1849—1852)

Le Transtevère. — Intervention présidentielle du 18 août 1849. — Frascati. — Retour de Pie IX à Rome. — Les Thermes. — Civita Castellane. — La Minerve. — La Médaille Militaire. — Audience de Pie IX.

Après s'être installée au Transtevère dans la via della Lungaretta, *Madame Maugenre* écrivit à Marseille à Madame Rincly pour l'inviter à venir à Rome avec sa petite sœur Mariannette. Ayant reçu de sa mère et de son mari, chef de musique, la même invitation, cette dame s'empressa de se mettre en route en compagnie de Mme Molinier et d'Etiennette Molinier. A leur arrivée à Rome vers la fin de juillet, Thérésine dut délier les cordons de sa bourse pour payer les frais de voyage et de pension de sa jeune sœur. Elle le fit avec plaisir. Mariannette fut très contente d'être débarrassée de cette femme dont elle n'avait eu qu'à se plaindre. Le bonheur lui était rendu en retrouvant les siens à Rome. Thérésine plaça aussitôt sa petite sœur en demi-pension chez les Religieuses du Sacré-Cœur au *Transtevère*. Craignant ensuite de ne devoir rester que peu de temps en Italie elle s'empressa d'aller visiter les principaux monument de Rome ancienne et moderne. Sa piété la conduisit en premier lieu à *Saint Pierre a Vatican*.

Devant la façade, les 280 colonnes du Bernin, surmontées de 192 statues, entoure une place de forme elliptique qui a 196 mètres de large sur 240 mètres de longueur. (1) Sixte-Quint y fit dresser un obélisque de granit, mesurant 27m70 de hauteur d'une seule pièce, taillée à Hiéropolis, et transportée à Rome par Caligula pour le cirque de Néron. Maderne y éleva deux fontaines, qui jettent une gerbe d'eau magnifique. Pie IX y érigea les statues colossales de S. Pierre et S. Paul. La façade, mesurant 117 mètres de largeur sur 50 de hauteur, est surmontée de 13 statues de 5 mètres. Dans la galerie supérieure est la loggia d'où le Saint-Père donne sa bénédiction. Cinq entrées donnent accès au portique orné de la célèbre mosaïque de la Navicella et des statues équestres de Constantin et de Charlemagne ; la grande porte est en bronze. L'édifice mesure 187m de longueur, 45m de hauteur et 25m de largeur ; les pilastres ont 24m de hauteur et 4m de largeur à la base. Le transept mesure 137m ; la coupole a 117m de hauteur jusqu'à la voûte intérieure ; elle est soutenue par des piliers de 19m de largeur. Du haut de cette coupole, où l'on monte sous le tombeau de Clémentin Sobieski, on domine Rome, la campagne romaine, les monts Albains, la Méditerranée.

Thérésine, son mari, son frère et sa sœur, se dirigèrent directement vers *la Confession*, où repose le corps du prince des Apôtres ; 93 lampes éclairent nuit et jour la balustrade, sous un baldaquin de bronze, soutenu par des colonnes torses du même métal, de 29 mètres de hauteur. Ils descendirent l'escalier de marbre à deux branches, et se trouvèrent en face de la porte dorée qui ferme le tombeau, à la place de l'antique oratoire de S. Anaclet. Là, ils s'agenouillèrent longtemps, se recommandant à la très puissante protection du Chef des Apôtres. Ensuite, ils vénérèrent les autres corps des Saints (2) ; ils visitèrent les riches tom-

---

(1) Non compris la place du trapèze longue de 100 mètres. La longueur totale des deux places et de l'intérieur de la basilique est de 538 mètres.

(2) Ce sont les corps de S. Simon, S. Jude et S. André, apôtres ; de plusieurs saints papes martyrs ; des SS. Processe et Martinien, martyrs en 67 ; de S. Grégoire de Nazianze (389) ; de S. Jean Chrysostôme (407) ; de S. Léon-le-Grand (461) ; de S. Léon IX, gloire de la Lorraine, (1054) ; de S. Grégoire VII (1085), etc..

beaux (1), les autels, les statues des nefs latérales, de la grande nef, du transept, de l'abside et des cryptes. Les Français pouvaient alors entrer partout. A la vue de toutes ces merveilles réunies de tant de siècles, nos pieux visiteurs ravis se promirent bien de revenir visiter cette basilique le plus souvent possible.

La nombreuse et brave population transtibérine, connue depuis des siècles par son dévouement à la cause des Pontifes romains, avait accueilli nos soldats en libérateurs. Cette région l'emportait de beaucoup sur celles di Trevi, di S. Eustachio, di Parione, della Regole, et surtout du Ghetto, où habitent les Juifs. Il y avait toujours à craindre pour la sécurité des Français dans ce dernier quartier. Thérésine ne pouvait donc pas s'aventurer sans son mari, et comme le service militaire était alors très absorbant, elle devait se contenter ordinairement des églises du Transtevère. A l'extrémité de la rue qu'elle habitait se trouve *Sainte-Marie-in-Transtevère*. C'est la première que Rome vit s'élever en l'honneur de la Reine du ciel (224). Elle est bâtie sur l'emplacement de l'hôpital des soldats invalides d'Auguste : c'est là qu'une fontaine d'huile de pétrole jaillit lorsque le Christ naquit de la Vierge ; c'est là que reposent les papes martyrs S. Calixte (224) et S. Corneille (253) et le pape S. Jules I (352) ; c'est là qu'on vénère la *Madonna dell'umiltà*. Les 21 colonnes de granit qui séparent les trois nefs proviennent d'un temple d'Isis et de Sérapis. Le pavé est formé de porphyre, de vert antique et de marbres rares : les mosaïques sont du XIIe et du XIVe siècles.

Dans la même région, près du quai de la Ripa-Grande, l'église *Sainte Cécile* n'est pas moins riche en souvenirs. Elle fut bâtie en 230 sur l'emplacement même du palais où mourut la célèbre descendante de Caïa Cécilia. Le caldarium, l'hypocauste, les soupiraux, les chaudières, les tuyaux de plomb et en terre cuite de l'antique salle de bain, qui fut le théâtre du martyre de Ste Cécile

---

(1) Ce sont les tombeaux des papes Adrien IV (1159) ; Nicolas III (1280); Boniface VIII (1303); Urbain VI (1389) ; Innocent VII (1406); Nicolas V (1455) ; Pie II (1464) ; Paul II (1471) ; Sixte IV (1484) ; Innocent VIII (1492) ; Pie III (1503) ; Jules II (1513) ; Paul III (1549) ; Jules III (1555); Marcel II (1555) ; Grégoire XIII (1585) ; Grégoire XIV (1591); Innocent IX (1691) ; Léon XI (1605) ; Urbain VIII (1644) ; Alexandre VII (1667) ; Clément X (1676) ; Innocent XI (1689) ; Alexandre VIII (1691) ; Innocent XII (1700) ; Benoît XIV (1758) ; Clément XIII (1769) ; Pie VI (1799) ; Pie VII (1823) ; Léon XII (1829) ; Pie VIII (1830) ; Grégoire XVI (1846) ; sans parler de ceux des rois, des reines, princes, princesses, cardinaux et supérieurs d'ordre.

sont parfaitement conservés. Sur la pierre où elle eut la tête presque coupée, on célèbre les saints mystères. Sous le maître-autel repose Ste Cécile. Parfaitement conservée, elle est aujourd'hui la même qu'au jour de son martyre (230), revêtue de sa robe tachetée de sang, étendue sur le côté droit, les bras affaissés en avant du corps, la tête retournée vers le fond du cercueil. Cette intégrité complète du corps, après tant de siècles, est un prodige unique en faveur de l'héroïne qui nous prouve encore la récompense de sa foi en nous montrant sa triple blessure. Près de son corps reposent les martyrs Valérien, Tiburce, Maxime, et les papes martyrs S. Urbain (230) et S. Lucius (254). Les mosaïques de l'abside sont du IXe siècle : les marbres les plus précieux et de nombreuses lampes ornent la confession.

Ce fut près de l'habitation de Thérésine, au monastère de *S. Callixte*, que, le mois précédent, les républicains de Rome exécutèrent lâchement et dans l'ombre, leurs massacres religieux et politiques. A cet endroit même le pape S. Callixte (223) fut emprisonné, précipité par une fenêtre et jeté, une pierre au cou, dans le puits que l'on voit encore aujourd'hui.

Les églises se touchent à Rome, et toutes sont remarquables. Près de la même rue della Lungaretta, à *Saint-Chrysogone*, où repose la vénérable Anne-Marie Taïgi (1857), 22 colonnes de granit égyptien, séparant les trois nefs, proviennent des thermes de Septime-Sévère (204). Une mosaïque est du VIIIe siècle.

Les soldats aiment bien revoir le terrain où ils ont vaincu l'ennemi. Le caporal Maugenre conduisit plusieurs fois Thérésine en haut du Transtevère, à la fameuse *porte Saint-Pancrace*. C'est sur cette hauteur que St Pierre a été crucifié ; une église y a été élevée par Constantin ; c'est *Saint-Pierre-in-Montorio*. A côté se trouve un gracieux temple circulaire dont la coupole est supportée par seize colonnes de granit noir ; c'est au centre de ce monument qu'on montre la fosse où fut plantée la croix de l'Apôtre. La *Fontaine Pauline* est sur la même hauteur : les colonnes des cinq arcades proviennent du Forum de Nerva (98) ; des torrents d'eau tombent avec fracas dans un bassin orné de dragons. En face se trouvent les fosses des Garibaldiens tués pendant le siège. De là on domine tout Rome et les monts Albains.

La région transtibérine possède encore beaucoup d'autres monuments, églises (1) et palais que nous passons sous silence ; cette

---

(1) Les autres églises du *Transtevère* sont : S. Onofrio ; S. Giuseppe ; S. Francesco di Sales ; S. Giacomo ; S. Maria Regina cœli ; S. Dorotea ;

région n'est que la quatorzième partie de Rome moderne, laquelle n'occupe qu'une partie du territoire de la superbe capitale des Césars (1).

Le 5 août, Rome reprit un aspect belliqueux. Pendant le siège, les usurpateurs avaient mis en émission, pour la somme de plusieurs millions, d'autres bons que ceux du trésor autorisés par Pie IX. En agissant ainsi, ils avaient été à l'encontre de la déclaration pontificale du 27 décembre 1848 déclarant nuls et de nulle valeur tous leurs actes. Pie IX était donc en plein droit d'annuler ces bons. Mais réfléchissant que l'annulation absolue préjudicierait à beaucoup d'honnêtes citoyens et emporterait avec elle la ruine de plusieurs familles, il confirma dans leur intégrité les bons du trésor dont il avait autorisé l'émission et *il réduisit les autres bons* à 65 % de leur valeur nominale. Cette affaire était analogue à la consolidation de la dette publique qui eut lieu à différentes époques de l'histoire de France. Cette mesure décrétée contre le papier-monnaie pouvait provoquer un soulèvement. La cavalerie et l'infanterie bivouaquèrent un jour et deux nuits sur les places principales. Les chevaux furent sellés et des faisceaux de fusils furent prêts. Le 36ᵉ stationna sur les places de Venise, de S. Marc et de Gesu ; des détachements parcoururent les rues pendant la nuit ; l'ordre ne fut pas troublé.

Le dimanche 15 août le général en chef passa une grande *revue* à l'occasion de la fête du Président Louis Napoléon. Cette solennité eut lieu dans les prés d'Acquacetosa près du *pont Milvio*. Il y eut 25,000 hommes à cette revue ; le 36ᵉ de ligne y assistait. Tandis que le caporal sapeur était à son service militaire, Thérésine, sa sœur et quelques amies, allèrent fêter Notre-Dame à *Sainte-Marie-Majeure* sur l'Esquilin, dans la région de Monti. Cette basilique est la plus riche de tous les sanctuaires romains, dédiés à la Mère de Dieu. On y vénère une antique peinture de la Madone par S. Luc, devant laquelle les papes de tous les siècles ont célébré. Il y a chapelle papale le jour de l'Assomption. Cette année-là, les cardinaux remplaçaient Pie IX, encore exilé à Gaëte. Sur la place, devant la basilique, une magnifique colonne de Constantin porte

---

S. Giovanni ; S. Maria della Scala ; S. Maria de 7 dolori : S. Egidio : S. Margherita : S. Rufina e Seconda : S. Agata : S. Benedetto : S. Maria Sochoma : S. Maria in Capella : S. Michele : S. Maria de buon viaggio : S. Maria dell' Orto : S. Bonosa : S. Cicore : S. Casimato : S. Pancrazio.

(1) Le palais Corsini est un des plus beaux de Rome.

sur son chapiteau la statue de l'Immaculée. La façade aura
l'apparence de celle d'un palais si l'on n'apercevait pas un cloch[er]
élevé et deux grandes coupoles. Elle est ornée d'une mosaïque [du]
XIIIe siècle. La statue en bronze de Philippe IV d'Espagne est [à]
droite. Cinq portes ornées de colonnes donnent accès à la basiliqu[e.]
L'intérieur est d'un effet grandiose et monumental ; il est compo[sé]
de trois nefs, divisées par 44 colonnes ioniques en marbre bla[nc]
provenant du temple de Junon Lucine. Nos visiteurs se rendire[nt]
directement à l'autel de la Sainte-Vierge. Il consiste en une ur[ne]
de lapis lazuli, élevée sur trois marches de marbre blanc. Quat[re]
superbes colonnes de jaspe oriental, à cannelures dorées, av[ec]
bases et chapiteaux de bronze doré soutiennent un entableme[nt]
dont la frise est d'agathe ainsi que les piédestaux des colonne[s.]
L'image de la Mère de Dieu, placée sur un énorme fond de lapi[s]
et dominée par le symbole du Saint-Esprit, est enchassée dans [un]
cadre d'améthyste à marches de vermeil, enrichies de rubi[s,]
d'émeraudes, de topazes et de grenats. Sept anges dorés soutienne[nt]
ce cadre. La concavité de la coupole est ornée de fresques du Guid[e.]
A droite, le tombeau de Clément VIII (Aldobrandini 1605) et, [à]
gauche, celui de Paul V (Borghèse 1621) sont ornés de bas-relie[fs]
retraçant les faits de leur pontificat. Dans cette basilique, comm[e]
du reste dans toutes celles de Rome, il n'y a pas à l'intérieur u[n]
centimètre carré qui ne soit un chef-d'œuvre. L'arc triomphal e[st]
du Ve siècle ; les mosaïques sont du Ve et du XIIIe. Un baldaqui[n]
en bronze doré, surmontant l'autel papal, est supporté par d[e]
colonnes de porphyre. Sous la confession, les fidèles vénèrent [la]
sainte *Crèche* de notre Seigneur Jésus-Christ. Près d'elle repose[nt]
les corps de S. Jérôme (420), de S. Pie V (1571), de Ste Lucia (304[),]
des Saints-Innocents, de Nicolas IV (1292), de Sixte-Quint (159[0)]
et de Clément IX (1669). Sur la place, qui s'étend derrière l'absid[e]
de cette basilique se dresse un obélisque de granit rouge, mesura[nt]
14 m. 74 de hauteur et d'une seule pièce. Ce fut l'empereur Claud[e]
qui le fit transporter à Rome, l'an 46, pour le placer avec celui d[u]
Monte Cavallo à l'entrée du mausolée d'Auguste.

Non loin de cette place, l'église de *Sainte Praxède*, bâtie sur l[es]
thermes de Novat, asile des chrétiens du deuxième siècle, mérita[it]
une visite. Seize colonnes de granit séparent les trois nefs. Quatr[e]
colonnes de porphyre soutiennent le baldaquin du maître-autel ; l[es]
degrés des deux rampes de l'escalier sont de gros blocs en marbr[e]
de rouge antique. La mosaïque est du IXe siècle. Un puits, entour[é]
d'une grille, est celui où Praxède conservait les restes des martyrs
et faisait couler le sang qu'elle avait recueilli avec des éponges

La *colonne* à laquelle Notre Seigneur fut attaché pendant sa flagellation est dans la chapelle où repose le corps du martyr S. Zénon. C'est dans ce sanctuaire que Pascal Ier fit déposer les corps de 2,300 martyrs, tirés des catacombes. S. Charles Borromée était cardinal titulaire de cette église.

La via S. Maria Maggiore se trouve entre la via Graziosa et la via Urbana. Dans celle-là, à *S. Lorenzo in fonte,* nos visiteuses entrèrent dans l'église et la prison où S. Laurent fit jaillir une source miraculeuse, pour baptiser S. Hippolyte, Ste Concorde, Ste Lucille, et 17 autres serviteurs du chevalier romain, qui versèrent leur sang pour la foi. Dans celle-ci, à *S. Pudenziana,* elles parcoururent le sanctuaire que S. Pie Ier érigea, l'an 143, dans la maison sénatoriale de Pudens, où séjourna l'apôtre S. Pierre de l'an 42 à l'an 49. S. Lin et S. Clet y furent ordonnés et sacrés ; les apôtres des Gaules y reçurent leur mission. Pendant la persécution de Néron, la fille du sénateur, Pudentienne, recueillit dans un puits, visible aujourd'hui, le sang des martyrs, avant de verser le sien. Son corps repose sous le maître-autel, à côté de ceux de 3,000 martyrs. A l'autel de S. Pierre se trouve la table de bois sur laquelle célébra le prince des apôtres. La mosaïque de l'abside est du IVe siècle.

Le retour au Transtevère se fit par la via di *S. Lorenzo in Paneperna.* L'église du même nom, construite sur les thermes d'Olympiade, rappelle le lieu où fut grillé S. Laurent, en 258 ; on y vénère les corps des SS. Crépin, Crépinien et Brigitte. La rue aboutit au *Forum de Trajan.* Cette place, où Constantin fut proclamé empereur, était entourée de portiques et ornée de statues ; il y avait une basilique dont les colonnes de granit sont brisées. Les morceaux cassés, que nous avons mesuré nous-même, ont dix mètres de longueur et deux mètres de diamètre. Sur cette place, le sénat et le peuple romain érigèrent en 114 la *Colonne de Trajan.* Elle est d'ordre dorique, composée de 34 blocs de marbre, mesurant 44 mètres jusqu'à la statue. On monte jusqu'au sommet par un escalier taillé en colimaçon. La statue de S. Pierre, en bronze doré, remplace celle du César. 2,500 figures d'hommes, toutes différentes, sont taillées en relief, sans parler d'une infinité de chevaux, d'armes, de machines de guerre, d'enseignes, de trophées qui sont également représentés. Derrière cette colonne se trouvait le temple élevé par Adrien à Trajan. A côté, sont les églises de Ste Marie de Loretta (1507), du Saint Nom de Marie (1683), de Ste Euphémie, du S. Esprit et autres, et les ruines à trois étages des *Bains de Paul Emile* (219 avant J. X). Par la via di Giulio Romano, nos voyageuses arrivèrent à l'île du Tibre ; eles firent leur dernière station à l'église *S. Barthelemi*. L'empereur Othon III y fit transporter les reliques de l'apôtre. Les colonnes de granit et de porphyre proviennent de l'ancien temple d'Esculape. Sous le maître-autel reposent les corps de Ste Exupérance et de S. Marcellin. Les bas-reliefs sont du XIIe siècle.

On voit que, dès leur arrivée, Maugenre et les siens avaient déjà un riche spécimen des grandeurs de Rome païenne et chrétienne. Outre S. Pierre du Vatican, ils avaient déjà parcouru tout le Transtevère et une partie de l'Esquilin. Quatre heures d'absence avaient suffi pour la visite de chacun de ces quartiers. Ils craignaient ne devoir séjourner que peu de temps dans la ville éternelle ; ils y resteront près de quatre ans.

Le 18 août, le general JEAN LEVAILLANT, ancien colonel du 36e, fut désigné par les cardinaux de la commission gouvernementale et par le général Oudinot pour réorganiser les troupes pontificales. Elles devaient être commandées par le prince *Gabrielli*, Les colonels Janni et Farina, le chef d'escadron Castelnau et le sous-intendant Gagès étaient membres du conseil militaire formé dans ce but. Ils réintégrèrent sur les cadres tous les officiers et sous-officiers romains qui avaient abandonné le service le 16 novembre 1848 pour rester fidèles à la cause du Pape. Ils soumirent à l'autorité gouvernementale un plan de réorganisation des divers corps de troupes et des employés militaires. Le lieutenant général Gabrielli établit les listes d'admission et d'avancement.

A ce moment, le général gouverneur ROSTOLAN voulut imposer au Pape et aux cardinaux Sermattei, Casoni et Altieri les volontés de son maître Louis-Napoléon. Un nouveau ministère avait été constitué par l'autorité pontificale. *Mgr Domenico Savelli* était ministre de l'intérieur ; *Angelo Giosanti*, ministre de la justice ; *Angelo Galli*, ministre des finances ; *Camillo Jacobini*, ministre du commerce, de l'agriculture et des travaux publics ; *Mgr Camillo Amici*, gouverneur des Marches ; *Mgr Andrea Gila*, gouverneur des délégations de Viterbe, d'Avieto et de Civita-Vecchia ; *Mgr Girolamo d'Andrea*, gouverneur de l'Ombria ; *Mgr Tancrede Bella*, gouverneur de la province de Rieti. Le général ROSTOLAN voulut leur imposer des institutions incompatibles avec le libre exercice de leur pouvoir. Il ne rencontra que des résistances insurmontables.

L'expédition de Rome et le rétablissement du pouvoir temporel avaient été ratifiés par 428 voix contre 176 à *la seance du 7 août*. « Le gouvernement était maître de la situation. Il continua néan-
« moins d'insister près du Pape pour obtenir des engagements

« formels et publics, contraires à la dignité de Pie IX et destruc-
« teurs de la souveraineté pontificale. Son insistance fut vaine. Le
« 18 août 1849, LOUIS-NAPOLÉON, sûr de l'adhésion de tous ses
« ministres, jugea bon d'intervenir personnellement. Il le fit par
« une lettre à son aide-camp, le lieutenant-colonel Ney, en mission
« à Rome. Cette lettre affectait de mettre Pie IX hors de cause,
« pour s'en prendre à la commission cardinalice qui le représen-
« tait à Rome. Elle disait que « la république française n'avait pas
« envoyé à Rome une armée pour y étouffer la liberté italienne,
« mais pour la régler, et pour lui donner une base solide, en
« remettant sur le trône pontifical le Prince qui, le premier, s'était
« placé hardiment à la tête de toutes les réformes utiles. » Elle
« prétendait que des *passions et des influences hostiles* voulaient
« donner « comme base à la rentrée du Pape la proscription et la
« tyrannie. » Après cette grosse phrase, il y en avait d'autres non
« moins fausses. Par exemple, Louis-Napoléon déclarait que nos
« armes avaient, sous l'Empire, laissé « partout comme trace de
« leur passage la destruction des abus de la féodalité et les germes
« de la liberté »; puis il ajoutait : « Nous devons obtenir en 1849
« les mêmes résultats. » Le Président indiquait ces résultats en
« vingt mots : « Je résume ainsi le rétablissement du pouvoir tem-
« porel du Pape : *Amnistie générale, sécularisation de l'administra-
« tion, code Napoléon et gouvernement libéral.* »

« Ainsi formulée, cette lettre fit grand tapage. Etait-ce un
« acte personnel du Président ou l'expression emportée des
« intentions du gouvernement ? C'était ces deux choses à la fois,
« que l'on compare le programme sommaire formulé par Louis-
« Napoléon aux instructions données à nos représentants près du
« Pape, et l'identité sera évidente.

« Les catholiques furent indignés de cette lettre présidentielle.
« Tout de suite cette question fut posée : Les ministres ont-ils
« connu avant sa publication l'acte du Prince et l'approuvent-ils !
« *La Patrie, les mémoires de M. Odilon Barrot*, les déclarations
« faites à la tribune par M. de Tocqueville établissent une certitude
« que tous les ministres, sans excepter M. de Falloux, donnèrent à
« cette lettre la plus entière approbation. Tous acceptèrent avec
« leur part de responsabilité, une complicité directe dans l'acte
« susdit ; ils s'en firent même un titre de gloire.

« PIE IX, libre de tout engagement, décréta bientôt les réformes
« qu'il jugeait utiles et y joignit une large amnistie. Nos gouver-
« nants trouvèrent qu'il n'en faisait pas assez. Ils tenaient toujours
« pour la lettre du Président. *La Chambre fut d'un autre avis.*

« Après une longue et belle discussion dont M. *Thiers*, M. de la
« Rozière et M. de Montalembert eurent l'honneur, *elle reconnut
« par son vote que le Pape avait fait ce qu'il fallait faire*. On pré-
« tendit alors que le Président maintiendrait la politique de sa
« lettre contre celle de la Chambre. On se trompait. Il ne rentra
« dans cette mauvaise voie qu'après la guerre de Crimée. (1) »

Des conflits surgirent donc avec les prétentions du gouvernement napoléonien. Le général Rostolan se fit gloire de secouer les cardinaux ; il eut mieux fait de se contenter de celle de secouer les assassins de Rome. C'est qu'en effet, depuis leur entrée dans cette capitale, il ne se passait pas de semaine sans qu'un ou plusieurs de nos soldats ne fussent poignardés. Pareil malheur faillit arriver à *Maugenre* derrière le Panthéon. Un soir, se trouvant seul dans ce quartier, il fut assailli par deux Italiens. Notre caporal dégaîna aussitôt. Leur troua-t-il la peau ? C'est possible. Toujours est-il qu'il s'escrima si bien qu'il revint sain et sauf au Transtevère.

Le 23 août, le général en chef OUDINOT DE REGGIO termina sa mission à Rome ; il remit le commandement en chef de l'armée au général de division ROSTOLAN et il rentra en France. Le 24, Venise se rendait aux Autrichiens. *Garibaldi*, qui depuis le 3 juillet avait été battu une fois par les Français et quatre fois par les armées impériales, était devenu contre-amiral de la flotte vénitienne. Au moment de la capitulation, il partit avec les bataillons lombards, commandés par Menegretti, et se rendit à Fusina.

Le 25 août, de grandes cérémonies religieuses eurent lieu à *S. Louis-des-Français*. Notre caporal, qui n'avait pas invoqué en vain son glorieux patron le 30 avril, se fit un devoir d'y assister avec les siens. Tous les officiers supérieurs étaient convoqués par les trois cardinaux commissaires de Sa Sainteté. L'un d'eux pontifia ; le père Lacordaire donna un agréable sermon de circonstance. Une quête fut faite pour élever dans cette église, bâtie par Catherine de Médicis, un *monument funèbre à la mémoire des soldats et des*

---

(1) Le comte *de Falloux* et ses mémoires par E. Veuillot. Ch. IV. p. 80. M. Odilon Barrot (*mémoires posthumes* t. III p. 471) a fait à ce sujet la révélation suivante :

« ...Il n'est que trop certain, et les évènements qui suivirent l'ont bien prouvé,
« que tout le bruit fait par Louis Napoléon pour assurer aux Romains un
« gouvernement libre, n'était pour lui qu'un *moyen politique* de se poser en
« face du pays et *de compromettre la majorité* de l'Assemblée, car le jeu une
« fois joué, le Président étant ressaisi par la chute du ministère de sa pleine
« liberté d'action, rien n'a été fait par lui ou ses nouveaux ministres ; les
« négociations que nous avons mentionnées ont même été abandonnées. »

officiers français morts au siège de Rome. Ce sanctuaire s'élève sur les ruines des thermes de Néron, construits en 65, et agrandis en 229 par Alexandre Sévère. Dans les voutes de ces thermes, occupant une place immense, se trouve la petite église de *S. Sauveur-in-Thermis*, consacrée au IVe siècle par le pape S. Sylvestre. Le palais *Patrizi*, le palais *Madame*, bâti par Catherine de Médicis, la *Sapience* (université de Rome, créée par Boniface VIII en 1303), se trouvent vis-à-vis. En face est l'église *S. Eustache*, construite à l'endroit où ce général chrétien fut brûlé, dans un taureau d'airain, avec son épouse Ste Théopista, et ses fils SS. Agapit et Théopiste (130). Sur la place du même nom, se trouvent les *Thermes d'Agrippa*, immenses salles de bains, léguées, 24 avant J. X, au peuple romain, et adossées au PANTHÉON. Ce temple, bâti 27 ans avant J. X. par Agrippa, en l'honneur de Jupiter Vengeur, fut purifié en 608 par Boniface IV, qui y fit transporter vingt-huit chariots d'ossements sacrés des martyrs inhumés aux catacombes. Elevé au milieu de l'ancien Champ-de-Mars, il est précédé d'un péristyle, composé de seize colonnes de granit. Elles sont d'un seul bloc, et mesurent 14 m. 64 de hauteur. Rangées par huit de front, ces colonnes supportent un majestueux fronton, dont le tympan était autrefois décoré de bas-reliefs en airain. A l'intérieur, le temple est circulaire, et couvert par une coupole ayant 43 m. 49 de diamètre et autant de hauteur ; cette coupole repose sur un mur de 25 pieds d'épaisseur. La porte de bronze est l'antique porte du temple : elle a dix centimètres d'épaisseur et 15 mètres de hauteur ; elle s'ouvre sur des pilastres de bronze. Les colonnes sont de marbre blanc veiné de violet ; le pavé est formé de porphyre et de différents marbres. Le Panthéon ne reçoit de lumière que par une seule ouverture circulaire, de 8 mètres de diamètre, pratiquée dans le milieu de la voûte. Le tombeau de Raphaël se trouve au Panthéon.

Revenant à la place de S. Louis-des-Français, qui aboutit à celle de *S. Augustin*, Maugenre et les siens entrèrent dans l'église du même nom. L'intérieur, qui rappelle le style ogival du XVe siècle, est divisé en trois nefs par des piliers cantonnés de colonnes. On y rencontre la Madonna del Parto, accablée sous les ex-voto les plus précieux, et entourée d'une forêt de lumières. Le corps de Ste Monique, mère de S. Augustin (387) y est conservé dans une magnifique urne de vert antique.

Une petite rue sépare cette église de celle de *S. Apollinaire* qui est du XVIe siècle. Les bâtiments attenant à ce sanctuaire étaient occupés par le cardinal-vicaire et par les Facultés de Théologie, de Droit et de Philosophie.

A cent mètres de là, deux autres églises sont dédiées à *Ste Maria dell' Anima* et à *Ste Maria della Pace*. La première appartient aux Belges ; elle est à trois nefs divisées par des piliers qui s'élèvent jusqu'à la voute. On y remarque des peintures, des fresques, des bas-reliefs de grands maîtres, ainsi que des tombeaux magnifiques, entr'autre celui du pape Adrien VI (1523). La seconde est remarquable par son portique semi-circulaire ; l'intérieur est en croix latine, à une seule nef, avec coupole octogone. Raphaël y a peint les sibylles persiques, phrygienne, tiburtine et de Cumes. A gauche, un magnifique cloître, à double rang de portiques, a été bâti par Bramante.

Continuant leur itinéraire, nos pieux visiteurs arrivèrent à la *Place Navone*, une des plus vastes de Rome, bâtie sur les substructions du Cirque agonal d'Alexandre Sévère (233). Elle renferme trois grandes fontaines et une petite. L'immense bassin du milieu, au centre duquel s'élève un amas de rochers percés à jour, d'où s'échappent les eaux, au milieu de lions et de chevaux marins, est dominé par un obélisque de granit rouge, orné d'hiéroglyphes, provenant du cirque de Romulus, et mesurant 16 m. 69 de hauteur, d'une pièce. L'église de *Ste Agnès* est sur cette place. Elle renferme dans sa crypte l'ancien *lupanar*, où la jeune vierge fut exposée, emprisonnée, brûlée et décapitée (304). C'est là qu'elle ressuscita le fils du proconsul. L'édifice est en forme de croix grecque. L'intérieur et la coupole sont d'une richesse de marbres et de peintures extraordinaires. On y rencontre des mosaïques et des inscriptions des IVe, VIIIe, XIIe et XVIIe siècles.

Sur une autre partie des ruines du même cirque a été bâtie au XIIIe siècle l'église *Saint Pantaléon*. Le corps de S. Joseph Casalanz, fondateur des premières écoles gratuites (1643), repose sous le maître-autel, dans une urne de pophyre. L'Autriche y a fait déposer, comme trophée, plusieurs drapeaux pris aux Turcs au siège de Vienne.

Telles furent les visites occasionnées par la fête de S. Louis : elles dédommagèrent Thérésine et son mari de toutes les peines endurées les mois précédents pour la grande cause de l'Eglise et de la France.

L'amnistie demandée par Louis-Napoléon fut publiée par PIE IX le 8 septembre 1849. Sa Sainteté n'exceptait que les membres du triumvirat, les chefs de corps insurgés, et ceux qui, outre les délits politiques, avaient commis des crimes prévus et punis par les lois pénales. Satisfait sur ce point, le général en chef ROSTOLAN insista pour obtenir des cardinaux les autres modifications contraires au bien général des États pontificaux et de la Sainte-Église. Il ne reçut pour toute réponse que des représentations très respectueuses.

Le 23 septembre 1849, dans la basilique de *Saint Jean de Latran*, deux Françaises reçurent la confirmation des mains de Son Eminence le cardinal PATRIZI, évêque d'Albes et vicaire de Rome, ce furent *Marie-Anne Capdepon de Goes* et Etiennette Molinier. La princesse Borghèse mère fut leur marraine. Après la cérémonie, le cardinal leur remit un souvenir en recevant leurs familles qu'il bénit. Le chanoine Joseph Graziani leur donna l'acte testimonial du sacrement qu'elles avaient reçu.

Comme il n'y a pas de beau jour sans lendemain, Maugenre résolut de conduire les siens au Vatican et de visiter les monuments qui étaient sur son passage. Après le déjeûner, vers neuf heures, on se mit en route.

Franchissant le Tibre au pont Sixte, ils saluèrent l'église de *la Trinité des Pèlerins* et celle de *S. Paolo alla-Regola*, où l'apôtre instruisait les chrétiens. Traversant les places Farnèze, Campo di Fiori, et della Cancelleria, ils entrèrent à *S. Lorenzo in Damaso*. Cette église du IVe siècle, reconstruite au XVe, est précédée d'un vestibule carré. Elle est à trois nefs. Sous le maître-autel reposent les papes S. Damase (384) et S. Eutychien (283). Là se trouve le cénotaphe du comte Peregrino *Rossi*, lâchement assassiné en 1848.

Se dirigeant vers le pont S. Ange, ils visitèrent la *Chieza nuova*, église à trois nefs du XVIe siècle, remplaçant celle de S. Grégoire du VIe siècle. Les toiles sont de Rubens ; les peintures de la grande nef et des transepts sont de Pierre de Cortone. On y vénère une image sanglante de la Mère de Dieu et un crucifix miraculeux. Quatre belles colonnes de porta santa décorent le maître autel. A la chapelle de S. Philippe de Néri, repose le corps du saint fondateur des Oratoriens, mort en 1595.

Longeant les palais Sforza et Sanpieri, saluant l'église *S. Jean*, vis à vis le palais Salviati, ils passèrent le pont S. Ange, bâti primitivement par l'empereur *Adrien* (135) pour donner accès au magnifique *Mausolée* converti actuellement en fort S. Ange. Voici donc le tombeau gigantesque pour lequel Adrien amoncela une montagne de travestin, de péperin et de marbre, afin d'élever les deux étages circulaires et terminés en pyramide, qui, avec le soubassement et la coupole, composent l'édifice. Quarante-huit colonnes de marbre violet entouraient le tombeau ; il était surmonté de plus de sept cents statues ordinaires ou équestres (1). C'est ici que

---

(1) Le père de Bralion, oratorien. Curiosités de l'une et l'autre Rome, p. 172.

furent transportés les restes d'Adrien (138), d'Antonin-le-Pieux (161), de Marc Aurèle (180), de Commode (192) et de Septime-Sévère (211). C'est ici que les Goths assiégèrent les Grecs en 537. C'est ici que, pendant la peste de 590, le pape S. Grégoire-le-Grand et les Romains pénitents, marchant en procession, virent un messager céleste se poser sur la cime du mausolée, et remettre une épée dans son fourreau, pendant qu'ils entendirent chanter le premier *Regina cœli*. C'est ici que par ordre de la perfide patricienne Marozia et de son petit-fils, furent étranglés les papes Jean X (928), Benoît VI (974) et Jean XIV (985). C'est ici que se réfugia Clément VII, quand l'infâme soldatesque du connétable de Bourbon mit Rome à feu et à sang (1527). Un passage pratiqué dans les murs de la cité léonine mit le mausolée en communication avec le Vatican. En organisant l'armée pontificale, le général JEAN LEVAILLANT pourvut cette citadelle de défenses nouvelles et y plaça une grande partie de l'artillerie.

Après avoir visité le mausolée d'Adrien, les chambres sépulcrales, les prisons cellulaires, les salons modernes et la plate-forme, nos touristes prirent la via del Borgo-Niovo, sur laquelle est bâtie l'église *S. Maria-in-Traspontina*. Sous l'autel de la Pieta reposent les corps sacrés des saints Basilide, Tripodius et Magdalon, martyrs. A gauche de l'autel de S. Pierre, se trouve la colonne à laquelle fut lié le prince des Apôtres pendant qu'on le flagellait. En quittant cette église, on a à droite le palais Torlonia, devant soi la place Scossa Cavalli, où s'élèvent le palais Giraud, le collège des Pénitenciers et les églises S. Philippe et S. Jacques : la place Saint-Pierre est tout auprès.

Les voici donc arrivés à la porte de bronze du VATICAN ; quelques suisses y montent la garde à l'intérieur. Un serviteur se présente pour conduire nos Français. Ils peuvent aller partout ; le Pape n'y est pas. Un grand escalier, orné de colonnes à chaque marche, conduit à la *Chapelle Sixtine ;* toutes les peintures sont de Michel-Ange (1509). C'est ici que, depuis 1471, les conciles se sont réunis pour l'élection des papes : c'est ici qu'ont lieu les imposantes cérémonies de la Semaine sainte. La salle royale, qui y donne accès, communique avec la *Chapelle Pauline*, église paroissiale des habitants du palais, et avec la *Salle ducale*, destinée aux grandes audiences. La porte du fond communique avec les *Loges de Bramante*, par où l'on entre dans le premier musée du monde. Trois mille monuments ont été réunis par Pie VII au *Musée lapidaire*. Ce sont des sarcophages, des urnes funéraires, des cippes et des vases, des inscriptions païennes, provenant des temples et concernant les consuls, les centurions, les tribuns, etc., et des inscriptions chrétiennes tirées des catacombes. — Sept cents spécimens de l'art antiques ont été disposés en trente compartiments dans le *Musée Chiaramonti* qui est séparé du premier par une grille. Ce sont des statues antiques des faux-dieux (1) et des hommes célèbres (2), presque toutes de leur époque, des bas-reliefs, des bustes, des groupes de statues, etc. — De cette galerie on entre dans celle du *Braccio nuovo*, dont le pavé est de marbre, enrichi de dix mosaïques antiques, dont les colonnes sont de jaune antique, d'albâtre oriental, de jaspe de Sicile, et de marbre gris. Ici ce sont 15 statues célèbres et colossales, l'Athlète ; le Nil avec ses seize enfants ; Trajan ; Démosthènes : Julia ; Marc Aurèle ; Ptolémée ; Antonia ; Titus ; Adrien ; Domitien ; Commode ; Claude ; Lucius Verus ; Nerva, etc., et des faux dieux. On y compte encore 40 bustes. — Les plus riches collections, formées par les papes, se trouvent au musée *Pio-Clementino*, contenant la galerie Chiaramonti. Deux mille chefs-d'œuvre y ont été réunis dans les vestibules carré et rond, dans la chambre du *Méléagre*, la cour du Belvédère, la salle des animaux, la galerie des statues, la salle des bustes, le cabinet des masques, la chambre des muses, la salle ronde et la salle à croix grecque. C'est là que se trouvent le Laocoon, l'Apollon du Belvédère, les sarcophages de Scipion Barbattus, de Ste Hélène, de Ste Constance, de Marcellus, la baignoire de Caracalla, Antinous, Jupiter avec l'aigle, le sceptre et la foudre, la mosaïque de Cicéron, le bassin de porphyre mesurant dix mètres de circonférence et beaucoup d'autres monuments supérieurs à tous les prix et à tout ce qu'on en peut dire. Dans les salles des monuments égyptiens et des papyrus se trouvent des statues et des manuscrits antérieurs au XVIe siècle avant J. C. — Elles aboutissent à la chambre de la Bigue où, à côté des statues de Sardanapale, d'Alcibiade, de Phocion et autres, se trouve un char conduit par deux chevaux sculptés en marbre.

---

(1) Apollon — Euterpe — Silène — Pâris — Pluton — Cerbère — Cérès — Satyre — Clio — Diane — Bacchus — Minerve — l'Océan — Polymnie — Niobé — Jupiter — Hercule — Amazone — Cupidon — Melpomène — Vénus Anadyomène — Nymphe — Esculape — Cupidon de Praxitèle — Junon — Iris — Mercure — Mars — Neptune — etc...

(2) Septime Sévère (211) — Antonin le Pieux (161) — Claude (54) — Alexandre le Grand (323 av. J. C.) — Agrippa (12 av. J.) — J. César (44 av. J. C.) — Scipion l'Africain (184 av. J. C.) — Adrien (138) Auguste (14) — Démosthène (322 av. J. C.) — Cicéron (43 av. J. C.) Alcibiade (404 av. J. C.) — Caton (149 av. J. C.) Pompée (48 av. J. C.), etc.

Au second étage, les douze salles du *Musée étrusque* renferment les antiquités de Pompéïa. Elles conduisent au salon des bronzes, à la salle des peintures, à la galerie des candélabres, ornée de 607 statues, et d'un nombre incalculable de candélabres, de vases et de bas-reliefs. Les tapisseries de Raphaël et de Jules Romain sont dans les galeries des Arazzi, communiquant à celles des cartes géographiques, aux chambres de l'Immaculée-Conception, de l'incendie du Bourg, de l'Ecole d'Athènes, d'Héliodore, de Constantin, aux loges de Raphaël et de Grégoire XIII, à la salle Clémentine et aux appartements du Saint-Père. Les chefs-d'œuvres de *Raphael* sont à la Pinacothèque.

La bibliothèque possède 23,000 manuscrits de la plus haute antiquité. D'autres musées profanes et chrétiens ; d'autres salles destinées aux papyrus, aux peintures, aux sceaux antiques, aux médailles renferment d'innombrables trésors. Comment décrire tous les appartements du Vatican. Ce palais contient onze mille chambres, vingt cours, deux cent huit escaliers (1), des galeries où peuvent se réunir quatre mille personnes dans chacune, un atelier de mosaïque, des dépendances et des jardins immenses. C'est le plus vaste palais du monde. Après avoir donné la pièce au guide, Maugenre et les siens sortirent de ce labyrinthe fatigués et satisfaits.

Vers la fin d'octobre, le général ROSTOLAN demanda de rentrer en France. Il avait échoué dans toutes ses tentatives auprès des cardinaux pour leur faire adopter avec la loi française, la sécularisation de l'administration et une chambre munie du pouvoir législatif. Il ne devait s'en prendre qu'à lui-même de la situation difficile et presque impossible qu'il s'était créée par ses revendications. Fort de l'appui de Louis-Napoléon, il accusa les cardinaux de vouloir restaurer le régime des vieux abus et il donna sa démission. Le président de la république l'accepta ; bien plus, il voulut manifester officiellement son mécontentement envers la Cour romaine, en choisissant un *protestant* pour succéder au général démissionnaire. Ce fut le général de division BARAGUEZ-D'HILLIERS qui fut envoyé à Rome pour prendre le commandement en chef de l'armée d'occupation.

Le 15 novembre, le nouveau général en chef passa en revue sur la place Saint-Pierre la première brigade de la 2ᵉ division (32ᵉ et 36ᵉ de ligne), commandée par le général de brigade *Charles*

---

(1) Chanoine de Bleser. Rome et ses monuments : page 365.

Levaillant. Le lendemain, à 8 heures du matin, les deux bataillons de guerre du 36e partirent de Rome pour aller occuper le cantonnement de Frascati.

Ce fut sur la place de Ste Marie du Transtevère que se réunit le 36e pour se rendre à FRASCATI. L'ordre de marche une fois donné, le régiment franchit le Tibre, à l'île S. Barthelemy, Tournant le Capitole par les places Montanara et della Consolaziona, il longea tout le *forum romain*, ayant à gauche le temple de Saturne, l'arc de Septime-Sévère, la basilique Emilienne, la colonne de Phocas, la basilique Julia, la Græcostase, les temples d'Antonin et de Faustine, de Romulus et Rémus, de la Paix, de Vénus et de Rome, et à droite, la Curia Hostilia, l'église Ste Marie Libératrice, et les jardins Farnèse où se trouvent les ruines des palais des Césars, sur le mont Palatin. Après avoir passé sous l'arc de Titus, le 36e arriva devant l'arc de Constantin, contourna le *Colisée*, et descendit la via de S. Giovanni-in-Laterano, saluant au passage la basilique de S. Clément et l'église de S. André. Il fit une halte devant la basilique *S. Jean-de-Latran*, la première de toutes les églises de la ville et du monde entier. A peine eut-il franchi le seuil de la porte Saint-Jean, qu'il aperçut bientôt, à droite, les verdoyantes montagnes du Latium et du Tusculum ; à gauche, les Apennins aux teints bleuatres.

Près du troisième mille, l'acqua Felice traverse la route. Un peu plus loin et à gauche se trouve le monticule del Grano dont la base est un vaste tombeau qui mesure 200 pieds d'étendue. C'est là qu'on découvrit les précieux sarcophages du musée du Capitole. Un peu au-delà du cinquième mille, sont les ruines d'une ancienne villa d'Adrien. Après avoir passé devant l'Osteria Vermicino 9e mille, les Orti Ludovici 11e mille, la petite église Capo di Croce et la villa Ponti, le 36e arriva par une pente douce, au milieu des oliviers, des vignes et des champs cultivés à FRASCATI, 12 milles de Rome.

Cette petite ville de 5,000 habitants est le rendez-vous de la haute société romaine. Elle est célèbre par ses villas, ses horizons magnifiques et sa situation unique au monde, où l'on jouit d'un air salubre et de vues admirables. La *Villa Aldobrandini*, nommée del Belvédère, appartient à la maison Borghèse. La cassine est remarquable par la beauté des marbres dont elle est ornée et par les peintures de d'Arpin. Les jardins sont ornés de fontaines, de cascades et de jets d'eau. La *Villa Conti* appartient au prince Torlonia. La *Villa Montalto* est la propriété de la Propagande. La *Villa Mondragone* compte 364 fenêtres sur sa façade. Les villas

Falconieri, Taverna et *Ruffinella*, bâties sur l'emplacement de celle de Cicéron, sont remarquables par leurs fresques et leurs richesses. Le palais épiscopal date du XVe siècle ; la cathédrale est dédiée à S. Pierre. Les capucins ont une charmante église ; les camaldules ont leur chapelle.

Arrivées à 2 heures du soir, les compagnies du 36e furent casernées dans les villas qui entourent la ville. Les grenadiers et la 1re compagnie du 1er bataillon se rendirent par Grotta Ferrata à *Marino*, où ils furent cantonnés.

Ce fut à la villa Conti que vint habiter M. le colonel BLANCHARD. Au-dessus du logement qu'il occupait, toutes les chambres étaient vides ; elles furent offertes au caporal *Maugenre*, à la condition que Thérésine vînt habiter Frascati. Celle-ci n'avait pas suivi le régiment. Elle était restée au Transtevère avec sa sœur, espérant que l'absence du 36e ne serait pas de longue durée, et voulant conserver à sa petite sœur l'éducation des bonnes religieuses du Sacré-Cœur dont plusieurs étaient françaises.

Maugenre de son côté, persuadé que le temps qu'il devait passer à Frascati méritait bien un déplacement, inquiet de voir sa femme et sa belle-sœur rester sans lui dans la via Lungaretta, enchanté du magnifique logement qui était mis à sa disposition, n'eut rien de plus pressé que de retourner à Rome pour ramener avec lui en voiture Thérésine et Mariannette. Ils demeurèrent donc ensemble dans la villa du prince Torlonia : les amis qu'ils se firent en dehors du régiment furent les religieux de S. François et l'aumônier de la villa Aldobrandini. Ce dernier était français. Il s'intéressa beaucoup à la petite Marie-Anne et la prépara à faire sa première communion. L'hiver se passa loin des bruits de la ville éternelle.

Un jour du mois de décembre, Mariannette entra chez sa sœur à la villa Conti avec un air fort embarrassé. Thérésine s'en aperçut bien vite et lui demanda ce qu'elle avait.

— Tu ne me gronderas pas, n'est-ce pas marraine, lui dit-elle aussitôt.

— Si tu n'as rien fait de mal, sans doute.

— Eh bien, j'ai rencontré une petite Italienne, presque toute nue ; les garçons couraient après elle ; ils riaient de sa nudité. Cela m'a fait mal au cœur. Je me suis cachée derrière une porte, j'ai ôté un vêtement et je l'ai donné à la petite Italienne.

— Tu n'as fait que ton devoir, Marie-Anne ; et moi je t'achèterai un autre vêtement plus beau que le premier. Au lieu de te gronder, je t'embrasserai, parce que tu le mérites.

Au mois de janvier de l'année 1850, *Monseigneur Joseph* CASTELLA-

NI, évêque de Porfyre, sacriste de Sa Sainteté Pie IX, vint visiter la princesse Borghèse qui était souffrante. L'aumônier profita de la présence du Pontife pour lui demander de vouloir bien faire faire la première communion à une Française, *Marie-Anne Capdepon de Goës*. L'évêque y consentit volontiers ; la solennité fut fixée au 16 janvier ; Marie-Anne fut l'unique communiante. La cérémonie eut lieu dans la magnifique chapelle de *la Villa Aldobrandini*. Le sergent Maugenre, Thérésine et la première communiante dînèrent au palais avec la princesse-mère et avec deux dames d'honneur. Ils reçurent en souvenir de grosses médailles d'argent, à l'effigie de la Vierge honorée dans cette chapelle, et un Christ d'argent monté sur une croix d'ébène. Ils allèrent ensuite faire une courte visite à la jeune princesse malade. *Le prince Borghèse* était avec elle ; très simple, très charitable, très dévoué pour tous les français, le prince et son épouse, qui était belge, furent on ne peut plus aimables pour nos trois visiteurs. Ils leur dirent : « *en quelque endroit que vous soyez, si vous avez besoin de quelque chose, écrivez-nous* ». Leur bienveillance fut mise à contribution quelques semaines plus tard. L'illustre famille Borghèse avait fondé à Rome, dans la rue S. Jean de Latran *l'institution des religieuses du Bon-Pasteur*. A ce moment, la supérieure de ces religieuses était de Metz. Sur l'avis de l'aumônier, Thérésine sollicita du prince l'entrée de sa sœur au grand pensionnat. Cette faveur lui fut immédiatement accordée. La princesse Borghèse écrivit elle-même à la supérieure. Thérésine n'eut que le temps de préparer le trousseau de Mariannette et de conduire sa sœur à la rue S. Jean-de-Latran. Marie-Anne revêtit le costume des jeunes filles pensionnaires. Elle se trouvait avec les italiennes des meilleures familles ; étant seule française, elle dut se mettre à apprendre l'italien ; et bientôt elle le parlera comme sa langue maternelle. Depuis ce moment, Thérésine et son mari se rendirent plusieurs fois à la villa Aldobrandini. L'aumônier était leur confesseur ; les dames de cour devinrent leurs bienfaitrices les plus dévouées.

Le 23 janvier 1850, notre caporal-sapeur fut nommé SERGENT *à la 6ᵉ compagnie du 1ᵉʳ bataillon*. Cette compagnie avait alors pour capitaine DUCLOS Jean-Baptiste, pour lieutenant *Fougerat*, pour sous-lieutenant *Barthélemy*, pour sergent-major Renaud et pour fourrier un juif nommé Jassada. De nombreux invités vinrent dîner le lendemain à la villa Conti : on arrosa les galons.

Par suite de la rentrée en France du 20ᵉ de ligne et de trois autres régiments, dans le courant de janvier, le 36ᵉ de ligne passa à la 2ᵉ brigade de la 2ᵉ division, sous les ordres du général de brigade *Sauvan*. Cette brigade était composée des 32ᵉ, 36ᵉ et 53ᵉ de ligne.

Ce fut à Frascati, le 8 février 1850, que furent renouvelés les numéros matricules de tout le régiment. *Maugenre*, qui avait été immatriculé sous le n° 5314, reçut à cette époque pour nouveau matricule le N° 6. Il n'y avait donc que cinq soldats plus anciens que lui au 36ᵉ.

Le 12 avril, l'état-major et le 1ᵉʳ bataillon du 36ᵉ se rendirent de Frascati à ALBANO. Le 3ᵉ bataillon était rentré à Rome depuis deux mois. Cette ville de l'aristocratie romaine remplace, non pas Albe-la-Longue, dont les ruines sont à Palazzola, mais un ancien camp prétorien de l'époque des guerres puniques. Ascagne, fils d'Enée, y a, dit-on, son tombeau. *C'est par cette cité que le souverain Pontife PIE IX rentrait de Gaëte au Quirinal.* Le régiment forma une double haie de soldats pour rendre les hommages au Pape sur son passage. Le roulement des tambours et les symphonies guerrières de la musique du 36ᵉ étaient accompagnés de mille cris de la population toute entière : *Viva Pio nono ! Evviva il padre del popolo !* Ce pape avait entrepris à Albano le gigantesque viaduc de l'Ariccia, dont la hauteur dépasse 60 mètres et la longueur 300 mètres. Le 36ᵉ rentra à Frascati le même soir.

Le 17 avril, les officiers de l'armée française, ayant à leur tête le général BARAGUEZ D'HILLIERS furent présentés au Pape dans une salle du Vatican. Le lendemain, l'état-major et le 1ᵉʳ bataillon du 36ᵉ se rendirent de Frascati à Rome. Toute l'armée française, réunie sur la place S. Pierre, reçut la bénédiction du Vicaire de Jésus-Christ et défila devant Lui. Le 36ᵉ rentra à Frascati le 19. Il n'y eut à cette occasion qu'une seule croix de *chevalier* de la Légion d'honneur accordée au 36ᵉ ; elle fut donnée au capitaine *Grégoire*. Le lieutenant-colonel Tarbouriech fut nommé *officier* de la Légion d'honneur. Le colonel BLANCHARD devint commandeur.

Le général BARAGUEZ D'HILLIERSS avait rempli sa mission : un *protestant* français avait reçu le Saint-Père. Louis-Napoléon satisfait, rappela en France le général en chef. Le 5 mai 1850, celui-ci remettait le commandement provisoire de l'armée au général de division GUESVILLER. Dès lors, le corps expéditionnaire ne forma plus qu'*une* division d'occupation (10 mai), sous le commandement du général de division Gémeau. Le 36ᵉ passa dans la 2ᵉ brigade sous les ordres du général de brigade *Chadezsson*. La division était composée du 2ᵉ bataillon de chasseurs à pied, des 13ᵉ et 22ᵉ léger, des 36ᵉ et 53ᵉ de ligne. Ce fut le 20 mai que le général

Gemeau vint prendre le commandement de la division d'occupation.

Pendant tout ce mois de mai, la beauté des sites enchanteurs des environs de Frascati disposa le sergent Maugenre et Thérésine à quelques excursions. *Tusculum* n'est qu'à une demi-lieu ; c'est là que Cicéron, Metellus, Gabinus et Anicius venaient se distraire des affaires sérieuses. Une délicieuse forêt sépare Frascati de *Grotta-Ferrata*, où l'hospitalité des basiliens est en grand renom. Au sommet du *Mont Albain*, ce sont les Passionistes qui vous reçoivent admirablement. A *Ariccia*, à *Genzano*, à *Marino*, à *Castel-Gondolfo*, à *Rocca-di-Papa*, non loin des *lacs Albano* et de *Némi*, ce sont toujours des religieux qui se font une fête de recevoir nos français. Le bonheur de ceux-ci ne fut pas de longue durée. Le départ d'une division pour la France fit revenir à ROME, pour le service de la ville, l'état-major et le 1er bataillon du 36e. Le 15 juin, ils occupèrent LES THERMES DE DIOCLÉTIEN. Thérésine vint demeusur la place des Thermes, au mont Viminal.

Commencé par Dioclétien en 302, ces thermes pouvaient recevoir 3,200 baigneurs. Ils étaient sans contredit l'établissement le plus considérable de ce genre que renfermait Rome ancienne. Les chrétiens, condamnés pour la foi, y furent employés comme forçats jusqu'à l'entière exécution des travaux. *Baronius* estime qu'il y en eut plus de 40,000 ; il signale les briques que l'on a trouvées marquées d'une croix. S. Saturnin est un des nombreux martyrs qui succombèrent dans ces rudes travaux. *Ammien-Marcellin* compare ces thermes à une province. Cet historien latin du IVe siècle, déclare au 16e livre de son histoire des empereurs romains, que, sans exagération, ces bains publics surpassaient bien des villes en grandeur. En 1559, le pape Pie IV confia à Michel-Ange le soin de transformer en basilique et en monastère, les immenses ruines de ce monument qui avait été autrefois le témoin de tant d'infamies. Le *caldarium* est devenu l'église de Ste Marie des Anges où reposent les corps de 730 martyrs ; les magnifiques colonnes monolithes de granit rouge d'Egypte ont été conservées à leur place primitive. Le *frigidarium* est devenu le chœur de cette église. Le *laconicum* sert d'entrée. Vis à vis se trouve le *theatridium*. A chaque angle étaient des édifices circulaires dont un a été converti en l'église S. Bernard, et l'autre en un grenier à foin dans la via Strozzi.

Derrière l'église se trouvent des *cloîtres magnifiques*, formant un carré, entouré d'un portique soutenu par 100 colonnes de travertin. Ils ont été construits sur les dessins de Michel-Ange. Tout autour sont les cellules monacales qui servent maintenant de caserne aux soldats du 36ᵉ de ligne. Des inscriptions sont peintes sur toutes les portes : en voici une assez remarquable : « *L'étude des mathématiques est le prélude pour arriver à la contemplation des choses divines.* »

Le séjour aux Thermes dura dix mois. A peine installée dans ses modestes chambres, Thérésine reçut la visite de *Madame de Saint-Amand*, qu'elle avait quittée à Civita-Vecchia. Cette dame de l'Intendant en chef était méconnaissable. Elle avait appris le retour du 36ᵉ à Rome ; le sergent de garde à la porte des Thermes lui avait indiqué le logement de Thérésine ; elle ne l'eut pas plus tôt saluée qu'elle se mit à verser d'abondantes larmes : « Ah ! que je suis malheureuse, Madame Maugenre, s'écria-t-elle, mon mari est au fort Saint-Ange ! »

— Si l'intendance a ses bureaux au mausolée d'Adrien, il semble naturel que Monsieur l'Intendant en chef y tienne sa résidence.

— Mais non, hélas ! Vous ne savez donc pas ce que nous est arrivé !

— Je ne sais absolument rien.

— Vous vous rappelez de la femme de l'infirmier Robert que nous avions prise à notre service à l'ambulance des Lombards ? C'était une fricoteuse, qui menait la vie grand train, avec les tristes camarades de son mari. A plusieurs reprises différentes, les membres de l'administration la surprirent à nocer, à faire de grands fricots, pouvant régaler toute une compagnie. « Mais qu'est-ce qui paie tout cela, lui demandèrent-ils un jour ? Ce n'est certes pas avec ce que vous gagnez que vous pouvez faire de pareils dîners. Si vous ne le dites pas, nous allons vous faire f... à la porte de l'ambulance, vous et votre mari ». Or, la réponse de ma servante fut celle-ci : « C'est Monsieur l'Intendant qui prend toutes ces viandes, vin, pain, café, etc., sur la fourniture des blessés, et, comme il en a trois fois plus qu'il ne lui en faut, pour ne rien laisser perdre, c'est moi qui en profite. »

— Je vous avais bien dit, Madame, de vous défier de cette femme-là, et de la surveiller de près.

— Ah ! que ne l'ai-je mise à la porte de suite. C'était elle la voleuse, et ces canailleries retombèrent sur le dos de Monsieur de Saint-Amand. Une enquête fut faite ; elle fut défavorable. Mon mari a été traduit devant le conseil de guerre ; il a été condamné à cinq ans de forteresse.

— Et vous, Madame, où habitez-vous aujourd'hui ?

— Moi et ma fille nous habitons avec M. de Saint-Amand, au fort Saint-Ange. Alice doit faire sa première communion dans quinze jours ; pour que son père puisse y assister, ce sera à la chapelle du fort qu'elle communiera et vous me feriez grand plaisir de vouloir bien vous joindre à nous. »

Thérésine accepta ; ce fut une des plus tristes cérémonies à laquelle elle ait pris part durant sa vie. De temps à autre elle se fit un devoir d'aller consoler ces grands malheureux.

Depuis que le corps expéditionnaire avait été réduit à une seule division, le service militaire était devenu de plus en plus absorbant et pénible. Or, c'est surtout sur les sous-officiers que ce service retombait. *Maugenre* en fit plus que sa part. L'immoralité avait conduit à l'hôpital surtout des sous-officiers, et ils y étaient nombreux, à tel point que le sergent Maugenre n'avait pas sitôt fini de descendre une garde qu'il fallait en monter une autre. Jour et nuit, il fallait toujours être en route : à Rome comme à Paris les distances ne sont pas petites. En faisant ainsi le service des invalides avec le sien, notre sergent eut plus de mérite et de fatigues que de récompenses ; ici-bas, l'ingratitude est la compagne ordinaire du sincère et héroïque dévouement.

Un jour, notre sergent se trouvait de garde à la *Porte du Peuple*, bâtie sur l'antique voie Flaminienne qui conduit à Florence. Il avait reçu la consigne de ne laisser entrer aucune marchandise. Une voiture chargée de tonneaux arriva. Le SERGENT MAUGENRE sortit aussitôt avec *le portier* qui lui servait d'interprète.

— Qu'y a-t-il dans vos tonneaux ? demanda-t-il au voiturier.

— Ce sont des baïocchi (de l'argent) pour le prince Torlonia.

— Eh bien, je confisque vos baïocchi, répondit Maugenre. En avant, la garde. Malgré tous les jurements et tous les ébats du voiturier, lui et sa voiture furent conduits au gouvernement militaire. Là, les tonneaux furent examinés ; ils renfermaient des cartouches. Le voiturier fut fouillé ; c'était un commissionnaire de la haute vente. Ce garibaldien fut mis à l'ombre, et notre sergent reçut les félicitations de ses chefs.

Une autre fois, de garde à l'hôpital Saint-André, il y rencontra *le docteur Jacquot* (1), de Saint-Dié. Celui-ci était sur le point de retourner dans son pays, parce que sa mère lui avait trouvé une femme. Notre sergent lui remit ses commissions pour sa famille.

De son côté, Thérésine travaillait et faisait travailler les sœurs du Bon Pasteur pour le général Jean Levaillant, pour son collègue le général Chadeysson, pour le lieutenant-colonel Tabouriech et

---

(1) Il est mort du choléra, au Val-de-Grâce, victime de son dévouement.

pour plusieurs autres de ces Messieurs. Nombreux furent les pauvres qu'ils firent habiller par Mme Maugenre. Le général J. Levaillant fut le premier réorganisateur de l'armée pontificale ; il la mit sur le même pied que notre armée. Sa Sainteté avait pour ce noble, majestueux et excellent chef supérieur une grande amitié, basée sur la plus grande estime. Pie IX lui donna son portrait en grandeur naturelle ; il l'admit dans son intimité ; toutes les portes du Vatican et du Quirinal étaient ouvertes à l'ancien et bien-aimé colonel du 36e de ligne. On disait qu'il aurait fait un meilleur cardinal qu'un chef d'armée.

Pour le nouvel an 1851, Pie IX envoya à son général, une magnifique corbeille blanche, toute en sucre artistement façonnée, et remplie de fruits confits. Ce cadeau fut donné à Thérésine. Celle-ci en fit hommage aux religieuses du Bon Pasteur. Ce fut un événement pour la communauté, et pour le pensionnat, de goûter à la corbeille qui venait du Pape. Les jeunes filles se signaient comme si elles eussent reçu un objet béni.

Au *carnaval*, le général Levaillant invita Thérésine et son mari à venir chez lui pour pouvoir mieux contempler les fêtes burlesques des Romains. Il habitait au Corso le palais *Ruspoli*. Un escalier de 115 marches en marbre blanc conduisait à ses appartements. A ce moment, chaque fenêtre du Corso se loue à prix d'or. Les officiers supérieurs et d'état-major furent bien surpris de voir le vieux sergent à trois brisques du 36e, avec sa femme, aux premières loges chez leur général. Celui-ci avait eu la bonté de leur faire préparer des *mazzetti di fiori* (petits bouquets de fleurs) et des *confetti* (dragées de plâtre) pour qu'ils puissent les jeter sur les voitures chargées de masques et d'étendards. De cette fenêtre, ils assistèrent ensuite à la course des chevaux, armés d'un collier de métal aux pointes acérées, courant sans guide de la place du Peuple au palais de Venise. C'est alors que le peuple romain est agité, impressionnable, ardent jusqu'à l'enthousiasme.

Le retour du pape avait ramené les grandes solennités religieuses. Ce fut une grande joie pour nos Français d'assister le 25 décembre à *la messe pontificale* à S. Pierre au Vatican — à la procession de la Ste-Crèche à Ste Marie-Majeure — aux fêtes de l'Epiphanie à l'Ara cœli — à l'exposition des reliques de S. Sébastien hors des murs — à la bénédiction des agneaux à Ste Agnès hors des murs — aux fêtes de la purification au Vatican, de Ste Françoise romaine au forum — de l'Annonciation à la Minerve — aux stations solennelles et quotidiennes du Carême — aux oratorio de la musique sacrée — aux expositions des grandes reliques de l'Eglise — à la bénédiction des palmes par le pape — à la procession de la Sainte-Hostie portée par Pie IX — au lavement des pieds et au repas des pauvres servis par le Saint-Père — enfin et surtout à la fête de Pâques. Cette année, en ce grand jour, PIE IX, la tiare en tête, et porté sur la sedia gestatoria, descendit la Scala-regia du Vatican et entra dans la basilique par la porte du milieu. En ce moment, les trompettes de la garde noble, placées sur un balcon intérieur firent entendre leurs fanfares ; les chantres de la chapelle de S. Pierre entonnèrent le : *Tu es Petrus* ; le cortège s'avança majestueusement vers le presbyterium. Lorsque le pape eut pris place sur son trône, les cardinaux, les patriarches, les archevêques, les évêques, les abbés mitrés et les pénitenciers vinrent lui prêter obédience en présence de nos généraux et de tout le corps diplomatique. Pendant la messe du Souverain Pontife, tous les cardinaux-diacres communièrent. A la fin, le cortège se transporta devant la Confession pour l'exposition des grandes reliques. Après cette cérémonie, du haut de la loggia, le Saint-Père donna la *Bénédiction solennelle Urbi et Orbi*.

Un volume ne suffirait pas pour détailler toutes ces fêtes, pour décrire tous ces monuments, pour manifester tous ces trésors de la Sainte Eglise. C'est à Rome que l'on reconnaît que *la vérité* est là où est le Vicaire de Jésus-Christ, là où est l'Eglise catholique, chef-d'œuvre de miséricorde et d'amour du vrai Dieu. « *Ego sum veritas* », a dit Notre-Seigneur.

Et c'était à l'armée française que le peuple romain était redevable de toutes ces joies. L'expérience lui avait heureusement appris que Rome sans le Pape, c'est un corps sans âme. Il avait trop souffert de son absence pour ne pas se trouver très heureux de son retour. Aussi commença-t-il à fraterniser avec nos soldats ; les démocrates les plus exaltés étaient devenus leurs amis les plus serviables.

A plusieurs reprises, le dépôt du 36e, qui était à Aix, envoya des détachements pour rejoindre les bataillons de guerre. Pendant l'occupation des Thermes, le capitaine *Chavane* amena 3 officiers et 370 hommes ; le capitaine *Ybernard* conduisit 2 officiers et 166 hommes. 290 hommes arrivèrent à Rome le 19 mars avec le capitaine *Gautier* ; 60 autres rejoignirent le 29 mars avec le lieutenant *Colomb*.

Le 29 avril 1851, les cinq premières compagnies du 3e bataillon, sous les ordres du lieutenant-colonel, quittèrent les Thermes pour aller tenir garnison à *Civita-Vecchia*. Le même jour, les trois dernières compagnies du 3e bataillon, sous les ordres de M. le commandant Gaudin, partirent pour *Viterbe*. Peu de temps après, la 1re et la 6e compagnie du 1er bataillon, dont faisait partie le sergent Maugenre, reçurent l'ordre de se rendre à CIVITA-CASTELLANE.

En quittant la Piazza della Therme, les compagnies du 36e longèrent le Quirinal jusqu'à Monte-Cavallo ; elles descendirent ensuite à la Fontaine de Trévi, la plus somptueuse de Rome et la plus abondante du monde, alimentée par l'Acqua Virgine d'Agrippa, gendre de César-Auguste (45 av. J. C.) Par la via delle Muratte, elles arrivèrent sur la piazza Colonna, où la colonne de Marc-Aurèle Antonin (175) perpétue le souvenir du miracle de la légion fulminante. Elles entrèrent alors dans le Corso. Ayant à droite les palais Piombino, Marignioli et les églises S. Joseph, Jésus et Marie, Sainte-Marie di-Monte-Santo, ayant à gauche les palais Chigi, Verospi, Teodoti et Ruspoli, les églises S. Lorenzo-in-Lucina, S. Carlo, S. Giacomo, Sainte-Marie-dei-Miracoli, elles parvinrent à la place du peuple au centre de laquelle se dresse l'obélisque du temple du Soleil d'Héliopolis, transporté à Rome par Auguste, et mesurant 36 m. 40. Son monolithe d'une seule pièce a 24 m. de hauteur. A chaque angle, des lions égyptiens lancent de l'eau dans des vasques. L'église Ste-Marie du Peuple est à droite en s'avançant vers la porte du même nom. Elle est construite à l'emplacement du tombeau de Domitius, où fut enterré Néron. C'est là que Luther célébra les saints mystères pour la dernière fois.

Après avoir dépassé la Porta del Popolo, ornée des statues de S. Pierre et de S. Paul, nos compagnies du 36e avancèrent sur l'antique voie Flaminienne, qui est aujourd'hui la route de Florence. Le Tibre est à gauche. La délicieuse promenade de Poussin longe le fleuve.

Les villas Borghèse et di Papa-Giulio sont à droite. C'est dans la première qu'habita la sœur de Napoléon Ier, Pauline, mariée au prince Camille Borghèse. Son parc a plus d'une lieue d'étendue ; il renferme des lacs, des fontaines et un hippodrome. Le palais est orné d'un immense portique, donnant entrée à quinze galeries.

La route de Florence traverse le Tibre à *Ponte-Molle*. Arrivés là, les soldats du 36e purent marcher à la débandade. Causant avec le sergent Maugenre, le sergent-major Renaud lui disait :

— Vois-tu ce pont de pierres sur lequel nous passons aujourd'hui ? En 312, c'était un pont de bateaux. Pour tendre un piège au grand Constantin, le César Maxence l'avait fait construire de telle sorte que le milieu pût se rompre en ôtant des chevilles de fer qui le tenaient. A la mémorable bataille du 28 octobre 312, le pont se trouva rompu, quand Maxence lui-même s'y trouvait avec ses gardes. C'est ici qu'ils furent noyés dans le Tibre.

— Mais, répliqua Maugenre, n'est-ce pas pendant cette bataille que Constantin vit dans le ciel, au-dessus du soleil, une croix de lumière et une inscription qui disait : *Tu vaincras par ce signe ?*

— C'est quelques jours avant cette bataille qu'eut lieu l'apparition de la croix. Constantin en fit faire une image pour s'en servir contre ses ennemis dans les combats. Son enseigne fut le fameux Labarum. C'était comme le bois d'une longue pique couvert d'or, ayant en haut une traverse en forme de croix, des bras de laquelle pendait un drapeau tissu d'or et de pierres précieuses ; au milieu était le monogramme du Christ. L'empereur choisit cinquante de ses gardes, des plus braves et des plus pieux, pour porter au combat cet étendard devant lui. Lui-même portait la croix sur son casque ; ses soldats la portaient sur leurs boucliers.

— Avec ce signe sacré, avec ce trophée de la victoire remportée sur la mort par le Christ, un tel empereur et de tels soldats ne pouvaient pas être vaincus. Mais Constantin avait-il à se mesurer contre une grande armée ?

— Ses forces étaient trois fois moindres que celles de Maxence. Celui-ci avait d'abord son armée, composée de Maures et de Romains ; il avait en outre celle de son père et celle de l'empereur Maximin, autre rival de Constantin. Toutes ces troupes avaient eu l'avantage dans quelques combats précédents. Tout était donc désespéré pour Constantin quand il vint camper ici.

— Fichtre. Il a donc espéré contre toute espérance, non pas dans ses forces, mais dans le secours du Christ, du grand vainqueur. Et a-t-il été déçu ?

— Voici les Roches rouges devant lesquelles se déployèrent et combattirent toutes les légions. Au premier choc, celles de Maxence reculèrent ; elles furent poursuivies et précipitées dans le fleuve. Le triomphe de Constantin fut complet. L'immense population de Rome le reçut en libérateur.

La tête de Maxence fut portée sur une pique. Tu as vu le *forum de Trajan* où il fut proclamé césar, l'arc de triomphe qui lui fut érigé par le sénat, et sa statue équestre, qui date de son règne, et qui est à S. Jean de Latran. Voilà certes un empereur couvert de gloire.

— Veux-tu parier que nos prétendus philosophes se rient de l'apparition de cette croix comme étant une pure invention ?

— Je n'en doute pas : ils veulent faire de l'esprit, ils en ont moins que les Romains du IVe siècle. Ceux-ci ont gravé une inscription sur la base de la statue de Constantin, tenant une longue croix à la main au lieu d'une lance. Cette inscription est ainsi conçue : « *Par ce signe salutaire, vraie marque de courage, j'ai délivré votre cité du joug de la tyrannie, et j'ai rétabli le sénat et le peuple romain en son ancienne splendeur.* » Voilà qui est clair pour quiconque veut comprendre. Etant encore païens, les Romains ont cru à la puissance et à la vertu du labarum. Ne croyant plus à rien, nos soi-disant philosophes déraisonnent ; ils rejettent les témoignages d'Eusèbe de Lactance, de Zosime, de Tillemont et de tous les anciens. Je dis que c'est là une folie ; qu'en penses-tu ?

— Je pense que le plus petit de nos troupiers raisonne encore mieux que tous ces cerveaux détraqués.

— Bravo, sergent Maugenre, je te reconnais à cette réponse pour un brave homme, franc et loyal. Je t'en estimerai davantage.

Et en parlant ainsi d'histoire, de philosophie et de cent autres choses, nos sergents du 36e arrivèrent à *Monterosi*, avec leurs compagnies, le 30 avril 1851. Le 1er mai, ils laissèrent, près de Ronciglione, la route de Viterbe, pour prendre celle de Civita-Castellane. Le commandant romain de cette place les reçut le soir même de ce jour.

CIVITA-CASTELLANA est une petite ville de la délégation de Viterbe. Bâtie sur un mont escarpé qui domine la route de Florence, elle se trouve naturellement fortifiée par ses ravins infranchissables. Elle sert de défense à cette importante voie de communication. Un grand fort, surmonté d'un donjon, domine la ville. C'est là que furent casernés nos soldats du 36e. Un bagne, alors occupé par des forçats, était adjacent aux salles militaires. Au-dessous se trouvaient des cellules obscures et souterraines entourées de fossés remplis d'eau. Il y a dans ce fort une chapelle où on dit la messe.

Depuis les hauteurs de Civita-Castellana, la vue s'étend sur les montagnes de l'Etrurie méridionale et de l'ancienne Italie. Aux pieds de ces monts apparaît la surface argentée des lacs de Bolsena et de Vico. Sur leurs bords ont été construits des chateaux et des maisons de campagne appartenant à des cardinaux ou à des grandes familles romaines.

Les dames Duclos, Fougerat et Maugenre se firent un plaisir d'aller passer l'été dans ce site charmant ; elles allèrent rejoindre leurs maris vers le 15 mai. Mme Fougerat était romaine. Le porte-drapeau du 36e, devenu lieutenant, avait fait sa connaissance au Transtevère. C'était la nièce d'un chanoine de la basilique Sainte-Marie.

Quelques jours plus tard, le sergent-major *Renaud* fut promu au grade de sous-lieutenant. Cette nomination fut l'occasion d'une grande fête à la sixième du premier. Le nouvel officier acheta un tonneau de vin pour tous les soldats de la compagnie. Ceux-ci organisèrent un assaut d'armes, des jeux et un copieux dîner, suivi d'un bal au son de la harpe et du tambourin. Tous dansèrent, chantèrent et jouèrent. Ce jour-là, ils firent la noce.

Le service que fit le détachement du 36e dans cette ville consista surtout en grandes patrouilles de nuit, et en correspondances continuelles avec les soldats pontificaux de Ronciglione et des environs.

Les anciens chefs de la république romaine continuaient à entretenir des relations avec les carbonaris des Etats du Pape. Il ne se passait pas de semaine sans qu'on signalât la présence de l'un d'eux, ou son passage à Civita-Castellane, et sur la route de Florence. Nos soldats devenaient ainsi des chasseurs traquant, attendant, surprenant leur proie dans les défilés ou dans les fermes : ils étaient fiers quand ils avaient réussi à tenir l'un de ces bandits italiens. Alors le retour au fort était un triomphe. Jamais le sergent Maugenre ne fut exempt de ce service dangereux et pénible ; il s'en acquitta souvent avec succès, et toujours sans accident personnel. La Providence veillait sur lui.

Il y avait dans la compagnie un sergent qui s'abstenait toujours de toutes ces courses. Il s'appelait le marquis de Montmirail. Les soldats l'avaient surnommé *marquis de la rapinière* parce qu'il était bien misérable. Les autres sergents vinrent trouver Maugenre pour qu'il allât porter plainte au capitaine Duclos. Ils savaient bien que celui-ci exaucerait toutes ses requêtes. Le sergent Maugenre eut à peine exposé le surcroît du service qui leur incombait, à cause de la fainéantise de leur collègue, que le capitaine promit aussitôt de remédier à cette situation.

Ce qui surprend le plus dans la vie militaire du sergent Maugenre, c'est qu'il ait été exempt de toute punition pendant qu'il était gradé, et ensuite, c'est qu'il n'ait jamais infligé de punition à aucun de ses subordonnés. Le fait est presque incroyable, et cependant il est réel. Il s'explique par plusieurs causes. Etant toujours resté au même régiment, Maugenre était connu pour un brave et digne soldat, esclave du service et digne de toute confiance. Jamais on ne le vit en état d'ivresse. Or, il est notoire que c'est la bouteille et le cabaret, qui occasionnent la plupart des querelles et des punitions du soldat. Juste, travailleur et économe, il ne refusait de service à personne. Il savait se faire respecter. Créancier de plusieurs de ses chefs, il ne risquait d'eux aucun reproche : de plus il était attentif à ne pas en mériter. On avait donc plus de considération pour lui. On passait sur toute erreur de sa part, réputée d'avance involontaire. Les soldats qu'il commandait étaient contents de l'avoir pour chef. « C'est *le vieux* qui est de semaine, disaient-ils, il grondera, mais il ne punira pas, » Ils connaissaient son bon cœur, et ils l'aimaient comme un *père*. S'ils l'appelaient le père Maugenre, c'est parce qu'il était réellement un père pour tous, même pour ceux qui abusaient de sa bienveillance. Ce n'est plus aujourd'hui qu'on retrouve des sous-officiers de cette trempe.

Entre toutes les promenades que Thérésine fit avec son mari et ses amies aux environs de Civita-Castellane, je dois citer leur visite au *Mont Soracte* près de Capène. Madame Fougerat et deux autres dames d'officiers romains les accompagnaient avec des carabiniers. Ils montèrent à âne les flancs escarpés de la montagne. Parvenus au sommet, ils trouvèrent un monastère sur l'emplacement d'un temple consacré à Apollon. Ils entrèrent à la chapelle du couvent. Là, des passionnistes les reçurent avec la plus aimable cordialité. Comme nos voyageurs étaient venus de grand matin, pour assister au lever du soleil, ils eurent le plaisir d'entendre une messe en musique, après laquelle un copieux dîner fut servi au parloir. Un Révérend Père s'offrit alors à les accompagner à la grotte où demeura longtemps caché le pape Saint-Sylvestre. Les conduisant ensuite sur un rocher qui domine le mont, il exhiba une forte lunette d'approche pour pouvoir découvrir le Vésuve, les montagnes et les lacs de l'ancienne Italie. Ce fut un charmant coup d'œil et une heureuse journée.

Depuis la maison bourgeoise où habitait Thérésine, sur la grande place de Civita-Castellane, elle assistait chaque semaine à une curieuse opération culinaire. Des Italiens y conduisaient deux ou trois porcs, et les saignaient. Après l'autopsie, ils remplissaient les bêtes d'herbes odoriférantes et les enfilaient tout entiers sur un grand tourne-broche. S'installant ensuite auprès d'un feu symétriquement arrangé, ils rôtissaient les bêtes sur toutes leurs faces. Ils les découpaient après l'opération pour les vendre à la livre à tout acheteur. Nos troupiers y trouvaient l'occasion de festoyer à bon compte.

C'est pendant le séjour à Civita-Castellane que M. le colonel BLANCHARD, du 36e de ligne fut admis à la retraite par décret du 27 mai. Après avoir contribué à l'arrestation de Napoléon à Strasbourg, il ne devait pas espérer passer général. Il quitta donc Rome pour Marseille, sa ville natale. Il fut remplacé par M. CAUVIN DU BOURGUET, lieutenant-colonel du 7e régiment d'infanterie légère. Nommé par décret du 9 juin, le nouveau colonel fut reconnu dans son grade le 20 juillet par M. le général de brigade CHADEYSSON. Cinq jours après, il fut nommé *commandant supérieur* de la place de Civita-Vecchia et de cette province. Il ne résida guère qu'un mois dans cette ville, avec l'état-major et le 3e bataillon. A la fin du mois d'août, toutes les compagnies du 36e de ligne qui se trouvaient détachées à Civita-Vecchia, à Viterbe et à Civita-Castellane, reçurent l'ordre de rentrer à ROME. Elles se trouvèrent réunies à LA MINERVE le 1er septembre 1851.

La nouvelle caserne du sergent Maugenre et des soldats du 36e se trouvait au couvent des pères Dominicains. Il y a là un cloître décoré de fresques magnifiques, une bibliothèque renfermant 200,000 volumes et 1,000 manuscrits, et un lieu de réunion pour les membres des Congrégations du Saint-Office et de l'Index. A droite du couvent se trouve l'église *S. Maria-sopra-Minerva*, élevée sur l'emplacement du temple de Minerve, construit par Pompée, 62 ans av. J. C. On restaurait alors entièrement cette église qui est en style ogival. C'est là que reposent les corps de Ste Victoire, martyre (249), de Ste Catherine de Sienne (1380) et des papes Urbain VII (1590), Paul IV (1559), Clément VII (1534), Léon X (1521) et Benoît XIII (1730). La Minerve est la plus riche propriété que possèdent les religieux de S. Dominique.

A peine installés dans cette nouvelle résidence, les soldats du 36e apprirent le même jour deux nominations importantes. M. le colonel CAUVIN DU BOURGUET devenait *commandant de la place de Rome*. M. GRÉGOIRE, capitaine adjudant-major au régiment, était désigné pour remplir les fonctions de *Major de la place*.

Tandis que la 2e du 1er bataillon se rendait à Albano, le 4 septembre, et que 120 hommes de tous grades étaient renvoyés en France, en congé provisoire de libération, Thérésine revenait à Rome avec les dames Duclos et Fougerat. Elle trouva un logement à *Sainte-Marthe*, dans les environs de la Minerve. Ce fut son dernier domicile dans la ville Éternelle. On comprend que sa première sortie fut pour sa petite sœur Marie-Anne, pensionnaire au Bon-Pasteur de S. Jean de Latran. Elle la trouva bien portante, bien grandie, bien pieuse et parlant l'italien comme une romaine. A cette occasion, elle fit don d'une belle couronne à la Madone du couvent. Les religieuses, dont plusieurs étaient françaises, profitèrent de sa médiation dévouée pour obtenir du travail et des ressources, et pour faciliter toutes leurs communications avec la France.

Que de fois, en allant voir sa petite sœur, ne s'achemina-t-elle pas vers cette basilique de S. JEAN DE LATRAN, élevée dans l[e] propre palais de Constantin, autrefois palais du consul Lateranu[s] (67). Le pape S. Sylvestre la consacra le 9 novembre 324 et y plaç[a] l'autel de bois qui avait servi à S. Pierre et à ses successeurs. I[l] l'investit ensuite du titre d'*église épiscopale* des pontifes romain[s] La façade ornée de colonnes, de pilastres et de statues est percé[e] de cinq arcades. Sous le portique, à gauche, se trouve l'antiqu[e] statue de Constantin ; elle fut trouvée dans les ruines des therme[s] du Quirinal. Cinq portes donnent accès à la basilique. Celle d[u] milieu est en bronze ; elle provient de la basilique Emilienne a[u] Forum. L'intérieur est en croix latine à cinq nefs. A droite sont le[s] chapelles Orsini, Torlonia, Massimi et l'entrée du Palais de Latra[n.] A gauche, dans la chapelle Aldobrandini, sont les colonnes cann[e]lées en bronze que fit fondre Alexandre pour le temple de Jupite[r] Capitolin. La chapelle Corsini, ornée de colonnes de vert antique de mosaïques, de bas-reliefs et de groupes de statues, renferme l[e] tombeau splendide de Clément XII (1740). Dans les entre-pilastre[s] de la grande nef, douze statues colossales des Apôtres occupent de[s] niches à frontons supportées par des colonnes de vert antique. De[s] colonnes de granit supportent le baldaquin et le tabernacle où l'o[n] conserve les têtes des apôtres S. Pierre et S. Paul. Le tombeau e[n] bronze de Martin V (1431) est devant la confession. En haut de l[a] magnifique chapelle du Saint-Sacrement se conserve la table su[r] laquelle Notre Seigneur célébra la dernière Cène et institu[a] l'Eucharistie. Le vêtement de pourpre dont Jésus-Christ fut habill[é] par dérision, les chaines et la coupe de l'apôtre S. Jean, et d'autre[s] grandes reliques authentiques sont renfermées au trésor de l[a] basilique. La statue en bronze d'Henri IV est à droite du portiqu[e] latéral. Au baptistère octogonal, bâti par Constantin, se trouv[e] l'urne en basalte vert qui servit à son baptême. La mosaïque es[t] du Ve siècle : les portes en bronze sont plus antiques. Les corps de[s] illustres vierges martyres Ste Rufine et Ste Seconde reposent à côt[é] de celui de S. Venance, à l'autel de la tribune occidentale du portique. La mosaïque est du VIIe siècle. Ce lieu fut une boucherie de martyr[s] sous Dioclétien : les gros blocs ronds de marbre noir poli, qu[i] servaient à les torturer, sont enchassés dans les murs du portique.

Que de fois Thérésine gravit en priant, et à genoux, les vingt-huit marches de l'escalier du palais de Pilate, où Jésus-Christ flagellé, monta et descendit quatre fois, avant son crucifiement. L'*Escalier-Saint* la conduisait au Sancta-Sanctorum où elle vénérait l'image de Jésus par S. Luc. Là se trouve la porte en bronze du palais de Pilate.

Parfois, longeant l'aqueduc de Claude et les arches de Néron, elle entrait à *Santa Croce in Gerusalemme*, bâtie sur le palais d'Héliogabale. Des colonnes de granit égyptien séparent les trois nefs. Les corps des martyrs S. Césaire et S. Anastase reposent dans une urne de basalte, ornée de têtes de lions, sous le maître-autel. Dans la chapelle voûtée sont déposés trois grands morceaux du bois de la vraie Croix, le titre de la Croix, un des clous du crucifiement, des épines de la Sainte-Couronne, le doigt de l'apôtre S. Thomas et la croix du bon larron.

Parfois, retournant par le Mont Celius, elle visitait *S. Stefano Rotondo*, où sont représentés les supplices des martyrs et où reposent les corps des martyrs S. Prime et S. Félicien ; *S. Maria in Domnica*, bâtie au IIIe siècle, ayant trois nefs séparées par des colonnes de granit et de pophyre ornées de mosaïques du IXe siècle ; *S. Giovanni e Paolo*, construit au IVe siècle, sur l'emplacement de la maison de ces deux martyrs, dont les corps y reposent, sous le maître-autel. C'est au milieu de la grande nef que se trouve l'endroit où ils furent décapités. Dans une chapelle latérale repose le corps de S. Paul de la Croix (1775) ; *S. Gregorio*, bâti sur l'ancien palais des parents de l'illustre pape par ce pontife lui-même, avec un monastère y attenant. C'est d'ici que partirent les saints apôtres des Anglo-Saxons. Que de souvenirs religieux seraient à noter ici au passage.

Le plus souvent, elle suivait directement la via S. Giovanni in Laterano et s'arrêtait à *San Clemente,* où la basilique supérieure, du XIIe siècle, offre à la vénération un crucifix miraculeux et les corps de S. Clément, pape martyr, en l'an 100, et de S. Ignace d'Antiôche. La basilique inférieure existait du temps de S. Jérôme en 392. Elle donne accès aux chambres de S. Clément qui sont du premier siècle. Deux côtés, formés d'énormes blocs de travertin, remontent au temps de Tarquin-le-Superbe (534 av. J.-C.).

Plusieurs fois par mois, elle contournait le *Colisée* et pénétrait dans son enceinte. Que de souvenirs glorieux assiégeaient son âme devant la plus gigantesque ruine de l'ancienne Rome ! De l'an 72 à l'an 523 que de sang fut répandu dans cette arène, devant plus de cent mille spectateurs. Mesurant 200 mètres de diamètre et 50 de hauteur, le Colisée a 82 portes. A l'intérieur on y distingue l'arène, le podium, les gradins et les terrasses. Ici, les chrétiens ont servi de pâture aux lions, aux léopards, à tous les animaux sauvages du vivarium ; ici sont entrés Eustache, Martine, Tatiane, Prisca, Julius, Marin, Alexandre, Eleuthère, Abdon, Sennen, Ignace d'Antioche ; ici, plusieurs centaines de chrétiens étaient en un jour percés de flèches par les soldats. Du temps de Claude II, 3,000 esclaves y combattirent en un jour où 5,000 bêtes y furent tuées par des femmes. Aujourd'hui, ce ne sont plus que des ruines où l'on ne cesse de fouiller. S. Benoît Labre y trouvait un asile où il se retirait pendant les nuits (1778). Thérésine s'y agenouillait pour honorer ces héros de la foi, morts au Colysée pour naître à la vie bien-heureuse.

Pendant que le 36ᵉ servait avec honneur la grande cause de Pie IX et de toutes les puissances catholiques, le Prince-Président de la République française, débordé, paralysé, contredit par les députés, recourut au *coup d'Etat* et au plébiscite pour pouvoir maintenir son autorité. Le désaccord entre lui et l'Assemblée nationale avait eu surtout pour cause la proposition d'une loi donnant aux députés le droit de requérir la force armée pour assurer leur propre sûreté. Dans la nuit du 1ᵉʳ au 2 décembre, sur l'ordre du Président, les chefs des différents partis de l'Assemblée furent arrêtés dans leur lit, jetés dans une prison, et d'une prison dans l'exil. Le lendemain, un décret proclama la dissolution du Conseil d'Etat et de l'Assemblée nationale, le rétablissement du suffrage universel et l'état de siège dans l'étendue de la première division militaire.

En apprenant cette grande détermination du Président, tous les soldats français recevaient à Rome la double *proclamation* qu'il adressait à l'armée et au peuple. Dans celle-ci, il prétendait que l'Assemblée était devenue un foyer de complots, qu'elle forgeait des armes pour la guerre civile, qu'elle attentait à son pouvoir, et qu'elle compromettait le repos de la France. Il demandait la substitution de la constitution du Premier Consul à celle de 1848, afin que les ministres ne fussent dépendants que du pouvoir exécutif seul, et que la préparation des lois fut réservée aux conseillers d'Etat. Se disant impuissant à faire le bien, lié et enchaîné au gouvernail, quand le vaisseau courait vers l'abîme, il réclamait, pour la stabilité de son pouvoir, l'enlèvement de toute prépondérance à une seule assemblée, et son maintien pour dix ans à la Présidence.

« Soldats ! disait-il dans sa *proclamation à l'armée*, soyez fiers
« de votre mission, vous sauverez la patrie, car je compte sur
« vous, non pour violer les lois, mais pour faire respecter la pre-
« mière loi du pays, la souveraineté nationale, dont je suis le légi-
« time représentant.

« Depuis longtemps vous souffriez comme moi des obstacles qui
« s'opposaient et au bien que je voulais vous faire, et aux dé-
« monstrations de votre sympathie en ma faveur.

« Ces obstacles sont brisés. L'Assemblée a essayé d'attenter à
« l'autorité que je tiens de la nation entière ; elle a cessé d'exister.
 « Je fais un loyal appel au peuple et à l'armée, et je leur dis :
« ou donnez-moi les moyens d'assurer votre prospérité ; ou choi-
« sissez un autre à ma place.
 « En 1830 comme en 1848, on vous a traités en vaincus. Après
« avoir flétri votre désintéressement héroïque, on a dédaigné de
« consulter vos sympathies et vos vœux, et cependant vous êtes
« l'élite de la nation. Aujourd'hui, en ce moment solennel, je veux
« que l'armée fasse entendre sa voix.
 « Votez donc librement comme citoyens ; mais, comme soldats,
« n'oubliez pas que l'obéissance passive aux ordres du chef du
« Gouvernement est le devoir rigoureux de l'armée, depuis le
« général jusqu'au soldat. C'est à moi, responsable de mes actions
« devant le peuple et devant la postérité, de prendre les mesures
« qui me semblent indispensables pour le bien public.
 « Quant à vous, restez inébranlables dans les règles de la disci-
« pline et de l'honneur. Aidez, par votre attitude imposante, le
« pays à manifester sa volonté dans le calme et la réflexion. Soyez
« prêts à réprimer toute tentative contre le libre exercice de la
« souveraineté du peuple.
 « Soldats,
 « Je ne vous parle pas des souvenirs que mon nom rappelle. Ils
« sont gravés dans vos cœurs. Nous sommes unis par des liens
« indissolubles. Votre histoire est la mienne. Il y a entre nous
« dans le passé communauté de gloire et de malheur ; il y aura
« dans l'avenir communauté de sentiments et de résolutions pour
« le repos et la grandeur de la France.
« LOUIS-NAPOLÉON BONAPARTE. »

Le 21 décembre, les soldats du 36ᵉ votèrent à la Minerve. Le plébiscite donna à Napoléon 7,473,431 voix affirmatives contre 641,351 voix négatives. Le Président triomphait.

Le 24 décembre, M. TARBOURIECH, lieutenant-colonel au 36ᵉ de ligne fut nommé colonel au 13ᵉ d'infanterie légère, qui faisait alors partie de la division d'occupation. Il fut remplacé par M. MALHER, chef de bataillon au 54ᵉ de ligne. Une autre nomination importante avait eu lieu le mois précédent : M. *Pissonnet de Bellefonds*, chef de bataillon au 36ᵉ, avait été désigné au commandement du 7ᵉ bataillon de chasseurs à pied, en garnison à Rome. Il fut remplacé par M. *de Maussion*, capitaine adjudant-major. Le départ de M. Tarbouriech fut une perte très sensible pour le sergent Maugenre. Ce grand chef l'estimait beaucoup, surtout depuis le siège de Rome.

S'il fut resté jusqu'au 10 mai suivant, notre brave sergent eut été certainement choisi, de préférence à Vernhès, pour aller chercher le nouveau drapeau du 36ᵉ à Paris, en recevant la croix à laquelle il était promu. La Providence ne le voulut pas, se réservant pour le premier soldat français, ayant combattu pour son Vicaire, une récompense que les empereurs ne peuvent accorder.

Au commencement du mois de mars 1852, le 36ᵉ de ligne quitta la Minerve pour être caserné à GESU, près du palais de Venise, dans l'immense monastère des pères jésuites. C'était la résidence du général de la compagnie et du provincial de Rome. On y remarque la chambre où vécut et mourut S. Ignace (1556), où mourut S. François de Borgia (1572), où ont célébré les SS. François de Sales, Philippe de Néri et Charles Borromée. Trois autres chambres, où travaillèrent ces fondateurs célèbres, se trouvent enrichies de leurs autographes, de leurs portraits et de leurs meubles. A côté du monastère, à gauche, on voit une des plus belles et des plus riches églises de Rome, celle de Gesu. Elle est à trois nefs, séparées par des pilastres composites, ornées de statues dorées, de sculptures en marbre et de peintures à fresques. Des groupes de statues, en marbre et en cuivre argenté, des bas-reliefs en bronze doré, entourés de pierres précieuses, des colonnes de jaune antique et de lapis lazuli, sur des piédestaux de vert antique, avec entablement et fronton couvert de statues, composent autant de chefs-d'œuvre qui ornent les autels où reposent les corps de S. Ignace et de S. François-Xavier. Le vénérable Bellarmin et Pignatelli y ont aussi leurs riches tombeaux.

C'est là que le 36ᵉ devait tenir son dernier casernement dans la ville des Papes. Le service militaire y était toujours pénible, surtout pour les sous-officiers, qui n'avaient point de repos. A la sixième du premier, le sergent Maugenre devait à sa force herculéenne de pouvoir faire l'ouvrage de plusieurs collègues, sans omettre le sien. Jouissant de toute sa liberté, sa pieuse épouse pouvait très facilement se rendre chaque matin dans l'un ou l'autre des nombreux sanctuaires avoisinant Sainte-Marthe, où elle avait son domicile (1).

---

(1) *S. Maria in Ara cœli*, élevée sur le temple de Jupiter Capitolin, où l'on vénère le S. Enfant Jésus, la Madone de S. Luc, et le corps de Ste Hélène.

S. Pietro in carcere, bâti sur la *prison Mamertine*, construite 640 ans av. J.-C. par Ancus Martius. Là, S. Pierre et S. Paul furent détenus neuf mois. Là, jaillit la source miraculeuse qui servit au Prince des Apôtres pour baptiser 47 prisonniers et leurs gardes.

Le 1ᵉʳ avril 1852, le sergent MAUGENRE fut nommé *sergent garde-magasin*. Il quitta alors la sixième du premier pour entrer dans la section Hors-Rang. Son chef immédiat devint le lieutenant RISPAL qui faisait fonction de capitaine d'habillement, lequel était resté au dépôt. Ce lieutenant était d'Aurillac. Avec Salvage et les trois frères Duclos, tous auvergnats, il avait été un des heureux protégés du colonel Prax. On l'avait surnommé le serpent doré, quand il était encore sous-officier, à cause de ses belles manières. Travailleur infatigable, économe, réglé, il mérita de réussir mieux que ses collègues plus savants que lui. Il avait une grande obéissance, une bonne conduite, et ne fit jamais aucune dette. Il s'entendait admirablement avec Maugenre, comme avec

---

S. Maria in Via Lata, édifiée sur la maison de Martial, et sur la prison où S. Paul fut enfermé pendant deux ans. C'est ici que l'Apôtre écrivit ses épitres aux Philippiens, aux Ephésiens, aux Hébreux, aux Colossiens, à Timothée. C'est ici qu'il fit jaillir une source pour baptiser Martial. C'est ici que séjournèrent S. Luc, Onésiphore, Marc, Timothée, Domitille, Epaphras, Hermas, et une foule d'autres.

S. Ignazio, où reposent, sous des autels splendides, S. Louis de Gonzague (1591), S. Berchmans (1621) et le pape Grégoire XV (1623).

S. Marcello, occupant la maison de Ste Lucine, où fut martyrisé le pape S. Marcel, qui y repose (310), à côté de S. Phocas, et du cardinal Consalvi.

SS. Apostoli, basilique constantinienne, renfermant les précieux restes des Apôtres S. Philippe et S. Jacques le Mineur ; l'ampoule du sang à l'état liquide de S. Jacques le Majeur ; les corps de Ste Eugénie, martyre (262), et de Ste Claudia, sa mère ; le mausolée de Clément XIV (1774).

S. Piétro in Vincoli, basilique eudoxienne, où sont conservées les chaines de S. Pierre et de S. Paul. Les sept frères Machabées reposent dans la crypte. La statue de Moïse par Michel-Ange rivalise avec les plus sublimes productions du ciseau grec.

S. Maria de Monti, où repose S. Labre (1783).

S. Martino de Monti, où *l'église supérieure* est à trois nefs, séparées par 24 colonnes antiques. Le corps de S. Martin, pape (655) y repose à côté de celui du Bienheureux Tomasi. Dans la *chapelle souterraine* sont les corps des papes martyrs S. Soter (176), S. Fabien (250), de S. Sylvestre (335), et de beaucoup d'autres martyrs, exhumés des catacombes de Ste Priscille (via salaria). — A gauche de cette chapelle, le souterrain des *thermes de Titus* conduit à l'ancienne *église épiscopale souterraine* de Rome, dite de S. Sylvestre, où fut approuvé le concile de Nicée. Le pavé en mosaïque est du IIIᵉ siècle.

S. Marco, près de la place de Venise ; l'urne de l'autel y renferme les restes de l'évangéliste S. Marc, du pape S. Marc (336) et des martyrs SS. Abdon et Sennen. La mosaïque est de l'an 833 ; les sculptures sont du XIVᵉ siècle.

Sans parler des mémorables églises construites dans les anciens temples du Forum romain, entre le Capitole et le Colysée, et de beaucoup d'autres, situées sur les monts Palatin, Aventin, et sur le Pincio, où les sœurs du Sacré Cœur de *la Trinité-des-Monts* accordaient toujours à Thérésine l'accueil le plus bienveillant, je dirais même le plus amical.

un vieil ami, qu'il affectionnait et estimait beaucoup. Au reste, celui-ci sut répondre, de son côté, à la grande confiance qui lui fut témoignée par cette nomination.

Ce qui intéressait en ce moment les militaires et surtout les vieux soldats, c'était la création d'une nouvelle récompense qu'ils pouvaient ambitionner. Par les décrets des 22 janvier et 29 février 1852, le Prince Président LOUIS-NAPOLÉON avait institué la *Médaille militaire*. Le but de cette institution était d'honorer les bons soldats et les généraux vainqueurs. Le gouvernement n'accordait alors que très rarement la croix de la Légion d'honneur, surtout aux sous-officiers. Elle donnait droit à une rente annuelle de 250 fr. En fixant à cent francs la rente accompagnant la médaille militaire, le Prince Napoléon trouvait le moyen de récompenser cinq braves avec la même somme qui ne pouvait auparavant suffire que pour deux. En outre, cette nouvelle décoration acquérait une très grande valeur par cela même qu'elle ne pouvait être donnée qu'à l'armée.

Il fut donc décidé que les premières médailles militaires décernées aux régiments seraient conférées le même jour qu'aurait lieu, à Paris, la distribution de leurs nouveaux drapeaux, surmontés de l'aigle. Cette grande solennité fut fixée au *10 mai 1852*. Chaque colonel reçut l'ordre d'envoyer quelques sous-officiers à la capitale pour y recevoir l'étendard de son régiment.

Mr. CAUVIN DU BOURGUET fit alors venir chez lui *le sergent Maugenre* et lui dit : « Je ne vous envoie pas chercher le drapeau parce que vous recevrez à Rome la même récompense que ceux qui iront à Paris. Vous serez quitte de faire des dépenses inutiles. »

Le 29 avril 1852, une députation du 36ᵉ ayant à sa tête le colonel CAUVIN DU BOURGUET partit de Rome et s'embarqua le 1ᵉʳ mai à Civita-Vecchia pour aller recevoir le nouveau drapeau des mains du Prince Président. Les sergents qui accompagnèrent le colonel furent Vernhès, Dufaure de Montmirail et Brétillot. Le caporal-tambour Beauvalet les accompagnait. Vernhès avait touché son trente-deuxième pantalon ; il était le plus vieux sergent de grade au 36ᵉ. Le marquis de Montmirail avait été blessé à Constantine. Brétillot s'était distingué en Afrique. Beauvalet était le plus ancien caporal. Ils devaient recevoir à Paris la médaille militaire le même jour que les sergents Maugenre, Faucheux et Niort l'auraient à Rome. Des réclamations particulières furent adressées au Prince Napoléon en faveur de Vernhès. La croix lui fut accordée. Cette décoration causa de grands murmures dans tout le régiment. En 1844, le sergent Vernhès, pour ne pas aller en Afrique, avait permuté avec un autre sous-officier du 36ᵉ. *Il était resté au dépôt* à Toulon, pendant que ses collègues enduraient les plus grandes privations, en faisant les expéditions du maréchal Bugeaud. Les plaintes parvinrent bientôt aux oreilles du colonel. Il fit plus tard appeler le sergent Maugenre ; il lui déclara « qu'il était *le premier* porté pour la croix, et qu'il l'aurait certainement quand le régiment rentrerait en France ». C'était une promesse de réparation qu'il croyait pouvoir bientôt réaliser.

Le 15 mai 1852, le Ministre de la Guerre adressa au sergent Maugenre la lettre suivante :

« Monsieur Maugenre Louis, sergent au 36ᵉ régiment de ligne
« est informé que par décret du 10 mai 1852 (1), rendu sur la pro-
« position du Ministre de la Guerre, le Prince Président de la
« République lui a conféré la Médaille militaire.

« Avis de ce décret est donné à M. le Grand Chancelier de la
» Légion d'honneur, qui est chargé d'en assurer l'exécution en ce
« qui le concerne. »

Le colonel et la députation du 36ᵉ rentrèrent à Rome le 28 mai. Le 2 juin, les Aigles données à tous les colonels de l'armée par le Prince Président furent remises à la division d'occupation par M. le général Gémeau à une grande revue de toutes les troupes sur la place S. Pierre. Le corps d'officiers prêta serment de fidélité au Président et à la Constitution, suivant le décret du 23 avril 1852. A cette occasion, le *sergent Maugenre* reçut la médaille militaire des mains du général de division. Le Brevet de cette décoration ne lui fut adressé que le 20 juillet 1854. Il est ainsi conçu :

MÉDAILLE MILITAIRE

Au Nom de l'Empereur,

Le Grand Chancelier de l'Ordre Impérial de la Légion d'Honneur a délivré le présent Brevet au sieur *Maugenre* Louis, sergent au 36ᵉ Régiment d'Infanterie de ligne, né le douze Août mil huit cent un, à Dénipaire, département des Vosges, décoré de la Médaille militaire par décret en date du dix mai mil huit cent cinquante-deux.

Paris, le vingt Juillet mil huit cent cinquante-quatre.
Vu Vérifié Scellé et Enregistré, Régistre I, Fᵒ 79, Nᵒ 1179.

Le Secrétaire Général de l'Ordre,
(Signature illisible).

*Le Grand Chancelier
de l'Ordre Impérial de la Légion d'Honneur,*
DUC DE PLAISANCE.

---

(1) Le sergent Maugenre est mort le 10 mai 1887.

Le sergent Maugenre fut donc le mil cent septante-neuvième français qui reçut la médaille militaire et l'un des premiers du 36ᵉ de ligne, trois mois après l'institution de cette décoration.

Les officiers membres du Conseil d'administration du 36ᵉ s'attentaient à une visite de reconnaissance, quelques uns même à une invitation à dîner de la part du père Maugenre. Tous furent trompés dans leur attente. Mécontent de ne pas avoir eu la croix, ne connaissant pas la flatterie, craignant d'être imprudent par sa franchise, en toute circonstance et en toute société, notre sergent jugea bon de se taire et de rester chez lui. Quelque noble et correcte que fut cette conduite d'abstention, elle n'eut pas l'approbation du capitaine *de Lasse*, un bayonnais dont toute la famille connaissait Thérésine. Il s'attribuait l'obtention de la médaille militaire pour Maugenre ; il comptait par conséquent sur les remerciements notoires et publics de la part de celui qu'il appelait son protégé. Dans son erreur, il taxa d'ingratitude la prudente et noble attitude du brave sous-officier qui ne savait invoquer que ses états de service pour légitimer ses justes revendications.

Homme d'ordre, juste parfait, esclave de la discipline, rompu au métier militaire, connaisseur accompli de toutes les ruses des fourriers et des sergents, prompt à rendre service à tous et à se dévouer pour ses chefs, il était à sa place aux *magasins militaires* de Gesù et du palais Farnèse. Il n'eut jamais à payer pour les autres. Les fourriers avaient beau le blaguer, il ne connaissait que les bons, et fermait l'oreille à tous leurs racontages. Toutes les précautions matérielles étaient bien prises dans ses magasins pour ne pouvoir pas être volé. On comprend dès lors tous les tracas qu'il dut éprouver dans ses fonctions.

A ce moment, il n'était alors question dans Rome que des grandes découvertes de J.-B. DE ROSSI, le plus illustre de tous les archéologues de Rome souterraine. En 1851, il avait retrouvé aux catacombes de la voie Appienne, *la crypte des papes* martyrs du IIIᵉ siècle, recouverte par les ruines de mille années. Thérésine décida son mari à aller la visiter en compagnie du capitaine Endrès et de sa dame.

Le rendez-vous fut donné à Gesù le lundi de la Pentecôte. A sept heures du matin, nos quatre voyageurs étaient là avec un guide, du nom de Marius. Prenant la via di Ara cœli, ils laissèrent le *Capitole* à gauche, le *théâtre de Marcellus* (28 av. J. C.), le temple de la *Fortune Virile* (510 av. J. C.) et le temple de *Vesta* à droite. Sur la place de *La Bocca della Verita*, ils remarquèrent, placée dans le portique de l'église *Ste Marie in Cosmedin*, autrefois temple de *Cérès et de Proserpine* (22), l'énorme figure dont la bouche est ouverte comme pour dire à tous la vérité. Saluant l'église *Ste Anastasie*, ils longèrent à gauche les ruines des *Palais des Césars* et à droite celles du *Cirque Maxime*, fondé par Tarquin l'Ancien, rebâti par Jules César, et pouvant contenir 485,000 personnes selon la Notitia Imperii. Sous Trajan, il y avait à Rome quatre millions d'habitants (1).

Continuant leur route, ils entrèrent à droite dans l'église construite sur la maison de *Fabiola*, où reposent les corps des saints martyrs *Nérée*, *Achillée* et *Flavie Domitille*, puis ils parcoururent les immenses ruines des *thermes de Caracalla* (212), formant un carré de 350 mètres de côté. 1,600 baigneurs, dit Olympiodore, y trouvaient place à la fois. Non loin de l'antique *Porta Capena* est à gauche l'église *Saint Sixte* (772) où ce pape, conduit au martyre, rencontra S. Laurent (258), et où S. Dominique fonda l'ordre des Frères Prêcheurs (1215).

Plus loin, devant l'église *Saint Césaire* (595). commence la *voie latine*, qui conduit à *S. Jean devant la porte latine* (ancien *temple de Diane*) et à *S. Jean in Oleo* (772), où se trouvait la chaudière qui fut l'instrument de torture de l'Apôtre-évangéliste (96).

A droite de la voie latine, ils virent le *Tombeau des Scipions* (258 av. J. C.), l'*Arc de Drusus* (8 av. J. C.) et la *Porte Saint-Sébastien* hors de laquelle ils se trouvèrent sur la célèbre *voie Appienne* qui comptait 2,164 ans d'existence. Son niveau n'a pas changé ; son étendue jusqu'à Brindes est de 558 kilomètres. Deux lignes de tombeaux la décoraient jusqu'à plus de 22 kilomètres.

Après avoir traversé l'Almone, ils arrivèrent à l'église *Domine quo vadis* construite en mémoire de l'apparition de Jésus-Christ à S. Pierre. Le Seigneur y laissa sur la pierre l'empreinte de ses pieds. En face de cette église, ils aperçurent le *Tombeau de Priscilla* et le *Septizonium de Geta*. En continuant à s'avancer, le guide Marius les fit entrer, à droite, dans une vigne qui appartient au Pape, puis il se rendit dans la petite maison des Trappistes, pour demander un Père français voulant bien les accompagner aux CATACOMBES SAINT-CALLIXTE. Là, il trouva les objets indispensables pour descendre dans ces galeries interminables : des torches, des lanternes et tout ce qu'il fallait pour les rallumer.

Il faut avoir lu et relu les actes des martyrs des trois premiers

---

(1) *Juste Lipse*. De la grandeur de Romains liv. III. Chap. 3. p. 419, édit. de 1628.

siècles pour frissonner en descendant l'escalier construit par les chrétiens qui fréquentaient ce cimetière, dans la deuxième période de son histoire. Le vestibule qui s'offre immédiatement à la vue est couvert d'inscriptions grecques et latines. Vient ensuite un *cubiculum*, ou chambre, où se trouvent trois *arcosolia*, ou tombeaux, surmontés d'un arceau cintré. Le jour de la commémoration des martyrs qui y reposaient, ils devenaient l'autel sur lequel on offrait le saint sacrifice. De là, on arrive dans la *crypte des papes* ; elle renferme les sépulcres des papes martyrs S. Eutychianus (275), S. Anthère (235), S. Fabien (236) et S. Lucius (232), l'autel et l'épitaphe du pape S. Damase (384).

A gauche de cette crypte, un étroit couloir conduit au cubiculum renfermant le sépulcre de *Ste Cécile* (229) dont le corps est conservé sans corruption jusqu'aujourd'hui. Le père Trappiste fit remarquer les peintures et les fresques qui sont du VIe siècle. Le grand sarcophage que l'on rencontre du même côté renferma les restes du saint pape martyr Urbain (230). Un autre cubiculum, découvert par M. de Rossi, renferme les tombeaux du pape martyr S. Corneille (253) et de S. Cyprien. A droite se trouve une colonne d'un mètre de hauteur ; elle supportait une lampe qui brûlait sans cesse.

Ce qui frappe alors, c'est l'immensité de cette nécropole : Quatre étages superposés ; des galeries qui s'ajoutent sans cesse les unes aux autres ; des cubicula nombreux, ornés de fresques du IIe et du IIIe siècles, celles des voûtes surtout, où sont symbolisés les sacrements, et où sont représentés les faits des deux Testaments ; des *loculi*, ou sépultures creusées dans le tuf volcanique, au nombre d'environ cent soixante-quatorze mille, tout cela prouve le développement merveilleux du christianisme, le témoignage du sang des martyrs et la charité des fossoyeurs héroïques des trois premiers siècles qui ont creusé ces souterrains interminables. Ici, l'histoire du dogme catholique se manifeste aussi victorieusement que celle de la primitive église, en sorte qu'aucun homme raisonnable ne peut entrer dans cette nécropole de martyrs sans en sortir chrétien convaincu, fils croyant de la sainte église romaine.

C'est ici que sont les compagnons de S. Sixte III (258) ; c'est ici que reposent les ossements de la foule des saints martyrs ; c'est ici que sont les confesseurs que la Grèce a envoyés à Rome ; ici reposent des enfants, des jeunes gens, des vieillards, des vierges et des ministres saints décapités, brûlés, torturés par les païens idolâtres et cruels.

Pendant plus d'une heure, nos touristes parcoururent, éclairés de leurs flambeaux, ces lugubres souterrains, ayant à chaque deux pas, huit, dix, douze tombeaux superposés à droite, et autant à gauche. Ce ne fut pas sans danger qu'ils se hasardèrent à descendre un étroit escalier, tout usé, taillé en colimaçon, et aboutissant à un étage inférieur de galeries, où se multipliaient encore les cubicula, les loculi et les arcosolia. Le père trappiste comptait les allées transversales pour ne pas s'égarer ; il regardait aussi les marques, faites dans les niches, qui servaient aux lampes, à chaque angle d'un carrefour.

Il fallut enfin remonter et sortir de cette nécropole pour se rendre à la basilique de SAINT-SÉBASTIEN. Reprenant la voie Appienne, après avoir fait leur offrande au père Trappiste, nos voyageurs laissèrent à gauche le *Temple de Bacchus* (30 av. J. C.), dédié par Pascal Ier à S. Urbain et le *Cirque de Romulus* (311), fils de Maxence, où l'on reconnaît très bien les gradins, les bornes, la porte d'entrée, l'arène, la tribune impériale, les carcères et les balcons (pulvinaria). Ils entrèrent à droite dans la basilique constantitienne, l'une des sept principales de Rome. Des colonnes de granit, soutiennent le portique. Le gaulois, chef martyr de la garde pretorienne (288) repose à l'autel de son nom. Une flèche, retirée de son corps, y est conservée, avec la colonne où il fut attaché. Le corps du pape martyr S. Etienne (257) est renfermé dans le maître-autel. Un escalier conduit à la chambre des papes, et à la *Platonia*, basilique souterraine qui renferme le caveau où furent recelés les corps de S. Pierre et de S. Paul et quatorze tombeaux arqués (arcosolia). C'est ici que fut martyrisé S. Etienne pape. Un second escalier du XVIIe siècle conduit aux *Catacombes de S. Sebastien*, les premières de ce nom. De nouvelles galeries souterraines s'entrecroisent et se suivent, plus élevées et plus larges qu'à S. Callixte. Là se trouve le cubiculum où S. Philippe de Néri séjourna pendant dix années.

Une heure fut encore consacrée à parcourir ces galeries ensanglantées par les martyrs. Des pierres scélérates, ou billots, conservées dans les chambres sépulcrales, rappellent la décapitation des héros de la foi et de la charité. Sur leurs loculi, et dans les cryptes dix-huit fois séculaires où reposent ces légions de martyrs, l'antique burin y a gravé les dogmes catholiques. Six millions (1) de chrétiens, pour la plupart confesseurs de la foi, et appartenant tous aux trois premiers siècles de l'Eglise, reposent en paix dans

---

(1) S. Em. le cardinal *Wiseman*. Fabiola, édition Mame 1887, page 163.

leur cité ténébreuse. Elle comprend soixante-douze régions, don[t] quarante-deux peuvent être visitées aujourd'hui. Elles sont creu[-] sées sous les voies Appienne, Ardéatine, d'Ostie, Portèse, Auré[-] lienne, Cornélie, Flaminienne, Salariennes (ancienne et nouvelle) Noméntane, Lavicane, Latine et de Tibur (1). On peut se repré[-] senter l'étendue de Rome souterraine par ce seul fait que ses voie[s] cimétèriales égalent douze cents kilomètres (2). Dans chacune d[e] ces régions, ou catacombes, il y avait place pour cent mille cada[-] vres (3). Les Césars persécuteurs fauchèrent les martyrs comm[e] l'herbe. Le tribun romain S. Zénon fut massacré aux Eaux Sal[-] viennes, en 290, avec ses dix mille deux cent trois soldats, en u[n] jour (4).

Comme la basilique de Saint-Sébastien n'est pas à vingt minute[s] de la Porte Appienne et des remparts, le capitaine Endrès voulu[t] encore faire un quart d'heure de marche, jusqu'au *tombeau d[e] Cécilia-Metella* (96 av. J. C.) près de la *villa de Senèque*, précepteu[r] de Néron. La voie est très élevée en cet endroit ; depuis cette hau[-] teur nos voyageurs du 36ᵉ purent jouir de la belle vue de Tusculun[m] et de *Frascati*, où ils avaient passé un si délicieux séjour. Il[s] s'assirent ensuite dans les champs voisins, sur les pierres renver[-] sées d'un *Temple de Jupiter*, où grand nombre de chrétiens furen[t] mis à mort. C'est là qu'ils se réconfortèrent avec leurs petite[s] provisions de route. Après quelques instants de repos, ils retour[-] nèrent à Gesu par la via Paradisi et par la porte S. Paul.

Souvent, depuis cette belle journée, Thérésine dirigea se[s] courses favorites vers *S. Paul hors les murs*, où vers les basilique[s] de *S. Laurent* et de *Ste Agnès*, dont les catacombes sont si précieu[-] ses à l'église (5).

---

(1) Chanoine *de Bleser*. Guide dans Rome. Les Catacombe[s], page 485.

(2) P. Guiseppe *Marchi*. Monumenti delle arti christiane primitive nell[a] Metropoli del cristianismo. — *Baronius*, tome II, an 226. — *Mary Lafon[.]* Rome ancienne et moderne, page 325.

(3) *Antonio Bosio*. Roma sotteranea. — *Marchi* : architecture de Rom[e] chrétienne souterraine (1844).

(4) Chanoine *de Bleser*. Epitaphe de l'Eglise S. Maria Scala Cœli, p. 290[.]

(5) La basilique où repose le corps de l'apôtre *Saint Paul* est divisée e[n] cinq nefs par 80 colonnes de granit. Des pilastres en cipollin, ressortant sur un fond de marb[r]e veiné, décorent les parois latérales. Au-dessus de l'entable[-] ment de la grande nef, 258 mosaïques donnent les portraits de tous les papes[.] Deux baldaquins, s'élèvent au-dessus du maître-autel papal, sont supportés par des colonnes de porphyre rouge, et d'albâtre transparent et veiné, comme

Le 20 septembre 1852, le major de Place, M. Grégoire, capitaine au 36ᵉ de ligne, sollicita de Sa Sainteté PIE IX une *audience* pour les officiers et sous-officiers mariés de son régiment, et pour leurs dames. Étant toujours de service au Vatican, M. Grégoire voyait presque chaque jour le Souverain Pontife. Sa demande fut exaucée ; l'audience fut fixée au 28. Personne plus que Maugenre et Thérésine n'avait désiré aussi vivement cette faveur. Recevoir leur billet d'audience leur causa une joie indicible.

Le 28, vers deux heures de l'après-midi, Messieurs Endrés, Marmé, Duclos, Fougerat, Rincly, Maugenre et leurs dames en voile, sans coiffure, montèrent l'escalier de la cour de Saint Damas ; ils furent reçus par les gardes palatins dans la *salle Clémentine*. Un officier de gardes-nobles les introduisit séparément dans les appartements du Saint-Père. Assis sur un fauteuil, dans une petite salle, ayant à ses côtés son camérier secret, le capitaine Grégoire et quelques gardes-suisses, PIE IX accueillit successivement chacun de ces Messieurs accompagné de leur épouse. Quand vint le tour du sergent Maugenre et de Thérésine, ils s'avancèrent. Agenouillés sur le seuil de la porte, ils reçurent une première bénédiction. Alors le Saint-Père tendit les mains vers eux en disant : « Approchez, mes enfants. » Ils lui baisèrent la main, qu'il leur offrit lui-même et se mirent à genoux à ses pieds. « Ah ! voyons, mon sergent, vos trois galons et votre décoration sont l'indice que vous êtes un vieux soldat ; depuis combien de temps êtes-vous dans

---

la peau de tigre. Leurs bases sont en malachite de Russie. Impossible de décrire toutes ces richesses appartenant à quinze siècles.

La basilique de la voie Tiburtine, où repose le corps du premier martyr S. Étienne, à côté de celui du glorieux diacre *S. Laurent*, est l'œuvre d'Honorius III (1216). Elle renferme la basilique de Constantin (330), restaurée par Pélage Iᵉʳ (557). Elle donne entrée à la remarquable catacombe de Cyriaque où sont les tombeaux de S. Hippolyte, de tous ses compagnons martyrs, et de milliers d'autres confesseurs de la foi.

A *Ste Agnès*, sur la voie Nomentane, le grand cimetière *ad Nymphas*, où S. Pierre baptisait et évangélisait, communique avec l'antique basilique souterraine, dont les fresques sont du IVᵉ siècle (1). Les loculi des galeries renferment des corps intacts. L'édifice supérieur de Constantin, a conservé sa forme primitive (324). 36 colonnes de plusieurs marbres très rares divisent les trois nefs. La richesse et l'antiquité s'y rencontrent à chaque pas. A côté de la petite vierge martyre de treize ans, et de Ste Émérentienne, sa sœur de lait, reposent les trois filles de Constantin, dont l'une est Ste Constance. S. Nicomède et les phalanges des saints, moissonnés par Maximilien Hercule (304).

(1) De Rossi — Images des catacombes de Rome. — (Édité chez Salviucci, 1863).

l'armée ? — Il y a trente ans, Très-Saint-Père. — Et vous avez fait le siège de Rome ! — Le premier de tous les soldats français, j'ai débarqué à Civita-Vecchia pour combattre le 30 avril. — Et de quel pays êtes-vous ? — Je suis des Vosges, du diocèse de Saint-Dié. — Un très bon diocèse que celui-là, il a donné de grands saints à l'église — et vous, mon enfant, s'adressant à Thérésine, êtes-vous aussi de ce diocèse ? — Je suis des Pyrénées, Très Saint-Père, du diocèse de Bayonne. — Oh ! oh ! vous êtes bien éloignée de votre mari. — Oui, Très Saint-Père, je suis du pays d'Henri IV et mes nobles aïeux appartiennent aux plus vieilles familles catholiques du Béarn. Si vous saviez combien mes parents vous aiment et prient pour vous ! Vous bénissez ma famille, n'est-ce pas ? » Pie IX sourit en inclinant la tête. — « Avez-vous des enfants ? continua-t-il. — Non, Très Saint-Père, nous sommes dans notre quatorzième année de mariage et nos désirs n'ont pas été exaucés, ce qui nous attriste beaucoup. — Eh bien, je vais vous bénir, ainsi que les enfants que vous aurez, vous accordant des indulgences jusqu'au troisième degré » et Il leur donna sa bénédiction. Thérésine lui présenta une petite boîte. « Ce sont des chapelets, des médailles, des crucifix ? — Oui, Très Saint-Père » et Il les indulgencia. « Je vais vous donner un souvenir à tous deux, ajouta le Pape, c'est la médaille de la Madone et la mienne » et Il fit signe à son camérier de lui remettre deux médailles d'argent, grand module, qu'il donna au vieux sergent pleurant de joie, et à sa pieuse épouse transportée de bonheur. — « Oh ! Très Saint-Père, si vous saviez comme nous sommes heureux ! quel beau jour pour nous ! » Pie IX souriant toujours présenta sa main au sergent Maugenre. Celui-ci la prit dans les siennes, y attacha longtemps ses lèvres avec amour, sans que le bon Pape fît aucun effort pour la retirer : « Très Saint-Père, lui dit alors le sergent, bénissez aussi ma famille, car ma femme et moi nous avons beaucoup de frères et de sœurs ; ma mère a eu onze enfants ». — « C'est une famille bénie de Dieu », reprit-il. — « Et mon régiment, qui s'est si bien battu pour vous, Très Saint-Père, bénissez-le aussi de tout votre cœur ; il a perdu au siège son meilleur capitaine ». — « Quel est son nom ? » — « C'est d'ASTELET ; blessé le 30 avril, il a été tué à l'assaut du 21 juin, le lendemain du jour où il sortait de l'hôpital. Sa dernière parole fut celle-ci : *Rome est à nous, vive Pie IX !* » — « Heureux capitaine ! Dieu a récompensé son martyr... Et vous, vous n'avez pas été blessé ? » — « Quatre balles ont percé mes vêtements, quand j'ai reçu le drapeau, mais mon patron S. Louis m'a bien protégé. » — « Je vous félicite, mon brave, et je vous bénis avec votre dame et vos enfants, votre famille et votre régiment ; allons, levez-vous ! » — « Maintenant nous pouvons mourir tranquilles. » Ce fut la dernière parole de Thérésine. Le Pape les suivit des yeux tandis que tous deux s'éloignaient.

Dans la salle voisine, Madame Fougerat souriait de leur bonheur ; eux-mêmes n'osaient pas y croire. « Si vous saviez comme nous nous sentions à l'aise, aux pieds de Pie IX, lui dit Thérésine, mon cœur débordait, j'aurais voulu rester ainsi toute ma vie. Ce n'était pas un Souverain Pontife, ni un grand Roi qui nous parlait, qui nous regardait, qui nous souriait, c'était un Père. »

Le 10 octobre 1852, le sergent Maugenre obtint une permission d'un mois pour aller en Afrique. Le temps de sa retraite approchant, son beau-frère Moutou, de Beni-Méred, l'invitait à venir voir lui-même les propriétés qui étaient à vendre dans cette localité avant de les acheter pour s'y établir. Il partit donc le 10 octobre pour Toulon et, de là, pour Alger.

Thérésine resta à Rome. Ne voulant pas être seule à Sainte-Marthe, elle se rendit à la rue S. Jean-de-Latran, pour retirer sa sœur Marie-Anne du pensionnat. La supérieure des religieuses et l'aumônier vinrent aussitôt représenter à Thérésine que Marie-Anne voulait entrer en religion, que sa vocation était certaine et que, si elle y consentait, il lui serait très facile de la réaliser dans la congrégation des sœurs du Bon-Pasteur. La vérité est que Marie-la-Française était très aimée dans cette maison, que sa piété, sa charité et son obéissance étaient remarquées par toutes ces bonnes sœurs italiennes, et que tous leurs vœux s'unissaient pour avoir une compagne de France. Très sensible à toutes ces demandes, qui lui manifestaient le grand intérêt que l'on portait à sa petite sœur, Thérésine ne put y répondre que par un refus.

— Si Marie-Anne veut être religieuse, disait-elle, elle pourra l'être tout aussi bien en France qu'en Italie. Je ne l'en empêcherai pas alors. Si je devais toujours rester à Rome, je ne ferais aucune opposition à vos bienveillantes propositions, mais bientôt, sans doute, nous partirons, et je ne veux pas la laisser seule ici. En France, elle sera plus heureuse en communauté, me sachant à proximité de son monastère.

Comme on insistait beaucoup en disant qu'on n'est jamais moins seule qu'en religion, puisqu'on y vit en famille, et que, religieuse en France, Marie-Anne ne vivrait pas avec les siens, Thérésine répondit encore :

— Je ne suis pas sa mère, tout en lui tenant lieu de mère. Je dois respecter les volontés de toute ma famille et de mon mari.

C'est une obligation pour moi de la leur ramener bien portante et bien instruite. Ne pas remplir cette obligation serait les contrister tous, gravement, et Dieu ne le veut pas.

Là-dessus, on se résigna à la laisser partir, et Marie-Anne vint rester avec sa sœur. Comme elles allaient habituellement à Gesu, elles avaient pour confesseur un père jésuite, le R. P. Delaporte. Celui-ci vint rendre visite à Thérésine pour lui renouveler la même demande qui lui avait été faite par la supérieure du Bon-Pasteur ; il en reçut la même réponse. Marie-Anne était en effet bien changée depuis deux ans. Se modelant parfaitement sur ses honorables maîtresses, elle avait acquis toutes leurs convictions et toutes leurs habitudes : malheureusement, elle avait oublié le français pour l'italien, qu'elle parlait comme une romaine.

Le 25 octobre, un ordre du ministre de la guerre prescrivit que le 36e rentrerait en France avec le 13e léger et le 32e de ligne. Cette nouvelle inattendue ne laissa pas de causer à Thérésine un grand embarras. Son mari était en Afrique ; elle ignorait ce qu'il avait décidé ; elle ne savait ni où, ni comment elle le rejoindrait ; elle devait, pour ainsi dire seule, faire face à tout ce que nécessitait son départ, et prendre, sans son mari, le même bâtiment que le 36e. Dieu aidant, tout se passa pour le mieux.

A la veille du départ, le général GÉMEAU adressa *l'ordre du jour* suivant aux troupes qui rentraient en France :

« Au moment où le général commandant la division d'occupation
« éprouve le regret de voir s'éloigner le 13e léger, les 32e et 36e de
« ligne, il se fait un devoir de leur adresser l'expression de sa
« haute satisfaction pour la manière dont ils ont accompli la grande
« et difficile mission qui leur a été confiée à Rome.

« Après avoir été braves pendant le siège, ils ont été disciplinés
« ensuite de la manière la plus rare et la plus intelligente. Aussi
« emportent-ils le précieux suffrage du Souverain Pontife PIE IX
« et celui de toutes les puissances étrangères qui, à Rome, les ont
« observés de près.

« Le 13e léger, les 32e et 36e de ligne vont donc en France rece-
« voir les éloges et les récompenses qu'ils ont mérités. Le général
« n'a pas laissé ignorer au Ministre de la Guerre et au Prince,
« chef de l'Etat, comment ces beaux et bons régiments ont porté
« leur drapeau à Rome.

« Cet ordre sera copié sur les registres des corps et des com-
« pagnies des régiments ci-dessus, et lu aux soldats assemblés
« pour l'appel.

« Le général commandant la division d'occupation, GÉMEAU. »

Madame Maugenre et sa sœur prirent donc la route de Civita-Vecchia, le 19 novembre. Elles s'embarquèrent le 20 sur le *Labrador*, avec le 36e. Ce n'était pas sans émotion qu'elles quittaient ces Etats du Pape où elles avaient éprouvé tant de et de douleurs consolations

CHAPITRE L

RETOUR A MARSEILLE ET A PARIS

Adieux au 36°.

En voguant sur les flots de la Méditerranée, les soldats du 36° et du 13° léger durent voter pour ou contre *le rétablissement de l'Empire*. Depuis le coup d'Etat du 2 décembre, ratifié par la France aux élections du 21 décembre, le premier pas vers l'Empire était fait. Les moins clairvoyants proposaient de parier dix contre un que la République ne verrait pas le dernier jour de l'année 1852. Les sept millions d'électeurs qui avaient appelé le prince à la présidence, d'abord pour quatre ans, ensuite pour dix ans, furent invités à répondre à son appel, pour rétablir la dignité impériale dans sa personne, avec hérédité dans sa descendance directe.

— Venez voter pour votre mari, disaient en riant les officiers, s'adressant à Théresine.

— Messieurs, ce n'est pas à une femme qu'il appartient de faire de la politique, répondit-elle.

En débarquant à MARSEILLE, grande fut sa joie d'y retrouver son mari. Comme il était sergent garde-magasins, son devoir l'appelait immédiatement à la réception de tous les colis du régiment. Ils avaient été arrangés et embâlés sans lui à Rome. Le lieutenant *Renaux* s'en était chargé. Il avait bien rempli sa tâche, principalement à l'embarquement.

Le 36ᵉ fut campé et détaché dans les mêmes casernes et forts qu'il avait habités avant son départ pour l'Italie. Thérésine, son mari et sa sœur retrouvèrent un logement dans la même rue du Cours. Maugenre s'empressa de raconter à sa femme tout ce qui s'était passé depuis le 10 octobre.

« Lorsque j'arrivai à *Béni-Méred*, dit-il, je ne reconnus pour ainsi dire plus cette colonie. Bon nombre des déportés de 1848 sont venus s'y établir et en constituent aujourd'hui la grande majorité. En me voyant arrivé avec la médaille militaire de l'Empereur, tous ces gens se sont mis à m'insulter. Il faut être socialiste pour se plaire avec eux, et ton beau-frère est bien à plaindre. Quand j'ai vu tous ces gens me traiter de la sorte, j'en ai eu assez(1). Je n'ai voulu voir ni terrain, ni maison, et je n'ai rien acheté. Tous les parents m'ont bien supplié de ne pas considérer les habitants de Béni-Méred, et de tout sacrifier pour eux. Malgré tout mon amour, je n'ai pas voulu partager leur triste situation. Je me suis dis que chez moi, dans les Vosges, j'avais aussi de bons et nombreux parents et que j'y trouverais une population bien plus tranquille, bien plus honnête et surtout plus chrétienne. Vois-tu, Thérésine, quand tu auras vécu deux mois dans mon pays, tu comprendras aisément ma détermination. Je ne veux pas prendre ma retraite en Afrique, je veux m'en retourner chez moi.

« Me trouvant à Alger, dans un café avec mon beau-frère Moutou et son pays, le docteur Parizy, de l'hôpital du Dey, je me mis à lire le journal : j'y appris le changement du 36ᵉ. Inutile de te dire mon inquiétude. Coûte que coûte, je voulus aller te rejoindre à Rome et sacrifier la moitié de mon congé. Je me rendis aussitôt chez l'intendant militaire d'Alger. C'était juste M. Corréar qui commandait Douèra en 1845. Il me reconnut aussitôt ; il me confirma la nouvelle de la rentrée en France de mon régiment. Il me demanda ce que tu faisais ; si j'avais payé la traversée pour venir à Alger, etc. Quand il apprit que j'avais dû payer mon passage, il s'empressa de me donner un billet pour la marine ; mon retour fut gratuit. Je retournais donc à Béni-Méred faire mes adieux. Après avoir acheté

---

(1) C. Rousset, de l'Académie française, déclara lui-même « que la colonie naissante de l'Algérie servit d'exutoire à la mère patrie pour les scories de l'armée et pour l'écume de la population civile. »
Les Commencements d'une Conquête, tome 1, page 156.

des yatagans pour le général Levaillant, je revins à Marseille. Aussitôt je demandais à l'administration de vouloir bien me donner les papiers nécessaires pour t'aller retrouver à Rome. C'était toi et ta sœur qui m'inquiétaient, plus encore que tous mes magasins. A ma grande douleur, cette autorisation m'a été refusée. J'ai dû rester ici pour t'attendre. Voilà en quelques mots toutes les péripéties de mon absence.

— C'est un grand sacrifice que tu m'imposes-là, mon cher mari. Je comprends bien tes raisons, je les approuve, je me résigne à ta volonté, mais ma mère et ma sœur, je veux encore les voir. Avant de te suivre dans les Vosges, je retournerai encore en Afrique avec ma petite sœur.

— Cela nous coûtera cher. Mais je préfère te donner cet argent que d'aller habiter Béni-Méred. Tu ne saurais croire tout le mal que ces parisiens sans travail ont fait aux colonies ; elles s'en ressentiront toujours.

— Tu es donc bien décidé à ne pas revenir sur la détermination que tu as prise d'aller dans les Vosges ?

— C'est absolument décidé.

— Dans ce cas, tu demanderas ta retraite quand tu iras porter ces yatagans aux généraux Levaillant. Puisqu'ils t'ont chargé de cette commission, tu prieras ces grands chefs d'accepter la tienne auprès du ministère. »

A la fin de novembre 1852, le 36ᵉ de ligne et le 13ᵉ léger furent passés en revue par ABD-EL-KADER. L'émir était à la veille de quitter la France sur ce même *Labrador* qui avait transporté ces régiments d'Italie à Marseille. L'Arabe, paré d'honneurs français, et accompagné du général CHARLES LEVAILLANT. commandant la ville, passa devant nos soldats avec tout l'éclat d'un triomphateur. Les voitures de ses femmes formaient sa suite.

Si le vaincu de Sidi-Brahim eut alors rencontré les yeux de LA MORICIÈRE, je crois qu'il aurait eu quelque peine à en soutenir l'éclat. Mais à cette heure, son glorieux vainqueur était un vaincu politique. Son inébranlable fidélité à la justice des causes qu'il avait défendues avait fait de lui le grand, l'honorable proscrit du coup d'Etat. Homme d'un seul serment, que rien ne pouvait fléchir, il était à Bruxelles : son fils unique se mourait à Paris ; son captif recevait le salut des armes à Marseille. Quelle leçon pour les grands de la terre dans les contrastes de cette existence !

Après le départ d'Abd-el-Kader, le sergent Maugenre obtint une audience du général CHARLES LEVAILLANT. Le général JEAN LEVAILLANT, son frère, l'ancien colonel du 36ᵉ de ligne, de retour des îles d'Hyères, était au palais du gouverneur. Grand fut leur contentement quand ils reçurent des mains du vieux sergent les yatagans qu'ils l'avaient chargé d'acheter à Alger. Les remettant à son ancien colonel il lui dit :

— C'est à mon tour de demander une grâce à M. le général et à son frère.

— Et laquelle ?

— Celle de m'obtenir du ministère la retraite de sergent à laquelle j'ai droit aujourd'hui, puisque je suis dans ma trente-unième année de service au 36e.

— Mais, mon brave, vous ne devez pas quitter le régiment sans avoir la croix. *Vous n'êtes pas suffisamment récompensé.* Il faut une occasion pour vous la faire obtenir. Attendez, puisque vous êtes le premier porté.

— Mon général, je suis déjà bien content d'avoir reçu la médaille militaire. Plusieurs de mes camarades, ayant autant de service que moi, se sont retirés sans médaille et sans les galons de sergent.

— Oui, mais leur feuille de punition n'était pas aussi blanche que la vôtre.

— J'en reviens toutefois à ma demande et je prie Monsieur le Gouverneur de la prendre en considération.

— Non, Maugenre, vous devez attendre. A la fin de l'hiver, le 36e doit aller à Paris ; il sera passé en revue par Louis-Napoléon. Avec votre colonel, nous vous présenterons pour la croix. Après seulement, vous ferez valoir vos droits à la retraite.

M. Jean Levaillant lui demanda ensuite des nouvelles de Moutou, de sa femme et de Thérésine ; il lui offrit quelques cigares et Maugenre s'en retourna chez lui.

Quelque honorables et bienveillantes que fussent les dispositions de ces grands chefs, elles contrecarraient absolument tous les désirs des deux époux. Ils résolurent donc de remettre au printemps la demande officielle de la retraite ; en attendant on patienterait à Marseille, et Marie-Anne retournerait dans son ancienne pension.

Quelques jours plus tard, Maugenre reçut la visite du capitaine *Gautier* de la 5e du second bataillon. Après avoir réglé certaines affaires en prenant le café, l'officier lui raconta ses exploits dans les départements de Vaucluse et des Basses-Alpes.

Le dépôt et la plus grande partie du 2e bataillon n'avaient pas fait la campagne de Rome ; le 26 mars 1850, ils étaient partis de Marseille pour aller tenir garnison à AIX. Là, ils eurent à réprimer des troubles occasionnés par le Coup d'Etat. Sur l'ordre du commandant de la 7e division militaire, M. le général HECQUET, six compagnies du 36e, ayant à leur tête M. le commandant MILLET, partirent le 8 décembre pour *Pertuis* (Vaucluse). Les habitants étaient fort mal disposés envers la troupe ; elle dut s'installer dans trois grands bâtiments voisins, de manière à être toujours sous la main du commandant. Les trois jours suivants, les compagnies furent envoyées dans les villages voisins, pour rassurer les populations, et pour arrêter les individus signalés comme ayant pris part à l'insurrection. Le 14 décembre, elles arrivèrent à *Forcalquier* (Basses-Alpes), après avoir voyagé toute la nuit. Là, elles se réunirent à la colonne mobile, commandée par M. le lieutenant-colonel VINOY, du 54e de ligne. Le 16 décembre, la compagnie du capitaine *Gautier* arrêtait sept insurgés à *Sainte-Maime* ; celle du commandant *Millet* en surprenait vingt-cinq devant *Dauphin*, et poursuivait leur chef, l'ex-garde général AILLAUD (1), dans la forêt de la commune de *Saint-Michel*. Le 20, le capitaine *Gautier* partit avec sa compagnie pour *Sisteron*. Il fit de nombreuses arrestations dans plusieurs communes de l'arrondissement. Ensuite il prit part à la battue générale dans le *bois de Lure*, ordonnée par le général MORRIS, commandant l'état de siège dans les Basses-Alpes. Le 26 décembre, par un froid glacial, toutes les compagnies du 36e alors présentes, durent faire dans la neige plus de 52 kilomètres en un seul jour. Quittant Sisteron, avec les voitures des prisonniers désarmés, le capitaine Gautier les avait fait escorter jusqu'à Marseille. Il fut signalé dans le rapport du général Morris au ministre de la guerre (2).

Le 2 décembre 1852, l'empire fut solennellement proclamé dans la personne de Charles-Louis-Napoléon-Bonaparte, sous le nom de NAPOLÉON III. Par 7,824,189 suffrages, le peuple français avait consacré sa dynastie. Dans le discours prononcé à cette occasion devant les sénateurs et les députés, le nouvel empereur, après avoir remercié la nation, faisait serment de ne rien céder de tout ce qui touche à l'honneur et à la dignité de la France — d'assurer par tous les moyens la prospérité de la patrie — et de donner pour bases à son gouvernement la religion, la justice, la probité et

---

(1) M. *Aillaud*, de Volx, ancien garde général des eaux et forêts, était un des hommes les plus justement considérés du pays. Son génie et sa position antérieure lui avaient donné un ascendant considérable. Il est mort à Cayenne!

(2) Chronique régimentaire inédite.

l'amour des classes souffrantes. Comme à son oncle, Dieu lui donnait la couronne impériale pour avoir fait triompher la cause du Pape. Comme son oncle, Dieu l'humiliera pour avoir traîtreusement persécuté le Pontife-Roi qu'il devait toujours défendre. Leur fidélité et leur infidélité à la mission de la France, fille aimée de l'Eglise romaine, ont causé alternativement leur triomphe et leur ruine, leurs victoires et leurs défaites, leur gloire et leur ignominie. Puissent tous les rois de la terre bien profiter de cette double leçon !

L'année 1853 s'ouvrit avec des bruits de guerre en *Orient*. La possession de la Turquie avait toujours été, depuis le temps du tzar Pierre, le but formel de la politique russe. Sans brusquer prématurément les choses, la Russie ne cessait de surveiller la marche des autres gouvernements européens pour profiter de toutes les occasions qui pouvaient lui faciliter même le plus léger pas en avant vers Constantinople. Une de ces occasions favorables parut s'offrir au tzar Nicolas au commencement de l'année 1853.

Croyant à l'antipathie de l'Angleterre pour le nouveau gouvernement impérial, voyant la Grande-Bretagne sans armée permanente, et la France ne pouvant compter que sur la sienne pour affermir son nouvel empereur, le tzar NICOLAS venait d'alléguer des griefs pour déclarer la guerre à la Porte. Dans une lettre autographe, il avait reproché en 1852, aux ministres ottomans de reconnaître en principe la validité du traité de 1740 qui servait de base aux réclamations de la France au sujet des droits des latins sur *les lieux saints de la Palestine*. Il leur fit un crime de ne pas reconnaître les empiétements et les usurpations des Grecs schismatiques, appuyés par la Russie, comme autant de droits appartenant aux grecs contre les latins.

Or, cette question religieuse des lieux saints n'avait été qu'une roucrie diplomatique dissimulant la véritable question d'influence politique.

Les entretiens de l'empereur Nicolas avec l'ambassadeur anglais, *sir Hamilton Seymour*, les propositions faites par le tzar à l'Angleterre, ses préparatifs militaires, révélèrent bientôt les véritables intentions de la Russie. Le tzar voulait que tous les sujets de la Porte ottomane appartenant à la religion grecque fussent placés sous le protectorat de la Russie. C'est ce que déclara à Rifaat-Pacha l'envoyé extraordinaire du tzar, le prince MENSIKOF, dont l'attitude à son entrée solennelle dans la ville de Constantinople avait déjà été un outrage et une menace.

C'était donc là le but où tendaient tant d'efforts, de ruses et d'intrigues, le *protectorat*, c'est-à-dire l'abdication de la souveraineté du sultan sur la moitié de ses sujets, en attendant qu'on lui enlevât le reste de gré ou de force. Se trouvant engagé dans cette question de politique européenne, le gouvernement français ordonna aussitôt à sa flotte de se rendre dans la rade de Salamine. A cette nouvelle, qui fit la plus grande impression à *Marseille* et à Toulon, vint bientôt se joindre celle de l'invasion des principautés danubiennes par cent cinquante mille Russes sous les ordres du prince GORTSCHAKOF.

On ne parlait dès lors à Marseille que de préparatifs de guerre pour l'Orient.

— Qui sait, disait Thérésine à son mari, si le 36ᵉ de ligne ne sera pas un des premiers régiments envoyés contre les Russes. Crois-moi, c'est le moment maintenant de faire toutes les instances possibles pour obtenir ta retraite. Voilà plus de trente ans que tu es au 36ᵉ ; tu as fait ta bonne part. S'il te fallait aller encore combattre les Slaves, tu pourrais bien ne jamais plus me revoir, ni ton pays.

— Bah ! reprit le vieux sergent, j'aurais encore là-bas autant de chances qu'en Espagne, en Afrique et en Italie. Dieu m'a toujours protégé. Je trouverais encore l'occasion de m'escrimer à la baïonnette et je reviendrais avec la croix.

— Oui, si une balle ou un boulet ne t'envoient pas dans l'éternité. Et alors, à quoi te serviraient ta croix, ta médaille, tes campagnes et tes années de service ? Il n'y a que le gouvernement qui en profiterait. J'aime mieux te voir vivant avec la médaille militaire que mort avec la croix de la Légion d'honneur.

— Et cependant mon colonel ne tient pas à ce que je demande ma retraite.

— Soit ; mais j'ai à te faire considérer autre chose. Ne sais-tu pas que la bénédiction de Pie IX a porté ses fruits, et que je serai *mère de famille* cette année ?

— Dieu soit loué !

— Et je ne veux plus que tu sois au régiment pour ce moment-là. Il faut, si Dieu me conserve mon enfant, qu'il connaisse au moins son père. Ne vas donc pas te faire tuer en Russie, et prends en considération mes paroles.

— Dans ce cas, ma femme, tu as raison et je vais demander ma retraite.

C'est à la suite de cette déclaration que le sergent Maugenre retourna au palais du gouverneur. Il remit aux généraux Levaillant sa pétition écrite pour sa mise à la retraite. L'ancien colonel du 36ᵉ refusait encore de l'envoyer au ministère.

— Qu'est-ce qui vous manque au 36ᵉ, lui disait-il? Dans un an vous aurez la croix. Patientez-donc jusqu'à ce moment-là.

— Mon général, je ne veux pas attendre que je sois mort. Si mes grands chefs ne se fussent pas trompés, parce qu'ils venaient d'arriver au régiment, si M. Levaillant était resté mon colonel, ou si seulement M. Tabouriech avait été maintenu six mois de plus comme lieutenant-colonel, les erreurs que vous déplorez n'auraient pas été commises. *Ce n'est pas celui qui sème l'avoine qui la mange.* Vu la position de ma femme, qui m'annonce sa maternité, je suis obligé de refuser tout ajournement. J'ai droit à la retraite; on ne peut pas ne pas me l'accorder.

— Maintenant je vous comprends, sergent Maugenre. Ce que vous me dites de votre dame me cause autant de surprise que de joie. Vous serez heureux d'être un bon papa, mais je ne sais pas comment faire pour réparer le préjudice que je déplore.

— Qu'à cela ne tienne, mon général; grâce à Dieu, je pourrai vivre sans la croix. Je maintiens ma supplique.

— Entendu. Je vais l'envoyer à Paris cette semaine.

Après cette visite, qui eut lieu dans les premiers jours de mars, le sergent Maugenre alla retirer à la caisse d'épargne tout l'argent qu'il y avait placé au nom de sa belle-sœur, de sa femme et au sien propre. L'ayant su, un officier du 36ᵉ lui demanda à emprunter dix-huit cents francs pour un mois. Ne refusant pas de rendre service à ces Messieurs, notre brave lui accorda l'argent demandé. Huit jours après, cet officier recevait du gouvernement l'autorisation d'épouser la belle italienne qui l'avait accompagné à Marseille. Cette autorisation prouvait l'existence d'une dot plus fictive que réelle.

Ce qui est très curieux dans cette affaire, c'est que l'officier en question se mariait une seconde fois avec la même personne. Sans l'autorisation du gouvernement, il avait été marié une première fois avec elle par un curé romain, en présence seulement de deux témoins, attestant qu'il n'avait contracté aucun mariage antérieur. Le mariage religieux servait alors à Rome de toutes les formalités civiles qui le précèdent en France. Cet officier, dit-on, espérait être en droit de faire annuler cette union quand il quitterait Rome, et pouvoir convoler à un autre mariage, s'il lui plaisait de renvoyer son Italienne.

Toutefois, plus fin qu'un de ses collègues, il attendit pour agir, comment celui-ci se tirerait d'affaires dans la même situation que lui. Cet autre officier du 36ᵉ avait épousé, à l'insu de ses chefs, la nièce d'un prêtre romain. Elle était belle femme, bien gentille, mais boiteuse. Il la laissa au moment de rentrer en France. Le misérable comptait sans l'oncle de la pauvre abandonnée. Celui-ci adressa sa juste plainte au ministre de la guerre français par le gouvernement pontifical. L'officier fut renvoyé en demi-solde, puis nommé dans son grade aux zéphirs (compagnies de discipline) à Alger. Son mariage fut déclaré valide en France.

Comprenant que pareil déshonneur l'attendait, s'il se conduisait comme son collègue, le nouveau débiteur du sergent Maugenre conserva son Italienne. Il lui trouva une dot, demanda officiellement l'autorisation de l'épouser, et contracta ainsi avec son épouse un second mariage. Les dettes énormes qu'il dut faire à cette occasion lui créèrent de tels embarras qu'il faillit passer au conseil de guerre. Que de fois n'arrive-t-il pas que, poussé à bout pour un remboursement impossible, un adroit débiteur risque tout et compromet son avenir et celui de sa famille !

Le 36ᵉ avait reçu l'ordre de quitter Marseille pour PARIS, le 15 mars 1853. Tout ce long trajet devait être fait à pied. Des pluies torrentielles et continuelles forcèrent le régiment à retarder d'un mois ce voyage. Dès que la première date du départ fut connue, Thérésine et sa sœur résolurent de s'embarquer pour l'Afrique le même jour. Elles voulaient encore une fois aller voir leur mère, leur sœur et la famille avant de suivre le vieux sergent dans les Vosges. Elles étaient heureuses de pouvoir encore passer à Béni-Méred tout le temps qu'il faudrait au 36ᵉ pour arriver à la capitale.

Par une coïncidence providentielle, *Adolphe Blancard*, sous-chef de musique au 11ᵉ de dragons, ancien enfant de troupe du 36ᵉ, allait revoir son père en retraite à Doucra. Ce retraité était autrefois le chef de fanfare du régiment, un vieux camarade du sergent Maugenre. Adolphe se joignit à Thérésine et à Mariannette. Tous trois s'embarquèrent le 15 mars sur le courrier le *Philippe-Auguste*.

A peine le vaisseau eut-il dépassé le chateau d'If que la mer devint de plus en plus mauvaise. Suivant l'agitation des vagues en courroux, l'esquif bondissait sur l'onde, pour retomber ensuite dans l'abîme et remonter de nouveau. Balancé de l'avant à l'arrière, brusquement incliné par le coup de mer de gauche à droite et de droite à gauche, le courrier avançait péniblement, luttant de toute la force de sa vapeur contre la furie des flots. La terre avait disparu ; la nuit était sombre ; la pluie tombait à torrents ; le grand vent donnait dans toute sa force.

Invoquant de tout son cœur l'Etoile de la mer, Thérésine priait anxieuse à côté de sa sœur ; elle se demandait à chaque instant si la mer n'allait pas les engloutir. Vingt heures se passèrent ainsi. Matelots et officiers travaillèrent avec courage pour braver la tempête et sauver le navire. Au milieu de la seconde nuit, la violence de l'orage devint extrême ; le parapet fut brisé et enlevé ; l'eau balayait à chaque instant le pont du vaisseau ; une des deux grandes roues de côté fut en partie détruite. Ordre fut aussitôt donné de fermer toutes les ouvertures du pont et de les calfeutrer en clouant des toiles goudronnées.

Tous les passagers furent alors entassés pêle-mêle à fond de cale. Pendant que les marins ajustaient leurs poutres pour fermer l'ouverture principale, une énorme vague vint s'abattre et se briser sur le pont. L'eau tomba comme une écluse sur les passagers. Alors ce fut un cri général : « Nous sommes perdus, nous sommes perdus ! » Le courrier submergé semblait alors vouloir enfoncer. Mais toutes les pompes manœuvraient ; tous les seaux puisaient l'eau, tandis qu'on boulonnait les traverses de fermeture et que l'on clouait les toiles. Le vaisseau reprit sa marche dirigé vers l'*île du Port-Mahon* qui n'était pas fort éloignée.

Pendant ce temps Thérésine se trouva mal ; elle resta longtemps sans connaissance. Un médecin de Lyon qui se trouvait là heureusement, lui prodigua les soins les plus empressés avec un rare dévouement. Grâce à lui, elle revint à elle : on sait dans quelle position elle se trouvait alors. Mariannette, elle aussi, plus morte que vive, ne cessait de pleurer auprès de sa marraine. Adolphe Blancard voulait la consoler, mais en vain.

Après mille efforts héroïques, le courrier arriva au PORT-MAHON de l'île de Minorque. Dans ce magnifique bassin, sûr et commode, il était sauvé. Plusieurs descendirent dans la ville qui est de vingt mille habitants. Très faible et toute malade, Thérésine resta dans une cabine. Un marin lui apporta des oranges et des figues que l'on vendait sur le port ; cette gracieuseté fut payée de retour.

Vingt-quatre heures suffirent pour réparer le courrier. De nouveau, il se remit en marche ; de nouveau, le mauvais temps l'assaillit. Le roulis et le tangage ballottèrent le vaisseau en tout sens. Il fallut recommencer les mêmes manœuvres pendant plus de quarante-huit heures. Lorsqu'il parvint en vue d'ALGER, une foule stationnait sur la place du gouvernement pour voir arriver le *Philippe-Auguste* que l'on croyait perdu. Un autre courrier de Marseille était arrivé dans l'intervalle ; il avait apporté cette fausse nouvelle.

La sœur d'Adolphe Blancard, Madame *Eugénie Gay*, était là sur la place, avec son mari ; tous deux agitaient leur mouchoir. Adolphe répondit à leur signal. Aussitôt M. Gay fit détacher une barque et arriva auprès du *Philippe-Auguste*. Son beau-frère y descendit avec ses deux compagnes de voyage. Ce fut une grande joie pour tous de se retrouver sains et saufs à Alger, après avoir échappé, comme par miracle, au naufrage et à la mort.

Arrivé chez M. Gay, inspecteur des ponts et chaussées à Alger, Thérésine, bien souffrante, ne réclama que du repos. Le lendemain, après avoir été rendre visite au frère du lieutenant *Sicard* du 36ᵉ de ligne, elle prit la diligence de la Maison-Carrée, en compagnie de sa sœur et d'Adolphe. Arrivés aux Quatre-Chemins, nos trois voyageurs prirent la route de DOUERA et dînèrent chez le *père Blancard*. Près de chez lui habitait *Tabuteau*, ancien caporal du 36ᵉ ; ce dernier était marié et cultivait comme colon une concession donnée par le gouvernement ; une visite lui était due.

La station de Douera ne fut qu'un arrêt de quelques heures. Les deux sœurs durent prendre l'après-midi de ce même jour, 21 mars, l'omnibus de Blidah. Elles arrivèrent à BÉNI-MÉRED à la nuit tombante ; personne ne les attendait. Marie-Anne avait douze ans quand elle avait quitté l'Afrique, à la fin de 1848. En ce moment, elle revenait à dix-sept ans, grande, rondelette et forte, méconnaissable pour tous ceux qui l'avaient connue autrefois. Il n'en était pas ainsi de Madame Maugenre. Tous ceux qui la voyaient aller chez *Moutou* poussaient des exclamations de surprise et de joie en apercevant leur bonne et vieille connaissance.

Mariette Moutou, sa sœur, fermait les persiennes de sa maison quand elles arrivèrent au logis : « Mon Dieu, voilà Thérésine ! » s'écria-t-elle, et aussitôt elle chancelle, tombe évanouie sur le sol. Le domestique accourt, appelle son mari. François Moutou arrive : quelle surprise ? Ses deux belles-sœurs étaient là, auprès de sa femme sans connaissance. La maman Capdepon-de-Goës accourt d'un autre côté : au spectacle qui s'offre à ses yeux, elle se met à pleurer, et de joie et de crainte. On transporta Mariette sur un lit : ce n'est qu'après deux heures de soins qu'elle revint à elle.

La nuit mit fin aux grandes émotions. La journée du lendemain ne fut pas assez longue pour se raconter toutes les dramatiques péripéties des évènements qui s'étaient accomplis depuis cinq ans. Quand Thérésine parlait de Rome, elle n'en finissait pas ; quelque longs que fussent ses racontages, ils étaient toujours écoutés avec grand plaisir. Souvent Moutou, en homme pratique, ramenait la conversation sur les décisions que son beau-frère allait prendre en quittant le 36ᵉ. Il ne cessait de parler des grands avantages qu'ils

auraient à vivre ensemble, heureux d'être toujours à Béni-Méred.
— « Louis est parti si brusquement, disait-il, quand il apprit à Alger que le 36ᵉ quittait Rome pour rentrer en France, qu'il nous a tous laissés sans nous dire s'il se retirerait en Afrique, oui ou non ».

Avant que de répondre aux multiples sollicitations qui lui étaient faites par ses chers parents, Thérésine voulut d'abord se rendre compte par elle-même de ce que valait alors Béni-Méred. Au point de vue matériel, la colonie militaire de 1844 avait fait de très grands progrès. La culture du blé, du tabac, des vignes et du fourrage était magnifique. Depuis qu'il avait acheté la concession de Blondel, Moutou faisait semer cent vingt et un hectares de blé ; ses grandes prairies artificielles étaient d'une grande fécondité ; il cultivait près d'un hectare de tabac ; deux vignes lui fournissaient un excellent vin ; les mandarines, les sanguines, si renommées de Blidah étaient en partie celles de son orangerie ; les oliviers, les figuiers, les citronniers, les grenadiers, les jujubiers et les caroubiers de son verger ne lui rapportaient pas petit bénéfice.

Mais, à part quelques familles, la valeur des habitants de cette localité n'était pas en raison directe de la fécondité du sol. Les déportés de Paris y avaient apporté le dévergondage de leurs mœurs et coutumes. L'écume des boulevards extérieurs et des petites rues de la capitale s'y était donnée rendez-vous, en sorte que le pauvre Moutou se trouvait un peu là comme Loth à Sodome.

Thérésine ne fut pas longtemps sans s'en apercevoir ; elle se mit alors en devoir de répondre que ni elle, ni son mari, ne voulaient venir rester au milieu de cette population. Elle ajouta : « Vendez vos propriétés, vos maisons et tout ce que vous avez. Si vous ne revenez pas avec nous en France, vous deviendrez semblables à ceux qui vous entourent ». Ce langage chrétien ne fut malheureusement pas écouté du chef de la famille.

Autant cette résolution fut respectée par la maman, autant elle fut adroitement combattue par François. Celui-ci, qui était d'Agen, était fin comme un gascon ; mais il avait à faire à une maîtresse gasconne du Béarn, qui ne lui cédait pas le pas en jugement, en adresse, en charité et en fermeté. On pouvait dire d'elle : ce que femme veut, Dieu le veut.

Dès lors, la bonne maman prodigua les soins les plus tendres et les plus affectueux à son aînée et à sa plus jeune fille. Elle se résignait à rester avec Mariette pour l'aider à élever ses nombreux enfants (elle en eut treize), et à vivre pour toujours séparée de Thérésine et de Mariannette.

Il y avait alors à Béni-Méred un ancien sergent de grenadiers du 36ᵉ, qui possédait une concession. C'était *Pichelin*, un bon serviteur du colonel Levaillant, un ami de la famille Moutou. Les deux camarades organisèrent ensemble un petit voyage d'agrément en l'honneur des deux visiteuses. Chaque jour un petit iaoulet de la tribu de l'Oued-Madine venait vendre à Mariette quelques unes de ses denrées. Celle-ci lui donna la commission de dire à ses parents que le surlendemain ils recevraient une visite nombreuse, dont on profiterait pour acheter des chèvres. Au jour convenu, Thérésine et les deux familles Pichelin et Moutou se rendirent chez les Oued-Madine. Le chef de la tribu les reçut avec grande politesse; il conduisit avec lui les hommes qui ne pouvaient pas aller partout. Mais les dames purent entrer dans les tentes des femmes arabes, qui les toisaient des pieds jusqu'à la tête. La mère du petit iaoulet, après avoir enchaîné son mauvais chien, fit les honneurs de son gîte. Puis, se lavant les mains, elle se mit à pétrir de la farine de maïs, à faire des galettes, à préparer des œufs et des fruits pour le repas. Il y avait là une belle jeune femme arabe qui n'avait pas plus de quatorze ans : son petit enfant de six semaines dormait à côté d'elle, dans un berceau de roseaux tressés. Elle l'apporta tout heureuse à Thérésine pour le lui faire embrasser.

— Vois, mon moutiatou, lui dit-elle... Tu as vu mon marcanti ; il est riche ; regarde mes bracelets... » et elle lui montrait les anneaux dorés, qui ornaient ses pieds, ses bras, et les deux paires de boucles qui pendaient à ses oreilles.

Le mois d'avril écoulé, il fallut songer au départ ; les adieux à Béni-Méred se firent le 4 mai. Thérésine et Mariannette embrassèrent leur sœur et ses deux fils, Louis et Eugène, pour prendre la route d'Alger. La maman et Moutou les accompagnèrent. Ils restèrent avec elles jusqu'au lendemain, jour de l'Ascension. Après la messe et le repas, ils se rendirent à la marine. Le courrier était prêt à partir. Marie-Anne de Loustau bénit ses deux filles en les embrassant pour la dernière fois. On se dit adieu jusqu'au ciel. De tous ces chers parents de Béni-Méred, il n'en reste plus un seul aujourd'hui : tous sont dans l'éternité (1).

---

(1) *Marie-Anne Capdepon de Goës*, née de Loustau, est décédée le 20 août 1860.
Marie Moutou, née Capdepon de Goës, est décédée le 23 septembre 1868.
François Moutou, maire de Béni-Méred, est décédé le 30 octobre 1889.
Louis Moutou, meurt à 32 ans, le 20 juillet 1869.
Eugène Moutou, père de cinq enfants, meurt à 36 ans, le 21 novembre 1886.

Durant toute la traversée, le temps fut magnifique. Nos deux voyageuses débarquèrent sans accident à Marseille le sept mai au soir. Elles apprirent alors que le sergent Maugenre, le 1er bataillon et l'état-major du 36e de ligne n'avaient quitté Marseille que le 13 avril 1853, et qu'ils ne seraient rendus à Paris que le 19 mai ; tout ce long trajet devait se faire à pied. Le 2e bataillon était parti le 20 avril pour n'arriver que le 26 mai à la capitale. Réglant son voyage pour ne rejoindre son mari qu'après son installation à Paris, Thérésine resta avec sa sœur chez des connaissances jusqu'au 18. Elles prirent ensuite le chemin de fer jusqu'à *Lyon*, le bateau à vapeur sur la Saône jusqu'à *Mâcon*, et de nouveau la voie ferrée jusqu'à PARIS, où elles arrivèrent le 20 mai. Des soldats du 36e revenant de congé par le même train, se chargèrent de leurs bagages jusqu'à la place de la Bastille. Là, elles trouvèrent une voiture qui les conduisit au fort de Charenton.

Le sergent Maugenre était alors très occupé comme garde-magasins ; il n'avait pas pu aller au devant de Thérésine et de sa belle-sœur. Il fut tout heureux de les revoir en bonne santé ; il les conduisit au logement qui leur était destiné dans le quartier des officiers mariés, qui n'habitaient pas en ville.

Le 36e de ligne espérait, dès son entrée à Paris, être passé en revue par l'empereur NAPOLÉON III. Le colonel, M. Cauvin du Bourquet, attendait cette circonstance pour faire décorer son vieux sergent. Ce fut un grand désappointement que d'apprendre l'absence de l'Empereur pour environ trois mois. Il ne devait donc y avoir pour le régiment ni revue, ni décoration. A ces causes, le sergent Maugenre écrivit à M. le général Jean Levaillant d'intervenir au ministère pour faire accélérer l'obtention de sa retraite. Il réclama d'un autre côté à ses nombreux débiteurs tout l'argent qu'il leur avait prêté.

Alors les amis devinrent des ennemis. Plusieurs capitaines, lieutenants, sous-lieutenants, sergents-majors, devaient l'un 1,800 fr., l'autre 1,000 fr., celui-ci 300 fr., celui-là 250 fr., beaucoup de 50 à 200 fr. Presque tous furent aussi embarrassés que surpris. Ils craignaient que le colonel et le lieutenant-colonel vinssent à apprendre leurs dettes, relativement grandes, ce qui leur aurait attiré de longs arrêts et beaucoup d'autres ennuis. Tous répondirent : attendez ; et voulurent faire des promesses.

— Ce ne sont pas des billets qu'il me faut, se récriait le vieux sergent ; j'ai besoin de mon argent : tâchez de me le rendre au plus tôt.

Sur les entrefaites, la retraite fut accordée par décret du 23 juin

1853. Inscrite au trésor public sous le n° 11,274 (1), sa *pension militaire* fut fixée à une somme annuelle de *quatre cents* franc[s] parce que le sergent Maugenre avait vingt et une campagne[s]. Comme sous-officier, il n'avait alors droit qu'à *deux cent cinquan*[te] francs de retraite. Le maximum de campagnes lui était payé ce[nt] cinquante francs par an. La médaille militaire (2) lui valait ce[nt] francs : ce qui faisait en tout cinq cents francs, grâce aux cam[pagnes]. Je laisse le lecteur juge si cette retraite était proportionn[ée] aux états de service de ce brave qui avait passé trente-un ans [au] *même* régiment, sans punition, presque sans congé, sans hôpita[l], après tant de fatigues et d'actes éclatants accomplis en Espagn[e], en Afrique, en Italie et en France.

Ce ne fut que *le 4 juillet* que le sergent Maugenre fut *admis à [la] retraite* au 36ᵉ de ligne. Ce jour-là, les membres du conseil d'adm[i]nistration du régiment lui signèrent tous un *certificat de bon[ne] conduite*, approuvé par le général de brigade et le sous-intenda[nt] militaire.

Le lendemain, M. le colonel CAUVIN DU BOURQUET, accom[pagné] du lieutenant-colonel MALHER, se rendirent chez le retrait[é]. Thérésine et Mariannette firent à ces Messieurs les honneurs d'un[e] réception aussi respectueuse que modeste. Maugenre était présen[t]; il fut invité à venir dîner le lendemain à *la table du colonel*. Ce [ne] fut pas sans confusion et sans surprise qu'il accepta cette faveur [de] premier ordre. Tous les officiers du 36ᵉ, présents au fort de Ch[a]renton et autres, assistèrent à ce dîner du colonel, à l'hôtel de [la] pension (3). M. Cauvin du Bourquet plaça le sergent retraité à [sa] *droite*. Celui-ci pleurait en dînant à côté de son grand chef. Quan[d] on arriva au dessert, le colonel se leva et dit :

« Messieurs,

« Nous perdons *beaucoup* aujourd'hui ; notre meilleur soldat nou[s]
« quitte, après avoir passé les trois quarts de sa vie au 36ᵉ, aim[é]
« et estimé de tous. *Nous perdons surtout Madame Maugenre*. E[n]
« Afrique et en Italie, elle a été d'un rare dévouement pour

---

(1) Le certificat d'inscription fut renouvelé à Paris les 9 mars et 1er avril 1874.

(2) Elle était inscrite à la Grande-Chancellerie sous le n° 16,297/576, à l[a] date du 16 juin 1877.

(3) Les 1ᵉʳ et 2ᵉ bataillons du 36ᵉ étaient casernés à la *Nouvelle Franc[e]* depuis le 22 mai ; mais le dépôt, les magasins et plusieurs compagnies étaien[t] restés au fort.

« régiment. *Tous deux ne seront jamais remplacés au 36ᵉ.* Au nom
« du régiment, je leur adresse l'expression de sa reconnaissance.
« Je leur souhaite bonheur et longue vie. »

Les officiers répondirent à ce toast en trinquant à la santé de Madame Maugenre et du vieux sergent qui ne pouvait contenir ses larmes. Jamais on ne lui avait fait tant d'honneur, et il l'avait bien mérité. *Thérésine avait alors à son actif quatorze campagnes, où elle avait souffert dix fois plus qu'un soldat. Elle n'eut jamais d'autre récompense que ces paroles du colonel* (1).

La reddition des comptes et l'inventaire des magasins, autant que le remboursement de ses créances, obligèrent notre retraité à rester encore plusieurs jours au 36ᵉ. Le premier travail était accompli et la moitié de son argent prêté n'était pas encore rentré. Trop bon, trop confiant, croyant tous ses débiteurs aussi braves que lui, il se laissa persuader par plusieurs qu'il recevrait son argent quand il serait dans son pays. Il se trompait grandement. A son retour, ceux qui répondaient à des réclamations ne lui envoyaient souvent rien, s'excusant par des mensonges. D'autres disparaissaient sans laisser leur adresse ; ou bien ils n'avaient rien remboursé, ou bien ils ne l'avaient fait qu'en partie. A l'heure présente, plusieurs sont encore ses débiteurs ; un commandant, entre autres, lui doit aujourd'hui six cents francs ; il est décoré ; mais sa dette envers un pauvre sous-officier lui enlève l'honneur de sa croix.

A ce propos, nous pourrions intéresser nos lecteurs en livrant à la publicité bien des lettres de débiteurs, alléguant mille raisons mensongères pour prouver leur impossibilité de payer leurs dettes. Mais notre devoir est d'observer les convenances bien plus que ces Messieurs n'ont respecté la justice. Nous voulons bien passer l'éponge sur le passé. Nous nous contenterons d'établir la vérité de nos assertions par la lettre suivante de M. le lieutenant-colonel Malher, du 36ᵉ de ligne :

Paris, le 14 juillet 1854.

Mon cher Maugenre,

« Monsieur Z... était à l'hôpital quand votre lettre m'est par-
« venue. Aussitôt sorti, je l'ai fait venir pour le tancer fortement
« de ce qu'il vous doit une aussi forte somme et que vous fussiez
« obligé d'avoir recours à moi pour vous faire payer. Je lui ai
« infligé quinze jours d'arrêts pour ce fait et lui ai dit que je vou-

---

(2) Elle habite aujourd'hui le presbytère de *Lounoux* (Vosges), avec son fils unique.

« lais que vous puissiez être payé le plus tôt possible. — Il m'a dit
« être dans l'impossibilité dans ce moment de pouvoir vous solder
« — Je lui ai dit que je voulais une date précise. Il vous enverra
« le 2 octobre, 80 francs. Quant aux 104 francs, ils seront soldés
« dans les mois de décembre et de janvier. Je tâcherai que cela
« soit plus tôt, et je vais le faire *vivre à l'ordinaire des sous-offi-*
« *ciers* pour cela.

« Quant à Monsieur X...., il se trouve dans ce moment au
« dépôt. Comme il vous l'a écrit, on lui retient une grande partie
« de ses appointements pour payer le déficit de 5,000 francs qu'il
« doit rembourser à la caisse. J'ai écrit au major pour qu'il tâche
« d'en avoir quelque chose ; en attendant je lui ai infligé quinze
« jours d'arrêts forcés.

« Je ne perdrai pas vos intérêts de vue et je tâcherai que
« MM. Z... et X... vous remboursent le plus tôt possible,

« *Le Colonel serait enchanté de pouvoir faire quelque chose pour*
« *vous* — il faut faire une demande en règle à votre préfet, en en-
« voyer le double au colonel ; alors il s'en occupera.

« Adieu, mon cher Maugenre.

Le lieutenant-colonel,

MALHER.

Un fait est donc bien établi c'est que le sergent Maugenre sauva l'avenir de bien des officiers et sous-officiers en leur prêtant de l'argent, et que son dévouement et sa bonté ne lui causèrent que du détriment. Il quittait donc le 30ᵉ sans peur et sans reproche, avec l'estime et l'affection de tous. Cette douloureuse SÉPARATION eut lieu *le 15 juillet 1855*. Après avoir dit adieu à tous les camarades et à tous ses chefs, notre retraité se rendit avec Thérésine et Mariannette chez *M. Saint-Martin*, secrétaire au ministère de l'intérieur. Par son mariage avec Rosalie-Bastide d'Oloron, il était le cousin de Thérésine. Ils prirent chez lui le repas du soir et se dirigèrent ensuite vers la gare de Strasbourg. A onze heures du soir, le retraité et ses deux compagnes étaient en route pour Nancy et Lunéville ; le lendemain, l'omnibus les conduisait à Saint-Dié.

CHAPITRE LI

LE RETRAITÉ

1853-1870

Sur les rives de la Meurthe et du Robache est assise la ville de SAINT-DIÉ, la plus riante et la mieux située de toutes les cités des Vosges. Au milieu d'une verdoyante vallée, elle étale ses coquettes maisons d'un alignement parfait, et ses belles rues larges et très bien pavées, où circule l'air vif et pur des montagnes. Considérablement agrandie depuis 1870, elle compte aujourd'hui une population de 15,000 âmes. La création des chemins de fer de Lunéville (1864) et d'Epinal, par la Vologne (1877), a beaucoup contribué à l'extension de son commerce. C'est au nord de la ville proprement dite que se trouve, sur le monticule des JOINTURES, *le cloître* autrefois fortifié, de l'antique ABBAYE DE GALILÉE, attenant à gauche à *la Cathédrale*, et à droite à l'*église Notre-Dame*. L'histoire de ce monastère est aussi celle de Saint-Dié. L'*évêché* (XVIIe siècle), touche à la cathédrale. Son parvis est orné d'une belle colonnade. Ses terrasses sont soutenues par l'enceinte fortifiée de *la Collégiale*. Près de là étaient placées les portes Viant et Rochatte qui appartenaient au Chapitre. A l'entrée de la Grande-Rue, la porte du Beffroi était au pouvoir du duc de Lorraine. Au pied de la cathédrale se trouve *la maison des chanoines* (XVIe siècle) ; à gauche, en entrant dans la Grande-Rue, la haute *fontaine de la Meurthe* embellit la place des Vosges. La *Fontaine Stanislas*, faite en forme de pyramide, a été élevée sur la place du même nom, devant le tribunal, en l'honneur de Stanislas, roi de Pologne et duc de Lorraine, qui reconstruisit la ville après l'incendie de 1757. Sur des arcades repose l'*Hôtel de Ville* terminé en 1765. Le théâtre, décoré en 1878 par M. Save, occupe le premier étage. Au second étage se trouve la bibliothèque, renfermant les manuscrits de Dom Calmet, ceux des moines de Galilée, et 12,000 volumes des abbayes d'Etival et de Moyenmoutier. La *société philomatique vosgienne* y a fondé un véritable musée.

Entr'autres édifices de la ville on remarque le temple protestant, la synagogue, le collège, la sous-préfecture, l'institution des Frères de Marie, l'orphelinat des Filles de la Charité, le Beau-Jardin ou pensionnat des Sœurs de la Doctrine, l'hôpital, tenu par les Sœurs de S. Charles, les écoles du Parc et de la Rue-Cachée, l'asile, l'hospice des vieillards, les châteaux de Lesseux, Charton, Phulpin, d'Olonne et la maison de Spitzemberg.

Le *faubourg* occupe toute la rive gauche de la Meurthe. Son église, dédiée à S. Martin, est dominée par une coupole et une tour d'un bel aspect. La place Saint-Martin occupe l'ancien forum romain ; la gare est au sud de cette place. L'institution des Sœurs de la Providence est à l'est, sur la rue qui conduit au *Grand-Séminaire*, vaste édifice carré, terminé par une chapelle à croix latine richement décorée. Au petit bois du séminaire, M. le supérieur GRAND-CLAUDE et M. le chanoine Noël ont fait élever avec d'énormes rochers une grotte reproduisant exactement celle que l'Immaculée a rendue célèbre à Lourdes. A l'ouest, après avoir parcouru le chemin de ceinture de la gare, on arrive au monastère des Carmélites, et à la chapelle du *Petit-Saint-Dié*. Cette chapelle est l'ancien *oratoire de S. Martin*, construit par le pieux évêque de Nevers, près de sa cellule du Kemberg. C'est dans cet oratoire qu'il mourut en 679. Il y avait aussi, au XVIIe siècle, une autre chapelle élevée non loin de là, aux Tiges, en l'honneur de Ste Marie-Madeleine, pénitente.

Les magnifiques promenades des environs de Saint-Dié sont celles du Parc ; de *Gratain* et de la Vanne-de-Pierres ; de *Saint-Roch* et des trois roches de *la Bure ;* des Roches-des-Fées et du Sapin-Sec à l'*Ormont ;* du château-fort de *Spitzemberg ;* de la Chaise-du-Roi, du château-fort de *Clermont*, et de la Solitude à *la Madeleine ;* du *col du Haut-Jacques ;* des roches Saint-Martin, d'Anozel et Pierre-Percée au *Kemberg* ; de la *Pierre-d'Appel* à Etival ; du *Hoh-Kœnigs-*

bourg ; du *Ban-de-Sapt ;* de la Roche-du-Lion ; de l'*Etang de la Maix ;* du *Donon ;* de *Gérardmer* et du *Hohneck,* baignés par des lacs de toute beauté. Tel est Saint-Dié et ses environs.

En arrivant dans cette ville *le 16 juillet 1853,* notre sergent retraité du 36e était indécis sur le lieu où il voulait fixer sa demeure. Il hésitait entre Dénipaire, Hurbache ou le Ban-de-Sapt ; il y avait là toute sa famille. Les instances de Thérésine obtinrent que ce serait à *Saint-Dié* qu'ils s'établiraient définitivement. On comprend qu'il y avait beaucoup plus d'avantages pour eux de préférer la ville au village. A titre provisoire, ils louèrent donc le premier étage de la maison Georges Rucker, appartenant aujourd'hui à Madame Gustave Comond, née Rucker. Cette maison est située tout à la fois sur le quai du Parc et sur la rue Saint-Eloi ; c'est la seconde, à main droite, en allant du pont du Parc à la rue Stanislas.

Le deuxième dimanche de novembre 1853, Thérésine donna le jour à sa première enfant *Marie-Louise-Eugénie.* Cette naissance fut une grande joie pour tous, surtout pour le vieux retraité. L'enfant de la bénédiction de Pie IX ne pouvait pas ne pas faire des heureux, et ne pas être elle-même très heureuse. Au bout de six mois, le lundi de Pâques 1854, la petite Eugénie tomba malade ; le lendemain, elle naissait à la vie des anges : Dieu l'avait ôtée à la terre pour la donner au ciel. Soutenus par la foi, les parents désolés bénirent le Seigneur dans leurs larmes : ils espérèrent en Lui contre toute espérance. Ce ne fut pas en vain ; le 8 septembre suivant, ils allaient ensemble consacrer à Notre-Dame de Malfosse, à Moyenmoutier, le futur enfant qui allait remplacer Eugénie.

Dès le commencement de cette année 1854, une demande en règle avait été faite à M. le préfet des Vosges, pour l'obtention d'un bureau de tabac. Cette demande avait été appuyée par M. le colonel Cauvin du Bourquet, du 36e de ligne. Or, au mois de juillet, il fut notifié au sergent retraité que le bureau de tabac de *Bazoilles-sur-Meuse* lui était accordé. Informations prises, on fut bien surpris de savoir que le buraliste de cette localité venait de mourir du choléra, que soixante-quinze personnes avaient succombé au même fléau, en moins de trois mois, dans cette petite localité de 450 âmes. On conçoit dès lors que l'on ne pouvait répondre que par un refus à cette nomination. Par suite, le père Mangenre et son épouse se trouvèrent non récompensés de leurs services, et frustrés dans leur légitime attente.

Le samedi 3 février 1855, ils furent consolés par la naissance d'un fils, *Louis-Marie-Auguste* (1) ; ils habitaient encore la maison Rucker. Pendant les six mois suivants, Thérésine courut les plus grands dangers pour sa vie. Ce furent les grands soins et la haute science du célèbre docteur Carrière qui la sauvèrent.

En 1856, un terrain fut acheté dans la *rue du Casino* ; le père Maugenre y fit construire la maison N° 7, où il habita jusqu'en 1881.

Depuis son retour du service, son plaisir était de converser avec les amis de la classe qu'il avait connus avant d'aller au régiment. De ce nombre était M. *Lotz*, père de Madame FORJONNEL. Comme celui-ci était infirme, notre retraité lui consacra habituellement tous ses soins. Or, Madame Forjonnel avait un fils, *Maurice*, du même âge qu'*Auguste*. Il arriva que le père Maugenre les promena habituellement tous les deux dans la même voiture, qu'ils grandirent ensemble, qu'ils firent leurs études ensemble, et qu'ils ne se quittèrent que pour aller, l'un à Saint-Cyr, et l'autre au Grand-Séminaire. La dédicace de ce livre à Maurice n'était donc pas seulement une convenance, mais encore une dette du cœur.

Ce qui nous afflige en ce moment, dans la suite de la biographie de cet homme de foi, de sacrifice et d'honneur que nous avons fait connaître, c'est d'être obligé d'unir notre histoire personnelle à celle de notre père bien-aimé. N'ayant vécu que pour son fils, depuis 1855, sa vie se confond nécessairement avec la nôtre. Nous aurions été plus content de rester nous-même dans l'oubli et de passer inaperçu ici bas. Mais, pour terminer notre travail, nous laisserons au vieux retraité son rôle principal. Nous nous contenterons dorénavant d'un simple exposé de faits publics et connus de plusieurs, sans révéler bien des événements, bien des épreuves, bien des actes de grande vertu, qu'il vaut mieux, à présent, garder dans le secret.

Thérésine, la vraie femme forte de l'Evangile, à la raison saine et ferme, à la piété simple et douce, apprit à son Auguste les éléments de la science de Dieu. Le petit enfant balbutia sur le sol des Vosges la doctrine dont il sera là, plus tard, le prédicateur fidèle. Les récits du foyer domestique, les exemples et les traditions de famille développèrent dans son âme l'ardeur religieuse et le patriotisme chevaleresque.

---

(1) Le 8 février 1855, l'enfant fut baptisé par M. l'abbé Bayard dans l'église cathédrale. Il eut pour parrain son cousin, Sébastien Strabach, maire de Dénipaire, et pour marraine sa cousine, Marie Jeandel-Bastien, domiciliée à Saint-Dié.

Le 12 avril 1858, les *Frères de Marie* de Saint-Dié furent les maîtres vénérés qui le reçurent dans leur institution en renom. Là devaient mûrir, sous l'influence de la grâce divine et de la discipline de la pieuse maison, les germes de son avenir. Nous n'avons pas à raconter l'histoire de ces joyeuses années d'étude. Le directeur était alors M. Cunin. Le cœur des bons Frères, auxquels nous avons gardé une piété filiale, était le cœur d'une mère ; il assouplissait ces bouillantes natures pour les faire monter dans les vigueurs d'une piété sincère, dans l'enthousiasme du bien et la passion des grandes choses. Aussi leur réputation n'est-elle pas à faire ; il y a longtemps qu'elle est faite dans les Vosges, en Alsace-Lorraine et en France. Les familles qui ont à cœur de donner à leurs enfants non seulement l'instruction, qui n'est qu'un instrument dont on n'abuse que trop, mais surtout l'éducation, basée sur la vraie religion catholique, préfèrent toujours l'enseignement des Frères. Instruit par eux, le petit Auguste put écrire sa première lettre de bonne année à ses parents des Vosges, des Pyrénées et de l'Afrique, en décembre 1859. Ce fut une grande joie pour la grand-maman Capdepon-de-Goës, née de Loustau, de recevoir à Béni-Méred les vœux de son petit-fils. Cette consolation fut peut-être la dernière provenant de ses enfants éloignés. Le 20 août 1860, fortifiée par les sacrements, assistée de deux religieuses, elle quittait ce monde, emportant l'estime de toute la population de Béni-Méred, et de tous ceux qui l'avaient connue.

Vers la fin de l'année 1860, Monseigneur CAVEROT voulut reconstituer *la maîtrise de son évêché*. Camille Charton, de Golbery, les frères Beaudot, les frères Marchand, Blaise-Georgel, etc., venaient de la quitter. Sa Grandeur s'adressa au directeur des Frères. M. le chanoine Wehrle fut chargé du choix des successeurs. Parmi les douze qui furent désignés pour les remplacer, le petit Maugenre fut le plus jeune. M. le directeur vint demander au vieux retraité son consentement qui fut accordé. Auguste entra donc à la maîtrise le 25 décembre 1860 ; il n'en sortira que le 2 novembre 1871. Pendant *onze ans*, il sera l'enfant bien-aimé de Monseigneur.

Contents des progrès de leur élève auquel ils accordèrent cinq prix par distribution, les Frères proposèrent au père Maugenre de lui faire donner des leçons de violon ; ils furent exaucés. M. Nordon, père, fut son premier chef de musique ; un an plus tard, il eut pour successeur M. Dennery. A la distribution de l'année 1862, le violoniste de sept ans joua *Lucie de Lammermoor*, accompagné par M. Grosjean, devant cinq cents personnes. Il joua *Norma* à la distribution de 1863.

Pour faire face aux grandes dépenses causées par l'éducation complète de son fils, la modeste retraite du sergent devenait bien insuffisante. La Providence lui fournit le moyen d'y pourvoir. Le 5 avril 1860, M. JEAN BEYER arrivait à Saint-Dié pour fonder l'atelier de constructions mécaniques connu sous le nom de BEYER FRÈRES. Après avoir loué une partie de la fonderie de M. Franck, il vint ensuite demander au père Maugenre de lui céder le premier étage de sa maison, rue du Casino, n° 7, ce qui fut accepté. Originaire de *Turkheim*, où Turenne battit les Impériaux (1675), près de Colmar, il était petit-fils du noble M. Beyer, ou von Beyer, que la Convention arracha à sa famille pour le faire disparaître en Egypte. La jeune veuve de cette glorieuse victime était née von Hück ; c'était la tante des abbés von Hück dont l'un fut vicaire à Mulhouse, et l'autre professeur au collège Stanislas à Paris. Elle n'eut qu'un fils, *Jean*, lequel tint une serrurerie mécanique à Turkheim, et vint mourir à Saint-Dié, chez ses fils. L'aîné de ceux-ci s'appelait aussi JEAN ; il était comme le bon père de tous ses frères et sœurs qu'il amenait avec lui à Saint-Dié. Gagne-pain de toute la famille, il s'était adjoint son deuxième frère pour commencer un atelier de constructions. En venant habiter chez le père Maugenre avec tous les siens, il lui proposa de venir travailler avec lui. C'est ainsi que notre vieux retraité, encore doué de toute sa force, trouva à *l'usine* de quoi subvenir à tous les frais nécessités par l'instruction complète qu'il voulut accorder à son fils. Pendant *quatorze ans,* il ne manqua jamais à son travail, depuis cinq heures du matin jusqu'à sept heures du soir, excepté le dimanche. Ce jour-là, il priait ; il assistait toujours à la grand'messe, à la cathédrale.

Les Messieurs BEYER FRÈRES commencèrent par construire des scieries, des féculeries et des moulins. Ils achetèrent le terrain de M. Maire, avoisinant l'Orphelinat, pour édifier l'atelier actuel. Ils inventèrent de nouvelles machines à vapeur, simplifiant le système Corliss, et assurant aux industriels, avec le bon marché de la machine, l'économie du combustible et la force demandée (1). Ils introduisirent les meules en émeri pour extraire la fécule. Ils combinèrent tout un ensemble de machines très simples, de défibreurs, de presse-pâte, de ramasse-pâte, etc. (2), pour installer des raperies

---

(1) Voir celle de M. Duceux, à Saint-Dié, etc.

(2) Voir les raperies de Sainte-Marguerite, de Laval, de Lépanges, de Clefcy, de Saint-Blaise, du Kertofle, près Gérardmer, etc.

de bois avantageant les papeteries. Ils assurèrent le fonctionnement des purgeurs automates hydrostatiques. Ils firent des installations complètes de grands tissages. Ils prirent la spécialité pour les moulins, les fabriques de fécule, les scieries horizontales, à lames sans fin, ou à plusieurs lames, et en grume, pour les raboteuses, les laminoirs, les moulins à écorces, les condenseurs, les injecteurs, les élévateurs, etc.

Des études sérieuses et approfondies sur la question des moteurs hydrauliques leur permirent de construire une TURBINE qui, par sa forme intérieure spéciale rend de 78 à 85 p. 100 d'effet utile, c'est à dire le plus haut degré de rendement qu'un moteur hydraulique puisse atteindre. Pendant que les fortes sécheresses diminuent le débit normal, le rendement relatif au débit disponible n'est pas amoindri par une marche partielle, il est net. En temps de crue, les eaux d'aval n'entravent pas le fonctionnement. Le vannage, qui est hors de l'eau, est léger à manœuvrer en tout temps ; il ne nécessite aucun arrêt en cas d'obstacle, chaque obturateur pouvant être isolé et se mouvoir séparément (1).

Après le mariage d'un de ses frères avec la sœur de l'abbé

---

(1) Voici un aperçu de quelques installations de *la turbine « Beyer »* :

MM. N. Géliot et Fils, filature de Habeaurupt (Vosges).	turbine de	220 chev.
» tissage des Graviers »	»	160 »
» filature de Plainfaing »	»	160 »
» tissage de Noirgoutte »	»	115 »
» » Habeaurupt »	»	100 »
» » La Croix-des-Elles »	»	84 »
H. Géliot, filature et tissage de Saint-Maurice	»	160 »
» tissage de Dommartin (Vosges)	»	30 »
A. Géliot, pour l'éclairage électrique du château de Saint-Martin-d'Ablois (Marne)	»	22 »
Favier, fabricant de pâtes de bois à Clefcy (Vosges)	»	70 »
H. Mougeot, fabr. » à Laval »	»	55 »
H. Ferry, fabricant » à Ivoux »	»	50 »
Steib et Clément, tissage de St-Jean-d'Ormont »	»	45 »
Simon, tissage de Sauley-sur-Meurthe »	»	50 »
P. Schmitt Fils, fabt de bonneterie à St-Dié »	»	16 »
C. Munier, fabricant de bonneterie à St-Dié, pour éclairage électrique et usine	»	15 »
J. Keller, député, industriel à Chaux, près Belfort	»	38 »
Lieutenant-Colonel Pendezec, à Belfort	»	10 »
A. Pierrat, féculier à Saint-Dié (Vosges)	»	8 »
Fiderlay, meunier à Saint-Dié (Vosges)	»	8 »
Administration des Forêts, Inspon de Senones (Vosges)	»	8 »
J. André, scierie à Saint-Léonard (Vosges)	»	18 »
V. Georges, scierie à Anould (Vosges)	»	14 »

Reibel, curé d'Oberhergheim, Monsieur JEAN demanda à Madame Maugenre de lui donner sa sœur en mariage. Celle-ci acquiesça à cette avance sur l'avis très favorable de M. Gachotte, alors maire de Saint-Dié. Elle eut toujours lieu de s'en féliciter. Le 23 avril 1864, M. Choiselat, curé de la cathédrale, bénissait le mariage de *Jean Beyer* et de *Marie-Anne Capdepon de Goës*. Deux fils naquirent de cette union : Louis et Auguste.

Au mois d'octobre 1864, le père Maugenre fit entrer son fils au *collège municipal de Saint-Dié* pour y commencer le latin. En agissant ainsi, il avait suivi le conseil de M. Cottin, principal du collège, qui avait parfaitement relevé cette institution. Ce principal et sa dame étaient du pays de Thérésine. Leurs enfants étaient les camarades d'Auguste. Très chrétiens, ils avaient transformé une salle du collège en oratoire, où la prière se disait en famille où les exercices du mois de Marie étaient admirablement suivis. Malheureusement, des intrigues causèrent le départ de M. Cottin en 1864 ; il fut remplacé par M. Vessières. Le collège déclina beaucoup à partir de ce moment. Un élève pensionnaire, originaire de l'Alsace, se noya accidentellement à la vanne Maury, pendant une promenade de l'été. Il y avait aussi un professeur qui avait blessé, dit-on, par ses écrits, Monseigneur Caverot. A cause de lui, Sa Grandeur refusait de présider les distributions des prix.

Auguste entra en 8ᵉ avec Simon Gustave, Meyer Grébus, Pêcheur, Lallemand, Forjonnel, Verdenal, Didierjean, Charles Lemoine, Georges, Deiz, Lung, Baër, etc. Grâce aux six années d'école des Frères, il étudia avec succès. D'abord externe surveillé, il dut bientôt refuser d'assister à l'étude. Ses parents l'approuvèrent : ils lui firent donner en compensation des leçons particulières de latin et grec, d'allemand, de dessin, de mathématiques et de violon. Il entra à la *Société philharmonique* en 1865 ; il joua sa partie à tous les concerts jusqu'en 1870. Alors tout le clergé de Saint-Dié pouvait assister à ces charmantes réunions musicales. M. le chanoine Balland y accompagnait Monseigneur Caverot.

D'autres réunions privées avaient lieu chez M. Dennery. Les élèves de M. et de Mᵐᵉ Dennery s'y récréaient par des duos, trios, ou quatuors, suivis du gouter, et de joyeuses récréations. Mademoiselle Simon, le constructeur, y accompagna plus d'une fois avec le piano notre jeune violoniste.

Le professeur de 5ᵉ et de 6ᵉ, M. Claudel, était excellent. Il fit faire de grands progrès à son nouvel élève en 1866 et 1867. Cet homme d'un rare dévouement et d'une grande science mérita la reconnaissance et l'estime de tous ses élèves. Auguste devint à ce moment le camarade habituel de Henri Petitdidier, petit-fils de M. Gachotte, ayant pour précepteur, M. Coste, président de la conférence de S. Vincent de Paul.

M. Jacob succéda comme principal à M. Vessières, en 1866 ; il institua au collège une musique militaire complète qui jouait au Parc et aux processions de la Fête-Dieu. M. Dennery, qui la dirigeait, donna successivement à Auguste les parties de bugle, de piston et d'alto. A cause des répétitions, l'étude lui fut offerte gratuitement par le principal ; elle fut refusée.

Ce fut pendant cette année qu'eurent lieu les *Fêtes de Nancy* pour la réunion séculaire de la Lorraine à la France. La présence de l'IMPÉRATRICE et du Prince Impérial rehaussa l'éclat de cette solennité mémorable pendant les 15, 16, 17 et 18 juillet. Notre vieux retraité y assista avec son fils ; ils prirent part au défilé des députations lorraines, dont l'ensemble fut évalué à 30,000 personnes. A l'occasion de la réception solennelle des évêques, Monseigneur Caverot fut décoré. La bannière d'Orléans fut présentée à l'Impératrice par la députation de Domremy.

Quelques semaines plus tard, notre vieux retraité était invité par sa famille à prendre part à une grande *fête d'Hurbache*. Cette paroisse, que l'on ne disait féconde qu'en pommes de terre et en curés (1), venait de donner à l'Eglise un martyr, Michel Petitnicolas, torturé et décapité à Saï-Nam-To, le 12 mars 1866, et inhumé à Ouaï-a-ko-kai, en Corée. N'aimant rien tant que sa famille et son clocher, le père Maugenre fut tout heureux de répondre à cette invitation.

Lorsque son fils eut fait sa première communion à la cathédrale de Saint-Dié, *le 7 avril 1867*, il lui demanda de vouloir bien lui dire quelle carrière il désirait embrasser. Celui-ci lui répondit : « Pen- « dant ma retraite à la Petite-Eglise, en invoquant Notre-Dame de

---

(1) Hurbache a donné à la *famille séraphique de St-François* un provincial, le Très-Révérend Père Marie-André Petitnicolas ; le Révérend Père Désiré Petitnicolas et Frère Albert, clerc minoré ; à la *famille du Bienheureux de la Salle*, Frère Vertimien Caumond ; *au diocèse*, le chanoine Petitnicolas, l'abbé Lhôte, professeur de morale, l'abbé Miette, curé de Lusse, l'abbé Didelot, curé de Clefcy, l'abbé Strabach, curé de la Petite-Fosse et un autre abbé Miette, curé à La Chapelle. Parmi les religieuses, nous comptons, à *la Doctrine*, sœur Anna François, supérieure à Lunéville, sœur Flavie Evrard, sœur Prosper Barlier, notre cousine, sœur Anastasie Georges ; à *la Providence*, deux sœurs jumelles Grandjean, sœur Vendier, sœur Andre et sœur Barlier, notre cousine, missionnaire au Cambodge ; chez *les Ursulines*, sœur Justine Petitnicolas.

« Galilée, j'ai compris que j'étais appelé à servir Dieu et à lui
« consacrer ma vie. Mais si je ne puis pas être prêtre, je serai
« officier. *Après Dieu la Patrie.* » S'inclinant devant cette réponse
comme devant la volonté du Seigneur, le vieux retraité favorisa
ce projet de tout son pouvoir. Il sacrifia d'autant plus volontiers
pour ses leçons qu'il voyait son fils grandement récompensé aux
distributions des prix (1).

Le 8 octobre 1867, une lettre de BÉNI-MÉRED vint apprendre
un grand deuil à la famille. Cette lettre était ainsi conçue :

  « Chers beau-frère et belle-sœur,

« C'est avec un cœur navré de larmes que je vous annonce la
« fatale nouvelle du grand malheur qui vient de nous frapper
« tous. Oh ! la mort de ma chère épouse, votre digne sœur, car on
« ne pourrait pas dire autrement. Elle est morte du choléra ; sa
« maladie a duré cinq heures ; personne n'a pu y porter remède ;
« nous l'avons perdue le 23 septembre. Deux jours après, ma plus
« petite fille est atteinte du fléau le matin ; le soir, elle est morte.
« Le même jour, notre Eulalie est surprise par la maladie : après
« des souffrances atroces, elle a pu échapper. Mais vous parlerai-je
« de Mademoiselle Parizy, la fille du docteur de Blidah, qui a
« toujours montré tant d'attachement à toute la famille ? Eh bien,
« le jour que notre pauvre Marie est morte, elle se trouvait chez
« Madame Blancard avec Edouard et Eugénie pour y passer quinze
« jours. Malheureusement je l'ai envoyé chercher. A son arrivée,
« elle fut tellement frappée de voir morte sa plus grande amie, et
« Eulalie malade, qu'elle perdit l'appétit, et, après huit jours, elle
« fut atteinte du choléra. Tous les soins furent inutiles. Elle vient
« de succomber le 3 octobre, victime de son grand dévouement
« pour nous. Mes enfants ont perdu en elle une seconde mère. J'ai
« donc tout perdu. Jugez de ma triste position. Je me suis vu cinq
« malades à la fois sur les bras, et moi, je faisais le sixième. J'ai
« beaucoup faibli ; je ne sais comment je puis encore me tenir
« debout. Sur six malades, le Bon Dieu nous en a pris trois. Jamais
« je ne pourrai me consoler de la perte de ma pauvre Marie. Toute
« la population de Béni-Méred vient de me prouver combien elle
« était aimée. Après tous ces malheurs irréparables, le courage
« me manque, et je dois cependant encourager mes enfants.

---

(1) Le palmarès du collège de St-Dié (année 1867) mentionne à son nom neuf prix et trois accessits.

« Madame Blancard s'est rendue aussitôt auprès de nous ; elle ne
« nous a pas quittés ; elle nous a rendu de grands services ; elle ne
« veut pas encore nous quitter. Jusqu'ici, il n'y a que notre pauvre
« famille qui ait été atteinte du choléra. Dieu nous a durement
« éprouvés. Faites part de cette triste nouvelle à toute la famille ;
« embrassez pour nous tous les chers parents. Prions pour qu'elle
« soit heureuse, car elle le mérite bien. Elle a reçu tous les sacre-
« ments et elle est morte comme une sainte. Je termine en pleu-
« rant : adieu.

« Votre beau-frère tout dévoué.
MOUTOU.
« *Béni-Méred*, le 3 octobre 1867. »

Thérésine fit part de cette nouvelle à son frère *Louis*, de DAX. Elle apprit en réponse la mort de ce frère. Soumise à la volonté de Dieu, elle ne pensa plus qu'à prier et à donner tous ses soins à son fils. Celui-ci avait été confirmé le 29 mars 1868 par Monseigneur Caverot. En octobre il entrait en quatrième, professeur M. Vouaux. L'année suivante, 1869, il passa de quatrième en seconde, ce qui ne l'empêcha pas d'avoir cinq prix. Ici, la reconnaissance nous impose la douce tâche de faire connaître que c'est au bon cœur de M. l'abbé Mathias, alors premier vicaire de la cathédrale, et aux leçons quotidiennes de l'excellent abbé Brignon et du savant abbé Vuillaume, vicaires distingués de Saint-Dié, que nous fûmes alors redevables du succès de nos études et de notre vocation. Nos professeurs du collège furent à cette époque MM. Perrin, Brulez, Augé, Finance, Leuchter et Cuignet. Le principal du collège était M. Clarck. Prévot et Maugenre furent les deux seuls élèves qui concoururent pour l'académie (dessin main libre). Ils furent spécialement poussés à l'étude des mathématiques supérieures, des sciences naturelles, des projections, etc., préparant ainsi l'examen d'admission à l'école polytechnique. Des leçons de gymnase et d'escrime furent ajoutées aux précédentes.

Alors vint la guerre de 1870 pendant laquelle la rhétorique et la philosophie furent faites à la régie de Saint-Dié. Pendant ces sept années de collège, le père Maugenre avait enduré les travaux les plus durs et les plus pénibles, sacrifiant ce qui lui restait de forces pour donner à son fils une instruction complète et solide.

CHAPITRE LII

LA GUERRE FRANCO-ALLEMANDE DANS LES VOSGES

Durant bien des siècles, l'ascendant de la victoire s'était attaché au nom glorieux de la France, notre belle patrie. En se déchaînant sur elle, la tempête de 1870 vint le lui ravir pour le transporter dans une main barbare. « Le principe de cette guerre, qui est la
« question de l'unité allemande, naquit de la question d'Italie, et
« la guerre d'Italie fut la plus grande faute politique, comme le
« plus grand crime religieux de la France napoléonienne (1). »
« En faisant l'unité monarchique de l'Italie, la France avait pré-
« paré l'unité allemande. Elle avait travaillé à l'œuvre la plus
« contraire à ses intérêts et à sa mission. Notre contribution à
« l'unité de l'Italie nous avait valu les deux petites provinces de
« Nice et de la Savoie ; et voici que l'unification de l'Allemagne va
« nous coûter les deux grandes provinces de l'Alsace et de la
« Lorraine. Nous allons subir la peine du talion. Que dire à cela,

---

(1) Lettre de Son Eminence le *Cardinal Pie*, évêque de Poitiers, à lord Stanley.

« sinon que Dieu est juste et qu'il fait de la loi du talion la grande
« loi de l'histoire (1). »

Les causes de la déclaration de cette guerre malheureuse remontent en effet à l'alliance française de Napoléon III avec Victor Emmanuel contre l'Autriche et le Saint-Siège.

Nous avons vu que pour gagner les voix des catholiques, Louis-Napoléon, candidat à la présidence de la République, réclama le maintien de la souveraineté temporelle du chef de l'Eglise. Après avoir été élu, il décida l'*expédition de Rome*. Notre armée se couvrit de gloire en accomplissant sa tâche. Elle reprit Rome à l'insurrection. Elle remit sur un trône cette autorité souveraine, dont l'indépendance nécessaire est étroitement liée à celle du monde. Au jour de ses plus grands malheurs, de ses plus cruelles divisions, de ses plus terribles alarmes, la France s'était retrouvée fidèle à son ancienne mission de peuple de Dieu.

Bientôt les idées anti-catholiques que le Prince avait consignées dans ses écrits lui inspirèrent sa *lettre à Edgard Ney*. Louis-Napoléon voulut imposer à Pie IX l'abdication d'une partie notable de son pouvoir. Les résistances du Saint-Père amenèrent les premiers dissentiments entre le Président et l'autorité romaine.

Après l'amnistie et les réformes librement décrétées par le Pape, la chambre française reconnut publiquement que Pie IX avait fait ce qu'il fallait faire. Devant ce vote de nos députés, Louis-Napoléon se vit obligé de renoncer pour un temps à sa politique personnelle.

La période républicaine expira au coup d'Etat (2 décembre 1851). Jeter l'injure à ce régime serait une ingratitude et une injustice. L'Eglise lui devait l'expédition de Rome, la loi de l'enseignement et la liberté. Sa devise ne pouvait être la parole de Brennus : *Væ victis*. Elle accepta le régime impérial comme un fait imposé par nos divisions.

Le coup d'Etat fut le triomphe d'un homme et d'un parti. N'étant pas le triomphe du principe chrétien, il ne devait pas apporter le salut à la France. Pour notre nation privilégiée de Dieu, la question de salut ne se trouve pas entre telle ou telle forme de gouvernement, entre tel ou tel chef de l'Etat. Elle ne peut être que dans une constitution ayant pour base Jésus-Christ. C'est sur la pierre de l'éternelle vérité et de l'immuable justice qu'il faut faire reposer la société française pour qu'elle ne périsse pas. Le christianisme est

---

(1) Autre lettre du même *Cardinal,* citée dans son histoire par Mgr Baunard. Tome II, page 443.

le contre-poison efficace et unique de notre universelle démoralisation. Seul il peut résoudre le problème social par le retour de la société aux principes religieux supérieurs à tous les déploiements de la force, et aux compromis de la philosophie. La France ne peut vivre qu'en se convertissant à Dieu. Quand elle n'aura plus horreur du remède qui la sauvera, elle ne craindra plus les maux qui la menacent. Elle sera sauvée quand elle redeviendra toute catholique : elle ne sera vraiment française que quand elle sera romaine.

Au lieu de donner une impulsion généreuse en faveur des doctrines de l'Eglise de Dieu, Napoléon ne fit consister sa mission que dans la morale vulgaire des intérêts et des jouissances. Il donna un nouvel élan à la matière. L'Empire fut le règne du sensualisme sous ses deux formes : l'argent et le plaisir. Il entraîna la France dans une phase rétrograde par l'égarement moral aggravé de l'égarement politique. La suprématie d'une nation n'est pas dans le perfectionnement de la vie matérielle. Une nation qui échange son ancienne gloire religieuse, morale et intellectuelle contre le bien-être matériel ressemble à Esaü vendant son droit d'aînesse pour un plat de lentilles.

En tuant les rouges, Louis-Napoléon ne tua pas le scepticisme des bourgeois, libéraux-conservateurs, cause efficiente du radicalisme. Triomphant à l'abri du sabre, ces libéraux devenus des autocrates, exercèrent une réaction despotique. Le mal était substitué au mal : on ne pouvait dès lors présager que des jours mauvais.

Ecoutant ses conseillers qui valaient moins que lui, l'empereur commit la faute d'admettre le Piémont à l'honneur d'une alliance militaire et politique dans la *guerre d'Orient* (1854-1856). Cette place faite à ce petit et ambitieux Etat dévoilait déjà que cette guerre, au lieu de christianiser l'Asie et de catholiciser l'Europe, allait occasionner une tentative d'unité italienne, au détriment de l'Autriche et du Saint-Siège. On se demanda bientôt de quel côté tournerait le pouvoir impérial. Consoliderait-il le pouvoir temporel du Pape par une alliance avec Rome ? Négocierait-il un rapprochement du Piémont avec l'Eglise ? Ou bien favoriserait-il le Piémont au détriment du Saint-Siège ? Autant de questions que se faisaient alors les catholiques inquiets.

L'attentat des bombes d'Orsini contre la vie de l'empereur tua son pouvoir (14 janvier 1858). Après bien des variations et bien des indécisions, Napoléon III s'engagea dans cette alliance néfaste avec l'Etat de Turin qui avait rompu avec Rome ; les hommes du mal se posèrent dès lors en maîtres de l'avenir. L'empire pencha vers l'autre versant de sa destinée ; le commencement de sa ruine fut la déclaration de guerre à l'Autriche (2 mai 1859). Affranchir la Haute-Italie de l'Autriche, n'était-ce pas ouvrir le chemin de Rome au Piémont, le chemin de Vienne à la Prusse, et le chemin de Paris à l'Allemagne ? Tout en couvrant nos armes et notre milice intrépide d'une gloire incontestable, *Magenta* et *Solférino* furent la première étape dans cette voie déplorable. Par le *traité de Villafranca* (11 juillet), Napoléon III prit à un empereur catholique, qui ne lui avait fait aucun mal, la plus belle de ses provinces, la Lombardie, pour la donner à un roi si peu recommandable que Victor-Emmanuel. Dès lors le déluge monta. Il ne fut plus question dans les libelles impériaux que de livrer hypocritement le Pape à ses ennemis. En vain Pie IX dénonça-t-il l'attentat combiné du Piémont et de la France (19 janvier 1860) ; en vain organisa-t-il la résistance en créant les zouaves pontificaux ; l'invasion de 25,000 piémontais dans les Etats du Saint-Siège (10 septembre 1860), devint la deuxième étape vers l'abîme. LA MORICIÈRE, le vainqueur de Constantine et d'Abd-el-Kader, fut victime à *Castelfidardo* (18 septembre) d'une trahison des Piémontais analogue à celle des Garibaldiens du 30 avril 1849. L'épée de la France resta consignée au fourreau. Napoléon III fut complice dans cet acte de brigandage qui fut la plus grande prévarication de ce siècle.

Avançant toujours dans cette voie néfaste, Victor-Emmanuel et Napoléon III firent ensemble la convention du 15 septembre 1864 préparant l'abandon de Rome, suivant le désir des conspirateurs italiens. L'abaissement de la France et des pouvoirs publics suivit bien vite cet acte d'apostasie. L'aventureuse expédition du Mexique (1861-1863) épuisa nos ressources et dévoila les nombreux défauts de notre organisation. L'occasion parut favorable au comte de Bismarck pour écraser la rivale de la Prusse. Il négocia avec l'Italie un traité d'alliance offensive et défensive contre l'Autriche. Il fit à la France des engagements pour obtenir sa neutralité. Le 19 juin 1866, Guillaume de Prusse s'associait au grand spoliateur de l'Eglise pour voler à l'Autriche ses provinces. *Sadowa* (5 juillet) fut la troisième étape vers la ruine de notre pays. La politique de l'unité italienne et de l'unité allemande triomphait. Au traité de Nikolzbourg, Napoléon III fut joué par Bismarck, et la carte de l'Europe fut modifiée.

Désormais, les hontes ne feront que s'accumuler. En vertu de la convention de 1864, la France retira ses troupes de l'Etat pontifical. Le drapeau français, flottant sur le chateau Saint-Ange depuis le 3 juillet 1849, en descendit le 11 décembre 1866. En vain le général comte de Montebello, en prenant congé de Pie IX, l'assura-t-il que du moins il lui restait encore l'appui moral de la France. L'invasion de GARIBALDI (1 septembre) menaça Rome à la veille du Concile. Alors les clameurs de la France chrétienne obligèrent l'empereur à intervenir malgré lui. La victoire de *Mentana* (8 novembre) retarda de trois ans la spoliation sacrilège de la capitale de l'univers catholique. Une brigade française fut maintenue à Rome. « Jamais, « jamais, avait déclaré M. ROUHER au nom du gouvernement « (4 décembre), la France n'abandonnerait plus le territoire actuel « de l'Etat pontifical ». Cette résolution, hélas! trop tardive, ne fit pas longtemps obstacle à la politique du Piémont. La Providence permettra que la France perde les deux batailles de Frœschwiller et de Forbach le jour même où cette nation rappellera de Civita-Vecchia les derniers régiments français qui ont occupé les Etats du Pape (35e et 42e de ligne, 6 août 1870).

Vainqueur de l'Autriche, le chancelier prussien ne laissa échapper aucune occasion de créer des ennemis à la France. La question de Luxembourg en 1867 et la convention de Varzin pour la création du chemin de fer du Saint-Gothard en furent la preuve. En vain Napoléon III fit-il triompher la richesse, le luxe et la grandeur matérielle de la France à l'exposition universelle, en vain reçut-il aux Tuileries la visite des souverains de l'Europe, l'opposition se dressa menaçante. Les menées de ce parti présentèrent l'honneur national menacé depuis 1866, ce qui était vrai. Mise en péril, la dynastie impériale recourut au plébiscite ; elle fit des concessions, en prenant ses ministres dans les rangs de l'opposition. Ceux-ci crurent ne pouvoir se maintenir qu'en enchérissant encore sur les partis. Une nouvelle constitution (mai 1870) transforma celle de 1852. L'empereur en arriva à n'avoir plus d'autre ressource pour faire face à d'incessantes attaques, que le remède si fréquemment employé d'une diversion au dehors. Ayant besoin d'un nouveau et éclatant succès, il voulut un conflit avec la Prusse. Dans son histoire de la guerre franco-allemande, M. Amédée Le Faure nous apprend que Napoléon III délibéra un plan de campagne avec l'Autriche et l'Italie. Toutes les stipulations d'un *traité* furent arrêtées entre Florence, Vienne et Paris, par l'entremise de M. *de Chaudordy* et du comte *Vimercati*. On y régla la procédure d'après laquelle on passerait de la neutralité armée à l'alliance offensive, dans la supposition que l'armée française réussirait dès le début de la campagne. L'Autriche et l'Italie devaient alors rompre la neutralité, désunir l'Allemagne du Sud, et se porter au-devant des Français vers Munich.

Les engagements pris par les deux puissances donnèrent une telle certitude de succès à l'empereur qu'il negligea même de créer une force militaire au moins égale à celle de la Prusse.

A ce moment, un concile œcuménique tenait ses séances au Vatican. Le 24 avril 1870, il promulguait sa constitution dogmatique sur la Foi catholique. Pendant qu'il délibérait sur l'institution, la perpétuité, la nature, le caractère de la primauté du Pontife romain, et sur son magistère infaillible, l'ingérence césarienne et les intrigues politiques menacèrent le concile d'une dissolution et du rappel de notre représentant. Napoléon III et ses créatures de l'épiscopat français semblaient disposés à se séparer du Primat de Pierre, si l'infaillibilité était définie. Pour permettre à l'Eglise d'affirmer quand même sa constitution, pour sauver son unité, et pour préserver la France du schisme des libéraux césariens, la divine Providence permit la guerre franco-allemande, qui devait causer *la chute de l'Empire*.

La question du trône d'Espagne fut soulevée par Bismarck, le 3 juillet. Agissant avec une précipitation coupable, l'empereur ne se déclara pas satisfait de la renonciation du *prince de Hohenzollern* (12 juillet) qui devait mettre fin à cette question. Son désir passionné d'humilier la Prusse le poussa à réclamer du roi Guillaume une déclaration par laquelle celui-ci s'associait à cette renonciation, et donnait l'assurance qu'il n'autoriserait pas de nouveau cette candidature. Ce procédé de l'empereur était sans exemple dans les annales diplomatiques. Pour justifier sa conduite aux yeux de la France, le refus d'une dernière audience était présenté comme une offense personnelle à l'ambassadeur français, qui, lui-même, n'en savait pas le premier mot.

Le comte *de Bismarck*, qui voulait la guerre, et qui avait repoussé les propositions de l'Angleterre, fit imprimer, le 13 juillet, dans le journal officiel de Berlin, que le roi de Prusse avait refusé de recevoir notre ambassadeur (ce qui était faux) et qu'il lui avait notifié par un aide de camp n'avoir aucune communication ultérieure à lui adresser (ce qui était encore inexact). Le chancellier prussien envoya cette dépêche mensongère à tous ses agents, et à l'étranger ; il la fit imprimer dans les journaux. Sa hardiesse à décider la guerre n'avait pas seulement pour *cause* la situation de l'armée allemande, toute prête à entrer en campagne. *L'alliance avec l'Italie, qui lui avait servi en 1866 pour écraser l'Autriche, avait réalisé ses vues actuelles en amenant Victor-Emmanuel à trahir Napoléon III pour avoir* ROME ET LES ETATS PONTIFICAUX *en récompense de sa neutra-*

lité dans la circonstance présente. La spoliation sacrilège du Pape devenait donc le prix de la plus monstrueuse trahison.

Ignorant ces machinations secrètes, notre conseil des ministres décida, le 14, que la question de guerre serait portée simultanément au Corps législatif et au Sénat. Il déclara le 15 juillet « qu'il y avait eu vis à vis de notre ambassadeur insulte telle qu'il était impossible à la France de ne pas tirer l'épée. » Or, l'insulte n'était qu'inventée ; elle n'avait jamais existé. En vain THIERS réclamat-il de produire les pièces sur lesquelles on se fondait pour se dire outragé ; en vain protesta-t-il avec larmes contre la complaisence de la commission, le rapport de celle-ci amena la déclaration de la guerre. Elle fut officiellement notifiée à Berlin le 19 juillet. Or, la veille, le Concile du Vatican, contredisant l'empereur et ses évêques libéraux, définissait la constitution dogmatique de l'Eglise et le magistère infaillible du Pontife romain. Dieu exaltait Pie IX, en manifestant au monde ses prérogatives élevées et surnaturelles, au moment même où il allait humilier le superbe César, pour sauver la France de sa domination et du schisme. L'unité de l'Eglise était mise en sûreté ; l'orage pouvait venir.

La France ne pouvait mettre sur la frontière que 200,000 soldats, 31,904 chevaux et 924 canons. Son armée manquait de tout sous tous les rapports. Nos places n'étaient pas en état de défense. Les dépôts étaient séparés de leurs corps ; il y avait des régiments qui ne comptaient qu'un millier d'hommes ; les arsenaux manquaient là où ils étaient nécessaires.

En Allemagne, la mobilisation, commencée le 16 juillet, fut bientôt suivie de la concentration de *trois armées* fortes de 474 bataillons, 382 escadrons et 1,584 pièces, entrant immédiatement en campagne. Le total de ses forces pendant la guerre s'est élevé à 1,136,300 hommes et à 2,202 canons.

Le *19 juillet*, les Prussiens font leur première reconnaissance vers FORBACH. Des escarmouches ont lieu à Schreckling, le 24, à Ludweiler, le 27, à Sarrebrück, le 28, à Saint-Arnual, le 30. Prenant l'offensive, Napoléon III engage le combat de SARREBRÜCK (2 août) qui doit faire sortir l'Autriche et l'Italie de leur neutralité. Tous ses plans sont bientôt déjoués par la défection de ces deux nations, sur lesquelles il avait eu tord de compter. Il doit aussitôt changer le plan d'opérations primitivement adopté. C'est alors qu'au milieu de toutes sortes d'indécisions, de troubles, de malentendus, de jalousies, de fautes multiples, furent livrées les combats malheureux de *Wissembourg* (4 août), de *Münchhausen* (5 août), et les batailles sanglantes de WOERTH et de SPICHEREN (6 août). La retraite de l'armée du maréchal de Mac-Mahon sur Châlons décida la marche de *la IIIe armée prussienne* sur LES VOSGES. Sous les ordres du PRINCE ROYAL de Prusse et du chef d'état-major DE BLUMENTHAL, cette IIIe armée comprenait le Ve corps *de Kirchbach*, le XIe corps *de Bose*, le Ier corps bavarois *de Tann*, le IIe corps bavarois *de Hartmann*, le corps wurtembergeois *d'Obernitz*, et le corps badois *de Werder* : en tout 140,000 hommes.

Le 8 août, la IIIe armée commença sur un large front sa marche vers *les Vosges*. L'infanterie du XIe corps franchit le premier les Vosges septentrionales. Les deux corps bavarois formèrent l'aile droite ; les deux corps prussiens l'aile gauche ; les Wurtembergeois, subordonnés au Ve corps, *de peur de défection*, se trouvaient au centre. Les Badois, dirigés sur Brumath, devaient investir Strasbourg.

Les divisions de la IIIe armée arrivèrent le 8 à Herzogshand, Egelshardt, Bærenthal, Ingwiller, *Buxwiller*, Weiterwiller et devant *Bitche* ; le 9 à Schorbach, Enchenberg, Lemberg, Meisenthal, Dossenheim ; le 10 à Rohrbach, Montbronn, Adamswiller, Petersbach, Metting et devant *Phalsbourg* ; le 11 à Lorentzen, Pistorf, *Saverne* (dont le tunnel n'était pas détruit), à Rauwiller, Altroff, Heming et devant *Strasbourg* ; le 12, à Sarre-Union, Fenestrange, Bettborn, Langatte, *Sarrebourg* ; le 2e hussards du corps atteignit *Lunéville*.

Après s'être déployée sur la Sarre, la IIIe armée continua sa marche vers la Moselle. Sa 4e division de cavalerie atteignit *Nancy* le 13, tandis que les autres corps se portèrent à Avricourt, Blamont, Fribourg, Guermagni. Ils arrivèrent, le 14, à Maizières, Einville, Lunéville, Arracourt, Mazenvie et Dieuze ; le 15, à Blainville, Bazon, Rosières, Saint-Nicolas ; le 16, à Richardménil, Flavigny, Pont-Saint-Vincent, Gondreville et Baccarat. Les combats d'Ars (12 et 13 août), de Jamy, de Puxieux, de Montigny et du Sablon (15 août), la bataille de *Borny* (14 août), et la victoire glorieuse de *Rezonville* (16 août) avaient prouvé la valeur de nos soldats et l'affolement de leurs chefs avant que l'ennemi n'eut mis le pied dans le département des Vosges.

Le *17 août*, le 1er régiment de hussards de Silésie N° 4, sous les ordres du major *de Brazowski* vint en reconnaissance de Baccarat sur la Mortagne, dans la direction de Rambervillers. Ce régiment appartenait à la 5e brigade *de Baumbach* de la 2e division de cavalerie, commandée par le comte DE STOLBERG-WERNIGERODE.

Le 18 août, le 2e régiment de hussards de Silésie N° 6, sous les ordres du colonel *de Grævenitz*, faisant partie de la même brigade, arriva à *Charmes*.

Cette brigade de cavalerie, voulant savoir s'il n'y avait pas de corps français pour couper l'ennemi sur ses derrières, envoya de forts détachements à *Mirecourt*, le 16, à *Neufchâteau*, Martigny, Saint-Elophe, le 20, à *Lamarche*, le 22. Elle éclaira ensuite la IIIe armée dans la Haute-Marne et la Meuse. Ce fut tout ce que l'on vit de Prussiens dans notre département pendant la marche de l'armée du Prince-Royal contre celle de Mac-Mahon.

Le Siège de Strasbourg arrêta la marche de l'ennemi dans les *Hautes-Vosges* jusqu'au mois d'octobre.

L'investissement de cette ville forte avait commencé le 11 août. Défendue par 20,000 hommes et 210 bouches à feu, sous les ordres du général UHRICH, elle se trouvait assaillie par 55,000 Badois et Prussiens, armés de 357 canons, sous le commandement de WERDER. Le siège commença par le bombardement de la gare (13 et 14 août). L'incendie de la ville suivit immédiatement ; en vain l'évêque demanda-t-il au grand-duc de Bade que les habitations fussent respectées ; il ne fut pas écouté. La citadelle fut bombardée le 19. Les sorties du 24 août, en avant de la lunette 44, et du 2 septembre, en avant de la porte de Saverne, ne surprirent pas les Allemands, qui avaient des intelligences dans la place. Trois parallèles, creusées successivement, avaient permis de faire une brèche de 15 mètres et de ruiner les remparts du front d'attaque. STRASBOURG capitula le 28 septembre. Trois cent mille projectiles avaient été lancés contre ses murs. Trente-quatre maisons seulement n'avaient pas été atteintes. La garnison avait eu 661 morts et 2,100 blessés ; la population avait eu 261 morts et 1,100 blessés. La France se glorifia de l'héroïsme des défenseurs de cette place (1).

A partir de la prise de Strasbourg, les opérations sur le théâtre sud-est de la guerre commencèrent par le mouvement du XIVe corps prussien dans les Vosges.

A l'ouest de l'Alsace, les *Vosges moyennes* s'ouvrent à leur base sur une région montueuse, très boisée, semée de nombreux pitons

---

(1) Nous passons sous silence les graves événements de la guerre qui se succédèrent en France depuis le 17 août. Leur relation n'entre pas dans le cadre du présent ouvrage. On peut consulter à ce sujet *Amédée Le Faure* : Histoire de la guerre franco-allemande, éditée par Garnier frères, 6, rue des Saints-Pères, à Paris.

dans laquelle la Meurthe, la Mortagne et la Moselle constituent autant de lignes défensives. Au sud d'Epinal, la rive gauche de la Moselle borde les premières assises ravinées de la chaîne des *Hautes-Vosges*, difficilement franchissable en dehors des routes tracées. Un peu plus au sud-ouest s'étend le plateau mamelonné des *Monts-Faucilles*, qui se développe en forme d'arc de cercle autour du bassin supérieur de la Saône et dont la partie orientale, couverte de futaies, monte en pente rapide vers la Moselle. Une dépression assez profonde, située dans le voisinage de Belfort sépare le massif des Hautes-Vosges de celui du Jura. C'est là que viennent se réunir, sous le canon de la place, les voies conduisant du bassin de la Saône dans la plaine du Rhin, et la route qui descend de la Moselle supérieure par Giromagny.

Le 2 octobre, le général DE WERDER, l'incendiaire de Strasbourg, sans avoir reçu les instructions du grand quartier général, mettait en marche à travers les Vosges un premier détachement mixte de la division badoise (XIVᵉ corps prussien) sous les ordres du général *de Degenfeld*. Ce détachement était formé en deux colonnes. Celle du nord, comprenant le régiment des grenadiers du corps Nº 1, la moitié du 6ᵉ régiment d'infanterie badoise, la moitié du régiment Nº 1 des dragons du corps, et la 4ᵉ batterie légère, marchait de *Mutzig*, par Schirmeck, sur Raon-l'Etape. Celle du sud, comprenant le 3ᵉ régiment d'infanterie badoise, la moitié du 6ᵉ, la moitié du régiment Nº 1 des dragons, et la 2ᵉ batterie lourde, se dirigeait de *Barr* sur Etival par Senones. Les passages de nos montagnes étaient interceptés par des abattis et des coupures, défendues par des francs-tireurs. La colonne du nord arriva à *Schirmeck*, le 2 octobre, à *Raon-sur-Plaine*, le 3, et à *Celles*, le 4. La colonne du sud était à *Belmont*, le 2, à *Saales*, le 3, et à *Senones*, le 4. Les deux colonnes allemandes se réunirent, le 5, à *Raon-l'Etape*. A LaTrouche, à Champenay et à Raon, les reconnaissances badoises essuyèrent des coups de feu, tirés par les francs-tireurs.

De notre côté, le général CAMBRIELS (1), à la tête d'une *armée*

---

1. Blessé à la tête à Sedan, le général CAMBRIELS avait pu s'échapper et se mettre à la disposition du gouvernement qui l'avait envoyé à Belfort comme commandant la région de l'est. Sa mission était de couper les communications de l'ennemi. Comme aucune force sérieuse n'était organisée dans l'est, le gouvernement de Tours lui adressa de Vierzon la brigade Dupré. Arrivé à Epinal le 4 octobre, le général *Dupré* marcha aussitôt à l'ennemi dans la direction de La Bourgonce.

des Vosges en voie de formation, s'était avancé jusqu'à hauteur de Langres et d'Epinal. A la nouvelle de la capitulation de Strasbourg, il rassembla sous le commandement du général de brigade *Dupré* (division Peytavin, 15ᵉ corps), les mobiles des Vosges, de la Meurthe et des Deux-Sèvres, le 32ᵉ régiment de marche, et quatre pièces de 4 (1). Se portant à la rencontre de l'ennemi jusque sur la Meurthe, cette brigade atteignit les 5 et 6 octobre *Saint-Dié*, La Voivre et *La Bourgonce*.

A six kilomètres de Saint-Dié, dans la direction de Rambervillers, et à trois kilomètres de la rive gauche de la Meurthe, les montagnes des Vosges décrivent, vers l'ouest, une courbe qui s'abaisse à La Bourgonce, située au fond d'un amphithéâtre, dominé par le vaste plateau de *Nompatelize*. A droite, se dressent les pitons des Jumeaux, couverts de sapins ; au bas sont les Feignes, La Salle, et plus à gauche Saint-Remy, sont au pied des montagnes qui reviennent à l'est jusqu'aux rives de la Meurthe, à Etival. C'est là que fut livré le combat du jeudi 6 octobre.

Dès cinq heures du matin, le général DE DEGENFELD se mit en marche de Raon sur Saint-Dié par les deux rives de la Meurthe. La colonne de la rive gauche (ouest) de la Meurthe, sous les ordres du major *Kieffer*, comprenait le 6ᵉ régiment d'infanterie badoise, la moitié du 3ᵉ régiment, une partie du 1ᵉʳ dragons N° 1, et de la 4ᵉ batterie légère. La colonne de la rive droite (est) de la Meurthe, sous les ordres du colonel *Muller*, comprenait le régiment des grenadiers du corps N° 1, la moitié du 3ᵉ régiment, une partie du 1ᵉʳ dragons N° 1 et de la 4ᵉ batterie légère, ensuite toute la ... batterie lourde. A hauteur de Nompatelize et de la Voivre, les patrouilles ennemies qui éclairaient le mouvement essuyèrent, vers six heures et demie, des coups de fusil de nos mobiles des Vosges, ... illés en tirailleurs de Nompatelize à la Salle et à Saint-Remy. ... tôt l'artillerie prussienne s'établit sur les hauteurs à l'ouest de ... ville, en avant de Nompatelize, et tira sur ce village. Au ... it du canon, toute la ville de Saint-Dié fut en émoi.

Le père Maugenre et son fils se rendirent alors sur la route de La Voivre, suivant les francs-tireurs de la Seine, pour assister au combat. Près de la Pêcherie, ils rencontrèrent un ami, M. Georges, propriétaire de la Goule ; c'était le meilleur chasseur des environs, bien connu de M. Octave de Lesseux. Le fusil sur l'épaule, la

---

(1) La rédaction du grand état-major prussien évalue l'effectif du général Dupré à 15,000 hommes avec 12 bouches à feu. Cela est faux.

cartouchière bien fournie, il allait s'embusquer près du pont de La Voivre. Là, il fit descendre la garde à plusieurs dragons badois. Un épais brouillard bornait momentanément la vue. Bientôt le 6e régiment badois attaqua Nompatelize, et le 3e régiment badois s'avança sur Biarville. Ils furent repoussés par nos compagnies du 32e de marche qui occupaient ces positions. Le général de Degenfeld fit alors passer successivement la majeure partie de la colonne de gauche sur l'autre rive, au moyen des ponts d'Etival et de La Voivre. Arrivées sur le champ de bataille, ces nouvelles troupes entrèrent en ligne par les Feignes et permirent au 3e régiment badois de s'en emparer. Nompatelize fut alors attaqué par le nord et par le sud. Ses défenseurs durent abandonner les maisons incendiées par la 4e batterie allemande, commandée par le capitaine *Nüsslin*. A Saint-Remy, les mobiles des Deux-Sèvres et les francs-tireurs tinrent tête à l'ennemi. A La Salle, la résistance de nos soldats était due à l'héroïsme de Mademoiselle Litz, lieutenant de francs-tireurs. Armée du chassepot, du revolver et du sabre, elle abattit un ou plusieurs officiers badois aux abords de La Salle. Le garde champêtre de La Bourgonce en fit autant. Vers onze heures, les huit pièces de la 2e batterie lourde accablèrent nos quatre canons de projectiles ; ceux-ci reculèrent de quelques centaines de mètres. A midi, les Français, qui occupaient fortement les Jumeaux, canonnés par l'ennemi, reprirent la portion sud de Nompatelize. Ils avaient en face d'eux la 12e compagnie du 3e badois à l'ouest de Saucerey ; les 1re, 7e et 5e du 3e badois aux Feignes ; les 8e et 6e du 3e badois et les 11e et 12e du 6e badois devant Nompatelize ; les 9e et 10e du 6e badois au nord-ouest de Nompatelize ; les compagnies du régiment de grenadiers N° 1 combattaient en tirailleurs à l'est du bois de Saint-Benoît et sur la hauteur du Han.

A une heure, sur l'ordre du général DUPRÉ, les Français prirent l'offensive sur toute la ligne. Ils s'emparèrent de la ferme de Lehau, dont le propriétaire venait d'être fusillé devant sa femme et ses enfants, puis jeté sur la paille, et brûlé avec sa maison par les Badois du 3e régiment. Le combat s'engagea de nouveau contre les Feignes. Le colonel *Müller* commandant la colonne badoise de l'aile droite, fut tué. On tirait alors à soixante mètres. Les Français étaient de nouveau rentrés dans Nompatelize ; les Badois reculaient pour éviter une attaque à la baïonnette. La position du général de Degenfeld était alors critique. Si nos mobiles, mal armés, mal vêtus, mal organisés, mal commandés, qui ne portaient le fusil que depuis quinze jours, et qui combattaient sous les yeux de leurs parents, avaient eu de bons fusils, et un peu d'exercice militaire, c'en était fait de tout le corps ennemi. Mais nos jeunes mobiles n'étaient pas des soldats! Soutenue par deux pièces de canon, remises en action sur les hauteurs de la Bourgonce, notre infanterie déboucha des Jumeaux, du bois de Saint-Benoît et du village de La Salle situé entre ces deux massifs. Elle se porta contre les troupes badoises, réparties par compagnies sur une longue ligne de bataille. Celles-ci évacuèrent le Hau pour gagner un bouquet de bois plus au nord où elles se trouvèrent sérieusement menacées sur leur flanc droit. Dans cette glorieuse attaque notre général DUPRÉ fut blessé à la tête par un éclat d'obus ; il remit le commandement de sa brigade au colonel HOCÉDÉ. Alors la situation était grave de part et d'autre. Malheureusement, un peu après deux heures, des renforts allemands, sous les ordres du major DE GEMMINGEN, apparurent sur le théâtre de la lutte, à l'ouest de Nompatelize ; ils se portèrent offensivement contre ce village. Les deux batteries ennemies toujours en position furent renforcées. Notre brave colonel Hocédé eut le bras et la jambe emportés par un obus, au moment où, sur son cheval, il commandait « en avant » contre les nouvelles compagnies badoises. Dès lors, nos soldats faillirent ; il était quatre heures du soir lorsqu'ils abandonnèrent leurs positions pour obéir à l'ordre de la retraite sur Bruyères. L'ennemi n'eut pas même la pensée de les poursuivre. Il avait perdu 25 officiers, 411 hommes et 33 chevaux. Les pertes françaises, au dire des Allemands, étaient de 300 morts et de 500 blessés (1). Les positions de nos soldats ne furent pas occupées ce jour-là par l'ennemi. Les grenadiers du corps, sous les ordres du major Steinwach, qui s'en rapprochaient le plus, établirent leur bivouac à mille mètres en avant de Nompatelize.

Pendant ce combat, M. l'abbé BAYARD, curé de la Bourgonce, courait, sous la mitraille, d'un blessé à un mourant, pansant l'un, consolant l'autre, ramassant les morts, soutenant les vivants, calme, souriant, réalisant aux yeux de nos soldats le type du prêtre français sur le champ de bataille, c'est à dire du « héros ». Le soir, il y avait au presbytère près de 300 blessés, dont M. le curé s'était fait l'infirmier avec un seule aide, sa bonne!.. En l'absence du chirurgien, il avait dû opérer les premiers pansements

---

(1) La Guerre franco-allemande, rédigée par la section historique du *grand état-major prussien*. Traduite par le chef d'escadron de Serda, de l'état-major français. Editée par A. Ghio. Palais Royal, galerie d'Orléans, 1, Paris, IIe partie, 1er vol., page 307.

et sacrifier tout son linge. De sorte qu'au soir ses armoires étaient vides comme ses buffets. La cave eut le même sort ; il ne lui resta plus rien. Harassé de fatigue vers deux heures du matin, il se coucha sur le plancher de sa chambre, entre deux blessés... Naturellement, plusieurs furent décorés après la bataille, et ce ne fut pas lui.

Mais pendant que l'héroïque pasteur se sacrifiait pour nos valeureux soldats, un petit groupe de paysans de la Bourgonce, considérés jusqu'alors dans la commune, s'emparèrent de la caisse du 32ᵉ régiment de marche français et se la partagèrent. Ils méritaient d'être fusillés. Mais ce vol ne fut appris que plus tard. Le véritable coupable est connu ; il est flétri par tous les gens honnêtes. La malédiction de Dieu s'est apesantie sur lui et sur sa famille.

Les secours aux blessés du combat du 6 arrivèrent de *Saint-Dié*. M. le curé de la cathédrale, *Choiselat*, et ses vicaires, les médecins de la ville, et les envoyés de M. le maire *Gachotte*, accoururent le jour même du combat. Ce ne fut pas sans peine qu'ils parvinrent sur le champ de bataille. L'abbé Vuillaume, vicaire de la cathédrale, fut escorté par les Badois, baïonnettes croisées sur sa poitrine, depuis La Pêcherie jusqu'à Saint-Michel. A la nuit tombante, les premiers convois arrivèrent à l'Orphelinat de Saint-Dié. M. *Gallet*, vicaire général, sœur *Gardette*, supérieure des Filles de la charité, reçurent les premiers blessés. Le père *Maugenre* aidait à les transporter sur leurs lits de douleur ; il en mourut un entre ses bras, au moment où il le plaçait sur sa couche. D'autres voitures de blessés furent reçues par M. le chanoine *Rovel*, à l'hôpital. Beaucoup furent dirigés sur le grand-séminaire. Le supérieur, Mgr Micard, MM. les chanoines *Grandclaude* et *Noel*, professeurs, les religieuses de la Providence, s'empressèrent d'accorder tous leurs soins, pendant toute une année, aux Français et aux Allemands blessés à Nompatelize.

Le vendredi, 7 octobre, le général Cambriels réunissait à *Bruyères* tous les combattants de la veille. Deux cents volontaires de la garde nationale d'Epinal, et une trentaine d'hommes appartenant aux villages des Forges et de Golbey, conduits par le commandant *Martin*, vinrent se mettre à la disposition du général. Des effets de campement leur furent aussitôt distribués. On les envoya dresser leurs tentes derrière l'artillerie, avec mission de la garder. Les francs-tireurs bretons s'établirent à *Mont-Repos* et à *la Bourgonce*, avec quelques compagnies de mobiles des Deux-Sèvres. Au nombre de 500, ils crénelèrent les murs de plusieurs hangars faisant face à Nompatelize ; ils coupèrent la route et l'encombrèrent avec d'énormes sapins. Arrivant de Baccarat, 70 cavaliers prussiens entrèrent à *Rambervillers*, à deux heures après-midi. Y tombant comme la foudre, ils viennent au galop sur la place de l'Hôtel-de-Ville. Entendant crier : « Aux armes ! » ils repartent avec une plus grande vitesse, s'étant à peine arrêtés une minute. Ce jour-là, les postes de grand-garde n'avaient pas eu lieu, à cause des fatigues de la veille où la garde nationale de Rambervillers s'était portée au *col de la Chipotte*. Une reconnaissance prussienne, assaillie, le 5, par les francs-tireurs, en avait incendié la ferme ; elle avait assassiné le propriétaire, qui était un vieillard, et son fils. Le cœur serré à ce spectacle, les gardes nationaux avaient fait le coup de feu depuis trois heures, au-dessus de Saint-Remy. Ils s'étaient ensuite retirés par les Basses-Pierres et le Haut-du-Chêne.

Le samedi 8 octobre, le général CAMBRIELS dirigea ses troupes de Bruyères sur *Champdray*. La colonne y arriva sur le soir, par une pluie battante ; des postes de grand'gardes furent établis ; tout se passa sans accident.

L'ordre du grand quartier général prussien au général DE WERDER, en date du 30 septembre 1870, était arrivé le 5 octobre au commandant du XIVe corps, devant Strasbourg. Cet ordre était ainsi conçu : (1)

« Ferrières, le 30 septembre 1870.

« S. M. le Roi ordonne à Votre Excellence de se mettre en
« marche au plus tôt vers la haute Seine, dans la direction de
« *Troyes* et de *Châtillon*, avec le corps d'armée placé sous ses
« ordres, diminué provisoirement de la division de landwehr de la
« garde qui a déjà commencé son mouvement par chemin de fer.
« Il sera statué ultérieurement sur la destination du corps d'armée
« au delà de la ligne précitée. Au cours de ce mouvement, Votre
« Excellence s'attachera à mettre obstacle aux tentatives ayant
« pour objet la formation de nouvelles troupes dans les départe-
« ments des *Vosges*, de la Haute-Marne et de l'Aube, à désarmer
« les populations, à faire son possible pour utiliser *la ligne ferrée*
« *Blainville-Epinal-Favernay-Chaumont*. LANGRES interceptant
« la dernière section de cette ligne, il y aura lieu d'examiner s'il
« serait possible de tenter un coup de main sur cette place, ou
« peut-être même un bombardement, au moyen de pièces de gros
« calibre, dont l'envoi de Strasbourg serait demandé au gouverneur

---

(1) La Guerre franco-allemande par le grand état-major prussien. — Traduction de Serda. 2e partie, 1er volume, pages 96 et 97. Supplément LXXX.

« général d'Alsace, à la condition toutefois que cette entreprise
« n'entraînerait pas un retard sensible dans l'arrivée des troupes
« aux points objectifs provisoires indiqués ci-dessus.

« Votre Excellence voudra bien s'entendre avec le général major
« DE SCHMELING au sujet des mesures à arrêter *en commun* pour se
« couvrir du côté de Belfort. Votre Excellence se mettra en com-
« munication avec le gouverneur général de Reims et renseignera
» le gouverneur général d'Alsace ainsi que celui de Lorraine sur le
« début et la succession des mouvements du XIVe corps. Votre
« Excellence est enfin priée de rendre compte au grand quartier
« général de la marche de ses opérations, et de faire connaître
« quelques jours à l'avance l'itinéraire de son quartier général,
« quand cela sera possible. Ci-joint un extrait des renseignements
« que possède le grand état-major général relativement à l'état des
« deux places de Belfort et de Langres.

« Signé : DE MOLTKE. »

Suivant ces instructions, le général DE WERDER ordonna au XIVe corps badois d'entamer son mouvement à travers les montagnes des Vosges, pendant qu'un autre corps d'armée, appelé 4· division de réserve, sous les ordres du général DE SCHMELING, allait commencer le siège de Schlestadt et celui de Neuf-Brisach. Les troupes ennemies qui allaient ravager et souiller le département des Vosges étaient les suivantes :

ORDRE DE BATAILLE DU XIVe CORPS D'ARMÉE BADOISE (1)
au 7 octobre 1870.

Commandant en chef : Général DE WERDER ;
Chef d'état-major : Colonel de Leszczynski ;
Général de division : DE GLÜMER.

1re brigade	1er gren. du corps,	colonel	de Wechmar.
De la Roche	2e rég. de gren.	»	de Renz.
2e brigade	3e rég. d'infant.	lieut.-col.	Kraus (1).
De Degenfeld	4e rég. d'infant.	colonel	Bayer.
3e brigade	5e rég. d'infant.	».	Sachs.
Keller	6e rég. d'infant.	»	Bauer.

---

(1) Dans son histoire de la guerre franco-allemande, Amédée Le Faure, déclare que ce XIVe corps était fort de 75,000 hommes.

(2) Le lieutenant-colonel Kraus remplaça le colonel Müller, tué le 6 octobre.

4e brigade	4e rég. d'inf. rhén. no 30, colon!		Nachtigal.
De *Boswell*	34e rég. de Poméranie	»	Wahlert.
1re brig. de caval.	1er dragons du corps	»	de Schæffer.
De *Starkenfels*	2e dragons (Maximil.)	»	Wirth.
	3e dragons (Pr. Charles)	»	de Gemmingen.
2e brig. de caval.	2e dragons de rés.	»	de Walther.
Krug de Nidda	2e hussards de rés.	»	de Dohna.
Artillerie De *Sponeck*	12 batteries. — 72 pièces.		

Dès le 6 octobre, de Werder était arrivé à *Molsheim* avec la colonne de Krug de Nidda. La colonne Keller, partie de Mutzig, occupait *Schirmeck*. La colonne de la Roche, partie de Barr, tenait position à *Baccarat*. Après avoir longé la *vallée de Celles*, le général Keller atteignit *Etival*, le 8 octobre. A son approche, la colonne de Degenfeld, assurée d'un puissant renfort, entra pour la première fois à *La Bourgonce*. Elle fut reçue à coups de fusil par les 500 braves qui s'étaient fortifiés dans ce village. Vers cinq heures du soir, la résistance n'était plus possible ; nos soldats entrèrent dans les bois, et se retirèrent à Bruyères. Maître de La Bourgonce, le général DE DEGENFELD fit incendier ce village le soir même. Rien de plus affreux que ce spectacle auquel nous avons assisté. Tandis que les Badois mettaient le feu à des torches de paille et les jetaient dans les greniers à foin, d'autres Prussiens maltraitaient les habitants, emprisonnaient le maire et les notables avec menace de les fusiller tous. Bienheureux furent les cultivateurs qui purent sauver leur bétail : cinq mois plus tard, nous en avons encore vu chasser dans les bois leurs bœufs sauvages. Les Prussiens avaient voulu faire revivre dans les Vosges les temps primitifs et barbares (1).

Le dimanche 9 octobre, la 3e brigade badoise, le 2e régiment de dragons et cinq batteries entrèrent à *Saint-Dié*. La 1re brigade, le 3e régiment de dragons et deux batteries occupaient *Etival*. La 2e brigade, le 1er régiment de dragons et deux batteries se trouvaient cantonnés entre ces deux positions. A une heure et demie après-midi, le guetteur du clocher de RAMBERVILLERS signala l'arrivée de

---

(1) Le nom de *Vosges* dérive de trois mots celtiques : *Vou*, bœuf, *gues*, sauvage, *us*, montagnes. Avec le mot *Vouguerus*, montagnes où il y a des bœufs sauvages, les Romains ont formé celui de *Vogesus*, et les auteurs du moyen âge, celui de *Vosagus*.

70 hussards prussiens par la route de Bru. Aussitôt le tocsin sonne, la générale bat. A la chapelle Saint-Antoine, le lieutenant *Brunier* avec six hommes déchargent leurs fusils sur quatre hussards marchant en avant de la colonne ; ils en tuent un ; les trois autres se sauvent. Le garde national *Sautout* saisit le cheval, saute en selle, et rentre en ville avec le shako du Prussien au bout de son fusil. D'autres hussards mettent pied à terre derrière la maison Kesler. Plusieurs gardes nationaux, postés derrière le cimetière, ripostent à leur feu. Après une demi-heure de combat, par une pluie battante, l'ennemi fuit vers Bru et vers Jeanménil. Le capitaine *Dussourt* fit alors créneler les murs du cimetière qui, par sa position, commande les routes de Raon et de Saint-Dié. Le commandant *Petitjean* fit couper le chemin de la Tuilerie, derrière la maison Jeanpierre, et établir des barricades sur le Pont-des-Laboureurs, sur la route de Baccarat, au faubourg d'Epinal et sur la rue des Fontaines.

La 4ᵉ brigade DE BOSWELL fut alors envoyée contre ces braves. Elle comprenait le 4ᵉ régiment d'infanterie du Rhin N° 30, sous les ordres du colonel *Nachtigal*, et le 34ᵉ régiment de Poméranie, commandé par le colonel *Wahlert*. Ils arrivèrent à trois heures, en deux colonnes, par les routes de Bru et de Saint-Dié. Quatre-vingts gardes nationaux prirent position au cimetière, vingt-cinq à la Tuilerie, cinquante à la barricade du faubourg de Saint-Dié, les autres au faubourg d'Epinal et près de la fabrique Arnoux.

Les Prussiens font des feux de peloton contre les défenseurs du cimetière ; ils déploient une colonne en tirailleurs sur la gauche, et une autre sur la droite. Après une lutte d'une heure et demie, l'ennemi déborde le cimetière, laissant de nombreux morts dans les champs. Nos hommes, craignant d'être cernés, se replient sur la grande barricade qui soutient le feu. A ce moment, les Prussiens arrivent par la Tuilerie ; notre feu les atteint à cent pas. Soudain l'ennemi se masse à soixante mètres, ouvre ses feux de peloton, profite de chaque décharge pour s'avancer de dix mètres, et ne s'arrête que pour ramasser les blessés et les morts. Bientôt un officier badois s'élance à l'assaut de la barricade. Un effroyable *hourrah !* répond à son cri de : *Vorwærts !* Nos hommes n'ont pas une minute à perdre ; une dernière décharge, pas une balle perdue, et les quinze défenseurs de la Tuilerie se replient sur la barricade du pont, où leur capitaine *Besson*, reçoit une balle dans le ventre. L'ennemi s'avance par le faubourg de Saint-Dié. Chaque peloton qui se démasque reçoit une grêle de nos balles. A vingt pas, nos combattants se replient de coin de rue en coin de rue ; ils défendent pied à pied la rue Sur-Broué, le coin du café Henriot, l'hôtel du Grand-Cerf, la rue des Fontaines, la rue du Cor ; ils posent des vedettes et jalonnent leur retraite. Il est sept heures et demie. L'ennemi déborde sur la place de l'Hôtel de Ville, envahit l'église, le café Henriot, les maisons Déflin, Geoffroy et Christophe. Pendant cette lutte inégale, les défenseurs de Rambervillers avaient su viser juste. Le narrateur de cette épisode dit qu'un colonel prussien fut blessé à cette affaire. C'est une erreur. Ce fut le général DE BOSWELL lui-même qui fut blessé. La section historique du grand état-major prussien nous l'apprend dans ses notes accompagnant l'ordre de bataille du XIVe corps (2e partie, 1er vol., p. 100e). Elle nous dit que le 10 octobre, ce général blessé fut remplacé par le colonel WAHLERT. Les Allemands avaient encore perdu à cette affaire, le major de Berckefeldt, ami particulier du général en chef. Il avait été tué. Sept autres officiers, et 180 hommes avaient été mis hors de combat.

Ces pertes sensibles causent la fureur de l'ennemi. Plus sauvages que des barbares, ils pillent les maisons, les cafés, les boutiques. Ils *assassinent* tout ce qui leur paraît valide, quoique sans armes. De ce nombre furent Joseph Belin, Eugène Berger, Victor Chanal, Joseph Dubas, François Geoffroy, Jean-Baptiste Guillaume. Antoine Jacquot, François Laurent, Nicolas Lecomte, Etienne Martin, Alexandre Mangin, Nicolas Christophe, Anne Cublaire, qui n'avaient pas combattu. Les blessés et les prisonniers Sébastien Delatte, Nicolas Guillaume, François Jacquemin, Joseph Noirclair, Auguste Thirion, Paul Renard furent impitoyablement fusillés. Un vieillard, Jean-Baptiste Collot, ayant fait une observation un peu vive aux soldats qui dévalisaient sa maison, fut traîné par ces pillards sur la route de Charmes et fusillé devant sa femme, près du pont de la Tuilerie. Les cadavres de ces victimes subirent des profanations ignobles ; ils avaient des cigares plantés dans les trous de leurs blessures ; ils furent piétinés, dépouillés, souillés, mutilés, exposés dans cet état pendant plusieurs jours à la vue des Prussiens. Le corps de Noirclair était couvert de 46 blessures. Agissant en cannibales, les Badois ont violé les droits de la guerre ; ils voulaient des cadavres, ils en ont fait. Nos pertes. pendant la bataille, ont été de 7 hommes tués et de 14 blessés. Les Prussiens ont porté le nombre des morts à 30, par l'assassinat. Quand le général DE WERDER arriva, sa colère fut grande en apprenant la mort de ce major qui était son meilleur ami. « Lui, disait-il, qui a planté notre drapeau sur la cathédrale de Strasbourg, venir se faire tuer ici ! Vous êtes heureux, ajouta-t-il, que mes canons ne soient pas arrivés à temps, votre ville serait en cendres. » Après avoir fait saisir les conseillers municipaux, il exigea sous peine d'incendie et de pillage, 200,000 francs dans les 24 heures (1).

La résistance de *Rambervillers* avait favorisé la retraite de Cambriels en occasionnant à l'ennemi un retard de deux jours. Le lundi, 10 octobre, les patrouilles prussiennes trouvaient les routes menant de La Bourgonce à Brouvelieures, et de Saint-Dié à Fraize, coupées en maints endroits, et même encore occupées en partie par nos mobiles et francs-tireurs. Deux compagnies du 5ᵉ régiment badois se rencontrèrent, sur la haute Meurthe, à *Anould*, avec une poignée de nos braves, qui firent le coup de feu. En ce moment, les convois du XIVᵉ corps arrivaient à *Baccarat*. Ce même jour, le général CAMBRIELS, averti des mouvements de l'ennemi, recevait à *Champdray* les ordres du quartier général français. Ne croyant pas possible de défendre avec sa petite troupe le massif des Vosges, le général opéra sa retraite dans la direction de *Remiremont*. Une moitié de la colonne des gardes municipaux d'Epinal accompagna la brigade. L'autre, sous les ordres du capitaine *Maulbon*, se dirigea sur *Laveline-du-Houx*. La brigade fit halte à *Liezey* ; chevaux et hommes avaient besoin de repos. La neige, le verglas tombaient dru ; on était trempé et mourant de faim. Au bout d'une heure, regaillardis et ranimés, nos braves reprenaient d'un pas allègre le chemin du *Tholy*. A six heures du soir, ils touchaient *Saint-Amé* ; à sept heures, ils entrèrent à *Remiremont*.

La matinée du mardi 11 octobre fut employée à faire une reconnaissance dans la direction de *Saint-Nabord*. A 4 heures, un bataillon de zouaves relevait les postes des gardes nationaux d'*Epinal*. Ceux-ci prirent le train pour le chef-lieu du département, où les appelait instamment un ordre du préfet, M. George. C'est ainsi que furent réunies les deux colonnes de gardes nationaux. Celle du capitaine *Maulbon* avait passé par Tendon et Docelles. En même temps, le général CAMBRIELS se dirigea sur *Lure*, où il arriva le 15, puis sur *Besançon*.

En cette même journée du mardi 11, le XIVᵉ corps reprenait sur un large front, son mouvement vers le sud-ouest. La 4ᵉ brigade et le quartier général DE WERDER tenant l'aile droite, à Ramber-

---

(1) R. A. — Une épisode de l'invasion allemande dans les Vosges. — Rambervillers, 9 octobre 1870. — Editée par Madre, rue du Croissant, 20, Paris.

villers, faisaient occuper *Sainte-Hélène*. A l'aile gauche de la division badoise, qui remontait la Meurthe, la 2ᵉ brigade venait à *Anould* et à *Corcieux ;* la 3ᵉ à *la Houssière*, tandis qu'à 9 heures du matin, la 1ʳᵉ s'engageait témérairement dans la *vallée des Rouges-Eaux*. Un Léonidas l'aurait anéantie. De la hauteur du bois de Frézimont, une compagnie de francs-tireurs assaillit par des coups de feu le 2ᵉ régiment de grenadiers (roi de Prusse) qui tenait la tête de la brigade au moment où elle atteignait le *moulin de la Hazelle*. Aussitôt le régiment des grenadiers du corps (Nº 1) escalada la pente rapide et rejeta les francs-tireurs sur Domfaing. Parmi les vaillants qui succombèrent dans cet engagement, nous citerons *Paul Lacour*, fils du notaire de Bruyères. Cet excellent jeune homme avait rencontré M. le curé de Domfaing, vingt minutes avant de marcher à l'ennemi. Il s'était empressé de le prendre à l'écart pour le prier de l'absoudre, afin d'être plus courageux. Dieu l'en récompensa par la couronne éternelle.

Le bois d'Obtinrupt fut fouillé sans résultat. Après avoir dépassé *Brouvelieures*, où les francs-tireurs barricadés ne purent tenir, la brigade se porta offensivement contre *Bruyères* (1). A hauteur du moulin de la Bataille, les francs-tireurs ripostèrent pendant plus d'une heure : ils étaient postés sur les pentes qui s'élèvent des deux côtés de la ville. Ils repoussèrent dans la soirée une reconnaissance dirigée sur *Laval*. Les Allemands disent avoir perdu dans cette affaire quatre officiers et 35 hommes. Ils se vengèrent de ces deux résistances en incendiant la maison du maire de Laval, M. *Constant Mathieu*, et en fusillant son fils, *Paul Mathieu*, qui était marié. « Regarde, ma femme, comme ils m'ont arrangé », disait ce malheureux, percé de dix balles. Et malgré le sang qui coulait à flots de ses blessures, il eut encore le courage d'ôter la paille allumée par les Prussiens pour mettre le feu à sa maison. Les Badois qui étaient ivres, tirèrent aussi sur le maire, à bout portant ; ils le manquèrent. M. Constant Mathieu tomba de lui-même, et fit le mort. Il laissa l'ennemi incendier sa ferme. Quand le feu fut bien allumé, les Badois se retirèrent contents. Alors seulement, le maire de Laval put se relever et chercher un gîte chez ses voisins.

Le 12 OCTOBRE au matin, les patrouilles de cavalerie prussienne envoyées sur Champdray apprenaient au général de Werder que les Français s'étaient mis en route sur Remiremont. D'après cela.

---

(1) La section historique du grand état-major prussien donne à ces escarmouches de francs-tireurs le nom de *combat de Bruyères* (11 octobre).

il était évident qu'ils avaient voulu éviter une rencontre décisive. DE WERDER se décida en conséquence à marcher sur *Epinal*. Sur le champ, il ordonna la jonction de la 1re brigade DE LA ROCHE avec la 4e DE WAHLERT pour s'emparer du chef-lieu. Ensuite il dirigea la 2e brigade DE DEGENFELD sur *Bruyères*, et la 3e brigade KELLER sur *Deycimont*.

Vers les onze heures du matin de ce jour (12 octobre) un détachement de uhlans, suivi de près par 400 hommes d'infanterie, faisait irruption à l'extrémité du faubourg Saint-Michel d'EPINAL (1). Au même instant les clairons de la garde nationale sonnent la générale et l'assemblée. Les francs-tireurs de Mirecourt, sous les ordres de Mlle Litz, leur lieutenant, s'engagent dans la rue du Pont, et se dirigent vers les Forges. Vingt-cinq gardes nationaux, commandés par le sous-lieutenant CHARLES ENARD et par les sergents Legendre, Demay, Jarosson et Boulay, escaladent au pas gymnastique le faubourg Saint-Michel. Arrivés à la hauteur de la brasserie Buffet, l'officier divise sa troupe en deux sections. L'une s'engage dans le chemin qui mène à la Justice; l'autre prend le sentier de droite qui contourne le château. Tous se portent en avant pour observer les environs et attaquer l'ennemi. L'officier, armé d'un chassepot, continue seul à marcher entre ses hommes sur la grand'route. Arrivé au point où cesse l'encaissement de la route, après avoir dépassé le cimetière, le sous-lieutenant, à l'aide d'une corne, appelle ses hommes qu'il aperçoit de chaque côté de lui. Après se les être réunis, il les porte en avant.

Le feu fut ouvert sur les uhlans, de la route même, laquelle offre comme abri des arbres et les fossés. Mais bientôt, distinguant l'infanterie prussienne, masquée au pied de la côte de Jeuxey, l'officier assigna des emplacements dans les champs, de chaque côté de la route ; ses hommes furent placés en tirailleurs. Cette nouvelle position permettait de découvrir l'ennemi sans être vu, à l'abri des plis du terrain. Peu après, les Allemands viennent à changer de position ; ils obligent les nôtres à quitter la leur, qui ne leur était plus avantageuse. En quittant la route pour rallier ses braves, le sous-lieutenant reçoit une balle dans la région périnéale. Au moment où il se retire, des renforts de gardes nationaux arrivent par les routes du Saut-le-Cerf et de Failloux. Les premiers, sous les

---

1) Le *combat d'Epinal* par un officier de la garde nationale d'Epinal, imprimé par Busy, en 1872, et par Fricotel. — Même combat, par un ancien élève du lycée de Strasbourg, édité par Busy, en 1871.

ordres du capitaine Kromberg, se portent sur la lisière du bois auquel Jeuxey est adossé, pour défendre le passage de la route principale. Les seconds, sous les ordres des lieutenants *Etienne* et *Hottelin*, longent un fossé de cent mètres, et arrivent à Failloux. Assaillis par un véritable ouragan de projectiles, ils s'embusquent ; ils établissent des meurtrières à la partie nord du mur du vaste enclos circulaire. Là, ils ripostent en essuyant la plus vive fusillade. Les volontaires du sergent *Broutin* et ceux du facteur *Barroué*, arrivent à leur tour, précédant les gardes nationaux commandés par le lieutenant Maulbon. Dirigées par les susdits chefs, ces troupes n'ont cessé de faire face à l'ennemi qu'elles défiaient à très faible distance (souvent à cent mètres). Plusieurs allèrent même chercher les Prussiens sous les bois où ils se tenaient. Ce n'est qu'après plus de deux heures d'une lutte acharnée, et après avoir fait subir des pertes sensibles au 2e régiment de grenadiers (Roi de Prusse) de la 1re brigade, et au 80e régiment d'infanterie rhénane de la brigade *Wahlert*, que les nôtres durent se replier devant au moins trente canons fouillant le terrain, et détendus par une masse profonde de 15,000 hommes. Toutefois le terrain n'a été cédé que pied à pied par nos hardis défenseurs, s'arrêtant pour faire feu partout où était un abri. C'est avec les Prussiens, pour ainsi dire, qu'une partie entra en ville par toutes les issues. On ne peut taire la conduite des capitaines *Genay* et *Jeandidier* qui, secondés par le sergent Leduc, se présentèrent au feu pour porter secours aux gardes nationaux sérieusement compromis par les mouvements et par le feu intense de l'ennemi. Dans cette affaire, cinq gardes nationaux furent tués au champ d'honneur ; huit furent blessés, et douze prisonniers. En somme, 250 à 300 gardes nationaux tinrent en échec, de onze à trois heures, toute une armée prussienne. Ce fait, en conservant intact l'honneur de la ville, permit au chemin de fer de se replier en emmenant tout son matériel, toutes les administrations, tout l'argent, toutes les valeurs de la recette, les mobilisés et les blessés militaires de l'hôpital. Le dernier train parti, l'ingénieur principal de la Compagnie de l'Est, résidant à Nancy, suivant les ordres du quartier général français, ordonna de faire sauter le viaduc de *Langley* (sur la Moselle, près Portieux) et celui du *Char d'Argent*, à l'est d'Epinal, tous deux appartenant à la ligne de Nancy à Gray. La destruction de ce dernier viaduc fut confiée à M. P..., maire de Saint-Laurent, ayant pour aides MM. A..., instituteur de Saint-Laurent, M..., inspecteur primaire, et S. D... L'opération était facile, vu la préexistence des chambres à mine. Toutefois, hésitant de faire sauter ce magnifique travail d'art.

M. le maire arrivait avec sa voiture à Epinal, à quatre heures de l'après-midi, pour prendre de nouvelles informations, lorsqu'il rencontra sur la route deux gardes nationaux qui revenaient du combat, après avoir passé la Moselle sur une barque. Le maire reconnaît dans l'un d'eux M. C..., instituteur d'Epinal ; il lui fait part de son indécision.

— Vous avez reçu l'ordre de faire sauter le viaduc, répliqua hardiment l'instituteur, retournez vite, vite, exécuter cet ordre. Les Prussiens sont derrière nous. Dans un quart d'heure ce sera trop tard.

Le maire fait aussitôt demi-tour ; il ordonne d'allumer la mèche. Après quelques minutes d'attente, le coup ne partait pas, et les Prussiens arrivaient. S. D... se dévoue, pour mettre une autre mèche ; il s'avance près du viaduc ; à ce moment les deux piles éclatent ; une énorme pierre lui déchire la capote ; heureusement, sa vie est sauve. Les voutes s'écroulent ; l'ennemi est arrêté dans sa marche sur Langres. LANGRES est sauvé d'un siège qui aurait été aussi épouvantable que celui de Strasbourg. Le Préfet, M. GEORGE, prit alors tristement le chemin de Dounoux. Arrivé là, il demanda au maire de cette commune, M. *Maurice Farinez*, d'envoyer à Epinal deux hommes intelligents et courageux pour accomplir différentes missions. Il s'agissait de sauver des papiers oubliés, et de prendre des informations sur les forces ennemies entrant dans la ville. MM. *Mathieu* et *Godard* remplirent cette mission. L'occupation d'Epinal avait commencé à trois heures un quart. Des nuées de cavaliers de la brigade *de Starckenfels* descendirent sur la place des Vieux-Moulins ; des batteries furent installées sur les hauteurs nord-est qui dominent Epinal. La 1re brigade *de la Roche*, la 4e brigade *Wahlert*, avec le général DE WERDER, s'abattirent avec une pesanteur majestueuse par le faubourg Saint-Michel. Spectacle émouvant que ce fourmillement de casques pointus, que ces myriades de mains lancées et ramenées avec une précision automatique, que cette profusion de bottes crottées et de visages farouches. Les gardes nationaux faits prisonniers à Failloux arrivèrent sous bonne escorte à la place des Vosges. M. *Charles Colin* voulut serrer la main à l'un d'eux : un Prussien le poursuivit et le tua de deux coups de fusil sous les arcades de la place. Le malheureux s'affaissa contre la maison de M. Jacoby qui se trouvait dans son magasin. Les Prussiens entrèrent chez ce négociant, le frappèrent à coups de sabre et de baïonnette, le laissèrent pour mort, et pillèrent sa maison. La consternation était universelle.

Le 13 OCTOBRE, à cinq heures du matin, l'ingénieur principal de la Compagnie de l'Est, résidant à Vesoul, sur l'ordre du quartier général français, faisait sauter le grand viaduc de XERTIGNY, sur la ligne de Nancy à Gray. Ce viaduc n'avait pas de chambre à mine. Des ouvriers travaillèrent nuit et jour, malgré le froid, pour en creuser une. Ils y placèrent six sacs de 50 kilos de poudre. Comme ils ne pouvaient détruire qu'un pilier, ils ne déboulonnèrent pas les rails tout exprès. De la sorte, l'explosion ébranla toutes les voutes.

Pour comprendre l'importance capitale de cette destruction, il suffit de lire la relation historique du grand état-major prussien. Le ravitaillement du XIVe corps devenait pour l'ennemi une difficulté réputée insurmontable. Nous en avons une preuve évidente dans l'*Ordre* du 23 octobre 1870, adressé par le quartier général de Versailles au général DE WERDER. Nous en extrayons les lignes suivantes (1) :

« La mission confiée jusqu'alors à Votre Excellence se trouve
« modifiée en ce sens que le XIVe corps d'armée, augmenté des
« 1re et 4e divisions de réserve, est chargé de bloquer d'abord, puis
« d'assiéger Schlestadt, Neuf-Brisach et Belfort, de couvrir l'Alsace
« et le flanc gauche de la IIe armée, et de retenir devant lui des
« troupes françaises en rapport avec son propre effectif. En consé-
« quence, aussi longtemps que l'adversaire maintiendra des forces
« imposantes autour de Besançon, le XIVe corps se tiendra prin-
« cipalement dans la région de Vesoul. Votre Excellence fera occu-
« per fortement Dijon, et se gardera vers Langres, Besançon et
« Belfort. *Le XIVe corps pourvoira à la sécurité de ses communica-
« tions en arrière, lesquelles seront rétablies par EPINAL. Les tra-
« vaux de remise en état de service de la ligne ferrée Blainville-
« Epinal-Vesoul seront poussés avec la plus grande énergie ;* on fera
« en sorte d'empêcher la destruction par l'ennemi de la section
« Vesoul-Dijon. En enlevant du matériel des chemins de fer fran-
« çais, on se donnerait le moyen de rétablir promptement l'exploi-
« tation sur certaines sections de ligne. Il conviendra de surveiller
« sérieusement Belfort, et de mettre obstacle aux tentatives qui
« pourraient se produire pour organiser une guerre de guérillas
« dans *les Vosges* et la Haute-Alsace. Il faudra employer à cet effet
« des forces assez importantes...

« Signé : DE MOLTKE. »

---

(1) La Guerre franco-allemande par le grand état-major prussien. — Traduction de Serda. 2e partie, 1er vol., p. 111. Supplément LXXXIV.

Dans la matinée du 13, la brigade *Keller* vint s'établir entre Docelles et Arches. La brigade *de Degenfeld* gagna la Moselle à Saint-Laurent. Celle-ci avait contraint M. Ch..., l'instituteur d'Epinal, qui avait contribué à faire sauter le viaduc du Char d'Argent, à lui servir de guide. Un commandant badois l'avait arrêté peu de temps après que cet instituteur avait fait traverser les lignes ennemies à un de ses amis pour lequel il avait obtenu un laisser-passer du commandant de place. Il revenait chez lui à Epinal quand il fut fait prisonnier pour conduire la 2ᵉ brigade badoise à Saint-Laurent. Tous ces Badois avaient alors une peur extrême des francs-tireurs. Ce n'était pas sans raison. Une fusillade se faisait alors entendre dans les bois bordant la route de Chantereine.

Pour couvrir Epinal sur la rive gauche de la Moselle, la brigade *Wahlert*, précédée du 1ᵉʳ régiment de dragons du corps et du 2ᵉ régiment de dragons de réserve, s'était portée aux Forges. Un parti français, fort de 200 hommes, et composé des francs-tireurs de Mirecourt et de gardes nationaux spinaliens, se trouvait placé en embuscade sur le passage de l'ennemi. Cachés derrière les bois, ils surprirent les dragons du Corps N° 1 par une fusillade bien dirigée. Le colonel baron *de Schœffer* fut grièvement blessé dès les premiers coups de feu. Le major *de Merhardt* lui succéda (1) ; il fit faire volte-face aux dragons. Le 34ᵉ poméranien, sous les ordres du colonel *Wahlert*, reprit l'offensive au bout d'une demi-heure. Mis en émoi, tout le XIVᵉ corps arrêta son mouvement de marche pour attendre des ordres de combat. Le bois occupé par les Français fut mitraillé à coups de canon. Nos guérillas soutinrent la lutte aux FORGES. Leur but avait été atteint : l'escarmouche avait réussi. N'étant pas en force pour résister longtemps aux Badois, nos braves s'éloignèrent dans la direction du sud.

Le prince *Guillaume de Bade* rejoignit ce jour-là DE WERDER à *Epinal* ; il prit le commandement de la 1ʳᵉ brigade. La concentration des forces allemandes autour de la ville se trouva effectuée. Le XIVᵉ corps chercha à établir ses communications en arrière vers le nord, le long de la Moselle. Il commença tout d'abord par constituer une route d'étapes sur *Lunéville*. Il s'occupa de construire

---

1) La Guerre franco-allemande par le grand état-major prussien. — Traduction de Serda. 2ᵉ partie, 1ᵉʳ vol., pages 99* et 105*). — Ce fut la cantinière des francs-tireurs qui tua cet officier supérieur. Elle s'était cachée derrière une haie, près du jardin où était entré ce baron. Ce jardin se trouve à la bifurcation des routes du petit Saint-Thomas.

une ligne télégraphique par *Charmes* sur Nancy ; il entreprit la création de magasins à *Epinal* avec l'aide des trains qui avaient rejoint par Rambervillers. Pour rétablir le chemin de fer de Blainville, dont les viaducs venaient d'être détruits, toutes les charpentes furent commandées en Suisse ; tous les attelages des Vosgiens habitant les communes voisines furent réquisitionnés (1).

Le gouverneur prussien de Lorraine se chargea de la surveillance de la section de voie ferrée comprise entre Blainville et Epinal. Il dirigea sur Baccarat, comme contingent de troupes d'étapes, deux bataillons et un escadron de Wurtembergeois. De forts détachements du 30e régiment prussien et du 2e hussards, arrivés le 12 octobre à *Chatel-sur-Moselle*, avaient été chargés de faire rentrer les armes existant dans le pays. D'autres détachements du 34e et du 2e dragons avaient été laissés à *Raon-l'Etape* jusqu'à l'arrivée des troupes d'étapes.

La destruction des viaducs de la ligne Nancy-Gray rendit irréalisables les intentions du grand quartier général allemand. DE WERDER ne pouvait songer à assiéger *Langres*, qui interceptait la ligne d'Epinal à Chaumont, puisque le transport des pièces de gros calibre avec lesquelles il avait incendié Strasbourg ne pouvait plus se faire par la ligne de Blainville-Epinal. Les ponts de Bayon et d'Aillevillers avaient encore été détruits par les Français. DE WERDER manda donc à Versailles qu'il avait le projet de poursuivre le mouvement prescrit vers la haute Seine, en prenant *par Neufchâteau et Chaumont*, ce qui lui ménagerait, par la ligne de Blesme, des relations plus directes et plus sûres avec la ligne principale de communication reliant l'armée prussienne à l'intérieur de l'Allemagne. Mais l'état-major de Versailles, voulant avoir raison des provinces de l'Est, ordonna à de Werder d'*attaquer l'ennemi le plus à portée*.

Ces conditions déterminèrent le général en chef badois à adopter la direction de *Vesoul*. Le 15 octobre, il porta sa 1re brigade sur *Xertigny*.

Le 16 octobre, le corps tout entier se mit en mouvement vers le

---

(1) Pour conduire la chaudière d'une locomotive démontée du Petit-Buzegney à *Xertigny*, les Prussiens ont attelé trente-cinq paires de bœufs et quarante-huit chevaux devant le charriot à larges roues où elle était placée. La route, qui tourne brusquement et dont la pente est très rapide, était couverte de glace. Pour pouvoir réussir dans cette opération, après trois jours d'essais infructueux, les soldats prussiens durent casser la glace sous les pieds des bêtes, depuis le moulin Bonnard jusqu'à la gendarmerie.

sud. La 2ᵉ et la 3ᵉ brigades se dirigèrent par *Remiremont* sur Luxeuil. Les autres fractions prirent la route de Xertigny, et occupèrent *Vesoul* les 18 et 19 octobre. Ce furent ces troupes qui combattirent à *Cussey* le 22 octobre, et à *Dijon* le 30 (1).

---

(1) Nous ferons remarquer que les éclaireurs prussiens étaient précédés d'*espions*. C'étaient ordinairement des officiers, habillés en civil, et accompagnés par des Français, traîtres à la patrie.

CHAPITRE LIII

LA FIN D'UNE BELLE VIE

Ce n'est pas sans éprouver de grandes souffrances morales que notre vieux retraité avait été témoin de la dévastation prussienne dans son département. Aussi, quand il dut loger l'ennemi dans sa maison de Saint-Dié, lui fallut-il une grande vertu pour se contenir et ne pas causer un malheur. A deux reprises différentes, les soldats allemands, qui avaient reçu leur billet de logement pour le n° 7 de la rue du Casino, craignirent à tel point le vieux soldat leur montrant l'escrime, qu'ils le débarrassèrent de leur présence en s'en allant chercher un gîte ailleurs. Les Prussiens avaient emprisonné à Nancy le très digne maire de Saint-Dié, M. GACHOTTE, et son premier adjoint, M. HERCULE FERRY. Défendant avec courage l'honneur et les intérêts de leur ville, ceux-ci avaient résisté à l'ennemi, exigeant des correspondances particulières avec le Gouvernement de la Défense nationale, et une somme considérable. « Si vous ne nous donnez pas l'argent que nous vous demandons, leur avait dit l'officier prussien délégué par le gouverneur, nous le prendrons ». — « Prendre, c'est voler, répliqua M. Gachotte, et moi je ne vous donnerai rien ». Cette riposte causa la séquestration du maire et de l'adjoint. Leurs maisons particulières furent dévalisées par les Prussiens. Une émeute faillit en résulter. Les ouvriers de la ville voulaient faire un mauvais parti aux Teutons peu nombreux qui enlevaient leurs vaillants défenseurs. Ceux-ci les apaisèrent en se sacrifiant pour leur chère ville de Saint-Dié. Ils subirent les plus mauvais traitements dans la prison de Nancy ; ce fut la cause de la mort prématurée du vénérable et excellent M. Gachotte.

Après la ratification des préliminaires de la paix par la Chambre de Bordeaux (2 mars 1871), l'occupation des Vosges et de plusieurs autres départements par les Prussiens servit de gage au paiement de l'indemnité de guerre. L'effectif total de l'occupation s'éleva à 50,000 hommes, sous les ordres du général DE VOIGTS-RHETZ, ayant son quartier général à *Chaumont*. La garnison prussienne de Saint-Dié, baraquée au faubourg, était commandée par un colonel, logeant à l'évêché. Après le paiement du deuxième milliard (8 septembre), le quartier général prussien fut transféré à *Nancy*. La Marne et la Haute-Marne furent évacuées le 4 novembre 1871 (1).

Ce jour-là même notre vieux retraité avait la consolation de voir son fils accueilli, à l'âge de seize ans, au *Grand Séminaire* de Saint-Dié, par Monseigneur CAVEROT. L'abbé Mangenre fut le plus jeune séminariste. Toutes les démarches du principal du collège, et de plusieurs professeurs, furent impuissantes pour empêcher cette vocation : les propositions des MM. Beyer demeurèrent également sans résultat. Le bon père consentit volontiers à ce que son fils unique sacrifiât toute position et toute fortune pour se consacrer à Dieu. Dès lors, sa promenade habituelle fut d'aller au séminaire où il trouvait son plaisir. Ce ne fut pas sans émotion qu'il assistât à la cérémonie de la tonsure (25 mai 1872), et à celle de la minorature (7 juin 1873). Dieu le préparait doucement à faire un sacrifice héroïque.

L'école du clergé vosgien est, sans contredit, l'une des plus vénérables de l'Eglise de France et du monde. Elle retentissait, alors comme aujourd'hui, de l'intrépidité et des leçons de M. GRANDCLAUDE, l'éminent canoniste et théologien qui fait autorité à Rome et dans les meilleurs séminaires français. L'abbé Boulay, aujourd'hui professeur à l'université catholique de Lille, les chanoines Noël, Jeanmaire et Hilaire, l'abbé Bastien, travaillaient dans ces murs

---

(1) *Saint-Dié* ne fut évacué qu'au mois d'août 1873. Le *10ᵉ bataillon de chasseurs à pied* y tient garnison depuis cette époque. *Verdun* fut la dernière ville occupée par les Prussiens. De Manteuffel ne la quitta que le 16 septembre 1873.

paisibles à la sanctification et à l'instruction supérieure de tous les jeunes candidats du sacerdoce. Quelle féconde génération de héros de l'Eglise n'ont-ils pas formée, sous le souffle de Dieu et sous la garde de l'Immaculée. Un saint vieillard, Mgr MICARD, était alors supérieur ; il ressemblait à un patriarche des anciens âges. Aspirant à devenir de modestes et obscurs ouvriers de l'Evangile, enflammés de zèle et avides d'immolation, tous les séminaristes se livraient dans la maison de Dieu aux études sacrées préparant la vie pastorale.

Pendant les grandes vacances du séminaire, Mgr Caverot avait confié à l'abbé Maugenre le soin d'organiser la bibliothèque de l'évêché. Chaque jour, le jeune clerc travaillait avec Sa Grandeur et dînait à sa table. Le 15 septembre 1873, se trouvant seul avec Monseigneur, l'abbé lui demanda l'autorisation d'entrer au séminaire des *Missions étrangères*, où il était agréé, pour aller évangéliser la Chine. Cette permission ne lui fut pas accordée.

Pendant la retraite de Noël 1873, le R. Père BLUM, rédemptoriste, déclara au jeune séminariste que Dieu le voulait dans l'*Institut de S. Alphonse*, pour aller aux missions étrangères de l'ordre. Obéissant à la voix de Dieu, et sacrifiant tout, l'abbé fut tout heureux d'obtenir le consentement épiscopal pour entrer dans cette congrégation, avec l'espoir d'aller un jour évangéliser la République de l'Equateur (Amérique du Sud). Dès lors, il fallait disposer le père Maugenre à une séparation d'autant plus douloureuse qu'elle devait durer toujours. Il fallait l'amener à accepter le sacrifice méritoire de l'illustre patriarche Abraham. Quand il apprit cette dure nouvelle, le vénérable père s'écria : « Dieu m'a donné un fils ; Dieu me le demande : que sa volonté soit faite. » Puis il pleura à chaudes larmes, et il ne cessa de sangloter jusqu'au départ de l'abbé. Le 23 janvier 1873, il lui disait adieu à la gare de Saint-Dié ; le train allait amener son fils jusqu'à Fontainebleau. Près de cette ville, à AVON, les Rédemptoristes avaient alors leur noviciat. Bien que souffrant, bien que contredit dès le premier jour par son Provincial, l'abbé, qui n'était entré que par obéissance, voulut persévérer malgré tout. Il eut alors pour maître au noviciat un saint religieux, le R. Père CHAVATTE, ancien zouave pontifical. Postulant dès le 25 janvier, le cher frère prit l'habit le 19 mars suivant. On l'appela dès lors le petit Saint-Dié. La visite de sa mère à Avon ne fit que le confirmer dans la vie religieuse. Ne voulant pas être un des derniers à cette glorieuse *école de sainteté*, il sut être victime jusqu'à l'immolation. Après avoir exercé les fonctions de zélateur et de capo (remplaçant du Père Maître), il fit à Dieu le sacrifice de sa personne par la profession religieuse du 19 mars 1875.

Fondé par S. Alphonse de Liguori en 1872, l'*Institut des Rédemptoristes* a été approuvé, et mis au rang des Ordres religieux par Benoît XIV, en 1749.

Essentiellement apostolique, cette congrégation a pour fin de contribuer à continuer la rédemption sur la terre par le moyen des missions, des retraites et autres travaux du même genre. Dans cet ordre de choses, aucune limite n'est tracée à son zèle. Elle accepte les missions partout : chez les infidèles comme en pays chrétien ; dans les plus grandes villes comme dans les plus humbles hameaux. Mais il lui est ordonné d'avoir et de montrer une préférence marquée pour les pauvres, les ignorants et les délaissés ; car c'est pour eux surtout que S. Alphonse a donné à l'Eglise cette nouvelle famille religieuse.

Ainsi défini, l'apostolat du rédemptoriste se distingue par un trait tout particulier : *il est sévèrement exclusif*. Pour que ses religieux fussent toujours missionnaires, S. Alphonse a voulu qu'ils ne fussent que cela. Pour eux, pas de maisons d'éducation, pas de séminaires à diriger, pas de paroisses, pas d'aumôneries ; et, en fait de prédications, pas de carêmes, pas de discours d'apparat. Rien que les missions et les retraites.

Vouée à l'apostolat, cette congrégation du Très-Saint Rédempteur est en même temps un institut contemplatif. Elle a, dans son esprit et dans son régime intérieur, quelque chose qui la rapproche des anciens ordres monastiques. C'est ce qui a fait dire à son fondateur que le rédemptoriste doit être apôtre au dehors, et chartreux à la maison. C'est dans cette pensée qu'il a imposé à ses religieux environ six mois d'apostolat chaque année, et six mois de vie solitaire : qu'il ne leur prescrit, quand ils sont en mission, que peu d'exercices spirituels, tandis qu'il leur en impose beaucoup dès qu'ils sont de retour dans la cellule.

Dans l'Institut, cette vie apostolique et cette vie contemplative ont toutes deux leur physionomie propre. L'apostolat y repose sur la simplicité, l'obéissance et la pauvreté. Les Rédemptoristes sont obligés, sous les peines les plus sévères, de toujours prêcher en missionnaires, c'est à dire simplement et apostoliquement. Ils renoncent ainsi à toute célébrité humaine. La pauvreté volontaire et réelle prémunit la simplicité de leur apostolat contre tout danger de corruption, et facilite un ministère essentiellement populaire. Se consacrant à Dieu par les vœux ordinaires de pauvreté, de chasteté et d'obéissance, le Rédemptoriste contracte un perpétuel engagement envers l'Institut par le vœu et serment de persévérance jusqu'à la mort dans la Congrégation. Ce vœu produit l'esprit de famille, la cohésion de l'Institut et la parfaite cordialité entre des hommes irrévocablement voués à la même existence. Leur vie est parfaitement commune. Jamais on ne doit apercevoir, quant au régime, la moindre différence entre les premiers supérieurs et les plus humbles frères servants.

La formation des sujets est lente et soignée. Elle commence par un premier noviciat, ou retraite de trois cent soixante-cinq jours, se terminant par la profession. Viennent ensuite les études littéraires ; puis six années d'études ecclésiastiques, suivies d'un second noviciat de six mois. Tous les Rédemptoristes ont l'obligation sacrée de suivre la doctrine, les principes et les méthodes enseignés par leur saint fondateur, docteur de l'Eglise.

L'Institut a son centre à Rome ; il est partagé en douze provinces comptant chacune plusieurs maisons. La *province française* avait en 1874 des maisons de religieux à Avon, à Saint-Nicolas, Houdemont, Contamines, Dunkerque, Lille, Boulogne, Chateauroux, Argentan, Pérouse, Valence, Gannat. Dans l'Amérique du Sud, elle possédait des établissements à Rio-Bamba, Cuenca et Santiago. Elle ne comptait alors que cent quarante-cinq Pères.

Monseigneur CAVEROT avait accordé à l'abbé l'autorisation d'entrer chez les Rédemptoristes parce qu'ils ne font pas ordinairement de missions seuls. Mais, sachant que la santé de son séminariste avait toujours été délicate, et qu'elle se trouvait réellement délabrée en quittant le séminaire, Sa Grandeur consolait Madame Maugenre en lui disant que son fils ne resterait pas six mois chez les Pères Rédemptoristes. Il y restera six ans.

Notre vieux retraité revit son fils pour la première fois à HOUDEMONT, près Nancy. Le lendemain de sa profession, le Révérend Frère était venu terminer ses études ecclésiastiques au *studendat*, où ses parents venaient lui rendre visite le samedi suivant. Ils le trouvèrent changé et défait. Leur jeune religieux avait des hémorragies, et ne pouvait conserver sa nourriture. Le T. R. Père Provincial avait déclaré à la communauté « qu'il n'avait jamais connu de religieux auquel le noviciat ait tant préjudicié à la santé qu'au frère Maugenre. » Dans cet état souverainement douloureux, le nouveau profès se remit à étudier les grands docteurs de l'Eglise, S. Thomas, S. Augustin et S. Alphonse, ainsi que l'usage apostolique des Saintes Ecritures. Ses professeurs, aussi recommandables par leur haute science que par leurs admirables vertus, furent les Révérends Pères MOPPERT, FRÉDÉRIC KUNTZ, AUFDEREGGEN et BOULANGEOT. Chargés de la *préparation évangélique des hommes apostoliques*, ces chers religieux excellaient dans l'art d'instruire et de sanctifier à la manière alphonsienne. A leur école on devenait vrai savant, vertueux, ami et détaché du bien, zélé, prudent, doué d'un bon caractère, courageux dans la peine, désintéressé, considéré, fidèle aux devoirs d'état, travailleur et utile instrument du Rédempteur.

Le 4 janvier 1876, une lettre de Saint-Dié annonçait au Révérend Frère que ce jour-là même, son père avait tiré au sort pour lui, et qu'il avait ramené de l'urne le N° 306 sur 318 conscrits. Grande fut la joie du vieux militaire en pensant que, grâce à ce bon numéro, aucun jeune homme de la classe ne serait soldat pour son fils. Il apprit aussi avec plaisir que son religieux avait passé les mois de mai et de juin à *Saint Nicolas-du-Port* pour faire lithographier chez M. Briquet, à Saint-Dizier, un RECUEIL de deux cent quatre-vingts cantiques et motets en musique, et à plusieurs parties.

Depuis bien longtemps Thérésine était restée sans nouvelles de CASIMIR SILHOUETTE. Elle ne l'avait plus revu depuis Toulon ; elle le savait à Biarritz, se distinguant et sur terre et sur mer. A la fin de juillet 1876, elle reçut le *Réveil des Pyrénées* qui lui apprenait sa mort. Ce journal de Bayonne consacrait l'article suivant à ce glorieux capitaine (numéro du jeudi 20 juillet 1876) :

« Une bien triste nouvelle se répandait à Biarritz la semaine dernière. Le capitaine Silhouette venait d'être emporté après une courte maladie qui ne laissait pas prévoir un aussi fatal dénouement. Depuis longtemps, M. Silhouette était l'objet du respect et de l'affection de ses compatriotes, qui connaissaient sa rare intrépidité et l'amour profond qu'il portait à son pays natal, et qu'il avait intelligemment prouvé par la création d'un établissement d'ostréiculture, par celle d'un aquarium qui constituait une des plus attrayantes et utiles distractions de Biarritz. Mais l'acte qui fait le plus d'honneur à la mémoire du défunt est assurément celui que voici :

« Chacun se rappelle la présence dans le golfe de l'escadre cuirassée qui vint exécuter des évolutions pour récréer la Cour impériale installée à Biarritz. A certain moment, cette escadre courut le plus grand péril, une tempête ayant soudainement éclaté. Le sort de plusieurs centaines de marins se trouvait lié à un ordre d'éloignement que le brave Silhouette se chargea de porter, s'aventurant avec quelques hardis matelots que sa résolution entraîna sur les flots de la mer en courroux. Cette action courageuse valut très justement à Silhouette l'étoile d'honneur.

« M. le docteur DELVAILLE a retracé avec éloquence, sur la tombe de celui que Biarritz regrette tant, la carrière honorable et utile du capitaine Silhouette. Il s'uffit, pour s'en convaincre, de lire l'émouvant et pieux discours que nous nous faisons un devoir de reproduire :

« Messieurs,

« A quinze jours de distance, deux villes voisines et amies
« perdent un de leurs enfants les plus appréciés.

« Bayonne pleure Birabez, et des voix éloquentes ont retracé en
« termes émus et vrais cette carrière consacrée toute entière au
« service public.

« Biarritz regrette aujourdhui Silhouette, et c'est à une voix bien
« peu autorisée et bien insuffisante qu'échoit la tâche de caracté-
« riser sa vie.

« Cette vie, Messieurs, pourrait se résumer en deux mots :
« dévouement absolu et sans bornes à sa ville natale. C'est sur
« Biarritz en effet, après sa famille, que se concentrait toute l'affec-
« tion de Silhouette, et dans ses voyages au-delà des mers, sur ces
« rives lointaines où il passa une partie de son existence, il pensait
« toujours à la patrie absente, et aspirait ardemment à l'heure
« bénie où il la reverrait et s'y fixerait pour jamais.

« Marin consommé, sévère sur son bord, mais paternel en même
« temps, prudent dans le conseil, énergique dans l'action, Sil-
« houette était adoré de ses matelots, affectionné de ses amis, estimé
« de tous ceux qui le connaissaient.

« Il avait, il y a quelques années à peine, quitté la vaste mer
« pour les bords enchanteurs de ce pays dont nul ne disait plus
« haut que lui la louange. Sans ambition, mais sans égoïsme non
« plus, il se tenait éloigné des affaires publiques, se contentant
« d'être utile volontairement et en dehors de tout mandat.

« Soit qu'il s'occupât de créer un grand réservoir à poissons,
« dans l'établissement duquel il rencontra tant d'obstacles, soit
« qu'il installât cet aquarium où l'observateur et le curieux pou-
« vaient faire de si intéressantes études, soit qu'il présidât aux
« jeux et aux fêtes de la jeunesse biarrote, dites-moi si un seul
« instant Silhouette oublia Biarritz, si chacune des heures de sa
« vie n'a pas été consacrée à une amélioration féconde dans le pré-
« sent ou susceptible de l'être dans l'avenir.

« Il y a dix ans, vous vous en souvenez, une partie de la flotte
« française courut en face de nous un danger terrible. Appelée ici
« pour la récréation des yeux, elle faillit sombrer près de vos
« rochers, et son sort fut un instant lié à la transmission d'un
« ordre d'éloignement. Mais qui donc oserait porter cet ordre

« à travers la tempête. Tous nos marins hésitaient ; la nuit était
« noire, la mer menaçante, et ceux qui étaient familiarisés avec ses
« colères, des hommes braves cependant, se demandaient s'il était
« utile de courir à une mort certaine pour tenter d'en arracher
« quelques centaines de leurs semblables.

« On pensa à Silhouette. Il n'hésita pas, lui. Assisté de quelques
« compagnons que sa présence rassurait, il sut braver l'ouragan et
« sauva l'escadre. C'était couronner une carrière de travail, de
« fatigues et de dévouements sans nombre, par un acte de patrio-
« tique héroïsme.

« En donnant, il y a plusieurs années, le nom de *Silhouette* à une
« de vos rues, vous avez consacré la reconnaissance publique envers
« une vieille famille de vaillants capitaines de navires de guerre
« et de commerce, famille dont notre ami ne fut ni le membre le
« moins digne, ni le moins expérimenté.

« Adieu, Casimir Silhouette ! au nom de vos amis, au nom de
« ce Biarritz que vous avez entouré de votre affection et de votre
« respect et qui gardera pieusement votre souvenir, adieu ! »

Quelques mois plus tard, la mort de M. le Duc de Montebello donna au *Courrier de Biarritz* l'occasion de rappeler le souvenir de feu Casimir, ami particulier du duc. Son numéro du vendredi 15 décembre 1876 renferme l'article suivant :

Souvenirs de l'Etoile. — Il y a quelques mois à peine, la population biarrote s'était vivement intéressée à un navire de plaisance construit à Bayonne dans les chantiers Duhau, sur les plans de M. le duc de Montebello. Ce yacht, dont tous les amateurs admiraient la tournure élégante et hardie, reçut à son baptême le nom d'*Etoile*, nom qui semblait promettre au navire et à ses maîtres une longue et heureuse carrière.

A l'occasion des essais, il y eut à bord une réunion intime, réunion de marins à laquelle assistait notre regretté compatriote Casimir Silhouette, et c'est à son expérience que fut confié le soin de prendre la barre du nouveau né et de guider ses premiers pas dans l'océan. Ce voyage si gaiement entrepris devait être pour notre cher capitaine le voyage des adieux, car à peine de retour de sa petite excursion, il terminait sa longue et honorable carrière. La mort enlevait à une excellente famille ce chef respecté et tendrement aimé. L'*Etoile* perdait son premier pilote.

Pendant sa courte et dernière maladie, parmi les nombreux amis qui venaient chaque jour s'informer de l'état de Casimir Silhouette, l'un des plus assidus était M. le duc de Montebello ; aussi avait-il sur tous le privilège d'être reçu avec les témoignages d'une satisfaction et d'une reconnaissance toute particulière. Assis à son chevet, il lui parlait navigation, voyages de la terre et des mers, voyage vers l'heureuse et dernière patrie. Et c'est ainsi que le marin adoucissait les derniers jours du marin, avec cette délicate bonté de cœur que M. le duc de Montebello possédait au plus haut degré.

Hélas ! qui pouvait prévoir qu'une cruelle destinée réunirait bientôt ces deux natures si loyales, si sympathiques, et qu'avec Silhouette, Dieu rappellerait aussi à lui l'âme du noble duc.

Ici, nous cédons la plume au *Mémorial des Pyrénées* et nous lui empruntons les lignes par lesquelles il annonce à ses lecteurs la triste nouvelle de cette fin prématurée.

« Napoléon-Camille-Charles-Jean Lannes, duc de Montebello, est mort à Paris, le jeudi 30 novembre, à neuf heures du soir.

« Petit-fils du maréchal Lannes, que ses contemporains avaient surnommé le Roland moderne, sa mère était fille et petite-fille des deux comtes Liverpool.

« Cette illustre origine lui imposait des devoirs qu'il a vaillamment remplis, et dans les mers de Chine, et plus récemment au siège de Paris, mais il en supportait l'éclat avec une bienveillance modeste qui charmait tous ses amis.

« M. le duc de Montebello est mort avec la fermeté d'un soldat, le calme d'un sage et la foi d'un chrétien.   E. M.

Invités à venir à *Houdemont* à la fin de juillet 1876, les parents du Révérend Frère lui apprirent ce grand deuil. Mais ils furent bien étonnés et peinés de savoir que l'invitation qu'ils avaient reçue allait être suivie d'une séparation qui semblait être la dernière. Tous les scolastiques de Houdemont avaient reçu l'ordre de venir, au mois d'août, habiter AVON, près Fontainebleau. Le noviciat était transféré à Saint-Nicolas-du-Port. Il était alors bien probable que le Révérend Frère Maugenre, qui n'était entré dans l'Institut que pour aller évangéliser les Indiens de l'Equateur, quitterait bientôt Avon pour Rio-Bamba. Pour soutenir son courage, Thérésine résolut d'aller à Lourdes, implorer l'intervention de Celle que l'on n'invoque pas en vain. Elle fit donc le pèlerinage avec Mme Beyer, sa sœur ; ensemble, elles allèrent ensuite revoir leur chère famille d'Oloron.

Le 15 novembre 1876, notre vieux retraité reçut une lettre du R. Père JOSTE, préfet des étudiants, à *Avon*. Elle lui annonçait que son fils était gravement malade. A peine s'était-il remis aux études, tout en professant la musique, qu'une forte gastralgie, accompagnée de névralgies fasciales et intercostales, le força à entrer à l'infirmerie. Avant que le mal prit des proportions alarmantes, le Révérend Frère écrivit une lettre à son Provincial pour lui déclarer qu'il ne voyait d'autre remède à sa position que de quitter Avon, et pour lui demander d'être du nombre des Rédemptoristes qui allaient partir pour l'Equateur. Dieu permit que, malgré plusieurs instances, cette supplique fut rejetée. Cette épreuve aggrava tellement la situation du jeune religieux que, pendant deux mois, il put à peine prendre une cuillère de lait chaque deux heures. Des douleurs atroces s'en suivirent. Tout semblait perdu quand il plut à Notre-Dame de faire un prodige pour son enfant (6 janvier 1877). Dès qu'il put se relever et marcher, il quitta Avon et vint habiter PARIS, boulevard Ménilmontant, n° 57.

Le 16 décembre 1876, Madame Maugenre reçut une lettre du R. Père Humarque, rédemptoriste, originaire de Saint-Dié. C'était un saint religieux, dont on peut affirmer l'héroïcité des vertus. Il a priait de faire toutes les démarches nécessaires pour établir l'archiconfrérie de *Notre-Dame du Perpétuel-Secours* à Saint-Dié. « Je serais si heureux, disait-il, de savoir cette source de grâces ouverte sur ma chère ville de Saint-Dié. » Une autre lettre de son fils appuyait cette demande. Mme Maugenre se mit donc à l'œuvre ; mais n'ayant trouvé que des obstacles là où elle n'espérait que bon accueil, elle dut recourir au grand chef. Monseigneur exauça ses désirs et bénit son entreprise. Appuyée désormais par son évêque, elle choisit elle-même ses auxiliaires (1), et enrôla trois mille personnes de Saint-Dié sous la bannière de la Madone (2). Elle remit ensuite entre les mains de M. le curé Nurdin, la première somme nécessaire à l'installation de la sainte Image à la cathédrale. Plus tard, l'intervention de Monseigneur de Briey fut encore nécessaire, et à plusieurs reprises, pour placer le tableau *authentique* de Rome, et pour conserver ce précieux trésor à sa cathédrale. Sa Grandeur daigna accorder la chapelle des Saints-Innocents à cette vierge appelée Très-Miraculeuse par le cardinal Nerli (1708) et par toute l'Eglise catholique.

---

(1) Ce furent Mme Jean Beyer, Mme Golder, Mlles Félicie Fiderlay, Marie Thyriat, Eugénie Brabant, Joséphine Chaudron et Marie Wœrlin.

(2) Régistre paroissial de l'archiconfrérie de N.-D. du Perpétuel Secours et de S. Alphonse. — Paroisse de la cathédrale. — Mgr de Briey s'y fit inscrire le premier. Toutes les communautés de Saint-Dié y furent agrégées.

A l'occasion de son apostolat à Saint-Dié, Madame Maugenre reçut de *Paris* la lettre suivante, datée du 22 juin 1877 :

« Madame,

« Je suis heureux d'avoir cette occasion pour vous envoyer un
« mot. Nous avons Auguste avec nous ; il va assez bien. Il avait la
« tête fatiguée par ses études ; le séjour de Paris où il a beaucoup
« d'occupations distrayantes le repose beaucoup.

« Je vous envoie pour vous et pour deux de vos plus ardentes
« zélatrices des *diplômes de zélatrice*. Je le fais avec bonheur, car
« je sais combien vous propagez notre chère dévotion à Notre-
« Dame du Perpétuel-Secours. Je suis enchanté de ce que vous
« faites à Saint-Dié. Dimanche je lirai à notre réunion de l'archi-
« confrérie la lettre si intéressante où vous racontez l'installation
« de Notre-Dame à *la cathédrale*. J'espère que vous continuerez,
« vous et les chères zélatrices que je n'ai pas l'honneur de connaître,
« à répandre le culte si béni de Notre-Dame.

« Veuillez saluer M. Maugenre de ma part et MM. les chanoines
« Morquin et Jeanmaire, mes anciens maîtres d'Autrey, et agréer
« l'expression de mes meilleurs sentiments.

R. Père A. GEORGE C. S. S. R.,
Directeur de l'Archiconfrérie à Paris.

Etant restés très inquiets sur la situation douloureuse de leur fils, notre vieux retraité et son épouse résolurent d'aller le voir à *Paris*. Ils y arrivèrent le 12 juillet 1877. Ils le trouvèrent adonné à toutes les œuvres de la maison, spécialement à celle de l'Archiconfrérie, à celle des Alsaciens, à celle des mariages ou de S. François Regis (1), et au catéchisme des jeunes gens païens, âgés de quinze à vingt ans, pour les préparer au baptême.

Son état de santé ne s'était cependant pas beaucoup amélioré. Le célèbre docteur CHANCEREL, qui le soignait, avait donné le conseil à ses supérieurs, ou bien de l'envoyer à Boulogne, pour prendre des bains de mer, ou bien de le renvoyer à Saint-Dié, respirer l'air des sapins. La Providence voulut que le T.-R. Père Provincial se trouva à Paris en même temps que M. et Mme Maugenre. Il *prescrivit* au Révérend Frère de suivre ses parents dans sa ville natale.

Pendant six semaines, tous les soins lui furent prodigués à SAINT-DIÉ. Il se vit surtout l'objet d'une attention spéciale de la part des excellentes *Filles de la Charité* qui secondèrent et consolèrent

---

(1) Six cent cinquante mariages furent réhabilités par les Pères Rédemptoristes de Ménilmontant en 1877.

toujours ses parents. Il était à peine remis qu'il voulut de lui-même se remettre à la vie religieuse. Disant adieu à ses parents le 20 septembre 1877, il vint habiter la maison que possèdent les Rédemptoristes à SAINT-NICOLAS, près Nancy. Il fut aussitôt nommé secrétaire de l'Archiconfrérie et chef de musique.

« Auguste est tout heureux de se retrouver au milieu de nous, « écrivait le R. Père LORRAIN, recteur de Saint-Nicolas, au vieux « retraité (3 octobre 1877), j'en aurai bien soin, je vous le pro-« mets... » et il le remerciait des gracieusetés envoyées de Saint-Dié à la communauté. « J'aime à vous le dire, écrivait à Madame « Maugenre le R. Père MORE, directeur de la *Sainte-Famille* à « Avon, vous vous donnez aux bonnes œuvres et surtout à la pro-« pagation du culte de Notre-Dame avec tant de générosité et « d'abnégation qu'il est impossible que notre bonne Mère n'ait pas « pour vous et les vôtres un regard d'amour particulièrement bien-« faisant » (14 décembre 1877).

Abonnés à cette *Revue* ascétique, dont le Père More était directeur, nos gens de Saint-Dié lisaient avec plaisir dans le bulletin de l'Archiconfrérie les articles insérés par leur cher religieux. Les relations du correspondant de Saint-Nicolas intéressaient ses parents plus que tous les autres associés (1).

---

(1) Dès le mois d'août 1877 (page 423) il avait fait imprimer dans la Revue des Pères Rédemptoristes une *lettre de Thérésine* racontant les détails de la fête de Notre-Dame à la cathédrale de Saint-Dié. En décembre 1877 (p. 645) il publiait une *lettre d'une zélatrice* de Saint-Dié, faisant part de grâces obtenues. En janvier 1878 (p. 45), il donnait lui-même un article intitulé : *Le culte de Notre-Dame en Lorraine*. En février (p. 104), il signalait deux faveurs accordées à S. Nicolas ; en avril (p. 228), c'était une lettre d'actions de grâces de Saint-Dié ; en mai (p. 283, 284, 285), c'étaient de bonnes nouvelles de Toul, de Neufchâteau et de Saint-Nicolas, intéressant la dévotion des associés ; en juillet (p. 385, 386, 387), il apprenait qu'il y avait eu depuis le 1er janvier 1878 *22,000 agrégations* à l'archiconfrérie établie à Saint-Nicolas, et que le culte de Notre Dame s'était *propagé* à Dombrot (Vosges), à Nancy (paroisse S. Léon), à Lemainville (Meurthe), à Champagnolles (Jura), à Strasbourg, à Gosselming, à Obernai, à Dambach, à Molsheim, à Haguenau, en Algérie, en Suisse, dans les grands-duchés de Luxembourg, de Bade, de la Westphalie et de la Saxe. Dans le bulletin du mois d'août (p. 447 et 448) il parlait du concours extraordinaire des fidèles, et des décorations qui ornaient l'église des Pères de Saint-Nicolas à la fête de Notre-Dame. A cette occasion, *Thérésine* avait organisé à Saint-Dié un petit pèlerinage de vingt-cinq personnes, arrivant à Saint-Nicolas, le 27 juin 1878. Son fils avait travaillé et fait travailler pendant deux mois aux décorations de l'église ; il avait commandé et payé une bannière de deux mille francs aux religieuses du Petit-Arbois de Nancy. Ces artistes avaient brodé en soie, sur fond tissu-or, la grande image de la Madone ; elles avaient produit un chef-d'œuvre, méritant

Le mercredi 14 août 1878, M. et Mme Maugenre vinrent à Saint-Nicolas trouver le Très-Révérend Père Desurmont, provincial, pour traiter la question des ordinations de leur fils. Il fut alors décidé que toutes les dispenses requises seraient demandées. Mais les désirs du Provincial ne purent pas être immédiatement réalisés, à cause des privilèges de l'ordre qu'il voulait faire valoir. Il fallut attendre. L'évêque de *Luxembourg*, Monseigneur ADAMES, reconnaissant l'authenticité et la valeur des privilèges accordés par les Pontifes romains à l'ordre de S. Alphonse, consentit à en bénéficier pour conférer les saints ordres au R. Frère Maugenre. Celui-ci en recevait avis de son provincial, le 12 décembre 1878, et, le 14, il écrivait à ses parents de remercier Dieu et Notre-Dame du grand honneur qu'ils leur faisaient d'avoir un fils *prêtre de la Sainte-Eglise*.

Quelque temps auparavant, notre vieux retraité avait donné son adhésion à la *Société des Médaillés militaires de Saint-Dié*. Après bien des pétitions, M. Bœgner, préfet des Vosges, avait approuvé cette institution nouvelle, le 2 octobre 1878. A la première réunion, le père Maugenre se trouva le *doyen d'âge*. Avec ses camarades, MM. Costet, Didier, Welch, Guillaume, Meyer, etc., ils élurent pour premier Président M. Moulot. Celui-ci eut pour successeurs M. le colonel Grébus et M. le commandant Picot.

Le 4 janvier 1879, notre vieux retraité recevait une lettre de LUXEMBOURG. Son fils lui écrivait : « Monseigneur Adames se
« trouvait chez le R. Père Recteur quand nous sommes arrivés, et
« aussitôt mes ordinations ont été ainsi réglées : le jour de l'Epi-
« phanie, 6 janvier : *sous-diacre* ; le mercredi, 8 janvier : *diacre* ;
« le 4 février : *prêtre*. On a oublié ma dispense d'âge, sans quoi
« j'aurais été ordonné prêtre le 10. On doit attendre au lendemain
« du jour où je suis né. Que ne suis-je venu au monde quinze jours
« plus tôt ! Il peut bien se faire que je reste ici jusqu'à ma prêtrise. »
Une seconde lettre du 11 janvier annonçait au père Maugenre que son fils était diacre et qu'il resterait à Luxembourg jusqu'au 4 février.

---

une place à l'exposition universelle. En septembre, le Révérend Frère publiait (p. 501, 502) plusieurs lettres de Strasbourg et de Nancy, où des âmes d'élite se dévouaient au culte de Notre-Dame. Parmi ces âmes apostoliques nous devons citer le fondateur de la paroisse Saint-Léon de Nancy, M. le chanoine *Noël* ; M. le curé de Saint-Pierre-le-Vieux, M. et Mlle *Schwæderlé*, M. Mangold, Mlle Hück, Mlle Denninger, de Strasbourg ; et les dames *Claude*, de Nancy. En octobre (p. 557), c'était une lettre de *Boulay* (Lorraine allemande), où l'œuvre de l'archiconfrérie comptait parmi ses zélatrices Mmes Pérot, Désirée Véber et Eugénie Dalstein. Tous les bulletins de l'année 1879 renferment d'autres relations très précieuses qu'il serait trop long de rapporter ici.

Une troisième lettre du 25 janvier lui apprenait que son religieux avait assisté aux funérailles du prince Henri, grand-duc de Luxembourg, et qu'il était ensuite parti pour ECHTERNACH. Le typhus sévissait alors avec violence à Luxembourg ; plusieurs rédemptoristes étaient atteints ; l'un d'eux venait d'être foudroyé, et aussitôt inhumé. Il fallait sauver le confrère de France pour qu'il puisse être ordonné prêtre.

Le père Maugenre sollicita alors des supérieurs de l'Ordre leur consentement pour que son fils vint dire sa première messe à *Saint-Dié*. Le 29 janvier, il reçut du recteur de la maison de Saint-Nicolas la réponse suivante :

« Bien cher Monsieur Maugenre,

« Le R. P. Provincial a pris une mesure générale, c'est de ne
« permettre à aucun de nos scolastiques d'aller chanter la messe
« chez eux. Vous unirez ce petit sacrifice au grand sacrifice que
« notre cher Auguste va bientôt offrir sur nos autels pour le salut
« des pauvres pêcheurs. Nous serons bien heureux de vous possé-
« der tous ce jour-là.

« Mes plus religieux hommages à la très digne maman Maugenre
« et à la famille Beyer.

« De tout cœur, votre très humble serviteur et frère en J. C.

« R. P. Lorrain, C. S. S. R. »

Ordonné prêtre à *Luxembourg* le mardi 4 février 1879, le R. Père Maugenre revint le même jour à SAINT-NICOLAS. Le jeudi 6, à neuf heures et demie, eut lieu sa *première messe*, à l'église des Pères Rédemptoristes. Ce jour fut certes le plus beau de toute la vie de notre vieux retraité. Ses désirs étaient satisfaits ; sa joie était immense à cause de la grande dignité sacerdotale que son fils venait de recevoir. Il voulut communier de sa main, avec tous les parents et amis de Saint-Dié. Quarante religieux, suivis de tout le clergé de Saint-Nicolas et de plusieurs chanoines du diocèse de Nancy, vinrent chercher processionnellement le nouveau prêtre. L'assistance fut on ne peut plus nombreuse. Un grand orateur, le R. P. Florent toucha tous les cœurs, et fit pleurer tous les parents, dans un sermon extraordinairement beau, spécialement composé pour cette circonstance. M. Schwæderlé, l'un des premiers maîtres violonistes de France, fit vibrer avec âme les cordes parlantes de son instrument. M. Barbier touchait tantôt l'orgue, tantôt l'harmonium ; les novices, les étudiants et les pères, constituaient une puissante chorale. Tout était ravissant. Exténué par la maladie, presque méconnaissable, le jeune prêtre, qui semblait n'avoir pas la force de célébrer, fit entendre une voix qui remplissait l'église. A l'issue de la solennité eut lieu l'imposition des mains. C'est au R. Père LORRAIN, *recteur*, qu'était due cette belle fête ; il avait été le principal instrument de la Providence pour réaliser les ordinations du petit Père qu'il aimait.

Le vieux papa Maugenre retourna bienheureux à Saint-Dié avec tous les siens. Son fils, ne vivant plus que pour Dieu et pour les âmes, continua à travailler sans repos aux œuvres apostoliques de la congrégation. Les pèlerins déodatiens revinrent fêter Notre-Dame à Saint-Nicolas, le 21 juin. Le R. P. Recteur et son secrétaire répondirent en venant assister aux *fêtes du XIIe centenaire de Saint-Dié* (12, 13, 14 juillet 1879) ; ils logèrent au n° 7 de la rue du Casino. Son Eminence le cardinal CAVEROT, archevêque de Lyon, leur accorda une audience, dans laquelle il parla beaucoup du vieux retraité qu'il avait parfaitement reconnu dans la foule. Plus que tous ses compatriotes, le père Maugenre avait éprouvé une grande joie en revoyant le Pontife vénéré qui avait été si bon pour son fils, pendant les treize années qu'il l'avait eu avec lui.

Le 3 septembre, une lettre de HOUDEMONT apprit à Saint-Dié que le R. Père Maugenre avait été forcé de quitter la maison de Saint-Nicolas. L'intensité de ses névralgies et de ses maux d'entrailles lui avait causé une rechute qui faisait prévoir de terribles conséquences. C'était pour la troisième fois, depuis qu'il était entré dans l'Institut, qu'il tombait gravement malade. Ne conservant pas sa nourriture depuis cinq ans, sa faiblesse était excessive ; il tremblait sans cesse ; ses douleurs de tête étaient continuelles et aiguës. Dans cet état, la mort n'était pas un si grand mal que celui que l'on redoutait.

Notre vieux père répondit avec sagesse que Dieu ne le voulait plus dans la congrégation, puisque son état de santé était *incompatible avec la vie religieuse*, et qu'il devait s'en remettre aux avis de son Provincial. Celui-ci s'était offert plusieurs fois à demander la dispense de ses vœux, en lui déclarant qu'il n'y avait pas d'offense de Dieu, même vénielle. Après bien des résistances, il fallut se rendre à l'impossibilité, suivant l'exemple de S. Camille de Lellis.

Le 27 octobre, la famille de Saint-Dié recevait communication d'une lettre datée d'*Avon* (19 octobre 1879), et adressée à leur cher malade par le Très-Révérend Père Provincial. Elle était ainsi conçue :

« Mon Révérend et bien cher Père Maugenre,

« Je ne puis que m'incliner devant les vues de la divine Provi-
« dence, mon bon père ; et, pour la plus grande tranquillité de

« votre conscience, je vous répète, dès le début de cette lettre,
« que, *vous trouvant dans des circonstances tout à fait excep-*
« *tionnelles*, vous pouvez, sans aucunement offenser Dieu, deman-
« der la dispense de vos vœux. Soyez donc sous ce rapport par-
« faitement tranquillisé, et que ce vous soit une consolation pour
« le reste de votre vie. Je me plais à vous attester ici que vous
« n'avez jamais donné lieu à aucune plainte. Je comprends par-
« faitement que la vie religieuse soit réellement funeste à votre
« santé, et *je me ferais un vrai scrupule de vous engager à prolonger*
« *plus longtemps vos épreuves.*

« *Partez donc,* mon bon Père, *nos bénédictions vous suivront ;* et
« j'ajoute que je vous enverrai prochainement un diplôme d'oblat de
« *notre congrégation.* C'est assez vous dire que *vous nous quittez en*
« *frère et en ami,* et que toujours nous vous serons unis de cœur.
« Bien volontiers, j'ajoute ici les bons témoignages que vous dési-
« rez et que vous méritez à tous égards. Je vais m'occuper de suite
« de la dispense de vos vœux, et je vous l'enverrai chez vous
« aussitôt que le Révérendissime Père me l'aura fait parvenir.

« Allons, mon bon Père Maugenre, adorons en tout cela la très-
« sainte volonté de Dieu, et jetons-nous avec une confiance filiale
« dans les bras de sa Providence. Je vous remercie des bons exem-
« ples que vous nous avez donnés, et des bénédictions que vous
« avez attirées sur nous par vos longues souffrances si patiemment
« supportées. Je vous promets que nous prierons beaucoup pour
« vous, surtout dans les premiers temps ; et, pour terminer par ce
« qui est le plus avant dans mon cœur relativement à vous, je
« vous confie avec un filial abandon à Notre-Dame du Perpétuel
« Secours que vous avez tant aimée et tant glorifiée.

« Veuillez communiquer cette lettre à vos bons parents pour les
« consoler et leur dire *qu'ils sont et seront toujours de nos meilleurs*
« *amis.*

« Je vous bénis au nom de J. M. J. A. et je suis de tout cœur
votre tout dévoué serviteur et frère en J. C.

A. DESURMONT, C. S. S. R.

Notre vieux retraité s'empressa dès lors de tout disposer pour bien recevoir son fils malade. Ce fut le 28 octobre 1879 que le Révérend Père Maugenre se retira à SAINT-DIÉ. Depuis le mois de novembre 1877, l'œuvre de l'archiconfrérie, dont il avait été l'unique secrétaire, avait agrégé à Saint-Nicolas 46,130 personnes ; la Sainte Image de Notre-Dame avait été installée dans 96 églises ; les recettes de l'œuvre avaient été *considérables.* Aussi, le 31 octobre, le R. Père Lorrain lui écrivait-il : « Il me semble que Notre-Dame

« du Perpétuel-Secours se plaint de votre départ. Pour moi, je me
« console, dans ma profonde peine, en pensant que vous n'avez
« contrarié en rien la volonté d'En-haut. »

La santé du petit Père était trop délabrée pour espérer jamais une guérison complète. Après quatorze mois de soins, le vieux retraité disait encore à Thérésine : « Je crois bien que nous enterrerons bientôt Auguste. » Il se trompait. Le séjour que fit son fils à MAIZIÈRES, chez Madame la comtesse DE COMEAU (1), en 1880, lui fut favorable. Il put se remettre au point de composer un *choix de cantiques populaires* en l'honneur de Notre-Dame, approuvés par Monseigneur DE BRIEY, et imprimés par M. Briquet, à Saint-Dizier (1880). Sa Grandeur lui offrit à cette occasion d'être maître de chapelle ; mais cette proposition ne fut pas acceptée.

Le premier essai de ministère pastoral que fit l'abbé Maugenre à DOMMARTIN, près Remiremont, comme prêtre auxiliaire, ne fut pas de longue durée. Après s'être acquis la sympathie de presque toute la paroisse, il dut, au bout de trois mois, prier Monseigneur de l'autoriser à rentrer chez lui à SAINT-DIÉ (31 octobre 1880). Il n'était pas assez fort pour faire à jeun tout le travail dont on le chargeait. Ses vieux parents purent constater que ses souffrances ne firent que s'accroître tout l'hiver. Néanmoins il put préparer au baptême plusieurs protestants et anabaptistes très âgés. Il fut chargé de les baptiser, communier et marier, le même jour, à *la chapelle de l'évêché*. Ensuite Monseigneur DE BRIEY confirma les cinq personnes nouvellement converties.

---

(1) Madame *de Comeau*, dont le domicile habituel est à Saint-Dié, rue du Casino, est aujourd'hui octogénaire. Son père, M. le *baron Gabriel*, ami particulier de Charles X, habitait Verdun. Les cinq millions qu'il possédait ne l'empêchaient pas d'être très catholique. Il donna quinze cent mille francs de dot à sa fille, lorsqu'elle épousa M. le *comte de Comeau*, conseiller à la cour de Nancy. Par ce mariage, elle devint proche parente de M. *de Bazelaire de Lesseux*, décédé à Saint-Dié. Elle avait un frère prêtre qui employa plus d'un million aux œuvres des diocèses de Verdun et de Besançon. Elle donna pour précepteur à ses trois fils, l'illustre abbé *Théodore de Ratisbonne*, né à Strasbourg, de parents juifs, aussi riches que nobles, converti au christianisme en 1825, devenu prêtre et sous-directeur de l'archiconfrérie de Notre-Dame-des-Victoires, ayant pour frère le vénérable *Alphonse de Ratisbonne*, qui fut baptisé à Rome le 31 janvier 1842, par le cardinal Patrizi. Mère des pauvres, elle sut économiser et se priver toute sa vie des dépenses de vaine gloire en faveur des malheureux. L'orphelinat de Saint-Dié et celui de Nancy, tenus par les Filles de la Charité, la comptent parmi leur meilleure bienfaitrice. Elle possède un magnifique château à Nancy, rue de la Source, et d'immenses propriétés à Maizières. Dieu seul connait toutes les vertus héroïques qu'elle a pratiquées chaque jour de sa longue et douloureuse existence.

Grande fut la surprise des familles Maugenre et Beyer en apprenant la nomination de l'abbé à la cure de BAZOILLES-sur-MEUSE, près Neufchâteau, le 2 mars 1881. Après trois jours de réflexion, il fut décidé qu'on accepterait. Notre vieux retraité et Thérésine résolurent de l'accompagner dans cette paroisse où ils avaient refusé le bureau de tabac en 1854. L'abbé avait alors vingt-six ans. Installé à Bazoilles le 20 mars, il se donna tout entier à ses chers paroissiens. Ses parents le secondèrent très efficacement tant par leurs soins que par leur bourse.

A sept kilomètres de Neufchâteau, le village de Bazoilles est situé dans une colline que fertilise la Meuse. Cette rivière a trente mètres de largeur et deux mètres de profondeur près du jardin du presbytère. Le père Maugenre y prendra du gros brochet et de la perche. A cinq cents mètres plus bas, au-dessous du moulin, cette rivière disparaît entièrement, pour ne plus ressortir que par une multitude de sources à Rouceux. On ne voit ni trou, ni gouffre ; l'eau s'infiltre à travers les crevasses ouvertes dans la terre et s'y perd. Néanmoins le lit de la rivière est creusé sur le sol ; il n'y passe de l'eau qu'après de longues pluies. Alors, d'innombrables sources intermittentes jaillissent dans tout le village, inondent les maisons, les écuries et les rues, dévastent les jardins et les champs, et forment de forts ruisseaux coulant avec rapidité dans la Meuse. Près d'une seule ferme, on compte treize sources de cette nature, qu'on appelle *les treize goulots*. Ces phénomènes sont attribués aux tremblements de terre qui détruisirent la cité gallo-romaine de Grandesina.

Au temps de la féodalité, Bazoilles possédait deux châteaux dont l'un était fortifié. Ils furent détruits par Mazarin, après le dernier siège de la Mothe (août 1645). L'église est du XVe siècle. M. de Cherrier, sous-préfet de Neufchâteau, possédait dans cette localité une grande ferme qu'il légua à sa sœur, Madame la comtesse de Melfort. Cette dame très distinguée et bienfaitrice de l'Eglise, était morte depuis quelques années, lorsque la famille Maugenre arriva à Bazoilles. Une autre dame très charitable, Madame de Bonneval, avait dû, pour ne plus être tracassée, vendre son château et sa magnifique propriété de *la Vendue*. Elle s'était retirée à Nancy. L'église avait ainsi perdu ses deux colonnes de soutien. La population, qui est de 440 habitants, est en grande partie composée de marchands qui voyagent surtout dans l'ouest de la France.

Commençant une nouvelle vie, celle du *presbytère*, notre vieux retraité n'eut rien de plus à cœur que d'accomplir tous ses devoirs de chrétien, de manière à servir d'exemple à tous. Il contribua à ramener à l'église et à la fréquentation des sacrements plusieurs hommes qui en avaient été éloignés par le scandale d'Harréville (Haute-Marne). L'année 1881 fut pour lui toute remplie de consolations et de joie. Il voyait le bien se faire, la congrégation se reconstituer, les paroissiens venir nombreux et tous chanter aux offices, les enfants se grouper avec amour auprès du pasteur, la municipalité bien disposée, et voter la restauration de l'église toute délabrée et malpropre. Il avait donné un bon dîner à tous les premiers et seconds communiants ; il avait assisté avec joie à l'installation de l'image authentique de Notre-Dame du Perpétuel-Secours (2 octobre). A cette occasion, la fête avait été splendide ; tout le village, et surtout les jeunes filles en blanc, s'étaient mises en frais. La paroisse semblait reprendre une nouvelle vie.

Malheureusement, avec l'année 1882, commencèrent les immenses travaux de la ligne du chemin de fer de Neufchâteau à Mercey. Pendant trois ans, Bazoilles fut inondé de milliers de chemineaux. Il s'agissait de construire trois grands viaducs, avec chambres à mine, de déplacer le lit de la Meuse en deux endroits, de changer des routes, de creuser dans les plus durs rochers des tranchées de quatorze mètres de profondeur, et dont l'une mesurait un bon kilomètre, de faire des digues énormes, des remblais comblant les vallées du Nauta. Le travail du dimanche, le bal deux fois la semaine, la débauche des cantines, les batailles continuelles, le crime et le vol furent les fléaux qui sévirent dans la paroisse jusqu'à l'ouverture de la ligne (11 février 1884). Toutefois nous devons une grande reconnaissance au bon M. Huardel, associé de MM. Varinot et Ségaux, entrepreneurs de tous ces travaux. Ce fut un chef catholique, fréquentant l'église, et dévoué à ses intérêts. Il fit construire par ces chemineaux un reposoir gigantesque à l'occasion de la Fête-Dieu. Quand on le plaisantait sur la pratique de sa religion, il répondait en souriant : « Sachez que je suis un républicain clérical. »

Notre vieux retraité seconda les efforts de son fils pour établir une *école maternelle* libre qui fut ouverte le 1er octobre 1882. Loin de faire concurrence aux écoles municipales, elle leur venait en aide, ainsi qu'aux familles, sous la bonne direction d'une sœur de la Providence. M. le chanoine Raison, curé-doyen de la paroisse Saint-Nicolas, de Neufchâteau, avait grandement travaillé à obtenir de Mme la baronne de Fontmagne, née de Melfort, domiciliée à Bazoilles, une maison et une rente annuelle de quatre cents francs pour cette école. L'éminent architecte, M. Michaux, avait réussi à décider les travaux nécessaires de transformation et d'accroissement. D'un autre côté, M. le chanoine GRANDCLAUDE, supérieur de grand séminaire et vicaire général, était intervenu efficacement à Portieux pour obtenir une religieuse de sœur SAINT-LOUIS FIEVET, supérieure générale de la Congrégation de la Providence. Cette école maternelle devait servir de salle de catéchisme et de réunion des Enfants de Marie. Dès son début, elle recueillit plus de trente enfants âgés de moins de sept ans.

Après avoir été un père pour sa belle-sœur, Mme Beyer, le vieux sergent du 36e devint un grand-papa pour son neveu, le petit Auguste Beyer. Il le reçut avec joie au presbytère, et lui prodigua tous ses soins pendant plus d'un an à Bazoilles. Très charitable pour tous ses concitoyens, il se plaisait surtout à témoigner sa bienveillance à un licencié malheureux, *Léopold Diné*. Il eut la consolation de le voir revenir à Dieu, et faire une mort très chrétienne, le 11 septembre 1883. Estimé de tous, le père Maugenre appréciait surtout les familles Salmon, Vermeulen, Collignon, Gouget, Guillery, Calaque, Aubert, Mollot, Gauthier, Bossu, etc... Mais son ami de prédilection était son notaire, l'excellent M. BARTHÉLÉMY, domicilié à *Pompierre*. Sa présence au presbytère était toujours la cause d'une grande joie et d'une fête de famille.

Disons aussi, pour être juste, que Thérésine fut la première auxiliaire de son fils ; qu'une bonne part de mérites lui revint dans toutes ses œuvres, mais surtout dans la formation de la précieuse *association du Rosaire*, canoniquement érigée le 7 octobre 1883. Après avoir garanti la foi et la piété à Bazoilles dans la période de l'établissement du chemin de fer, le vieux retraité et sa famille manifestèrent le désir de se rapprocher de Saint-Dié.

Le 12 mars 1884, Monseigneur DE BRIEY adressa à l'abbé sa nomination à la cure de DOUNOUX. Plusieurs sujets de mécontentement obligèrent Sa Grandeur à ne pas lui donner de successeur. En vain plusieurs conseillers municipaux réclamèrent à l'évêché le maintien de l'abbé Maugenre à la cure de Bazoilles. L'évêque tint bon. Pendant quinze mois, il fit administer cette paroisse par M. l'abbé Barbier, curé de Circourt.

Le 20 mars, le vénérable père Maugenre arrivait au presbytère de Dounoux ; il devait y passer les dernières années de sa vie. Cette nouvelle paroisse était de création récente. La commune ayant demandé à l'évêché l'érection en succursale de l'église qu'elle faisait construire, Mgr GROS avait constitué cette succursale le 1er juillet 1843. Depuis lors, il y avait eu deux curés et un administrateur. MM. Lavez, Thomas et Parmentier. Le premier prit sa retraite au Clerjus ; le second devint curé de Mandray, et le troisième, curé de Le Ménil. A neuf kilomètres d'Epinal et à huit de Xertigny, entre la ville et le canton, DOUNOUX est agréablement situé. Il y a gare, poste et télégraphe ; en trois heures le chemin de fer peut vous conduire à Saint-Dié. Le village est construit sur un plateau qui sert de limite naturelle aux bassins du Rhin et du Rhône. Il est dominé par la petite montagne et par le *fort du Bambois*, au sud d'Epinal. Les batteries des Friches, de Laménil et les forts du Roulon, d'Arches, de la Mouche et de Remiremont correspondent directement avec le Bambois. Une voie ferrée les relie et aboutit à la grande poudrière de l'étang du Bult. Trois fortins défendent les points culminants situés à la base du Bambois. Un quai militaire se trouve à la gare d'une grande importance stratégique. Le climat est très sain ; on n'a jamais constaté aucune épidémie dans cette localité. La population est en général composée de cultivateurs ; elle compte 610 âmes. L'église, qui domine le plateau, avait eu son clocher incendié par la foudre dans la nuit du 23 au 24 août 1881. Grâce à M. Joseph *Damas*, il avait été reconstruit en 1882 ; mais le sanctuaire et le presbytère réclamaient de grandes restaurations en 1884. En but à des attaques continuelles, à bout de ressources financières, ne trouvant aucun appui, mais de l'hostilité, dans ceux et celles qui lui devaient leur concours, M. le curé THOMAS avait démissionné en 1883. Contraint à employer des mesures de rigueur, Mgr DE BRIEY, refusa de nommer un successeur immédiat ; il fit administer la paroisse de Dounoux par M. l'abbé PARMENTIER, curé d'Uuriménil. Mais au bout de quelque temps, celui-ci se vit, pour raison de santé, dans l'impossibilité de continuer cette administration. C'est alors que Sa Grandeur confia la très difficile et très ingrate mission de curé de Dounoux à l'abbé MAUGENRE. Résigné à toutes les tribulations en retrouvant les mêmes éléments qui avaient rendu intolérable la situation de son prédécesseur, le nouveau pasteur eut l'honneur de souffrir beaucoup dans ce nouveau poste.

Les fondateurs de la paroisse, Philippe Mengin, Joseph Gérard, Nicolas Louis, Dominique Franche, Maurice Farinez, Nicolas Mathieu, Joseph Mathieu et Nicolas Pierron n'étaient plus de ce monde. Nous ne disons rien de leurs successeurs. Il y avait alors un bon instituteur, M. PARISET ; le greffe lui avait été enlevé ; malgré une pétition de presque tous les pères de famille, il dut quitter, et accepter Maconcourt. Son prédécesseur, M. BARDIN, n'avait eu que des misères parce qu'il était honnête chrétien : il ne fit que passer. En cinq ans, quatre instituteurs se succédèrent ; c'est assez dire. Du 13 octobre au 20 novembre, le presbytère fut restauré ;

le pasteur dut se faire maçon, blanchisseur, peintre, tapissier, et surtout quêteur de fonds. La bourse du père Maugenre fut alors grandement mise à contribution.

Parmi les familles chrétiennes de Dounoux, notre vieux retraité s'était fait bien des amis. MM. Creusot, Farinez, Gérard, Mathieu, Richard, Ragué, Godard, et autres, lui étaient particulièrement affectionnés. Un brave retraité, Nicolas Tréffigny, qui avait fait les campagnes d'Afrique, de Crimée, d'Italie, du Mexique, et qui avait chargé à Rezonville avec le 2e chasseurs d'Afrique, était son bon voisin et son meilleur camarade. Leur plaisir était de fumer ensemble une vieille pipe et de causer de l'état militaire. La sympathie de tous ces braves gens lui était bien nécessaire pendant les quelques années qu'il lui restait à vivre dans la douleur. Les grandes peines morales qu'il éprouva des infamies dont il fut témoin l'affectèrent à tel point, qu'à partir de ce moment, on le vit décliner.

Toutefois, de temps à autre, quelques rayons de soleil percèrent les affreux nuages de la tempête. Les croix patiemment supportées sur ce sol ingrat étaient devenues fécondes malgré tout. Des fêtes religieuses se succédèrent à la naissance des œuvres paroissiales, et à leur anniversaire (1). Des groupes de Spinaliens dirigés tantôt par les membres du cercle catholique, tantôt par les Frères des Écoles chrétiennes, vinrent rendre leurs hommages à Notre-Dame-du-Perpétuel-Secours. A leur tête se trouvait M. le capitaine Soltner, retraité à Épinal. Il conduisait avec lui la musique du cercle. C'est alors que le père Maugenre était heureux d'entendre les symphonies charmantes de ces Messieurs. Le bon M. Soltner se plaisait à converser avec ce vieux de la vieille en qui il retrouvait, disait-il, comme une image vivante de son vénérable père.

De temps à autre, quelques parents ou amis venaient rompre la monotonie du presbytère. Tantôt c'étaient des cousins, des neveux de Moyenmoutier, de Dénipaire, de Nayemont, de la Fontenelle, etc., tantôt c'étaient des connaissances de Saint-Dié, de Bazoilles, de Pompierre, ou des environs. Un jour, toutes les orphelines des Filles de la Charité de Saint-Dié firent du presbytère de Dounoux

---

(1) Érection canonique de la confrérie du Saint-Rosaire (12 octobre 1884), de l'archiconfrérie de Notre-Dame du Perpétuel-Secours (1er septembre 1885), du Tiers-Ordre de S. François (3 mai 1889). — Installation de l'image authentique de Notre-Dame (Annonciation 1886), et anniversaires de cette grande fête à laquelle prirent part les officiers du fort du Bambois.

le but de leur grande promenade annuelle. Dans toutes ces circonstances, le vénérable octogénaire retrouvait la gaîté d'un jeune homme de vingt ans. Sa jovialité et son bon cœur se plaisaient à charmer et à égayer tous ses aimables visiteurs.

Edifiant la paroisse par son recueillement à tous les offices et par l'accomplissement de tous ces devoirs de religion, il servait de modèle à tous ceux qui abordaient le presbytère. Il était beau de voir cet aimable vieillard découvrir son front chauve et vénérable pour réciter le rosaire en l'honneur de sa mère du ciel ; il était admirable de l'entendre prier à haute voix dans sa chambre, alors qu'étant seul, il ne croyait pas être écouté. Ses supplications quotidiennes révélaient chaque jour une foi et une confiance toujours croissantes. Ce fut avec joie qu'il vit partir son fils à Lourdes, le 16 août 1886, pour accompagner Sœur Barlier, sa cousine, religieuse de la Doctrine, malade, qui marchait aux crosses à l'âge de vingt ans. Cette bonne sœur fit sa profession religieuse le jour de sa mort.

Ne recherchant que le bon plaisir de Dieu, le vieux retraité se conformait en tout à sa volonté. On eut dit qu'il avait alors le pressentiment de sa fin prochaine, et cependant il ne se sentait pas malade. Le 24 avril 1887, l'Annonciation et la fête de Notre-Dame du Perpétuel-Secours avaient amené à Dounoux, M. le capitaine SOLTNER, M. MASSONNÉ et les Spinaliens, les Frères des écoles chrétiennes et leurs enfants d'Epinal, les parents de La Fontenelle et beaucoup d'autres personnes. Vingt-cinq convives avaient dîné au presbytère et quarante-cinq dans une maison voisine. Notre père avait été le plus heureux et le plus joyeux de tous ; on lui fit des compliments de sa belle vieillesse. Le 25, il voulut accompagner jusqu'à la gare M. et Mme BERTRAND, ses parents bien-aimés ; il ne put pas aller jusque là. Toutefois son malaise ne sembla que passager : dès le lendemain, il se distrayait en bêchant le grand jardin. Les 2 et 3 mai, il arrangea les plate-bandes du pourtour du presbytère ; il y sema des fleurs ; son travail avait été de très bon goût. Le 5 mai, il se plaignit de l'infirmité qu'il avait contractée le 30 avril, sous les murs de Rome. Il se reposa, ainsi que les jours suivants ; il employa avec succès les remèdes d'usage ; tous les soins lui furent prodigués sans inquiétude sur son sort. Le 8 mai, octave de la fête patronale, il se dispensa d'assister à la messe. Etonnée de son absence, la supérieure du Tiers-Ordre franciscain, Madame LOUIS, vint aussitôt lui rendre visite. Elle ne constata rien de grave dans son indisposition. Cependant l'appétit laissait à désirer, et la pipe avait été mise de côté. Dans l'après-midi, Thérésine lui prodigua ses consolations et ses soins. — « Vois-tu, femme, lui dit-il, je crois que tu seras bientôt veuve. » — « Voulez-vous que j'envoie chercher un médecin à Epinal, lui demanda son fils ? » — « Non, répondit-il, il me ferait mourir plus vite. » — Vers cinq heures, après avoir congédié plusieurs visiteurs étrangers, qui lui avaient pris beaucoup de temps, l'abbé s'empressa de rejoindre son père. Celui-ci s'était levé, il avait arrangé sa chambre, il avait changé de vêtements ; à la nuit tombante, il avait allumé sa veilleuse et il s'était couché. Vers six heures et demie il dit à son fils : « Est-ce que ma veilleuse est éteinte ? Je ne vois pas bien clair. » — « Mais non, mon père, elle brûle toujours, mais sa lumière n'est pas forte. Si vous le voulez, je vais allumer une bougie. — « Soit, répondit-il. » — Une bougie fut allumée, puis une deuxième, puis une troisième, et le vieillard alité ne pouvait plus rien voir. Aussitôt il se confessa à son fils-prêtre, avec la plus parfaite lucidité d'esprit. Puis il demanda les derniers sacrements. Exaucé à l'instant même, grâce à Dieu, il consacra une demi-heure à sa préparation, autant à son action de grâces. Il reçut ensuite l'extrême-onction et l'indulgence in articulo mortis avec une piété extraordinaire. Thérésine assistait seule, toute en pleurs, à l'administration des sacrements. Ces devoirs étaient à peine terminés qu'une crise douloureuse le saisit ; elle dura dix minutes. Ensuite il resta tranquille, calme, sommeillant, sans aucune agitation. On récita le rosaire et les prières des agonisants à ses côtés : il se maintint comme dans un état de sommeil parfait et bienfaisant. Dès lors, plus de douleurs, plus d'angoisses et pas d'agonie. On le veilla en priant, durant cette nuit du 8 au 9 mai. Vers minuit, on pensait qu'il allait mieux, et qu'on en serait quitte pour une fausse alerte. Thérésine alla se reposer ; son fils resta aux côtés du malade. A minuit dix minutes, l'abbé entendit tout à coup son père faire un mouvement des dents. Aussitôt, il lui donne une dernière absolution et sa bénédiction. Un instant après, le bon père s'endormait dans le Seigneur. Il allait recevoir au ciel la palme des élus, le jour anniversaire où il avait reçu à Rome la médaille militaire.

Dounoux apprit avec étonnement la nouvelle de sa mort. Toute la journée du 9 mai et la nuit suivante, les familles se succédèrent nombreuses auprès de sa couche funèbre. Les parents de Saint-Dié arrivèrent par le premier train. Le 10 mai, les services religieux furent célébrés à Dounoux par MM. les abbés Bois, Golly et Marchal ; toute la paroisse y assista. Elle conduisit le défunt jusqu'à la gare où un wagon était prêt à destination de *Saint-Dié*. Là, son convoi funèbre fut un véritable triomphe. L'armée, le clergé, le monde industriel, la parenté de la ville et des villages, toutes les classes de la société s'y trouvaient représentées. M. le curé de la cathédrale fit la levée du corps au moment où un piquet du 10ᵉ bataillon de chasseurs présentait les armes. Quatre sous-officiers de chasseurs portèrent les coins du drap tenant chacun une couronne. Tous les membres de la *Société des décorés* entouraient et suivaient le cercueil. Messieurs les vicaires généraux, les chanoines, M. le colonel Grébus, les Frères, les Filles de la Charité, les Orphelines, les Ouvriers de Beyer Frères et autres, les douaniers, le Pasteur protestant, Madame de Comeau, Madame Houël, Monsieur Justin Gérard de Dounoux, etc..., et quantité d'autres parents, d'amis, de connaissances formèrent le cortège du cher défunt. La grande nef de la cathédrale fut remplie d'assistants. Le vénérable M. Grosjean joua l'orgue pour son vieil ami. Au cimetière de la ville, le corps fut déposé dans un caveau, couvert par un monument de granit. Quelque durable que soit cette sépulture, elle ne suffisait pas pour conserver la mémoire du valeureux sergent du 36ᵉ. En écrivant cet ouvrage, notre piété filiale lui en a élevé un autre plus digne de sa justice et de sa bravoure. Nous avons ainsi satisfait l'affection que méritait notre bon père. Nous en avons pris occasion pour glorifier Dieu, son Eglise et son Vicaire, pour être utile au cher 36ᵉ régiment d'infanterie où il a servi trente et un ans, et pour redire à tous les membres de notre grande famille qu'ils doivent toujours être dignes du sergent Maugenre.

APPENDICE

HISTORIQUE

DU

36ᵉ RÉGIMENT D'INFANTERIE (1)

1853-1890

I. — SÉJOUR EN FRANCE

C'est à PARIS que le sergent Maugenre avait quitté le 36ᵉ, le 15 juillet 1853. Jusqu'au 15 août de cette année, le régiment occupa les forts de Charenton, d'Ivry, de Bicêtre, de la Gravelle et de Montrouge. Après la revue de l'Empereur (15 août), le 36ᵉ vint au camp de Satory jusqu'au 21 septembre 1853. Pendant les six semaines de manœuvres qui se firent sous les ordres du maréchal MAGNAN, l'incident principal fut la prise de Saint-Germain. Le 36ᵉ rentra ensuite à Paris. Son premier bataillon fit à Compiègne le service d'honneur auprès de Leurs Majestés, du 10 au 25 octobre 1853. Le reste du régiment habita la caserne de Picpus, les forts de Charenton et de la Gravelle jusqu'au 15 janvier 1854 ; les forts de Romainville, de Rosny et de Noisy jusqu'au 24 février 1854 ; l'École Militaire jusqu'au 10 avril 1855 ; les camps d'Equihen et de Vincereux jusqu'au 28 juillet 1856 ; les casernes de la Pépinière, de

---

(1) Extrait en partie de l'*Historique* manuscrite et inédite du 36ᵉ régiment déposée à la *salle d'honneur*. — Deuxième partie. (Cette historique est l'œuvre de M. le lieutenant Fanet).

la Nouvelle France et de la Courtille, jusqu'au 4 novembre 1856. L'Empereur passa en revue le régiment le 30 décembre 1854, le 22 avril et le 18 octobre 1855. — Le colonel GILLARD succéda le 24 mars 1855 au colonel CAUVIN-DU-BOURGUET. — De nombreux détachements du 36e, formant un total de près de 1200 hommes de bonne volonté, furent enrôlés dans *l'armée d'Orient*.

Du 11 novembre 1856 au 11 mai 1860, le 36e tint garnison à VALENCIENNES. Il fournit des détachements à Condé, Bouchain, Landrecies, Avesnes, Lequesnoy, Douai, Lille et Maubeuge. Il occupa le camp d'Helfaut du 15 juin au 1er octobre 1859. Durant cet intervalle plusieurs actes de courage furent signalés : *Arnaud*, caporal de voltigeurs du premier bataillon, sauva un enfant tombé dans l'Escaut (6 août 1857). — Les sergents *Dardot* et *Arribaud*, les soldats *Battisti* et *Valaise* se dévouèrent avec intrépidité à l'incendie d'une grande usine (10 septembre 1857). — Un mois plus tard, le caporal *Tinaraye* risqua sa vie pour retirer d'un fossé de la place un malheureux qui allait s'y noyer. — Une femme fut sauvée dans les mêmes circonstances, près de la porte Ferrand, par le soldat *Lebouche* de la 6e du 2e bataillon, en novembre 1857. — Les colonels CORNU (12 août 1857 — 12 décembre 1857) et FAUVART-BASTOUL (30 décembre 1857 — 14 août 1860) y succédèrent au colonel GILLARD.

A LYON, du 4 juin 1860 au 3 mars 1862, le 36e prit part aux grandes manœuvres du *camp de Sathonay*. Il séjourna dans ce camp une première fois en juillet 1860. Il y fut passé en revue par l'Empereur le 26 août suivant. Des compagnies furent détachées à Romans, à Valence, à Annonay, au Fort-l'Ecluse, à Pierre-Chatel, à Saint-Etienne et à Montbrison. Le régiment fit encore trois autres séjours au camp de Sathonay. Il y demeura du 16 janvier au 16 mars 1861, du 16 juillet au 16 septembre 1861 et du 16 janvier au 3 mars 1862. Pendant cette garnison le sergent *Jarlier* de la 4e du 3e bataillon sauva des flammes un enfant de cinq ans à l'incendie du 1er mai 1861. — Le colonel GUICHARD prit le commandement du régiment le 14 août 1860. — Lorsque le 36e quitta la 2e division active du 4e corps, M. le maréchal DE CASTELLANE publia un ordre de la division par lequel il témoigna au régiment sa grande satisfaction (1er mars 1862).

Du 20 mars 1862 au 1er mai 1864 le 36e resta en CORSE. Pendant ces deux années, des petits détachements furent relevés tous les six mois à Ajaccio, à Saint-Florent, Bastia, Calvi, Corté, Cervione, Sartène, Bonifacio, au fort d'Aléria et à l'île Rousse. A sa rentrée en France, le régiment fut remplacé par le 13e de ligne.

Le 2 mai 1864, le 36ᵉ se trouva réuni en entier à TOULON. Organisés en bataillons de guerre de chacun 700 hommes, les premier et deuxième bataillons s'embarquèrent pour l'Algérie le 10 juin 1864 ; le troisième bataillon rejoignit les deux autres le 22 novembre suivant.

II. – SECONDE CAMPAGNE D'AFRIQUE (1864-1869)

Combat de Taguine (11 sept. 1864). — Combat d'Aïn-Malakoff (7 oct. 1864).

Une insurrection venait d'éclater parmi les tribus de la province d'Oran. L'envoi de plusieurs régiments fut aussitôt décidé pour la réprimer. Embarqués en trois groupes sur le *Cacique*, le *Labrador* et le *Christophe Colomb*, les 1ᵉʳ et 2ᵉ bataillons du 36ᵉ se trouvèrent réunis à ALGER, le 14 juin 1864.

Le *1ᵉʳ bataillon* fut aussitôt désigné pour faire partie de la *colonne ARCHINARD*. Il quitta Alger le 7 juillet, sous les ordres du commandant *Grigois* et se dirigea par Blidah et Médéah sur Chellala où il arriva le 21. Après avoir travaillé aux retranchements de Djelfa, où la colonne laissa 400 hommes, il fut dirigé sur Boghar pour y prendre un grand convoi de vivres. A Zahfran, près du lac Zahrès, le 9 septembre, vers six heures du soir, des cavaliers arabes échangèrent des coups de fusil avec nos avant-postes. On lança contre eux les spahis et les hussards de la colonne, appuyés par une partie du bataillon du 36ᵉ. Ces troupes rentrèrent au bivouac à neuf heures du soir : les spahis avaient perdu un officier et six cavaliers. Le 11, vers midi, à TAGUINE, les Arabes se montrèrent en assez grand nombre sur le flanc gauche et à la queue de la colonne. Pendant que nos tirailleurs échangeaient avec eux quelques coups de feu, le 1ᵉʳ bataillon du 36ᵉ les contint à l'arrière-garde. Une vingtaine d'obus envoyés au milieu de ces groupes ennemis les firent disparaître. La colonne revint à Chellala le lendemain ; elle y rencontra les troupes de notre général Yusuf. Poursuivant sa route, elle arriva à Boghar le 18, reprit son convoi et rentra à Djelfa le 4 octobre.

A cette date la *colonne YUSUF* s'organisa en cet endroit. Le demi-bataillon de droite du 36ᵉ en fit partie ; le demi-bataillon de gauche resta à Djelfa sous les ordres du colonel GIOMARD, du 77ᵉ. Le 5 octobre, la colonne Yusuf partit pour Bouçada. Le lendemain, le général apprit qu'une forte émigration de rebelles se dirigeait vers le sud. Aussitôt il se porta sur AIN-MALAKOFF. Il prescrivit ensuite à la colonne LIÉBERT, qui opérait d'un autre côté, et au colonel Giomard, demeuré à Djelfa, de se diriger en toute hâte vers le même point. Le combat s'engagea à Aïn-Malakoff le 7 octobre. Tout le premier bataillon y prit part. On fit une razzia de 4,500 chameaux et de 30,000 moutons. Après cette affaire, le premier bataillon se trouva réuni à Djelfa le 10 octobre. Des goums ennemis couronnant les hauteurs vinrent tirailler toute la journée du 11 contre nos avant-postes. Ils eurent la hardiesse de nous enlever un troupeau le 12, sous les murs de Djelfa. On envoya contre eux le premier bataillon du 36e appuyant la cavalerie de la colonne. Nos fantassins déposèrent leurs sacs, s'élancèrent au pas de course, franchirent quatre lieues en moins de deux heures, au milieu d'Arabes révoltés, et reprirent le troupeau. A son retour à Djelfa, le général Yusuf adressa au premier bataillon, en présence de toute la colonne, les félicitations les plus vives pour la vigueur dont il avait fait preuve en cette occasion. Se remettant en marche le 15 vers le sud, dans la direction de Laghouat, la colonne arriva à Eladjeub le 19. Ce jour-là, vers midi, environ 8,000 cavaliers arabes paraissant décidés à livrer combat, couronnèrent les hauteurs. On prit aussitôt des dispositions d'attaque. Mais à peine nos tirailleurs eurent-ils ouvert le feu, que tous ces cavaliers disparurent. Plusieurs tribus demandèrent l'aman le lendemain ; toutefois quelques Arabes profitèrent de la nuit pour vouloir surprendre nos petits postes ; un grenadier du 36e fut tué. Après avoir séjourné à Laghouat les 26, 27 et 28 octobre 1864, la colonne opéra pendant huit jours dans le Djèbel-Amour. Rentrant ensuite à Laghouat, elle se joignit aux colonnes Deligny et Martineau à Tad-jerouma le 17 novembre. Dix jours après, la colonne Yusuf était dissoute à Aïn-Oussera ; le premier bataillon du 36e se rendit à AUMALE. Il y resta jusqu'au 20 avril 1865, puis il vint à Alger, sous les ordres de M. le commandant Girgois. Il s'y embarqua le 27 pour Bougie où il fit partie de la colonne PÉRIGOT destinée à opérer dans les Babors. Pendant tout le mois de mai, il fouilla les grandes montagnes de la Kabylie. Du 10 au 15 mai, il eut à repousser quelques attaques pendant lesquelles il n'éprouva aucune perte. De retour à BOUGIE le 4 juin, il y fut passé en revue par l'Empereur le 7 de ce mois. Dix-huit jours après, il prenait la route du Fort-Napoléon où il arrivait le 5 juillet 1865 pour y tenir garnison. Le 28 novembre suivant, il vint occuper ALGER.

Pendant ces expéditions, *le 2e bataillon* avait été installé au FORT-NAPOLÉON (19 juillet 1864) où il avait fourni des détachements à Dra-el-Mizan et à Tizi-Ouzou. Il vint ensuite à Aïn-Oussera, le 28 décembre 1864, pour faire partie de la *colonne*

ARNAUDAU. Le 22 février 1865, cette colonne fit une excursion de six jours dans le sud-est. Le 8 mars, elle se dirigea vers le sud-ouest et parvint à Chaboussïa et à *Chelalla*. C'est en cet endroit qu'elle captura dix-sept chérifs des Ouled-Sidi-Cheih. Ces chefs de tribu arrivaient du sud de la province d'Oran où ils s'étaient réfugiés l'année précédente après le combat de Taguine. Après avoir visité cette bourgade et Aïn-Hadji, la colonne rentra à AUMALE le 6 avril. Elle y demeura jusqu'au 8 novembre, jour de son départ pour ALGER.

Entre-temps, le *3ᵉ bataillon* débarqué à Alger le 24 novembre 1864 s'était dirigé immédiatement sur AUMALE, où il arriva le 30. Il releva le 2ᵉ bataillon au FORT-NAPOLÉON le 21 janvier 1864. Cinq mois plus tard il quitta ce fort et entra à LAGHOUAT le 30 juin. Il y fut incorporé à la *colonne* ARNAUDAU. Avec elle il fit expédition dans les tribus situées autour de Géryville. Il eut ensuite l'honneur de passer sous les ordres du très illustre et vaillant colonel DE SONIS. Il opéra sous ses ordres en novembre et décembre 1865. Quittant la colonne du sud le 30 janvier 1866, il partit de Laghouat pour occuper MILIANAH (18 février).

Détachées dans les diverses localités des subdivisions d'Alger et de Milianah, les compagnies des trois bataillons du 36ᵉ se dévouèrent à la destruction des sauterelles pendant les mois d'avril et de mai (1866).

Le 15 juillet suivant, le régiment reçut l'ordre du maréchal gouverneur d'Algérie de se concentrer à Alger pour aller remplacer le 66ᵉ de ligne dans *la province de Constantine*. Débarqué le 27 juillet à Philippeville, le 36ᵉ fut installé intégralement à CONSTANTINE au commencement d'août. Quatre compagnies furent détachées à Sétif le 6 août ; d'autres furent préposées à garder les localités et les forêts environnantes.

Le 1ᵉʳ octobre 1866, le 2ᵉ bataillon se rendit à *Bouçada* pour faire partie de la *colonne* GAUDILLE avec le 3ᵉ turcos. Les opérations de cette colonne durèrent jusqu'en mars 1867. Après quoi, le 2ᵉ bataillon rentra à SÉTIF. Pendant ce mois de mars, des compagnies du 36ᵉ furent détachées à Tebessa, à Aïn-Beïda et à Lambesse. Trois autres furent destinées à Batna le 16 avril. Elles furent toutes relevées le 18 juin. A partir de juillet, le 1ᵉʳ bataillon eut son état-major à *Constantine*, le 2ᵉ bataillon à *Sétif* et le 3ᵉ à *Batna*. Du 13 décembre 1867 au 20 mars 1868, le 1ᵉʳ bataillon sous les ordres du commandant Girgois fit partie de la *colonne* ARNAUDAU et parcourut les tribus des environs d'OUÉGLA. L'année 1867 avait commencé par la catastrophe des tremblements de terre qui avaient renversé villes et villages de l'Algérie. Pendant les mois d'août, de septembre et d'octobre, le choléra étendit son voile funèbre sur nos trois provinces. Ses terribles ravages firent d'innombrables victimes parmi les colons et les soldats. A Béni-Méred, MOUTOU, le beau-frère du sergent Maugenre, eut dans sa maison trois morts et six malades en huit jours. M. le colonel GUICHARD du 36ᵉ quitta le régiment au commencement de l'épidémie (27 juillet).

Du 1ᵉʳ avril 1868 au 1ᵉʳ novembre 1869, le 36ᵉ se trouvait établi à CONSTANTINE, à Tebessa, à Aïn-Beïda, à Bougie, à Djidjelli, à Soukaras, à La Calle, à Guelma et à Bône. M. le colonel KRIEN fut nommé au 36ᵉ le 10 août 1868. La 6ᵉ du 2ᵉ bataillon, commandée par M. le capitaine *Etcheverry*, se conduisit admirablement dans les travaux entrepris pour éteindre l'immense incendie de Kobbie (18 septembre 1869). Elle mérita les éloges du général de division.

Les trois bataillons du 36ᵉ quittèrent l'Algérie en novembre 1869. Embarqués par fractions à *Bône* et à *Philippeville*, ils arrivèrent à MARSEILLE. Tout le régiment se trouva réuni à La Ciotat le 10 décembre 1869. Il y tint garnison sept mois pendant lesquels il n'y a rien à signaler. Survint alors la *guerre franco-allemande* qui obligea le 36ᵉ à quitter ce port de mer le 20 juillet 1870.

GUERRE
FRANCO-ALLEMANDE [1]

I. — LE 36ᵉ RÉGIMENT D'INFANTERIE DE LIGNE
A L'ARMÉE DU RHIN

Combat de Soultz (4 août 1870). — Combat de Roppenheim (5 août). — Bataille de Frœschwiller (6 août).

La *question Hohenzollern*, suscitée par le chancelier prussien DE BISMARCK, avait beaucoup agité la France et son empereur depuis le 3 juillet 1870. Ce grand ennemi avait choisi son moment pour une rupture favorable à sa cause. NAPOLÉON III se laissa prendre au piège. « Sommes-nous en mesure de relever le gant qu'on nous jette ? » demanda-t-il au ministre de la guerre. — « La France est archi-prête » répondit le maréchal LE BŒUF.

Des négociations furent aussitôt entamées avec les cabinets de Vienne et de Florence pour fixer un *plan d'opérations* contre la Prusse. Avec l'alliance de l'Autriche et de l'Italie, il avait été convenu que les trois puissances agiraient dans le but de séparer le sud et le nord de l'Allemagne. En déclarant la guerre à la Prusse, Napoléon III dirait « qu'il ne fait pas la guerre à l'Allemagne, dont « il respecte l'indépendance ; que tous ses vœux sont pour que les « peuples composant la grande nationalité germanique disposent

---

[1] Les sources où nous avons puisé tout ce qui concerne la chronique du 36ᵉ de ligne et du 36ᵉ de marche pendant toute la durée de la guerre franco-allemande sont principalement : L'Historique du 36ᵉ déposé à la *salle d'honneur* du régiment. — La rédaction de cette guerre par la section historique du *grand état-major prussien*. Traduction *de Serda*, de l'état-major français. — Edition *J. Dumaine*. Librairie militaire, 30, rue Dauphine, Paris.

« librement de leurs destinées » (1). L'isolement de la Prusse fut conclu par les trois puissances.

D'après cette convention, l'armée française ne devait avoir à combattre que les Prussiens et leurs alliés du nord de l'Allemagne. Dépréciant beaucoup la spontanéité et l'effectif des armées de cette confédération, l'Empereur crut pouvoir évaluer à 300,000 Français les forces disponibles pour les opérations actives. Puis, partant de cette donnée que le nombre des combattants en rase campagne ne dépasse pas jamais la moitié de l'effectif total, il espéra, par la hardiesse de ses mouvements, non-seulement contrebalancer la supériorité numérique de l'adversaire, mais la faire tourner à son avantage. Pour cela, il franchirait le Rhin à Maxau ; il ordonnerait à l'armée de Metz d'appuyer vers Strasbourg. Un corps de réserve à Châlons couvrirait les derrières et surveillerait la frontière nord-est. La flotte apparaîtrait dans la Baltique, et immobiliserait sur les côtes une partie des forces de l'adversaire. Tels furent les principaux points du plan adopté.

NAPOLÉON III faisait erreur en ce qui concernait l'alliance de l'Autriche et de l'Italie. Celle-ci voulait s'emparer de *Rome* en trahissant son alliée ; celle-là voulait la revanche de Solférino et de Sadowa. L'empereur se trompait encore grandement sur la nature et la composition des forces françaises et allemandes.

La nouvelle loi militaire du 1er février 1868, établie par l'énergie du maréchal Niel avait commencé la réorganisation de notre armée. Mais au mois d'août 1869, la mort de cet habile ministre de la guerre était venue entraver son œuvre. Celle-ci ne put avoir qu'un effet partiel. Son effet total aurait produit un effectif normal de guerre de 800,000 hommes, et la garde nationale mobile aurait atteint le chiffre de 500,000 hommes.

L'effectif de notre armée, vers le milieu de juillet 1870, était à une distance considérable de celui que l'on s'était proposé d'atteindre. A ce moment en effet notre *armée active* comptait un effectif total de 368 bataillons, de 252 escadrons et de 984 bouches à feu. Il n'y avait encore que des cadres partiels pour 165,000 *gardes mobiles*. Le 36ᵉ régiment d'infanterie n'était composé que de 1,200 hommes, le 17 juillet. A l'égard des effectifs français, DE MOLTKE était en mesure de communiquer textuellement aux généraux prussiens les renseignements suivants :

---

(1) Cette déclaration se trouve contenue dans la *Proclamation* de l'empereur Napoléon au peuple français, le 23 juillet 1870.

« Les bataillons français sont formés en moyenne de 500 hommes
« au plus ; après l'arrivée des réserves, c'est à dire à partir du 29
« juillet, on pourra compter sur des effectifs de 700 hommes par
« bataillon. Les régiments de cavalerie ne dépasseront pas 500
« sabres. Une division d'infanterie ne comprend donc encore que
« 6,500 hommes, et, à dater du 29 juillet, 9,100 hommes d'infan-
« terie. Les dix-neuf divisions des corps 1 — 5 et de la garde ne
« représentent donc pour le moment que 123,500 et plus tard
« 162,500 hommes d'infanterie. »

Les divisions de Châlons, de Paris et de Belfort s'ajoutèrent à ce chiffre. *D'après les évaluations du colonel Fay, au commencement d'août, l'armée française, y compris le 6e corps, s'élevait à 262,000 hommes !* — 36 bataillons, 40 escadrons et 60 pièces demeurèrent disponibles pour constituer un corps de la mer Baltique, et pour garder l'Algérie. L'empereur allait opposer à l'Allemagne 235,500 fantassins ; 26,500 cavaliers ; 780 canons et 144 mitrailleuses. Notre matériel d'artillerie comptait bien 3,216 canons (système La Hitte), mais le personnel en hommes et en chevaux n'existait que pour 924 bouches à feu. Cette *armée active* n'était pas formée en corps d'armée permanents ; en temps de paix, les forces n'étaient groupées que par armes ; les grandes unités tactiques n'étaient pas constituées d'avance ; les principaux agents du commandement n'étaient pas nommés : cette armée active ne pouvait donc pas passer rapidement du pied de paix au pied de guerre. Cependant, c'était sur elle seule que la France pouvait compter. Tout manquait pour créer une *armée de réserve* avec la garde nationale mobile. Il n'y avait ni cadres solides, ni instruction pratique, ni fusils chasse-pots, ni effets d'équipement, ni cavalerie, ni artillerie de réserve. Les dépôts, où devaient être habillées les réserves, étaient loin des régiments. La mobilisation ne pouvait donc être qu'irrégulière ; les transports ne pouvaient éviter les plus grands désordres ; les troupes ne pouvaient être mobilisées que sur la frontière. L'extrême centralisation de l'administration militaire obligeait les chefs de corps à attendre des ordres ministériels pour la délivrance des armes et des munitions. Le manque de dépôts causait une lente répartition du matériel. L'intendance manquant de tout, en temps de paix, mille difficultés surgissaient pour assurer le service des subsistances, des approvisionnements sous tout rapport. L'emploi des chemins de fer n'était pas préparé. Le réseau ferré français ne se prêtait pas à une prompte concentration. Le double transport des réserves sur leurs dépôts et sur leurs corps ne pouvait se faire sans confusion, sans erreur de direction, sans encombrement excessif, et sans retard. Les troupes devaient renoncer aux avantages d'une mobilisation régulière, d'une organisation préalable des forces, en marchant vers la frontière sans attendre l'arrivée des réserves, sans compléter leurs effectifs dans les garnisons. Le retard de la mobilisation des troupes, produisant une armée incomplète, ne pouvait qu'empêcher l'état-major français de prendre une initiative immédiate et rapide, en rapport avec le caractère et l'élan de ses soldats, pour gêner la mobilisation prussienne, et pour s'opposer à la concentration allemande sur les bords du Rhin. Loin de secourir notre armée, nos places de guerre, se trouvant dans l'état le plus défectueux, devaient être protégées par elle. Le défaut de tout allait obliger nos généraux à ne pas porter la guerre en Allemagne. Les Français seront attaqués par l'ennemi sur leur propre territoire avant d'être réunis, et en état d'entamer les opérations offensives. C'était à la diplomatie française qu'il appartenait de retarder le dénoûment du conflit, jusqu'au moment où l'on eût été prêt à combattre. Le gouvernement français faillit donc à tous ses devoirs en déclarant ainsi la guerre avant d'être en mesure de donner une suite immédiate à cette déclaration.

Avant les opérations stratégiques, la *préparation* de la guerre avait été bien faite par les Allemands. Les rapports militaires de la Prusse avec les divers Etats de la Confédération se trouvaient réglés par la constitution militaire, et par des conventions, pour assurer la *solidarité* entre les Etats du nord et ceux du sud.

Aux termes de la loi militaire du 9 novembre 1867, la force armée se composait de l'armée active, de la réserve, de la landwehr, et des troupes en disponibilité. Le service militaire était obligatoire pour tous les citoyens. Le peuple allemand tout entier constituait l'effectif de guerre. Les troupes étaient divisées, en vue de la mobilisation, en troupes actives, de dépôt, de garnison. Un effectif de paix plus considérable était attribué aux régiments de cavalerie, portés à cinq escadrons. L'artillerie était complètement pourvue d'attelages. Le personnel de l'intendance et tout le matériel nécessaire devaient constamment être tenus prêts. Le territoire était divisé en districts militaires, sous les ordres de gouverneurs généraux, commandant aux troupes mobilisées.

Récapitulant toutes les forces de l'Allemagne, l'état-major prussien déclare que ses effectifs réels, *au mois d'août*, étaient les suivants :

	Hommes	Chevaux	Pièces attelées
ALLEMAGNE DU NORD	982.064	209.403	1.692
BAVIÈRE	128.964	24.056	216
WURTEMBERG	37.180	8.876	66
BADE.	35.181	8.038	72
TOTAL GÉNÉRAL des forces allem^des	1.183.389	250.373	2.046

Sur pied de paix, l'Allemagne entretenait un effectif de 382,568 hommes, non compris les cadres de la landwehr et les formations spéciales. Cette nation possédait donc une force militaire incomparable, tant sous le rapport du nombre que sous celui de l'unité d'organisation.

La Confédération de l'Allemagne du Nord possédait treize corps d'armée active, et quatre divisions de landwehr, le 15 juillet 1870. De plus, la Bavière fournissait deux autres corps d'armée, plus quarante bataillons et onze escadrons de landwehr. Le Wurtemberg et le duché de Bade augmentaient ces forces de deux nouveaux corps, et de deux divisions de landwehr. Tous ces corps devaient former au commencement de la guerre les trois armées allemandes.

L'état-major prussien tenait prêts les projets d'exécution nécessaires au groupement et au transport de ces grandes masses. Leur mobilisation était organisée dans ses derniers détails. On avait préparé des *tableaux de transport* permettant à chaque corps de troupe de connaître le jour et l'heure de son embarquement et de son arrivée. Les Allemands disposaient de six lignes pour se transporter entre le Rhin et la Moselle. Le *transport des réserves* aux points de formation de leurs corps commençait le jour même où était promulgué l'ordre du roi. Ensuite s'accomplissait la *mobilisation régulière et complète*. L'organisation du pied de guerre était facilitée par celle du pied de paix. Le personnel et le matériel nécessaires étaient en état. L'ordre régnait dans toutes les branches de l'armée. L'administration militaire était confiée à tous les généraux chefs de corps. Cette décentralisation activait l'organisation. Partout, les troupes atteignaient leur effectif normal ; souvent elles le dépassaient. Les unités tactiques étaient formées. On avait préparé tous les services des vivres, des transports, des postes et télégraphes, des chemins de fer (à détruire), le service médical, le service d'étapes, etc. Chaque corps avait immédiatement son complet de guerre. L'effectif de chaque armée était établi d'après le but spécial qu'elle devait remplir. Les divers corps étaient répartis de manière à ce qu'ils fussent prêts dans le plus court délai. La réunion de ces corps était protégée par l'affectation de leurs emplacements particuliers. Les gouverneurs généraux, institués dans chaque district du territoire, dirigeaient tous les fonctionnaires pour former rapidement et complètement les corps d'armée. Grâce à tous ces rouages particuliers, agissant ainsi de concert, la mobilisation arrêtée d'avance s'opérait vite et bien. Aussitôt après, commençait le *transport des troupes mobilisées*. Toutes les lignes devaient être employées avec le maximum de rendement. Pour être heureuse, la direction prescrite aux corps mobilisés devait permettre de faire concourir au moins 400,000 hommes à une action immédiate et décisive. Mais le secret devait être bien gardé au sujet des emplacements de *concentration* des armées. Ainsi préparés, les Allemands se trouvaient en état d'attaquer à l'improviste, et en nombre supérieur, pour passer de suite à l'offensive dans notre malheureux pays.

Voici quel fut le *plan d'opérations* du général DE MOLTKE :

Assuré que les Français ne violeraient pas la neutralité de la Belgique, ni celle de la Suisse, son but fut de *menacer directement la France et Paris, en réunissant immédiatement des forces considérables* dans le *Palatinat* pour déjouer le plan des Français connu par la trahison de Victor-Emmanuel. — *Le premier objectif à ses opérations fut de rechercher les principales armées françaises pour les attaquer immédiatement avec des masses*. En conséquence, il ordonna de dégarnir l'Allemagne du Sud de toutes les forces actives pour les réunir sur le Rhin moyen à toutes celles de l'Allemagne du Nord. Le premier but qu'il réalisa fut la supériorité du nombre rapidement obtenue ; il devait se servir de cette masse pour forcer de suite les Français à une bataille *décisive*.

Pour atteindre ce résultat, il *calcula les jours* nécessaires à la mobilisation et à la concentration des armées allemandes. *Dans le cas où les Français auraient pris une initiative rapide, sans attendre l'augmentation du pied de guerre, tout était calculé pour que leur succès ne fut que momentané*. Le parcourt des transports allemands aurait été limité en temps utile, de manière à obliger les Français à n'atteindre l'ennemi qu'après plusieurs jours de marche, pendant lesquels devait s'opérer une concentration de forces supérieures sur un autre point. Alors, une bataille aurait été livrée avec avantage pour les plus forts, et tout faisait présumer que, dans ce cas, les Français auraient été arrêtés, et auraient dû rétrograder.

DE MOLTKE avait examiné la *relation des forces* des deux

armées actives au début, d'après les conditions de transport et d'après les considérations politiques. Seule, la Confédération du Nord opposait une masse supérieure aux forces françaises dès le premier moment. La proportion primitive entre les forces des deux nations devait singulièrement se modifier par la solidarité des Etats du Sud. Les places de guerre allemandes avaient été approvisionnées pour trois mois ; leur garnison avait leur complet effectif.

La guerre n'était pas encore déclarée lorsque, dans la nuit du 15 au 16 juillet, le roi de Prusse lança *l'ordre de mobilisation* de toute l'armée de l'Allemagne du Nord et du Duché de Bade. La Bavière formait ses armées le 16, et le Wurtemberg le 19.

Le 17 juillet, lorsque les troupes françaises reçurent *l'ordre de mobilisation*, le 36ᵉ de ligne fut désigné pour faire partie du 1ᵉʳ corps connu sous le nom d'*Armée du Rhin* sous le commandement du maréchal DE MAC-MAHON. L'effectif du régiment comptait alors 1.200 hommes. Les cantines réglementaires des officiers manquaient. Il n'y avait aucun moyen de transport, ni voitures, ni chevaux de trait. Un ordre ministériel prescrivait d'acheter les bêtes en route ; on devait trouver à Strasbourg les voitures régimentaires. Les Prussiens avaient déjà fait leur première reconnaissance vers Forbach quand le 36ᵉ reçut l'ordre de quitter Marseille (19 juillet, 5 heures du soir, le jour de la déclaration de guerre).

Le 36ᵉ devait former deux colonnes : la 1ʳᵉ sous les ordres du colonel KRIEN comprenait l'état-major, le 1ᵉʳ bataillon et 3 compagnies de droite du 2ᵉ — la 2ᵉ sous les ordres du lieutenant-colonel CLOUX était formée du 3ᵉ bataillon et des trois compagnies de gauche du 2ᵉ.

Le 20 juillet, conformément à la lettre ministérielle, la première colonne quitta Marseille, à quatre heures du matin, pour se rendre à LYON, *étape par étape*. Elle devait arriver le 4 août dans cette ville pour y prendre le chemin de fer la conduisant à Strasbourg. La deuxième colonne quitta Marseille le 21 juillet ; elle suivit le même itinéraire que la précédente. A *Orgon*, le 22 juillet, le colonel KRIEN reçut par dépêche télégraphique l'ordre de prendre les voies ferrées à Avignon. Cette dépêche fut aussitôt transmise au lieutenant-colonel. Le 23 juillet, la première colonne arriva à AVIGNON à une heure de l'après-midi ; elle coucha à la caserne des passagers. MM. *Barré*, adjudant-major, et *d'Angélys*, furent alors chargés d'acheter, dans les quarante-huit heures, les chevaux et les mulets nécessaires au régiment. Le 24 juillet, à une heure de l'après-midi, la première colonne prit le train à Avignon. Elle arriva à STRAS-

BOURG, le 26, à six heures du matin, et vint camper au polygone. La deuxième colonne la rejoignit en cet endroit le 28 juillet. Elles avaient suivi en chemin de fer la ligne de Lyon, Dijon, Auxonne, Besançon, Belfort et Mulhouse.

Le général DUCROT, commandant la division territoriale de Strasbourg, avait pris le commandement provisoire du premier corps, le 20 juillet ; il avait présidé à sa formation. Le maréchal DE MAC-MAHON arrivait d'Alger. A Paris, le 23, il avait reçu communication du plan de l'empereur, chef suprême et unique de tous les corps placés sous ses ordres directs. L'œil de l'armée était le 2ᵉ corps (FROSSARD), occupant *Saint-Avold* depuis le 18. A Forbach se trouvait la division BATAILLE dont les avant-postes se mesurèrent avec les Prussiens à Schreckling, le 24, à Ludweiler, le 27, et à Sarrebrück, le 28.

La mobilisation allemande était déjà terminée depuis le 23 ; les transports de leurs troupes mobilisées avaient commencé le 24. Ce jour-là, Berlin connaissait déjà avec certitude l'effectif de nos corps, les noms de leurs chefs, et le lieu de leur concentration.

STRASBOURG était le point de réunion du 1ᵉʳ corps ; *Saint-Avold*, celui du 2ᵉ corps (Frossard) ; *Metz*, celui du 3ᵉ corps (Bazaine) ; *Thionville*, celui du 4ᵉ corps (Ladmirault) ; *Bitche*, celui du 5ᵉ corps (Failly) ; *Châlons*, celui du 6ᵉ corps (Canrobert) ; *Belfort*, celui du 7ᵉ corps (Félix Douay) ; *Nancy*, celui de la Garde (Bourbaki).

Ce fut une grande faute pour les Français de publier les emplacements où ils effectuaient leur concentration. Cette connaissance fut le point de départ des premières combinaisons allemandes pour agir suivant leur but dans la situation que nos fautes leur rendaient dès le début très avantageuse.

Le 25 juillet, craignant une marche en avant du 1ᵉʳ corps français, ou le passage du Rhin à Strasbourg, le PRINCE ROYAL ordonna de Berlin au général DE KIRCHBACH de concentrer les Vᵉ et XIᵉ corps prussiens à Germersheim pour défendre la *ligne du Klingbach* dans le cas de notre offensive. Les Badois et les Wurtembergeois, abritant la rive droite du Rhin, devaient se porter sur cette ligne par le pont de Maxau. Ils étaient déjà appuyés par le IVᵉ corps débarquant à Mannheim. Les Prussiens manifestaient ainsi leur grande préoccupation de renforcer leur position dans le *Palatinat* par l'arrivée des Badois et des Wurtembergeois. Ce lieu de concentration avait été choisi par DE MOLTKE pour occuper une ligne d'opération intérieure entre nos deux ailes, de manière à pouvoir se tourner contre elles, en couvrant le Rhin inférieur et le Rhin supérieur.

Au moment où le 36ᵉ de ligne arriva à Strasbourg, la IIIᵉ armée allemande était déjà prête à combattre. Le Vᵉ corps était à *Landau* ; le XIᵉ à Germersheim ; le 1ᵉʳ bavarois à Spire ; le 2ᵉ bavarois à Germersheim ; les Badois à *Rastadt*, et les Wurtembergeois à Carlsruhe. La IIᵉ armée se concentrait à Mannheim, et la Iʳᵉ à Aix-la-Chapelle.

Au grand quartier général de Metz, le maréchal Le Bœuf adressait à l'empereur le télégramme suivant, daté du 27 :

« Les quatre divisions DE MAC-MAHON doivent être à peu près
« formées à Strasbourg et à Haguenau. Le maréchal dispose donc
« déjà de forces considérables dans le Bas-Rhin. Il peut appeler à
« lui la division Conseil-Dumesnil du corps Douay qui est à
« Colmar. Mais je considère comme essentiel que la voie ferrée de
« Lyon à Strasbourg soit bien gardée. La garde mobile n'étant
« encore qu'en voie de formation, on ne peut la charger de cette
« surveillance. »

Cependant, afin de donner au maréchal DE MAC-MAHON la libre disposition de toutes les forces d'Alsace, le corps Douay était, à dater du 27, placé sous ses ordres.

Le 28 juillet, l'empereur NAPOLÉON arrivant à Metz, adressait à l'armée la *proclamation* suivante :

« Soldats !

« Je viens me mettre à votre tête pour défendre l'honneur et le
« sol de la patrie. Vous allez combattre une des meilleures armées
« de l'Europe ; mais d'autres, qui valaient autant qu'elle, n'ont pu
« résister à votre bravoure. Il en sera de même aujourd'hui. La
« guerre qui commence sera longue et pénible, car elle aura pour
« théâtre des lieux hérissés d'obstacles et de forteresses ; mais rien
« n'est au-dessus des efforts persévérants des soldats d'Afrique, de
« Crimée, de Chine, d'Italie et du Mexique. Nous prouverons une
« fois de plus ce que peut une armée française animée du sentiment
« du devoir, maintenue par la discipline, enflammée par l'amour
« de la patrie. Quel que soit le chemin que nous prenions hors de
« nos frontières, nous y trouverons les traces glorieuses de nos
« pères. Nous nous montrerons dignes d'eux. La France entière
« vous suit de ses vœux ardents, et l'univers a les yeux sur vous.
« De nos succès dépend le sort de la liberté et de la civilisation.
« Soldats, que chacun fasse son devoir et le Dieu des armées sera
« avec nous !
                                                     « NAPOLÉON. »

Ce ne fut que le 29 juillet que le 1er corps fut définitivement organisé comme il suit :

Ordre de Bataille du 1er CORPS D'ARMÉE
au 1er août 1870.

Général en chef : Maréchal DE MAC-MAHON, duc de Magenta.
Chef d'état-major général : Général *Colson*.

Force totale : 37,000 hommes.

1re division Général *Ducrot*	1re brigade Général Wolff	13e bat. de chasseurs. 18e et 96e de ligne.
	2e brigade Général de Postis	1er rég. de zouaves. 45e de ligne.
2e division Génér¹ *Douay* (Abel)	1re brigade Général de Montmarie	16e bat. de chasseurs. 50e et 72e de ligne.
	2e brigade Général Pellé	1er rég. de turcos. 78e de ligne.
3e division Général Raoult	1re brigade Général L'Hériller	36e DE LIGNE. 2e zouaves, 8e chass.
	2e brigade Général Lefèbvre	2e rég. de turcos. 48e de ligne.
4e division Général *de Lartigue*	1re brigade Général Fraboulet	56e de ligne. 3e zouaves, 1er chass.
	2e brigade Général Lacretelle	3e rég. de turcos. 87e de ligne.
Division de Cavalerie Général *Duhesme*	1re brigade Général de Septeuil	3e rég. de hussards. 11e rég. de chasseurs.
	2e brigade Général de Nansouty	10e rég. de dragons. 2e et 6e lanciers.
	3e brigade Général Michel	8e cuirassiers. 9e cuirassiers.
Artillerie Général *Forgeot*	96 pièces. — 24 mitrailleuses.	

Le maréchal DE MAC-MAHON fut prévenu le 29 juillet que l'empereur n'avait pas l'intention de lui faire exécuter de mouvement avant huit jours. Les troupes manquaient de vivres et du matériel nécessaire.

Arrivé à Spire le 30 juillet, FRÉDÉRIC GUILLAUME prescrivait la concentration immédiate des Badois à Carlsruhe, et des Wurtembergeois à Graben. Le même jour, à neuf heures du soir, le grand quartier général prussien expédiait au PRINCE ROYAL le télégramme suivant :

« Sa Majesté considère comme opportun qu'aussitôt que la IIIe
« armée aura été ralliée par la division badoise et la division wur-
« tembergeoise, elle s'avance vers le sud par la rive gauche du
« Rhin pour chercher l'ennemi et l'attaquer. De cette façon, on
« empêchera l'établissement de ponts au sud de Lauterbourg, et
« on protègera de la manière la plus efficace toute l'Allemagne du
« Sud.
« DE MOLTKE. »

FRÉDÉRIC GUILLAUME répondit, le 31 juillet, qu'il ne pouvait pas encore prendre l'offensive et entamer les opérations, attendu que l'armée, dans son ensemble, n'était pas encore réunie, et qu'une grande partie du train se trouvait encore en arrière. Par suite, il laissait encore les Badois et les Wurtembergeois sur la rive droite du Rhin. Mais bien qu'incomplète et séparée en deux par le Rhin, la IIIe armée se trouvait cependant en nombre déjà respectable derrière la ligne *Landau-Carlsruhe* d'une longueur de 32 kilomètres. Son effectif qui était de 77.000 hommes d'infanterie le 28, allait s'élever à 125,000 par l'arrivée des Bavarois.

Le 31 juillet, la IIIe armée prussienne se trouvait déjà composée de 116 bataillons, de 86 escadrons et de 300 bouches à feu. Le Ve corps occupait Landau ; le XIe corps était à Germersheim ; les quatre divisions bavaroises étaient réunies à Spire, Neustadt et Billigheim ; les Badois se trouvaient à Carlsruhe et les Wurtembergeois à Graben. A la question adressée ce jour-là par DE MOLTKE aux commandants en chef pour savoir à quelle date leurs armées seraient en état d'entrer en action, il était répondu qu'au 3 août toutes les troupes seraient prêtes.

Le 36e de ligne reçut ses voitures réglementaires le 31 juillet. Il fut passé en revue avec le 8e bataillon de chasseurs, le 2 août, par le général *L'Hériller*. Les officiers furent réunis après la revue. Le général leur exposa la manière dont il comprenait le service et ce qu'il attendait de tous les soldats placés sous leurs ordres. En rentrant au camp, les shakos furent déposés. Chaque troupier aiguisa son sabre-baïonnette suivant l'ordre du maréchal de Mac-Mahon. C'était le jour du combat de *Sarrebrück* qui devait amener l'intervention armée de l'Italie et de l'Autriche, et par suite le mouvement de tous nos corps d'armée. Mais bientôt la fatale nouvelle de la trahison de Victor-Emmanuel et de la défection de l'Autriche vint apprendre à l'empereur qu'il avait été joué. L'Allemagne du Sud restant unie à l'Allemagne du Nord, les Français durent subordonner leurs desseins à ceux de l'adversaire. C'était une invasion imprévue qu'il s'agissait de repousser ; or, elle était innombrable, elle était bien préparée et bien organisée. Trop tard, Napoléon III voulut grouper toutes ses forces en deux masses principales. Le maréchal de Mac-Mahon fut investi du commandement en chef des 1er, 5e et 7e corps répartis à HAGUENAU, Bitche et Belfort. Le maréchal Bazaine fut nommé, malgré son incapacité, commandant en chef des 2e, 3e et 4e corps.

Contre l'armée de Bazaine les Allemands concentrèrent leur Ire ARMÉE (*de Steinmetz*), comprenant le 1er corps (Manteuffel), le 7e corps (Zastrow), le 8e corps (Goeben), les 1re et 3e divisions de cavalerie, et leur IIe ARMÉE (*Frédéric-Charles*), composée de la Garde (prince de Wurtemberg), du 2e corps (Fransecky), du 3e corps (Alvensleben II), du 4e corps (Alvensleben I), du 11e corps (Manstein), du 10e corps (Voigts-Rhetz), du 12e corps saxon (Prince de Saxe), des 5e et 6e divisions de cavalerie. Le total de ces deux armées s'élevait à 256 bataillons, 220 escadrons et 900 canons. Elles se trouvaient rassemblées sur les lignes Losheim-Wadern et Alsenz-Grünstadt.

Contre l'armée de Mac-Mahon fut dirigée la IIIe ARMÉE allemande organisée comme il suit :

Ordre de bataille de la IIIe Armée prussienne

Commandant en chef : PRINCE ROYAL DE PRUSSE
Chef d'état-major général : De Blumenthal.

Le Ve corps (de Kirchbach) comprenait les brigades Flœkher et de Voigts-Rhetz de la 9e division *de Sandrart* et les brigades de Henning et Walther de Montbary de la 10e division *de Schmidt*.

Le VIe corps (de Tümpling) comprenait les brigades (1) de Malachowski et d'Eckartsberg de la 11e division *de Gordon* et les brigades Gündell et de Fabeck de la 12e division *de Hoffmann*.

---

(1) Une brigade allemande se compose de trois régiments d'infanterie (huit bataillons en moyenne) de deux escadrons de cavalerie et de trois batteries fortes de 24 pièces.

Le XIᵉ corps (de Gersdorff) comprenant les brigades de Thile et Grolman de la 21ᵉ division *de Schachtmeyer* et les brigades Marschall et de Kontzki de la 22ᵉ division *de Schkopp*.

Le Iᵉʳ corps bavarois (de Tann) comprenait les brigades d'Orff et Dietl de la 1ʳᵉ division *de Stephan*; les brigades de Guttemberg, Schuch et de Tausch de la 2ᵉ division *Schumacher*.

Le IIᵉ corps bavarois (de Hartmann) comprenait les brigades de Wissell, de Schleich et de Mulzer de la 3ᵉ division *de Walther*, les brigades de Thiereck et Maillinger de la 4ᵉ division *de Bothmer*.

La division badoise (de Werder) était formée par les brigades de La Roche, Keller et Starkenfels.

La division wurtembergeoise (d'Obernitz) comprenait les trois brigades d'infanterie de Reitzenstein, de Starkloff, de Huegel, et la brigade de cavalerie de Schéler.

La 2ᵉ division de cavalerie sous les ordres du comte de Stolberg comprenait les brigades de Colomb, de Barnekow et de Baumbach.

La 4ᵉ division de cavalerie sous les ordres du prince Albrecht (père) comprenait les brigades de Hontheim, de Bernardi et de Krosigk.

Le total de cette IIIᵉ armée s'élevait à 153 bataillons, 131 escadrons et 576 canons (1). Préparant son mouvement offensif sur l'Alsace, cette armée atteignait, le *5 août*, Bergzabern, Billigheim, Rohrbach, Germersheim, Offenbach, Pfortz, Hagenbach et Knielingen; le quartier général était à Landau.

Ce même jour, le 36ᵉ de ligne avec toute la division Raoult se mettait en route à cinq heures du matin pour se diriger sur HAGUENAU. Elle rencontra à Brumath la brigade *Michel* avec les 8ᵉ et 9ᵉ régiments de cuirassiers; elle arriva à destination vers trois heures de l'après-midi; elle alla camper à trois kilomètres au nord de la ville sur la rive droite de la Noder.

Journée du 4 août. — Le 36ᵉ quitte Haguenau au point du jour. Les deux premiers bataillons, sous les ordres du colonel KRIEN, arrivent à SOULTZ à 2 heures de l'après-midi. Ils y trouvent un bataillon du 50ᵉ de ligne, le 16ᵉ bataillon de chasseurs de la division Abel Douay, avec la 3ᵉ brigade de cavalerie de Nansouty. Ils

---

(1) Les bataillons allemands de la ligne qui entraient en campagne étaient de 900 hommes. Les escadrons comptaient 125 cavaliers. Les bataillons de landwehr et ceux qui étaient employés à l'occupation des places fortes, avaient des effectifs d'au moins 1,000 hommes. Beaucoup dépassaient ce chiffre.

vont camper dans une clairière de la forêt entre la ville et le Rhin. Quatre compagnies sont envoyées en flanc-garde de chaque côté de la route de *Lauterbourg*. Sur l'ordre du maréchal de Mac-Mahon, le 3ᵉ bataillon du 36ᵉ, commandé par le chef de bataillon LAMAN, va *occuper militairement* SOULTZ ; il campe en avant de la route de *Wissembourg*. La division RAOULT est à Frœschwiller ; à sa gauche se trouve la division DUCROT ; la division LARTIGUE occupe les hauteurs de Gunnstett, à l'est de la Sauer ; la division CONSEIL-DUMESNIL (7ᵉ corps) arrive à Mulhouse ; Bitche et Sarreguemines sont occupés par le corps DE FAILLY.

Franchissant la frontière avec la IIIᵉ armée, le PRINCE ROYAL dirige le IIᵉ corps bavarois, les Vᵉ et XIᵉ corps prussiens, et la 4ᵉ division de cavalerie sur *Wissembourg* ; le corps badois sur *Lauterbourg* ; le Iᵉʳ corps bavarois sur Langenkandel ; les Wurtembergeois sont à la suite des Badois. Le VIᵉ corps arrive à Landau.

La division Douay n'avait à *Wissembourg* que huit bataillons, quatre escadrons et dix-huit pièces. Pendant plus de six heures, elle lutta contre trois corps d'armée, augmentés d'une division de cavalerie. Le général ABEL DOUAY fut frappé mortellement au ventre par un éclat d'obus. Les turcos vengèrent sa mort en décimant Bavarois et Prussiens. Le général DE KIRCHBACH, 10 majors, 91 officiers et 1,460 Prussiens furent mis hors de combat.

Sur la route de Soultz à Wissembourg, le 3ᵉ bataillon du 36ᵉ s'était fait éclairer par un détachement de chasseurs à cheval qui se trouvait là par hasard. Vers trois heures du soir, ces vedettes aperçurent quelques soldats français qui arrivaient du combat. Les nouvelles étaient mauvaises. Ecrasée par le nombre, la division DOUAY opérait sa retraite. Aussitôt le commandant LAMAN du 36ᵉ fit prendre les armes. Pour protéger autant que possible le défilé des troupes, il fit occuper les positions les plus avantageuses en avant de SOULTZ. Les compagnies du 3ᵉ bataillon furent séparées les unes des autres, à distance de soutien, de manière à habiter le plus d'espace possible et à profiter des houblonnières, des chemins creux et de tous les accidents de terrain. Tandis qu'elles accueillaient les soldats de la division Douay arrivant à la débandade, tout à coup le cri : Aux armes ! se fit entendre. Le 1ᵉʳ régiment de dragons de Silésie Nº 4, sous les ordres du colonel *de Schenk* (Vᵉ corps, de Kirchbach, 9ᵉ division, de Sandrart) accourait à toute vitesse sur la route de Soultz, poursuivant nos soldats. C'est alors que le 3ᵉ bataillon du 36ᵉ, posté sur les hauteurs environnantes, commença un feu bien dirigé contre ces dragons au casque pointu. Ils eurent beau vouloir continuer leur course. Habilement disposées de chaque côté de la route, nos compagnies du 3ᵉ bataillon leur parurent un corps d'armée. Dragons et chevaux tombaient sur la route. Alors ils s'arrêtèrent et firent volte-face en rétrogradant sur Schafbusch. Après cette affaire, le général L'HÉRILLER ordonna au 3ᵉ bataillon de quitter cette position, et de se rendre à FRŒSCHWILLER. Le bataillon y arriva après minuit; il vint camper à gauche du 2ᵉ zouaves. Les 1ᵉʳ et 2ᵉ bataillons passèrent la nuit à SELTZ. Plusieurs compagnies envoyées en grand'garde, et se reliant à celles du 16ᵉ chasseurs à pied, s'installèrent sur la lisière de la forêt.

Les dispositions relatives aux troupes ennemies de la IIIᵉ armée, pour le 5 août, furent établies comme il suit :

« Quartier général de Schweighofen, le 4 août 1870.

« L'armée continuera demain sa marche sur Strasbourg. A cet
« effet :

« 1° La 4ᵉ division de cavalerie quittera ses bivouacs à cinq
« heures du matin et s'avancera, par Altenstadt, sur la route de
« Haguenau, pour rechercher l'ennemi dans la direction de Hague-
« nau, Suffelnheim et Roppenheim, et surtout pour éclairer le
« pays; un régiment sera dirigé de Soultz vers l'ouest jusqu'à
« Wœrth, et éclairera le pays jusqu'à Reichshoffen. Les deux
« chemins de fer de Haguenau seront détruits autant que possible,
« ainsi que la ligne ferrée de Reichshoffen.

« 2° Le IIᵉ corps bavarois (Hartmann) se portera, par la route
« de Bitche, jusqu'à Lembach où il bivouaquera. Des avant-
« postes seront établis au-delà de Lembach, se reliant à ceux du
« Vᵉ corps. Quartier général à Climbach.

« 3° Le XIᵉ corps marchera, par la grande route de Haguenau
« et par le chemin de fer, jusqu'à Soultz et s'installera au bivouac,
« au sud de cette localité. Avant-postes vers la forêt de Haguenau.

« 4° Le Vᵉ corps rompra à huit heures et s'avancera en deux
« colonnes par Soultz, sur Breuschdorf, où il bivouaquera, face à
« Wœrth, avec des avant-postes vers Reichshoffen.

« 5° Le corps badois (Werder) se portera dans la direction de
« Soultz et bivouaquera sur la voie ferrée, à l'ouest d'Aschbach.
« Avant-postes vers Rittershoffen, Hatten et Nieder-Rœdern.

« 6° Le 1ᵉʳ corps bavarois (von der Tann) partira à cinq heures
« et, passant par Altenstadt, ira s'établir au bivouac à Ingolsheim.

« 7° Le quartier général sera probablement demain à Soultz.

« Les trains, suivant le mouvement, viendront : ceux du IIe corps bavarois, à Wissembourg ; ceux des autres corps sur la Lauter.

« FRÉDÉRIC GUILLAUME, *Prince Royal de Prusse*. »

Journée du 5 août. — Vers trois heures du matin, le colonel KRIEN du 36e entendit de nombreux coups de feu sur la droite de SELTZ. En même temps une reconnaissance de nos chasseurs à cheval lui annonça qu'une attaque des Prussiens était imminente. Aussitôt le colonel ordonna à la compagnie *Thuillier* (la 2e du 1er) d'aller se placer à la droite de la 2e du 2 (lieutenant *Brambille* (1), pour défendre la route de la forêt de Haguenau. Devant le débouché sud de cette forêt se trouvait un pont. Le lieutenant Brambille l'avait fait couper ; sa compagnie travaillait encore à cette besogne lorsque survinrent les premiers éclaireurs de la brigade de uhlans Bernhardi et du 2e régiment des hussards du Corps (4e division). Se retranchant derrière le pont coupé, les braves du lieutenant résistèrent et firent le coup de feu. Les chassepots portaient plus loin que les carabines des hussards ; ils démontèrent les cavaliers. La compagnie Thuillier arriva juste à temps pour aider celle de Brambille à tenir tête à toute une brigade de cavalerie. Heureusement qu'en cet endroit, la forêt ne permettait pas aux uhlans de se déployer. L'ennemi se trouva arrêté ; la brigade ne put pousser jusqu'à Haguenau. Elle rebroussa chemin, escortée pendant un certain temps par nos tirailleurs du 36e qui la fusillaient des deux côtés de la route.

Ayant reçu l'ordre de se replier sur Haguenau, le colonel KRIEN fit lever le camp à ses deux bataillons vers cinq heures du matin. Il fallut protéger cette retraite. Les compagnies de grand'garde opérèrent par échelons. Arrivés à *Roppenheim*, le lieutenant *Brambille* et sa compagnie se trouvèrent en contact avec le 1er bataillon du 2e régiment de grenadiers badois, accompagné d'un escadron de dragons. C'étaient des flanqueurs de l'avant-garde du corps WERDER. « Camarades, cria Brambille à ses braves, regardez ces gens-là en face. En joue, feu ! » Les Badois tremblèrent à la vue de ces héros ; la panique se mit dans leurs rangs ; ils s'enfuirent au pas de course et rétrogradèrent sur Nieder-Rœdern. Le grand état-major prussien a qualifié ces rencontres du nom de *combat d'avant-postes à Seltz*.

---

(1) Ce brave lieutenant avait été enfant de troupe au 36e. Le sergent Maugenre était un ami de son père, sergent garde-magasin au 36e.

Pendant que cette échauffourée se passait à l'arrière-garde, la colonne, sous les ordres du colonel KRIEN, avait traversé le village de Seltz ; elle s'était rangée en bataille. C'est à ce moment qu'elle fut rejointe par les compagnies de grand'garde. On continua la marche sur Haguenau. Chemin faisant, des troupes ennemies parurent sur les hauteurs à droite, elles se dirigeaient dans le même sens que la colonne. La 5ᵉ et la 6ᵉ du 1ᵉʳ bataillon furent déployées en tirailleurs, face à l'ennemi, pour protéger la marche du 36ᵉ et des lanciers qui formaient notre tête de colonne. A l'arrière-garde, la 4ᵉ du 2 fit le coup de feu contre un détachement de uhlans. On arriva bientôt à SUFFELNHEIM où on fit halte. La 1ʳᵉ compagnie (capitaine Besançenot), qui était de grand'garde et qui n'avait pu rejoindre le 36ᵉ à Seltz, vint à travers la forêt ; elle se réunit au gros de la troupe dans ce village. Après une heure de repos, on se remit en route. Les 1ᵉʳ et 2ᵉ bataillons du 36ᵉ entrèrent à HAGUENAU vers quatre heures de l'après-midi. Ils y trouvèrent la division CONSEIL-DUMESNIL venant de Mulhouse. A ce moment les Badois entraient à Seltz.

Le même jour, le 3ᵉ bataillon du 36ᵉ (commandant Laman), qui se trouvait à FRŒSCHWILLER fut placé à gauche du 2ᵉ zouaves. Sa gauche était appuyée à la route de Frœschwiller à Wœrth. Les troupes furent placées en colonne par pelotons, à distance entière, et face à Wœrth. En même temps, les autres troupes du 1ᵉʳ corps prirent leurs positions défensives. La division LARTIGUE regagna la rive droite de la Sauer. La division RAOULT s'établit entre Frœsch-willer et Elsasshausen, au centre de la position. La division DUCROT établit son bivouac à l'aile gauche.

Vers neuf heures du matin, un détachement du 4ᵉ bataillon du 36ᵉ, fort de 500 hommes, arriva de Marseille, sous les ordres du capitaine *Rocamier*. Les nouveaux venus furent répartis dans le 3ᵉ bataillon et se tinrent toute la journée sur la défensive.

Le IIᵉ corps bavarois se portait alors sur Lembach ; le Vᵉ corps prussien sur Breuschdorf, face à Wœrth ; le 1ᵉʳ corps bavarois sur Ingolsheim ; le XIᵉ corps prussien au sud de Soultz ; la 4ᵉ division de cavalerie au sud de Hundsbach.

Le soir, vers sept heures, la 2ᵉ compagnie (capitaine *de Chauvenet*) fut placée de grand'garde par une pluie battante qui dura toute la nuit.

Des coups de feu furent tirés sur les patrouilles du Vᵉ corps prussien qui s'approchait de Wœrth. Les avant-postes allemands étaient déjà sur le front même de l'armée française. MAC-MAHON ordonna la destruction des ponts de la Sauer. *Il enjoignit ensuite au général de Failly de le rejoindre le plus tôt possible.* Toutefois, il ne se proposait d'ordonner une attaque générale que le 7 août. De son côté, le quartier général allemand n'avait projeté son mouvement général en avant que le 7, en sorte qu'une offensive réciproque devait avoir lieu ce jour-là. Dieu disposa d'une tout autre manière les événements de la guerre, selon les lois de son éternelle justice. Dans la soirée du 5, les deux armées se trouvaient si directement en présence, que de petites escarmouches ne cessaient de se produire entre les avant-postes. D'un côté comme de l'autre, l'action précipitée par le contact immédiat avec l'adversaire, allait devancer les projets des états-majors.

Journée du 6 août. — BATAILLE DE FRŒSCHWILLER. — Pour couvrir le chemin de fer de Strasbourg à Bitche, ainsi que les communications qui coupent les Vosges, l'état-major français avait décidé qu'une bataille serait livrée derrière la Sauer par les 1er, 5e et 7e corps. Mais avant que cette concentration se réalisât, le Ve corps prussien arrivait à Spachbach, à Gœrsdorf, à Gunstett et à Breuschdorf ; le IIe corps prussien lui donnait la main sur la Kuhbrücke, et prenait position au sud et au nord de Mattstall, sur la route de Langensulzbach ; le XIe corps se reliait au Ve par Gunstett ; le Ier corps bavarois s'était porté à la suite du Ve corps, sur Breuschdorf et Gœrsdorf ; les Wurtembergeois et les Badois marchaient sur Gunstett ; le VIe corps arrivait de Wissembourg ; le quartier général prussien quittait Soultz.

Pour faire face à la IIIe armée, le maréchal DE MAC-MAHON n'avait que son corps d'armée qui venait d'être augmenté, pendant la nuit, de la division Conseil-Dumesnil, du 7e corps. Le colonel KRIEN du 36e, les 1er et 2e bataillons, la brigade *de Nansouty*, avaient quitté HAGUENAU à une heure du matin. Au milieu de leur transport en chemin de fer, aux environs de MERTZWILLER, une alerte causée par le voisinage d'un corps prussien arrêta la colonne. Pendant deux heures, et sous une pluie torrentielle, elle prit position le long du talus de la voie. N'étant pas attaquée, elle remonta en wagon et arriva à la gare de REICHSHOFFEN à quatre heures du matin. Nos bataillons du 36e se mirent aussitôt en marche pour aller rejoindre la division RAOULT qui occupait *le centre* de la position française. Ils traversèrent *Frœschwiller*, firent un mouvement de conversion, et se placèrent en avant de *la forêt de Grosswald*, à l'extrême droite de la division Ducrot, et à gauche du 48e de ligne (brigade Lefèbvre), près de la route de Lembach. Le 3e bataillon se trouvait déjà en position à gauche du même 48e, mais à droite du 2e zouaves, donnant la main à la division Ducrot. *Le 36ᵉ forma l'extrême gauche de la division Raoult en avant de Frœschwiller, et face à Wœrth.* Le 2ᵉ zouaves occupait un dos de terrain formant un contre-fort qui venait mourir assez près de la Sauer, vis à vis Gœrsdorf. Le 48ᵉ était dans un ravin au bas de cette croupe. La division DUCROT était à *l'aile gauche* du 1ᵉʳ corps. Etablie en avant de Frœschwiller et appuyée à la forêt de Grosswald, vis à vis Mattstall et Langensulzbach, elle se trouvait gênée par des bouquets de bois, permettant à l'ennemi de masquer son approche. *L'aile droite* du 1ᵉʳ corps, où se trouvait la division DE LARTIGUE, était mieux assurée. Faisant front vers Gunstett et Morsbronn, elle se trouvait protégée par Elsasshausen, susceptible d'une bonne défense, et par la ferme d'Albrecht, abritée devant le Niederwald. Les débris de la division PELLÉ qui avait combattu à Wissembourg, donnant la main à la division CONSEIL-DUMESNIL, étaient en réserve derrière la droite de la division Raoult et la gauche de celle de Lartigue.

Ce fut le 48ᵉ de ligne qui tira les premiers coups de fusil à quatre heures du matin. Cet engagement fut une faute d'un chef de bataillon, pris subitement d'un accès de folie. L'ennemi n'était pas encore en présence ; l'ordre général donné à toute la division Raoult avait été de *recevoir les Prussiens à la baïonnette*, et de ne pas tirer (1). Au bout d'un quart d'heure le feu cessa.

A cinq heures du matin, les avant-postes du 3ᵉ zouaves descendant en tirailleurs du Niederwald se heurtèrent aux soldats du XIᵉ corps prussien à Bruch-Mühle. L'ennemi recula sur Gunstett. Dès lors, les alertes, les reconnaissances, les engagements se multiplièrent. A sept heures du matin, trois corps prussiens avançaient contre nous. La bataille était engagée. Le IIᵉ corps bavarois se porta contre l'aile gauche (Ducrot), au nord-est de *Langensulzbach* ; le Vᵉ corps prussien prit position au nord de la route de *Wœrth*, contre le centre (Raoult) ; le XIᵉ corps prussien attaqua Bruch-Mühle et le *Niederwald*, occupé par l'aile droite française.

En habile stratégiste, le général DUCROT fit occuper à ses bataillons une ligne d'environ cinq kilomètres sur la lisière des bois dominant la Sauer. Trompant l'adversaire sur ses forces, il le tint à distance jusqu'à neuf heures, par une fusillade bien dirigée. Continuant les mouvements de la 1ʳᵉ division, les deux premiers bataillons du 36ᵉ se déployèrent en tirailleurs sur la lisière du

---

(1) Renseignements fournis par M. le capitaine Soltner, du 48ᵉ de ligne, blessé à la dernière heure à Frœschwiller.

Grosswald. Le commandant *Prouvost* est grièvement blessé dès le début ; le capitaine adjudant-major *Terrin* le remplace. En colonne par pelotons à gauche de la route de Wœrth, et face à ce village, le 3ᵉ bataillon du 36ᵉ se relie à droite avec le 2ᵉ zouaves, et à gauche avec le 48ᵉ de ligne de la brigade *Lefèbvre*. Celle-ci est séparée de la brigade *L'Hériller* par un intervalle de 500 mètres. Une de nos batteries s'établit à la droite des zouaves et une autre en avant de Frœschwiller.

La deuxième section de la 1ʳᵉ du 3 (lieutenant *Parès*) fut déployée en tirailleurs en avant du front de bataillon du 36ᵉ. Cette section engagea un feu très vif contre le 37 ᵉprussien de la 20ᵉ brigade *de Walther* (10ᵉ division, Vᵉ corps). A huit heures et demie, le général *L'Hérillier* avait infligé de telles pertes au Vᵉ corps que celui-ci dut cesser le combat et se retirer.

A neuf heures, les Français commencent à porter toutes leurs forces contre l'aile droite allemande (IIᵉ corps bavarois). Le général DE SCHMIDT, pour empêcher ce mouvement, fait reprendre au Vᵉ corps le combat de *Wœrth*. Deux divisions prussiennes entrent en action près de Dieffenbach ; 108 canons prussiens tonnent des deux côtés de la route de Dieffenbach à Wœrth. Les Français répondent par une forte canonnade : un duel d'artillerie va durer deux heures. Le 3ᵉ bataillon du 36ᵉ se déploie face à Wœrth et reprend la fusillade contre les nouveaux assaillants.

Ne se trouvant plus compromise, l'aile droite bavaroise veut pénétrer à dix heures dans la *forêt de Grosswald*. Nos régiments de l'aile gauche refoulent les compagnies des 1ʳᵉ, 7ᵉ et 11ᵉ bavarois. Ils forcent l'ennemi à se réfugier dans un bouquet de bois sur un contre-fort au nord-est de la croupe. En vain des renforts les disposent à un premier retour offensif. Leur 1ᵉʳ régiment bavarois, leurs batteries Kirchhoffer et La Roche sont anéantis.

A *midi*, les Bavarois renouvellent une attaque dans les bois qui couvrent le versant oriental du mamelon de Frœschwiller et dans les bois qui couvrent le versant occidental de Nechwiller. Devant la ténacité de nos braves, ils échouent, reculent en semant le terrain de leurs cadavres ; leur général en chef, DE HARTMANN, ordonne la retraite sur Lembach et derrière Langensulzbach.

Le Vᵉ corps n'avait pas mieux réussi que les Bavarois, en attaquant les hauteurs de *Wœrth*, défendues par la division RAOULT. Préparant un premier retour offensif, à l'arrivée des réserves prussiennes, les 84 pièces du Vᵉ corps établies en éventail au-delà de Wœrth, firent pleuvoir sur le 3ᵉ bataillon du 36ᵉ et sur le 2ᵉ zouaves une grêle de projectiles. Une demi-section de la 1ʳᵉ compagnie, puis toute la 6ᵉ (capitaine *Pabanel*) renforcèrent la ligne de tirailleurs. A ce moment, quelques obus provenant d'une de nos batteries, placée en avant de Frœschwiller, viennent éclater dans les rangs du 3ᵉ bataillon. Le capitaine *Sauvaire* est tué ; les capitaines *Pabanel* et *Poitelle* sont blessés. Après une vive fusillade, le général RAOULT prescrivit un vigoureux mouvement sur les Prussiens. Le 2ᵉ régiment de turcos s'élance alors *à la baïonnette* sur la hauteur occupée par l'ennemi. Cette offensive se trouve arrêtée par le nombre. Alors les 1ʳᵉ, 5ᵉ et 6ᵉ compagnies du 1ᵉʳ bataillon, ainsi que les 2ᵉ et 3ᵉ du 2ᵉ bataillon, quittent la droite de la ligne de bataille, traversent le bois, et vont se porter sur la gauche au secours des turcos. Ne pouvant pas suivre ces compagnies, les 1ʳᵉ et 6ᵉ du 2ᵉ, qui sont en queue, reviennent bientôt sur leurs pas, et couvrent la droite du 36ᵉ, en faisant face à la crête occupée par les Prussiens. Pendant ce mouvement, le lieutenant *Pastoureau* et le sous-lieutenant *Richard* sont blessés. A la même heure, trois compagnies de gauche du 2ᵉ bataillon reçoivent l'ordre de quitter la lisière du bois où viennent d'être blessés les capitaines *Castel* et *Héraud*. Le mouvement offensif d'ensemble sur le plateau réussit ; ce combat à la baïonnette nous rendait absolument victorieux à ce moment. Les trois colonnes prussiennes, qui voulaient successivement aborder cette hauteur, furent refoulées avec des pertes énormes sur Gœrsdorf, par la division RAOULT.

Pendant ce temps, le XIᵉ corps prussien, engagé contre l'aile droite française, avait échoué dans l'attaque des hauteurs d'*Elsasshausen*. Ayant mis à profit les murs, les haies, les fermes, les plantations, pour s'établir solidement dans cette position, la division DE LARTIGUE avait assailli à l'improviste l'infanterie prussienne ; la couvrant d'une grêle de balles, et après un engagement très-vif, elle l'avait rejetée sur la rive gauche de la Sauer, et au-delà, après lui avoir infligé de grandes pertes. A midi cinquante, les trois divisions DUCROT, RAOULT et DE LARTIGUE avaient forcé trois corps d'armée prussienne à se replier ; la bataille était alors gagnée pour les Français.

A une heure, une seconde et terrible lutte allait recommencer. Le PRINCE ROYAL venait d'arriver avec trois nouveaux corps d'armée : le 1ᵉʳ corps bavarois, les Badois et les Wurtembergeois. Ces derniers furent aussitôt dirigés contre notre aile droite, et le 1ᵉʳ corps bavarois contre notre aile gauche.

Dès que le général DUCROT aperçut la 2ᵉ brigade du 1ᵉʳ corps bavarois descendre les pentes conduisant à la Sauer, il dirigea contre elle un feu violent. S'abritant alors dans un bois épais, entre la Sauer et le Sulzbach, cette brigade fit sa jonction avec le IIe corps bavarois, se trouvant à l'extrême droite des Allemands. Traversant ensuite le Sulzbach, l'ennemi commença à gravir le versant oriental des hauteurs de Frœschwiller en plusieurs lignes. Mais la fusillade de pied ferme de nos soldats l'empêcha pendant deux heures de gagner du terrain. L'intervention de la 1re brigade n'avait pas eu plus de succès ; plusieurs attaques des Français *à la baionnette* la contraignirent même à un mouvement rétrograde. Le régiment du corps et le 11e régiment prussien, assaillis de dos par les Français de l'aile gauche postés dans la forêt, se replièrent avec pertes vers la scierie. Ils furent poursuivis par les Français jusqu'à ce que les réserves prussiennes obligèrent nos soldats à se retrancher. Jusqu'à trois heures, le général Ducrot soutint l'effort de l'ennemi, en combinant avec adresse tous les mouvements qui le firent changer de position pendant l'action.

Au centre, le général RAOULT avait à faire à tout le Ve corps se reliant au 1er corps bavarois et au XIe corps prussien. Une attaque de front par le Ve corps, désormais soutenu par Langensulzbach et par Gunstett, fut immédiatement résolue contre *la crête située entre Wœrth et Frœschwiller*. La 19e brigade *de Henning* s'avança à cheval sur la route de Frœschwiller. La 20e brigade *Walther* gagna Gœrsdorf, passa la Sauer, et engagea un feu de mousqueterie avec le 2e turcos posté sur un mamelon. La 17e brigade *de Bothmer* se dirigea sur Wœrth qu'il traversa avec de grandes pertes causées par le 36e de ligne. La 18e brigade *de Voigts-Rhetz* traversa la Sauer à Spachbach et les prairies de la rive droite. A ce moment, le colonel KRIEN, du 36e, s'aperçoit que la droite de son régiment n'est plus reliée à aucune troupe, et que les Prussiens, s'avançant toujours sur leur gauche, peuvent facilement gravir les pentes du plateau, tourner et prendre à revers la division DUCROT. Aussitôt il décide de modifier l'ordre de combat de son régiment pour s'opposer à ce mouvement. Il envoie le drapeau avec sa garde marquer le point où doit s'établir le centre du régiment, par un changement de front en arrière sur l'aile droite. Il fait occuper à ses bataillons une nouvelle position perpendiculaire à l'ancienne. Sa droite est appuyée au village de Frœschwiller. Il fait face à Wœrth.

Avançant sur un front de huit colonnes de compagnie, le 58e de Posen, sous les ordres du colonel *de Rex*, débouche de Wœrth, marche sur la route de Frœschwiller, et arrive sur la crête nord-ouest de Wœrth. A sa suite, le général *de Bothmer* dirige le 59e prussien commandé par le colonel *Eyl*, et le 5e bataillon de chasseurs de Silésie, ayant pour major le comte *de Waldersee*. Contre ces régiments qui s'avancent à grands pas, le colonel KRIEN lance le 36e, *baïonnette au canon*. « Allons, crie-t-il, mes enfants, nous sommes un régiment de braves, suivez-moi, et marchons. » Et ils marchèrent avec entrain, et ils chargèrent avec succès. Le 58e est écrasé ; il perd un major, 14 officiers et 419 hommes. Le 59e est repoussé à son tour ; il perd son colonel, 22 officiers et 297 hommes. *De Bothmer*, commandant la 17e brigade, est blessé lui-même. Toute la brigade est dispersée ; mais, derrière elle, arrive la brigade *Dietl*, de la 1re division DE STEPHAN (Ier corps bavarois). Devant ce renfort inattendu, nos braves, écrasés par une grêle de projectiles, rétrogradent un moment. Le colonel KRIEN, le lieutenant-colonel *Cloux*, le commandant *Croix*, le capitaine *Manson*, les lieutenants Alquié, d'Angély, Thuillier, le porte-drapeau Baumelle tombent blessés. Le capitaine *Terrin* est tué.

Cependant le 36e se reforme. Malgré sa blessure, le colonel KRIEN tente une nouvelle charge à la baïonnette, à la tête de ses braves. Devant eux sont le régiment d'infanterie du corps (colonel *de Taüffenbach*), le 1er régiment du Roi (colonel *Roth*), le 2e bataillon de chasseurs (major *de Vallade*). Déjà le 36e a moissonné 12 officiers et 190 Bavarois ; alors il succombe : il est repoussé. « Voyez-vous, mon colonel, dit un soldat en tombant près de son chef, cette fois c'est impossible : *ils sont trop.* »

A ce moment, le général RAOULT renouvelait sans cesse des retours offensifs à la baïonnette au centre de la position. Le 47e silésien (colonel *de Burghoff*) et le 7e grenadiers (colonel *de Kothen*), de la 18e brigade *de Voigts-Rhetz*, attaquaient entre Wœrth et Elsasshausen. Le 3e bataillon du 36e, le 2e zouaves et le 8e chasseurs à pied furent lancés contre eux à la baïonnette. Le mouvement ennemi fut arrêté ; l'action fut des plus vives. Le lieutenant *Perret* du 36e et l'adjudant-major *Burret* tombaient mortellement blessés. Bien plus sensibles étaient les pertes de l'ennemi. Dans cet engagement opiniâtre, les deux colonels de Burghoff et Michelmann avaient été tués. Des soutiens arrivèrent à l'ennemi sur la rive gauche et sur la rive droite de la Sauer. Tandisque le 36e reprenait sa position primitive, les colonnes de la 19e brigade *de Henning* avancèrent sur Wœrth. En tête marchait le 46e silésien (colonel *de Stosch*), suivi par le 6e grenadiers (colonel *Flœckher*). Lancé une seconde fois au pas de charge sur le village de *Wœrth*, occupé par ces Prussiens, le brave 3e bataillon du 36e se bat héroïquement à la baïonnette. Sont blessés dans la mêlée : le capitaine *Genret*, les lieutenants *Faule* et *Malessard* et le sous-lieutenant *Andrez*. La

19ᵉ brigade prussienne a perdu 1,858 hommes et 65 officiers ; ses deux colonels et deux majors sont blessés. Les pertes de la 18ᵉ brigade ont été de 1,184 hommes et 52 officiers, dont un colonel tué et un major blessé ; ce sont les pertes avouées par l'état-major prussien.

A trois heures et demie, notre aile gauche est tournée par un mouvement de flanc. Pendant que le Vᵉ corps s'est déployé au centre et le 1ᵉʳ corps bavarois à l'aile gauche, le IIᵉ corps bavarois a pu s'engager sur le chemin de montagnes venant de Lembach, par Langensulzbach. Des bouquets de bois lui ont permis de masquer son approche. Notre armée est coupée en deux ! Le 36ᵉ prend position à l'entrée de FRŒSCHWILLER.

Pendant que les divisions RAOULT et DUCROT se couvrent de gloire en luttant au centre et à l'aile gauche, la droite des Français, assaillie par le XIᵉ corps, par les Badois et par les Wurtembergeois, a combattu héroïquement à *Eberbach*, à la *ferme d'Albrecht*, où tomba le général DE BOSE, à *Morsbronn* où notre général MICHEL lança ses cuirassiers dans le flanc des Prussiens. Le sacrifice de ces braves a permis un retour offensif des Français contre la *ferme d'Albrecht* qui est reprise. Battu, le XIᵉ corps a rétrogradé. Les Wurtembergeois, qui avaient l'ordre de couper la retraite des Français à Reichshoffen, doivent rallier le XIᵉ corps pour reprendre la ferme et s'avancer sous bois. Les Français ont résisté dans le *Niederwald* par une lutte corps à corps contre un ennemi cinq fois supérieur. Débordés, ils prennent position à *Elsasshausen* où commence une lutte désespérée. Au premier choc, l'ennemi s'est replié dans le Niederwald, mais les batteries de quatre corps écrasent nos soldats dans le village. Un second assaut est livré au XIᵉ corps ; les Français arrivent à 150 pas des batteries vomissant la mitraille à l'est du village ; ils détruisent les attelages ; mais bientôt leur attaque est arrêtée ; il faut faire demi-tour. Après cet insuccès, il ne faut plus songer qu'à sauver la ligne de retraite sur REICHSHOFFEN. Le maréchal de MAC-MAHON ordonne à la division *Bonnemains* de charger les batteries de quatre corps prussiens, à droite et à gauche d'Elsasshausen. Quatre régiments de cuirassiers se sacrifient, tandis qu'à *Frœschwiller* où toutes les brigades sont mêlées, les officiers organisent à la hâte de nouvelles colonnes pour tenter un dernier retour offensif au cri de : Vive la France !

Il est quatre heures du soir quand la IIIᵉ armée reçoit l'ordre d'entreprendre le mouvement suprême et décisif contre Frœschwiller qui est en flammes. Alors toute la ligne de bataille allemande depuis Eberbach jusqu'à la hauteur sud-est de Nechwiller s'avance concentriquement contre les Français. Au sud, au nord, à l'est, au sud-ouest, *les héros de Frœschwiller* sont attaqués dans toutes les directions. Tout ce qui reste du 36ᵉ est là, prenant part à cette résistance acharnée dans les rues du village. Avec ces héros, le général RAOULT lutte comme un simple soldat. En repoussant le 5ᵉ régiment bavarois, il est mortellement frappé. *Tout couvert de sang, il va s'asseoir devant une maison en feu, face à l'ennemi qui s'avance.* Ses héros qui combattent à côté de lui veulent le décider à se laisser transporter à Reichshoffen. « Non, répliqua le général, je n'ai pu vaincre, il ne me reste plus qu'à mourir. » Ses officiers le supplient, lui font violence pour le sauver ; tout fut inutile. Le brave général RAOULT voulait mourir sur le champ de bataille. Assisté de deux officiers, qui ne le quittèrent plus, il regarda venir les Bavarois marchant à la tête de six corps d'armée. Les Français avaient échappé à leur étreinte ; le général RAOULT attendait la mort. Mais les officiers bavarois, surpris à ce spectacle, arrêtèrent leurs farouches soldats, et firent prisonniers le général et ses deux compagnons.

LE DRAPEAU DU 36ᵉ était alors défendu par six officiers et une centaine d'hommes, blessés pour la plupart. M. *Baumelle*, blessé, avait confié le glorieux emblème au sous-lieutenant *Lacombe*. Au milieu du plus affreux désordre, les Bavarois attaquent à l'improviste cette petite troupe, entourant, l'épée à la main, la baïonnette en avant, la précieuse loque. « Au drapeau, camarades, au drapeau ! » s'écrie le lieutenant *Brambille*, atteint d'une balle. « Faites-vous hacher pour le défendre. » C'était aux sous-lieutenants *Pihel* et *Lacombe* qu'il s'adressait. Une décharge des Bavarois disperse la petite troupe. MM. Lacombe, Pihel, deux sapeurs et quelques soldats, seuls défenseurs du drapeau, échappent un moment à la poursuite de l'ennemi. Ils pénètrent dans une grange, essaient de brûler le drapeau ; n'en ayant pas le temps, ils brisent la hampe, déchirent la soie, glissent l'étoffe sous le corps d'un blessé. Un instant après, les Bavarois arrivent, fouillent la grange, cherchent le drapeau sans pouvoir le découvrir. (1)

A cinq heures du soir, la retraite commence par Reichshoffen et Niederbronn. Sous le feu des batteries prussiennes établies sur le

---

(1) Le lendemain le curé de Mertzwiller reçut du blessé le précieux dépôt. Il le fit savoir au général RAOULT, transporté au château du comte de Leusse à Reichshoffen. Le général lui envoya le lieutenant Mailley auquel fut remis l'étendard. Caché dans ce château à l'état de lambeaux, il fut découvert par

chemin d'Elsasshausen, nos braves échappent à la mitraille en descendant la vallée de Falkensteinbach. Vingt escadrons les poursuivent; mais à *Niederbronn*, ils se heurtent à la division encore intacte du général DE LESPART (5ᵉ corps DE FAILLY). Elle n'arrivait à temps que pour recueillir les débris de la glorieuse armée du Rhin.

Continuant à marcher toute la nuit, les héros du 36ᵉ se trouvèrent réunis le lendemain à SAVERNE. Les compagnies furent réorganisées. Ayant perdu 45 officiers et 960 hommes, le 36ᵉ ne comptait plus que 23 officiers et 950 hommes. Les voitures et les bagages du régiment n'avaient pas suivi le mouvement de retraite. Les officiers se trouvèrent sans bagages et les soldats sans sacs ni effets de campement. Le commandant LAMAN, seul officier supérieur présent, prit le commandement du 36ᵉ. La bataille de Frœschwiller avait coûté aux Français 200 officiers, 9,000 hommes et 28 canons. Les Allemands avouent y avoir perdu 489 officiers et 10,153 hommes. La relation officielle du grand état-major prussien s'est bien gardée de publier le carnage affreux que les combats à la baïonnette de notre infanterie ont fait de leurs brigades.

Le 7 *août*, les troupes du maréchal DE MAC-MAHON se réorganisèrent à SAVERNE. Vers cinq heures du soir, la générale se fit entendre dans les rues. Les soldats rentrèrent au camp, rompirent les faisceaux et attendirent des ordres. A sept heures, le bivouac fut levé. La troisième division se dirigea sur Phalsbourg en suivant la voie ferrée et en passant sous les tunnels.

Le 8 *août*, à deux heures du matin, le 36ᵉ arrivait sur les glacis de PHALSBOURG. Les portes de la ville étaient fermées. Les soldats, épuisés de fatigue, se couchèrent sur le bord de la route. Dans la matinée on essaya de distribuer des vivres. L'administration manquait des approvisionnements nécessaires. A deux heures de l'après-midi, le 36ᵉ se remit en route. Il arriva à SARREBOURG à six heures du soir. Il établit alors son bivouac en compagnie du 8ᵉ chasseurs et du 2ᵉ zouaves composant toujours la brigade *L'Hérillier*. Des grand'gardes furent établies et les troupes se tinrent sur le qui-vive en prévision d'une attaque. En arrière du 1ᵉʳ corps d'armée et sur les hauteurs qui font face à la route de Phalsbourg se trouvait alors campé le Vᵉ corps FAILLY.

---

les sœurs qui y soignaient encore les blessés en 1871. Elles purent les faire passer en France par un offiicier qui s'en servit pour bander ses jambes. La cravate du drapeau fut retrouvée par M. Pointet de Belfort. Toutes ces reliques furent remises au colonel du 36ᵉ de ligne.

Le *9 août*, à deux heures du matin, le 1ᵉʳ corps se remit en route. Opérant le mouvement de retraite prescrit, il entra à BLAMONT vers dix heures du matin. Le bivouac fut placé en avant de cette bourgade.

Le *10 août*, on reprit la marche à six heures du matin. Le 1ᵉʳ corps traversa LUNÉVILLE vers deux heures de l'après-midi. Par un orage épouvantable, il vint bivouaquer dans des terres labourées à quatre kilomètres de la ville. Les corvées durent retourner à Lunéville pour les distributions. On ne put trouver des voitures pour le transport de la nourriture de l'armée.

Le *11 août*, départ à quatre heures du matin. La pluie ne discontinua pas. Après une nuit passée sans abri, les soldats furent si fatigués par la marche que l'ordre fut donné de s'arrêter à BAYON et de s'y cantonner. Dans l'après-midi, le maréchal DE MAC-MAHON fit publier *l'ordre général* suivant :

« Soldats !

« Dans la journée du 6 août, la fortune a trompé votre courage :
« mais vous n'avez perdu vos positions qu'après une défense
« héroïque qui n'a pas duré moins de neuf heures. Vous étiez
« 35,000 combattants contre 140,000, et vous avez été accablés par
« le nombre. Dans ces conditions une défaite est glorieuse et
« l'Histoire dira, qu'à la bataille de Fræschwiller, les Français ont
« déployé la plus grande valeur. Vous avez éprouvé des pertes
« sensibles, mais celles de l'ennemi sont encore plus considérables.
« Si vous n'avez pas été poursuivis, cherchez-en la cause dans le
« mal que vous lui avez fait. *Le pays vous sera reconnaissant d'avoir*
« *dignement soutenu l'honneur du drapeau.* Vous venez d'être
« soumis à de dures épreuves qu'il faut oublier. Le 1ᵉʳ corps va se
« reconstituer, et, Dieu aidant, nous prendrons bientôt une écla-
« tante revanche.

« Au quartier général à BAYON.

« Signé : DE MAC-MAHON. »

Le *12 août*, le 1ᵉʳ corps cantonna à HAROUÉ.

Le *13 août*, départ à 5 heures du matin pour aller bivouaquer à VICHEREY (Vosges).

Le *14 août*, la marche continua sur NEUFCHATEAU. La colonne traversa la ville et alla s'installer à deux kilomètres au-delà. Dans l'après-midi, la 3ᵉ division reçut l'ordre de se préparer à prendre la voie ferrée. Son artillerie et sa cavalerie ne devaient pas être embarquées, mais se rendre au camp de Châlons par étapes. A neuf heures du soir, le 36ᵉ de ligne vint à la gare. Il ne put monter en wagon qu'à cinq heures du matin ; il dut bivouaquer dans la rue.

Le *15 août*, à cinq heures du soir, le régiment arrivait à MOURMELON pour être incorporé dans une armée nouvelle.

II. — LE 36ᵉ RÉGIMENT D'INFANTERIE DE LIGNE
A L'ARMÉE DE CHALONS

Bataille de Sedan (1ᵉʳ septembre).

La concentration des forces françaises à CHALONS avait été décidée le 7 août. Le 36ᵉ de ligne s'était rendu, avec sa division, du petit Mourmelon à LOUVERCY (16 août), où il avait été renforcé de 300 hommes sous les ordres du sous-lieutenant Jouveau. Tandis qu'il séjournait dans ce village, un conseil de guerre fut présidé, le 17, par l'empereur Napoléon. Le maréchal DE MAC-MAHON fut nommé commandant en chef de l'armée de Châlons, et le général FAURE, chef d'état-major général. L'ordre de bataille du Iᵉʳ corps fut ensuite déterminé comme il suit :

1ᵉʳ CORPS (DUCROT)

Chef d'état-major : Colonel *Robert*.

1ʳᵉ division Général WOLFF	1ʳᵉ brigade *Moreno*	13ᵉ bat. de chasseurs. 18ᵉ et 96ᵉ de ligne.
	2ᵉ brigade *de Postis*	1ᵉʳ rég. de zouaves. 45ᵉ de ligne.
2ᵉ division Général PELLÉ	1ʳᵉ brigade *Pelletier*	16ᵉ bat. de chasseurs. 50ᵉ et 74ᵉ de ligne.
	2ᵉ brigade *Gandil*	1ᵉʳ turcos et 1ᵉʳ rég. de marche. 78ᵉ de ligne.
3ᵉ division Général L'HÉRILLER	1ʳᵉ brigade *Carteret*	36ᵉ DE LIGNE. 2ᵉ zouaves, 8ᵉ chass.
	2ᵉ brigade *Lefebvre*	48ᵉ de ligne. 2ᵉ rég. de turcos.

4ᵉ division Génér¹ DE LARTIGUE	1ʳᵉ brigade *Fraboulet*	56ᵉ de ligne. 3ᵉ zouaves, 1ᵉʳ chass.	
	2ᵉ brigade *de Bellemare*	3ᵉ rég. de turcos. 2ᵉ rég. de marche.	
Division de Cavalerie Général DUHESME	1ʳᵉ brigade *de Septeuil*	3ᵉ rég. de hussards. 11ᵉ rég. de chasseurs.	
	2ᵉ brigade *de Nansouty*	10ᵉ rég. de dragons. 2ᵉ et 6ᵉ lanciers.	
	3ᵉ brigade *Michel*	8ᵉ cuirassiers.	
Artillerie Génér¹ JOLY FRIGOLA	20 batteries et 24 mitrailleuses.		

Le Vᵉ corps (DE FAILLY), ayant pour chef d'état-major le général Besson, comprenait les brigades Grenier et Nicolas, de la division GOZE ; les brigades Lapasset et de Maussion, de la division DE L'ABADIE ; les brigades Abbatucci et de Fontanges, de la division GUYOT DE LESPART ; les brigades de cavalerie de Pierre de Bernis et de la Mortière, de la division BRAHAUT. L'artillerie sous les ordres du général Liédot comptait 72 pièces et 18 mitrailleuses.

Le VIIᵉ corps (DOUAY), ayant pour chef d'état-major le général Reuson était formé par les brigades Morand et de Saint-Hilaire de la division DUMESNIL ; par les brigades Guiomar et de la Bastide de la division LIÉBERT ; par les brigades Bordas et Bittard de la division DUMONT ; par les brigades de cavalerie Cambriel et Douclombier de la division AMEIL. L'artillerie sous les ordres du général de Liégeard comptait 72 pièces et 18 mitrailleuses.

Le XIIᵉ corps (LEBRUN), ayant pour chef d'état-major le général Gresley, était constitué par les brigades Cambriels et de la Villeneuve de la division GRANDCHAMP ; par les brigades Bernier et Marquisan de la division LACRETELLE ; par les brigades Reboul et Martin des Pallières de la division DE VASSOIGNE ; par les brigades de cavalerie Savaresse, de Béville, et Leforestier de la division DE SALIGNAC-FÉNÉLON. L'artillerie, sous les ordres des généraux Labastic et d'Ouvrier, comptait 150 pièces et 18 mitrailleuses.

La *Réserve de Cavalerie* avait les brigades Tillard et de Galiffet de la division MARGUERITTE, et celles des généraux Girard et de Brauer de la division DE BONNEMAINS.

L'armée de Châlons possédait un effectif total de 86,000 hommes, 10,000 chevaux et 650 pièces.

Le 18 août, un détachement de 500 hommes conduits par le capitaine Ansaldo du 1e bataillon arriva à LOUVERCY pour renforcer les compagnies du 36e. Ce renfort n'éleva les effectifs de chaque compagnie qu'au nombre de 80 hommes. On s'occupa, dès lors, de la réorganisation du régiment. Des sous-officiers et des caporaux furent nommés le 19 ; les effets furent remplacés ; chaque homme reçut deux paires de souliers et le linge nécessaire ; les armes dégradées furent échangées contre des neuves ; les effets de campement furent distribués ; on commença les exercices de l'école de tirailleurs et de peloton. Le lendemain des prolonges furent affectées au transport des bagages.

Le 21 août, le 36e et la division L'HÉRILLER se mirent en route dès cinq heures du matin. Il n'y a plus dans cette colonne que des hommes valides. Elle arriva à CORMONTREUIL, près de Reims, à cinq heures du soir. M. BAUDOIN, lieutenant-colonel au 74e de ligne fut nommé colonel au 36e, et prit le commandement du régiment. L'*ordre général* suivant fut communiqué à la troupe :

« Le maréchal commandant en chef a notifié à M. le général
« commandant la 3e division l'ordre général, en date du 20, faisant
« connaître les nominations faites dans l'armée par divers décrets
« du 20 août. En raison des circonstances, le général comman-
« dant en chef décide que les officiers et autres désignés dans ces
« décrets seront considérés comme ayant reçu leurs lettres de
« service. Elles seront remplacées pour chacun d'eux provisoire-
« ment par un extrait de l'ordre général, certifié par chaque chef
« de corps, et pour ce qui concerne le grade de colonel et de lieu-
« tenant-colonel, par le général de brigade. Les nouveaux promus
« qui pourront rejoindre leurs postes le feront sur le champ. Il en
« sera ainsi pour ceux qui, par leur promotion, sont envoyés ou
« demeurent dans les corps réunis autour de Reims. Quant à ceux
« à qui il sera impossible de se rendre à leur destination, ils demeu-
« reront, jusqu'à ce que cette possibilité se présente, dans les corps
« où ils se trouvent, afin d'y être employés pour le mieux dans
« l'intérêt du service.

« Au quartier général.

« DE MAC-MAHON. »

Voulant tout à la fois couvrir Paris et tendre la main à l'armée de Metz, le maréchal se replia au nord-ouest. De la sorte, il évitait la rencontre de la IIIe ARMÉE allemande qu'il savait avoir déjà atteint les environs de Vitry. Toutefois, ses renseignements sur la marche de l'ennemi lui faisaient contredire le ministre Rouher, arrivé à Reims et assistant au conseil de guerre du 22. Le maréchal de Mac-Mahon se refusait à porter prochainement secours à Bazaine s'il ne recevait pas d'avis de ce maréchal, l'obligeant à prendre ce parti. Sa résolution était de se mettre en marche sur Paris le 23, pour ne pas conduire son armée à un échec inévitable. Malheureusement, le 22, il recevait de Bazaine la fatale dépêche, datée du 19, et se terminant ainsi : « *Je compte prendre la direction du nord et me rabattre ensuite par Montmédy, sur la route de Sainte-Menehould à Châlons, si elle n'est pas trop fortement occupée. Dans le cas contraire, je continuerai sur Sedan, et même sur Mézières, pour gagner Châlons.* » Croyant que l'armée de Bazaine avait déjà commencé son mouvement, et qu'elle se trouvait menacée par des forces supérieures, le maréchal de Mac-Mahon se décida alors à marcher à sa rencontre par Stenay, dès le lendemain. C'est ainsi que l'armée de Châlons entra dans la voie fatale qui devait bientôt la conduire au plus grand désastre.

Le 23 AOUT, les Français et les Allemands se portèrent simultanément en avant, les premiers de Reims, les seconds de la Meuse. Le 36ᵉ de ligne quitta Cormontreuil avec le 1ᵉʳ corps, traversa Pontavergér, où se trouvait cantonné le 5ᵉ corps, et arriva à BÉVILLERS. Le 7ᵉ corps était à Dontrien et à Prosne ; le 12ᵉ à Saint-Masmes. La division Bonnemains et le quartier général se trouvaient à Pont-Faverger.

Tandisque les Français s'ébranlaient pour venir sur la Suippe, une nouvelle répartition des armées allemandes créant une IVᵉ ARMÉE de la Meuse, permettait au général DE MOLTKE de mettre en mouvement de nouvelles forces contre l'armée de Châlons. Le tableau suivant résume les forces de cette IVᵉ armée :

Ordre de Bataille de la IVᵉ ARMÉE prussienne
(dite de la Meuse)

Commandant en Chef : PRINCE ROYAL DE SAXE.
Chef d'état-major général : De Schlotheim.

La Garde (Prince Auguste de Wurtemberg) comprenait les brigades de Medem, de Kessel et de Papstein de la 1ʳᵉ division *de Pape* ; les brigades Prince Henri de Hesse, de Berger et de Linsingen de la 2ᵉ division *de Budritzki* ; les brigades de cavalerie de Brandebourg I, prince Albrecht, et de Brandebourg II de la division *de Goltz*.

Le IVe CORPS PRUSSIEN (D'ALVENSLEBEN I) comprenait les brigades de Borries et de Zychlinski de la 7e division *de Schwarzhoff*; les brigades de Scheffler et de Kessler de la 8e division *de Schœler*.

Le XIIe CORPS SAXON (PRINCE GEORGES DE SAXE) comprenait les brigades de Hausen, Garten et de Seydlitz de la 23e division *de Montbé*; les brigades d'Elterlein, Prince Frédéric-Auguste et de Schulz de la 24e division *Nehrhoff*; les brigades de cavalerie Krug de Nidda et Senfft de Pilsach de la 12e division *comte de Lippe*.

LA 5e DIVISION DE CAVALERIE, sous les ordres du lieutenant général DE RHEINBADEN, comprenait les brigades de Barby, de Bredow et de Redern.

LA 6e DIVISION DE CAVALERIE, sous les ordres du duc GUILLAUME DE MECKLEMBOURG comprenait les brigades de Schmidt et de Rauch.

Le 23 août, la garde prussienne était à Saint-Mihiel; le IVe corps à Badonville et à Triconville; le XIIe corps à Haudiomont et à Eix; les 5e et 6e divisions de cavalerie arrivaient à Neuville-en-Verdunois et à Rosnes; le Prince royal de Saxe occupait Fresnes-en-Woëvre.

Suivant l'ordre du 21 août, envoyé par de Moltke, la IIIe ARMÉE se mettait en marche après trois jours de repos, le 23 août, pour occuper la ligne Saint-Mard-sur-le-Mont — Vitry-le-François. La IVe ARMÉE de la Meuse marchait sur la ligne Sainte-Menehould-Dancourt-Givry. Ces deux armées ennemies avaient donc pour but de se rencontrer vers Châlons, le 26 août. La IIIe armée conservait l'avance d'une marche sur la gauche de la première pour pouvoir résister à une attaque de front sur la droite des Français, et les refouler au nord de Paris. Le Ve corps et les Wurtembergeois atteignaient Stainville et Ménil. Le VIe corps gagnait Gondrecourt. Le XIe corps arrivait à Fontaines; le 1er corps bavarois à Saint-Aubin; le IIe corps bavarois à Ligny-en-Barrois. La 2e division de cavalerie venait de Martigny à Cirfontaines, se dirigeant sur Arcis-sur-Aube. La 4e division de cavalerie franchissait la Marne au sud de Vitry et poussait par la rive gauche sur Châlons.

Voici quelle était la *situation d'effectif* de ces deux armées ennemies qui allaient combattre notre armée de Châlons :

IIIe ARMÉE

V^e corps	18.571 fantassins	2.110 cavaliers	84 pièces.
VIe corps.	13.953 »	1.278 »	84 »
XIe corps.	20.638 »	1.239 »	83 »
1er corps bavarois . .	20.817 »	2.369 »	96 »

IIe corps bavarois . .	20.783	»	3.986	»	96	»
Wurtembergeois. . .	13.322	»	1.537	»	58	»
2e division de cavalerie			3.624	»	12	»
4e division de cavalerie			3.135	»	12	»

IVe ARMÉE (DITE DE LA MEUSE)

Garde	20.027 fantassins	4.215 cavaliers	90 pièces.
IVe corps.	24.916 »	2.157 »	84 »
XIIe corps saxon . .	25.085 »	3.570 »	96 »
5e division de cavalerie	4.147 »	12 »
6e division de cavalerie	2.758 »	6 »

TOTAL DES DEUX ARMÉES :

188.123 *fantassins* — 35.814 *cavaliers* — 813 *pièces.*

Le 21 AOUT, le 36e de ligne et le Ier corps arrivèrent à JUNIVILLE. Notre aile gauche, formée du Ve et du XIIe corps, avec la division Bonnemains, atteignit les environs de Réthel ; le VIIe corps vint occuper Contreuve. Du côté des Allemands, on exécuta, ce jour-là, la tentative contre Verdun qui n'aboutit à aucun résultat. L'ennemi s'avança jusqu'à Foucaucourt, Vaubecourt, Pierrefitte, Rosnes, Génicourt, Petit-Monthairon, Arzillières, Pagny, Courtisols, *Bar-le-Duc*, Convonges, Saudrupt, Saint-Dizier, Trouville, Joinville et Pont-Varin.

Le 25 AOUT, l'armée française ne gagna pas beaucoup de terrain vers l'est. Le 36e et le 1er corps se transportèrent à ATTIGNY. Le docteur Imbert qui était resté à Wœrth rejoignit le 36e. Les autres corps français occupèrent Amagnes, Réthel, Vouziers et Grand'Pré. Les Allemands arrivèrent à Lamouilly, Clermont, Vieil-Dampierre, Epense, Sivry, Jubécourt, Lempire, Triaucourt, Fleury, Vitry, Frêne, Pagny, Charmont, Heiltz, Perthes, Doucey, Sermaize, Ligny.

Jusqu'alors les manœuvres du maréchal DE M^c AC-MAHON étaient restées inconnues à l'adversaire. A onze heures du soir, un journal français, apporté au quartier général de Bar-le-Duc, révéla au général DE MOLTKE la résolution prise par le maréchal de faire une tentative pour dégager l'armée de Metz (1) ! A la réception de

---

(1) Nous lisons dans la rédaction historique de la guerre par le grand état-major prussien que ce journal est *Le Temps*, du 23 Août. (Traduction *de Serda*, édition Dumaine. Paris, 30, rue Dauphine. — La guerre franco-allemande 1re partie. 2 vol., page 934).

cette nouvelle, les généraux de Moltke et de Podbielski allèrent en faire part au Roi. Celui-ci approuva aussitôt le projet de conversion de l'armée allemande vers le nord. C'est alors que fut publié l'*ordre* suivant du grand quartier général prussien :

« Q. G. de Bar-le-Duc, 25 août 1870, 11 heures du soir.
« D'après une nouvelle parvenue à l'instant, le maréchal de Mac-
« Mahon aurait résolu de faire une tentative pour dégager le gros
« de l'armée de Metz. Il aurait quitté Reims depuis le 23 août ;
« ses têtes de colonne pourraient donc se trouver aujourd'hui à
« Vouziers. Il y a lieu de resserrer vers l'aile droite la IVe armée
« en dirigeant le XIIe corps sur Varennes et en rapprochant la
« Garde et le IVe corps de Verdun. Le 1er et le 11e corps bavarois
« suivront aussi dans cette direction. La Garde et le IVe corps ont
« été avisés de surseoir au mouvement qui leur avait été prescrit
« aujourd'hui pour la matinée de demain, de manger de bonne
« heure et d'attendre de nouveaux ordres avant de se mettre en
« marche. »

« DE MOLTKE. »

Le 26 AOUT, les armées allemandes entamèrent la *conversion vers le nord* pour intercepter la route de Metz et pour envelopper l'armée de Châlons. Les Saxons vinrent occuper tous les points de passage importants situés sur la Meuse, depuis Dun jusqu'à Stenay. Ils arrivèrent le 26 à Varennes, à Dombasle et à Fleury. Les autres corps de la IIIe armée allemande remontèrent à grandes journées du sud entre la Meuse et l'Aisne ; ils étaient aux environs de Chaumont le 26. Indécis, pressé par les ordres de Paris contraires à la stratégie militaire, le maréchal DE MAC-MAHON continue son mouvement de Réthel sur Briey. Tandisque le 36e de ligne passe des Ardennes à Vonques, traverse ce village, et va camper à trois kilomètres au-delà, en face de LUVILLE, le 7e corps s'établit à Vouziers ; le 5e corps, au Chêne ; le maréchal et le 12e corps à Tourteron. L'armée française exécutait une conversion à droite. Dans ce mouvement, notre cavalerie se trouva en contact avec celle de la IVe armée allemande aux environs de Vouziers et de Grand-Pré. Une patrouille du 11e hussards prussiens fut capturée par le général Bordas.

Le 27 AOUT, la 3e division dont faisait partie le 36e poussa une reconnaissance à 13 kilomètres sur les Alleux. N'ayant rien constaté d'extraordinaire dans cette opération, elle revint à LUVILLE. La première rencontre avec des cavaliers allemands auprès de *Grand-Pré* avait déterminé le maréchal à suspendre sa marche dans la direction de l'est. Des renseignements contradictoires l'obligèrent à des ordres et à des contre-ordres pour préparer une défense sur Vouziers et pour faire rebrousser chemin dans la direction du nord-ouest. Notre 5ᵉ corps atteignit la cavalerie saxonne à *Buzancy* ; nos chasseurs refoulèrent, à deux reprises, les escadrons ennemis. La halte de notre armée entre Vouziers et Le Chêne décida, au point de vue stratégique, l'insuccès de son opération sur Metz. Dans la journée, le maréchal DE MAC-MAHON apprit que la IIIᵉ armée allait se trouver en présence des corps Douay et Failly, que la IVᵉ armée marchait de Dun, Montfaucon, près Verdun, sur Buzancy, et que l'armée de Bazaine n'avait fait aucun mouvement pour quitter Metz. N'ayant plus d'autre ressource que de rétrograder sur Mézières, le Maréchal dut communiquer dans la soirée ses ordres de marche pour le lendemain. Le 1ᵉʳ corps devait marcher le premier sur Mazerney ; le 12ᵉ sur Vendresse ; le 5ᵉ sur Foix ; le 7ᵉ sur Chagny. Un télégramme annonça cette détermination au ministre de Palikao.

Le 28 AOUT, à une heure du matin, le maréchal recevait du ministre la réponse suivante : « *Si vous abandonnez Bazaine, une révolution éclatera à Paris et vous aurez sur les bras toutes les forces de l'ennemi. Paris saura se protéger contre les Prussiens. Il me parait d'extrême urgence que vous fassiez promptement votre jonction avec Bazaine. Ici, chacun sent la nécessité de délivrer Bazaine, et c'est avec la plus fiévreuse anxiété que l'on suit vos opérations.* » Peu après un second télégramme, adressé par le conseil des ministres, sommait le maréchal de marcher au secours de Bazaine. Ces ordres et ces considérations politiques déterminèrent le commandant en chef à faire rebrousser chemin à ses colonnes, sous une pluie torrentielle, et à diriger le 1ᵉʳ corps et le 36ᵉ de ligne sur LE CHÊNE, le 12ᵉ sur Beaumont, le 7ᵉ sur Boult-aux-Bois, le 5ᵉ sur Belval. Le quartier général français gagnait Stonne. Pendant ce temps, l'armée allemande, largement déployée, se portait à Damvillers et à Azannes. Quelques escarmouches eurent lieu à Voncques, à Falaise, à Harricourt, près de Buzancy et à Chauvancy. La IVᵉ armée occupa Banthéville, Montfaucon et Malancourt, tandisque les différents corps de la IIIᵉ armée arrivaient à Courtemont, Laval, Berzieux, Cernay, Virginy, Binarville, Varennes et Sainte-Menehould où fut transporté le quartier général allemand. Pour éviter une surprise de nuit, le 3ᵉ bataillon du 36ᵉ plaça des grand'-gardes nombreuses à l'entrée du défilé.

Le 29 AOUT, avisé que les Allemands l'ont devancé sur la Meuse et qu'ils en commandent le cours jusqu'à Stenay, le maréchal tenta de gagner Carignan par un détour au nord-est. A son aile gauche les troupes atteignirent la Meuse sans combat. Le 36ᵉ de ligne et le 1ᵉʳ corps, en marche depuis trois heures du matin, n'arrivèrent qu'à la tombée de la nuit sur le versant d'une colline qui domine RAUCOURT. La division Lartigue, formant l'arrière-garde, avait été suivie par la cavalerie allemande ; elle ne rejoignit que dans la nuit. Le 12ᵉ corps prit position sur les routes de Stenay et de Carignan. A l'aile droite, le 7ᵉ corps ne parvint qu'à Saint-Pierremont. Le 5ᵉ corps, dont les ordres avaient été interceptés par les Prussiens, ne marcha pas sur Beaumont, mais dut combattre les Saxons à NOUART. La conséquence de cet engagement fut un retard du mouvement de ce corps. La IVᵉ armée allemande était arrivée à Montigny, Champy, Tailly, Harricourt, Buzancy, Rémonville et Bayonville. La IIIᵉ armée avait gagné Sommerance, Cornay, Béffa, Monthois, Condé, Sénuc et Grand-Pré, où parvint le quartier-général du roi de Prusse. Les *rapports* de la Garde et de la cavalerie prussiennes, parvenues le 29, avaient notifié au général DE MOLTKE que nos troupes défilaient d'Autruche vers Beaumont, d'Authe vers le Chêne, de Quatre-Champs vers les Petites-Armoises, du Chêne sur Beaumont. Ils indiquaient aussi que nous occupions Chatillon, Voncq, Belleville, Boult-aux-Bois, Le Chêne, Nouart et Saint-Pierremont.

Les données fournies par ces rapports révélèrent à l'état-major prussien, à Grand-Pré, que le gros de l'armée de Châlons se trouvait *entre le Chêne et Beaumont*. Cette condition détermina *l'ordre de l'Armée* adressé par DE MOLTKE aux commandants des deux armées, le 29 août, à 11 heures du soir. Cet ordre prescrivait pour le 30 août : « à l'armée de la Meuse de marcher sur Beaumont, en
« se tenant à l'est de la route de Buzancy, de façon à franchir la
« ligne Fossé-Beauclair à 10 heures du matin. — A la Garde,
« d'avoir à dégager cette route pour 8 heures du matin, et de
« passer en réserve. — A la IIIᵉ armée de tenir deux corps prêts à
« appuyer l'attaque de la IVᵉ armée. A cet effet, l'aile droite devait
« se diriger par Busancy sur Beaumont, l'aile gauche toujours sur
« Le Chêne. » Cet ordre prescrivait donc d'attaquer le lendemain toute l'armée de Châlons, avant qu'elle eut atteint la Meuse.

Le 30 AOUT, à 2 heures 1/2 du matin, le Prince royal FRÉDÉRIC-GUILLAUME, au quartier général de Senuc, adressait à sa IIIᵉ armée *l'ordre* suivant :

« S. M. le Roi a décidé que l'on abordera aujourd'hui les posi-
« tions ennemies entre le Chêne et Beaumont. La IVᵉ armée atta-
« quera à l'est de la route de Buzancy-Beaumont : la IIIᵉ armée
« s'avancera à l'ouest de cette route. A cet effet, les mouvements

« suivants auront lieu : le Iᵉʳ corps bavarois se dirigera sur Bu-
« zancy, Sommauthe et Beaumont ; le IIᵉ corps bavarois suivra le
« Iᵉʳ comme réserve ; le Vᵉ corps viendra par Briquenay sur
« Oches ; les Wurtembergeois se porteront par Mourons sur Cha-
« tillon et Le Chêne ; le XIᵉ corps gagnera Le Chêne par Vouziers
« et par Voncq ; le VIᵉ corps se portera d'Autry sur Vouziers. La
« 2ᵉ division de cavalerie s'avancera sur Buzancy ; la 4ᵉ sur Cha-
« tillon ; la 5ᵉ aux environs de Tourteron ; la 6ᵉ vers Bouvellemont.
« Les trains parqueront à Champigneulle, Saint-Juvin, Grand-
« Pré, Vouziers et Savigny. Durant l'action, le quartier général
« de l'armée sera à Saint-Pierremont ; il se transportera probable-
« ment à Briquenay. »

A 3 heures du matin, le Prince ALBERT de Saxe, au quartier général de Bazonville, adressa à la IVᵉ armée les dispositions suivantes :

« Le gros des forces ennemies doit se trouver ce matin entre Le
« Chêne et Beaumont. S. M. le Roi a prescrit d'attaquer. L'armée
« de la Meuse, formant l'aile droite, quittera à 10 heures la ligne
« Beauclair-Fossé pour marcher sur Beaumont. En conséquence,
« la Garde prendra position entre Buzancy et le bois de La Folie.
« Le IVᵉ corps marchera de Fossé par Belval, et de Nouart par
« Grand-Champy, directement sur Beaumont. Le XIIᵉ corps enta-
« mera le mouvement offensif du bois de Nouart et de Beauclair,
« se dirigeant sur Beaumont par Beaufort et par Laneuville. La
« division de cavalerie s'établira au sud-est de Buzancy. Le quar-
« tier général de l'armée sera à Nouart. Il est recommandé à
« chaque corps de mettre son artillerie à la suite de sa première
« division. »

Ce 30 août le maréchal DE MAC-MAHON voulait porter le gros de ses forces au-delà de la Meuse par Remilly et Mouzon pour continuer sa marche sur Montmédy. Le 12ᵉ corps et la division Margueritte devaient atteindre Carignan avec l'empereur. A sept heures du matin, le 36ᵉ de ligne et le 1ᵉʳ corps rompaient de Raucourt sur REMILLY, où doit s'effectuer le passage de la Meuse. Les eaux de cette rivière ayant été arrêtées pour inonder les fossés de Sedan, on ne pouvait faire usage des gués situés en amont de la retenue. Une passerelle pour l'infanterie fut établie par les soins du génie. Vers midi, tandisque le corps d'armée traversait la rivière, couvert par le 36ᵉ de ligne, par la division L'Hériller et la brigade Septeuil, le canon se fit entendre du côté de *Beaumont*. Le 5ᵉ corps venait d'être attaqué par les Prussiens sur le lieu même de son campement. A ce bruit, le général DUCROT demanda au maréchal ses instructions. « Continuez le mouvement prescrit » répondit Mac-Mahon. En conséquence, le 36ᵉ et les divisions L'Hériller et Wolff s'acheminèrent sur DOUZY. Le 1ᵉʳ bataillon du 36ᵉ et le 2ᵉ zouaves bivouaquèrent sur la route de Carignan. Les divisions Pellé et Lartigue arrivèrent à Tetaigne. Le 7ᵉ corps, retardé par les convois d'une longueur de 15 kilomètres, se porta sur Stonne, La Besace et Rémilly. Il dut rétrograder vers ce dernier point à la suite de quelques rencontres partielles avec la IIIᵉ armée. La bataille de Beaumont, engagée par le IVᵉ corps prussien, continuée par le XIIᵉ corps et par le Iᵉʳ corps bavarois, avait fait perdre à l'ennemi plus de 3,500 hommes. Les nôtres avaient 1,800 hommes tués et blessés. Le caractère propre de cette bataille se résumait en une longue marche de l'infanterie qui, continuant sa route lentement et avec peine, mais d'une manière continue, parcourut une distance de 12 kilomètres en combattant sans cesse contre plusieurs corps ennemis qui se succédèrent. L'artillerie allemande ne s'était employée que sur une petite échelle au commencement de l'action ; sa cavalerie n'avait presque pas donné. De notre côté, les cuirassiers, conduits par l'admirable colonel DE CONTENSON, s'étaient sacrifié comme à Wœrth et à Vionville pour sauver la situation. Sur l'ordre du maréchal, le 5ᵉ corps, soutenu par deux brigades du 12ᵉ, évacuait peu à peu la rive gauche de la Meuse, pour se diriger au nord-ouest. Ces troupes furent ramenées autour de Sedan, dans la nuit du 30 au 31, pour les approvisionner de vivres et de munitions.

A onze heures du soir, le grand quartier général prussien, à *Buzancy*, publia *l'ordre de l'armée* suivant :

« Les renseignements manquent encore, pour le moment, relati-
« vement aux points précis où les divers corps ont cessé la lutte ;
« mais il est certain que de gré ou de force, l'ennemi a rétrogradé
« sur toute la ligne. La marche en avant reprendra donc demain
« dès l'aube. Partout où l'on trouvera l'adversaire, de ce côté ci
« de la Meuse, on l'attaquera vigoureusement en s'attachant à
« *l'acculer le plus étroitement possible entre cette rivière et la fron-*
« *tière belge*. La IVᵉ armée est spécialement chargée d'empêcher
« l'aile gauche ennemie de se dérober dans la direction de l'est.
« A cet effet, Son Altesse Royale fera en sorte de jeter deux corps
« sur la rive droite de la Meuse et abordera les Français en flanc
« et à revers, s'ils venaient à prendre position vis à vis Mouzon.
« La IIIᵉ armée opérera contre le front et la droite de l'adversaire.
« L'artillerie choisira, sur la rive gauche de la Meuse, des posi-
« tions aussi fortes que possible. Dans le cas où l'ennemi passerait

« sur le territoire belge et ne serait pas immédiatement désarmé,
« on l'y suivrait sans attendre de nouveaux ordres. S. M. le Roi
« se transportera de Buzancy à Sommauthe.
« DE MOLTKE. »

Le 31 août, 3 heures du matin, le prince royal FRÉDÉRIC-GUILLAUME, au quartier-général de *Saint-Pierremont*, adressait à sa IIIe armée l'ordre suivant :

« Aujourd'hui, dès l'aube, l'armée se remettra en marche pour
« poursuivre jusqu'à la Meuse les troupes ennemies, les attaquer
« vigoureusement partout où elle les trouvera, et les resserrer le
« plus étroitement possible entre cette rivière et la frontière belge.
« Pendant que la IVe armée poussera sur Mouzon et descendra la
« rive droite de la Meuse, la IIIe armée remontera vers le nord.
« A cet effet, les Wurtembergeois viendront de Stonne sur Beutan-
« court ; le XIe corps s'avancera de Chémery jusqu'à Donchery ;
« le Ier bavarois ira de Raucourt à Remilly ; le IIe bavarois mar-
« chera sur Raucourt ; le Ve corps sur Chémery ; le VIe corps sur
« Attigny et Semuy ; la 2e division de cavalerie se rendra à Ché-
« mery ; la 4e, vers le nord, sur la Meuse ; la 5e vers Reims ; la 6e,
« par Bouvellemont, vers Mézières. Les rapports me trouveront à
« Chémery. »

A 6 heures du matin, le prince ALBERT de Saxe, au quartier-général de *Beaumont*, dépêchait l'ordre suivant à la IVe armée :

« Aujourd'hui, l'armée continuera sa marche sur Sedan par les
« deux rives de la Meuse. En conséquence, la Garde et sa division
« de cavalerie franchiront la Meuse à Pouilly et marcheront sur
« Malandry et Sailly par le bois d'Inor, et sur Vaux et Carignan
« par Autréville. Le XIIe corps traversera la Meuse à Létanne, et,
« gagnant les crêtes par Moulins, avancera vers Douzy. Le IVe
« corps prendra position à l'ouest de Mouzon. Le quartier-général
« sera avec le XIIe corps. »

Ce 31 août, avis est donné au général DUCROT à Carignan du mouvement général sur Sedan. Ordre lui est adressé de rester en position avec son corps pour protéger l'armée de Châlons contre une entreprise des Allemands. Le général déploya donc sa 1re et sa 3e division, dont faisait partie le 36e, à quelques kilomètres de DOUZY, entre le chemin de fer et la route. Il forma la 2e et la 4e entre Carignan et Blagny. Couverte par ces troupes, l'armée de Châlons se replia sur Sedan, avec l'empereur et le maréchal. Le 5e corps arriva au Fond-de-Givonne, le 7e à Floing, le 12e à Bazeilles. Une fois la rive gauche de la Meuse complètement évacuée, la marche de l'armée paraissant assurée, le 36e et les 1re et 3e divisions du 1ᵉʳ corps suivirent à leur tour le mouvement de concentration sur Sedan. Le 36ᵉ se jeta dans les bois qui se trouvent sur la droite de la route, atteignit la vallée de Givonne, et prit position sur le mamelon du calvaire d'HILLY. Dans le courant de la journée, l'empereur adressa aux troupes la *proclamation* suivante :

« Soldats !

« Le début de la campagne n'a point été heureux ; laissant donc
« de côté toute considération personnelle, j'ai voulu remettre le
« commandement des armées à ceux des maréchaux que l'opinion
« publique désignait tout particulièrement. Jusqu'à présent, le
« succès n'a pas couronné nos efforts ; j'apprends cependant que
« l'armée du maréchal Bazaine a pu se refaire sous les murs de
« Metz, et celle du maréchal Mac-Mahon n'a été que légèrement
« entamée dans la journée d'hier. Vous n'avez donc aucun motif
« de vous laisser aller au découragement. Nous avons empêché
« l'ennemi de pousser jusqu'à la capitale et la France tout entière
« se lève pour chasser l'envahisseur. Dans des circonstances aussi
« graves, confiant dans l'Impératrice qui me remplace dignement
« à Paris, j'ai préféré le rôle de soldat à celui de souverain. Aucun
« sacrifice ne me semblera trop lourd pour sauver notre patrie ;
« elle possède encore, Dieu merci, des hommes de cœur, et, s'il
« devait s'y trouver des lâches, la loi militaire et le mépris public
« sauraient les punir.

« Soldats ! soyez dignes de votre antique réputation ! Que chacun
« fasse son devoir et Dieu n'abandonnera pas notre pays.

« NAPOLÉON »

Au bruit du canon tonnant depuis 9 heures du matin sur *Bazeilles*, où l'ennemi attaquait le 12ᵉ corps, le général DUCROT, avec ses 2ᵉ et 4ᵉ divisions, prenait position à Francheval, ensuite vis-à-vis *Daigny*. Le 7ᵉ corps gravit le plateau d'Illy ; le 5ᵉ corps se réunit au Vieux-Camp, et à Cazal. La brigade Cambriels, soutenue par les marins de Martin des Fallières, avait réussi à chasser de *Bazeilles* le 1ᵉʳ corps bavarois. En contenant l'ennemi à distance, elle avait permis aux marins d'organiser défensivement ce village. Elle avait combattu à 800 mètres de l'artillerie ennemie. Mais elle ne s'aperçut pas qu'après le combat, les Allemands avaient couronné les hauteurs de Aillicourt de 84 pièces de 6 pour la grande lutte du lendemain.

D'autres combats d'avant-garde avaient été livrés dans la journée du 31 août. A *Frénois*, nos grand'gardes avaient arrêté le mouvement de la 4ᵉ division de cavalerie prussienne. A *Flize*, nos troupes du 13ᵉ corps s'étaient rencontrées avec la 6ᵉ division de cavalerie ennemie. A *Yvernaumont*, les Wurtembergeois avaient été assaillis près de la forêt par notre 42e de ligne. A *Douzy*, le XIIe corps prussien s'était rencontré avec les divisions PELLÉ et DE LARTIGUE du corps DUCROT. La cavalerie saxonne y avait subi de grandes pertes. Le colonel de Milititz était grièvement atteint.

A huit heures du soir, le grand quartier général prussien, à *Vendresse* reçut un rapport du colonel DE BRANDESTEIN. Il portait que, d'après la reconnaissance faite aux environs de Remilly, les Français semblaient se replier sur Mézières. C'étaient les troupes du général DUCROT qui marchaient de Carignan par Francheval sur la rive droite de la Givonne. Aussitôt le général DE MOLTKE adressa une dépêche aux commandants en chef de la IIIe et de la IVe armée pour prescrire l'attaque des Français le lendemain sur la *route Sedan-Mézières*.

Des ordres pour le 1er septembre furent aussitôt communiqués aux corps de ces deux armées.

Le prince royal FRÉDÉRIC-GUILLAUME, au quartier-général de *Chémery*, arrêta les dispositions suivantes :

« Demain, 1er septembre, une partie de l'armée traversera la
« Meuse à Dom-le-Mesnil et à Donchéry pour arrêter l'ennemi se
« repliant de Sedan sur Mézières par la rive droite de la Meuse.
« A cet effet, le XIe corps s'établira à Vrigne-aux-Bois pour
« empêcher l'ennemi de passer entre la Meuse et la Belgique ; le
« Ve corps aura son aile droite débordant Vrigne-aux-Bois ; les
« Wurtembergeois franchiront la Meuse à Dom-le-Mesnil et pren-
« dront position face à Mézières ; le IIe corps bavarois se portera
« par Bulson et par Noyers sur Frénois et Wadelincourt, en face
« de Donchery ; le Ier bavarois tiendra à Remilly ; la 2e division
« de cavalerie marchera sur Boutaucourt ; la 4e au sud de Frénois ;
« la 6e à Flize ; la 5e et le VIe corps resteront dans leurs cantonne-
« ments actuels. Le quartier général sera à Chemery. »

Le prince ALBERT de Saxe prescrivait, en même temps, de son quartier général de *Mouzon*, les mouvements de la IVe armée pour le 1er septembre :

« L'ennemi, dit-il, tentera cette nuit de battre en retraite par la
« route de Sedan-Mézières. Une partie de la IIIe armée doit tra-
« verser la Meuse avant le jour à Bazeilles, à Donchery et à Dom-
« le-Mesnil, pour aborder l'adversaire sur la route Sedan-Mézières.
« La Garde se portera sur Villers-Cernay par Escombres, et sur
« Francheval par Sachy ; le XIIe corps agira par Lamécourt contre
« La Moncelle ; le IVe corps soutiendra les Bavarois à Bazeilles, et

« poussera par Mouzon jusqu'à Mairy. Les rapports me seront
« adressés sur la hauteur à l'est d'Amblimont. »

BATAILLE DE SEDAN. — (1ᵉʳ septembre). — A quatre heures du matin, le Iᵉʳ corps bavarois entama l'action à BAZEILLES. Il fut décimé par nos brigades *Martin-des-Pallières* et *Raboul*. Fermant les passages des rues, celles-ci contraignirent la colonne de Sauer à mettre bas les armes. Elles refoulèrent les colonnes Dietl et de Baur en leur infligeant des pertes sensibles. Dès cinq heures et demie, la défaite du Iᵉʳ corps bavarois était complète. Bientôt après, toute la IVᵉ armée prussienne accourut au secours des Bavarois. Le XIIᵉ corps saxon entra en ligne le premier à Francheval et à La Moncelle ; la Garde se porta sur Villers et le IVᵉ corps sur Remilly. Pour faire face à cette seconde attaque, le général LEBRUN demanda le secours de la brigade *Carteret* (36ᵉ de ligne, 2ᵉ zouaves, 8ᵉ bataillon de chasseurs). La brigade se mit en marche à colonne entière et traversa le camp de Cambrières. Vers six heures, le 36ᵉ arriva sur le plateau de BALAN, au nord de Bazeilles. A peine est-il en face de l'ennemi que plus de cent pièces prussiennes tirèrent à obus contre ses rangs. Ces batteries étaient postées sur les hauteurs de la Marfée, entre le pont Maugy et Aillicourt. Notre infanterie étant supérieure à celle des Allemands, ceux-ci devaient recourir au canon pour vaincre notre résistance. Les 800 pièces prussiennes commençaient à intervenir d'une manière décisive. *Déjà, dans la formation de ses colonnes de marche, l'ennemi avait eu soin de placer les batteries de façon à leur permettre de s'engager de bonne heure et de déboucher sur le champ de bataille avec les premières têtes de colonne de l'infanterie.* L'infanterie différait ses attaques jusqu'à ce que la grêle d'obus eut écrasé nos positions, préparé son action, et épargné les pertes énormes subies dans les batailles précédentes. A six heures un quart, MAC-MAHON, blessé, remettait le commandement au général DUCROT, le plus apte à exercer ces fonctions suprêmes. Nos braves du 36ᵉ mirent hors de combat une grande partie des servants de l'artillerie ennemie dont le tir, gêné par les brouillards, avait d'abord été très défectueux. A sept heures, de nouvelles batteries saxonnes furent mises en action sur la hauteur sud-est de La Moncelle. Assailli par le feu de ces pièces, le 36ᵉ dut, au pas gymnastique, gagner un chemin creux *en avant*, où il se maintint. Le lieutenant Jouveau fut blessé. La 5ᵉ et la 6ᵉ du 2 marchèrent sur Bazeilles et combattirent à gauche de l'infanterie de marine. A sept heures et demie, la lutte était opiniâtre au sud-ouest de Bazeilles : trois brigades bavaroises sous les ordres des généraux de Stephan et d'Orff succombaient avec de grandes pertes. Les majors Steurer et de Vallade avaient été tués ; le général d'Orff était blessé. Les renforts des colonnes Schuch et Schmidt avaient été impuissants pour prendre d'assaut le parc de Mouvillers. Nos bons tirailleurs avaient jeté la plus grande confusion dans les masses assaillantes. Le général LEBRUN espérait le succès.

Mais pendant que ces heureux engagements s'accomplissaient sur la Givonne, la IIIᵉ armée allemande se déployait au sud, à l'ouest et au nord de Sedan. Le Vᵉ et le XIᵉ corps se trouvaient en avant de Donchery ; les Wurtembergeois avançaient sur Viviers-au-Court ; le IIᵉ corps bavarois marchait en deux colonnes vers Noyers et Bulson ; le VIᵉ corps était à Attigny ; le Roi de Prusse arrivait sur le mamelon sud de Frénois. Avant que le cercle ne se resserrât de plus en plus autour de son armée, à 8 heures, le général DUCROT ordonna la concentration sur Illy et la marche sur Mézières.

A l'aile droite, Daigny et le Bois-Chevalier sont pris et repris deux fois par les zouaves et par les turcos du général DE LARTIGUE, malgré les renforts successifs de l'ennemi. Ce n'est que vers onze heures qu'une masse de troupes fraîches obligea les héroïques défenseurs de remonter à Bouillon pour ne pas être cernés. Entre Bazeilles et La Moncelle, où combattait le 36ᵉ, l'attaque du XIIᵉ corps saxon rendait l'action excessivement violente. Embusqués dans une dépression de terrain, distante de 60 pas de l'ennemi, nos braves du 36ᵉ redoublaient la violence de leurs feux. Les 105ᵉ et 107ᵉ régiments saxons de la brigade de Schulz, qui se déployaient sur les pentes de La Moncelle, furent balayés. Alors toute la division saxonne de Nehrhoff se joignit aux premiers assaillants. Une fusillade épouvantable s'en suivit. Le lieutenant Dupré du 36ᵉ fut tué. Le colonel BAUDOIN et le capitaine *de Chaurenet* tombèrent grièvement blessés. A neuf heures, le général DE WIMPFFEN apprit que les Prussiens, arrivés en force à Donchery, avait rendu la marche sur Mézières impraticable. Or, le ministre de la guerre de Palikao, l'avait désigné, comme plus ancien de grade, pour prendre le commandement en chef de l'armée, dans le cas où il arriverait malheur à Mac-Mahon. Faisant valoir les ordres formels du ministre, DE WIMPFFEN contredit malheureusement le mouvement du général DUCROT. Il fit reprendre l'offensive pour tenter un brusque retour contre les Bavarois et contre les Saxons. Il voulait les contraindre à lui céder la route de Carignan. Ces nouveaux ordres suspendirent la marche des divisions Grandchamp, Pellé, L'Hérillier et Vassoigne. Ils décidèrent l'attaque de la division

Lacretelle, appuyée par la brigade Carteret. Le 36ᵉ de ligne remonta sur le plateau et prit position *en avant* de LA MONCELLE.

Attaquant vigoureusement les compagnies des 3ᵉ, 10ᵉ et 12ᵉ régiments bavarois, nos braves du 36ᵉ infligèrent à l'ennemi de grandes pertes. Le major Muck et plusieurs officiers tombaient tués ou blessés. Embusqués dans une dépression de terrain, à 60 pas de deux maisons isolées, sur la route de Balan à la Moncelle, nos bons tirailleurs redoublèrent la violence de leur feu.

Vers 10 heures, le XIIᵉ corps saxon accourt au secours des Bavarois. Le 107ᵉ saxon remonte la route de Balan ; le 102ᵉ débusque au sud de La Moncelle ; la 46ᵉ brigade entre en action. L'artillerie de la Garde prend position sur le chemin de La Moncelle à La Chapelle. La plus vive résistance leur est opposée. Le colonel de Scherbening, le major O'Brien tombent mortellement frappés. Bientôt, toute la IVᵉ armée obéit au mouvement d'offensive générale contre les crêtes. Le IIᵉ bavarois, sous les ordres du général Hartmann, renforce le Iᵉʳ bavarois et les Saxons qui combattent à Bazeilles. A 11 heures, la *première ligne* formée par le XIIᵉ corps français, victorieuse à Bazeilles depuis 3 heures du matin, est rompue par la masse ennemie et par l'artillerie. Elle se replie au nord-ouest, en partie sur Balan, en partie sur les hauteurs adjacentes. La *seconde ligne*, formée par la brigade Carteret, dont fait partie le 36ᵉ, se replie *sur la croupe suivante* de La Moncelle. La *troisième ligne* formée par la brigade Fraboulet, assaillie sur les hauteurs de Daigny par les 104ᵉ et 105ᵉ saxons, et par leurs 1ᵉʳ, 12ᵉ et 13ᵉ bataillons de chasseurs, évite d'être tournée en remontant à Bouillon. Les 10ᵉ, 13ᵉ bavarois, et leur 7ᵉ bataillon de chasseurs sont entrés à *Bazeilles*, incendiant les maisons et fusillant tous les habitants. Pendant ce temps, notre général GALIFFET a chargé la 42ᵉ brigade du XIᵉ corps prussien. La 41ᵉ brigade, mitraillée à Olly, a perdu le colonel Grolman. Saint-Menges a été pris par la division Gersdorff. A la Scierie, notre cavalerie a chargé les batteries en marche du Vᵉ corps prussien. Le XIᵉ corps, atteignant la hauteur sud-est de Floing, a été plusieurs fois repoussé. Son général Gersdorff a été tué. Notre division DOUAY, criblée d'obus, s'est maintenue au plateau d'Illy.

A midi, toutes les batteries de la IVᵉ armée se trouvaient déployées sur les hauteurs de rive gauche de la Givonne. L'ennemi dirigeait sa canonnade formidable contre les hauteurs occupées par le 36ᵉ et par les autres troupes françaises. A une heure, quatorze nouvelles batteries entrent en action avec le corps de la Garde prussienne et sur les deux ailes de ce corps, face à La Moncelle et à Givonne. Après avoir inquiété ces batteries, fusillé les hussards de la Garde, les gardes du corps et le 2ᵉ régiment de fusilliers, le 36ᵉ dut se replier sur *La Chapelle*. La Garde venait d'opérer sa jonction avec la IIIᵉ armée par la forêt des Ardennes. Au même moment, la première ligne, attaquée à Balan par la 3ᵉ division bavaroise, repoussait ses assauts et infligeait de grandes pertes à l'ennemi. Le colonel Kohlermann et plusieurs majors furent tués. Devant les renforts de la 4ᵉ division bavaroise, cette ligne de bataille s'était repliée sur les hauteurs et dans les vergers du nord-ouest. La troisième ligne a rompu dans la direction du calvaire d'Illy.

A deux heures, l'action combinée des masses de l'artillerie allemande et du XIᵉ corps de la IIIᵉ armée obligea la brigade *Carteret* et le 36ᵉ de ligne à se réfugier dans le *bois de la Garenne*, où ils repoussèrent le 3ᵉ uhlans. Nos soldats y furent labourés par une grêle d'obus. Pour conjurer la catastrophe de l'armée de Châlons et pour briser le cercle de l'artillerie et des masses prussiennes, le général MARGUERITTE, et, après lui les généraux DE BEAUFFREMONT et GALLIFFET, essayèrent une tentative héroïque en exécutant une charge de cavalerie avec une remarquable vigueur et un complet dévouement. Sur le plateau de Floing, trois efforts, portés coup sur coup, enfoncèrent la 43ᵉ brigade, détruisirent les batteries du XIᵉ corps et ouvrirent un passage vers Gaulier à travers l'infanterie prussienne. Devant de nouvelles troupes de soutien, les glorieux débris de ces braves escadrons vinrent se réorganiser dans les ravins du bois de la Garenne. Nos généraux *Girard, Tilliard* et *de Salignac-Fenelon* étaient blessés. Sur les hauteurs au nord de Cazal, notre division LIÉBERT s'était héroïquement maintenue; elle avait tenu tête à la 19ᵉ brigade et aux 87ᵉ, 88ᵉ et 94ᵉ du XIᵉ corps. Elle dut se replier dans le cimetière et aux environs, devant les renforts des 43ᵉ et 46ᵉ brigades qui perdirent le colonel de Bassewitz. Les renforts du Vᵉ corps avaient aussi fait abandonner la hauteur de Floing. Toutefois de nouveaux efforts des Français avaient réussi à tenir la position du cimetière de Floing et de la ferme de Quérimont. Le *bois de la Garenne*, où combattait le 36ᵉ, fut d'abord criblé par l'artillerie. Il fut ensuite abordé successivement à l'est par le XIᵉ corps, au nord par la Garde, et à l'ouest par le Vᵉ corps. Après un engagement acharné et sanglant, plusieurs soldats du 36ᵉ, pris à dos, en s'obstinant à tenir, furent faits prisonniers.

A 3 heures, le reste du 36ᵉ et de la brigade *Carteret* se joignit à la division GOZE pour tenter un retour offensif contre DAIGNY et *Haybes*. Nos soldats exécutèrent un feu à bout portant contre la

Garde et contre les 45ᵉ et 46ᵉ brigades du XIIᵉ corps. Les Saxons durent rétrograder. En même temps un autre retour offensif de nos brigades *Maussion* et *Bordas* culbutait la 6ᵉ brigade bavaroise et s'emparait de BALAN, en infligeant de grandes pertes aux 14ᵉ et 15ᵉ régiments bavarois. Napoléon III, reprochant cette tentative inutile au général DE WIMPFFEN, faisait alors arborer le drapeau blanc. Mais le général Faure le fit descendre. La lutte continua jusqu'à l'arrivée des renforts du IVᵉ corps allemand. Assaillie par des projectiles venant de tous les côtés, la brigade Carteret dut alors se retirer sous les murs de Sedan où elle fut obligée de se jeter dans les fossés.

Le bombardement de Sedan a commencé. Une seconde fois le drapeau blanc est arboré. NAPOLÉON III envoie le général Lebrun à DE WIMPFFEN pour faire cesser le feu ; il députe le général *Reille* au roi de Prusse pour lui remettre son épée : il est cinq heures. Les Français ont 3,000 morts et 17,000 blessés et prisonniers dans la bataille. Telle est l'évaluation du général de Wimpffen. Les Allemands ont perdu 460 officiers et 8,500 hommes, tant morts que blessés (suivant l'évaluation de leur état-major). Les pertes du 36ᵉ sont de 14 officiers et de 612 hommes, tués, blessés ou prisonniers. Le reste du régiment (19 officiers et 900 hommes) quitta la position qu'il occupait dans les remparts à la tombée de la nuit. Il passa par la porte qui conduit dans les demi-lunes faisant face à Remilly.

La *bataille de Sedan* a donné lieu en France à des versions très diverses. Le bruit qui s'est fait récemment autour des principales personnalités de cette journée nous engage à reproduire ici l'extrait suivant du *rapport officiel du général DE WIMPFFEN au ministre de la guerre* (1) :

Fays-les-Veneurs (Belgique). 5 septembre 1870.
Monsieur le Ministre,

J'ai l'honneur d'adresser ci-joint à Votre Excellence mon rapport sur la journée du 1ᵉʳ septembre, dans laquelle j'ai pris le commandement de l'armée de Châlons, vers 9 heures du matin, par suite de la blessure reçue par le maréchal de Mac-Mahon.

Le 31 août, j'avais visité dans leurs emplacements les troupes du 5ᵉ corps d'armée qui venait d'être placé sous mes ordres. Elles

---

(1) Note du chef d'escadron *de Serda*. Traducteur de la rédaction de la guerre franco-allemande par le grand état-major prussien. — 1ʳᵉ partie, 2 vol. — Supplément L, page 312.

occupaient l'ancien camp retranché, la ville et les hauteurs qui dominent au sud-est le Fond-de-Givonne. — Le 12ᵉ corps occupait La Moncelle, la Platinerie, la Petite-Moncelle. — Le 1ᵉʳ corps s'étendait de la Petite-Moncelle à Givonne, tenant Daigny. — Le 7ᵉ corps, au nord-ouest de la ville, campait depuis Floing jusqu'au calvaire d'Illy. Toutes ces troupes étaient arrivées pendant la nuit du 30 au 31 août ou dans la matinée du 31. Pendant ma visite au camp, je constatai que de nombreuses colonnes ennemies venaient couronner de leur artillerie les hauteurs qui, de Remilly à Wadelincourt, bordent la rive gauche de la Meuse, attaquaient vivement et coupaient notre convoi qui défilait sur la route de Carignan à Sedan, rive droite de la Meuse.

Cette forte canonnade donnait lieu de croire que l'ennemi voulait détourner notre attention de la route de Mézières, pour opérer de ce côté un mouvement tournant. En conséquence, afin de fermer solidement la trouée qui existait entre les 1ᵉʳ et 7ᵉ corps, d'Illy à Givonne, je portai dans cette direction la brigade de Fontanges, de la division de Lespart, laissant la brigade Abbatucci, de la même division, dans le grand camp, avec l'artillerie de réserve en batterie. En même temps, par ordre du maréchal, je fis sortir de la ville l'unique brigade de la division L'Abadie et la portai à Cazal pour servir de réserve au 7ᵉ corps.

Le 1ᵉʳ septembre, au point du jour, l'ennemi commença son attaque sur le 12ᵉ corps et la prolongea successivement sur la droite, vers le 1ᵉʳ corps. A 7 heures, le maréchal de Mac-Mahon ayant été blessé remit le commandement au général Ducrot. Je n'en fus informé qu'environ une demi-heure après, et alors que cet officier général avait déjà donné certains ordres aux commandants de corps d'armée. Je crus devoir laisser exécuter ces ordres. Toutefois, vers 9 heures, voyant la gauche du 1ᵉʳ corps se diriger sur le milieu du bois de Garenne, je me décidai à faire usage de la lettre de commandement que Votre Excellence m'avait remise. Le général Ducrot me déclarait que son intention était de se retirer sur Illy ; mais ses bataillons, au lieu de suivre cette direction, exécutaient un changement de front en arrière sur l'aile droite et se rapprochaient de l'ancien camp.

Le mouvement projeté me semblait fort dangereux pour divers motifs : 1º La route était difficile à suivre pour plusieurs corps d'armée. 2º Il fallait parcourir au moins 6 kilomètres, espace fort long pour des troupes déjà fatiguées par cinq heures de lutte. 3º On devait s'attendre à ce que l'ennemi qui était en face et qui prévoyait le mouvement, se jetât sur elles avec d'autant plus d'ardeur qu'il savait les refouler en arrière sur des troupes nombreuses ayant pris position pour barrer le passage.

J'ordonnai en conséquence au général Ducrot de reprendre ses premières positions, et je renforçai sa gauche de la brigade Saurin, du 5e corps. Je me portai alors au centre du 7e corps pour chercher à me rendre compte de la situation des troupes engagées dans la direction de cette ligne de retraite. Là, j'acquis davantage encore la conviction que la marche de notre armée sur Mézières ne pourrait que difficilement s'opérer pendant le jour, et je résolus de tenir dans mes positions jusqu'à la nuit. Je revins me placer, vers midi, au centre des lignes, afin de donner plus facilement mes ordres et de suivre les péripéties de la lutte qui paraissait se soutenir avec succès. Le commandant du 7e corps ayant témoigné des inquiétudes au sujet des troupes qui occupaient le bois de la Garenne, près de la ferme, et qui étaient exposées à un feu d'artillerie meurtrier, je portai de ce côté des troupes des trois armes du 5e corps, et même du 1er corps, et je m'y rendis de ma personne. Je constatai bientôt que les obus lancés par l'ennemi exerçaient d'affreux ravages parmi nos troupes. Elles étaient dans l'impossibilité de tenir. Trois batteries d'artillerie mises en position furent désorganisées en dix minutes à peine. Il fallut retirer l'artillerie, abriter la cavalerie dans une clairière, au milieu du bois, et faire de grands efforts pour y maintenir l'infanterie. Je revins au milieu du champ de bataille et remarquai que l'artillerie ennemie avait resserré le cercle de son feu, de manière à couvrir le plateau d'obus lancés dans tous les sens. Le général Douay me fit avertir qu'il lui était impossible de se maintenir plus longtemps et qu'il avait devant lui des forces très considérables qui ne lui permettaient pas d'opérer une retraite sur Illy.

Le 12e corps se maintenant toujours avec succès sur les fortes positions qu'il occupait, je crus devoir joindre à ce corps toutes les troupes disponibles du 1er et du 5e pour jeter une fraction de l'armée ennemie dans la Meuse et me frayer une issue dans la direction de Carignan. J'écrivis dans ce sens à l'Empereur, en engageant Sa Majesté à venir se placer au milieu de ses troupes, qui tiendraient à honneur de lui ouvrir un passage. Il était environ 1 heure et demie.

L'ennemi céda devant notre mouvement offensif; mais, en même temps, les troupes des 7e et 1er corps restées sur le plateau pour faire l'arrière-garde, étaient vivement abordées et refoulées par des forces supérieures. Au lieu de suivre le mouvement du 12e corps, en passant entre le grand camp et le bois de la Garenne, ces troupes se rapprochèrent peu à peu des fortifications de la place. Je me plaçai à la tête de troupes de tous corps massées autour de la ville — il était environ 3 heures — et je marchai sur les traces du 12e corps en suivant la grande route de Givonne et escaladant les hauteurs qui dominent cette route à l'est. Mais, arrêté par une série de clôtures et de parcs, plus encore que par la défense de l'ennemi, je dus prendre un chemin à droite qui me conduisait à la porte de Balan.

C'est à ce moment — 4 heures — qu'un officier m'apporta une lettre par laquelle l'Empereur me prévenait que le drapeau blanc avait été hissé à la citadelle et m'invitait à cesser le feu, me chargeant de négocier avec l'ennemi. Je me refusai à plusieurs reprises d'obtempérer à cette injonction. Malgré les pressantes instances de Sa Majesté, je n'en crus pas moins devoir tenter un suprême effort. Je rentrai en ville pour appeler à moi toutes les troupes qui s'y trouvaient accumulées. Peu d'hommes répondirent à mon appel; c'est avec 2,000 soldats seulement que je chassai l'ennemi du village de Balan. L'effectif de ces hommes était trop peu considérable pour tenter la seule retraite qui fut possible, eu égard à la disposition des forces ennemies. A 6 heures, je rentrai le dernier dans la ville. Les soldats, entassés dans les rues, étaient exposés aux plus grands périls en cas de bombardement. J'apprenais de plus qu'il restait un seul jour de vivres dans les magasins de la place. Dans ces conditions, et sur une nouvelle demande de l'Empereur, je me résignai à aller négocier près de M. le comte de Moltke les conditions d'une capitulation... J'évalue de 15 à 20,000 le nombre des morts et des blessés pour les deux journées de Beaumont et de Sedan. A la bataille livrée sur le plateau d'Illy, nous avions de 60 à 65,000 combattants. M. de Moltke lui-même a reconnu que nous avons lutté contre 220,000 hommes, et que la veille, à 5 heures du soir, un corps prussien d'un effectif supérieur à celui de notre armée était déjà placé sur notre ligne de retraite. Une lutte soutenue pendant 15 heures contre des forces très supérieures me dispense de faire l'éloge de l'armée; tout le monde a fait noblement son devoir...

Le général commandant en chef : DE WIMPFFEN.

Dès les premiers mots de son entretien avec le général DE MOLTKE notre général en chef reconnut que le comte avait malheureusement une connaissance très exacte de notre complet dénûment. Refusant d'accorder à notre armée les avantages mérités par sa conduite valeureuse, celui-ci exigea des conditions inacceptables. DE WIMPFFEN dut se retirer avec la menace de voir le bombardement commencer le lendemain matin, à 9 heures, si la convention n'était point arrêtée avec l'ennemi.

Le 2 septembre au point du jour, les généraux de corps d'armée et de division se réunirent en conseil. Après examen des ressources de la place, il fut décidé à l'unanimité que l'on ne pouvait éviter de traiter avec l'ennemi. Le général DE WIMPFFEN se rendit ensuite au quartier général du comte DE MOLTKE où il obtint quelques adoucissements aux mesures proposées. Le *protocole* de la capitulation était ainsi conçu :

Entre les soussignés, le chef d'état-major général de S. M. le Roi de Prusse, commandant en chef l'armée allemande, et le général commandant en chef de l'armée française, tous deux munis des pleins pouvoirs de LL. MM. le roi Guillaume et l'empereur Napoléon, la convention suivante a été conclue :

Article 1er. — L'armée française placée sous les ordres du général de Wimpffen, se trouvant actuellement cernée dans Sédan par des forces supérieures, est prisonnière de guerre.

Art. 2. — Eu égard à la valeureuse défense de cette armée, il est fait exception pour tous les généraux et officiers, ainsi que pour les fonctionnaires ayant rang d'officier, qui engageront leur parole d'honneur par écrit de ne pas porter les armes contre l'Allemagne, et de n'agir d'aucune autre manière contre ses intérêts jusqu'à la fin de la guerre actuelle. Les officiers et fonctionnaires qui accepteront ces conditions, conserveront leurs armes et les objets qui sont leur propriété personnelle.

Art. 3. — Toutes les autres armes, ainsi que le matériel de l'armée consistant en drapeaux, canons, chevaux, caisses de guerre, équipages de l'armée, munitions, etc., seront remis à Sedan à une commission militaire instituée par le commandant en chef français, pour être livrés immédiatement au commissaire allemand.

Art. 4. — La place de Sédan sera remise au plus tard dans la soirée du 2 septembre à la disposition de S. M. le Roi de Prusse.

Art. 5. — Les officiers qui n'auront pas souscrit l'engagement mentionné à l'article 2, et les hommes, après avoir été désarmés, seront rangés par régiments et conduits en bon ordre dans la presqu'île formée par la Meuse près d'Iges. Les groupes ainsi constitués y seront remis entre les mains des commissaires allemands par les officiers, qui céderont ensuite le commandement aux sous-officiers. Cette disposition commencera à recevoir son exécution le 2 septembre et devra être terminée le 3.

Art. 6. — Les médecins militaires, sans exception, resteront en arrière pour donner leurs soins aux blessés.

Fait à Frénois, le 2 septembre 1870.

Signé : DE MOLTKE.   Signé : DE WIMPFFEN

Le 2 septembre, le 36e quitta sa position et vint se former par divisions dans la *cour de la citadelle*, face à l'ambulance. Les soldats reçurent du biscuit, du sucre et du café pour deux jours. A 2 heures de l'après-midi, les généraux L'Hériller, Carteret et Lefèbvre entrèrent dans la cour où se trouvait le 36e et firent connaître à tous les officiers placés sous leurs ordres quelles étaient les conditions de la capitulation. Ceux-ci pouvaient être immédiatement renvoyés dans leurs foyers en signant un engagement de ne plus porter les armes pendant toute la durée de la guerre. Aucun officier du 36e n'accepta cette condition. La capitulation de la ville de Sedan fut mise à l'ordre et communiquée à la troupe. Le général DE WIMPFFEN ajoutait la déclaration suivante :

« Soldats, hier vous avez combattu contre des forces très supé-
« rieures depuis le point du jour jusqu'à la nuit. Vous avez résisté
« à l'ennemi avec la plus grande valeur et brûlé jusqu'à la dernière
« cartouche. Epuisés par cette lutte, vous n'avez pu répondre à
« l'appel qui vous a été fait par vos généraux et par vos officiers
« pour tenter de gagner la route de MONTMEDY et rejoindre le
« maréchal Bazaine... » Ces paroles consolantes ne purent adoucir l'amertume qui abreuvait l'âme de nos soldats.

Le 36e reçut dans la soirée 18 nominations d'officiers. Le 3 septembre, à une heure, le 36e fut réuni avec toutes les troupes de la forteresse. La colonne désarmée traversa Sedan, passa par la porte de Mézières, et vint camper vers 6 heures du soir sur le plateau d'Isigny.

Le 4 septembre, l'armée reçut communication de l'ordre de l'état-major prussien au sujet du mouvement d'évacuation des troupes. Il devait s'effectuer par groupes de 2,000 hommes, et commencer par la division L'Hériller. Les officiers du 36e brisèrent leurs sabres plutôt que de les remettre aux autorités prussiennes.

Le 5 septembre, à 8 heures du matin, la première colonne composée du 36e et du 48e de ligne, se mit en route. A droite et à gauche, les Bavarois formaient la haie. Tambours et musique ouvraient la marche avec un peloton de cuirassiers. C'est ainsi que la colonne défila à Sédan, franchit la porte de Balan, traversa le champ de bataille entre la route de Carignan et la Meuse, longea le village incendié et ruiné de Bazeilles, arriva à Douzy où se trouvaient les ambulances et une partie de l'armée prussienne. Elle fit grand'halte après avoir passé Mouzon. Ne recevant aucune distribution de vivres et devant réquisitionner les habitants, nos chers prisonniers ne purent faire dorénavant qu'un seul repas par jour. Après avoir parcouru 35 kilomètres, la colonne arriva à STENAY elle fut conduite dans la caserne et dans le magasin à fourrages. La population fut admirable de dévouement. Quelques prisonniers purent s'habiller en civil et s'évader.

La colonne se remit en route le 6, par une pluie battante, et arriva à DAMVILLERS. Elle parvint à Etain le 7, à Gravelotte le 8, et à Pont-à-Mousson le 9, où elle prit la voie ferrée jusqu'à Conflans. A Verny, elle dut descendre de train et marcher jusqu'à REMILLY. Embarquée le 10 dans des wagons de marchandises, où furent casés 44 Français et 2 Prussiens, la colonne arriva le 12 à MAGDEBOURG ; elle fut aussitôt dirigée sur le champ de manœuvres qui se trouve au-delà de l'Elbe, à deux kilomètres de la ville. La captivité de nos braves avait eu pour cause principale la trahison de Victor-Emmanuel. Ce roi ingrat avait résisté à la dernière invitation que lui avait faite à *Florence* le Prince Impérial, envoyé par Napoléon III, le 16 août. Le 20 septembre, il spoliait les Etats Pontificaux, et volait à l'Eglise catholique sa capitale. Rome devenait ainsi la récompense du plus exécrable des crimes !

III. — LE 36ᵉ RÉGIMENT DE MARCHE
A L'ARMÉE DE LA LOIRE

Combats de Torsay, de Saint-Maixme et de Digny (18 novembre). — Combats de Chambord et de Montlivault (9 décembre). — Combat de Troo (26 décembre). — Combat de Vendôme (31 décembre). — Combats de Mazangé et du Gué-du-Loir (6 janvier 1871). — Combats d'Épuisay et du Poirier. — Escarmouche de la Vieille-Haie (7 janvier). — Escarmouche de Vancé (8 janvier). — Escarmouche de Saint-Pierre-du-Lorouer (9 janvier). — Bataille du Mans (10, 11, 12 janvier). — Combat de Chassillé (14 janvier). Combat de Saint-Jean-sur-Erve (15 janvier).

Depuis l'installation à Tours, vers le milieu de septembre, d'une délégation du gouvernement de la Défense nationale, et surtout, depuis l'arrivée de GAMBETTA dans cette ville, l'organisation de nouvelles armées était activement poussée dans l'intérieur de la France. Les régiments de marche et les gardes mobiles, composés des éléments les plus divers, formèrent d'abord le XVᵉ corps à Bourges, sous les ordres du général DE LA MOTTEROUGE. Il comprenait les brigades de Chabron et Bertrand de la division MARTIN DES PAILLÈRES ; les brigades Dariès et Rebillard de la division MARTINEAU ; les brigades Maurice et Martinez de la division PEYTAVIN ; les brigades de cavalerie Galand, Brémond, Michel, Dastugue et Tripart de la division REYNAU. Le général DE BLOIS avait sous ses ordres 17 batteries. Ce XVᵉ corps livra son premier combat à *Toury* (5 octobre) contre la cavalerie du prince Albrecht qui dut rétrograder.

Le 36ᵉ de marche devait se former à ORLÉANS. Quinze compagnies s'y trouvaient déjà réunies lorsque le combat malheureux d'*Artenay*, livré le 10 octobre par le XVᵉ corps contre les Bavarois de VON DER TANN, permit aux Prussiens d'entrer à Orléans. Les compagnies destinées au 36ᵉ de marche durent suivre le mouvement de retraite des autres troupes. Formant un effectif de 3,230 hommes, elles servirent à constituer deux bataillons provisoires sous les ordres des commandants Laflaquière et Perrot.

Le 11 octobre, se dirigeant sur Bourges, le 36ᵉ de marche vint camper à YARGEAU. Le XVᵉ corps se rallia à La Ferté Saint-Aubin.

Le 12, le général de la Motterouge fut remplacé par D'AURELLES DE PALADINES nommé commandant en chef des XVᵉ et XVIᵉ corps formant l'armée de la Loire. Le 1ᵉʳ bataillon du 36ᵉ arriva à VANNES et le 2ᵉ à AUBIGNY.

Les 13, 14, 15 octobre, le 36ᵉ fait séjour. Le XVᵉ corps est réuni à La Motte-Beuvron.

Le 16, le 36ᵉ arrive à LA CHAPELLE.

Le 17, il entre à BOURGES. Le XVᵉ corps est à Salbris pour couvrir Vierzon et Bourges.

Le 18, le général POURCET crée le XVIᵉ corps à Blois.

Son *ordre de bataille* est ainsi constitué :

XVIᵉ CORPS (POURCET, ensuite CHANZY).

Chef d'état-major : Général Renault.

Division	Brigade	Unités
1ʳᵉ division Contre-amiral JAURÉGUIBERRY	1ʳᵉ brigade *Bourdillon*	3ᵉ bat. de marche de chass.; 39ᵉ de marche ; 75ᵉ de garde mobile.
	2ᵉ brigade *Deplanque*	38ᵉ de marche. 33ᵉ de garde mobile.
2ᵉ division Général BARRY	1ʳᵉ brigade *Desmaisons*	7ᵉ bat. de marche de chass.; 31ᵉ de marche ; 22ᵉ de garde mobile.
	2ᵉ brigade *Bérard*	38ᵉ de marche. 66ᵉ de garde mobile.
3ᵉ division Général MALHERBE	1ʳᵉ brigade *Marty*	36ᵉ *régiment de marche*. 8ᵉ de garde mobile ; 8ᵉ bat. de marche de chasseurs.
	2ᵉ brigade (manque)	40ᵉ de marche. 71ᵉ de garde mobile.
Division de cavalerie Général MICHEL	1ʳᵉ brigade *Tripart*	1ᵉʳ hussards. 2ᵉ rég. mixte (caval. légère).
	2ᵉ brigade *Digard*	6ᵉ lanciers. 3ᵉ rég. mixte.
	3ᵉ brigade *de Tucé*	3ᵉ cuirassiers ; 4ᵉ dragons. 4ᵉ régim. mixte.
Artillerie Colonᵉˡ *Robinot-Marcy*		20 batteries.

Les XVᵉ et XVIᵉ corps constituant toute l'armée de la Loire à ce moment, et n'étant encore qu'en voie d'organisation, devaient arrêter la marche des Prussiens. Depuis le 16 octobre, le Ier corps bavarois et la 2e division de cavalerie, sous les ordres du général VON DER TANN, occupaient différentes positions autour d'Orléans. Ils communiquaient avec Versailles par deux divisions prussiennes établies à Chartres. Les forces allemandes réunies autour d'Orléans comprenaient alors trois divisions bavaroises, réduites à Bazeilles, et ne comptant plus que 14,683 fantassins, 4,695 cavaliers, 110 pièces, non compris les détachements composés chacun de 3 bataillons, de 2 escadrons et d'une batterie. Ce corps venait d'être renforcé, pour empêcher la formation de l'armée de la Loire. De Moltke venait de lui adjoindre une subdivision de la Ire armée, sous les ordres du grand-duc DE MECKLENBOURG-SCHWÉRIN. L'effectif d'ensemble de ces nouvelles forces s'élevait à 52 bataillons d'infanterie, 134 escadrons, 232 pièces. Cette armée comprenait, avec le Ier corps bavarois, les 17e et 22e divisions d'infanterie, plus les 2e, 4e, 5e et 6e divisions de cavalerie. La possibilité de ce renfort était due à la capitulation de Metz (27 octobre). Les 170,000 hommes de FRÉDÉRIC-CHARLES arrivaient à Paris à marches forcées.

Le Ier corps bavarois était composé comme à Sédan.

La 17e division d'infanterie (de Schimmelmann) était formée par les brigades de Kottwitz, de Manteuffel et de Rauch (cav.)

La 22e division d'infanterie (de Wittich) était constituée par les brigades de Kontzki, de Schkopp, et par les troupes du duc Georges de Saxe.

La 2e division de cavalerie (de Stolberg) renfermait les brigades de Colomb, de Barnekow et de Baumbach.

La 4e division de cavalerie (Prince Albrecht) comprenait les brigades de Hontheim, de Bernardi, de Kosigk, et les troupes du prince Bernard de Saxe.

La 5e division de cavalerie (de Rheinbaden) possédait les brigades de Barby, de Bredow et de Redern.

La 6e division de cavalerie (duc Guillaume de Mecklenbourg) avait les deux brigades de Schmidt et de Rauch.

Chaque brigade de cavalerie renfermait trois régiments et deux batteries.

Châteaudun était tombé au pouvoir de l'ennemi le 18 octobre. Vendôme et La Perche étaient menacés. Pour empêcher les Bavarois d'étendre leur occupation, les premières troupes du XVIe corps reçurent l'ordre de s'établir depuis la forêt de Marchenoir jusqu'à Mer.

A Bourges, le 36e de marche reçut, le 19 octobre, l'ordre de se diriger par les voies ferrées sur SAINT-BRIEUX, pour achever sa formation. Il y arriva le 20. M. le lieutenant-colonel MARTY prit alors le commandement du régiment qui se constitua sous sa direction. *L'ordre du régiment* qu'il publia le 22 octobre fixa la répartition des dix-huit compagnies désignées par M. le ministre de la guerre pour concourir à la formation du régiment. Les six compagnies du 1er bataillon (commandant Senaux) venaient des 11e, 12e, 19e, 23e, 29e et 28e de ligne. Les compagnies du 2e bataillon (commandant Laflaquière) provenaient des 28e, 31e, 32e, 35e, 38e et 62e de ligne. Les compagnies du 3e bataillon (commandant Perrot) étaient fournies par les 64e, 67e, 68e, 81e, 83e et 95e de ligne. Toutes ces compagnies composant le 36e de marche durent conserver et mentionner sur toutes les pièces, outre leur nouvelle dénomination consacrée par cet ordre, le numéro du régiment d'où elles provenaient.

Le mouvement sur Orléans avait été résolu le 25. Le lendemain, le 36e de marche quitta Saint-Brieux en chemin de fer, à destination d'ALENÇON. Là, les deux premiers bataillons reçurent l'ordre de poursuivre leur route sur LAIGLE et sur VERNEUIL (Eure). Le 3e bataillon les rejoignit le 28. La veille, Metz avait capitulé.

Le 28 octobre, sur l'ordre de M. le capitaine de vaisseau DUVAL, commandant supérieur des troupes réunies à Verneuil, le 1er bataillon du 36e partit en observation pour TILLÈRES-SUR-ARVES. Les 2e et 3e bataillons, les mobiles de la Corrèze, les francs-tireurs de Lisieux, les éclaireurs de la Gironde, une demi-batterie et un peloton de chasseurs, sous les ordres du colonel MARTY quittèrent Verneuil le 28, à minuit, et se dirigèrent en toute hâte vers SENONCHES (Eure-et-Loire), en passant par la Ferté-Vidame. La colonne arriva à destination le 29, à 9 heures du matin, sans avoir été inquiétée. A son arrivée à Senonches, M. le lieutenant-colonel MARTY détacha le 3e bataillon à quatre kilomètres pour relier à Mesnil-Thomas les bataillons du Calvados qui étaient aux Epineraizes, près Jaudray (à droite), et pour s'appuyer sur les hauteurs de Louvillers gardées par les marins (à gauche). Un peloton de chasseurs d'Afrique servait d'éclaireurs. En même temps, les mobiles de la Corrèze étaient envoyés aux Nouains, s'appuyant aux troupes de Joudray, et à celles du Buisson. Le corps reçut notification de la *lettre ministérielle*, expédiée à Tours, le 30 octobre, et prescrivant que chaque compagnie d'infanterie aurait cinq sergents et 10 caporaux pendant la durée de la guerre.

Le 1er novembre, la garnison de Senonches fut renforcée par les mobiles du Calvados et par ceux d'Eure-et-Loire.

Le 2, le général CHANZY, succédant au général Pourcet, prit le commandement du XVIe corps. Ce jour-là, les Bavarois furent chassés d'*Ouzouer*

Le 4, le 1er bataillon du 36e quitta Tillères et se rendit à ALENÇON, où il stationna jusqu'au 15, sur l'ordre de M. le général DE MALHERBE.

Le 7 novembre, le XVIe corps prélude par un succès à *Vallière*. Il bat la colonne de Stolberg qui l'avait attaqué.

Le 8, le XVIe corps prit position entre Coudray et Ouzouer.

Le 9, *victoire* de COULMIERS. Assailli sur son flanc par l'artillerie ennemie, le XVIe corps traversa Epieds, attaqua vigoureusement les Bavarois à Gémigny, Coulmiers, Rosières et Saint-Sigismond. Faisant ensuite un mouvement tournant, il força l'ennemi à battre en retraite sur Toury. Nos soldats débouchaient le soir à Orléans, fiers de leur victoire. Ce jour-là, le 2e bataillon du 36e occupait Nouains, et le 3e rentrait à Senonches.

La défaite des Bavarois à Coulmiers fit trembler le Roi de Prusse. Il ordonna aussitôt au prince FRÉDÉRIC-CHARLES de faire avancer contre l'armée de la Loire, les IIIe, IXe et Xe corps, ainsi que la 1re division de cavalerie de la IIe armée. C'était un second renfort de 73 bataillons, de 52 escadrons et de 264 pièces.

Le IIIe CORPS (D'ALVENSLEBEN II) comprenait les brigades de Conta et de Schwerin de la division *Stülpnagel*, les brigades de Rothmaler, de Bismarck et de Dresky de la division *de Buddenbrock*.

Le IXe CORPS (DE MANSTEIN) était constitué par les brigades de Blumenthal et de Falkenhausen de la division *de Wrangel*, et par les brigades de Winckler, de Lyncker, de Rantzau et de Jageinann de la division *Prince Louis de Hesse*.

Le Xe CORPS (DE VOIGTS-RHETZ) était formé par les brigades Lehmann et de Wedell de la division *de Schwarzkoppen*, et par les brigades de Wayna, de Diringshofen et von der Goltz de la division *de Kraatz*.

La *1re division de cavalerie de Hartmann* comprenait les brigades de Lüderitz et Baumgarth.

La Ire et la IIe armée allemandes allaient donc entrer en jeu pour combattre nos contingents si rapidement mis sur pied.

Le 11 novembre, trois compagnies de gauche du 3e bataillon du 36e sous les ordres du commandant Perrot vinrent occuper DIGNY.

Le 15 novembre le 1er bataillon du 36e quitta Alençon pour rejoindre les autres bataillons à Senonches. Une dépêche du chef d'état-major du XVIe corps arrêta ce bataillon à NOGENT.

Le 16, prenant l'offensive, la II⁰ armée prussienne avança jusqu'à Pithiviers, Angerville et Montargis.

Le 17, le 1ᵉʳ bataillon du 36ᵉ partit pour Laloupe et se rendit au chateau de la Rivière. Il fut alors placé sous les ordres du colonel DE LA FERRONAYE, commandant les mobiles de l'Orne, qui occupaient Fontgouin. Il fut préposé à la garde de la voie ferrée depuis le chateau jusqu'au hameau de Favril. Il prit ensuite position à la Madeleine-Bouvet, à Lougny, à Saint-Mard, et ne rejoignit le régiment que le 21, à Thourouvre. En prévision d'une attaque sur Orléans, la division DE MALHERBE se postait aux Barres, et le XVIIᵉ corps (DE SONIS) prenait position à Ouzouer, Lorges et Marchenoir. Le 2ᵐ bataillon du 36ᵉ (commandant Laflaquière) quitta Nonains pour se rendre à SAINT-MAIXME, en passant par Digny, Ardelle et Hauterive. Arrivé à destination vers onze heures du soir, ce bataillon reçut l'ordre d'aller en toute hâte couvrir le village de Torsay.

10 novembre. — Combats de Torsay, de Saint-Maixme et de Digny.

A quatre heures du matin, le commandant Laflaquière arrivait à Torsay ayant à sa gauche les mobiles de l'Eure, et, à sa droite, les francs-tireurs de la Gironde. Il envoya ses quatre premières compagnies occuper les bois de Chateauneuf et les deux dernières en avant de Torsay comme soutien. Les quatre compagnies avaient pour mission de défendre le passage d'un pont. Quelques coups de feu furent échangés dans la matinée avec les éclaireurs prussiens. A midi, la brigade Schkopp, composée du 3ᵉ régiment hessois, du 5ᵉ régiment de Thuringe, du 1ᵉʳ régiment de hussards hessois et de 36 pièces attaqua les défenseurs du pont. Devant cette puissante artillerie, les quatre compagnies du 36ᵉ prirent leur ligne de bataille au delà de la forêt en avant de TORSAY. Seules, pendant trois heures, elles résistèrent à toutes les forces de l'ennemi. Le capitaine *Mallard* et le sous-lieutenant *Thinus* furent tués. 250 hommes furent mis hors de combat. Dès le début de l'action, les mobiles de l'Eure avaient abandonné leurs positions. L'ennemi prononça un mouvement tournant vers trois heures. Alors le commandant Laflaquière ordonna la retraite sur Jaudray et Senonches.

Pendant ce temps, les trois compagnies de droite du 3ᵉ bataillon du 36ᵉ se portaient en réserve à SAINT-MAIXME. Elles étaient accompagnées de plusieurs compagnies de mobiles de la Corrèze commandées par M. de Sézac. En passant à Jaudray la colonne fut surprise par la fusillade du 43ᵉ bavarois qui occupait le village. Le désordre se mit dans les rangs. La colonne se jeta sur différents points pour chercher à tourner la position. Elle ne parvint à continuer son mouvement qu'en laissant des hommes prisonniers. De ce nombre furent le capitaine Priat, le lieutenant Bœsch et le médecin-major Eynaud.

Le même jour, la brigade de Kontzki attaquait Ardelles, à 3 kilomètres de DIGNY, sur la route de Chateauneuf. Les mobiles de l'Orne qui occupaient ce village se débandèrent aux premiers coups de feu. Aussitôt le commandant Perrot du 36ᵉ et ses trois compagnies se portèrent résolument à la rencontre des Prussiens. L'ennemi fut repoussé avec pertes. A dix heures du soir, il voulut établir une batterie sur la route d'Ardelles. Quelques feux de peloton dirigés sur les lanternes des travailleurs jetèrent parmi eux un désordre tel qu'ils durent renoncer à leur entreprise. A la même heure, quinze hommes placés en embuscade près de la route de Chartres tirèrent à cinquante mètres sur la colonne prussienne. Celle-ci rebroussa chemin à la première décharge. Dans cette affaire, les francs-tireurs de l'Hérault imitèrent les mobiles qui se repliaient en désordre. Le capitaine Le Foll du 36ᵉ fut blessé. Le régiment perdit ce jour-là 428 hommes. (1)

Le 19 novembre, les compagnies du commandant Perrot se dirigèrent sur MOUTHIERS ; le 20, elles rejoignirent le régiment et la division à LOUGNY. Lorsque cette colonne fut arrivée à THOUROUVREL (Orne) le 21, le 1ᵉʳ bataillon reçut l'ordre d'observer la route de Lougny à Sainte-Anne, et de couvrir la retraite jusqu'au 23. Les deux autres bataillons furent envoyés en reconnaissance sur Moissy, Maugis et Mortagne.

Le 23 novembre, la formation du XVIIIᵉ corps (Bourbaki), du XXᵉ corps (Crouzat) et du XXIᵉ corps (Jaurès) décida le général D'AURELLES DE PALADINES, commandant en chef l'armée de la Loire, et le ministre de la guerre, M. DE FREYCINET, à opérer un *mouvement offensif sur Pithiviers* (2). Leur but était de s'avancer sur Paris par Fontainebleau, de donner la main à une sortie faite au même moment par la garnison, et de rétablir les communications de Paris avec la province. Le 36ᵉ de marche quitta ses posi-

---

(1) Dans l'évaluation des pertes du 36ᵉ de marche à l'armée de la Loire, nous avons compté les fuyards et les prisonniers. Tous les combats sur la Loire n'ont coûté à ce régiment que 114 tués et 279 blessés connus.

(2) La première armée de la Loire, par le général *d'Aurelle de Paladines*, page 193. Henri Plon, éditeur. Paris, 10, rue Garancière.

tions pour se rendre à MOULINS-LA-MARCHE, où il arriva à midi. Le régiment se rallia à la colonne du général DE MALHERBE. Cette colonne était alors composée du 63ᵉ régiment de mobiles, du 1ᵉʳ bataillon de mobiles de la Sarthe, de la 1ᵉʳ compagnie des gardes mobilisés de Nogent, du 4ᵉ bataillon d'Eure-et-Loir, du bataillon du Calvados, des francs-tireurs d'Eure-et-Loir, de l'artillerie des mobiles d'Ile-et-Vilaine.

Le 24, tandis que CATHELINEAU et ses zouaves se distinguent au combat de *Neuville-aux-Bois*, la colonne de Malherbe se rend à COURTONIER.

Le 25, elle arrive à SÉEZ.

Le 26, elle se dirige par les voies rapides sur LE MANS.

Le 27, toutes les troupes réunies au Mans prirent la route Saint-Calais. Le 36ᵉ de marche fut placé à la brigade de réserve du XXIᵉ corps (amiral Jaurès) ; il campa le soir à PARAGU-L'ÉVÊQUE.

Le 28, le 36ᵉ arriva à GRAND-LUCÉ ; il était accompagné d'un bataillon de fusiliers marins, d'un bataillon de volontaires de l'ouest, des mobiles et de l'artillerie de Lougny. Les 18ᵉ et 20ᵉ corps remportèrent ce jour-là la victoire de *Beaune-la-Rolande*.

Le 29, la colonne Marty séjourne à Grand-Lucé tandisque le XVIIᵉ corps livre combat à *Varize*.

Le 30, jour de la sanglante bataille de Villiers-Montmesby-Choisy-le-Roi (armée de Paris), la colonne Marty arrive à EVAILLÉ.

Le 1ᵉʳ décembre, cette colonne se rend à SAINT-CALAIS tandis que le XVIᵉ corps remporte la victoire de *Villepion*.

Le 2, le 36ᵉ de marche protège l'artillerie et vient à EPUISAY, envoyant trois compagnies détachées à Mondoubleau. Alors se livraient la grande bataille de *Loigny-Pourpry* et la seconde bataille de *Villiers*. L'armée française, commandée par trop de chefs désunis, était trop éparpillée pour vaincre ; mais son honneur était sauvé, grâce à l'héroïsme de Sonis, de Charette et de ses zouaves. L'armée de Frédéric-Charles, composée des meilleurs soldats allemands et toujours bien concentrée, décidait en ce jour le triomphe définitif des Prussiens.

Le 3, tandis que le XVIᵉ corps reprend ses positions sur la première ligne de défense d'Orléans, le 36ᵉ arrive à VENDOME (Loir-et-Cher).

Le 4, le régiment séjourne dans cette ville.

Le 5, le 36ᵉ reçoit à deux heures du matin l'ordre de se rendre à Orléans par les voies rapides et d'y rejoindre le XVIᵉ corps. L'encombrement des voies arrête le régiment pendant plus de 14 heures à la gare de SAINT-PIERRE-DES-CORPS. A ce moment le général

Chanzy se bat à *Orléans* dans les faubourgs Saint-Quentin et de Saint-Loup, et près de la gare. Le gouvernement de Tours supprime le commandement en chef de l'armée de la Loire, *laquelle il divise malheureusement en deux*. La 1re armée (BOURBAKI) comprend les 15e, 18e et 20e corps. La 2e armée (CHANZY) (1), occupant la ligne de Poisly à Beaugency, comprend les 16e, 17e et 21e corps. Bourbaki va délivrer Belfort. Frédéric-Charles concentre ses forces contre Chanzy.

Le 6, le 36e arrive pendant la soirée à BEAUGENCY où il prend des dispositions de combat comme réserve.

Le 7, le régiment passe par Mer et par le château de Menard pour couvrir les routes de la rive gauche de la Loire. Il campe sur cette rive.

Le 8, placé sous les ordres du général MAURANDY, le 36e s'établit à CHAMBORD. Là, le colonel *Marty* commande toute la brigade comprenant avec le 36e de marche le régiment des mobiles de la Charente-Inférieure, et les francs-tireurs Lipouski de Paris. Ceux-ci reçoivent l'ordre de se porter immédiatement au village de Murdes, de détacher une compagnie au pont de Mer et d'occuper ce village avec trois compagnies. Les deux compagnies restantes devaient servir à joindre les francs-tireurs de Mer avec le 1er bataillon du 36e qui occupait, au *parc de Chambord*, la porte de Murdes. Au lieu de partir de suite, le commandant des francs-tireurs ne fait son mouvement que dans la nuit. Sans tenir compte des ordres qu'il a reçus pour faire face aux colonnes allemandes descendant par la rive gauche, ce commandant ne s'occupe pas du placement des grand'gardes; il rentre au château de Chambord avec tous ses officiers.

9 Décembre. — Combats de Chambord et de Montlivault.

La 2e brigade prussienne *de Lyncker* (25e division Prince Louis DE HESSE — IXe corps, DE MANSTEIN), accompagnée du 1er régiment de cuirassiers et du 2e régiment de uhlans de Silésie, passa le pont de Mer sans être signalée : elle s'avança dans la direction du parc de Chambord. Le général MAURANDY, qui venait d'apprendre la prise de Beaugency par les Prussiens, voulut concentrer la défense à BLOIS. Il ordonna donc à la brigade *Marty*, vers 7 heures du matin de se replier sur cette ville. Une dépêche de CHANZY contre-

---

(1) La deuxième armée de la Loire, par le général *Chanzy*, page 76. Chez Henri Plon, éditeur à Paris, 10, rue de la Garancière.

dit ce mouvement vers 10 heures. La brigade *Marty* fut donc dirigée vers sa première position de Chambord. Chemin faisant, elle est attaquée à MONTLIVAULT par le 3e régiment d'infanterie de Hesse, n° 83 (colonel Winter) et par le 2e bataillon de chasseurs hessois (major Daudistel) qui suivaient la route de Blois. Quatre compagnies sont aussitôt déployées en tirailleurs. De leur côté les Hessois prennent position dans un bois de sapins ; ils en sont délogés par le 1er bataillon du 36e (commandant Sénaux). L'ennemi se replia en désordre dans le village de Montlivault, abandonnant dans le bois ses blessés et ses morts, dont deux officiers. Il eut bien du mal à sauver les deux batteries qu'il avait établies au sud-est. Les compagnies déployées en tirailleurs attaquèrent également les Hessois et les forcèrent à rentrer en désordre dans Montlivault, laissant leurs blessés sur le champ de bataille. Une de nos batteries placée dans le parc de Mesnard, sur la rive droite de la Loire contribua au succès du premier bataillon en infligeant à l'ennemi des pertes sensibles. La nuit empêcha de poursuivre l'ennemi ; après ce combat, Montliveau était en feu. Dans cette affaire, le bataillon perdit 60 hommes ; le lieutenant Cuny fut blessé.

Ce jour-là même, l'ennemi avait profité de l'évacuation de CHAMBORD. Les Hessois (4e régiment, colonel de Gründler) s'étaient introduits dans le parc et cachés dans les massifs. Ils laissèrent la colonne Maurandy arriver aux abords du chateau sans l'inquiéter. Lorsque notre artillerie eut dételé ses chevaux, l'infanterie forma ses faisceaux et envoya ses reconnaissances. Alors les Hessois se rapprochèrent du chateau ; ils ouvrirent à courte distance un feu des plus violents. Atteints par le feu de l'ennemi avant d'être arrivés au mur du parc, nos soldats sont frappés par les créneaux qu'ils avaient percés. L'action s'engageait dans des conditions déplorables. Ainsi attaquée, la colonne dut se replier pour se diriger vers la porte de Bracieux, gardée par les zouaves pontificaux. Les mobiles de la Corrèze furent les premiers à fuir ; ils jetèrent la panique dans le reste des troupes (1).

Le 10 décembre, le 36e qui s'était retiré sur Saint-Claude se replie sur BLOIS. A 5 heures du matin, il passe le pont de cette ville. Ce pont sautait à 6 heures.

Les 11 et 12 décembre, la division Maurandy arrive à CHAUMONT et à AMBOISE.

---

(1) Rapport du général *Maurandy* au général Chanzy. — Amboise, 10 décembre 1870.

Le 13, départ de la division pour CHATEAU-RENAUD (Loire-et-Cher). Avec le 36ᵉ de marche, cette colonne comprenait alors le 40ᵉ de marche, les mobiles de la Charente et de la Corrèze, un régiment de lanciers, les francs-tireurs d'Argentan et de la Ferté-Macé, 2 batteries du 16ᵉ régiment.

Le 14, départ pour VILLEDIEU et occupation de la ligne du chemin de fer de Château-Renaud à Vendôme.

Le 15, séjour dans le même emplacement. M. le capitaine Renaud est fait prisonnier en allant reconnaître un point désigné comme grand'garde. — C'est le jour où le gouvernement quitte Tours pour Bordeaux.

Le 16, commence la *retraite sur la Sarthe* causée par la défaite de la veille, à *Vendôme*. Le 36ᵉ doit couvrir le pays sur la rive droite du Loir. Il passe par Saint-Arnoult et fait sauter le pont de MONTOIRE.

Le 17, le 36ᵉ va camper aux PONTS-DE-BRAYES, pour défendre la route de Lavenay à Bessé.

Le 18, continuant son mouvement sur la Sarthe, la colonne MAURANDY traverse Poncé, la Maladrerie et va camper dans la forêt de JUPILLES.

Le 19, le ministre de la guerre enlève au général Maurandy son commandement. Le général BARRY lui succède. Le 1ᵉʳ bataillon du 36ᵉ sous les ordres du capitaine de Clausade franchit la Braye et va prendre position à SOULGÉ, au camp de César. Le 3ᵉ bataillon organise la défense des PONTS-DE-BRAYE : trois compagnies prennent position sur les hauteurs de Chahaignes. Deux pièces d'artillerie sont braquées sur la route de Saint-Calais près du pont de Tussin. On forme des *colonnes mobiles* pour manœuvrer dans la vallée de l'Huisne. Le 2ᵉ bataillon du 36ᵉ fait partie d'une de ces colonnes sous les ordres du colonel Marty ; sa position de combat est à gauche du 3ᵉ bataillon. Les troupes restent ainsi jusqu'au 23 décembre.

Le 20, escarmouches à Monnaie et à Tours.

Le 21, la 2ᵉ armée dont fait partie le 36ᵉ occupe toutes les positions assignées autour du Mans.

Le 22, combat d'avant-poste à *Soulgé* entre les uhlans et les chasseurs.

Le 23, à 5 heures du matin, la colonne MARTY s'établit à Neuillé-Pont-Pierre ; elle laisse trois compagnies du 1ᵉʳ bataillon du 36ᵉ aux Ponts de Braye avec la colonne de Jouffroy et trois autres compagnies du même bataillon au carrefour Bellanger.

26 Décembre. Combat de Troo.

Le général DE KRAATZ-KOSCHLAU (20ᵉ division — Xᵉ corps : DE VOIGTS-RHETZ) avait chargé le colonel *de Bottenstein* de descendre le Loir le 26 décembre avec le 79ᵉ régiment de Hanovre, le 12ᵉ uhlan et la 4ᵉ batterie légère. Parvenue devant TROO, cette colonne fut accueillie par des coups de fusil tirés des maisons par les avant-postes du 36ᵉ. L'ennemi voulut poursuivre son mouvement. Assailli de tous côtés par le 36ᵉ, il est contraint de faire demi-tour. Le commandant baron de Steinacker est blessé ; trois compagnies hanovriennes sont cernées et anéanties ; leurs caissons de munitions et leurs voitures sont capturées, les pièces allemandes sont brisées ; les uhlans doivent mettre pied à terre pour franchir les fossés sous nos lignes de tirailleurs. La retraite des Hanovriens sur Montoire se fit au grand galop et avec de grandes pertes.

Le 27, prévenu de l'avantage remporté par le 36ᵉ, le général DE JOUFFROY fit occuper Neuillé-Pont-Pierre par ce régiment, et avec ses autres troupes, il repoussa l'ennemi de Montoire sur Château-Renault.

Le 28, deux détachements de jeunes soldats viennent renforcer le 36ᵉ de marche. Le premier, sous les ordres du capitaine Aubert, fort de 273 hommes, vient du 28ᵉ de ligne. Le second, sous les ordres du lieutenant Mortin, fort de 276 hommes, arrive du 36ᵉ de ligne. Quittant ses positions, le régiment se joint à la colonne DE JOUFFROY et parvient au château de la Fosse, à 6 heures du soir. Il doit poursuivre les succès du général. Les régiments qui composent sa colonne sont ainsi répartis : les 70ᵉ et 74ᵉ mobiles sont à Montoire, le 36ᵉ de marche occupe toutes les fermes qui dominent la route de TROO aux Rochers, sur la rive droite du Loir ; trois batteries sont à Chernau ; le 45ᵉ de marche est à Fontaine et aux Rochers avec une batterie et un bataillon de chasseurs ; le 46ᵉ de marche est à Luné.

Le 29, toute la colonne quitte ses positions pour se diriger par différents points sur Vendôme qu'elle doit attaquer. Au moment où le 36ᵉ passe à Lunné, se dirigeant sur FORTAN, une batterie prussienne, placée vers le Gué du Loir, lui envoie des obus sans résultat.

Le 30, départ pour EPUISAY.

31 Décembre. Combat de Vendôme.

Dans la nuit du 30 au 31, le 36ᵉ de marche passe à Danzé et rencontre à Espéreuse la brigade du colonel *Bayle* dont il vient faire partie. Pendant que ce colonel se dirige sur Vendôme, l'ennemi surprend la colonne Thierry (33ᵉ de marche et cuirassiers) à *Danzé* et la met en fuite. Le 36ᵉ entre en ligne vers midi à l'extrême gauche de la ligne de bataille. Il attaque le 92ᵉ régiment d'infanterie du Brunswick (colonel de Münchhausen — 40ᵉ brigade *de Diringshofen* — 20ᵉ division DE KRAATZ — Xᵉ corps DE VOIGTS-BHETZ). Ce régiment occupait le *château de Bel-Air*, il en fut chassé par le 36ᵉ. Le général DE KRAATZ ordonna alors au général de brigade *de Woyna* de faire un retour offensif contre le 36ᵉ. C'est le 56ᵉ régiment d'infanterie de Westphalie (colonel de Block) qui accourut pour reprendre la position. Notre artillerie établie sur la lisière-est de la forêt, couvrit de projectiles ces Westphaliens qui perdirent le commandant de leur 2ᵉ bataillon von der Lancken. Le 56ᵉ westphalien dut se rabattre sur la ligne du chemin de fer et laisser le 17ᵉ régiment de Westphalie (colonel d'Ehrenberg) protéger sa retraite. Alors les Français attaquèrent sur tout le front, en lignes épaisses de tirailleurs ; nos batteries ouvrirent un feu à volonté. Pendant cette offensive, le 36ᵉ pénétra jusqu'aux premières maisons de VENDOME où il fit plusieurs prisonniers aux Prussiens qui furent refoulés. Le général DE JOUFFROY enleva avec succès les Tuileries et Courtiras. Les Prussiens s'établirent dans des ouvrages préparés à l'avance à l'intérieur de Vendôme. Notre artillerie ménagea la ville. Mais l'artillerie prussienne établie au vieux château de Vendôme et sur les hauteurs environnantes envoya à nos soldats une pluie d'obus qui rendit impossible une nouvelle attaque. Retranchée derrière des murs crénelés et derrière des ouvrages préparés et des talus du chemin de fer, l'infanterie prussienne empêcha le 36ᵉ de s'emparer du pont de Vendôme. Le combat ne finit qu'à la nuit. Le 36ᵉ a perdu 325 hommes dans cette affaire. Le capitaine Delmas est tué. Le capitaine Clausade et le lieutenant Bœsch sont blessés. Le régiment bivouaque sur les hauteurs de BEL-AIR. Le colonel Thierry, battu à Danzé, arrive au bivouac du 36ᵉ pour y trouver un appui.

Le 1ᵉʳ janvier 1871, le 36ᵉ s'attend à une attaque vers Danzé. Il prend ses positions de combat à ESPÉREUSE. L'ennemi ne se présente pas.

Le 2, à une heure du matin, le 36ᵉ reçoit l'ordre d'occuper SAVIGNY (Loire-et-Cher). Il y arrive à 7 heures du matin.

Le 3, 196 hommes du 14ᵉ de ligne, sous les ordres du sous-lieutenant Bouchard viennent renforcer le régiment qui occupe Savigny jusqu'au 5 janvier.

6 Janvier. Combats de Mazangé et du Gué-du-Loir.

Le mouvement du Loir sur le Mans prescrit à l'armée du Prince Frédéric-Charles par le général de Moltke commença le 4 janvier. Le Xe corps s'avança le 5 sur Montoire avec la 1re et la 6e division de cavalerie ; le IIIe corps releva le Xe à Vendôme ; le IXe corps et la 2e division de cavalerie pénétrèrent à Morée, le XIIIe corps et la 4e division de cavalerie vinrent à Brou, pour être accueillis le lendemain à *La Fourche* à coups de canon.

S'apercevant que des renforts arrivaient à Vendôme, voulant empêcher l'ennemi de tomber en forces sur le général *de Curten* posté à Chateau-Renault, le général DE JOUFFROY entreprit le 6 janvier un mouvement offensif contre la ligne du Loir. Un choc devait donc nécessairement se produire lors du passage de cette rivière par le IIIe corps (d'Alvensleben II). Les Français engagèrent l'action à 11 heures. Débouchant de la forêt au nord de Vendôme, ils attaquèrent le 17e régiment westphalien (brigade *de Diringshofen* — division DE KRAATZ — X^e corps DE VOIGTS-RHETZ). Aussitôt le général DE BUDDENBROCK (IIIe corps) dirigea la brigade *de Rothmaler* contre Le Plessis et la brigade *de Bismarck* contre Azay. La résistance du général de Jouffroy fut opiniâtre. Le général de Rothmaler et les majors de Stocken et de Bœhn furent blessés ; le major Dammers et beaucoup d'officiers notables furent tués. Les Prussiens furent arrêtés entre Le Boile et Georgeat. Pendant cette affaire, le colonel Régnier du 46e de marche appela le 36e à son secours. Les 2e et 3e bataillons du 36e venaient d'arriver à Fortan. Ils prirent aussitôt la direction du combat.

A une heure, le 2e bataillon commandé par le capitaine *Lépaulle* entra en ligne de bataille sur le plateau qui domine le GUÉ DU LOIR. Il avait pour mission de protéger 4 pièces et 2 mitrailleuses en position sur le plateau. Deux compagnies se déployèrent en tirailleurs en avant de la batterie. Une troisième les suivit comme soutien. Elles se portèrent au pas gymnastique vers le Gué du Loir. Elles attaquèrent vigoureusement le 10e bataillon de chasseurs du Hanovre (major Dunin de Przychowsky — brigade *de Diringshofen*). Elles délogèrent ces Hanovriens des maisons où ils s'étaient retranchés, les forcèrent à se replier, traversèrent le Gué, et refoulèrent l'ennemi jusqu'au sommet du plateau voisin. Le général DE STULPNAGEL déploya alors sa 5e division (IIIe corps). Il donna mission à sa brigade *de Conta* de reprendre le Gué-du-Loir, et à sa brigade *de Schwerin* de s'emparer de Mazangé. Les 2e et 3e bataillons du 36e résistèrent sur leurs positions conquises au 1er

régiment du Brandebourg (colonel de L'Estocq), au 5e régiment de Brandebourg (colonel d'Ende), à trois escadrons de uhlans, et à 36 bouches à feu. A 6 heures du soir, le signal de la retraite obligea ces bataillons dont la conduite avait été si remarquable à quitter le champ de bataille pour se rendre à FORTAN.

D'un autre côté, la 1re compagnie du 2e (capitaine Viot) avait été envoyée vers MAZANGÉ pour concourir à la défense du plateau dominant ce village. Cette position était occupée par quelques compagnies de mobiles et par un bataillon du 16e de marche. Le général de Schwerin ordonna au 6e régiment de Brandebourg (colonel Schlippenbach) et au 2e régiment de Brandebourg (colonel de Kalinowski) de porter toutes leurs forces sur ce plateau et de tourner la position. Attaqués de trois côtés, les défenseurs de Mazangé se battirent comme des lions. Le major baron de Hanstein et le major de Schmieden furent tués ; le major de Gièse fut blessé ; les pertes des Brandebourgeois furent énormes : 39 officiers et un nombre considérable de soldats. De Mazangé, les Français se portèrent à Clouseaux où ils se maintinrent jusqu'à la nuit. Alors seulement ils se retirèrent à LUNAY. La 1re compagnie du 2e bataillon rejoignit le régiment à minuit. La journée du 6 janvier avait fait perdre 128 hommes au 36e. Le capitaine Viot était mort en héros ; le sous-lieutenant Piard était blessé.

7 Janvier. Combats d'Epuisay et du Poirier.

Voulant refouler la colonne DE JOUFFROY sur le Xe corps prussien qui se trouvait à Montoire, le général D'ALVENSLEBEN II dirigea tout le IIIe corps contre Epuisay. La 5e division (DE STÜLPNAGEL) se porta sur Fortan ; la 6e division (DE BUDDENBROCK), derrière laquelle marchait la 18e division (DE WRANGEL — IXe corps DE MANSTEIN) s'avança sur la route de Morée à Saint-Calais ; la 2e division de cavalerie (DE STOLBERG) arriva à Beauchêne, et la 14e brigade de cavalerie (de Schmidt) s'établit à la Richardière. De grand matin, les 2e et 3e bataillons de notre 36e avaient évacué Fortan. Accompagnés par une demi-batterie, par deux mitrailleuses et par un bataillon des mobiles de la Mayenne sous les ordres du colonel Marty, ils prirent position au FIEF-DU-CORBAIN. Le 3e bataillon se plaça sur les hauteurs du parc du château ; les mobiles s'installèrent sur la droite de la route de Savigny. Le 33e de marche (colonel Thierry) était au POIRIER.

Vers onze heures, le 6e régiment de cuirassiers du Brandebourg (colonel de Lynar — brigade de Schmidt) suivi du 8e régiment d'infanterie du Brandebourg (colonel Treusch de Buttlar — brigade *de Bismarck* — 6ᵉ division) se présentèrent en avant d'Epuisay. Le 36ᵉ les accueillit par une fusillade bien nourrie. Ce combat assez vif de mousqueterie dura jusqu'à l'arrivée de toute la 18ᵉ division, à 1 heure et demie. Alors seulement l'ennemi commença à pénétrer dans Epuisay et à diriger tous ses feux contre les défenseurs du château de Corbain. Pendant ce temps, les autres troupes de la 6ᵉ division prussienne attaquaient la hauteur du Poirier. Vers trois heures, le colonel Thierry ne pouvant plus tenir, se replie sur Saint-Calais. Alors trois compagnies du 2ᵉ bataillon du 36ᵉ (capitaine Lépaulle) débouchent au Poirier, enseigne déployée. Une charge à la baïonnette est vigoureusement exécutée contre les Brandebourgeois de Bismarck ; ils font volte-face. Ensuite se plaçant en tirailleurs, nos soldats engagèrent un violent combat de mousqueterie au milieu d'un brouillard intense. A cinq heures, un renfort du 4ᵉ régiment d'infanterie du Brandebourg (colonel de Dohna) décida l'ennemi à faire l'assaut de la ferme du Poirier. En vain le colonel Marty demanda du secours aux généraux Barry et de Curten. Ceux-ci sont aux prises avec le Xᵉ corps à Villechauve. Ainsi privé de soutien, le colonel Marty donna l'ordre à sa colonne de se mettre en marche sur Largi. Le brouillard et la mauvaise disposition du terrain avaient empêché le fonctionnement des mitrailleuses. La 3ᵉ du 2 les ramena avec elle. L'ennemi fut maintenu sur la droite de la ligne de bataille en sorte que les deux bataillons du 36ᵉ purent arriver à SAINT-CALAIS à 9 heures du soir. Le régiment perdit 110 hommes dans ce combat. A 11 heures du soir, il se remit en marche pour aller camper à Saint-Cérotte.

Le 1ᵉʳ bataillon du 36ᵉ qui était resté à Savigny avait eu un léger engagement ce jour-là à *la Vieille-Haie*, entre Montoire et Savigny. Etant à l'avant-garde, le général de Schmidt fit canonner ce hameau et lança le 6ᵉ régiment de dragons contre nos soldats. Ceux-ci les repoussèrent. Le chef d'escadron prussien de Hantelmann fut tué. Après cette affaire, le 1ᵉʳ bataillon marcha sur Saint-Calais et rejoignit le 36ᵉ à MONTREUIL.

8 janvier. — Escarmouche de Vancé.

Dans la nuit du 7 au 8 janvier, la gelée avait repris fortement. Les chemins couverts de verglas rendaient très pénible la marche des troupes. Faisant partie de la colonne mobile aux ordres du colonel *Thierry*, le 36ᵉ de marche réuni suivit le mouvement général de concentration sur le Mans. Dans la journée du 8, à hauteur de *Vancé*, nos cuirassiers du 3ᵉ régiment ayant mis pied à terre, s'embusquèrent derrière des haies à l'approche de la 14ᵉ brigade prussienne de cavalerie (général *de Schmidt*). Aussitôt le major de Kœrber, disposant de douze canons, fit tirer à mitraille sur les chevaux. Le désordre se mit bientôt dans les rangs de nos cuirassiers qui s'enfuirent à la débandade sur Montreuil, poursuivis par le 15ᵉ régiment de uhlans du Schleswig-Holstein (colonel d'Alvensleben). Pour couvrir la retraite de nos cuirassiers, le 36ᵉ se tint embusqué derrière des fossés ; il cribla les uhlans par une violente fusillade et les força à rétrograder sur Vancé avec leur colonel grièvement blessé.

9 Janvier. Escarmouhe de Saint-Pierre-du-Lorouer.

Le 9, le 3ᵉ bataillon du 36ᵉ fut envoyé en reconnaissance à *Bresson*. Ce village était déjà occupé par la 39ᵉ brigade *de Woyna* (20ᵉ division DE KRAATZ — 10ᵉ corps DE VOIGTS-RHETZ). Nos soldats étaient épuisés : ils n'avaient pas eu de repos depuis trente-six heures, sans pouvoir établir de cuisine, restant toujours sur la neige ; ils ne purent prendre l'offensive et revinrent à Montreuil. Là, des alertes nombreuses provinrent des rencontres du 36ᵉ avec la 14ᵉ brigade de cavalerie prussienne qui ne put avancer.

A 8 heures du soir, le 36ᵉ se dirigea vers SAINT-PIERRE. A un kilomètre en avant de ce village, il rencontra les avant-postes du 3ᵉ régiment d'infanterie du Hanovre (colonel de Valentini). Une décharge de mousqueterie reçut notre avant-garde. Ne pouvant occuper cette position, le 36ᵉ fut obligé de se tirer d'embarras en s'engageant dans plusieurs petits chemins. A travers les champs couverts de neige, il employa plus de douze heures de marche pénible pour faire quelques kilomètres et échapper à l'ennemi. Les chevaux refusaient leur service à cause du verglas ; il fallut abandonner les caissons, démonter les canons et les mitrailleuses de leurs affuts, et les faire glisser sur la glace avec des cordes. C'est ainsi qu'on put les sauver.

10, 11 et 12 Janvier. — Bataille du Mans

Le 10, à 6 heures du matin, le 36ᵉ de marche arrivait à PARIGNÉ-L'ÉGUILLÉ. Deux heures de repos indispensable furent accordés aux soldats qui firent le café. Pendant le pénible trajet de la nuit, l'effectif avait sensiblement diminué. A 8 heures du matin, le régiment fut dirigé sur ECOMMOY. Donnant la main à la division DE CURTEN qui se trouvait alors à Neuillé-Pont-Pierre, le 36ᵉ devait se mesurer avec les Prussiens du Xᵉ corps qui arrivaient de Vancé. Le mauvais état des chemins retarda le mouvement du général DE VOIGTS-RHETZ. N'atteignant Grand-Lucé que fort tard, le Xᵉ corps s'y cantonna. L'offensive ayant été résolue de part et d'autre, cette journée fut marquée par des rencontres multiples. Notre brigade *Pereira* (division DEPLANQUE — 16ᵉ corps : amiral JAURÉGUIBERRY) attaqua la division DE STÜLPNAGEL (IIIᵉ corps : D'ALVENSLEBEN II) à *Parigné l'Erêque*, à 8 heures du matin. La brigade *Ribell* (division DEPLANQUE) se mesura avec la division DE BUDDENBROCK (IIIᵉ corps) à *Changé* vers 10 heures. La division GOUGEARD (21ᵉ corps : général JAURÈS) prit l'offensive à *St-Hubert* contre la brigade *de Bismarck* appuyée par le IXᵉ corps (DE MANSTEIN). La division COLLIN (21ᵉ corps) riposta victorieusement près Beillé, au *Chêne*, aux 17ᵉ et 22ᵉ divisions DE RAUCH et DE WITTICH (XIIIᵉ corps : DUC DE MECKLENBOURG). Les francs-tireurs de la division DE VILLENEUVE surprirent le 6ᵉ régiment d'infanterie de Thuringe (colonel de Beckedorff, XIIIᵉ corps) à *Chanteloup*. La lutte restant indécise, le général CHANZY résolut de résister le 11 janvier devant Le Mans ; il ordonna donc de reprendre l'offensive sur toute la ligne.

Le 11, à 6 heures du matin, le 36ᵉ quitta ECOMMOY pour y faire place à la division DE CURTEN. Il alla occuper la position de MARIGNÉ. La bataille de la veille se continuait alors avec plus d'acharnement. A l'aile gauche, le général JAURÈS faisait rétrograder la division DE RAUCH de Lembron sur Grands-Vaux ; la division COLLIN défendait la ligne de Cohernières-La-Chapelle contre les divisions DE WITTICH et DE RAUCH ; la division ROUSSEAU luttait à Montfort et à Pont-de-Gesne contre la division DE TRESCHOW II qui fut arrêté à hauteurs des Hiards et dut reculer ; la division VILLENEUVE était aux prises avec la brigade *de Kontzki* à Saint-Célerin et au Point-du-jour. Notre 21ᵉ corps combattait le XIIIᵉ corps mecklembourgeois. Au centre, le général DE COLOMB (17ᵉ corps) avait engagé sa division GOUGEARD, à Champagne, contre la division du PRINCE DE HESSE (IXᵉ corps) et sa division PARIS, au plateau d'Avours, contre la division DE WRANGEL. A l'aile droite, l'amiral JAURÉGUIBERRY (16ᵉ corps) dirigeait la brigade *Bérard* (division LE BOUEDEC), à Pontlieue, contre la brigade *de Schwerin* (division DE STÜLPNAGEL, IIIᵉ corps) ; la division JOUFFROY, entre le Tertre et la gare d'Ivré, contre la brigade *de Rothmaler* ; la division ROQUEBRUNE, entre la route de Parigné et le Tertre, contre la brigade *de Bismarck* ; la division DEPLANQUE à la Tuilerie contre la brigade *de Diringshofen* (division DE KRAATZ — Xᵉ corps) ; les fractions des divisions BARRY et LALANDE aux Mortes-Aures contre la brigade *de Woyna* (division de Kraatz), enfin la division DE CURTEN à Ecommoy contre la division DE SCHWARZKOPPEN (Xᵉ corps). Le champ de bataille avait une étendue de 75 kilomètres.

Le colonel MARTY du 36ᵉ reçoit à Marigné l'ordre de continuer sa marche en toute hâte sur PONTLIEUE, pour se mettre à la disposition du général LE BOUEDEC. Ce n'est pas sans peine que ce brave colonel peut déboucher au *Tertre* à trois heures et demie de l'après-midi. Il se trouve immédiatement en contact avec le 3ᵉ régiment d'infanterie de Brandebourg (colonel de Wulffen) soutenu par deux batteries. Le 36ᵉ fusille l'ennemi à petite portée. Le commandant d'artillerie Stœphasius est tué. Le 3ᵉ brandebourgeois écrasé bat en retraite. Le 2ᵉ brandebourgeois (colonel de Kalinowski) vient couvrir ce mouvement de recul ; il est assailli lui-même par un feu meurtrier. A 4 heures et demie, la brigade *de Schwerin* (IIIᵉ corps) est totalement épuisée. Elle est aussitôt remplacée par la 9ᵉ brigade *de Conta*. Les grenadiers du corps nº 8 (colonel de L'Estocq) attaquent la ferme du Tertre et veulent enlever deux de nos pièces en passant au nord de Courte-Boule. Ils s'élancent sur les canons ; un bataillon du 36ᵉ s'avance à la baïonnette. La lutte s'engage corps à corps. Le 8ᵉ grenadiers est repoussé. Une seconde attaque est entreprise par le 5ᵉ brandebourgeois (colonel d'Eude). La division LE BOUEDEC refoule la division DE STÜLPNAGEL. Lorsque la nuit est entièrement tombée, les défenseurs du Tertre ont anéanti la brigade *de Schwerin* et restent maîtres de leur position. Toutes les autres divisions avaient aussi bien combattu. Celle du général PARIS s'était, il est vrai, laissée déloger du plateau d'Auvours, mais le retour offensif des zouaves pontificaux sur cette position avait sauvé le centre par la reprise des fermes bâties sur cette crête. La brigade *de Bismarck* avait été trois fois culbutée au château des Arches. Celle *de Rothmaler* avait dû rétrograder, après avoir subi trois attaques aux carrières d'argile. Les IIIᵉ et XIIIᵉ corps prussiens étaient battus ; leurs pertes de ce jour avaient été considérables, surtout en officiers : le IXᵉ avait perdu le plateau d'Auvours ; le Xᵉ corps n'avait encore donné qu'à Ecommoy, et ce village était resté au général DE CURTEN. A six heures du soir, la lutte entre l'armée de Chanzy et celle de Frédéric-Charles était encore restée indécise. A sept heures, tous les ordres pour l'offensive du lendemain étaient donnés par notre quartier général. A huit heures du soir, le général DE KRAATZ ordonna au 17ᵉ et au 92ᵉ régiments de Westphalie et du Brunswick d'attaquer *La Tuilerie* occupée par le général LALANDE. Cette surprise causa une panique générale chez les mobiles qui abandonnèrent la position. A leur gauche, les troupes du général Isnard commencèrent un mouvement rétrograde en voyant les Prussiens arriver sur elles. Dès lors, le succès de la journée était compromis. L'amiral ordonna aussitôt au général

Le Bouëdec de reprendre la Tuilerie pendant la nuit. Quittant Pontlieue, le 36e arriva à onze heures du soir devant les premières lignes de la brigade *de Diringshofen*. Les Westphaliens furent assaillis de front et sur les deux flancs. Après une heure d'une fusillade très vive, les officiers français voulurent entraîner leurs troupes en avant. La confusion causée par la nuit rendit leur effort impossible. Une seconde attaque du 36e et de sa division resta encore infructueuse. Apprenant cet échec, les troupes du général Jouffroy quittaient le Tertre à deux heures du matin. Ne pouvant réorganiser les fuyards, le général CHANZY commanda la *retraite du Mans sur Laval* à sept heures du matin.

Le 12 janvier, dès 8 heures, toute l'armée de la Loire se replia facilement dans la direction de Pré-en-Pail et d'Alençon en remontant la Sarthe. A l'aile gauche, la division Collin avait recommencé la lutte contre la division de Rauch à Saint-Corneille, au château de Touvois et au château de Hyre quand elle reçut l'ordre de rétrograder. La division de Villeneuve se trouvait également aux prises avec celle de Wittich à la Croix quand elle dut suivre le mouvement général. A Courcebœufs notre 8e cuirassiers dut lutter contre la cavalerie du prince Albrecht. Au centre, le 17e corps qui marchait en tête, ne trouva aucune résistance. A l'aile droite, la division Le Bouedeck couvrit la retraite du 16e corps. Le 36e et trois mitrailleuses formèrent l'arrière-garde. Dès 8 heures, nos soldats refoulèrent par une vigoureuse attaque les avant-postes du 2e brandebourgeois (brigade *de Schwerin* — IIIe corps) établis dans le bois de Pontlieue. Ils couvrirent d'une grêle de balles la division de Stülpnagel qui vint occuper le Tertre abandonné vers 10 heures. Ils se replièrent devant le Xe corps (DE VOIGTS-RHETZ). La division de Kraatz arrivait par la route Mulsanne-Pontlieue (brigade *de Diringshofen*) et par le chemin Ruaudin-Pontlieue (brigade *de Woyna*). La brigade *de Schmidt* se dirigeait sur la route Parigné-Pontlieue. Contre cette dernière, le colonel Jabey ordonna le coup de feu aux fermes des Epinettes, pendant que les trois mitrailleuses du 36e étaient en action en avant de Pontlieue. L'artillerie de Kraatz leur fit cesser le feu. Elles prirent aussitôt la direction du Mans avec le 36e. A l'approche des colonnes serrées allemandes, nos soldats, postés derrière une barricade et dans les maisons qui bordent la rivière de l'Huisne, ouvrirent un feu très vif contre le 91e régiment d'Oldenbourg (colonel de Huagen — brigade *Lehmann* — Xe corps) et contre le 4e régiment de Westphalie (colonel d'Ehrenberg — brigade *de Diringshofen*). Après quelques décharges, ils firent sauter le pont et se dirigèrent vers les rues du Mans aboutissant aux ponts de la Sarthe. Le 16e corps et son immense convoi étaient alors protégés. Le 36e laissa son 1er bataillon aux Trois-Chênes ; les deux autres vinrent camper à CHAUFFOUR ; le régiment avait perdu 368 hommes dans cette bataille.

Le 13 janvier, tout le 36e partit pour LONGNE, à 8 heures du matin ; il bivouaqua en arrière de ce village.

14 Janvier. — Combat de Chassillé.

Attaqué à Longne dès le matin par le 2e dragons du Hanovre (colonel de Waldow) et par le 92e régiment de Brunswick (colonel Haberland — division DE KRAATZ — Xe corps) sous les ordres du général *de Schmidt*, le 36e embusqué derrière des échaliers accueillit d'abord l'ennemi par un feu très nourri. Il se replia ensuite à CHASSILLÉ sur les troupes du général BARRY. Là, il fut de nouveau assailli par l'artillerie ennemie dans la position qu'il occupait derrière la Vègre. Sous les ordres du colonel *Marty*, le 2e bataillon du 36e et un détachement du 66e régiment de mobiles se portèrent en toute hâte à la sortie du village pour en défendre l'approche. Deux compagnies furent envoyées à 500 mètres en avant pour occuper le pont de la route du Mans. Au milieu d'un brouillard très-épais, le 78e régiment de la Frise (colonel *de Lyncker* — brigade *Lehmann* — division DE SCHWARZKOPPEN — Xe corps) s'avança jusqu'à la hauteur du pont. Reçu par une décharge inattendue, il rebroussa chemin. Peu après, l'artillerie prussienne cribla le pont. Les soldats du général Barry durent alors contourner Chassillé et prendre position en arrière. Le brouillard empêcha le colonel *Marty* d'apercevoir ce mouvement funeste à la troupe de réserve postée dans Chassillé. Les fusiliers de Brunswick (92e) suivis de toute la division DE SCHWARZKOPPEN, s'avancèrent en colonnes serrées. Le lieutenant Bournel du 36e et ses hommes occupant les maisons de Chassillé furent faits prisonniers. Après avoir résisté jusqu'à la nuit à cette violente attaque, et après un retour offensif du 31e de marche, le 36e vint bivouaquer à SAINT-DENIS. Cette affaire fit perdre 176 hommes au régiment. Du côté des Allemands le colonel de Lyncker fut blessé et remplacé par le lieutenant-colonel Mutius.

15 Janvier. — Combat de Saint-Jean-sur-Erve.

Le 36e et la division BARRY se trouvèrent réunis à la division DEPLANQUE à SAINT-JEAN-SUR-ERVE. Ces deux divisions ne comptaient pas 6,000 combattants. Vers onze heures, les Français aperçurent le 15e uhlans et une batterie prussienne (colonel d'Alvensleben) qui arrivaient par la grande route. Nos soldats s'établirent aussitôt au nord et au sud sur les hauteurs dominant Saint-Jean ; ils engagèrent l'action. Une batterie prussienne prit position sur la chaussée ; une autre du Xe corps, arrivant ensuite avec la brigade *de Schmidt*, se plaça au nord de la route. Le 78e et le 92e prussiens se déployèrent en face du village. Le 36e barra le passage aux uhlans dans cette localité. Le 92e (major de Münchhausen) pour éviter notre artillerie dut prendre la route de Sainte-Suzanne où il fut arrêté après une heure de combat. Le 78e (colonel de Mutius), renonçant à une attaque de front, s'avança sur la lisière extérieure à gauche du village ; il fut reçu à la baïonnette et ne put engager l'offensive. La colonne allemande ne voulut pas se hasarder à attaquer le bourg occupé par le 36e et fortement défendu. Elle se replia sur Thorigné. Ce fut le dernier combat que soutint le XVIe corps français.

Le lendemain, le 36e forma l'extrême arrière-garde du corps. Parti de Soulgé à 9 heures du matin, il arriva à 2 heures en vue de LAVAL. Le 1er bataillon occupa aussitôt la ligne de chemin de fer, laissant deux compagnies de grand'gardes au moulin Barbet. Le 2e bataillon rallia à sa droite le 1er. Le 3e bataillon appuya sa droite au 2e, et sa gauche à la gare. Vers quatre heures, les deux compagnies de grand'gardes furent attaquées par une reconnaissance de cavalerie prussienne. Elles lui firent rebrousser chemin en désordre.

Le 17 janvier, à 6 heures du soir, le 36e fut relevé de sa position de combat par des mobiles. Il passa la nuit au Grand Séminaire.

Le 18 janvier, le général *de Schmidt* fit pousser une reconnaissance sur Laval. Il dirigea par la grande route le 56e westphalien (colonel de Block) et le 2e dragons du Hanovre (colonel de Waldow). Il envoya d'Argentré le 92e du Brunswick (colonel Haberland) et le 15e uhlans (colonel d'Alvensleben). Ces deux colonnes heurtèrent nos avant-postes à 2 kilomètres au-delà de Bonchamp. Mais apercevant le 36e et toutes les troupes du 16e corps fortement établies sur les hauteurs au nord de Laval, elles rétrogradèrent derrière la Vaige. S'attendant à un combat, le 1er bataillon du 36e occupa le plateau dominant le moulin Barbet. Les deux autres bataillons servirent de soutien à l'artillerie placée sur les hauteurs de la rive droite de Joanne. Les troupes restèrent ainsi jusqu'au 20.

Le 21 janvier, le 36e quitta Laval pour aller à Saint-Berthivin. Il cantonna dans ce village jusqu'au 11 février.

Dès lors, préoccupés des événements de Paris, les partis ennemis, qui s'étaient avancés sur la Loire, restent dans l'inaction. Alençon est évacué. Des forces prussiennes poursuivant notre 2e armée sont rappelées sur la capitale. Le sort de celle-ci est décidé à la suite des batailles du *Mont-Valérien* et de *Saint-Quentin* (19 janvier). Après un blocus de cent trente-deux jours, PARIS *capitule* le 28 janvier. L'*armistice* pour l'armée de la Loire commence le même jour. A ce moment, la 3e division du 16e corps occupait au-delà de la Mayenne le territoire compris entre *Saint-Germain-le Fouilloux* et *Andouillé*. C'est là qu'un ordre général lui apprit la suspension des hostilités.

Pour préparer une nouvelle défense du pays, si les négociations entamées n'aboutissaient pas à la paix, CHANZY ordonna à la 2e armée de quitter ses positions, et de se porter au sud de la Loire. Il laissait à la nouvelle armée de Bretagne le soin de défendre l'ouest de la France. L'exécution de ce plan entraîna pour toutes les divisions de nombreux mouvements.

Quittant ses cantonnements, le 36e arriva le 11 à QUÉLANIE (Mayenne); le 12 à THÉMAZÉE; le 13 à NEUVILLE; le 14 à ANGERS (Maine-et-Loire); le 15 à LABOURNAYE; le 16 à ARGENTAN (Deux-Sèvres); le 17 et le 18 à MONTEAUTOUR; le 19 à NEUVILLE et le 20 à CHATELLERAULT où il séjourna trois jours.

L'armistice expirait le 29 février. Le 36e reçut l'ordre d'aller cantonner à AUTRAN. Il devait occuper différentes positions près de Richelieu. Les préliminaires de la paix acceptés par l'Assemblée le 26 février firent cesser ces préparatifs de combat.

Le 36e rentra à CHATELLERAULT le 6 mars. Le lendemain, le gouvernement décida que la deuxième armée de la Loire serait licenciée immédiatement. Avant de se séparer d'elle, le général en chef lui adressa le 14 mars, du quartier-général de *Poitiers*, l'ordre général suivant qui était son adieu :

« Officiers et soldats de la deuxième armée,

« Le traité ratifié le 1er mars par l'Assemblée nationale met fin à
« la guerre. Les armées sont dissoutes. En m'informant que le com-
« mandement cesse, le ministre de la guerre ajoute :

« Dites à votre brave armée que je la remercie au nom de notre
« pays tout entier de son courage et de son patriotisme. Si la
« France avait pu être sauvée, elle l'eût été par eux. La fortune
« ne l'a pas voulu.

« Je suis heureux de porter à votre connaissance ce témoignage
« de la satisfaction du gouvernement. Vous pourrez être fiers
« d'avoir fait partie de la deuxième armée dont les efforts, s'ils
« n'ont pas abouti au succès que vous avez poursuivi avec tant
« d'opiniâtreté, ne resteront pas sans gloire pour le pays dont ils

« ont contribué à sauver l'honneur. Vous avez tenu tête aux
« armées les plus nombreuses et les mieux commandées de l'Alle-
« magne. L'histoire racontera ce que vous avez fait ; l'ennemi lui-
« même s'honorera en vous rendant justice. Vous allez rejoindre
« vos foyers, vos garnisons ; conservez inébranlable votre
« dévouement au pays. Quant à moi, mon plus grand honneur est
« de vous avoir commandés, mon plus vif désir de me retrouver
« avec vous chaque fois qu'il s'agira de servir la France.

Le Général en Chef : CHANZY.

LA COMMUNE DE PARIS

IV. — LE 36ᵉ RÉGIMENT DE MARCHE
A L'ARMÉE DE VERSAILLES

Combat du Pont de Neuilly (7 avril 1871). — Combats de Courbevoie (14, 15 et 16 avril). — Combat du château de Bécon (17 avril). — Combat d'Asnières (19 avril). — Combats de Neuilly (27 avril, 1ᵉʳ mai, 21 mai). — Combat de Levallois-Perret (22 mai). — Entrée à Paris (23 mai). — Prise du boulevard de La Chapelle (24 mai). — Prise de la Gare de l'Est (25 mai). — Prise de la place de la Rotonde (26 mai). — Assaut des Buttes-Chaumont (27 mai). — Prise de Belleville (28 mai).

Après le licenciement de l'armée de la Loire, le 36ᵉ de marche était venu tenir garnison à POITIERS, le 26 mars. L'armée respirait enfin. Tous les yeux se tournaient vers l'avenir ; tous les cœurs s'unissaient dans une même aspiration : cicatriser les plaies du pays ; faire de 1871 la première année de sa régénération. Vain espoir ! L'*Internationale* qui, sous la direction occulte de Bismarck, avait produit plusieurs mouvements révolutionnaires pendant le siège de Paris, avait fait de plus en plus de progrès. Les chefs d'un comité central, stipendiés par la Prusse et siégeant au n° 6 de la rue des Rosiers, avaient groupé autour d'eux la plus grande partie de la garde nationale qui comptait 215 bataillons et qui disposait de 1,500 canons. Ces agitateurs étaient Assi, Lullier, Arnaud, Ferrat, Moreau, Dupont, Mortier, Lavalette, Fabre, etc. Faisant opposition au gouvernement légitime, ils organisèrent tout un système de garde défensive autour des 238 canons et des 134 mitrailleuses accumulées sur plusieurs points, spécialement aux buttes Montmartre et Chaumont.

La garnison de 40,000 hommes fixée par les préliminaires de la paix pour maintenir le bon ordre à Paris était très insuffisante pour contrebalancer cette puissance. Le *18 mars*, la tentative de Thiers et du général Vinoy pour s'emparer des canons par surprise échoua. Les généraux *Lecomte* et *Clément Thomas* furent arrêtés et fusillés. D'innombrables barricades fermèrent les rues. Après plusieurs collisions sanglantes, le terrain appartint à l'émeute : le comité central s'installa à l'Hôtel de Ville ; le gouvernement et l'armée se retirèrent à Versailles.

La fédération de la garde nationale parisienne fut fondée le lendemain. Le comité déclara le gouvernement renversé par le souffle populaire ; il fixa au 22 mars les élections du *Conseil communal de la Ville de Paris*. Les généraux Chanzy et Langourian, arrêtés par les fédérés à la gare d'Orléans, durent leur salut à Léon Meillet, adjoint au XIII°. Après plusieurs délibérations, les élections furent remises au 26. Un complot fit tomber le fort de Vincennes au pouvoir des fédérés ; ceux-ci tirèrent sur les amis de l'ordre, qui manifestaient rue des Capucines, et en tuèrent quinze.

La COMMUNE DE PARIS, constituée par le vote du 26 mars, fut proclamée par le citoyen président ASSI, sur la place de l'Hôtel de Ville, devant 80,000 gardes nationaux, le mardi 28. Ce jour-là même, notre gouvernement entamait de nouvelles négociations avec les Allemands. Thiers obtenait que l'effectif de l'armée de Versailles pût s'élever à 80,000 hommes. La guerre civile accompagnée de toutes ses horreurs allait commencer. L'Assemblée et la Commune organisèrent de part et d'autre leurs dispositions de combat.

Le maréchal DE MAC-MAHON commande en chef trois corps d'*armée active* placés sous les ordres des généraux DE LADMIRAULT, DE CISSEY et DU BARAIL, et un corps d'*armée de reserve*, destiné à protéger l'Assemblée nationale, sous les ordres du général VINOY. Le 36° de marche arrive à VERSAILLES le 3 avril. Son effectif ne compte en ce moment que 845 hommes : il sera bientôt élevé à

1,050 hommes. Le 36ᵉ fait alors partie du 1ᵉʳ CORPS dont voici l'*Ordre de bataille* (1) :

Général en chef : DE LADMIRAULT.

			Officiers.	Troupe.	Chev.
1ʳᵉ division Général GRENIER	1ʳᵉ brig. Abbatucci	Régiment de Bitche	49	1.364	15
		48ᵉ régim. infant. de marche	53	1.269	12
		87ᵉ — —	51	1.158	15
	2ᵉ brig. Pradier	10ᵉ bat. chasseurs de marche	12	412	5
		51ᵉ régim. infant. de marche	44	1.017	17
		72ᵉ — —	55	1.110	9
2ᵉ division Génᵃˡ DE LAVAUCOUPET	1ʳᵉ brigade Wolff	23ᵉ bat. chasseurs de marche	21	426	2
		67ᵉ régim. infant. de marche	56	921	12
		68ᵉ — —	49	1.384	17
		69ᵉ — —	57	1.455	7
	2ᵉ brig. Hanrion	2ᵉ bat. chasseurs de marche.	13	536	3
		45ᵉ régim. infant. de marche	59	1.120	16
		135ᵉ — ligne .	50	1.580	10
3ᵉ division Génᵃˡ MONTAUDON	1ʳᵉ brig. Dumont	30ᵉ bat. chasseurs de marche	18	535	1
		39ᵉ régim. de ligne	51	1.194	6
		Régiment étranger. . » . .	64	1.297	19
	2ᵉ brig. Lefebvre	31ᵉ régim. infant. de marche	40	075	31
		36ᵉ — —	56	1.050	13
		27ᵉ régim. de ligne	17	477	2
Régiment de gendarmerie à pied			39	1.345	27
119ᵉ régim. d'infant.			57	1.445	10
Brigade de Caval. de Galiffet		9ᵉ régim. de chasseurs . . .	31	581	524
		12ᵉ — . . .	35	602	583
Artillerie.			49	1.596	1.312
Génie			28	666	59
		TOTAL	160	25.218	2.709

(1) Ce document nous a été procuré par un chef d'escadron qui est aux archives du ministère de la Guerre. C'est donc tout ce qu'on peut trouver de plus complet.

De leur côté les fédérés ont constitué trois corps d'armée commandés par les généraux EUDES, DUVAL et BERGERET. Ces trois corps ont pris l'offensive le 2 avril, dans un premier combat à *Courbevoie* et à *Clamart*. Mais leur tentative sur Versailles a échoué.

Le 4, le 36e de marche quitte l'avenue de Saint-Cloud. Il se dirige vers le BOIS DES HUBIES, pour y camper à côté du 31e de marche. Le 1er corps occupe l'aile gauche de l'attaque ayant pour objet Gennevilliers, Colombes, Courbevoie, Puteaux et Suresnes. Outre le bois des Hubies, Villeneuve l'Etang, La Malmaison, Rueil et Nanterre sont occupés par les troupes du général DE LADMIRAULT. Les opérations de *l'armée active* commencent aussitôt sur plusieurs lignes de bataille.

7 Avril. Combat du Pont de Neuilly.

La division MONTAUDON se porta le 7 avril sur Courbevoie. Elle engagea sa première brigade (30e bataillon de chasseurs, 39e de ligne et un régiment étranger) pour s'emparer du pont de NEUILLY. La seconde brigade resta en arrière dans la grande rue de Courbevoie. Plusieurs obus lancés par les batteries de la *Porte-Maillot* sur cette réserve placée à côté de notre artillerie, tombèrent au milieu du 36e. Le sous-lieutenant Coucy fut blessé. La tentative sur cette position, qui ouvrait de ce côté la voie de Paris, eut plein succès. Le général MONTAUDON s'empara des maisons d'angle, côté de Puteaux et côté de Courbevoie. Après une lutte acharnée où fut tué le général *Besson*, et où le général *Pechot* fut blessé, notre division occupa le pont de Neuilly, la seconde barricade de la rive droite, et une partie de l'avenue de Courbevoie. Le combat se concentra sur ce point pendant dix jours. Les fédérés de Dombrowski et de Wroblewski ne purent déloger nos soldats des maisons de Neuilly.

Le 8 au matin, la division MONTAUDON fut relevée de sa position de première ligne par la division GRENIER. Le 36e revint camper au BOIS DES HUBIES et y séjourna jusqu'au 10.

Le 11, la division MONTAUDON arriva à RUEIL où elle séjourna jusqu'au 13. Epuisé et malade, le colonel MARTY rentra à l'hôpital, où il succomba deux mois plus tard. Par décision ministérielle en date du 11 avril, M. le colonel DAVOUST D'AWERSTÆDT prit le commandement du 36e de marche. Les bataillons furent commandés, le 1er par M. *Rose*, le 2e par M. *Lepaulle*, le 3e par M. *de Biré*.

14, 15, 16 Avril. Combats de Courbevoie.

Le 14 au matin, le 36e entra à COLOMBES, servant de réserve

à la 1re division établie à Courbevoie et à Neuilly. Plusieurs compagnies furent échelonnées sur les routes d'Asnières et de Gennevilliers, ainsi que le long de la voie ferrée. La 1re du 1er servit de soutien à deux pièces de 12 dont le feu enfilait le chemin de fer, où se présentait parfois une machine blindée, lançant des projectiles sur le 36e. Un détachement de 54 hommes venant du 36e de ligne joignit le régiment dans la soirée.

Le 15, le 36e releva le 31 dans ses positions. Trois compagnies sous les ordres du capitaine Cavedasca occupèrent l'avant-poste situé entre les lignes du chemin de fer du Havre et de Versailles. Le sous-lieutenant Masson, avec une section de la 3e du 1er, refoula une nombreuse reconnaissance de fédérés venant du Bois-Colombes. Deux compagnies prirent position à la gare de Colombes et au parc limité par la route de Saint-Denys. D'autres détachements stationnèrent à la redoute de Bois-Colombes, sur la route de Courbevoie, et à la redoute de Gennevilliers, où l'on répondit aux coups de feu des insurgés.

Le 16, relevé par un régiment de gendarmerie de marche, le 36e se porta à COURBEVOIE en première ligne. Le 1er bataillon vint à l'avant-poste du parc Lambrechet, détachant sa 2e compagnie sur le chemin de fer de Versailles. Les deux autres bataillons restèrent en réserve sur la place de la mairie. Deux compagnies se déployèrent en tirailleurs dans une tranchée, sur la lisière du parc regardant Asnières. La 3e du 1er s'installa dans une fabrique sur la droite du bataillon. Occupant une grande usine à murs crénelés, à 300 mètres devant le front du 36e, l'ennemi dirigea une fusillade assez nourrie contre nos reconnaissances. A 5 heures du soir, le colonel Davoust ordonna au commandant Rose de se disposer à attaquer cette usine le lendemain matin. Dans la soirée, un détachement de 100 hommes venant du 2e de ligne sous les ordres du capitaine Pétaud fut incorporé au régiment.

17 Avril. Prise du château de Bécon.

A 4 heures du matin, trois compagnies du 1er bataillon s'emparèrent de l'usine qui servait d'avant-poste aux fédérés. Barricadé sur les différents chemins de Courbevoie et d'Asnières, l'ennemi riposta par une fusillade assez vive. Sous les ordres du lieutenant Kergrain, la 3e du 1er s'élança à la baïonnette sur une barricade à proximité de deux maisons à gauche ; elle culbuta les défenseurs. En même temps, M. Baudinet et la 1re compagnie débouchèrent à l'improviste sur la grande barricade qui battait de son feu la porte d'entrée du château de BÉCON ; le 2e et le 3e bataillons pénétrèrent alors dans le parc du château, tout en essuyant le feu des barricades latérales. Sur l'ordre du colonel Davoust, le commandant Rose s'arrêta dans les positions occupées, et, pour les consolider, les trois compagnies qui se trouvaient dans l'usine en sortirent au moment où une machine blindée, avançant sur la voie, la criblait d'obus. Elles se portèrent sur la droite de la barricade conquise et s'installèrent en avant du château, entre la route et la Seine. Occupant ensuite les étages supérieurs des maisons ayant vue sur le pont d'Asnières, et se servant de la hausse de 1,200 mètres, elles ouvrirent un feu très nourri contre la batterie qui battait la nôtre placée au château de Bécon.

Entre la route d'Asnières et le chemin de fer, trois compagnies du 72e viennent renforcer le 36e. La grande barricade est prise. Endommagée par nos projectiles, la machine blindée ne fonctionne plus. Vers 2 heures, l'ennemi est en déroute. Le 1er bataillon du 36e s'empare d'une autre barricade à 200 mètres en avant. Le 72e se jette sur le poste du chemin de fer et enlève les rails. Plus de résistance de front. La batterie de Neuilly continue à attaquer notre flanc droit et nos derrières. Elle envoie des obus à toutes nos pièces arrivant de Courbevoie aux environs du château de Bécon. La 1re du 2e (capitaine Vuillermoz) et la 5e du 3e (capitaine Teillard) s'embusquant derrière des talus, face à la Seine, paralysèrent l'action de cette batterie et permirent à nos mitrailleuses et à nos canons de terminer glorieusement l'affaire. Le brillant succès de la prise du château de Bécon est dû exclusivement au 36e et aux bonnes dispositions prises par son grand chef. Ce fait d'armes valut une citation à l'ordre de l'armée, et fit un très grand honneur au jeune colonel, neveu du célèbre maréchal DAVOUST, prince d'Eckmuhl (1).

Le 18 avril, la 4e du 1er, sous les ordres du lieutenant Guyennet, s'empara des ouvrages en terre sur la rive opposée de la Seine. La 1re et la 6e du 1er se portèrent en avant sur la gauche de notre première brigade engagée au nord de Neuilly. Le 2e et le 3e bataillons occupèrent au château de Bécon la position dont le feu commandait le pont de Clichy. La batterie du parc dirigea ses feux sur Levallois-Perret où notre première brigade fut inquiétée par une multitude de fédérés.

---

(1) Histoire authentique de la *Commune de Paris*, par le vicomte de Beaumont-Vassy, page 146. Chez Garnier, éditeur, 6, rue des Saints-Pères, Paris.

19 Avril. Prise d'Asnières.

Maîtresse de la route de Courbevoie, la division Montaudon attaqua le village d'ASNIÈRES par le côté gauche de la voie ferrée venant de Paris. Malgré le feu d'une batterie ennemie, le 1er bataillon du 36e entra dans Asnières et s'installa entre les deux ponts. Bravant le feu de toute la ligne des fédérés en tirailleurs, le sous-lieutenant *Masson* conduisit ses hommes dans une maison dominant la batterie placée en face. Ils se créent des abris, creusent une tranchée, percent les murs de meurtrières, prennent le café, et ouvrent le feu sur les pièces des fédérés qui sont bientôt abandonnées. Seules, des machines blindées, établies sur le pont, envoient des projectiles. Peu à peu, la fusillade de l'ennemi s'éteint ; le 36e prend possession d'Asnières.

Le 20 avril, le 36e est relevé dans toutes ses positions par le 51e de la 1re division. Au-delà de Courbevoie, il s'établit au camp de VILLENEUVE ; il y séjourne jusqu'au 23. Durant cette période, le colonel Davoust fait plusieurs promotions aux grades de sergent et de caporal.

Le 21, le 36e reçut un détachement de 167 hommes, sous les ordres du capitaine Carlu, venant du 96e de ligne.

Du 24 au 26, le 36e s'est avancé jusqu'à RUEIL.

27 Avril. Combat de Neuilly.

La 3e division se porte aux avant-postes de grand matin. Après avoir stationné une heure à Puteaux, le 36e vient remplacer à NEUILLY le 135e de ligne. Le 1er bataillon se poste entre l'avenue, la rue des huissiers, la rue de Chézy et le boulevard d'Argenton ; le 2e se loge entre ce boulevard, la rue Borghèse et le boulevard du Château : le 3e occupe l'espace bordée par la Seine. Défense est faite d'agrandir le cadre de cette position. A droite du 36e, le 27e de ligne dirige son feu contre les fédérés défendant la porte Maillot et le rond point d'Inkermann. Une compagnie du 36e prend possession d'une grande maison de l'avenue du Roule. Vis à vis, la maison dite de la République est criblée par les obus des fédérés établis sur le boulevard d'Inkermann. Elle gêne le feu de l'ennemi sur notre batterie du pont de Neuilly. Le tir de ces pièces oblige nos quatre compagnies de droite de s'abriter constamment. Exposé à diverses attaques, le 2e bataillon est couvert par le feu de la batterie établie au boulevard Bineau. Il répond avec succès à la fusillade des nombreux fédérés établis dans les quartiers voisins. Se trouvant sur la ligne de tir de la batterie de la porte Maillot, le 3e bataillon occupe une position très périlleuse. A chaque instant des boîtes à mitraille éclatent au-dessus de l'espace où il se trouve. Le commandant de Biré reçoit un éclat d'obus à la jambe gauche. Le capitaine Carlu prend le commandement du 3ᵉ bataillon. Le lieutenant Moll et le sous-lieutenant Rambourc sont blessés. Le 36ᵉ conserve sa position en construisant des abris casematés et des retranchements.

Le 29, trois délégués de la Commune gagnent nos lignes par l'avenue de Neuilly. Un de nos officiers les conduit au quartier général. Les hostilités sont suspendues.

Le 30 au matin, quatre croix et dix médailles militaires sont décernées au 36ᵉ. Le colonel DAVOUST D'AWERSTÆDT est nommé commandeur. — A sept heures du soir, la batterie de l'avenue du Roule ouvre le feu. Une canonnade terrible se continue toute la nuit : le 36ᵉ est à l'abri.

Le 1ᵉʳ mai, les fédérés massés entre la rue Borghèse et le boulevard Bineau attaquent la 1ʳᵉ du 2ᵉ. Tandisque le lieutenant *Barthe* résiste énergiquement, la 2ᵉ du 1ᵉʳ (lieutenant Gilles) et la 6ᵉ du 2ᵉ sous les ordres du commandant LÉPAULLE prennent l'offensive. Les aggresseurs sont rejetés bien au-delà de leur point de départ, laissant entre les mains du 36ᵉ un grand nombre de prisonniers avec 15 morts et 18 blessés. A la fin de cette action, le 36ᵉ, relevé par le 72ᵉ et par le 51ᵉ de la 2ᵉ division, se reporta au village de MARNES.

Le 2 mai au soir, toute la 3ᵉ division traverse Suresnes pour occuper, sur les bords de la Seine, une position permettant d'appuyer le mouvement général pour s'emparer d'une porte de Paris.

Le 3, le mouvement projeté n'a pas lieu, le 36ᵉ retourne au camp de VILLENEUVE où il séjourne.

Le 5, le régiment se porta par Rueil sur NANTERRE. Le 119ᵉ de ligne se joignit au 31ᵉ et au 36ᵉ pour constituer la 2ᵉ brigade. Un *ordre du jour* de MAC-MAHON remercia les soldats d'avoir répondu à la confiance que la France avait mise en eux, énuméra les succès obtenus à Meudon, à Sèvres, Rueil, Courbevoie, Bécon, Asnières, aux Moulineaux, au Moulin-Saquet. « Le pays applaudit à vos « succès, ajouta-t-il, il y voit le présage de la fin d'une lutte que « nous déplorons tous. Paris nous appelle pour le délivrer du pré- « tendu gouvernement qui l'opprime. Avant peu, nous planterons « sur ses remparts le drapeau national, et nous obtiendrons le réta- « blissement de l'ordre réclamé par la France et par l'Europe en- « tière. »

Le 9 mai, après trois jours de repos à Nanterre, la division se porta en première ligne. La 1ʳᵉ brigade (général *Dumont*) occupa

Neuilly. A l'aile gauche, le 31ᵉ et le 119ᵉ arrivèrent à Bécon et à Asnières. Formant la réserve, le 1ᵉʳ et le 2ᵉ bataillons du 36ᵉ restèrent trois jours à COURBEVOIE. Mis à la disposition du général *Dumont*, le 3ᵉ bataillon du 36ᵉ passa la Seine à Puteaux et vint se placer auprès de la batterie établie sur la grande avenue au-delà du pont de NEUILLY. Là, il fut employé jusqu'au 12 mai à des travaux de tranchée.

Le 13, relevé par le 72ᵉ, notre régiment se trouve réuni au rond-point des Bergères ; il va séjourner au camp de LA MALMAISON. Une compagnie est détachée comme auxiliaire du génie, sous les ordres du lieutenant Deluin. Elle prend part aux travaux exécutés à Saint-Cucupha. De fortes corvées transportent des gabions à la cascade du bois de Boulogne. Soixante pièces de marine, établies à Montretout, balayent les environs du Point-du-Jour. Entre les portes Maillot et de la Muette, les batteries de brèche sont à 150 mètres de l'enceinte.

Le 21 mai, le 36ᵉ quitte La Malmaison et vient relever à NEUILLY le 22ᵉ bataillon de chasseurs. Le 1ᵉʳ bataillon occupe le carré compris entre le boulevard du Château, la rue Perromet, le boulevard de la Saussaye et le boulevard Bineau. Il a pour mission de protéger notre batterie qui bombarde Levallois-Perret et celle qui attaque la porte des Ternes. A sa droite se trouve le 119ᵉ. Le 2ᵉ bataillon fait face au boulevard Bineau et à Levallois en appuyant sa gauche à la Seine ; il garde nos deux batteries établies sur le quai Bourdon et sur le boulevard de la Saussaye. Le 3ᵉ bataillon s'établit à la prévôtée près de notre batterie de la grande avenue. On apprend dans la soirée que les premières colonnes de Versailles ont franchi la porte du Point du Jour. Les tirailleurs et l'artillerie des fédérés ne diminuent en rien l'intensité de leur feu. Leurs travaux sont continués à cinquante mètres de nos lignes. Tentant le passage du boulevard du Château, le 1ᵉʳ bataillon s'empare d'une maison qui domine nos tranchées.

22 Mai. Combat de Levallois-Perret.

Tandisque le 4ᵉ corps fait un mouvement tournant le long des fortifications, le 36ᵉ marche sur la porte des Ternes. De 4 à 8 heures, toutes les batteries de l'enceinte et de Levallois entretiennent un feu très violent auquel le 36ᵉ est exposé. A 9 heures, le colonel DAVOUST fait attaquer la double barricade à l'entrée de Levallois par le 1ᵉʳ bataillon ; il fait avancer le 2ᵉ et le 3ᵉ bataillons sur le boulevard de la Sausseraye afin de menacer deux batteries ennemies par un mouvement tournant. Prenant pied dans la rue Chauveau, le 33ᵉ s'introduit de jardin en jardin et débouche en arrière de la 1re barricade. Il s'en empare, ainsi que d'une maison à trois étages, entourée d'un mur crénelé. Surpris, plusieurs fédérés rendent les armes. Un retour offensif d'une masse de fédérés vient assaillir nos soldats en flanc et en face ; ceux-ci se barricadent. A ce moment, le 2e bataillon a balayé le côté de la Seine, et le 119e a refoulé les défenseurs du sud-est. Pour en finir par un coup d'audace, les capitaines Pimpaneau et Prévost, les lieutenants Guyenet et Alby, le sous-lieutenant Agndy du 36e, entraînent leurs soldats sur la grande barricade. A 10 heures et demie ils l'enlèvent à la baïonnette, s'emparent de deux pièces de 12, et de la maison où était le quartier général de la défense. Le capitaine Prévost est grièvement blessé. Le 2e bataillon enlève barricade sur barricade dans les boulevards de la Saussaye et Eugène. A midi, LEVALLOIS est conquis. A 2 heures, la 2e du 1re (capitaine Mariz) enlève la barricade de la rue de Clichy ; la 5e et la 9e du 3e s'emparent d'une maison commandant notre gauche. Le 119e opère sur notre droite. Il se joint au 3e à 3 heures. Alors commence une marche générale de front sur le chemin de fer d'Asnières, depuis le pont sur la Seine jusqu'à son entrée à Paris. A 6 heures, le 36e est concentré près du passage de la rue de Neuilly-Clichy sous la voie ferrée. Après s'être emparé d'une quantité d'armes, la 3e du 3 (lieutenant Guillaume) est de grand'garde sur les bords de la Seine, au sud-ouest de CLICHY. Dans cette journée, le 36e a pris aux insurgés 105 pièces de canon.

Le 23 mai, tandisque les divisions Grenier et Lavaucoupet du 1er corps s'emparent des hauteurs de Montmartre, le 36e occupe SAINT-OUEN, à 8 heures du matin. Il entre à Paris le soir par la *porte Saint-Ouen* ; il longe le rempart à l'intérieur, puis il ressort par la porte Clignancourt pour bivouaquer sur les glacis.

24-28 Mai. Combats des rues dans Paris.

Le 24, à 4 heures du matin, le 36e entre à Paris par la *porte Clignancourt*. Par la rue des Poissonniers, il se concentre à la *gare des marchandises* du chemin de fer du *Nord*. Suivant ensuite la rue de la Chapelle, le 36e s'arrête à hauteur de la *rue Marcadet*. Là il se dispose à attaquer le BOULEVARD DE LA CHAPELLE.

La 1re du 1er (capitaine Masson) arrive jusqu'au coin de la *rue Ernestine* où elle est reçue par un feu violent de la barricade de la rue Daudeville. Le reste du 1er bataillon, dirigé dans la rue Riquet, est assailli au point d'intersection avec la rue Pajol ; il s'abrite dans la partie nord de la *rue Pajol*. S'avançant à travers les *brèches pratiquées dans les maisons*, il parvient, à midi, à cent mètres de la barricade de l'angle des rues du Département et Philippe de Girard. La 4ᵉ du 1ᵉʳ (lieutenant Guyennet) s'élance au pas de course sur cette barricade et l'enlève à la baïonnette. La 2ᵉ du 1ᵉʳ, s'installant dans une maison de la rue Pajol ayant vue sur la rue Philippe de Girard, entame une barricade sur le boulevard de la Chapelle. La 6ᵉ du 1ᵉʳ (sous-lieutenant Gaillard) enlève cet obstacle. A 3 heures, la 1ʳᵉ du 1ᵉʳ se met en réserve dans la rue Riquet ; la 2ᵉ reste dans la rue Pajol, les 4ᵉ et 5ᵉ secondent le génie pour *ouvrir un chemin à travers les maisons*. Arrivées dans la grande cour de la gare de l'Est, elles établissent un cordon reliant à la réserve la fraction chargée de l'attaque. A 6 heures, on commence à pratiquer une *brèche dans les murs* très épais des bâtiments du chemin de fer de l'Est. Le bruit des pioches s'avance de plus en plus. Pour qu'il ne soit pas entendu par les défenseurs de la barricade, la 3ᵉ et la 6ᵉ du 1ᵉʳ ont construit un abri en fumier sur le boulevard de la Chapelle ; c'est de là que nos soldats tirent sans cesse. Dans le même but, la 1ʳᵉ du 1ᵉʳ et l'artillerie joignent leur action à celle des compagnies avancées. Les derniers murs sont percés à 9 heures 1/2 du soir ; le 1ᵉʳ bataillon est à 30 mètres de la barricade. A 10 heures 1/2, la 4ᵉ du 1ᵉʳ (capitaine Pétaud) ouvre un feu de peloton du second étage contre les défenseurs de la barricade. La panique se met dans leurs rangs. Un quart d'heure après, la 3ᵉ du 1ᵉʳ, établie au rez-de-chaussée, ouvre une porte cochère et les fenêtres ; elle se jette sur la barricade et s'en empare. Les pièces tombées entre leurs mains sont entourées de cadavres. Notre sous-lieutenant Agnely est blessé.

De son côté, le 2ᵉ bataillon s'est porté en avant par la rue de la Chapelle : il a entamé la barricade établie sur la place ; sa 1ʳᵉ compagnie s'est jetée dans le pâté de maisons bordées par la rue Pajol ; ses tirailleurs ont sondé le terrain en avant. Triomphant de la résistance éprouvée sur la *place de La Chapelle*, cinq de ses compagnies ont traversé le boulevard pour s'acheminer vers la gare de l'Est. La 1ʳᵉ du 2ᵉ a entretenu un feu continuel contre la grande barricade située au carrefour des rues d'Aubervilliers, de Château-Landon et du boulevard du Château. Ce poste avancé a été pris par le 1ᵉʳ bataillon pour entamer les positions des canaux de l'Ourq et de Saint-Martin.

Le 3ᵉ bataillon (capitaine Cavedasca) longeant le chemin de fer du Nord gagne la *rue Sénaut*. Il franchit le boulevard, et, pour arriver à la gare de l'Est, il entre dans la rue du Faubourg Saint-Denys. Là, il se trouve en face d'une forte barricade. Le feu de sa puissante artillerie oblige nos soldats à se jeter dans les maisons à droite ; ils percent les murs, arrivent à la *rue de Dunkerque*, se réunissent au 2ᵉ bataillon, s'emparent de la barricade et des mitrailleuses défendant l'accès de la gare, enlèvent ensuite la barricade du faubourg Saint-Martin, celle de la *rue de Strasbourg*, et capturent tous les fédérés réunis à la gare à 8 heures du soir. L'action fut si adroitement dirigée qu'un fourrier ennemi, arrivant à la gare peu après, s'adressa au capitaine adjudant-major du 2ᵉ, M. Mauny, croyant avoir à faire à son chef, et lui remit le mot d'ordre de la Commune. Le mot était ce jour-là : *Dombrowsky-Dijon*.

Le 25 mai, le 1ᵉʳ bataillon reste à la grande barricade du *boulevard de La Chapelle*. Il y est relevé par deux bataillons du 119ᵉ, chargés de poursuivre les opérations. Les 2ᵉ et 3ᵉ bataillons, occupant la GARE DE L'EST, ont beaucoup à souffrir des batteries des Buttes-Chaumont qui tuent et blessent nos soldats du 36ᵉ.

Le 26 mai, le 1ᵉʳ bataillon occupe l'*Église allemande* à 10 heures. Au moyen de gabions remplis de fumier, le génie établit une descente au niveau du canal. Le 1ᵉʳ bataillon tente le passage du *canal Saint-Martin* au moyen d'un grand bateau servant de pont. D'autres compagnies se portent dans les combles de la maison des religieux pour dominer les positions de flanc prises par l'ennemi voulant s'opposer à ce passage. Mais bientôt toutes les croisées de l'autre rive sont garnies de tireurs. N'entrevoyant d'autre résultat que celui de gagner un point isolé et sans appui sur l'autre rive, ne voulant pas s'exposer à perdre beaucoup d'hommes pour cette opération, le 1ᵉʳ bataillon abandonne son projet. D'un autre côté, les 2ᵉ et 3ᵉ bataillons, agissant contre le point central de la ROTONDE, arrivent dans la rue Lafayette. Assaillis par les feux des fenêtres et des barricades, ils enlèvent la barricade au carrefour de la rue du faubourg Saint-Martin, et la seconde barricade de la *rue Lafayette*. La voie donnant accès sur la place de la Rotonde est ouverte aux corps chargés d'attaquer ce point. Le 36ᵉ tient la ligne parallèle au canal Saint-Martin, depuis le boulevard de La Villette jusqu'à la rue des Récollets. Le sous-lieutenant Lefranc du 36ᵉ a exploré les égouts de plusieurs régions avec ses hommes pour couper les fils métalliques enveloppés de caoutchouc, destinés à faire sauter nos monuments. C'est le premier jour des massacres de la Roquette où l'archevêque de Paris a été fusillé. Le capitaine Villemorz et le lieutenant Barthe du 36ᵉ sont blessés. Ce dernier a été atteint en replantant le drapeau tricolore qui avait été abattu par un obus sur la barricade.

Le 27 mai, après une canonnade épouvantable qui n'a pas discontinué toute la nuit, les forces de toute la 3ᵉ division se déploient pour agir de divers côtés sur la *place de la Rotonde*, où l'insurrection a réuni ses défenseurs. Tandisque nos batteries de Montmartre écrasent celles des Buttes-Chaumont, le 1ᵉʳ bataillon du 36ᵉ se place à droite de la rue de la Butte-Chaumont ; il donne la main au 31ᵉ et au 119ᵉ. Les 2ᵉ et 3ᵉ bataillons sont postés entre cette rue et la place de la Rotonde. Avec des balles de chiffons, le génie construit une barricade au carrefour de la rue du faubourg Saint-Martin. Les compagnies du 1ᵉʳ bataillon viennent l'occuper tour à tour, et retournent ensuite dans les maisons du *quai de Valmy*. En face de la ligne du 36ᵉ se trouve une redoute établie au rond-point où aboutissent le boulevard de la Villette, les rues de Meaux, Granges-aux-Belles, et Butte-Chaumont. Leurs issues sont garnies de barricades énormes, avec des créneaux, formant un bastion dont la gorge est occupée par un temple grec. Les barricades sont doubles et échelonnées. Une autre barricade est établie à l'extrémité du pont de la rue des Ecluses-de-Saint-Martin. A 3 heures, nos pièces de 12, placées dans l'abattoir, ouvrent sur le rond-point un feu bien dirigé. A 4 heures, le lieutenant Mool de la 6ᵉ du 3ᵉ agite le drapeau tricolore dans la *rue de la Butte-Chaumont*. Notre artillerie cesse le feu. Alors la 6ᵉ du 3ᵉ (capitaine Noël) et la 5ᵉ du 3ᵉ (capitaine Alby), fortes de 60 hommes, sous les ordres du commandant Rose, se jettent sur la barricade. Elle est enlevée à la baïonnette. Le lieutenant Mool y plante le drapeau tricolore. Mais la partie de la barricade qui bouche la *rue Grange-aux-Belles* a conservé ses défenseurs. Exaspéré par la vue du drapeau rouge, le capitaine *Noël* attaque avec ses hommes le reste de la barricade. Il saisit lui-même la hampe du drapeau rouge. Cet acte d'héroïsme lui coûte la vie ; deux balles l'atteignent au front ; il tombe foudroyé. A ce moment tout le 36ᵉ accourt par la rue de la Butte-Chaumont. Le colonel Davout s'empare de la dernière partie de la barricade et ordonne une poursuite vigoureuse de l'ennemi. Les compagnies de droite du 36ᵉ et le 31ᵉ triomphent sur la barricade du pont Ecluses et ouvrent la grande artère de la rue Saint-Maure. Le 1ᵉʳ bataillon bat les insurgés en s'approchant de plus en plus de la grande voie stratégique qui, sous les noms de rues du Faubourg du Temple et de Belleville, marque la limite sud des quartiers communards. Il enlève successivement sept barricades dans les rues Grange-aux-Belles, Vicq-d'Azir, Claude Villefaux, Saint-Maur, Impasse Saint-Louis et celle du *boulevard de la Villette*. Là, il s'installe et procède au désarmement pendant la nuit. De leur côté, les 2ᵉ et 3ᵉ bataillons dirigent leur action contre les BUTTES-CHAUMONT. Ils percent les murs pour arriver au dépôt des voitures ; ils pénètrent dans la *rue des Chaufourniers*. Malgré les mitrailleuses qui garnissent les obstacles, d'un élan impétueux ils enlèvent les barricades des rues de Puébla, de Secrétant et de Fressard. A 6 heures, le commandant Lepaulle arrive en tête de la colonne au sommet des Buttes-Chaumont. M. Perrotte-Deslandes y plante le premier drapeau tricolore. Le 36e est le premier régiment qui prend possession du dernier centre de résistance de l'insurrection. Il y avait eu, ce jour-là, soixante-quatre otages fusillés.

Le 28 mai, continuant leur marche victorieuse, les 2e et 3e bataillons attaquent la grande barricade de la rue de BELLEVILLE, défendue par l'artillerie, et celles de la *rue Vincent Gauthier*. Après la prise de ces dernières, une lutte acharnée s'engage autour des constructions en pierre de la grande barricade. Bientôt les deux bataillons se jettent, tête baissée, sur cette position abritant tous les désespérés du quartier de Belleville. Tout ce qui résiste est passé par les armes. Il faut ensuite s'emparer des barricades de la *rue Rebeval*. A l'attaque de l'une d'elles, le colonel DAVOUST est blessé à la tête. La lutte continue avec succès. Le 1er bataillon triomphe de la résistance dans la rue Corbeau, et à l'intersection de la rue Saint-Maur et de celle du faubourg du Temple. La barricade, établie en ce point, est prise par la 3e du 1er et par une section de renfort de la 5e du 3e (sous-lieutenant Girard). A la poursuite des fuyards, ils arrivent à la dernière barricade établie sur le prolongement de la rue Saint-Maure, dans le XIe arrondissement. A peine le feu est-il ouvert sur ce dernier retranchement que le drapeau blanc est arboré. 150 fédérés se constituent prisonniers entre les mains de la 5e du 3e. Ce fut la dernière épisode du 36e. Paris était délivré. La Commune avait coûté au régiment 31 morts et 118 blessés.

Grâce à l'héroïsme de l'armée, l'ordre, le travail et la sécurité allaient renaître. Dans les jours qui suivirent la fin de la lutte, le 36e prit part au désarmement des fédérés et aux perquisitions faites pour rechercher les coupables. Un *ordre du Corps d'armée*, paru le 5 juin et communiqué le 8 à la troupe, désigna sous forme de citations les officiers, sous-officiers et soldats qui s'étaient distingués pendant les combats du 22 au 28 mai. Les actions d'éclat du 36e à *Neuilly* dans les journées du 27 avril au 1er mai furent récompensées le 7 juin. Le 24 juin, M. le colonel DAVOUST fut nommé général de brigade. Six croix et quinze médailles militaires furent décernées au 36e le 3 juillet, pour récompenser les faits d'armes de la prise de Paris. L'intérim du commandement du 36e de marche fut confié au chef de bataillon Rose, qui eut pour successeur M. le lieutenant-colonel Gatreaud venant du 39e de ligne, le 7 août 1871.

FUSION
Du 36e de marche et du 36e de ligne.

Au fur et à mesure de leur mise en liberté, les héros du 36e de ligne qui avaient survécu aux journées de Frœschwiller, de Sédan et à la captivité, avaient rejoint le dépôt à SALON. M. le lieutenant-colonel Cloux, rentré de captivité le 25 mars, prenait le commandement provisoire du 36e de ligne le 1er avril. Le régiment se composait, le 16 juin, de deux bataillons à six compagnies dont l'effectif était de 57 officiers et de 487 hommes. Les 1re, 2e et 3e compagnies du 3e bataillon furent reconstituées le 1er juillet. Neuf jours après, M. le colonel Krien, rentrant de l'Allemagne, reprenait son poste au 36e. L'effectif du 36e de ligne était à ce moment de 60 officiers et de 1,081 hommes de troupe. La circulaire ministérielle du 24 juillet 1871 prescrivant la fusion des régiments de ligne avec les régiments de marche de même numéro fut exécutée le 1er août suivant.

Le colonel Krien du 36e de ligne prit le commandement des deux corps fusionnés par l'*ordre du jour* suivant :

« En exécution de la circulaire du 24 juillet 1871, la fusion des
« deux régiments 36e de ligne et 36e de marche est faite à la date
« de ce jour : 1er août 1871. Au nom de l'ancien 36e de ligne, je
« souhaite la bienvenue aux officiers, sous-officiers, caporaux et
« soldats de l'ex-36e de marche. Hier, j'étais fier de mon régiment.
« Aujourd'hui, après la fusion, je ne cesse pas de l'être, parce que
« je suis convaincu que les éléments nouveaux qui vont contribuer
« à réorganiser le 36e de ligne sont, sous tous les rapports, dignes
« des éléments anciens que je connais déjà. Je suis certain que
« les grades de l'ex-36e de marche possèdent à un degré égal à celui
« que j'accorde à leurs camarades de l'ancien 36e de ligne, les conve-
« nances hiérarchiques, les principes d'ordre en toutes choses, et

« les règles d'une discipline toujours ferme. Je suis certain encore
« que ces Messieurs comprennent leurs devoirs de toutes sortes ;
« qu'ils les remplissent avec dévouement ; qu'ils savent exiger de
« leurs inférieurs qu'ils s'acquittent de leurs devoirs avec un zèle
« soutenu ; qu'ils sont aussi fiers d'user de leurs droits que soucieux
« de remplir leurs obligations ; qu'ils laissent à leurs subordonnés
« la jouissance complète des prérogatives accordées par les règle-
« ments, et qu'ils exigent d'eux de ne jamais faillir au devoir.

« Ces conditions que je viens d'énumérer sont indispensables
« pour assurer la marche régulière du service dans l'armée. Je les
« rencontrerai certainement chez les gradés et même chez les sol-
« dats de l'ex-36e de marche, parce que, pendant tout le temps
« qu'il a existé, ce régiment a reçu des chefs de corps qui l'ont
« commandé, une impulsion vigoureuse et intelligente.

« Que les soldats, caporaux, sous-officiers et officiers de l'ex-36e
« de marche soient donc les bienvenus parmi leurs camarades de
« l'ancien 36e de ligne. Ma sollicitude, mon intérêt leur sont assu-
« rés dès aujourd'hui. Tous ensemble vous devez vous appliquer à
« vous connaître afin d'arriver, je l'espère, à vous accorder une
« estime réciproque. C'est nécessaire puisque tous vous avez le
« même but à atteindre : la réorganisation du régiment par la pra-
« tique intelligente que vous allez faire des règlements en vigueur
« et par l'application rigoureuse des nouvelles instructions ministé-
« rielles sur cette opération si grave.

« La situation exceptionnelle dans laquelle s'est trouvé le pays,
« après la perte de ses premières armées a, par la force des choses,
« créé dans les rangs de l'armée, des positions exceptionnellement
« heureuses. Je vous engage à vous incliner devant ces faits accom-
« plis. Ne les discutez même pas. Vous suivrez ce conseil si vous
« voulez reconnaître que ceux d'entre vous qui jouissent de ces
« positions n'ont fait qu'accepter un avantage qui leur a été offert,
« et que, placés dans les mêmes circonstances, les autres n'auraient
« eu garde de refuser. La comparaison entre vos différentes situa-
« tions serait un écueil au fond duquel s'ébranleraient inévitablement
« l'esprit de bonne camaraderie, la confiance mutuelle et l'estime
« réciproque que doivent avoir entre eux tous les chefs qui tra-
« vaillent ensemble à faire respecter la discipline par leurs infé-
« rieurs. Il est donc utile que vous ne vous y abandonniez pas. Si
« pour obtenir votre résignation aux faits accomplis ce n'était pas
« assez de compter sur l'esprit de saine philosophie qui vous anime,
« je ferais appel à votre patriotisme. Je sais que ce sentiment est
« fort chez vous tous, et, vous me l'accorderez, parce que nous ne

« saurions devenir une armée puissante si nous ne marchions pas
« d'accord, si nous n'étions pas unis par cette même double pensée :
« *le bonheur du pays et la gloire de l'armée.* »

Lorsque fut retrouvé le drapeau du 36ᵉ que l'on croyait tombé entre les mains de l'ennemi, à Frœschwiller, le colonel KRIEN publia un *ordre du régiment* ainsi conçu :

« Officiers, sous officiers, caporaux et soldats,

« Le DRAPEAU que vous portiez haut et fièrement déployé
« devant les ennemis que vous avez combattus à Frœschwiller, le
« 6 août, était le même que celui sous lequel vous avez marché de
« succès en succès, de victoire en victoire, en Afrique de 1844 à
« 1848, en Italie de 1849 à 1852, et plus tard encore en Afrique de
« 1864 à 1866. A *Frœschwiller*, tous vous avez été braves autant
« que vous le fûtes autrefois en Italie, à Rome, en Afrique, dans
« les montagnes de la Kabylie et dans les plaines du Sahara. Pen-
« dant tout le temps qu'a duré cette lutte inégale du 6 août, les
« officiers ont montré à quel haut degré ils possédaient le courage
« et le calme pour tout bien diriger. Sous leurs ordres, les soldats
« ont combattu avec sang-froid et avec une ardeur intrépide. Mal-
« gré tant d'efforts héroïques déployés par vous sur le plateau de
« Frœschwiller, nous avons cependant été vaincus ce jour-là. Cela
« prouve que la bravoure ne suffit pas à celui qui combat. Pour
« s'assurer la victoire, il faut encore qu'il réunisse des connaissances
« spéciales, et des conditions de discipline que nous ne possédions
« pas alors, mais que déjà, j'en suis certain, nous travaillons tous
« à acquérir, afin de n'être plus pris au dépourvu.

« Le 36ᵉ n'a pas perdu *le drapeau* que la patrie avait confié à son
« honneur et à sa vaillance. Plutôt que de le laisser entre les mains
« des Prussiens, vous avez préféré le détruire, et aujourd'hui, le
« colonel vous le rapporte, après avoir été le recevoir, à Lille, des
« mains de M. PAQUIN, lieutenant au 2ᵉ tirailleurs, à qui le régi-
« ment restera toujours reconnaissant pour le service qu'il lui a
« rendu dans cette circonstance.

« Je ne puis me défendre de vous exprimer à tous et dans la
« plus grande sincérité combien je suis fier d'avoir été à votre tête
« pendant cette bataille du 6 août. Je suis fier, parce que tous,
« officiers, sous-officiers et soldats, vous avez compris votre devoir
« et vous l'avez rempli avec bravoure. Ce témoignage, s'il était
« isolé, serait insignifiant pour vous récompenser de la belle
« conduite militaire que vous avez tenue sur le champ de bataille.
« Aussi, suis-je heureux qu'il s'appuie sur les témoignages les plus
« flatteurs que le colonel a reçus de M. RAOULT, votre général de

« division, et de Son Excellence le maréchal DE MAC-MAHON,
« chef du corps d'armée dont faisait partie le 36ᵉ.

« Le colonel prend plaisir à vous transmettre ces témoignages :
« Deux jours avant qu'il ne succombe à ses blessures, le général de
« division RAOULT, à qui on montrait notre drapeau, qu'on lui
« avait assuré être tombé aux mains de l'ennemi, a dit : Les nom-
« breuses déchirures qu'a subies *ce drapeau* disent clairement que
« la lutte pour la défense a été terrible des deux côtés. Le 36ᵉ s'est
« conduit bravement.

« De son côté, Son Excellence le maréchal DE MAC-MAHON a
« écrit au colonel à la date du 28 juin 1891 : Mon cher colonel, je
« suis reconnaissant des renseignements que vous m'avez donnés
« sur le *drapeau du 36ᵉ*. J'ai vu avec plaisir qu'il avait été rendu à
« ce brave régiment, etc.....

« Ces Messieurs sont d'excellents juges. Vous devez être fiers de
« recueillir ici l'approbation éclatante qu'ils ont donnée à votre
« conduite militaire pendant cette dernière campagne. Tous vous
« conserverez donc de la journée du 6 août 1870 un souvenir hono-
« rable et précieux. »

Cet *ordre relatif au drapeau* fut suivi de la publication des récompenses. Par arrêté en date du 8 août 1871, le chef du Pouvoir exécutif nommait commandeur M. le colonel KRIEN ; il ajoutait huit croix et vingt-cinq médailles militaires pour le régiment. Le 21 août 1873, ce brave colonel quitta le 36ᵉ, après l'avoir complètement réorganisé au camp de MEUDON. Ses successeurs furent MM. PHILEBERT (17 septembre 1873 — 20 décembre 1874) ; LUCAS (20 décembre 1874 — 21 décembre 1881) ; ZÉDÉ (30 décembre 1881 — 1 mai 1887) ; DELASSON (6 mai 1887 — 14 février 1890). M. le colonel DE PELLIEUX commande aujourd'hui le 36ᵉ régiment d'infanterie. Qu'il nous soit permis de lui témoigner ici notre profonde reconnaissance pour l'extrême bienveillance avec laquelle ce grand chef a daigné nous communiquer l'historique manuscrite du régiment déposé à la salle d'honneur. C'est grâce à cette faveur que nous avons pu enrichir le présent ouvrage des documents les plus certains. Nous sommes heureux d'avoir pu correspondre à cette grande amabilité en complétant la chronique régimentaire par nos longues et minutieuses recherches dans tous les ouvrages accrédités qui ont traité des évènements auxquels le 36ᵉ a pris part. Notre

---

(1) Monsieur *Valère Fanet* est aujourd'hui capitaine au 162ᵉ régiment d'infanterie à Lérouville (Meuse).

collaboration au remarquable travail de M. Fanet, lieutenant chroniqueur du régiment, a acquis de la sorte un mérite d'utilité et d'intérêt pour lequel nous avons accepté de grands sacrifices. Après avoir été l'un des plus glorieux régiments français, le 36e devait être aussi le plus favorisé dans son histoire pour servir de modèle aux autres.

Depuis 1873, le 36e alterne tous les trois ans entre CAEN et PARIS. Faisant partie du 3e corps, il ne fit que de petites manœuvres de brigade, du 8 au 17 septembre 1890, sur les côtes du Calvados, pendant les grandes manœuvres du nord, spéciales aux 1er et 2e corps. Il n'eut donc pas, cette année, l'occasion de se distinguer par son entrain, sa discipline et sa résolution. Il préfère sans doute que cette occasion lui soit fournie quand il devra combattre, non pas des ennemis figurés, mais des ennemis réels.

C'est au 36e toutefois, et à tous les régiments français, que M. CARNOT, président de la République, adressa ces mémorables paroles prononcées le 18 septembre 1890, à Cambrai :

« L'armée, a-t-il dit, est la nation même, la nation debout, en
« éveil, prête à défendre l'honneur comme la sécurité de la patrie
« à laquelle elle assure les bienfaits de la paix et la fécondité de
« son labeur. Vivante incarnation d'un peuple de loyauté et de
« franchise, rien ne la détourne de l'accomplissement de sa haute
« mission. Pleine de confiance dans les chefs dignes de la comman-
« der, elle remplit allègrement ses nobles devoirs, entourée de
« l'affection fraternelle des soldats d'hier et des soldats de demain.
« Honneur et Patrie ! l'armée n'a pas d'autre devise. »

Après les manœuvres, le 36e de ligne revint à PARIS, le 30 septembre 1890. C'est là que nous lui faisons hommage du présent ouvrage. Nous le lui adressons en félicitant les officiers, sous-officiers et soldats du 36e de posséder le patrimoine de gloire, légué par leurs aînés. Leur exprimant nos meilleures sympathies, nous leur donnons par cette publication la preuve la plus évidente de notre estime et de notre affection. Nous leur souhaitons de toujours glorifier le drapeau que la France leur a confié, et nous terminons en disant : Vive le 36e !

LISTE CHRONOLOGIQUE

DES

COLONELS DU 36ᵉ RÉGIMENT D'INFANTERIE

1º — 36ᵉ Régiment d'Anjou

I. De Janson . . . . 1ᵉʳ janvier 1791 — 25 juillet 1791.
II. De Contades de Giseux . . 25 juillet 1791 — 5 février 1792.
III. De Wildermouth . . . . 5 février 1792 — 29 juin 1792.
IV. Isambert . . . . 29 juin 1792 — 8 mars 1793.
V. De Saint-Laurent . . . . 8 mars 1793 — 1ᵉʳ avril 1793.
VI. Ferrette . . . . 1ᵉʳ avril 1793 — 17 mars 1794.

2º — 36ᵉ demi-brigade de bataille

VII. Quétard . . . . 21 nov. 1794 — 22 déc. 1795.

3º — 36ᵉ demi-brigade d'infanterie de ligne

VIII. Sergent . . . . 31 mai 1796 — 10 juin 1799.
IX. Lapisse . . . . 10 juin 1799 — 2 nov. 1799.
X. Graindorge . . . . 2 nov. 1799 — 24 sept. 1803.

4º — 36ᵉ Régiment d'infanterie de ligne

Graindorge . . . . . . 24 sept. 1803 — 29 août 1805.
XI. Houdar-Lamotte . . . . 29 août 1805 — 14 oct. 1806.
XII. Berlier . . . . 14 oct. 1806 — 25 mai 1811.
XIII. Métrot . . . . 25 mai 1811 — 15 juillet 1815.

5º — 36 Léger

XIV. Baume . . . . 24 janvier 1811 — 12 mai 1814.

6º — Légion de Saône-et-Loire 36 actuel)

XV. Rubin de la Grimaudière 1ᵉʳ avril 1816 — 12 avril 1818.
XVI. Vicomte Sébastiani . . . 12 avril 1818 — 7 avril 1819.
XVII. Baron Zapffel . . . . 7 avril 1819 — 30 nov. 1820.

7° — 36ᵉ Régiment d'infanterie

XVIII. Maurin.	17 janvier 1821 — 19 avril 1823.
XIX. Paty.	21 août 1823 — 23 mai 1832.
XX. Mougin-Forcelle	23 mai 1832 — 19 juil. 1832.
XXI. Prax.	9 sept. 1832 — 28 fév. 1841.
XXII. Levaillant	10 mars 1841 — 12 juin 1848.
XXIII. Blanchard	7 mai 1849 — 27 mars 1851.
XXIV. Cauvin du Bourquet . .	9 juin 1851 — 21 mars 1855.
XXV. Gillard.	21 mars 1855 — 10 juil. 1857.
XXVI. Cornu	12 août 1857 — 12 déc. 1857.
XXVII. Fauvart-Bastoul . . .	30 déc. 1857 — 14 août 1860.
XXVIII. Guichard	14 août 1860 — 27 juil. 1867.
XXIX. Krien	10 août 1867 — 7 août 1870.
XXX. Baudoin	20 août 1870 — 2 sept. 1870.

8° — 36ᵉ Régiment de marche

XXXI. Marty	20 oct. 1870 — 10 avril 1871.
XXXII. Davoust d'Awerstædt . .	11 avril 1871 — 24 juin 1871.

9° — 36ᵉ Régiment d'infanterie

Krien	10 juil. 1871 — 21 août 1873.
XXXIII. Philebert	17 sept. 1873 — 20 déc. 1874.
XXXIV. Lucas	20 déc. 1874 — 21 déc. 1881.
XXXV. Zédé	30 déc. 1881 — 4 mai 1887.
XXXVI. Delasson	6 mai 1887 — 13 fév. 1890.
XXXVII. De Pellieux	14 fév. 1890 — colonel actuel.

ORDRE CHRONOLOGIQUE
DES
BATAILLES et SIÈGES
auxquels a pris part
LE 36ᵉ RÉGIMENT D'INFANTERIE
De 1791 à 1891

#	Bataille	Date		Division	Général en chef	Armée
1.	Spire	30 septembre 1792		Division KLÉBER	CUSTINES	I. Armée du Rhin
2.	Worms	3 octobre	—			
3.	MAYENCE	22 octobre	—			
4.	Bingen	8 novembre	—			
5.	Herzéle	6 septembre 1793		Division JOURDAN	HOUCHARD	II. Armée du Nord
6.	HONDSCHOOTE	8 septembre	—			
7.	Ypres	16 septembre	—			
8.	Werwick	17 septembre	—			
9.	Menin	18 septembre	—			
10.	WATIGNIES	16 octobre 1793		Brigade BERNADOTTE	JOURDAN	III. Armée de la Moselle
11.	FLEURUS (1)	25 juin 1794				
12.	MAËSTRICHT	21 ... 1794 — 15 ... 95		Division BERNADOTTE (2)	JOURDAN	IV. Armée de Sambre-et-Meuse
13.	COBLENTZ	20 ... 1795 — 15 ... 95				

---

1. A la bataille de *Fleurus*, le 36ᵉ régiment d'Anjou combattit avec les nouvelles dénominations de 71ᵉ et 72ᵉ demi-brigades de bataille formées par ses 1ᵉʳ et 2ᵉ bataillons.

2. *Bernadotte* fut successivement lieutenant, adjudant-major-lieutenant, adjudant-major-capitaine, capitaine de compagnie et chef du 1ᵉʳ bataillon au 36ᵉ.

14. MAYENCE	5 mai 1795 — 1ᵉʳ oct. 95	Division Moreau	Général en chef HOCHE	V. Armée du Rhin-et-Moselle
15. Marbach	11 octobre 1795			
16. Kirchheim-Poland	17 octobre —			
17. Kaiserslautern	25 octobre —			
18. Rodal	15 novem. —			
19. Bourgal	22 novem. —			
20. Chope	3 décemb. —			
21. NEUWIED	17 avril 1797	Division MARCEAU	Général en chef HOCHE	VI. Armée de Sambre-et-Meuse
22. Ukerath	19 avril —			
23. Altenkirchen	20 avril —			
24. Heddesdorf	2 mai —			
25. Klein-Nister	15 mai —			
26. Wetzlær	20 mai —			
27. Luciensteig	6 mars 1799	Général de brigade: *Loison*.	Général de division: LECOURBE.	VII. Armée d'Helvétie et du Danube. Général en chef: MASSÉNA.
28. Dissentis	7 mars —			
29. Bergen	10 mars —			
30. Zernetz	12 mars —			
31. Pont	13 mars —			
32. Nauders	25 mars —			
33. Zernetz	30 avril —			
34. Luciensteig	1ᵉʳ mai —			
35. Frauenfeld	25 mai —			
36. Ober-Egery	1ᵉʳ juillet —			
37. Einsiedeln	14 août —			
38. Pont-de-Mollis	29 août —	Brigade Loison	Division SOULT	
39. ZURICH	25 sept. — 6 oct. —			
40. HOHENTWIEL	2 mai 1800	Général de brigade: *Laval*.	Général de division: VANDAMME.	Gᵃˡ de corps d'armée: LECOURBE	VIII. Armée d'Allemagne. Général en chef: MOREAU.
41. Stokach	3 mai —				
42. Engen	4 mai —				
43. Mœsskirch	5 mai —				
44. Memmingen	10 mai —				
45. HOCHSTÆDT	19 juin —				
46. Fussen	11 juillet —				
47. Feldkirch	13 juillet —				
48. Nieder-Audorf	7 décembre —				
49. Salzbourg	13 décembre —				

CHRONOLOGIE DES BATAILLES DU 36e

N°	Bataille	Date		Brigade	Division	Corps	Commandant	Armée
50.	MEMMINGEN	13 oct. 1805		1re brigade Thiébault	1re division SAINT-HILAIRE	4e corps SOULT	Commandant en chef NAPOLÉON Ier	IX. Armée d'AUSTERLITZ
51.	Ulm	15-20 oct.	—					
52.	Stettin (1)	10 nov.	—					
53.	AUSTERLITZ	2 déc.	—					
54.	IÉNA (2)	14 oct. 1806		1re brigade Thiébault	1re division SAINT-HILAIRE	4e corps SOULT	Commandant en chef NAPOLÉON Ier	X. Armée d'Iéna
55.	Kauflies	3 fév. 1807		2e brigade Buget	1re division SAINT-HILAIRE	4e corps SOULT	Commandant en chef NAPOLÉON Ier	XI. Armée d'Eylau
56.	Hoff	6 fév.	—					
57.	EYLAU	8 fév.	—					
58.	Heilsberg	10 juin	—					
59.	BURGOS	10 nov. 1808		2e brigade Sarrut	1re division MERLE	Corps BESSIÈRES	Commandant en chef NAPOLÉON Ier	XII. Armée d'Espagne
60.	Santander	16 nov.	—					
61.	San-Vicente	20 nov.	—					
62.	Ferrada	5 janv. 1809		2e brigade Sarrut	1re division MERLE	Corps SOULT		
63.	Lugo	8 janv.	—					
64.	LA COROGNE	16 et 19 janv.	—					
65.	OPORTO	29 mars 1809		2e brigade Sarrut	1re division MERLE	2e corps	Général en chef SOULT	XIII. Armée du Portugal
66.	Amarante	12 mai	—					
67.	Lugo	28 mai 1809		2e brigade Sarrut	1re division MERLE	Corps SOULT	Commandant en chef NAPOLÉON Ier	XIV. Armée d'Espagne
68.	Val-d'Aurès	9 juin	—					
69.	L'Arzobispo	8 août	—					
70.	Astorga	14 août	—					
71.	OCANA	18 oct.	—					
72.	Séville	20 févr. 1810						
73.	*Cadix*	8 mars	—					

(1) Le 36e est entré à *Vienne* le 13 novembre 1805.
(2) Le 36e est entré à *Berlin* le 21 novembre 1806.

74. ASTORGA	21 avril 1810	Corps JUNOT, 1re division MERLE, 1re brigade Sarrut	Commandant en chef NAPOLÉON Ier	
75. Ciudad-Rodrigo	15 juin —			
76. Almeida	28 août —			XIV. Armée d'Espagne (Suite)
77. *Busaco*	27 sept. 1810	Corps MASSÉNA, 1re division MERLE, 1re brigade Sarrut	Commandant en chef MASSÉNA Ier	
78. Sabugal	3 avril 1811			
79. FUENTÈS D'ONORO	4 mai —			
80. Ciudad-Rodrigo	10 mai 1812	Corps MARMONT, Division Sarrut	Commandant en chef : Le roi JOSEPH	
81. Badajoz	15 juin —			
82. Salamanque	12 juillet —			
83. *Les Arapyles*	21 juillet —			
84. Burgos	23 août 1812	Corps CLAUSEL, Division Sarrut		
85. Tordesillas	30 août —			
86. Celada	28 sept. —			
87. Subigana	19 juin 1813	Corps REILLE, division Sarrut		
88. *Vittoria*	21 juin —			
89. Pampelune	25 juillet 1813	Corps REILLE, 1re division Foy	Général en chef : SOULT	XV. Armée des Pyrénées
90. Saint-Sébastien	29 août —			
91. *Salinas*	9 sept. —			
92. Ernany	10 sept. —			
93. Irun	21, 22 sept. —			
94. Saint-Jean-de-Luz	10 nov. —			
95. Peyrehorade	13 févr. 1814	2e Corps d'ERLON, 1re div. DARRICAN		
96. *Orthez*	27 févr. —			
97. Vic-Bigorre	18 mars —			
98. Tarbes	20 mars —			
99. TOULOUSE	10 avril —			
100. Berneck (1)	8 juillet 1809	Corps JUNOT, Division RIVAUD, Brigade Tharreau	Commandant en chef NAPOLÉON Ier	XVI. Armée de Wagram

---

(1) Le 4e bataillon du 36e (1re formation) combattit deux jours après Wagram.

CHRONOLOGIE DES BATAILLES DU 36ᵉ   733

| 101. Wolkowich (1) . . 14 nov. 1812 | XVII. Armée de Russie — Commandant en chef NAPOLÉON Iᵉʳ — 9ᵉ corps VICTOR — 12ᵉ division PARTOUNEAUX |
| 102. La Bérésina . . 26-29 nov. — | |

103. Gorlitz (2). . . . . 22 mai 1813
104. { Gieshubel. . . . . } 27 août —
     { DRESDE. . . . . }
105. Kulm. . . . . . 30 août —
106. LEIPZIG . . 16, 18, 19 oct. —
107. Dresde . . 1ᵉʳ sept. - 11 nov. —

XVIII. Armée d'Allemagne — Commandant en chef NAPOLÉON Iᵉʳ — 1ᵉʳ corps VANDAMME et LOBAU — 1ʳᵉ brigade PHILIPPON — 2ᵉ brigade Fezensac.

108. Castagnaro (3) . . . . 21 déc. 1813
109. MINCIO. . . . . . 8 févr. 1814

XIX. Armée d'Italie — Général en chef Prince EUGÈNE de BEAUHARNAIS

110. MONTEREAU (4) . . . . 17 févr. 1814
111. Arcis-sur-Aube . . . . . 20 mars —
112. Saint-Dizier . . . . . 25 mars —

XX. Armée de l'Est — Commandant en chef NAPOLÉON Iᵉʳ

113. ANVERS (5) . . 9 déc. 1812 — 1ᵉʳ avr. 1814

XXI. Armée du Nord — Général en chef CARNOT

114. WATERLOO. . 18 juin 1815

XXII. Armée du Rhin — Commandant en chef NAPOLÉON Iᵉʳ — 7 corps RAPP — 5 division

115. CADIX 30 juin - 1ᵉʳ oct. 1823
116. *Le Trocadero* 31 août —
117. Santi-Petri (6) 20 sept. —

XXIII. Armée des Pyrénées — Général en chef DUC D'ANGOULÊME — 1 corps OUDINOT — 2 division OBERT — 3 brigade Gougeon

---

1. Le 4ᵉ bataillon du 36ᵉ (2ᵉ formation) fit l'expédition de Russie.
2. Le 36ᵉ léger prit part aux batailles de Gorlitz et de Leipzig. Les 3ᵉ et 4ᵉ bataillons du 36 de ligne (3ᵉ formation) luttèrent à Dresde et à Kulm.
3. Le 36 léger passa à l'armée d'Italie.
4. Le 3 bataillon du 36ᵉ (3ᵉ formation) fit toute la *campagne de France*.
5. Le 4ᵉ bataillon du 36ᵉ (4ᵉ formation) défendit la place d'*Anvers*.
6. Après la campagne d'Espagne, nous suivons le 36ᵉ : au corps de

N°	Bataille	Date	Colonne	Armée
118.	L'OUARENSENIS	13, 14 mai 1845	Colonne DE MONTPENSIER	XXIV. Armée d'Afrique. Général en chef : BUGEAUD.
119.	Gharnita	9 juin —	Colonne PÉLISSIER	
120.	Tiaret	29 oct. —	Colonne LEVAILLANT	
121.	Halouza	8 nov. —		
122.	Temda	23 déc. —		
123.	LE DJURJURA	28 oct. —	Colonne D'ARBOUVILLE	
124.	Bord-el-Karoub	22 nov. —		
125.	Tlata	15 déc. —	Colonne BEDEAU	
126.	Guerrouma	18 déc. —		
127.	L'Oued-Rouina	29 janv. 1846	Colonne CANROBERT	
128.	Sidi-Ibrahim	30 janv. —		
129.	SIDI-KLIFA (1)	16 mars —	Colonne SAINT ARNAUD	
130.	Zagmoun	6 juil. 1848	Colonne GENTIL	
131.	San-Pancrazio	30 avril 1849	1ʳᵉ brigade Ch. Levaillant / Division de Saint-au-Paërie RÉGNAULT	XXV. Armée de la Méditerranée. Général en chef : OUDINOT DE REGGIO
132.	Villa-Pamphile	3, 4 juin 1849	2ᵉ division ROSTOLAN / 1ʳᵉ brigade Ch. Levaillant	
133.	ROME	5 juin — 3 juil. —		
134.	Taguine	11 sept. 1864. —	Colonne ARCHINARD	XXVI. Armée D'AFRIQUE
135.	AIN-MALAKOFF (2)	7 oct. 1864. —	Colonne YUSUF	

---

réserve de l'armée d'Afrique (3 juin — 1ᵉʳ août 1830) ; — à l'armée de Nîmes (7 août — 1ᵉʳ décembre 1830) ; — à l'armée de la Moselle (9 novembre — 25 novembre 1832) ; — à l'armée du nord (25 novembre 1832 — 17 janvier 1833) ; — à l'armée de Paris (14 octobre 1833 — 20 février 1835) ; — à l'armée d'observation des Pyrénées (26 décembre 1837 — 10 novembre 1839).

(1) Le 36ᵉ prit encore part : à l'expédition de Guettey (colonne duc *d'Aumale*) 3 mai 1846 ; à celle des Ouled-Naïls (colonne *Yusuf*) 14 mai 1846 ; à celle de l'Ouarensenis (colonne *Levaillant*) 25 mai 1846 ; à celle du Djebel-Amour (colonne *Yusuf*) 3 mai 1847.

(1) Le 36ᵉ prit encore part : à l'expédition des Sidi-Cheik (colonne

CHRONOLOGIE DES BATAILLES DU 36ᵉ

136. Soultz	4 août 1870	
137. Roppenheim	5 août —	
138. FRŒSCHWILLER	6 août —	

XXVII. Armée du Rhin. Général en chef : MAC-MAHON — 1ᵉʳ corps — 3ᵉ division : RAOULT — 1ʳᵉ brigade : L'Hériller

139. Sédan	1ᵉʳ sept. 1870	

XXVIII. Armée de Châlons. Général en chef : MAC-MAHON — 1ᵉʳ corps : DUCROT — 3ᵉ division : L'HÉRILLER — 1ʳᵉ brigade : Carteret

140. Torsay-Digny	18 nov. 1870	
141. Chambord	9 déc. —	
142. Troo	26 déc. —	
143. VENDOME	31 déc. —	
144. Mazangé	6 janv. 1871	
145. Epuisay	7 janv. —	
146. Vancé	8 janv. —	
147. Saint-Pierre-Lorouer	9 janv. —	
148. LE MANS	10, 11, 12 janv. —	
149. Chassillé	14 janv. —	
150. Saint-Jean-sur-Erve	15 janv. —	

XXIX. 2ᵉ Armée de la Loire. Général en chef : CHANZY. 16ᵉ corps — 3ᵉ division : MALHERBE — 1ʳᵉ brigade : Marty

151. Courbevoie	14 — 16 avril 1871	
152. BÉCON	17 avril —	
153. Asnières	19 avril —	
154. Neuilly	27 avr. — 21 mai —	
155. Levallois-Perret	22 mai —	
156. PARIS	23 mai —	
157. La Chapelle	24 mai —	
158. La Rotonde	26 mai —	
159. BUTTES-CHAUMONT	27 mai —	
160. Belleville	28 mai —	

XXX. Armée de Versailles. Commandant en Chef : Maréchal DE MAC-MAHON — 1ᵉʳ corps : LADMIRAULT — 3ᵉ division : MONTAUDON — 2ᵉ brigade : Lefebvre

---

Arnaudau) 10 mars 1865 ; à celle des Babors (colonne Périgot) 15 mai 1865 ; à celle de Laghouat (colonne de Sonis) 15 décembre 1865 ; à celle de Boucada (colonne Gaudille) 8 mars 1867 ; à celle d'Ouégla (colonne Arnaudau) 15 décembre 1867 — mars 1868.

PIÈCES JUSTIFICATIVES

Note 1. — Copie de la lettre de M. *de Normandie*, sous-préfet de Saint-Dié à M. le général CASSAGNE, chez M. le général La Coste à Nancy.

Lunéville, le 6 janvier 1814.

Monsieur le Général,

Je suis arrivé ici vers les onze heures du matin, et j'y ai vu différentes personnes de Saint-Dié qui m'ont annoncé l'entrée de l'ennemi dans le chef-lieu de mon arrondissement. M. le major du 1ᵉʳ régiment de carabiniers chez lequel je vous écris cette lettre, m'a dit qu'il avait envoyé un officier de confiance à Saint-Dié et que cet officier l'avait assuré que l'ennemi était effectivement entré ce matin dans cette ville. Le même officier l'a assuré aussi que le corps du maréchal VICTOR, fort à peu près de 10,000 hommes, était à Baccarat, à cinq lieues de Lunéville. En ce moment, on annonce à M. le major que M. de Caubaincourt va arriver ici et qu'il doit aller au congrès de Manheim. Cela semblerait nous présager une paix prochaine. Dieu le veuille, car nous en avons grand besoin. Je vous prie, mon Général, de vouloir bien faire part de toutes ces nouvelles à M. de Flégny et d'agréer... etc.

Signé : DE NORMANDIE.

P.-S. — L'on nous assure que le corps du général Milhaud s'est retiré par la même route que celui du maréchal ; cette route est *celle de Schirmeck* et *de la vallée de Celles*.

Note 2. — Extrait des *Minutes du Greffe* du Tribunal de première Instance de Bordeaux. — République française. — Au nom du peuple français. — Le Tribunal de première instance de Bordeaux a rendu le jugement suivant auquel ont assisté Messieurs BRETENET, président ; Rivière-Bodin, vice-président ; Legrix de la Salle, juge ; Bloch, substitut ; et tenant la plume, Mézière, commis-greffier assermenté. (Audience du 14 février 1877).

Entre primo, la dame Jeanne Tesseyre..... demandeurs comparant par Maître Bouisson, avoué, d'une part, et, premièrement, le sieur Laurent Mauléon... demandeur comparant par Maître Jaumard, avoué, d'autre part ; deuxièmement, le sieur Jean Marlats... demandeurs comparant par Maître de Mignot, avoué, d'autre part : sixièmement, Maître Henri Loste, notaire, demeurant et domicilié à Bordeaux, rue Ferrère n° 50, pris en sa qualité de légataire général et universel, mais sous bénéfice d'inventaire seulement du sieur Jean-Pierre-Bertrand Capdepon de Goës, aux termes du testament olographe de ce dernier, ouvert judiciairement et déposé au rang des minutes de Maître Bignon, notaire à Bordeaux, par acte du 21 juin 1869, défendeur comparant par Maître Boudias, avoué, d'autre part. Septièmement..... : *onzièmement, la dame Thérèse Capdepon de Goës, épouse du sieur Louis Maugenre, douzièmement, et le dit sieur Louis Maugenre, demeurant et domiciliés ensemble à Saint-Dié (Vosges)....., agissant comme légataires du sieur Jean Pierre-Bertrand Capdepon de Goës... demandeurs en intervention, comparant par Maître Bouisson, avoué, d'autre part......*, quarantièmement, la demoiselle Marie Pessot-Bellecave... d'autre part....

POINT DE FAIT

Le sieur Jean-Pierre-Bertrand Capdepon de Goës, propriétaire, demeurant à Bordeaux, rue Lafaurie-Monbadon n° 51 est décédé à Biarritz, où il se trouvait momentanément le 8 juin 1869. Il avait fait à la date du 31 mars 1868 un *testament olographe* qui a été ouvert judiciairement et déposé au rang des minutes de Maître Bignon, notaire à Bordeaux, par acte à son apport du 21 juin 1869, aux termes duquel il a institué M. Henri Loste, notaire à Bordeaux, pour son légataire général et universel.

« Pour remplir les intentions de ma chère épouse décédée, dit-il,
« je fais les legs particuliers suivants que mon légataire universel
« paiera dans les six mois de mon décès, sans intérêt :
« Soixante mille francs à partager par parts égales, aux plus
« proches parents qui existeront à mon décès, des père et mère de
« mon épouse (le père Antoine Capdepon de Goës était natif
« d'Oloron-Sainte-Marie, et la mère, Catherine Pessot, était native
« d'Aranjuzon près de Navarreux (Basses-Pyrénées)..... »

Suivent diverses dispositions inutiles à rappeler ici.

M. Loste a été envoyé en possession de ce legs, mais il ne l'a accepté que sous bénéfice d'inventaire.

Dans une *requête* adressée à M. le Président du tribunal civil de Bordeaux le 29 mars 1871, la dame veuve Casenave..... Assignation de M. Loste... Cause distribuée à la première chambre.

Le 7 février 1872, le sieur Laurent Mauléon a présenté à M. le Président une *requête*... Assignation... Instance portée à la Chambre.

Une *troisième instance* en délivrance de legs a été formée le 9 janvier 1873 par le sieur Jean Marlats... Assignation... Ces trois instances ont été jointes par jugement du 22 juin 1874.

Le 16 novembre 1874, le sieur Bertrand Capdepon de Goës, la dame Thérèse Capdepon de Goës, épouse du sieur Louis Maugenre..., réprésentés par Maître Bouisson, ont formé une *demande en intervention* dans laquelle ils ont soutenu qu'ils sont issus par leurs parents de JEAN CAPDEPON DE GOËS, décédé le 12 mars 1767, marié à ENGRACE DE BARRÈRE, décédée le 19 décembre 1764, lesquels étaient les bisaïeux de l'épouse du testateur. — Que dans la ligne paternelle il n'y a pas de plus proches parents qu'eux-mêmes, et qu'en cette qualité ils ont droit au legs de soixante mille francs... Assignation...

Le 21 novembre 1874, les époux Lassalle... ont formé une *demande en intervention*... Assignation...

Après plusieurs renvois la cause est venue utilement à l'audience de ce jour à laquelle les avoués des parties ont pris les conclusions suivantes :

Conclusions.... Maître Bouisson, avoué de M. Maugenre, a conclu à ce qu'il plaise au tribunal recevoir l'intervention des concluants, et condamner M. Loste es-qualités à faire dans les trois jours du jugement à intervenir, délivrance aux concluants du legs contenu en leur faveur dans le testament, et, dans le cas où cette délivrance ne serait pas faite dans le dit délai, dire que le jugement en tiendra lieu, condamner M. Loste es-qualités aux intérêts de droit et aux dépens.....

M. le Procureur de la République a été entendu dans ses conclusions.

POINT DE DROIT

Primo..... secundo, la demande en intervention formée par les époux Maugenre et par..... est-elle redevable en la forme ? Tertio, au fond, cette intervention est-elle fondée ? Quarto, ne résulte-t-il pas des *documents* produits au procès que Jeanne Tesseyre..... n'ont aucun droit au legs ? Quinto, ce legs ne doit-il pas être divisé en deux parties égales, l'une pour la branche paternelle, l'autre pour la branche maternelle ? Sexto, les *actes* et pièces produits par les demandeurs permettent-ils d'indiquer quels sont les plus proches parents dans chacune de ces deux lignes, et dans quelle proportion le legs de soixante mille francs revient à chacun d'eux ?..... Oui, les avoués et avocats des parties, en leurs conclusions. — Oui aussi le ministère public.

Attendu... que l'intention manifeste du testateur a été d'attribuer une somme de soixante mille francs à la famille de sa femme, et d'en faire bénéficier les membres de cette famille dans la mesure des droits que chacun d'eux aurait eu dans la succession de sa femme si celle-ci eut survécu jusqu'au décès de son mari... Attendu que le legs est acquis depuis plus de sept années, qu'il a eu la plus grande publicité dans la commune d'Oloron, qu'il a donné lieu à de nombreuses revendications, que les *tableaux généalogiques* produits au procès, *contrôlés* et appuyés par des *pièces justificatives* régulières, établissent d'une manière précise les droits des demandeurs... Attendu que les plus proches parents qui existaient au jour du décès du testateur étaient Jean Capdepon de Goës, (oncle de Thérèse Capdepon de Goës, femme Maugenre), décédé intestat le 2 novembre 1869, sans enfant, après le décès du testateur, et avant l'exécution du testament..... *qu'ils ont pour auteurs communs JEAN CAPDEPON DE GOES et ENGRACE DE BARRÈRE* .. qu'aucune critique ne peut être relevée contre la filiation de l'un de ces demandeurs..... que Jean Capdepon de Goës, le plus proche parent du testateur, a laissé pour héritiers légitimes les enfants de son frère, Thérèse, Marie, Marie-Anne et François..... Par ces motifs, le Tribunal, statuant en dernier ressort, déclare les époux Lassalle..... mal fondés dans leur demande, et les condamne aux dépens... ; dit que, par suite du décès de Jean Capdepon de Goës, sa succession se divise entre les enfants de ses frères et sœur et qui sont : Thérèse Capdepon de Goës, Marie... ; en conséquence, condamne Loste ès-qualités à faire, dans la quinzaine du présent jugement, la délivrance à ces divers légataires de la part qui leur revient dans le legs de soixante mille francs, le tout avec les fruits que ces sommes ont produits... Enregistré à Bordeaux, le 5 mars 1877 ; folio 112, carte 6. Signifié à Madame Maugenre par M. Défin, huissier à Saint-Dié, le 30 juillet 1877.

Note 3. — Copie de l'acte de mariage de Pierre Balasque avec Marie-Anne de Loustau. 3 juillet 1786.

Le trois juillet mil sept cent quatre-vingt-six ont épousé et reçu la bénédiction nuptiale *Pierre Balasque*, natif d'Andaux et habitant Oloron, âgé de trente-deux ans, fils légitime de Jean Balasque d'Andaux et de Marie Bordenave de Rive haute d'une part ; — et *Marie Anne de Loustau*, âgée de vingt-deux ans, native et habitante de cette paroisse, fille légitime de Pierre de Loustau et de Marie de Lago du lieu d'Orin. Les bans de leur mariage ont été publiés au prône de la messe de cette paroisse par trois dimanches consécutifs sans découverte d'aucun empêchement canonique et sans opposition de personne, présents et témoins : Pierre Lapuyade d'Andaux, oncle de l'époux et Jean Bordenave, encore son oncle. — Pierre de Loustau, père de l'épouse et Louis Lassalle, son oncle, qui ont signé avec moi :

Ont signé :

Laussat, vic. — Lapuyade. — Bordenave. — Pierre de Loustau. — Lassalle.

Note 4. — *Copie de la lettre de M. le maire de Bayonne à M. l'abbé Maugenre.*

MAIRIE DE BAYONNE
Secrétariat
N° 2630
RENSEIGNEMENTS
BALASQUE

Bayonne, le 17 novembre 1888.

Monsieur l'abbé,

En réponse à votre lettre du 13 de ce mois, j'ai l'honneur de vous donner ci-après les renseignements que vous désirez obtenir : Le *Maire de Bayonne en 1859 était M.* François Balasque, *né à Oloron (B.-P.) le 28 mars 1787,* fils de Pierre Balasque et de Marie-Anne de Loustau. Il se maria à dame Marie Chassaing, à Bayonne, où il mourut le 1er avril 1864.

Veuillez agréer......, etc.

A Monsieur l'abbé Maugenre, curé de Donnoux (Vosges).

Note 5. — Copie de la lettre de M. *le capitaine* Silhouette à M. Desvarannes, *officier d'ordonnance de la Maison de l'Empereur.*

Vous me demandez ma biographie de sauveteur ; cette demande me cause un grand embarras. Il serait trop long de vous faire le détail de ma vie sous ce rapport. Je ne sais quand j'ai commencé à sauver, parce que, dès ma plus tendre enfance, à l'âge de cinq ou six ans, je sauvais des compagnons en danger, passant une partie de la journée dans l'eau.

Mon premier acte un peu notable est la recherche du corps d'un garde-côte noyé sur la plage des basques. J'arrivais sur les lieux trop longtemps après l'accident pour espérer de sauver cet homme. Je n'avais que de mauvaises indications : mes faibles efforts furent vains. On me fit sortir de l'eau après que j'eus plongé à diverses reprises. Le lendemain matin, la mer était forte, les vagues brisaient sur toute la plage, si ce n'est sur un tourbillon dont le courant portait au large ; le cadavre devait se trouver dans ce tourbillon. N'écoutant que mon cœur, je plongeai, je replongeai : je luttai contre les coups de mer tenant toujours l'homme que j'avais réussi à saisir, et ce n'est que lorsque je touchai terre, épuisé de fatigue, que les baigneurs vinrent m'aider, tout disposés à me reprocher mon imprudence. Alors seulement je vis une partie de la population réunie sur les falaises, sur la plage. Les femmes criaient, pour moi, je me suis enfui et je ne rentrai chez moi que fort tard, craignant les reproches de mes parents, comme si j'avais commis une mauvaise action, j'avais alors douze ans.

Depuis cette époque, et durant tous mes voyages, je me suis toujours jeté à l'eau quand j'ai vu un homme en danger.

J'ai fait mon service à bord du vaisseau « *La ville de Marseille* » en 1841 et 1842. J'étais devenu le chien de Terre-Neuve du bord, et dès qu'un homme tombait à l'eau, ce n'était qu'un cri : Silhouette, un homme à la mer !.....

Un jour, l'orin de l'ancre s'engagea entre l'étambot et le gouvernail. Le vaisseau chassait vers les rochers, et il était impossible d'appareiller. Il fallait couper l'orin, ou bien le vaisseau était perdu sur les roches. On essaya de divers moyens sans aucun succès. Après maints efforts, on me proposa de plonger et d'aller couper l'orin avec un couteau. Le danger était grand, l'orin était fortement tendu : il devait casser dans mes mains après que je l'aurais entamé du couteau, et le coup du fouet pouvait me tuer. Je n'avais nulle envie de tenter l'entreprise quoique je fusse très bien à bord, estimé de tous les officiers (j'avais sauvé l'un d'eux,) cependant je craignais de manquer à mon devoir si je refusais. Alors, je fis un marché et je demandai mon congé si je me sauvais après avoir coupé l'orin. La promesse me fut faite et je réussis fort heureusement. Le vaisseau reçut ordre de partir pour Rio-Janeiro peu de jours après, mais je ne fus pas congédié.

Pendant que le vaisseau était encore dans la Méditerranée, je voulus aller dégager une drisse de pavillon engagée dans la mature à l'heure du déjeuner de l'équipage. Je tombai à la mer...... En tombant, je reçus un fort coup sur la poitrine. Le vaisseau allait vite : lorsque je revins sur l'eau il était déjà loin. Je criai inutilement : je me vis abandonné en pleine mer dans des parages où les requins sont nombreux. Je nageai pendant plusieurs heures sans aucun espoir de salut. Ce ne fut que lorsque le vaisseau avait disparu à l'horizon que j'aperçus une voile se dirigeant vers moi. Je nageai pendant fort longtemps vers ce navire : je criai, mais je perdis connaissance, épuisé de fatigue, transi de froid, avant d'être recueilli. Le lendemain je me trouvai à bord d'un navire espagnol. J'avais été sauvé par le capitaine et je n'avais repris connaissance qu'après huit heures de soins. Je rentrai à Toulon où je trouvai M. le capitaine de vaisseau *Quesnel*, ancien commandant de la « *Ville de Marseille* », M. le capitaine de corvette, *de Roquemorel*, ancien commandant en second du même vaisseau et plusieurs autres officiers. Ces messieurs me reçurent fort bien (car j'étais aimé et estimé de tous), mais ils se montrèrent peu crédules à l'endroit du récit que je leur fis de mon aventure. Je fus mis à bord du stationnaire jusqu'à ce qu'on put avoir des nouvelles du vaisseau « *Ville de Marseille* ». Deux mois après arriva le rapport du commandant : « *Silhouette était tombé à la mer et devait être probablement noyé ; lorsque l'accident était arrivé, la terre était trop loin pour qu'il pût l'atteindre à la nage, et, en ce moment, il n'y avait aucun navire en vue du vaisseau.* » Quand mon récit fut confirmé, je fus congédié, bien qu'il me restât encore un an de service à faire. M. Roquemorel me délivra un certificat de bonne conduite et ajouta que grâce à mon aptitude de nageur, j'avais rendu de grands services à bord du vaisseau.

J'ai envoyé ce certificat avec mes autres pièces au ministère de la marine quand je fus reçu capitaine en 1811.

Depuis, j'ai commandé pour la place de Bayonne jusqu'en 1863. — Pendant ma vie de capitaine j'ai fait plusieurs sauvetages. Je ne vous en citerai qu'un. Dans la rivière de Buenos-Ayres, un passager tomba à l'eau : mon maître d'équipage se jeta après lui, sans même quitter les grosses bottes de mer. Les deux avaient disparu quand je fus averti. Bien que l'eau fût trouble, je plongeai et je fus assez heureux pour ramener en même temps les deux hommes presque asphyxiés. Une partie de mon équipage, témoin du fait, est à Biarritz en ce moment. Le maître est mort au service.

En cherchant dans mes papiers quelques lettres des commissaires, maîtres de port, capitaines qui m'ont écrit pour me remercier de divers sauvetages, je n'ai trouvé que les deux pièces ci-jointes. L'une est de M. Daguenet.

Un ouvrier tomba du haut du pont de service des travaux du port et fut entraîné dans les roches qui séparent ce port du Port-Vieux. La mer était agitée et aucun des ouvriers n'osait aller à son secours. Je me jetai à l'eau et ce ne fut que quand je l'eus sauvé et mis hors de danger que le guide-baigneur Galdoch vint m'aider.

Vous voyez, monsieur l'officier, j'ai toujours été heureux dans ma vie de sauveteur. Vous dire combien de personnes j'ai sauvées, je ne le puis ; vous dirais-je soixante ? quatre-vingts ? je ne sais. Ce que je puis dire, c'est que personne ne s'est noyé en ma présence ?...

Recevez, Monsieur, etc.   Signé : CASIMIR SILHOUETTE.

Note 6. — Actes relatifs aux sauvetages opérés par M. le capitaine Silhouette.

Marine et colonies.

3 avril 1861.

Le ministre adresse ce témoignage officiel de Satisfaction au capitaine Silhouette pour avoir coopéré au sauvetage d'un bâtiment espagnol et de son équipage.

---

11 décembre 1863.

L'ingénieur en chef des ponts et chaussées félicite et remercie le capitaine Silhouette pour le sauvetage d'un ouvrier tombé à la mer, malgré l'état agité de la mer et les dangers que présentaient les lames brisant sur les rochers.

Note 7. — Copie de la lettre de M. BERTRAND, *Secrétaire de l'Académie des Sciences* à M. le capitaine SILHOUETTE.

Paris, 7 avril 1873.

Cher Monsieur,

Je suis heureux de voir que la médaille en question vous a fait plaisir.

J'aurais voulu vous annoncer cette petite nouvelle moi-même, mais j'ai pensé qu'il valait mieux qu'elle vous arrivât par *voie officielle* comme on dit en style majestueux.

Si je ne vous ai pas écrit après avoir vu Monsieur votre cousin à la séance du 4, c'est que j'attendais pour vous envoyer en même temps un petit article sur votre établissement, lequel article n'est que mon rapport légèrement modifié pour être inséré au bulletin.

L'imprimeur n'a encore rien livré, mais je ne veux pas rester plus longtemps sans protester contre les remerciements que vous me prodiguez si amicalement pour une chose toute naturelle.

Par exemple, si mon rapport (que je vous adresserai aussitôt qu'il aura paru) contient quelques erreurs ou présente quelques lacunes, il ne faudra vous en prendre qu'à vous-même qui, sans reproche, ne m'avez donné que tout juste les renseignements nécessaires.

Il est vrai que j'aurais pu vous en demander depuis mon retour, mais je crois ne rien avoir omis d'important.

Quant aux notes sur les pêches de vos côtes, pêche de la langouste, de la sardine, du thon, et surtout pêche à la ligne, je n'ai pas besoin de vous dire qu'elles seront les bienvenues d'autant plus que ces questions si intéressantes à tous les points de vue sont presque ignorées complètement des « gens du monde ».

En remontant la côte comme je vous ai dit, j'ai déjà pu faire des études fort intéressantes sur ce sujet bien que nécessairement incomplètes faute de temps.

Adieu, cher monsieur; ma mère se joint à moi pour vous présenter l'assurance de nos meilleurs sentiments et vous prier de nous rappeler au souvenir de Madame Silhouette.

Veuillez aussi accepter une bonne poignée de main.

Signé : BERTRAND.

Note 8. — Copie de la lettre de *M. le contre-amiral* DE LA RONCIÈRE-LENOURRY signalant le zèle du capitaine Silhouette, à M. le Préfet des Basses-Pyrénées.

Division cuirassée
TUNISIE A CHERBOURG
—
Commandant en chef

A bord du *Magenta* devant Biarritz,
le 29 septembre 1866.

Monsieur le Préfet,

Je dois vous signaler le zèle avec lequel le capitaine Silhouette s'est présenté à bord de la division navale placée sous mon commandement à son arrivée à Biarritz et les services qu'il lui a rendus par son intelligence et sa parfaite connaissance du temps et des atterrages de la localité.

Je ne puis, Monsieur le Préfet, que recommander ce navigateur à toute votre bienveillance.

Veuillez agréer, etc.

Le contre-amiral commandant en chef la division cuirassée réunie à Cherbourg.

Signé : DE LA RONCIÈRE-LENOURRY.

Note 9. — Copie de la lettre du chef de la division de la GRANDE CHANCELLERIE de l'Ordre Impérial de la Légion d'honneur annonçant à M. Silhouette, capitaine au long cours, sa nomination de *Chevalier* de la Légion d'honneur.

Paris, le 24 novembre 1866.

Monsieur,

L'Empereur, par décret en date du 31 octobre 1866 vous a nommé chevalier de l'Ordre Impérial de la Légion d'honneur.

Je vous adresse, ci-joint, le titre de votre nomination.

Sa Majesté vous ayant remis Elle-même les insignes, je vous prie de vouloir bien revêtir de votre signature le récépissé et la formule de serment qui accompagnent cette dépêche. Vous devez, en outre, me faire parvenir dans le plus bref délai :

1° La lettre d'avis du Ministre sur le rapport duquel le décret a été rendu ;

2° Une expédition régulière de votre acte de naissance ;

3° Le résumé de vos services ;

4° Le récépissé du versement à la caisse des Dépôts et Consignations, à Paris, ou à la caisse du Receveur des finances de votre arrondissement, d'une somme de douze francs pour l'expédition de votre brevet.

Ces pièces devront être annexées au procès-verbal d'individualité dont la formule est ci-jointe, et que vous ferez établir à la mairie de votre résidence.

Recevez, Monsieur, l'assurance de ma considération distinguée.

Pour le Secrétaire Général et par délégation :
Le Chef de la Division,
Signé : PALLUY.

A Monsieur Silhouette, chevalier de l'Ordre Impérial de la Légion d'honneur, capitaine au long cours.

Note 10. — *Ordre du jour* du Général SAINT-ARNAUD, commandant la division d'Alger. 26 novembre 1848).

« Le 36ᵉ va rentrer en France ; encore un vieux régiment qui
« laisse de glorieux souvenirs en Afrique, emportant les regrets et
« les sympathies de l'armée. Débarqué à Alger en 1814, le 36ᵉ de
« ligne a payé sa dette à la Patrie. Chaque expédition, chaque
« combat pendant les années si difficiles de 1844, 1845 et 1846 ont
« été pour le 36ᵉ une occasion de faire éclater partout son dévoue-
« ment, son ardeur et son courage.

« Aujourd'hui, le Gouvernement de la République le rappelle.
« Le 36ᵉ se montrera pour le maintien de l'ordre et de nos libertés
« aussi ferme, aussi discipliné qu'il l'était en Afrique devant les
« ennemis de la France.

« Le Général commandant la division : SAINT-ARNAUD. »

Note 11. — Extrait de l'*Historique du 36ᵉ régiment d'infanterie*, vu à Caen, le 26 juin 1889 et le 9 juillet 1890, par le général commandant le 3ᵉ corps d'armée, inspecteur général du Guiny. — 2ᵉ partie. Manuscrit in-4° relié. — SALLE D'HONNEUR du 36ᵉ régiment.

Les deux bataillons du 36ᵉ débarquent le 25 avril 1849, à 11 heures du matin, à Civita-Vecchia sans trouver d'opposition. Le premier soldat qui met pied à terre est le caporal-sapeur Maugenre du 36ᵉ. Une partie du régiment bivouaque dans la cour du couvent des Dominicains, à l'intérieur de la ville. L'autre est bivouaquée à une demi-lieue de la ville dans le parc du couvent des Capucins.

Le 26, après une revue du général Oudinot, le 36ᵉ fait une promenade militaire.

Le 27, arrive l'ordre de se tenir prêt à marcher sur Rome. Civita-Vecchia est mis en état de siège et M. le colonel Blanchard du 36ᵉ en est nommé commandant supérieur. Cinq compagnies sont désignées pour y rester avec lui.

Partie de Civita-Vecchia à 7 heures du matin, la colonne couche le 28 à Palo, le 29 à Castel-di-Guido et arrive le 30 à 11 heures devant Rome. Elle s'apprêtait à y pénétrer lorsqu'une canonnade et une fusillade très nourries, presque à bout portant, l'arrêtent. La 1ʳᵉ brigade s'engage à droite. La 2ᵉ qui a d'abord suivi la 1ʳᵉ revient à gauche sur la porte Angélica, conduite par le général Charles Levaillant.

L'action est des plus vives ; préposé avec ses sapeurs par le général Levaillant à la garde du drapeau, le caporal-sapeur Maugenre le couvre de gloire tandis qu'il ordonne le feu à ses hommes qui tombent tués et blessés à ses côtés : lui-même a ses habits percés en quatre endroits. Derrière lui, le porte-drapeau Fougerat est ventre à terre, tenant son drapeau levé. Les Garibaldiens dirigent leur feu sur le drapeau. Une balle blesse à l'épaule le commandant de Jonquières du 1ᵉʳ bataillon. Derrière lui, le capitaine adjudant-major Trouillebert est atteint mortellement au ventre. Le capitaine d'Astelet des grenadiers du 3ᵉ bataillon est aussi blessé à la cuisse.

Tous les efforts étant impuissants, la retraite se fait entendre et l'on revient au point d'arrivée où on se reforme. On va ensuite bivouaquer à la Magnanella, lieu où l'on avait laissé les sacs, à deux lieues de Rome. Les 3ᵉ, 4ᵉ et 5ᵉ compagnies du 1ᵉʳ bataillon, sous les ordres du capitaine Tiersonnier restent seules pour garder deux pièces de canon dont les chevaux ont été tués. Trop rapproché de la place et exposé à un feu trop meurtrier pour qu'il soit possible de les retirer, M. Tiersonnier est obligé d'attendre le coucher de la lune pour commencer une opération qui ne dure pas moins d'une heure. A trois heures du matin, les pièces sont ramenées à bras jusqu'au quartier général.

Le drapeau du 36ᵉ n'est sauvé que grâce à l'énergie et au sang-froid du caporal-sapeur Maugenre, l'ayant reçu du porte-drapeau Fougerat.

Maugenre se traîne jusqu'au bord d'un fossé très profond et plein de marécages ; il s'y précipite avec armes et bagages pour se garantir des balles. Là, il reste seul jusqu'au coucher de la lune (trois heures du matin). Tous le disaient tué et le drapeau disparu. A huit heures, il revenait avec une voiture de blessés au camp des sacs, rapportant le précieux emblème.

Le lendemain, 600 blessés arrivent à Civita-Vecchia. La caserne des Lombards est transformée en ambulance. La femme du caporal-sapeur, Madame Maugenre, en est chargée, avec des forçats italiens comme infirmiers. Des blessés sont évacués sur Ajaccio. C'est le 1er bataillon du 36e qui a perdu le plus de monde.

Note 12. — Extrait de « LA GUERRE FRANCO-ALLEMANDE » rédigée par la section historique du *Grand Etat-major prussien*, traduite par le chef d'escadron *de Costa de Serda*, de l'Etat-major français. J. Dumaine, librairie militaire, 30, rue et passage Dauphine, Paris, 1875. — Première partie, 2e volume, page 934.

« Dans la soirée du 25 *août*, de nouvelles informations parvenues
« au grand quartier-général de Bar-le-Duc, laissaient entrevoir un
« mouvement des troupes françaises sur Vouziers. A l'un de ces
« documents était joint un journal français dans lequel était repro-
« duit un article portant en substance qu'un général français ne
« saurait abandonner ses compagnons d'armes, sans encourir la
« malédiction du pays. D'autres feuilles de Paris reçues au grand
« quartier-général rapportaient les discours prononcés au Corps
« législatif pour signaler la honte qui rejaillirait sur le peuple
« français, si l'armée du Rhin n'était pas secourue. D'autre part,
« un nouveau télégramme de Londres mandait, d'après *le Temps*
« du 23 août, que Mac-Mahon s'était subitement décidé à courir à
« l'aide de Bazaine, bien qu'en découvrant la route de Paris, il
« compromît la sécurité de la France ; que toute l'armée de Châlons
« avait déjà quitté les environs de Reims, mais que cependant les
« nouvelles reçues de Montmédy ne faisaient pas encore mention
« de l'arrivée de troupes françaises dans ces parages.

« Quoique ces données fussent encore insuffisantes pour élucider
« complètement la situation, et que la prudence conseillât d'ail-
« leurs de se tenir en garde contre les renseignements d'une presse
« toujours sujette à caution, il devenait néanmoins de plus en plus
« plausible, en égard à la situation particulière de la France, que
« les exigences politiques pouvaient l'avoir emporté sur toute
« considération militaire.

« A la réception des nouvelles ci-dessus, les généraux de Moltke

« et de Podbielski allaient donc en faire part au roi. Sa Majesté,
« prenant en considération les circonstances présentes, approuvait
« le projet de conversion de l'armée de la Meuse et des Bavarois
« sur la droite, et, dans le courant même de la nuit, toutes les dispo-
« sitions étaient arrêtées pour que ces troupes pussent rompre vers
« le nord dès le 26..... »

NOTE ADDITIONNELLE

Origine du nom du sergent Maugenre

Le pays d'*Hurbache* (Hurembach), patrie du sergent Maugenre, et toute la région arrosée par les affluents de la rive droite de la Meurthe et comprise entre Wissembach, le Donon et Raon-l'Etape étaient habités par *les Salmates* dans la deuxième période de l'époque gauloise (VIIe siècle av. J.-C.). Ce furent leurs familles qui résidèrent à *Salma*, à Rothembach (Robache), à Geimengot, à Langstein (1), etc. Cette race était issue des Gomarites, ou de Gomer, fils de Japhet. Ascenez, fils de Gomer, dirigea l'émigration gauloise de la plaine de Sennar ou Babylonie en *Sarmatie* d'Europe, entre le Don et la Vistule (2080 av. J.-C.) (2). De la Sarmatie vinrent d'abord les Celtes ou Galls, ensuite les guerriers Kimris ou Salmates (3); enfin les Belges ou Volks (4). Au IIIe siècle av. J.-C., les Salmates avaient pour voisins les Tribocci derrière le

---

(1) *Gravier*. Histoire de Saint-Dié, pages 12 — 14.
(2) *Vence*. Dissert. sur le partage des fils de Noé, t. 1., p. 455. — *Rohrbacher*. Hist. univ. de l'Eglise, t. 1, p. 180. — *Saint Jérôme*. Tradit. hebr.
(3) Les menhirs, dolmens, crom-lecks et tombes gauloises de cette région prouvent que la religion des Salmates était le druidisme, culte particulier des Kimris.
(4) *Amédée Thierry*. Hist. des Gaulois, t. 1, p. 36 — 130.

Donon, les Rauraci en Alsace, et les Leuci sur la rive gauche de la Meurthe (1). Après que les légions romaines de Labiénus eurent vaincu Induciomarus et les Belges, près d'un affluent de la Moselle, (54 ans av. J.-C.) elles pénétrèrent dans les Hautes-Vosges pour subjuguer les Salmates. Abritée par des montagnes inaccessibles, cette race indomptable leur résista. Bien plus, elle ne cessa d'attaquer et de piller les convois militaires des Romains qui devaient s'engager sur l'une des quatre voies, construites par les légions, et se rencontrant au confluent de la Meurthe et du Robache (2). Pour se venger de leur glorieuse résistance, les Romains infligèrent aux Salmates l'épithète injurieuse de *malum genus* (Maugenre). C'est pour le même motif qu'ils avaient surnommé *mala gens* la Vendée. Ils durent ensuite pour protéger leurs convois contre les Salmates construire le camp retranché ou château-fort de *Juncturae*, à la jointure de ces voies : celui d'*Incrinnis*, en haut de la Crénée ou à la Bure ; celui de *Stivagium* sur la pierre d'Appel, à Etival. Ces établissements militaires furent détruits par les invasions barbares. Sur les ruines du Juncturae, l'évêque de Nevers, saint Dié, fit construire l'église de Notre-Dame-de-Galilée (659). L'Abbaye de Galilée donna naissance à la ville de Saint-Dié.

---

(1) *Digot*. Hist. de Lorraine, t. 1, p. 31.

2. Les quatre voies romaines se nouant devant les jointures étaient : la *via Argentocaria*, rue Thiers, aboutissant à Colmar par Fouchifol et le Bonhomme ; la *via Argentorata*, rue Saint-Charles, conduisant à Strasbourg par Gratin, Grandrupt, Neuviller ; la *via Salmatorum*, rue du Nord, allant à Sabna par Robache ; la *via Danubria*, rue Haute, se dirigeant sur Deneuvre par Etival. (Bulletin de la Société Philomatique Vosgienne, 8ᵉ année, p. 35-36).

LIVRES CONSULTÉS

Dont les Editeurs n'ont pas été nommés aux renvois.

---

1. *Thiers*. Histoire de l'Empire. Edition Lheureux, 31, rue de Seine, Paris.

2. *Camille Rousset*. Les commencements d'une conquête. Edition Plon et Nourrit, 10, rue Garancière, Paris.

3. *Camille Rousset*. La conquête de l'Algérie. Edition Plon et Nourrit, 10, rue Garancière, Paris.

4. *Alphonse Balleydier*. Veillées militaires. Edition Blériot, quai des Grands-Augustins, 55, Paris.

5. *L'abbé Menjoulet*. Chronique d'Oloron. Edition Marque, à Oloron.

6. *Jules Balasque*. Etudes historiques sur la ville de Bayonne. Edition Lasserre, 20, rue Orbe, Bayonne.

7. *Chanoine de Bleser*. Rome et ses monuments. Edition Fonteyn, rue de Bruxelles, Louvain.

Table des Matières

	Pages
Dédicace.	
Introduction	1
Chapitre I. — Le Conscrit	1
Chapitre II. — Besançon. Entrée au service.	34
Chapitre III. — L'armée des Pyrénées.	46
Chapitre IV. — D'Irun à Madrid.	56
Chapitre V. — De Madrid à Séville	63
Chapitre VI. — Siège de Cadix.	72
Chapitre VII. — Cinq ans en Andalousie	85
Chapitre VIII. — Soixante jours de marche.	97
Chapitre IX. — Bayonne	104
Chapitre X. — L'armée d'Afrique	116
Chapitre XI. — Tarascon-Nîmes.	124
Chapitre XII. — Dijon-Belfort	131
Chapitre XIII. — L'armée de la Moselle et l'armée du Nord.	147
Chapitre XIV. — Sedan-Mézières-Soissons	152
Chapitre XV. — Camp de Compiègne.	161
Chapitre XVI. — Paris. Insurrection d'Avril 1834	165
Chapitre XVII. — Cholet-Bourbon Vendée.	173
Chapitre XVIII. — Echo de Constantine.	184
Chapitre XIX. — Retour à Bayonne — Saint-Jean-de-Luz.	189
Chapitre XX. — Négociations de mariage	193
Chapitre XXI. — Oloron-Sainte-Marie.	200
Chapitre XXII. — Biarritz.	221
Chapitre XXIII. — Mariage du 22 août 1839.	227
Chapitre XXIV. — Désarmement des Carlistes	231
Chapitre XXV. — Saint-Etienne.	239

Chapitre XXVI. — La Casquette du père Bugeaud 246
Chapitre XXVII. — Toulon. — Casimir Silhouette 260
Chapitre XXVIII. — Echo de la Smala. 267
Chapitre XXIX. — Affaires du Maroc 271
Chapitre XXX. — Alger-Douéra 276
Chapitre XXXI. — Combats de l'Ouarensenis 286
Chapitre XXXII. — Gharnita-Farchets 293
Chapitre XXXIII. — Un aide dans la douleur 298
Chapitre XXXIV. — Deux cents jours d'expédition 303
Chapitre XXXV. — Le premier bataillon 319
Chapitre XXXVI. — Poursuite d'Abd-El-Kader en 1846. . . 329
Chapitre XXXVII. — Mariage du 15 octobre 1846. 334
Chapitre XXXVIII. — Expédition du Djébel-Amour 340
Chapitre XXXIX. — Mustapha-Supérieur 348
Chapitre XL. — La Kabylie 362
Chapitre XLI. — Retour en France. Affaires d'Italie 371
Chapitre XLII. — Le corps expéditionnaire de la Méditerranée 382
Chapitre XLIII. — Civita-Vecchia 400
Chapitre XLIV. — Les cinq assauts du 30 avril 413
Chapitre XLV. — La Trêve. 430
Chapitre XLVI. — Bataille de la Villa-Pamphili 442
Chapitre XLVII. — Siège de Rome. 455
Chapitre XLVIII. — Gouvernement militaire 474
Chapitre XLIX. — L'occupation française à Rome 497
Chapitre L. — Retour à Marseille et à Paris 516
Chapitre LI. — Le retraité 563
Chapitre LII. — La guerre franco-allemande dans les Vosges 574
Chapitre LIII. — La fin d'une belle vie. 602

APPENDICE. — *Historique du 36ᵉ (1853-1890).*

I. Séjour du 36ᵉ en France 627
II. Seconde campagne d'Afrique 629

GUERRE FRANCO-ALLEMANDE

I. Le 36ᵉ à l'armée du Rhin. 633
II. Le 36ᵉ à l'armée de Chalons. 660

III. Le 36ᵉ de marche à l'armée de la Loire.	685
IV. La Commune. Le 36ᵉ à l'armée de Versailles	708
Réorganisation du 36ᵉ.	722
Liste chronologique des colonels du 36ᵉ	727
Chronologie des batailles du 36ᵉ.	729
Pièces justificatives	736
Note additionnelle	748
Livres consultés.	750

SAINT-DIÉ. — IMP. E. GRANDIDIER.